Grotherr, Herfort, Strunk, Kaminski, Rundshagen · Internationales Steuerrecht

Grüne Reihe Band 17

Internationales Steuerrecht

Univ.-Prof. Dr. Siegfried Grotherr,
Prof. Dr. Claus Herfort, Steuerberater,
Prof. Dr. habil. Günther Strunk, Steuerberater,
Univ.-Prof. Dr. Bert Kaminski,
Helmut Rundshagen, Rechtsanwalt, Steuerberater

3. Auflage
2010

Herausgeber:
Deutsche Steuer-Gewerkschaft

Erich Fleischer Verlag, Achim

Zitierweise:

Bearbeiter, in: Grotherr/Herfort/Strunk: Internationales Steuerrecht, 3. Aufl., Achim 2010, S. ...

Bearbeiter:

Teil I:	S. 29 – 262	Grotherr
Teil II A, B:	S. 263 – 400	Kaminski
Teil II C:	S. 400 – 435	Rundshagen
Teil II D:	S. 435 – 501	Herfort
Teil II E, F:	S. 501 – 518	Rundshagen
Teil II G:	S. 518 – 522	Herfort
Teil III A-F:	S. 523 – 713	Strunk
Teil III G:	S. 714 – 722	Grotherr
Teil IV:	S. 723 – 750	Strunk
Teil V:	S. 751 – 788	Strunk

Bibliografische Information Der Deutschen Bibliothek
Die Deutsche Bibliothek verzeichnet diese Publikation in der Deutschen Nationalbibliografie; detaillierte bibliografische Daten sind im Internet über http://dnb.ddb.de abrufbar.

ISBN 978-3-8168-1173-2

Gesamtherstellung: Griebsch & Rochol Druck GmbH & Co. KG, Hamm

Vorwort zur 3. Auflage

Die Internationalisierung der Geschäftsbeziehungen ist heute nahezu bei allen mittleren, aber auch bei vielen kleinen Unternehmen zu einer Überlebensfrage geworden. Dementsprechend kann sich kaum noch ein steuerlicher Berater der Bearbeitung grenzüberschreitender Sachverhalte entziehen. Dies ruft ein entsprechendes fachliches Informationsbedürfnis hervor, welches durch diesen Band 17 der „Grünen Reihe" befriedigt werden soll. Dabei geht es nicht nur um die Lösung von steuerlichen Fragen, die sich bei Auslandsbeziehungen von Steuerinländern ergeben, sondern auch um die Bewältigung von steuerlichen Problemstellungen, die sich den Steuerausländern bei Inlandsbeziehungen in den Weg stellen. Ständige Steuerrechtsänderungen in der Vergangenheit haben das Internationale Steuerrecht stark verkompliziert, sodass sich für den steuerlichen Rechtsanwender immer wieder neue Herausforderungen stellen. Die diversen Änderungen in den Steuergesetzen, zahlreiche Gerichtsurteile der deutschen Finanzgerichte, aber auch die Rechtsprechung des Europäischen Gerichtshofs und diverse neue Verwaltungserlasse haben eine Neuauflage des Werkes dringend erforderlich gemacht. Die Grundgliederung der Vorauflagen wurde dabei jedoch beibehalten.

Das vorliegende Buch gliedert sich in fünf Hauptteile:

Teil I befasst sich mit dem (allgemeinen) Außensteuerrecht der Bundesrepublik Deutschland, d. h. mit den Regelungsnormen in den deutschen Einzelsteuergesetzen (EStG, KStG, GewStG, ErbStG), die bei grenzüberschreitenden Sachverhalten von besonderer Bedeutung sind. Dabei werden sowohl die Auslandsbeziehungen von Steuerinländern im Rahmen der unbeschränkten Steuerpflicht als auch die Inlandsbeziehungen von Steuerausländern bei der beschränkten Steuerpflicht behandelt. Die Steuerrechtsänderungen auf diesem Gebiet haben sich in der Vergangenheit als außerordentlich zahlreich erwiesen.

Teil II setzt sich mit dem Außensteuergesetz (AStG) auseinander, das als spezielles Außensteuerrecht der Bundesrepublik Deutschland angesehen werden kann. Im Einzelnen werden zunächst die Einkünftekorrekturen bei Leistungen zwischen international verbundenen Unternehmen untersucht. Hier hat es eine besondere Dynamik bei der Rechtsentwicklung gegeben, was den Umfang dieses Kapitels im Vergleich zur Vorauflage erheblich hat anwachsen lassen. Anschließend werden der Wohnsitzwechsel einer natürlichen Person in einen niedrig besteuernden ausländischen Staat und die steuerlichen Auswirkungen der Beteiligung an einer ausländischen Zwischengesellschaft in einem Niedrigsteuerland behandelt. Auch wenn das durch die Anwendung des Außensteuergesetzes erzielte Steuermehraufkommen als nicht übermäßig hoch zu bezeichnen ist, spielt die Beachtung der Regelungen des Außensteuergesetzes in der steuerlichen Gestaltungsberatung eine eminent wichtige Rolle, da andernfalls unweigerlich internationale Doppelbesteuerungen drohen, die im Nachhinein nicht mehr rückgängig zu machen sind.

Teil III befasst sich mit dem Recht der Doppelbesteuerungsabkommen. Die Regelungsmasse der Doppelbesteuerungsabkommen macht heute fast 50% der deutschen steuergesetzlichen Normen aus. Die Abkommen folgen mit gewissen Abweichungen weitgehend dem OECD-Musterabkommen, sodass sich die Erläuterung des Abkommensrechts an diesem Grundmuster orientiert, wobei auf erwähnenswerte Abweichungen in der deutschen Abkommenspraxis hingewiesen wird. Obwohl ständig neue Länderabkommen hinzutreten, hat sich in letzter Zeit auch der umgekehrte Weg gezeigt: Doppelbesteuerungsabkommen wurden gekündigt (z. B. das Erbschaftsteuer-Abkommen mit Österreich, die Ertragsteuer-Abkommen mit Brasilien und der Türkei), was die Bedeutung der unilateralen Maßnahmen zur Vermeidung der Doppelbesteuerung wieder verstärkt ins Rampenlicht rücken lässt.

Teil IV und V tragen der zunehmenden Bedeutung des Europarechts für das Internationale Steuerrecht Rechnung. Der Einfluss durch Richtlinien, Verordnungen oder insbesondere durch die Rechtsprechung des Europäischen Gerichtshofs beschränkt sich hierbei nicht nur auf das materielle Ertrag- und Umsatzsteuerrecht, sondern auch auf verfahrensrechtliche Vorschriften der Deklaration, Mitwirkung und Steuerzahlung. Nimmt ein steuerlicher Berater von der Veröffentlichung eines Vorlagebeschlusses eines Finanzgerichts an den Europäischen Gerichtshof in einer steuerrechtlichen Fachzeitschrift keine Kenntnis und lässt er einen gleich gelagerten Besteuerungsfall bestandskräftig werden, droht ihm ein erhebliches Haftungspotenzial. Dies ist Grund genug, der zunehmenden Bedeutung des Europarechts für die steuerliche Beratungspraxis einen gleichberechtigten Teilbereich in diesem Buch neben den anderen Teilbereichen des Internationalen Steuerrechts zu widmen.

Das vorliegende Werk wendet sich an alle Personen, die sich über das Internationale Steuerrecht einführend oder weiterführend informieren wollen. Gedacht ist in erster Linie an diejenigen, die sich auf die Steuerberaterprüfung oder auf die Laufbahnprüfung des gehobenen Dienstes der Finanzverwaltung (Dipl.-Finanzwirt) vorbereiten. Darüber hinaus richtet sich das Buch an die Studierenden der Wirtschafts- und Rechtswissenschaften an Universitäten, Fachhochschulen und Berufsakademien, die steuerliche Fächer in Diplom-, Bachelor- oder Masterstudiengängen gewählt haben. Schließlich soll auch dem praktisch tätigen Rechtsanwender durch Verweis auf die einschlägigen Entscheidungen der Finanzgerichte und Verwaltungsanweisungen ein Kurzkommentar zum Internationalen Steuerrecht an die Hand gegeben werden. Erfreulicherweise hat das Buch mittlerweile auch als Quellennachweis Eingang in die Rechtsprechung des I. Senats des Bundesfinanzhofs gefunden.

Die Ausführungen des vorliegenden Buches berücksichtigen den Stand der Steuergesetze, Gerichtsurteile und Verwaltungserlasse bis zum 31.10.2009.

Für konstruktive Kritik und Anregungen sind wir dankbar.

Hamburg, im November 2009

Inhaltsübersicht

Teil I: Nationales Außensteuerrecht

C Wohnsitzwechsel insbesondere in niedrig besteuernde Gebiete

E Familienstiftungen § 15 AStG

Teil III: Doppelbesteuerungsabkommen

Teil V: Einfluss der EuGH-Rechtsprechung auf das Internationale Steuerrecht

TEIL I: NATIONALES AUSSENSTEUERRECHT

A. Verhältnis des nationalen Außensteuerrechts zum Internationalen Steuerrecht

Obwohl die begriffliche Abgrenzung von „Außensteuerrecht“ und „Internationalem Steuerrecht“ aus der Sicht des Rechtsanwenders wenig ergiebig ist, weil sich hieraus *de jure* keine Erkenntnisse für die Anwendung oder Auslegung von bestimmten steuerlichen Normen gewinnen lassen, erscheint eine kurze Erläuterung beider Ordnungsbegriffe dennoch sinnvoll, da sie in der Literatur häufig Verwendung finden. Sowohl zum Außensteuerrecht als auch zum Internationalen Steuerrecht gehören diejenigen steuerlichen Rechtsvorschriften, die sich mit **grenzüberschreitenden Sachverhalten** befassen. Dabei kann es sowohl um die steuerlich relevanten **Auslandsbeziehungen** von im Inland ansässigen Personen als auch um die steuerlich relevanten **Inlandsbeziehungen** von im Ausland ansässigen Personen gehen.

Die obigen Begriffe können insbesondere durch ihre Entstehung voneinander abgegrenzt werden. Während das nationale Außensteuerrecht durch die Gesetzgebungshoheit einer einzigen Staatsgewalt zustande kommt, ist für das Zustandekommen des Internationalen Steuerrechts das Zusammenwirken zweier oder mehrerer Staatsgewalten notwendig. Zum Internationalen Steuerrecht (i. e. S.) gehören damit die **Abkommen zur Vermeidung der Doppelbesteuerung** (neuerdings häufig „und zur Verhinderung der Steuerverkürzung“) und andere **völkerrechtliche Verträge,** soweit sie in den Unterzeichnerstaaten steuerliche Rechtsfolgen begründen können (z. B. einzelne Artikel des EG-Vertrags als „supranationales Steuerrecht“). Hierzu gehört mit zunehmender Bedeutung auch die auf den völkerrechtlichen Verträgen beruhende Rechtsprechung internationaler Gerichte wie z. B. die Rechtsprechung des Europäischen Gerichtshofs (EuGH). Die Rechtsprechung des EuGH ist insofern im Rahmen der deutschen Steuerberatung bedeutsam, als nach dem Urteil des OLG Hamm vom 24.02.1999[1] ein Steuerberater zur Haftung herangezogen werden kann, wenn er von der Veröffentlichung eines Vorlagebeschlusses eines FG an den EuGH in einer steuerrechtlichen Fachzeitschrift keine Kenntnis nimmt und einen gleich gelagerten Besteuerungsfall bestandskräftig werden lässt.[2]

In der Literatur weit verbreitet ist der Begriff des Internationalen Steuerrechts i. w. S., zu dem dann auch das nationale Außensteuerrecht gezählt wird. Um sich der fortwährenden Unterscheidung zwischen den beiden Begriffen zu entledigen, schließt sich diese Monographie beim Begriff „Internationales Steuerrecht“ der weiten Begriffsfassung an, ohne im Einzelfall auf eine Begriffsdifferenzierung zu verzichten.

---

1 Vgl. OLG Hamm vom 24.02.1999, rkr., G I 2000, S. 193.

2 Vgl. Jorewitz, Die Prüfung der EG-Konformität des deutschen Ertragsteuerrechts, Herne/Berlin 2004, S. 31.

Das nationale **Außensteuerrecht** der Bundesrepublik Deutschland ist in keinem einheitlichen Gesetz geregelt. Es setzt sich aus einem Sammelsurium von einzelnen Vorschriften in den Einzelsteuergesetzen zusammen. Zu den wichtigsten Rechtsquellen des deutschen Außensteuerrechts gehören

- die Vorschriften zur räumlichen Abgrenzung des nationalen Besteuerungsanspruchs wie die Abgrenzung der unbeschränkten und beschränkten Steuerpflicht in den Einzelsteuergesetzen (EStG, KStG, ErbStG),
- die unilateralen Vorschriften zur Vermeidung der internationalen Doppelbesteuerung in den Einzelsteuergesetzen (EStG, KStG, ErbStG),
- die Vorschriften zur Vermeidung der internationalen Steuerverkürzung (Minderbesteuerung, Nichtbesteuerung), die insbesondere im Außensteuergesetz (AStG) und im Investmentsteuergesetz (InvStG) geregelt sind,
- die Vorschriften zur Begrenzung des Steueranspruchs auf Inlandssachverhalte bei den Objekt- und Verkehrsteuern (BewG, GewStG, GrStG, UStG, GrEStG).

Bei den **Doppelbesteuerungsabkommen (DBA)** handelt es sich um völkerrechtliche Verträge, die i. d. R. zwischen zwei Staaten (bilaterale DBA) geschlossen werden. In ihnen werden die Besteuerungsbefugnisse des Staates der Einkunftsquelle (Quellenstaat) und des Staates des Einkünftebeziehers (Wohnsitzstaat) zugunsten der Steuerpflichtigen beschränkt. Die Doppelbesteuerungsabkommen werden durch Zustimmungsgesetz gem. Art. 59 Abs. 2 Satz 1 GG zu innerstaatlich anwendbarem Recht erklärt. Sie gehen gem. § 2 AO den nationalen Steuergesetzen vor. Diese in der Abgabenordnung als einfaches Bundesgesetz dem Wortlaut nach verankerte Vorrangigkeit der Doppelbesteuerungsabkommen ist spätestens seit den ersten deutschen Fällen zum sog. *treaty overriding* (§ 50 d Abs. 3 EStG; § 20 AStG) äußerst umstritten. Mittlerweile wird von der Gleichrangigkeit der DBA-Normen und der Vorschriften der nationalen Steuergesetze ausgegangen, sodass der nationale Steuergesetzgeber die Durchbrechung des innerstaatlich anwendbaren DBA-Rechts jederzeit anordnen kann.[3]

Die Bundesrepublik Deutschland hat zurzeit vier unterschiedliche Arten von Abkommen zur Vermeidung der Doppelbesteuerung mit anderen Ländern geschlossen:

- Abkommen auf dem Gebiet der **Steuern vom Einkommen und vom Vermögen** (Einkommensteuer, Körperschaftsteuer, Gewerbesteuer, Vermögensteuer);
- Abkommen auf dem **Gebiet der Erbschaftsteuern** (z. T. einschl. Schenkungsteuer);
- Abkommen zur Vermeidung der Doppelbesteuerung bei den Steuern vom **Einkommen** und vom **Vermögen** sowie bei den **Erbschaft- und Schenkungsteu-**

3 So z. B. Mössner, Rechtsschutz bei Treaty Overriding, in: Fischer (Hrsg.), Besteuerung internationaler Konzerne, Köln 1993, S. 113, 124; BFH vom 13.07.1994, BStBl 1995 II S. 129.

ern und zur **Beistandsleistung in Steuersachen** (sog. „große" Steuerabkommen, zzt. mit Schweden und Dänemark);

- Sonderabkommen betreffend Einkünfte und Vermögen von **Schifffahrts- und Luftfahrt-Unternehmen.**

Eine Übersicht über die geltenden und künftigen Abkommen, bei denen bereits laufende Verhandlungen aufgenommen worden sind, wird alljährlich als BMF-Schreiben in einer Ausgabe des Bundessteuerblatts, Teil I, veröffentlicht (siehe Anhang in diesem Buch).

B. Regelungsnormen in den deutschen Einzelsteuergesetzen mit grenzüberschreitendem Bezug

1 Einkommensteuergesetz

1.1 Fallgruppen zur unbeschränkten Steuerpflicht

1.1.1 Unbeschränkte Steuerpflicht aufgrund eines Wohnsitzes oder des gewöhnlichen Aufenthalts im Inland (§ 1 Abs. 1 EStG)

Die bedeutendste Ausprägungsform zur Bestimmung des deutschen Besteuerungsanspruchs stellt die unbeschränkte Steuerpflicht dar. Die unbeschränkte Steuerpflicht erstreckt sich auf sämtliche inländischen und ausländischen Einkünfte eines Steuerpflichtigen, soweit nicht durch Doppelbesteuerungsabkommen oder durch andere zwischenstaatliche Vereinbarungen dieser universale Besteuerungsanspruch (sog. **Welteinkommensprinzip**) für bestimmte Einkünfte eingeschränkt wird. Im Welteinkommensprinzip konkretisiert sich der Grundsatz der **Besteuerung nach der wirtschaftlichen Leistungsfähigkeit,** da es für die steuerliche Leistungsfähigkeit zunächst nicht darauf ankommt, wo Einkünfte erzielt worden sind. Dieses Besteuerungsprinzip wird jedoch aus unterschiedlichen Gründen zugunsten als auch zuungunsten der Steuerpflichtigen mannigfach durchbrochen. Bestimmte ausländische Einkünfte unterliegen z. B. aufgrund von Doppelbesteuerungsabkommen nicht der deutschen Besteuerung. Ausländische Einkünfte werden im Inland durch Anrechnung der im Ausland erhobenen Steuer auf die deutsche Steuer nicht oder nur ermäßigt besteuert. Andererseits werden z. B. bestimmte ausländische Verluste, die die steuerliche Leistungsfähigkeit einer Person gemindert haben, bei der inländischen Besteuerung aufgrund von Verlustverrechnungsbeschränkungen nicht berücksichtigt. Das der unbeschränkten Steuerpflicht immanente Welteinkommensprinzip kann somit durch zahlreiche Vorschriften durchbrochen sein.

Damit die unbeschränkte Einkommensteuerpflicht in der Bundesrepublik Deutschland gegeben ist, muss eine **natürliche Person im Inland** einen **Wohnsitz** oder ihren **gewöhnlichen Aufenthalt** haben (§ 1 Abs. 1 EStG). Der Begriff des Inlands ist in § 1 Abs. 1 Satz 2 EStG umschrieben. Zu den dominierenden Anknüpfungsmerkmalen für die unbeschränkte Steuerpflicht einer Person werden damit die Begriffe des Wohnsitzes und des gewöhnlichen Aufenthalts, die in Einzelfällen zu einer schwierig zu lösenden Tatsachenfrage werden können. Im Folgenden sollen diese zentralen Anknüpfungsmerkmale für die unbeschränkte Steuerpflicht bei den Personensteuern (Einkommensteuer, Erbschaft- und Schenkungsteuer) zunächst begriffsmäßig näher untersucht werden.

1.1.1.1 **Wohnsitz** (§ 8 AO)

Gemäß § 8 AO hat jemand einen Wohnsitz dort, wo er eine Wohnung unter Umständen innehat, die darauf schließen lassen, dass er die Wohnung beibehalten und benutzen wird. Dieser eigenständige steuerrechtliche Wohnsitzbegriff geht über den bürgerlich-rechtlichen Wohnsitzbegriff (§ 7 BGB) hinaus und stellt allein auf die tatsächlichen Verhältnisse des Steuerpflichtigen ab.[4] Die steuerrechtliche Wohnsitzdefinition versucht die Tatbestandselemente zu verobjektivieren, indem sie auf die Feststellung der Absicht des Steuerpflichtigen verzichtet. Die Wohnsitzbegründung muss auf Dauer angelegt sein. Der Wohnsitzbegriff umfasst drei wesentliche Tatbestandsmerkmale:

- **Innehaben** einer Wohnung,
- Vorliegen von Umständen, die (objektiv) darauf schließen lassen, dass der Steuerpflichtige die Wohnung **beibehalten wird** (nicht „will"),
- Vorliegen von Umständen, die (objektiv) darauf schließen lassen, dass der Steuerpflichtige die Wohnung **benutzen wird** (nicht „will").

Das An- oder Abmelden des Wohnsitzes bei der Ordnungsbehörde stellt für sich genommen noch nicht die Begründung eines steuerlichen Wohnsitzes dar, da es allein auf die tatsächlichen Verhältnisse ankommt.[5] Es kann jedoch als Umstand dafür gewertet werden, ob der Steuerpflichtige die Wohnung beibehalten wird oder nicht.

Der Steuerpflichtige muss zunächst über eine Wohnung tatsächlich verfügen können, wobei es auf die Eigentumsverhältnisse nicht ankommt, d. h., die Wohnung kann auch miet- oder pachtweise oder unentgeltlich von jemand anderem zur Ver-

---

4 Vgl. BFH vom 14.11.1969, BStBl 1970 II S. 153; BFH vom 10.11.1978, BStBl 1979 II S. 335; BFH vom 13.11.1988, BStBl 1989 II S. 182; im Einzelnen siehe Anwendungserlass zur AO (AEAO) vom 02.01.2008, BStBl I 2008 S. 26.

5 So BFH vom 14.11.1969, BStBl 1970 II S. 153 m. w. N.

fügung gestellt worden sein. Strafgefangene begründen keinen Wohnsitz am Ort der Strafanstalt, da es an der Verfügungsbefugnis fehlt. Eine nur für Besuchszwecke zur Verfügung gestellte Wohnung begründet ebenfalls keinen Wohnsitz. Die Wohnung muss objektiv zum Wohnen geeignet sein, wobei eine separate Küche oder Waschgelegenheit nicht erforderlich ist. Nach Auffassung der Finanzverwaltung genügt „eine bescheidene Bleibe“[6], d. h., eine standesgemäße Ausstattung der Räumlichkeiten ist nicht erforderlich. Mit verpackten Möbeln gefüllte Räume können nicht als Wohnung angesehen werden. Als **Wohnung** kommen nach der Rechtsprechung in Betracht: Baubaracke, Hotelzimmer bei Dauernutzung, Wochenendhaus, Jagdhaus, Wohnwagen bei Dauermiete auf einem Campingplatz. **Nicht** als Wohnung angesehen werden Wohnmobile in einem Ferienpark, Bauwagen, bloße Übernachtungsmöglichkeiten in der Wohnung von Verwandten, Hotelzimmer bei kurzfristiger Anmietung, einfache Übernachtungsmöglichkeiten auf einem Betriebsgelände oder in Geschäftsräumen.[7] Für die Wohnsitzbegründung gem. § 8 AO ist nicht erforderlich, dass es sich um die einzige Wohnung bzw. den einzigen Wohnsitz des Steuerpflichtigen handelt.[8] Auch der Lebensmittelpunkt ist ohne Bedeutung. Das Verwenden der Postanschrift von Eltern oder von anderen Personen, um jederzeit erreichbar zu sein, begründet noch keinen Wohnsitz.[9] Kehrt jemand in regelmäßigen Abständen in die elterliche Wohnung oder in die Familienwohnung zurück (z. B. Auslandsstudenten, Schiffspersonal), unterhält er hierdurch weiterhin eine Wohnung im Inland.[10] Demgegenüber hat ein ausländisches Kind, das im Heimatland bei Verwandten untergebracht ist und dort die Schule besucht, auch dann grundsätzlich keinen Wohnsitz im Inland, wenn es sich in den Schulferien bei seinen Eltern im Inland aufhält.[11] Für das Innehaben einer Wohnung ist ausreichend, wenn diese über mehrere Jahre hinweg jährlich regelmäßig zweimal zu bestimmten Zeiten über einige Wochen benutzt wird.[12]

Das zweite und dritte Tatbestandsmerkmal (Umstände, die darauf schließen lassen, dass der Steuerpflichtige die Wohnung beibehalten und benutzen wird) enthalten zum einen ein **Zeitmoment.** Die Wohnungsnahme darf nicht kurzfristig und vorübergehend angelegt sein. Zur Bestimmung des Zeitmoments kann auf die Sechsmonatsfrist des § 9 Satz 2 AO zurückgegriffen werden.[13] Wird eine Wohnung von vornherein mit der Absicht genommen, sie nur vorübergehend zu benutzen (weniger als sechs Monate), erfolgt hierdurch keine Wohnsitzbegründung. Ist das Beibehalten und Benutzen der Wohnung zunächst längerfristig oder auf Dauer angelegt und wird sie vorzeitig aufgrund eines späteren Entschlusses aufgegeben (z. B. wegen einer

6 Vgl. BMF-Schreiben vom 02.01.2008, BStBl 2008 I S. 26, zu § 8 – Wohnsitz, Tz. 3.
7 Vgl. Tipke/Kruse, § 8 AO, Tz. 5 mit Urteilsnachweisen.
8 Vgl. BFH vom 10.08.1983, BStBl 1984 II S. 11; BFH vom 19.03.1997, BStBl 1997 II S. 447.
9 Vgl. Urteil des FG Bremen vom 27.07.1989, rkr., EFG 1990, S. 93.
10 Vgl. BFH vom 24.10.1969, BStBl 1979 II S. 109; BFH vom 19.03.1997, BStBl 1997 II S. 447.
11 Vgl. BFH vom 22.04.1994, BStBl 1994 II S. 447.
12 Vgl. BFH vom 23.11.1988, BStBl 1989 II S. 182.
13 Vgl. BFH vom 30.08.1989, BStBl 1989 II S. 956.

beruflichen Versetzung), wird dadurch die Wohnsitzbegründung nicht beeinträchtigt.

Zum anderen müssen die Umstände darauf hindeuten, dass der Steuerpflichtige die **Wohnung benutzen wird.** Wird eine Wohnung durch längerfristige Untervermietung (länger als sechs Monate) aufgegeben, so deuten die Umstände darauf hin, dass der Steuerpflichtige die Wohnung nicht benutzen wird. Wird eine Wohnung bei vorübergehender Abwesenheit durch einen Raumpflegedienst ständig gereinigt, deuten die Umstände darauf hin, dass der Steuerpflichtige die Wohnung benutzen wird, selbst wenn sich im Nachhinein herausstellt, dass er sie tatsächlich nicht benutzt hat.

Hat der Steuerpflichtige sowohl im Inland als auch im Ausland eine Wohnung und gilt er nach dem anzuwendenden Doppelbesteuerungsabkommen als im anderen Vertragsstaat ansässig, weil dort der Mittelpunkt der Lebensinteressen ist,[14] so wird die unbeschränkte Steuerpflicht in der Bundesrepublik Deutschland nicht davon berührt.[15] Die Wohnsitzbestimmung nach dem Abkommen hat nur Bedeutung für die Zuteilung der Besteuerungsrechte auf die beiden Vertragsstaaten entsprechend der Vereinbarung in dem DBA.[16]

1.1.1.2 Gewöhnlicher Aufenthalt (§ 9 AO)

Neben dem Wohnsitz begründet bei natürlichen Personen auch der gewöhnliche Aufenthalt im Inland bereits die unbeschränkte Steuerpflicht. Beide Tatbestände stehen grundsätzlich selbständig nebeneinander, wenngleich in der Besteuerungspraxis primär auf den Wohnsitz abgestellt wird. Im Gegensatz zum Wohnsitz stellt der gewöhnliche Aufenthalt nicht auf das Innehaben einer Wohnung ab. § 9 AO regelt zwei Tatbestände, bei denen ein gewöhnlicher Aufenthalt im Inland vorliegt. § 9 Satz 1 AO lokalisiert den gewöhnlichen Aufenthalt anhand von zwei Tatbestandsmerkmalen:

- tatsächlicher Aufenthalt einer Person an einem Ort oder in einem Gebiet im Inland.
- Umstände, die erkennen lassen, dass die Person hier nicht nur vorübergehend verweilt.

Bei der Bestimmung des gewöhnlichen Aufenthalts kommt es ausschließlich auf die **äußeren Umstände** an. Ein entgegengesetzter Wille des Steuerpflichtigen ist unbeachtlich, sodass auch ein Zwangsaufenthalt im Gefängnis oder im Krankenhaus einen gewöhnlichen Aufenthalt im Inland begründen kann.[17] Ein Aufenthalt an verschiedenen Orten oder in verschiedenen Gebieten kann einen gewöhnlichen Aufent-

---

14 Siehe z. B. Art. 4 Abs. 2 Buchst. a DBA-Italien.
15 Vgl. BFH vom 16.12.1998, BStBl 1999 II S. 207.
16 Vgl. BFH vom 13.10.1965, BStBl 1965 II S. 738; BFH vom 04.06.1975, BStBl 1975 II S. 708.
17 Vgl. BFH vom 23.07.1971, BStBl 1971 II S. 758; BFH vom 14.11.1986, BFH/NV 1987, S. 262.

halt nach § 9 Satz 1 AO nicht begründen. Bei dem Begriff „Gebiet" muss es sich um ein Teilgebiet des Bundesgebiets handeln wie z. B. das Gebiet eines Landkreises, ohne dass es dabei auf die genaue Einhaltung der Kreisgrenzen ankommt.[18] Für einen gewöhnlichen Aufenthalt nach § 9 Satz 1 AO ist nicht erforderlich, dass sich die betreffende Person tatsächlich mehr als sechs Monate an einem Ort oder in einem Gebiet im Inland aufhält. Es muss lediglich erkenntlich gewesen sein, dass sich die Person ursprünglich länger als sechs Monate im Inland aufhalten wollte.[19] Der gewöhnliche Aufenthalt kann nach Auffassung der Finanzverwaltung **nicht gleichzeitig an mehreren Orten** bestehen.[20] Demgegenüber kann der Steuerpflichtige jedoch mehrere Wohnsitze haben.

Ein gewöhnlicher Aufenthalt im Inland ist nicht dadurch gegeben, dass der Steuerpflichtige seine Tätigkeit im Inland ausübt, wenn er täglich zu seiner im Ausland gelegenen Wohnung zurückkehrt.[21] Etwas anderes gilt, wenn der Steuerpflichtige wochentags am Arbeits- bzw. Geschäftsort übernachtet und nur am Wochenende zu seiner Wohnung im Ausland zurückkehrt. **Grenzgänger** haben ihren gewöhnlichen Aufenthalt grundsätzlich im Wohnsitzstaat.[22]

§ 9 Satz 2 AO versucht den Ort des gewöhnlichen Aufenthalts einer Person im Inland nicht näher zu lokalisieren. Hier wird ausschließlich auf das Zeitmoment für das Vorliegen eines gewöhnlichen Aufenthalts abgestellt. Als gewöhnlicher Aufenthalt nach dieser Vorschrift ist stets und von Beginn an ein **zeitlich zusammenhängender Aufenthalt von mehr als sechs Monaten** Dauer im Inland anzusehen (unwiderlegbare Vermutung), wobei kurzfristige Unterbrechungen unberücksichtigt bleiben. Dies gilt nicht, wenn der Aufenthalt ausschließlich zu Besuchs-, Erholungs-, Kur- oder ähnlichen privaten Zwecken dient und nicht länger als ein Jahr dauert (§ 9 Satz 3 AO). Die Sechsmonatsfrist muss nicht in einen einzigen VZ fallen, sondern kann sich zeitlich zusammenhängend über zwei Veranlagungszeiträume verteilen.[23] Nach Ablauf der Sechsmonatsfrist tritt die unbeschränkte Steuerpflicht ab Beginn des Aufenthalts im Inland ein. Bei der Ermittlung der Sechsmonatsfrist zählt der Tag des Beginns des Aufenthalts nicht mit.[24] Bei kurzfristigen Unterbrechungen des Aufenthalts bleiben die Unterbrechungstage bei der Ermittlung der Sechsmonatsfrist nach wohl h. A. unberücksichtigt.[25]

---

18 Vgl. Tipke/Kruse, § 9 AO, Tz. 5.

19 Vgl. BFH vom 03.08.1977, BStBl 1978 II S. 118; BFH vom 30.08.1989, BStBl 1989 II S. 956.

20 Vgl. Anwendungserlass zur AO (AEAO) vom 02.01.2008, BStBl 2008 I S. 26, zu § 9 – Gewöhnlicher Aufenthalt, Tz. 3; s. a. BFH vom 10.08.1983, BStBl 1984 II S. 11.

21 Vgl. BFH vom 10.08.1983, BStBl 1984 II S. 11; BFH vom 06.02.1985, BStBl 1985 II S. 331; BFH vom 25.05.1988, BStBl 1988 II S. 944.

22 Vgl. BFH vom 25.01.1989, BStBl 1990 II S. 687; BFH vom 10.05.1989, BStBl 1989 II S. 755; BFH vom 22.01.1992, BStBl 1992 II S. 618. Für die Zuweisung der Besteuerungsrechte nach einem DBA vgl. aber BFH vom 10.07.1996, IStR 1996, S. 589.

23 Vgl. BFH vom 19.08.1981, BStBl 1982 II S. 452.

24 § 108 Abs. 1 AO i. V. m. § 187 Abs. 1 BGB.

25 Vgl. z. B. Heinicke, in: L. Schmidt, EStG, 27. Aufl. 2008, § 1, Rz. 27.

Bei Unterbrechungen der Anwesenheit kommt es darauf an, ob noch ein einheitlicher Aufenthalt anzunehmen ist oder mehrere getrennte Aufenthalte vorliegen. Ein **einheitlicher Aufenthalt** ist dann gegeben, wenn die Unterbrechungen kurzfristig sind und der Aufenthalt nach den Verhältnissen fortgesetzt werden sollte. Kurze Unterbrechungen liegen bei Familienheimfahrten, Inanspruchnahme des Jahresurlaubs, zwischenzeitlichen Kuraufenthalten oder bei geschäftlichen Reisen vor.[26] Gibt ein ausländischer Staatsangehöriger für die Dauer eines zweijährigen Studiums im Ausland seine inländische Wohnung auf und hält er sich während dieser zwei Jahre nur für drei Monate im Rahmen eines Praktikums in Deutschland auf, so liegt kein gewöhnlicher Aufenthalt im Inland vor.[27]

1.1.2 Erweiterte unbeschränkte Steuerpflicht für deutsche Staatsangehörige in einem öffentlich-rechtlichen Dienstverhältnis bei Auslandsentsendung (§ 1 Abs. 2 EStG)

Der Kreis der unbeschränkt Steuerpflichtigen ist um bestimmte Personen erweitert worden, die im Inland weder einen Wohnsitz noch ihren gewöhnlichen Aufenthalt haben, die jedoch durch ein öffentlich-rechtliches Dienstverhältnis und durch Zahlung von Bezügen aus einer inländischen öffentlichen Kasse mit der Bundesrepublik Deutschland besonders verbunden sind. Hierzu gehören jedoch nicht die bei internationalen Organisationen beschäftigten Deutschen, da sie ihren Arbeitslohn nicht aus einer inländischen öffentlichen Kasse beziehen. Nicht zum Kreis der erweitert unbeschränkt Steuerpflichtigen gehören die Mitarbeiter des Goethe-Instituts mit Wohnsitz im Ausland, da sie nicht zu einer inländischen juristischen Person des öffentlichen Rechts, sondern zu einer juristischen Person des privaten Rechts in einem Dienstverhältnis stehen.[28] Dieser sog. erweiterten unbeschränkten Einkommensteuerpflicht unterliegen deutsche Staatsangehörige sowie die zu ihrem Haushalt gehörigen Angehörigen, die aufgrund ihres diplomatischen oder konsularischen Status in dem Staat, in dem sie ihren Wohnsitz oder gewöhnlichen Aufenthalt haben, nur in einem der beschränkten Einkommensteuerpflicht ähnlichen Umfang zu einer Steuer vom Einkommen herangezogen werden (sog. „Steuerimmunität"). Dieser steuerrechtliche Status ist nach den Vorschriften des maßgebenden ausländischen Steuerrechts zu prüfen.[29] Die erweiterte unbeschränkte Einkommensteuerpflicht kann für die davon betroffenen Personen durch die dann mögliche Inanspruchnahme von persönlichen Steuervergünstigungen vorteilhaft sein, sofern diese Vergünstigungen die unbeschränkte Einkommensteuerpflicht einer Person voraussetzen wie z. B. die Zusammenveranlagung von Ehegatten (§ 26 Abs. 1 Satz 1 EStG) und die damit ein-

26 Vgl. Anwendungserlass zur AO (AEAO) vom 02.01.2008, BStBl 2008 I S. 26, zu § 9 – Gewöhnlicher Aufenthalt, Tz. 1.

27 Vgl. BFH vom 27.04.2005, BFH/NV 2005, S. 1756.

28 Vgl. BFH vom 22.02.2006, BStBl 2007 II S. 106.

29 Vgl. ebenda.

hergehende Möglichkeit der Anwendung des Splitting-Verfahrens (§ 32 a Abs. 5 EStG).

1.1.3 Antragsabhängige unbeschränkte Steuerpflicht bei ausschließlichem oder fast ausschließlichem Bezug von inländischen Einkünften (§ 1 Abs. 3 EStG)

Sogenannte Grenzgänger, d. h. natürliche Personen, die im Inland weder einen Wohnsitz noch ihren gewöhnlichen Aufenthalt haben, deren Einkünfte jedoch ausschließlich oder fast ausschließlich aus dem Inland stammen, können sich gem. § 1 Abs. 3 EStG **auf Antrag** als unbeschränkt einkommensteuerpflichtig behandeln lassen (sog. fiktive unbeschränkte Steuerpflicht).[30] Der steuerliche Vorzug einer Option für die unbeschränkte Einkommensteuerpflicht besteht im Wesentlichen darin, dass über den Abzug von Sonderausgaben und außergewöhnlichen Belastungen die persönlichen Verhältnisse des Steuerpflichtigen stärker berücksichtigt werden können als im Rahmen der beschränkten Steuerpflicht, die einen objektsteuerähnlichen Charakter hat.

Im Einzelnen müssen für die Option zur unbeschränkten Einkommensteuerpflicht folgende **Anwendungsvoraussetzungen** erfüllt sein:

(1) Der Antragsteller muss eine **natürliche Person** sein. Für juristische Personen besteht keine entsprechende Optionsmöglichkeit. Durch die Möglichkeit der Antragstellung liegt gleichzeitig ein Wahlrecht vor.

(2) Die natürliche Person darf **weder** einen **Wohnsitz noch** ihren **gewöhnlichen Aufenthalt** im Inland haben. Auf die Staatsangehörigkeit und auf den Ansässigkeitsstaat der Person kommt es nicht an.

(3) Die natürliche Person muss **inländische Einkünfte** i. S. des § 49 EStG haben (die Einkunftsart ist dabei unerheblich).

(4) Von den weltweiten Einkünften der Person müssen im jeweiligen Kalenderjahr **mindestens 90 %** der deutschen Einkommensteuer unterliegen, oder die nicht der deutschen Einkommensteuer unterliegenden Einkünfte dürfen im Kalenderjahr **nicht mehr als 7.834 Euro (ab VZ 2010: 8.004 Euro)** betragen. Der Betrag von 7.834 Euro ist zu mindern auf 5.875,50 Euro, 3.917,00 Euro oder auf 1.958,50 Euro, soweit es nach den Verhältnissen im Wohnsitzstaat des Steuerpflichtigen notwendig und angemessen ist.[31] Bei der Ermittlung der Höhe der nicht der deutschen Einkommensteuer unterliegenden Einkünfte bleiben solche ausländischen Einkünfte außer Betracht, die im Ausland nicht besteuert werden, sofern vergleichbare inländische Einkünfte steuerfrei sind (§ 1 Abs. 3 Satz 4 EStG). Inländische Einkünfte (z. B.

---

30 Vgl. zur Vorteilhaftigkeitsbeurteilung der Option nach § 1 Abs. 3 EStG z. B. Große, Die Wahl der Steuerpflicht nach § 1 Abs. 3 EStG, StuW 1999, S. 357 ff., sowie Große/Kudert, Beschränkte versus fiktiv unbeschränkte Steuerpflicht, IStR 1999, S. 737 ff.

31 Vgl. BMF-Schreiben vom 09.09.2008 – IV C 4 – S 2285/07/0005, BStBl 2008 I S. 936.

Dividenden, Zinsen, Lizenzgebühren), die nach einem Doppelbesteuerungsabkommen nur mit einem ermäßigten Quellensteuersatz (Kapitalertragsteuersatz) besteuert werden dürfen, gelten im Sinne dieser Regelung als nicht der deutschen Einkommensteuer unterliegend.

(5) Die Höhe der nicht der deutschen Einkommensteuer unterliegenden Einkünfte muss durch eine **Bescheinigung** der zuständigen ausländischen Steuerbehörde nachgewiesen werden (§ 1 Abs. 3 Satz 5 EStG; amtlicher Vordruck „Bescheinigung EU/EUR“). Diese materiell-rechtliche Voraussetzung ist mit erheblichen praktischen Problemen behaftet,[32] zumal diese Bescheinigung i. d. R. nur nachgereicht werden kann, sodass die Einkommensteuer-Veranlagung regelmäßig mit einem Vorläufigkeitsvermerk gem. § 165 AO versehen werden muss. Die nicht der deutschen Einkommensteuer unterliegenden Einkünfte eines Steuerpflichtigen sind i. d. R. nach deutschem Steuerrecht zu ermitteln.[33] Zur Ermittlung der Einkünftegrenze des § 1 Abs. 3 Satz 2 EStG bei nach ausländischem Recht steuerfreien Einkünften eines im EU-Ausland wohnhaften Ehegatten kann es das nach Art. 52 EGV bestehende Diskriminierungsverbot jedoch gebieten, dass die Steuerbarkeit und die Steuerpflicht von im EU-Ausland erzielten Einkünften nach dem dort geltenden Steuerrecht zu beurteilen ist.[34]

Eine Bescheinigung einer ausländischen Steuerbehörde bedarf es nicht, wenn der Steuerpflichtige ausschließlich inländische Einkünfte erzielt hat.[35] Der Nachweis der nicht der deutschen Einkommensteuer unterliegenden Einkünfte bereitet bei Steuerpflichtigen mit Wohnsitz in Großbritannien besondere Schwierigkeiten, da das britische Steuerjahr (6. April bis 5. April des Folgejahres) vom deutschen Besteuerungszeitraum (Kalenderjahr) abweicht. Wegen der größtmöglichen Überschneidung mit dem deutschen VZ sind die in Großbritannien der Besteuerung unterliegenden Einkünfte für Zwecke des § 1 Abs. 3 EStG in Deutschland in dem Kalenderjahr zu berücksichtigen, in dem das britische Steuerjahr **beginnt.**[36]

Die ausländischen Einkünfte sind in Euro umzurechnen, wobei die nach ausländischen Vorschriften ermittelten Beträge im Allgemeinen zu übernehmen sind, sofern hierdurch keine sachwidrige Behandlung entsteht.

---

32 Vgl. hierzu auch Plenker, Jahressteuergesetz 1996: Neuregelung der persönlichen Steuerpflicht beschränkt steuerpflichtiger Arbeitnehmer, DB 1995, S. 2135; Schulze zur Wiesche, Die Besteuerung von unbeschränkt Steuerpflichtigen und beschränkt Steuerpflichtigen nach dem Jahressteuergesetz 1996, IStR 1996, S. 106, 107; Nachweiserleichterungen sieht die Vfg. der OFD Frankfurt a. M. vom 29.08.1996 – S 2102 A – 13 – St II 25, RIW 1996, S. 1057, vor.

33 Vgl. FG Köln vom 21.01.2004, 4 K 4336/01, EFG 2005, S. 419; BFH vom 20.08.2008, DB 2008 S. 2626.

34 Vgl. BFH-Beschluss vom 28.06.2005, I R 114/04, BStBl 2005 II S. 835; EuGH-Urteil vom 27.01.2007 Rs. C-329/05, Meindl, DB 2007, S. 951. Siehe auch Kaefer/Kaefer, Ausländische Einkünfte und erweiterte unbeschränkte Steuerpflicht, IStR 2006, S. 37 ff.; Wilke, Korrekturbedarf für § 1 Abs. 3 und § 1 a EStG, IWB 2007, F. 11A Rechtsprechung Steuerrecht, S. 1137 ff., OFD Rheinland vom 21.03.2006, S 2104 – 1000 – St 152, IStR 2008, S. 155.

35 Vgl. FG Brandenburg vom 17.08.2005, 4 K 1467/01 – rkr., EFG 2005, S. 1706.

36 Vgl. OFD Münster vom 19.02.1998, RIW 1998, S. 500.

Sind die obigen Voraussetzungen sämtlich erfüllt, ergeben sich im Wesentlichen die anschließenden **Besteuerungsfolgen:**

(1) Es sind insbesondere alle **persönlichen Abzüge** und **Vergünstigungen** zu berücksichtigen, die nach § 50 Abs. 1 Satz 3 EStG bei beschränkter Steuerpflicht grundsätzlich ausgeschlossen sind.

(2) Die nicht der deutschen Einkommensteuer unterliegenden Einkünfte (bis 10 % der Gesamteinkünfte, höchstens 7.834 Euro; ab 2010: 8.004 Euro) oder die nur einem Steuerabzug unterliegenden Einkünfte sind in einen **Progressionsvorbehalt** einzubeziehen (§ 32 b Abs. 1 Satz 1 Nr. 5 EStG). Trotz der unbeschränkten Steuerpflicht gilt für die im Ausland erzielten Einkünfte nicht das Welteinkommensprinzip, d. h., diese werden für Zwecke der deutschen Besteuerung als steuerfrei behandelt.

(3) Der **Steuerabzug nach § 50 a EStG** ist auch dann vorzunehmen, wenn der Steuerpflichtige auf Antrag als unbeschränkt einkommensteuerpflichtig behandelt wird (§ 1 Abs. 3 Satz 6 EStG).

(4) Die Option für die unbeschränkte Einkommensteuerpflicht wird nur für **ein Kalenderjahr** ausgeübt. Eine Bindungswirkung für die Zukunft besteht nicht.

(5) Nach dem Gesetzeswortlaut gelten die nach einem DBA mit einem ermäßigten Quellensteuerabzug belasteten Einkünfte (insbesondere Dividenden, Zinsen, Lizenzgebühren) bei der Feststellung der Anwendungsvoraussetzungen der Vorschrift *(„hierbei")* als nicht der deutschen Einkommensteuer unterliegend. Daraus kann aber nicht die Schlussfolgerung gezogen werden, dass derartige inländische Einkünfte nicht in die Veranlagung einzubeziehen sind. Sie sind bei der Ermittlung des zu versteuernden Einkommens des unbeschränkt Einkommensteuerpflichtigen zu berücksichtigen, soweit es sich um **inländische Einkünfte i. S. des § 49 EStG** handelt[37] (Zinsen, die nicht grundpfandrechtlich gesichert sind, fallen z. B. nicht darunter). Dementsprechend steht dem Steuerpflichtigen auch ein Anspruch auf Anrechnung der Abzugsteuern gem. § 36 Abs. 2 Satz 1 Nr. 2 EStG zu.

(6) Soweit zusätzlich die Voraussetzungen des **§ 1 a EStG** erfüllt sind (insbesondere EU-/EWR-Staatsangehörigkeit), können die dort genannten weiter gehenden **personen- und familienbezogenen Entlastungen** in Betracht kommen. Sind die Voraussetzungen des § 1 a EStG **nicht** erfüllt, kommt die Gewährung des Splittingtarifs und bestimmter anderer familienbezogener Vergünstigungen für die im Ausland lebenden Familienangehörigen nicht in Betracht, da diese Steuererleichterungen nicht nur die unbeschränkte Einkommensteuerpflicht des Beziehers der Einkünfte, sondern auch der jeweiligen Familienangehörigen voraussetzen.

37 Vgl. BFH vom 13.11.2002, BStBl 2003 II S. 587.

1.1.4 Berücksichtigung von personen- und familienbezogenen Entlastungen bei fiktiv unbeschränkt steuerpflichtigen EU-/EWR-Familienangehörigen (§ 1 a EStG)

Von EU-/EWR-Staatsangehörigen (einschl. Deutschen),[38] die unbeschränkt einkommensteuerpflichtig sind, können gem. § 1 a EStG unter bestimmten Umständen für nichtansässige Familienangehörige bestimmte steuerliche Abzüge und Vergünstigungen in Anspruch genommen werden, die normalerweise ebenfalls die unbeschränkte Steuerpflicht dieser Familienangehörigen verlangen.

Zu den **Voraussetzungen** für die Inanspruchnahme der personen- und familienbezogenen Steuervergünstigungen gehören im Einzelnen:

(1) Bei dem Steuerpflichtigen, der die Vergünstigungen des § 1 a EStG beantragt, muss es sich um einen **EU-/EWR-Staatsangehörigen** handeln.

(2) Dieser EU-/EWR-Staatsangehörige muss unbeschränkt einkommensteuerpflichtig sein, und seine Einkünfte müssen ausschließlich oder fast ausschließlich aus dem Inland stammen. Hat der Steuerpflichtige im Inland einen Wohnsitz oder seinen gewöhnlichen Aufenthalt, so müssen von den weltweiten Einkünften dieser Person im jeweiligen Kalenderjahr **mindestens 90 %** der deutschen Einkommensteuer unterliegen, oder die nicht der deutschen Einkommensteuer unterliegenden Einkünfte dürfen im Kalenderjahr **nicht mehr als 7.834 Euro (ab VZ 2010: 8.004 Euro)** betragen. Die Höhe der nicht der deutschen Einkommensteuer unterliegenden Einkünfte muss durch eine ausländische Steuerbehörde bescheinigt werden. Hat die Person weder einen Wohnsitz noch ihren gewöhnlichen Aufenthalt im Inland, so muss sich die unbeschränkte Einkommensteuerpflicht auf Antrag aus § 1 Abs. 3 EStG ergeben.

(3) Der **Familienangehörige** (Ehegatte, Kind) muss seinen **Wohnsitz** oder **gewöhnlichen Aufenthalt** im Hoheitsgebiet eines **EU-/EWR-Staates** haben. Auf die Staatsangehörigkeit kommt es nicht an. Die Voraussetzung der unbeschränkten Steuerpflicht bei den Familienangehörigen wird hier durch die Ansässigkeit in einem EU-/EWR-Staat für die Gewährung der familienbezogenen Steuervergünstigungen ersetzt.

Sind die obigen Voraussetzungen erfüllt, so können die folgenden **personen- und familienbezogenen Steuervergünstigungen** im Rahmen der deutschen Besteuerung beansprucht werden:

(1) **Unterhaltsleistungen** an den geschiedenen oder dauernd getrennt lebenden Ehegatten können bis zu einem Betrag von 13.805 Euro im Kalenderjahr gem. § 10 Abs. 1 Nr. 1 EStG als Sonderausgaben abgezogen werden. Der Zahlungsempfänger muss allerdings die Besteuerung der Unterhaltszahlungen durch eine Bescheinigung der zuständigen ausländischen Steuerbehörde nachweisen.

38 Zu den EWR-Staaten gehören noch Island, Norwegen und Liechtenstein.

Ist der geschiedene oder dauernd getrennt lebende Ehegatte nicht in einem EU-/EWR-Staat ansässig, so können die Unterhaltsleistungen im Rahmen der unbeschränkten Steuerpflicht nur bis zu einem Betrag von 7.680 Euro als außergewöhnliche Belastungen gem. § 33 a Abs. 1 EStG abgezogen werden. Eigene Einkünfte des unterhaltenen Ehegatten mindern allerdings den Höchstbetrag von 7.680 Euro, soweit sie den Betrag von 624 Euro übersteigen.

(2) Für den nicht dauernd getrennt lebenden Ehegatten kann die Zusammenveranlagung (§ 26 Abs. 1 Satz 1 EStG) gewählt werden, sodass gem. § 32 a Abs. 5 EStG das **Splitting-Verfahren** anwendbar ist sowie bei den ehegattenbezogenen Höchst- und Pauschbeträgen eine Verdoppelung stattfindet. Bei der Prüfung der Frage, ob von den weltweiten Einkünften im jeweiligen Kalenderjahr mindestens 90 % der deutschen Einkommensteuer unterliegen, ist auf die Einkünfte beider Ehegatten abzustellen.[39] Die nicht der deutschen Einkommensteuer unterliegenden Einkünfte dürfen im Kalenderjahr in diesem Fall nicht mehr als 15.668 Euro (ab VZ 2010: 16.008 Euro) betragen.

Für Personen, die in einem öffentlich-rechtlichen Dienstverhältnis zur Bundesrepublik Deutschland stehen und die sich aufgrund eines dienstlichen Auftrags im Ausland befinden, gilt die Regelung des § 1 a Abs. 1 Nr. 2 EStG entsprechend, wenn es sich bei dem ausländischen Staat nicht um einen EU-/EWR-Staat handelt. Es ist jeweils auf den Staat des ausländischen Dienstortes abzustellen (§ 1 a Abs. 2 EStG). Wohnt ein öffentlich Bediensteter ohne dienstlichen Auftrag oder ein Pensionär aus persönlichen Gründen im Ausland außerhalb des EU-/EWR-Bereichs, so kommt das Splitting-Verfahren für den nicht unbeschränkt steuerpflichtigen Ehegatten nicht in Betracht.

Die antragsgebundene unbeschränkte Steuerpflicht gem. § 1 Abs. 3 EStG bzw. die fiktive unbeschränkte Steuerpflicht gem. § 1 a EStG ist davon abhängig, dass die Einkünfte des Steuerpflichtigen im Kalenderjahr mindestens zu 90 % der deutschen Einkommensteuer unterliegen oder die nicht der deutschen Einkommensteuer unterliegenden Einkünfte nicht mehr als 7.834 Euro (ab VZ 2010: 8.004 Euro) (bei Ehegatten nicht mehr als 15.668 Euro bzw. ab VZ 2010 16.008 Euro) im Kalenderjahr betragen. Die Vereinbarkeit dieser Bestimmungen mit der EG-vertraglich garantierten Niederlassungsfreiheit ist vielfach angezweifelt worden. Der EuGH hat jedoch mit Urteil vom 14.09.1999[40] bestätigt, dass die Bedingungen der deutschen Regelung **nicht** der Niederlassungsfreiheit entgegenstehen.

39 Siehe hierzu auch OFD München, Vfg. vom 24.07.2000 – S 2102 B – 25 St 41, DB 2000, S. 1939. Nach dieser Verfügung sind sämtliche innerhalb eines Kalenderjahres erzielten Einkünfte in die Ermittlung mit einzubeziehen, und zwar unabhängig vom Zeitpunkt des Zuflusses.

40 Rs. C-391/97, BStBl 1999 II S. 841.

1.1.5 Zusammenfassender Überblick über die Fallgruppen der unbeschränkten und beschränkten Steuerpflicht

Im Rahmen der unbeschränkten und beschränkten Steuerpflicht muss für die steuerlich korrekte Behandlung zwischen diversen Fallgruppen unterschieden werden:

(1) Personen, die im Inland einen Wohnsitz oder ihren gewöhnlichen Aufenthalt haben, die die EU-/EWR-Staatsangehörigkeit (einschl. der deutschen) besitzen **und** die ausschließlich oder fast ausschließlich inländische Einkünfte erzielen:

Sie sind von Gesetzes wegen **unbeschränkt einkommensteuerpflichtig.** Sie können bestimmte personen- und familienbezogene Steuervergünstigungen auch dann in Anspruch nehmen, wenn der Familienangehörige nicht unbeschränkt steuerpflichtig ist, jedoch in einem EU-/EWR-Staat wohnt.

(2) Personen, die im Inland einen Wohnsitz oder ihren gewöhnlichen Aufenthalt haben, die jedoch **nicht die EU-/EWR-Staatsangehörigkeit** besitzen oder die nicht ausschließlich oder fast ausschließlich inländische Einkünfte erzielen (z. B. Gastarbeiter aus Nicht-EU-/EWR-Staaten) (unbeschränkte Steuerpflicht):

Sie sind zwar von Gesetzes wegen **unbeschränkt einkommensteuerpflichtig.** Bestimmte personen- oder familienbezogene Steuervergünstigungen sind jedoch davon abhängig, dass auch der Familienangehörige unbeschränkt steuerpflichtig ist.

(3) Deutsche Staatsangehörige des diplomatischen und konsularischen Dienstes einschl. der Angehörigen, die sich aus dienstlichen Gründen im Ausland aufhalten (sog. **erweiterte unbeschränkte Steuerpflicht**):

Sie sind ebenfalls von Gesetzes wegen unbeschränkt einkommensteuerpflichtig (§ 1 Abs. 2 EStG).

(4) Personen, die im Inland weder einen Wohnsitz noch ihren gewöhnlichen Aufenthalt haben, die jedoch ausschließlich oder fast ausschließlich inländische Einkünfte beziehen, aber keine EU-/EWR-Staatsangehörigkeit besitzen (sog. **antragsabhängige unbeschränkte Steuerpflicht**):

Sie können auf Antrag als unbeschränkt einkommensteuerpflichtig behandelt werden (§ 1 Abs. 3 EStG), jedoch nicht von den Steuervergünstigungen des § 1 a EStG profitieren.

(5) Verheiratete Personen mit **EU-/EWR-Staatsangehörigkeit,** die im Inland weder einen Wohnsitz noch ihren gewöhnlichen Aufenthalt haben, die jedoch ausschließlich oder fast ausschließlich inländische Einkünfte beziehen:

Sie können auf Antrag als unbeschränkt einkommensteuerpflichtig behandelt werden (§ 1 Abs. 3 EStG). Darüber hinaus können sie u. a. mit ihrem in einem EU-/EWR-Staat lebenden Ehegatten zusammen veranlagt werden, um das Splitting-Verfahren in Anspruch zu nehmen (§ 1 a Abs. 1 EStG, sog. fiktive unbeschränkte Steuerpflicht).

(6) Verheiratete Angehörige des **öffentlichen Dienstes,** die aus dienstlichen Gründen in einem Nicht-EU-/EWR-Staat wohnen und ihr gemeinsames Einkommen ausschließlich oder fast ausschließlich aus dem Inland erzielen:

Sie können auf Antrag als unbeschränkt einkommensteuerpflichtig behandelt (§ 1 Abs. 3 EStG) und mit ihrem im Staat des ausländischen Dienstortes lebenden Ehegatten nach dem Splittingtarif zusammen veranlagt werden (§ 1 a Abs. 2 EStG).

(7) Personen ohne einen Wohnsitz oder ihren gewöhnlichen Aufenthalt im Inland, die inländische Einkünfte i. S. des § 49 EStG beziehen (**beschränkte Steuerpflicht**):

Sie unterliegen mit ihren inländischen Einkünften der beschränkten Steuerpflicht gem. § 1 Abs. 4 EStG und können keine personen- und familienbezogenen Entlastungen gem. § 50 Abs. 1 Satz 3 EStG beanspruchen.

(8) Beschränkt steuerpflichtige Arbeitnehmer mit **Einkünften aus nichtselbständiger Arbeit** i. S. des § 49 Abs. 1 Nr. 4 EStG (beschränkte Steuerpflicht):

Sie können gem. § 50 Abs. 1 Satz 4 EStG den Arbeitnehmer-Pauschbetrag und den Sonderausgaben-Pauschbetrag beanspruchen.

(9) Personen ohne einen Wohnsitz oder ihren gewöhnlichen Aufenthalt im Inland, die jedoch innerhalb der letzten zehn Jahre vor ihrer Wohnsitzverlagerung in ein Niedrigsteuerland als Deutscher insgesamt mindestens fünf Jahre unbeschränkt einkommensteuerpflichtig waren und die weiterhin wesentliche wirtschaftliche Interessen im Inland haben (sog. **erweiterte beschränkte Steuerpflicht gem. § 2 AStG**):

Diese Personen werden im Rahmen der beschränkten Steuerpflicht nicht nur mit den in § 49 EStG aufgeführten Einkunftskategorien zur deutschen Besteuerung herangezogen, sondern mit sämtlichen inländischen Einkünften wie im Rahmen der unbeschränkten Steuerpflicht.

1.2 Sachlicher Umfang der unbeschränkten Steuerpflicht

1.2.1 Welteinkommensprinzip

Die unbeschränkte Steuerpflicht umfasst grundsätzlich das Welteinkommen einer natürlichen Person, da für den sachlichen Besteuerungsumfang in § 2 EStG keine Beschränkungen vorgesehen sind. Somit kann die Bundesrepublik Deutschland sämtliche inländischen und ausländischen Einkünfte des Steuerpflichtigen der deutschen Besteuerung unterwerfen. Das Welteinkommensprinzip ist Ausdruck der Besteuerung nach der wirtschaftlichen Leistungsfähigkeit, weil nicht danach differenziert wird, wo die Einkünfte des Steuerpflichtigen erzielt wurden. Das Welteinkommensprinzip ist jedoch nicht absolut, da es von zahlreichen Ausnahmevorschriften durchbrochen wird. Die Ausnahmen können darin bestehen, dass die ausländischen Einkünfte z. B. nicht im Rahmen der inländischen Besteuerung berücksichtigt werden, weil sie aufgrund einer innerstaatlichen Rechtsvorschrift (z. B. § 3 Nr. 40 EStG, § 8 b Abs. 1 KStG) von der deutschen Besteuerung freigestellt oder aufgrund eines Doppelbesteuerungsabkommens vom deutschen Besteuerungszugriff ausgenommen sind. Darüber hinaus unterliegen sie ggf. nicht in vollem Umfang der deutschen Besteuerung, weil die im Ausland bereits gezahlten Steuern angerechnet werden. Schließlich sind Ausnahmen zu erwähnen, bei denen bestimmte ausländische Verluste nicht im Rahmen der inländischen Besteuerung berücksichtigt werden können, obwohl sie die steuerliche Leistungsfähigkeit des Steuerpflichtigen gemindert haben. Diese Verlustverrechnungsbeschränkungen bei negativen ausländischen Einkünften sollen zunächst näher untersucht werden.

1.2.2 Ausnahmen vom Welteinkommensprinzip

1.2.2.1 Verrechnungsverbot für bestimmte negative ausländische Einkünfte aus Drittstaaten mit inländischen Einkünften (§ 2 a Abs. 1 und 2 EStG)

1.2.2.1.1 Inhalt der Regelung

Aus dem bei der Einkommensteuer und Körperschaftsteuer geltenden Welteinkommensprinzip ergibt sich, dass im Rahmen der unbeschränkten Steuerpflicht inländische wie auch ausländische Einkünfte bei der Ermittlung der Steuerbemessungsgrundlage zu berücksichtigen sind. Aus dem bei diesen Steuerarten ebenfalls geltenden **Nettoprinzip** folgt, dass sowohl positive wie negative Einkünfte in die Bemessungsgrundlagenermittlung einfließen. Insofern beeinflussen auch negative ausländische Einkünfte die inländische Steuerbemessungsgrundlage. Hiervon macht § 2 a Abs. 1 und 2 EStG eine Ausnahme, der auch bei der Körperschaftsteuer (§ 8 Abs. 1 KStG, R 32 Abs. 1 KStR) in vollem Umfang Anwendung findet. Nach dieser Vorschrift ist ein grenzüberschreitender Verlustausgleich zwischen positiven inländischen Einkünften und bestimmten negativen ausländischen Einkünften aus Drittstaaten (Nicht-EU-/Nicht-EWR-Staaten) sowie bestimmten negativen inländischen Einkünften, die auf Drittstaaten-Sachverhalten beruhen, ausgeschlossen. Der Zweck der Regelung besteht darin, dass gewisse Auslandsaktivitäten, die dem Steuergesetzgeber aus volkswirtschaftlicher Sicht wenig sinnvoll erscheinen (z. B. Beteiligung an Touristikvorhaben, Erwerb von Tierfarmen und Plantagen), bei einer **Verlusterzielung** nicht zu einer Minderung des inländischen Steueraufkommens führen können. Der bei der Einkommensteuer geltende Grundsatz der Besteuerung nach der wirtschaftlichen Leistungsfähigkeit wird insofern durchbrochen. Ein Verstoß des § 2 a Abs. 1 und 2 EStG gegen den allgemeinen Gleichheitssatz gem. Art. 3 Abs. 1 GG liegt nach der höchstrichterlichen Rechtsprechung jedoch nicht vor.[41] Die bei einer Verlusterzielung steuerschädlichen Auslandsaktivitäten sind in § 2 a Abs. 1 EStG abschließend aufgezählt, wobei die Zuordnung zu einer bestimmten Ein-

41 Vgl. BFH vom 17.10.1990, BStBl 1991 II S. 136; BFH vom 26.03.1991, BStBl 1991 II S. 704.

kunftsart i. S. des § 2 Abs. 1 oder § 34 d EStG ohne Bedeutung ist. Hiervon wird wiederum in § 2 a Abs. 2 EStG in bestimmten Fällen eine Ausnahme gemacht, sodass insoweit das Welteinkommensprinzip doch Geltung erlangt. Es handelt sich dabei um sog. **aktive Tätigkeiten,** die nicht vom grenzüberschreitenden Verlustverrechnungsverbot erfasst sind.

Als Konsequenz aus dem EuGH-Urteil vom 29.03.2007, C-347/04 („Rewe Zentralfinanz")[42], und einem von der Europäischen Kommission gegen Deutschland eingeleitetem Vertragsverletzungsverfahren wurde der Anwendungsbereich der Verlustverrechnungsbeschränkung gemäß § 2 a EStG durch das Jahressteuergesetz 2009 europarechtskonform auf negative Einkünfte aus **Drittstaaten eingeengt**. Diese Drittstaatenverluste können nur mit künftigen positiven Einkünften der jeweils selben Art aus demselben Drittstaat ausgeglichen werden, nicht jedoch mit inländischen positiven Einkünften im gleichen Jahr, im Vorjahr oder in den folgenden Jahren. Verluste aus EU-Mitgliedstaaten oder aus EWR-Staaten, die Auskünfte bei der Durchführung der Besteuerung erteilen (Norwegen und Island, Liechtenstein ab 01.01.2010), sind künftig und in allen noch nicht bestandskräftigen Steuerveranlagungen **nicht mehr** von der Verlustausgleichs- und -abzugsbeschränkung des § 2 a EStG betroffen. Für die Auslandsverluste aus EU-/EWR-Mitgliedstaaten, die vor dem 24.12.2008 bestandskräftig gesondert festgestellt wurden, ist § 2 a EStG in der bis dahin geltenden Fassung weiterhin anzuwenden (§ 52 Abs. 3 Satz 2 EStG), d. h. das **grenzüberschreitende** Verlustverrechnungsverbot besteht insoweit fort. Diese Auslandsverluste können nach wie vor nur mit künftigen positiven Einkünfte der jeweils selben Art und aus demselben EU-/EWR-Staat ausgeglichen werden.

Da Deutschland mit allen EU-Mitgliedstaaten sowie mit den EWR-Staaten Norwegen und Island ein DBA abgeschlossen hat, welches bei Betriebsstätteneinkünften und bei Einkünften aus unbeweglichem Vermögen mit nur wenigen Ausnahmen die Freistellungsmethode vereinbart hat, halten sich die **steuerentlastenden Auswirkungen** der Neuregelung durch Verrechenbarkeit der Verluste aus EU-EWR-Staaten jedoch **in engen Grenzen.** Nach der Rechtsprechung des Bundesfinanzhofs bleiben in DBA-Fällen bei Anwendung der Freistellungsmethode sowohl die positiven als auch die negativen Einkünfte bei der Ermittlung der inländischen Steuerbemessungsgrundlage unberücksichtigt (sog. **Symmetriethese**). Insoweit können sich in diesen DBA-Fällen durch die Neuregelung keine steuerentlastenden Wirkungen einstellen. In der Gesetzesbegründung zum Jahressteuergesetz wird die Nichtberücksichtigung der Verluste im DBA-Fällen mit Anwendung der Freistellungsmethode als gemeinschaftsrechtlich unbedenklich bezeichnet (kein Verstoß gegen die Grundfreiheiten des EG-Vertrages), da diese Nichtberücksichtigung eine Folge der Aufteilung der Besteuerungsrechte zwischen den Abkommensstaaten ist.[43] Lediglich in den Fällen, in denen in den Abkommen mit den EU-/EWR-Staaten für die von § 2 a

42 BStBl 2007 II S. 492.
43 Vgl. BR-Drucks. 545/08, S. 66.

Abs. 1 Nr. 1 bis 7 EStG erfassten Sachverhalte die **Anrechnungsmethode** vereinbart ist (dies betrifft z. B. Einkünfte aus unbeweglichem Vermögen im Verhältnis zu Finnland und Spanien, sowie Betriebsstätteneinkünfte mit Vereinbarung einer Aktivitätsklausel, z. B. im Verhältnis zu Bulgarien, Estland, Finnland, Lettland, Litauen, Malta, Portugal, Rumänien, Ungarn, Zypern), können sich steuerentlastende Wirkungen ergeben, da nunmehr die bisherige Verlustverrechnungsbeschränkung des § 2 a EStG nicht mehr zum Tragen kommt. Im letztgenannten Fall darf die ausländische Betriebsstätte keiner aktiven Tätigkeit im Sinne der abkommensrechtlichen Aktivitätsklausel nachgehen und aus dieser nicht aktiven Tätigkeit muss ein Verlust resultieren. In den erwähnten – seltenen – Fällen mit abkommensrechtlicher Anwendung der Anrechnungsmethode können die negativen Einkünfte aus dem ausländischen EU-/EWR-Staat mit positiven inländischen Einkünften verrechnet werden (z. B. die Verluste aus der fremdvermieteten Ferienwohnung auf Mallorca), wodurch eine Gleichbehandlung mit Inlandssachverhalten hergestellt wird.

Von der grenzüberschreitenden Verlustverrechnungsbeschränkung **betroffen** sind aus **Drittstaaten** stammende negative ausländische Einkünfte bzw. negative inländische Einkünfte, denen Drittstaaten-Sachverhalte zugrunde liegen,[44] wenn sie aus folgenden Quellen stammen:

1. Aus einer in einem Drittstaat belegenen land- und forstwirtschaftlichen Betriebsstätte (Nr. 1).
2. Aus einer in einem Drittstaat belegenen gewerblichen Betriebsstätten, die **nicht aktiv** i. S. des § 2 a Abs. 2 Satz 1 EStG tätig sind (Nr. 2).

   Die negativen Einkünfte einer in einem Drittstaat belegenen gewerblichen Betriebsstätte sind **nicht** vom grenzüberschreitenden Verlustverrechnungsverbot erfasst, wenn der Steuerpflichtige nachweist, dass diese Einkünfte ausschließlich oder fast ausschließlich (mindestens 90 %[45]) stammen aus

   - der Herstellung oder Lieferung von Waren (außer Waffen[46]),
   - der Gewinnung von Bodenschätzen,
   - der Bewirkung gewerblicher Leistungen (hiervon sind **ausgenommen** und damit nicht aktiv die Errichtung oder der Betrieb von Anlagen, die dem Fremdenverkehr[47] dienen, sowie die Vermietung oder Verpachtung von Wirtschaftsgütern einschl. der Überlassung von Rechten, Plänen, Mustern, Verfahren, Erfahrungen und Kenntnissen),

44 Die Überschrift von § 2 a EStG lautet nicht mehr (wie früher) „Negative ausländische Einkünfte", sondern „Negative Einkünfte mit Bezug zu Drittstaaten.

45 Vgl. R 2 a Abs. 3 EStR i. V. m. Tz. 7.6.2 des BMF-Schreibens vom 14.05.2004 – IV B 4 – S 1340 – 11/04, BStBl I Sondernr. 1/2004 S. 3; siehe auch BFH vom 30.08.1995, BStBl 1996 II S. 122.

46 Der Handel mit Jagd- und Sportmunition ist nach dem BFH-Urteil vom 30.04.2003, BStBl 2003 II S. 918, keine Lieferung von Waffen i. S. des § 32 a Abs. 2 EStG.

47 Das Betreiben eines Golfplatzes, der auch Einheimischen zugänglich ist, dient nicht unmittelbar dem Fremdenverkehr und stellt somit eine begünstigte Tätigkeit i. S. von § 2 a Abs. 2 Satz 1 EStG dar. So FG Hamburg vom 14.03.2002 VI 158/99, rkr., EFG 2002, S. 1014.

– dem unmittelbaren Halten und der Finanzierung einer wesentlichen Beteiligung (mindestens 25 %) an einer ausländischen Kapitalgesellschaft, die ausschließlich oder fast ausschließlich aktiv i. S. der vorgenannten Aufzählungspunkte tätig ist.

Die obige Aktivitätsklausel ist für jede ausländische Drittstaaten-Betriebsstätte in jedem Wirtschaftsjahr nach dem Verhältnis der Bruttoerträge neu zu prüfen. Unter Bruttoerträgen sind die Solleinnahmen der Betriebsstätte ohne durchlaufende Posten und ohne eine gesondert ausgewiesene Umsatzsteuer zu verstehen. Sie sind aus der Gewinn-und-Verlust-Rechnung der Betriebsstätte zu ermitteln. Verdeckte Einlagen zählen ebenfalls nicht zu den Bruttoerträgen.[48]

Beispiele:

Eine in einem Drittstaat gelegene Betriebsstätte bezieht ihre Bruttoerträge zu 85 % aus der Herstellung von Waren. Zu 15 % stammen die Bruttoerträge aus der Vermietung eines Wohnhauses, das dem Fremdenverkehr dient. Soweit sich aus der gesamten Tätigkeit der Drittstaaten-Betriebsstätte ein Verlust ergibt, ist dieser in voller Höhe von dem grenzüberschreitenden Verlustverrechnungsverbot des § 2 a Abs. 1 und 2 EStG betroffen.

Eine in einem Drittstaat gelegene Betriebsstätte bezieht ihre Bruttoerträge zu 92 % aus der Herstellung von Waren. Zu 8 % stammen die Bruttoerträge aus der Vermietung eines Wohnhauses, das dem Fremdenverkehr dient. Aus der Vermietungsaktivität ergibt sich ein Verlust. Sofern die gewerbliche Betriebsstätte insgesamt gesehen einen Gewinn erzielt, ergibt sich für § 2 a Abs. 1 und 2 EStG keine Anwendungsmöglichkeit, da von negativen Einkünften aus einer in einem Drittstaat gelegenen gewerblichen Betriebsstätte gesprochen wird, die hier nicht vorliegen. Eine Aussonderung des Vermietungsverlusts ist somit nicht möglich.[49]

3. Teilwertabschreibung eines Anteils an einer Drittstaaten-Körperschaft bzw. Veräußerung oder Entnahme desselben, Auflösung oder Herabsetzung des Kapitals (Nr. 3); Veräußerung eines Anteils an einer Drittstaaten-Kapitalgesellschaft bei einer Beteiligung i. S. des § 17 EStG (Nr. 4).

   Die aus der Teilwertabschreibung bzw. aus der Veräußerung oder Entnahme der Anteile an der Drittstaaten-Kapitalgesellschaft herrührenden negativen Einkünfte sind **nicht** vom Verrechnungsverbot erfasst, wenn der Steuerpflichtige nachweist, dass die Drittstaaten-Kapitalgesellschaft entweder seit ihrer Gründung oder während der letzten fünf Jahre vor und in dem VZ mit den negativen Einkünften **aktiv** i. S. des § 2 a Abs. 2 Satz 1 EStG tätig gewesen ist.

Beispiel:

Zum Betriebsvermögen der A-OHG gehört ein Anteil an einer argentinischen Aktiengesellschaft, die Anlagen betreibt, die dem Fremdenverkehr dienen. Die argentinische AG hat seit mehr als fünf Jahren Verluste erlitten, sodass die Voraussetzungen für eine

48 Vgl. BFH vom 01.07.1992, BStBl 1993 II S. 222; siehe auch Tz. 9.0.1 des BMF-Schreibens vom 14.05.2004 – IV B 4 – S 1340 – 11/04, BStBl I Sondernr. 1/2004 S. 3.

49 Vgl. Leitfaden zur Besteuerung ausländischer Einkünfte bei unbeschränkt steuerpflichtigen natürlichen Personen, Anhang 4, Tz. 1.2.1 (Quelle: OFD München/Nürnberg).

Teilwertabschreibung des bei der inländischen OHG bilanzierten Anteils an der Drittstaaten-Körperschaft gegeben sind. Eine Minderung der einkommensteuerlichen Bemessungsgrundlage wird durch § 2 a Abs. 1 Nr. 3 EStG verhindert.

Die grenzüberschreitenden Verlustverrechnungsbeschränkungen gem. § 2 a Abs. 1 Nr. 3 und 4 EStG bei Anteilen an einer Drittstaaten-Körperschaft können **nur insoweit** zum Tragen kommen, als eine Berücksichtigung der Teilwertabschreibung oder des Veräußerungsverlustes **nicht bereits** durch § 3 c Abs. 2 EStG oder durch § 8 b Abs. 3 Satz 3 KStG **ausgeschlossen** ist.

4. Beteiligung an einem Handelsgewerbe als stiller Gesellschafter (1. Alt.) oder aus partiarischen Darlehen (2. Alt.), wenn der Schuldner seine Ansässigkeit in einem Drittstaat hat (Nr. 5).

5. Vermietung und Verpachtung von unbeweglichem Vermögen oder von Sachinbegriffen, die in einem Drittstaat belegen sind (Nr. 6 Buchst. a). Teilwertabschreibungen sowie Verluste aus der Veräußerung oder Entnahme der obigen vermieteten oder verpachteten Wirtschaftsgüter (Nr. 6 Buchst. c).

   Negative Einkünfte aus der entgeltlichen Überlassung („Vercharterung“) von Schiffen (Nr. 6 Buchst. b). Teilwertabschreibungen sowie Verluste aus der Veräußerung oder Entnahme der entgeltlich überlassenen Schiffe (Nr. 6 Buchst. c).

   Die Beschränkung des grenzüberschreitenden Verlustausgleichs findet bei der entgeltlichen Überlassung von Schiffen nur in zwei Fällen **nicht** statt:

   (1) Der Steuerpflichtige weist nach, dass die entgeltlich überlassenen Schiffe ausschließlich oder fast ausschließlich im Inland oder einem anderen EU-/EWR-Staat eingesetzt werden, wobei dies vorliegt, wenn das betreffende Schiff zu mindestens 90 % im Inland bzw. in EU-/EWR-Staaten eingesetzt wird.[50]

   (2) Bei Handelsschiffen unabhängig vom Einsatzort der Schiffe, wenn bestimmte Bedingungen für die Ausrüstung erfüllt werden. Hierunter fallen:

      (a) die entgeltliche Überlassung von Handelsschiffen im ausgerüsteten Zustand (d. h. einschließlich Besatzung),

      (b) die Vercharterung an einen im Inland bzw. EU-/EWR-Staat ansässigen Ausrüster (d. h. der selbst die Bemannung des überlassenen Schiffes im Rahmen der Verwendung übernimmt) oder

      (c) die Vercharterung insgesamt nur vorübergehend an in einem Drittstaat ansässige Ausrüster.[51]

50 Vgl. BT-Drucks. 14/2070 vom 11.11.1999, S. 35.

51 Lt. Gesetzesbegründung muss die gesamte Überlassungsdauer in Bezug auf einen VZ im Allgemeinen unter 183 Tagen liegen, vgl. BT-Drucks. 14/2070 vom 11.11.1999, S. 35.

Die negativen Einkünfte aus der entgeltlichen Überlassung von Schiffen, die die obigen Bedingungen der Fallgruppen nicht erfüllen, können nur mit positiven Einkünften der jeweils selben Art (ggf. auch in den folgenden Veranlagungszeiträumen) verrechnet werden. Die ansonsten bei § 2 a Abs. 1 EStG übliche weitere Einschränkung „aus demselben Staat“ findet auf die negativen Einkünfte gem. § 2 a Abs. 1 Nr. 6 Buchst. b EStG keine Anwendung, d. h., die negativen Einkünfte können mit positiven Einkünften derselben Art aus verschiedenen Drittstaaten verrechnet werden.

6. Teilwertabschreibung eines Anteils an einer inländischen bzw. EU-/EWR-ansässigen Körperschaft bzw. Veräußerung oder Entnahme desselben (1. Alt.), Veräußerung eines Anteils an einer inländischen bzw. EU-/EWR-ansässigen Kapitalgesellschaft bei Beteiligung i. S. des § 17 EStG (2. Alt.), soweit die dabei erzielten negativen Einkünfte auf Drittstaaten-Sachverhalte i. S. des § 2 a Abs. 1 Nr. 1 – 6 EStG zurückzuführen sind (Nr. 7).

Beispiel:

Zum Betriebsvermögen einer inländischen OHG gehört ein Anteil an einer inländischen GmbH, deren überwiegendes Betriebsvermögen sich aus einer in Argentinien gelegenen Betriebsstätte zusammensetzt, die dem Fremdenverkehr dienende Anlagen betreibt. Kommt es infolge ständiger Verluste der argentinischen Betriebsstätte bei der inländischen GmbH insgesamt zu einem Sinken des inneren Wertes des Unternehmens, so ist bei der inländischen OHG eine Teilwertabschreibung des Anteils an der GmbH angezeigt. Nach § 3 c Abs. 2 EStG kann die Teilwertabschreibung bei der Ermittlung der Einkünfte (nur) zu 60 % abgezogen werden. § 2 a Abs. 1 Nr. 7 EStG verhindert jedoch eine steuerwirksame Berücksichtigung des 60 %igen Betrags der Teilwertabschreibung.

Die unter das grenzüberschreitende Verlustverrechnungsverbot fallenden negativen Einkünfte aus Drittstaaten dürfen jedoch mit gegenwärtigen und zukünftigen positiven Einkünften der jeweils selben Art aus demselben Drittstaat ausgeglichen werden. Damit liegt neben der obigen Beschränkung eine weitere Einengung vor, indem die Verlustausgleichsmöglichkeit auch territorial begrenzt wird **(„aus demselben Staat“).**

Beispiel:

Negative Einkünfte aus der Vermietung und Verpachtung von Grundbesitz in Chile können nicht mit positiven Einkünften aus der Vermietung und Verpachtung von Grundbesitz in Paraguay verrechnet werden.

Darüber hinaus müssen die aus einem ausländischen Staat stammenden verrechenbaren Einkünfte **der jeweils selben Art** angehören. Nach Auffassung der Finanzverwaltung müssen die Einkünfte grundsätzlich unter eine einzige Nummer des § 2 a Abs. 1 EStG fallen.

Beispiele:

Negative Einkünfte aus Vermietung und Verpachtung von Grundbesitz in Chile können nicht mit positiven Einkünften aus einer in Chile gelegenen land- und forstwirtschaftlichen Betriebsstätte ausgeglichen werden.

Demgegenüber können negative Einkünfte aus Vermietung und Verpachtung von Grundbesitz in Valparaiso/Chile mit positiven Einkünften aus Vermietung und Verpachtung von Grundbesitz in Santiago/Chile ausgeglichen werden, da eine Objektidentität nicht erforderlich ist.

Negative Einkünfte einer gewerblichen Betriebsstätte in Chile, die aus Anlagen stammen, die dem Fremdenverkehr dienen, dürfen nicht mit positiven Einkünften einer gewerblichen Betriebsstätte in Chile ausgeglichen werden, die sich ausschließlich oder fast ausschließlich mit der Herstellung oder Lieferung von Waren befasst. Verluste aus nicht aktiven Betriebsstätten dürfen nach Auffassung der Finanzverwaltung nicht mit Gewinnen aus aktiven Betriebsstätten ausgeglichen werden.[52] Dies gilt auch dann, wenn sich bei ein und derselben Betriebsstätte innerhalb von zwei Veranlagungszeiträumen das Verhältnis von nicht aktiver Tätigkeit zu aktiver Tätigkeit geändert hat.

Ausgenommen von dem Grundsatz der Quellengleichheit sind § 2 a Abs. 1 Nr. 3 und 4 EStG, die für diesen Zweck zusammengefasst werden können.

Beispiel:

Der Einzelunternehmer A nimmt unter Beachtung des in § 3 c Abs. 2 EStG normierten 40 %igen Abzugsverbots eine Teilwertabschreibung auf seine zum Betriebsvermögen gehörende Beteiligung an einer argentinischen Kapitalgesellschaft vor, die an der Atlantikküste ein Ferienzentrum betreibt. Gleichzeitig veräußert er mit einem Gewinn einen zu seinem Privatvermögen gehörenden Anteil i. S. des § 17 EStG an einer anderen argentinischen Kapitalgesellschaft, die sich mit der Verwertung von Patenten befasst. Die negativen Einkünfte i. S. des § 2 a Abs. 1 Nr. 3 Buchst. a EStG aus der zu 60 % abziehbaren Teilwertabschreibung können mit dem zu 60 % steuerpflichtigen Veräußerungsgewinn i. S. des § 2 a Abs. 1 Nr. 4 EStG ausgeglichen werden.

Besonderheiten gelten für § 2 a Abs. 1 Nr. 7 EStG.[53] Nach dieser Regelung dürfen negative Einkünfte z. B. aus der Teilwertabschreibung eines Anteils an einer inländischen bzw. EU-/EWR-ansässigen Körperschaft, deren Ursache auf Drittstaaten-Sachverhalte i. S. des § 2 a Abs. 1 Nr. 1–6 EStG zurückzuführen sind, beim Anteilseigner nur mit positiven Einkünften nach § 2 a Abs. 1 Nr. 7 EStG ausgeglichen werden, wenn die positiven Einkünfte auf Tatbestände derselben Nummer des § 2 a Abs. 1 EStG zurückzuführen sind, wobei § 2 a Abs. 1 Nr. 3 und 4 EStG wiederum als eine Nummer gelten.

Beispiel:

Der Einzelunternehmer A hält im Betriebsvermögen eine Beteiligung an einer inländischen GmbH, zu deren Betriebsvermögen im Wesentlichen eine auf Barbados gelegene Ferienanlage gehört, die seit mehreren Jahren Verluste erleidet. Er nimmt deshalb eine Teilwertabschreibung auf die Beteiligung an der inländischen GmbH vor, die gem. § 3 c Abs. 2 EStG bei der Ermittlung der Einkünfte zu 60 % abgezogen werden darf. Es liegen insofern negative Einkünfte i. S. des § 2 a Abs. 1 Nr. 7 Buchst. a i. V. m.

52 Vgl. R 2 a Abs. 2 EStR.

53 Vgl. R 2 a Abs. 1 Sätze 3 und 4 EStR.

§ 2 a Abs. 1 Nr. 2 EStG vor. Gleichzeitig veräußert der Steuerpflichtige A mit Gewinn einen zu seinem Privatvermögen gehörenden Anteil i. S. des § 17 EStG an einer anderen inländischen GmbH, die ebenfalls eine Ferienanlage auf Barbados betreibt. Der zu 60 % steuerpflichtige Veräußerungsgewinn gehört zu den Einkünften i. S. des § 2 a Abs. 1 Nr. 7 Buchst. c i. V. m. § 2 a Abs. 1 Nr. 2 EStG, sodass ein Ausgleich zwischen den negativen und positiven Einkünften zulässig ist.

Negative Einkünfte der Nr. 7 des § 2 a Abs. 1 EStG können auch mit positiven Einkünften nach der jeweiligen Nummer des § 2 a Abs. 1 EStG ausgeglichen werden, auf deren Tatbestände die Einkünfte i. S. des § 2 a Abs. 1 Nr. 7 EStG zurückzuführen sind.

Beispiel:

Der Steuerpflichtige A betreibt auf Barbados eine Ferienanlage, die Gewinne erzielt. Es liegen (positive) Einkünfte i. S. des § 2 a Abs. 1 Nr. 2 EStG vor. Gleichzeitig hält er im Betriebsvermögen seines Einzelunternehmens eine Beteiligung an einer inländischen GmbH, zu deren Betriebsvermögen im Wesentlichen ebenfalls eine auf Barbados gelegene Ferienanlage gehört, die Verluste erleidet. Er veräußert die Beteiligung an der inländischen GmbH mit einem Verlust, der gem. § 3 c Abs. 2 EStG bei der Ermittlung der Einkünfte zu 60 % abgezogen werden darf. Daraus erzielt der Steuerpflichtige A negative Einkünfte i. S. des § 2 a Abs. 1 Nr. 7 Buchst. a i. V. m. § 2 a Abs. 1 Nr. 2 EStG, die er nun mit den positiven Einkünften aus der von ihm selbst betriebenen Ferienanlage auf Barbados ausgleichen kann.

Die in einem VZ nicht ausgeglichenen negativen Einkünfte i. S. des § 2 a Abs. 1 und 2 EStG sind gesondert festzustellen gem. § 2 a Abs. 1 Satz 5 EStG.

Bei zusammenveranlagten **Ehegatten** können negative Einkünfte eines Ehegatten nach § 2 a Abs. 1 EStG mit positiven Einkünften des anderen Ehegatten der jeweils selben Art aus demselben Staat ausgeglichen werden.[54]

Beispiel:

Herr A erleidet aus der Vermietung eines Wohnhauses in Liechtenstein einen Überschuss der Werbungskosten über die Einnahmen i. H. von 25.000 €. Frau A vermietet ein anderes Wohnhaus in Liechtenstein und erzielt daraus einen Überschuss der Einnahmen über die Werbungskosten von 20.000 €. Sofern Herr und Frau A zusammen veranlagt werden, sind die negativen Einkünfte des Herrn A aus Vermietung und Verpachtung (§ 2 a Abs. 1 Nr. 6 Buchst. a EStG) mit den positiven Einkünften von Frau A ausgleichsfähig. Der übersteigende Betrag i. H. von 5.000 € ist gesondert festzustellen und zeitlich unbegrenzt verrechnungsfähig mit zukünftigen Vermietungseinnahmen der Eheleute A aus Liechtenstein.

1.2.2.1.2 Verhältnis zu anderen Vorschriften

Die Vorschrift des § 2 a Abs. 1 und 2 EStG ist nach Auffassung der Finanzverwaltung[55] und der Rechtsprechung des BFH[56] sowohl in Nicht-DBA-Fällen als auch in DBA-Fällen anzuwenden. Damit ist dieses Verrechnungsverbot auch bei Vorliegen

54 Vgl. R 2 a Abs. 8 EStR.
55 Vgl. H 2 a und H 32 b EStH.
56 Vgl. BFH vom 17.10.1990, BStBl 1991 II S. 136.

eines Abkommens zur Vermeidung der Doppelbesteuerung beim **negativen Progressionsvorbehalt** nach § 32 b Abs. 1 Satz 1 Nr. 3 EStG zu beachten.[57]

Nach § 2 a Abs. 1 Satz 5 EStG sind die am Schluss eines VZ verbleibenden negativen Einkünfte i. S. des § 2 a Abs. 1 Satz 1 EStG gesondert festzustellen. Fallen in einem Folgejahr außerordentliche Einkünfte i. S. der §§ 34, 34 b EStG der jeweils selben Art aus demselben Staat an, sind die außerordentlichen Einkünfte zunächst in voller Höhe mit den festgestellten negativen Einkünften zu verrechnen. Nur die ggf. verbleibenden positiven außerordentlichen Einkünfte werden als tarifbegünstigt in die Besteuerung einbezogen bzw. zu einem Fünftel im Rahmen des Progressionsvorbehalts nach § 32 b Abs. 2 Nr. 2 EStG berücksichtigt.[58]

Bei der grenzüberschreitenden Verlustverrechnung kann sich eine **Anwendungskonkurrenz** zwischen § 2 a Abs. 1 und 2 und § 15 a EStG ergeben. Ist ein inländischer Gesellschafter (z. B. als Kommanditist oder als stiller Gesellschafter) an einer ausländischen Personengesellschaft beteiligt (§ 15 a Abs. 5 Nr. 3 EStG), so gilt nach Auffassung der Finanzverwaltung **folgende Anwendungsrangfolge:**[59]

Auf den Verlustanteil aus der ausländischen Personengesellschaft ist **zunächst § 15 a EStG anzuwenden.** Ergibt sich nach Anwendung des § 15 a EStG ein noch ausgleichsfähiger Verlust, ist des Weiteren festzustellen, ob und ggf. inwieweit es sich um einen Verlust handelt, der den Verlustausgleichsbeschränkungen des § 2 a Abs. 1 EStG unterliegt (Verlust aus passiver Tätigkeit in einem Drittstaat), oder ob und ggf. inwieweit ein verrechenbarer Verlust aus einer aktiv tätigen ausländischen gewerblichen Betriebsstätte vorliegt (§ 2 a Abs. 1 Satz 1 Nr. 2 i. V. m. § 2 a Abs. 2 EStG). Soweit ein **Verlust aus passiver Tätigkeit** vorliegt, ist auf Ebene des inländischen Gesellschafters zu prüfen, ob ggf. ein Ausgleich mit positiven Einkünften derselben Art aus demselben Staat in Betracht kommt. Erst danach greift das grenzüberschreitende Verlustverrechnungsverbot des § 2 a Abs. 1 EStG.

Entfällt eine ausländische Steuer auf negative ausländische Drittstaaten-Einkünfte, die unter das Ausgleichsverbot des § 2 a EStG fallen, weil die ausländischen Einkünfte nach inländischen Gewinnermittlungsvorschriften zu bestimmen sind, so ist sie im Rahmen des für den betreffenden ausländischen Drittstaat ermittelten Höchstbetrags nach § 34 c Abs. 1 EStG auf die inländische Steuer **anzurechnen.** Werden jedoch aus einem ausländischen Drittstaat ausschließlich negative, unter das Ausgleichsverbot fallende Einkünfte aus einer Einkunftsquelle erzielt, kann eine hierauf im Ausland entrichtete Steuer deshalb nicht angerechnet werden, weil nach § 34 c Abs. 1 EStG auf diese nach deutschem Steuerrecht negativen ausländischen Drittstaaten-Einkünfte keine anteilige deutsche Einkommensteuer entfällt.[60] In dem Fall

57 Vgl. BFH vom 17.10.1990, BStBl 1991 II S. 136; BFH vom 12.12.1990, BFH/NV 1992, S. 104; BFH vom 26.03.1991, BStBl 1991 II S. 704; BFH vom 13.05.1993, BFH/NV 1994, S. 100.

58 So die Verwaltungsauffassung der OFD Münster, Kurzinformation vom 23.05.2007 – Internationales Steuerrecht Nr. 042/2007, StB 2007, S. 289.

59 Vgl. R 15 a Abs. 5 EStR.

60 Vgl. OFD Frankfurt a. M., Vfg. vom 25.08.1994, RIW 1995, S. 78, Tz. 2.3.

bleibt jedoch noch der **Abzug** der ausländischen Steuer bei der Ermittlung der Einkünfte gem. § 34 c Abs. 3 EStG.

Im Falle der **Gesamtrechtsnachfolge** gehen die nach § 2 a Abs. 1 EStG vorgetragenen und damit noch nicht ausgeglichenen negativen ausländischen Drittstaaten-Einkünfte auf den Gesamtrechtsnachfolger (z. B. Erben, übernehmende Gesellschaft) über.

1.2.2.2 Verrechnungsverbot für Verluste aus der Beteiligung an einer ausländischen Personengesellschaft bei beschränkter Haftung nach § 15 a EStG

Die Verlustausgleichsbeschränkung des § 15 a EStG bei beschränkt haftenden Mitunternehmern gilt gem. § 15 Abs. 5 Nr. 3 EStG auch bei Beteiligungen an einer ausländischen Personengesellschaft. Diese Vorschrift ist in folgenden Fällen bei Beteiligungen an einer ausländischen Personengesellschaft, die einen Verlust erlitten hat, von besonderer Bedeutung:

1. Mit dem Ansässigkeitsstaat der Personengesellschaft besteht **kein** Abkommen zur Vermeidung der Doppelbesteuerung, sodass das gem. § 2 Abs. 1 EStG geltende Welteinkommensprinzip zur Anwendung gelangt:

   Soweit für den beschränkt haftenden Mitunternehmer durch den im Ausland erlittenen Verlust ein negatives Kapitalkonto an der ausländischen Personengesellschaft entsteht oder sich erhöht, greift das Verlustausgleichs- bzw. -abzugsverbot gem. § 15 a EStG durch und beschränkt insoweit die grenzüberschreitende Verlustberücksichtigung.

2. Mit dem Ansässigkeitsstaat (Nicht EU-/Nicht-EWR-Staat) der Personengesellschaft besteht ein/kein Abkommen zur Vermeidung der Doppelbesteuerung. Gemäß § 2 a Abs. 1 und 2 EStG liegt aber **keine aktive Tätigkeit** vor, sodass die negativen ausländischen Drittstaaten-Einkünfte nur noch mit künftigen positiven Einkünften derselben Art aus demselben Drittstaat ausgeglichen werden können:

   Da § 2 a Abs. 1 und 2 EStG (Ausgleich der Verluste mit Gewinnen derselben Art aus demselben Drittstaat) weitere Verrechnungsmöglichkeiten als § 15 a EStG (Ausgleich der Verluste mit Gewinnen aus derselben Beteiligung) zulässt, kommt bei einem Konkurrenzverhältnis beider Vorschriften nach Auffassung der Finanzverwaltung zunächst § 15 a EStG und anschließend § 2 a EStG zur Anwendung.[61] Nach § 15 a EStG verrechnungsbeschränkte Verluste aus einer Beteiligung an einer ausländischen Personengesellschaft können bei gleichzeitiger Anwendbarkeit von § 2 a Abs. 1 und 2 EStG nur mit Gewinnen aus derselben

61 Vgl. R 15 a Abs. 5 EStR.

Beteiligung verrechnet werden, ein Ausgleich mit Gewinnen derselben Art aus demselben Staat ist nicht zulässig.[62]

3. Mit dem Ansässigkeitsstaat der Personengesellschaft besteht ein Doppelbesteuerungsabkommen. Der auf den im Inland ansässigen, beschränkt haftenden Mitunternehmer entfallende Verlustanteil unterliegt dem **negativen Progressionsvorbehalt** gem. § 32 b Abs. 1 Satz 1 Nr. 3 EStG:

   Auch im Rahmen des negativen Progressionsvorbehalts ist § 15 a EStG zu beachten, d. h., soweit ein verrechnungsbeschränkter Verlustanteil vorliegt, weil das Kapitalkonto des beschränkt haftenden Mitunternehmers negativ wird, sodass sich dieser nicht steuersatzreduzierend auswirken kann.

4. Werden aus dem Ansässigkeitsstaat der ausländischen Personengesellschaft weitere ausländische Einkünfte aus anderen Quellen bezogen, ergibt sich bei der Steuerermäßigung für die ausländischen Einkünfte gem. **§ 34 c EStG** das Problem der Berücksichtigung von § 15 a EStG:

   Aus § 15 a EStG können sich bei beschränkt haftenden Mitunternehmern nur dann Auswirkungen auf die Steuerermäßigung gem. § 34 c EStG ergeben, wenn kein DBA besteht oder ein bestehendes DBA der Bundesrepublik Deutschland das Besteuerungsrecht zuweist (Vereinbarung der Anrechnungsmethode). Greift das Verlustausgleichs- bzw. -abzugsverbot gem. § 15 a EStG, weil für den beschränkt haftenden Mitunternehmer durch den im Ausland erlittenen Verlust ein negatives Kapitalkonto entsteht oder sich erhöht, und hat der Mitunternehmer aus dem Ansässigkeitsstaat der Personengesellschaft weitere Einkünfte aus anderen Quellen, führt der nicht ausgleichs- bzw. abzugsfähige Verlustanteil zu einer Erhöhung der Summe der Einkünfte und mithin zu einer Erhöhung der deutschen Einkommensteuer. Zugleich erhöht sich damit auch der Höchstbetrag der gem. § 34 c Abs. 1 Satz 2 EStG auf die deutsche Einkommensteuer anzurechnenden ausländischen Steuer. Die nach § 15 a Abs. 1 EStG nicht ausgeglichenen Verlustanteile mindern die Gewinnanteile, die dem beschränkt haftenden Mitunternehmer von der ausländischen Personengesellschaft in späteren Wirtschaftsjahren zugerechnet werden (§ 15 a Abs. 2 EStG). Damit vermindert sich entsprechend der Höchstbetrag der Anrechnung.

62 So die Auffassung bei Jacobs (Hrsg.), Internationale Unternehmensbesteuerung, 6. Aufl., München 2007, S. 558.

1.2.2.3 Einkünfte aus einem ausländischen Staat, mit dem die Bundesrepublik Deutschland ein Abkommen zur Vermeidung der Doppelbesteuerung abgeschlossen hat

1.2.2.3.1 Zuordnung von Besteuerungsrechten und Steuerfreistellung

Das Welteinkommensprinzip kann auch durch ein Abkommen zur Vermeidung der Doppelbesteuerung durchbrochen sein, sofern es nur dem ausländischen Quellenstaat ein Besteuerungsrecht zuordnet. In diesem Fall verzichtet der Wohnsitzstaat Deutschland auf die steuerliche Erfassung der im anderen Vertragsstaat erzielten Einkünfte. Die Steuerfreistellung der aus dem anderen Vertragsstaat stammenden Einkünfte kann sich entweder aus den Zuteilungsnormen des Abkommens (entsprechend den Art. 6 bis 20 OECD-MA) ergeben oder aus der Vermeidungsnorm (entsprechend Art. 23 A OECD-MA). Die Steuerfreistellung im Wohnsitzstaat Deutschland ergibt sich aus den Zuteilungsnormen, wenn der Quellenstaat das alleinige Besteuerungsrecht für die Einkünfte hat (Abkommensformulierung *„können nur... besteuert werden"*). Die Steuerfreistellung wird sich jedoch überwiegend aus der Vermeidungsnorm des jeweiligen Abkommens ergeben, in der der Wohnsitzstaat die Methode zur Vermeidung der Doppelbesteuerung in den Fällen festlegt, in denen auch der Quellenstaat nach den Zuteilungsnormen ein Besteuerungsrecht hat. Deutschland wendet in bestimmten Fällen die Freistellungsmethode an, wenn dies aus Gründen der steuerlichen Wettbewerbsneutralität am ausländischen Wirtschaftsstandort angezeigt erscheint. Die Freistellungsmethode kommt insbesondere bei Einkünften aus unbeweglichem Vermögen, bei Schachteldividenden, bei Einkünften aus ausländischen Betriebsstätten sowie bei Einkünften aus selbständiger und unselbständiger Arbeit zur Anwendung. In diesen Fällen wird das Welteinkommensprinzip somit durchbrochen.

1.2.2.3.2 Auswirkungen DBA-steuerbefreiter Auslandseinkünfte auf die Ermittlung des anzuwendenden Einkommensteuersatzes (positiver und negativer Progressionsvorbehalt gem. § 32 b EStG)

Bei unbeschränkt steuerpflichtigen natürlichen Personen sowie bei beschränkt steuerpflichtigen Arbeitnehmern, auf die § 50 Abs. 2 Satz 2 Nr. 4 EStG Anwendung findet, sind die nach einem Abkommen zur Vermeidung der Doppelbesteuerung steuerbefreiten ausländischen Einkünfte oder die im Fall der Anwendung von § 1 Abs. 3 oder § 1 a oder § 50 Abs. 2 Satz 2 Nr. 4 EStG nicht der deutschen Einkommensteuer unterliegenden Einkünfte oder die nur einem inländischen Steuerabzug unterliegenden Einkünfte bei der Bemessung des anzuwendenden Einkommensteuersatzes auf das inländische zu versteuernde Einkommen zu berücksichtigen (§ 32b Abs. 1 Satz 1 Nr. 3 u. 5 EStG). Die nach einem DBA steuerbefreiten ausländischen Einkünfte sind nach der höchstrichterlichen Rechtsprechung bei der Bemessung des **für den Steuersatz maßgebenden zu versteuernden Einkommens** so einzubeziehen, als ob das DBA nicht bestünde,[63] ohne dass die Einkünfte selbst der inländischen Besteuerung unterliegen. Ein im DBA explizit verankerter Progressionsvorbehalt ist für die Anwendung des Progressionsvorbehalts gem. § 32 b Abs. 1 Satz 1 Nr. 3 u. 5 EStG nicht erforderlich. Entscheidend ist nach Auffassung des BFH, dass das betreffende DBA die Einbeziehung der steuerbefreiten Einkünfte in einen Progressionsvorbehalt nicht verbietet.[64] Demgegenüber sollen die nach einem sonstigen zwischenstaatlichen Übereinkommen[65] in Deutschland steuerbefreiten Einkünfte gem. § 32 b Abs. 1 Nr. 4 EStG nur dann in einen Progressionsvorbehalt einbezogen werden, wenn das Übereinkommen einen Einbeziehungsvorbehalt ausdrücklich vorsieht.

Der **Progressionsvorbehalt** ist letztlich Ausdruck des Grundsatzes der Besteuerung nach der wirtschaftlichen Leistungsfähigkeit bei der Einkommensteuer, da auch die steuerbefreiten ausländischen Einkünfte zu einer Reinvermögensmehrung beim Steuerpflichtigen geführt haben. Art und Höhe der ausländischen Einkünfte müssen für Zwecke des Progressionsvorbehalts nach deutschem Steuerrecht ermittelt werden.[66] Die mit DBA-steuerbefreiten ausländischen Einnahmen in unmittelbarem wirtschaftlichen Zusammenhang stehenden Betriebsausgaben und Werbungskosten dürfen gem. § 3 c EStG die inländischen Einkünfte nicht mindern. Sie sind bei der Ermittlung der im Progressionsvorbehalt zu berücksichtigenden Einkünfte (sog. Steuersatzeinkommen) abzuziehen. Bei der Anwendung des Progressionsvorbehalts sind gem. § 32 b Abs. 2 Nr. 2 EStG die in den steuerfreien ausländischen Einkünften enthaltenen (positiven) außerordentlichen Einkünfte gem. §§ 34 und 34 b EStG mit einem Fünftel zu berücksichtigen. Die außerordentlichen ausländischen, nach DBA steuerfreien Einkünfte werden somit in die Ermittlung des auf das zu versteuernde Einkommen anzuwendenden Steuersatzes in geminderter Höhe einbezogen, wodurch nach der Gesetzesbegründung[67] einerseits zwar eine Besteuerung nach der wirtschaftlichen Leistungsfähigkeit gewährleistet, andererseits jedoch eine übermäßige Progressionsverschärfung vermieden werden soll. Betroffen von der Regelung sind insbesondere Gewinne aus der Veräußerung eines ganzen Gewerbebetriebs oder eines Teilbetriebs im Ausland oder Gewinne aus der Veräußerung eines Mitunternehmeranteils an einer ausländischen Personengesellschaft. Darüber hinaus werden auch die einmaligen Abfindungen für eine mehrjährige Arbeitnehmerentsendung ins Ausland von der Regelung erfasst.[68]

Einkünfte aus der Beteiligung an einer gewerblich tätigen ausländischen Personengesellschaft, die aufgrund eines DBA in Deutschland steuerfrei sind, gehören auch

---

63 Vgl. BFH vom 13.11.1991, BStBl 1992 II S. 345.

64 Vgl. BFH vom 19.12.2001, BStBl 2003 II S. 302; vom 15.05.2002, BStBl 2002 II S. 660; vom 19.11.2003, BStBl 2004 II S. 549.

65 Vgl. z. B. die Übersicht im BMF-Schreiben vom 20.08.2007 – IV B 3 – S 1311/07/0039 – BStBl 2007 I S. 656.

66 Vgl. BFH vom 22.05.1991, BStBl 1992 II S. 94, BFH vom 29.04.1992, BStBl 1993 II S. 149.

67 Vgl. BT-Drucks. 14/2683, S. 115.

68 Vgl. BFH vom 09.06.1993, BStBl 1993 II S. 790.

dann zu den dem Progressionsvorbehalt unterliegenden gewerblichen Einkünften des inländischen Gesellschafters, wenn die ausländische Personengesellschaft in dem anderen Vertragsstaat als dem Sitzstaat der Gesellschaft als juristische Person besteuert wird. Entscheidend für die deutsche Besteuerung ist die Frage, ob die ausländische Gesellschaft nach ihrer wirtschaftlichen und rechtlichen Struktur einer deutschen Personengesellschaft entspricht.[69]

Neben den DBA-steuerbefreiten Einkünften erfasst der Progressionsvorbehalt gem. § 32 b EStG auch noch folgende Sachverhalte mit Auslandsbezug:

(1) Wechsel von der beschränkten zur unbeschränkten Steuerpflicht im Laufe eines Kalenderjahres oder umgekehrt:

Beginnt oder endet die unbeschränkte Steuerpflicht durch Wohnsitzverlegung im Kalenderjahr, so werden die beschränkt steuerpflichtigen Einkünfte den unbeschränkt steuerpflichtigen Einkünften hinzugerechnet (§ 2 Abs. 7 Satz 3 EStG) und die Veranlagung nach den für unbeschränkt Steuerpflichtige geltenden Vorschriften durchgeführt. Auch in Fällen, in denen die unbeschränkte oder beschränkte Einkommensteuerpflicht nicht während des ganzen Kalenderjahres besteht, werden somit die Grundlagen für die Festsetzung der Einkommensteuer jeweils für ein Kalenderjahr ermittelt, wobei die im betreffenden Kalenderjahr **nicht** der deutschen Einkommensteuer unterliegenden ausländischen Einkünfte im Wege des Progressionsvorbehalts **berücksichtigt** werden (§ 32 b Abs. 1 Satz 1 Nr. 2 EStG).[70] Hiervon **ausgenommen** sind Einkünfte, die nach einem sonstigen zwischenstaatlichen Übereinkommen in Deutschland steuerbefreit sind, sofern das zwischenstaatliche Übereinkommen für die steuerbefreiten Einkünfte **keinen** Progressionsvorbehalt vorsieht.

Die zuletzt erwähnten sonstigen zwischenstaatlichen Übereinkommen sind vielfältig und zahlreich vorhanden.[71] Sie befreien die von dem Übereinkommen betroffenen Personen (z. B. Diplomaten, Konsularbeamte) i. d. R. von den Personensteuern in dem jeweiligen Tätigkeitsstaat für die Einkünfte, die sie im Auftrag der entsendenden Organisation erhalten. Für andere Einkünfte aus Quellen in dem Tätigkeitsstaat gilt die Steuerbefreiung i. d. R. nicht. Die älteren zwischenstaatlichen Übereinkommen enthalten regelmäßig **keinen** Progressionsvorbehalt für eine Einbeziehung der steuerbefreiten Einkünfte in die Ermittlung des anzuwendenden Steuersatzes für evtl. steuerpflichtige Einkünfte aus anderen Quellen. Die neueren Übereinkommen enthalten regelmäßig eine dem abkommensrechtlichen Progressionsvorbehalt entsprechende Klausel, wonach die befreiten Gehälter und Bezüge bei der Bestimmung

69 Vgl. BFH vom 04.04.2007, IStR 2007, S. 516.

70 Vgl. auch BFH vom 27.07.1994, BStBl 1995 II S. 127.

71 Vgl. BMF-Schreiben vom 20.08.2007 – IV B 3 – S 1311/07/0039, BStBl 2007 I S. 656 (Zusammenstellung der Fundstellen der zwischenstaatlichen Vereinbarungen, Zustimmungsgesetze und Rechtsverordnungen, aufgrund derer Personen, Personenvereinigungen, Körperschaften, internationalen Organisationen oder ausländischen Staaten Befreiungen von deutschen Steuern vom Einkommen und vom Vermögen gewährt werden; Stand: 01.02.2007).

des auf das Einkommen aus anderen Quellen zu erhebenden Steuersatzes berücksichtigt werden können.[72]

Eine **Nichtberücksichtigung** der nach dem Wegzug erzielten steuerfreien ausländischen Einkünfte bei der Bemessung des **besonderen Steuersatzes,** der auf die im VZ im Rahmen der unbeschränkten Steuerpflicht vor dem Wegzug erwirtschafteten Einkünfte anzuwenden ist, kommt nach Auffassung des BFH in Abkommensfällen nur dann in Betracht, wenn das jeweils einschlägige DBA die Anwendung des Progressionsvorbehalts **ausdrücklich untersagt.** Eine Erlaubnisnorm im Abkommen zur Anwendung des Progressionsvorbehalts ist insofern ohne rechtliche Konsequenzen. Bei dieser Rechtsauffassung des BFH stellt sich jedoch die Frage, was der Gesetzgeber mit § 2 AO zum Ausdruck bringen wollte, wenn Abkommensnormen nur dann den innerstaatlichen Rechtsvorschriften vorgehen, sofern sie die Anwendung der innerstaatlichen Vorschriften ausdrücklich verbieten.

(2) Antragsabhängige unbeschränkte Einkommensteuerpflicht gem. § 1 Abs. 3 EStG:

Verheiratete oder unverheiratete Personen ohne EU-/EWR-Staatsangehörigkeit oder unverheiratete Personen mit EU-/EWR-Staatsangehörigkeit ohne Wohnsitz oder gewöhnlichen Aufenthalt im Inland, die ihr Einkommen aussschließlich oder fast ausschließlich (mindestens zu 90 %) in Deutschland erzielen (sog. Grenzgänger), können auf Antrag gem. § 1 Abs. 3 EStG als unbeschränkt einkommensteuerpflichtig behandelt werden. Sie können dann bestimmte personen- und familienbezogene Steuerentlastungen (jedoch nicht den Splittingtarif) beanspruchen, die einem beschränkt Steuerpflichtigen nicht zustehen. Erzielen diese antragsabhängig unbeschränkt Steuerpflichtigen während des Kalenderjahres ausländische Einkünfte, die nicht der deutschen Einkommensteuerpflicht unterliegen, so sind diese Einkünfte in den Progressionsvorbehalt einzubeziehen, d. h. bei der Bemessung des anzuwendenden Steuersatzes zu berücksichtigen (§ 32 b Abs. 1 Satz 1 Nr. 5 erste Alt. EStG). Ebenfalls in den Progressionsvorbehalt **einbezogen** werden auch diejenigen Einkünfte aus dem Inland, die lediglich **einem Steuerabzug unterliegen** und bei denen die Einkommensteuer mit dem Steuerabzug als abgegolten gilt.

(3) Fiktiv unbeschränkt einkommensteuerpflichtige EU-/EWR-Staatsangehörige gem. § 1 a EStG:

EU-/EWR-Staatsangehörige, die unbeschränkt einkommensteuerpflichtig oder gem. § 1 Abs. 3 EStG antragsabhängig als unbeschränkt einkommensteuerpflichtig zu behandeln sind, können gem. § 1 a EStG bestimmte personen- und familienbezogene Steuerentlastungen beanspruchen, die ansonsten einen inländischen Wohnsitz oder den gewöhnlichen Aufenthalt des Ehegatten oder des Kindes im Inland voraussetzen (Realsplitting, Zusammenveranlagung von Ehegatten, Verdoppelung von Höchst- und Pauschbeträgen bei Ehegatten). In dem Fall sind auch die auslän-

72 Vgl. Hess. FinMin vom 10.05.2001 – S-1311 A – 9 – II B 31, Lexinform 0575710.

dischen Einkünfte, die nicht der deutschen Einkommensteuerpflicht unterliegen oder die Einkünfte, von denen im Inland lediglich ein Steuerabzug vorgenommen worden ist, in den Progressionsvorbehalt einzubeziehen (§ 32 b Abs. 1 Satz 1 Nr. 5 zweite Alt. EStG). Dies gilt auch für die Einkünfte des Ehegatten i. S. von § 1 a Abs. 1 Nr. 2 EStG.

(4) Beschränkt steuerpflichtige Arbeitnehmer gem. § 50 Abs. 2 Satz 2 Nr. 4 EStG:

Eine beschränkt steuerpflichtige natürliche Person, die Einkünfte aus nichtselbständiger Arbeit i. S. des § 49 Abs. 1 Nr. 4 EStG bezieht, kann eine Veranlagung zur Einkommensteuer beantragen. In dem Fall ist der Progressionsvorbehalt auch auf die ausländischen Einkünfte anzuwenden, die nicht der deutschen Einkommensteuer unterliegen, oder auf Einkünfte, von denen im Inland lediglich ein Steuerabzug vorgenommen worden ist (§ 32 b Abs. 1 Satz 1 Nr. 5 dritte Alt. EStG).

Für die dem Progressionsvorbehalt unterliegenden – hier im Weiteren nur betrachteten – steuerfreien ausländischen Einkünfte muss die **Einkommensteuerveranlagung in mehreren Schritten** durchgeführt werden:

1. Ermittlung des zu versteuernden Einkommens.
2. Ermittlung des für die Berechnung des besonderen Steuersatzes maßgeblichen Einkommens (sog. Steuersatzeinkommen), das die steuerfreien ausländischen Einkünfte beinhaltet. Das Steuersatzeinkommen ist nach der höchstrichterlichen Rechtsprechung so zu ermitteln, als ob das Doppelbesteuerungsabkommen nicht bestünde.[73]
3. Berechnung des besonderen Steuersatzes.
4. Multiplikation des besonderen Steuersatzes mit dem zu versteuernden Einkommen.

Bei einer **Zusammenveranlagung** von unbeschränkt steuerpflichtigen Ehegatten ist der Progressionsvorbehalt auch dann auf das gemeinsame zu versteuernde Einkommen anzuwenden, wenn nur ein Ehegatte die steuerfreien ausländischen Einkünfte bezogen hat.[74]

Beispiel:

Der zusammenveranlagte Steuerpflichtige A ist Einzelunternehmer mit einem Gewerbebetrieb in Essen. Sein zu versteuerndes Einkommen aus deutschen Quellen beträgt 50.000 €. In Eindhoven/Niederlande unterhält er eine Betriebsstätte, die nach deutschen Einkommensermittlungsvorschriften einen Gewinn von 25.000 € erzielt. Der Betriebsstättengewinn ist gem. Art. 5 Abs. 1 i. V. m. Art. 20 Abs. 2 DBA-Niederlande von der deutschen Besteuerung freizustellen.

73 Vgl. BFH vom 13.11.1991, BStBl 1992 II S. 345.
74 Vgl. BFH vom 06.10.1982, BStBl 1983 II S. 34; BFH vom 27.09.1990, BStBl 1991 II S. 84.

zu versteuerndes Einkommen	50.000 €
steuerfreie ausländische Einkünfte	25.000 €
Steuersatzeinkommen	75.000 €
Abrundung auf Tabellenstufeneingangsbetrag	74.996 €
Steuer nach Splittingtabelle (VZ 2009)	16.406 €
besonderer Steuersatz	21,87583 %
Anwendung des besonderen Steuersatzes auf das auf den Tabellenstufeneingangsbetrag abgerundete zu versteuernde Einkommen 49.940 € x 21,87583 % =	10.925 €
Einkommensteuer ohne positiven Progressionsvorbehalt	8.326 €
Steuererhöhungsbetrag durch Progressionsvorbehalt	2.599 €

Der Progressionsvorbehalt findet nicht nur bei positiven steuerbefreiten ausländischen Einkünften Anwendung, sondern ist auch bei negativen steuerbefreiten ausländischen Einkünften zu berücksichtigen (sog. **negativer Progressionsvorbehalt**).[75] In den Fällen des § 2 a Abs. 1 EStG (Verlustverrechnungsbeschränkung für negative ausländische Einkünfte aus Drittstaaten bei nicht aktiver Tätigkeit) ist die Anwendung des negativen Progressionsvorbehalts ausgeschlossen.[76] Auf positive wie negative Einkünfte, die aus den in § 32b Abs. 1 Satz 2 Nr. 1 bis 5 EStG genannten Sachverhalten in EU-/EWR-Mitgliedstaaten resultieren (**„§ 2 a-spezifische" DBA-steuerbefreite positive oder negative Einkünfte aus EU-/EWR-Mitgliedstaaten**), ist der Progressionsvorbehalt gemäß § 32 b Abs. 1 Satz 1 Nr. 3 EStG für Veranlagungszeiträume ab 2008 **nicht mehr anzuwenden.** Die Einengung des Anwendungsbereichs von § 2 a EStG im Zuge des Jahressteuergesetzes 2009 auf Drittstaatensachverhalte hätte für den negativen Progressionsvorbehalt die Konsequenz gehabt, dass bei Einkommensteuersubjekten, die z. B. Verluste aus einer land- und forstwirtschaftlichen Betriebsstätte innerhalb eines EU-/EWR-Mitgliedstaates erleiden, oder die Verluste aus einer gewerblichen Betriebsstätte innerhalb eines EU-/EWR-Mitgliedstaates erleiden, die **nicht aktiv** im Sinne des § 2 a Abs. 2 EStG tätig ist, oder die Verluste aus einer in einem anderen EU-/EWR-Mitgliedstaat belegenen Immobilie erleiden, diese Verluste künftig beim negativen Progressionsvorbehalt hätten berücksichtigt werden müssen. Dies wollte der deutsche Gesetzgeber aus fiskalischen Erwägungen verhindern. Deshalb hat er für derartige „§ 2 a-spezifische Auslandsverluste" aus einem EU-/EWR-Mitgliedstaat den negativen Progressionsvorbehalt ausgeschlossen. Damit ein derartiger Ausschluss vom negativen Progressionsvorbehalt jedoch **nicht gemeinschaftsrechtlich angreifbar** ist, hat der Gesetzgeber in dem neu gefassten § 32 b Abs. 1 Satz 2 EStG derartige bisher von § 2 a EStG erfasste („steuerschädliche") negative wie künftig **auch positive** Einkünfte vom Progressionsvorbehalt ausgeschlossen, d. h. sie sind bei der Ermittlung des Steuersatzeinkommens nicht zu berücksichtigen. Der Gesetzgeber geht somit davon aus, „dass Auslandsverluste unter dem Gesichtspunkt der EG-Grundfreiheiten im Rahmen des negativen Progressionsvorbehalts nicht berücksich-

75 Vgl. BFH vom 11.10.1989, BStBl 1990 II S. 157; BFH vom 17.10.1990, BStBl 1991 II S. 136.
76 Vgl. BFH vom 17.10.1990, BStBl 1991 II S. 136.

tigt werden müssen, wenn im Gegenzug auch Auslandseinkünfte im Rahmen des positiven Progressionsvorbehalts nicht berücksichtigt werden."[77] Der Ausschluss der betreffenden Einkünfte aus dem Progressionsvorbehalt kann im Vergleich zur vorherigen Rechtslage für einen tangierten unbeschränkt Einkommensteuerpflichtigen auch steuerentlastende Wirkungen bei positiven ausländischen Einkünften aus einem EU-/EWR-Staat entfalten. Zu beachten ist allerdings, dass der Ausschluss der positiven und negativen Einkünfte vom Progressionsvorbehalt sich **nur** auf die in § 32 b Abs. 1 Satz 2 Nr. 1 bis 5 EStG genannten („§ 2 a-spezifischen") Einkunftskategorien bezieht. Positive wie negative Einkünfte z. B. aus einer EU-belegenen gewerblichen Betriebsstätte, die aktiv im Sinne des § 2 a Abs. 2 EStG tätig ist, unterliegen weiterhin dem positiven wie negativen Progressionsvorbehalt. Gleiches gibt z. B. bei positiven oder negativen Einkünften aus selbständiger oder unselbständiger Arbeit, die in einem anderen EU-/EWR-Mitgliedstaat ausgeübt wird.

Der positive wie auch der negative Progressionsvorbehalt werden **von Amts wegen** angewendet, d. h., eines Antrags bedarf es nicht. Der positive und negative Progressionsvorbehalt kann durch den Steuerpflichtigen auch nicht abgewendet werden. Die Anwendung des negativen Progressionsvorbehalts ist in keiner Weise abhängig von der steuerlichen Behandlung der Verluste im ausländischen Quellenstaat, sodass es insofern international gesehen zu einer doppelten Verlustberücksichtigung kommen kann.

Variante des vorangegangenen Beispiels:

Der Steuerpflichtige A erleidet aus seiner aktiv tätigen niederländischen Betriebsstätte einen Verlust i. H. von 25.000 €. Ansonsten Sachverhalt wie im vorangegangenen Beispiel.

zu versteuerndes Einkommen	50.000 €
steuerfreie ausländische Einkünfte	·/. 25.000 €
Steuersatzeinkommen	25.000 €
Abrundung auf Tabellenstufeneingangsbetrag	24.956 €
Steuer nach Splittingtabelle (VZ 2009)	1.704 €
besonderer Steuersatz	6,82801 %
Anwendung des besonderen Steuersatzes auf das auf den Tabellenstufeneingangsbetrag abgerundete zu versteuernde Einkommen 49.940 € x 6,82801 % =	3.480 €
Einkommensteuer ohne negativen Progressionsvorbehalt	8.326 €
Steuerminderungsbetrag durch Progressionsvorbehalt	4.916 €

Durch ausländische Verluste in einem DBA-Staat kann der besondere Steuersatz auf 0 % sinken mit der Konsequenz der völligen Steuerfreiheit des im Inland zu versteuernden Einkommens. Ist ein Ausgleich der steuerfreien ausländischen Verluste im VZ nicht möglich, ist ein Verlustrücktrag bzw. ein Verlustvortrag entsprechend § 10 d EStG für die Berechnung des Steuersatzeinkommens in den vorangegangenen bzw. nachfolgenden Veranlagungszeiträumen nicht vorzunehmen. Die positiven und

77 So die Gesetzesbegründung in BR-Drucks. 545/08, S. 65 u. 77.

negativen Einkünfte werden dem zu versteuernden Einkommen zur Ermittlung des Steuersatzeinkommens nur in dem betreffenden VZ hinzugerechnet oder von ihm abgezogen. Negative DBA-steuerbefreite Einkünfte werden in anderen Jahren als dem Verlustentstehungsjahr bei der Ermittlung des Steuersatzeinkommens nicht berücksichtigt. Darüber hinaus haben bei der Anwendung des Progressionsvorbehalts die DBA-steuerbefreiten Einkünfte keine Auswirkungen auf die weiteren von der Höhe der Einkünfte abhängigen Besteuerungsgrundlagen, wie z. B. den Altersentlastungsbetrag, da der Progressionsvorbehalt sich nur auf die Berechnung der tariflichen Einkommensteuer auswirkt, indem das nach § 32 a Abs. 1 EStG zu versteuernde Einkommen um diese Einkünfte vermehrt oder vermindert wird. Etwaige Steuerermäßigungen sind dabei außer Acht zu lassen.

Nach Auffassung des BFH[78] kann die Anwendung des Progressionsvorbehalts gem. § 32 b EStG dazu führen, dass auch in Fällen, in denen das zu versteuernde Einkommen des Steuerpflichtigen **unterhalb des Grundfreibetrags** gem. § 32 a Abs. 1 Satz 2 Nr. 1 EStG liegt, eine Einkommensteuer entsteht. Liegt das Steuersatzeinkommen unter Berücksichtigung der steuerfreien Auslandseinkünfte oberhalb des Grundfreibetrags, ergibt sich nach § 32 a EStG eine tarifliche Einkommensteuer, aus der dann der für den Progressionsvorbehalt anzuwendende besondere Steuersatz zu ermitteln ist. Dieser besondere Steuersatz ist auf das zu versteuernde Einkommen anzuwenden, auch wenn Letzteres unterhalb des Grundfreibetrags liegt. Begründet wird die Anwendung des Progressionsvorbehalts von der Rechtsprechung in diesem Fall damit, dass die tarifliche Einkommensteuer nach dem Gesetzeswortlaut des § 32 a Abs. 1 Satz 2 EStG **vorbehaltlich des § 32 b EStG** zu ermitteln ist. Der Grundfreibetrag wirkt sich hier im Rahmen der Tarifermittlung steuerentlastend aus.

Hat eine unbeschränkt einkommensteuerpflichtige Person als Organträger im Rahmen eines körperschaftsteuerlichen **Organschaftsverhältnisses** nach den §§ 14 ff. KStG über eine unbeschränkt steuerpflichtige Organgesellschaft ausländische Einkünfte i. S. des § 32 b Abs. 1 Satz 1 Nr. 3 EStG bezogen, die im Inland nach einem Abkommen zur Vermeidung der Doppelbesteuerung steuerfrei sind, so ist dadurch die **Anwendung des Progressionsvorbehalts** gem. § 32 b Abs. 1 a EStG **nicht ausgeschlossen,** selbst wenn sich ein Progressionsvorbehalt bei einem inländischen Körperschaftsteuersubjekt nicht auswirken könnte. Die Organgesellschaft in der Rechtsform einer Kapitalgesellschaft wird somit für die Anwendung des Progressionsvorbehalts als transparent behandelt.

78 Vgl. BFH vom 09.08.2001, BStBl 2001 II S. 778.

1.2.2.3.3 Fortgeltung der Hinzurechnungsverpflichtung gem. § 2 a Abs. 3, 4 EStG a. F. bei vormals abgezogenen DBA-Betriebsstättenverlusten (§ 52 Abs. 3 Satz 3 sowie Sätze 5 und 6 EStG)

1.2.2.3.3.1 Abschaffung der Verrechenbarkeit von DBA-Betriebsstättenverlusten durch das StEntlG 1999/2000/2002

Sofern eine ausländische Betriebsstätte in einem Staat gelegen ist, mit dem die Bundesrepublik Deutschland ein Abkommen zur Vermeidung der Doppelbesteuerung geschlossen hat, ist aus deutscher Sicht für Betriebsstätteneinkünfte regelmäßig entsprechend Art. 23 A Abs. 1 OECD-Musterabkommen die Freistellungsmethode vereinbart. Folglich bleiben sowohl Gewinne als auch Verluste der ausländischen Betriebsstätte bei der Ermittlung der inländischen Steuerbemessungsgrundlage unberücksichtigt (sog. Symmetriethese[79]).

Damit sich für den Steuerpflichtigen bei Vorliegen eines Doppelbesteuerungsabkommens keine wesentlich ungünstigere steuerliche Situation als im Nicht-DBA-Fall ergibt, bei dem ausländische Betriebsstättenverluste unter Beachtung des § 2 a Abs. 1 und 2 EStG mit inländischen Einkünften ausgeglichen werden können, hatte der Steuergesetzgeber in § 2 a Abs. 3 und 4 EStG a. F. eine Regelung geschaffen, die trotz Bestehens eines DBA eine grenzüberschreitende Verlustverrechnung ermöglichte.

Diese Möglichkeit wurde durch das StEntlG 1999/2000/2002 aufgehoben. Ein grenzüberschreitender Verlustausgleich kam bis zur Aufhebung der Vorschrift dann in Betracht, wenn sich nach **Saldierung der Ergebnisse aller** in dem betreffenden Abkommensstaat gelegenen gewerblichen Betriebsstätten ein Verlust ergab. Insofern galt hier eine **Pro-Staat-Betrachtung** im Hinblick auf die gewerblich tätigen Betriebsstätten. Ab dem VZ 1999 können sich die Verluste aus ausländischen DBA-Betriebsstätten nur noch bei Einkommensteuersubjekten durch den negativen Progressionsvorbehalt steuermindernd auswirken.

1.2.2.3.3.2 Fortgeltung der Hinzurechnungsverpflichtung bei späteren Gewinnen

1. Der nach § 2 a Abs. 3 Satz 1 und 2 EStG a. F. vormals abgezogene Verlustbetrag ist in nachfolgenden Veranlagungszeiträumen bei der Ermittlung des Gesamtbetrags der Einkünfte wieder **hinzuzurechnen,** wenn die in dem betreffenden Abkommensstaat – aus dem der abgezogene Verlustbetrag stammt – gelegenen gewerblichen Betriebsstätten in einem nachfolgenden VZ insgesamt einen Gewinn erzielen.[80] Diese Verpflichtung zur Nachversteuerung der vormals abgezogenen Verluste bei späteren Gewinnen war ursprünglich nur bis zum VZ 2008 vorgesehen, ist dann aber durch den Gesetzgeber unbefristet verlängert worden (§ 52 Abs. 3 Satz 3 und 6 EStG), da eine endgültige Verlustberücksichtigung

79 Vgl. BFH-Beschluss vom 13.11.2002 I R 13/02, BStBl 2003 II S. 795.
80 Vgl. BFH vom 20.09.1989, BStBl 1990 II S. 112.

nach Auffassung des Gesetzgebers nicht mit der Systematik der DBA-rechtlichen Freistellungsmethode zu vereinbaren gewesen wäre. Der Nachversteuerungsbetrag ist ebenfalls nach den Vorschriften des deutschen Einkommensteuerrechts zu ermitteln. Zu beachten ist bei der Ermittlung des **Nachversteuerungsbetrags,** dass nicht nur die Ergebnisse der aktiv tätigen gewerblichen Betriebsstätten – wie vormals bei der Ermittlung des berücksichtigungsfähigen Verlustbetrags – zusammenzufassen sind, sondern auch die Ergebnisse der **nicht aktiv tätigen gewerblichen Betriebsstätten** (z. B. bei Vermietung und Verpachtung von Wirtschaftsgütern) zu berücksichtigen sind, wenn das betreffende DBA keine Aktivitätsklausel enthält.[81] Nicht gewerblich tätige Betriebsstätten bleiben außer Betracht. Formalrechtlich wird dabei nicht der Gewinn aus den ausländischen Betriebsstätten besteuert – was mit dem bestehenden Doppelbesteuerungsabkommen nicht vereinbar wäre –, sondern der frühere Verlustabzug rückgängig gemacht. Es handelt sich somit um einen bloßen **Korrekturposten,** auf den keine Steuervergünstigungen (z. B. Freibetrag gem. § 16 Abs. 4 EStG, Steuersatzermäßigung gem. § 34 Abs. 3 EStG) anzuwenden sind.[82] Dies hat z. B. Bedeutung, wenn der Nachversteuerungsbetrag aus einem Gewinn resultiert, der sich aus der **Veräußerung der Betriebsstätte** oder eines **Mitunternehmeranteils an einer ausländischen Personengesellschaft** ergibt. Die Nachversteuerung kann sich über mehrere Jahre erstrecken.

2. Soweit in einem nachfolgenden VZ der Gewinn aus dem ausländischen DBA-Betriebsstättenstaat nicht in voller Höhe zur Nachversteuerung herangezogen wird, weil der vormals abgezogene Verlustbetrag ausgeglichen ist, wird der **nicht nachversteuerte Gewinnbetrag** dem **positiven Progressionsvorbehalt** unterworfen.
3. Eine Nachversteuerung des vormals abgezogenen Verlustbetrags kann seit dem VZ 1999 unter Umständen dadurch abgewendet werden, indem der inländische Steuerpflichtige nachweist, dass nach den Vorschriften des ausländischen Betriebsstättenstaates ein Abzug des Betriebsstättenverlustes in anderen Jahren als dem Verlust(entstehungs)jahr allgemein nicht beansprucht werden kann. Nach der Rechtsprechung des BFH kommt eine Berücksichtigung von Verlusten einer in einem EU-Mitgliedstaat belegenen Betriebsstätte bei der inländischen Besteuerung trotz der Freistellung nach einem DBA ausnahmsweise dann in Betracht, sofern und soweit der inländische Steuerpflichtige (= Stammhaus) nachweist, dass die Verluste im Quellenstaat unter keinen Umständen anderweitig verwertbar sind. Die Finanzverwaltung hat dieses BFH-Urteil allerdings mit einem Nichtanwendungserlass belegt.[83]

---

81 Vgl. BFH vom 20.09.1989, BStBl 1990 II S. 112; Leitfaden zur Besteuerung ausländischer Einkünfte bei unbeschränkt steuerpflichtigen natürlichen Personen, Anhang 4, Tz. 2.2 (Quelle: OFD Münster/Nürnberg).

82 Vgl. BFH vom 08.03.1989, BStBl 1989 II S. 541; BFH vom 02.03.1989, BStBl 1989 II S. 543; BFH vom 16. 11. 1989, BStBl 1990 II S. 204.

83 BFH-Urteil vom 17.07.2008 I R 84/04, DB 2008, S. 2114, mit Verweis auf das EuGH-Urteil vom 13.12.2005, Rs. C-446/03 („Marks and Spencer"), DB 2005, S. 2788; Nichtanwendungserlass: BMF-Schreiben vom 13.07.2009 – IV B 5 – S 2118-a/07/10004, DStR 2009, S. 1585.

4. Eine **sofortige Nachversteuerung** des nach § 2 a Abs. 3 Satz 1 und 2 EStG a. F. abgezogenen und bislang noch nicht wieder hinzugerechneten Verlustbetrags ist dann vorzunehmen, wenn die DBA-Betriebsstätte in eine Kapitalgesellschaft „umgewandelt" wird. Da die Betriebsstätte nach der „Umwandlung" nicht mehr existiert, könnte ansonsten durch diese Gestaltung eine Nachversteuerung der abgezogenen Verlustbeträge vermieden werden. Die „Umwandlung" der Betriebsstätte in eine Kapitalgesellschaft ist als auslösendes Tatbestandsmerkmal für die Nachversteuerung ausreichend, d. h., auf die Höhe des entstandenen „Umwandlungsgewinns" kommt es für den Betrag der Hinzurechnung nicht an. Eine „Umwandlung" ist nach Auffassung der Finanzverwaltung[84] nicht nur die Einbringung der ausländischen Betriebsstätte in eine Kapitalgesellschaft gegen Gewährung von Gesellschaftsrechten, sondern jede Form des „Aufgehens" der Betriebsstätte in eine Kapitalgesellschaft.

5. Eine Wiederhinzurechnung der vormals abgezogenen Verluste ist ebenfalls vorzunehmen, wenn die in einem ausländischen DBA-Staat gelegene Betriebsstätte entgeltlich oder unentgeltlich übertragen wird (§ 52 Abs. 3 Satz 5 mit Verweis auf § 2 a Abs. 4 Satz 1 Nr. 2 EStG n. F.). Wird die Betriebsstätte entgeltlich oder unentgeltlich übertragen, so beschränkt sich die Hinzurechnung nicht auf den Veräußerungsgewinn, sondern die Hinzurechnung umfasst den gesamten bisher abgezogenen und noch nicht wieder hinzugerechneten Verlust der DBA-Betriebsstätte. Damit soll gewährleistet werden, dass auch in den Fällen, in denen die Betriebsstätte vor Eintritt der Gewinnphase veräußert oder unentgeltlich einem Dritten übertragen wird, die Nachversteuerung im VZ der Veräußerung oder unentgeltlichen Übertragung erfolgt. Der vormals abgezogene und noch nicht wieder hinzugerechnete Verlustbetrag ist deshalb in vollem Umfang hinzuzurechnen, damit der Ansatz eines niedrigen Veräußerungspreises nicht dazu genutzt werden kann, um die positiven zu versteuernden Einkünfte gering zu halten.[85]

6. Eine Wiederhinzurechnung der vormals abgezogenen Verluste hat auch dann zu erfolgen, wenn die in einem ausländischen DBA-Staat gelegene Betriebsstätte („missbräuchlich") aufgegeben wird, d. h. die ursprünglich von der Betriebsstätte **ausgeübte Geschäftstätigkeit ganz oder teilweise** von einer Gesellschaft **fortgeführt** wird, an der der inländische Steuerpflichtige zu mindestens 10 % unmittelbar oder mittelbar beteiligt ist. Gleiches gilt, wenn die bisher von der ausländischen DBA-Betriebsstätte ausgeübte Geschäftstätigkeit durch eine dem inländischen Steuerpflichtigen nahestehende Person i. S. des § 1 Abs. 2 AStG fortgeführt wird (§ 52 Abs. 3 Satz 5 mit Verweis auf § 2 a Abs. 4 Satz 1 Nr. 3 EStG n. F.). Der Begriff der „ausgeübten Geschäftstätigkeit" ist tätigkeits- bzw.

84 Vgl. R 2 a Abs. 6 EStG.
85 So bereits die Begründung zur Neuregelung in einem Vorentwurf, vgl. BT-Drucks. 13/10990 vom 17.06.1998, S. 18.

funktionsbezogen aufzufassen und unabhängig von dem Fortbestand der Organisationsstruktur der Betriebsstätte.[86] Die Aufgabe der Verlust verursachenden Betriebsstätte ohne Realisierung eines Auflösungsgewinns und ohne Fortführung der Geschäftstätigkeit durch irgendeinen anderen Rechtsträger dürfte die Hinzurechnungsverpflichtung nicht auslösen.

7. Im Falle der Gesamtrechtsnachfolge kann die Hinzurechnungsverpflichtung auf eine andere Rechtsperson (Erben, übernehmende Gesellschaft) übergehen. Der nach § 2 a Abs. 3 EStG a. F. vom Erblasser in den Veranlagungszeiträumen vor 1999 abgezogene und bei diesem noch nicht hinzugerechnete Verlustbetrag geht im Erbfall auf den Erben über.[87] Soweit im Rahmen von Umwandlungsvorgängen ein Verlustvortrag i. S. des § 10 d Abs. 4 Satz 2 EStG nach den Vorschriften des UmwStG auf den Gesamtrechtsnachfolger übergeht, geht auch die Verpflichtung zur Nachversteuerung nach § 2 a Abs. 3 EStG a. F. über.[88]
8. Für VZ ab 2006 kann sich schließlich eine Hinzurechnungsverpflichtung durch eine Beendigung der unbeschränkten Einkommen- oder Körperschaftsteuerpflicht durch Aufgabe des Wohnsitzes oder des gewöhnlichen Aufenthalts im Inland bzw. durch Verlegung des Sitzes oder des Ortes der Geschäftsleitung ins Ausland ergeben. Die Nachversteuerung der vormals abgezogenen Verluste kann sich darüber hinaus bei einer Beendigung der Ansässigkeit im Inland aufgrund von DBA-Bestimmungen ergeben, wenn der Steuerpflichtige anschließend infolge der Abkommensbestimmungen als in dem anderen Vertragsstaat ansässig gilt (§ 52 Abs. 3 Satz 6 i. V. m. § 2 a Abs. 4 Satz 2 EStG n. F.).

Zu beachten ist die Fortgeltung der Nachversteuerungsvorschriften bei vormals abgezogenen Verlusten gem. § 2 a Abs. 3 Satz 1 EStG a. F. ggf. auch bei **Beteiligungen an ausländischen Personengesellschaften** sowie bei **atypisch stillen Beteiligungen** an ausländischen Unternehmen, da diese i. d. R. steuerlich wie ausländische Betriebsstätten behandelt werden.

1.2.2.3.3.3 Fortgeltung der Hinzurechnungsverpflichtung für vormals nach dem Auslandsinvestitionsgesetz abgezogene DBA-Betriebsstättenverluste bei künftigen Gewinnen über 2008 hinaus (§ 8 Abs. 5 Satz 2 AuslInvG)

Nach der Vorgängerregelung von § 2 a Abs. 3, 4 EStG a. F., d. h. § 2 Auslandsinvestitionsgesetz (AuslInvG), konnten bis zum VZ 1989 Verluste aus ausländischen gewerblichen DBA-Betriebsstätten bei der inländischen Besteuerung berücksichtigt werden. Bei späteren Gewinnen mussten die geltend gemachten Verluste wieder bei der Ermittlung des Gesamtbetrags der Einkünfte hinzugerechnet werden. Diese Hinzurechnungsverpflichtung sollte ursprünglich mit dem VZ 2008 enden (§ 8 Abs. 5 Satz 2 AuslInvG). Ein Auslaufen der Hinzurechnungsverpflichtung würde zu einer

86 Vgl. BT-Drucks. 14/2070 vom 11.11.1999, S. 52.
87 Vgl. R 2 a Abs. 4 EStR.
88 Vgl. R 2 a Abs. 5 EStR.

endgültigen Verlustberücksichtigung führen, die nach der Gesetzesbegründung[89] mit der Systematik der DBA-rechtlichen Freistellungsmethode nicht zu vereinbaren wäre, da die DBA-Steuerfreistellung sowohl die ausländischen Gewinne als auch die ausländischen Verluste von der inländischen Besteuerung ausnimmt (sog. Symmetriethese). Der Gesetzgeber dehnt deshalb durch das Jahressteuergesetz 2009 die **Hinzurechnungsverpflichtung zeitlich über das Jahr 2008 unbefristet aus,** da noch bei diversen Unternehmen bei beachtliches Verlusthinzurechnungsvolumen vorhanden ist.

Der Gesetzgeber greift mit der nunmehr unbefristeten Wiederhinzurechnungsverpflichtung in unternehmerische Dispositionen ein, bei denen z. B. in den Jahren vor dem ursprünglich angedachten Auslaufen der Nachversteuerungsverpflichtung im Jahre 2008 **neue** ausländische Betriebsstätten in den Abkommensstaaten errichtet wurden, aus denen die vormals abgezogenen Verluste stammten. Nach Auslaufen der Anlaufverlustphase hätten die Gewinne dieser neu errichteten Betriebsstätten in Deutschland ab dem Jahre 2009 steuerfrei vereinnahmt werden können. Sie unterliegen im wirtschaftlichen Ergebnis künftig bis zur Höhe der vormals abgezogenen Verluste aus **anderen** Betriebsstätten desselben Abkommensstaates einer Hinzurechnungsverpflichtung.

1.2.2.3.3.4 Beispiel zur Hinzurechnung vormals abgezogener Verlustbeträge

Die A-OHG hat in Italien drei Betriebsstätten. Die Betriebsstätte in Mailand stellt Handtaschen her. Die Betriebsstätte in Rom produziert Schuhe. Die Betriebsstätte in Neapel produziert Gürtel. Gleichzeitig vermietet sie ein Wohnhaus, woraus 60 % ihrer Bruttoerträge fließen (nicht aktiv i. S. des § 2 a Abs. 2 Satz 1 EStG). Bei der A-OHG (bzw. bei deren Mitunternehmer) wurde im VZ 1998 gem. § 2 a Abs. 3 EStG a. F. ein Verlust bei der Ermittlung des Gesamtbetrags der Einkünfte abgezogen, von dem bis dato noch ein Betrag i. H. von 150.000 (Zahlenangaben in Euro) nicht wieder hinzugerechnet wurde. Die A-OHG und die italienischen Betriebsstätten weisen folgende Ergebnisse auf:

Jahr	2008	2009	2010
Einkünfte aus Gewerbebetrieb bei der A-OHG	500.000	600.000	700.000
Betriebsstätte in Mailand	./. 200.000	./. 100.000	./. 50.000
Betriebsstätte in Rom	+ 100.000	+ 150.000	+ 200.000
Betriebsstätte in Neapel	+ 150.000	+ 30.000	+ 50.000
Hinzurechnungsbetrag	50.000	+ 80.000	+ 20.000
Gesamtbetrag der Einkünfte der A-OHG	550.000	680.000	720.000

Bei der Ermittlung des Nachversteuerungsbetrags finden die Ergebnisse der nicht aktiven, aber gewerblichen Betriebsstätten Berücksichtigung (Betriebsstätte in Nea-

89 Vgl. BR-Drucks. 545/08, S. 138.

pel). Sie sind mit den Ergebnissen der aktiven gewerblichen Betriebsstätten zur Ermittlung des Nachversteuerungsbetrags zusammenzufassen. Der Nachversteuerungsbetrag ist der Höhe nach aber auf den zuvor abgezogenen Verlustbetrag begrenzt (Jahr 2010). Der übersteigende Betrag (Jahr 2010) i. H. von 180.000 unterliegt dem Progressionsvorbehalt, da die Gewinne aus den italienischen Betriebsstätten nach dem DBA-Italien in Deutschland steuerfrei sind.

1.2.2.3.4 Abzugsbeschränkungen für Ausgaben im Zusammenhang mit ausländischen Einkünften

1.2.2.3.4.1 Abzugsverbot für Ausgaben in unmittelbarem wirtschaftlichen Zusammenhang mit steuerfreien Einnahmen (§ 3 c Abs. 1 EStG)

Nach § 3 c Abs. 1 EStG dürfen Ausgaben nicht als Betriebsausgaben oder Werbungskosten abgezogen werden, soweit sie mit steuerfreien Einnahmen in unmittelbarem wirtschaftlichen Zusammenhang stehen. Da bestimmte Einkunftskategorien aus ausländischen Quellen nach den deutschen Doppelbesteuerungsabkommen oder bereits unilateral von der deutschen Besteuerung freigestellt sind (z. B. gem. § 8 b Abs. 1 oder Abs. 2 KStG), stellt sich die Frage, welche Auswirkungen § 3 c Abs. 1 EStG in dem Zusammenhang hat.

Das o. g. Abzugsverbot gilt u. a. **nicht** für die in § 3 c Abs. 2 EStG erwähnten Einkommensminderungen mit ausländischem Bezug,[90] d. h. für Betriebsvermögensminderungen, Betriebsausgaben, Veräußerungskosten oder Werbungskosten, die mit den § 3 Nr. 40 EStG zugrunde liegenden Betriebsvermögensmehrungen oder Einnahmen in wirtschaftlichem Zusammenhang stehen (sog. **Teilabzugsverfahren**). Das Abzugsverbot gilt weiterhin **nicht** für Ausgaben in unmittelbarem wirtschaftlichem Zusammenhang mit den nach der **Beteiligungsertragsbefreiung** (§ 8 b Abs. 1 Satz 1 KStG) steuerfreien Auslandsdividenden, da gem. § 8 b Abs. 5 Satz 1 KStG hierfür ein typisiertes Betriebsausgabenabzugsverbot in Höhe von 5 % der steuerfreien ausländischen Dividenden (vor Abzug einer ausländischen Quellensteuer) gilt, sodass die tatsächlich in unmittelbarem wirtschaftlichem Zusammenhang mit den steuerfreien Auslandsdividenden angefallenen Betriebsausgaben keinem weiteren Abzugsverbot unterliegen.[91] Das Abzugsverbot gem. § 3 c Abs. 1 EStG gilt auch nicht für Betriebsausgaben in unmittelbarem wirtschaftlichem Zusammenhang mit den nach der **Veräußerungsgewinnbefreiung** steuerbefreiten Gewinnen aus der Veräußerung von Anteilen an ausländischen Körperschaften sowie gleichgearteten Betriebsvermögensmehrungen (§ 8 b Abs. 2 Satz 1, 3 und 6 KStG), weil hierfür ebenfalls ein typisiertes Betriebsausgabenabzugsverbot gem. § 8 b Abs. 3 Satz 1 KStG i. H. von 5 % der steuerfreien Betriebsvermögensmehrung existiert.[92] Die tat-

90 Vgl. § 3 c Abs. 1 letzter Satzteil: „Abs. 2 bleibt unberührt". Siehe ausführlicher hierzu den folgenden Abschn. 1.2.2.3.4.2.

91 Gemäß § 8 b Abs. 5 Satz 2 KStG gilt § 3 c Abs. 1 EStG insoweit nicht.

92 Gemäß § 8 b Abs. 3 Satz 2 KStG gilt § 3 c Abs. 1 EStG insoweit nicht.

sächlich in unmittelbarem wirtschaftlichem Zusammenhang mit den steuerfreien ausländischen Betriebsvermögensmehrungen angefallenen Betriebsausgaben unterliegen keinem weiteren Abzugsverbot.

Soweit die Doppelbesteuerungsabkommen andere Einkunftskategorien von der deutschen Besteuerung freistellen (z. B. Einkünfte aus unbeweglichem Vermögen; Betriebsstätteneinkünfte; Einkünfte aus selbständiger oder unselbständiger Arbeit), entfaltet § 3 c Abs. 1 EStG keine unmittelbaren Auswirkungen, da bei den genannten Einkunftskategorien regelmäßig **nicht** die **Einnahmen** gemäß dem DBA von der deutschen Besteuerung freigestellt sind, sondern die ausländischen **Einkünfte**, die nach den deutschen steuerrechtlichen Einkommensermittlungsvorschriften zu bestimmen sind.

Somit hat § 3 c Abs. 1 EStG seine frühere eminent wichtige Bedeutung im Zusammenhang mit steuerfreien Einnahmen aus dem Ausland, vor allem im Zusammenhang mit steuerfreien ausländischen Schachteldividenden, heute weitgehend verloren.

1.2.2.3.4.2 Teilabzugsverfahren für Einkommensminderungen in einem Betriebsvermögen, die mit den nach dem Teileinkünfteverfahren nach § 3 Nr. 40 EStG teilweise steuerfreien Einkommensmehrungen in wirtschaftlichem Zusammenhang stehen (§ 3 c Abs. 2 EStG)

Betriebsvermögensminderungen (z. B. Veräußerungsverluste, verlustbedingte oder ausschüttungsbedingte Teilwertabschreibungen), Betriebsausgaben (z. B. Schuldzinsen aus der Fremdfinanzierung eines Anteilserwerbs), Veräußerungskosten oder Werbungskosten, die mit den nach § 3 Nr. 40 EStG zu 40 % steuerfreien Betriebsvermögensmehrungen oder Einnahmen (z. B. Veräußerungsgewinnen, Wertaufholungen, Dividenden) in wirtschaftlichem Zusammenhang stehen, dürfen bei der Ermittlung der Einkünfte **zu 60 % abgezogen** werden (§ 3 c Abs. 2 Satz 1 EStG). Dieses Teilabzugsverfahren unterscheidet dabei nicht zwischen inländischen und ausländischen Einkünften, sodass es in beiden Fällen anzuwenden ist. Es ist jedoch nur bei Einkommensteuersubjekten anzuwenden, sofern die Anteile an dem ausländischen Körperschaftsteuerobjekt zu einem inländischen Betriebsvermögen einer einkommensteuerpflichtigen Person gehören (§ 3 Nr. 40 Satz 1 Buchst. a EStG). Der zeitliche und betragsmäßige Anfall der gem. § 3 Nr. 40 EStG zu 40 % steuerfreien Betriebsvermögensmehrungen oder Einnahmen spielt für die Anwendung des Teilabzugsverfahrens keine Rolle, d. h., es ist auf die angefallenen Einkommensminderungen (Ausgaben) auch dann in unbeschränkter Höhe anzuwenden, wenn in einem VZ keine „Teileinkünfte" vereinnahmt wurden.

1.2.2.3.4.3 Typisiertes Ausgabenabzugsverbot bei einem Bezug von bestimmten ausländischen Kapitalerträgen durch ein inländisches Körperschaftsteuersubjekt (§ 8 b Abs. 5 KStG)

Erhält eine unbeschränkt oder beschränkt steuerpflichtige Körperschaft Gewinnanteile (Dividenden) und sonstige Bezüge (einschl. vGA sowie Bezüge aus Genussrechten)[93] aus Anteilen an einer **ausländischen** Kapitalgesellschaft, die von der deutschen Körperschaftsteuer befreit sind,[94] so gelten (= unwiderlegbare gesetzliche Fiktion) gem. § 8 b Abs. 5 Satz 1 KStG 5 % der steuerfreien Bezüge als Ausgaben, die nicht als Betriebsausgaben abgezogen werden dürfen (typisiertes Ausgabenabzugsverbot). Gemäß § 8 b Abs. 3 Satz 1 KStG gilt eine entsprechende Regelung für die nach § 8 b Abs. 2 Satz 1, 3 und 6 KStG steuerbefreiten Gewinne aus der Veräußerung von Anteilen an einer ausländischen Körperschaft sowie gleichgeartete Betriebsvermögensmehrungen.

Bemessungsgrundlage für den anzuwendenden Prozentsatz der nichtabziehbaren Betriebsausgaben ist der Betrag der steuerfreien ausländischen Kapitalerträge vor Abzug einer evtl. erhobenen ausländischen Kapitalertragsteuer. Somit sind die Bezüge von ausländischen Körperschaftsteuerobjekten im Ergebnis nur zu 95 % im Inland steuerbefreit. Da § 8 b Abs. 5 Satz 1 KStG sowohl im Nicht-DBA-Fall als auch im DBA-Fall anzuwenden ist, liegt in dem letztgenannten Sachverhalt ein sog. „treaty override“ vor. Die **tatsächlich** im Zusammenhang mit der Erzielung der steuerfreien Kapitalerträge entstandenen Betriebsausgaben (u. a. Konzernverwaltungskosten in Form von Regie- und Kontrollkosten, Schuldzinsen für den fremdfinanzierten Erwerb der Beteiligung an der ausländischen Kapitalgesellschaft) unterliegen **keinem** weiteren Abzugsverbot.[95] Die nichtabziehbaren Betriebsausgaben i. H. von 5 % der Ausgaben erhöhen die Bemessungsgrundlage für die **Körperschaftsteuer** und die **Gewerbesteuer.**

Eine Erhöhung bei der Ermittlung des Gewerbeertrags ist jedoch dann ausgeschlossen, wenn ein Fall der Hinzurechnung gem. § 8 Nr. 5 GewStG vorliegt, d. h. die Voraussetzungen für die Gewährung des internationalen gewerbesteuerlichen Schachtelprivilegs (§ 9 Nr. 7 GewStG) nicht erfüllt sind. Hier sind dann zwar die nach § 8 b Abs. 1 Satz 1 KStG außer Ansatz bleibenden Gewinnanteile bei der Ermittlung des Gewerbeertrags hinzuzurechnen. Jedoch ist der hinzurechnungspflichtige Betrag um die Betriebsausgaben zu kürzen, die nach § 8 b Abs. 5 KStG unberücksichtigt bleiben.

---

93 Nach dem genauen Gesetzeswortlaut muss es sich um Bezüge i. S. des § 20 Abs. 1 Nr. 1, 2, 9 und 10 Buchst. a EStG handeln.

94 Rechtsgrundlage hierfür ist vor allem die Beteiligungsertragsbefreiung gem. § 8 b Abs. 1 Satz 1 KStG.

95 So in der Begründung des Finanzausschusses zum Entwurf eines Steuerentlastungsgesetzes 1999/2000/2002, BT-Drucks. 14/443 vom 03.03.1999, S. 76: „Im Übrigen unterliegen die Betriebsausgaben keinem Abzugsverbot.“ Siehe auch BMF-Schreiben vom 10.01.2000 – IV D 3 – S 1300 – 217/99, BStBl 2000 I S. 71, Tz. 2 letzter Satz.

Der pauschale Ansatz von nichtabziehbaren Betriebsausgaben auf die bezogenen steuerfreien ausländischen Kapitalerträge ist auch dann anzuwenden, wenn der inländischen Körperschaft keinerlei Betriebsausgaben im Zusammenhang mit den Anteilen an der ausländischen Kapitalgesellschaft entstanden sind. Dies ist Ergebnis der gesetzlichen Fiktion. Andererseits kann § 8 b Abs. 5 KStG keine Wirkung entfalten, solange die ausländische Kapitalgesellschaft ihre Gewinne thesauriert („ballooning concept") und damit im Inland keine steuerfreien ausländischen Kapitalerträge vorliegen.

1.2.2.4 Teilwertabschreibungen und Wertaufholungen bei Anteilen an einer ausländischen Kapitalgesellschaft (§ 6 Abs. 1 Nr. 2 EStG)

Die sog. Abschirmwirkung durch die rechtliche Selbständigkeit einer juristischen Person verhindert, dass sich Verluste einer ausländischen Kapitalgesellschaft unmittelbar beim inländischen Anteilseigner auswirken, unabhängig davon, ob mit dem Ansässigkeitsstaat der ausländischen Kapitalgesellschaft ein Doppelbesteuerungsabkommen besteht oder nicht. Es bleibt nur die Möglichkeit, die Verluste gem. § 6 Abs. 1 Nr. 2 Satz 2 EStG indirekt beim inländischen Anteilseigner durch den **Ansatz des niedrigeren Teilwertes** (sog. Teilwertabschreibung) der Beteiligung an der ausländischen Kapitalgesellschaft zu berücksichtigen. Niedrigerer Teilwert bedeutet in diesem Zusammenhang, dass die Auslandsbeteiligung mit einem Wert unter den ursprünglichen Anschaffungskosten angesetzt werden kann. Dazu müssen jedoch nach den Steuergesetzen und der höchstrichterlichen Rechtsprechung mehrere Voraussetzungen erfüllt sein:

1. Der inländische Anteilseigner muss seinen Gewinn durch **Betriebsvermögensvergleich** nach § 4 Abs. 1 oder § 5 EStG ermitteln. Die Auslandsbeteiligung muss zu diesem Betriebsvermögen gehören.
2. Die Teilwertabschreibung einer Auslandsbeteiligung ist nach der Rechtsprechung des BFH nur dann zulässig, wenn die Anschaffung von vornherein eine **Fehlmaßnahme** war oder die Beteiligung **nachträglich eine voraussichtlich dauernde Wertminderung** erfahren hat.[96] Eine Fehlmaßnahme liegt dann vor, wenn der wirtschaftliche Erfolg der Anschaffung der Beteiligung bei objektiver Betrachtung deutlich hinter dem für den Erwerb getätigten Aufwand zurückbleibt und demgemäß dieser Aufwand so unwirtschaftlich war, dass er von einem gedachten Erwerber des gesamten Betriebs im Kaufpreis nicht honoriert würde.[97] Anlaufverluste begründen i. d. R. keine Teilwertabschreibung, es sei denn, es handelt sich um eine Fehlmaßnahme. Anlaufverluste liegen dann vor, wenn zwar in den ersten Jahren nach der Gründung Verluste eintreten, zum Bilanzstichtag aber entsprechend dem Erkenntnisstand eines ordentlichen und gewis-

96 Vgl. BFH vom 14.02.1973, BStBl 1973 II S. 397; BFH vom 27.07.1988, BStBl 1989 II S. 274.

97 Vgl. BFH vom 31.10.1978, BStBl 1979 II S. 108; BFH vom 17.09.1987, BStBl 1988 II S. 488; BFH vom 20.05.1988, BStBl 1989 II S. 269.

senhaften Kaufmanns nach betriebswirtschaftlichen Grundsätzen über die Lebensdauer der Investition eine Erfolgsaussicht bestand. Als Anlaufphase kann im Regelfall nach der höchstrichterlichen Rechtsprechung für eine im Inland gegründete Kapitalgesellschaft ein Zeitraum von drei Jahren, für eine im **Ausland gegründete Kapitalgesellschaft** ein Zeitraum von **fünf Jahren** angenommen werden.[98]

Eine Teilwertabschreibung kann auch dann geboten sein, wenn die ausländische Beteiligung infolge nachhaltiger Verluste eine nachträgliche voraussichtlich dauernde Wertminderung erfahren hat. Bei der Wertermittlung der Auslandsbeteiligung im Rahmen des inländischen Gesamtunternehmens sind dabei nicht nur die Ertragslage und die Ertragsaussichten, sondern auch der Vermögenswert und die funktionale Bedeutung des ausländischen Beteiligungsunternehmens für die Wertzumessung zu berücksichtigen.[99] Eine Teilwertabschreibung setzt zwingend voraus, dass die Wiederbeschaffungskosten der Beteiligung am Bilanzstichtag unter den ursprünglichen Anschaffungskosten liegen. Die konkrete Ermittlung des Teilwertes einer Beteiligung ist in der Praxis mangels Objektivierung immer problembehaftet und häufig Ursache für Streitigkeiten zwischen dem Steuerpflichtigen und der Finanzverwaltung.[100]

3. Die Verluste einer ausländischen Drittstaaten-Kapitalgesellschaft, d. h., die **nicht** in einem EU-/EWR-Staat ansässig ist, können indirekt durch eine Teilwertabschreibung nur dann bei der inländischen steuerlichen Gewinnermittlung berücksichtigt werden, wenn die grenzüberschreitende Verlustberücksichtigung wegen aktiver Tätigkeit der ausländischen Kapitalgesellschaft nicht durch § 2 a Abs. 1 Nr. 3 Buchst. a EStG ausgeschlossen ist.[101] Der Steuerpflichtige muss nachweisen, dass die ausländische Drittstaaten-Kapitalgesellschaft entweder seit ihrer Gründung oder während der letzten fünf Jahre vor und in dem VZ mit den negativen Einkünften aktiv i. S. des § 2 a Abs. 2 Satz 1 EStG tätig gewesen ist. Dies liegt vor bei der Herstellung oder Lieferung von Waren (außer Waffen), der Gewinnung von Bodenschätzen, der Bewirkung gewerblicher Leistungen (ausgenommen dem Betrieb von Anlagen, die dem Fremdenverkehr dienen, sowie der Vermietung oder Verpachtung von Wirtschaftsgütern einschl. der Überlassung von Rechten, Plänen, Mustern, Verfahren, Erfahrungen und Kenntnissen), dem unmittelbaren Halten und der Finanzierung einer wesentlichen Beteiligung

98 So im Urteil des BFH vom 27.07.1988, BStBl 1989 II S. 274.

99 Vgl. ebenda.

100 Siehe auch das Urteil des BFH vom 07.11.1990, BStBl 1991 II S. 342; Küting/Kessler, Teilwertabschreibungen auf Beteiligungen unter besonderer Berücksichtigung der höchstrichterlichen Finanzrechtsprechung, GmbHR 1995, S. 345 ff.

101 Der Ausschluss einer steuerwirksamen Teilwertabschreibung gem. § 2 a Abs. 1 Nr. 3 Buchst. a EStG kann gem. dem EuGH-Urteil vom 29.03.2007, Rs. C-347/09, Rewe Zentralfinanz, DB 2007, S. 776, gegen die Niederlassungsfreiheit verstoßen.

(mindestens 25 %) an einer ausländischen Kapitalgesellschaft, die ausschließlich oder fast ausschließlich aktiv im Sinne der obigen Aufzählung tätig ist.

4. Die Berücksichtigungsfähigkeit der Teilwertabschreibung einer Beteiligung an einer ausländischen Kapitalgesellschaft wird durch § 3 c Abs. 2 Satz 1 EStG sowie durch § 8 b Abs. 3 Satz 3 KStG eingeschränkt. Gehören die Anteile an der ausländischen Kapitalgesellschaft zu einem **einkommensteuerpflichtigen Betriebsvermögen** (z. B. Einzelunternehmen, Personengesellschaft mit natürlichen Personen als Mitunternehmer), so darf die Teilwertabschreibung bei der Ermittlung der Einkünfte **zu 60 % abgezogen** werden (§ 3 c Abs. 2 Satz 1 EStG). Ist der inländische Anteilseigner der ausländischen Kapitalgesellschaft eine unbeschränkt oder beschränkt steuerpflichtige **Körperschaft,** so darf die Teilwertabschreibung **in voller Höhe nicht** bei der Gewinnermittlung berücksichtigt werden (§ 8 b Abs. 3 Satz 3 KStG). In den beiden o. g. Fällen wird nicht zwischen einer verlustbedingten oder ausschüttungsbedingten Teilwertabschreibung unterschieden, d. h., die genannten Einschränkungen gelten bei einer Teilwertabschreibung unabhängig von dem Grund für die voraussichtlich dauernde Wertminderung.

Kommt es bei den Anteilen an einer ausländischen Kapitalgesellschaft nach einer vorangegangenen Teilwertabschreibung zu einer Werterholung, so besteht gem. § 6 Abs. 1 Nr. 2 Satz 3 EStG hierfür unabhängig von der Rechtsform des inländischen Anteilseigners ein striktes **Wertaufholungsgebot.** Dabei kommt es nicht darauf an, aus welchen Gründen sich der Zeitwert der Anteile erhöht hat. Die historischen Anschaffungskosten dürfen durch das Wertaufholungsgebot jedoch nicht überschritten werden.

Der inländische Anteilseigner muss bei einer vorangegangenen Teilwertabschreibung zu jedem Bilanzstichtag nachweisen (d. h., die Feststellungslast für das Unterlassen einer Teilwertzuschreibung liegt beim Steuerpflichtigen), dass der Teilwert (immer noch) unter den (ursprünglichen) Anschaffungskosten bzw. unter dem an deren Stelle liegenden Wert liegt, was z. B. bei Beteiligungen zu jedem Bilanzstichtag eine Unternehmensbewertung des ausländischen Beteiligungsunternehmens erforderlich macht. Der damit verbundene Verwaltungsaufwand bzw. die damit verbundenen Aufwendungen (ggf. Bewertungsgutachten eines Wirtschaftsprüfers) können erheblich sein.

Handelt es sich beim inländischen Anteilseigner um ein Einkommensteuersubjekt, so ist der Wertaufholungsgewinn gem. § 3 Nr. 40 Satz 1 Buchst. a EStG zu 40 % steuerfrei bzw. zu 60 % **steuerpflichtig.** Hat die vorangegangene Teilwertabschreibung im Vornahmejahr jedoch in vollem Umfang zu einer Gewinnminderung geführt, so ist der Wertaufholungsgewinn in voller Höhe einkommensteuerpflichtig, soweit dadurch die steuerwirksame Teilwertabschreibung zurückgenommen wird. Ist der inländische Anteilseigner ein **Körperschaftsteuersubjekt,** so ist der Wertaufholungsgewinn gem. § 8 b Abs. 2 Satz 3 KStG **in voller Höhe steuerfrei**; allerdings wird ein Betrag i. H. von 5 % gem. § 8 b Abs. 3 Satz 1 KStG als nichtabziehbare Betriebsausgabe behandelt, sodass im Ergebnis lediglich 95 % des Wertaufholungsgewinns steuerbefreit sind. Hat sich die vorangegangene Teilwertabschreibung allerdings im Vornahmejahr steuerwirksam auf die Gewinnermittlung des Körperschaftsteuersubjekts ausgewirkt, so ist der Wertaufholungsgewinn in Höhe der vormals steuerwirksamen Teilwertabschreibung steuerpflichtig (§ 8 b Abs. 2 Satz 4 EStG). Das Wertaufholungsgebot für die in der Vergangenheit vorgenommenen Teilwertabschreibungen ist zeitlich nicht limitiert, d. h., auch sehr lange zurückliegende Teilwertabschreibungen sind von dem Wertaufholungsgebot erfasst, sofern der Teilwert am jetzigen Bilanzstichtag über dem Buchwert am vorangegangenen Bilanzstichtag liegt. Bei Beteiligungen kann die Wertentwicklung ggf. bis zur D-Mark-Eröffnungsbilanz zum 21.06.1948 (vgl. § 5 Abs. 3 D-Mark-Eröffnungsbilanzgesetz 1948) und für die neuen Bundesländer bis zur D-Mark-Eröffnungsbilanz zum 01.07.1990 (vgl. § 7 Abs. 1 D-Mark-Eröffnungsbilanzgesetz 1990) zurückzuverfolgen sein. Dies wirft die Frage nach der Informationsbeschaffung für sehr weit zurückliegende Teilwertabschreibungen auf, da die handelsrechtlichen Jahresabschlüsse zehn Jahre (§ 257 Abs. 4 HGB) und die steuerrechtlichen Unterlagen ebenfalls zehn Jahre (§ 147 Abs. 3 AO) aufzubewahren sind. Bei Kapitalgesellschaften können sich die vormals vorgenommenen Teilwertabschreibungen aus dem Anlagengitter gem. § 268 Abs. 2 HGB ergeben, wobei sich sehr lange zurückliegende Teilwertabschreibungen nur zurückverfolgen lassen, wenn die Erleichterungen des § 24 Abs. 6 EGHGB nicht in Anspruch genommen wurden. Da die Finanzverwaltung die Unterlagen 30 Jahre aufbewahrt, kann sich der Zwang zur Wertaufholung aber auch aus Informationen der Finanzverwaltung ergeben.

1.2.3 Entstrickung und Verstrickung bei der grenzüberschreitenden Überführung von Wirtschaftsgütern

1.2.3.1 Entstrickung bei der Überführung von Wirtschaftsgütern des Betriebsvermögens ins Ausland

1.2.3.1.1 Tatbestände für die Aufdeckung von stillen Reserven in den Wirtschaftsgütern (§ 4 Abs. 1 Satz 3 EStG)

Von einer „Entstrickung“ wird gesprochen, wenn bei den in einem Wirtschaftsgut enthaltenen **stillen Reserven** die Rechtsfolgen einer Veräußerung eintreten, soweit durch einen rechtlichen oder tatsächlichen Vorgang das deutsche Besteuerungsrecht für einen Gewinn aus der künftigen Veräußerung dieses Wirtschaftsgutes verloren geht. In § 4 Abs. 1 Satz 3 EStG hat der Gesetzgeber einen **allgemeinen Entstrickungstatbestand** kodifiziert, nach dem der Ausschluss oder die Beschränkung des deutschen Besteuerungsrechts hinsichtlich des Gewinns aus der Veräußerung oder der Nutzung eines Wirtschaftsgutes einer Entnahme für betriebsfremde Zwecke gleichsteht. Eine entsprechende Vorschrift findet sich für **Körperschaftsteuersubjekte** in § 12 Abs. 1 KStG mit dem Unterschied, dass eine **Veräußerung** zum gemeinen Wert fingiert wird. Obwohl bei Einkommensteuersubjekten von einer fiktiven Entnahme ausgegangen wird, ist dennoch gem. § 6 Abs. 1 Nr. 4 Satz 1 zweiter Halbsatz EStG das Wirtschaftsgut mit dem **gemeinen Wert** zu bewerten. Der gemeine Wert entspricht regelmäßig dem Fremdvergleichspreis (vgl. BMF-Schreiben vom 25.08.2009 – IV B 5 – S 1341/07/10004, DB 2009, S. 2016, Tz. 2.2 v. 2.6.1). Generelle Voraussetzung für eine Entstrickung ist in jedem Fall, dass **vorher** ein deutsches Besteuerungsrecht für die stillen Reserven in dem Wirtschaftsgut **bestanden hat**, welches nach der Überführung des Wirtschaftsgutes über die Grenze ausgeschlossen ist oder beschränkt wird.

Ein **Entstrickungsgewinn** ist in den folgenden **Fällen** festzustellen:

(1) Ausschluss des deutschen Besteuerungsrechts hinsichtlich des Gewinns aus der Veräußerung eines Wirtschaftsgutes

Überführt ein inländisches Stammhaus ein Wirtschaftsgut vom Inland in eine ausländische Betriebsstätte in einem Staat, mit dem die Bundesrepublik Deutschland ein DBA mit Anwendung der Freistellungsmethode für Betriebsstätteneinkünfte vereinbart hat, dann wurde nach der vom Bundesfinanzhof entwickelten sog. Theorie der finalen Entnahme das deutsche Besteuerungsrecht hinsichtlich der in dem überführten Wirtschaftsgut enthaltenen stillen Reserven ausgeschlossen. Dies wurde als eine gewinnverwirklichende Entnahme i. S. von § 4 Abs. 1 Satz 2 EStG angesehen. Mit dem Urteil vom 17.07.2008[102] hat der BFH diese finale Entstrickungsthorie **aufgegeben**. Die Überführung eines Wirtschaftsguts in eine ausländische Betriebsstätte des gleichen Unternehmens führt hiernach nicht mehr zur Lösung der bisherigen betrieblichen Funktionszusammenhangs und kann deshalb mangels Außenumsatzes nicht als Realisation fortbestehend angesehen werden. Nach neuerer höchstrichterlicher Rechtsprechung wird somit die spätere Besteuerung der im Inland entstandenen stillen Reserven durch eine Freistellung der ausländischen Betriebsstättengewinne nicht beeinträchtigt. Da ein Anschluss des inländischen Besteuerungsrechts durch Überführung eines Wirtschaftsgutes in eine ausländische Betriebsstätte nicht (mehr) vorliegt, kann insoweit keine Entnahme in dem genannten Sachverhalt gemäß § 4 Abs. 1 Satz 3 EStG vorliegen. Nach dem BMF-Schreiben vom 25.08.2009 (s. o.) erfolgt bei Überführung von Wirtschaftsgütern des inländischen Stammhauses in dessen ausländische Betriebsstätte die Aufdeckung der stillen Reserven grundsätzlich mit dem Fremdvergleichspreis (Tz. 2.6.1). Ein **Entstrickungstatbestand** liegt nach Auffassung der Finanzverwaltung auch bei der Überführung eines Wirtschaftsgutes aus einer ausländischen Anrechnungsbetriebsstätte (z. B. Nicht-DBA-Fall) in eine ausländische Freistellungsbetriebsstätte (DBA-Fall) vor. Fraglich dürfte sein, ob ein Entstrickungstatbestand im Falle des Abschlusses eines DBA mit Freistellungsmethode für die im Ausland

102 DB 2008, S. 2281.

entstandenen stillen Reserven vorliegt, da die Verwirklichung des Steuertatbestands nicht durch eine Handlung des Steuerpflichtigen ausgelöst würde.[103]

(2) Beschränkung des deutschen Besteuerungsrechts hinsichtlich des Gewinns aus der Veräußerung eines Wirtschaftsgutes

Eine Beschränkung des deutschen Besteuerungsrechts liegt nach der Gesetzesbegründung zu § 4 Abs. 1 Satz 3 EStG bereits dann vor, wenn ein Wirtschaftsgut aus dem inländischen Stammhaus in eine ausländische **Anrechnungsbetriebsstätte** (Nicht-DBA-Belegenheitsstaat oder DBA-Staat mit Anwendung der Anrechnungsmethode für Betriebsstätteneinkünfte) überführt wird, weil die ausländische Steuer künftig auf die deutsche Steuer **anzurechnen** ist und insoweit das deutsche Besteuerungspotenzial für die stillen Reserven vermindert wird.[104] Eine bloß **gewerbesteuerliche** Entstrickung reicht nicht für eine Beschränkung des deutschen Besteuerungsrechts aus, da die Entstrickungsregelungen im EStG bzw. im KStG normiert sind. Bei einem Herausfallen aus den Anwendungsvoraussetzungen der deutschen **Hinzurechnungsbesteuerung** gem. den §§ 7 ff. AStG dürfte Entsprechendes gelten.

(3) Ausschluss oder Beschränkung des deutschen Besteuerungsrechts hinsichtlich des Gewinns aus der Nutzung eines Wirtschaftsgutes

Wird ein Wirtschaftsgut, welches einer inländischen Betriebsstätte zugeordnet ist, vorübergehend in einer ausländischen Betriebsstätte genutzt, so stellt dies einen Entstrickungstatbestand dar, der mit dem gemeinen Wert (marktübliche Vergütung für die Überlassung) zu bewerten ist. In diesem Fall ist das Wirtschaftsgut zwar nicht der ausländischen Betriebsstätte zuzuordnen. Die durch die Nutzung des Wirtschaftsgutes in der ausländischen Betriebssstätte erwirtschafteten Erträge unterliegen jedoch der ausländischen Besteuerung, wodurch die deutsche Besteuerung ausgeschlossen oder zumindest beschränkt wird. Im Falle einer Entstrickung bei einer Nutzungsüberlassung droht die Gefahr einer internationalen Doppelbesteuerung, sofern der ausländische Betriebsstättenstaat keine Minderung des Betriebsstättenergebnisses um eine fiktive Nutzungsvergütung zulässt.[105]

Eine **Ausnahme** von der sofortigen Aufdeckung stiller Reserven gilt bei der Entstrickung von Anteilen an einer Europäischen Gesellschaft (SE) oder Europäischen Genossenschaft (SCE) durch **Sitzverlegung** in einen anderen EU-Mitgliedstaat (§ 4 Abs. 1 Satz 4 EStG). Allerdings ist in diesem Fall § 15 Abs. 1 a EStG zu beachten, wonach ein Gewinn aus einer späteren Veräußerung der Anteile **ungeachtet** der abkommensrechtlichen Bestimmungen zur Vermeidung der Doppelbesteuerung in der gleichen Art und Weise zu besteuern ist, wie die Veräußerung dieser Anteile zu

103 Vgl. Förster, SEStEG: Rechtsänderungen im EStG, DB 2007, S. 73.
104 Vgl. BT-Drucks. 16/2710 vom 25.09.2006, S. 28.
105 Vgl. Förster, SEStEG: Rechtsänderungen im EStG, DB 2007, S. 74 m. w. N.

besteuern gewesen wäre, wenn keine Sitzverlegung stattgefunden hätte (= Verlängerung des deutschen Besteuerungszugriffs).

1.2.3.1.2 Bildung eines Ausgleichspostens zur Vermeidung einer Sofortversteuerung des Entstrickungsgewinns (§ 4 g EStG)

Unter bestimmten Voraussetzungen kann ein **unbeschränkt** Steuerpflichtiger die Sofortversteuerung des Entstrickungsgewinns vermeiden bzw. die zeitliche Streckung der Besteuerung des Entstrickungsgewinns erreichen. Bei **beschränkt** Steuerpflichtigen kann sich zwar ebenfalls ein Entstrickungsgewinn ergeben. Bei ihnen wäre nach dem Gesetzeswortlaut jedoch **keine Bildung** eines (passiven) Ausgleichspostens möglich. Der Ausschluss der beschränkt Steuerpflichtigen aus anderen EU-Mitgliedstaaten kann ggf. einen Verstoß gegen die Niederlassungsfreiheit begründen. Unbeschränkt steuerpflichtige **Körperschaften** können ebenfalls einen Ausgleichsposten gem. § 4 g EStG bilden (§ 12 Abs. 1 letzter Halbsatz KStG).

Folgende Voraussetzungen müssen für die Bildung eines Ausgleichsposten in Höhe des Entstrickungsgewinns (= Differenz zwischen dem gemeinen Wert und dem Buchwert im Überführungszeitpunkt) gegeben sein:

- Die Möglichkeit der Bildung eines Ausgleichsposten setzt einen **Antrag** des unbeschränkt Steuerpflichtigen voraus. Dieser Antrag ist **unwiderruflich**.
- Die Bildung eines Ausgleichspostens ist nur bei materiellen und immateriellen Wirtschaftsgütern des **Anlagevermögens**, nicht jedoch bei Wirtschaftsgütern des Umlaufvermögens möglich.
- Es kann nur für den Fall ein Ausgleichsposten gebildet werden, dass das Wirtschaftsgut infolge seiner Zuordnung zu einer Betriebsstätte desselben Steuerpflichtigen in einem **anderen EU-Mitgliedstaat** gem. § 4 Abs. 1 Satz 3 EStG als entnommen gilt. Die Aufdeckung eines Entstrickungsgewinns bei Überführung in einen EWR-Staat oder einen Drittstaat ist somit nicht begünstigt.[106] Inwieweit die fehlende Begünstigung von Überführungen in EWR-Staaten als gemeinschaftsrechtswidrig angesehen werden kann, wird noch zu prüfen sein. Ebenfalls nicht begünstigt ist die Übertragung von Wirtschaftsgütern auf einen anderen Steuerpflichtigen, z. B. im Rahmen eines Umwandlungsvorgangs. Schließlich wird die Übertragung von Wirtschaftsgütern auf eine ausländische Personengesellschaft als nicht begünstigt angesehen.[107]
- Der Antrag kann nur **einheitlich** für sämtliche begünstigten Wirtschaftsgüter innerhalb eines Wirtschaftsjahres gestellt werden. Nach der Gesetzesbegründung

---

106 Allerdings stellt sich hier die Frage, inwieweit die von § 4 g EStG nicht begünstigten Sachverhalte künftig weiterhin auf die Ausgleichspostenmethode in Tz. 2.6.1 der Betriebsstätten-Verwaltungsgrundsätze (BMF-Schreiben vom 24.12.1999 – IV B 4 – S 1300 – 111/99, BStBl 1999 I S. 1076) zurückgreifen können.

107 Vgl. Kessler/Winterhalter/Huck, Überführung und Rückführung von Wirtschaftsgütern: Die Ausgleichspostenmethode des § 4 g EStG, IStR 2007, S. 134.

bezieht sich dieses Einheitlichkeitsgebot (nur) auf alle in **eine Betriebsstätte** überführten Wirtschaftsgüter des Anlagevermögens.[108]

Sind die obigen Anwendungsvoraussetzungen sämtlich erfüllt, ergeben sich die folgenden **Besteuerungsfolgen**:

- Der Entstrickungsgewinn ist in einen **Ausgleichsposten auszuweisen**.
- Der Ausgleichsposten muss für **jedes Wirtschaftsgut getrennt** ausgewiesen werden.
- Die Wirtschaftsgüter, für die ein Ausgleichsposten gebildet worden ist, sind in ein laufend zu führendes **Verzeichnis** aufzunehmen. Bildung und Auflösung der Ausgleichsposten müssen aus dem Verzeichnis heraus nachvollziehbar sein. Bei einer Einnahmen-Überschussrechnung gem. § 4 Abs. 3 EStG gelten dieselben Verpflichtungen. In der Gesetzesbegründung[109] wird der Ausgleichsposten als mit einer **Bilanzierungshilfe** vergleichbar bezeichnet. Eine Berücksichtigung in der Handelsbilanz kommt wegen des fiktiven Charakters des Realisationstatbestands als Entnahme nicht in Betracht.[110]
- Der wirtschaftsgutbezogene Ausgleichsposten ist – unabhängig von der Restnutzungsdauer – im Jahr seiner Bildung und (spätestens) in den folgenden vier Wirtschaftsjahren zu jeweils einem Fünftel gewinnerhöhend aufzulösen, sofern nicht eine vorzeitige vollständige Gewinnrealisierung in Betracht kommt. Auch bei einer Überführung von nichtabnutzbaren Wirtschaftsgütern (z. B. Kapitalgesellschaftsanteilen) kommt es zu einer Nachversteuerung der stillen Reserven unabhängig von dem weiteren steuerlichen Schicksal der Wirtschaftsgüter im Ausland. Im Überführungsjahr der Anlagegüter können somit lediglich 80 % des Entstrickungsgewinns der Sofortversteuerung entzogen werden.
- Der wirtschaftsgutbezogene Ausgleichsposten ist **vor Ablauf** der obigen **Fünfjahresfrist in vollem Umfang gewinnerhöhend aufzulösen**, wenn das Wirtschaftsgut aus dem Betriebsvermögen des Steuerpflichtigen (durch Entnahme oder Veräußerung) ausscheidet oder wenn das Wirtschaftsgut durch grenzüberschreitende Überführungen aus der Besteuerungshoheit der EU-Mitgliedstaaten ausscheidet oder wenn die stillen Reserven im Ausland aufgedeckt werden bzw. in entsprechender Anwendung der Vorschriften des deutschen Steuerrechts hätten aufgedeckt werden müssen.
- Der Steuerpflichtige ist verpflichtet, der zuständigen Finanzbehörde einen auflösungsbegründenden Tatbestand unverzüglich anzuzeigen. Kommt der Steuerpflichtige seiner Anzeigepflicht, seinen Aufzeichnungspflichten oder sonstigen Mitwirkungspflichten nicht nach, ist der wirtschaftsgutbezogene Ausgleichsposten gewinnerhöhend aufzulösen.

---

108 Vgl. BT-Drucks. 16/3369 vom 09.11.2006, S. 11.
109 Vgl. BT-Drucks. 16/3369 vom 09.11.2006, S. 11.
110 Vgl. Hoffmann, Der Ausgleichsposten nach § 4 g EStG i. d. F. des SEStEG, DB 2007, S. 652.

- Im Falle der Rückführung des Wirtschaftsgutes nach Deutschland vor Ablauf der Fünfjahresfrist ist ein noch vorhandener Ausgleichsposten gewinnneutral aufzulösen.

Der Wertansatz eines aus dem Ausland ins Inland vor Ablauf der Fünfjahresfrist zurücküberführten Wirtschaftsgutes ermittelt sich – abweichend von § 6 Abs. 1 Nr. 5 a EStG (= Ansatz des gemeinen Wertes) nach § 4 g Abs. 3 Satz 1 EStG folgendermaßen:[111]

  fortgeführte Anschaffungskosten

\+ gewinnerhöhend berücksichtigte Auflösungsbeträge nach § 4 g Abs. 2 EStG und § 4 g Abs. 5 Satz 2 EStG

\+ Unterschiedsbetrag zwischen dem (sich nach ausländischem Recht **ergebenden**) Rückführungswert und dem (nach ausländischem Recht **ermittelten**) Buchwert im Zeitpunkt der Rückführung

= Wertansatz i. S. des § 4 g Abs. 3 Satz 1 EStG (höchstens gemeiner Wert)

1.2.3.2 Verstrickung bei der Überführung von Wirtschaftsgütern des Betriebsvermögens vom Ausland ins Inland (§ 4 Abs. 1 Satz 7 zweiter Halbsatz EStG)

Gelangen stille Reserven im Zuge einer Überführung eines Wirtschaftsgutes vom Ausland ins Inland erstmals in den Bereich des deutschen Besteuerungszugriffs, wird von einer „Verstrickung“ gesprochen. § 4 Abs. 1 Satz 7 zweiter Halbsatz EStG stellt die Verstrickung einer Einlage gleich. In den folgenden Sachverhalten liegt eine Verstrickung vor:

- Ein unbeschränkt Steuerpflichtiger überführt Wirtschaftsgüter aus einer ausländischen Freistellungsbetriebsstätte (aus einem DBA-Staat) in das inländische Stammhaus. Bei einer Rücküberführung eines nach § 4 Abs. 1 Satz 3 EStG als entnommen geltenden Wirtschaftsgutes vom Ausland ins Inland wird die bisher erfolgte Besteuerung eines Entstrickungsgewinns durch teilweise Auflösung des Ausgleichsposten (§ 4 g Abs. 2 Satz 1 EStG) nicht gewinnneutral rückgängig gemacht. Lediglich ein noch bestehender Ausgleichspostenbetrag kann gewinnneutral behandelt werden (§ 4 g Abs. 3 Satz 1 EStG).
- Ein beschränkt Steuerpflichtiger überführt Wirtschaftsgüter aus dem ausländischen Stammhaus in die inländische Betriebsstätte.
- Verlegung der steuerlichen Ansässigkeit des Stammhauses vom Ausland ins Inland.

Keine Verstrickung liegt demgegenüber vor, wenn ein bereits bestehendes eingeschränktes deutsches Besteuerungsrecht für stille Reserven durch einen Überfüh-

111 Vgl. auch Benecke/Schnitger, Letzte Änderungen der Neuregelungen des UmwStG und der Entstrickungsnormen durch das SEStEG, IStR 2007, S. 23.

rungsvorgang in ein uneingeschränktes deutsches Besteuerungsrecht verwandelt wird, wie z. B. bei der Überführung eines Wirtschaftsgutes aus einer ausländischen Anrechnungsbetriebsstätte in das inländische Stammhaus.[112] Gleiches gilt, wenn ein deutsches Besteuerungsrecht für die Erträge aus der Nutzung eines Wirtschaftsgutes durch Überlassung des Wirtschaftsgutes an eine inländische Betriebsstätte begründet wird.

Nach § 6 Abs. 1 Nr. 5 a EStG ist das Wirtschaftsgut im Fall der Verstrickung mit dem **gemeinen Wert** anzusetzen. Diese Regelung findet nach § 8 Abs. 1 Satz 1 KStG auch auf Körperschaftsteuersubjekte Anwendung. Der angesetzte gemeine Wert bildet die künftige Bemessungsgrundlage für sämtliche Abschreibungsarten einschl. der Sofortabschreibung von GWG sowie für Teilwertabschreibungen.

1.2.4 Beschränkung des Betriebsausgabenabzugs für Zinsaufwendungen (Zinsschranke; § 4 h EStG; § 8 a KStG)

1.2.4.1 Überblick über die Anwendungsvoraussetzungen und die Ausnahmetatbestände

Damit international tätige Konzerne daran gehindert werden, einen überproportionalen Anteil ihrer weltweiten Fremdfinanzierungsaufwendungen in Deutschland geltend zu machen, und um eine übermäßige Aushöhlung des inländischen Steuersubstrats durch grenzüberschreitende Finanzierungsgestaltungen zu verhindern, hat der Gesetzgeber in § 4 h EStG eine gewinnabhängige Zinsabzugsbeschränkung (Zinsschranke) geschaffen, die bei inländischen fremdfinanzierten Körperschaftsteuersubjekten durch § 8 a KStG flankierend ergänzt wird. Auch wenn sich die Zinsschranke vor allem gegen die grenzüberschreitenden Finanzierungsgestaltungen des international tätigen Kapitalgesellschaftskonzerns wendet, ist die Vorschrift ebenfalls bei inländischen Fremdfinanzierungen von Einkommensteuersubjekten anwendbar und erfasst auch die normale Bankenfinanzierung ohne jeglichen Gesellschafterbezug.

Zinsaufwendungen eines inländischen Betriebs sind gem. § 4 h Abs. 1 Satz 1 EStG steuerlich abziehbar in Höhe des **Zinsertrags** desselben Wirtschaftsjahres. Darüber hinausgehende Zinsaufwendungen **(„Schuldzinsenüberhang")** sind nur bis zur Höhe von 30 % des um Zinsaufwendungen und Abschreibungen erhöhten und um Zinserträge verminderten **steuerpflichtigen** Gewinns des betreffenden Wirtschaftsjahres **(„steuerliches EBITDA"**; das Gesetz spricht vom „maßgeblichen Gewinn") abziehbar.

Nicht in dem betreffenden Wirtschaftsjahr zum Abzug zugelassene Zinsaufwendungen können **zeitlich unbegrenzt** auf Folgejahre vorgetragen **(Zinsvortrag**; § 4 h Abs. 1 Satz 2 EStG) und dann im Rahmen der **30 %-EBITDA-Betragsgrenze**

112 Vgl. BT-Drucks. 16/2710 vom 25.09.2006, S. 28.

abgezogen werden. Die nicht abgezogenen Zinsaufwendungen (Zinsvortrag) erhöhen in den Folgejahren jedoch **nicht** den steuerpflichtigen Gewinn und damit nicht die Bemessungsgrundlage für das Abzugsvolumen, d. h., § 4 h EStG findet in den Folgejahren in Form einer **Nebenrechnung** Anwendung. Bei der **Zinsschranke** handelt es sich somit um ein **betragsmäßig begrenztes** und **temporäres** Betriebsausgabenabzugsverbot, welches sich allerdings unter bestimmten Bedingungen in ein **endgültiges** (quasipermanentes) Betriebsausgabenabzugsverbot verwandeln kann, insbes. wenn sich die Höhe des Schuldzinsenüberhangs in den Folgejahren nicht signifikant vermindert und/oder sich die künftige Gewinnsituation nicht gravierend verbessert. In bestimmten Fällen verfällt der Zinsvortrag sogar ohne steuermindernde Wirkung.

Die Zinsschranke ist nicht anzuwenden **(Ausnahmetatbestände)**, wenn erstens der Schuldzinsenüberhang in dem betreffenden Wirtschaftsjahr weniger als eine Mio. Euro beträgt **(Freigrenze)**. Im VZ 2008 und 2009 erhöht sich die Freigrenze von einer auf **drei Mio. Euro** (§ 52 Abs. 12d Satz 3 EStG). Die Zinsschranke ist zweitens dann nicht anzuwenden, wenn der Betrieb nicht zu einem Konzern gehört, d. h. ein **konzernunabhängiger Betrieb** vorliegt. Handelt es sich bei dem fremdfinanzierten konzernunabhängigen Betrieb jedoch um eine **Körperschaft**, so kommt dieser Ausnahmetatbestand nur dann zur Anwendung, wenn nachweislich **nicht mehr als 10 %** des Schuldzinsenüberhangs auf eine Gesellschafterfremdfinanzierung zurückzuführen sind (§ 8 a Abs. 2 KStG). Die Zinsschranke ist drittens bei **konzernabhängigen Betrieben** dann nicht anzuwenden **(„Escape-Klausel“)**, wenn die betriebsbezogene Eigenkapitalquote mindestens so hoch ist wie die konzernbezogene Eigenkapitalquote **(Eigenkapitalvergleich)** oder sie die konzernbezogene Eigenkapitalquote um höchstens einen Prozentpunkt unterschreitet („Bagatellgrenze“). Handelt es sich bei dem fremdfinanzierten konzernabhängigen Betrieb jedoch um eine **Körperschaft**, so kommt dieser Ausnahmetatbestand nur dann zur Anwendung, wenn nachweislich bei **allen** konzernzugehörigen Gesellschaften (einschl. dem fremdfinanzierten konzernabhängigen Betrieb) die auf eine Gesellschafterfremdfinanzierung zurückzuführenden Fremdkapitalvergütungen **nicht mehr als 10 %** des Schuldzinsenüberhangs der inländischen Körperschaft betragen, die den Abzug der Zinsaufwendungen begehrt (§ 8 a Abs. 3 Satz 1 KStG). Eine **Gesellschafterfremdfinanzierung** liegt vor, wenn der **Fremdkapitalgeber** ein **wesentlich beteiligter Anteilseigner** der Körperschaft oder in Fällen des § 8 a Abs. 3 KStG einer konzernzugehörigen Gesellschaft ist (d. h. zu mehr als 25 % unmittelbar oder mittelbar beteiligt), es sich bei dem Fremdkapitalgeber um eine diesem Anteilseigner **nahestehende Person** (§ 1 Abs. 2 AStG) handelt oder der Fremdkapitalgeber ein **Dritter** ist, der im Falle des Darlehensausfalls auf die vorher genannten Personen **zurückgreifen** kann.

1.2.4.2 Persönlicher und territorialer Anwendungsbereich der Zinsschranke

1.2.4.2.1 Person des fremdfinanzierten Betriebs

Die Zinsschranke (§ 4 h EStG; ggf. i. V. m. § 8 a KStG) kann sich sowohl auf die Gewinnermittlung von **Einkommensteuersubjekten** (Einzelunternehmer; Mitunternehmern einer Personengesellschaft) als auch auf die Einkommensermittlung von **Körperschaftsteuersubjekten** auswirken und dort eine Beschränkung des Schuldzinsenabzugs in dem betreffenden Wirtschaftsjahr hervorrufen. Bei Körperschaften gilt § 4 h Abs. 1 Satz 1 EStG entsprechend, wobei jedoch **nicht** der Gewinn, sondern das **körperschaftsteuerpflichtige Einkommen** der Körperschaft zugrunde zu legen ist. Aufgrund des Ausnahmetatbestands des § 4 h Abs. 2 Satz 1 Buchst. b EStG findet die Zinsschranke jedoch **keine Anwendung** für Einzelunternehmer, die keine Beteiligungen halten, oder für Kapitalgesellschaften, die sich im Streubesitz befinden und die selbst keine Beteiligungen halten (= „konzernunabhängige Betriebe"). Hält eine **natürliche Person** Beteiligungen an **zwei Kapitalgesellschaften**, die sie beherrscht, oder betreibt eine natürliche Person ein Einzelunternehmen und ist sie darüber hinaus Gesellschafter einer GmbH, die sie beherrscht, so liegt ein **Konzern** im Sinne der Zinsschranke vor, mit der Folge, dass die Zinsschranke bei dem Einzelunternehmen oder den Kapitalgesellschaften Anwendung finden kann.

Die **Gesellschafterfremdfinanzierung** eines **konzernunabhängigen Körperschaftsteuersubjekts**, bei der die betreffenden Fremdkapitalvergütungen mehr als 10 % des Schuldzinsenüberhangs ausmachen, führt jedoch wiederum zur Anwendung der Zinsschranke (Rückausnahme gem. § 8 a Abs. 2 KStG).

Bei einer **Organgesellschaft** (beherrschte Kapitalgesellschaft mit Abschluss eines Gewinnabführungsvertrags) ist die Zinsschranke gem. § 15 Abs. 1 Nr. 3 Satz 1 KStG **nicht anzuwenden**. Organträger und Organgesellschaften (= Organkreis) gelten als **ein Betrieb** im Sinne der Zinsschrankenregelung.

1.2.4.2.2 Person des Fremdkapitalgebers

Hinsichtlich der Person des Fremdkapitalgebers sieht die Zinsschranke **keinerlei Einschränkungen** vor, sodass auch die Fremdfinanzierung durch Banken ohne jeglichen Gesellschafterbezug erfasst wird. Liegt ein **fremdfinanziertes Körperschaftsteuersubjekt** vor, kann das Vorliegen einer **Gesellschafterfremdfinanzierung** unter bestimmten Bedingungen jedoch einzelne Ausnahmen von der Anwendung der Zinsschranke außer Kraft setzen **(Rückausnahmen)**. Die in § 4 h Abs. 2 Satz 1 Buchst. b EStG geregelte **Ausnahme** bei **konzernunverbundenen** Betrieben und die in § 4 h Abs. 2 Satz 1 Buchst. c EStG geregelte **Ausnahme** von der Anwendung der Zinsabzugsbeschränkung für **konzernverbundene** Betriebe **gelten** für Körperschaften nur dann, wenn **keine steuerschädliche Gesellschafterfremdfinanzierung** vorliegt. Insofern hat die Person des Fremdkapitalgebers bei fremdfinanzierten Körperschaftsteuersubjekten Bedeutung für die Anwendung des

§ 4 h EStG. Eine **Gesellschafterfremdfinanzierung** ist i. d. R. dann steuerschädlich, d. h., sie hebelt die Ausnahmetatbestände von der Anwendung der Zinsschranke aus, wenn die betreffenden **Fremdkapitalvergütungen mehr als 10 % des Schuldzinsenüberhangs** betragen.

1.2.4.2.3 Auswirkungen nur bei der inländischen Gewinnermittlung

Aus der Gesetzesbegründung ergibt sich, dass die Zinsschranke nur im Rahmen der **inländischen** Gewinnermittlung bzw. bei Körperschaftsteuersubjekten im Rahmen der **inländischen** Einkommensermittlung Anwendung findet, sodass auch nur die Zinsaufwendungen und Zinserträge Berücksichtigung finden, die Teil einer inländischen Gewinn- bzw. Einkommensermittlung sind. Für die Dotation von **beschränkt steuerpflichtigen Betriebsstätten** mit Eigenkapital gelten nach der Gesetzesbegründung die Betriebsstätten-Verwaltungsgrundsätze.[113] Beschränkt steuerpflichtige Betriebsstätten ausländischer Stammhäuser dürften damit nicht als „Betrieb" i. S. des § 4 h Abs. 1 EStG anzusehen sein.[114] Die einer **DBA-Auslandsbetriebsstätte** mit Anwendung der **Freistellungsmethode** zuzuordnenden Zinsaufwendungen bzw. Zinserträge bleiben somit bei der Anwendung der Zinsschranke unberücksichtigt. Wie die einer **ausländischen Anrechnungsbetriebsstätte** (in Nicht-DBA-Staat belegen; in DBA-Staat belegen mit Einkünften aus passivem Erwerb und DBA-Aktivitätsvorbehalt) zuzuordnenden Zinsaufwendungen und Zinserträge im Rahmen der Zinsschranke zu berücksichtigen sind, erscheint unklar.[115]

1.2.4.3 Sachlicher Anwendungsbereich der Zinsschranke

1.2.4.3.1 Vorliegen von Zinsaufwendungen

1.2.4.3.1.1 Positivliste für das Vorliegen von Zinsaufwendungen im Sinne der Zinsschranke

Der Zinsschranke unterliegen „Zinsaufwendungen", welche nach § 4 h Abs. 3 Satz 2 EStG „Vergütungen für Fremdkapital" sind.[116] Zinsaufwendungen resultieren aus passivierungsfähigen Kapitalzuführungen in **Geld**. Vergütungen für Fremdkapital sind insbesondere Zinsen zu einem festen oder variablen Zinssatz, Vergütungen für Fremdkapital mit einer gewinnabhängigen Vergütung (z. B. Vergütungen für partiarische Darlehen, für Genussrechte und Gewinnschuldverschreibungen) sowie Vergütungen für Fremdkapital mit einer umsatzabhängigen Beteiligung. Darüber hinaus können z. B. auch ein Damnum, ein Disagio, eine Vorfälligkeitsentschädigung, eine

---

113 BMF-Schreiben vom 24.12.1999 – IV B 4 – S 1300 – 111/99, BStBl 1999 I S. 1076, insbes. Tz. 2.1; vgl. BT-Drucks. 16/4841 vom 27.03.2007, S. 50.

114 Vgl. BMF-Schreiben vom 04.07.2008 – IV C 7 – S 2742 – a/07, BStBl 2008 I S. 718, Tz. 9.

115 Vgl. Köhler, Erste Gedanken zur Zinsschranke nach der Unternehmenssteuerreform, DStR 2007, S. 599, insbesondere Fn. 8.

116 Siehe im Einzelnen BMF-Schreiben vom 04.07.2008, BStBl 2008 II S. 718, Tz. 15 – 26.

Kreditgebühr bzw. eine Kreditprovision einen Vergütungscharakter für Fremdkapital haben.

Nach dem Gesetzeswortlaut (§ 4 h Abs. 3 Satz 4 EStG) sind die auf eine **Auf- oder Abzinsung** unverzinslicher oder niedrigverzinslicher Verbindlichkeiten oder Kapitalforderungen zurückzuführenden Zinserträge oder Zinsaufwendungen ebenfalls bei der Anwendung der Zinsschranke zu berücksichtigen. Soweit Zinserträge oder Zinsaufwendungen auf einem gesetzlichen Abzinsungsgebot von Verbindlichkeiten (insbesondere § 6 Abs. 1 Nr. 3 EStG) beruhen, liegen keine Zinsaufwendungen i. S. d. Zinsschranke vor, da keine Gegenleistung des Betriebs für die Gewährung von Fremdkapital vorliegt, sondern lediglich ein steuerbilanzielles Abzinsungsgebot befolgt wird.[117]

In Vorjahren steuerlich nicht berücksichtigte Zinsaufwendungen (Zinsvortrag) erhöhen den Betrag der abziehbaren Zinsaufwendungen in den Folgeperioden, nicht jedoch die Bemessungsgrundlage (maßgeblicher Gewinn) für die Ermittlung der steuerlich abziehbaren Zinsaufwendungen (§ 4 h Abs. 1 Satz 3 EStG). Hierdurch will der Gesetzgeber erreichen, dass die Zinsvorträge aus vorangegangenen Wirtschaftsjahren **nicht** das **Abzugsvolumen** für den Zinsabzug des laufenden Wirtschaftsjahres erhöhen.[118]

1.2.4.3.1.2 Negativliste für die nicht von der Zinsschranke erfassten Zinszahlungen

Der Zinsschranke unterliegen die Zinsaufwendungen, die den maßgeblichen Gewinn bzw. das Einkommen der Körperschaft **gemindert** haben. Damit sind die folgenden Zinszahlungen **nicht** als „Zinsaufwendungen" im Sinne der Zinsschranke anzusehen:[119]

- unter Anwendung des **§ 3 c Abs. 1** oder **Abs. 2 EStG** nichtabzugsfähige Zinszahlungen, d. h. die mit steuerfreien Einnahmen in unmittelbarem wirtschaftlichen Zusammenhang oder mit teilweise steuerfreien Einnahmen in wirtschaftlichem Zusammenhang stehen.
- Zinszahlungen, die infolge von **Überentnahmen nach § 4 Abs. 4 a EStG** steuerlich nicht abgezogen werden können.
- Zinsen, die ein Mitunternehmer einer Personengesellschaft für die Hingabe von Darlehen bezogen hat (**Sondervergütungen gem. § 15 Abs. 1 Satz 1 Nr. 2 EStG**).
- Überhöhte Zinsen, die als **verdeckte Gewinnausschüttungen** das Einkommen einer Körperschaft nicht mindern dürfen (§ 8 Abs. 3 Satz 2 KStG).

---

117 Vgl. BMF-Schreiben vom 04.07.2008, BStBl 2008 I S. 718, Tz. 27.

118 Vgl. Middendorf/Stegemenn, Die Zinsschranke nach der geplanten Unternehmensteuerreform 2008 – Funktionsweise und erste Gestaltungsüberlegungen, INF 2007, S. 306.

119 Vgl. BMF-Schreiben vom 04.07.2008, BStBl 2008 I S. 718, Tz. 18.

- Zinsen für **Steuernachforderungen** und Steuererstattungen (§ 233 a AO), **Stundungszinsen** (§ 234 AO) sowie Zinsen auf **hinterzogene Steuern** (§ 4 Abs. 5 Satz 1 Nr. 8 a EStG i. V. m. § 235 AO).

Das **Abzinsungsgebot** für **Rückstellungen** (§ 6 Abs. 1 Nr. 3 a Buchst. e EStG) führt zu keinen Zinserträgen und Zinsaufwendungen im Sinne der Zinsschranke, da insoweit keine Vergütungen für Fremdkapital vorliegen. **Skonti** und **Boni** sollen nach der Gesetzesbegründung ebenfalls nicht dem sachlichen Anwendungsbereich der Zinsschranke unterliegen.[120]

Entgelte für die **Sachkapitalüberlassung** (Mieten, Pachten, Leasingraten) oder für die Überlassung von **immateriellen Vermögenswerten** (z. B. Lizenzgebühren) sind von der Anwendung der Zinsschranke **ausgenommen**, da sich die Bestimmung ausschließlich auf die Überlassung von **Geldkapital** beschränkt. Allerdings führen Zinsanteile in Leasingraten zu Zinsaufwendungen und Zinserträgen i. S. d. Vorschrift, wenn das wirtschaftliche Eigentum am Leasinggegenstand auf den Leasingnehmer übergeht, so dass der Leasingnehmer eine Leasingverbindlichkeit und der Leasinggeber eine Leasingforderung zu bilanzieren haben.[121]

1.2.4.3.2 Vorliegen eines Betriebs

1.2.4.3.2.1 Begriff des „Betriebs"

Die Zinsschranke ist nicht personen- oder rechtsformbezogen, sondern **„betriebsbezogen"** anzuwenden. Eine spezielle Betriebsdefinition ist der neuen Vorschrift jedoch nicht zu entnehmen, sodass die allgemeinen Grundsätze gelten. Eine **natürliche Person** kann daher über mehrere „Betriebe" im Sinne der Zinsschranke verfügen.[122] **Körperschaftsteuersubjekte** sind über § 8 Abs. 1 Satz 2 KStG als ein „Betrieb" anzusehen. Eine **Personengesellschaft** (Mitunternehmerschaft) verfügt ebenfalls über einen „Betrieb", auch wenn sie mehrere Betriebsstätten hat. Verfügt ein ausländisches Stammhaus über eine gewerbliche Betriebsstätte im Inland, so stellt sich hier die Frage der Anwendbarkeit der Zinsschranke. Da nach der Gesetzesbegründung für die Dotation der Betriebsstätten mit Eigenkapital die Betriebsstätten-Verwaltungsgrundsätze gem. dem BMF-Schreiben vom 24.12.1999 (BStBl 1999 I S. 1076) gelten,[123] dürfte davon auszugehen sein, dass die Zinsschranke für beschränkt steuerpflichtige gewerbliche Betriebsstätten keine Anwendung findet.[124]

---

120 Vgl. BMF-Schreiben vom 04.07.2008, BStBl 2008 I S. 718, Tz. 16.
121 Vgl. BMF-Schreiben vom 04.07.2008, BStBl 2008 I S. 718, Tz. 25.
122 Vgl. z. B. BFH-Urteil vom 09.08.1989 X R 130/87, BStBl 1989 II S. 901.
123 Vgl. BT-Drucks. 16/4841 vom 27.03.2007, S. 50.
124 So im Ergebnis wohl auch BMF-Schreiben vom 04.07.2008, BStBl 2008 I S. 718, Tz. 64.

1.2.4.3.2.2 **Besonderheiten bei Organschaften** (§ 15 Satz 1 Nr. 3 KStG)

Bei der körperschaftsteuerlichen Organschaft regelt § 15 Abs. 1 Nr. 3 Satz 2 KStG, dass Organträger und Organgesellschaften als **ein Betrieb** i. S. des § 4 h EStG gelten. Die Zinsschranke ist hier bei der Besteuerung des Organträgers anzuwenden. Sind im Organeinkommen Zinsaufwendungen und Zinserträge der Organgesellschaft enthalten, so sind diese Beträge beim Organträger mit zu berücksichtigen.

1.2.4.4 Alternative Ausnahmetatbestände von der Anwendung der Zinsschranke (§ 4 h Abs. 2 Satz 1 Buchst. a bis c EStG)

1.2.4.4.1 **Der Schuldzinsenüberhang beträgt betriebs- und wirtschaftsjahrbezogen weniger als eine Mio. Euro** (§ 4 h Abs. 2 Satz 1 Buchst. a EStG)

Die Zinsabzugsbeschränkung findet **keine** Anwendung, wenn der **Schuldzinsenüberhang** (= die die Zinserträge übersteigenden Zinsaufwendungen) in dem betreffenden **Wirtschaftsjahr** für den jeweiligen fremdfinanzierten Betrieb **weniger als eine Million Euro**[125] beträgt (§ 4 h Abs. 2 Satz 1 Buchst. a EStG). Relevant sind für die Ermittlung des Schuldzinsenüberhangs nur die Zinsaufwendungen, die Teil einer **inländischen** Gewinnermittlung sind.[126] Bei einem Zinssatz in Höhe von 5 % müsste das Fremdkapital somit mindestens 20 Mio. Euro betragen, damit die Zinsabzugsbeschränkung zur Anwendung gelangt. Mit dieser **Freigrenze** will der Gesetzgeber erreichen, dass die Neuregelung für kleine und mittlere Betriebe ohne praktische Bedeutung bleibt.

Die Freigrenze gilt über § 8 Abs. 1 Satz 1 KStG **ebenfalls** für fremdfinanzierte **Körperschaften**.[127] Da Organträger und Organgesellschaften nach § 15 Abs. 1 Nr. 3 Satz 2 KStG als **ein Betrieb** i. S. der Zinsabzugsbeschränkung gelten, gilt die Freigrenze für den Schuldzinsenüberhang von weniger als eine Mio. Euro für den **Organkreis** nur **einmal**.[128] Durch einen Verzicht auf eine körperschaftsteuerliche Organschaft würde die Freigrenze von weniger als eine Mio. Euro mehrfach im Konzern zur Verfügung stehen.[129] Andererseits kann die Einbeziehung von Organgesellschaften mit einem hohen „steuerlichen EBITDA" in den Organkreis die negativen steuerlichen Auswirkungen aus der Anwendung der Zinsschranke beim Organträger abschwächen.

Da es sich bei dem ersten Ausnahmetatbestand um eine **Freigrenze** handelt, kann bereits eine **geringfügige** Überschreitung des relevanten Betrags für den Schuldzin-

125 Für Wirtschaftsjahre, die nach dem 25.05.2007 beginnen und **vor** dem 01.01.2010 **enden**, **erhöht** sich die Freigrenze von **einer** Mio. Euro auf **drei** Mio. Euro (vgl. § 52 Abs. 12d Satz 3 EStG i. d. F. des Bürgerentlastungsgesetz Krankenversicherung, BGBl 2009 I S. 1959).

126 Vgl. BT-Drucks. 16/4841 vom 27.03.2007, S. 48.

127 Vgl. BMF-Schreiben vom 04.07.2008, BStBl 2008 I S. 718, Tz. 56.

128 Vgl. BT-Drucks. 16/4841 vom 27.03.2007, S. 77.

129 Vgl. Scheunemann/Socher, Zinsschranke beim Leveraged Buy-out, BB 2007, S. 1149.

senüberhang um nur einen Euro zu einer **gravierenden** Steuermehrbelastung in dem betreffenden VZ führen, in dem das Wirtschaftsjahr endet. Bei einem kombinierten Ertragsteuersatz für körperschaftsteuerpflichtige Gewinne i. H. von 29,83 % (bei 400 % Gewerbesteuer-Hebesatz) kann der die Freigrenze übersteigende **1 Euro** an Zinsaufwendungen im Extremfall zu einer **Steuermehrbelastung** i. H. von ca. **298.300 Euro** führen. Die Einhaltung der Freigrenze ist damit ein außerordentlich bedeutsamer Gestaltungsaspekt in der Konzernsteuerplanung bzw. Steuergestaltungsberatung.

Zur Auswirkung eines **Zinsvortrags** auf die Anwendung der Freigrenze vertritt die Finanzverwaltung die folgende Auffassung: Der Zinsvortrag ist zu dem in dem betreffenden Wirtschaftsjahr angefallenen Schuldzinsenüberhang hinzuzuaddieren und dann die Summe der Freigrenzen-Prüfung zu unterziehen.[130]

1.2.4.4.2 Der fremdfinanzierte Betrieb weist keine Konzernzugehörigkeit auf (§ 4 h Abs. 2 Satz 1 Buchst. b EStG)

1.2.4.4.2.1 Grundsätzliche Voraussetzungen für diesen Ausnahmetatbestand

Die Zinsabzugsbeschränkung findet trotz eines Überschreitens des Schuldzinsenüberhangs über die Freigrenze und über die 30 %-EBITDA-Betragsgrenze hinaus keine Anwendung, wenn der jeweilige fremdfinanzierte Betrieb **nicht Teil eines Konzerns** i. S. von § 4 h Abs. 3 EStG ist (§ 4 h Abs. 2 Satz 1 Buchst. b EStG). Dies ist bei einem Einzelunternehmen, welches **keine** Beteiligungen an Kapitalgesellschaften **hält**, oder bei einer Kapitalgesellschaft der Fall, die selbst keine Beteiligungen hält und deren Anteile sich **im Streubesitz** befinden. Ein Einzelunternehmen oder eine Kapitalgesellschaft gehört **nicht** bereits deshalb zu einem Konzern, weil eine oder mehrere **Betriebsstätten im Ausland** belegen sind. Bei einer **Betriebsaufspaltung** infolge einer personellen und sachlichen Verflechtung von Besitz- und Betriebsunternehmen liegt nach der Gesetzesbegründung und Auffassung der Finanzverwaltung ebenfalls **kein Konzern** im Sinne der Zinsschranke vor.[131]

Liegt ein **Gemeinschaftsunternehmen** nach § 310 HGB vor, gehört es **nicht** zu einem Konzern i. S. der Zinsschranke, wenn es nicht von einem einzelnen Rechtsträger beherrscht werden kann. In diesem Fall ist deren Vermögen zur Ermittlung der konzernbezogenen Eigenkapitalquote aus dem Konzernabschluss herauszurechnen.[132]

130 BMF-Schreiben vom 04.07.2008, BStBl 2008 I S. 718, Tz. 46.

131 Vgl. BT-Drucks. 16/4841 vom 27.03.2007, S. 50; BMF-Schreiben vom 04.07.2008, BStBl 2008 I S. 718, Tz. 63.

132 Vgl. ebenda; BMF-Schreiben vom 04.07.2008, a. a. O., Tz. 61.

1.2.4.4.2.2 Zu erfüllende Zusatzbedingungen bei einem fremdfinanzierten Körperschaftsteuersubjekt für diesen Ausnahmetatbestand (§ 8 a Abs. 2 KStG)

Die obige Ausnahme des § 4 h Abs. 2 Satz 1 Buchst. b EStG von der Anwendung der Zinsschranke kommt bei einem fremdfinanzierten **konzernunverbundenen Körperschaftsteuersubjekt** jedoch **nur** dann zur Anwendung, wenn bei diesem **nachweislich** keine **steuerschädliche Gesellschafterfremdfinanzierung** gem. § 8 a Abs. 2 KStG. vorliegt. **Keine** steuerschädliche Gesellschafterfremdfinanzierung liegt vor, wenn ein Betrag von **höchstens 10 % des Schuldzinsenüberhangs** der betreffenden Körperschaft auf Zinsaufwendungen beruht, die an Fremdkapitalgeber gezahlt werden, bei denen es sich um **wesentlich beteiligte Anteilseigner** der Körperschaft (zu mehr als 25 % unmittelbar oder mittelbar beteiligt), um diesen Anteilseignern **nahestehende Personen** (§ 1 Abs. 2 AStG) oder um **Dritte** handelt, die im Falle des Darlehensausfalls auf die vorher genannten Personen **zurückgreifen** können. Ein Rückgriff soll nach der Gesetzesbegründung und Auffassung der Finanzverwaltung bereits dann vorliegen,[133] wenn der Anteilseigner oder die ihm nahestehende Person gegenüber dem Dritten **faktisch** für die Erfüllung einsteht. Ein konkreter, rechtlich durchsetzbarer Anspruch sei nicht zwingend erforderlich. Damit wird die bisherige – eher restriktive – Verwaltungsauffassung,[134] die bei der bürgschaftsgesicherten Fremdfinanzierung einer Kapitalgesellschaft eine dingliche Sicherheit, eine Verfügungsbeschränkung oder die Unterwerfung unter die sofortige Zwangsvollstreckung bei dem Anteilseigner forderte, zu Lasten der Steuerpflichtigen wieder aufgeweicht.

1.2.4.4.3 Der fremdfinanzierte konzernverbundene Betrieb weist keine geringere Eigenkapitalquote als der Konzern auf (§ 4 h Abs. 2 Satz 1 Buchst. c EStG; „Escape-Klausel“)

1.2.4.4.3.1 Grundsätzliche Voraussetzungen für diesen Ausnahmetatbestand

Die Zinsabzugsbeschränkung findet trotz eines Überschreitens des Schuldzinsenüberhangs über die Freigrenze und über die 30 %-EBITDA-Betragsgrenze hinaus bei einem **konzernverbundenen** Betrieb dann keine Anwendung, wenn die **Eigenkapitalquote des Betriebs** auf den letzten Abschlussstichtag vor Beginn des jeweiligen Wirtschaftsjahres die Eigenkapitalquote des zugehörigen **Konzerns nicht unterschreitet** (= **Eigenkapitalvergleich**; § 4 h Abs. 2 Satz 1 Buchst. c EStG). Ein geringfügiges **Unterschreiten** der betriebsbezogenen im Vergleich zur konzernbezogenen Eigenkapitalquote um **bis zu einem Prozentpunkt** ist unschädlich („Bagatellgrenze“; § 4 h Abs. 2 Satz 1 Buchst. c Satz 2 EStG).

133 Vgl. ebenda, S. 75; BMF-Schreiben vom 04.07.2008, BStBl 2008 I S. 718, Tz. 83.
134 Vgl. BMF-Schreiben vom 22.07.2005 – IV B 7 – S 2742a – 31/05, BStBl 2005 I S. 829.

Zu einem Konzern gehören die „Betriebe" i. S. der Zinsschranke, die nach dem jeweiligen **Rechnungslegungsstandard** in einen Konzernabschluss einzubeziehen **sind** oder in den Konzernabschluss nach dem jeweiligen Rechnungslegungsstandard einbezogen werden **könnten** (§ 4 h Abs. 3 Satz 5 EStG). Zu einem Konzern gehören i. S. der Zinsschranke aber auch Betriebe, wenn die Finanz- und Geschäftspolitik mit anderen Betrieben einheitlich bestimmt werden kann (§ 4 h Abs. 3 Satz 6 EStG), z. B. bei einem Beherrschungsverhältnis nach IAS 27.13, auch wenn keine Stimmrechtsmehrheit gegeben ist.

1.2.4.4.3.2 Zu erfüllende Zusatzbedingungen bei einem fremdfinanzierten Körperschaftsteuersubjekt für diesen Ausnahmetatbestand (§ 8 a Abs. 3 KStG)

Die obige Ausnahme des § 4 h Abs. 2 Satz 1 Buchst. c EStG von der Anwendung der Zinsschranke kommt bei einem fremdfinanzierten **konzernverbundenen Körperschaftsteuersubjekt** jedoch **nur** dann zur Anwendung, wenn bei diesem **und** bei **allen** anderen inländischen und ausländischen **konzernzugehörigen Rechtsträgern nachweislich** keine **steuerschädliche Gesellschafterfremdfinanzierung** gem. § 8 a Abs. 3 KStG. vorliegt. **Keine** steuerschädliche Gesellschafterfremdfinanzierung liegt vor, wenn bei **allen** weltweit konzernzugehörigen Gesellschaften (einschl. dem fremdfinanzierten konzernabhängigen Betrieb) die auf eine Gesellschafterfremdfinanzierung zurückzuführenden Fremdkapitalvergütungen **nicht mehr als 10 %** des Schuldzinsenüberhangs der inländischen Körperschaft betragen, die den Abzug der Zinsaufwendungen begehrt (§ 8 a Abs. 3 Satz 1 KStG). Es werden die Vergütungen für Fremdkapital aller Gesellschafter zusammengerechnet (Gesamtbetrachtung).[135] Eine **Gesellschafterfremdfinanzierung** liegt vor, wenn der **Fremdkapitalgeber** ein **wesentlich beteiligter Anteilseigner** (d. h. zu mehr als 25 % unmittelbar oder mittelbar beteiligt) der inländischen Körperschaft oder einer anderen in- oder ausländischen konzernzugehörigen Gesellschaft ist, es sich bei dem Fremdkapitalgeber um eine diesem Anteilseigner **nahestehende Person** (§ 1 Abs. 2 AStG) handelt oder der Fremdkapitalgeber ein **Dritter** ist, der im Falle des Darlehensausfalls auf die vorher genannten Personen **zurückgreifen** kann.

Entlastend ist bei der obigen Prüfung des Vorliegens einer steuerschädlichen Gesellschafterfremdfinanzierung jedoch zu beachten, dass nur solche Zinsaufwendungen **aus Verbindlichkeiten** in die Prüfung der **10 %-Betragsgrenze** einzubeziehen sind, die in dem **voll konsolidierten Konzernabschluss** nach § 4 h Abs. 2 Satz 1 Buchst. c EStG **ausgewiesen** sind (§ 8 a Abs. 3 Satz 2 KStG). Die konzerninterne Fremdfinanzierung ist damit für die Frage der steuerschädlichen Gesellschafterfremdfinanzierung unbeachtlich, da diese Verbindlichkeiten im Zuge der Schuldenkonsolidierung eliminiert werden. Bei **konzernverbundenen** Körperschaften liegt eine steuerschädliche Gesellschafterfremdfinanzierung somit nur dann vor, wenn sie

135 Vgl. BMF-Schreiben vom 04.07.2008, BStBl 2008 I S. 718, Tz. 82.

von einem **außerhalb** des Konzerns stehenden Fremdkapitalgeber erfolgt oder der fremdkapitalgewährende Dritte auf einen außerhalb des Konzerns stehenden Anteilseigner zurückgreifen kann.[136] Dennoch dürfte es für eine im Inland ansässige fremdfinanzierte Konzerngesellschaft äußerst schwierig sein, bei einem weltweit agierenden Konzern den Umfang der Gesellschafterfremdfinanzierung bei sämtlichen konzernangehörigen Gesellschaften zu eruieren und nachzuweisen.[137] Um die Anwendung der Zinsschranke in Deutschland zu vermeiden, müsste ein international tätiger Konzern ggf. die für die Anwendung der deutschen Zinsschranke „steuerschädliche" Gesellschafterfremdfinanzierung einer asiatischen oder südamerikanischen Konzerngesellschaft zurückführen, obwohl es aus der Sicht der Sicherung des deutschen Steueraufkommens hierfür nicht den geringsten Zusammenhang gibt. Die Fremdfinanzierung von inländischen Konzerngesellschaften durch andere in- oder ausländische Konzerngesellschaften (d. h. innerhalb des Konzerns) ist somit **nicht** im Rahmen der Rückausnahme des § 8 a Abs. 3 KStG und damit bei der Frage des Vorliegens einer steuerschädlichen Gesellschafterfremdfinanzierung zu berücksichtigen, jedoch ist in diesen Fällen der konzerninternen Fremdfinanzierung noch der **Eigenkapitalvergleich** gem. § 4 Abs. 2 Satz 1 Buchst. c EStG **zu bestehen**, um die Anwendung der Zinsschranke zu vermeiden.

1.2.4.4.3.3 Ermittlung der relevanten Eigenkapitalquoten für den Betrieb und den Konzern

Die für den Eigenkapitaltest benötigten Eigenkapitalquoten für den fremdfinanzierten Betrieb und den zugehörigen Konzern sind grundsätzlich einheitlich nach den International Financial Reporting Standards (IFRS) zu ermitteln. Die Eigenkapitalquote ist jeweils das Verhältnis des Eigenkapitals zur Bilanzsumme. Die Eigenkapitalermittlung des Betriebs (im handelsrechtlichen Einzelabschluss; ggf. einschließlich der ausländischen Betriebsteile) als auch die des Konzerns (im konsolidierten Konzernabschluss) hat **vorrangig** nach den **IFRS** zu erfolgen, wenn ein IFRS-Konzernabschluss zu erstellen und offenzulegen ist. HGB-Einzel- und HGB-Konzernabschlüsse dürfen nur dann Verwendung finden, wenn **keine** IFRS-Abschlüsse **publiziert** werden. Ein Abschluss nach US-GAAP kann Berücksichtigung finden, wenn weder ein IFRS- noch ein HGB-Konzernabschluss zu erstellen und offenzulegen ist. **Sonderbetriebsvermögen** ist dem Betrieb der Mitunternehmerschaft (d. h. der Personengesellschaft) zuzuordnen.

Bilanzierungs- und Bewertungs**wahlrechte** sind im Konzernabschluss und im Einzelabschluss des Betriebs **einheitlich auszuüben**. Liegt für den fremdfinanzierten Betrieb, der die Zinsaufwendungen geltend machen möchte, **kein** IFRS-Einzelabschluss vor, ist der Nachweis der Eigenkapitalquote für den Betrieb in einer **Über-**

136 Vgl. BT-Drucks. 16/4841 vom 27.03.2007, S. 75.

137 Kritisch auch Töben/Fischer, Die Zinsschranke – Regelungskonzept und offene Fragen, BB 2007, S. 978; dies., Zinsschranke für Kapitalgesellschaften, GmbHR 2007, S. 533.

leitungsrechnung nach den IFRS-Rechnungslegungsstandards zu führen. Die Überleitungsrechnung ist einer **prüferischen Durchsicht** durch einen Abschlussprüfer zu unterziehen.

Um eine Vergleichbarkeit der Eigenkapitalquote im Einzelabschluss des Betriebs und im Konzernabschluss herzustellen, ist das Eigenkapital des Einzelabschlusses um einen im Konzernabschluss enthaltenen und auf den Betrieb entfallenden **Firmenwert** zu erhöhen. In der Handelsbilanz ausgewiesene **Sonderposten mit Rücklageanteil** sind dem Eigenkapital des Betriebs zur Hälfte hinzuzurechnen. Bei der Ermittlung des Eigenkapitals des fremdfinanzierten Betriebs sind weiterhin **hybride Finanzierungsinstrumente** zu kürzen, die dem Betrieb keine Stimmrechte vermitteln. Weiterhin sind Anteile an anderen Konzernkapitalgesellschaften zu kürzen (**Beteiligungsbuchwertkürzung**). Schließlich sind bei der Eigenkapitalermittlung auch **Einlagen** zu kürzen, die innerhalb der letzten sechs Monate vor dem maßgeblichen Abschlussstichtag dem Betrieb zugeführt wurden, soweit ihnen Entnahmen oder Ausschüttungen innerhalb der ersten sechs Monate nach dem maßgeblichen Abschlussstichtag gegenüber stehen. Hierdurch sollten missbräuchliche „Leg-ein-hol-zurück"-Gestaltungen verhindert werden.

Die Bilanzsumme des Einzelabschlusses des fremdfinanzierten Betriebs ist um **Kapitalforderungen** zu kürzen, die gegenüber anderen Konzerngesellschaften bestehen und die deshalb infolge der Schuldenkonsolidierung nicht im konsolidierten Konzernabschluss enthalten sind. Voraussetzung hierfür ist jedoch, dass den Kapitalforderungen bei einer anderen Konzerngesellschaft Verbindlichkeiten in mindestens gleicher Höhe gegenüberstehen. Damit wird gewährleistet, dass Fremdkapital des Betriebs, welches einer anderen Konzerngesellschaft als Darlehen zur Verfügung gestellt wurde, nicht die Eigenkapitalquote des Betriebs vermindert.

Der Nachweis einer gleich hohen Eigenkapitalquote ist durch den fremdfinanzierten Betrieb nur dann erbracht, wenn der Einzelabschluss und der Konzernabschluss durch einen Abschlussprüfer **testiert** sind.

1.2.4.5 Besteuerungsfolgen aus der Anwendung der Zinsabzugsbeschränkung

1.2.4.5.1 Entstehen von in dem betreffenden Wirtschaftsjahr nichtabziehbaren Zinsaufwendungen (Zinsvortrag)

Sofern die Zinsschranke anzuwenden ist und keine der drei Ausnahmetatbestände gem. § 4 h Abs. 2 Satz 1 Buchst. a bis c EStG eingreift, können die betroffenen Zinsaufwendungen zunächst nur in dem betreffenden Wirtschaftsjahr **nicht** als Betriebsausgaben bei der steuerlichen Gewinn- bzw. Einkommensermittlung abgezogen werden. Die Zinsaufwendungen sind in die folgenden Wirtschaftsjahre zeitlich und betragsmäßig unbegrenzt vorzutragen (Zinsvortrag; § 4 h Abs. 1 Satz 3 EStG). Der Zinsvortrag ist nach § 4 h Abs. 4 EStG **gesondert festzustellen**, wobei die Grundsätze des § 10 d Abs. 4 EStG zu beachten sind. Der Zinsvortrag erhöht die Zinsaufwendungen in dem nachfolgenden Wirtschaftsjahr, deren Abziehbarkeit anhand der Zinsschranke zu prüfen ist. Der Zinsvortrag fließt auch in die Zinsaufwendungen ein, die der Freigrenzen-Prüfung zugrunde zu legen sind. Der Zinsvortrag erhöht jedoch nicht die Bemessungsgrundlage (den „maßgeblichen Gewinn“) für die Ermittlung der abziehbaren Zinsaufwendungen (§ 4 h Abs. 1 Satz 3 EStG).

1.2.4.5.2 Ermittlung des Betrags der nicht abziehbaren Zinsaufwendungen

Von dem Schuldzinsenüberhang bleiben 30 % von dem „maßgeblichen Gewinn“ (= „steuerliches EBITDA“) in dem betreffenden Wirtschaftsjahr als Betriebsausgaben abziehbar. Der „maßgebliche Gewinn“ ist der **steuerpflichtige** Gewinn, der um Abschreibungen und die ohne Anwendung des § 4 h EStG steuerlich abziehbaren Zinsaufwendungen zu erhöhen und um die steuerpflichtigen Zinserträge zu vermindern ist. Die steuerlich nicht als Betriebsausgaben abziehbaren (Ertrag-)Steuern (Einkommensteuer; Körperschaftsteuer; Solidaritätszuschlag; Gewerbesteuer) bleiben bei der Ermittlung des Bemessungsgrundlage unberücksichtigt. Die relevante Bemessungsgrundlage ist somit der steuerpflichtige Gewinn vor Abzug des Schuldzinsenüberhangs, der (Ertrag-)Steuern und der Abschreibungen. Das hier als Bemessungsgrundlage für die Anwendung der Zinsschranke zugrunde gelegte **„steuerliche EBITDA“** kann in Einzelfällen **erheblich** von dem handelsrechtlichen EBITDA **abweichen**. Beim steuerlichen EBITDA sind die steuerrechtlichen Gewinn- bzw. Einkommensermittlungsgrundsätze zu berücksichtigen, d. h., dass nicht abziehbare Betriebsausgaben oder verdeckte Gewinnausschüttungen bei Körperschaften die Bemessungsgrundlage vergrößern, wohingegen die zu 95 % steuerfreien Beteiligungserträge (Dividenden; § 8 b Abs. 1 i. V. m. Abs. 5 KStG), die zu 95 % steuerfreien Veräußerungsgewinne (aus dem Verkauf von Kapitalgesellschaftsanteilen; § 8 b Abs. 2 i. V. m. Abs. 3 Satz 1 KStG) oder die steuerfreien Auslandseinkünfte (z. B. Gewinne aus DBA-Betriebsstätten) die Bemessungsgrundlage für die abziehbaren Zinsaufwendungen **nicht** erhöhen. Da z. B. **Holdinggesellschaften** in wesentlichem Umfang zu 95 % steuerfreie Beteiligungserträge und zu 95 % steuerfreie Veräußerungsgewinne erzielen, verfügen sie i. d. R. nur über ein geringes „steuerliches EBITDA“, sodass die Zinsabzugsbeschränkung hier leicht zum Tragen kommen kann, sofern nicht einer der drei Ausnahmetatbestände einschlägig ist. Bei der Ermittlung des Einkommens eines **Körperschaftsteuersubjekts** als Ausgangsgröße für die Bestimmung der 30 %-EBITDA-Betragsgröße sind § 4 h EStG, § 10 d EStG (d. h. der interperiodische Verlustabzug) und § 9 Abs. 1 Nr. 2 KStG (dies bedeutet eine Erhöhung der Bemessungsgrundlage für den Zinsenabzug um die Spenden) **nicht** zu berücksichtigen (§ 8 a Abs. 1 Satz 2 KStG).

Beispiel:

Der beschränkt Steuerpflichtige A ist Alleingesellschafter der mittelständischen A-AG, die Hochbaukräne herstellt. Gleichzeitig ist A zu 75 % an der gemessen an der Bilanzsumme in etwa gleich großen mittelständischen französischen B-S.A. beteiligt, die die Hochbaukräne weltweit vertreibt. Der beherrschende Gesellschafter A stimmt die Finanz- und Geschäftspolitik der A-AG und B-S.A. für die Produktion und den Vertrieb der Hochbaukräne in regelmäßigen Abständen aufeinander ab. Die Eigenkapitalquote der A-AG beträgt 20 %, die Eigenkapitalquote der B-S.A. 40 %. Die Zinsaufwendungen der A-AG resultieren aus mehreren Bankdarlehen. Gesellschafterdarlehen sind keine vorhanden. Der Gewerbesteuer-Hebesatz beträgt 400 %, der Körperschaftsteuersatz 15 % sowie der Solidaritätszuschlag 5,5 %.

Aus der GuV der A-AG für das Wj. = Kj. lassen sich die folgende Beträge ermitteln:

		T€
	Ergebnis vor Zinsen, (Ertrag-)Steuern und Abschreibungen	2.000
+	Zinserträge	100
·/.	Zinsaufwendungen	1.200
·/.	Abschreibungen	800
=	tatsächlicher steuerpflichtiger Gewinn vor Anwendung des § 4 h EStG	100
+	Abschreibungen	800
+	Zinsaufwendungen	1.200
·/.	Zinserträge	100
=	„steuerliches EBITDA“	2.000
	Schuldzinsenüberhang	1.100
	Prüfung der Ausnahmetatbestände:	
	(1) Unterschreitet Schuldzinsenüberhang die Freigrenze von weniger als 1 Mio. Euro?	nein
	(2) Sind die A-AG und die B-S.A. konzernunabhängige Betriebe?	nein
	(3) Wird ein Eigenkapitalvergleich erfolgreich sein?	nein
	30 % vom „steuerlichen EBITDA“	600
+	Zinserträge	100
=	abziehbare Zinsaufwendungen im Wj.	700
	nichtabziehbare Zinsaufwendungen (Zinsvortrag nachfolgende Wj.)	500
	tatsächlicher steuerpflichtiger Gewinn vor Anwendung des § 4 h EStG	100
+	nichtabziehbare Zinsaufwendungen im VZ	500
=	zu versteuerndes Einkommen der A-AG im VZ	600

Da die A-AG und die B-S.A. von dem Gesellschafter A beherrscht werden und A als beherrschender Gesellschafter die Finanz- und Geschäftspolitik für beide Gesellschaften einheitlich bestimmen kann (siehe auch § 4 h Abs. 3 Satz 6 EStG), handelt es sich bei den beiden Kapitalgesellschaften um Konzernunternehmen i. S. des erweiterten Konzernbegriffs gem. § 4 h EStG.[138] Für die Gesellschaften besteht handelsrechtlich keine Verpflichtung zur Aufstellung eines Konzernabschlusses, sodass für den Eigenkapitaltest gem. § 4 h Abs. 2 Satz 1 Buchst. c EStG die Erstellung eines „Quasikonzernabschlusses“ erforderlich wäre, was unter den Bedingungen des Sachverhaltes (die in etwa gleich große B-S.A. hat eine wesentlich höhere Eigenkapitalquote) jedoch nicht zielführend wäre, um die „Escape-Klausel“ beanspruchen zu können.

Die Körperschaftsteuerbelastung einschl. Solidaritätszuschlag (15,83 %) beläuft sich auf 0,1583 * 600 = 94,98 T€.

138 Vgl. hierzu auch BT-Drucks. 16/4841 vom 27.03.2007, S. 50; BMF-Schreiben vom 04.07.2008, BStBl 2008 I S. 718, Tz. 60.

Die Gewerbesteuerbelastung beträgt (3,5 % * 400 % = 14 %) 0,14 * [600 + 25 % * (700 – 100 Freibetrag)] = 105 T€.

Die A-AG hat infolge der Anwendung der Zinsschranke eine Ertragsteuerbelastung i. H. von 199,98 T€ zu tragen, obwohl ihr tatsächlicher Gewinn lediglich 100 T€ beträgt. Die **effektive Ertragsteuerbelastung** beträgt für die A-AG in dem betreffenden VZ damit **annähernd 200 %!** Die Zinsschranke kann somit zu einem **Substanzverzehr** führen, wenn es der A-AG in den Folgeperioden nicht gelingt, den Zinsvortrag als Betriebsausgaben geltend zu machen.

1.2.4.5.3 Fälle für den steuerunwirksamen Untergang eines Zinsvortrags

Bei **Aufgabe** oder **Übertragung** eines Betriebs (z. B. der eines Einzelunternehmens) geht gem. § 4 h Abs. 5 EStG ein bisher nicht steuerlich berücksichtigter Zinsvortrag ohne steuermindernde Wirkung **in vollem Umfang** unter, d. h., das **temporäre** Betriebsausgabenabzugsverbot für den bisher steuerlich nicht berücksichtigten Betrag des Schuldzinsenüberhangs wird dann zu einem **endgültigen** Betriebsausgabenabzugsverbot. Der Gesetzeswortlaut unterscheidet dabei nicht zwischen einer entgeltlichen und unentgeltlichen (z. B. bei der vorweggenommenen Erbfolge) Übertragung, sodass in beiden Fällen von einem Untergang des Zinsvortrags auszugehen sein dürfte. Entsprechendes dürfte gelten für eine Übertragung des Betriebes zu Buchwerten gem. § 6 Abs. 3 EStG.[139] Scheidet ein **Mitunternehmer** aus einer steuerlichen Mitunternehmerschaft (Personengesellschaft) aus, so geht der Zinsvortrag **anteilig** mit dem sich aus dem Gesellschaftsvertrag ergebenden **allgemeinen Gewinnverteilungsschlüssel** unter.[140]

Kommt es bei **Körperschaften** zu einem **signifikanten Anteilseignerwechsel** (z. B. bei Anteilsveräußerungen oder beim Anteilstausch gem. § 21 UmwStG), so gelten die neuen Regelungen gem. § 8 c KStG für die Behandlung von Verlustvorträgen entsprechend für einen vorhandenen Zinsvortrag der Körperschaft (§ 8 a Abs. 1 Satz 3 KStG). Dies bedeutet Folgendes: Werden innerhalb von **fünf Jahren** unmittelbar oder mittelbar **mehr als 25 %** (jedoch **nicht mehr** als 50 %) des gezeichneten Kapitals, der Mitgliedschaftsrechte, Beteiligungsrechte oder der Stimmrechte an einer Körperschaft auf einen neuen Anteilseigner oder eine diesem nahestehende Person übertragen (eine verhältnisändernde Kapitalerhöhung gilt dabei auch als Anteilsübertragung), so führt dies zu einem **beteiligungsquotalen Untergang** („insoweit“) des **Zinsvortrags**. Für die Behandlung der Zinsaufwendungen und Zinserträge des laufenden Wirtschaftsjahres dürften sich keine Auswirkungen ergeben, da § 8 a Abs. 1 Satz 3 KStG nur auf § 4 h Abs. 1 Satz 2 EStG verweist. Werden innerhalb von fünf Jahren unmittelbar oder mittelbar **mehr als 50 %** des gezeichneten Kapitals, der Mitgliedschaftsrechte, Beteiligungsrechte oder der Stimmrechte an

139 Vgl. Middendorf/Stegemann, Die Zinsschranke nach der geplanten Unternehmensteuerreform 2008 – Funktionsweise und erste Gestaltungsüberlegungen, INF 2007, S. 310.

140 Entsprechend der Regelung in § 10 a GewStG; vgl. hierzu auch Middendorf/Stegemann, Die Zinsschranke nach der geplanten Unternehmensteuerreform 2008 – Funktionsweise und erste Gestaltungsüberlegungen, INF 2007, S. 307.

einer Körperschaft auf einen neuen Anteilseigner oder eine diesem nahestehende Person übertragen (eine verhältnisändernde Kapitalerhöhung gilt auch hier als Anteilsübertragung), so führt dies zu einem **vollständigen Untergang** des **Zinsvortrags**.

Zu einem **vollständigen Untergang** des Zinsvortrags führen auch **Umwandlungen** (Formwechsel; Verschmelzungen; Vermögensübertragungen; Spaltungen) (§ 4 Abs. 2 Satz 2 UmwStG) und **Einbringungen** in eine Kapitalgesellschaft bzw. Genossenschaft (§ 20 Abs. 9 UmwStG) oder in eine Personengesellschaft (§ 24 Abs. 6 UmwStG).

1.2.4.5.4 Auswirkungen der Zinsabzugsbeschränkung auf die Ermittlung des Gewerbeertrags

Soweit Zinsaufwendungen infolge der Anwendung der Zinsschranke in dem betreffenden Wirtschaftsjahr **nicht** bei der Ermittlung des steuerpflichtigen Gewinns abgesetzt worden sind, findet **keine erneute** Hinzurechnung zu 25 % bei der **Gewerbesteuer** gem. § 8 Nr. 1 Buchst. a GewStG bei der Ermittlung des Gewerbeertrags statt. Kommt es in Folgejahren zu einem Abzug der Zinsaufwendungen bei der Ermittlung des steuerpflichtigen Gewinns, greift die neue 25 %ige Hinzurechnung bei der Gewerbesteuer gem. § 8 Nr. 1 Buchst. a GewStG unter Berücksichtigung eines Freibetrags i. H. von 100.000 Euro pro Wirtschaftsjahr ein.

1.2.4.5.5 Sanktionen bei der fehlerhaften Ermittlung der Eigenkapitalquoten des Betriebs und des Konzerns

Ist der dem Eigenkapitalvergleichstest gem. § 4 h Abs. 2 Satz 1 Buchst. c EStG zugrunde gelegte Abschluss des Betriebs oder des Konzern unrichtig und kommt es unter Zugrundelegung der zutreffenden Abschlüsse zu einer Erhöhung der nicht abziehbaren Zinsaufwendungen, **ist** gem. § 4 h Abs. 2 Sätze 14 ff. EStG ein Einkünftezuschlag entsprechend § 162 Abs. 4 Satz 1 und 2 AO festzusetzen. Dieser Einkünftezuschlag richtet sich nach dem Betrag der nichtabziehbaren Zinsaufwendungen und beträgt mindestens 5.000 Euro.

1.2.4.6 Zeitlicher Anwendungsbereich der Zinsabzugsbeschränkung

Die Zinsschranke (§ 4 h EStG; § 8 a KStG) ist **erstmals** für Wirtschaftsjahre anzuwenden, die **nach** dem 25.05.2007 **beginnen** und nicht vor dem 01.01.2008 enden (§ 52 Abs. 12 d EStG; § 34 Abs. 6 a KStG). Stimmt das Wirtschaftsjahr eines „Betriebs" mit dem Kalenderjahr überein, greift die Zinsschranke ab dem 01.01.2008. Bei einem vom Kalenderjahr abweichenden Wirtschaftsjahr, welches vor dem 26.05.2007 begonnen hat, ist die Zinsschranke erstmals ab Beginn des Wirtschaftsjahres 2008/2009 anzuwenden.

1.2.5 Veräußerung von Anteilen an ausländischen Kapitalgesellschaften aus dem Privatvermögen (§§ 17 und 20 EStG)

Werden im Rahmen der unbeschränkten Einkommensteuerpflicht einer natürlichen Person Anteile an einer ausländischen Kapitalgesellschaft im Privatvermögen gehalten, so ist ein bei der Veräußerung der Anteile erzielter Gewinn steuerpflichtig.

Der erzielte Veräußerungsgewinn unterliegt dem Teileinkünfteverfahren gem. § 3 Nr. 40 Satz 1 Buchst. a EStG (40 %ige Steuerbefreiung), wenn die folgenden Voraussetzungen des **§ 17 EStG** erfüllt sind:

1. Der Veräußerer oder sein Rechtsvorgänger muss innerhalb der letzten **fünf Jahre** zu **irgendeinem** Zeitpunkt[141] **unmittelbar** oder **mittelbar zu mindestens 1 %** am Nennkapital der ausländischen Kapitalgesellschaft beteiligt gewesen sein. Rechtlich relevant ist eine mittelbare Beteiligung bei der Veräußerung einer unmittelbaren Beteiligung für die Frage, ob der Veräußerer zu mindestens 1 % an der betreffenden Gesellschaft beteiligt war, wobei dann unmittelbare und mittelbare Beteiligungen zusammenzurechnen sind.

2. War der Veräußerer innerhalb der letzten fünf Jahre **nicht** unmittelbar oder mittelbar zu mindestens 1 % an der ausländischen Kapitalgesellschaft beteiligt, liegen dennoch steuerverstrickte Anteile nach § 17 EStG vor, wenn die Anteile durch einen nach dem UmwStG steuerbegünstigten Einbringungsvorgang entstanden sind, bei denen die übernehmende EU-/EWR-Gesellschaft das eingebrachte Vermögen (Betrieb; Teilbetrieb; Mitunternehmeranteil; Kapitalgesellschaftsanteil) **nicht zum gemeinen Wert**, sondern zum niedrigeren Buchwert oder einem Zwischenwert angesetzt hat (§ 17 Abs. 6 Nr. 1 EStG). Darüber hinaus liegen steuerverstrickte Anteile nach § 17 EStG auch dann vor, wenn es sich bei den im Zuge eines Einbingungsvorgangs gegen Gewährung von Gesellschaftsrechten eingebrachten Gesellschaftsanteilen in eine EU-/EWR-Gesellschaft um Anteile i. S. des § 17 EStG handelt, nach dem Einbringungsvorgang jedoch die Mindestbeteiligung von 1 % nicht mehr gegeben ist (§ 17 Abs. 6 Nr. 2 EStG).

3. Bei Veräußerung von Anteilen an einer ausländischen Kapitalgesellschaft greift § 17 EStG nur, wenn die ausländische Gesellschaft bei einem Typenvergleich einer deutschen Kapitalgesellschaft (AG, GmbH) entspricht.[142] Die Steuerpflicht der Veräußerung von Anteilen an ausländischen Kapitalgesellschaften wird insbesondere auf den Tatbestand „oder ähnliche Beteiligungen" in § 17 Abs. 1 Satz 3 EStG gestützt.

---

141 Im Rahmen des § 17 kommt es nicht darauf an, wie lange dem Steuerpflichtigen die Anteile zuzurechnen waren, die die Voraussetzungen für die Steuerverhaftung i. S. des § 17 EStG erfüllt haben. Vgl. BFH vom 07.07.1992, BStBl 1993 II S. 331.

142 Vgl. BFH vom 22.02.1989, BStBl 1989 II S. 794 m. w. N.; BFH vom 23.06.1992, BStBl 1992 II S. 972; BFH vom 30.03.1993, BFH/NV 1993, S. 597.

4. Von der Steuerpflicht gem. § 17 EStG ist insbesondere die **Veräußerung** des Anteils an einer ausländischen Kapitalgesellschaft erfasst, wobei hierunter die Übertragung des zivilrechtlichen oder wirtschaftlichen Eigentums auf einen anderen Rechtsträger zu verstehen ist.[143] Auch der **Tausch** einer mindestens 1%igen Beteiligung an einer Kapitalgesellschaft gegen eine Beteiligung, die weniger als 1 % am Nennkapital ausmacht, erfüllt den Tatbestand der Veräußerung i. S. des § 17 EStG.[144] Daneben können die **Auflösung** der ausländischen Kapitalgesellschaft oder eine **Kapitalherabsetzung** bei dieser die Steuerpflicht auslösen (§ 17 Abs. 4 EStG). Als Auflösung ist auch die **Umwandlung** einer ausländischen Kapitalgesellschaft in eine Personengesellschaft anzusehen, wenn das maßgebende ausländische Recht in der Umwandlung eine Auflösung sieht.[145]

Der Veräußerungsgewinnbesteuerung gem. § 17 EStG unterliegt grundsätzlich der gesamte Wertzuwachs zwischen der Anschaffung und dem Verkauf der Anteile an der ausländischen Kapitalgesellschaft, der sich im Privatvermögen auch während der Zeit gebildet hat, in der der Anteilseigner noch keinen Anteil innehatte, der mindestens 1 % am Nennkapital betrug. Dies gilt ggf. selbst dann, wenn der Veräußerer durch Wohnsitzwechsel ins Inland in die unbeschränkte Einkommensteuerpflicht eingetreten ist, d. h., es ist von den tatsächlichen (historischen) Anschaffungskosten und nicht von den fiktiven Anschaffungskosten in Höhe des gemeinen Werts der Anteile zum Zeitpunkt des Eintritts in die unbeschränkte Steuerpflicht auszugehen.[146] Damit unterliegen im Veräußerungsfalle auch die im Ausland entstandenen stillen Reserven der deutschen Besteuerung. Lediglich in dem Fall, in dem der Veräußerer nachweist, dass ihm die Anteile bereits im Zeitpunkt der Begründung der unbeschränkten Steuerpflicht zuzurechnen waren und der ausländische Wegzugstaat auf den Vermögenszuwachs eine § 6 AStG vergleichbare Wegzugssteuer erhoben hat, tritt an die Stelle der ursprünglichen Anschaffungskosten der Wert, den der Wegzugsstaat der Besteuerung zugrunde gelegt hat (= „Wegzugswertverknpüfung"), höchstens jedoch der gemeine Wert der Anteile im Zuzugszeitpunkt (§ 17 Abs. 1 Satz 3 EStG). Wird eine Beteiligung an einer ausländischen Kapitalgesellschaft nicht insgesamt veräußert und wurden die Anteile zu verschiedenen Zeitpunkten und zu verschiedenen Preisen erworben, kann der Steuerpflichtige bestimmen, welche Anteile er davon veräußert hat.[147]

Der erzielte Veräußerungsgewinn gehört zu den Einkünften aus Gewerbebetrieb.[148] Er unterliegt jedoch nicht der Gewerbesteuer, da die Anteile bei Anwendung des

143 Vgl. BFH vom 10.03.1988, BStBl 1988 II S. 832; BFH vom 27.07.1988, BStBl 1989 II S. 272.

144 Vgl. BFH vom 07.07.1992, BStBl 1993 II S. 331; § 6 Abs. 6 Satz 1 EStG.

145 Vgl. BFH vom 22.02.1989, BStBl 1989 II S. 794.

146 Vgl. BFH vom 30.03.1993, BFH/NV 1993, S. 597, sowie BFH vom 19.03.1996, BB 1996, S. 1258.

147 Vgl. BFH vom 10.10.1978, BStBl 1979 II S. 77.

148 Im Rahmen der beschränkten Steuerpflicht eines Veräußerers muss es sich gem. § 49 Abs. 1 Nr. 2 Buchst. e EStG um Anteile an einer Kapitalgesellschaft handeln, die ihren Sitz oder ihre Geschäftsleitung im Inland hat.

§ 17 EStG aus dem Privatvermögen und nicht aus einem laufenden Gewerbebetrieb heraus veräußert werden. Für den Veräußerungsgewinn kann ein (auslaufender) beteiligungsproportionaler **Freibetrag** bis zu einem Betrag von höchstens 9.060 Euro (bei 100 %iger Beteiligung) beansprucht werden (§ 17 Abs. 3 EStG). Der Freibetrag ermäßigt sich um den Betrag, um den der Veräußerungsgewinn den Teil von 36.100 Euro übersteigt, der dem veräußerten Anteil an der Kapitalgesellschaft entspricht.

Nach § 3 Nr. 40 Satz 1 Buchst. c EStG ist der nach Abzug eines eventuellen Freibetrags verbleibende Veräußerungsgewinn **zu 40 % steuerfrei,** d. h., er unterliegt dem Teileinkünfteverfahren.

In Nicht-DBA-Fällen kann eine im Ausland auf den Veräußerungsgewinn gezahlte Steuer gem. § 34 c Abs. 1 EStG auf die inländische Einkommensteuer **angerechnet** werden. Die Anwendung des Teileinkünfteverfahrens führt nicht zu einer Reduzierung des Anrechnungshöchstbetrags auf den steuerpflichtigen Anteil i. H. von 60 %. Allerdings wird im Falle eines Anrechnungsüberhangs auch keine ausländische Steuer durch den deutschen Fiskus erstattet. In DBA-Fällen wird die internationale Doppelbesteuerung regelmäßig dadurch vermieden, dass bei einer Veräußerung von Anteilen an Kapitalgesellschaften nur dem Wohnsitzstaat des Anteilseigners ein Besteuerungsrecht zugebilligt wird (Regelung entsprechend Art. 13 Abs. 5 OECD-Musterabkommen), d. h., der Ansässigkeitsstaat der Beteiligungsgesellschaft verzichtet im Rahmen der beschränkten Steuerpflicht auf eine Besteuerung des Veräußerungsgewinns aus dem Verkauf der Anteile an der Kapitalgesellschaft.

Sofern bei Anteilen an ausländischen Kapitalgesellschaften im Privatvermögen nicht die Voraussetzungen des § 17 EStG erfüllt sind, unterliegen die Gewinne aus der Veräußerung dieser Anteile unabhängig von der Haltedauer (§ 23 Abs. 1 Satz 1 Nr. 2 EStG gilt insoweit **nicht**) als **Einkünfte aus Kapitalvermögen** (§ 20 Abs. 8 i. V. m. Abs. 2 Nr. 1 EStG) ab dem 01.01.2009 der **25 %igen Abgeltungsteuer** (§ 32 d Abs. 1 Satz 1 EStG). Die Abgeltungsteuer vermindert sich um eine ggf. im Ausland erhobene Steuer vom Veräußerungsgewinn (§ 32 d Abs. 1 Satz 2 i. V. m. Abs. 5 EStG), d. h., die ausländische Steuer wird nach den Grundsätzen des § 34 c Abs. 1 Satz 1 EStG für diesen speziellen „Kapitalertrag“ („per-item-limitation“) angerechnet. Ist der persönliche Einkommensteuersatz des unbeschränkt Steuerpflichtigen niedriger als der 25 %ige Abgeltungsteuersatz, so hat der Steuerpflichtige die Wahlmöglichkeit, den Veräußerungsgewinn nach den allgemeinen einkommensteuerrechtlichen Regelungen der tariflichen Einkommensteuer zu unterwerfen. Das veranlagende Finanzamt prüft in diesem Fall von Amts wegen die für den Steuerpflichtigen günstigere Besteuerung und legt diese zugrunde (**Günstigerprüfung**).

1.2.6 Besonderheiten bei der steuerlichen Berücksichtigung ausländischer Einkünfte

1.2.6.1 Begriff der ausländischen Einkünfte

§ 34 d EStG bestimmt den ausländischen Einkünftekatalog auf Basis der Einkunftsarten i. S. des § 2 EStG.[149] Die ausländischen Einkünfte werden dabei den Einkunftsarten der §§ 13 ff. EStG zugerechnet,[150] wobei der Aufbau von § 34 d EStG in spiegelbildlicher Form zu § 49 EStG mit einigen Erweiterungen erfolgt. Der Einkünftekatalog des § 34 d EStG ist abschließend. Anknüpfungsmerkmal ist, dass die Einkünfte im Ausland liegen. Dabei ist unter Ausland das Hoheitsgebiet, das nicht Inland i. S. des § 1 EStG ist, zu verstehen. Die Luftsäule oberhalb der ausländischen Staatsfläche zählt zum betreffenden ausländischen Staat.[151] Das Ausland beinhaltet auch fremde Hoheitsgewässer, Freihäfen, Zollausschlüsse sowie Kauffahrtei- und Seeschiffe unter fremder Flagge, soweit auf hoher See befindlich.[152] Einkünfte aus steuerlichem Niemandsland stellen dagegen keine ausländischen Einkünfte i. S. des § 34 d EStG dar.[153]

Ausländische Einkünfte aus Land- und Forstwirtschaft (§ 34 d Nr. 1 EStG) liegen vor, wenn im Ausland belegene Flächen bewirtschaftet werden, ggf. auch durch eigene Angestellte. Die Betätigung hat den in § 13 EStG aufgeführten Tatbestandsmerkmalen zu entsprechen. Aus der Veräußerung eines Betriebs, Teilbetriebs oder eines Anteils an einem Betrieb oder Teilbetrieb i. S. des § 14 EStG resultierende Gewinne zählen ebenfalls zu den ausländischen Einkünften aus Land- und Forstwirtschaft. Eine Gewinnermittlung nach § 13 a EStG kommt für ausländische land- und forstwirtschaftliche Betriebe jedoch nicht in Betracht.

Ausländische Einkünfte aus Gewerbebetrieb (§ 34 d Nr. 2 EStG) setzen voraus, dass eine im Ausland belegene Betriebsstätte vorliegt oder ein im Ausland tätiger ständiger Vertreter bestellt ist (§ 34 d Nr. 2 Buchst. a EStG). Die Begriffe „Betriebsstätte“ bzw. „ständiger Vertreter“ bestimmen sich nach deutschem Steuerrecht (§§ 12, 13 AO). Betriebs- oder Teilbetriebsveräußerungen sowie Gewinnanteile an ausländischen Personengesellschaften, welche nach inländischem Steuerrecht als Mitunternehmerschaften i. S. des § 15 EStG anzusehen sind, gehören ebenfalls zu den ausländischen Einkünften aus Gewerbebetrieb. Dies gilt auch für die Sondervergütungen i. S. des § 15 Abs. 1 Satz 1 Nr. 2 EStG, die der inländische Gesellschafter von seiner ausländischen Personengesellschaft erhält. Für die inländischen Mitunternehmer der ausländischen Personengesellschaft, deren Haftung der eines Kommanditisten oder stillen Gesellschafters entspricht, sind die Bestimmungen des § 15 a Abs. 1 Satz 1, Abs. 1 a, Abs. 2, Abs. 3 Sätze 1, 2, 4 sowie Abs. 4 EStG sinn-

---

149 Vgl. BFH vom 13.09.1989, BStBl 1990 II S. 57.
150 Vgl. BFH vom 27.02.1991, BStBl 1991 II S. 444.
151 Vgl. BFH vom 14.12.1988, BStBl 1989 II S. 319; BFH vom 27.11.1992, BFH/NV 1993, S. 365.
152 Vgl. BFH vom 05.10.1977, BStBl 1978 II S. 50; BFH vom 05.02.1992, BStBl 1992 II S. 607.
153 Vgl. BFH vom 14.06.1991, BStBl 1991 II S. 926.

gemäß anzuwenden (§ 15 a Abs. 5 Nr. 3 EStG). Nicht zur Anwendung kommen somit die Bestimmungen zur Haftungsminderung (§ 15 a Abs. 3 Satz 3 EStG) sowie zum erweiterten Verlustausgleich (§ 15 a Abs. 1 Sätze 2 und 3 EStG).[154] Ferner sind Bürgschafts- und Avalprovisionen bei einem im Ausland ansässigen Schuldner sowie Einkünfte, die durch den Betrieb von Seeschiffen oder Luftfahrzeugen zwischen ausländischen und von ausländischen zu inländischen Häfen entstehen, ausländische Einkünfte aus Gewerbebetrieb (§ 34 d Nr. 2 Buchst. b und c EStG).

Ausländische Einkünfte aus selbständiger Arbeit (§ 34 d Nr. 3 EStG) entstehen, wenn im Ausland entweder eine persönliche Tätigkeit ausgeübt wird (Kriterium der Ausübung) oder das Ergebnis dieser persönlichen Tätigkeit einem ausländischen Auftraggeber zugutekommt (Kriterium der Verwertung). Die Ausübung stellt im Grundsatz auf die körperliche Anwesenheit im Ausland bei der Arbeit ab.[155] Nicht maßgebend ist, ob die Tätigkeit noch im Zeitpunkt des Entstehens der Einkünfte ausgeübt wird.[156] Eine schriftstellerische Tätigkeit erfolgt an dem Ort, wo die Texte verfasst werden.[157]

Die Verwertung geht über die eigentliche Leistung hinaus und ist i. S. von Nutzbarmachen zu verstehen, in dem ein geistiges oder körperliches Produkt vom Steuerpflichtigen selbst dem Ausland zugeführt wird.[158] Im Einzelfall können damit sowohl inländische als auch ausländische Einkünfte i. S. des § 34 d EStG vorliegen, wenn die Tätigkeit im Inland ausgeübt, jedoch im Ausland verwertet wird.[159] Eine Verwertung im Ausland kann z. B. vorliegen bei der Lieferung von Marktanalyseberichten, Forschungsberichten in das Ausland sowie durch inländische Textdichter,[160] bei Autorenrechten[161] oder Erfindern.[162]

Ausländische Einkünfte aus der Veräußerung (§ 34 d Nr. 4 EStG) resultieren einerseits aus der Veräußerung von Wirtschaftsgütern, die zum Anlagevermögen eines Betriebs gehören, sofern die Wirtschaftsgüter im Ausland belegen sind. Das Belegenheitsprinzip ist im örtlichen Sinne bezogen auf die Nutzung (bei körperlichen Gegenständen) im Zeitpunkt der Veräußerung zu verstehen. Aber auch der Ort der Ausübung (bei Rechten) oder der Erfüllungsort (bei Forderungen) kann maßgebend sein.[163] Andererseits kann es sich um die Veräußerung von Anteilen an einer Kapitalgesellschaft handeln, wenn diese ihre Geschäftsleitung (§ 10 AO) oder

154 Vgl. FG BaWü vom 15.06.1988, EFG 1988, S. 563.
155 Vgl. BFH vom 12.11.1986, BStBl 1987 II S. 372; BFH vom 20.07.1988, BStBl 1989 II S. 87; BFH vom 11.04.1990, BFH/NV 1991, S. 143.
156 Vgl. BFH vom 12.10.1978, BStBl 1979 II S. 64; BFH vom 12.11.1986, BStBl 1987 II S. 377.
157 Vgl. BFH vom 28.02.1973, BStBl 1973 II S. 660; BFH vom 15.02.1990, BStBl 1990 II S. 621.
158 Vgl. BFH vom 12.11.1986, BStBl 1987 II S. 377.
159 Vgl. Wied, in: Blümich, § 34 d EStG, Rz. 39.
160 Vgl. BFH vom 12.11.1986, BStBl 1987 II S. 372, BFH vom 12.11.1986, BStBl 1987 II S. 377.
161 Vgl. BFH vom 20.07.1988, BStBl 1989 II S. 87.
162 Vgl. BFH vom 13.10.1976, BStBl 1977 II S. 76.
163 Vgl. Hildesheim, in: Hartmann/Böttcher/Nissen/Bordewin, § 34 d EStG, Rz. 51 f.

ihren Sitz (§ 11 AO) in einem ausländischen Staat hat. Es spielt keine Rolle, ob die Gesellschaft im Ausland als Kapitalgesellschaft qualifiziert wird.[164] Für das Vorliegen eines entsprechenden Veräußerungsgewinnes im Inland müssen die Kriterien für die Besteuerung nach § 17 EStG (Anteile an Kapitalgesellschaften bei einer Beteiligung von mindestens 1 % am Nennkapital) bzw. § 20 Abs. 2 Satz 1 Nr. 1 EStG (Veräußerung von Anteilen an Kapitalgesellschaften bei einer Beteiligung von unter 1 % am Nennkapital) erfüllt sein, sofern die Anteile im Privatvermögen gehalten werden.[165]

Ausländische Einkünfte aus nichtselbständiger Arbeit (§ 34 d Nr. 5 EStG) bestimmen sich nach § 19 EStG und knüpfen ebenso wie die ausländischen Einkünfte aus selbständiger Arbeit an die Merkmale Ausübung und Verwertung an. Allerdings ist das Anknüpfungsmerkmal der Verwertung subsidiär zu dem der Ausübung, d. h., eine im Inland ausgeübte nichtselbständige Arbeit kann keine ausländischen Einkünfte hervorrufen. Für die Ausübung ist der persönliche Aufenthalt des Arbeitnehmers im Ausland maßgebend, auch wenn dieser nur kurzfristig oder vorübergehend stattfindet.[166] Dies gilt auch, wenn der Arbeitnehmer dafür bezahlt wird, dass er seine Arbeitskraft zur Verfügung stellt oder etwas unterlässt.[167]

Die Verwertung erfolgt dort, wo der Arbeitnehmer das Ergebnis seiner nichtselbständigen Arbeit seinem Arbeitgeber zuführt. Nicht im Ausland verwertet ist allerdings z. B. die Tätigkeit eines Seemanns auf einem unter inländischer Flagge fahrenden Schiff oder die Kundenberatung im Inland,[168] auch wenn die Tätigkeit für einen ausländischen Arbeitgeber ausgeübt wird. Zu den ausländischen Einkünften aus nichtselbständiger Arbeit zählen auch Einkünfte, die von ausländischen öffentlichen Kassen mit Rücksicht auf ein gegenwärtiges oder ein früheres Dienstverhältnis gewährt werden. Unerheblich ist der Ausübungsort der nichtselbständigen Arbeit. Einkünfte, die von inländischen Kassen mit Rücksicht auf ein gegenwärtiges oder früheres Dienstverhältnis gewährt werden, stellen ungeachtet des Ausübungsortes inländische Einkünfte dar.[169]

Ausländische Einkünfte aus Kapitalvermögen (§ 34 d Nr. 6 EStG) basieren auf dem Einkünftekatalog des § 20 EStG. Dabei muss der Schuldner entweder Wohnsitz (§ 8 AO), Geschäftsleitung (§ 10 AO) oder Sitz (§ 11 AO) im Ausland haben oder das Kapitalvermögen muss durch ausländischen Grundbesitz gesichert sein. Da nur eines dieser Tatbestandsmerkmale erfüllt sein muss, können inländische Einkünfte zugleich ausländische Einkünfte aus Kapitalvermögen sein. Ausschüttungen auf ausländische Investmentanteile (§ 2 Abs. 8 und 9 InvestmG) sind ausländische Ein-

---

164 Vgl. BFH vom 23.09.1970, BStBl 1971 II S. 47.
165 Vgl. BFH vom 22.02.1989, BStBl 1989 II S. 794.
166 Vgl. BFH vom 22.06.1983, BStBl 1983 II S. 625; BFH vom 29.01.1986, BStBl 1986 II S. 479; BFH vom 21.05.1986, BStBl 1986 II S. 739; BFH vom 14.12.1988, BStBl 1989 II S. 319.
167 Vgl. BFH vom 09.09.1970, BStBl 1970 II S. 867.
168 Vgl. BFH vom 12.11.1986, BStBl 1987 II S. 377.
169 Vgl. BFH vom 14.11.1986, BStBl 1989 II S. 351.

künfte aus Kapitalvermögen. Ausschüttungen auf inländische Investmentanteile sind insoweit ausländische Einkünfte, als sie aus einem ausländischen Staat stammende Einkünfte (§ 4 Abs. 2 InvStG) beinhalten.

Ausländische Einkünfte aus Vermietung und Verpachtung (§ 34 d Nr. 7 EStG) liegen vor, soweit unter Verweis auf § 21 EStG das unbewegliche Vermögen oder die Sachinbegriffe in einem ausländischen Staat belegen oder die Rechte zur Nutzung in einem ausländischen Staat überlassen worden sind. Nicht anwendbar sind in diesem Zusammenhang Sonderabschreibungen bzw. erhöhte Absetzungen.

Ein ausländischer Verlust aus Vermietung und Verpachtung findet bei der deutschen Einkünfteermittlung gem. § 2 a Abs. 1 Nr. 6 Buchst. a EStG keine Berücksichtigung, zumindest insoweit, als er aus einem Nicht-EU-/Nicht-EWR-Staat stammt. Darüber hinaus kann es sich im Falle von laufenden Verlusten aus der Unterhaltung einer im Ausland belegenen Ferienwohnung auch um einkommensteuerlich unbeachtliche Liebhaberei handeln.[170]

Einkünfte aus der Vermietung einzelner beweglicher Sachen fallen ebenso wenig unter § 34 d Nr. 7 EStG wie Einkünfte aus Know-how-Gebühren.[171] Bei Schiffen, die steuerlich zum unbeweglichen Vermögen zählen, ist für die Belegenheit die Eintragung in einem ausländischen Register maßgebend.[172] Im Falle der Rechtsüberlassung muss eine zeitliche Begrenzung erfolgen. Sie umfasst keine Veräußerungsgewinne. Im Einzelnen kann es sich z. B. um die Überlassung geschützter Filmrechte[173] oder um Lizenzen[174] handeln.

Sonstige ausländische Einkünfte (§ 34 d Nr. 8 EStG) liegen in folgenden Fällen vor:

- die zur Leistung wiederkehrender Bezüge (§ 22 Nr. 1 EStG) verpflichtete Person muss Wohnsitz, Geschäftsleitung oder Sitz in einem ausländischen Staat haben;
- bei privaten Veräußerungsgeschäften (§ 23 EStG), wenn die veräußerten Wirtschaftsgüter in einem ausländischen Staat belegen sind;
- bei Einkünften aus Leistungen (§ 22 Nr. 3 EStG) einschl. der Nutzungsüberlassung von Plänen, Mustern und Verfahren (§ 49 Abs. 1 Nr. 9 EStG) sowie bei Know-how-Gebühren und der Veräußerung von Rechten, wenn der Vergütungs-

170 Vgl. BFH vom 05.05.1988, BStBl 1988 II S. 778; BFH vom 19.09.1990, BFH/NV 1991, S. 369; BFH vom 25.06.1991, BStBl 1992 II S. 23.

171 Hier kommt eine Zuordnung zu den sonstigen ausländischen Einkünften (§ 34 d Nr. 8 EStG) in Betracht. Vgl. Krabbe, in: Brezing/Krabbe/Lempenau/Mössner/Runge, Außensteuerrecht. Kommentar, Herne/Berlin 1991, § 34 d EStG, Rz. 53; BFH vom 04.03.1970, BStBl 1970 II S. 428; BFH vom 04.03.1970, BStBl 1970 II S. 567.

172 Vgl. RFH vom 27.09.1932, StuW 1933, Nr. 335.

173 Vgl. BFH vom 01.12.1982, BStBl 1983 II S. 367.

174 Vgl. BFH vom 30.09.1988, BStBl 1989 II S. 101.

schuldner Wohnsitz, Geschäftsleitung oder Sitz in einem ausländischen Staat hat.

Der Zuordnung der ausländischen Einkünfte nach dem Einkünftekatalog des § 34 d EStG liegt zunächst eine isolierende Betrachtungsweise zugrunde, die durch Subsidiaritätsregeln ergänzt wird. Isolierende Betrachtungsweise bedeutet in diesem Zusammenhang, dass die in § 34 d EStG aufgeführten Einkunftskategorien allein anhand des im Ausland gegebenen Sachverhalts beurteilt werden. Die Subsidiaritätsregeln entsprechen dabei jenen für inländische Einkünfte nach § 20 Abs. 8, § 21 Abs. 3 und § 22 Nr. 3 EStG:

- Ausländische Einkünfte aus Veräußerungsgewinnen, Kapitalvermögen, Vermietung und Verpachtung (§ 34 d Nrn. 4 – 7 EStG) sowie sonstige Einkünfte i. S. des § 34 d Nr. 8 Buchst. c EStG werden den ausländischen Einkünften aus Land- und Forstwirtschaft, Gewerbebetrieb und selbständiger Arbeit (§ 34 d Nrn. 1 – 3 EStG) zugerechnet, wenn sie zu diesen gehören.
- Ausländische Einkünfte aus selbständiger Arbeit (§ 34 d Nr. 3 EStG) sind, sofern sie zu den ausländischen Einkünften aus Land- und Forstwirtschaft und Gewerbebetrieb (§ 34 d Nr. 2 EStG) gehören, diesen zuzurechnen.

1.2.6.2 Abgrenzung der ausländischen Einkünfte von den inländischen Einkünften

Ausländische Einkünfte erfahren in verschiedener Hinsicht eine von den inländischen Einkünften unterschiedliche steuerliche Behandlung im Inland. Dies erfordert daher eine getrennte Ermittlung. Betriebsausgaben und Werbungskosten sind grundsätzlich den ausländischen Einkunftsquellen zuzuordnen, wenn sie mit der Einnahmeerzielung in unmittelbarem wirtschaftlichen Zusammenhang stehen.[175] Dabei ist ohne Bedeutung, wo und in welcher Währung die Aufwendungen entstehen.[176] Fraglich ist allerdings, ob und inwieweit Betriebsausgaben und Werbungskosten, die mit diesen nur in einem mittelbaren Zusammenhang stehen, sowie Pausch- und Freibeträge den ausländischen Einnahmen zuzurechnen sind.[177]

Sind inländische Gewerbetreibende an einer ausländischen Kapitalgesellschaft (Tochtergesellschaft) beteiligt, müssen die schuldrechtlichen Lieferungs- und Leistungsbeziehungen wie im Fall der Beteiligung an einer inländischen Kapitalgesellschaft einem Fremdvergleich standhalten. Ansonsten erfolgen entsprechende Korrekturen, die zu verdeckten Gewinnausschüttungen oder verdeckten Einlagen

175 Vgl. BFH vom 14.11.1951, BStBl 1951 III S. 235; BFH vom 16.03.1994, BStBl 1994 II S. 799.

176 Vgl. BFH vom 20.07.1989, BStBl 1989 II S. 140.

177 Die Finanzverwaltung wendet hier eine mehrfach gestufte Verhältnisrechnung an, siehe Wied, in: Blümich, § 34 d EStG, Rz. 53. Vgl. auch kritisch zur Vorgehensweise der Finanzverwaltung Thurmayr, Vorgehensweise der Finanzverwaltung bei der Anrechnung ausländischer Quellensteuern bei Einkünften aus Kapitalvermögen, DB 1996, S. 1696.

führen. Die Einkunftsabgrenzung hat nach den für international verbundene Unternehmen geltenden Grundsätzen zu erfolgen.[178]

Schwierigkeiten ergeben sich im Rahmen der Ermittlung ausländischer Einkünfte aus Gewerbebetrieb bei **Betriebsstätten.** Hierbei hat eine Trennung der Gewinnermittlung für das Stammhaus und für die Auslandsbetriebsstätte zu erfolgen. Es ist von einer fiktiven Verselbständigung der Betriebsstätte auszugehen. Der Betriebsstätte werden die Gewinne zugerechnet, die sie hätte erzielen können, wenn sie eine gleiche oder ähnliche Tätigkeit unter gleichen oder ähnlichen Bedingungen als selbständiges Unternehmen ausgeübt hätte.[179] Für die Abgrenzung des Betriebsstättengewinns stehen die direkte und die **indirekte** Methode zur Verfügung. Art. 7 OECD-MA sowie die deutsche Rechtsprechung und Finanzverwaltung räumen der direkten Gewinnermittlung den Vorrang ein, bei der der Gewinn der Betriebsstätte gesondert aus der Buchführung zu ermitteln ist, wobei innerbetriebliche Lieferungs- und Leistungsbeziehungen zwischen Stammhaus und Betriebsstätte nach Fremdvergleichsgrundsätzen zu berücksichtigen sind.[180] Zu beachten ist hierbei, dass bestimmte steuerliche Vergünstigungen nur für im Inland verwirklichte Sachverhalte beansprucht werden können.[181] Bei der indirekten Methode wird ein Bruchteil des Gesamtgewinns des Unternehmens auf Grundlage der Gesamtunternehmensbuchführung der Betriebsstätte nach Maßgabe eines Verhältnismaßstabs (Schlüsselgröße) zugeordnet. Verhältnismaßstab können z. B. die Lohnsumme, Umsätze, Betriebseinnahmen oder eine Kombination daraus sein.

Grundlage der **direkten** Gewinnermittlungsmethode ist die Zuordnung von Wirtschaftsgütern zur ausländischen Betriebsstätte. Bei Wirtschaftsgütern, die ihrer Zweckbestimmung nach nicht ohne weiteres der ausländischen Betriebsstätte zugerechnet werden können, ist der erkennbare Wille der Geschäftsleitung entscheidend, soweit dieser nicht im Widerspruch zu kaufmännischen und wirtschaftlichen Erfordernissen steht.[182] Schuldrechtliche Beziehungen zwischen Stammhaus und Betriebsstätte können nicht mit steuerlicher Anerkennung bestehen.[183] Bei der Überführung von Wirtschaftsgütern vom inländischen Stammhaus in die ausländische

178 Vgl. BMF-Schreiben vom 23.02.1983 – IV C 5 – S 1341 – 4/83, BStBl 1983 I S. 218; BFH vom 26.10.1987, BStBl 1988 II S. 348; siehe auch BMF-Schreiben vom 30.12.1999 – IV B 4 – S 1341 – 14/98, BStBl 1999 I S. 1122, BMF-Schreiben vom 09.11.2001 – IV B 4 – S 1341 – 20/01, BStBl 2001 I S. 796 (Arbeitnehmerentsendung); BMF-Schreiben vom 12.04.2005 – IV B 4 – S 1341 – 1/05, BStBl 2005 I S. 570 (Verwaltungsgrundsätze-Verfahren).

179 Vgl. BMF-Schreiben vom 24.12.1999 – IV B 4 – S 1300 – 111/99, BStBl 1999 I S. 1076 (Betriebsstätten-Verwaltungsgrundsätze), Tz. 2.2. Nach Verwaltungsauffassung sind die in Art. 7 Abs. 2 OECD-MA 2008 niedergelegten Grundsätze auch im Nicht-DBA-Fall entsprechend anzuwenden.

180 Vgl. BFH vom 27.07.1965, BStBl 1966 III S. 24; BFH vom 21.01.1972, BStBl 1972 II S. 374; BFH vom 28.06.1972, BStBl 1972 II S. 789; BFH vom 28.03.1985, BStBl 1985 II S. 405 (zur GewSt); BFH vom 25.06.1986, BStBl 1986 II S. 785.

181 Vgl. Hildesheim, in: Hartmann/Böttcher/Nissen/Bordewin, § 34 d EStG, Rz. 31.

182 Vgl. BFH vom 01.04.1987, BStBl 1987 II S. 550.

183 Vgl. BFH vom 20.07.1988, BStBl 1989 II S. 140; BMF-Schreiben vom 24.12.1999 – IV B 4 – S 1300 – 111/99, BStBl 1999 I S. 1076, Tz. 2.2; BMF-Schreiben vom 25.08.2009 – IV B 5 – S 1341/07/10004, DB 2009, S. 2016, Tz. 2.2.

Betriebsstätte besteht für die in den überführten Wirtschaftsgütern enthaltenen stillen Reserven ein Wahlrecht zwischen der Sofortbesteuerung im Überführungszeitpunkt zugunsten des inländischen Ergebnisses oder erst zum Zeitpunkt der späteren Realisierung durch die ausländische Betriebsstätte (Ausgleichspostenmethode gem. § 4 g EStG).

1.2.6.3 Einkommensermittlungsgrundsätze für ausländische Einkünfte

Die Höhe der ausländischen Einkünfte i. S. des § 34 d EStG bestimmt sich nach deutschem Steuerrecht einschließlich den Grundsätzen ordnungsmäßiger Buchführung.[184] Nachträgliche ausländische Einkünfte wie z. B. Tantiemennachzahlungen aus früheren ausländischen Tätigkeiten sind ebenfalls Bestandteil der ausländischen Einkünfte i. S. des § 34 d EStG.[185] Vorab entstandene Aufwendungen für die spätere Erzielung von ausländischen Einkünften sind ausländische Einkünfte i. S. des § 34 d EStG, wenn ein wirtschaftlicher Zusammenhang besteht (z. B. Kosten für eine Reise in den ausländischen Staat, in dem eine Betriebsstätte errichtet werden soll; Aufwendungen für den Erwerb eines Mietwohngrundstücks im Ausland).[186] Vergebliche Aufwendungen sind als negative ausländische Einkünfte zu berücksichtigen.[187] Hingegen finden ausländische Quellensteuern bei der Ermittlung der ausländischen Einkünfte keine Berücksichtigung, d. h., sie dürfen die ausländischen Einkünfte nicht mindern (§ 12 Nr. 3 EStG, § 10 Nr. 2 KStG).[188] Die Verlustausgleichsbeschränkungen der §§ 2 a, 15 a EStG sind ebenfalls zu beachten.

Das **Teileinkünfteverfahren** gem. § 3 Nr. 40 EStG ist auch bei den dort genannten Einkommensmehrungen (insbes. Dividenden, Veräußerungsgewinnen, Wertaufholungsgewinnen) anzuwenden, wenn es sich um ausländische Einkünfte i. S. des § 34 d EStG handelt und die Einkommensmehrungen im betrieblichen Bereich von Personenunternehmungen anfallen oder steuerpflichtige Gewinne aus der Veräußerung von Anteilen an ausländischen Kapitalgesellschaften gem. § 17 EStG vorliegen. Es wird nicht zwischen inländischen und ausländischen Einkünften unterschieden. Ausländische Dividenden und sonstige Bezüge von ausländischen Körperschaften sind somit bei einem im Inland unbeschränkt einkommensteuerpflichtigen Anteilseigner, sofern die Anteile zum Betriebsvermögen von Personenunternehmungen gehören, nur zu 60 % bei der Ermittlung der Einkünfte anzusetzen, d. h., die restlichen 40 % sind gem. § 3 Nr. 40 Satz 1 Buchst. d EStG **steuerfrei.** Sind die ausländischen Dividenden beim inländischen Steuerpflichtigen den Einkünften aus Kapitalvermögen zuzurechnen (Anteile an der ausschüttenden auslän-

184 Vgl. BFH vom 13.09.1989, BStBl 1990 II S. 57; BFH vom 22.05.1991, BStBl 1992 II S. 94; BFH vom 01.10.1992, BFH/NV 1993, S. 156.

185 Vgl. BFH vom 27.01.1972, BStBl 1972 II S. 459.

186 Vgl. Krabbe, in: Brezing/Krabbe/Lempenau/Mössner/Runge, Außensteuerrecht. Kommentar, Herne/Berlin 1991, § 34 d EStG, Rz. 68.

187 Vgl. BFH vom 28.04.1983, BStBl 1983 II S. 567.

188 Vgl. BFH vom 25.04.1990, BStBl 1990 II S. 1086; BFH vom 16.05.1990, BStBl 1990 II S. 920.

dischen Körperschaft im Privatvermögen), so unterliegen die Dividenden ab dem 01.01.2009 der 25 %igen Abgeltungsteuer (§ 32 d Abs. 1 Satz 1 i. V. m. § 20 Abs. 1 Satz 1 EStG). Eine im Ausland erhobene Quellensteuer ist auf die Abgeltungsteuer anzurechnen (§ 32 d Abs. 1 Satz 2 EStG). Gehören die Dividenden zu den Betriebseinnahmen bei den Einkünften aus Gewerbebetrieb des Steuerpflichtigen (z. B. Einzelunternehmer, Mitunternehmer einer Personengesellschaft), so wirkt sich die durch § 3 Nr. 40 Satz 1 Buchst. d EStG i. V. m. § 3 c Abs. 2 EStG eintretende Minderung des steuerpflichtigen Gewinns um 40 % auch auf die Höhe des Gewerbeertrags nach § 7 GewStG aus.

Bei ausländischen Betriebsstätten inländischer Unternehmen ist zu beachten, dass diese auch buchtechnisch vollständig in den für das inländische Unternehmen steuerlich erforderlichen Betriebsvermögensvergleich (§ 4 Abs. 1 i. V. m. § 5 EStG) einbezogen werden, damit der Gesamtabschluss den GoB entspricht.[189] Für steuerliche Zwecke ist das inländische Unternehmen nach § 238 HGB i. V. m. § 140 AO unter Einbeziehung der Betriebsstätte zur Buchführung verpflichtet. Die Ergebnisse dieser Buchführung sind der deutschen Besteuerung zugrunde zu legen (§ 158 AO). Die Ermittlung des Betriebsstättenerfolgs erfolgt anhand der direkten oder indirekten Methode, wobei im Einzelfall für Zwecke der Erfolgsermittlung auf die Tätigkeit der Betriebsstätte abzustellen ist. Lassen sich die Besteuerungsgrundlagen nicht ermitteln, ist gem. § 162 AO eine Schätzung des Betriebsstättengewinns zulässig.

Nach § 146 Abs. 2 Satz 1 AO sind die Bücher und sonst erforderlichen Aufzeichnungen im Inland zu führen und aufzubewahren. Hiervon schafft § 146 Abs. 2a AO eine Ausnahme. Auf schriftlichen Antrag kann die zuständige Finanzbehörde bewilligen, dass die **elektronische** Buchführung in einem EU-/EWR-Mitgliedstaat geführt und aufbewahrt werden kann. Die Originalrechnungen und sonstige Auszeichnungen in Papierform müssen jedoch im Inland verbleiben, damit insbes. eine Umsatzsteuer-Nachschau ermöglicht wird.

Damit eine Verlagerung der elektronischen Buchführung in einen EU-/EWR-Mitgliedstaat erfolgen darf, müssen die folgenden **Voraussetzungen** erfüllt werden:

(1) Der Steuerpflichtige muss eine **Zustimmung** des betreffenden **EU-/EWR-Mitgliedstaates** zum Zugriff auf die elektronische Buchführung durch die deutschen Finanzbehörden vorlegen. Die Zustimmung des Steuerpflichtigen reicht nicht aus.

(2) Der Steuerpflichtige muss den **Standort** des Datenverarbeitungssystems mit Namen und Anschrift benennen, d.h. wo die elektronische Buchführung geführt wird.

(3) Der Steuerpflichtige muss seinen **Mitwirkungspflichten** im Besteuerungsverfahren bisher ordnungsgemäß **nachgekommen** sein.

---

189 Vgl. Kleineidam, Gewinnermittlung bei Auslandsbetriebsstätten, IStR 1993, S. 395, 398; siehe hierzu auch BMF-Schreiben vom 24.12.1999 – IV B 4 – S 1300 – 111/99, BStBl 1999 I S. 1076, Tz. 1.1.4.2.

(4) Der **Datenzugriff** muss den deutschen Finanzbehörden in vollem Umfang **möglich** sein.

Etwaige Änderungen bei (1) oder (2) muss der Steuerpflichtige unverzüglich mitteilen. Entfällt eine Voraussetzung, hat die Finanzbehörde die Bewilligung zu widerrufen und es hat eine unverzügliche **Rückverlagerung** der elektronischen Buchführung ins Inland zu erfolgen. Kommt der Steuerpflichtige dieser Rückverlagerung nicht nach, so kann ein **Verzögerungsgeld** von 2.500 bis 250.000 Euro festgesetzt werden (§ 146 Abs. 2 b EStG). Gleiches gilt, wenn die Verlagerung der elektronischen Buchführung ins Ausland ohne Bewilligung erfolgt ist.

Die zuständige Finanzbehörde kann eine Bewilligung zur Verlagerung der elektronischen Buchführung ins Ausland **auch dann erteilen,** wenn

- es sich bei dem Verlagerungsstaat **nicht** um einen EU-/EWR-Mitgliedstaat handelt, oder
- der Steuerpflichtige keine Zustimmung des betreffenden ausländischen Verlagerungsstaates zum Zugriff auf die elektronische Buchführung durch die deutschen Finanzbehörden vorlegen kann, oder
- der Steuerpflichtige den Standort des Datenverarbeitungssystems (z. B. aus technischen Gründen) nicht benennen kann,

jedoch jeweils **nur unter der Voraussetzung,** dass die Besteuerung hierdurch **nicht beeinträchtigt** wird (§ 146 Abs. 2 a Satz 4 AO). In jedem Fall muss gewährleistet sein, dass der Steuerpflichtige seinen Mitwirkungspflichten im Besteuerungsverfahren ordnungsgemäß nachkommt und der Datenzugriff der deutschen Finanzbehörde in vollem Umfang möglich ist.

Besteht eine Verpflichtung zur Betriebsstättenbuchführung nach dem Recht des Betriebsstättenstaates, wird vom Grundsatz, dass alle Geschäftsvorfälle der Betriebsstätte im Inland zu erfassen sind (§ 146 Abs. 2 Satz 1 AO), insoweit abgewichen, als lediglich eine Übernahme der Ergebnisse der dortigen Buchführung in die hiesige Buchführung des inländischen Stammhauses erforderlich ist (§ 146 Abs. 2 Satz 3 AO). Dabei sind ggf. Anpassungen an die deutschen steuerlichen Vorschriften vorzunehmen und diese als solche kenntlich zu machen (§ 146 Abs. 2 Satz 4 AO).

Bei einer Beteiligung an einer ausländischen Personengesellschaft kommt eine steuerliche Gewinnermittlung auf Grundlage der GoB im Rahmen eines Betriebsvermögensvergleichs mangels handelsrechtlicher Bilanzierungsverpflichtung der Gesellschaft nicht in Betracht. Der Gesellschafter muss lediglich nach § 90 AO beweiskräftige Abschlussunterlagen beschaffen, die dem inländischen Recht anzupassen sind.[190] Die Gewinnermittlung erfolgt dabei nach § 4 Abs. 1 EStG.[191] Der

190 Vgl. Kleineidam, Rechnungslegung bei Auslandsbeziehungen nach Handels- und Steuerrecht, Freiburg i. Br. 1992, S. 223.

191 Vgl. BFH vom 13.09.1989, BStBl 1990 II S. 57; BFH vom 22.05.1991, BStBl 1992 II S. 94.

Gewinnanteil des inländischen Gesellschafters ist aus dem so ermittelten Gewinn der ausländischen Personengesellschaft unter Berücksichtigung der inländischen Abgrenzungsgrundsätze für die steuerliche Mitunternehmerschaft zu ermitteln.

Sind im inländischen Betriebsvermögen **unverzinsliche lang laufende Fremdwährungsverbindlichkeiten** enthalten, so können bei der Erstellung der Steuerbilanz bestimmte Besonderheiten zu beachten sein. Gemäß § 6 Abs. 1 Nr. 3 EStG sind Verbindlichkeiten einschl. Fremdwährungsverbindlichkeiten grundsätzlich mit einem Zinssatz von 5,5 % abzuzinsen. Damit kommt es zu einer erfolgswirksamen Herabsetzung des auszuweisenden Schuldbetrags in der Steuerbilanz. Vom steuerrechtlichen Abzinsungsgebot sind jedoch ausgenommen:

- Verbindlichkeiten, deren Restlaufzeit am Bilanzstichtag weniger als zwölf Monate beträgt,
- Verbindlichkeiten, die verzinslich sind,
- Verbindlichkeiten, die auf einer Anzahlung oder Vorausleistung beruhen.

Auch niedrigverzinsliche Verbindlichkeiten sind von der Abzinsungsverpflichtung ausgenommen. Der gesetzlich normierte Rechnungszinsfuß von 5,5 % stellt einen fiktiv erwarteten Zinsertrag dar, den das betreffene Unternehmen erwirtschaften muss, um zu verhindern, dass durch die Abzinsung nicht realisierte Gewinne ausgewiesen werden. Das generelle steuerrechtliche Abzinsungsgebot muss als Verstoß gegen das Realisierungsprinzip (§ 252 Abs. 1 Nr. 4 letzter Satzteil HGB) angesehen werden, da der Vorteil aus der Unverzinslichkeit erst in den Perioden der unterbliebenen Zinszahlungen realisiert wird. Darüber hinaus führt eine Abzinsung unverzinslicher Verbindlichkeiten zu einem Verstoß gegen das Vollständigkeitsgebot des § 246 Abs. 1 HGB, wonach Schulden vollständig auszuweisen sind.

Erhöht sich durch eine **Wechselkursänderung** der Rückzahlungsbetrag einer Fremdwährungsverbindlichkeit, so ist handelsrechtlich zwingend am Bilanzstichtag der voraussichtlich höhere Rückzahlungsbetrag anzusetzen (= Höchstwertprinzip als Ausfluss des Vorsichtsprinzips, § 252 Abs. 1 Nr. 4 erster Satzteil HGB). Über den Maßgeblichkeitsgrundsatz (§ 5 Abs. 1 Satz 1 EStG) gilt dies in gleicher Weise für die Steuerbilanz. Allerdings sind gem. § 5 Abs. 6 EStG die Vorschriften über die Bewertung zu befolgen, die bei Verbindlichkeiten vorsehen, dass diese unter sinngemäßer Anwendung der Vorschriften des § 6 Abs. 1 Nr. 2 EStG anzusetzen sind (§ 6 Abs. 1 Nr. 3 Satz 1 EStG). Daraus ergibt sich die Frage, ob bei Verbindlichkeiten für den Ansatz des höheren Teilwerts (Teilwertabschreibungen auf der Aktivseite der Bilanz stellen spiegelbildlich Teilwerterhöhungen auf der Passivseite der Bilanz dar) auf eine **voraussichtlich dauernde Werterhöhung** abzustellen ist. Das BMF-Schreiben vom 12.08.2002 geht hiervon aus. Hält eine Wechselkurserhöhung bei einer Verbindlichkeit des laufenden Geschäftsverkehrs bis zum Zeitpunkt der Aufstellung der Handelsbilanz bzw. Steuerbilanz an, ist bei diesen Verbindlichkeiten nach Verwaltungsauffassung von einer voraussichtlich dauernden Werterhöhung auszugehen.[192] Nach dem BFH-Urteil vom 23.04.2009 IV R 62/06, IStR 2009 S. 586, hängt die Frage, ob bei Fremdwährungsverbindlichkeiten eine Veränderung des Währungskurses zum Bilanzstichtag eine voraussichtlich dauerhafte Teilwerterhöhung ist, maßgeblich von der Laufzeit der Verbindlichkeit ab. Bei Fremdwährungsverbindlichkeiten, die eine Restlaufzeit von ca. zehn Jahren haben, begründet ein Kursanstieg der Fremdwährung grundsätzlich keine voraussichtlich dauernde Teilwerterhöhung. In diesen Fällen ist davon auszugehen, dass sich Währungsschwankungen in der Regel angleichen.

Für Fremdwährungsverbindlichkeiten besteht jedoch auch ein **„Wertaufholungsgebot“**, das sich in einem Abwertungsgebot konkretisiert, wenn der Erfüllungsbetrag gesunken ist. Dies ergibt sich aus der sinngemäßen Anwendung der Vorschriften des § 6 Abs. 1 Nr. 2 EStG (insbesondere Satz 4), wie dies in § 6 Abs. 1 Nr. 3 EStG normiert ist. „Teilwertabschreibungen“ konkretisieren sich bei Verbindlichkeiten durch das sog. Höchstwertprinzip. Wertaufholungen ergeben sich somit bei Verbindlichkeiten, die mit dem höheren Teilwert bewertet worden sind. Relevant ist das Wertaufholungsgebot deshalb bei Fremdwährungsverbindlichkeiten, wenn sich ein Wechselkurs wieder zugunsten des bilanzierenden Unternehmens entwickelt hat. Bei dem „Zuschreibungsgebot“ für Verbindlichkeiten kommt es nicht darauf an, ob die Wechselkursentwicklung voraussichtlich dauerhaft ist oder nicht.

1.2.6.4 Währungsumrechnungsmodalitäten für ausländische Einkünfte

Für Zwecke der inländischen Besteuerung hat erforderlichenfalls eine Umrechnung von in ausländischer Währung verwirklichten Sachverhalten in Euro zu erfolgen. Die Umrechnung hat in einer Weise zu erfolgen, dass das Ergebnis inländischen Grundsätzen für die Einkünfteermittlung (§ 4 Abs. 1, § 5 EStG) bei gewerblichen Einkünften entspricht. Umrechnungskurs ist der am Tage des Zu- oder Abflusszeitpunktes oder der am Tage des Geschäftsvorfalls von der Europäischen Zentralbank täglich veröffentlichte Euro-Referenzkurs der ausländischen Währung (sog. Zeitbezugsmethode).[193] Nach Verwaltungsauffassung[194] ist zur Vereinfachung der Umrechnung auch eine Verwendung der Umsatzsteuer-Umrechnungskurse zulässig, die monatlich im Bundessteuerblatt Teil I veröffentlicht werden.

Bei den **Überschusseinkunftsarten** ist eine Umrechnung im Zeitpunkt des Zuflusses bzw. Abflusses vorzunehmen. Währungsschwankungen, die zwischen Entstehung der Beträge und ihrem Zu- bzw. Abfluss entstehen, gehen damit in die ausländischen Einkünfte ein.[195] Bei Abschreibungen ist der Wechselkurs zum

192 Vgl. BStBl 2002 I S. 793; siehe auch Kemper/Beyschlag, Abkehr von der Maßgeblichkeit – Änderungen des Bilanzsteuerrechts und ihre Auswirkungen auf die Personengesellschaft, DStR 1999, S. 740; Cattelaens, Steuerentlastungsgesetz 1999/2000/2002: Teilwertabschreibung und Wertaufholung, DB 1999, S. 1187. Falterbaum/Bolk/Reiß/Eberhart, Buchführung und Bilanz, 20. Aufl., Achim 2007, S. 732 f.

193 Vgl. BFH vom 13.09.1989, BStBl 1990 II S. 57; siehe auch R 34 c Abs. 1 Satz 1 EStR.

194 Vgl. R 34 c Abs. 1 Satz 2 EStR.

195 Vgl. Malinski, Währungsschwankungen und Doppelbesteuerung, Herne, Berlin 1991, S. 62.

Anschaffungszeitpunkt maßgebend. Spätere Wechselkursschwankungen beeinflussen somit weder die Höhe der inländischen noch der ausländischen Einkünfte. Bei der Umrechnung im Rahmen von ausländischen Einkünften aus Veräußerungsgewinnen ist auf die Wechselkurse im Zeitpunkt der Anschaffung[196] und im Zeitpunkt der Veräußerung[197] abzustellen.

Wird der Gewinn durch **Betriebsvermögensvergleich** ermittelt, ist bereits ein Zins- oder Dividendenanspruch bei Entstehung zu verbuchen[198] und damit auch umzurechnen. Realisierte Gewinne und Verluste, die aus Währungsschwankungen zwischen dem Zeitpunkt der Entstehung des Zins- oder Dividendenanspruchs und dem Zuflusszeitpunkt resultieren, sind den inländischen Einkünften zuzurechnen.[199] Zeitpunkt der Zurechnung ist das Jahr der Zinszahlung.[200] Noch nicht realisierte Währungsverluste an der Beteiligung oder der Forderung sind hingegen nicht bei der Ermittlung der inländischen Einkünfte zu berücksichtigen.[201]

Bei der Umrechnung des Betriebsstättenergebnisses auf Grundlage von in ausländischer Währung geführten Büchern sind grundsätzlich mehrere Verfahren zulässig. Dabei müssen allerdings in jedem Fall die deutschen Bilanzierungsgrundsätze beachtet werden. Das **Zeitbezugsverfahren** stellt das genaueste Umrechnungsverfahren dar.[202] Hierbei werden unter Beachtung des Niederstwert- und Imparitätsprinzips die Anschaffungs- und Herstellungskosten sowie die Abschreibungen zu historischen Kursen, Nominalgüter dagegen zum Stichtagskurs umgerechnet.[203] Es kommen aber auch weniger aufwendige Umrechnungsverfahren wie das Nominal-Sachwertverfahren, das Fristigkeitsverfahren oder das **Stichtagskursverfahren** in Betracht.[204] Ebenso kann – abgesehen von den Abschreibungen – als Umrechnungskurs der Jahresdurchschnittskurs herangezogen werden, der aufgrund der für die Umsatzsteuer maßgeblichen Monatsdurchschnittswerte ermittelt wurde, sofern die Einkünfte über alle Monate des Wirtschaftsjahres im Wesentlichen gleichmäßig verteilt angefallen sind.[205] Insbesondere beim Stichtagskursverfahren, bei dem der Gewinn zum Kurswert am Bilanzstichtag umgerechnet wird, ist aber zu beachten, dass im Falle von Währungsschwankungen Verstöße gegen den Grundsatz der Ein-

196 Vgl. BFH vom 16.12.1977, BStBl 1978 II S. 233.

197 Vgl. BFH vom 19.01.1978, BStBl 1978 II S. 295, FG Baden-Württemberg vom 09.02.1999, 2 K 220/97 – rkr., EFG 1999, S. 537; siehe auch R 17 Abs. 7 Satz 1 EStR.

198 Vgl. BFH vom 02.04.1980, BStBl 1980 II S. 702.

199 Vgl. BFH vom 31.05.1995, DB 1995, S. 2298; a. A. FM NRW vom 01.03.1974 – S 2293 – 17 – V B 2, DB 1974, S. 557.

200 Vgl. BFH vom 31.05.1995, DB 1995, S. 2298.

201 Vgl. BFH vom 19.05.1993, BStBl 1993 II S. 714; BFH vom 16.03.1994, BStBl 1994 II S. 799.

202 Vgl. BFH vom 13.09.1989, BStBl 1990 II S. 57; BFH vom 09.08.1989, BStBl 1990 II S. 175.

203 Vgl. Langenbucher/Blaum, in: Küting/Weber (Hrsg.), Handbuch der Rechnungslegung, Einzelabschluss, Stuttgart (Losebl.) Kap. 6, Rz. 533 ff.

204 Vgl. BFH vom 13.09.1989, BStBl 1990 II S. 57; BFH vom 09.08.1989, BStBl 1990 II S. 175; BFH vom 06.11.1997, BStBl 1998 II S. 123; BFH vom 24.10.2000, BStBl 2001 II S. 97; zu den Umrechnungsverfahren siehe Langenbucher/Blaum, in: Küting/Weber (Hrsg.), a. a. O., Kap. 6, Rz. 533 ff.

205 Vgl. BFH vom 13.09.1989, BStBl 1990 II S. 57; siehe auch BMF-Schreiben vom 24.12.1999 – IV B 4 – S 1300 – 111/99, BStBl 1999 I S. 1076, Tz. 2.8.1.

zelbewertung sowie gegen das Anschaffungskosten- und Imparitätsprinzip hervorgerufen werden können.[206]

Streitig ist, ob die durch umrechnungsbedingte Wertänderungen des Betriebsvermögens der Betriebsstätte oder der ausländischen Personengesellschaft hervorgerufenen Währungsgewinne bzw. -verluste Bestandteil der inländischen oder ausländischen Einkünfte sind.[207] Nach Auffassung des BFH sind Währungsverluste einer in einem DBA-Staat belegenen Betriebsstätte im Inland steuerlich nicht zu berücksichtigen.[208] Das FG Hamburg hat mit Beschluss vom 08.06.2006[209] dem EuGH die Frage zur Vorabentscheidung vorgelegt, ob es gegen die EG-vertragliche **Niederlassungsfreiheit (Art. 43 EG) verstößt,** wenn die Bundesrepublik Deutschland als Ansässigkeitsstaat des inländischen Stammhauses einen Währungsverlust aus der Rückführung des einer EU-belegenen Betriebsstätte gewährten Dotationskapitals als Teil des Betriebsstättengewinns behandelt und so auf der Grundlage der abkommensrechtlichen Betriebsstättenfreistellung den Währungsverlust von der Bemessungsgrundlage der deutschen Steuer ausnimmt. Der EuGH hat mit Urteil vom 28.02.2008[210] festgestellt, dass eine **Nichtberücksichtigung** eines Währungsverlustes eines in einem EU-Mitgliedstaates ansässigen Stammhauses aus der Buchführung des Dotationskapitals, das einer, in einem EU-Mitgliedstaat belegenen Betriebsstätte gewährt wurde, **nicht** mit der **Niederlassungsfreiheit** zu vereinbaren ist.

1.2.7 Unilaterale Maßnahmen zur Vermeidung der Doppelbesteuerung (Steuerermäßigungen bei ausländischen Einkünften – § 34 c EStG)

Den unilateralen Maßnahmen zur Vermeidung der Doppelbesteuerung bei Einkommensteuersubjekten liegen die Rechtsnormen der §§ 32 d Abs. 5 u. Abs. 6 Satz 2, 34 c, 34 d EStG, § 50 d Abs. 8 und 9 EStG, §§ 68 a, 68 b EStDV sowie die Verwaltungsvorschriften R 34 c EStR zugrunde. Ergänzend findet bei beschränkt Steuerpflichtigen § 50 Abs. 3 EStG Anwendung. § 34 c EStG sieht im Einzelnen vor:

- die **Anrechnung** ausländischer Steuern auf die deutsche Steuer, soweit diese auf ausländische Einkünfte entfällt (§ 34 c Abs. 1 EStG),
- den **Abzug** ausländischer Steuern bei der Ermittlung der Einkünfte entweder auf Antrag (§ 34 c Abs. 2 EStG) oder von Amts wegen (§ 34 c Abs. 3 EStG),
- den teilweisen oder vollständigen **Erlass** oder die **Pauschalierung** der auf ausländische Einkünfte entfallenden deutschen Einkommensteuer (§ 34 c Abs. 5 EStG).

---

206 Vgl. BFH vom 13.09.1989, BStBl 1990 II S. 57; BFH vom 09.08.1989, BStBl 1990 II S. 175.

207 Vgl. Jacobs (Hrsg.), Internationale Unternehmensbesteuerung, 6. Aufl., München 2007, S. 606 f. m. w. N.; Uhrmann, Zur bilanziellen Erfassung inländischer Devisengeschäfte, DB 1992, S. 1792.

208 Vgl. BFH vom 16.02.1996 I R 46/95, BStBl 1996 II S. 588; BFH vom 16.02.1996 I R 43/95, DStZ 1996, S. 600.

209 Az.: 6 K 274/03 – rkr., EFG 2007, S. 43; erfasst beim EuGH als Rs. C-293/06.

210 Rs. C-293/06 („Deutsche Shell"), IStR 2008, S. 224.

Die nach zahlreichen Doppelbesteuerungsabkommen vereinbarte **Freistellung** ausländischer Einkünfte von der inländischen Besteuerung ergänzt die unilateralen Maßnahmen im Einkommensteuergesetz um eine weitere Maßnahme zur Vermeidung der Doppelbesteuerung. Die Gewährung der abkommensrechtlichen Steuerfreistellung steht unter der Bedingung, dass die Voraussetzungen der **unilateralen Freistellungsvorbehaltsklauseln gem. § 50 d Abs. 8 EStG** (betr. Einkünfte aus unselbständiger Arbeit) bzw. gem. **§ 50 d Abs. 9 EStG** erfüllt werden. Die Freistellungsvorbehaltsklauseln nach § 50 d Abs. 8 und 9 EStG wenden sich an **unbeschränkt** Steuerpflichtige. Soweit ein Doppelbesteuerungsabkommen für bestimmte ausländische Einkünfte die Anwendung der Anrechnungsmethode bei der deutschen Besteuerung vorsieht, kommen für die Durchführung der Steueranrechnung regelmäßig die Vorschriften des § 34 c Abs. 1 bis 3 EStG entsprechend zur Anwendung.

1.2.7.1 Anrechnung ausländischer Steuern

1.2.7.1.1 Anrechnungsvoraussetzungen

1.2.7.1.1.1 Unbeschränkte Steuerpflicht und Steuersubjektidentität

Nach § 34 c Abs. 1 EStG kann nur für unbeschränkt Steuerpflichtige i. S. des § 1 EStG eine Anrechnung der ausländischen Steuer auf die deutsche Einkommensteuer erfolgen. Bei Personengesellschaften müssen die Gesellschafter unbeschränkt steuerpflichtig sein. Der unbeschränkt Steuerpflichtige muss zudem im Ausland Steuersubjekt sein. In den beiden steuererhebenden Staaten muss die Besteuerung derselben Person erfolgen (= Steuersubjektidentität). Bei der Frage der Steuersubjektidentität sind vorwiegend deutsche Beurteilungsmaßstäbe heranzuziehen.[211] So kann eine ausländische Gesellschaft im Ausland steuerrechtlich z. B. als Körperschaft qualifiziert werden, wohingegen sie in Deutschland als Personengesellschaft angesehen wird. In derartigen Fällen muss die ausländische Steuer auf den Gewinn der Gesellschaft dem jeweiligen Gewinnanteil des deutschen Gesellschafters zugeordnet werden.[212] Die Steuersubjektidentität kann auch gegeben sein, wenn der Einkünftebezieher die Steuer wirtschaftlich zu tragen hat.[213] Wird dagegen eine Beteiligung eines unbeschränkt Steuerpflichtigen an einer ausländischen Kapitalgesellschaft als solche auch im deutschen Steuerrecht qualifiziert, kann lediglich eine Anrechnung der ausländischen Quellensteuer auf die Dividenden erfolgen. Die Anrechnung der von der ausländischen Kapitalgesellschaft gezahlten Steuer auf den Gewinn ist mangels Subjektidentität bei einem Einkommensteuersubjekt nicht möglich. Eine Steuersubjektidentität liegt nach der Rechtsprechung auch dann nicht vor, wenn die Einschaltung einer ausländischen Basisgesellschaft wegen Missbrauchs

---

211 Vgl. BFH vom 17.07.1968, BStBl 1968 II S. 695; BFH vom 03.02.1988, BStBl 1988 II S. 588.
212 Vgl. Wied, in: Blümich, § 34 c EStG, Rz. 35 m. w. N.
213 Vgl. BFH vom 04.06.1991, BStBl 1992 II S. 187.

von rechtlichen Gestaltungsmöglichkeiten als Steuerumgehung i. S. des § 42 Abs. 1 AO angesehen wird.[214]

Für **Einkünfte aus Kapitalvermögen**, für die die **Abgeltungsteuer** zur Anwendung gelangt, gilt § 34 c EStG nicht (§ 34 c Abs. 1 Satz 1 letzter Satzteil EStG). Bei den abgeltungsteuerpflichtigen Kapitalerträgen gelten für die Anrechnung einer ausländischen Quellensteuer die speziellen Regelungen des § 32 d Abs. 5 und Abs. 6 Satz 2 EStG. Die Besonderheiten bestehen hier vor allem beim Anrechnungshöchstbetrag, und zwar zum einen durch eine **Pro-Kapitalertrag-Begrenzung** („per-item-limitation“) sowie zum anderen durch einen **modifizierten Anrechnungshöchstbetrag** im Rahmen der **Günstigerprüfung**.

Im Rahmen einer **körperschaftsteuerlichen Organschaft** kann der Organträger (bei dem es sich um ein inländisches gewerbliches Unternehmen handeln muss, das auch ein Einzelunternehmer sein kann), dem die ausländischen Einkünfte der Organgesellschaft zugerechnet werden, die ausländische Steuer auf ausländische Einkünfte der Organgesellschaft i. S. des § 34 c Abs. 1 EStG anrechnen (§ 19 Abs. 1 und 2 KStG). Insofern handelt es sich hier um eine Durchbrechung des Prinzips der Steuersubjektidentität als Anwendungsvoraussetzung für die Steueranrechnung gem. § 34 c Abs. 1 EStG.

1.2.7.1.1.2 Anrechenbare ausländische Steuern

Die ausländische Steuer muss der deutschen Einkommensteuer **„entsprechen“.** Sie muss vom Teil des Einkommens oder vom gesamten Einkommen erhoben worden sein. Nicht von Bedeutung sind dagegen die Höhe des ausländischen Steuersatzes, die Erhebungsform bzw. die Ausgestaltung der Steuerbemessungsgrundlage. Eine nicht abschließende Auflistung von ausländischen Steuern, die der deutschen Einkommensteuer entsprechen, enthält Anlage 6 zu R 34 c EStR. Nicht in Anlage 6 enthalten sind insbesondere ausländische Steuern, die zwar der deutschen Einkommensteuer entsprechen, die aber von einem Staat erhoben werden, mit dem die Bundesrepublik Deutschland ein Abkommen zur Vermeidung der Doppelbesteuerung abgeschlossen hat. In derartigen Fällen regelt das Abkommen, welche ausländischen Steuern auf die deutsche Steuer anrechenbar sind. Eine Feststellung, ob andere, nicht in Anlage 6 enthaltene ausländische Steuern der deutschen Einkommensteuer entsprechen, wird erforderlichenfalls vom Bundesministerium der Finanzen getroffen (H 34 c EStH).

Die ausländische Steuer kann nur auf die deutsche Einkommensteuer angerechnet werden, wenn sie in dem Staat anfällt, aus dem die Einkünfte stammen (§ 34 c Abs. 1 Satz 1 EStG). Steuern, die in Drittstaaten von diesen ausländischen Einkünf-

214 Vgl. BFH vom 24.02.1976, BStBl 1977 II S. 265.

ten erhoben worden sind, können demnach nicht auf die deutsche Steuer angerechnet werden (in derartigen Fällen kann jedoch ein Abzug bei der Ermittlung der ausländischen Einkünfte gem. § 34 c Abs. 3 EStG erfolgen).

Beispiel:

Ein unbeschränkt Steuerpflichtiger hat im Staat A eine Betriebsstätte. Diese erzielt im Staat B Einkünfte in Form von Darlehenszinsen, die im Staat B mit Quellensteuer belastet werden. Erhebt Staat A Einkommensteuer auf die Zinseinkünfte ohne Anrechnung der Quellensteuer, ist die Quellensteuer aus Staat B im Inland nicht anrechenbar. Es bleibt lediglich die Möglichkeit des Abzugs der Quellensteuer gem. § 34 c Abs. 3 EStG bei der Ermittlung der Einkünfte.

Voraussetzung für die Anrechnung gem. § 34 c Abs. 1 EStG ist auch, dass die ausländische Steuer auf ausländische Einkünfte i. S. des § 34 d EStG erhoben wird. Betrifft die ausländische Steuer nicht ausschließlich ausländische Einkünfte i. S. des § 34 d EStG, ist die ausländische Steuer auf ausländische und nichtausländische Einkünfte aufzuteilen.[215] Die anrechenbare ausländische Steuer lässt sich im Rahmen einer Verhältnisrechnung ermitteln.[216]

Beispiel:

Die ausländischen Einkünfte eines unbeschränkt Steuerpflichtigen betragen 50.000 €. Darauf erhoben wurde eine ausländische Steuer von 20.000 €. In den ausländischen Einkünften ist ein in Deutschland nicht steuerpflichtiger privater Veräußerungsgewinn von 10.000 € enthalten. Die im Inland steuerpflichtigen ausländischen Einkünfte betragen demnach 40.000 €. Die auf den privaten Veräußerungsgewinn entfallende ausländische Steuer, die nicht anrechenbar ist, beträgt

$$\frac{10.000\ €}{50.000\ €} \times 20.000\ € = 4.000\ €.$$

1.2.7.1.1.3 Festsetzung und Zahlung der ausländischen Steuern sowie Kürzung um einen entstandenen Ermäßigungsanspruch

Für die Anrechnung der ausländischen Steuer bedarf es deren Festsetzung und Zahlung. Darüber hinaus ist die im Ausland festgesetzte und gezahlte Steuer um einen entstandenen Ermäßigungsanspruch zu kürzen (§ 34 c Abs. 1 Satz 1 EStG). Versäumt der Steuerpflichtige im Ausland eine Frist für die Ermäßigung von Steuern, so ist dennoch der verjährte Erstattungsanspruch bei der Berechnung der anrechenbaren ausländischen Steuern zu kürzen. Für die Anrechenbarkeit einer ausländischen Steuer muss der Steuerpflichtige somit vorher alle Möglichkeiten zur Ermäßigung der ausländischen Steuer ausschöpfen. Da § 34 c Abs. 2 EStG auf die Anrechnungsvorschrift des § 34 c Abs. 1 EStG verweist, wirkt sich dies entsprechend auf die Anwendung der Steuerabzugsmethode gem. § 34 c Abs. 2 EStG aus. Den Nachweis über die Festsetzung und Zahlung der ausländischen Steuer sowie

215 Vgl. BFH vom 02.02.1994, BStBl 1994 II S. 727.

216 Vgl. Handzik, in: Littmann/Bitz/Pust, § 34 c EStG, Rz. 41 f.

über die Höhe der ausländischen Einkünfte hat der Steuerpflichtige durch Vorlage entsprechender **Urkunden** (Steuerbescheide, Quittungen über Zahlungen) zu erbringen, die erforderlichenfalls beglaubigt übersetzt werden müssen (§ 68 b EStDV). Der Nachweis der Steuerfestsetzung entfällt, wenn diese im Ausland nicht durchgeführt wurde.[217] Für die Festsetzung der Steuer kann es im Einzelfall auch ausreichen, wenn die ausländische Steuer lediglich durch einen privaten Arbeitgeber angemeldet worden ist.[218] Steuervorauszahlungen sowie an der Quelle einbehaltene Steuerabzugsbeträge gelten als festgesetzt und gezahlt. Sie sind somit anrechenbar.

Gestundete oder erlassene ausländische Steuern können überhaupt nicht angerechnet werden.

Bei einer nachträglichen Festsetzung und Bezahlung der ausländischen Steuer oder einer nachträglichen Veränderung der Höhe der ausländischen Steuer ist der Einkommensteuerbescheid ggf. zu ändern (§ 175 Abs. 1 Satz 1 Nr. 2 AO). Im Falle einer Erstattung einer anrechenbaren ausländischen Steuer hat dies der Steuerpflichtige dem zuständigen Finanzamt zu melden, damit eine Berichtigungsveranlagung stattfinden kann (§ 153 Abs. 2 AO).

Der Betrag der ausländischen Steuer ist in inländische Währung umzurechnen. Grundsätzlich ist der Wechselkurs des Zahlungstages maßgebend, der auf der Grundlage der von der Europäischen Zentralbank täglich veröffentlichten Euro-Referenzkurse zu bestimmen ist (R 34 c Abs. 1 Satz 1 EStR). Aus Vereinfachungsgründen gestattet die Finanzverwaltung jedoch auch eine Umrechnung zu den Umsatzsteuer-Umrechnungskursen, die monatlich im BStBl Teil I veröffentlicht werden (R 34 c Abs. 1 Satz 2 EStR). Streitig ist, wie die Umrechnung etwaiger Steuererstattungen durch den ausländischen Staat zu einem späteren Zeitpunkt zu erfolgen hat. Hierfür kommt nach wohl h. A. der Wechselkurs für den Tag der Erstattung in Betracht.[219]

1.2.7.1.2 Begrenzung des Anrechnungshöchstbetrags

1.2.7.1.2.1 Ermittlungsgrundsatz für den Anrechnungshöchstbetrag

1.2.7.1.2.1.1 Erwerbseinkünfte ohne Einkünfte aus Kapitalvermögen

Die ausländischen Einkünfte wirken sich als Bestandteil des zu versteuernden Einkommens auf die nach § 32 a EStG zu ermittelnde Einkommensteuer aus. Auf diese wird sodann die ausländische Steuer angerechnet, sofern die Voraussetzungen für die Anrechnung vorliegen. Bei Ehegatten ist nach R 34 c Abs. 3 Satz 7 EStR bei der

217 Vgl. BFH vom 26.08.1993, BFH/NV 1994, S. 175.
218 Vgl. BFH vom 05.02.1992, BStBl 1992 II S. 607.
219 Vgl. Wied, in: Blümich, § 34 c EStG, Rz. 71.

Ermittlung des Anrechnungshöchstbetrages eine einheitliche Summe der Einkünfte zu bilden.[220] Die Anrechnung erfolgt von Amts wegen. Vor der Anrechnung sind der Progressionsvorbehalt nach § 32 b EStG sowie die Steuerermäßigungen nach §§ 34, 34 a und 34 b EStG zu berücksichtigen (§ 34 c Abs. 1 Satz 2 EStG). Weitere Tarifermäßigungen sind dagegen nicht zu berücksichtigen.[221]

Die Anrechnung der ausländischen Steuer erfolgt nur bis zu einem bestimmten Höchstbetrag[222] (§ 34 c Abs. 1 Satz 2 EStG). Nach § 34 c Abs. 5 EStG pauschal besteuerte ausländische Einkünfte und die Pauschalsteuer bleiben bei der Ermittlung des Höchstbetrags der Anrechnung außer Betracht (R 34 c Abs. 3 Satz 1 EStR). Der Höchstbetrag ergibt sich aus der Formel:

$$\text{Deutsche Einkommensteuer} \times \frac{\text{Ausländische Einkünfte}}{\text{Summe der Einkünfte}}$$

Maßgebend ist dabei die deutsche Einkommensteuer vor Berücksichtigung von Steuerabzugsbeträgen und Vorauszahlungen.

Beispiel:		€
Summe der Einkünfte		50.000
(davon ausländische Einkünfte: 15.000)		
Sonderausgaben		5.000
zu versteuerndes Einkommen		45.000
Einkommensteuer (Grundtabelle)		10.960
gezahlte ausländische Steuer	5.000	
anrechenbare ausländische Steuer		
$10.960\text{ €} \times \frac{15.000\text{ €}}{50.000\text{ €}} =$		3.288
verbleibende deutsche Einkommensteuer		7.672

Sofern nach der Höchstbetragsberechnung eine ausländische Steuer auf die deutsche Einkommensteuer nicht anrechenbar ist (Anrechnungsüberhang), kommt hierfür ergänzend keine weitere Billigkeitsmaßnahme in Betracht.[223] Ist keine deutsche Einkommensteuer zu entrichten, entfällt die Möglichkeit der Anrechnung einer ausländischen Steuer. Deren Anrechnung ist auch in vorangegangenen oder nachfolgenden Veranlagungszeiträumen nicht möglich.[224] Bei Personengesellschaften erfolgt die Ermittlung des Anrechnungshöchstbetrages für jeden Gesellschafter einzeln. Dabei ist die anrechenbare ausländische Steuer nach dem Gewinnverteilungsschlüssel auf die Gesellschafter aufzuteilen. Ist die inländische Bemessungsgrundlage aufgrund

220 Vgl. dazu auch FinMin Nds. vom 31.07.1996, S 2293 – 140 – 35, IStR 1996, S. 491 f.
221 Vgl. BFH vom 28.10.1987, BStBl 1988 II S. 78.
222 Vgl. BFH vom 21.05.1986, BStBl 1986 II S. 739; BFH vom 04.06.1991, BStBl 1992 II S. 187.
223 Vgl. BFH vom 17.10.1972, BStBl 1973 II S. 271.
224 Vgl. BFH vom 25.04.1990, BStBl 1990 II S. 1086.

von abweichenden Einkommensermittlungsvorschriften niedriger als die ausländische, so ergibt sich hieraus keine weitere Beschränkung für den Anrechnungshöchstbetrag, d. h., die anrechenbare ausländische Steuer ist nicht im Verhältnis von inländischer zu ausländischer Bemessungsgrundlage herabzusetzen.[225] Eine Herabsetzung der anrechenbaren ausländischen Steuer ist nur erforderlich, wenn die ausländische Steuer nicht ausschließlich von ausländischen Einkünften i. S. des § 34 d EStG erhoben worden ist.

Die ausländischen Einkünfte sind für die deutsche Besteuerung unabhängig von der Einkünfteermittlung im Ausland nach den **Vorschriften des deutschen Einkommensteuerrechts** zu ermitteln.[226] Eine im Ausland von den Einkünften erhobene Steuer (z. B. Abzugsteuer, Kapitalertragsteuer) darf deshalb gem. § 12 Nr. 3 EStG bei der Ermittlung der Einkünfte nicht abgezogen werden. Bei ausländischen Einkünften (z. B. Dividenden), die im betrieblichen Bereich einer Personenunternehmung angefallen sind und gem. § 3 Nr. 40 EStG dem **Teileinkünfteverfahren** unterliegen, geht eine ausländische Steuer somit nur zu 60 % in die deutsche Bemessungsgrundlage ein. Dennoch kann sie gem. § 34 c Abs. 1 EStG **in voller Höhe** auf die deutsche Einkommensteuer **angerechnet** werden,[227] die auf die Einkünfte aus dem betreffenden ausländischen Staat entfällt. Dies gilt sowohl bei Vorliegen eines DBA als auch im Nicht-DBA-Fall. Eine Erstattung einer hiernach zu viel gezahlten ausländischen (Abzug-)Steuer ist trotz der vollen Anrechnungsmöglichkeit jedoch nicht gegeben. Damit fällt bei einem Bezug von ausländischen Dividenden, die im Inland bei einem Einzelunternehmen oder den Mitunternehmern einer Personengesellschaft der Anrechnungsmethode unterliegen (Nicht-DBA-Fall oder Bezug von Streubesitzdividenden im DBA-Fall), häufig keine oder nur noch eine geringe inländische Einkommensteuer an.

Beispiel:

- 100 %ige Beteiligung eines unbeschränkt einkommensteuerpflichtigen Anteilseigners an einer ausländischen Kapitalgesellschaft
- Zugehörigkeit der Beteiligung zu einem inländischen Betriebsvermögen des Anteilseigners (z. B. in einem Einzelunternehmen)
- 30 % Gewinnsteuer im Ausland
- 25 % Quellensteuerabzug im Nicht-DBA-Fall, 15 % im DBA-Fall
- Einkünfte aus aktivem Erwerb
- ohne Berücksichtigung des deutschen Solidaritätszuschlags
- Einkommensteuer-Grenzsteuersatz des Anteilseigners 45 % (VZ 2009)

---

225 Vgl. BFH vom 02.02.1994, BStBl 1994 II S. 727; a. A.: BFH-Schreiben vom 04.06.1991, BStBl 1992 II S. 187, das allerdings mit einem Nichtanwendungserlass belegt wurde, vgl. BMF-Schreiben vom 21.11.1992 – IV C 6 – S 2293 – 17/91, BStBl 1992 I S. 123.

226 Vgl. R 34 c Abs. 3 Satz 3 EStR.

227 Vgl. zum Hintergrund dieser Regelung BT-Drucks. 14/3366 vom 16.05.2000, S. 152.

	ohne DBA	mit DBA
1. Gewinn vor Steuern d. ausl. KapG 2. Ausländ. Gewinnsteuer, 30 %	100 ·/. 30	100 ·/. 30
3. Ausschüttbarer Gewinn 4. Ausländ. Quellensteuer auf Gewinnausschüttung der ausl. KapG	70 ·/. 17,5	70 ·/. 10,5
5. Zufluss beim inländ. Anteilseigner	52,5	59,5
6. Zzgl. der ausl. Steuer (§ 12 Nr. 3 EStG)	17,5	10,5
7. Ausländ. Einkünfte nach deutschem Steuerrecht	70	70
8. Zu versteuernde Einkünfte (§ 3 Nr. 40 EStG)	42	42
9. Deutsche ESt 45 % 10. Anrechnung der ausländischen Steuer	18,9 ·/. 17,5	18,9 ·/. 10,5
11. Zusätzliche inländ. Steuer	1,4	8,4
12. Nach ausländ. und inländ. Steuer	48,9	48,9

Das Beispiel veranschaulicht, dass unter den obigen Rechnungsprämissen bei einem Bezug von ausländischen Dividenden durch einen unbeschränkt einkommensteuerpflichtigen Anteilseigner bei der Anwendung des Teileinkünfteverfahrens im Nicht-DBA-Fall im Inland nur noch eine geringe Einkommensteuer zu entrichten ist. Im DBA-Fall ist demgegenüber eine deutlich höhere deutsche Einkommensteuer zu entrichten. Die Quellensteuerermäßigung des ausländischen DBA-Staates (im Beispiel effektiv 7,0 Prozentpunkte) wirkt sich in gleicher Höhe zugunsten des deutschen Steueraufkommens aus. Allerdings ist die Gesamtsteuerbelastung in beiden Fällen gleich hoch.

1.2.7.1.2.1.2 Modifikationen bei der Anrechnung einer ausländischen Quellensteuer bei abgeltungsteuerpflichtigen Einkünften aus Kapitalvermögen

a) Herausnahme der abgeltungsteuerpflichtigen Kapitalerträge aus dem Anrechnungs- und Abzugsverfahren gemäß § 34 c EStG

Da § 32 d Abs. 5 und Absatz 6 Satz 2 EStG als eigenständige Steueranrechnungsvorschriften für die abgeltungsteuerpflichtigen Kapitalerträge konzipiert und formuliert sind, werden diese betreffenden Einkünfte aus den Anwendungsbereich des § 34 c EStG herausgenommen. § 34 c Abs. 1 Satz 1 letzter Satzteil EStG schließt die abgeltungsteuerpflichtigen Kapitalerträge aus den Anwendungsbereich des Anrechnungs- und Abzugsverfahrens aus: „das gilt nicht für Einkünfte aus Kapitalvermögen, auf die § 32 d Abs. 1 und 3 bis 6 anzuwenden ist.“ Bei der Ermittlung des zu versteuernden Einkommens, bei der Summe der Einkünfte und bei den ausländischen Einkünften aus dem betreffenden einzelnen Staat sind für Zwecke der

Anwendung des § 34 c EStG die abgeltungsteuerpflichtigen Kapitalerträge nicht zu berücksichtigen. Auch bei den abgeltungsteuerpflichtigen Kapitalerträgen, bei denen nach einem Doppelbesteuerungsabkommen eine ausländische Steuer (ggf. auch nur fiktiv) anzurechnen ist, verdeutlicht § 34 c Abs. 6 Satz 2 EStG, dass sich die Anrechnung für die darauf entfallende ausländische Steuer ausschließlich nach § 32 d Abs. 5 und Abs. 6 Satz 2 EStG und nicht nach § 34 c EStG richtet.

b) Pro-Kapitalertrag-Begrenzung für den Anrechnungshöchstbetrag bei abgeltungsteuerpflichtigen Kapitalerträgen (§ 32 d Abs. 5 EStG)

Da steuerpflichtige ausländische Kapitalerträge, die bei der auszahlenden Stelle der inländischen Kapitalertragsteuer (Abgeltungsteuer) unterlegen haben, wegen des Abgeltungscharakters nicht mehr in der Einkommensteuererklärung anzugeben sind, käme es in dem Fall zu einer internationalen Doppelbesteuerung mit ausländischer Quellensteuer und inländischer Abgeltungsteuer. Deshalb ist in § 43 a Abs. 3 Satz 1 EStG geregelt, dass bereits die auszahlende Stelle eine ausländische (Quellen-)Steuer auf ausländische Kapitalerträge nach Maßgabe des § 32 d Abs. 5 EStG zu berücksichtigen hat, d. h. die Steueranrechnung erfolgt im Rahmen des Abgeltungsteuerverfahrens. Auf der anderen Seite muss der Steuerpflichtige die Kapitalerträge, die noch nicht der Abgeltungsteuer unterlegen haben, in seiner Einkommensteuererklärung angeben. Darüber hinaus kann der Steuerpflichtige eine Steuerfestsetzung mit der tariflichen Einkommensteuer beantragen im Falle einer noch nicht berücksichtigten ausländischen Steuer, die auf die steuerpflichtigen ausländischen Kapitalerträge erhoben wurde. Ein Abzug von ausländischen Steuern auf Kapitalerträge bei der Ermittlung der Einkünfte entsprechend § 34 c Abs. 2 EStG ist bei Einkünften aus Kapitalvermögen nicht möglich.

Für Zwecke der Steueranrechnung wird in § 32 d Abs. 5 EStG zum Ausdruck gebracht, dass bei abgeltungsteuerpflichtigen ausländischen Kapitalerträgen **nicht** die Pro-Staat-Begrenzung (§ 68 a EStDV; *„per-country-limitation“*) zur Anwendung gelangt, sondern die **Pro-Kapitalertrag-Begrenzung** (*„per-item-limitation“*) gilt. Dies gilt auch für die Anrechnung einer nach einem Doppelbesteuerungsabkommen als gezahlt geltenden Quellensteuer, d.h. bei der fiktiven Steueranrechnung. Nach dem Gesetzeswortlaut ist „höchstens 25 Prozent ausländische Steuer auf den einzelnen Kapitalertrag, auf die deutsche Steuer anzurechnen.“

Diese abgeltungsteuerspezifische Pro-Kapitalertrag-Begrenzung ist im Vergleich zur sonst üblichen Pro-Staat-Begrenzung für den inländischen Steuerpflichtigen dann ungünstig, wenn einzelne Kapitalerträge im betreffenden ausländischen Staat mit einem Quellensteuersatz oberhalb von 25 %, andere Kapitalerträge aus dem betreffenden ausländischen Staat mit einem Quellensteuersatz unterhalb von 25 % besteuert werden. Bei den erstgenannten Kapitalerträgen verbleibt ein steuerunwirksamer Anrechnungsüberhang, wohingegen es bei den letztgenannten Kapitalerträgen zu einem Hochschleusungseffekt auf den deutschen Abgeltungsteuersatz in

Höhe von 25 % kommt. Bedeutsam dürfte diese Situation insbes. in Nicht-DBA-Fällen sein, da hier im Ausland auch Quellensteuersätze erhoben werden können, die oberhalb von 25 % liegen.

c) Modifizierter Anrechnungshöchstbetrag im Rahmen der Günstigerprüfung (§ 32 d Abs. 6 Satz 2 EStG)

Mit der in § 32 d Abs. 6 EStG geregelten antragsabhängigen Günstigerprüfung kann der Steuerpflichtige erreichen, dass die Kapitalerträge effektiv nicht dem proportionalen Abgeltungsteuersatz in Höhe von 25 % unterliegen, sondern im Ergebnis der geringeren tariflichen Einkommensteuerbelastung unterworfen werden, wenn die Einkommensteuer auf die gesamten weltweiten Einkünfte einschl. der Kapitalerträge geringer ist als unter Berücksichtigung des Abgeltungsteuersatzes für die Kapitalerträge. Bei der Günstigerprüfung kann der Antrag nur einheitlich für sämtliche Kapitalerträge gestellt werden. Sämtliche Kapitaleinkünfte werden den übrigen Einkünften hinzugerechnet und die Summe dem Einkommensteuertarif unterworfen.

Für diesen Fall sieht § 32 d Abs. 6 Satz 2 EStG vor, dass die Anrechnungsmethode des § 32 d Abs. 5 EStG zwar auch in Fällen der Günstigerprüfung anwendbar ist („Absatz 5 ist mit der Maßgabe anzuwenden, ...“), der Anrechnungshöchstbetrag jedoch abweichend geregelt ist. Die nach § 32 d Abs. 5 EStG ermittelten ausländischen **Steuern** sind bis zur Höhe der **zusätzlichen** tarifliche Einkommensteuer anzurechnen, die auf die hinzugerechneten Kapitaleinkünfte entfällt. Der Gesetzeswortlaut spezifiziert bei den „hinzugerechneten Kapitaleinkünften“ nicht zwischen inländischen und ausländischen. Da es sich um die Anrechnung einer ausländischen Steuer handelt, kann es sich aus sachlichen Erwägungen wohl nur um die hinzugerechneten **ausländischen** Kapitaleinkünfte handeln. Da der Gesetzeswortlaut von den ausländischen „Steuern“ in der Mehrzahl spricht, soll im Rahmen der Günstigerprüfung wohl ein Korb (*„basket“*) gebildet werden für sämtliche auf die ausländischen Kapitalerträge erhobenen ausländischen Steuern, was insoweit von der Pro-Kapitalertrag-Begrenzung des § 32 d Abs. 5 EStG abweicht. Andererseits ergibt sich aus der Gesetzesbegründung, dass auch eine Abweichung von der Vorgehensweise in § 34 c EStG vorliegt:[228] Die auf die (ausländischen) Kapitalerträge entfallende tarifliche Einkommensteuer wird dadurch bestimmt, das (nur) die auf die durch die (ausländischen) Kapitalerträge verursachte **zusätzliche** tarifliche Einkommensteuer abgestellt wird. Damit weicht die Anrechnungsbegrenzung hier auch von der Pro-Staat-Begrenzung des § 34 c EStG ab. Bei der Günstigerprüfung liegt im Ergebnis wohl eine kapitaleinkünftebezogene *„overall-limitation“* vor.[229]

---

228 Vgl. BR-Drucks. 545/08, S. 78.

229 Vgl. zu dieser Problematik auch Hechtner, Die Anrechnung ausländischer Steuern im System der Schedule nach den Änderungen durch das JStG 2009, BB 2009, S. 82.

1.2.7.1.2.2 Berücksichtigung der in wirtschaftlichem Zusammenhang mit den im Ausland erzielten Einnahmen stehenden Ausgaben (§ 34 c Abs. 1 Satz 4 EStG)

Der Abzug von Betriebsausgaben bzw. Werbungskosten bei der **Ermittlung von ausländischen Einkünften** ist in den deutschen Steuergesetzen nicht explizit geregelt. Nach herrschender Literaturauffassung gelten deshalb die allgemeinen Grundsätze, da eine von den allgemeinen Ermittlungsvorschriften abweichende Berechnung einer besonderen gesetzlichen Regelung oder in den Fällen des § 34 c Abs. 6 Satz 4 EStG einer Regelung im jeweiligen DBA bedurft hätte. Für den **Abzug** von Ausgaben bei der Ermittlung von ausländischen Einkünften genügt ein Veranlassungszusammenhang i. S. des § 4 Abs. 4 bzw. § 9 Abs. 1 Satz 1 EStG, d. h., es braucht kein **unmittelbarer** wirtschaftlicher Zusammenhang zu den Einnahmen vorzuliegen.

Der BFH hatte in einer Reihe von Urteilen[230] bei der Ermittlung ausländischer Einkünfte für Zwecke der Steueranrechnung bzw. Steuerfreistellung einen **direkten** wirtschaftlichen Zusammenhang zwischen den Aufwendungen und den ausländischen Erträgen verlangt, damit diese bei der Ermittlung der ausländischen Einkünfte (für Zwecke des Anrechnungshöchstbetrags oder für die Ermittlung des Betrags der steuerfreien Einkünfte, der auch Bedeutung für den Progressionsvorbehalt hat) in Abzug zu bringen sind. Die Zuordnung von Betriebsausgaben bei der Ermittlung von ausländischen Einkünften im Rahmen von subsidiären (Überschuss-)Einkunftsarten folgte nach dieser Rechtsprechung nicht mehr uneingeschränkt dem allgemeinen Veranlassungsprinzip, nach dem ein **bloßer** wirtschaftlicher Zusammenhang ausreichend ist, sondern es wurde ein **direkter wirtschaftlicher Zusammenhang** zwischen den Aufwendungen und Erträgen gefordert, damit Aufwendungen den ausländischen Einkünften zugeordnet werden können.

Die Urteile vom 16.03.1994, vom 09.04.1997 und vom 29.03.2000 bezogen sich auf Einkünfte aus Kapitalvermögen (Dividenden und Zinsen), die in einem Betriebsvermögen erzielt wurden. Die betreffenden Einkünfte in den Urteilen stammten überwiegend aus DBA-Staaten, teilweise aber auch aus Nicht-DBA-Staaten. In den Abkommensfällen kam überwiegend die Anrechnungsmethode, teilweise jedoch auch die Freistellungsmethode zur Anwendung. Die vom BFH in diesen Urteilen aufgestellten Rechtsgrundsätze waren damit unabhängig von dem Vorliegen eines Doppelbesteuerungsabkommens und unabhängig von der Frage, ob Deutschland bei der Vermeidung der Doppelbesteuerung die Anrechnungs- oder Freistellungsmethode anwendet. Darüber hinaus ist davon auszugehen, dass die vom BFH in den Urteilen aufgestellten Rechtsgrundsätze für alle subsidiären (Überschuss-)Einkunftsarten (Einkünfte gem. §§ 20 bis 22 EStG) gelten, die im Rahmen der Grund-

230 Vgl. BFH vom 16.03.1994 I R 42/93, BStBl 1994 II S. 799; vom 09.04.1997 I R 178/94, BStBl 1997 II S. 657; vom 29.03.2000 I R 15/99, BStBl 2000 II S. 577.

einkünfte bzw. in einem Betriebsvermögen erzielt werden. Liegt keine ausländische Betriebsstätte vor, können die Grundsätze der BFH-Urteile vom 16.03.1994, 09.04.1997 und 29.03.2000 für subsidiäre (Überschuss-)Einkunftsarten auf vergleichbare Sachverhalte übertragen werden.

Die Höhe der ausländischen Einkünfte aus dem betreffenden ausländischen Staat ergibt sich aus dem Gewinn bzw. dem Überschuss der Betriebseinnahmen über die Betriebsausgaben bei den Gewinneinkunftsarten oder aus dem Überschuss der Einnahmen über die Werbungskosten bei den Überschusseinkunftsarten. Die Höhe der ausländischen „Einkünfte" wird dabei maßgebend von der Höhe der Betriebsausgaben bzw. der Werbungskosten bestimmt, die wiederum entscheidend von der Zuordnung der betreffenden Ausgaben zu den ausländischen oder inländischen Einkünften beeinflusst wird. Der **Zuordnungsmaßstab** (direkter wirtschaftlicher Zusammenhang oder bloß mittelbarer wirtschaftlicher Zusammenhang) für die Ausgaben, die im Zusammenhang mit den ausländischen Einnahmen stehen, bestimmt damit auch den **Höchstbetrag der anrechenbaren Steuern**. Stehen weniger Ausgaben im Zusammenhang mit den ausländischen Einnahmen, so erhöht sich der Betrag der ausländischen Einkünfte in der Formel für den Höchstbetrag der anrechenbaren ausländischen Steuern (Zähler). Der Betrag der anrechenbaren ausländischen Steuern steigt somit, je weniger Ausgaben den ausländischen Einnahmen mittels des Zuordnungsmaßstabs zugerechnet werden können.

Da es der Gesetzgeber **sachlich nicht** für **gerechtfertigt** hält, wenn sich der Betrag der anrechenbaren ausländischen Steuern dadurch erhöht, dass die in **mittelbarem** wirtschaftlichen Zusammenhang mit den ausländischen Einnahmen stehenden Aufwendungen bei der Ermittlung der ausländischen Einkünfte **unberücksichtigt** bleiben, wurde § 34 c Abs. 1 Satz 4 EStG geschaffen.

Gehören

- Einkünfte aus selbständiger Arbeit, die im Ausland ausgeübt oder verwertet wird,
- Einkünfte aus der Veräußerung von im Ausland gelegenen Anlagegütern oder Anteilen an ausländischen Kapitalgesellschaften,
- Einkünfte aus Kapitalvermögen, wenn der Schuldner im Ausland ansässig ist oder das Kapitalvermögen durch ausländischen Grundbesitz gesichert ist,
- Einkünfte aus Vermietung und Verpachtung aus im Ausland gelegenem unbeweglichen Vermögen oder Sachinbegriffen oder
- sonstige Einkünfte aus Leistungen (einschließlich der Leistungen i. S. des § 49 Abs. 1 Nr. 9 EStG) an ausländische Auftraggeber

zum Gewinn eines inländischen Betriebs, so sind bei der Ermittlung der o. g. ausländischen Einkünfte die Betriebsausgaben und Betriebsvermögensminderungen abzuziehen, die mit den diesen ausländischen Einkünften zugrunde liegenden Einnahmen in **wirtschaftlichem** Zusammenhang stehen. Da der Gesetzeswortlaut keinen unmittelbaren wirtschaftlichen Zusammenhang verlangt, geht der Gesetzgeber davon aus, dass auch diejenigen Aufwendungen abzuziehen sind, bei denen nur ein **mittelbarer** wirtschaftlicher Zusammenhang mit den Einnahmen besteht. Sofern auch die nur in mittelbarem wirtschaftlichen Zusammenhang mit den ausländischen Einnahmen stehenden Aufwendungen bei der Ermittlung der ausländischen Einkünfte berücksichtigt werden, reduziert sich der Höchstbetrag der anrechenbaren ausländischen Steuern.

Durch § 34 c Abs. 1 Satz 4 EStG wird jedoch **nicht die gesamte Tragweite** der BFH-Urteile vom 16.03.1994, vom 09.04.1997 und vom 29.03.2000 **aufgehoben.** In den Urteilssachverhalten stammten die betreffenden Einkünfte sowohl aus DBA-Staaten als auch aus Nicht-DBA-Staaten. In den Abkommensfällen kam sowohl die Anrechnungsmethode als auch die Freistellungsmethode zur Anwendung. Die vom BFH in diesen Urteilen aufgestellten Rechtsgrundsätze sind damit unabhängig von dem Vorliegen eines Doppelbesteuerungsabkommens und unabhängig von der Frage, ob Deutschland bei der Vermeidung der Doppelbesteuerung die Anrechnungs- oder Freistellungsmethode anwendet. § 34 c Abs. 1 Satz 4 EStG bezieht sich demgegenüber nur auf die Ermittlung der ausländischen Einkünfte im Rahmen der Bestimmung des Höchstbetrags der anrechenbaren ausländischen Steuern gem. § 34 c Abs. 1 Satz 2 EStG. Ein darüber hinausgehender, allgemein gültiger Zuordnungsmaßstab für die Bestimmung von ausländischen Einkünften kann hieraus nicht abgeleitet werden.

Nach dem grundlegenden BFH-Urteil vom 16.03.1994 (dem folgend BFH-Urteil vom 09.04.1997 und vom 29.03.2000) ist **auf Abkommensebene** für die Aufwandszuordnung eine **eigenständige Einkünfteermittlung** vorzunehmen, die bis dahin nach h. A. ausschließlich Angelegenheit des nationalen Rechts war. Aus der abkommensrechtlichen Unterscheidung von einzelnen Einkunftsarten ergibt sich, dass den subsidiären (Überschuss-)Einkunftsarten kein Aufwand zugeordnet werden darf, der dem Grunde nach zu einer anderen Einkunftsart gehört. Daher sind bei der Ermittlung von ausländischen Einkünften, die zu den subsidiären (Überschuss-)Einkunftsarten gehören (Einkünfte aus Kapitalvermögen, Einkünfte aus Vermietung und Verpachtung, sonstige Einkünfte i. S. des § 22 EStG) und die innerhalb einer Gewinneinkunftsart (d. h. innerhalb eines Betriebsvermögens) erzielt werden, keine Aufwendungen zum Abzug zu bringen (z. B. Teilwertabschreibungen, Zuführungsbeträge zu Rückstellungen, Gewerbesteuer), die es bei diesen (Überschuss-)Einkunftsarten nicht geben kann. Diese Aufwendungen bleiben damit Bestandteil der inländischen Gewinneinkunftsart (z. B. Einkünfte aus Gewerbebetrieb). Darüber hinaus ist es nach dem Urteil vom 16.03.1994 mit der **abkommensrechtlich gebotenen Abgrenzung zwischen den Einkunftsarten** unvereinbar, den Einkünften nach einem indirekten Aufteilungsschlüssel global ermittelten Aufwand zuzurechnen. Bei diesem global ermitteltem Aufwand handelt es sich z. B. um **allgemeine Verwaltungskosten**. Die abkommensrechtlich gebotene Abgrenzung zwischen den Einkunftsarten bezieht sich dabei **nicht nur** auf die Unterscheidung zwischen den einzelnen abkommensrechtlichen Einkunftsarten untereinander (z. B. Unternehmensgewinne, Einkünfte aus unbeweglichem Vermögen, Zinsen usw.), **sondern auch** auf die **Abgrenzung** der ausländischen und damit **abkommensrechtlich ermäßigt besteuerten Einkünfte** (z. B. Einkünfte aus unbeweglichem Vermögen) **von den steuerpflichtigen inländischen Einkünften** (z. B. Einkünfte aus Gewerbebetrieb). Der BFH hat deshalb verlangt, dass den abkommensrechtlichen Einkunftsarten und auch den Einkünften i. S. des § 34 d EStG nur solche Aufwendungen zugeordnet werden können, die in einem **direkten wirtschaftlichen Zusammenhang** zu der Einnahmeerzielung stehen **und** bei einer Person, die die „Einnahmen" im Privatvermögen erzielt, als Werbungskosten angesetzt werden könnten. Die in den Urteilssachverhalten genannten allgemeinen Verwaltungskosten und Refinanzierungskosten können daher nicht ohne tatsächliche Feststellungen mittels eines indirekten Aufteilungsschlüssels auf die ausländischen und inländischen Einkunftsquellen aufgeteilt werden. Die diesbezügliche Bedeutung der BFH-Urteile vom 16.03.1994, vom 09.04.1997 und vom 29.03.2000 besteht trotz des § 34 c Abs. 1 Satz 4 EStG fort. Hierfür spricht insbesondere der gesetzessystematische Zusammenhang des § 34 c Abs. 1 Satz 4 EStG, der bei der Steuerermäßigungsvorschrift durch Anrechnung der ausländischen Steuern eingeordnet wurde. Sofern der Gesetzgeber dem Zuordnungsmaßstab des § 34 c Abs. 1 Satz 4 EStG eine darüber hinausgehende Bedeutung hätte zukommen lassen wollen, hätte diese Bestimmung gesetzessystematisch in § 34 d EStG oder in § 3 c EStG eingeordnet werden müssen. Dies ist jedoch nicht erfolgt. Damit beschränkt sich der Anwendungsbereich dieses Zuordnungsmaßstabs auf die Berechnung des landesbezogenen Höchstbetrags der anrechenbaren ausländischen Steuern.

1.2.7.1.2.3 Länderweise Begrenzung des Anrechnungshöchstbetrags (§ 68 a EStDV)

Der nach § 34 c Abs. 1 EStG zu bestimmende Höchstbetrag der Anrechnung ausländischer Steuern muss für jeden ausländischen Staat gesondert berechnet werden (sog. **Pro-Staat-Begrenzung** bzw. **per-country-limitation)**, sofern die entsprechenden ausländischen Einkünfte aus verschiedenen Staaten erzielt werden (§ 68 a Satz 2 EStDV). Dabei sind grundsätzlich alle Einkünfte (ausgenommen Einkünfte aus Kapitalvermögen)[231] aus einem Staat zusammenzurechnen, ungeachtet ihrer Einkunftsquelle und der Höhe ihrer Besteuerung. Die nach § 34 c Abs. 5 EStG pauschal besteuerten ausländischen Einkünfte bleiben jedoch außer Betracht. Die zusammenzurechnenden ausländischen Einkünfte müssen nach deutschem Steuerrecht steuerpflichtig sein. Allerdings sind bei der Ermittlung der ausländischen Einkünfte diejenigen **nicht** zu berücksichtigen, die im ausländischen Staat nicht besteu-

231 Vgl. hierzu Abschn. 1.2.7.1.2.1.2.

ert werden.[232] Hierdurch will der Gesetzgeber eine sachlich nicht gerechtfertigte Möglichkeit der Anrechnung ausländischer Steuern beseitigen. Die im Ausland steuerfreien Einkünfte sind jedoch nur bei der Bestimmung des Zählers („Ausländische Einkünfte") und nicht auch bei der Bestimmung des Nenners („Summe der Einkünfte") bei Anwendung der Höchstbetragsformel auszuklammern.[233] Bei der **fiktiven Steueranrechnung ist** diese Regelung jedoch **nicht** anzuwenden (§ 34 c Abs. 6 Satz 2 letzter Satzteil EStG). Nicht ausgeschöpfte Anrechnungshöchstbeträge sind nicht auf Steuern anderer ausländischer Staaten übertragbar.

Beispiel:

X erzielt ausländische Einkünfte aus Staat A i. H. von 15.000 € (darauf entfällt eine ausländische Steuer des Staates A von 2.500 €) und ausländische Einkünfte aus Staat B i. H. von 25.000 € (darauf entfällt eine ausländische Steuer des Staates B von 12.500 €). Steuerpflichtige inländische Einkünfte erzielt X i. H. von 10.000 €. Die Summe der Einkünfte (= zu versteuerndes Einkommen) des X beträgt 50.000 €.

deutsche Einkommensteuer lt. Grundtabelle 12.946 €

Anrechnungshöchstbetrag Staat A: $\frac{15.000\ €}{50.000\ €} \times 12.946\ € =$ 3.883,80 €

Anrechnungshöchstbetrag Staat B: $\frac{25.000\ €}{50.000\ €} \times 12.946\ € =$ 6.473,00 €

Der Anrechnungshöchstbetrag bei Staat A wird nicht voll ausgeschöpft (nicht ausgeschöpfter Anrechnungshöchstbetrag: 1.383,80 €). Dagegen kann die ausländische Steuer aus Staat B nicht voll angerechnet werden (Anrechnungsüberhang 6.027,00 €). Ein Übertrag des nicht ausgeschöpften Anrechnungshöchstbetrages von Staat A auf Staat B ist nach § 68 a EStDV nicht möglich.

1.2.7.1.2.4 Zeitliche Zuordnung von Steueranrechnungsbeträgen

Eine ausländische Steuer ist nur insoweit anzurechnen, als sie auf die im VZ bezogenen Einkünfte entfällt (§ 34 c Abs. 1 Satz 5 EStG). Deshalb ist weder der ausländische Erhebungszeitraum noch der Zahlungszeitpunkt der ausländischen Steuer von Bedeutung. Die ausländische Steuer kann im anderen Vertragsstaat schon früher gezahlt worden oder erst später zu entrichten sein. Sie muss jedoch für den gleichen Zeitraum und für die entsprechenden Einkünfte festgesetzt und erhoben worden sein, die bei der deutschen Einkommensteuer-Veranlagung in die Ermittlung der Summe der Einkünfte eingeflossen sind.[234] § 34 c Abs. 1 Satz 5 EStG kann zu einer weiteren Einschränkung des anrechenbaren ausländischen Steuerbetrages führen, wenn die hiernach anrechenbare Steuer niedriger ausfällt als der Höchstbetrag der Anrechnung gem. § 34 c Abs. 1 Satz 2 EStG. Erfolgt die Festsetzung und Bezahlung

232 Vgl. § 34 c Abs. 1 Satz 3 EStG; R 34 c Abs. 3 Satz 2 EStR; OFD Berlin, Vfg. vom 22.01.2004 – St 127 – S 1300 – 3/04, IStR 2004, S. 288.

233 Vgl. BT-Drucks. 15/481 vom 20.02.2003, S. 34.

234 Vgl. BFH vom 31.07.1991, BStBl 1991 II S. 922.

der ausländischen Steuer erst nach der deutschen Einkommensteuer-Veranlagung oder wird die angerechnete ausländische Steuer nachträglich erhöht oder erstattet, ist der Einkommensteuerbescheid zu ändern (§ 175 Abs. 1 Satz 1 Nr. 2 AO).

1.2.7.1.2.5 Negative ausländische Einkünfte

Bei negativen ausländischen Einkünften sind die §§ 2 a, 15 a EStG zu berücksichtigen. Es kann zu einer Einschränkung der Ausgleichsfähigkeit negativer ausländischer Einkünfte kommen. Bestimmte negative ausländische Einkünfte können nach §§ 2 a, 15 a EStG lediglich mit positiven Einkünften der jeweils selben Art und aus demselben Staat ausgeglichen bzw. auf diese vorgetragen werden. Die nicht ausgleichsfähigen und damit nur vortragsfähigen negativen ausländischen Einkünfte mindern dabei den Betrag der ausländischen Einkünfte, der für die Berechnung des Anrechnunghöchstbetrags maßgebend ist, im Entstehungsjahr nicht. Können in den Folgejahren diese negativen Einkünfte mit positiven Einkünften derselben Art und aus demselben Staat i. S. des §§ 2 a, 15 a EStG verrechnet werden, mindern sie die zur Berechnung des Anrechnungshöchstbetrags maßgebenden ausländischen Einkünfte entsprechend.

Beispiel:

X bezieht im Jahr **01** inländische Einkünfte von 25.000 €, ausländische Einkünfte aus Vermietung und Verpachtung von ½ 15.000 € sowie ausländische Einkünfte aus selbständiger Arbeit in einem Nicht-DBA-Staat von 25.000 €. Auf die ausländischen Einkünfte aus selbständiger Arbeit entfallen 10.000 € an ausländischen Steuern.

		€
Summe der Einkünfte		50.000
davon ausländische Einkünfte (die negativen ausländischen Einkünfte sind nur vortragsfähig, bleiben somit außer Betracht)		25.000
Sonderausgaben		5.000
zu versteuerndes Einkommen		45.000
Einkommensteuer (Grundtabelle)		10.960
gezahlte ausländische Steuer	10.000	
anrechenbare ausländische Steuer		
$10.960 € \times \frac{25.000 €}{50.000 €} =$		5.480
verbleibende deutsche Einkommensteuer		5.480

In **02** hat X inländische Einkünfte von 25.000 €, ausländische Einkünfte aus Vermietung und Verpachtung von 15.000 € und ausländische Einkünfte aus nichtselbständiger Arbeit in einem Nicht-DBA-Staat von 10.000 €, wobei wiederum ausländische Steuern von 10.000 € auf die gesamten ausländischen Einkünfte entfallen.

		€
Summe der Einkünfte		35.000
davon ausländische Einkünfte (unter Berücksichtigung des Verlustvortrags von 15.000 €)		10.000
Sonderausgaben		5.000
zu versteuerndes Einkommen		30.000
Einkommensteuer (Grundtabelle)		5.690
gezahlte ausländische Steuer	10.000	
anrechenbare ausländische Steuer		
$5.690\,€ \times \frac{10.000\,€}{35.000\,€} =$		1.625,71
verbleibende deutsche Einkommensteuer		4.064,29

1.2.7.2 Abzug ausländischer Steuern bei der Ermittlung der Einkünfte auf Antrag (§ 34 c Abs. 2 EStG)

§ 34 c Abs. 2 EStG räumt dem Steuerpflichtigen auf Antrag die Möglichkeit ein, anstelle der Anrechnung nach § 34 c Abs. 1 EStG die ausländische Steuer bei der Ermittlung der Einkünfte abzuziehen. Dafür müssen alle persönlichen und sachlichen Voraussetzungen erfüllt sein, die auch zur Anrechnung berechtigen. Die ausländischen Steuern werden dabei wie Betriebsausgaben bzw. wie Werbungskosten bei der jeweiligen Einkunftsart berücksichtigt. Ein Abzug von ausländischen Steuern kommt bei der Ermittlung der Einkünfte jedoch nur insoweit in Betracht, wie sie auf ausländische Einkünfte entfällt, die nach deutschem Steuerrecht **nicht steuerfrei** sind. Dies könnte sich z. B. bei Auslandsdividenden auswirken, die im betrieblichen Bereich von Personenunternehmungen dem Teileinkünfteverfahren unterliegen. Soweit ausländische (Quellen-)Steuern auf den steuerfreien Anteil von 40 % der Auslandsdividenden entfallen, kann dieser Anteil der ausländischen Steuern nicht bei der Ermittlung der Einkünfte abgezogen werden und damit z. B. nicht einen negativen Gesamtbetrag der Einkünfte beim Steuerpflichtigen erhöhen.

Ein Abzug der ausländischen Steuern kommt nur in dem Jahr in Frage, in dem die ausländischen Einkünfte der inländischen Besteuerung unterliegen, und zwar auch dann, soweit die ausländische Steuer auf negative ausländische Einkünfte i. S. des §§ 2 a, 15 a EStG entfällt. In dem Fall erhöhen sich die nicht ausgleichsfähigen negativen ausländischen Einkünfte. Eine steuerliche Auswirkung ergibt sich erst in den Folgejahren, sofern positive ausländische Einkünfte derselben Art und desselben Staates entstehen.[235]

Im Allgemeinen mindert der Abzug der ausländischen Steuer die Einkommensteuerlast in geringerem Umfang als die Anrechnung.

235 Vgl. Vfg. OFD Frankfurt a. M. vom 25.08.1994 – S 2293 A – 55 – St II 2 a/25, RIW 1995, S. 78, 83.

Beispiel:

A hat inländische Einkünfte von 30.000 € und ausländische Einkünfte von 15.000 €. Die ausländische Steuer beträgt 5.000 €.

Anrechnung der ausländischen Steuer:	€
Summe der Einkünfte	45.000
Sonderausgaben	5.000
zu versteuerndes Einkommen	40.000
Einkommensteuer (Grundtabelle)	9.089
anrechenbare ausländische Steuer	
$\frac{15.000\,€}{45.000\,€} \times 9.089\,€ =$	3.029
verbleibende Einkommensteuer	6.060

Abzug der ausländischen Steuer:	€
inländische Einkünfte	30.000
+ ausländische Einkünfte	15.000
./. ausländische Steuer	./. 5.000
Summe der Einkünfte	40.000
Sonderausgaben	5.000
zu versteuerndes Einkommen	35.000
Einkommensteuer (Grundtabelle)	7.332

Im Falle der Anrechnung ist die zu zahlende deutsche Einkommensteuer somit um 1.272 € niedriger als im Falle des Abzugs. Für A ist damit die Anrechnungsmethode steuerlich günstiger.

In Einzelfällen kann aber der Abzug der ausländischen Steuer für den Steuerpflichtigen im Vergleich zur Anrechnung steuerlich günstiger sein. Wenn z. B. aufgrund eines Verlusts keine deutsche Einkommensteuer zu entrichten ist, kann im Falle des Steuerabzugs die ausländische Steuer über den Verlustrück- oder -vortrag zur Berücksichtigung kommen, während bei der Anrechnungsmethode keine Rück- oder Vortragsmöglichkeit für eine nicht anrechenbare ausländische Steuer besteht. Auch kann sich eine Vorteilhaftigkeit des Steuerabzuges ergeben, wenn die ausländischen Einkünfte durch die Einkünfteermittlung nach den Vorschriften des deutschen Einkommensteuerrechts negativ werden oder der Anrechnungshöchstbetrag deutlich niedriger als die ausländische Steuer ist.

Beispiel 1:

Die inländischen Einkünfte betragen 5.000 €, die ausländischen Einkünfte nach ausländischem Steuerrecht 50.000 € und nach deutschem Steuerrecht 25.000 €. Auf die ausländischen Einkünfte entfällt eine ausländische Steuer von 22.500 €.

Anrechnung der ausländischen Steuer:	€
Summe der Einkünfte	30.000
Sonderausgaben	5.000
zu versteuerndes Einkommen	25.000

Einkommensteuer (Grundtabelle)	4.163
anrechenbare ausländische Steuer	
$\frac{25.000\ €}{30.000\ €} \times 4.163\ € =$	3.469
verbleibende Einkommensteuer	694

Abzug der ausländischen Steuer:	€
inländische Einkünfte	5.000
+ ausländische Einkünfte	25.000
⁒ ausländische Steuer	⁒ 22.500
Summe der Einkünfte	7.500
Sonderausgaben	5.000
zu versteuerndes Einkommen	2.500
Einkommensteuer (Grundtabelle)	0

Beispiel 2:

Die inländischen Einkünfte betragen ⁒ 50.000 €, die ausländischen Einkünfte 20.000 €, die auf die ausländischen Einkünfte entfallende ausländische Steuer 10.000 €. Durch den Abzug der ausländischen Steuer erhöht sich der rück- bzw. vortragsfähige Verlust von 30.000 € um 10.000 € auf 40.000 €.

Werden Einkünfte **gesondert festgestellt** (z. B. bei einer inländischen Personengesellschaft), ist die Entscheidung zugunsten des Steuerabzugs im Rahmen des Feststellungsverfahrens zu treffen. Der Antrag für die Anwendung der Abzugsmethode ist grundsätzlich in der Feststellungserklärung zu stellen, kann jedoch bis zur Bestandskraft des Feststellungsbescheids nachgeholt oder zurückgenommen werden. Das Wahlrecht kann Jahr für Jahr neu, aber nur einheitlich für die gesamten Einkünfte und Steuern aus dem jeweiligen ausländischen Staat ausgeübt werden (R 34 c Abs. 4 Satz 1 EStR).

Stammen die ausländischen Einkünfte aus verschiedenen ausländischen Staaten, ist eine unterschiedliche Ausübung des Wahlrechtes für jeden ausländischen Staat möglich. Die Einheitlichkeit der Ausübung ist innerhalb von Personengesellschaften nicht erforderlich. Die Mitunternehmer können unabhängig voneinander das Wahlrecht ausüben. Dabei kann auch eine unterschiedliche Ausübung des Wahlrechts für die Einkünfte aus den jeweiligen ausländischen Staaten durch die einzelnen Mitunternehmer erfolgen.

1.2.7.3 Abzug ausländischer Steuern bei der Ermittlung der Einkünfte von Amts wegen (§ 34 c Abs. 3 EStG)

Sind die Voraussetzungen für die Anrechnung ausländischer Steuern auf die deutsche Einkommensteuer und damit für das Wahlrecht zur Anwendung der Abzugsmethode nach § 34 c Abs. 2 EStG nicht vollständig erfüllt, besteht dennoch unter bestimmten Bedingungen die Möglichkeit eines Abzugs der ausländischen Steuern nach § 34 c Abs. 3 EStG bei der Ermittlung der Einkünfte. Voraussetzung ist, dass der Abzugsberechtigte unbeschränkt steuerpflichtig ist[236] und Steuersubjektidentität vorliegt.

Ein Abzug nach § 34 c Abs. 3 EStG kommt in Betracht

- bei **nicht** der deutschen Einkommensteuer **entsprechenden** ausländischen Steuern,
- bei ausländischen Steuern, die von einem **Drittstaat** auf die ausländischen Einkünfte erhoben wurden, oder
- bei ausländischen Steuern, die **nicht** auf ausländische Einkünfte i. S. des § 34 d EStG entfallen.

Beispiel 1:

Ein ausländischer Staat erhebt eine Steuer auf Liefergewinne (Gewinne aus einem Direktgeschäft ohne Zwischenschaltung einer ausländischen Betriebsstätte oder Einschaltung eines ständigen Vertreters im Ausland), die wirtschaftlich in Deutschland angefallen sind und hier der Einkommensteuer unterworfen werden. Die ausländische Steuer entfällt nicht auf ausländische Einkünfte i. S. des § 34 d EStG. Sie ist somit nur abzugsfähig bei der Ermittlung der Einkünfte nach § 34 c Abs. 3 EStG.

Beispiel 2:

Ein in Deutschland unbeschränkt Steuerpflichtiger unterhält in dem ausländischen Staat A eine Betriebsstätte, die ihrerseits Lieferungen an Unternehmen in einem Drittstaat B tätigt. Unterliegen diese Lieferungen im Staat B der Besteuerung, ist die dabei angefallene Steuer in Deutschland nur nach § 34 c Abs. 3 EStG abzugsfähig.

Nur die festgesetzte, gezahlte und um einen entstandenen Ermäßigungsanspruch gekürzte ausländische Steuer ist nach § 34 c Abs. 3 EStG abziehbar, auch wenn sie auf negative ausländische Einkünfte i. S. des § 2 a EStG entfällt. Eine Höchstbetragsregelung besteht nicht. Der Abzug erfolgt von Amts wegen. Eine Antragstellung ist somit nicht erforderlich.

§ 34 c Abs. 3 EStG ist sowohl in Nicht-DBA-Fällen als auch in bestimmten Einzelfällen bei Vorliegen eines Doppelbesteuerungsabkommens anzuwenden.[237] § 34 c Abs. 6 Satz 6 EStG sieht bei Vorliegen eines DBA die Möglichkeit vor, dass die ausländische Steuer bei der Ermittlung der Einkünfte gem. § 34 c Abs. 3 EStG abgezogen wird, wenn der DBA-Staat die Einkünfte besteuert, auch wenn sie nicht aus seinem Staat stammen. Der Steuerabzug hat jedoch zu unterbleiben, wenn die ausländische Besteuerung ihre Ursache in einer Gestaltung hat, für die wirtschaftliche oder sonst beachtliche Gründe fehlen (= Missbrauch von rechtlichen Gestaltungsmöglichkeiten). Darüber hinaus hat der Steuerabzug zu unterbleiben, wenn das DBA dem ausländischen Staat die Besteuerung der betreffenden Einkünfte gestattet. Damit soll verhindert werden, dass sich die Maßnahmen zur Vermeidung der Doppelbesteuerung doppelt auswirken können, zum einen im Wege der Steueranrech-

236 Für die beschränkte Steuerpflicht vgl. § 50 Abs. 3 EStG.

237 Vgl. hierzu BFH vom 24.03.1998, BStBl 1998 II S. 471; BFH vom 19.04.1999, IStR 1999, S. 373.

nung nach dem DBA und zum anderen im Wege des Steuerabzugs gem. § 34 c Abs. 3 EStG. In diesen Fällen hat die Steueranrechnung nach dem DBA Vorrang vor dem Steuerabzug gem. § 34 c Abs. 3 EStG.

1.2.7.4 Erlass oder Pauschalierung der Steuern auf ausländische Einkünfte (§ 34 c Abs. 5 EStG)

Die obersten Finanzbehörden der Länder können mit Zustimmung des Bundesministers der Finanzen die auf die ausländischen Einkünfte entfallende deutsche Steuer ganz oder teilweise erlassen oder pauschalieren, wenn es aus volkswirtschaftlichen Gründen zweckmäßig oder eine Anrechnung besonders schwierig ist (§ 34 c Abs. 5 EStG). Die volkswirtschaftliche Zweckmäßigkeit stellt dabei vorwiegend auf die Förderung von Direktinvestitionen im Ausland, auf die Förderung der Entwicklungshilfe und die Unterstützung deutscher Unternehmen in Konkurrenzsituationen ab.[238] Voraussetzung für den Erlass oder die Pauschalierung ist das Vorliegen von Einkünften i. S. des § 34 d EStG. Auf Zwischeneinkünfte, die der Hinzurechnungsbesteuerung i. S. des AStG unterliegen, ist die Pauschalierungsmethode nicht anwendbar.[239] Auf § 34 c Abs. 5 EStG stützen sich der sog. Auslandstätigkeitserlass[240] sowie der sog. Pauschalierungserlass.[241] Diese Erlassregelungen sind aber für den Anwendungsbereich des § 34 c Abs. 5 EStG nicht abschließend.[242]

1.2.7.4.1 Auslandstätigkeitserlass

Der Auslandstätigkeitserlass betrifft die steuerliche Behandlung von Arbeitnehmereinkünften bei Auslandstätigkeiten. Dabei wird von der **Besteuerung** des Arbeitslohns eines Arbeitnehmers **abgesehen (Steuerfreistellung),** wenn der beschränkt oder unbeschränkt steuerpflichtige Arbeitnehmer aufgrund eines gegenwärtigen Dienstverhältnisses für eine begünstigte Tätigkeit im Ausland – **Nicht-DBA-Staat** – Arbeitslohn erhält. Es muss sich um einen inländischen Arbeitgeber handeln. Zu den begünstigten Tätigkeiten gehören:

- die Planung, Errichtung, Einrichtung, Inbetriebnahme, Erweiterung, Instandsetzung, Modernisierung, Überwachung oder Wartung von Fabriken, Bauwerken, ortsgebundenen Maschinen oder ähnlichen Anlagen;
- der Einbau, die Aufstellung oder Instandsetzung sonstiger Wirtschaftsgüter;
- das Betreiben der Anlagen bis zur Übergabe an den Auftraggeber;
- das Aufsuchen oder die Gewinnung von Bodenschätzen;

---

238 Vgl. BVerfG vom 19.04.1978, BStBl 1978 II S. 548.
239 Vgl. BFH vom 20.04.1988, BStBl 1988 II S. 983.
240 Vgl. BMF-Schreiben vom 31.10.1983 – IV B 6 – S 2293 – 50/83, BStBl 1983 I S. 470 f.
241 Vgl. BMF-Schreiben vom 10.04.1984 – IV C 6 – S 2293 – 11/84, BStBl 1984 I S. 252 f.
242 Vgl. BFH vom 18.08.1987, BStBl 1988 II S. 139; BFH vom 14.06.1991, BStBl 1991 II S. 926.

- die Beratung (Consulting) ausländischer Auftraggeber oder Organisationen im Hinblick auf die oben genannten Vorhaben;
- Tätigkeiten im Rahmen der deutschen öffentlichen Entwicklungshilfe im Rahmen der technischen oder finanziellen Zusammenarbeit.

Die Auslandstätigkeit muss **mindestens drei Monate** ununterbrochen in dem Nicht-DBA-Staat ausgeübt werden. Dies gilt jedoch nicht für eine Tätigkeit in der Antarktis.[243] Die Mindestfrist beginnt mit dem Antritt der Reise ins Ausland und endet mit der endgültigen Rückkehr ins Inland.

Eine vorübergehende Unterbrechung der Auslandstätigkeit von bis zu zehn vollen Kalendertagen wegen eines Aufenthalts im Inland oder in einem DBA-Staat, die im Zusammenhang mit dieser Auslandstätigkeit steht, stellt keine Unterbrechung der Auslandstätigkeit dar. Die urlaubs- oder krankheitsbedingte Unterbrechung der Auslandstätigkeit gilt als unschädlich, wird aber nicht zur Mindestfrist gerechnet. Eine Bindung der Auslandstätigkeit an ein bestimmtes Projekt besteht nicht.

Zu den begünstigten Arbeitnehmereinkünften gehören neben dem Arbeitslohn Zulagen, Prämien oder Zuschüsse des Arbeitgebers für Aufwendungen des Arbeitnehmers im Zusammenhang mit der begünstigten Auslandstätigkeit, Weihnachtszuwendungen, Erfolgsprämien oder Tantiemen, Urlaubsentgelte und Lohnfortzahlungen im Krankheitsfall während der begünstigten Auslandstätigkeit. Werden Zuwendungen neben dem Arbeitslohn nicht gesondert für die steuerbegünstigte Auslandstätigkeit gezahlt, so sind die Zuwendungen im Verhältnis der Kalendertage auf die begünstigten und nicht begünstigten Tätigkeiten aufzuteilen.

Arbeitgeber oder Arbeitnehmer haben für die Steuerfreiheit der Arbeitseinkünfte für eine begünstigte Auslandstätigkeit eine Freistellungsbescheinigung beim Betriebsstättenfinanzamt zu beantragen. Die begünstigten Auslandseinkünfte sind dabei in den Lohnunterlagen getrennt vom übrigen Arbeitslohn anzugeben. Die Steuerfreistellung der Arbeitnehmereinkünfte erfolgt unter Progressionsvorbehalt gem. § 32 b EStG, d. h., sie wird für die Ermittlung des anzuwendenden Steuersatzes für die übrigen im Inland steuerpflichtigen Einkünfte berücksichtigt.

1.2.7.4.2 Pauschalierungserlass

Eine Pauschalierung der Steuer auf ausländische Einkünfte eines **Nicht-DBA-Staates** ist gem. dem sog. Pauschalierungserlass vom 10.04.1984 (BStBl 1984 I S. 252) auf Antrag für unbeschränkt steuerpflichtige natürliche Personen[244] möglich, wenn es sich im Einzelnen handelt um Einkünfte aus

243 Vgl. BFH vom 14.06.1991, BStBl 1991 II S. 926.

244 Körperschaftsteuersubjekte können die Pauschalierungsmöglichkeit nicht mehr in Anspruch nehmen; vgl. R 74 Abs. 2 Satz 3 KStR; BMF-Schreiben vom 24.11.2003 – IV B 4 – S 2293 – 46/03, BStBl 2003 I S. 747.

- ausländischen Betriebsstätten, die zu den Einkünften aus Gewerbebetrieb zählen, sofern die Einkünfte der Betriebsstätte zuzuordnen sind;
- Beteiligungen an ausländischen Personengesellschaften;
- selbständiger Arbeit im Rahmen der technischen Beratung, Planung und Überwachung bei Anlagenerrichtung, erzielt in einer ausländischen Betriebsstätte;
- Beteiligungen an ausländischen Kapitalgesellschaften, wenn die Muttergesellschaft eine Körperschaft ist und eine Beteiligung von mindestens 10 % seit mindestens zwölf Monaten an der ausländischen Kapitalgesellschaft hält.

Der Gewinn des inländischen Steuerpflichtigen muss dabei durch Betriebsvermögensvergleich ermittelt werden. Bei Betriebsstätten muss deren Ergebnis auf Grundlage einer gesonderten Betriebsstättenbuchführung (direkte Gewinnermittlungsmethode) ermittelt werden. Eine Pauschalierung kommt jedoch nicht in Frage für Einkünfte aus der Veräußerung von ausländischen Betriebsstätten, Anteilen an ausländischen Personen- oder Tochtergesellschaften sowie für Einkünfte, die nicht ausschließlich oder fast ausschließlich aus aktiven Tätigkeiten i. S. der Tz. 5 des Erlasses stammen.

Die nach deutschem Steuerrecht zu ermittelnden pauschalierungsfähigen ausländischen Einkünfte werden einheitlich mit einem Steuersatz von 25 % besteuert. Die Höchstgrenze der pauschalierbaren Steuer liegt bei 25 % des zu versteuernden Einkommens. Dabei kann die auf den pauschalierten Einkünften lastende ausländische Steuer weder angerechnet noch abgezogen werden. Die pauschal besteuerten ausländischen Einkünfte bleiben bei der Ermittlung der Steuerermäßigungen gem. § 34 c Abs. 1 oder 2 EStG unberücksichtigt.

Beispiel 1:

Ein unbeschränkt Steuerpflichtiger erzielt inländische Einkünfte i. H. von 50.000 € sowie ausländische Einkünfte i. H. von 250.000 €. Hierauf entfällt eine ausländische Steuer i. H. von 25.000 €. Die ausländischen Einkünfte qualifizieren sich annahmegemäß sowohl für eine Steueranrechnung als auch für die Pauschalierung. Sonderausgaben sind i. H. von 5.000 € angefallen.

	€
pauschal besteuerte ausländische Einkünfte	250.000
pauschalierte Steuer 250.000 € x 25 % =	62.500
zu versteuerndes Einkommen	45.000
Einkommensteuer (Grundtabelle)	10.960
ausländische Steuer	25.000
Gesamtsteuerbelastung	98.460

Beispiel 2:

Wie Beispiel 1, allerdings liegen nun negative inländische Einkünfte i. H. von ./. 50.000 € vor.

	€
zu versteuerndes Einkommen	195.000
maximal pauschalierbare Steuer (= 25 % des zu versteuernden Einkommens)	
195.000 € x 25 % =	48.750
ausländische Steuer	25.000
Gesamtsteuerbelastung	73.750

Negative und positive Einkünfte i. S. des Pauschalierungserlasses, welche aus demselben ausländischen Staat stammen, werden für Zwecke der Pauschalierung saldiert. Nicht die Voraussetzungen für die Pauschalierung erfüllende Einkünfte aus demselben ausländischen Staat können nach § 34 c Abs. 1–3 EStG angerechnet oder abgezogen werden, d. h., insofern gilt bei Anwendung der Pauschalierungsmethode **nicht** die Pro-Staat-Begrenzung (sog. per-country-limitation). Der Steuerpflichtige kann, liegen die Voraussetzungen vor, jedes Jahr und für jeden einzelnen Staat zwischen der Anrechnungs-, Abzugs- und Pauschalierungsmethode wählen. Die Anwendung der Pauschalierungsmethode ist allerdings auf Nicht-DBA-Staaten beschränkt. Bei Personengesellschaften hat für die einzelnen Mitunternehmer keine einheitliche Anwendung der Pauschalierungsmethode zu erfolgen.

1.2.7.5 Verhältnis der unilateralen Maßnahmen zur Vermeidung der Doppelbesteuerung zu den Regelungen der Doppelbesteuerungsabkommen

Grundsätzlich beschränkt sich die Anrechnung und der Abzug ausländischer Steuern i. S. des § 34 c EStG auf Einkünfte aus Staaten, mit denen kein DBA abgeschlossen wurde (§ 34 c Abs. 6 Satz 1 EStG). Für die nach DBA freigestellten ausländischen Einkünfte und die darauf entfallenden ausländischen Steuern greift deshalb weder die Anrechnungs- noch die Abzugsmethode nach § 34 c Abs. 1 und 2 EStG. Dies gilt auch, wenn im Einzelfall die Anrechnungsmethode für den Steuerpflichtigen zu günstigeren Ergebnissen führen würde.[245] Eine Berücksichtigung der freigestellten Einkünfte erfolgt im Inland nur über den Progressionsvorbehalt (§ 32 b Abs. 1 Satz 1 Nr. 3 EStG).

Bestimmt aber das DBA die Anwendung der Anrechnungsmethode für ausländische Steuern, so gelten ebenfalls die Regelungen zur Anrechnung nach § 34 c Abs. 1 EStG, da im Abkommen regelmäßig auf eine entsprechende Anwendung dieser Bestimmungen verwiesen wird. Darüber hinaus kommen § 34 c Abs. 1 und Abs. 2 EStG zur Anwendung, wenn sich ein Abkommen zur Vermeidung der Doppelbesteuerung nicht auf eine in dem betreffenden Vertragsstaat erhobene Steuer vom Einkommen (z. B. eine Gemeindesteuer oder Provinzsteuer) bezieht. Zur Bestimmung des Höchstbetrages der Anrechnung sind dann aber nur die ausländischen Einkünfte in die Aufteilungsformel einzubeziehen, für die das DBA die Anrech-

245 Vgl. BFH vom 15.03.1995, BStBl 1995 II S. 580.

nungsmethode vorsieht, nicht hingegen ausländische Einkünfte, welche die Bundesrepublik Deutschland gem. DBA freizustellen hat.

Ergibt sich bei Bestehen eines DBA über § 34 c Abs. 6 Satz 2 EStG die Möglichkeit der Anrechnung, besteht auch seitens des Steuerpflichtigen das Optionsrecht zugunsten der Abzugsmethode i. S. des § 34 c Abs. 2 EStG. Dieses Optionsrecht ist dann aber einheitlich für alle anrechenbaren ausländischen Einkünfte eines Vertragsstaates auszuüben. Das Optionsrecht zugunsten der Abzugsmethode besteht jedoch nicht, wenn das DBA eine Freistellung der ausländischen Einkünfte vorsieht, auch wenn der Abzug für den Steuerpflichtigen günstiger wäre.[246]

Da die unilaterale Rückfallklausel gem. § 50 d Abs. 9 EStG auch in Fällen angewendet werden kann, in denen bestimmte Einkünfte im anderen Vertragsstaat nur zu einem durch das Abkommen begrenzten Steuersatz besteuert werden können,[247] wird durch § 34 c Abs. 6 Satz 5 EStG sichergestellt, dass in derartigen Fällen im Rahmen der deutschen Besteuerung der ausländischen Einkünfte die unilateralen Maßnahmen zur Vermeidung der Doppelbesteuerung zur Anwendung gelangen. Die im anderen DBA-Staat gezahlten Abzugsteuern werden in Deutschland angerechnet oder bei der Ermittlung der Einkünfte abgezogen, sofern kein Missbrauch von rechtlichen Gestaltungsmöglichkeiten vorliegt.

Beispiel:

Der unbeschränkt steuerpflichtige Einzelunternehmer A ist als Gesellschafter an einer in dem DBA-Staat B gewerblich geprägten Personengesellschaft beteiligt. Gleichzeitig ist er als atypisch stiller Gesellschafter an dem Handelsgewerbe der ausländischen Personengesellschaft beteiligt und erhält hierfür eine Vergütung, die das Einkommen der ausländischen Personengesellschaft nach dortigem Steuerrecht mindert. Die letztgenannten Vergütungen betrachtet der andere Vertragsstaat als Zinsen und erhebt hiervon eine Quellensteuer. Nach dem Doppelbesteuerungsabkommen dürfen Zinsen nur mit einem Quellensteuersatz von höchstens 10 % besteuert werden. In Deutschland werden die Einkünfte aus der ausländischen Personengesellschaft als gewerblich betrachtet und als Betriebsstätteneinkünfte von der deutschen Besteuerung ausgenommen.

Da der andere Vertragsstaat das Abkommen so anwendet, dass die Einkünfte nur zu einem durch das Abkommen begrenzten Steuersatz besteuert werden können (10 %iger Quellensteuersatz auf Zinsen), wird Deutschland gem. § 50 d Abs. 9 Satz 1 Nr. 1 EStG die abkommensrechtliche Steuerfreistellung nicht gewähren, sondern von einer Steuerpflicht der ausländischen Betriebsstätteneinkünfte ausgehen. In diesem Fall dürfen jedoch gem. § 34 c Abs. 6 Satz 5 EStG die im anderen DBA-Staat gezahlten Abzugsteuern in Deutschland angerechnet oder bei der Ermittlung der Einkünfte abgezogen werden, sofern kein Missbrauch von rechtlichen Gestaltungsmöglichkeiten vorliegt.

---

246 Vgl. BFH vom 25.02.1976, BStBl 1976 II S. 454.
247 Dies dürfte v. a. für Dividenden, Zinsen und Lizenzgebühren relevant sein.

1.2.7.6 Anrechnung fiktiver Quellensteuern gemäß einem Doppelbesteuerungsabkommen

Um sicherzustellen, dass Ermäßigungen bei der Quellenbesteuerung durch andere Staaten bei Anwendung der Anrechnungsmethode nicht dem deutschen Steuerfiskus, sondern entsprechend der entwicklungspolitischen Zielsetzung dem deutschen Kapitalgeber zugutekommen, ist in zahlreichen Doppelbesteuerungsabkommen (z. B. Argentinien, China, Indien, Irland, Kenia, Portugal) eine Anrechnung fiktiver ausländischer Quellensteuern auf Dividenden, Zinsen und teilweise auf Lizenzgebühren bis zu einem bestimmten Höchstbetrag vorgesehen,[248] d. h. auch dann, wenn im anderen Vertragsstaat keine oder eine niedrigere Quellensteuer einbehalten wird. Als bilaterale Regelungen gehen solche DBA-Bestimmungen dem deutschen Steuerrecht vor. Der Nachweis über die gezahlten Steuern im Vertragsstaat entfällt bei der Anrechnung fiktiver Steuerbeträge, indem nach den einzelnen Abkommen davon ausgegangen wird, dass ein bestimmter Prozentsatz der Einnahmen (Dividenden, Zinsen, Lizenzgebühren) aus dem betreffenden DBA-Staat als entrichtet gilt, unabhängig davon, wie hoch der Quellensteuersatz im anderen Vertragsstaat ermäßigt worden ist. Der fiktiv anrechenbare Steuerbetrag ist in den einzelnen Abkommen unterschiedlich hoch.

Die fiktive Steueranrechnung kann an bestimmte zusätzliche Bedingungen geknüpft sein wie z. B. einen Aktivitätsvorbehalt oder eine bestimmte Mindestbeteiligungsquote bei Dividenden. Darüber hinaus kann die fiktive Steueranrechnung im Abkommen unter Umständen an die zusätzliche Bedingung geknüpft sein, dass der andere Vertragsstaat eine bestimmte **Sonderermäßigung** für den Quellensteuerabzug gewährt (so z. B. im DBA-Türkei, Art. 23 Abs. 1 Buchst. d, anzuwenden bis Ende 2010). Die fiktive Steueranrechnung wird somit von der Sonderermäßigung im Quellenstaat abhängig gemacht.[249]

Die Anrechnung fiktiver Quellensteuern in Deutschland kann nicht zu einer Steuererstattung führen, d. h., die fiktiv anrechenbaren ausländischen Steuern können nur bis zur Höhe der deutschen Einkommen- bzw. Körperschaftsteuer berücksichtigt werden, die auf die betreffenden ausländischen Einkünfte entfällt. Die fiktive Steuer ist somit in die Ermittlung des Höchstbetrags der anrechenbaren ausländischen Steuer mit einzubeziehen. Jedoch erhöht der fiktiv anzurechnende Steuerbetrag nicht die Bemessungsgrundlage für die deutsche Einkommen- oder Körperschaftsteuer. Ein alternativer **Abzug** fiktiver Steuern bei der Ermittlung der Einkünfte gem. § 34 c Abs. 2 EStG ist **nicht zulässig.** Das Wahlrecht auf Abzug bleibt jedoch

248 Vgl. hierzu auch Wagner, Steueroptimierung durch Steueranrechnung, StBp 1996, S. 298 ff.; BMF-Schreiben vom 08.10.1996 – IV C 6 – S 1301 – 41/96, BStBl 1996 I S. 1190.

249 Vgl. zum Nachweis der Voraussetzungen für die Anrechnung fiktiver Quellensteuern bei ausländischen Zinseinkünften nach einem Doppelbesteuerungsabkommen das BMF-Schreiben vom 12.05.1998 – IV C 6 – S 1301 – 18/98, BStBl 1998 I S. 554.

in Höhe des evtl. tatsächlich gezahlten Steuerbetrages erhalten, was z. B. von Bedeutung ist, wenn der Steuerpflichtige in dem betreffenden VZ kein zu versteuerndes Einkommen hat, sodass es nur über die Anwendung der Abzugsmethode zu einer Steuerentlastungswirkung kommt, indem sich ein Verlustrück- oder -vortrag erhöht. Kommt eine Anrechnung fiktiver Steuern aus dem anderen DBA-Staat für Dividenden oder Zinsen in Betracht, so wird das Antragsrecht auf Abzug anderer ausländischer Steuern aus demselben DBA-Staat dadurch nicht ausgeschlossen, d. h., R 34 c Abs. 4 Satz 1 EStR findet insofern bei der Anrechnung fiktiver Steuern keine Anwendung.[250]

Die in vielen deutschen Doppelbesteuerungsabkommen für Dividenden vereinbarte fiktive Anrechnung von Quellensteuer (z. B. in den Abkommen mit Argentinien, Bangladesch, China, Elfenbeinküste, Iran, Israel, Jamaika, Kenia, Malaysia, Marokko, Mauritius, Philippinen, Portugal, Sri Lanka, Tunesien, Zypern) wird durch das **Teileinkünfteverfahren** gem. § 3 Nr. 40 EStG für im betrieblichen Bereich von Personenunternehmungen angefallene Auslandsdividenden nur gering tangiert.

Beispiel zur fiktiven Quellensteueranrechnung bei Dividenden:

1. Gewinn vor Steuern d. ausl. KapG	100
2. Ausländ. Gewinnsteuer, 30 %	./. 30
3. Ausschüttbarer Gewinn	70
4. Ausländ. Quellensteuer (10 % tatsächlich/20 % fiktiv)	7
5. Zufluss beim inländ. Anteilseigner	63
6. Zzgl. der ausl. Steuer (§ 12 Nr. 3 EStG)	7
7. Ausländ. Einkünfte nach deutschem Steuerrecht	70
8. Zu versteuernde Einkünfte (§ 3 Nr. 40 EStG)	42
9. Deutsche ESt (45 %)	18,9
10. Fiktive Anrechnung der ausländischen Quellensteuer (20 % von 70 %)	./. 14,0
11. Zusätzliche inländ. Steuer	4,9
12. Nach ausländ. und inländ. Steuer	58,1

Die Quellensteuerermäßigung des ausländischen DBA-Staates (Ermäßigung von 20 % auf 10 %) geht im Beispiel teilweise zu Lasten des deutschen Steueraufkommens, was im Rahmen der fiktiven Anrechnung von Steuerbeträgen jedoch beabsichtigt ist.

250 Vgl. Vfg. OFD Frankfurt/M. vom 21.09.1995, DB 1995, S. 2397.

1.2.7.7 Beachtung von unilateralen Freistellungsvorbehaltsklauseln bei den abkommensrechtlichen Steuerfreistellungen

1.2.7.7.1 Unilaterale Rückfallklausel bei DBA-steuerbefreiten Arbeitnehmereinkünften (§ 50 d Abs. 8 EStG)

Soweit Deutschland in Abkommen zur Vermeidung der Doppelbesteuerung für bestimmte Einkunftskategorien die Anwendung der Freistellungsmethode vereinbart, ist diese häufig nicht davon abhängig, ob der andere Vertragsstaat die betreffenden Einkünfte besteuert. Dies kann in Einzelfällen aus unterschiedlichen Gründen dazu führen, dass die aus einen anderen Vertragsstaat stammenden Einkünfte auf der Grundlage der abkommensrechtlichen Steuerfreistellung in Deutschland im Ergebnis einer **doppelten Nichtbesteuerung** unterliegen. Um diese aus der Sicht des deutschen Fiskus unerwünschte Besteuerungssituation zu vermeiden, macht der Steuergesetzgeber die Gewährung einer abkommensrechtlichen Steuerfreistellung in Deutschland auf der Basis einer innerstaatlichen Rechtsvorschrift von der Besteuerung der Einkünfte in dem anderen Vertragsstaat abhängig.

Die Möglichkeit einer doppelten Nichtbesteuerung von Einkünften besteht u. a. auch dann, wenn der Steuerpflichtige z. B. im anderen Vertragsstaat (Quellenstaat) keine Steuererklärung abgibt und die betreffenden Einkünfte keinem Steuerabzug unterliegen. Mit dem § 50 d Abs. 8 EStG will der Gesetzgeber dieser fiskalisch unerwünschten Möglichkeit der Keinmalbesteuerung von Arbeitnehmereinkünften aus einem DBA-Staat abhelfen. § 50 d Abs. 8 EStG wendet sich ausschließlich an **unbeschränkt** Steuerpflichtige.

Die Bestimmung bezieht sich nur auf Einkünfte aus **nichtselbständiger Arbeit** (§ 19 EStG), d. h., auf andere Einkunftsarten findet sie keine Anwendung. § 50 d Abs. 8 EStG bezieht sich weiterhin nur auf **Abkommensfälle**, d. h. auf Einkünfte aus nichtselbständiger Arbeit, die in Deutschland nach einem Doppelbesteuerungsabkommen steuerbefreit sind. Einkünfte aus nichtselbständiger Arbeit, die der Steuerpflichtige aus Nicht-DBA-Staaten erzielt, sind somit nicht erfasst.

Die aus einem DBA-Staat stammenden Einkünfte aus nichtselbständiger Arbeit sind – „ungeachtet des Abkommens“ (= treaty override) – im Rahmen der Einkommensteuer-Veranlagung **nur dann steuerbefreit**, wenn der unbeschränkt Steuerpflichtige **nachweist**, dass der Tätigkeitsstaat entweder

- auf sein Besteuerungsrecht verzichtet hat **oder**
- die in dem Tätigkeitsstaat auf die betreffenden Einkünfte festgesetzten Steuern entrichtet wurden.

Dem Tätigkeitsstaat steht entsprechend der Regelung in Art. 15 Abs. 1 OECD-MA abkommensrechtlich das Besteuerungsrecht für die Einkünfte aus unselbständiger Arbeit zu, wenn die **Arbeit** in seinem Steuerhoheitsgebiet **ausgeübt** wurde (Arbeitsortprinzip) und die 183-Tage-Regelung des Art. 15 Abs. 2 OECD-MA (= ausschließliche Besteuerung der Einkünfte im Wohnsitzstaat des Arbeitnehmers) **nicht** erfüllt ist. Maßgeblich ist die konkrete Abkommensregelung im jeweiligen Länderabkommen.

Die Beschränkung der Nachweispflicht, dass die Einkünfte im Ausland der Besteuerung unterworfen wurden, auf DBA-Fälle stellt insoweit eine Ungereimtheit dar, als der **Auslandstätigkeitserlass**,[251] der gesetzlich auf der Ermächtigungsvorschrift des § 34 c Abs. 5 EStG beruht, Einkünfte aus nichtselbständiger Arbeit, die ein Arbeitnehmer aus einem **Nicht-DBA-Staat** erzielt, in Deutschland unter bestimmten Voraussetzungen (z. B. mindestens drei Monate ununterbrochene Auslandstätigkeit) ebenfalls von der **Besteuerung freistellt** („wird von der Besteuerung des Arbeitslohns abgesehen"). In diesem Fall sind für die Steuerfreistellung im Inland nach Verwaltungsauffassung **keine Nachweise** für eine Besteuerung im Ausland erforderlich.[252] Somit wird im § 50 d Abs. 8 EStG für eine abkommensrechtliche Steuerbefreiung eine Nachweispflicht statuiert, auf die in Nicht-DBA-Fällen verzichtet wird.

Sofern der unbeschränkt Steuerpflichtige **nicht** den gem. § 50 d Abs. 8 Satz 1 EStG erforderlichen **Nachweis erbringt**, sind die betreffenden ausländischen Einkünfte aus nichtselbständiger Arbeit der deutschen **Besteuerung zu unterwerfen**. Jedoch ist nach § 50 d Abs. 8 Satz 2 EStG der Einkommensteuerbescheid zu ändern und damit eine Steuerbefreiung der Einkünfte herzustellen, sobald der unbeschränkt Steuerpflichtige den in § 50 d Abs. 8 Satz 1 EStG geforderten Nachweis erbringt. Nach § 50 d Abs. 8 Satz 3 EStG i. V. m. § 175 Abs. 1 Satz 2 AO **beginnt** die **Festsetzungsfrist** erst mit dem Ablauf des Kalenderjahrs, in dem der unbeschränkt Steuerpflichtige den Nachweis nach § 50 d Abs. 8 Satz 1 EStG erbringt. Nach dem BMF-Schreiben vom 21.07.2005[253] kann aus Vereinfachungsgründen die Freistellung unter Progressionsvorbehalt von der deutschen Einkommensteuer auch ohne das Erbringen von Nachweisen gewährt werden, wenn der maßgebende, nach deutschem Steuerrecht ermittelte Arbeitslohn in dem jeweiligen VZ nicht mehr als 10.000 Euro beträgt.

---

251 Vgl. BMF-Schreiben vom 31.10.1983 – IV B 6 – S 2293 – 50/83, BStBl 1983 I S. 470.

252 Vgl. Abschn. VI. 1 des BMF-Schreibens vom 31.10.1983: „Ein Nachweis, dass von dem Arbeitslohn in dem Staat, in dem die Tätigkeit ausgeübt wird, eine der deutschen Lohnsteuer (Einkommensteuer) entsprechende Steuer erhoben wird, ist nicht erforderlich."

253 Az.: IV B 1 – S 2411 – 2/05, BStBl 2005 I S. 821, Tz. 4.2.

1.2.7.7.2 Unilaterale Rückfallklausel bei doppelter Nichtbesteuerung von DBA-steuerbefreiten Einkünften (§ 50 d Abs. 9 EStG)

§ 50 d Abs. 9 EStG betrifft ausschließlich die Besteuerung von **unbeschränkt** Steuerpflichtigen. Der Gesetzgeber normiert mit der Bestimmung einen **treaty override** („ungeachtet des Abkommens") im innerstaatlichen Steuerrecht. Über § 8 Abs. 1 Satz 1 KStG wirkt sich die Vorschrift auch im Bereich der **Körperschaftsteuer** sowie über § 7 Satz 1 GewStG ebenfalls bei der **Gewerbesteuer** aus, da an die Stelle der Steuerfreiheit von ausländischen Einkünften die **inländische Steuerpflicht** der betreffenden Einkünfte tritt.

Die unilaterale Rückfallklausel setzt für ihre Anwendung zwingend eine **Steuerfreistellung** von Einkünften gem. einem **Abkommen zur Vermeidung der Doppelbesteuerung** im Ansässigkeitsstaat Deutschland voraus. Dabei ist es prinzipiell ohne Bedeutung, ob sich die Steuerfreistellung aus einer abkommensrechtlichen **Zuteilungsnorm** des jeweiligen Länderabkommens ergibt (entsprechend den Regelungen in den Art. 6 bis 20 OECD-MA durch ein **ausschließliches** Besteuerungsrecht des Quellenstaates für die betreffenden Einkünfte) oder die Steuerfreistellung auf der **Vermeidungsnorm** (= Methodenartikel) des jeweiligen Länderabkommens beruht (entsprechend der Regelung in Art. 23A OECD-MA). Die nach der **Vermeidungsnorm** in den deutschen Doppelbesteuerungsabkommen anzuwendende Freistellungsmethode gilt **in der Regel** für die folgenden Einkunftskategorien:

- **Unternehmensgewinne**, bei denen im anderen Vertragsstaat eine **Betriebsstätte** vorliegt (ggf. nur, wenn die Einnahmen der Betriebsstätte ausschließlich oder fast ausschließlich aus bestimmten aktiven Tätigkeiten stammen),
- Dividenden von einer ausländischen Tochtergesellschaft, an der eine mindestens 10 %ige Beteiligung besteht (sog. **Schachteldividenden**) (ggf. nur, wenn die Einnahmen der Tochtergesellschaft ausschließlich oder fast ausschließlich aus bestimmten aktiven Tätigkeiten stammen),
- Einkünfte aus **selbständiger Arbeit**, die im Rahmen einer festen Einrichtung ausgeübt wird,
- Einkünfte aus **nichtselbständiger Arbeit**, soweit die sog. 183-Tage-Regelung nicht greift, d. h., wenn sich die betreffende Person länger als 183 Tage innerhalb eines Zeitraums von 12 Monaten im Tätigkeitsstaat (Quellenstaat) aufgehalten hat, sowie
- Einkünfte aus **unbeweglichem Vermögen** einschl. Land- und Forstwirtschaft.

Deutschland wendet als Ansässigkeitsstaat nach § 50 d Abs. 9 Satz 1 Nr. 1 EStG nicht mehr die Steuerfreistellung an, sondern geht von einer inländischen Steuerpflicht der aus dem anderen Vertragsstaat (Quellenstaat) stammenden Einkünfte aus, wenn der andere DBA-Staat die Bestimmungen des Abkommens so anwendet, dass die betreffenden Einkünfte entweder in diesem Staat von der **Besteuerung aus-**

zunehmen sind oder nur zu einem durch das Abkommen **begrenzten (Quellen-)Steuersatz besteuert** werden können. Der Gesetzeswortlaut verlangt **keine weiteren Voraussetzungen** für den **Switch-over** von der Steuerfreistellung zur Steuerpflicht der ausländischen Einkünfte. Vorausgesetzt wird lediglich, dass die Nichtbesteuerung der Einkünfte bzw. die Besteuerung zum abkommensrechtlich begrenzten Steuersatz konkret auf die **Anwendung von Abkommensbestimmungen** zurückzuführen ist, d. h., **generelle sachliche** oder **persönliche** Steuerbefreiungen nach den innerstaatlichen Rechtsvorschriften des Quellenstaates (z. B. die Steuerfreiheit von Sachbezügen bei Einkünften aus unselbständiger Arbeit im ausländischen Tätigkeitsstaat) dürften **unschädlich** sein. In der Regel wird die **Steuerfreiheit** („von der Besteuerung auszunehmen") im Quellenstaat auf einer **abkommensrechtlichen Zuteilungsnorm** basieren, nach der der Ansässigkeitsstaat des Steuerpflichtigen (hier Deutschland) das **ausschließliche** Besteuerungsrecht und damit der Quellenstaat **kein** Besteuerungsrecht für die betreffenden Einkünfte hat.

Soweit der andere Vertragsstaat von **abzugsteuerpflichtigen Einkünften eine Quellensteuer** erhoben hat und Deutschland als Ansässigkeitsstaat des Einkünftebeziehers von der abkommensrechtlichen Steuerfreistellung zur inländischen Steuerpflicht übergeht, stellt sich die Frage nach der Vermeidung der internationalen Doppelbesteuerung. Für diesen Fall hat der deutsche Gesetzgeber die Anrechenbarkeit bzw. Abziehbarkeit einer im anderen Vertragsstaat gezahlten Abzugsteuer durch einen neuen § 34 c Abs. 6 Satz 5 EStG explizit sichergestellt, was über § 26 Abs. 6 Satz 1 KStG entsprechend für den Bereich der Körperschaftsteuer gilt.

§ 50 d Abs. 9 Satz 1 **Nr. 2** EStG ordnet bei ausländischen Einkünften einen Übergang von der abkommensrechtlichen Steuerfreistellung zur inländischen Steuerpflicht an, wenn die betreffenden Einkünfte in dem anderen DBA-Staat nur deshalb **nicht steuerpflichtig** sind, weil sie von einer Person bezogen werden, die in diesem Staat **nicht** aufgrund eines steuerlichen Ansässigkeitsmerkmals (= Wohnsitz, gewöhnlicher Aufenthalt bei natürlichen Personen; Sitz, Ort der Geschäftsleitung o. ä. Merkmal bei einer juristischen Person) **„unbeschränkt steuerpflichtig"** ist. Der Fall der Besteuerung der Einkünfte zu einem nur **der Höhe nach begrenzten Steuersatz** wird – anders als bei § 50 d Abs. 9 Satz 1 **Nr. 1** EStG – **nicht** erfasst, d. h., eine ermäßigte Besteuerung der Einkünfte im Rahmen der beschränkten Steuerpflicht reicht für die Anwendung der unilateralen Rückfallklausel gem. § 50 d Abs. 9 Satz 1 **Nr. 2** EStG **nicht** aus.

Die Verwendung des im deutschen Steuerrecht gebräuchlichen Begriffs „unbeschränkt steuerpflichtig" ist im Hinblick auf das ausländische Steuerrecht deplatziert. Erfasst werden sollen Einkünfte, die im anderen DBA-Staat bei einer dortigen Ansässigkeit des Einkünftebeziehers steuerpflichtig wären, dies bei einer fehlenden steuerrechtlichen Ansässigkeit in diesem Staat aber nicht sind. Die Regelung des § 50 d Abs. 9 Satz 1 Nr. 2 EStG zielt damit vor allem auf Steuergestaltungsmodelle ab, die bestehende sachliche Steuerbefreiungen im Rahmen der beschränkten Steuerpflicht in DBA-Staaten gezielt zu nutzen versuchen.

Aus der Anwendung des **Territorialitätsprinzips** im Rahmen der beschränkten Steuerpflicht in einem anderen DBA-Staat soll einem unbeschränkt Steuerpflichtigen z. B. auch **nicht** die Möglichkeit erwachsen, **Drittstaateneinkünfte** über den Umweg über einen DBA-Staat in Deutschland steuerfrei zu vereinnahmen. So könnten u. a. Gewinne aus einem in einem Drittstaat betriebenen Versicherungsgeschäft oder Kapitalerträge aus einem Drittstaat – die dort keiner Besteuerung unterlegen haben – über eine DBA-Betriebsstätte geleitet werden, die in dem DBA-Staat als Drittstaateneinkünfte nicht der beschränkten Steuerpflicht unterliegen. In Deutschland würden die DBA-Betriebsstätteneinkünfte der abkommensrechtlichen Steuerfreistellung unterliegen.

Nach dem **Gesetzeswortlaut** des § 50 d Abs. 9 Satz 1 Nr. 2 EStG kommt es **nicht** darauf an, ob die mangelnde Steuerpflicht („nicht steuerpflichtig") der Einkünfte im Quellenstaat auf **innerstaatlichem Recht** oder ggf. auf **Abkommensrecht** beruht. Nach der Gesetzesbegründung hebt § 50 d Abs. 9 Satz 1 Nr. 2 EStG die in Deutschland vorgesehene abkommensrechtliche Steuerfreistellung auf, „wenn der andere Vertragsstaat die Einkünfte nicht besteuern kann, weil dessen innerstaatliches Recht diese Einkünfte im Rahmen der beschränkten Steuerpflicht nicht erfasst".[254] Ob diese Ausführungen abschließenden Charakter haben, ist der Gesetzesbegründung jedoch nicht zu entnehmen. Von § 50 d Abs. 9 Satz 1 **Nr. 2** EStG werden jedoch **nicht** die Einkünfte erfasst, die nach dem Recht des anderen DBA-Staates **allgemein** von der Besteuerung ausgenommen sind,[255] d. h. die auch im Rahmen einer dortigen „unbeschränkten" Steuerpflicht steuerfrei wären.

Die mangelnde Steuerpflicht der Einkünfte in dem anderen DBA-Staat im Falle einer (nur) bestehenden beschränkten Steuerpflicht kann sich auch auf einen **Steuerabzug** beziehen. Damit werden von § 50 d Abs. 9 Satz 1 Nr. 2 EStG auch **steuerabzugspflichtige Einkünfte** erfasst. Erhebt der andere DBA-Staat bei einem Zufluss von Einkünften an eine nichtansässige Person nach seinem innerstaatlichen Recht **keinen** Quellensteuerabzug, obwohl die Einkünfte ansonsten bei einem Zufluss an eine ansässige Person von einem Steuerabzug betroffen wären, so läge ein Anwendungsfall des § 50 d Abs. 9 Satz 1 Nr. 2 EStG vor. Sofern von den Einkünften nach dem Doppelbesteuerungsabkommen mit der Bundesrepublik Deutschland bei der in dem anderen DBA-Staat nichtansässigen Person **kein** Quellensteuerabzug vorgenommen werden kann, sind die Voraussetzungen für die Anwendung des § 50 d Abs. 9 Satz 1 Nr. 2 EStG vom Wortlaut her erfüllt. Erhebt der andere DBA-Staat von den Einkünften jedoch eine **Quellensteuer**, die ggf. durch das Doppelbesteuerungsabkommen mit Deutschland der Höhe nach begrenzt ist, liegt **kein** Anwendungsfall des § 50 d Abs. 9 Satz 1 **Nr. 2** EStG vor, da dieser die **fehlende**

---

254 BR-Drucks. 622/06 vom 01.09.2006, S. 103.
255 Vgl. BR-Drucks. 622/06 vom 01.09.2006, S. 103.

Steuerpflicht der Einkünfte in dem anderen DBA-Staat zwingend voraussetzt. § 50 d Abs. 9 Satz 1 Nr. 2 EStG kann daher für ausländische Einkünfte mit einem Quellensteuerabzug **keine Anwendung** finden.

Handelt es sich bei den Einkünften, die der andere DBA-Staat im Rahmen seiner beschränkten Steuerpflicht **nicht besteuert** (d. h. von denen **auch kein Quellensteuerabzug** vorgenommen wird), um **(Schachtel-)Dividenden**, die nach dem Doppelbesteuerungsabkommen mit der Bundesrepublik Deutschland als Folge des abkommensrechtlichen internationalen Schachtelprivilegs von der deutschen Körperschaftsteuer und Gewerbesteuer auszunehmen sind, so ist die Rückfallklausel nach § 50 d Abs. 9 Satz 1 **Nr. 2** EStG **nicht anzuwenden**, d. h., die deutsche Steuerfreistellung der Dividenden bleibt erhalten (§ 50 d Abs. 9 Satz 2 EStG).

Eine **Rückausnahme** von der Herausnahme von Dividenden aus der Rückfallklausel gem. § 50 d Abs. 9 Satz 1 Nr. 2 EStG ist in § 50 d Abs. 9 Satz 2 zweiter Halbsatz EStG vorgesehen: Sofern die Dividenden bei der **Ermittlung des Gewinns der ausschüttenden Gesellschaft abgezogen** worden sind (und auch **kein** Quellensteuerabzug vorgenommen wurde, da die mangelnde Steuerpflicht der Einkünfte eine generelle Voraussetzung für die Anwendung des § 50 d Abs. 9 Satz 1 **Nr. 2** EStG ist), bleibt die unilaterale Rückfallklausel gem. § 50 d Abs. 9 Satz 1 Nr. 2 EStG anwendbar. Damit können z. B. Vergütungen für eine typische stille Beteiligung, die sich ggf. abkommensrechtlich als Dividenden qualifizieren,[256] die bei der Gewinnermittlung der zahlenden Gesellschaft abgezogen worden sind und von denen auch **kein** Quellensteuerabzug erfolgt ist, in Deutschland **nicht** als Schachteldividenden vom abkommensrechtlichen internationalen Schachtelprivileg begünstigt sein, d. h. nicht steuerfrei gestellt werden.[257]

Soweit in einem Doppelbesteuerungsabkommen Regelungen existieren, die unter bestimmten Bedingungen im Ansässigkeitsstaat Deutschland einen Übergang von der Freistellungsmethode zur inländischen Steuerpflicht vorschreiben, werden diese bisher bestehenden abkommensrechtlichen Regelungen in ihrem Anwendungsbereich durch die unilaterale Rückfallklausel gem. § 50 d Abs. 9 EStG **nicht eingeschränkt** (§ 50 d Abs. 9 Satz 3 erster Halbsatz EStG).

Es kann sich hierbei zum einen um abkommensrechtliche **Subject-to-tax-Klauseln** handeln (z. B. Art. XVIII Abs. 2 Buchst. a letzter Satzteil DBA-Großbritannien; Schlussprotokoll Abs. 16 Buchst. d i. V. m. Art. 24 Abs. 3 Buchst. a DBA-Italien; Art. 7 Abs. 2 und Art. 10 Abs. 3 Satz 2 DBA-Luxemburg; Art. 7 Abs. 2 und Art. 10 Abs. 3 Satz 2 DBA-Niederlande; Art. 15 Abs. 4 DBA-Österreich; Art. 15 Abs. 4 Satz 2 DBA-Schweiz).[258] Zum anderen kann es sich bei den abkommensrechtlichen Übergangsklauseln um **Switch-over-Klauseln** handeln, die bei einem **Qualifikations- oder Zurechnungskonflikt** bei einer unterschiedlichen Abkommensanwen-

256 Vgl. z. B. Schlussprotokoll Nr. 11 zum DBA-Luxemburg.
257 Vgl. hierzu auch BR-Drucks. 622/1/06 vom 29.09.2006, S. 23; BT-Drucks. 16/3368 vom 08.11.2006, S. 47.
258 Vgl. OFD Frankfurt vom 19.07.2006 – S 1301 A – 55 – St 58, DStZ 2006, S. 708.

dung durch die Vertragsstaaten im Ansässigkeitsstaat Deutschland einen Übergang von der Freistellungs- zur Anrechnungsmethode vorsehen, wenn es ansonsten zu einer Keinmal- oder einer Minderbesteuerung der Einkünfte käme. Die Quellenregeln[259] in Art. 24 Abs. 3 DBA-Dänemark, Art. 23 Abs. 3 DBA-Neuseeland, Art. 23 Abs. 3 DBA-Norwegen, Art. 23 Abs. 1 Satz 2 DBA-Schweden und Art. 23 Abs. 4 Satz 2 DBA-USA (i. d. F. vom 01.06.2006) sind nach dem BFH-Urteil vom 17.12.2003[260] **nicht** mehr als Subject-to-tax-Klauseln zugunsten des jeweiligen Ansässigkeitsstaates des Einkünftebeziehers anzusehen.

Vom Anwendungsbereich der neuen unilateralen Rückfallklausel unberührt bleibt auch die innerstaatliche **Rückfallklausel gem. § 50 d Abs. 8 EStG** (siehe § 50 d Abs. 9 Satz 3 zweiter Halbsatz EStG), die bei Einkünften aus nichtselbständiger Arbeit, die aus einem anderen DBA-Staat stammen, für die Steuerfreistellung in Deutschland den Nachweis einer Besteuerung der Einkünfte in dem anderen Vertragsstaat verlangt. Schließlich wird auch die unilaterale **Switch-over-Regelung in § 20 Abs. 2 AStG** in ihrem Anwendungsbereich nicht tangiert, die bei **niedrig besteuerten** DBA-Betriebsstätten, die Zwischeneinkünfte **mit** Kapitalanlagecharakter erzielen, einen Übergang von der abkommensrechtlichen Freistellungsmethode zur Anrechnungsmethode vorschreibt.

1.3 Beschränkte Steuerpflicht

1.3.1 Das Vorliegen inländischer Einkünfte als Anknüpfungskriterium für die beschränkte Steuerpflicht

Neben der unbeschränkten Steuerpflicht in § 1 Abs. 1–3 EStG und der fiktiven unbeschränkten Steuerpflicht gem. § 1 a EStG besteht in § 1 Abs. 4 EStG die beschränkte Steuerpflicht. „Beschränkt" ist diese Steuerpflicht insofern, als insbesondere der sachliche Umfang der der deutschen Besteuerung unterliegenden Einkünfte begrenzt ist. Darüber hinaus ist die beschränkte Steuerpflicht dadurch charakterisiert, dass die persönlichen Verhältnisse des Steuerpflichtigen nur sehr eingeschränkt bei der Bemessung der deutschen Einkommensteuer berücksichtigt werden. In der Literatur wird deshalb bei der beschränkten Steuerpflicht zu Recht von einem **objektsteuerähnlichen Charakter** gesprochen.

Beschränkt einkommensteuerpflichtig ist eine natürliche Person in der Bundesrepublik Deutschland, wenn sie zwar **im Inland weder einen Wohnsitz noch ihren gewöhnlichen Aufenthalt** hat, aber inländische Einkünfte erzielt. Das dominierende sachliche Anknüpfungsmerkmal der beschränkten Steuerpflicht besteht somit darin, dass nicht auf die Gesamtleistungsfähigkeit des Steuerpflichtigen, d. h. auf das gesamte Welteinkommen, abgestellt wird, sondern nur auf die erzielten **inländi-**

259 Siehe insbes. BFH vom 11.06.1996 I R 8/96, BStBl 1997 II S. 117.
260 Az.: I R 14/02, BStBl 2004 II S. 260.

schen Einkünfte. Die Besteuerung beschränkt Steuerpflichtiger erfolgt primär auf der Grundlage des Quellenprinzips, das auch als Ursprungs- oder Territorialitätsprinzip bezeichnet wird.[261]

Durch die Erfassung der inländischen Einkünfte bei im Ausland ansässigen Personen im Rahmen der beschränkten Steuerpflicht soll ein Verstoß gegen das Prinzip der Gleichmäßigkeit der Besteuerung vermieden werden. Dieses Prinzip besagt u. a., dass gleiche wirtschaftliche Sachverhalte auch gleich zu besteuern sind, unabhängig davon, ob sie von Steuerinländern oder von Steuerausländern verwirklicht wurden. Durch das ausschließliche Anknüpfen der beschränkten Steuerpflicht an die inländische Einkunftsquelle geht der Charakter der Einkommensteuer als Personensteuer stark verloren.

Diese Hervorhebung der objektsteuerähnlichen Züge bei der beschränkten Steuerpflicht ergibt sich aus der Erwägung, dass es Sache des Wohnsitzstaates einer natürlichen Person und nicht des Quellenstaates ist, für eine Berücksichtigung der persönlichen Verhältnisse zu sorgen.[262] Jedoch weist das Bundesverfassungsgericht auch darauf hin, dass die Besteuerung beschränkt Steuerpflichtiger nicht völlig losgelöst von der persönlichen Leistungsfähigkeit erfolgen dürfe.[263] Der BFH hat sich dieser Sichtweise angeschlossen.[264]

Der objektsteuerähnliche Charakter der beschränkten Steuerpflicht zeigt sich vor allem durch Sondervorschriften, die zu einer Nichtberücksichtigung der persönlichen Verhältnisse des Steuerpflichtigen führen, die jedoch einen Einfluss auf dessen wirtschaftliche Leistungsfähigkeit ausüben. Zu erwähnen sind hier z. B. Einschränkungen beim Sonderausgabenabzug oder bei der Berücksichtigung von außergewöhnlichen Belastungen (§ 50 Abs. 1 Satz 3 EStG). Trotz dieser einschränkenden Sondervorschriften wird dennoch bei bestimmten Personen, die sich normalerweise für die beschränkte Einkommensteuerpflicht qualifizieren, der Charakter der Einkommensteuer als Personensteuer durch die Berücksichtigung der persönlichen Leistungsfähigkeit wieder betont. Dies wird z. B. durch die Regelungen des § 1 Abs. 3 EStG deutlich, der es bestimmten natürlichen Personen ohne Wohnsitz oder gewöhnlichen Aufenthalt im Inland ermöglicht, sich **auf Antrag als unbeschränkt steuerpflichtig** behandeln zu lassen, sowie durch § 1 a EStG, der sogar die Anwendung des Splitting-Verfahrens zulässt.

Die der beschränkten Steuerpflicht in der Bundesrepublik Deutschland unterliegenden Einkünfte sind abschließend in § 49 Abs. 1 EStG aufgezählt. Nur diese Einkünfte können in das zu versteuernde Einkommen eines beschränkt Steuerpflichtigen einfließen und die Bemessungsgrundlage für den anzuwendenden Steuersatz

261 Vgl. Koblenzer, Grundlagen der beschränkten Steuerpflicht, BB 1996, S. 933 f., zu den der beschränkten Steuerpflicht zugrunde liegenden Prinzipien.

262 Vgl. BVerfG vom 24.09.1965, BVerfGE 19, S. 119; BFH vom 14.04.1993, DB 1993, S. 1170.

263 Vgl. BVerfG vom 12.10.1976, BVerfGE 43, S. 1, 8 ff.

264 Vgl. BFH vom 20.04.1988, BFHE 154, 38, 44.

bilden. Die Aufzählung der Inlandseinkünfte in § 49 Abs. 1 EStG nimmt Bezug auf die sieben Einkunftsarten des § 2 Abs. 1 EStG. Deshalb kann die beschränkte Steuerpflicht sachlich nicht über den Rahmen der in den §§ 13 bis 23 EStG erläuterten Einkunftsarten hinausgehen. Der Inlandsbezug der beschränkt steuerpflichtigen Einkünfte ist in § 49 Abs. 1 EStG genau beschrieben. Er unterscheidet sich nach den Einkunftsarten.

Inländische Einkünfte i. S. der beschränkten Steuerpflicht können sein:

- Einkünfte aus Land- und Forstwirtschaft (§§ 13, 14 EStG), wenn diese Land- und Forstwirtschaft im Inland betrieben wird (§ 49 Abs. 1 Nr. 1 EStG).
- Einkünfte aus Gewerbebetrieb (§§ 15 bis 17 EStG),
  - für die im Inland eine **Betriebsstätte** unterhalten wird oder ein **ständiger Vertreter** bestellt ist (§ 49 Abs. 1 Nr. 2 Buchst. a EStG);
  - für bestimmte im Gesetz aufgeführte Beförderungsleistungen (§ 49 Abs. 1 Nr. 2 Buchst. b und c EStG);
  - die durch künstlerische, sportliche, artistische, unterhaltende oder ähnliche Darbietungen im Inland sowie durch deren Verwertung einschl. der damit zusammenhängenden Leistungen erzielt werden, unabhängig davon, wem die Einnahmen zufließen (§ 49 Abs. 1 Nr. 2 Buchst. d EStG);
  - die bei der Veräußerung von Anteilen an einer inländischen Kapitalgesellschaft i. S. des § 17 EStG erzielt werden (§ 49 Abs. 1 Nr. 2 Buchst. e EStG);
  - die bei der Vermietung und Verpachtung oder Veräußerung von inländischem Grundbesitz, inländischen Sachinbegriffen und Rechten als sonstige gewerbliche Veräußerungseinkünfte entstehen (§ 49 Abs. 1 Nr. 2 Buchst. f EStG).
- Einkünfte aus selbständiger Arbeit (§ 18 EStG), sofern diese im Inland ausgeübt oder verwertet oder hierfür eine feste Einrichtung bzw. Betriebsstätte unterhalten wird (§ 49 Abs. 1 Nr. 3 EStG);
- Einkünfte aus nichtselbständiger Arbeit (§ 19 EStG) unter der Voraussetzung, dass diese im Inland ausgeübt oder verwertet wird oder die Einkünfte aus inländischen öffentlichen Kassen stammen, die mit Rücksicht auf ein gegenwärtiges oder früheres Dienstverhältnis gewährt werden (§ 49 Abs. 1 Nr. 4 EStG);
- Einkünfte aus Kapitalvermögen (§ 20 EStG), sofern der Schuldner der Kapitalerträge seinen Wohnsitz, Sitz oder seine Geschäftsleitung im Inland hat. Dabei müssen jedoch für bestimmte Einkünfte aus Kapitalvermögen noch zusätzliche Voraussetzungen erfüllt sein (§ 49 Abs. 1 Nr. 5 Buchst. a oder c EStG);
- Einkünfte aus Vermietung und Verpachtung (§ 21 EStG), wenn das unbewegliche Vermögen, die Sachinbegriffe oder Rechte im Inland gelegen oder in ein inländisches öffentliches Buch oder Register eingetragen sind oder in einer inländischen Betriebsstätte oder in einer anderen Einrichtung verwertet werden (§ 49 Abs. 1 Nr. 6 EStG);

- sonstige Einkünfte aus wiederkehrenden Bezügen (§ 22 Nr. 1 EStG), sofern sie dem Steuerabzug unterworfen werden (§ 49 Abs. 1 Nr. 7 EStG);
- sonstige Einkünfte aus privaten Veräußerungsgeschäften (§ 22 Nr. 2 EStG), soweit es sich um Veräußerungsgeschäfte mit inländischen Grundstücken, mit inländischen Rechten, die den Vorschriften des bürgerlichen Rechts über Grundstücke unterliegen, handelt (§ 49 Abs. 1 Nr. 8 EStG);
- sonstige Einkünfte i. S. des § 22 Nr. 4 EStG (§ 49 Abs. 1 Nr. 8 a EStG);
- sonstige Einkünfte i. S. des § 22 Nr. 3 EStG, die nicht unter die Einkünfte des § 49 Abs. 1 Nr. 1 bis 8 EStG fallen, wie z. B. Einkünfte aus der Überlassung beweglicher Sachen oder der Überlassung von Know-how (§ 49 Abs. 1 Nr. 9 EStG).

Grundsätzlich gelten im Fall der beschränkten Steuerpflicht für die Einkünfteermittlung, den Steuertarif und die Steuererhebung die gleichen Bestimmungen wie bei der unbeschränkten Steuerpflicht, soweit das Einkommensteuergesetz in den §§ 49 ff. keine Sondervorschriften enthält.

Sind die Tatbestandsvoraussetzungen der beschränkten Steuerpflicht nach § 49 EStG erfüllt, stellt sich die Frage, ob eine tatsächliche Besteuerung nicht durch ein **Doppelbesteuerungsabkommen** ausgeschlossen oder eingeschränkt wird. Wenn die Bundesrepublik Deutschland zugunsten eines anderen Vertragsstaates auf ihr Besteuerungsrecht für bestimmte Einkünfte in einem Doppelbesteuerungsabkommen verzichtet, ist die deutsche Besteuerung der Einkünfte im Rahmen der beschränkten Steuerpflicht ausgeschlossen. Ob die Einkünfte im anderen Vertragsstaat tatsächlich einer Besteuerung unterworfen werden, ist hierbei regelmäßig bedeutungslos, sofern in den Zuteilungsnormen des Abkommens keine Vorbehaltsklausel (sog. Subject-to-tax-Klausel) enthalten ist, nach der der Quellenstaat nur dann auf sein Besteuerungsrecht verzichtet, wenn im Wohnsitzstaat tatsächlich eine Besteuerung erfolgt. Die Überprüfung der Beschränkung der deutschen Besteuerungsbefugnisse durch ein Doppelbesteuerungsabkommen hat dabei **von Amts wegen** zu erfolgen. Darüber hinaus kann eine Abzugsteuerermäßigung in Deutschland von der Erfüllung bestimmter Voraussetzungen im Ausland abhängig gemacht werden (vgl. § 50 d Abs. 3 EStG).

1.3.2 Sachlicher Umfang der beschränkten Steuerpflicht

1.3.2.1 Einkünfte aus Land- und Forstwirtschaft

Einkünfte aus Land- und Forstwirtschaft unterliegen nach § 49 Abs. 1 Nr. 1 EStG der beschränkten Steuerpflicht, sofern diese Land- und Forstwirtschaft im Inland betrieben wird. Die Land- und Forstwirtschaft gilt als im Inland betrieben, wenn sich die entsprechend genutzten Grundstücksflächen im Inland befinden, und zwar unabhängig vom Sitz der Betriebsleitung und davon, ob die Land- und Forstwirtschaft als Eigentümer, Pächter, Nießbraucher oder in sonstiger Weise betrieben wird. Ebenso ist auch eine Bewirtschaftung durch aus dem Ausland entsandte Personen ohne Folgen für die Frage, ob die Land- und Forstwirtschaft als im Inland betrieben gilt.[265]

Zu den beschränkt steuerpflichtigen inländischen Einkünften aus Land- und Forstwirtschaft zählen sowohl die laufenden Gewinne und die Erlöse aus der Gesamtbetriebsverpachtung, sofern keine Betriebsaufgabe erklärt wird, als auch nach § 14 i. V. m. § 34 EStG begünstigte Veräußerungsgewinne aus dem Verkauf des ganzen Betriebes, eines Teilbetriebes oder eines Mitunternehmeranteils.

§ 49 Abs. 1 Nr. 1 EStG knüpft an das international übliche Belegenheitsprinzip an, das auf der Ebene der Doppelbesteuerungsabkommen die Einkünfte aus Land- und Forstwirtschaft regelmäßig den „Einkünften aus unbeweglichem Vermögen" zuordnet.[266] Diese können in jedem Fall in ihrem Belegenheitsstaat besteuert werden. Das Besteuerungsrecht für Einkünfte aus einer im Inland betriebenen Land- und Forstwirtschaft eines beschränkt Steuerpflichtigen steht somit auch bei Vorliegen eines Doppelbesteuerungsabkommens sowohl für die laufenden Einkünfte aus der Land- und Forstwirtschaft als auch für eventuelle Gewinne aus der Veräußerung des unbeweglichen Vermögens mitsamt dem lebenden und toten Inventar des land- und forstwirtschaftlichen Betriebes der Bundesrepublik Deutschland zu. Dabei ist allerdings zu beachten, dass z. B. Zinsen und Dividenden als Nebenerträge der Land- und Forstwirtschaft auf der Ebene der Doppelbesteuerungsabkommen gesondert zu beurteilen sind, obwohl sie nach innerstaatlichem Recht Teil der Einkünfte aus Land- und Forstwirtschaft sind. Der „Betriebsstättenvorbehalt" in den Doppelbesteuerungsabkommen bei Dividenden, Zinsen und Lizenzgebühren gilt regelmäßig nur bei einer gewerblichen Betriebsstätte bzw. bei einer festen Einrichtung, die der selbständigen Arbeit dient.

1.3.2.2 Einkünfte aus Gewerbebetrieb

Nach § 49 Abs. 1 Nr. 2 EStG führt nicht jede gewerbliche Betätigung im Inland zur beschränkten Steuerpflicht der dabei erzielten Einkünfte. Anknüpfungspunkt für die beschränkte Steuerpflicht ist vielmehr eine besondere Beziehung der Einkünfte zum Inland, die sich durch bestimmte sachliche und persönliche Merkmale oder durch bestimmte Tätigkeiten und Vorgänge, die in den Buchst. a bis f des § 49 Abs. 1 Nr. 2 EStG konkretisiert sind, ergibt.

1.3.2.2.1 Unterhalten einer inländischen Betriebsstätte oder Bestellung eines ständigen Vertreters im Inland

Zu den beschränkt steuerpflichtigen inländischen Einkünften aus Gewerbebetrieb zählen nach § 49 Abs. 1 Nr. 2 Buchst. a EStG nur Einkünfte, für die im Inland eine

265 Vgl. Schaumburg, Internationales Steuerrecht, 2. Aufl., Köln 1998, S. 181.
266 Art. 6 Abs. 1 bis 3 OECD-MA.

Betriebsstätte unterhalten wird oder ein ständiger Vertreter bestellt ist. Dabei ist zu beachten, dass nicht die gesamten weltweiten Einkünfte aus Gewerbebetrieb des beschränkt Steuerpflichtigen als inländische Einkünfte behandelt werden, sondern nur diejenigen, die durch eine im Inland entfaltete wirtschaftliche Betätigung, d. h. durch die im Inland unterhaltene Betriebsstätte oder durch den im Inland bestellten ständigen Vertreter, erzielt werden.[267]

Einkünfte aus einer gewerblichen Tätigkeit eines ausländischen Unternehmens im Inland, das keine inländische Betriebsstätte unterhält, unterliegen nicht der beschränkten Steuerpflicht.[268]

Beispiel:

Ein französisches Unternehmen liefert Waren an einen Abnehmer in der Bundesrepublik Deutschland, ohne dass in Deutschland eine Betriebsstätte unterhalten wird oder ein ständiger Vertreter bestellt ist. Die Einkünfte aus der Warenlieferung nach Deutschland unterliegen nicht der beschränkten Steuerpflicht im Inland.

Einkünfte eines beschränkt Steuerpflichtigen, der im Inland eine Betriebsstätte unterhält oder einen ständigen Vertreter bestellt hat, die jedoch ohne Einschaltung der Betriebsstätte bzw. des ständigen Vertreters im Inland erzielt werden, gelten nicht als gewerbliche Einkünfte i. S. des § 49 Abs. 1 Nr. 2 Buchst. a EStG. Es ist aber zu prüfen, ob sie unter eine andere Einkunftsart des § 49 EStG fallen und damit der beschränkten Steuerpflicht unterliegen. Auch der Gewinn aus dem Verkauf von Waren kann nur dann Betriebsstättengewinn sein, wenn der An- und Verkauf von der Betriebsstätte abgewickelt wird.[269]

Grundsätzlich folgt die gesetzgeberische Konzeption der Besteuerung der inländischen Einkünfte aus Gewerbebetrieb dem im Internationalen Steuerrecht anerkannten Betriebsstättenprinzip, welches jedoch an verschiedenen Stellen vor allem von nachträglichen Gesetzesänderungen durchbrochen worden ist. Diese Durchbrechungen des Betriebsstättenprinzips erfolgen dadurch, dass nicht alle gewerblichen Tätigkeiten mit Inlandsbezug von § 49 Abs. 1 Nr. 2 EStG erfasst werden. So widerspricht es dem Betriebsstättenprinzip, dass beispielsweise im Inland erzielte Einkünfte eines ausländischen Unterhaltungskünstlers als inländische gewerbliche Einkünfte nach § 49 Abs. 1 Nr. 2 Buchst. d EStG der beschränkten Steuerpflicht unterliegen, die im Inland erzielten Einkünfte eines ausländischen Werbeberaters jedoch von der beschränkten Steuerpflicht in der Bundesrepublik Deutschland nicht erfasst werden, wenn dem ausländischen Werbeberater keine inländische Betriebsstätte nachgewiesen werden kann.[270]

---

267 Vgl. BFH vom 24.02.1988, BStBl 1988 II S. 663, 665.

268 Vgl. Körber, in: Dankmeyer/Giloy, § 49 EStG, Rz. 24.

269 Vgl. BFH vom 13.11.1990, BStBl 1991 II S. 95.

270 Vgl. auch Bendixen, Betriebsstättenproblematik bei ausländischen Beratungs- und ähnlichen Dienstleistungsunternehmen, DB 1983, S. 203 f. Der Werbeberater erzielt gem. BFH vom 16.01.1979, BStBl 1979 II S. 293, Einkünfte aus Gewerbebetrieb.

1.3.2.2.1.1 Betriebsstätte

Das Vorliegen einer inländischen Betriebsstätte stellt den bedeutsamsten Anknüpfungspunkt für die beschränkte Steuerpflicht inländischer Einkünfte eines gewerblich tätigen Steuerausländers dar. Für das Entstehen eines deutschen Besteuerungsrechts ist zunächst der **nationale Betriebsstättenbegriff** des § 12 AO von Bedeutung. Seine Auslegung erfolgt daher auch nach deutschem Steuerrecht.[271] Ob das hiernach bestehende Besteuerungsrecht auch tatsächlich ausgeübt werden darf, richtet sich dann ggf. nach einem Doppelbesteuerungsabkommen, welches regelmäßig einen eigenständigen Betriebsstättenbegriff enthält, der vom nationalen Steuerrecht abweicht. Für die Zuteilung und damit Ausübung der Besteuerungsbefugnis ist der **abkommensrechtliche Betriebsstättenbegriff** maßgeblich (siehe § 2 AO).

Die Legaldefinition des deutschen Betriebsstättenbegriffs enthält § 12 AO. Danach ist „jede feste Geschäftseinrichtung oder Anlage, die der Tätigkeit eines Unternehmens dient", eine Betriebsstätte. Daneben nennt § 12 AO ausdrücklich als **Beispiele** für Betriebsstätten:[272]

- die Stätte der Geschäftsleitung,
- Zweigniederlassungen,
- Geschäftsstellen,
- Fabrikations- oder Werkstätten,
- Warenlager,
- Ein- oder Verkaufsstellen,
- Bergwerke, Steinbrüche oder andere stehende, örtlich fortschreitende oder schwimmende Stätten der Gewinnung von Bodenschätzen,
- Bauausführungen oder Montagen, auch örtlich fortschreitende oder schwimmende, wenn die einzelne Bauausführung oder Montage oder eine von mehreren zeitlich nebeneinander bestehenden Bauausführungen oder Montagen länger als sechs Monate dauert.

Eine feste Geschäftseinrichtung oder Anlage ist ein körperlicher Gegenstand oder eine Zusammenfassung körperlicher Gegenstände und liegt grundsätzlich immer dann vor, wenn auf Dauer besondere Räume oder bauliche Vorrichtungen vorhanden sind. Ob sich die Rechtsposition, die dem Steuerpflichtigen „eine nicht nur vorübergehende Verfügungsmacht"[273] verleiht, aus dem Eigentum oder aus Miet-, Pacht- oder sonstigen Verträgen ergibt, ist ohne Bedeutung.[274] Die Existenz von Räumen oder baulichen Vorrichtungen ist jedoch keine zwingende Voraussetzung für das

271 Vgl. BFH vom 07.03.1979, BStBl 1980 II S. 527; vom 03.02.1993, BStBl 1993 II S. 462.
272 Vgl. ausführlicher dazu das BMF-Schreiben vom 24.12.1999 – IV B 4 – S 1300 – 111/99, BStBl I S. 1076.
273 Vgl. Lüdicke, in: Lademann, § 49 EStG, Rz. 292.
274 Vgl. BFH vom 17.03.1982, BStBl 1982 II S. 624; vom 03.02.1993, BStBl 1993 II S. 462.

Bestehen einer Betriebsstätte, da hier nur ein nicht nur vorübergehender räumlicher und zeitlicher Bezug zum Inland geschaffen werden soll. Grundsätzlich genügen für die Annahme einer Betriebsstätte daher die folgenden drei Merkmale:

- Es liegt ein räumlich begrenzter Ort vor, der als örtlicher Mittelpunkt des ständigen gewerblichen Handelns anzusehen ist (z. B. zugewiesener Standplatz eines Markthändlers).[275]
- Dem Gewerbetreibenden muss eine eigene Verfügungsgewalt über diese seiner Tätigkeit dienende Fläche zustehen, die ihm nicht jederzeit ohne weiteres entzogen werden kann. Eine bloße Mitbenutzungsmöglichkeit ist regelmäßig nicht ausreichend.[276]
- Der sich in der eigenen Verfügungsgewalt des Gewerbetreibenden befindliche Ort muss während eines gewissen Zeitraums für eigene gewerbliche Zwecke genutzt werden.

Sofern nach diesen Kriterien die Existenz einer Betriebsstätte im Inland bejaht werden kann, fallen unter die der beschränkten Steuerpflicht unterliegenden Einkünfte neben den laufenden gewerblichen Einkünften auch Veräußerungsgewinne aus dem Verkauf des inländischen Betriebs, eines Teilbetriebs oder Mitunternehmeranteils. Hierbei kann bei Vorliegen der entsprechenden anderen Voraussetzungen nach § 34 Abs. 3 EStG bei den außerordentlichen Einkünften auf Antrag anstelle von § 34 Abs. 1 EStG (Progressionsmilderung) ein ermäßigter Steuersatz i. H. von 56 % des durchschnittlichen Einkommensteuersatzes angewendet, nicht jedoch der Freibetrag gem. § 16 Abs. 4 EStG gewährt werden (§ 50 Abs. 1 Satz 3 EStG).

In den Doppelbesteuerungsabkommen gilt für die gewerblichen Einkünfte beschränkt Steuerpflichtiger regelmäßig das Betriebsstättenprinzip.[277] Dieses besagt, dass Gewinne eines Unternehmens nur dann in dem anderen Vertragsstaat besteuert werden dürfen, wenn die Tätigkeit des Unternehmens durch eine dort gelegene Betriebsstätte ausgeübt wird und die erzielten Gewinne dieser Betriebsstätte zuzurechnen sind. Eine Ausnahme vom Betriebsstättenprinzip gilt für unbewegliches Betriebsvermögen, denn für Einkünfte aus unbeweglichem Vermögen, auch wenn dieses der Ausübung eines Gewerbes dient, hat das Belegenheitsprinzip Vorrang.[278] Diese Regelung gibt dem Belegenheitsstaat auch dann ein Besteuerungsrecht für Einkünfte aus unbeweglichem Betriebsvermögen, wenn er ansonsten für die Gewinne der Betriebsstätte kein Besteuerungsrecht hat.

Die Frage, unter welchen Voraussetzungen die Installation eines **Internet-Servers** eine Betriebsstätte begründet, ist bisher weder vom Gesetzgeber, von der Finanzver-

275 Vgl. BFH vom 09.10.1974, BStBl 1975 II S. 203; vom 10.05.1989, BStBl 1989 II S. 755; BMF-Schreiben vom 24.08.1984, BStBl 1984 I S. 458.

276 Vgl. BFH vom 18.03.1976, BStBl 1976 II S. 365.

277 Vgl. Art. 7 Abs. 1 OECD-MA.

278 Vgl. Art. 6 Abs. 4 OECD-MA.

waltung noch von der Rechtsprechung abschließend beantwortet worden.[279] Nach dem Kommentar des Steuerausschusses der OECD zum Musterabkommen,[280] der zwar keinen rechtsverbindlichen Charakter, aber für die Rechtsfortbildung im Internationalen Steuerrecht und für die Anwendung und Auslegung von DBA-Vorschriften eine erhebliche Bedeutung hat, ist bei der Beantwortung der Frage zunächst zwischen der Server-Hardware und der Server-Software zu unterscheiden. Die Hardware kann hiernach dann eine Betriebsstätte begründen, wenn sich der Server in der Verfügungsmacht des Inhaltsanbieters befindet (z. B. durch Eigentum, Miete, Leasing) und dieser die Tätigkeit seines Unternehmens durch den Server ausübt. Das Vorhandensein von Personal am Server-Standort sei für die Betriebsstättenbegründung ohne Bedeutung, d. h., auch eine vollautomatisch arbeitende Geschäftseinrichtung kann der Ausübung der Geschäftstätigkeit eines Unternehmens dienen. In diese Richtung zielte bereits das sog. Pipeline-Urteil des BFH.[281] Bei der Funktion des Internet-Servers darf es sich jedoch nicht lediglich um Hilfstätigkeiten i. S. des Art. 5 Abs. 4 OECD-MA (= vorbereitende oder unterstützende Tätigkeiten) handeln.[282]

1.3.2.2.1.2 Ständiger Vertreter

Neben dem sachlichen Anknüpfungsmerkmal der inländischen Betriebsstätte existiert in § 49 Abs. 1 Nr. 2 Buchst. a EStG ein zweites selbständiges Anknüpfungsmerkmal, das jedoch personeller Natur ist: Die Bestellung eines ständigen Vertreters für den Gewerbebetrieb im Inland begründet ebenfalls die beschränkte Steuerpflicht für gewerbliche Einkünfte. Grundsätzlich stehen beide Besteuerungsanknüpfungsmerkmale – entgegen den Regelungen in den meisten Doppelbesteuerungsabkommen – gleichberechtigt nebeneinander. Dennoch tritt im Einzelfall, sobald sowohl die inländische Betriebsstätte eines ausländischen Unternehmens als auch ein ständiger Vertreter im Inland vorhanden ist, der sich im Rahmen dieser Betriebsstätte betätigt, das Anknüpfungsmerkmal des „ständigen Vertreters" hinter dem der „Betriebsstätte" zurück.[283] Das bedeutet, dass die Prüfung, ob ein ständiger Vertreter vorhanden ist, nur dann vorzunehmen ist, wenn das Anknüpfungsmerkmal der inländischen Betriebsstätte nicht existiert.

Der Begriff des ständigen Vertreters in § 49 Abs. 1 Nr. 2 Buchst. a EStG entspricht dem des **nationalen Rechts.** Ein ständiger Vertreter ist nach § 13 AO eine natürliche oder juristische weisungsgebundene Person, die nachhaltig die Geschäfte eines

---

279 Vgl. FG Schleswig-Holstein vom 06.09.2001 II 1224/97, EFG 2001, S. 1535, mit Anmerkung von Herlinghausen; BFH vom 05.06.2002, BStBl 2002 II S. 683; siehe auch OFD Karlsruhe, Vfg. vom 11.11.1998 – S 1301 A – St 332, IStR 1999, S. 439.

280 Vgl. Tz. 42.1 bis 42.10 des Kommentars zu Art. 5 OECD-MA.

281 Vgl. BFH vom 30.10.1996, BStBl 1997 II S. 12.

282 Vgl. hierzu auch Arndt/Fetzer, Der Internetserver im Ausland – ein Fall des § 42 AO?, BB 2001, S. 1175 ff.; Bernütz/Weinreich, Neueste Entwicklungen im Bereich der Besteuerung von E-Business-Transaktionen auf Ebene der OECD, WPg 2001, S. 690 ff.

283 Vgl. Schaumburg, Internationales Steuerrecht, 2. Aufl., Köln 1998, S. 190.

Unternehmens besorgt und dabei dessen Sachweisungen unterliegt. Ständiger Vertreter ist insbesondere eine Person, die für ein Unternehmen nachhaltig

- Verträge abschließt oder vermittelt oder Aufträge einholt oder
- einen Bestand von Gütern oder Waren unterhält und davon Auslieferungen vornimmt.

Für die Existenz einer ständigen Vertretung ist nicht entscheidend, unter welchem Namen und auf wessen Rechnung der Vertreter nach außen auftritt. Ausschlaggebend ist allein, dass der Vertreter **wirtschaftlich** mit der Besorgung von Geschäften betraut ist, die er nach den **Weisungen** und auf **Risiko** des Auftraggebers ausführt, d. h. die drei Kriterien Nachhaltigkeit, Geschäftsbesorgung und sachliche Weisungsgebundenheit erfüllt.[284]

Zur Erfüllung des Kriteriums der **Nachhaltigkeit** reicht eine nur gelegentliche Vertretung nicht aus. Entscheidend ist hier neben der Wiederholungsabsicht und der tatsächlichen Wiederholung das Kriterium der Planmäßigkeit des Handels von Anfang an, die vor allem aus den vertraglichen Abmachungen zwischen den beteiligten Parteien ersichtlich ist. Die genaue Abgrenzung im Einzelfall ist jedoch schwierig.[285] Die **Geschäftsbesorgung** äußert sich vor allem dadurch, dass der Vertreter faktisch anstelle des ausländischen Unternehmens Handlungen im Inland vornimmt, die in dessen Betrieb fallen.[286] Eine Vertretungsmacht i. S. des BGB ist keine zwingende Voraussetzung. Sofern das ausländische Unternehmen Geschäfte im Inland durch einen Kommissionär, Makler oder Handelsvertreter abwickeln lässt, der Geschäftsbeziehungen für das ausländische Unternehmen im Rahmen seiner ordentlichen Geschäftstätigkeit unterhält, sind die insoweit erzielten Gewinne des ausländischen Unternehmens nicht der inländischen Besteuerung zu unterwerfen.[287] Für die sachliche Weisungsbefugnis ist entscheidend, dass eine direkte Verbindung zwischen den Handlungen des ständigen Vertreters und dem Willen des ausländischen Unternehmens besteht. Dieser Wille muss das Handeln des ständigen Vertreters maßgeblich bestimmen.

Auch der Begriff des ständigen Vertreters erfährt in den **Doppelbesteuerungsabkommen** eine Einengung, wobei hier der Begriff des „abhängigen Vertreters" gebräuchlich ist. Ein abhängiger Vertreter liegt nach Art. 5 Abs. 5 OECD-MA vor, wenn die betreffende Person im entsprechenden Vertragsstaat für ein Unternehmen des anderen Vertragsstaates tätig ist, dort eine Vollmacht zum Abschluss von Verträgen für dieses Unternehmen hat und diese gewöhnlich ausübt. Die Begriffsdefinition des abhängigen Vertreters nach dem zur Anwendung kommenden Doppelbesteuerungsabkommen ist für die Zuteilung der Besteuerungsbefugnisse auch dann anzu-

284 Vgl. Schaumburg, Internationales Steuerrecht, 2. Aufl., Köln 1998, S. 191.

285 Vgl. Mössner u. a., Steuerrecht international tätiger Unternehmen, 3. Aufl., Köln 2005, Rz. B 144 ff.; siehe auch FG Niedersachsen vom 04.07.1991, RIW 1991, S. 1055.

286 Vgl. BFH vom 30.04.1975, BStBl 1975 II S. 626.

287 Siehe auch R 49 Abs. 1 Satz 2 EStR.

wenden, wenn sie nicht der des ständigen Vertreters im innerstaatlichen Recht entspricht. Bei Fehlen einer solchen Definition auf DBA-Ebene wird der Begriff allerdings nach dem nationalen Steuerrecht des jeweiligen Anwenderstaates ausgelegt.

1.3.2.2.2 Einkünfte durch die Erbringung bestimmter Beförderungsleistungen

Nach § 49 Abs. 1 Nr. 2 Buchst. b EStG gehören zu den beschränkt steuerpflichtigen Einkünften aus Gewerbebetrieb auch Einkünfte, die durch den Betrieb eigener oder gecharterter Seeschiffe oder Luftfahrzeuge aus Beförderungen zwischen inländischen und von inländischen zu ausländischen Häfen erzielt werden. Eingeschlossen sind die Einkünfte aus anderen mit solchen Beförderungen zusammenhängenden, sich auf das Inland erstreckenden Beförderungsleistungen, worunter insbesondere Zubringertransporte und Anschlussbeförderungen zu verstehen sind.[288]

> **Beispiel:**
> Ein britisches Charterflugunternehmen befördert während der Sommersaison täglich Touristen von Hamburg nach Ibiza. Die hieraus stammenden Einkünfte des britischen Charterflugunternehmens gelten als inländische Einkünfte i. S. des § 49 Abs. 1 Nr. 2 Buchst. b EStG. Diese Gewinne dürfen jedoch gem. Art. V Abs. 1 DBA-Großbritannien nur in dem Vertragsstaat besteuert werden, in dem sich der Ort der tatsächlichen Geschäftsleitung des Unternehmens befindet (hier ggf. nur in Großbritannien).

Die beschränkte Steuerpflicht dieser Einkünfte besteht unabhängig davon, ob eine Betriebsstätte oder ein ständiger Vertreter im Inland vorhanden ist, da der Anknüpfungspunkt der inländischen Besteuerung die **im Inland durch das ausländische Unternehmen erbrachte Beförderungsleistung** ist. Für derartige Einkünfte besteht nach § 49 Abs. 3 Sätze 1 und 2 EStG eine unwiderlegbare Gewinnvermutung in der Höhe von 5 % der vereinbarten Entgelte, die auch dann Anwendung findet, wenn solche Einkünfte im internationalen Verkehr im Rahmen einer inländischen Betriebsstätte oder durch einen inländischen ständigen Vertreter erzielt werden. Zu beachten ist allerdings, dass nach den meisten Doppelbesteuerungsabkommen entsprechend der Regelung in Art. 8 OECD-MA das ausschließliche Besteuerungsrecht für Gewinne von Schifffahrt- und Luftfahrtunternehmen dem Staat zusteht, in dem sich der Ort der tatsächlichen Geschäftsleitung des Unternehmens befindet. Darüber hinaus ist die unilaterale Steuerbefreiung gem. § 49 Abs. 4 EStG zu beachten, die allerdings auf Gegenseitigkeit basiert.

Gemäß § 49 Abs. 1 Nr. 2 Buchst. c EStG werden neben den Einkünften aus § 49 Abs. 1 Nr. 2 Buchst. b EStG auch Einkünfte, die einem ausländischen Unternehmen im Rahmen einer internationalen Betriebsgemeinschaft oder eines Pool-Abkommens zufließen, ebenfalls den inländischen Einkünften zur Begründung einer beschränkten Steuerpflicht zugerechnet, wenn das Unternehmen nicht selbst, sondern ein Unternehmen mit Sitz oder Geschäftsleitung im Inland die Beförderung durchführt. Mit dieser Regelung sollen ausländische Unternehmen steuerlich erfasst

---

288 Vgl. Brons, Nationale und internationale Besteuerung der Seeschifffahrt, Bielefeld 1990, S. 214.

werden, die selbst nicht unter § 49 EStG fallen würden, da sie dessen Voraussetzungen nicht erfüllen, aber über **internationale Vertragsbeziehungen an im Inland erzielten Beförderungserträgen** beteiligt sind.[289] Da nach den auf dem OECD-Musterabkommen basierenden Doppelbesteuerungsabkommen das Besteuerungsrecht für solche Einkünfte regelmäßig nicht der Bundesrepublik Deutschland als Quellenstaat, sondern dem Ansässigkeitsstaat des Unternehmens zusteht[290] und in anderen Fällen die auf Gegenseitigkeit beruhende Befreiungsvorschrift des § 49 Abs. 4 EStG häufig zum Einsatz kommen dürfte, hat § 49 Abs. 1 Nr. 2 Buchst. c EStG insgesamt gesehen nur eine sehr begrenzte praktische Bedeutung.

1.3.2.2.3 Einkünfte aus im Inland ausgeübten oder verwerteten künstlerischen, sportlichen, artistischen, unterhaltenden oder ähnlichen Darbietungen

Als inländische Einkünfte aus Gewerbebetrieb gelten außerdem nach § 49 Abs. 1 Nr. 2 Buchst. d EStG Einkünfte, die keine Einkünfte aus selbständiger oder nichtselbständiger Arbeit sind und durch im Inland ausgeübte oder verwertete künstlerische, sportliche, artistische, unterhaltende oder ähnliche Darbietungen erzielt werden. Hier kommt es für die Begründung der beschränkten Steuerpflicht nicht darauf an, ob im Inland eine Betriebsstätte unterhalten wird oder ein ständiger Vertreter bestellt worden ist. Gleichfalls ohne Bedeutung ist, ob die Einnahmen dem Darbietenden, dem die Darbietung Verwertenden oder einem Dritten zufließen. Darbietungen liegen vor, wenn etwas aufgeführt, gezeigt oder vorgeführt wird (z. B. Ausstellungen, Konzerte, Theateraufführungen, Shows, Turniere, Wettkämpfe). Dabei kann es sich sowohl um Einzel- oder Gemeinschaftsdarbietungen handeln, jedoch muss die Darbietung auf gewerblichen Gewinnerzielungsabsichten beruhen. Auch Leistungen, die mit den Darbietungen zusammenhängen (z. B. technische Nebenleistungen, Bühnenbild, Beleuchtung, Tontechnik, Kostüme usw. sowie Vermittlungsleistungen, soweit sie Teil der Gesamtleistung sind), zählen zu den inländischen gewerblichen Einkünften.

> **Beispiel:**
> Ein amerikanischer Unterhaltungskünstler gibt in der Bundesrepublik Deutschland ein Konzert, für das er von einem ausländischen Agenten 20.000 € erhält. Durch seinen Auftritt erzielt der Unterhaltungskünstler inländische Einkünfte i. S. des § 49 Abs. 1 Nr. 2 Buchst. d EStG.

Auch Einkünfte aus der **inländischen** Verwertung von **ausländischen** Darbietungen werden gem. § 49 Abs. 1 Nr. 2 Buchst. d EStG der beschränkten Steuerpflicht unterworfen.[291] Zwischen der darbietenden und der verwertenden Person muss keine Identität bestehen. Ob zwischen der verwertenden und der die Einkünfte erzielenden

289 Vgl. Heinicke, in: L. Schmidt, 27. Aufl.; München 2008, § 49 EStG, Rz. 25.

290 Vgl. Art. 8 OECD-MA.

291 Dass der Gesetzgeber die im Ausland ausgeübten Darbietungen bei inländischer Verwertung in den Besteuerungstatbestand des § 49 Abs. 1 Nr. 2 Buchst. d EStG einbezogen hat, basiert auf dem BFH-Urteil vom 17.12.1997, BStBl 1998 II S. 440.

Person eine Identität bestehen muss, erscheint fraglich. Der Gesetzeswortlaut verlangt zumindest keine Identität.

Die Doppelbesteuerungsabkommen sehen i. d. R. vor, dass die Einkünfte aus derartigen sportlichen, künstlerischen, artistischen und unterhaltenden Darbietungen im jeweiligen Tätigkeitsstaat besteuert werden können.[292] Ob die Tätigkeit selbständig oder unselbständig ausgeübt wird, ist dabei regelmäßig ohne Bedeutung. Bei Einkünften aus der Verwertung derartiger Tätigkeiten handelt es sich i. d. R. um Lizenzgebühren.[293] Das Besteuerungsrecht hierfür steht grundsätzlich dem Wohnsitzstaat zu. Gegebenenfalls besteht jedoch auch die Möglichkeit der Erhebung einer Abzugsteuer im Ausübungsstaat.

1.3.2.2.4 Einkünfte aus der Veräußerung von Anteilen an einer inländischen Kapitalgesellschaft

Im Gegensatz zu Gewinnen aus der Veräußerung eines Betriebs, Teilbetriebs und damit auch einer Betriebsstätte, die bereits nach § 49 Abs. 1 Nr. 2 Buchst. a EStG der beschränkten Steuerpflicht unterliegen, gelten Gewinne aus der Veräußerung von Anteilen an einer Kapitalgesellschaft, die ihren **Sitz** oder ihre **Geschäftsleitung** im **Inland** hat, nach § 49 Abs. 1 Nr. 2 Buchst. e i. V. m. § 17 EStG als inländische Einkünfte aus Gewerbebetrieb, unabhängig von der Existenz einer Betriebsstätte oder eines ständigen Vertreters. Keine Rolle spielt es, ob die Anteile zu einem ausländischen Betriebs- oder Privatvermögen gehören.[294]

Beispiel:

Ein Italiener ist zu 40 % an einer GmbH mit Sitz in München beteiligt. Der italienische Anteilseigner veräußert 10 % und erzielt dabei Einkünfte, die der beschränkten Steuerpflicht nach § 49 Abs. 1 Nr. 2 Buchst. e EStG unterliegen. Der Veräußerungsgewinn kann gem. Art. 13 Abs. 4 DBA-Italien allerdings nur im Wohnsitzstaat des Veräußerers besteuert werden, d. h., der Bundesrepublik Deutschland steht in diesem Fall kein Besteuerungsrecht zu.

Falls ein im Ausland ansässiger Steuerpflichtiger den Vermögenszuwachs der Anteile an der inländischen Kapitalgesellschaft im Zuge eines Wohnsitzwechsels ins Ausland bereits nach § 6 AStG versteuert hatte, ist dieser Vermögenszuwachs vom tatsächlich erzielten Veräußerungsgewinn gem. § 6 Abs. 1 Satz 5 AStG abzusetzen. Ein sich dabei ergebender Verlust ist bei der Ermittlung des Gesamtbetrags der zu veranlagenden inländischen Einkünfte auszugleichen.[295]

---

292 Vgl. Art. 17 OECD-MA; siehe auch BMF vom 23.01.1996, BStBl 1996 I S. 89; BMF-Schreiben vom 05.04.2007, IStR 2007, S. 412.

293 Vgl. Art. 12 Abs. 2 OECD-MA.

294 Vgl. BFH-Urteile vom 13.12.1989, BStBl 1990 II S. 379 und S. 381.

295 Vgl. R 49 Abs. 4 EStR.

Soweit bei einer Veräußerung von Anteilen an einer inländischen Kapitalgesellschaft nicht die Anwendungsvoraussetzungen des § 17 EStG erfüllt sind und damit nicht das Teileinkünfteverfahren zur Anwendung gelangt, unterliegt ein erzielter Veräußerungsgewinn ab dem 01.01.2009 der Kapitalertragsteuer, sofern die Einkünfte in Form von Tafelgeschäften realisiert werden (§ 49 Abs. 1 Nr. 5 Buchst. d i. V. m. § 43 Abs. 1 Nr. 9 EStG).

Wegen der Bezugnahme des § 49 Abs. 1 Nr. 2 Buchst. e EStG auf § 17 EStG fallen nach § 17 Abs. 4 EStG auch Gewinne aus der Liquidation, aus einer Kapitalherabsetzung oder wegen § 17 Abs. 1 Satz 2 EStG Gewinne aus einer verdeckten Einlage von Anteilen an einer inländischen Kapitalgesellschaft unter die inländischen gewerblichen Einkünfte, sofern diese nicht als Gewinnanteil i. S. des § 20 Abs. 1 Nr. 1 oder 2 EStG den Einkünften aus Kapitalvermögen zuzuordnen sind.

Falls die Anteile zu einem inländischen Betriebsvermögen des beschränkt Steuerpflichtigen gehören, erfolgt eine Besteuerung dieser Gewinne – unabhängig von dem Vorliegen der Voraussetzungen des § 17 EStG – im Rahmen der entsprechenden betrieblichen Einkunftsart des § 49 EStG. § 49 Abs. 1 Nr. 2 Buchst. e EStG i. V. m. § 17 EStG ist in diesem Fall nicht anwendbar.

Unabhängig davon, ob der Gewinn aus der Veräußerung von Anteilen an einer inländischen Kapitalgesellschaft gem. § 49 Abs. 1 Nr. 2 Buchst. e i. V. m. § 17 EStG oder im Rahmen eines Betriebsvermögens der beschränkten Einkommensteuerpflicht unterliegt, wird der erzielte Veräußerungsgewinn zu 60 % der Besteuerung unterworfen **(Teileinkünfteverfahren).** Die restlichen 40 % des Veräußerungsgewinns sind gem. § 3 Nr. 40 EStG steuerfrei. Die steuerpflichtigen Veräußerungsgewinne sind in den o. g. Fällen jeweils im Rahmen einer Steuerveranlagung zu bestimmen. Bei der Ermittlung der Einkünfte ist § 3 Nr. 40 EStG auch im Rahmen der beschränkten Einkommensteuerpflicht zu berücksichtigen.

Doppelbesteuerungsabkommen ordnen häufig das alleinige Besteuerungsrecht für Gewinne aus der Veräußerung von Anteilen an Kapitalgesellschaften dem Wohnsitzstaat des Veräußerers zu, sodass diese Gewinne im Inland trotz der beschränkten Steuerpflicht tatsächlich nicht besteuert werden können.[296]

1.3.2.2.5 Einkünfte aus der Vermietung und Verpachtung oder Veräußerung von inländischem Grundbesitz, inländischen Sachinbegriffen und Rechten

Zu den beschränkt steuerpflichtigen Einkünften aus Gewerbebetrieb gehören auch die Einkünfte durch

(a) Vermietung und Verpachtung oder

296 Bei einer Art. 13 Abs. 5 OECD-MA vergleichbaren Regelung, die im anzuwendenden Doppelbesteuerungsabkommen enthalten ist.

(b) Gewinne aus der Veräußerung

von

- **unbeweglichem Vermögen,** insbesondere Grundstücken, Gebäuden, Gebäudeteilen, Schiffen, die in ein Schiffsregister eingetragen sind, sowie Rechten, die den Vorschriften des bürgerlichen Rechts unterliegen (z. B. Erbbaurechte, Mineralgewinnungsrechte),[297]
- **Sachinbegriffen** (z. B. beweglichem Betriebsvermögen) oder
- **Rechten** (z. B. Urheberrechten),

die **im Inland belegen** oder in ein **inländisches Buch** oder **Register eingetragen** sind oder in einer inländischen Betriebsstätte oder einer anderen Einrichtung **verwertet** werden, und zwar auch dann, wenn diese Wirtschaftsgüter nicht zum Betriebsvermögen einer inländischen Betriebsstätte gehören. Die Veräußerung muss jedoch nach inländischen Maßstäben eine **gewerbliche Tätigkeit** wie z. B. gewerblichen Grundstückshandel darstellen.

In § 49 Abs. 1 Nr. 2 Buchst. f EStG wird auch die Vermietung und Verpachtung von inländischem unbeweglichem Vermögen oder Rechten den **Einkünften aus Gewerbebetrieb** zugehörig erklärt, wenn sie eine gewerbliche Tätigkeit des beschränkt Steuerpflichtigen darstellt. Die laufenden Vermietungseinkünfte sowie ein etwaiger Veräußerungsgewinn werden somit nach den gleichen Gewinnermittlungsvorschriften bestimmt. Da keine Zugehörigkeit zu einer inländischen Betriebsstätte vorliegt, ergeben sich hierdurch weder gewerbesteuerliche noch abkommensrechtliche Änderungen bei den Besteuerungsfolgen. Die laufenden Vermietungseinkünfte sind nicht als Überschuss der Einnahmen über die Werbungskosten zu ermitteln, sondern es ist entweder gemäß § 4 Abs. 3 EStG eine Einnahmenüberschussrechnung aufzustellen oder gemäß § 4 Abs. 1 EStG ein Betriebsvermögensvergleich durchzuführen, bei dem die §§ 4 bis 7k EStG anzuwenden sind. Soweit keine Wohnzwecke vorliegen, kann ggf. der **Abschreibungssatz für Wirtschaftsgebäude** i. H. v. 3 % p. a. (§ 7 Abs. 4 Satz 1 EStG) in Anspruch genommen werden. Bei einem gewählten Betriebsvermögensvergleich kommt bei einer voraussichtlich dauernden Wertminderung auch die Möglichkeit einer **Teilwertabschreibung** (§ 6 Abs. 1 Nr. 1 Satz 2 EStG) in Betracht.

1.3.2.3 Einkünfte aus selbständiger Arbeit

Einkünfte aus selbständiger Arbeit gelten nach § 49 Abs. 1 Nr. 3 i. V. m. § 18 EStG als beschränkt steuerpflichtige inländische Einkünfte, sofern die selbständige Arbeit im Inland ausgeübt oder verwertet oder hierfür eine feste Einrichtung bzw. eine Betriebsstätte unterhalten wird. Der Begriff der selbständigen Arbeit ergibt sich aus § 18 EStG. Im Gegensatz zu den gewerblichen Einkünften muss bei den Einkünften

297 § 49 Abs. 1 Nr. 2 Buchst. f i. V. m. § 49 Abs. 1 Nr. 6 und § 21 Abs. 1 Nr. 2 EStG.

aus selbständiger Arbeit im Inland nicht zwingend eine Betriebsstätte unterhalten werden.

Als **im Inland ausgeübt** gilt diese Arbeit dann, wenn der Steuerpflichtige im Inland persönlich tätig wird.[298] Dabei sind bereits einzelne Handlungen, die in Ausübung einer selbständigen Tätigkeit vorgenommen werden, oder eine kurzfristige, vorübergehende Beschäftigung im Inland ausreichend.[299]

Beispiel:

Ein ausländischer, selbständig tätiger Arzt führt in der Bundesrepublik Deutschland eine Operation durch. Die Vergütungen dafür unterliegen der beschränkten Steuerpflicht.

Sofern keine persönliche Ausübung der selbständigen Arbeit, sondern lediglich deren **Nutzung** im Inland (z. B. durch Überlassung künstlerischer Aufführungsrechte an einen inländischen Veranstalter, Überlassung eines Patents an einen inländischen Betrieb durch einen beschränkt steuerpflichtigen Erfinder, Übertragung des Urheberrechts an einem Werk auf ein inländisches Unternehmen durch einen ausländischen Schriftsteller) stattfindet, gilt die selbständige Arbeit als im Inland verwertet, da als Ort der Verwertung üblicherweise der Sitz oder der Ort der Geschäftsleitung des inländischen Nutzungsberechtigten anzusehen ist. Für die Annahme der Verwertung ist ausreichend, dass dem Steuerpflichtigen der Erfolg einer im Ausland ausgeübten Tätigkeit aus dem Inland zufließt.[300]

Beispiel:

Ein ausländischer Schriftsteller überlässt einem deutschen Verlag die Autorenrechte seines neuesten Romans. Die Vergütungen hierfür unterliegen der beschränkten Steuerpflicht.[301]

In den bestehenden Doppelbesteuerungsabkommen wird die Besteuerung der Einkünfte aus der Ausübung einer selbständigen Tätigkeit dem Wohnsitzstaat des selbständig Tätigen zuerkannt, wenn sich dort der berufliche Mittelpunkt der Tätigkeit befindet.[302] Die Besteuerung im Tätigkeitsstaat (der nicht der Wohnsitzstaat des selbständig Tätigen ist) bleibt diesem nur dann überlassen, falls der selbständig Tätige dort über eine Betriebsstätte verfügt. Nach einigen deutschen Doppelbesteuerungsabkommen ist eine bestimmte Dauer (z. B. mehr als 183 Tage während des Kalenderjahres) der freiberuflichen oder sonstigen selbständigen Tätigkeit für eine Besteuerung im Tätigkeitsstaat ausreichend, ohne dass eine Betriebsstätte in Form einer festen Einrichtung vorliegen muss.[303]

---

298 Vgl. BFH vom 12.12.1986, BStBl 1987 II S. 372.
299 Vgl. Scholtz, in: Hartmann/Böttcher/Nissen/Bordewin, § 49 EStG, Rz. 39.
300 Vgl. BFH vom 16.12.1970, BStBl 1971 II S. 200.
301 Vgl. BFH vom 20.07.1988, BStBl 1989 II S. 87.
302 Vgl. Art. 7 Abs. 1 OECD-MA 2008; BFH vom 28.02.1973, BStBl 1973 II S. 660; vom 03.02.1988, BStBl 1988 II S. 486; vom 19.05.1993, BStBl 1993 II S. 655.
303 Vgl. auch BMF-Schreiben vom 05.01.1994, BStBl 1994 I S. 11.

Aufsichtsrats- und Verwaltungsratsvergütungen sind ebenfalls nach § 49 Abs. 1 Nr. 3 i. V. m. § 18 Abs. 1 Nr. 3 EStG im Inland steuerpflichtig, wenn sie von einer inländischen Gesellschaft an eine im Ausland ansässige Person gezahlt werden. Das Besteuerungsrecht der Bundesrepublik Deutschland wird regelmäßig auch nicht durch bestehende Doppelbesteuerungsabkommen eingeschränkt, da diese entsprechend Art. 16 OECD-MA im Ansässigkeitsstaat der zahlenden Gesellschaft besteuert werden können.

1.3.2.4 Einkünfte aus nichtselbständiger Arbeit

Als beschränkt steuerpflichtige inländische Einkünfte aus nichtselbständiger Arbeit gelten nach § 49 Abs. 1 Nr. 4 EStG Einkünfte, die durch die Ausübung oder Verwertung einer nichtselbständigen Arbeit im Inland erzielt werden, oder Einkünfte, die aus inländischen öffentlichen Kassen einschließlich der Kassen des Bundesvermögens und der Deutschen Bundesbank mit Rücksicht auf ein gegenwärtiges oder früheres Dienstverhältnis gewährt werden.

Beispiel:

Ein Arbeitnehmer aus Liechtenstein ist bei einem Unternehmen in Konstanz tätig. Er unterliegt mit seinen Einkünften aus dieser Tätigkeit nach § 49 Abs. 1 Nr. 4 EStG der beschränkten Steuerpflicht. Da die Bundesrepublik Deutschland mit Liechtenstein kein Doppelbesteuerungsabkommen abgeschlossen hat, wird das Besteuerungsrecht auch nicht eingeschränkt.

Der Begriff der nichtselbständigen Arbeit entspricht dem des § 19 EStG. Das primäre Anknüpfungsmerkmal der beschränkt steuerpflichtigen Einkünfte aus nichtselbständiger Arbeit ist die **Ausübung im Inland.** Die **Verwertung im Inland** tritt nur subsidiär dazu, sofern die nichtselbständige Arbeit nicht im Inland ausgeübt wird. Die nichtselbständige Arbeit wird im Inland ausgeübt, wenn der Arbeitnehmer persönlich im Geltungsbereich des Einkommensteuergesetzes tätig wird.

Eine Verwertung der nichtselbständigen Arbeit findet im Inland statt, wenn der Arbeitnehmer das Ergebnis der im Ausland ausgeübten Tätigkeit im Inland seinem Arbeitgeber zuführt.[304] Dabei ist ausschließlich auf eine Verwertung durch den Arbeitgeber abzustellen. Eine Verwertung durch Dritte ist unbeachtlich.[305] **Arbeitgeber** ist die Stelle im Inland (z. B. auch eine rechtlich unselbständige Zweigniederlassung eines ausländischen Unternehmens), die die wesentlichen Rechte und Pflichten eines Arbeitgebers tatsächlich wahrnimmt. Mögliche formale Vertragsverhältnisse zu einem ausländischen Arbeitgeber sind dabei nicht entscheidend.[306]

Das letztgenannte Anknüpfungsmerkmal des § 49 Abs. 1 Nr. 4 EStG an das Inland, d. h. Einkünfte aus einer inländischen öffentlichen Kasse, kommt unabhängig davon zur Anwendung, ob das gegenwärtige oder frühere Dienstverhältnis, auf dem die

304 Vgl. R 39 d Abs. 1 Satz 2 LStR.
305 Vgl. BFH-Urteile vom 12.11.1986, BStBl 1987 II S. 377, S. 379, S. 381 und S. 383.
306 Vgl. R 39 d Abs. 1 Satz 5 LStR.

Zahlungen aus dieser Kasse beruhen, im Inland oder im Ausland ausgeübt wurde bzw. wird.[307] Es trägt dem international allgemein üblichen sog. **Kassenstaatsprinzip** Rechnung. Dieses Prinzip soll sicherstellen, dass ein Staat Gelder, die aus einer öffentlichen Kasse des betreffenden Staates geleistet wurden, auch besteuern darf, d. h., sie sollen seiner Besteuerungshoheit nicht entzogen werden.

Die Zuordnung der Besteuerungsbefugnis bei Einkünften aus nichtselbständiger Arbeit ist in den **Doppelbesteuerungsabkommen** vergleichsweise kompliziert geregelt.[308] Grundsätzlich wird dem jeweiligen Tätigkeitsstaat ein Besteuerungsrecht nach dem sog. Arbeitsortprinzip zugebilligt. Dieses Besteuerungsrecht kann jedoch zugunsten des alleinigen Besteuerungsrechts des Wohnsitzstaates aufgehoben sein, wenn die sog. **183-Tage-Klausel** erfüllt ist (d. h. der Arbeitnehmer hat sich im Laufe des Kalenderjahres **nicht länger** als 183 Tage im Tätigkeitsstaat aufgehalten, die Arbeitsvergütung wurde von einem in seinem Wohnsitzstaat ansässigen Arbeitgeber gezahlt, und die Vergütungen wurden nicht von einer Betriebsstätte getragen, die der Arbeitgeber im Tätigkeitsstaat hat). Darüber hinaus kann das Besteuerungsrecht des Tätigkeitsstaates im Rahmen der beschränkten Steuerpflicht ausgeschlossen sein, wenn es sich bei dem Arbeitnehmer um einen sog. **Grenzgänger** handelt, der täglich vom deutschen Arbeitsort zu seinem Wohnsitz in dem anderen Vertragsstaat zurückkehrt. In den Doppelbesteuerungsabkommen der Bundesrepublik Deutschland mit den Nachbarländern Frankreich, Österreich und der Schweiz finden sich Sonderregelungen für Grenzgänger. Dabei erfolgt üblicherweise ein Verzicht des jeweiligen Tätigkeitsstaates des Grenzgängers auf die Besteuerung der in seinem Hoheitsgebiet ausgeübten Tätigkeit, sofern sich der Wohnsitz und der Tätigkeitsort innerhalb einer im DBA vereinbarten Grenzzone befinden und der Grenzgänger täglich an seinen Wohnort ins Ausland zurückkehrt.

Die Erzielung von Einkünften aus der Verwertung einer außerhalb des Geltungsbereichs des Einkommensteuergesetzes ausgeübten nichtselbständigen Arbeit in der Bundesrepublik Deutschland wird nach den Regelungen der Doppelbesteuerungsabkommen nicht der deutschen Besteuerung unterworfen. Diese Einkünfte unterliegen auch nicht dem Lohnsteuerabzug, wenn das Besteuerungsrecht dem Wohnsitzstaat des beschränkt Steuerpflichtigen zusteht und das Betriebsstättenfinanzamt eine Freistellungsbescheinigung ausstellt.[309]

1.3.2.5 Einkünfte aus Kapitalvermögen

Die Regelung der Einkünfte aus Kapitalvermögen, die der beschränkten Steuerpflicht unterliegen, ist vergleichsweise kompliziert und unübersichtlich. Die Vorschrift erfasst nicht alle Einkünfte des § 20 EStG als inländische Einkünfte i. S. der beschränkten Steuerpflicht, sondern nur abschließend aufgezählte Kapitalerträge,

---

307 Vgl. BFH vom 14.11.1986, BStBl 1989 II S. 351; vom 31.07.1991, DStR 1992, S. 67.

308 Vgl. hierzu ausführlich BMF vom 14.09.2006, BStBl 2006 I S. 532.

309 Vgl. R 39 d Abs. 2 i. V. m. R 39 d LStR.

bei denen ein besonderer **Inlandsbezug** vorhanden ist. Dieser Inlandsbezug ergibt sich teilweise aus der Person des Schuldners und teilweise aus sachlichen Anknüpfungsmerkmalen. Zu beachten ist, dass § 49 Abs. 1 Nr. 5 EStG mit seinen Einschränkungen nur anwendbar ist, wenn nicht die Voraussetzungen einer beschränkten Steuerpflicht der betreffenden Einkünfte bereits nach § 49 Abs. 1 Nr. 1–3 EStG gegeben sind (Prinzip der Subsidiarität).[310]

Einkünfte aus Kapitalvermögen i. S. des § 20 Abs. 1 Nr. 1, 2, 4, 6 und 9 EStG gelten als inländische Einkünfte, wenn der Schuldner Wohnsitz, Geschäftsleitung oder Sitz im Inland hat oder wenn es sich in den Fällen des § 44 Abs. 1 Satz 4 Nr. 1 Buchst. a Doppelbuchst. bb EStG um ausländische Erträge i. S. des Investmentsteuergesetzes handelt. Zu diesen Einkünften aus Kapitalvermögen gehören insbesondere Dividenden, Einkünfte aus (typischen) stillen Beteiligungen, aus partiarischen Darlehen sowie Zahlungen, die bei Kapitalherabsetzungen oder Auflösung einer Kapitalgesellschaft anfallen.

Beispiel:

Ein Spanier unterhält bei einer spanischen Bank ein Wertpapierdepot, in dem sich 100 Aktien der Siemens AG befinden. Die Dividenden, die der Spanier als Aktionär der Siemens AG erhält, gelten nach § 49 Abs. 1 Nr. 5 Buchst. a EStG als beschränkt steuerpflichtige inländische Einkünfte, weil der Schuldner der Dividenden (= die Siemens AG) seinen Sitz im Inland hat.

Handelt es sich bei den Einkünften aus Kapitalvermögen um **Dividenden,** so wird der beschränkt steuerpflichtige Anteilseigner mit einem Kapitalertragsteuerabzug in Höhe von 25 % des Bruttobetrags belastet (§ 43 Abs. 1 Nr. 1 i. V. m. § 43 a Abs. 1 Nr. 1 EStG), d. h. ohne Berücksichtigung der mit der Erzielung der Dividenden ggf. im Zusammenhang stehenden Ausgaben. Sofern die Dividenden nicht zu den Betriebseinnahmen eines inländischen Betriebs (resp. einer inländischen Betriebsstätte) gehören (§ 50 Abs. 2 Satz 2 Nr. 1 EStG; § 32 Abs. 1 Nr. 2 letzter Satzteil KStG), gilt die Einkommensteuer bzw. die Körperschaftsteuer für die Einkünfte, die dem Steuerabzug vom Kapitalertrag unterliegen, durch den Steuerabzug als abgegolten (§ 50 Abs. 2 Satz 1 EStG; § 32 Abs. 1 Einleitungssatz KStG), d. h., für diese Einkünfte kommt im Inland keine Steuerveranlagung mehr in Betracht. In diesem Fall kann sich die Steuerbefreiung gem. § 3 Nr. 40 EStG **(Teileinkünfteverfahren)** nicht auswirken. Besteht nach einem Doppelbesteuerungsabkommen eine Kapitalertragsteuerermäßigung, muss der beschränkt Steuerpflichtige hierfür ggf. einen Erstattungsantrag oder (Teil-)Freistellungsantrag beim Bundeszentralamt für Steuern stellen. Gehören die Dividenden bei einem beschränkt einkommensteuerpflichtigen Anteilseigner zu den Betriebseinnahmen eines inländischen Betriebs, kommt es zu einer Steuerveranlagung. Im Rahmen der in der Veranlagung vorzunehmenden Einkünfteermittlung ist die Steuerbefreiung gem. § 3 Nr. 40 EStG zu berücksichti-

310 Vgl. Heinicke, in: L. Schmidt, 27. Aufl., München 2008, § 49 EStG, Rz. 60.

gen. Die auf den Dividenden lastende Kapitalertragsteuer wird mit der Möglichkeit der Steuererstattung voll angerechnet.

Soweit es sich bei den Einkünften aus Kapitalvermögen um Einnahmen aus Gewinnobligationen, um Einnahmen aus Genussrechten, um Einnahmen aus der Beteiligung an einem Handelsgewerbe als typischer stiller Gesellschafter oder um Zinsen aus partiarischen Darlehen handelt, kommt es in diesen Fällen ebenfalls zu einem Kapitalertragsteuerabzug in Höhe von 25 % (§ 43 Abs. 1 Nr. 2 und Nr. 3 i. V. m. § 43 a Abs. 1 Nr. 1 EStG). Diese Einnahmen sind regelmäßig in den von Deutschland abgeschlossenen Doppelbesteuerungsabkommen mit in den abkommensrechtlichen Dividendenbegriff einbezogen, sodass in diesen Fällen die im jeweiligen Abkommen genannten Höchstsätze für die Besteuerung zu beachten sind, sofern die Zahlungen **nicht** beim Schuldner im Rahmen der Gewinnermittlung **abgezogen** werden können.

Zinsen aus Hypotheken und Grundschulden, Renten aus Rentenschulden sowie Erträge aus sonstigen Kapitalforderungen jeder Art unterliegen nur dann der beschränkten Steuerpflicht, wenn sie durch inländischen Grundbesitz, durch inländische Rechte oder durch Schiffe, die in ein inländisches Schiffsregister eingetragen sind, unmittelbar oder mittelbar dinglich gesichert sind.[311] Die deutsche Einkommen- oder Körperschaftsteuer wird bei diesen Zinsen im Rahmen der beschränkten Steuerpflicht durch eine Veranlagung erhoben. Ausgenommen von diesem Grundsatz sind insbesondere Zinsen aus Anleihen und Forderungen, die in ein öffentliches Schuldbuch eingetragen sind. Kapitalerträge aus Darlehen und sonstigen Kapitalforderungen, die den Inlandsbezug durch die vorgeschriebene Art ihrer Sicherung nicht haben, unterliegen nicht der beschränkten Steuerpflicht, auch wenn der Schuldner dieser Kapitalerträge Wohnsitz, Sitz oder Geschäftsleitung im Inland hat.

Zinsen, die eine inländische Tochtergesellschaft für ein Darlehen von einer ausländischen Muttergesellschaft zahlt, unterliegen damit nicht der deutschen Besteuerung, soweit keine dingliche Sicherung durch inländischen Grundbesitz oder durch grundstücksgleiche Rechte vorliegt. Die Zinsen mindern als Betriebsausgaben die inländische Steuerbemessungsgrundlage bei der Tochtergesellschaft (soweit die Zinsschranke gem. § 4 h EStG i. V. m. § 8 a KStG nicht zur Anwendung gelangt) und unterliegen **keinem Quellensteuerabzug.** Das Problem einer internationalen Doppelbesteuerung wird bei derartigen Zinsen bereits unilateral vermieden, da Deutschland hier keine beschränkte Steuerpflicht normiert.

Eine beschränkte Steuerpflicht ist nach § 49 Abs. 1 Nr. 5 Buchst. c Doppelbuchst. bb EStG auch möglich, wenn das Kapitalvermögen aus nicht beteiligungsähnlichen Genussrechten besteht. Bei Einnahmen aus nicht beteiligungsähnlichen Genussrechten wird die deutsche Einkommen- oder Körperschaftsteuer im Rahmen der beschränkten Steuerpflicht durch einen Kapitalertragsteuerabzug in Höhe von 25 %

311 Vgl. BFH vom 28.03.1984, BStBl 1984 II S. 620.

erhoben. Zinsen aus Anleihen, die in ein öffentliches Schuldbuch eingetragen sind, Gewinne aus der Veräußerung von Anteilen an Kapitalgesellschaften sowie Gewinne aus der Veräußerung von Zinsscheinen und Zinsforderungen unterliegen dann der beschränkten Steuerpflicht, sofern die betreffenden Einkünfte durch Tafelgeschäfte realisiert werden, d. h. die Erträge vom Schuldner gegen Übergabe der Wertpapiere oder Zinsscheine ausgezahlt oder gutgeschrieben werden und die Wertpapiere oder Zinsscheine weder von einem Kreditinstitut noch von dem Schuldner verwahrt werden (§ 49 Abs. 1 Nr. 5 Buchst. d EStG).

Zu beachten ist weiterhin, dass § 20 Abs. 3 EStG entsprechend gilt, d. h., dass die dort aufgezählten Einkünfte ebenfalls als inländische Einkünfte aus Kapitalvermögen der beschränkten Steuerpflicht unterliegen. Dabei handelt es sich um „besondere Entgelte oder Vorteile". Hier sind insbesondere das Agio bzw. Disagio beim Kauf von Schuldverschreibungen sowie ein Bonus, der neben einer Dividende gezahlt wird, oder ein Damnum aus der Darlehenshingabe zu nennen. Darüber hinaus sind Einkünfte aus „Übertragungsgeschäften" angesprochen, um die steuerliche Erfassung von sog. „Finanzinnovationen" sicherzustellen.

Die Besteuerung von Einkünften aus Kapitalvermögen ist nach den bestehenden Doppelbesteuerungsabkommen regelmäßig sowohl im Wohnsitzstaat als auch im Quellenstaat möglich. Dabei erfolgt im Wesentlichen eine Unterscheidung der Kapitaleinkünfte in „Zinsen"[312] und „Dividenden"[313], wobei diese Differenzierung sich sowohl auf die Zuteilung der Besteuerungsrechte (Zinsen dürfen nach einigen deutschen Doppelbesteuerungsabkommen gar nicht im Quellenstaat besteuert werden) als auch auf eine mögliche Begrenzung des Quellensteuerabzugs auswirken kann. Darüber hinaus sind die Begriffe „Zinsen" und „Dividenden" in den einzelnen Doppelbesteuerungsabkommen zum Teil recht unterschiedlich abgegrenzt, sodass sich Aussagen zur beschränkten Steuerpflicht von inländischen Kapitalerträgen nur unter Heranziehung des jeweils anzuwendenden Doppelbesteuerungsabkommens treffen lassen.

1.3.2.6 Einkünfte aus Vermietung und Verpachtung

Beschränkt steuerpflichtige Einkünfte aus Vermietung und Verpachtung liegen nach § 49 Abs. 1 Nr. 6 EStG dann vor, wenn das unbewegliche Vermögen, die Sachinbegriffe oder Rechte, aus denen die Einkünfte erzielt werden, **im Inland belegen** sind und diese Einkünfte nicht zu den Einkünften i. S. des § 49 Abs. 1 Nr. 1 bis 5 EStG gehören. Ebenso ist es für eine beschränkte Steuerpflicht solcher Einkünfte ausreichend, wenn das unbewegliche Vermögen, die Sachinbegriffe oder Rechte in ein inländisches öffentliches Buch oder Register eingetragen sind oder in einer inländischen Betriebsstätte oder in einer anderen Einrichtung verwertet werden.

312 Vgl. Art. 11 OECD-MA.
313 Vgl. Art. 10 OECD-MA.

Beispiel:

Ein Österreicher besitzt eine vermietete Wohnung in München. Die Überschüsse der Mieteinnahmen über die Werbungskosten stellen beschränkt steuerpflichtige inländische Einkünfte nach § 49 Abs. 1 Nr. 6 EStG dar. Das deutsche Besteuerungsrecht für die Mieteinnahmen ist auch nicht nach dem DBA-Österreich eingeschränkt (vgl. Art. 6 Abs. 1).

Die Regelung des § 49 Abs. 1 Nr. 6 EStG ist gegenüber § 49 Abs. 1 Nr. 1–5 EStG subsidiär, d. h., soweit unbewegliches Vermögen zum Betriebsvermögen einer inländischen Betriebsstätte gehört, kommt es auf die Beschränkungen des § 49 Abs. 1 Nr. 6 EStG nicht an, d. h. insbesondere auf die Belegenheit des unbeweglichen Vermögens im Inland. Gehört z. B. ein in Vaduz (Liechtenstein, Nicht-DBA-Staat) gelegenes Mietwohngrundstück zum Betriebsvermögen einer inländischen Betriebsstätte eines beschränkt Steuerpflichtigen, so sind die aus dem Ausland erzielten Mieteinkünfte im Rahmen der inländischen Besteuerung zu erfassen. Eine ggf. im Ausland gezahlte Steuer könnte gem. § 50 Abs. 3 EStG auf die deutsche Steuer angerechnet werden.

Die **Verwertung** in einer inländischen Betriebsstätte oder einer anderen Einrichtung erfolgt im Rahmen jeglicher Nutzung der überlassenen Sachen und Rechte, etwa durch Nutzen, Benutzen oder Gebrauchen im Rahmen eigener Tätigkeit durch den Berechtigten.[314] Unter einer anderen Einrichtung ist, als Ergänzung zur inländischen Betriebsstätte, eine feste Geschäftseinrichtung oder Anlage zu verstehen, die nur deshalb nach deutschem Steuerrecht nicht als Betriebsstätte anzusehen ist, weil sie nicht gewerblichen Zwecken dient, d. h. z. B. eine feste Einrichtung, die der selbständigen Arbeit dient.

Nach den bestehenden **Doppelbesteuerungsabkommen** ist eine geschlossene Erfassung der Einkünfte aus Vermietung und Verpachtung unter einem Abkommensartikel und damit eine Einkunftskategorie regelmäßig nicht möglich. Im Allgemeinen müssen die Einkünfte, die aus der Vermietung oder Verpachtung von unbeweglichem Vermögen, und die, die aus der Vermietung und Verpachtung von Sachinbegriffen und Rechten stammen, voneinander getrennt betrachtet werden. Die zuletzt genannten Einkünfte sind regelmäßig nach den Regelungen über die Lizenzgebühren zu behandeln (Art. 12 OECD-MA). Das Recht zur Besteuerung von Miet- und Pachteinkünften aus unbeweglichem Vermögen steht grundsätzlich dem Staat zu, in dem das Vermögen belegen ist, aus dem die Einkünfte stammen (sog. Belegenheitsprinzip, Art. 6 Abs. 1 OECD-MA). Das Besteuerungsrecht für die Einkünfte aus der Vermietung und Verpachtung von Sachinbegriffen und Rechten hat demgegenüber häufig nur der Wohnsitzstaat der Person, die die Zahlungen empfängt. In derartigen Fällen erübrigt sich die Frage nach einer beschränkten Steuerpflicht für diese Zahlungen im Inland.

314 Vgl. BFH vom 23.05.1973, BStBl 1974 II S. 287.

1.3.2.7 Sonstige Einkünfte

1.3.2.7.1 Sonstige Einkünfte aus wiederkehrenden Bezügen

Im Ausland ansässige Bezieher von Renten aus dem Inland unterliegen der beschränkten Steuerpflicht gem. § 49 Abs. 1 Nr. 7 EStG. Da hierfür kein Steuerabzug vorgesehen ist, müssen die betroffenen Steuerpflichtigen eine Einkommensteuererklärung zur beschränkten Steuerpflicht abgeben. Die Einkünfteermittlung erfolgt durch Abzug der Werbungskosten von den anzusetzenden Besteuerungs-/Ertragsanteilen. Gegebenenfalls entfällt jedoch das deutsche Besteuerungsrecht nach dem anzuwendenden DBA, wenn es für derartige Bezüge dem Quellenstaat kein Besteuerungsrecht einräumt, da in dem Fall die allgemeine Auffangklausel des Art. 21 Abs. 1 OECD-MA (ausschließliche Wohnsitzstaatsbesteuerung) zur Anwendung gelangt.[315]

1.3.2.7.2 Sonstige Einkünfte aus privaten Veräußerungsgeschäften i. S. des § 23 EStG

Private Veräußerungsgewinne, die beim Verkauf nicht zu einem inländischen Betriebsvermögen gehörender inländischer Grundstücke oder Grundstücksrechte i. S. des § 23 Abs. 1 Nr. 1 EStG erzielt werden, sind nach § 49 Abs. 1 Nr. 8 EStG beschränkt steuerpflichtig. Private Veräußerungsgeschäfte mit anderen Wirtschaftsgütern begründen keine beschränkte Steuerpflicht.

1.3.2.7.3 Sonstige Einkünfte i. S. des § 22 Nr. 4 EStG

§ 49 Abs. 1 Nr. 8 a EStG bestimmt, dass eine beschränkte Steuerpflicht außerdem für sonstige Einkünfte i. S. des § 22 Nr. 4 EStG besteht. Diese Vorschrift hat ihre Bedeutung vor allem bei **Versorgungsbezügen von Abgeordneten.**

1.3.2.7.4 Sonstige Einkünfte i. S. des § 22 Nr. 3 EStG

Zu den sonstigen Einkünften i. S. des § 22 Nr. 3 EStG, die nach § 49 Abs. 1 Nr. 9 EStG beschränkt steuerpflichtig sind, gehören

- Einkünfte aus inländischen unterhaltenden Darbietungen,
- Einkünfte aus der Nutzung beweglicher Sachen im Inland,
- Einkünfte aus der Überlassung der Nutzung von gewerblichen, technischen, wissenschaftlichen und ähnlichen Erfahrungen, Kenntnissen und Fertigkeiten (z. B. Plänen, Mustern und Verfahren),

---

315 Vgl. Heinicke, in: L. Schmidt, Einkommensteuergesetz, Kommentar, 27. Aufl., München 2008, Anm. 82 zu § 49 EStG.

– Einkünfte aus der Überlassung des Rechts auf Nutzung von gewerblichen, technischen, wissenschaftlichen und ähnlichen Erfahrungen, Kenntnissen und Fertigkeiten,

soweit die Sachen, Erfahrungen, Kenntnisse und Fertigkeiten im Inland genutzt werden oder genutzt worden sind. Weitere Voraussetzung ist, dass die Einkünfte nicht zu einer anderen beschränkt steuerpflichtigen Einkunftsart gehören. Insofern hat § 49 Abs. 1 Nr. 9 EStG nur Auffangcharakter.

Da die in § 49 Abs. 1 Nr. 9 EStG genannten sonstigen Einkünfte sich regelmäßig nicht unter einen einzigen Abkommensartikel eines Doppelbesteuerungsabkommens subsumieren lassen, muss die Zuordnung der Besteuerungsbefugnisse für diese Einkünfte zum Quellen- oder Wohnsitzstaat getrennt nach dem jeweiligen Charakter der entsprechenden Einkünfte erfolgen.

Andererseits taucht z. B. der abkommensrechtlich verwendete Begriff **„Lizenzgebühren“** in § 49 Abs. 1 Nr. 9 EStG nicht auf.[316] Es handelt sich um keine spezielle Einkunftsart, sodass für die Frage der beschränkten Steuerpflicht zu prüfen ist, inwieweit sich Lizenzgebühren (v. a. Vergütungen für die Überlassung eines geschützten Rechtes oder für die Überlassung von Kenntnissen und Fertigkeiten) den in § 49 EStG gesetzlich normierten inländischen Einkünften im Rahmen der beschränkten Steuerpflicht zuordnen lassen.

Lizenzgebühren können der beschränkten Steuerpflicht als Einkünfte aus Gewerbebetrieb unterliegen (§ 49 Abs. 1 Nr. 2 Buchst. a EStG), wenn sie durch eine im Inland gelegene Betriebsstätte oder einen inländischen ständigen Vertreter erzielt werden. Sie können als Einkünfte aus selbständiger Arbeit (§ 49 Abs. 1 Nr. 3 EStG) zu erfassen sein, wenn die Tätigkeit im Inland ausgeübt oder die Rechte im Inland verwertet werden. Es können Einkünfte aus Vermietung und Verpachtung (§ 49 Abs. 1 Nr. 6 EStG) vorliegen, wenn die Rechte in ein inländisches Register eingetragen sind (z. B. Urheberrechte oder Schutzrechte wie Patente, gewerbliche Schutzrechte wie Warenzeichen- und Gebrauchsmusterrechte) oder in einer inländischen Betriebsstätte oder in einer anderen Einrichtung verwertet werden. Gemeint ist in den beiden letztgenannten Aufzählungspunkten der Fall, dass ein beschränkt Steuerpflichtiger als Inhaber der Rechte einem inländischen Unternehmen eine Lizenz erteilt (Betriebsstätte oder andere Einrichtung wird Schuldner der Lizenzgebühren) und hieraus die Vergütungen erzielt. Unterliegen die aus dem Inland erzielten Lizenzgebühren nicht nach den bisher erwähnten Einkunftsarten der beschränkten Steuerpflicht, weil es an einem Tatbestandsmerkmal für die inländische Steuerpflicht fehlt, so kann es dennoch gem. § 49 Abs. 1 Nr. 9 EStG in bestimmten Fällen zu einer beschränkten Steuerpflicht kommen. Es handelt sich hierbei vor allem um Vergütungen für die Überlassung von rechtlich nicht geschütztem Know-how.

316 § 50 g Abs. 3 Nr. 4 Buchst. b EStG definiert den Begriff „Lizenzgebühren“ für Zwecke der deutschen Abzugsteuerentlastung bei Vergütungen zwischen verbundenen EU-Gesellschaften.

Die unter § 49 Abs. 1 Nr. 2 Buchst. a und Nr. 3 EStG zu erfassenden Lizenzgebühren unterliegen der beschränkten Steuerpflicht im Wege einer **Steuerveranlagung.** Bei den unter § 49 Abs. 1 Nr. 6 EStG fallenden Vergütungen für die Überlassung der Nutzung oder des Rechts auf Nutzung von Rechten, insbesondere von Urheberrechten und gewerblichen Schutzrechten, sowie bei den unter § 49 Abs. 1 Nr. 9 EStG zu erfassenden Know-how-Vergütungen wird die deutsche Steuer gem. § 50 a Abs. 1 Nr. 3 EStG durch **Steuerabzug** erhoben. Der Steuerabzug beträgt 15 % der Bruttoeinnahmen, d. h., Betriebsausgaben, Werbungskosten oder Steuern dürfen nicht abgezogen werden (§ 50 a Abs. 3 Satz 1 EStG).

Die deutsche Einkommensteuer gilt für Einkünfte, die gem. § 50 a EStG dem Steuerabzug unterliegen, bei beschränkt Steuerpflichtigen durch den Steuerabzug als abgegolten (§ 50 Abs. 2 Satz 1 EStG), sofern die Einkünfte nicht zu den Betriebseinnahmen eines inländischen Betriebs gehören (§ 50 Abs. 2 Satz 2 Nr. 1 EStG).

1.3.2.7.5 Sonstige Einkünfte i. S. des § 22 Nr. 5 Satz 1 EStG

Durch den Tatbestand des § 49 Abs. 1 Nr. 10 EStG soll erreicht werden, dass Leistungen aus **Pensionsfonds, Pensionskassen** und **Direktversicherungen** im Zuge der nachgelagerten Besteuerung in der Auszahlungsphase einer inländischen Besteuerung unterworfen werden können, wenn die Beiträge, auf denen diese Leistungen beruhen, in der Ansparphase steuerfrei geblieben sind. Auch bei einer Wohnsitzverlegung ins Ausland während des Ruhestands soll die Möglichkeit der nachgelagerten Besteuerung der betreffenden Bezüge im Rahmen der beschränkten Steuerpflicht gewährleistet bleiben. Allerdings ist hierzu einschränkend anzumerken, dass die deutschen Doppelbesteuerungsabkommen entsprechend Art. 18 OECD-MA das Besteuerungsrecht für Ruhegehälter in der Regel ausschließlich („nur“) dem jeweiligen Ansässigkeitsstaat des Einkünftebeziehers zuweisen, so dass die Möglichkeit der beschränkten Steuerpflicht dieser Bezüge insoweit ins Leere läuft. Anders gestaltet es sich, wenn der Einkünftebezieher in ein Land seinen Wohnsitz verlegt, mit dem kein Doppelbesteuerungsabkommen besteht.

1.3.2.8 **Isolierende Betrachtungsweise** (§ 49 Abs. 2 EStG)

Nach der isolierenden Betrachtungsweise gem. § 49 Abs. 2 EStG bleiben im Ausland gegebene Besteuerungsmerkmale **außer Betracht,** soweit bei ihrer Berücksichtigung inländische Einkünfte i. S. des Abs. 1 nicht angenommen werden könnten, d. h., dass die im Ausland gegebenen Besteuerungsmerkmale nur insoweit unberücksichtigt bleiben, als bei deren Berücksichtigung ansonsten eine beschränkte Steuerpflicht für die aus dem Inland stammenden Einkünfte entfallen würde.[317] Die Einordnung unter eine der sieben Einkunftsarten erfolgt daher primär nach den im Inland verwirklichten Anknüpfungsmerkmalen. In dem Fall, dass eine

317 Vgl. BFH vom 01.12.1982, BStBl 1983 II S. 367.

Zuordnung von bestimmten Einkünften zu verschiedenen Einkunftsarten möglich ist und die dabei auftretenden Konkurrenzen mit Hilfe der Subsidiaritätsregeln der Einkunftsarten[318] gelöst werden, ergeben sich durch die isolierende Betrachtungsweise Rechtsfolgen, sofern diese Konkurrenz durch ein auslandsbezogenes Qualifikationsmerkmal ausgelöst wird.[319] Dies bedeutet insbesondere, dass Einkünfte, deren Erzielung auch außerhalb eines Gewerbebetriebes möglich ist, beschränkt steuerpflichtig bleiben, auch wenn sie im Rahmen eines ausländischen Gewerbebetriebs erzielt werden.[320] So unterliegen z. B. Einkünfte aus der Veräußerung von Anteilen an einer Kapitalgesellschaft i. S. des § 17 EStG auch dann der beschränkten Steuerpflicht nach § 49 Abs. 1 Nr. 2 Buchst. e EStG, wenn der Anteil in einem ausländischen Betriebsvermögen gehalten wird.

Die generelle Vernachlässigung von im Ausland verwirklichten Sachverhalten ist jedoch nicht immer möglich. Wenn nur ein Teil der gesetzlich vorgeschriebenen Tatbestandsmerkmale im Inland verwirklicht wurde und daher eine vollständige Beurteilung des Sachverhalts nicht möglich ist, müssen die im Ausland bestehenden Verhältnisse insoweit berücksichtigt werden, als dies für die Zuordnung der Einkünfte zur entsprechenden Einkunftsart geboten ist. Dies ist vor allem in Fällen notwendig, bei denen die Bestimmung der Einkunftsart nur in Abhängigkeit vom Steuersubjekt möglich ist. So hat der BFH z. B. entschieden, dass eine ausländische Kapitalgesellschaft keine Einkünfte aus selbständiger Arbeit i. S. des § 18 EStG erzielen könne.[321]

1.3.2.9 Besonderheiten bei der beschränkten Steuerpflicht

1.3.2.9.1 Veranlagung und Steuerabzug bei beschränkt Steuerpflichtigen

Soweit die deutsche Einkommensteuer nicht bei Einkünften, die dem Steuerabzug unterliegen, durch den Steuerabzug als abgegolten gilt (§ 50 Abs. 2 Satz 1 EStG), ist die Einkommensteuer im Rahmen der beschränkten Steuerpflicht durch eine Veranlagung zu ermitteln. Bei dieser Veranlagung sind alle Vorschriften der unbeschränkten Steuerpflicht zu beachten, sofern sie vom Gesetzgeber nicht ausdrücklich ausgeschlossen oder eingeschränkt wurden.[322] Erfolgt eine Veranlagung, so gilt die deutsche Einkommensteuer in bestimmten Fällen nicht durch den Steuerabzug als abgegolten, d. h., die steuerabzugspflichtigen Einkünfte sind (ggf. teilweise, d. h. bei Ermittlung des anzuwendenden Steuersatzes [Progressionsvorbehalt], vgl. § 32 b Abs. 1 Satz 1 Nr. 5 EStG) in die Veranlagung einzubeziehen.

---

318 § 20 Abs. 8; § 21 Abs. 3; § 22 Nr. 1 Satz 1; § 22 Nr. 3 Satz 1; § 23 Abs. 2 EStG.
319 Vgl. BFH vom 04.03.1970, BStBl 1970 II S. 428.
320 Vgl. BFH vom 27.01.1982, BStBl 1982 II S. 242 und S. 374; BFH vom 18.12.1975, BStBl 1975 II S. 464.
321 Vgl. BFH vom 20.06.1984, BStBl 1984 II S. 828.
322 Vgl. BFH vom 29.10.1974, BStBl 1975 II S. 110.

1.3.2.9.1.1 Ermittlung des zu versteuernden Einkommens bei der Veranlagung von beschränkt Steuerpflichtigen

Grundsätzlich wird die Ermittlung der Steuerbemessungsgrundlage bei beschränkt Steuerpflichtigen ebenso wie bei unbeschränkt Steuerpflichtigen mit den dafür vorgesehenen Einkommensermittlungsmethoden (Betriebsvermögensvergleich, Überschussermittlung) durchgeführt. Jedoch sind nur die inländischen Einkünfte nach § 49 Abs. 1 EStG anzusetzen. Bei Einkünften, die dem Steuerabzug unterliegen, gilt die deutsche Einkommensteuer durch den Steuerabzug als abgegolten. Dies gilt jedoch nicht in den Fällen, bei denen eine Veranlagung nach § 50 Abs. 2 Satz 2 EStG durchzuführen ist. Hier sind die steuerabzugspflichtigen Einkünfte (ggf. teilweise, d. h. bei Ermittlung des anzuwendenden Steuersatzes [Progressionsvorbehalt], vgl. § 32 b Abs. 1 Satz 1 Nr. 5 EStG) in die Veranlagung einzubeziehen mit der Möglichkeit der Anrechnung der Abzugsteuern.

Infolge des objektsteuerähnlichen Charakters der beschränkten Steuerpflicht werden die persönlichen Verhältnisse des beschränkt Steuerpflichtigen in der Veranlagung nicht oder nur in sehr begrenztem Umfang berücksichtigt. Dies hat zur Folge, dass die Abzüge, die bei der unbeschränkten Steuerpflicht aufgrund der persönlichen Verhältnisse des Steuerpflichtigen zulässig sind, bei der beschränkten Steuerpflicht nicht berücksichtigt werden können. Im Vergleich zur unbeschränkten Steuerpflicht existieren daher bei der beschränkten Steuerpflicht die folgenden **Unterschiede:**

- § 50 Abs. 1 Satz 1 EStG bestimmt, dass Betriebsausgaben und Werbungskosten bei der Einkunftsermittlung nur dann abziehbar sind, wenn sie in wirtschaftlichem Zusammenhang mit den inländischen Einkünften stehen.
- Bestimmte Sonderausgaben sind nach § 50 Abs. 1 Satz 3 i. V. m. Satz 4 EStG nur bei beschränkt steuerpflichtigen Arbeitnehmern berücksichtigungsfähig. Bei anderen beschränkt Steuerpflichtigen ist ein Abzug von Sonderausgaben überhaupt nicht vorgesehen, sodass bei diesen auch die Pauschbeträge nach § 10 c EStG entfallen.
- Kinderbetreuungskosten (§ 9 c EStG) können nicht geltend gemacht werden.
- Für Veräußerungsgewinne bei den Einkünften aus Gewerbebetrieb entfällt der Freibetrag gem. § 16 Abs. 4 EStG.
- Der Entlastungsbetrag für Alleinerziehende gem. § 24 b EStG wird nicht gewährt.
- Der Kinderfreibetrag gem. § 32 Abs. 6 EStG wird ebenfalls nicht gewährt.
- Außergewöhnliche Belastungen i. S. der §§ 33 – 33 b EStG sind bei beschränkt Steuerpflichtigen grundsätzlich nicht abzugsfähig.
- Die Steuerermäßigung bei Aufwendungen für haushaltsnahe Beschäftigungsverhältnisse und für die Inanspruchnahme haushaltsnaher Dienstleistungen (§ 35 a EStG) wird beschränkt Steuerpflichtigen nicht zugestanden.

Daneben gelten nach § 50 EStG bei beschränkt steuerpflichtigen Personen auch die folgenden Besonderheiten bei den **Tarifvorschriften:**

- Es finden grundsätzlich nur die **Einzelveranlagung** und der **Grundtarif** Anwendung. Eine Ehegattenbesteuerung und das Splitting-Verfahren sind bei beschränkt Steuerpflichtigen nicht anwendbar (siehe aber § 1 a i. V. m. § 1 Abs. 3 EStG).

- Da die Gewährung des **Grundfreibetrags** an beschränkt Steuerpflichtige gemeinschaftsrechtlich **nicht geboten** erscheint und dieser in den Grundtarif eingearbeitet ist, wird die Nichtberücksichtigung des Grundfreibetrags gesetzestechnisch dadurch erreicht, dass das zu versteuernde Einkommen des beschränkt Steuerpflichtigen um den Grundfreibetrag zu erhöhen und auf diese Summe die Grundtabelle anzuwenden ist. Diese Vorgehensweise bei der Ermittlung der Höhe der Einkommensteuer gilt dabei nicht nur für beschränkt Steuerpflichtige aus EU-/EWR-Staaten, sondern für **alle** beschränkt Steuerpflichtigen. Beschränkt steuerpflichtigen **Arbeitnehmern** wird jedoch der **Grundfreibetrag** gewährt, so dass der Grundfreibetrag in diesem Fall nicht dem zu versteuernden Einkommen hinzuzurechnen ist.

Bei beschränkt steuerpflichtigen **Arbeitnehmern** gelten folgende, die persönliche Leistungsfähigkeit berücksichtigende Vorschriften, die den übrigen beschränkt steuerpflichtigen Personen verschlossen sind:

- Abzug des Sonderausgaben-Pauschbetrags i. H. von 36 Euro, mit der Möglichkeit, höhere tatsächliche Aufwendungen nachzuweisen,

- Abzug der Vorsorgepauschale gem. § 10 c Abs. 2 und 3 EStG.

Die Einkommensteuer gilt nach § 50 Abs. 2 Satz 1 EStG für Einkünfte, die dem Steuerabzug vom Arbeitslohn unterliegen, mit dem Steuerabzug als abgegolten. Eine Veranlagung ist daher nicht durchzuführen. Die Berücksichtigung der obigen Abzugsbeträge ist bei beschränkt steuerpflichtigen Arbeitnehmern ohne EU-/EWR-Staatsangehörigkeit nur durch die Eintragung eines Freibetrags in eine vom zuständigen Betriebsstättenfinanzamt (§ 41 a Abs. 1 Nr. 1 EStG) erteilte Bescheinigung möglich (§ 39 d Abs. 1 und 2 EStG). Der Antrag dafür kann nur nach amtlich vorgeschriebenem Vordruck bis zum Ablauf des Kalenderjahres gestellt werden, für das die Bescheinigung gilt (§ 39 d Abs. 2 Satz 2 EStG). Beschränkt steuerpflichtige Arbeitnehmer können gem. § 50 Abs. 2 Satz 2 Nr. 4 EStG auch eine Veranlagung zur Einkommensteuer beantragen. In diesem Fall werden die Einkünfte, die dem Steuerabzug vom Kapitalertrag oder dem Steuerabzug aufgrund des § 50 a EStG unterliegen, nur im Rahmen des Progressionsvorbehalts berücksichtigt (§ 32 b Abs. 1 Satz 1 Nr. 5 EStG).

Die **Abgeltungswirkung des Steuerabzugs** vom Arbeitslohn, vom Kapitalertrag oder auf Grund des § 50 a EStG tritt **nicht ein**, wenn

- im Kalenderjahr infolge einer grenzüberschreitenden Wohnsitzverlegung sowohl die unbeschränkte als auch die beschränkte Steuerpflicht bestanden hat und nach § 2 Abs. 7 Satz 3 EStG die während der beschränkten Einkommensteuerpflicht erzielten inländischen Einkünfte in eine Veranlagung zur unbeschränkten Einkommensteuerpflicht einzubeziehen sind (§ 50 Abs. 2 Satz 2 Nr. 3 EStG),
- bei einem Arbeitnehmer Werbungskosten, Sonderausgaben für steuerbegünstigte Zwecke (§ 10 b EStG) oder der Freibetrag bzw. Hinzurechnungsbetrag nach § 39 a Abs. 1 Nr. 7 EStG (für ein weiteres Dienstverhältnis) auf der Bescheinigung i. S. des § 39 d Abs. 1 Satz 3 EStG für den beschränkt steuerpflichtigen Arbeitnehmer eingetragen wurden (§ 50 Abs. 2 Satz 2 Nr. 4 Buchst. a EStG),
- ein EU-/EWR-Staatsangehöriger die Veranlagung zur Einkommensteuer beantragt, um eine Anrechnung der Lohnsteuer auf die Einkommensteuer zu erreichen oder Einkünfte i. S. des § 50 a Abs. 1 Nr. 1, 2 und 4 EStG vorliegen. Dieses Veranlagungswahlrecht gilt **nicht** für Drittstaaten-Staatsangehörige.

1.3.2.9.1.2 Steuerabzug bei beschränkt Steuerpflichtigen

Der Steuerabzug ergibt sich bei den Einkünften aus **nichtselbständiger Arbeit** aus den Vorschriften über den Lohnsteuerabzug bei beschränkt einkommensteuerpflichtigen Arbeitnehmern (§ 38 i. V. m. § 39 d EStG) und bei den Einkünften aus **Kapitalvermögen** aus den Vorschriften über die Kapitalertragsteuer (§ 43 i. V. m. § 43 a EStG). Bei den

- Einkünften aus im Inland ausgeübten oder verwerteten künstlerischen, sportlichen, artistischen unterhaltende oder ähnlichen Darbietungen, d. h. bei beschränkt steuerpflichtigen Einkünften i. S. des § 49 Abs. 1 Nr. 1 u. 2 Buchst. d EStG (§ 50 a Abs. 1 Nr. 1 u. 2 EStG),[323]
- Einkünften, die aus Vergütungen für die Überlassung der Nutzung oder des Rechts auf Nutzung von Rechten (z. B. Urheberrechten, gewerblichen Schutzrechten, Know-how) herrühren (hierbei handelt es sich um inländische Einkünfte i. S. des § 49 Abs. 1 Nr. 2, 3, 6 und 9 EStG) (§ 50 a Abs. 1 Nr. 3 EStG), und bei den
- Aufsichtsratsvergütungen (§ 50 a Abs. 1 Nr. 4, 2 Satz 1 und 3 EStG),

ergibt sich die Verpflichtung zum Steuerabzug bei beschränkt Steuerpflichtigen aus der Sondervorschrift des **§ 50 a EStG.**[324] Zwischen dem Lohnsteuerabzug, dem Kapitalertragsteuerabzug und dem Steuerabzug nach § 50 a EStG besteht kein Subsidiaritätsverhältnis. Der Steuerabzug gem. § 50 a EStG ist jedoch im Gegensatz zu

323 Vgl. dazu BMF-Schreiben vom 23.01.1996, BStBl 1996 I S. 89 und 100; R 49 Abs. 3 EStR; BMF vom 05.04.2007, IStR 2007, S. 412.

324 Vgl. zur Erhebung des Solidaritätszuschlags bei beschränkt Steuerpflichtigen, bei denen ein Steuerabzug nach § 50 a EStG zu erheben ist, OFD München vom 24.10.1995, DB 1995, S. 2397.

den beiden anderen Steuerabzugsverfahren bei unbeschränkt steuerpflichtigen Personen nicht anwendbar.

Durch das Jahressteuergesetz 2009 wurden die folgenden Vergütungen **vom Steuerabzug ausgenommen,** da diese nach den abkommensrechtlichen Regelungen ohnehin in der Regel nicht im Quellenstaat besteuert werden können, so dass es hier zu einer Minderung des Verwaltungsaufwands (d. h. zunächst Steuerabzug durch den Schuldner und anschließendes Erstattungsverfahren beim BZSt) kommt:

- Vergütungen an „werkschaffende" Künstler (z. B. Maler, Bildhauer, Komponisten, Schriftsteller, Bühnenbildner, Bildberichterstatter, Journalisten), d. h. die keine persönlich ausgeübte künstlerische, sportliche, artistische, unterhaltende oder ähnliche **Darbietung** erbringen und hierbei auch keine Einkünfte aus nichtselbständiger Arbeit erzielen, die dem Lohnsteuerabzug unterliegen,
- Vergütungen für die inländische Verwertung von **ausländischen** künstlerischen, sportlichen, artistischen, unterhaltenden oder ähnlichen Darbietungen,
- Vergütungen für die Nutzung von beweglichen Sachen und für die Veräußerung von Rechten.

Der Verzicht auf den Steuerabzug bedeutet jedoch **nicht,** dass insoweit **keine** beschränkt steuerpflichtigen inländischen Einkünfte mehr vorliegen. Der Gesetzgeber hat in den o. g. Fällen zwar aus verwaltungsökonomischen Gründen auf die Vornahme eines Steuerabzugs verzichtet, **nicht** jedoch den **Katalog** der beschränkt steuerpflichtigen Einkünfte **reduziert.** Sofern der Vergütungsempfänger z. B. in einem Nicht-DBA-Staat ansässig ist, sind z. B. die Vergütungen für die inländische Verwertung von ausländischen Darbietungen von dem für beschränkt Steuerpflichtige zuständigen deutschen Finanzamt im Rahmen einer Steuerveranlagung zu besteuern.[325] Räumt ein Doppelbesteuerungsabkommen bei den o. g. Vergütungen dem Quellenstaat Deutschland ein der Höhe nach begrenzten Quellenbesteuerungsrecht ein, so sind die betreffenden Vergütungen in einer **Veranlagung** für den beschränkt Steuerpflichtigen **zu erfassen.** Im Rahmen der Veranlagung ist dann der abkommensrechtlich der Höhe nach begrenzte Quellensteuersatz zu beachten. Relevant könnte dies insbes. für Vergütungen für die Überlassung von beweglichen Sachen (Leasinggebühren) in DBA-Fällen sein, soweit diese Vergütungen mit unter den Lizenzgebührenartikel fallen („für die Benutzung ... gewerblicher ... Ausrüstungen ... gezahlt werden").

Gemäß § 50 Abs. 2 Satz 1 EStG entfaltet der Steuerabzug nach § 50 a EStG Abgeltungswirkung für die Einkommensteuer, wobei jedoch die Ausnahme des Steuerabzugs zu beachten ist, den das Finanzamt gem. § 50 Abs. 7 EStG zur Sicherstellung des Steueranspruchs anordnen kann und für den keine Abgeltungswirkung eintritt (§ 50 a Abs. 7 Satz 4 EStG). Die Abgeltungswirkung scheidet gem. § 50

325 Vgl. Holthaus, Geänderter Steuerabzug nach § 50 a EStG ab 2009 – Großmaß an Entlastung und Vereinfachung mit kleinen Tücken, DStZ 2008, S. 742.

Abs. 2 Satz 2 Nr. 1 EStG auch dann aus, wenn die steuerabzugspflichtigen Einkünfte Betriebseinnahmen eines inländischen Betriebs sind.

Die **Höhe** des Steuerabzugs ergibt sich für die Einkünfte aus nichtselbständiger Arbeit aus § 39 d EStG und für die Einkünfte aus Kapitalvermögen aus den §§ 43, 43 a und 43 b EStG. Der Abzugsteuersatz für die in § 50 a Abs. 1 Nr. 1 bis 3 EStG genannten Vergütungen beträgt **15 % der gesamten Einnahmen** (30 % bei Aufsichtsratsvergütungen), und zwar unabhängig davon, ob es sich beim Vergütungsempfanger um eine natürliche oder juristische Person handelt. Vom Schuldner ersetzte oder übernommene Reisekosten (insbes. Fahrt-, Flug-, Übernachtungs- und Verpflegungskosten) wirken **nur insoweit einnahmenerhöhend,** als sie die tatsächlichen Ausgaben bzw. die Pauschsätze für den Verpflegungsmehraufwand **übersteigen** (§ 50 a Abs. 2 Satz 2 EStG). Bei darbietungsbezogenen Vergütungen besteht bis zu einer Freigrenze in Höhe von 250 Euro **je Darbietung** ein Verzicht auf einen Steuerabzug. Bei dem Abzugsteuersatz in Höhe von 15 % geht der Gesetzgeber **typisierend** davon aus, dass die Ausgaben in unmittelbarem wirtschaftlichen Zusammenhang mit den Einnahmen etwa die Hälfte der Einnahmen betragen, so dass dieser Steuersatz gewährleistet, dass der Steuerabzug in den meisten Fällen auch ohne Berücksichtigung der Betriebsausgaben bzw. Werbungskosten zu einem angemessenen wirtschaftlichen Ergebnis führt.[326] Abgesehen von der in § 50 a Abs. 3 EStG normierten Ausnahme ist kein Abzug der tatsächlich entstandenen Betriebsausgaben bzw. Werbungskosten mehr möglich. Aus **Doppelbesteuerungsabkommen** können sich allerdings Ermäßigungen für den Steuerabzug ergeben, wenn z. B. Vergütungen für die Nutzung von Urheberrechten oder gewerblichen Schutzrechten unter den Begriff der Lizenzgebühren fallen. Dann ist der Steuerabzug regelmäßig auf 5 % oder 10 % begrenzt oder es darf überhaupt keine Abzugsteuer erhoben werden.

§ 50 a Abs. 3 EStG ermöglicht es in den Fällen des § 50 a Abs. 1 Nr. 1, 2 und 4 EStG (d. h. nicht bei Vergütungen für die Überlassung von Rechten) bereits **beim Steuerabzug** durch den Schuldner der Vergütungen die tatsächlichen Betriebsausgaben oder Werbungskosten des beschränkt Steuerpflichtigen zu berücksichtigen. Voraussetzung hierfür ist, dass der Vergütungsempfänger ein EU-/EWR-Staatsangehöriger ist und er hier auch seine steuerliche Ansässigkeit hat. Entsprechendes gilt für eine beschränkt steuerpflichtige EU-/EWR-Körperschaft i. S. des § 32 Abs. 4 KStG. Der beschränkt Steuerpflichtige muss für die Berücksichtigung der Ausgaben beim Steuerabzug dem Schuldner gegenüber die Ausgaben **in einer für das Finanzamt nachprüfbaren Form nachweisen** oder die Ausgaben müssen vom Schuldner der Vergütungen übernommen worden sein.

Da der Gesetzgeber die Ausgaben bereits in pauschalierter Form durch den Ansatz eines niedrigen Steuersatzes berücksichtigt, soll bei einem (zusätzlichen) Abzug der tatsächlichen Ausgaben ein höherer Abzugsteuersatz zum Tragen kommen. Bei

326 Vgl. BR-Drucks. 545/08, S. 94.

natürlichen Personen beträgt dieser erhöhte Steuersatz 30 % der Nettoeinnahmen, d. h. bezogen auf die Einnahmen nach Abzug der tatsächlichen nachgewiesenen Ausgaben. Damit sich für den beschränkt Steuerpflichtigen durch den Nachweis der tatsächlichen Ausgaben kein steuerlicher Nachteil ergibt, müssten in diesem Fall die Betriebsausgaben oder Werbungskosten mehr als 50 % der Bruttoeinnahmen betragen, um die Steuersatzerhöhung auszugleichen. Bei Körperschaften als Vergütungsempfänger bleibt es bei dem Abzugsteuersatz in Höhe von 15 %.

Die Abzugsteuer entsteht in dem Zeitpunkt, in dem die Vergütungen dem Gläubiger zufließen (§ 50 a Abs. 5 EStG, § 73 c EStDV). Zum gleichen Zeitpunkt hat der Schuldner der Vergütungen den Steuerabzug vorzunehmen, d. h. grundsätzlich bei Auszahlung der Vergütungen. Der beschränkt Steuerpflichtige gilt beim Steuerabzug von Aufsichtsratsvergütungen oder von den anderen steuerabzugspflichtigen Vergütungen als Steuerschuldner. § 50 a Abs. 5 Satz 4 EStG bestimmt, dass der Schuldner der Vergütungen aber für die Einbehaltung und Abführung der Steuer haftet.

Den **Vergütungsschuldner** treffen zusammenfassend folgende steuerlichen Pflichten:

- Einbehaltung der Abzugsteuer (§ 50 a Abs. 5 Satz 2 EStG),
- Führung von besonderen Aufzeichnungen (§ 73 d EStDV),
- Anmeldung der Abzugsteuer beim Betriebsfinanzamt (§ 73 e Satz 2 und 4 EStDV),
- Abführung der einbehaltenen Abzugsteuer (§ 50 a Abs. 5 Satz 3 EStG; § 73 e EStDV).

In dem Fall, dass der Vergütungsschuldner den Steuerabzug nicht vorschriftsmäßig vorgenommen hat, ist das zuständige Finanzamt berechtigt, den Gläubiger der Vergütungen als Steuerschuldner durch Nachforderungsbescheid in Anspruch zu nehmen (§ 50 a Abs. 5 Satz 5 EStG).

1.3.2.9.2 Begrenzte Anwendbarkeit des Teileinkünfteverfahrens auf beschränkt einkommensteuerpflichtige Anteilseigner

Sofern ein beschränkt einkommensteuerpflichtiger Anteilseigner Anteile an einer inländischen Kapitalgesellschaft

- in einer inländischen Betriebsstätte hält und Dividenden von der Kapitalgesellschaft bezieht (§ 49 Abs. 1 Nr. 2 Buchst. a EStG),
- in einer inländischen Betriebsstätte hält und aus dem Betriebsvermögen heraus Anteile an der Kapitalgesellschaft mit Gewinn veräußert (§ 49 Abs. 1 Nr. 2 Buchst. a EStG),

- nicht in einer inländischen Betriebsstätte hält, jedoch innerhalb der letzten fünf Jahre unmittelbar oder mittelbar zumindest zu 1 % am Nennkapital der Kapitalgesellschaft beteiligt war (§ 49 Abs. 1 Nr. 2 Buchst. e i. V. m. § 17 EStG),

sind die Dividenden bzw. der Veräußerungsgewinn gem. § 3 Nr. 40 EStG **zu 40 % steuerfrei.** Das Teileinkünfteverfahren gilt insoweit auch im Rahmen der beschränkten Einkommensteuerpflicht, da in den genannten Fällen jeweils eine Steuerveranlagung durchzuführen ist. Bei der Einkünfteermittlung ist die Steuerbefreiung gem. § 3 Nr. 40 EStG zu berücksichtigen, da die Anwendbarkeit auf beschränkt Steuerpflichtige nicht durch § 50 Abs. 1 EStG ausgeschlossen ist. Werden die Dividenden innerhalb der Einkünfteermittlung für die inländische Betriebsstätte erfasst, hat der Kapitalertragsteuerabzug in Höhe von 25 % keine abgeltende Wirkung. Die Kapitalertragsteuer kann in voller Höhe auf die Einkommensteuerschuld mit der Möglichkeit der Steuererstattung angerechnet werden, obwohl die Dividenden nur zu 60 % in die Steuerbemessungsgrundlage eingegangen sind.

Gehören die Dividenden beim beschränkt einkommensteuerpflichtigen Anteilseigner nicht zu den Betriebseinnahmen eines inländischen Betriebs, so unterliegen die Dividendeneinkünfte der beschränkten Steuerpflicht nach § 49 Abs. 1 Nr. 5 Buchst. a EStG. In diesem Fall gilt die Einkommensteuer mit dem Kapitalertragsteuerabzug i. H. von 25 % als abgegolten (§ 50 Abs. 2 Satz 1 EStG). Damit kommt es hier zu keiner Steuerveranlagung und zu keiner Einkünfteermittlung, bei der sich die Steuerfreiheit des § 3 Nr. 40 EStG auswirken könnte. Wegen der besonderen Erhebungsform (abgeltender Steuerabzug) kann sich die 40 %ige Steuerfreiheit der Dividenden in diesem Fall nicht auswirken, d. h., das Teileinkünfteverfahren läuft hier ins Leere.

1.3.2.9.3 Steuerabzug von Vergütungen für im Inland erbrachte Bauleistungen ausländischer Unternehmer (§§ 48 – 48 d EStG)

Erbringt ein inländischer oder ausländischer Unternehmer (sog. Leistender) an einen Unternehmer i. S. des § 2 UStG oder an eine juristische Person des öffentlichen Rechts (sog. Leistungsempfänger) im Inland eine Bauleistung, so hat der Leistungsempfänger unter bestimmten Voraussetzungen von der Gegenleistung (Entgelt zzgl. Umsatzsteuer) einen **Steuerabzug in Höhe von 15 %** für Rechnung des Leistenden vorzunehmen (§ 48 Abs. 1 Satz 1 EStG).[327] Ein Solidaritätszuschlag wird von der Abzugsteuer nicht erhoben. Mit dem Steuerabzug soll vor allem der inländische Steueranspruch für die Lohnsteuer der von einem ausländischen Leistenden im Inland beschäftigten Arbeitnehmer sowie die inländische Einkommen- oder Körperschaftsteuer des ausländischen Leistenden gesichert werden. Die Einbeziehung der im Inland ansässigen Leistenden wurde vor allem aus EU-rechtlichen Erwägungen

327 Vgl. zu den steuerverfahrensrechtlichen Einzelheiten der sog. Bauabzugsteuer das BMF-Schreiben vom 27.12.2002 – IV A 5 – S 2272 – 1/02, BStBl 2002 I S. 1399, geändert durch BMF-Schreiben vom 04.09.2003, BStBl 2003 I S. 431.

vorgenommen, damit eine Gleichbehandlung aller EU-ansässigen Bauunternehmer erfolgt bzw. ein Verstoß gegen das Diskriminierungsverbot nicht vorliegt. Bei dem zum Steuerabzug verpflichteten Leistungsempfänger kann es sich ggf. auch um einen **ausländischen** Generalunternehmer handeln, der sich zur Erfüllung seiner Bauleistungsverpflichtung inländischer oder ausländischer Subunternehmer bedient.

Der Steuerabzug ist **auch dann** vorzunehmen, wenn die Einkünfte aus der im Inland erbrachten Bauleistung nach einem Abkommen zur Vermeidung der Doppelbesteuerung in Deutschland nicht besteuert werden dürfen, weil der Zeitraum für die Begründung einer inländischen Betriebsstätte[328] nicht erfüllt ist und damit kein inländisches Besteuerungsrecht für die Einkünfte aus der Bauausführung oder Montage besteht (§ 48 d Abs. 1 EStG). Der Leistungsempfänger haftet für einen nicht oder zu niedrig abgeführten Steuerabzugsbetrag (§ 48 a Abs. 3 EStG). Der abkommensrechtliche Anspruch des ausländischen Leistenden auf Erstattung der einbehaltenen und abgeführten Bauabzugsteuer wird durch die Verpflichtung zur Vornahme des Steuerabzugs durch den Leistungsempfänger jedoch nicht eingeschränkt. Wird der Leistungsempfänger in einem Haftungsverfahren für die Bauabzugsteuer in Anspruch genommen, so kann er sich nicht auf die abkommensrechtliche Steuerentlastungsansprüche des ausländischen Leistenden berufen (§ 48 d Abs. 1 Satz 6 EStG).

Der Leistungsempfänger muss dem Leistenden bei einem erfolgten Steuerabzug eine Bescheinigung ausstellen, in der die abgeführte Bauabzugsteuer ausgewiesen ist (§ 48 a Abs. 2 EStG). Erbringt ein **ausländischer Unternehmer** eine Bauleistung, ist der Leistungsempfänger (Auftraggeber) gem. **§ 13 b UStG** Schuldner der Umsatzsteuer. Aufgrund der ausdrücklichen Regelung in § 48 Abs. 3 EStG ist nach Auffassung der Finanzverwaltung auch in diesem Fall das Entgelt **zzgl.** der vom Leistungsempfänger geschuldeten Umsatzsteuer als Bemessungsgrundlage für die Abzugsteuer heranzuziehen.[329] Der Steuerabzug beträgt damit in diesen Fällen im Ergebnis (100 + 19) × 15 % = 17,85 % der Gegenleistung.

Die Bauabzugsteuer wird auf die vom Leistenden zu entrichtenden Steuern in der in § 48 c Abs. 1 EStG genannten Reihenfolge **angerechnet** oder unter den Voraussetzungen des § 48 c Abs. 2 EStG an den Leistenden **erstattet.** Der Erstattungsantrag ist nach amtlich vorgeschriebenem Muster bis zum Ablauf des zweiten Kalenderjahres zu stellen, das auf das Jahr folgt, in dem der Abzugsbetrag angemeldet worden ist, sofern ein Doppelbesteuerungsabkommen nicht eine längere Erstattungsfrist zulässt.

Die in der Praxis aufwendige Einbehaltung, Abführung und ggf. zu erfolgende Erstattung der Bauabzugsteuer kann vermieden werden, wenn der Leistende dem

---

328 Vgl. § 12 Satz 2 Nr. 8 AO: länger als sechs Monate; wird in der Anwendung verdrängt durch eine ggf. im Abkommen vorgesehene längere Zeitdauer. Art. 5 Abs. 3 OECD-MA verlangt für die Begründung einer Betriebsstätte bei einer Bauausführung oder Montage eine Dauer von mehr als zwölf Monaten.

329 Vgl. OFD Münster vom 25.02.2002 – S 2303 – 2 St 13 31, FR 2002, S. 359.

Leistungsempfänger im Zeitpunkt der zu zahlenden Gegenleistung eine gültige **Freistellungsbescheinigung** vorlegt oder die Gegenleistung für den einzelnen Leistenden im laufenden Kalenderjahr voraussichtlich **5.000 Euro bzw. 15.000 Euro** (wenn der Leistungsempfänger ausschließlich umsatzsteuerfreie Vermietungsumsätze nach § 4 Nr. 12 Satz 1 UStG ausführt) **nicht** übersteigen wird. Die Bauabzugsteuer ist auch dann nicht einzubehalten und abzuführen, wenn der Leistungsempfänger die Bauleistungen für vermietete Wohnungen in Anspruch nimmt und er **nicht mehr als zwei Wohnungen** vermietet (§ 48 Abs. 1 Satz 2 EStG). Die Freistellungsbescheinigung ist vom Leistenden bei dem für ihn zuständigen Finanzamt zu **beantragen** („Fragebogen zur Freistellung vom Steuerabzug bei Bauleistungen nach § 48 b Abs. 1 Satz 1 EStG"). Die örtliche Zuständigkeit des Finanzamtes (§ 20 a AO) ergibt sich bei ausländischen Leistenden aus der Umsatzsteuerzuständigkeitsverordnung, nach der eine zentrale Zuständigkeit im Bundesgebiet besteht (z. B. Finanzamt Hamburg Mitte-Altstadt für in Irland ansässige Unternehmer). Das zuständige Finanzamt wird regelmäßig eine Freistellungsbescheinigung nach amtlich vorgeschriebenem Vordruck erteilen, wenn der ausländische Leistende

1. einen **inländischen** Empfangsbevollmächtigten (§ 123 AO) bestellt hat und
2. der inländische **Steueranspruch** (insbesondere Lohnsteuer der beschäftigten Arbeitnehmer; Einkommen- bzw. Körperschaftsteuer des ausländischen Bauunternehmers) **nicht gefährdet** erscheint.

   Eine Gefährdung des inländischen Steueranspruchs kommt i. d. R. nicht in Betracht, wenn der Leistende seine Anzeigepflichten über die Erwerbstätigkeit nach § 138 AO erfüllt, er seiner Auskunfts- und Mitwirkungspflicht nach § 90 AO nachkommt und er den Nachweis der steuerlichen Ansässigkeit durch eine Bescheinigung der für ihn zuständigen ausländischen Steuerbehörde erbringt.

   Eine Freistellungsbescheinigung soll von dem zuständigen deutschen Finanzamt auch dann erteilt werden, wenn der Leistende glaubhaft macht, dass keine zu sichernden Steueransprüche bestehen. Dies kann z. B. dann der Fall sein, wenn der ausländische Bauunternehmer keine Arbeitnehmer beschäftigt und der Bundesrepublik Deutschland nach einem Doppelbesteuerungsabkommen für die Bauausführung oder Montage kein Besteuerungsrecht zusteht, weil die für die Begründung einer inländischen Betriebsstätte abkommensrechtlich vorgesehene Zeitdauer nicht überschritten wird.

Bei einer vorübergehenden Tätigkeit des ausländischen Bauunternehmers im Inland wird die Freistellungsbescheinigung regelmäßig auftragsbezogen erteilt. Die Freistellungsbescheinigung kann auch für einen bestimmten Zeitraum erteilt werden, längstens jedoch für einen Zeitraum von **drei Jahren**. Sechs Monate vor Ablauf einer Freistellungsbescheinigung kann auf Antrag des Leistenden eine Folgebescheinigung erstellt werden.[330]

330 Vgl. BMF-Schreiben vom 20.09.2004, BStBl 2004 I S. 862.

1.3.2.9.4 Besonderheiten beim Vorliegen von Doppelbesteuerungsabkommen

Doppelbesteuerungsabkommen sehen bei Dividenden, Zinsen und Lizenzgebühren regelmäßig eine Begrenzung des zulässigen Steuerabzugs im Quellenstaat der Höhe nach vor. In welcher Form die Steuerbegrenzung zu gewähren ist, wird in den Doppelbesteuerungsabkommen in aller Regel nicht bestimmt. Es ist damit dem jeweiligen Quellenstaat überlassen, ob er die Steuer in Form des **Steuerabzugs** beim jeweiligen Schuldner der Zahlungen vornehmen lässt (was regelmäßig der Fall ist) oder in Form einer **Steuerveranlagung** erhebt. Die im Doppelbesteuerungsabkommen genannten Quellensteuersätze sind Höchststeuersätze. Der jeweilige Quellenstaat kann die Steuer von vornherein auf die im Abkommen vorgesehenen Höchststeuersätze begrenzen oder zunächst den nach den nationalen Steuervorschriften ggf. höheren Steuersatz erheben, um dann anschließend in einem gesonderten Verfahren auf Antrag des Zahlungsempfängers eine Steuererstattung in Höhe der zu viel erhobenen Steuer zu leisten.

Deutschland hat die steuerverfahrensrechtliche Vorgehensweise für Steuerermäßigungen bei Dividenden, Zinsen und Lizenzgebühren in § 50 d EStG festgelegt. Können Einkünfte, die dem Steuerabzug vom Kapitalertrag oder dem Steuerabzug aufgrund des § 50 a EStG unterliegen, nach § 43 b EStG, nach § 50 g EStG oder nach einem Doppelbesteuerungsabkommen nicht oder nur mit einem niedrigeren Steuersatz besteuert werden, so sind die Vorschriften über die Einbehaltung, Abführung und Anmeldung der Steuer durch den Schuldner der Kapitalerträge oder Vergütungen ungeachtet des § 43 b EStG, des § 50 g EStG und ungeachtet des Abkommens anzuwenden (§ 50 d Abs. 1 Satz 1 EStG). Dies bedeutet vor allem für den Schuldner der Kapitalerträge, dass er für die Kapitalertragsteuer zunächst in voller Höhe haftet, die er nach innerstaatlichen Vorschriften einzubehalten und abzuführen hat (§ 44 Abs. 5 Satz 1 EStG). Der Schuldner kann sich im Haftungsverfahren nicht auf die Rechte des Gläubigers aus einem Doppelbesteuerungsabkommen berufen (§ 50 d Abs. 1 Satz 10 EStG).

Der Anspruch des Gläubigers der Kapitalerträge oder der Vergütungen auf völlige oder teilweise Erstattung der einbehaltenen und abgeführten Steuer wird durch die Pflichten des Schuldners nicht berührt. Faktisch wird eine Erstattung einer Abzugsteuer i. d. R. jedoch nur in Betracht kommen, wenn der Schuldner der Kapitalerträge die Steuer vorher einbehalten und abgeführt hat, da für die Steuererstattung stets die deutsche **Kapitalertragsteuerbescheinigung** als Beleg beizufügen ist. Der Anspruch auf Erstattung der abkommensrechtlich zu viel einbehaltenen Kapitalertragsteuer ist durch Antrag nach amtlich vorgeschriebenem Vordruck geltend zu machen (§ 50 d Abs. 1 Satz 3 EStG). In Deutschland sind die Einzelheiten für die Entlastung von deutscher Kapitalertragsteuer von Dividenden und bestimmten anderen Kapitalerträgen gemäß § 43 b EStG oder gemäß den Doppelbesteuerungsabkommen (z. B. Zinsen) in einem Verwaltungserlass geregelt.[331] Unterschieden wird dabei zwischen den Erstattungsverfahren und der Freistellung im Steuerabzugsverfahren.

Bei Streubesitzdividenden (die im anderen DBA-Staat ansässige Kapitalgesellschaft ist zu weniger als 10 % beteiligt oder beim ausländischen Anteilseigner handelt es sich nicht um eine Kapitalgesellschaft) und bestimmten anderen Kapitalerträgen (z. B. Vergütungen für typische stille Beteiligungen, für partiarische Darlehen, für Genussrechte, Erträge aus Wandelanleihen und Gewinnobligationen) ist das **Erstattungsverfahren** als Regelverfahren vorgesehen, d. h., der inländische Schuldner der Vergütungen hat die Kapitalertragsteuer zunächst in der nach den deutschen Bestimmungen vorgeschriebenen Höhe einzubehalten und an das für ihn zuständige Finanzamt abzuführen. Der Gläubiger der Dividenden bzw. der anderen Kapitalerträge hat beim Bundeszentralamt für Steuern einen Erstattungsantrag nach amtlich vorgeschriebenem Vordruck zu stellen. Das Bundeszentralamt erstattet dann die zu viel gezahlte Steuer (Differenz zwischen der in gesetzlicher Höhe einbehaltenen und abgeführten Kapitalertragsteuer und der im jeweiligen DBA bestimmten Höchstgrenze). Die Ansässigkeit des Erstattungsberechtigten im anderen Vertragsstaat (Wohnsitzstaat) ist von der für ihn zuständigen ausländischen Steuerbehörde auf dem deutschen Antragsvordruck zu bescheinigen **(Ansässigkeitsbescheinigung).** Der Erstattungsantrag kann auch vom Schuldner der Kapitalerträge oder von einem Dritten (z. B. Bank) gestellt werden, wenn der Erstattungsberechtigte hierzu eine Vollmacht erteilt hat. Von der Erteilung einer Vollmacht wird ausgegangen, wenn der Schuldner oder der Dritte dem Bundeszentralamt für Steuern einen mit der Ansässigkeitsbescheinigung der für den Gläubiger zuständigen ausländischen Steuerbehörde versehenen Erstattungsantrag vorlegt. Der **Erstattungsantrag** kann innerhalb einer **Frist von vier Jahren** nach Ablauf des Kalenderjahrs gestellt werden, in dem der Kapitalertrag dem Gläubiger zugeflossen ist. Der Gläubiger kann in einem Antrag die Erstattung mehrerer Abzugsbeträge für unterschiedliche Kapitalerträge einbeziehen, auch wenn die Kapitalertragsteuer zu unterschiedlichen Sätzen, von verschiedenen Schuldnern einbehalten oder die Kapitalerträge in verschiedenen Jahren zugeflossen sind.

Die **Freistellung** im Steuerabzugsverfahren kann angewendet werden bei Kapitalerträgen (v. a. Dividenden) und Vergütungen (z. B. Lizenzgebühren), die

- bei wesentlichen zwischengesellschaftlichen Beteiligungen (wenn eine im anderen Vertragsstaat ansässige Kapitalgesellschaft zu mindestens 10 % unmittelbar am Nennkapital einer unbeschränkt steuerpflichtigen Kapitalgesellschaft beteiligt ist, d. h. Schachteldividenden vorliegen) gemäß dem Abkommen,
- gem. § 43 b EStG (Umsetzung der Mutter-Tochter-Richtlinie),

331 Vgl. BMF-Schreiben vom 01.03.1994 – IV C 5 – S 1300 – 49/94, BStBl 1994 I S. 203; siehe auch BMF-Schreiben vom 07.05.2002 – IV B 4 – S 2293 – 26/02, BStBl 2002 I S. 521.

- gem. § 50 g EStG (Umsetzung der Zinsen-Lizenzgebühren-Richtlinie) oder
- bei Vergütungen i. S. des § 50 a Abs. 1 EStG nach dem Abkommen

von der deutschen Kapitalertragsteuer bzw. Abzugsteuer zu entlasten sind.

In diesen Fällen wird dem Gläubiger der Kapitalerträge (Anteilseigner) bzw. dem Vergütungsgläubiger auf Antrag nach amtlich vorgeschriebenem Vordruck vom Bundeszentralamt für Steuern ein Freistellungsbescheid für einen bestimmten Schuldner (ausschüttende deutsche Körperschaft oder Vergütungsschuldner) erteilt. Der Freistellungsantrag des Anteilseigners muss mit einer Ansässigkeitsbescheinigung der für ihn zuständigen ausländischen Steuerbehörde versehen sein. Die ausschüttende deutsche Körperschaft bzw. der Vergütungsschuldner wird vom Bundeszentralamt für Steuern durch eine Ausfertigung des Freistellungsbescheids ermächtigt, den Steuerabzug ganz zu unterlassen (insbesondere in Fällen des § 43 b EStG bei Ausschüttungen an EU-ansässige Muttergesellschaften oder gemäß § 50 g EStG bei Zahlung von Lizenzgebühren zwischen verbundenen EU-Gesellschaften) oder nach einem niedrigeren Kapitalertragsteuersatz vorzunehmen (betr. insbesondere Steuerbegrenzung für Schachteldividenden oder Vergütungen i. S. des § 50 a Abs. 1 EStG). Der Freistellungsbescheid wird i. d. R. für einen Zeitraum von höchstens drei Jahren erteilt.

Bei **Lizenzgebühren** wird die Einkommensteuer bei beschränkt Steuerpflichtigen gem. § 50 a Abs. 1 Nr. 3 EStG im Wege des Steuerabzugs erhoben, wobei der Steuerabzug 15 % der Einnahmen ohne Berücksichtigung von Ausgaben oder Steuern beträgt. Bei Einkünften, die aufgrund des § 50 a EStG dem Steuerabzug unterliegen, gelten ebenfalls die in § 50 d EStG vorgesehenen Steuerbefreiungs- bzw. Steuerermäßigungsregelungen.[332] Die Steuerentlastung kann im Wege

- der Freistellung im Steuerabzugsverfahren,
- des Erstattungsverfahrens oder
- des Kontrollmeldeverfahrens

gewährt werden.

Beim **Freistellungsverfahren** wird aufgrund eines Antrags des Vergütungsgläubigers durch das Bundeszentralamt für Steuern vor der Auszahlung der Vergütungen i. S. des § 50 a Abs. 1 EStG bescheinigt, dass die Abkommensvoraussetzungen erfüllt sind (Freistellungsbescheid). Der Vergütungsschuldner kann auf der Grundlage einer Ausfertigung des Freistellungsbescheids in diesem Fall den Steuerabzug ganz unterlassen oder zu dem abkommensrechtlich vorgesehenen niedrigeren Steuersatz vornehmen. Ein Freistellungsbescheid kann für einen Zeitraum von höchstens drei Jahren ab Antragstellung erteilt werden. In einigen wenigen Doppelbesteue-

332 Einzelheiten regelt das BMF-Schreiben vom 01.03.1994 – IV C 5 – S 1300 – 41/94, BStBl 1994 I S. 201, sowie das Merkblatt des BMF vom 07.05.2002 – IV B 4 – S 2293 – 26/02, BStBl 2002 I S. 521; siehe auch BMF vom 09.10.2002 – St II 4 – S 1300 – 17/02, BStBl 2002 I S. 916; BMF-Schreiben vom 18.12.2002 – IV B 4 – S 2293 – 54/02, BStBl 2002 I S. 1386.

rungsabkommen wird die Steuerentlastung davon abhängig gemacht, dass die Vergütungen im Wohnsitzstaat des Vergütungsgläubigers steuerpflichtig sind.

Beim **Erstattungsverfahren** wird die Abzugsteuer zunächst in Höhe von 15 % vom Vergütungsschuldner einbehalten und an das für ihn zuständige Finanzamt abgeführt. Die abkommensrechtlich zu viel gezahlte Steuer wird auf Antrag des Vergütungsgläubigers vom Bundeszentralamt für Steuern erstattet. Der Vergütungsgläubiger kann dabei mehrere Abzugsbeträge für unterschiedliche Vergütungen in einen Antrag einbeziehen.

Beim **Kontrollmeldeverfahren** (§ 50 d Abs. 5 und 6 EStG) kann ein Vergütungsschuldner von sich aus den Steuerabzug ganz oder teilweise unterlassen, wenn ihm die Anwendung dieses Verfahrens vom Bundeszentralamt für Steuern gestattet worden ist. Die gezahlten Vergütungen dürfen dabei bestimmte Betragsgrenzen nicht überschreiten.[333] Der Vergütungsschuldner muss dem Bundeszentralamt für Steuern die geleisteten Zahlungen einmal jährlich mitteilen. Das Kontrollmeldeverfahren kann seit dem 01.01.2002 auch auf **Streubesitzdividenden** angewendet werden (§ 50 d Abs. 6 EStG). In diesem Fall kann die ausschüttende inländische Kapitalgesellschaft den Steuerabzug nach dem abkommensrechtlich niedrigeren Steuersatz vornehmen. Voraussetzung dafür ist jedoch, dass das Bundeszentralamt für Steuern die ausschüttende inländische Kapitalgesellschaft auf Antrag zur Anwendung des Kontrollmeldeverfahrens ermächtigt hat und sich die Abkommensberechtigung des ausländischen Dividendenempfängers im Zeitpunkt des Dividendenzuflusses ohne nähere Ermittlungen durch die deutschen Finanzbehörden feststellen lässt. Soweit die auschüttende inländische Kapitalgesellschaft Namensaktien herausgegeben hat, ist die mögliche Abkommensberechtigung des Dividendenempfängers leicht feststellbar.[334] Mit dem Antrag auf Teilnahme am Kontrollmeldeverfahren gilt die Zustimmung des ausländischen Dividendenempfängers zur Weiterleitung der Angaben an den deutschen Fiskus als erteilt. Dieser kann die Angaben dann im Rahmen eines nachfolgenden Informationsaustausches an den Wohnsitzstaat des Dividendenempfängers mitteilen. Eine Ansässigkeitsbescheinigung des ausländischen Dividendenempfängers ist bei der Anwendung des Kontrollmeldeverfahrens nicht erforderlich.

1.3.2.9.5 Befreiung der zwischen verbundenen EU-Gesellschaften gezahlten Gewinnausschüttungen von der deutschen Kapitalertragsteuer (§ 43 b EStG)

Nach § 43 b EStG wird auf Antrag von den Ausschüttungen einer unbeschränkt steuerpflichtigen Tochtergesellschaft eine deutsche Kapitalertragsteuer **nicht erhoben**, wenn der Empfänger der Ausschüttungen eine in einem anderen EU-Mitglied-

333 Siehe hierzu das BMF-Schreiben vom 07.05.2002 – IV B 4 – S 2293 – 26/02, BStBl 2002 I S. 521.

334 So die Gesetzesbegründung, BT-Drucks. 14/7341 vom 08.11.2001, S. 30; siehe hierzu auch BMF-Schreiben vom 20.05.2009 – IV B 5 – S 2411/07/10021, DStR 2009, S. 1094.

staat ansässige Muttergesellschaft ist. Der Kapitalertragsteuerabzug würde ansonsten gem. § 43 a Abs. 1 Nr. 1 i. V. m. § 43 Abs. 1 Satz 1 Nr. 1 EStG 25 % betragen. § 43 b EStG setzt die Mutter-Tochter-Richtlinie (Richtlinie 90/435/EWG vom 23.07.1990, ABl. EG Nr. L 225 S. 6) in deutsches Steuerrecht um.

Die Abstandnahme vom Kapitalertragsteuerabzug richtet sich **verfahrensrechtlich** nach § 50 d Abs. 2 EStG, d. h., der Schuldner der Kapitalerträge (die ausschüttende Tochtergesellschaft) kann den Kapitalertragsteuerabzug ganz unterlassen, wenn der Gläubiger (die EU-ansässige Muttergesellschaft) aufgrund eines Antrags beim Bundeszentralamt für Steuern eine **Freistellungsbescheinigung** vorgelegt hat (Freistellung im Steuerabzugsverfahren). Der Verzicht auf den Kapitalertragsteuerabzug unter den Bedingungen des § 43 b EStG ist an bestimmte Ansässigkeits-, Rechtsform- und an bestimmte prozentuale sowie zeitliche Beteiligungsvoraussetzungen geknüpft.

Welche Gesellschaften als Tochter- und Muttergesellschaft von der Abstandnahme vom Kapitalertragsteuerabzug gem. § 43 b EStG profitieren können, regelt ausführlich die Anlage 2 zum Einkommensteuergesetz, auf die § 43 b Abs. 2 EStG verweist. Die Tochter- und Muttergesellschaften müssen die in der Anlage 2 genannten **drei** Voraussetzungen **kumulativ** erfüllen, d. h. bestimmte Rechtsformvoraussetzungen (Nr. 1), bestimmte Ansässigkeitsvoraussetzungen (Nr. 2) und bestimmte Steuervoraussetzungen (Nr. 3). Die Gesellschaften müssen im Rahmen der Steuervoraussetzungen **ohne Wahlmöglichkeit** der Körperschaftsteuer (oder einer vergleichbaren Steuer) in dem jeweiligen EU-Mitgliedstaat unterliegen.

Bei dem Kreis der **unbeschränkt steuerpflichtigen Tochtergesellschaften** in Deutschland handelt es sich um

- Aktiengesellschaften,
- Kommanditgesellschaften auf Aktien,
- Gesellschaften mit beschränkter Haftung,
- Versicherungsvereine auf Gegenseitigkeit,
- Erwerbs- und Wirtschaftsgenossenschaften,
- Betriebe gewerblicher Art von juristischen Personen des öffentlichen Rechts,
- andere nach deutschem Recht gegründete Gesellschaften, die der deutschen Körperschaftsteuer unterliegen (= Öffnungsklausel für zukünftige Gesellschaftsformen),
- Europäische Gesellschaften (SE),
- Europäische Genossenschaften (SCE),
- nach dem Gesellschaftsrecht eines anderen Mitgliedstaates gegründete Gesellschaften, die als Folge einer Geschäftsleitung im Inland unbeschränkt körperschaftsteuerpflichtig sind.

Damit sind nicht nur Kapitalgesellschaften als Tochtergesellschaften begünstigt. Sparkassen sind jedoch nicht mit in den Katalog aufgenommen.

Der Kreis der als Ausschüttungsempfänger begünstigten EU-ansässigen **Muttergesellschaften** ist der Folgende:

- körperschaftsteuerpflichtige Kapitalgesellschaften in den EU-Mitgliedstaaten einschl. der seit 1990 in den EU-Mitgliedstaaten neu geschaffenen Kapitalgesellschaftsformen (z. B. die „société par actions simplifiée in Frankreich (S.A.S.) = „kleine" AG),
- körperschaftsteuerpflichtige Körperschaften und Personenvereinigungen in den EU-Mitgliedstaaten, die keine Kapitalgesellschaften sind,
- Kapitalgesellschaften, Körperschaften, Personenvereinigungen und Personengesellschaften, die in den betreffenden EU-Mitgliedstaaten ohne Wahlmöglichkeit der Körperschaftsteuer unterliegen (z. B. die belgische „société coopérative à responsabilité illimitée"),
- andere nach dem Gesellschaftsrecht des betreffenden EU-Mitgliedstaates gegründete Gesellschaften, die der Körperschaftsteuer ohne Wahlmöglichkeit (vgl. Nr. 3 der Anlage 2 zum EStG) unterliegen (= Öffnungsklausel für zukünftige Gesellschaftsformen),
- Europäische Gesellschaft (SE) und Europäische Genossenschaft (SCE) sowie
- EU-belegene Betriebsstätten dieser Muttergesellschaften, selbst wenn die Muttergesellschaft in Deutschland ansässig ist.

Bei der Beurteilung der Frage, ob eine EU-ansässige Personengesellschaft als Muttergesellschaft einer unbeschränkt steuerpflichtigen Tochtergesellschaft fungieren kann und damit eine Kapitalertragsteuerbefreiung für die Ausschüttungen zu gewähren ist, kommt es nicht darauf an, ob die Personengesellschaft bei einem Rechtstypenvergleich die Strukturmerkmale einer deutschen Kapitalgesellschaft aufweist. Es reicht aus, wenn die betreffende Personengesellschaft im jeweiligen Ansässigkeitsstaat der Körperschaftsteuer ohne Wahlmöglichkeit unterliegt. Deutschland wendet in diesem Fall eine „Qualifikationsverkettung" an.

Die Richtlinie 2003/123/EG vom 22.12.2003 zur Änderung der Mutter-Tochter-Richtlinie dehnt die steuerlichen Vergünstigungen auf **Betriebsstätten von Muttergesellschaften** aus, sofern die Betriebsstätten in einem **anderen** EU-Mitgliedstaat belegen sind als die **Tochtergesellschaft**. Art. 1 Abs. 1 vierter Spiegelstrich der Mutter-Tochter-Richtlinie i. d. F. der Änderungsrichtlinie ordnet an (betr. die Quellensteuerbefreiung), dass jeder Mitgliedstaat die Richtlinie „auf Gewinnausschüttungen von (Tochter-)Gesellschaften **dieses** Staates an in einem anderen Mitgliedstaat gelegene Betriebsstätten von (Mutter-)Gesellschaften **dieses** Mitgliedstaates, deren Tochtergesellschaften sie sind", anwendet (Anm.: Klammerzusätze und Hervorhebungen nicht im Original). Dies würde darauf hindeuten, dass im „Betriebsstättenfall" Tochter- und Muttergesellschaft im **gleichen** Mitgliedstaat ansässig sind, damit die Richtlinienanordnung greift. Der Fall, dass Betriebsstätte und Muttergesellschaft im gleichen Mitgliedstaat ansässig sind, kann nicht gemeint sein, da in diesem Fall bereits vor Verabschiedung der Änderungsrichtlinie der Ansässigkeitsstaat der Tochtergesellschaft die Quellensteuerbefreiung gewähren musste. (Anm.: Das Stammhaus „Muttergesellschaft“ konnte sich bereits vorher aus mehreren Betriebsstätten im Ansässigkeitsstaat der Muttergesellschaft zusammensetzen, zu deren Betriebsvermögen die Anteile der Tochtergesellschaft gehörten.)

Aus Art. 3 Abs. 1 Buchst. a zweiter Unterabs. der Mutter-Tochter-Richtlinie i. d. F. der Änderungsrichtlinie ergibt sich, dass „als Muttergesellschaft ebenfalls eine Gesellschaft **eines** Mitgliedstaats (gilt), die einen Anteil von wenigstens 20 % am Kapital einer Gesellschaft **desselben** Mitgliedstaats hält, der **ganz oder teilweise** von einer in einem anderen Mitgliedstaat gelegenen Betriebsstätte der erstgenannten Gesellschaft gehalten wird“ (Anm.: Klammerzusätze und Hervorhebungen nicht im Original). Auch hieraus ist zu entnehmen, dass Mutter- und Tochtergesellschaft im **gleichen** EU-Mitgliedstaat ansässig sein müssen. Unter Erwägungsgrund 8 Satz 2 der Änderungsrichtlinie wird ausgeführt, dass die Richtlinienvergünstigungen auch für den Fall gewährt werden **„sollten“**, dass Tochter- und Muttergesellschaft in demselben Mitgliedstaat belegen bzw. ansässig sind, sofern sich die Betriebsstätte der Muttergesellschaft in einem **anderen** EU-Mitgliedstaat befindet. Die Änderungsrichtlinie scheint damit bei der **Quellensteuerbefreiung** die Ansässigkeit von Mutter- und Tochtergesellschaft im **gleichen** Mitgliedstaat **zur Bedingung** dafür zu machen, dass die in einem anderen EU-gelegene Betriebsstätte den Status einer „Muttergesellschaft“ annimmt.

Der deutsche Gesetzgeber scheint jedoch einer anderen – für die Steuerpflichtigen günstigen – Auslegung der Richtlinienbestimmung zuzuneigen, und zwar derjenigen, dass die Ansässigkeit von Mutter- und Tochtergesellschaft im gleichen Mitgliedstaat einen Sonderfall darstellt, der der besonderen gesetzlichen Bestätigung bedarf, damit er nicht als „Missbrauchsfall“ angesehen wird. Dies ergibt sich im Ergebnis auch aus der Gesetzesbegründung zum Richtlinien-Umsetzungsgesetz.[335] Nach der deutschen Umsetzung der Änderungsrichtlinie in § 43 b Abs. 1 Satz 1 EStG kommt es somit im Betriebsstättenfall offensichtlich **nicht** darauf an, dass die Muttergesellschaft in **demselben** Mitgliedstaat ansässig ist wie die Tochtergesellschaft, sodass von der Möglichkeit der Kapitalertragsteuerbefreiung auch der Dreistaatensachverhalt erfasst sein dürfte, dass die EU-Betriebsstätte, zu deren Betriebsvermögen die Beteiligung an der unbeschränkt steuerpflichtigen Tochtergesellschaft gehört, im Mitgliedstaat A (z. B. Italien) belegen und die Muttergesellschaft im Mitgliedstaat B (z. B. Frankreich) ansässig ist. Der Richtlinientext scheint demgegenüber bei einer derartigen Konstellation eine Quellensteuerbefreiung nicht zu verlangen.

335 Vgl. BT-Drucks. 15/3677 vom 06.09.2004, S. 33, linke Spalte letzter Absatz: „Darüber hinaus ...“

Demgegenüber können Fälle nach der Begründung in Erwägungsgrund 8 Satz 3 der Änderungsrichtlinie, in denen die **Betriebsstätte** der Muttergesellschaft und die **Tochtergesellschaft** sich in **demselben** Mitgliedstaat befinden, von dem betreffenden Mitgliedstaat nach seinem innerstaatlichen Steuerrecht geregelt werden, wobei jedoch die EG-vertraglichen Grundfreiheiten (insbesondere Niederlassungsfreiheit, Kapitalverkehrsfreiheit) nicht verletzt werden dürfen. Das Gebot der steuerlichen Gleichbehandlung einer inländischen Betriebsstätte und einer inländischen Gesellschaft im gleichen Mitgliedstaat bei der Quellensteuerentlastung ergibt sich bereits aus der ständigen Rechtsprechung des EuGH.[336]

In § 43 b Abs. 1 Satz 1 EStG wird eine in einem **anderen** EU-Mitgliedstaat gelegene Betriebsstätte einer in der Anlage 2 genannten Muttergesellschaft gleichgestellt. Nach dem Gesetzestext kommt es dabei **nicht** darauf an, dass die EU-Betriebsstätte in **demselben** Mitgliedstaat wie das Stammhaus der EU-Muttergesellschaft gelegen ist. Eine EU-belegene Betriebsstätte einer in einem **Drittstaat** (Nicht-EU-Staat) **ansässigen Muttergesellschaft** wäre jedoch **nicht begünstigt**. Gleiches gilt für eine Drittstaaten-Betriebsstätte einer EU-ansässigen Muttergesellschaft. Ebenfalls nicht begünstigt ist eine in Deutschland gelegene Betriebsstätte einer in einem anderen EU-Mitgliedstaat ansässigen Muttergesellschaft.

§ 43 b Abs. 1 Satz 2 EStG stellt klar, dass die Abstandnahme vom Kapitalertragsteuerabzug auch in dem Fall möglich ist, in dem die Betriebsstätte in einem anderen EU-Mitgliedstaat gelegen ist und Tochter- sowie Muttergesellschaft beide in Deutschland unbeschränkt körperschaftsteuerpflichtig sind. Voraussetzung für den vollständigen Verzicht auf den Kapitalertragsteuerabzug wäre in diesem Sachverhalt jedoch gem. § 43 b Abs. 1 Satz 3 EStG, dass die Beteiligung an der unbeschränkt steuerpflichtigen Tochtergesellschaft auch **tatsächlich** zu dem Betriebsvermögen der EU-Betriebsstätte gehört. Im Zweifel dürfte für die Auslegung des Begriffes der tatsächlichen Zugehörigkeit einer Beteiligung zum Betriebsvermögen auf die Rechtsprechung des Bundesfinanzhofes zurückzugreifen sein, nach der für die Frage der Zugehörigkeit zum Betriebsvermögen einer Betriebsstätte die formalrechtliche Betrachtung allein nicht ausreicht, sondern darüber hinaus **ein funktionaler Zusammenhang** mit der Tätigkeit der Betriebsstätte bestehen muss.[337] Hintergrund

336 Vgl. z. B. EuGH vom 28.01.1986, Rs. 270/83 (avoir fiscal), RIW 1986, S. 739; vom 29.04.1999, Rs. C-311/97 (Royal Bank of Scotland), RIW 1999, S. 630; vom 21.09.1999, Rs. C-307/97 (Saint-Gobain), RIW 1999, S. 978.

337 Vgl. BFH vom 27.02.1991 – I R 15/89, BStBl 1991 II S. 444; vom 27.02.1991 – I R 96/89, BFH/NV 1992, S. 385; vom 26.02.1992, I R 85/91, BStBl 1992 II S. 937; vom 14.07.1993 – I R 71/92, BStBl II 1994 S. 91; vom 31.05.1995 – I R 74/93, BStBl II 1995 S. 683; vom 30.08.1995 – I R 112/94, BStBl II 1996 S. 563; vom 23.10.1996 – I R 10/96, BStBl II 1997 S. 313; vom 17.12.1997 – I R 34/97, BStBl II 1998 S. 296; vom 29.11.2000 – I R 85/99, HFR 2001, S. 841; die Auffassung der Finanzverwaltung ist im BMF-Schreiben vom 24.12.1999 – IV B 4 – S 1300 – 111/99, BStBl I 1999 S. 1076 (Betriebsstätten-Verwaltungsgrundsätze) niedergelegt.

dieser Rechtsprechung ist, dass die Zuordnung einer Beteiligung nicht durch bloße Vermögensübertragung gestaltbar sein soll.

Der Begriff der Betriebsstätte i. S. des § 43 b Abs. 1 u. 2 EStG ist in weitgehender Übereinstimmung mit Art. 2 Abs. 2 der geänderten Mutter-Tochter-Richtlinie (90/435/EWG) in § 43 b Abs. 2 a EStG definiert, d. h., hier wird weder auf § 12 AO noch auf Abkommensrecht zurückgegriffen. Als Betriebsstätte wird (nur) eine „feste Geschäftseinrichtung" in einem anderen EU-Mitgliedstaat angesehen, durch die die Tätigkeit einer deutschen oder einer in einem anderen EU-Mitgliedstaat ansässigen Muttergesellschaft ganz oder teilweise ausgeübt wird. Weitere Voraussetzungen für das Vorliegen der Betriebsstätteneigenschaft i. S. dieser Vorschrift ist, dass das Besteuerungsrecht für die Betriebsstättengewinne nach dem einschlägigen Doppelbesteuerungsabkommen zwischen dem Belegenheitsstaat der Betriebsstätte und dem Ansässigkeitsstaat der EU-Muttergesellschaft dem Belegenheitsstaat der Betriebsstätte zugewiesen wird und die Betriebsstättengewinne in diesem Staat der Besteuerung unterliegen, d. h., sie dürfen nicht steuerbefreit sein. Auf die Entstehung einer Steuerschuld kommt es demnach nach dem Gesetzeswortlaut nicht an.

Die für die Abstandnahme vom Kapitalertragsteuerabzug erforderliche Mindestbeteiligung der Muttergesellschaft am (Nenn-)Kapital der Tochtergesellschaft beträgt ab dem 01.01.2009 10 %.

Es besteht zusätzlich das Erfordernis einer **einjährigen Mindestbeteiligungsdauer** im maßgeblichen Zeitpunkt für die Prüfung der erforderlichen Mindestbeteiligung. Wird die Mindestbeteiligungsdauer erst nach dem Zeitpunkt der Entstehung der Kapitalertragsteuer (Zuflusszeitpunkt der Kapitalerträge an die Muttergesellschaft) erfüllt, kommt nicht mehr die Abstandnahme vom Kapitalertragsteuerabzug in Betracht, sondern nur noch die nachträgliche Erstattung der Kapitalertragsteuer durch einen Antrag beim Bundeszentralamt für Steuern (§ 43 b Abs. 2 Satz 5 EStG).

Weiterhin besteht das Erfordernis der **„Unmittelbarkeit"** der Mindestbeteiligung, d. h. mittelbare Beteiligungsverhältnisse können nicht zu der unmittelbaren Beteiligung hinzugerechnet werden. Die Mutter-Tochter-Richtlinie stellt nicht auf das Erfordernis einer unmittelbaren Beteiligung an dem Kapital der Tochtergesellschaft ab, was z. B. bei Zwischenschaltung einer Personengesellschaft relevant sein könnte. Die Unmittelbarkeit des Beteiligungsverhältnisses ist auch in dem Fall gegeben, in dem die Beteiligung an der Tochtergesellschaft tatsächlich zum Betriebsvermögen einer Betriebsstätte gehört, die in einem anderen EU-Mitgliedstaat gelegen ist. Nach der Gesetzesbegründung sind bei der Prüfung der erforderlichen Mindestbeteiligung die Anteile, die über eine „nicht im Inland gelegene Betriebsstätte gehalten werden, mit den Anteilen der Muttergesellschaft zusammenzurechnen".[338] Hierbei dürften jedoch wohl nur diejenigen Anteile mit zu erfassen sein, die über

338 BT-Drucks. 15/3577 vom 06.09.2004, S. 33.

EU-belegene Betriebsstätten gehalten werden. Insofern hätte es für den deutschen Gesetzgeber nahegelegen, auch die Zwischenschaltung einer Personengesellschaft als steuerunschädlich anzusehen, da Deutschland bei der steuerrechtlichen Beurteilung einer Personengesellschaft weitgehend dem Transparenzprinzip folgt.

Die unmittelbare und ununterbrochene einjährige Mindestbeteiligung muss gem. § 43 b Abs. 2 Satz 1 EStG im Zeitpunkt der Entstehung der Kapitalertragsteuer bestanden haben. Nach § 44 Abs. 1 Satz 2 EStG entsteht die Kapitalertragsteuer in dem Zeitpunkt, in dem die Kapitalerträge dem Gläubiger (hier: Anteilseigner bzw. Muttergesellschaft) zufließen. Nach h. A. entsteht der Anspruch auf Gewinnausschüttung jedoch im Zeitpunkt des Gewinnverteilungsbeschlusses. Da die Quellensteuerbefreiung gem. Art. 5 Abs. 1 Mutter-Tochter-Richtlinie auf die Gewinnausschüttung abstellt, kann hieraus geschlossen werden, dass der maßgebliche Zeitpunkt für die Prüfung der Mindestbeteiligung der Zeitpunkt des Gewinnverteilungsbeschlusses ist (umgesetzt in § 43 b Abs. 2 Satz 2 EStG).

Bezüge, die nach der Auflösung einer unbeschränkt steuerpflichtigen Tochtergesellschaft anfallen und die nicht in der Rückzahlung von Nennkapital bestehen, stellen gem. § 20 Abs. 1 Nr. 2 EStG Kapitalerträge dar, die nach § 43 Abs. 1 Satz 1 Nr. 1 EStG der Kapitalertragsteuer unterliegen. Aus der Tatsache, dass Art. 4 Abs. 1 Mutter-Tochter-Richtlinie die Ausschüttungen anlässlich der Liquidation der Tochtergesellschaft explizit von der Richtlinienvergünstigung ausnimmt und Art. 5 Abs. 1 diese Einschränkung für die Quellensteuerbefreiung nicht enthält (Hinweis: Art. 5 Mutter-Tochter-Richtlinie enthält zwar einen Abs. 1, jedoch keine weiteren Absätze!), schließt die h. M., dass auch für Liquidationsauskehrungen eine Freistellung vom Quellensteuerabzug zu gewähren ist. In § 43 b Abs. 1 Satz 1 EStG wird jedoch nur auf § 20 Abs. 1 Nr. 1 und nicht auch auf § 20 Abs. 1 Nr. 2 EStG verwiesen, sodass Ausschüttungen anlässlich der Liquidation einer unbeschränkt steuerpflichtigen Tochtergesellschaft richtlinienwidrig einem Kapitalertragsteuerabzug unterliegen.

1.3.2.9.6 Unilaterale Kapitalertragsteuerermäßigung bei Ausschüttung von Kapitalerträgen an beschränkt steuerpflichtige Körperschaften (§ 44 a Abs. 9 EStG)

Bei einer beschränkt steuerpflichtigen Körperschaft, die

- in einem Drittstaat (Nicht-EU-Staat) oder in einem Nicht-DBA-Staat ansässig ist, oder
- in einem EU-Staat ansässig ist, jedoch nicht die Beteiligungsvoraussetzungen des § 43 b EStG erfüllt, oder
- in einem DBA-Staat ansässig ist, jedoch nicht die abkommensrechtlichen Beteiligungsvoraussetzungen für das Vorliegen von Schachteldividenden erfüllt,

und die Kapitalerträge i. S. des § 43 Abs. 1 Satz 1 Nr. 1 bis 4 EStG aus dem Inland erzielt, wird durch § 44 a Abs. 9 EStG gewährleistet, dass der zunächst zu erhebende **Kapitalertragsteuersatz** in Höhe von 25 % durch eine Erstattungsmöglichkeit in Höhe von zwei Fünftel im Ergebnis auf **15 % reduziert** wird, d. h. es erfolgt eine Angleichung an den Tarifsatz für eine unbeschränkt steuerpflichtige Körperschaft. Diese Kapitalertragsteuerermäßigung ist durch einen Erstattungsantrag beim Bundeszentralamt für Steuern zu erzielen. **Voraussetzung für diese Kapitalertragsteuerermäßigung** ist durch den Gesetzesverweis auf § 50 d Abs. 3 EStG für die nach dem 31.12.2008 zufließenden Kapitalerträge, dass bei einer Beteiligung von natürlichen Personen als Anteilseigner für die Einschaltung der beschränkt steuerpflichtigen Körperschaft wirtschaftliche oder sonst beachtliche Gründe vorliegen, sie mehr als 10 % ihrer gesamten Bruttoerträge des betreffenden Wirtschaftsjahres aus eigener Wirtschaftstätigkeit erzielt, und sie mit einem für ihren Geschäftszweck angemessen eingerichteten Geschäftsbetrieb am allgemeinen wirtschaftlichen Verkehr teilnimmt. Der Gesetzgeber will dadurch v. a. verhindern, dass eine natürliche Person, die z. B. in einem Nicht-DBA-Staat ansässig ist, sich durch die Zwischenschaltung einer weitgehend funktionslosen Körperschaft rechtsmissbräuchlich den unilateral reduzierten Kapitalertragsteuersatz in Höhe von 15 % verschaffen kann.

1.3.2.9.7 Befreiung der zwischen verbundenen EU-Gesellschaften gezahlten Zinsen und Lizenzgebühren vom deutschen Steuerabzug (§ 50 g EStG)

Die Zinsen-Lizenzgebühren-Richtlinie (Richtlinie 2003/49/EG vom 03.06.2003, ABl. EU Nr. L 157 S. 49) untersagt den EU-Mitgliedstaaten die Erhebung einer Abzugsteuer von Zinsen und Lizenzgebühren, die zwischen verbundenen EU-Gesellschaften gezahlt werden. § 50 g EStG setzt diese Anweisung an die EU-Mitgliedstaaten in deutsches Steuerrecht um. Nach dieser Vorschrift müssen die folgenden Voraussetzungen erfüllt sein, damit Deutschland keine Kapitalertragsteuer für Zinsen bzw. keine Abzugsteuer für Lizenzgebühren bei Zahlungen zwischen **verbundenen Unternehmen** erheben darf:

(1) Es muss sich um die Zahlung von (dinglich gesicherten) **„Zinsen“** oder um die Zahlung von **„Lizenzgebühren“** handeln. Beide Begriffe werden in § 50 g Abs. 3 Nr. 4 EStG definiert.

(2) Der **Schuldner** der Zahlungen muss ein in Deutschland ansässiges unbeschränkt steuerpflichtiges Körperschaftsteuersubjekt oder eine beschränkt körperschaftsteuerpflichtige Betriebsstätte eines in einem anderen EU-Mitgliedstaat ansässigen Körperschaftsteuersubjekts sein.

(3) Der **Gläubiger** der Zahlungen muss ein in einem anderen EU-Mitgliedstaat ansässiges Körperschaftsteuersubjekt oder eine in einem anderen EU-Mitgliedstaat belegene Betriebsstätte eines in einem anderen EU-Mitgliedstaat ansässigen Körperschaftsteuersubjekts sein.

(4) Schuldner und Gläubiger der Zahlungen müssen **verbundene Unternehmen** sein, d. h., das zahlende oder das empfangende Unternehmen muss **unmittelbar** mindestens zu **25 % am Kapital** des anderen Unternehmens beteiligt sein oder ein **drittes** EU-ansässiges Körperschaftsteuersubjekt muss **unmittelbar** mindestens zu 25 % am Kapital beider Unternehmen beteiligt sein.

Nach der Gesetzesbegründung[339] sind Personengesellschaften und Betriebsstätten nach deutschem Steuerrecht als transparent anzusehen, sodass die über eine Personengesellschaft gehaltenen Anteile den Gesellschaftern anteilig und die sich im Betriebsvermögen einer Betriebsstätte befindlichen Anteile dem Stammhaus zuzurechnen sind. Eine bestimmte Mindesthaltedauer der Mindestbeteiligung ist nicht erforderlich. Der Schuldner oder der Gläubiger der Zahlungen kann auch eine **EU-belegene Betriebsstätte** eines derartigen verbundenen Unternehmens sein.

(5) Der **Gläubiger** der Zahlungen muss der **Nutzungsberechtigte** sein. Das zahlungsempfangende Unternehmen muss die Einkünfte i. S. von § 2 Abs. 1 EStG **„erzielen"**. Hierdurch sollen Gestaltungen durch die Zwischenschaltung von nicht begünstigten Mittelspersonen (z. B. als Vertreter, Treuhänder, Bevollmächtigter), d. h. das „directive shopping", verhindert werden. Bei einer zahlungsempfangenden Betriebsstätte muss die Forderung, das Recht oder der Gebrauch von Informationen **tatsächlich** zu der Betriebsstätte gehören.

(6) Die Zinsen oder Lizenzgebühren dürfen nach deutschen Recht **nicht als (verdeckte) Gewinnausschüttung** behandelt werden. Die **Zinsen** dürfen auch **nicht** als **gewinnabhängige** Vergütung gewährt werden. Nicht begünstigt sind somit hybride Finanzierungsinstrumente wie z. B. Zinsen aus partiarischen Darlehen, Einnahmen aus typisch stillen Beteiligungen und Genussrechten. Ist eine **Betriebsstätte Schuldner** der Zinsen oder Lizenzgebühren, müssen die Zahlungen bei der Ermittlung des Gewinns der Betriebsstätte eine **steuerlich abzugsfähige Betriebsausgabe** sein.

(7) Der hauptsächliche Beweggrund für die Leistung der Zahlungen darf **nicht** die **Steuervermeidung** oder der **Missbrauch** von rechtlichen Gestaltungsmöglichkeiten sein. Soweit an dem EU-ansässigen Unternehmen als Gläubiger der Zahlungen Personen beteiligt sind, denen die Freistellung vom Kapitalertragsteuerabzug oder die Erstattung nicht zustände, wenn sie die Zahlungen unmittelbar erzielt hätten, **und** für die Einschaltung des EU-ansässigen Unternehmens wirtschaftliche bzw. sonst beachtliche Gründe fehlen **oder** die zwischengeschaltete ausländische EU-Gesellschaft nicht mehr als 10% ihrer gesamten Bruttoerträge des betreffenden Wirtschaftsjahres aus eigener Wirtschaftstätigkeit erzielt **oder** die zwischengeschaltete ausländischen EU-Gesellschaft nicht mit einem für ihren Geschäftszweck angemessen eingerichteten Geschäftsbetrieb am all-

339 Vgl. BT-Drucks. 15/3679, S. 20.

gemeinen wirtschaftlichen Verkehr teilnimmt, kommt die Steuerbefreiung vom Kapitalertragsteuerabzug nicht in Betracht (§ 50 d Abs. 3 EStG).

(8) Es muss eine vom Bundeszentralamt für Steuern auf Antrag erteilte **Freistellungsbescheinigung** im Zahlungszeitpunkt oder eine Ermächtigung des Schuldners zur Durchführung des **Kontrollmeldeverfahrens** durch das Bundeszentralamt für Steuern vorliegen. Über den Antrag auf Erteilung einer Freistellungsbescheinigung hat das Bundeszentralamt für Steuern **innerhalb von 3 Monaten zu entscheiden**.

Wenn die obigen Voraussetzungen **kumulativ** erfüllt sind, ergeben sich die folgenden Besteuerungskonsequenzen:

(1) Kapitalertragsteuer muss vom Schuldner der Zahlungen nicht einbehalten werden (Freistellung im Steuerabzugsverfahren).

(2) Wurde die Kapitalertragsteuer bei Zahlung der Zinsen oder Lizenzgebühren vom Schuldner bereits einbehalten oder abgeführt, kann der Gläubiger eine Erstattung beim Bundeszentralamt für Steuern beantragen.

(3) Erfolgt die Besteuerung der Zahlungen im Rahmen der beschränkten Steuerpflicht durch Veranlagung (z. B. bei dinglich gesicherten Forderungen), werden die Zinsen und Lizenzgebühren bei der Ermittlung der Einkünfte nicht erfasst.

(4) Soweit nach einem Doppelbesteuerungsabkommen weiter gehende Steuererleichterungen für Zinsen oder Lizenzgebühren vorgesehen sind (z. B. aufgrund einer weiteren Begriffsdefinition als in § 50 g Abs. 3 Nr. 4 EStG), steht § 50 g EStG dem nicht entgegen.

1.3.2.9.8 Voraussetzungen für die deutsche Abzugsteuerentlastung bei Zwischenschaltung einer ausländischen Gesellschaft durch eine nichtentlastungsberechtigte Person (§ 50 d Abs. 3 EStG)

Wie bereits vorangehend erläutert, können beschränkt steuerpflichtige Personen unter bestimmten Bedingungen nach

- § 43 b EStG (Umsetzung der Mutter-Tochter-Richtlinie),
- § 44 a Abs. 9 EStG (unilaterale Kapitalertragsteuerermäßigung gegenüber beschränkt steuerpflichtigen Körperschaften),
- § 50 g EStG (Umsetzung der Zinsen-Lizenzgebühren-Richtlinie) oder nach einem
- Abkommen zur Vermeidung der Doppelbesteuerung

eine deutsche Kapitalertragsteuer- bzw. Abzugsteuerentlastung beanspruchen. Diese Steuerentlastung besteht darin, dass die abzugsteuerpflichtigen Einkünfte nicht oder nur nach einem niedrigeren Steuersatz besteuert werden. Die Steuerentlastung wird im Wege der Freistellung oder der Erstattung gewährt.

Damit sich eine nichtentlastungsberechtigte Person, d. h. die nicht innerhalb der Europäischen Union oder innerhalb eines DBA-Staates ansässig ist, allein durch Zwischenschaltung einer rein vermögensverwaltend tätigen ausländischen Kapitalgesellschaft in einem EU-Mitgliedstaat oder in einem DBA-Staat rechtsmissbräuchlich den Vorteil der deutschen Kapitalertrag- bzw. Abzugsteuerentlastung verschaffen kann, hat der deutsche Gesetzgeber in § 50 d Abs. 3 EStG Zusatzbedingungen statuiert.

Der Ausschluss von der deutschen Kapitalertragsteuerentlastung tritt bei Beteiligung einer nichtentlastungsberechtigten Person an einer ausländischen Gesellschaft dann ein, wenn

(1) für die Einschaltung der ausländischen Gesellschaft weder wirtschaftliche noch sonst beachtliche Gründe vorliegen **oder**

(2) die ausländische Gesellschaft nicht mehr als 10 % ihrer gesamten Bruttoerträge des betreffenden Wirtschaftsjahres aus eigener Wirtschaftstätigkeit erzielt, **oder**

(3) die ausländische Gesellschaft nicht mit einem für ihren Geschäftszweck angemessen eingerichteten Geschäftsbetrieb am allgemeinen wirtschaftlichen Verkehr teilnimmt.

Das Vorliegen von wirtschaftlichen oder sonst beachtlichen Gründen für die Einschaltung der ausländischen Gesellschaft **allein** reicht somit für die Gewährung der deutschen Kapitalertragsteuerentlastung **nicht** aus. Es müssen auch zusätzlich die beiden weiteren Bedingungen erfüllt sein. Damit verschärft § 50 d Abs. 3 EStG den Missbrauchstatbestand gegenüber der Grundnorm des § 42 AO erheblich.

In Anlehnung an die Basisgesellschaften-Rechtsprechung des Bundesfinanzhofs werden in dem BMF-Schreiben vom 03.04.2007[340] folgende Fälle angeführt, die nicht als ausreichender wirtschaftlicher Grund für die Einschaltung einer ausländischen Gesellschaft angesehen werden:

- Errichtung einer ausländischen Gesellschaft zum Zwecke der Sicherung inländischen Vermögens für Krisenzeiten,[341]
- Errichtung einer ausländischen Gesellschaft im Hinblick auf die künftige Erbregelung,[342]
- Errichtung und Einsatz einer ausländischen Gesellschaft für den Aufbau der Alterssicherung der Gesellschafter.[343]

Es stellt sich die Frage, inwieweit in den genannten Fällen möglicherweise ein **„sonst beachtlicher“** Grund vorliegt, zumal nach dem BMF-Schreiben vom

340 Az.: IV B 1 – S 2411/07/0002, BStBl 2007 I S. 446.

341 Vgl. BFH vom 24.02.1976, BStBl 1977 II S. 265; vom 29.07.1976, BStBl 1977 II S. 263; BFH vom 05.03.1986, I R 201/82, BStBl 1986 II S. 496.

342 Vgl. BFH vom 29.07.1976, BStBl 1977 II S. 265; BFH vom 05.03.1986 I R 201/82, BStBl 1986 II S. 496.

343 Vgl. FG Köln vom 08.08.2001, 2 K 6630/99, EFG 2002, S. 541.

03.04.2007 als „sonst beachtliche“ Gründe u. a. rechtliche, politische oder auch religiöse Gründe angeführt werden.

Erzielt die ausländische Gesellschaft **nicht mehr als 10 % ihrer gesamten Bruttoerträge** des betreffenden Wirtschaftsjahres aus **eigener Wirtschaftstätigkeit** (§ 50 d Abs. 3 Satz 1 Nr. 2 EStG), so ist die deutsche Kapitalertragsteuerentlastung ebenfalls insoweit ausgeschlossen, als Personen an der ausländischen Gesellschaft beteiligt sind, denen bei einem Direktbezug der beschränkt steuerpflichtigen Kapitalerträge die deutsche Steuerentlastung nicht zustände. Stammen die Bruttoerträge der ausländischen Gesellschaft z. B. zu 90 % oder mehr aus Beteiligungserträgen, so ist dieses Ausschlusskriterium für die deutsche Kapitalertragsteuerentlastung erfüllt. Damit ist nicht jegliche Entfaltung einer eigenen Wirtschaftstätigkeit unabhängig vom Umfang geeignet, die Anwendung von § 50 d Abs. 3 EStG auszuschließen. Es stellt sich bei der obigen Bedingung die Frage, auf welcher Basis (Betriebsvermögensvergleich oder Einnahmen-Überschussrechnung) die Bruttoerträge der ausländischen Gesellschaft zu ermitteln sind.

Nach § 50 d Abs. 3 Satz 3 EStG fehlt es (gänzlich) an einer eigenen Wirtschaftstätigkeit, soweit die ausländische Gesellschaft ihre Bruttoerträge (lediglich) aus der Verwaltung von Wirtschaftsgütern erzielt oder sie ihre wesentlichen Geschäftstätigkeiten auf Dritte überträgt. Eine rein vermögensverwaltende Tätigkeit der ausländischen Gesellschaft soll den nichtentlastungsberechtigten Anteilseigner der ausländischen Gesellschaft **nicht** in die Lage versetzen, eine deutsche Kapitalertragsteuerentlastung zu erlangen. Eine rein vermögensverwaltende Holdingtätigkeit der ausländischen Gesellschaft reicht für die Erlangung der deutschen Kapitalertragsteuerentlastung somit nicht aus. Eine geschäftsleitende Managementtätigkeit der ausländischen Gesellschaft gegenüber **mehr als einer** Untergesellschaft (= geschäftsleitende Holdingtätigkeit) dürfte demgegenüber eine eigene Wirtschaftstätigkeit begründen. Hier kann sich in der Praxis aber das Problem zeigen, dass die aus der Ausübung der geschäftsleitenden Funktion resultierenden Einkünfte die 10%-Grenze des § 50 d Abs. 3 Satz 1 Nr. 2 EStG nicht übersteigen und deshalb eine deutsche Kapitalertragsteuerentlastung nicht in Betracht kommt. Diese Gefahr steigt umso mehr, je mehr Beteiligungen der geschäftsleitenden Holding übertragen werden.

Eine ausländische Gesellschaft hat auch dann keinen Anspruch auf eine Kapitalertragsteuerentlastung in Deutschland, wenn sie **nicht** mit einem für ihren Geschäftszweck **angemessen eingerichteten Geschäftsbetrieb** am allgemeinen wirtschaftlichen Verkehr teilnimmt (§ 50 d Abs. 3 Satz 1 Nr. 3 EStG). Hiermit kodifiziert der Gesetzgeber das Erfordernis nach einer „substantiellen Geschäftsausstattung“, d. h. Vorhandensein von eigenen Geschäftsräumen, eigenen Telekommunikationseinrichtungen und ggf. von eigenem Personal. Der Gesetzgeber will damit insbesondere die Zwischenschaltung von ausländischen Briefkastengesellschaften mit dem alleinigen Ziel der Erlangung einer deutschen Kapitalertragsteuerentlastung verhindern. Eine Teilnahme am allgemeinen wirtschaftlichen Verkehr liegt bereits dann vor, wenn die ausländische Gesellschaft Dienstleistungen nur gegenüber **einem** Auftraggeber erbringt, wobei es sich hierbei **auch** um einen **konzernzugehörigen** Auftraggeber handeln kann.

Für die Beurteilung der Frage, ob für die Einschaltung der ausländischen Gesellschaft wirtschaftliche oder sonst beachtliche Gründe eine Rolle gespielt haben oder ob die ausländische Gesellschaft eine eigene Wirtschaftstätigkeit entfaltet oder ob die ausländische Gesellschaft mit einem für ihren Geschäftszweck angemessen eingerichteten Geschäftsbetrieb am allgemeinen wirtschaftlichen Verkehr teilnimmt, ist **ausschließlich** auf die **Verhältnisse der ausländischen Gesellschaft selbst abzustellen**. Merkmale anderer Konzerngesellschaften[344] sollen bei diesen Beurteilungen nach dem gesetzgeberischen Willen außer Betracht bleiben. Die Tatsache, dass **andere** im gleichen Staat ansässige Konzerngesellschaften eine eigene Wirtschaftstätigkeit entfalteten und diese aktiv funktional in den Konzernaufbau eingegliedert sind, soll einer ansonsten funktionslosen Zwischenholdinggesellschaft nicht **zugerechnet** werden können. Darüber hinaus sollen konzernbezogene Struktur- bzw. Strategieüberlegungen die Zwischenschaltung einer ansonsten weitgehend ausstattungslosen Kapitalgesellschaft bei der Frage der Gewährung der deutschen Kapitalertragsteuerentlastung nicht **rechtfertigen** können.

Gemäß § 50 d Abs. 3 Satz 4 EStG sind allerdings explizit börsennotierte ausländische Gesellschaften von dem Anwendungsbereich der Bestimmung ausgenommen (= **Börsenklausel**). Bei ihnen ist somit nicht mehr die Frage der rechtsmissbräuchlichen Zwischenschaltung für die Gewährung der deutschen Kapitalertragsteuerentlastung zu prüfen.

Sofern die **unmittelbar** beteiligte ausländische Gesellschaft **nicht** die **Funktionsvoraussetzungen** des § 50 d Abs. 3 EStG erfüllt, kommt es bei mehrstufigen Beteiligungsverhältnissen für die Entlastungsberechtigung darauf an, ob eine ihr nachgeschaltete Gesellschaft (mittelbar Beteiligte) die **Funktionsvoraussetzungen erfüllt,** sofern diese **persönlich entlastungsberechtigt** ist. Demnach ist ein **mittelbar** beteiligter Gesellschafter **nur dann nicht entlastungsberechtigt**, wenn er

- in einem Nicht-DBA-Staat ansässig ist,
- in einem Drittstaat ansässig ist und damit nicht die Voraussetzungen der einschlägigen EU-Richtlinie erfüllt,
- die Rechtsform einer Gesellschaft hat, diese nicht die Funktionsvoraussetzungen des § 50 d Abs. 3 EStG erfüllt und die Gesellschafter ihrerseits in einem Nicht-DBA-Staat bzw. in einem Drittstaat ansässig sind.[345]

Ist die ausländische Gesellschaft oder eine **unmittelbar** oder **mittelbar** mindestens zu **10 %** beteiligte **natürliche Person** in einem Staat ansässig, der **keine Auskünfte in Steuersachen** entsprechend Art. 26 OECD-MA erteilt, so ist die Steuerentlastung

344 Der Gesetzeswortlaut spricht von nahestehende Personen i. S. des § 1 Abs. 2 AStG.
345 Vgl. BMF-Schreiben vom 10.07.2007 – IV B 1 – S 2411/07/2002, IStR 2007, S. 555.

nach § 51 Abs. 1 Satz 1 Nr. 1 Buchst. f EStG i. V. m. § 2 Steuerhinterziehungsbekämpfungsverordnung davon abhängig, dass die ausländische Gesellschaft die **Identität** und **Ansässigkeit** dieser **substanziell beteiligten natürlichen Person darlegt** und **nachweisen** kann.

1.3.2.9.9 Anrechnung und Abzug ausländischer Steuern

Bei Einkünften aus Land- und Forstwirtschaft, aus Gewerbebetrieb oder aus selbständiger Arbeit, für die im Inland ein Betrieb (inländische Betriebsstätte) unterhalten wird, können beschränkt Steuerpflichtige nach § 50 Abs. 3 EStG eine im Ausland entrichtete Steuer auf die deutsche Steuer anrechnen (§ 34 c Abs. 1 EStG) oder bei der Ermittlung der Einkünfte abziehen lassen (§ 34 c Abs. 2 oder 3 EStG). Diese Anrechnungs- bzw. Abzugsmöglichkeit ist insbesondere bei Dividenden, Zinsen und Lizenzgebühren von Bedeutung, wenn diese in einem ausländischen Staat einem Quellensteuerabzug unterlegen haben und die ihnen zugrunde liegenden Vermögenswerte und Rechte zum Vermögen des inländischen Betriebs gehören. In derartigen Fällen ist die beschränkte Steuerpflicht nicht auf inländische Einkunftsquellen beschränkt, sondern der deutsche Besteuerungsanspruch wird selbst im Rahmen der beschränkten Steuerpflicht über die nationalen Steuerhoheitsgrenzen ausgedehnt.

Voraussetzung für die obige Steuerermäßigung ist allerdings, dass der beschränkt Steuerpflichtige mit diesen Einkünften nicht in dem ausländischen Staat, aus dem sie stammen, in einem der unbeschränkten Steuerpflicht ähnlichen Umfang zu einer Steuer vom Einkommen herangezogen wird (wenn z. B. die aus deutscher Sicht ausländischen Einkünfte aus dem Wohnsitzstaat des beschränkt Steuerpflichtigen stammen und diese dort nach den Maßstäben der unbeschränkten Steuerpflicht besteuert werden). In derartigen Fällen ist es nach Auffassung des deutschen Steuergesetzgebers Angelegenheit dieses ausländischen Staates, aus dem die Einkünfte des beschränkt Steuerpflichtigen stammen, die Vermeidung der Doppelbesteuerung zu ermöglichen. Bei einer Freistellung der aus dem inländischen Betrieb stammenden Einkünfte des beschränkt Steuerpflichtigen im Wohnsitzstaat gelten diese dort als nicht in einem der unbeschränkten Steuerpflicht ähnlichen Umfang zu einer Steuer vom Einkommen herangezogen.

1.3.2.9.10 Unilaterale Qualifikation von Sondervergütungen als Unternehmensgewinne im abkommensrechtlichen Sinne (§ 50 d Abs. 10 EStG)

Der Bundesfinanzhof hat in seiner bisherigen Rechtsprechung Sondervergütungen eines Mitunternehmers einer ausländischen Personengesellschaft (= Outbound-Fall) unter dem Gesichtspunkt der **Spezialität** der abkommensrechtlichen Einkünftezuordnung (vgl. Art. 7 Abs. 7 OECD-MA) aus dem Unternehmensgewinn herausgelöst und diese für **Zwecke der Abkommensanwendung** den jeweils spezielleren

Abkommensartikeln zugeordnet, so dass die Sondervergütungen (insbes. Zinsen, Lizenzgebühren) im Ergebnis regelmäßig im Wohnsitzstaat des Gesellschafters der Personengesellschaft (Deutschland) der inländischen Steuerpflicht (ggf. unter Anrechnung einer im Ausland gezahlten Quellensteuer) unterlagen.[346] Für den Inbound-Fall hat der BFH diese Rechtsprechung im Urteil vom 17.10.2007[347] bestätigt, wobei sich hier im Urteilssachverhalt, bei dem eine inländische Personengesellschaft an ihren in den USA anässigen Gesellschafter Zinsen für die Gewährung eines Darlehens gezahlt hatte, eine **Nichtbesteuerung** dieser Vergütungen **im Inland** ergab, da Zinsen nach Art. 11 DBA-USA im Quellenstaat keiner Abzugsteuer unterworfen werden dürfen.

Um diese fiskalisch unerwünschte Nichtbesteuerung im Inland zu unterbinden, hat der Gesetzgeber in § 50 d Abs. 10 EStG eine Unternehmensgewinnqualifikationsklausel dergestalt kodifiziert, dass bei Sondervergütungen an einen Mitunternehmer einer Personengesellschaft oder an einen Komplementär einer KGaA diese Vergütungen für Zwecke der Abkommensanwendung **ausschließlich als Unternehmensgewinne qualifiziert** werden, sofern das betreffende Doppelbesteuerungsabkommen für solche Sondervergütungen **keine** ausdrückliche Regelung enthält.[348] Nach diesen abkommensrechtlichen Spezialregelungen werden Sondervergütungen dann abkommensrechtlich den Unternehmensgewinnen gleichgestellt, wenn diese Vergütungen nach dem Steuerrecht des Vertragsstaates, in dem die Betriebsstätte (Personengesellschaft) gelegen ist, den Einkünften des Gesellschafters aus dieser Betriebsstätte **zugerechnet** und damit den Unternehmensgewinnen gleichgestellt werden. Zugerechnet werden können der Betriebsstätte jedoch nur Gewinne, die durch ihre Tätigkeit oder ihre Vermögenswerte erzielt werden (Prinzip der wirtschaftlichen bzw. funktionalen Zugehörigkeit). Damit unterliegen z. B. Zinszahlungen einer deutschen Personengesellschaft an ihren ausländischen Gesellschafter (Inbound-Fall) entgegen der höchstrichterlichen Rechtsprechung der Betriebsstättenbesteuerung in Deutschland. Im umgekehrten Fall, d. h. bei Sondervergütungen von einer ausländischen Personengesellschaft an einen inländischen Gesellschafter (Outbound-Fall), würden die regelmäßig in DBA-Fällen (ohne eine spezielle Regelung für Sondervergütungen im Abkommen) der Betriebsstättenfreistellung unterliegen, was zu einer doppelten Nichtbesteuerung der Sondervergütungen führen könnte, sofern diese Sondervergütungen im betreffenden ausländischen Quellenstaat bei der steuerlichen Einkommensermittlung der Personengesellschaft als Ausgaben abgezogen werden können. Um diese drohende doppelte Nichtbesteuerung abzu-

---

346 Vgl. z. B. BFH-Urteil vom 27.02.1991 I R 15/89, BStBl 1991 II S. 444; vom 31.05.1995 I R 74/93, BStBl 1995 II S. 683; vom 17.12.1997 I R 34/97, BStBl 1998 II S. 296; vom 21.07.1999 I R 71/98 BStBl 2000 II S. 336; vom 16.10.2002 I R 17/01, BStBl 2003 II S. 631; vom 09.08.2006 II R 59/05, BFH/NV 2006, S. 2326, BFH-Beschluss vom 20.12.2006 I B 47/05, IStR 2007, S. 330.

347 Az: I R 5106, DStR 2008, S. 659.

348 Eine abkommensrechtliche Spezialregelung für Sondervergütungen, die diese den Unternehmensgewinnen gleichstellt, enthalten die Abkommen mit Belarus, Ghana, Kasachstan, Österreich, Schweiz, Singapur, Tadschikistan, Usbekistan.

wenden, verweist § 50 d Abs. 10 Satz 2 EStG darauf, dass die unilaterale Rückfallklausel des § 50 d Abs. 9 Satz 1 Nr. 1 EStG, die eine Keinmalbesteuerung von Einkünften als Folge von abkommensrechtlichen Steuerfreistellungen verhindern soll, in ihrer Anwendung von der Unternehmensgewinnqualifikationsklausel des § 50 d Abs. 10 EStG nicht beeinträchtigt wird. Dadurch sollen die Sondervergütungen nur dann von der deutschen Besteuerung ausgenommen werden, wenn der andere Vertragsstaat diese abkommensrechtlich als Unternehmensgewinne behandelt und nicht als Zinsen oder Lizenzgebühren.

2 Körperschaftsteuergesetz

2.1 Unbeschränkte Steuerpflicht

2.1.1 Anknüpfungskriterien

2.1.1.1 Körperschaftsteuersubjektqualifikation ausländischer Rechtsgebilde

Die Aufzählung der Körperschaften, Personenvereinigungen und Vermögensmassen, die nach § 1 Abs. 1 Nr. 1 KStG für die unbeschränkte Körperschaftsteuerpflicht in Betracht kommen, ist nicht abschließend. Hierauf deutet das Einleitungswort in der Klammeraufzählung „insbesondere" hin. Das Körperschaftsteuergesetz enthält keine ausdrückliche Vorschrift darüber, welche Körperschaften, Personenvereinigungen und Vermögensmassen, die nach ausländischem Recht errichtet worden sind, als Körperschaftsteuersubjekte zu betrachten sind. Dies ist sowohl für die **unbeschränkte** als auch für die **beschränkte** Körperschaftsteuerpflicht von Bedeutung, weil sich daran die steuerliche Behandlung nach dem KStG oder nach dem EStG orientiert. Es muss im Einzelfall geprüft werden, ob die im Ausland rechtsfähige Körperschaft, Personenvereinigung oder Vermögensmasse, die ihre Geschäftsleitung im Inland hat oder die Einkünfte aus dem Inland bezieht, dem **„Typ" und der tatsächlichen Handhabung** nach einem Körperschaftsteuersubjekt i. S. des § 1 Abs. 1 Nr. 1–6 KStG entspricht. Ist das der Fall, ist weiterhin zu untersuchen, ob das erzielte Einkommen der Körperschaft, Personenvereinigung bzw. Vermögensmasse oder den dahinterstehenden Anteilseignern, Gesellschaftern, Mitgliedern, Teilhabern usw. zuzurechnen ist, d. h., es ist zusätzlich zu prüfen, wer den **Tatbestand der Einkünfteerzielung** erfüllt hat.[349] Die Vorschrift des § 1 Abs. 1 Nr. 6 KStG bezieht sich ausschließlich auf inländische juristische Personen des öffentlichen Rechts. Die Körperschaftsteuerpflicht ausländischer juristischer Personen des öffentlichen Rechts richtet sich nach § 2 Nr. 1 KStG.

Eine **im Ausland rechtsfähige** Körperschaft, Personenvereinigung oder Vermögensmasse, die im Inland ihre Geschäftsleitung hat oder die inländische Einkünfte

349 Vgl. Erlass des FM Baden-Württemberg vom 17.08.1993, IStR 1993, S. 524.

erzielt, ist dann unbeschränkt bzw. beschränkt körperschaftsteuerpflichtig, wenn sie bei einer Gesamtwürdigung der maßgebenden ausländischen Bestimmungen und der getroffenen Vereinbarungen über die Organisation und die Struktur einer deutschen Kapitalgesellschaft oder einer juristischen Person i. S. des § 1 Abs. 1 Nr. 1 oder einem anderen Körperschaftsteuersubjekt i. S. des § 1 Abs. 1 Nr. 2–6 KStG rechtlich und wirtschaftlich entspricht. Dieser sog. **„Typenvergleich"** basiert auf der höchstrichterlichen Rechtsprechung des RFH,[350] der sich der BFH,[351] die Finanzverwaltung[352] und auch weitgehend das Schrifttum[353] angeschlossen haben. Für die Frage der Körperschaftsteuersubjektqualifikation kommt es nur darauf an, ob das ausländische Rechtsgebilde **nach ausländischem Recht die Rechtsfähigkeit** erlangt hat.[354] Ein Mangel der Rechtsfähigkeit nach deutschem Internationalen Privatrecht steht der unbeschränkten Körperschaftsteuerpflicht im Inland nicht entgegen. Für die in der Anlage 2 zu § 43 b EStG genannten Gesellschaften i. S. d. Mutter-Tochter-Richtlinie dürfte davon auszugehen sein, dass es sich für deutsche Besteuerungszwecke um Körperschaftsteuersubjekte handelt. Ein „Typenvergleich" kann insoweit unterbleiben.

Bei der Frage, ob ein ausländischer Rechtsträger im Rahmen eines Typenvergleichs in Organisation und Aufbau einem in § 1 Abs. 1 Nr. 1–6 KStG genannten Körperschaftsteuersubjekt entspricht, können folgende **Beurteilungskriterien** bei den Regelungen der Rechtsbeziehungen des ausländischen Rechtsgebildes zu Dritten und zu den Anteilsinhabern herangezogen werden, wobei es sich hier nicht um ein starres Raster handelt:[355]

1. **Zentralisierte Geschäftsführung und Vertretung**, indem eine oder mehrere Personen auf Dauer ausschließlich befugt sind, die zur Durchführung des Gesellschaftszwecks erforderlichen Entscheidungen ohne Zustimmung der Gesellschafter zu treffen.
2. **Beschränkte Haftung** der Gesellschafter für die Schulden der Gesellschaft (Risikobegrenzung auf die Einlagen).
3. **Freie Übertragbarkeit der Anteile** auf Nichtgesellschafter, d. h. ohne Zustimmung der anderen Gesellschafter.

---

350 Grundlegend das Urteil des RFH vom 12.02.1930, RFHE 27, 73 = RStBl. 1930, S. 444 (sog. „Venezuela-Entscheidung").

351 Vgl. z. B. BFH vom 06.12.1955, BStBl 1956 III S. 95; BFH vom 17.07.1968, BStBl 1968 II S. 695; BFH vom 03.02.1988, BStBl 1988 II S. 588; BFH vom 23.06.1992, BStBl 1992 II S. 972; BFH vom 25.02.2004, BStBl 2005 II S. 14.

352 Vgl. BMF-Schreiben vom 19.03.2004 – IV B 4 – S 1301 USA – 22/04, BStBl 2004 I S. 411, sowie SenFin Berlin, Erlass vom 19.01.2007 – III A – S 1301 GB – 2/2006, DStR 2007, S. 1034.

353 Vgl. BFH vom 23.06.1992, BStBl 1992 II S. 972, mit zahlreichen Literaturhinweisen. Siehe zusätzlich Ebenroth/Auer, Körperschaftsteuersubjektfähigkeit ausländischer Gesellschaften mit inländischem Ort der Geschäftsleitung?, RIW 1992, S. 998 ff.

354 Vgl. BFH vom 06.11.1980, BStBl 1981 II S. 220.

355 Vgl. BMF-Schreiben vom 19.03.2004, BStBl 2004 I S. 411; BFH vom 20.08.2008, I R 34/08, IStR 2008, S. 811.

4. **Gewinnzuteilung** auf der Grundlage eines jährlich zu fassenden Beschlusses der Gesellschafterversammlung.
5. **Kapitalaufbringung** durch Leistung einer Einlage.
6. **Unbegrenzte Lebensdauer der Gesellschaft,** d. h. unabhängig vom Gesellschafterbestand.
7. **Gewinnverteilung** nach der Höhe der Gesellschaftsanteile.
8. Existenz von **formalen Gründungsvoraussetzungen.**

Ist ein ausländisches Rechtsgebilde anhand der obigen Beurteilungsmaßstäbe mit den diesbezüglichen leitenden Gedanken einer der in § 1 Abs. 1 Nr. 1–6 KStG genannten Körperschaften, Personenvereinigungen oder Vermögensmassen und damit einer kapitalistisch korporativen Organisationsstruktur vergleichbar, so qualifiziert es sich nach deutschem Steuerrecht grundsätzlich als Körperschaftsteuersubjekt. Die steuerrechtliche und zivilrechtliche Behandlung eines Rechtsgebildes im Ausland stellt für die inländische steuerliche Qualifikation kein entscheidendes Kriterium dar. Ein im Ausland als juristische Person qualifiziertes Rechtssubjekt, das im Ausland der Körperschaftsteuer unterliegt, kann dennoch im Inland für steuerliche Zwecke als Mitunternehmerschaft angesehen werden. Die in den Betriebsstätten-Verwaltungsgrundsätzen[356] im Anhang abgedruckten Tabellen 1 und 2 enthalten eine vergleichende Zusammenstellung ausländischer und inländischer Gesellschaftsformen, die einen ersten Anhalt zur Vergleichbarkeit mit deutschen Gesellschaften hinsichtlich der Struktur geben.[357] Im Bereich der **Europäischen Union** gibt Anlage 2 zum Einkommensteuergesetz (zu § 43 b EStG)[358] einen Überblick über EU-ansässige Körperschaftsteuersubjekte.

Auch wenn das ausländische Rechtsgebilde im Rahmen eines Typenvergleichs als Körperschaftsteuersubjekt qualifiziert worden ist, hat zusätzlich in jedem Einzelfall eine Prüfung zu erfolgen, ob die erzielten Einkünfte dem ausländischen Rechtsträger – wenn er den Tatbestand der Einkünfteerzielung selbst erfüllt – oder den dahinterstehenden Anteilseignern, Gesellschaftern, Mitgliedern, Teilhabern usw. gem. § 15 Abs. 1 Satz 1 Nr. 2 EStG zuzurechnen sind (§ 3 Abs. 1 KStG).[359]

Für die **Einkünftezurechnung zu einer ausländischen Gesellschaft** spricht insbesondere, wenn

– die ausländische Gesellschaft bei inländischem Grundbesitz selbst in das Grundbuch eingetragen wird,

356 BMF-Schreiben vom 24.12.1999 – IV B 4 – S 1300 – 111/99, BStBl 1999 I S. 1076.

357 Siehe Anhang 3 zu diesem Band.

358 Anhang zur sog. Mutter-Tochter-Richtlinie vom 23.07.1990 („Liste der unter Art. 2 Buchst. a) fallenden Gesellschaften", die für eine Kapitalertragsteuerermäßigung bei Gewinnausschüttungen an EU-ansässige Muttergesellschaften in Betracht kommen).

359 Vgl. BFH vom 03.02.1988, BStBl 1988 II S. 588; Erlass des FM BaWü vom 17.08.1993, IStR 1993, S. 524.

- die Gesellschaft im Geschäftsverkehr nach außen (z. B. bei Vertragsbeziehungen) nur im eigenen Namen auftritt,
- die Gesellschafter nur im Namen der Gesellschaft als Vertreter nach außen auftreten.[360]

2.1.1.2 Geschäftsleitung (§ 10 AO)

Die unbeschränkte Körperschaftsteuerpflicht einer Körperschaft, Personenvereinigung oder Vermögensmasse wird gem. § 1 Abs. 1 KStG dadurch begründet, dass sie ihre **Geschäftsleitung oder** ihren **Sitz** im Inland hat, d. h., die Erfüllung eines Anknüpfungsmerkmals für die Ansässigkeit reicht bereits aus.[361] Geschäftsleitung ist nach § 10 AO der **Mittelpunkt der geschäftlichen Oberleitung.** Unter „geschäftlicher Oberleitung" einer Kapitalgesellschaft ist nach dem BFH-Urteil vom 07.12.1994[362] die sog. **laufende Geschäftsführung** zu verstehen. Zu ihr gehören die tatsächlichen und rechtsgeschäftlichen Handlungen, die der **gewöhnliche Betrieb** der Gesellschaft mit sich bringt, und solche organisatorischen Maßnahmen, die zur gewöhnlichen Verwaltung der Gesellschaft gehören (**„Tagesgeschäfte"**). Zu ihnen gehören nicht die Festlegung der Grundsätze der Unternehmenspolitik und die Mitwirkung der Gesellschafter an ungewöhnlichen Maßnahmen bzw. an Entscheidungen von besonderer wirtschaftlicher Bedeutung. Solange die Gesellschafter sich nicht ständig in den gewöhnlichen Geschäftsverkehr einer Kapitalgesellschaft einmischen und nicht alle Geschäftsführungsentscheidungen von einigem Gewicht selbst treffen, ist die Mitwirkung der Gesellschafter an einzelnen Geschäftsführungsentscheidungen unerheblich.[363] Organe von Kapitalgesellschaften (z. B. Vorstandsmitglieder, Geschäftsführer) üben ihre Tätigkeit grundsätzlich an dem Ort aus, an dem sie sich persönlich aufhalten.[364] Nach dem BFH-Urteil vom 23.01.1991[365] befindet sich die Geschäftsleitung einer Gesellschaft regelmäßig an dem Ort, an dem die zur Vertretung der Gesellschaft befugte Person die ihr obliegende **geschäftsführende Tätigkeit entfaltet.** Es kommt somit nicht darauf an, wo die Willenserklärungen der zur Geschäftsleitung bestimmten Personen wirksam werden, sondern darauf, wo sie tatsächlich gebildet werden.[366] Befinden sich die Mitglieder der Geschäftsleitung nicht nur an einem Ort, so ist der Mittelpunkt der geschäftlichen Oberleitung dort, wo sich die nach dem Gesamtbild der Verhältnisse in organisatorischer und wirtschaftlicher Hinsicht bedeutungsvollste Stelle befin-

---

360 Vgl. ebenda.
361 Vgl. hierzu z. B. BFH vom 23.06.1992, BStBl 1992 II S. 972.
362 Vgl. BStBl 1995 II S. 175.
363 Vgl. bereits RFH vom 11.07.1940, RStBl 1940 S. 706; BFH vom 26.05.1970, BStBl 1970 II S. 759.
364 Vgl. BFH vom 05.10.1994, BStBl 1995 II S. 95; s. a. BMF-Schreiben vom 05.07.1995, RIW 1995, S. 789.
365 Vgl. BStBl 1991 II S. 554.
366 Vgl. BFH vom 03.08.1977, BStBl 1977 II S. 857; siehe auch Krabbe, in: Brezing/Krabbe/Lempenau/Mössner/Runge, Außensteuerrecht. Kommentar, Herne/Berlin 1991, § 1 EStG/§ 1 KStG, Rz. 35; Mössner u. a., Steuerrecht international tätiger Unternehmen, 3. Aufl., Köln 2005, Rz. B 68.

det.[367] Damit kann es nach der Abgabenordnung nur einen Ort der Geschäftsleitung als Mittelpunkt der geschäftlichen Oberleitung geben.[368]

Durch eine **Verlegung der Geschäftsleitung** vom Inland ins Ausland endet die unbeschränkte Körperschaftsteuerpflicht nur dann, wenn gleichzeitig kein Sitz mehr im Inland oder in einem anderen EU/EWR-Mitgliedstaat mehr vorhanden ist. Dann kommt es zu einer Versteuerung der stillen Reserven gem. § 12 Abs. 3 Satz 1 i. V. m. § 11 KStG. Die Verlegung der Geschäftsleitung vom Inland ins Ausland kann jedoch zur Folge haben, dass hierdurch ein körperschaftsteuerliches Organschaftsverhältnis aufgelöst wird, wenn sich anschließend noch der Sitz im Inland befindet. Die körperschaftsteuerliche Organschaft setzt bei Organgesellschaft und Organträger die Geschäftsleitung im Inland voraus (§ 14 KStG)[369] oder bei einem ausländischen Organträger keines von beidem (§ 18 KStG).

Hat eine Kapitalgesellschaft ihren statutarischen Sitz im Ausland und befindet sich die Geschäftsleitung im Inland, so ist diese ausländische Kapitalgesellschaft nach dem BFH-Urteil vom 23.06.1992[370] unbeschränkt körperschaftsteuerpflichtig gem. § 1 Abs. 1 Nr. 5, § 3 Abs. 1 KStG, da sie nach deutschem Internationalen Privatrecht nicht rechtsfähig ist. Nach dem obigen Urteil schließt somit ein Mangel der zivilrechtlichen Rechtsfähigkeit im Inland die unbeschränkte Körperschaftsteuerpflicht nicht aus.

In **Organschaftsfällen** (§§ 14 ff. KStG) hat die beherrschte Organgesellschaft grundsätzlich einen „eigenen" Ort der Geschäftsleitung. Trifft der Organträger alle wichtigen Entscheidungen der laufenden Geschäftsführung der Organgesellschaft, so ist zur Bestimmung des Ortes der Geschäftsleitung darauf abzustellen, wo die genannten Entscheidungen vom Organträger regelmäßig getroffen werden. Dieser muss die Entscheidungen nicht notwendigerweise an seinem eigenen Geschäftsleitungsort treffen.[371] Der Organträger hat die tatsächliche Geschäftsleitung der Organgesellschaft erst dann an sich gezogen, wenn er den laufenden Geschäftsgang nicht nur beobachtet, kontrolliert und fallweise beeinflusst, sondern ständig in die Tagespolitik der Gesellschaft eingreift und dauernd die im gewöhnlichen Geschäftsverkehr erforderlichen Entscheidungen von einiger Wichtigkeit selbst trifft.[372]

Bei Vorliegen eines **Doppelbesteuerungsabkommens** und bei Doppelansässigkeit einer juristischen Person wird für Zwecke der Abkommensanwendung (insbesondere Zuordnung der Besteuerungsrechte) häufig auf die Frage abgestellt, wo sich

367 Vgl. FG Kassel vom 08.07.1959, EFG 1959, S. 346; BFH vom 21.09.1989, BFH/NV 1990, S. 353; BFH vom 21.09.1989, BFH/NV 1990, S. 688.
368 Vgl. bereits BFH vom 01.03.1966, BStBl 1966 II S. 207.
369 Vgl. auch BFH vom 13.11.1991, BStBl 1992 II S. 263.
370 Vgl. BStBl 1992 II S. 972.
371 Vgl. BFH vom 07.12.1994, BStBl 1995 II S. 175.
372 Vgl. BFH vom 26.05.1970, BStBl 1970 II S. 759; BFH vom 03.08.1977, BStBl 1977 II S. 857; s. a. BFH vom 17.07.1968, BStBl 1968 II S. 695.

der **Ort ihrer tatsächlichen Geschäftsleitung** befindet.[373] Zu einer Versteuerung der stillen Reserven nach § 12 Abs. 3 Satz 2 i. V. m. § 11 KStG kann es dann kommen, wenn die juristische Person **aufgrund eines Abkommens zur Vermeidung der Doppelbesteuerung** infolge der Verlegung ihres Sitzes oder ihrer Geschäftsleitung als **außerhalb** der EU-/EWR-Wirtschaftsraumes ansässig angesehen wird.

2.1.1.3 Sitz (§ 11 AO)

Eine Körperschaft, Personenvereinigung oder Vermögensmasse ist gem. § 1 Abs. 1 KStG unbeschränkt körperschaftsteuerpflichtig, wenn sie ihren Sitz im Inland hat. Den Sitz hat eine Körperschaft, Personenvereinigung oder Vermögensmasse nach § 11 AO an dem Ort, der durch Gesetz, Gesellschaftsvertrag, Satzung, Stiftungsgeschäft oder dergleichen bestimmt ist (sog. **statutarischer Sitz**).[374] Der Sitz ist somit aufgrund rechtlicher Bestimmungen gegeben und nicht durch faktische oder wirtschaftliche Gegebenheiten bestimmt. Vom Satzungssitz ist der zivilrechtliche Verwaltungssitz zu unterscheiden, der weitgehend mit dem steuerlichen Begriff der „Geschäftsleitung" übereinstimmt. Eine ausländische Kapitalgesellschaft wird nicht dadurch unbeschränkt körperschaftsteuerpflichtig, dass sie selbst bei Errichtung einer inländischen Zweigniederlassung gem. § 13 e HGB in ein inländisches Handelsregister eingetragen wird, da es sich hier um die Befolgung von Ordnungsvorschriften handelt, durch die die Gesellschaft ihren ausländischen Sitz nicht ins Inland verlegt.[375]

Durch eine **Verlegung des Sitzes** vom Inland ins Ausland endet die unbeschränkte Körperschaftsteuerpflicht nur dann, wenn gleichzeitig keine Geschäftsleitung mehr im Inland oder in einem anderen EU-/EWR-Mitgliedstaat vorhanden ist. Dann kommt es zu einer Versteuerung der stillen Reserven gem. § 12 Abs. 3 i. V. m. § 11 KStG. Die Verlegung des Sitzes vom Inland ins Ausland kann jedoch zur Folge haben, dass hierdurch ein körperschaftsteuerliches Organschaftsverhältnis aufgelöst wird, wenn sich anschließend noch die Geschäftsleitung im Inland befindet. Die körperschaftsteuerliche Organschaft setzt bei der Organgesellschaft Sitz und Geschäftsleitung im Inland voraus (§ 14 Abs. 1 Satz 1 KStG)[376] oder bei einem ausländischen Organträger keines von beidem (§ 18 KStG). Beim Organträger muss sich nur die Geschäftsleitung im Inland befinden (§ 14 Abs. 1 Nr. 2 KStG).

2.1.2 Sachlicher Umfang der unbeschränkten Steuerpflicht

Die unbeschränkte Körperschaftsteuerpflicht erstreckt sich sachlich auf sämtliche Einkünfte der Körperschaft, Personenvereinigung oder Vermögensmasse (§ 1 Abs. 2

373 So in Art. 4 Abs. 3 OECD-Musterabkommen.
374 S. a. BFH vom 28.02.1990, BStBl 1990 II S. 553.
375 Vgl. Mössner u. a., Steuerrecht international tätiger Unternehmen, 3. Aufl., Köln 2005, Rz. B 57.
376 Vgl. auch BFH vom 13.11.1991, BStBl 1992 II S. 263.

KStG). Der Begriff der Einkünfte umfasst grundsätzlich die **sieben Einkunftsarten** gem. § 2 Abs. 1 EStG,[377] wobei bei den Körperschaftsteuersubjekten, die nach den Vorschriften des HGB zur Führung von Büchern verpflichtet sind, alle Einkünfte als **Einkünfte aus Gewerbebetrieb** zu behandeln sind (§ 8 Abs. 2 KStG). Dies gilt z. B. auch für ausländische Körperschaften, die mit ihren inländischen Zweigniederlassungen im Handelsregister eingetragen sind. Die unbeschränkte Körperschaftsteuerpflicht erstreckt sich sowohl auf die inländischen als auch auf die ausländischen Einkünfte (sog. **Welteinkommensprinzip**).

2.1.3 Körperschaftsteuerliche Einkommensermittlung nach den Vorschriften des Einkommensteuergesetzes

§ 8 Abs. 1 KStG enthält für die körperschaftsteuerliche Einkommensermittlung zunächst eine Generalverweisung auf die Vorschriften des Einkommensteuergesetzes, d. h., sowohl die Bestimmung der sachlichen Steuerpflicht von Einkünften als auch die Ermittlung der Höhe dieser Einkünfte bestimmt sich im Wesentlichen nach dem EStG, sofern das Körperschaftsteuergesetz keine abweichenden oder ergänzenden Bestimmungen enthält. Abschn. 32 Abs. 1 KStR enthält einen Katalog der Vorschriften des EStG und der EStDV, die bei Körperschaften entsprechend anzuwenden sind. Dieser Katalog ist jedoch weder abschließend noch in vollem Umfang bindend. Es ist jedoch erkennbar, dass die Regelungen mit grenzüberschreitendem Bezug überwiegend in gleicher Weise für Körperschaftsteuersubjekte gelten. Aus § 8 Abs. 2 bis § 22 KStG ergeben sich jedoch einige Abweichungen vom einkommensteuerrechtlichen Einkommensbegriff und von den einkommensteuerlichen Einkommensermittlungsgrundsätzen, die teilweise bei grenzüberschreitenden Beziehungen von Körperschaften von Bedeutung sind. Diese sollen im Weiteren näher untersucht werden.

2.1.4 Besondere Einkommensermittlungsvorschriften für Körperschaftsteuersubjekte mit Auslandsbeziehungen

2.1.4.1 Körperschaftsteuerliche Einkommensermittlung bei ausländischen Einkünften aus Beteiligungen (§ 8 b KStG)

2.1.4.1.1 Beteiligungsertragsbefreiung für ausländische Dividenden bei inländischen Körperschaftsteuersubjekten (§ 8 b Abs. 1 Satz 1 KStG)

2.1.4.1.1.1 Überblick über die Freistellungsvoraussetzungen

Gewinnanteile (Dividenden) und sonstige Bezüge (einschl. vGA sowie Bezüge aus Genussrechten), die ein inländisches Körperschaftsteuersubjekt von einer ausländischen Körperschaft erhält, bleiben bei der Ermittlung des Einkommens nach der

377 Vgl. BFH vom 30.11.1989, BStBl 1990 II S. 246.

Beteiligungsertragsbefreiung gem. § 8 b Abs. 1 Satz 1 KStG außer Ansatz, d. h., sie sind im Inland steuerbefreit. Die Steuerfreiheit erstreckt sich auch auf die Veräußerung oder Abtretung von Dividendenansprüchen, d. h., wenn das dazugehörige Stammrecht nicht mitveräußert bzw. mitübertragen wird (§ 8 b Abs. 1 Satz 5 KStG). Eine evtl. von den Gewinnanteilen im Ausland erhobene Quellensteuer (Kapitalertragsteuer) kann im Inland gegenwärtig nicht angerechnet werden, da auf die ausländischen Gewinnanteile keine deutsche Körperschaftsteuer entfällt. Hierin kann ein Verstoß gegen die EG-vertraglich garantierte Niederlassungsfreiheit sowie gegen die Kapitalverkehrsfreiheit erblickt werden.

Bei der Ermittlung des Gewerbeertrags werden die außer Ansatz bleibenden Gewinnanteile gem. § 8 Nr. 5 GewStG wieder hinzugerechnet, soweit nicht die Voraussetzungen für das internationale gewerbesteuerliche Schachtelprivileg gem. § 9 Nr. 7 GewStG erfüllt sind (mindestens 15 %ige Beteiligung an der ausländischen Tochtergesellschaft, die ihre Bruttoerträge ausschließlich oder fast ausschließlich aus aktiven Tätigkeiten i. S. des § 8 Abs. 1 Nr. 1 – 6 oder aus Beteiligungen an Gesellschaften bezieht, an deren Nennkapital sie mindestens zu 25 % beteiligt ist und die bestimmte weitere Bedingungen erfüllen).

Die Steuerbefreiung der Gewinnanteile und Bezüge ist **unabhängig** von

- einer bestimmten Mindestbeteiligungsquote,
- einer bestimmten Mindestbesitzzeit,
- einer sachlichen Voraussetzung in Form einer aktiven Tätigkeit der ausländischen Körperschaft oder des Vorliegens eines Doppelbesteuerungsabkommens,
- der Unmittelbarkeit des Anteilsverhältnisses,
- dem Vorliegen der unbeschränkten oder beschränkten Steuerpflicht bei dem inländischen Körperschaftsteuersubjekt.

2.1.4.1.1.2 Unabhängigkeit der Beteiligungsertragsbefreiung von einer bestimmten Mindestbeteiligungsquote

Die Beteiligungsertragsbefreiung ersetzt in **DBA-Fällen** die Rechtsfolge des internationalen Schachtelprivilegs. Besteht mit dem betreffenden Ansässigkeitsstaat der ausländischen Körperschaft ein Abkommen zur Vermeidung der Doppelbesteuerung, so sind die ausländischen Dividenden abkommensrechtlich i. d. R. ab einer Mindestbeteiligungsquote von 10 % bei einer inländischen Körperschaft als Anteilseigner von der deutschen Besteuerung befreit. § 8 b Abs. 1 Satz 1 KStG stellt darüber hinaus auch sog. Streubesitzdividenden bei einer Portfoliobeteiligung von der inländischen Körperschaftsteuerpflicht frei. Das abkommensrechtliche Schachtelprivileg wird in seinem formalrechtlichen Bestand durch die Beteiligungsertragsbefreiung nicht außer Kraft gesetzt.

Das internationale Schachtelprivileg hat dann noch eine Bedeutung, wenn der abkommensrechtliche Dividendenbegriff einen weiteren Begriffsumfang hat als

„Bezüge i. S. des § 20 Abs. 1 Nr. 1, 2, 9 und 10 Buchst. a des Einkommensteuergesetzes". Das internationale Schachtelprivileg hat gem. § 2 AO Vorrang vor der Beteiligungsertragsbefreiung gem. § 8 b Abs. 1 Satz 1 KStG. Beispielhaft erwähnt seien hier Einnahmen aus einer typischen stillen Beteiligung, die unter § 20 Abs. 1 Nr. 4 EStG zu subsumieren sind und damit nicht von der Beteiligungsertragsbefreiung gem. § 8 b Abs. 1 KStG erfasst sind, aber in vielen deutschen Doppelbesteuerungsabkommen den Dividendenbegriff erfüllen, **soweit sie nicht bei der Gewinnermittlung des Schuldners abgezogen werden können.** Ist eine inländische Körperschaft mindestens in dem für die Gewährung des internationalen Schachtelprivilegs erforderlichen Umfang (i. d. R. 10 % oder 25 %) an einer ausländischen Kapitalgesellschaft beteiligt und liegt gleichzeitig eine typische stille Beteiligung vor, so sind nicht nur die Schachteldividenden von der inländischen Besteuerung befreit, sondern auch die Einnahmen aus der typischen stillen Beteiligung, sofern die letztgenannten Einnahmen vom abkommensrechtlichen Dividendenbegriff erfasst und die sonstigen Voraussetzungen für die Gewährung des internationalen Schachtelprivilegs erfüllt sind (z. B. aktive Tätigkeit der ausländischen Tochtergesellschaft).

Nach dem BFH-Urteil vom 04.06.2008[378] zum DBA-Luxemburg findet das abkommensrechtliche Schachtelprivileg jedoch nur auf „echte" Dividenden Anwendung, d. h. die aus der direkten Beteiligung am gezeichneten Kapital stammen, nicht jedoch auf „fiktive" Dividenden, d. h. die lediglich als Dividenden gelten. Da Einkünfte aus der Beteiligung als typisch stille Gesellschafter nach dem betreffenden Doppelbesteuerungsabkommen lediglich als Dividenden behandelt werden, sind sie in Deutschland nicht nach dem abkommensrechtlichen internationalen Schachtelprivileg von der Besteuerung auszunehmen, sondern unter Anrechnung der im Ausland gezahlten Steuer der Besteuerung in Deutschland zu unterwerfen.

2.1.4.1.1.3 Unabhängigkeit der Beteiligungsertragsbefreiung von einer bestimmten Mindestbesitzzeit

Die Beteiligungsertragsbefreiung gem. § 8 b Abs. 1 Satz 1 KStG wird unabhängig von einer bestimmten Mindestbesitzzeit bzw. Mindesthaltedauer der Anteile gewährt. Beim internationalen Schachtelprivileg ist dies ebenfalls der Fall.

2.1.4.1.1.4 Unabhängigkeit der Beteiligungsertragsbefreiung von einer aktiven Tätigkeit der ausländischen Körperschaft

Die Beteiligungsertragsbefreiung wird unabhängig von sachlichen Voraussetzungen gewährt. Es wird insbesondere **nicht danach differenziert,** ob

- mit dem Ansässigkeitsstaat der ausschüttenden Körperschaft ein Doppelbesteuerungsabkommen besteht oder nicht,

378 Az: I R 62/06, DB 2000, S. 2009.

- es sich um einen EU-Mitgliedstaat oder
- um ein Entwicklungsland handelt oder nicht.

Weiterhin kommt es für die Steuerfreistellung der ausländischen Dividenden gem. § 8 b Abs. 1 Satz 1 KStG nicht darauf an, ob die ausschüttende ausländische Körperschaft einer tatsächlichen Besteuerung oder die Dividende einem Quellensteuerabzug unterlegen hat. Gewährt der ausländische Ansässigkeitsstaat z. B. für die ersten fünf oder zehn Jahre nach der Gründung der ausländischen Körperschaft eine „Steuerpause" (tax holidays), so hat dies keine negativen Auswirkungen auf die Steuerfreiheit der ausgeschütteten Gewinnanteile in Deutschland.

In DBA-Fällen ist die Gewährung des internationalen Schachtelprivilegs häufig an die Erzielung von Einnahmen aus einer aktiven Tätigkeit durch die ausländische Tochtergesellschaft geknüpft. Die Abkommen (oder das Protokoll oder ein Notenwechsel zum Abkommen) enthalten hierzu i. d. R. einen eigenständigen Aktivitätskatalog. Die Beteiligungsertragsbefreiung gem. § 8 b Abs. 1 KStG löst sich von dieser Betrachtungsweise für die Gewährung der Steuerfreiheit bei ausländischen Dividenden, indem sie nicht mehr auf die Art der Tätigkeit der ausländischen Körperschaft abstellt. Der abkommensrechtliche Aktivitätskatalog behält seine Bedeutung für die Steuerfreistellung von Betriebsstätteneinkünften oder von Einkünften aus einer ausländischen Personengesellschaft. Auch bei der Steuerfreistellung von Gewinnen aus der Veräußerung von unbeweglichem und beweglichem Vermögen, das Betriebsvermögen der ausländischen Betriebsstätte ist, kann sich der abkommensrechtliche Aktivitätskatalog noch auswirken.

Soweit ein Doppelbesteuerungsabkommen in den Fällen, in denen das internationale Schachtelprivileg nicht zum Tragen kommt, bei Dividenden von einer ausländischen Gesellschaft die fiktive Anrechnung von Quellensteuer vorsieht, ist diese fiktive Steueranrechnung mit der Einführung der Beteiligungsertragsbefreiung bei inländischen Körperschaftsteuersubjekten hinfällig geworden. Insoweit kann sich eine fiktive Quellensteueranrechnung nur noch bei einem inländischen Einkommensteuersubjekt als Anteilseigner auswirken. Hier kann sich dann auch ein evtl. im Abkommen vorhandener Aktivitätskatalog auf die fiktive Steueranrechnung auswirken.

2.1.4.1.1.5 Unabhängigkeit der Beteiligungsertragsbefreiung von der Unmittelbarkeit des Anteilsverhältnisses

Die Beteiligungsertragsbefreiung gem. § 8 b Abs. 1 Satz 1 KStG wird einem inländischen Körperschaftsteuersubjekt auch dann gewährt, wenn es die Dividenden oder sonstigen Bezüge über einen Gewinnanteil aus einer Mitunternehmerschaft zugerechnet bekommt (§ 8 b Abs. 6 Satz 1 KStG). Damit wirkt sich die Zwischenschaltung einer inländischen oder ausländischen Personengesellschaft (die bei einem Rechtstypenvergleich dem Gesellschaftsstatut einer deutschen Personengesellschaft entspricht) nicht steuerschädlich auf die Steuerfreistellung im Inland aus.

Die Doppelbesteuerungsabkommen sehen demgegenüber regelmäßig für die Gewährung des internationalen Schachtelprivilegs in Deutschland eine Unmittelbarkeit der Beteiligung vor.[379] Ist zwischen der unbeschränkt steuerpflichtigen Körperschaft und der ausschüttenden ausländischen Körperschaft eine inländische Personengesellschaft zwischengeschaltet, so schließt dies die Steuerfreistellung der Dividenden bei dem hinter der Personengesellschaft stehenden Gesellschafter (unbeschränkt steuerpflichtige Körperschaft) aus. Dieses Problem ist durch die Beteiligungsertragsbefreiung i. V. m. § 8 b Abs. 6 Satz 1 KStG entschärft. Über § 7 Satz 4 letzter Satzteil gilt § 8 b Abs. 6 Satz 1 KStG für die Ermittlung des Gewerbeertrags entsprechend.

2.1.4.1.1.6 Gewährung der Beteiligungsertragsbefreiung bei unbeschränkter und beschränkter Körperschaftsteuerpflicht

Der Kreis der durch die Beteiligungsertragsbefreiung begünstigten Steuerpflichtigen ist weit gezogen. § 8 b Abs. 1 Satz 1 KStG enthält keine Differenzierung nach unbeschränkter und beschränkter Körperschaftsteuerpflicht. Es wird auch nicht auf die Zurechnung der Anteile zu einer inländischen gewerblichen Betriebsstätte bei beschränkter Körperschaftsteuerpflicht abgestellt. Damit gilt die Beteiligungsertragsbefreiung sowohl für unbeschränkt als auch für beschränkt steuerpflichtige Körperschaften. Auch doppelt ansässige Kapitalgesellschaften sind nicht von der Anwendung dieser Steuerbefreiung ausgeschlossen. Der Gesetzeswortlaut des § 8 b Abs. 1 Satz 1 KStG spricht davon, dass die Bezüge „bei der Ermittlung des Einkommens“ außer Ansatz bleiben. Daraus ergibt sich, dass bei beschränkt steuerpflichtigen Körperschaften die Vorschrift nur bei Vorliegen einer inländischen Betriebsstätte relevant sein kann, der die Anteile an der ausschüttenden ausländischen Körperschaft zuzurechnen sind.

2.1.4.1.1.7 Kapitalertragsteuerabzug und -ermäßigung bei Weiterausschüttung der steuerfreien Beteiligungserträge an die Anteilseigner

Bei einer Weiterausschüttung der im Inland steuerfreien Beteiligungserträge von ausländischen Körperschaften an die eigenen Anteilseigner ist ein Kapitalertragsteuerabzug in Höhe von 25 % vorzunehmen (§ 43 Abs. 1 Satz 1 Nr. 1 i. V. m. § 43 a Abs. 1 Nr. 1 EStG). Bei einem unbeschränkt steuerpflichtigen Anteilseigner kann die Kapitalertragsteuer auf die Einkommen- oder Körperschaftsteuerschuld angerechnet (§ 36 Abs. 2 Nr. 2 EStG) oder bei Fehlen einer Steuerzahlungspflicht erstattet werden (§ 44 b EStG), sodass der Kapitalertragsteuerabzug insofern zu keiner zusätzlichen steuerlichen Belastung führt. Beschränkt steuerpflichtige Anteilseigner sind demgegenüber auf die allgemeinen Kapitalertragsteuermäßigungen gem. dem bestehenden Doppelbesteuerungsabkommen oder gem. § 43 b EStG angewiesen.

379 Vgl. Grotherr, in: Gosch/Kroppen/Grotherr (Hrsg.), DBA-Kommentar, Herne/Berlin, Anm. 103 zu Art. 23 A/23 B OECD-MA.

Bei einer ausländischen Muttergesellschaft als Anteilseigner der ausschüttenden inländischen Körperschaft kann der Kapitalertragsteuerabzug in einem DBA-Land mit einem internationalen Schachtelprivileg und damit Steuerfreistellung zu einer zusätzlichen Steuerbelastung führen, da die deutsche Kapitalertragsteuer dann im jeweiligen Ansässigkeitsstaat nicht angerechnet werden kann. Für einen Anteilseigner in der Rechtsform einer Kapitalgesellschaft mit Sitz in einem anderen EU-Mitgliedstaat, die ab dem 01.01.2009 mindestens zu 10 % am Nennkapital der unbeschränkt steuerpflichtigen Körperschaft beteiligt ist, kann gem. § 43 b Abs. 1 EStG für Gewinnausschüttungen ein Kapitalertragsteuerabzug unterbleiben. Voraussetzung für den Verzicht auf den Kapitalertragsteuerabzug ist, dass die entsprechende qualifizierte Beteiligung seit mindestens zwölf Monaten ununterbrochen im Zeitpunkt der Entstehung der Kapitalertragsteuer bestanden hat, d. h. in dem Zeitpunkt, in dem die Dividenden dem ausländischen Anteilseigner zufließen (= Zeitpunkt der Dividendenausschüttung).[380]

2.1.4.1.1.8 Ausschluss der Beteiligungsertragsbefreiung für verdeckte Gewinnausschüttungen bei deren Abzug auf Gesellschaftsebene (§ 8 b Abs. 1 Satz 2 KStG)

Für die Anwendung der Beteiligungsertragsbefreiung auf **vGA**[381] ist nach § 8 b Abs. 1 Satz 2 KStG die zusätzliche Voraussetzung zu erfüllen, dass die vGA nicht das Einkommen der leistenden Körperschaft gemindert haben darf. Bei **grenzüberschreitenden Sachverhalten** stellt sich hier aufgrund des gesetzlichen Klammerverweises auf § 8 Abs. 3 Satz 2 KStG die Frage, ob diese Bestimmung auch Anwendung findet, wenn die leistende Körperschaft **im Ausland ansässig** ist. In dem Urteil vom 21.12.1994[382] hatte der BFH zwar entschieden, dass die Anwendung des § 8 Abs. 3 Satz 2 KStG nicht auf Gewinneinkunftsarten beschränkt ist, sondern auch bei Überschusseinkunftsarten im Rahmen der **beschränkten Steuerpflicht** anwendbar ist, z. B. bei Überschusseinkünften aus Vermietung und Verpachtung. Wenn die die vGA leistende ausländische Körperschaft mangels eines Bezugs von inländischen Einkünften und mangels eines Sitzes und Ortes der Geschäftsleitung im Inland weder beschränkt noch unbeschränkt steuerpflichtig ist, kann § 8 Abs. 3 Satz 2 KStG auf diese Körperschaft jedoch keine Anwendung finden. In der Gesetzesbegründung zu § 8 b Abs. 1 Satz 2 und 3 KStG geht der Gesetzgeber aber offensichtlich auch bei einem grenzüberschreitenden Sachverhalt davon aus, dass die 95 %ige Freistellung der vGA beim Anteilseigner von der Voraussetzung abhängig ist, dass die vGA auf Ebene der leistenden **gebietsfremden** Körperschaft **nach dem entsprechenden ausländischen Recht** das Einkommen nicht gemindert hat.

---

380 Vgl. § 44 Abs. 1 Satz 2 EStG.

381 Sonstige Bezüge i. S. des § 20 Abs. 1 Nr. 1 Satz 2, Einnahmen i. S. des § 20 Abs. 1 Nr. 9 zweiter Halbsatz sowie des § 20 Abs. 1 Nr. 10 Buchst. a zweiter Halbsatz EStG.

382 Az.: I R 65/94, IStR 1995, S. 330.

Hinzuweisen ist darauf, dass sich das Korrespondenzprinzip bei grenzüberschreitenden Sachverhalten z. B. nicht auf Bezüge aus Aktien, Genussrechten usw. i. S. des § 20 Abs. 1 Nr. 1 Satz 1 EStG bezieht. Sind derartige Bezüge nach dem Steuerrecht des ausländischen Staates als Betriebsausgabe abzugsfähig, so ist die Anwendung der Beteiligungsertragsbefreiung in Deutschland auch auf derartige Bezüge nicht ausgeschlossen. Es dürfen jedoch z. B. keine Genussrechte i. S. des § 8 Abs. 3 Satz 2 KStG vorliegen.

Nach dem Gesetzeswortlaut der Regelung besteht für den Steuerpflichtigen keine Verpflichtung nachzuweisen, ob eine vGA das Einkommen der leistenden Körperschaft gemindert hat oder nicht.[383] Wird eine vGA von der Finanzverwaltung festgestellt, hat sie im Rahmen des Amtsermittlungsgrundsatzes festzustellen, ob die vGA das Einkommen der leistenden Körperschaft gemindert hat oder nicht. Der inländische Steuerpflichtige wird bei einer Beteiligung an einer ausländischen Körperschaft u. U. nicht in der Lage sein, die steuerliche Behandlung im Ausland nachzuweisen, da es sich um einen anderen Steuerpflichtigen handelt.

2.1.4.1.1.9 Ausschluss des abkommensrechtlichen internationalen Schachtelprivilegs für verdeckte Gewinnausschüttungen bei deren Abzug auf Gesellschaftsebene (§ 8 b Abs. 1 Satz 3 KStG)

In den von Deutschland abgeschlossenen Doppelbesteuerungsabkommen ist für Dividenden[384] in Deutschland als Ansässigkeitsstaat des Dividendenempfängers unter bestimmten Voraussetzungen die Anwendung der Freistellungsmethode vereinbart.[385] In vielen Abkommen wird die Anwendung der Freistellungsmethode von der Erfüllung eines Aktivitätsvorbehalts abhängig gemacht.[386] In neueren Doppelbesteuerungsabkommen wird die deutsche Steuerfreistellung zusätzlich davon abhängig gemacht, dass die Dividenden „bei der Ermittlung der Gewinne der ausschüttenden Gesellschaft nicht abgezogen worden sind“.[387]

Für alle (älteren) Doppelbesteuerungsabkommen, die für die Gewährung des abkommensrechtlichen internationalen Schachtelprivilegs in Deutschland **keinen** dem Art. 23 Abs. 1 Buchst. a Satz 3 letzter Satzteil DBA-Österreich entsprechenden Anwendungsvorbehalt enthalten, hat der Gesetzgeber einen derartigen **Anwendungsvorbehalt normiert**, d. h. die abkommensrechtliche Steuerbefreiung **unilateral** von einer **weiteren** Anwendungsvoraussetzung abhängig gemacht („**treaty override**“). Deshalb bestimmt § 8 b Abs. 1 Satz 3 KStG, dass in dem Fall, in dem Bezüge einer in Deutschland ansässigen Körperschaft nach einem Abkommen zur Vermeidung der Doppelbesteuerung von der Bemessungsgrundlage für die Körper-

383 Vgl. zu diesem Problem bereits *IDW*, Stellungnahme zum JStG 2007, S. 2.
384 Die verdeckten Gewinnausschüttungen werden in den Abkommen i. d. R. den Dividenden gleichgestellt.
385 Abkommensrechtliches internationales Schachtelprivileg, z. B. Art. 23 Abs. 2 Buchst. a Satz 3 DBA-USA.
386 Vgl. z. B. Art. 24 Abs. 1 Nr. 1 Buchst. b 2. Spiegelstrich DBA-Schweiz.
387 So z. B. in Art. 23 Abs. 1 Buchst. a Satz 3 letzter Satzteil DBA-Österreich.

schaftsteuer auszunehmen sind, der § 8 b Abs. 1 Satz 2 KStG ungeachtet der im Abkommen vorgesehenen Steuerfreistellung anzuwenden ist. Damit wird (nur) für **verdeckte Gewinnausschüttungen** von einer gebietsfremden Körperschaft unilateral die Anwendung des abkommensrechtlichen internationalen Schachtelprivilegs ausgeschlossen, sofern die vGA das Einkommen der leistenden ausländischen Körperschaft gemindert hat. Für die anderen in § 8 b Abs. 1 KStG genannten Bezüge i. S. des § 20 Abs. 1 EStG gilt das Korrespondenzprinzip beim abkommensrechtlichen internationalen Schachtelprivileg nicht, weil § 8 b Abs. 1 Satz 3 KStG die Rechtsfolge des § 8 b Abs. 1 Satz 2 KStG normiert.

Sofern bei einer im Inland ansässigen Körperschaft (Kapitalgesellschaft) eine bestimmte Mindestbeteiligung vorliegt (= Schachtelbeteiligung) und eine in einem DBA-Staat ansässige leistende Körperschaft z.B. Vergütungen auf eine typische stille Beteiligung ausschüttet, können diese Vergütungen ggf. weiterhin nach dem abkommensrechtlichen internationalen Schachtelprivileg steuerfrei gestellt sein, da es sich um keine vGA handelt. Nach dem § 8 b Abs. 1 Satz 3 KStG gilt § 8 b Abs. 1 Satz 2 KStG entsprechend, der beispielsweise nicht auf § 20 Abs. 1 Nr. 4 EStG[388] verweist. In diesem Sachverhalt wird jedoch die unilaterale **Switch-over-Klausel** gem. § 50 d Abs. 9 EStG anwendbar sein, die eine doppelte Nichtbesteuerung von abkommensrechtlich steuerbefreiten Einkünften in Deutschland verhindern soll.

2.1.4.1.2 Veräußerungsgewinnbefreiung für realisierte Wertzuwächse bei Anteilen an ausländischen Körperschaften (§ 8 b Abs. 2 KStG)

Bei der Ermittlung des Einkommens eines inländischen Körperschaftsteuersubjekts bleiben Gewinne aus der Veräußerung eines Anteils an einer ausländischen Körperschaft außer Ansatz, d. h., sie sind im Bereich der Körperschaftsteuer steuerbefreit (**Veräußerungsgewinnbefreiung** gem. § 8 b Abs. 2 Satz 1 KStG). Die Steuerbefreiung des Veräußerungsgewinns ist **unabhängig** von

- einer bestimmten Mindestbeteiligungsquote,
- einer bestimmten Mindestbesitzzeit,
- einer sachlichen Voraussetzung in Form einer aktiven Tätigkeit der ausländischen Körperschaft, des Vorliegens eines Doppelbesteuerungsabkommens oder einer tatsächlichen Besteuerung im Ausland,
- der Unmittelbarkeit des Anteilsverhältnisses,
- dem Vorliegen der unbeschränkten oder beschränkten Steuerpflicht bei dem inländischen Körperschaftsteuersubjekt.

Die Veräußerungsgewinnbefreiung gem. § 8 b Abs. 2 KStG wirkt sich über § 7 GewStG unmittelbar auf die Ermittlung des Gewerbeertrags aus, d. h., auch bei der Gewerbesteuer bleiben die Veräußerungsgewinne steuerfrei. Die Hinzurechnungs-

388 Vergütungen aus einer typischen stillen Beteiligung.

vorschrift des § 8 Nr. 5 GewStG bezieht sich explizit nur auf die Beteiligungsertragsbefreiung nach § 8 b Abs. 1 KStG.

Als Veräußerung gilt für die Anwendung dieser Vorschrift auch die verdeckte Einlage (§ 8 b Abs. 2 Satz 6 KStG). Die Steuerfreiheit bezieht sich nicht nur auf Veräußerungsgewinne, sondern auch auf Gewinne aus der **Auflösung** (Liquidation) der ausländischen Körperschaft, auf Gewinne aus der **Herabsetzung des Nennkapitals** bei dieser Gesellschaft und auf **Wertaufholungsgewinne** gem. § 6 Abs. 1 Nr. 2 Satz 3 EStG bei vorangegangenen Teilwertabschreibungen der Anteile an der ausländischen Körperschaft, soweit sich die Teilwertabschreibung nicht steuerwirksam ausgewirkt hat (§ 8 b Abs. 2 Satz 4 i. V. m. § 8 b Abs. 3 Satz 3 KStG).

Die Steuerbefreiung für den Veräußerungsgewinn, für den Liquidationsgewinn, für den Gewinn aus der Nennkapitalherabsetzung und für den Wertaufholungsgewinn wird einem inländischen Körperschaftsteuersubjekt jedoch dann nicht gewährt, soweit sich in früheren Jahren eine bei der Gewinnermittlung berücksichtigte Gewinnminderung durch eine Teilwertabschreibung der Anteile ergeben hat und diese nicht durch eine steuerpflichtige Wertaufholung wieder ausgeglichen worden ist (§ 8 b Abs. 2 Satz 4 KStG). Relevant ist dies vor allem für verlustbedingte Teilwertabschreibungen, die noch unter der Herrschaft des körperschaftsteuerlichen Vollanrechnungsverfahrens vorgenommen wurden und sich dort im Rahmen der steuerlichen Gewinnermittlung ausgewirkt haben. Im Körperschaftsteuersystem mit Anteilseignerentlastung können sich Teilwertabschreibungen im Bereich der Körperschaftsteuer nicht mehr bei der steuerlichen Gewinnermittlung auswirken (§ 8 b Abs. 3 Satz 3 KStG).

Die Veräußerungsgewinnbefreiung gem. § 8 b Abs. 2 KStG gilt auch für Anteile eines inländischen Körperschaftsteuersubjekts, die **mittelbar über eine Mitunternehmerschaft** gehalten werden, d. h. bei Zwischenschaltung einer Personengesellschaft zwischen der inländischen und der ausländischen Kapitalgesellschaft, sofern die zwischengeschaltete Personengesellschaft die Anteile veräußert. Bei der zwischengeschalteten Personengesellschaft gilt dies gem. § 7 Satz 4 letzter Satzteil GewStG bei der Ermittlung des Gewerbeertrags entsprechend.

Inwieweit die Veräußerungsgewinnbefreiung auf eine **beschränkt** steuerpflichtige Körperschaft anwendbar ist, die über **keine** inländische Betriebsstätte verfügt, zu deren Betriebsvermögen die veräußerten Anteile gehören, erscheint fraglich. Eine beschränkt steuerpflichtige Körperschaft kann bei Veräußerung von Anteilen an einer inländischen Kapitalgesellschaft der beschränkten Körperschaftsteuerpflicht gem. § 2 Nr. 1 KStG i. V. m. § 49 Abs. 1 Nr. 2 Buchst. e EStG unterliegen, und zwar auch dann, wenn die Anteile **nicht** zu einem Betriebsvermögen einer inländischen Betriebsstätte gehören. Es stellt sich die Frage, ob § 8 b Abs. 2 KStG auf diesen Fall anzuwenden ist. § 8 b Abs. 2 KStG spricht davon, dass die Gewinne aus der Veräußerung „bei der Ermittlung des Einkommens" außer Ansatz bleiben. Da die Einkünfte i. S. des § 49 Abs. 1 Nr. 2 Buchst. e EStG im Wege einer Veranlagung zu ermitteln sind, käme es hier zu einer Ermittlung des Einkommens. Demnach wäre die Veräußerungsgewinnbefreiung gem. § 8 b Abs. 2 KStG auch bei beschränkt steuerpflichtigen Körperschaften ohne inländisches Betriebsvermögen anwendbar.

Gemäß § 8 b Abs. 3 Satz 1 KStG gelten 5 % der steuerfreien Veräußerungsgewinne aus dem Verkauf von Anteilen an ausländischen Kapitalgesellschaften als nichtabziehbare Betriebsausgaben (typisiertes Betriebsausgabenabzugsverbot). Die in wirtschaftlichem Zusammenhang mit dem zu 95 % steuerfreien Veräußerungsgewinn entstandenen tatsächlichen Betriebsausgaben (z. B. Veräußerungskosten) unterliegen keinem weiteren Abzugsverbot. Gemäß § 8 b Abs. 2 Satz 2 KStG mindern jedoch Veräußerungskosten den nach § 8 b Abs. 2 Satz 1 KStG steuerfreien Veräußerungsgewinn. Im Ergebnis kommen die tatsächlichen Veräußerungskosten damit in den Rang von nichtabziehbaren Betriebsausgaben.

Bei bestimmten Umstrukturierungsmaßnahmen im grenzüberschreitenden Konzern, die Auslandsbeteiligungen berühren, kann es zu einer „Steuergestaltungskonkurrenz“ zwischen der Anwendung des § 8 b Abs. 2 KStG (steuerfreie Anteilsveräußerung) und des § 21 UmwStG (steuerneutraler Anteilstausch) kommen.

Vergleich

steuerfreie Anteilsveräußerung gem. § 8 b Abs. 2 KStG	**steuerneutraler Anteilstausch gem. § 21 UmwStG**
Unterschiede in den Anwendungsvoraussetzungen:	
– begünstigt nur unbeschränkt und beschränkt steuerpflichtige KSt-Subjekte	– begünstigt unbeschränkt und beschränkt steuerpflichtige natürliche und juristische Personen als Einbringende
– für den Erwerber gelten keine Einschränkungen hinsichtlich der Ansässigkeit	– übernehmende Gesellschaft muss eine EU-/EWR-ansässige Kapitalgesellschaft sein
– keine Mindestbeteiligung bei Veräußerer oder Erwerber erforderlich	– übernehmende Gesellschaft muss nach Einbringung über die Stimmrechtsmehrheit verfügen
Unterschiede in den Besteuerungsfolgen:	
– keine Mindestbehaltefrist beim Erwerber der Anteile an der ausländischen Gesellschaft	– siebenjährige Behaltefrist bei der übernehmenden Gesellschaft für steuerneutralen Anteilstausch
– vorherige steuerwirksame Teilwertabschreibung verhindert Steuerfreiheit des Veräußerungsgewinns	– vorherige Teilwertabschreibung für steuerneutralen Anteilstausch irrelevant
– Verlagerung von Beteiligungen im Konzernaufbau auch nach oben und zur Seite, d. h. auch Verkürzung der Beteiligungskette	– Verlagerung von Beteiligungen im Konzernaufbau nach unten, d. h. Verlängerung der Beteiligungskette

– beim Erwerber ist keine Kapitalerhöhung erforderlich	– bei der übernehmenden Kapitalgesellschaft ist i. d. R. eine Kapitalerhöhung erforderlich
– Veräußerung ermöglicht endgültige Trennung des Konzerns von ausländischer Beteiligungsgesellschaft	– beim steuerneutralen Anteilstausch muss ausländische Beteiligungsgesellschaft i. d. R. im Konzern bleiben

Die konzerninterne Veräußerung von Anteilen an ausländischen Körperschaften hat z. B. Bedeutung für die Abflachung der Konzernstruktur, indem Auslandsbeteiligungen im Konzernaufbau auch auf übergeordnete oder gleichgeordnete Konzerngesellschaften steuerneutral umgehängt werden können, um damit Beteiligungsketten zu verkürzen und Konzernverschachtelungen aufzulösen. Der steuerneutrale Anteilstausch ermöglicht demgegenüber nur eine Verlagerung von Beteiligungen im Konzernaufbau nach unten und führt damit zu einer Verlängerung der Beteiligungskette.[389] Ein weiterer Vorteil der steuerfreien Veräußerung von Auslandsbeteiligungen besteht darin, dass bei der übernehmenden Gesellschaft keine Kapitalerhöhung erforderlich ist wie beim Anteilstausch, wodurch sich ggf. Beteiligungsverhältnisse unter den Anteilseignern verschieben können. Weiterhin ist darauf hinzuweisen, dass sich ein Konzern durch § 8 b Abs. 2 KStG steuerfrei endgültig von Auslandsbeteiligungen trennen kann, wohingegen beim Anteilstausch eine Beteiligung an einer ausländischen Kapitalgesellschaft für die Steuerneutralität des Übertragungsvorgangs i. d. R. weiterhin im Konzern verbleiben muss. Sofern in der Vergangenheit eine steuerwirksame verlustbedingte Teilwertabschreibung der Auslandsbeteiligung vorgenommen worden ist, kann der steuerneutrale Anteilstausch gem. § 21 UmwStG günstiger sein, um eine Strukturbereinigungsmaßnahme im Konzern steuerneutral abzuwickeln. Darüber hinaus ist § 8 b Abs. 2 KStG auf Körperschaftsteuersubjekte beschränkt, wohingegen der steuerneutrale Anteilstausch auch einer natürlichen Person oder einer Personengesellschaft als Einbringenden offensteht.

2.1.4.1.3 Abzugsverbot für Wertminderungen (Veräußerungsverluste, Teilwertabschreibungen) bei Anteilen an ausländischen Körperschaften (§ 8 b Abs. 3 Satz 3 KStG)

Da Veräußerungsgewinne, Liquidationsgewinne, Gewinne aus der Nennkapitalherabsetzung und Wertaufholungsgewinne bei Anteilen an ausländischen Körperschaften in den Händen eines inländischen Körperschaftsteuersubjekts von der deutschen Körperschaftsteuer befreit sind (§ 8 b Abs. 2 Satz 1 KStG), sind umgekehrt Veräußerungsverluste, Liquidationsverluste, Verluste aus der Nennkapitalherabsetzung und Gewinnminderungen durch den Ansatz des niedrigeren Teilwerts (verlustbedingte oder ausschüttungsbedingte Teilwertabschreibungen) bei der Ermittlung des körperschaftsteuerpflichtigen Einkommens nicht zu berücksichtigen (§ 8 b Abs. 3 Satz 3 KStG). Dies mag auf den ersten Blick systemkonform erscheinen. Bei

389 Vgl. Förster, G., Steuerfreie Veräußerung von Auslandsbeteiligungen nach § 8 b KStG, DB 1994, S. 391.

näherer Betrachtung wäre aber eine steuerliche Berücksichtigung der Verluste bzw. Wertminderungen zu fordern. Realisierte Veräußerungsgewinne und Wertaufholungsgewinne sind zwar auf der Ebene der Körperschaft steuerbefreit. Bei einer Weiterausschüttung an inländische Anteilseigner unterliegen sie aber ab dem 01.01.2009 der 25 %igen Abgeltungssteuer und damit erneut der Besteuerung.

Veräußerungsverluste bzw. Teilwertabschreibungen bewirken bei der Körperschaft keine Gewinnminderung und ggf. auch nicht beim Anteilseigner. Erstens gilt das Trennungsprinzip, das eine Verlustübertragung von der Gesellschafts- auf die Anteilseignerebene verhindert (Ausnahme: Organschaft). Zweitens ist ein steuerwirksamer Ansatz des niedrigeren Teilwerts der Anteile an der Körperschaft im Privatvermögen nicht möglich. Drittens ist die Berücksichtigung eines Verlusts aus der Veräußerung eines Anteils an einer Kapitalgesellschaft ggf. nicht (siehe § 20 Abs. 6 Satz 2 EStG) oder nur sehr eingeschränkt möglich (siehe auch § 17 Abs. 2 Satz 6 EStG). Damit wirkt sich der Veräußerungsverlust bzw. die Teilwertabschreibung ggf. nirgends steuermindernd aus, weder auf der Gesellschaftsseite noch auf der Ebene des Anteilseigners. Anders verhält es sich beim Veräußerungsgewinn, der an den Anteilseigner ausgeschüttet werden kann und dort ab dem 01.01.2009 der 25 %igen Abgeltungsteuer unterliegt.

Aus Billigkeitsgründen will der Gesetzgeber eine spätere Wertaufholung gem. § 6 Abs. 1 Nr. 2 EStG im Anschluss an eine gem. § 8 b Abs. 3 Satz 3 KStG nicht steuerwirksame Gewinnminderung **in voller Höhe steuerfrei** stellen,[390] d. h., es wird insoweit von der Anwendung des typisierten Betriebsausgabenabzugsverbots gem. § 8 b Abs. 3 Satz 1 KStG abgesehen.

Damit das Verbot der steuerwirksamen Teilwertabschreibung von Kapitalgesellschaften gem. § 8 b Abs. 3 Satz 3 KStG nicht durch Hingabe eines **Gesellschafterdarlehens** umgangen werden kann, hat der Gesetzgeber in § 8 b Abs. 3 Satz 4–7 KStG ebenfalls Wertverluste auf Gesellschafterdarlehen unter bestimmten Bedingungen vom steuerwirksamen Abzug ausgeschlossen. Eine Voraussetzung hierfür ist, dass der Darlehensgeber zu mehr als einem Viertel unmittelbar oder mittelbar am Nennkapital der fremdfinanzierten Körperschaft beteiligt ist oder war. Darlehensgewährende nahestehende Personen oder rückgriffsberechtigte Dritte werden dem Gesellschafter gleichgestellt. Das Abzugsverbot für Wertverluste auf Gesellschafterdarlehen ist dann nicht anzuwenden, wenn der darlehensgewährende Gesellschafter nachweist, dass auch ein fremder Dritter das Darlehen bei sonst gleichen Umständen gewährt oder im Krisenfall noch nicht zurückgefordert hätte. Anhaltspunkte für eine nicht fremdübliche Darlehensgewährung können z. B. die Unverzinslichkeit der Darlehensforderung sein, der Verzicht auf eine Kreditsicherheit oder die Unterlassung einer Rückforderung des Darlehensbetrags bei Eintritt einer Krise in der Gesellschaft.

390 Vgl. BR-Drucks. 544/07 vom 10.08.2007, S. 95.

2.1.4.2 Besonderheiten der körperschaftsteuerlichen Organschaft bei grenzüberschreitenden Geschäftsbeziehungen

2.1.4.2.1 Erfordernis der Geschäftsleitung im Inland beim Organträger

Im Rahmen der körperschaftsteuerlichen Organschaft (§§ 14 ff. KStG) muss die beherrschte Organgesellschaft Sitz und Geschäftsleitung im Inland haben. Das beherrschende gewerbliche Unternehmen (Organträger) muss, soweit es sich um eine nicht steuerbefreite Körperschaft i. S. des § 1 KStG handelt, lediglich ihre Geschäftsleitung im Inland haben, wohingegen sich der gesellschaftsrechtliche Sitz auch im Ausland befinden kann. Da in diesem Fall die unbeschränkte Körperschaftsteuerpflicht gegeben ist, geht das deutsche Besteuerungsrecht für das Organeinkommen auch im DBA-Fall nicht verloren, da bei doppelt ansässigen Gesellschaften nach Art. 4 Abs. 3 OECD-MA in diesem Fall für die abkommensrechtliche Ansässigkeit und damit für die Zuteilung des Besteuerungsrechts an den jeweiligen Vertragsstaat der Sitz der tatsächlichen Geschäftsleitung maßgebend ist. Voraussetzung für ein steuerlich wirksames Organschaftsverhältnis ist bei einem nach ausländischem Recht gegründeten Organträger weiterhin, dass dieser gesellschaftsrechtlich einen Gewinnabführungsvertrag abschließen kann. Gemäß § 14 Abs. 1 Nr. 5 KStG bleibt bei doppelt ansässigen Gesellschaften ein Verlust des Organträgers bei der inländischen Besteuerung jedoch unberücksichtigt, soweit der Verlust in einem ausländischen Staat in einem Umfang berücksichtigt wird, der der unbeschränkten Steuerpflicht entspricht. Damit will der deutsche Gesetzgeber verhindern, dass sich Verluste im In- und Ausland doppelt auswirken.

2.1.4.2.2 Steuerneutrale Weiterleitung von steuerfreien ausländischen Einkünften im Organkreis

Ist eine inländische Kapitalgesellschaft (Organgesellschaft) in ein anderes gewerbliches Unternehmen (Organträger) finanziell (Stimmrechtsmehrheit) eingegliedert und besteht zwischen ihnen ein Gewinnabführungsvertrag mit mindestens fünfjähriger Bindungsdauer,[391] so können steuerfreie ausländische Einkünfte von der Organgesellschaft steuerneutral an den Organträger durch Einkommenszurechnung weitergeleitet werden, sofern nicht die Ausnahmeregelung des § 15 Nr. 2 KStG bei inländischen Personenunternehmungen (Einzelunternehmen, Personengesellschaften) als Organträger eingreift. Die steuerfreien ausländischen Einkünfte unterliegen im Zuge dieser organkreisinternen Weiterleitung keinem Kapitalertragsteuerabzug und bleiben auch beim Organträger steuerfrei. Hierdurch können insbesondere nach einem Doppelbesteuerungsabkommen im Inland steuerfreie ausländische Betriebsstätteneinkünfte steuerneutral im Konzern weitergeleitet werden. Handelt es sich beim Organträger um ein Einkommensteuersubjekt (Einzelunternehmer oder Gesellschafter einer Personengesellschaft als Einkommenszurechnungssubjekt), so

391 Siehe im Einzelnen § 14 KStG.

führen nach § 32 b Abs. 1 a EStG die von der Organgesellschaft bezogenen steuerfreien DBA-Betriebsstätteneinkünfte beim Organträger zur Anwendung des Progressionsvorbehalts.

2.1.4.2.3 Ausschließliche Anwendung des § 8 b Abs. 1 bis 3 KStG und des § 3 Nr. 40 EStG bei der Einkommensermittlung des Organträgers (§ 15 Nr. 2 KStG)

§ 15 Satz 1 Nr. 2 KStG schließt im Rahmen eines körperschaftsteuerlichen Organschaftsverhältnisses die Anwendung des § 8 b Abs. 1 bis 6 KStG bei der Ermittlung des Organeinkommens auf der Ebene der Organgesellschaft aus. Soweit in dem Organeinkommen jedoch steuerfreie Gewinnanteile (Dividenden), sonstige Bezüge, Veräußerungsgewinne, Wertzuschreibungen, Veräußerungsverluste oder Teilwertabschreibungen i. S. des § 8 b Abs. 1 bis 3 KStG enthalten sind, ist § 8 b KStG oder § 3 Nr. 40 EStG bei der Ermittlung des Einkommens des Organträgers anzuwenden. Dies richtet sich danach, ob es sich beim Organträger um ein Körperschaftsteuersubjekt oder um ein Einkommensteuersubjekt handelt. Sind im Organeinkommen mit den Einnahmen i. S. des § 8 b Abs. 1 bis 3 KStG zusammenhängende Ausgaben i. S. des § 3 c Abs. 2 EStG enthalten, ist § 3 c Abs. 2 EStG bei der Einkommensermittlung des Organträgers in Abhängigkeit von der Steuersubjekteigenschaft anzuwenden. Die Anwendung der Beteiligungsertragsbefreiung (§ 8 b Abs. 1 KStG), der Veräußerungsgewinnbefreiung (§ 8 b Abs. 2 KStG) sowie das Abzugsverbot für Wertminderungen (§ 8 b Abs. 3 Satz 3 KStG) kommen bei der Einkommensermittlung des Organträgers nur dann in Betracht, wenn es sich bei diesem um ein Körperschaftsteuersubjekt handelt. Ist der Organträger ein Einkommensteuersubjekt (Einzelunternehmer; Personengesellschaft mit natürlichen Personen als Gesellschafter), so kommt für die Bezüge nur die Anwendung des Teileinkünfteverfahrens (§ 3 Nr. 40 EStG) in Betracht. Die steuerfreien Bezüge und die damit zusammenhängenden Ausgaben i. S. des § 3 c Abs. 2 EStG müssen von der Organgesellschaft durch die Anlage MO an den Organträger gemeldet werden, damit der Organträger diese Beträge zutreffend bei seiner Einkommensermittlung berücksichtigen kann.

§ 15 Satz 2 KStG bestimmt, dass die in § 15 Satz 1 Nr. 2 KStG normierte **Bruttomethode** auch auf die nach einem Doppelbesteuerungsabkommen freigestellten Gewinnausschüttungen anzuwenden ist. Hiernach kommt die Steuerfreistellung nach dem internationalen Schachtelprivileg nicht auf der Ebene der Organgesellschaft zur Anwendung. Die Steuerfreistellung wird erst auf der Ebene des Organträgers gewährt, wenn dieser zu den durch das internationale Schachtelprivileg begünstigten Steuerpflichtigen gehört.

2.1.4.2.4 Die Anwendbarkeit von Steuerermäßigungen und Tarifvorschriften im Rahmen eines Organschaftsverhältnisses bei Auslandsbeziehungen

Hinsichtlich der Steuerermäßigungen bei ausländischen Einkünften können sich durch ein Organschaftsverhältnis sowohl positive als auch negative steuerliche Auswirkungen ergeben. Da eine Organgesellschaft maximal $^{20}/_{17}$ der geleisteten Ausgleichszahlung an außenstehende Anteilseigner als eigenes Einkommen zu versteuern hat, kann sich eine Steuerermäßigung von vornherein nur bei dem **Organträger** auswirken. Dafür ist gem. § 19 Abs. 1 bis 4 KStG aber Voraussetzung, dass der Organträger als Körperschaftsteuersubjekt anstelle der Organgesellschaft die Steuerermäßigung oder die besondere Tarifvorschrift selbst beanspruchen könnte. Unterliegt der Organträger als Einzelunternehmer oder unterliegen die Gesellschafter einer Organträger-Personengesellschaft der Einkommensteuer, so sollen diese Personen die Steuerermäßigung nur dann in Anspruch nehmen können, soweit für die Einkommensteuer gleichartige Tarifvorschriften wie für die Körperschaftsteuer bestehen. Mit der Zwischenschaltung einer Organgesellschaft soll sich der Organträger keine Tarifermäßigung verschaffen können, die ihm, wenn er die Aktivitäten der Organgesellschaft selbst betreiben würde, nach seiner Rechtsform nicht zustände.[392]

Da der Abzug von der Körperschaft- bzw. Einkommensteuer beim Organträger erfolgt, richten sich bestimmte **Höchstbetragsbegrenzungen** bei ausländischen Einkünften nach den steuerlichen Verhältnissen beim Organträger.[393] Dies bedeutet, dass der Organträger die Höchstbeträge für alle ihm zuzurechnenden Steuerermäßigungen von allen Organgesellschaften nur einmal in Anspruch nehmen kann. Ergibt sich nach Zusammenrechnung aller dem Organträger zuzurechnenden Einkommen insgesamt kein positives Einkommen, so gehen die durch die Organgesellschaften weitergereichten Steuerermäßigungen bei ausländischen Einkünften ins Leere. Andererseits können sich Steuerermäßigungen selbst dann noch steuerentlastend auswirken, wenn sich trotz eines negativen Einkommens der Organgesellschaft beim Organträger insgesamt ein positives Einkommen ergibt.[394]

Beispiel:

Die A-GmbH bezieht positive Einkünfte aus einer in einem Nicht-DBA-Staat gelegenen Auslandsbetriebsstätte i. H. von 500 nach Abzug einer ausländischen Steuer von 500. Daneben erzielt sie aus einer anderen, inländischen Aktivität negative Einkünfte i. H. von ./. 1.000, sodass eine Anrechnung ausländischer Steuern gem. § 26 Abs. 1 KStG ins Leere gehen würde. Der Organträger B-AG hat positive inländische Einkünfte von 2.000, auf die eine Körperschaftsteuertarifbelastung von 300 zu entrichten ist.

Wird zwischen den beiden Gesellschaften ein steuerlich anzuerkennendes Organschaftsverhältnis begründet, so erhöht sich in der betreffenden Periode im Beispiel nicht das Einkommen des Organträgers B-AG. Durch die Anrechnung der auslän-

392 Vgl. Witt, in: Dötsch/Jost/Pung/Witt, § 19 KStG, Tz. 12.

393 Siehe auch Maas, Steuerabzugsermäßigungen in Fällen der Organschaft mit Ergebnisabführung, BB 1985, S. 2228, 2230.

394 Vgl. Witt, in: Dötsch/Jost/Pung/Witt, § 19 KStG, Tz. 13.

dischen Steuer würde jedoch die von B zu entrichtende Körperschaftsteuer um 150 [Anrechnungshöchstbetrag = 300 × (1.000 : 2.000)] gemindert, sodass B nur noch 150 zu zahlen hat. Durch ein Organschaftsverhältnis können somit Steueranrechnungsbeträge mit steuerentlastender Wirkung auf andere Konzerngesellschaften übertragen werden.

Der Fall, wie sich eine im Vergleich zum KStG weiter gehende Tarifvorschrift des Einkommensteuergesetzes bei einem Einzelunternehmer als Organträger oder beim Gesellschafter einer Organträger-Personengesellschaft auf die Besteuerung des dem Organträger zuzurechnenden Einkommens auswirkt (z. B. 56 % des durchschnittlichen Einkommensteuersatzes bei außerordentlichen Einkünften gem. § 34 Abs. 3 EStG), ist im Gesetz nicht geregelt. Der BFH hat in seinem Urteil vom 14.04.1992 die Auffassung vertreten, dass einem Organträger in der Rechtsform eines Personenunternehmens für den von der Organgesellschaft abgeführten Gewinn aus einer Veräußerung i. S. des § 16 Abs. 1 EStG die Vergünstigung des § 34 EStG nicht zusteht, weil eine Kapitalgesellschaft diese Vergünstigung auch nicht beanspruchen könnte.[395] Ist in dem zugerechneten Einkommen der Organgesellschaft ein Veräußerungsgewinn i. S. des § 16 EStG (z. B. bei einer Veräußerung einer ausländischen Betriebsstätte in einem Nicht-DBA-Staat, enthalten, so kann der Organträger, selbst wenn er unbeschränkt einkommensteuerpflichtig ist, dafür die Steuervergünstigung des § 34 Abs. 3 EStG (56 % des durchschnittlichen Steuersatzes) nicht in Anspruch nehmen. Daraus folgt, dass der Organträger die Tarifvergünstigung nach § 34 Abs. 3 EStG nur in Anspruch nehmen kann, wenn er den Tatbestand dieser Vergünstigungsvorschrift selbst verwirklicht.[396] Durch die Organschaft soll die Anwendbarkeit einer ansonsten nicht eingreifenden Tarifvorschrift nicht ermöglicht werden.

2.1.4.2.5 Die Berücksichtigung negativer ausländischer Einkünfte gem. § 2 a Abs. 1 EStG in Organschaftsfällen

Die gem. § 2 a Abs. 1 EStG bestehende Beschränkung der grenzüberschreitenden Verlustberücksichtigung ist bereits bei der Ermittlung des Einkommens der Organgesellschaft zu berücksichtigen, wenn die Organgesellschaft derartige Auslandsaktivitäten entfaltet. Damit vermindern diese negativen ausländischen Einkünfte nicht das dem Organträger zuzurechnende Organeinkommen. Bezieht der Organträger oder der Gesellschafter einer Organträger-Personengesellschaft aus demselben Staat wie die Organgesellschaft positive Einkünfte, so ist ein Ausgleich der verrechnungsbeschränkten negativen Einkünfte der Organgesellschaft mit den positiven Einkünften des Organträgers nicht möglich.

---

395 Vgl. BStBl 1992 II S. 817.

396 Vgl. auch Hessisches Finanzgericht, Urteil vom 24.10.1985, EFG 1986, S. 578, bestätigt durch das Urteil des BFH vom 14.04.1992, BStBl 1992 II S. 817; siehe auch BFH vom 21.01.2004, BStBl 2004 II S. 515, sowie R 67 Abs. 2 KStR.

Beispiel:

Die unbeschränkt steuerpflichtige A-GmbH betreibt in Liechtenstein ein Hotel, das Verluste erleidet. Die A-GmbH ist Organgesellschaft der inländischen B-AG, die ebenfalls ein Hotel in Liechtenstein betreibt, das Gewinne erwirtschaftet. Ein Ausgleich des Verlustes des Hotels der A-GmbH (aus einer gem. § 2 a Abs. 2 Satz 1 EStG nicht aktiven Tätigkeit) mit den Gewinnen des Hotels der B-AG ist im Rahmen der organschaftlichen Einkommenszurechnung nicht möglich. Der organkreisinterne Verlustausgleich ist deshalb nicht möglich, da die Einkommen von Organgesellschaft und Organträger **jeweils getrennt voneinander** zu ermitteln sind.[397]

2.1.5 Maßnahmen zur Vermeidung der Doppelbesteuerung bei ausländischen Einkunftsteilen (§ 26 KStG)

§ 26 KStG enthält die körperschaftsteuerlichen Rechtsnormen zur unilateralen Vermeidung der Doppelbesteuerung. Gemäß § 26 Abs. 6 Satz 1 KStG sind die einkommensteuerlichen Bestimmungen zur Vermeidung der Doppelbesteuerung des § 34 c Abs. 1 Satz 2 bis 5, Abs. 2 bis 7 EStG sowie bei beschränkt Steuerpflichtigen § 50 Abs. 3 EStG entsprechend anzuwenden.

Wie auch § 34 c EStG ist § 26 KStG subsidiär zu den Bestimmungen in den bestehenden Doppelbesteuerungsabkommen (§ 26 Abs. 6 Satz 1 KStG i. V. m. § 34 c Abs. 6 Satz 2 bis 6 EStG). § 26 KStG ist demnach vorwiegend maßgebend, wenn kein DBA mit dem betreffenden ausländischen Staat abgeschlossen ist oder gem. DBA keine anderen Methoden zur Vermeidung der Doppelbesteuerung bestehen.

Im Einzelnen sind vorgesehen:

- die **Anrechnung** einer ausländischen Steuer, welche auf die ausländischen Einkünfte des inländischen Körperschaftsteuersubjekts entfällt, auf die deutsche Körperschaftsteuer (§ 26 Abs. 1 KStG), insbesondere die Anrechnung der im Ausland erhobenen Quellensteuer (ausländischen Kapitalertragsteuer) auf Dividenden, Zinsen und Lizenzgebühren sowie die ausländische Steuer auf Betriebsstätteneinkünfte, sowie
- der **Abzug einer ausländischen Steuer** bei der Ermittlung der Einkünfte der inländischen Körperschaft auf Antrag oder von Amts wegen (§ 26 Abs. 6 Satz 1 KStG i. V. m. § 34 c Abs. 2 und 3 EStG).

2.1.5.1 Anrechnung einer ausländischen Steuer bei der Körperschaftsteuer (§ 26 Abs. 1 KStG)

2.1.5.1.1 Voraussetzungen

Die Möglichkeit der Anrechnung einer ausländischen Steuer nach § 26 Abs. 1 KStG besteht grundsätzlich für alle im Inland unbeschränkt steuerpflichtigen Körperschaf-

397 So u. E. zutreffend Grützner, Berücksichtigung der Ergebnisse ausländischer Betriebsstätten in Organschaftsfällen i. S. des §§ 14, 17 KStG, GmbHR 1995, S. 502, 504 m. w. N.

ten, Personenvereinigungen und Vermögensmassen (§ 1 KStG), die ihren Sitz (§ 11 AO) oder ihre Geschäftsleitung (§ 10 AO) im Inland haben. Nach § 5 KStG steuerbefreite Körperschaften, Personenvereinigungen und Vermögensmassen sind infolge ihrer unbeschränkten Steuerpflicht ebenfalls zur Anrechnung einer ausländischen Steuer berechtigt, sofern ausländische Einkünfte in einem nicht steuerbefreiten wirtschaftlichen Geschäftsbetrieb anfallen.

Nach § 26 Abs. 1 KStG muss – mit der Ausnahme des Bestehens eines organschaftlichen Verhältnisses, bei dem die Steueranrechnung dem Organträger zusteht (§ 19 KStG) – Steuersubjektidentität vorliegen: Der inländische Steuerpflichtige muss auch im Ausland körperschaftsteuerpflichtig sein. Wer im Ausland steuerpflichtig ist, bestimmt sich nach ausländischem Steuerrecht. Unerheblich ist jedoch, wer steuerentrichtungspflichtig ist.[398]

Beispiel:

Die unbeschränkt steuerpflichtige Körperschaft A ist an der ausländischen Kapitalgesellschaft B beteiligt. B zahlt Lizenzgebühren an A aus, die einer Quellensteuer unterliegen. Zwar besteht für B die Steuerentrichtungspflicht. Dennoch ist die Quellensteuer, da sie bei A anfällt, nach § 26 Abs. 1 KStG anrechenbar.

Für die Anrechnung einer ausländischen Steuer gelten die Bestimmungen des § 34 c Abs. 1 Satz 2 und 5 EStG entsprechend (§ 26 Abs. 6 Satz 1 KStG, R 74 Abs. 1 KStR). Die Anrechnung nach § 26 Abs. 1 KStG folgt damit weitgehend der einkommensteuerlichen Anrechnung des § 34 c Abs. 1 EStG. Insofern bestehen die gleichen sachlichen Voraussetzungen für die Anwendung der Anrechnung im Körperschaftsteuerrecht wie bei der **einkommensteuerlichen** Anrechnung. Insbesondere müssen die ausländischen Einkünfte im Rahmen der körperschaftsteuerlichen Anrechnung auch unter den Einkünftekatalog des § 34 d EStG fallen und die ausländische Steuer vom Einkommen muss der deutschen Körperschaftsteuer vergleichbar sein. Anlage 6 zu R 34 c EStR ist dabei auch im Körperschaftsteuerrecht in Nicht-DBA-Fällen maßgebend.

§ 26 Abs. 1 KStG bestimmt zudem ausdrücklich, dass die anrechenbare ausländische Steuer gleichfalls **festgesetzt** und **gezahlt** und um einen entstandenen Ermäßigungsanspruch gekürzt werden muss.

2.1.5.1.2 Verfahren

Die Höhe der ausländischen Einkünfte bestimmt sich nach deutschem Steuerrecht. Dabei sind die nichtabzugsfähigen Aufwendungen nach § 10 KStG zu beachten. Die auf die ausländischen Einkünfte entfallende ausländische Quellensteuer ist demnach nicht von den ausländischen Einkünften abziehbar (§ 10 Nr. 2 KStG).[399]

---

398 Vgl. Wassermeyer, in: Schöberle/Hofmeister, Handbuch des Körperschaftsteuerrechts, § 26 KStG, Rz. 22.
399 Vgl. BFH vom 16.05.1990, BStBl 1990 II S. 920; BFH vom 25.04.1990, BStBl 1990 II S. 1086.

Für die körperschaftsteuerliche Anrechnung der ausländischen Steuer ergibt sich der Höchstbetrag ebenfalls aus den einkommensteuerlichen Vorschriften (§ 26 Abs. 6 Satz 1 KStG i. V. m. § 34 c Abs. 1 Satz 2 EStG), allerdings unter Berücksichtigung der Körperschaftsteuer-Tarifbelastung (§ 23 Abs. 1 KStG) anstelle eines Einkommensteuer-Durchschnittssatzes.

Der Anrechnungshöchstbetrag ist unabhängig von der Gewinnverwendung bei der inländischen Körperschaft. Es ergibt sich dann die folgende Berechnungsformel für den **Anrechnungshöchstbetrag:**

$$\text{KSt-Tarifbelastung (15 \%)} \times \frac{\text{ausländische Einkünfte}}{\text{Summe der Einkünfte}}$$

Durch die Anrechnung der ausländischen Steuer wird entweder keine oder nur eine ermäßigte deutsche Körperschaftsteuer auf die ausländischen Einkünfte erhoben. Die Doppelbesteuerung der ausländischen Einkunftsteile wird damit gemildert oder beseitigt. Die auf ausländischen Dividenden lastende Quellensteuer (Kapitalertragsteuer) kann bei der Körperschaftsteuer nicht angerechnet werden, da die Dividenden nicht im Inland steuerpflichtig sind (Beteiligungsertragsbefreiung gem. § 8 b Abs. 1 Satz 1 KStG). In der Literatur[400] wird jedoch die Auffassung vertreten, dass bereits nach dem gegenwärtigen Gesetzeswortlaut eine auf im Inland steuerfreie Dividenden erhobene ausländische Quellensteuer auf Antrag nach § 26 Abs. 6 Satz 1 KStG i. V. m. § 34 c Abs. 2 EStG als Betriebsausgabe abzugsfähig sei. § 26 Abs. 6 Satz 3 KStG steht dem jedoch u. E. entgegen, da eine ausländische Steuer nur dann abziehbar ist, soweit sie auf ausländische Einkünfte entfällt, die bei der Ermittlung der Einkünfte nicht außer Ansatz bleiben. Im Übrigen folgt das Verfahren der direkten Anrechnung nach § 26 Abs. 1 KStG dem der einkommensteuerlichen Anrechnung nach § 34 c Abs. 1 EStG.

2.1.5.2 Abzug ausländischer Steuern bei Ermittlung der Einkünfte auf Antrag oder von Amts wegen

Die inländische Körperschaft kann wahlweise auch den Abzug der ausländischen Steuer bei der Ermittlung der Einkünfte beantragen, wenn die Voraussetzungen für eine Anrechnung der ausländischen Steuer gegeben sind (§ 26 Abs. 6 Satz 1 KStG i. V. m. § 34 c Abs. 2 EStG). Das Wahlrecht besteht auch bei ausländischen Steuern eines DBA-Staates, wenn das DBA die Anrechnungsmethode für die ausländischen Steuern vorsieht (R 74 Abs. 3 KStR). Das Wahlrecht ist dabei einheitlich für alle Einkünfte aus demselben Staat auszuüben.

Sind die Voraussetzungen für die Anrechnung der ausländischen Steuer nicht erfüllt – bei einer nicht der deutschen Körperschaftsteuer entsprechenden ausländischen Steuer; bei einer ausländischen Steuer, die von einem Drittstaat erhoben wurde; bei

400 Vgl. Menhorn, Ausländische Quellensteuer auf im Inland steuerfreie Dividenden als Betriebsausgabe nach § 26 Abs. 6 KStG abziehbar, DStR 2005, S. 1885 ff.

einer ausländischen Steuer, die von Einkünften erhoben wurde, die nicht unter § 34 d EStG fallen –, ist ein Abzug von Amts wegen vorzunehmen (§ 26 Abs. 6 Satz 1 KStG i. V. m. § 34 c Abs. 3 EStG).

2.2 Beschränkte Steuerpflicht (§ 2 Nr. 1 KStG)

2.2.1 Subjektive Steuerpflicht ausländischer Körperschaften, Personenvereinigungen und Vermögensmassen

Unter die beschränkte Körperschaftsteuerpflicht gem. § 2 Nr. 1 KStG fallen alle Körperschaften, Personenvereinigungen und Vermögensmassen, die **weder ihre Geschäftsleitung noch ihren Sitz** im Inland haben, wenn sie **inländische Einkünfte** erzielen. Der Kreis der für die beschränkte Körperschaftsteuerpflicht in Betracht kommenden ausländischen Rechtsgebilde ist weit gezogen. In jedem Einzelfall muss geprüft werden, ob die im Ausland rechtsfähige Körperschaft, Personenvereinigung oder Vermögensmasse dem „Typ“ und der tatsächlichen Handhabung nach einem Körperschaftsteuersubjekt i. S. des § 1 Abs. 1 Nr. 1 bis 5 KStG entspricht und – wenn das der Fall ist – ob das erzielte Einkommen der Körperschaft, Personenvereinigung oder Vermögensmasse oder den dahinterstehenden Anteilseignern, Gesellschaftern, Mitgliedern, Teilhabern usw. zuzurechnen ist (§ 3 Abs. 1 KStG), d. h., es ist zusätzlich zu prüfen, wer den Tatbestand der Einkünfteerzielung erfüllt hat.[401] Auch ausländische juristische Personen des öffentlichen Rechts fallen unter die beschränkte Körperschaftsteuerpflicht gem. § 2 Nr. 1 KStG.

Eine im Ausland rechtsfähige Körperschaft, Personenvereinigung oder Vermögensmasse ist nach der höchstrichterlichen Rechtsprechung des RFH[402] und des BFH[403] dann beschränkt körperschaftsteuerpflichtig, wenn sie bei einer Gesamtwürdigung der maßgebenden ausländischen Bestimmungen über die Organisation und die Struktur einem deutschen Körperschaftsteuersubjekt i. S. des § 1 Abs. 1 Nr. 1 bis 5 KStG rechtlich und wirtschaftlich entspricht (sog. **„Typenvergleich“**). Damit können ggf. auch ausländische Personengesellschaften der beschränkten Körperschaftsteuerpflicht unterliegen, wenn sie bei einer Gesamtwürdigung aller Umstände körperschaftlich strukturiert sind.

Beschränkt Körperschaftsteuerpflichtige i. S. des § 2 Nr. 1 KStG kommen für eine persönliche Befreiung von der Körperschaftsteuer gem. § 5 Abs. 1 KStG nicht in Betracht (§ 5 Abs. 2 Nr. 2 KStG). EU-/EWR-ansässige Körperschaften, die nach ihrem jeweiligen Landesrecht gemeinnützige, mildtätige oder kirchliche Zwecke

---

401 Vgl. Erlass des FM Baden-Württemberg vom 17.08.1993, IStR 1993, S. 524.

402 Grundlegend der RFH vom 12.02.1930, RFHE 27, 73 = RStBl 1930 S. 444 (sog. „Venezuela-Entscheidung“).

403 Vgl. z. B. BFH vom 06.12.1955, BStBl 1956 III S. 95; BFH vom 17.07.1968, BStBl 1968 II S. 695; BFH vom 03.02.1988, BStBl 1988 II S. 588; BFH vom 23.06.1992, BStBl 1992 II S. 972.

verfolgen, sind jedoch nach § 5 Abs. 2 Nr. 2 KStG von der deutschen Körperschaftsteuer befreit. Diese Regelung ist eine Reaktion auf das EuGH-Urteil vom 14.09.2006.[404] Damit kann z. B. eine nach italienischem Recht als gemeinnützig anerkannte Stiftung in Deutschland steuerfreie Vermietungseinkünfte (d. h. aus Vermögensverwaltung) erzielen, wenn im Inland ansässige Personen gefördert oder die Tätigkeit der Stiftung zum Ansehen Deutschlands im Ausland beitragen kann (§ 51 Abs. 2 AO). Ausgeschlossen ist die Steuerbefreiung von der Körperschaftsteuer, soweit ein wirtschaftlicher Geschäftsbetrieb betrieben wird. Die Änderung des § 5 Abs. 2 Nr. 2 KStG gilt auch schon für Veranlagungszeiträume vor 2009, soweit die Steuerveranlagungen noch nicht bestandskräftig sind (§ 34 Abs. 5a KStG).

2.2.2 Sachlicher Umfang der beschränkten Steuerpflicht

Die beschränkte Körperschaftsteuerpflicht gem. § 2 Nr. 1 KStG ist in sachlicher Hinsicht auf die in § 49 EStG abschließend aufgezählten inländischen Einkünfte begrenzt (§ 8 Abs. 1 KStG). Damit schränkt sich der deutsche Besteuerungsanspruch bei den einzelnen Einkunftsarten gem. § 2 Abs. 1 EStG auf bestimmte Inlandssachverhalte (z. B. Vorliegen einer inländischen Betriebsstätte; Belegenheit der Einkunftsquelle im Inland) ein. Darüber hinaus setzen bestimmte Einkünfte eine natürliche Person als Bezieher voraus (z. B. Einkünfte aus nichtselbständiger Arbeit), sodass sich der Kreis der steuerpflichtigen Einkünfte für beschränkt steuerpflichtige Körperschaftsteuersubjekte weiter einengt.

Bei Körperschaftsteuersubjekten, die nach den Vorschriften des **HGB** zur Führung von Büchern verpflichtet sind, sind alle Einkünfte als **Einkünfte aus Gewerbebetrieb** zu behandeln (§ 8 Abs. 2 KStG). Dies gilt z. B. auch für ausländische Körperschaften, die mit ihren inländischen Zweigniederlassungen ins Handelsregister eingetragen sind. Gemäß § 49 Abs. 2 EStG bleiben jedoch im Ausland gegebene Besteuerungsmerkmale außer Betracht, soweit bei ihrer Berücksichtigung inländische Einkünfte i. S. des § 49 Abs. 1 EStG nicht angenommen werden können (sog. **isolierende Betrachtungsweise**). In dem Fall werden nur die im Inland verwirklichten Tatbestandsmerkmale bei der Prüfung der Frage herangezogen, ob die bezogenen Einkünfte der deutschen Besteuerung unterliegen. Mit dieser Regelung sollen insbesondere solche Besteuerungslücken im Rahmen der beschränkten Steuerpflicht geschlossen werden, die durch die **Subsidiaritätsklauseln** bei den Einkünften aus Kapitalvermögen (§ 20 Abs. 8 EStG), den Einkünften aus Vermietung und Verpachtung (§ 21 Abs. 3 EStG) und bei den sonstigen Einkünften (§ 22 Nr. 1, § 22 Nr. 2 i. V. m. § 23 Abs. 2, § 22 Nr. 3 EStG) entstehen könnten, wenn z. B. ausländische Kapitalgesellschaften Einkünfte aus dem Inland beziehen, ohne dass eine inländische Betriebsstätte unterhalten wird oder ein ständiger Vertreter bestellt ist. In dem

404 Rs. C-386/01 („Stauffer"), DStR 2006, S. 1736.

Fall bleibt die Rechtsform einer Kapitalgesellschaft im Ausland für die Einkünftequalifikation im Rahmen der beschränkten Körperschaftsteuerpflicht unberücksichtigt, sodass eine ausländische Kapitalgesellschaft ohne Zwischenschaltung einer inländischen Betriebsstätte oder Bestellung eines ständigen Vertreters inländische Einkünfte aus Kapitalvermögen, aus Vermietung und Verpachtung sowie sonstige Einkünfte i. S. des § 22 EStG erzielen kann.

Beispiele:

Eine Kapitalgesellschaft mit Sitz und Geschäftsleitung im Ausland verwirklicht folgende für die Besteuerung relevanten Inlandssachverhalte:

a) Die Kapitalgesellschaft vermietet im Inland Wohnungen an deutsche Familien. Das Mietshaus gehört zum ausländischen Betriebsvermögen der Kapitalgesellschaft.

Da das Mietshaus für sich allein keine inländische Betriebsstätte der ausländischen Kapitalgesellschaft darstellt, werden insoweit gem. § 49 Abs. 1 Nr. 2 Buchst. a EStG keine Einkünfte aus Gewerbebetrieb erzielt. Mit der Vermietung von Wohnungen bezieht die ausländische Kapitalgesellschaft isoliert betrachtet Einkünfte aus Vermietung und Verpachtung (§ 49 Abs. 1 Nr. 6 i. V. m. § 21 EStG).

b) Die Kapitalgesellschaft verkauft Anteile an einer inländischen GmbH im Umfang von 5 % am Stammkapital.

Die Veräußerung erfüllt aus deutscher Sicht für sich allein betrachtet den Tatbestand des § 49 Abs. 1 Nr. 2 Buchst. e i. V. m. § 17 EStG, auch wenn die Beteiligung zum ausländischen Betriebsvermögen gehört. Damit kommt der Freibetrag gem. § 17 Abs. 3 EStG zur Anwendung.[405]

c) Die Kapitalgesellschaft bezieht Dividenden von einer inländischen AG. Die Aktien gehören zum ausländischen Betriebsvermögen der Kapitalgesellschaft.

Da die Aktien nicht zum Betriebsvermögen einer inländischen Betriebsstätte gehören, liegen isoliert betrachtet Einkünfte aus Kapitalvermögen gem. § 49 Abs. 1 Nr. 5 Buchst. a i. V. m. § 20 Abs. 1 Nr. 1 EStG vor. Die deutsche Körperschaftsteuer gilt durch den Kapitalertragsteuerabzug als abgegolten (§ 32 Abs. 1 Nr. 2 KStG).

d) Die Kapitalgesellschaft unterhält eine inländische Betriebsstätte. Sie überlässt einer deutschen AG die Nutzung von gewerblichem Know-how gegen eine Vergütung. Die gewerblichen Erfahrungen sind nicht in der inländischen Betriebsstätte entwickelt worden.

Da die gewerblichen Kenntnisse nicht in der inländischen Betriebsstätte entwickelt wurden, gehören die Vergütungen für die Nutzungsüberlassung nicht zu den Einkünften aus Gewerbebetrieb. Sie gehören für sich betrachtet zu den sonstigen Einkünften gem. § 49 Abs. 1 Nr. 9 i. V. m. § 22 Nr. 3 EStG, auch wenn sie bei Anwendung dieser Vorschrift einer anderen Einkunftsart (Einkünfte aus Vermietung und Verpachtung gem. § 21 Abs. 1 Satz 1 Nr. 3 EStG) zuzurechnen wären. Die Körperschaftsteuer gilt mit dem Steuerabzug in Höhe von 15 % als abgegolten (§ 32 Abs. 1 Nr. 2 KStG i. V. m. § 50 a Abs. 1 Nr. 3 EStG).

Durch ein **Doppelbesteuerungsabkommen** oder einen anderen zwischenstaatlichen Vertrag kann der Bundesrepublik Deutschland das Besteuerungsrecht für die inländischen Einkünfte im Rahmen der beschränkten Körperschaftsteuerpflicht entzogen worden sein. Die Zuteilung der Besteuerungsrechte für Einkünfte aus deutschen

405 Vgl. auch R 49.3 Abs. 1 EStR.

Quellen muss daher auch bei der beschränkten Körperschaftsteuerpflicht beachtet werden.

2.2.3 Beachtung der Vorschriften gem. § 8 b KStG bei der Einkommensermittlung einer inländischen Betriebsstätte der beschränkt steuerpflichtigen Körperschaft

Sofern eine beschränkt steuerpflichtige Körperschaft über eine inländische Betriebsstätte verfügt, gelten bei der Einkommensermittlung der Betriebsstätte die Vorschriften des § 8 b KStG entsprechend. Damit sind die Beteiligungsertragsbefreiung, die Veräußerungsgewinnbefreiung, das Abzugsverbot für Veräußerungsverluste und Teilwertabschreibungen sowie das typisierte Betriebsausgabenabzugsverbot gem. § 8 b Abs. 3 Satz 1 und Abs. 5 Satz 1 KStG auch bei der Ermittlung des Einkommens einer Betriebsstätte der beschränkt steuerpflichtigen Körperschaft zu beachten. Die Veräußerungsgewinnbefreiung nach § 8 b Abs. 2 KStG ist der beschränkt steuerpflichtigen Körperschaft auch dann zu gewähren, wenn die Anteile an einer inländischen Körperschaft nicht zum Betriebsvermögen einer inländischen Betriebsstätte gehören. Da sich die Steuerpflicht des Veräußerungsgewinns in diesem Fall i. d. R. aus § 49 Abs. 1 Nr. 2 Buchst. e EStG ergeben wird und der steuerpflichtige Veräußerungsgewinn im Rahmen einer Steuerveranlagung zu ermitteln ist, käme es zu einer Ermittlung des Einkommens der beschränkt steuerpflichtigen Körperschaft, sodass § 8 b Abs. 2 KStG hier anzuwenden wäre.

2.2.4 Inländische Zweigniederlassung eines ausländischen gewerblichen Unternehmens als Organträger

Ein ausländisches gewerbliches Unternehmen kann gem. § 18 KStG mit seiner inländischen Zweigniederlassung dann Organträger einer Organgesellschaft sein, wenn

- die Organgesellschaft mit der im Inland gelegenen und im Handelsregister eingetragenen Zweigniederlassung einen Gewinnabführungsvertrag abgeschlossen hat,
- die Beteiligung an der Organgesellschaft zum steuerlichen Betriebsvermögen der Zweigniederlassung und somit das zuzurechnende Organeinkommen zu den beschränkt steuerpflichtigen Einkünften der Zweigniederlassung gehört und
- die für die finanzielle Eingliederung (Stimmrechtsmehrheit) erforderliche Beteiligung zum Betriebsvermögen der Zweigniederlassung gehört.

Dann besteht die eingeschränkte Möglichkeit einer körperschaftsteuerlichen Organschaft über die Grenze. Gemäß § 12 Nr. 2 AO sind Zweigniederlassungen im deutschen Steuerrecht stets als Betriebsstätten anzusehen, sodass das der Zweigniederlassung zuzurechnende Organeinkommen entweder der beschränkten Einkommensteuerpflicht nach der Grundtabelle (§ 50 Abs. 1 Satz 2 i. V. m. § 32 a Abs. 1 EStG) unterliegt, wenn der ausländische Organträger eine Personenunternehmung mit einkommensteuerpflichtigen Unternehmenseignern ist, oder der beschränkten Körperschaftsteuerpflicht, wenn der ausländische Organträger eine Kapitalgesellschaft ist.

Über die Begründung einer körperschaftsteuerlichen Organschaft besteht die Möglichkeit des innerkonzernlichen Verlustausgleichs zwischen einer inländischen Tochtergesellschaft und einer inländischen Betriebsstätte eines Konzerns mit ausländischer Obergesellschaft. In dem Fall kann das negative Einkommen der inländischen Tochtergesellschaft mit positiven Einkünften der Betriebsstätte bzw. das positive Einkommen der Tochtergesellschaft mit negativen Einkünften der Betriebsstätte verrechnet werden. Bei einem unmittelbaren grenzüberschreitenden Gewinntransfer mittels einfacher Gewinnausschüttung wäre diese Verlustausgleichsmöglichkeit regelmäßig nicht gegeben.[406] Dadurch, dass die Beteiligung an der inländischen Organgesellschaft zum Betriebsvermögen der inländischen Betriebsstätte gehört, ergibt sich keine zusätzliche Gewerbesteuerbelastung (Kürzung gem. § 9 Nr. 2 a GewStG).

2.2.5 Kein besonderer Körperschaftsteuersatz bei beschränkter Steuerpflicht

Bei beschränkt Körperschaftsteuerpflichtigen gem. § 2 Nr. 1 KStG wird die Körperschaftsteuer mit einem **Steuersatz von 15 %** (§ 23 Abs. 1 KStG) erhoben. Damit unterliegen beschränkt steuerpflichtige Körperschaften dem gleichen Körperschaftsteuersatz wie unbeschränkt steuerpflichtige Körperschaften. Eine weitere Ermäßigung des Körperschaftsteuersatzes kommt weder in DBA-Fällen noch in Fällen in Betracht, in denen die beschränkt steuerpflichtige Körperschaft in einem anderen EU-Mitgliedstaat ansässig ist.

2.2.6 Abgeltung der Körperschaftsteuer durch den Steuerabzug (§ 32 Abs. 1 Nr. 2 KStG)

Soweit beschränkt Körperschaftsteuerpflichtige i. S. des § 2 Nr. 1 KStG inländische Einkünfte erzielen, die dem Steuerabzug unterliegen, gilt die Körperschaftsteuer gem. § 32 Abs. 1 Nr. 2 KStG durch den Steuerabzug als abgegolten, d. h., für diese Einkünfte ist keine Körperschaftsteuerveranlagung durchzuführen.

Sind die dem Steuerabzug unterliegenden inländischen Einkünfte nach einem Abkommen zur Vermeidung der Doppelbesteuerung mit einem ermäßigten Kapitalertragsteuersatz zu besteuern oder steuerfrei zu belassen, so ist die Körperschaftsteuer ebenfalls mit dem ermäßigten Abzugsteuersatz abgegolten (§ 31 Abs. 1 KStG

406 Vgl. hierzu aber auch das EuGH-Urteil vom 13.12.2005, Rs. C-446/03 – Marks & Spencer, IWB 2005, Fach 11a, S. 933, zur Berücksichtigung von Verlusten ausländischer Tochtergesellschaften.

i. V. m. § 43 b oder § 50 d EStG). Gegebenenfalls kann auch eine Erstattung der zunächst in voller Höhe einbehaltenen und abgeführten Abzugsteuer beim Bundeszentralamt für Steuern beantragt werden.[407]

Beispiel:

Eine kanadische Kapitalgesellschaft bezieht Gewinnausschüttungen von einer inländischen GmbH. Diese sind gem. § 2 Nr. 1 KStG i. V. m. § 49 Abs. 1 Nr. 5 Buchst. a EStG beschränkt körperschaftsteuerpflichtig. Da von den Gewinnausschüttungen gem. § 43 Abs. 1 Satz 1 Nr. 1 EStG ein Kapitalertragsteuerabzug vorzunehmen ist, der sich gem. Art. 10 Abs. 2 Buchst. a DBA-Kanada auf 5 % bei einer mindestens 10%igen Beteiligung ermäßigt, gilt die deutsche Körperschaftsteuer mit diesem Steuerabzug als abgegolten (§ 32 Abs. 1 Nr. 2 KStG).

Gehören die den steuerabzugspflichtigen Einkünften zugrunde liegenden Anteils- oder Forderungsrechte zum Betriebsvermögen eines inländischen gewerblichen bzw. land- oder forstwirtschaftlichen Betriebs des beschränkt Körperschaftsteuerpflichtigen, so tritt die Abgeltungswirkung durch den Steuerabzug jedoch nicht ein, da dann eine Veranlagung durchzuführen ist, in die die steuerabzugspflichtigen Einkünfte einzubeziehen sind. Die einbehaltenen Steuerabzugsbeträge werden auf die im Veranlagungsverfahren festgesetzte Körperschaftsteuerschuld gem. § 31 Abs. 1 KStG i. V. m. § 36 Abs. 2 Nr. 2 EStG angerechnet.

Beispiel:

Eine US-amerikanische Kapitalgesellschaft unterhält im Inland eine Betriebsstätte, zu deren Betriebsvermögen Aktien an einer inländischen AG gehören. Die Einkünfte aus Gewerbebetrieb aus der inländischen Betriebsstätte sind gem. § 2 Nr. 1 KStG i. V. m. § 49 Abs. 1 Nr. 2 Buchst. a EStG beschränkt körperschaftsteuerpflichtig. Die von der inländischen AG ausgeschütteten Dividenden bleiben im Rahmen der Körperschaftsteuerveranlagung des beschränkt Steuerpflichtigen bei der Ermittlung des Einkommens außer Ansatz (§ 8 b Abs. 1 Satz 1 KStG). Die von den Dividenden einbehaltene Kapitalertragsteuer kann auf die Körperschaftsteuerschuld des beschränkt Körperschaftsteuerpflichtigen von den übrigen Einkünften angerechnet werden, die sich mit einem Körperschaftsteuersatz von 15 % (§ 23 Abs. 1 KStG) bemisst.

Die **Abgeltungswirkung des Steuerabzugs** tritt bei einer beschränkt steuerpflichtigen Körperschaft ab VZ 2009 dann **nicht** ein, wenn

- innerhalb eines Kalenderjahrs sowohl die **unbeschränkte** als auch die **beschränkte** Steuerpflicht **bestanden** hat (§ 32 Abs. 2 Nr. 1 KStG); in diesem Fall werden die während der beschränkten Steuerpflicht erzielten abzugsteuerpflichtigen Einkünfte in die Veranlagung zur unbeschränkten Steuerpflicht einbezogen;
- eine beschränkt steuerpflichtige EU-/EWR-Körperschaft Einkünfte i. S. d. § 50 a Abs. 1 Nr. 1, 2 oder Nr. 4 EStG erzielt und die Körperschaft als Gläubiger der Vergütungen eine **Veranlagung** zur Körperschaftsteuer **beantragt** (§ 32 Abs. 2

407 Vgl. hierzu im Einzelnen BMF-Schreiben vom 01.03.1994, BStBl 1994 I S. 203, sowie BMF-Schreiben vom 07.05.2002, BStBl 2002 I S. 521.

Nr. 2 i. V. m. Abs. 4 KStG). Voraussetzung für dieses Veranlagungswahlrecht ist, dass die Körperschaft nicht nur nach dem Recht eines EU-/EWR-Mitgliedstaats gegründet ist, sondern auch in einem EU-/EWR-Mitgliedstaat ansässig ist.

Gemäß § 32 Abs. 2 Nr. 3 KStG ist die Körperschaftsteuer beim Gläubiger der Kapitalerträge, die dem Steuerabzug unterliegen, auch dann **nicht abgegolten,** wenn dieser selbst wegen der Steuerabzugsbeträge in Anspruch genommen werden kann. Dies ist gem. § 44 Abs. 5 Satz 2 EStG der Fall, wenn

- der Schuldner oder die die Kapitalerträge auszahlende Stelle die Kapitalerträge nicht vorschriftsmäßig um den Steuerabzug gekürzt hat,
- der Gläubiger weiß, dass der Schuldner oder die die Kapitalerträge auszahlende Stelle die einbehaltene Kapitalertragsteuer nicht vorschriftsmäßig abgeführt hat, und dies dem Finanzamt nicht unverzüglich mitteilt oder
- das die Kapitalerträge auszahlende inländische Kreditinstitut die Kapitalerträge zu Unrecht ohne Abzug der Kapitalertragsteuer ausgezahlt hat.

2.2.7 Vermeidung der internationalen Doppelbesteuerung bei beschränkt Körperschaftsteuerpflichtigen

Die beschränkte Körperschaftsteuerpflicht bezieht sich im Grundsatz nur auf die inländischen Einkünfte i. S. des § 49 EStG. Sofern die beschränkt steuerpflichtige Körperschaft jedoch über eine inländische Betriebsstätte verfügt und diese Betriebsstätte ausländische Einkunftsteile erzielt, unterliegen die ausländischen Einkunftsteile der inländischen Besteuerung, d. h., sie werden bei der Ermittlung des Einkommens der Betriebsstätte berücksichtigt. Eine im Ausland von den Einkünften erhobene Steuer kann jedoch gem. § 26 Abs. 6 Satz 1 KStG i. V. m. § 50 Abs. 3 EStG zu einer Ermäßigung der im Inland zu entrichtenden Körperschaftsteuer führen. In Betracht kommen die Steueranrechnung gem. § 34 c Abs. 1 EStG, auf Antrag der alternative Abzug der ausländischen Steuer bei der Ermittlung der Einkünfte gem. § 34 c Abs. 2 EStG oder der Abzug der ausländischen Steuer bei der Ermittlung der Einkünfte von Amts wegen bei den in § 34 c Abs. 3 EStG genannten Fällen, d. h., wenn die ausländische Steuer vom Einkommen nicht angerechnet werden kann.

3 Gewerbesteuergesetz

3.1 Das Territorialitätsprinzip bei der Gewerbesteuer

Gewerbesteuerpflichtig sind nur Gewerbebetriebe, die im Inland betrieben werden (§ 2 Abs. 1 Satz 1 GewStG). Im Inland betrieben wird ein Gewerbebetrieb, soweit für ihn eine inländische Betriebsstätte (§ 12 AO) unterhalten wird (§ 2 Abs. 1 Satz 3 GewStG). Erstreckt sich der Gewerbebetrieb auch auf das Ausland, so werden nur die im Inland gelegenen Betriebsstätten der Gewerbesteuer unterworfen. Ein Gewerbebetrieb wird auch dann im Inland betrieben, wenn für ihn eine Betriebsstätte auf einem unter deutscher Flagge fahrenden Kauffahrteischiff unterhalten wird, das in einem inländischen Schiffsregister eingetragen ist. Bei der Gewerbesteuer als **Realsteuer** (§ 3 Abs. 2 AO) gilt wegen des Inlandsbezugs des Besteuerungsanspruchs das sog. **Territorialitätsprinzip.** Es wird deshalb nicht zwischen einer unbeschränkten und beschränkten Steuerpflicht unterschieden.

Unter Gewerbebetrieb ist ein gewerbliches Unternehmen i. S. des § 15 EStG zu verstehen. Als Gewerbebetrieb gilt stets und in vollem Umfang die Tätigkeit der Kapitalgesellschaften (Europäische Gesellschaften, AG, KGaA, GmbH), der Genossenschaften und der Versicherungs- und Pensionsfondsvereine auf Gegenseitigkeit (§ 2 Abs. 2 Satz 1 GewStG). Ausländische Unternehmen, die im Inland eine Betriebsstätte unterhalten, sind dann stets gewerbesteuerpflichtig, wenn sie bei einem sog. Typenvergleich ihrem Wesen nach einer inländischen juristischen Person i. S. des § 2 Abs. 2 Satz 1 GewStG entsprechen.[408] Die bei der Einkommen- und Körperschaftsteuer geltende sog. isolierende Betrachtungsweise (§ 49 Abs. 2 EStG) findet bei der Gewerbesteuer keine Anwendung.

Da die Gewerbesteuer zunächst bei der Ermittlung des Gewerbeertrags an den nach den Vorschriften des EStG und des KStG ermittelten Gewinn aus Gewerbebetrieb anknüpft (§ 7 GewStG), der unter Geltung des Welteinkommensprinzips ermittelt worden ist, und die Gewerbesteuer ihren Besteuerungsanspruch gem. dem Territorialitätsprinzip auf Inlandssachverhalte beschränkt, müssen bei der Ermittlung der gewerbesteuerlichen Bemessungsgrundlage Auslandssachverhalte, die den einkommensteuerlichen bzw. körperschaftsteuerlichen Gewinn aus Gewerbebetrieb beeinflusst haben, durch Hinzurechnungen und Kürzungen eliminiert werden. Dies gelingt durch die Ausgestaltung der Hinzurechnungs- und Kürzungsvorschriften der §§ 8 und 9 GewStG bei der Ermittlung des Gewerbeertrags zum Teil allerdings nur unvollständig, sodass bestimmte Auslandssachverhalte dennoch die Bemessungsgrundlage für die Gewerbesteuer beeinflussen können, was dem an sich territorial ausgerichteten Besteuerungsanspruch der Gewerbesteuer zuwiderläuft.

408 Vgl. BFH vom 28.07.1982, BStBl 1983 II S. 77; Abschn. 13 Abs. 2 GewStR.

3.2 Gewerbesteuerliche Modifikationen bei ausländischen Einkünften durch Fehlen eigenständiger Ermittlungsvorschriften im Gewerbesteuergesetz

3.2.1 Kürzungen bei der Ermittlung der Gewerbesteuer

3.2.1.1 Gewinnanteile einer ausländischen Personengesellschaft (§ 9 Nr. 2 GewStG)

Nach § 9 Nr. 2 GewStG können Anteile am Gewinn einer ausländischen OHG, KG oder einer anderen Gesellschaft, bei der die Gesellschafter als Mitunternehmer des Gewerbebetriebs anzusehen sind, bei der Ermittlung des Gewerbeertrags gekürzt werden, wenn diese Gewinnanteile vorher bei der Ermittlung des einkommensteuerlichen oder körperschaftsteuerlichen Gewinns aus Gewerbebetrieb angesetzt worden sind. Die Beteiligung an der ausländischen Personengesellschaft muss somit zum **Betriebsvermögen** eines inländischen Gewerbebetriebs gehören. Auf die Rechtsform des inländischen Gewerbebetriebs kommt es nicht an. § 9 Nr. 2 GewStG ist insofern das Gegenstück zu § 8 Nr. 8 GewStG, da nach der letzteren Vorschrift Anteile am Verlust einer ausländischen Personengesellschaft bei der Ermittlung des Gewerbeertrags wieder hinzuzurechnen sind, soweit sie vorher den gewerblichen Gewinn gemindert haben.

Sofern mit dem Ansässigkeitsstaat der ausländischen Personengesellschaft ein **Abkommen zur Vermeidung der Doppelbesteuerung** abgeschlossen worden ist, werden die Anteile am Gewinn einer ausländischen Personengesellschaft regelmäßig nach dem Betriebsstättenprinzip von der deutschen Einkommen- und Körperschaftsteuer sowie von der deutschen Gewerbesteuer freigestellt, sodass in DBA-Fällen kein Raum mehr für eine Kürzung der Gewinnanteile nach § 9 Nr. 2 GewStG besteht. Die praktische Bedeutung der Vorschrift beschränkt sich somit im Wesentlichen auf Gewinnanteile von ausländischen Personengesellschaften, die in Nicht-DBA-Staaten ansässig sind.

Die Frage, ob eine ausländische OHG, KG oder eine andere Gesellschaft vorliegt, bei der die Gesellschafter als Mitunternehmer des Gewerbebetriebs anzusehen sind, ist im Rahmen eines sog. Typenvergleichs zu klären, d. h., die ausländische Personengesellschaft muss ihrem Wesen und ihrer Struktur nach einer deutschen Personengesellschaft vergleichbar sein. Ergeben sich bei der ausländischen Gesellschaft Unterschiede in der Rechtsformqualifikation nach inländischem und ausländischem Steuerrecht, so kann die Problematik ggf. dadurch entschärft werden, dass dann nicht die Kürzungsvorschrift des § 9 Nr. 2 GewStG zum Zuge kommt, sondern die nach § 9 Nr. 7 oder nach § 9 Nr. 8 GewStG i. V. m. mit einem Doppelbesteuerungsabkommen.

Eine bestimmte **Mindestbeteiligungsquote** an der ausländischen Personengesellschaft oder eine bestimmte Mindestbesitzdauer ist für die Kürzung **nicht** erforderlich. Erforderlich für die Anwendung der Kürzungsvorschrift ist jedoch, dass die ausländische Personengesellschaft einer **gewerblichen Tätigkeit** nachgeht.[409] Beschränkt sich die Tätigkeit auf eine bloße Vermögensverwaltung, kommt eine Kürzung nicht in Betracht.

Zwar sind nach dem Wortlaut der Vorschrift nur „Anteile am Gewinn“ einer ausländischen Personengesellschaft zu kürzen, sodass die von der ausländischen Personengesellschaft an einen inländischen Mitunternehmer gezahlten **Sondervergütungen** z. B. für die Hingabe von Darlehen oder für die Überlassung von Wirtschaftsgütern der deutschen Gewerbesteuer unterliegen könnten. Nach dem BFH-Urteil vom 27.02.1991,[410] das zu einer US-amerikanischen Limited Partnership ergangen ist, besteht jedoch kein Anlass zu der Annahme, dass der Steuergesetzgeber mit dem Begriff „Anteile am Gewinn“ in § 9 Nr. 2 GewStG die gem. § 15 Abs. 1 Satz 1 Nr. 2 EStG einkommensteuerrechtlich gleichgestellten Sondervergütungen nicht habe erfassen wollen. Sind diese Sondervergütungen im Gewinn aus Gewerbebetrieb enthalten, so unterliegen sie mithin der Kürzung nach § 9 Nr. 2 GewStG, wenn der inländische Gesellschafter als Mitunternehmer der ausländischen, gewerblich tätigen Personengesellschaft anzusehen ist.

Bei der **Veräußerung eines Mitunternehmeranteils** an einer ausländischen Personengesellschaft durch eine inländische Personenunternehmung kommt es zu keiner Gewerbesteuerbelastung, da insoweit kein laufender Gewinn vorliegt.[411] Nach § 7 Satz 2 GewStG gehört zum Gewerbeertrag einer inländischen Personengesellschaft jedoch der Gewinn aus der Veräußerung oder Aufgabe des Betriebs oder Teilbetriebs einer Mitunternehmerschaft und der Gewinn aus der Veräußerung eines Mitunternehmeranteils, soweit er auf eine Kapitalgesellschaft als unmittelbar beteiligter Mitunternehmer entfällt.

Fraglich ist, wie die mit der Beteiligung an der ausländischen Personengesellschaft im Zusammenhang stehenden Aufwendungen, insbesondere die Schuldzinsen für Kredite zum Erwerb der Beteiligung, im Rahmen der Kürzungsvorschrift zu behandeln sind. Hier ist u. E. die Auffassung zu vertreten, dass sich die wirtschaftlich zu den Gewinnanteilen gehörenden Betriebsausgaben weiterhin gewerbesteuermindernd auswirken können, auch wenn die Gewinnanteile selbst wegen der Kürzung nach § 9 Nr. 2 GewStG nicht der Gewerbesteuer unterliegen.[412] In dem Fall kann sich jedoch eine 25 %ige Hinzurechnung der Schuldzinsen gem. § 8 Nr. 1 GewStG ergeben.[413]

---

409 Vgl. BFH vom 07.02.1985, BStBl 1985 II S. 372; BFH vom 10.06.1987, BStBl 1987 II S. 817.

410 Vgl. BStBl 1991 II S. 444.

411 Vgl. BFH vom 25.05.1962, BStBl 1962 III S. 438; BFH vom 23.10.1986, BStBl 1987 II S. 64; Abschn. 38 Abs. 3 GewStR.

412 Gl. A. Gosch, in: Blümich, § 9 GewStG Rz. 150, 184 und 315; a. A. Lenski/Steinberg, § 9 Nr. 2 GewStG, Anm. 26.

413 Vgl. Abschn. 45 Abs. 13 GewStR.

3.2.1.2 Ausländische Betriebsstätteneinkünfte (§ 9 Nr. 3 GewStG)

Nach § 9 Nr. 3 GewStG ist die Summe des Gewinns aus Gewerbebetrieb und der Hinzurechnungen zu kürzen um den Teil des Gewerbeertrags eines inländischen Unternehmens, der auf eine **nicht** im Inland gelegene Betriebsstätte entfällt. Der Begriff der Betriebsstätte i. S. der Vorschrift ergibt sich dabei aus § 12 AO und nicht aus einem Doppelbesteuerungsabkommen mit dem Belegenheitsstaat der Auslandsbetriebsstätte. Damit sind sowohl **positive** als auch **negative Ergebnisse** von ausländischen Betriebsstätten aus dem Gewerbeertrag auszuscheiden, was sich auch aus dem Wortlaut des § 2 Abs. 1 Satz 1 GewStG ableiten lässt. **Verluste** einer ausländischen Betriebsstätte sind somit trotz der in § 9 Nr. 3 GewStG angeordneten Kürzung im Ergebnis bei der Ermittlung des Gewerbebetriebs **hinzuzurechnen.**[414] § 9 Nr. 3 GewStG ist jedoch entgegen der Verwaltungsauffassung[415] nicht von deklaratorischer Bedeutung,[416] da sich insbesondere in Nicht-DBA-Fällen nur aus dieser Ermittlungsvorschrift die Berechtigung für eine Modifikation des einkommensteuerlichen bzw. körperschaftsteuerlichen Gewinns aus Gewerbebetrieb um positive oder negative Ergebnisse ausländischer Betriebsstätten herleiten lässt. Trotz des § 2 Abs. 1 Satz 1 GewStG knüpft die Gewerbesteuer über § 7 GewStG unmittelbar an den Gewinn aus Gewerbebetrieb nach dem EStG und dem KStG an.

Die Kürzungsvorschrift des § 9 Nr. 3 GewStG setzt das Vorliegen einer ausländischen Betriebsstätte voraus. Damit ist nicht gewährleistet, dass sämtliche ausländischen Einkünfte von der deutschen Gewerbesteuer freigestellt werden. Die Regelung gilt nur für jenen Teil des Gewerbeertrags, der durch die in einer ausländischen Betriebsstätte ausgeübte oder ihr zuzurechnende unternehmerischen Betätigung erzielt worden ist,[417] wodurch das der Gewerbesteuer zugrunde liegende Territorialitätsprinzip nur unvollkommen verwirklicht wird. Soweit ausländische Einkünfte nicht einer Betriebsstätte zuzuordnen sind, werden sie von der Gewerbesteuer erfasst.

Einer **Kürzung** des ausländischen Betriebsstättenergebnisses bedarf es nur, wenn es im inländischen Gewerbeertrag enthalten ist. Soweit ein ausländisches Betriebsstättenergebnis bereits nach einem DBA von der einkommen- bzw. körperschaftsteuerlichen und damit über § 7 GewStG von der gewerbesteuerlichen Bemessungsgrundlage auszunehmen ist, ist für eine Kürzung gem. § 9 Nr. 3 GewStG kein Raum. Bei dieser Betriebsstättenfreistellung gem. einem DBA ist dann der Betriebsstättenbegriff des jeweiligen Abkommens für die Freistellung maßgebend. Wenn nach dem DBA noch keine Freistellung des ausländischen Betriebsstättenergebnisses von der deutschen Besteuerung eingetreten ist, kann für Zwecke der Gewerbesteuer noch

414 Vgl. BFH vom 21.04.1971, BStBl 1971 II S. 743; BFH vom 10.07.1974, BStBl 1974 II S. 752. S. a. BFH vom 28.03.1985, BStBl 1985 II S. 405.

415 Vgl. Abschn. 62 Abs. 1 Satz 2 GewStR; Abschn. 38 Abs. 5 Satz 2 GewStR.

416 Gl. A. Meyer-Scharenberg/Popp/Woring, § 9 Nr. 3 GewStG, Rz. 2.

417 S. a. Hildesheim, Zum Umfang der Gewerbesteuerfreiheit bei im Ausland erzielten Gewerbeerträgen gem. § 9 Nr. 3 GewStG, DStR 1989, S. 138 ff.

eine Kürzung nach § 9 Nr. 3 GewStG in Betracht kommen, wenn der Betriebsstättenbegriff des § 12 AO weiter ist als der des betreffenden Abkommens. Dies kann z. B. bei Bauausführungen und Montagen im Ausland von Bedeutung sein, da gem. § 12 Satz 2 Nr. 8 AO die Betriebsstättenqualität bereits ab einer Dauer von mehr als sechs Monaten eintritt. Das anzuwendende DBA kann ggf. eine längere Zeitdauer hierfür statuieren.

Der Teil des Gewerbeertrags, der auf eine ausländische Betriebsstätte entfällt, ist grundsätzlich nach der sog. **direkten Methode** unter der Annahme zu ermitteln, dass die ausländische Betriebsstätte eine gleiche oder ähnliche Tätigkeit unter gleichen oder ähnlichen Bedingungen als selbständiges Unternehmen entfaltet.[418] Dies setzt ein eigenständiges Buchführungsergebnis für die ausländische Betriebsstätte voraus. Wird das ausländische Betriebsstättenergebnis nicht gesondert ermittelt, so kann es unter sinngemäßer Anwendung der Zerlegungsvorschriften der §§ 29 ff. GewStG ermittelt werden (sog. indirekte Methode).[419]

Aus dem inländischen Gewerbeertrag sind nicht nur die positiven und negativen ausländischen Betriebsstättenergebnisse auszuscheiden, sondern auch die Hinzurechnungen und Kürzungen, die auf die ausländischen Betriebsstätten entfallen.[420]

3.2.1.3 Gewinnanteile einer ausländischen Kapitalgesellschaft (§ 9 Nr. 7 GewStG)

Soweit Gewinnanteile von einer im Ausland ansässigen Kapitalgesellschaft bei der Ermittlung des Gewinns aus Gewerbebetrieb bei der Einkommensteuer oder der Körperschaftsteuer angesetzt worden sind, kann unter bestimmten Voraussetzungen eine Kürzung dieser Gewinnanteile bei der Ermittlung des Gewerbeertrags vorgenommen werden. Sind die Gewinnanteile infolge der Beteiligungsertragsbefreiung gem. § 8 b Abs. 1 Satz 1 KStG oder infolge des internationalen Schachtelprivilegs eines Doppelbesteuerungsabkommens bei einer inländischen Körperschaft im Rahmen der Gewinnermittlung bereits nicht angesetzt worden, kommt bei der Ermittlung des Gewerbeertrags eine zusätzliche Kürzung nicht mehr in Betracht. § 9 Nr. 7 GewStG kann als gewerbesteuerliche Kürzungsvorschrift von jedem gewerblichen Unternehmen – auch von Einzelunternehmen und Personengesellschaften – beansprucht werden und nicht nur von bestimmten Körperschaftsteuersubjekten.

Für die Kürzung der Gewinnanteile von einer im Ausland ansässigen Kapitalgesellschaft bei der Ermittlung des Gewerbeertrags gem. § 9 Nr. 7 Satz 1 GewStG müssen folgende Voraussetzungen erfüllt sein:

---

418 Vgl. BFH vom 28.06.1972, BStBl 1972 II S. 785; BFH vom 28.03.1985, BStBl 1985 II S. 405; BFH vom 29.07.1992, BStBl 1993 II S. 63.

419 Vgl. Abschn. 62 Abs. 2 Satz 3 GewStR.

420 Vgl. Lenski/Steinberg, § 9 Nr. 3 GewStG, Anm. 19; Glanegger/Güroff, § 9 Nr. 3 GewStG, Anm. 3.

1. **Beteiligung** i. H. von **mindestens 15 %** am Nennkapital einer Kapitalgesellschaft mit **Geschäftsleitung und Sitz im Ausland.** Ob es sich im Ausland um eine Kapitalgesellschaft handelt, bestimmt sich in einem Typenvergleich danach, ob das ausländische Rechtsgebilde seinem Wesen nach körperschaftlich strukturiert ist. Die Beteiligung an der ausländischen Kapitalgesellschaft kann dabei auch **mittelbar** über eine inländische, rein vermögensverwaltend tätige Personengesellschaft bestehen.[421]

2. **Ununterbrochene Beteiligung** in Höhe der Mindestbeteiligungsquote seit Beginn des Erhebungszeitraums (Beginn des Kalenderjahrs oder Beginn der Gewerbesteuerpflicht im laufenden Kalenderjahr, § 14 Satz 3 GewStG). Bei Beteiligungen an **EU-ansässigen Tochtergesellschaften** i. S. der Mutter-Tochter-Richtlinie reicht es für die Gewährung des internationalen gewerbesteuerlichen Schachtelprivilegs aus, wenn die Beteiligung an deren Nennkapital zu Beginn des Erhebungszeitraums **mindestens 10 %** betragen hat, d. h., die Schachtelbeteiligung muss nicht ununterbrochen während des gesamten Erhebungszeitraums bestehen.

3. **Aktive Tätigkeit** der ausländischen Kapitalgesellschaft, d. h., sie muss ihre Bruttoerträge zu mindestens 90 % aus einer Tätigkeit i. S. des § 8 Abs. 1 Nr. 1 bis 6 AStG und/oder aus Beteiligungen an Gesellschaften beziehen, an deren Nennkapital die ausländische Kapitalgesellschaft mindestens zu 25 % unmittelbar seit mindestens zwölf Monaten beteiligt ist, soweit die ausländische Kapitalgesellschaft eine Tätigkeit als Landes- oder Funktionsholding an nachgeschalteten Gesellschaften ausübt, die wiederum Einkünfte aus (aktiven) Tätigkeiten i. S. des § 8 Abs. 1 Nr. 1 bis 6 KStG erzielen.

   Eine **aktive Tätigkeit** der ausländischen Gesellschaft ist für die Kürzung dann **nicht** erforderlich, wenn es sich dabei um eine in der Anlage 2 zum EStG aufgeführte **EU-ansässige Gesellschaft** handelt (§ 9 Nr. 7 Satz 1 zweiter Halbsatz GewStG). Mit dieser Bestimmung wird die sog. **Mutter-Tochter-Richtlinie** vom 23. 07. 1990[422] in deutsches Recht umgesetzt. Ausdrücklich ausgenommen sind von dieser Begünstigung Gewinnanteile, die aufgrund einer Herabsetzung des Kapitals oder nach Auflösung der Gesellschaft anfallen.

4. Besteht mit dem Ansässigkeitsstaat der ausländischen Kapitalgesellschaft ein **Doppelbesteuerungsabkommen,** in dem ein **gewerbesteuerliches Schachtelprivileg** vereinbart ist – was im Allgemeinen der Fall ist –, so ist die für den Steuerpflichtigen günstigere Regelung (DBA-Schachtelprivileg oder Kürzung nach § 9 Nr. 7 GewStG) anzuwenden.[423] Dabei sind die sachlichen und persönlichen Voraussetzungen zu vergleichen, wobei die im DBA für das gewerbesteuerliche Schachtelprivileg vereinbarte Mindestbeteiligungsquote unilateral gem. § 9

421 Vgl. BFH vom 17.05.2000, BStBl 2001 II S. 685.
422 Vgl. ABl. EG Nr. L 225, S. 6.
423 Vgl. Abschn. 65 Abs. 2 GewStR.

Nr. 8 GewStG auf 15 % abgesenkt wird oder die im DBA ggf. vereinbarte niedrigere Mindestbeteiligungsgrenze (häufig 10 %) maßgebend ist. Regelmäßig sehen die Doppelbesteuerungsabkommen geringere Anforderungen an eine aktive Tätigkeit der ausländischen Kapitalgesellschaft vor und statuieren keine Anforderungen an eine Mindestbesitzdauer, sodass die Kürzungsvorschrift des § 9 Nr. 7 GewStG in DBA-Fällen i. d. R. nicht zum Zuge kommt.

Die Kürzung der Gewinnanteile bei Beteiligung an einer ausländischen Kapitalgesellschaft gem. § 9 Nr. 7 Satz 1 GewStG erfolgt **von Amts wegen,** d. h., sie setzt keinen Antrag voraus. Der Kürzungsbetrag umfasst nicht nur die Gewinnanteile, sondern auch den Betrag der anrechenbaren ausländischen Quellensteuer (§ 34 c Abs. 1 EStG; § 26 Abs. 1 KStG), da die anrechenbare Steuer (§ 12 Nr. 3 EStG; § 10 Nr. 2 KStG) Bestandteil des Gewinns aus Gewerbebetrieb ist. Nach § 9 Nr. 7 Satz 2 GewStG **mindern** die im unmittelbaren Zusammenhang mit den Gewinnanteilen stehenden Aufwendungen den Kürzungsbetrag, soweit entsprechende Beteiligungserträge einkommensteuerlich oder körperschaftsteuerlich zu berücksichtigen sind. Auf diesen Minderungsbetrag findet dann § 8 Nr. 1 GewStG keine Anwendung mehr. Bedeutsam ist dies vor allem für einkommensteuerpflichtige Dividenden, die in einem Betriebsvermögen angefallen sind, da die im unmittelbaren Zusammenhang mit den Dividenden stehenden Aufwendungen bei der Einkommensteuer (= Teilabzugsverfahren gem. § 3 c Abs. 2 EStG) beim Dividendenempfänger abgezogen werden können, sodass per saldo nur die „Nettogröße“ über § 7 Satz 1 GewStG der Gewerbesteuer unterliegt.

Die auf der Grundlage des § 8 b Abs. 5 KStG bei Bezug von steuerfreien Auslandsdividenden gesetzlich angenommenen nichtabziehbaren Betriebsausgaben i. H. von 5 % der Schachteldividenden dürfen bei der Ermittlung des Gewerbeertrags nicht gekürzt werden.[424]

Gewinne aus der Veräußerung von Anteilen an einer ausländischen Kapitalgesellschaft werden von der Kürzungsvorschrift des § 9 Nr. 7 GewStG nicht erfasst.[425] Dies gilt selbst dann, wenn sämtliche Anteile an einer ausländischen Kapitalgesellschaft veräußert werden.[426] Die 95 %ige Steuerfreiheit des Veräußerungsgewinns aus dem Verkauf eines Anteils an einer ausländischen Körperschaft gem. § 8 b Abs. 2 KStG wirkt sich über § 7 GewStG jedoch auch bei der Gewerbesteuer aus.

Ist der inländische Gewerbebetrieb über eine ausländische Kapitalgesellschaft (Tochtergesellschaft) mittelbar an einer aktiv tätigen ausländischen Kapitalgesellschaft (Enkelgesellschaft) beteiligt, kann für die von der Enkelgesellschaft über die Tochtergesellschaft bezogenen Gewinnanteile unter bestimmten Bedingungen die Kürzung nach § 9 Nr. 7 Sätze 4 bis 7 GewStG beansprucht werden. Im Einzelnen müssen folgende **Voraussetzungen** erfüllt sein:

---

424 Vgl. BFH vom 10.01.2007, DStR 2007, S. 1078, dort allerdings zu § 9 Nr. 2 a GewStG.
425 Vgl. BFH vom 29.08.1984, BStBl 1985 II S. 160.
426 Vgl. BFH vom 02.02.1972, BStBl 1972 II S. 470.

1. **Mittelbare Beteiligung** i. H. von mindestens 15 % am Nennkapital der Enkelgesellschaft mit Geschäftsleitung und Sitz im Ausland.

   Beispiele:

   Die inländische Muttergesellschaft ist an der ausländischen Tochtergesellschaft zu 15 % beteiligt, die Tochtergesellschaft ist zu 100 % an der ausländischen Enkelgesellschaft beteiligt (15 % x 100 % = 15 %).

   Die inländische Muttergesellschaft ist an der ausländischen Tochtergesellschaft zu 20 % beteiligt, die Tochtergesellschaft ist zu 75 % an der ausländischen Enkelgesellschaft beteiligt (20 % x 75 % = 15 %).

   Ist der inländische Gewerbebetrieb unmittelbar und mittelbar an der ausländischen Enkelgesellschaft beteiligt, können diese Beteiligungen nicht zusammengerechnet werden. Die Mindestbeteiligung muss allein über die Tochtergesellschaft bestehen.[427]

2. Ununterbrochene Beteiligung der ausländischen Tochtergesellschaft am Nennkapital der ausländischen Enkelgesellschaft **seit Beginn des Erhebungszeitraums** im Umfang von **mindestens 15 %** (§ 9 Nr. 7 Satz 6 Nr. 2 GewStG).

3. **Aktive Tätigkeit** der ausländischen Enkelgesellschaft – nicht der ausländischen Tochtergesellschaft, da insoweit auf die Kürzung gem. § 9 Nr. 7 Satz 1 GewStG zurückgegriffen werden kann –, wobei diese ihre Bruttoerträge zu mindestens 90 % aus einer Tätigkeit i. S. des § 8 Abs. 1 Nr. 1 – 6 AStG und/oder aus einer Tätigkeit als Landesholding (§ 9 Nr. 7 Satz 1 Nr. 1 GewStG) in dem betreffenden Wirtschaftsjahr, für das sie ihre Gewinnausschüttung vorgenommen hat, erzielt haben muss. Im Gegensatz zur Regelung für Tochtergesellschaften in § 9 Nr. 7 Satz 1 GewStG sind Bruttoerträge aus unter § 9 Nr. 7 Satz 1 Nr. 2 GewStG fallenden Beteiligungen (Funktionsholding) bei Enkelgesellschaften dem passiven Erwerb zuzurechnen (§ 9 Nr. 7 Satz 6 Nr. 1 letzter Satzteil GewStG).

4. Die Enkelgesellschaft muss an die Tochtergesellschaft **in dem gleichen Wirtschaftsjahr** des inländischen Gewerbebetriebs Gewinne ausschütten, in dem die Tochtergesellschaft die Gewinne an den inländischen Gewerbebetrieb ausschüttet.

5. Die Kürzung gem. § 9 Nr. 7 Sätze 4 bis 7 GewStG für die Gewinnanteile von einer ausländischen Enkelgesellschaft erfolgt nur **auf Antrag** des inländischen Gewerbebetriebs.

Die Kürzung gem. § 9 Nr. 7 Sätze 4 bis 7 GewStG bei Bezug von Gewinnanteilen von einer ausländischen Enkelgesellschaft über eine zwischengeschaltete Tochtergesellschaft steht ebenfalls jedem gewerblichen Unternehmen zu, d. h. auch Personenunternehmen.

---

427 Vgl. BFH vom 21.08.1996, BStBl 1997 II S. 434.

3.2.1.4 Unilaterale Senkung der Mindestbeteiligungsquote beim sog. internationalen gewerbesteuerlichen Schachtelprivileg gem. DBA (§ 9 Nr. 8 GewStG)

§ 9 Nr. 8 GewStG bestimmt, dass für die Gewährung des gewerbesteuerlichen Schachtelprivilegs nach einem Doppelbesteuerungsabkommen eine Mindestbeteiligungsquote von nur 15 % erforderlich ist, selbst wenn im Doppelbesteuerungsabkommen eine höhere Mindestbeteiligung (z. B. 25 %) vereinbart worden ist. Ist im DBA eine **niedrigere** Mindestbeteiligungsgrenze als 15 % für die Gewährung des internationalen gewerbesteuerlichen Schachtelprivilegs vereinbart, so ist diese maßgebend. Das gewerbesteuerliche Schachtelprivileg nach einem Doppelbesteuerungsabkommen kann in Konkurrenz treten zum internationalen gewerbesteuerlichen Schachtelprivileg gem. § 9 Nr. 7 GewStG, sodass in dem Fall nach Verwaltungsauffassung die für den Steuerpflichtigen günstigere Regelung anzuwenden ist.[428]

§ 9 Nr. 8 GewStG gilt nicht – wie § 9 Nr. 7 GewStG – nur für ausländische Kapitalgesellschaften, sondern für **alle Gesellschaften,** die nach dem jeweils anzuwendenden Doppelbesteuerungsabkommen unter der Voraussetzung einer Mindestbeteiligung von der Gewerbesteuer befreit sind. Im Einzelfall können damit auch Gewinnanteile von jeder juristischen Person, die im anderen DBA-Staat ansässig ist (z. B. eine ausländische Genossenschaft oder eine ausländische Stiftung), für diese Kürzungsvorschrift in Betracht kommen, bei denen § 9 Nr. 7 GewStG nicht anwendbar wäre.

Sind in einem Doppelbesteuerungsabkommen für die Freistellung von der deutschen Gewerbesteuer neben einer Mindestbeteiligungsquote noch weitere persönliche und/oder sachliche Voraussetzungen statuiert, so bleiben diese Bedingungen von § 9 Nr. 8 GewStG unberührt.[429] Da § 9 Nr. 8 GewStG weder einen Aktivitätskatalog noch Anforderungen an eine Mindestbesitzdauer der Beteiligung stellt, gelten insoweit die Angaben im Doppelbesteuerungsabkommen. Insofern wird häufig nach einem DBA i. V. m. § 9 Nr. 8 GewStG eine Kürzung der Gewinnanteile bei der Ermittlung des Gewerbeertrags in Betracht kommen, die § 9 Nr. 7 GewStG aufgrund seiner engeren Anwendungsvoraussetzungen nicht ermöglichen würde. Bedeutung hat das gewerbesteuerliche Schachtelprivileg gem. § 9 Nr. 8 GewStG in DBA-Fällen insbesondere für Personenunternehmungen, die i. d. R. weder die Beteiligungsbetragsbefreiung gem. § 8 b Abs. 1 Satz 1 KStG noch das in den Doppelbesteuerungsabkommen vereinbarte Schachtelprivileg beanspruchen können.

428 Vgl. Abschn. 65 Abs. 2 GewStR.
429 Vgl. Abschn. 65 Abs. 2 Satz 5 GewStR.

3.2.2 Hinzurechnungen bei der Ermittlung der Gewerbesteuer

3.2.2.1 Streubesitzdividenden von ausländischen Körperschaften, die nach dem Teileinkünfteverfahren oder nach der Beteiligungsbetragsbefreiung außer Ansatz bleiben (§ 8 Nr. 5 GewStG)

Gemäß § 7 Satz 1 GewStG wirken sich die Steuerbefreiungen nach § 3 Nr. 40 EStG oder nach § 8 b Abs. 1 Satz 1 KStG für Gewinnanteile (Dividenden) und die diesen gleichgestellten Bezüge und erhaltenen Leistungen aus Anteilen an einer Körperschaft auf die Ermittlung des Gewerbeertrags entsprechend aus, d. h., sie bleiben auch hier außer Ansatz. In Bezug auf Gewinnanteile und Bezüge von einer ausländischen Körperschaft ordnet § 8 Nr. 5 GewStG eine **Hinzurechnung** dieser Beträge bei der Ermittlung des Gewerbeertrags an, soweit nicht die Voraussetzungen des § 9 Nr. 7 GewStG erfüllt sind. Betroffen von dieser Hinzurechnung sind somit vor allem Streubesitzdividenden, d. h., wenn das inländische gewerbliche Unternehmen **nicht mindestens zu 15 %** am Nennkapital der ausländischen Körperschaft beteiligt ist. Die Hinzurechnung greift darüber hinaus dann, wenn die Beteiligung im Umfang von mindestens 15 % noch **nicht ununterbrochen** seit Beginn des Erhebungszeitraums besteht. Schließlich kommt die Hinzurechnung zur Anwendung, wenn die ausländische Tochtergesellschaft ihre **Bruttoerträge nicht ausschließlich oder fast ausschließlich** aus unter § 8 Abs. 1 Nr. 1 – 6 AStG fallenden Tätigkeiten und aus Beteiligungen bezieht, bei denen sie als Landes- oder Funktionsholding fungiert. Hinzurechnungspflichtig sind jedoch nur Beträge, die nach Abzug der mit diesen Gewinnanteilen, Bezügen und erhaltenen Leistungen in wirtschaftlichem Zusammenhang stehenden Betriebsausgaben verbleiben, welche nach § 3 c Abs. 2 EStG oder nach § 8 b Abs. 5 oder Abs. 10 KStG bei der Ermittlung des Einkommens als nichtabziehbare Betriebsausgaben zu behandeln sind. Damit soll eine doppelte gewerbesteuerliche Belastung dieser nichtabziehbaren Betriebsausgaben verhindert werden. Ergibt sich eine Steuerbefreiung von Gewinnanteilen oder Bezügen nicht aus § 8 b Abs. 1 Satz 1 KStG, sondern z. B. aus dem in einem Doppelbesteuerungsabkommen enthaltenen internationalen Schachtelprivileg, kommt eine Hinzurechnung nach § 8 Nr. 5 GewStG nicht in Betracht, da die abkommensrechtlichen Bestimmungen Vorrang vor den nationalen Steuergesetzen genießen (§ 2 AO). Von der Hinzurechnung der gem. § 3 Nr. 40 EStG außer Ansatz bleibenden Gewinnanteile (Dividenden) und der diesen gleichgestellten Bezüge dürften die in § 3 Nr. 40 Buchst. d, e, f, g, h und i EStG genannten Beträge erfasst sein, die dem Teileinkünfteverfahren unterliegen. Die in § 3 Nr. 40 Buchst. a, b, c und j EStG genannten Betriebsvermögensmehrungen und Veräußerungspreise dürften demgegenüber wohl nicht von der Hinzurechnung erfasst sein,[430] da es sich insoweit nicht um Gewinnanteile (Dividenden) und nicht um die diesen gleichgestellte Bezüge und auch nicht um erhaltene Leistungen aus Anteilen an einer Körperschaft handeln

430 Gl. A. Prinz/Simon, Kuriositäten und Ungereimtheiten des UntStFG: Ungewollte Abschaffung des gewerbesteuerlichen Schachtelprivilegs für Kapitalgesellschaften?, DStR 2002, S. 150.

dürfte. Die nach der Veräußerungsgewinnbefreiung gem. § 8 b Abs. 2 KStG außer Ansatz bleibenden Gewinne aus der Veräußerung, Liquidation oder Kapitalherabsetzung sind explizit nicht von der Hinzurechnung gem. § 8 Nr. 5 GewStG betroffen. Darüber hinaus sind von der gewerbesteuerlichen Hinzurechnung ausgenommen die Gewinnausschüttungen, die unter § 3 Nr. 41 Buchst. a EStG fallen, d. h., die bereits als Hinzurechnungsbetrag in den letzten sieben Jahren der deutschen Einkommensteuer unterlegen haben.

3.2.2.2 Anteile am Verlust einer ausländischen Personengesellschaft (§ 8 Nr. 8 GewStG)

Nach § 8 Nr. 8 GewStG müssen Anteile am Verlust einer ausländischen OHG, KG oder einer anderen Gesellschaft, bei der die Gesellschafter als Mitunternehmer des Gewerbebetriebs anzusehen sind, bei der Ermittlung des Gewerbeertrags hinzugerechnet werden, wenn diese Verlustanteile vorher bei der Ermittlung des einkommensteuerlichen oder körperschaftsteuerlichen Gewinns aus Gewerbebetrieb tatsächlich abgesetzt worden sind. § 8 Nr. 8 GewStG ist das Gegenstück zu § 9 Nr. 2 GewStG, sodass die obigen Ausführungen zu § 9 Nr. 2 GewStG hier entsprechend gelten.

Konnte ein Verlustanteil bereits aufgrund von § 2 a Abs. 1 und 2 EStG oder aufgrund von § 15 a bzw. § 15 b EStG nicht bei der Ermittlung des Gewinns aus Gewerbebetrieb berücksichtigt werden, so kommt bei der Ermittlung des Gewerbeertrags keine Hinzurechnung mehr in Betracht.

3.2.2.3 Hinzurechnung der Gewinnminderungen durch ausschüttungsbedingte Teilwertabschreibungen von Anteilen an ausländischen Kapitalgesellschaften (§ 8 Nr. 10 GewStG)

Soweit auf Gewinnausschüttungen einer ausländischen Körperschaft einerseits das gewerbesteuerliche Schachtelprivileg gem. § 9 Nr. 7 GewStG oder gem. einem Doppelbesteuerungsabkommen i. V. m. § 9 Nr. 8 GewStG bei einer Mindestbeteiligung von 15 % am Kapital der ausländischen Körperschaft anzuwenden ist und diese Ausschüttungen somit nicht der Gewerbesteuer unterliegen, soll andererseits eine auf die Gewinnausschüttungen zurückzuführende Gewinnminderung nicht bei der Ermittlung des Gewerbeertrags berücksichtigt werden können. Die durch die Gewinnausschüttungen verursachte Gewinnminderung der Anteile kann entstanden sein

- durch eine (ausschüttungsbedingte) Teilwertabschreibung der Anteile an der ausländischen Körperschaft,
- durch Veräußerung der Anteile an der ausländischen Körperschaft,
- durch Entnahme der Anteile an der ausländischen Körperschaft aus dem Betriebsvermögen,

- bei der Auflösung der ausländischen Körperschaft oder
- bei der Herabsetzung des Kapitals der ausländischen Körperschaft.

Soweit ausschüttungsbedingte Teilwertabschreibungen bereits nach § 3 c Abs. 2 EStG zu 40 % bei der Einkommensteuer oder nach § 8 b Abs. 3 Satz 3 KStG in voller Höhe bei der Körperschaftsteuer den Gewinn aus Gewerbebetrieb **nicht** mindern durften, kommt eine Hinzurechnung nach § 8 Nr. 10 GewStG nicht mehr in Betracht.

3.2.2.4 Bei der Ermittlung der Einkünfte abgezogene ausländische Steuern gem. § 34 c EStG (§ 8 Nr. 12 GewStG)

§ 8 Nr. 12 GewStG verlangt die Hinzurechnung von ausländischen Steuern, die

- bei der Ermittlung des Gewinns aus Gewerbebetrieb gem. § 34 c Abs. 2 oder 3 EStG (ggf. i. V. m. § 26 Abs. 6 Satz 1 KStG bei Körperschaftsteuersubjekten) **abgezogen** wurden und
- auf Gewinne oder Gewinnanteile entfallen, die bei der Ermittlung des Gewerbeertrags **außer Ansatz gelassen** oder nach § 9 GewStG **gekürzt** worden sind.

Der Zweck der Regelung besteht darin zu verhindern, dass einerseits z. B. Anteile am Gewinn einer ausländischen Personengesellschaft (§ 9 Nr. 2 GewStG), Gewinne ausländischer Betriebsstätten (§ 9 Nr. 3 GewStG), Gewinne aus Anteilen an einer ausländischen Kapitalgesellschaft (§ 9 Nr. 7 GewStG) oder Gewinne aus Anteilen an einer ausländischen Körperschaft mit Ansässigkeit in einem DBA-Staat (§ 9 Nr. 8 GewStG) von der gewerbesteuerlichen Bemessungsgrundlage mit dem Bruttobetrag (einschl. der im Ausland gezahlten Steuern) ausgenommen werden, andererseits die auf die Gewinne oder Gewinnanteile entfallenden ausländischen Steuern vom Einkommen nochmals bei der gewerbesteuerlichen Bemessungsgrundlage (einkommensteuerlicher bzw. körperschaftsteuerlicher Gewinn aus Gewerbebetrieb) gem. § 34 c Abs. 2 oder 3 EStG abgesetzt werden.

Die Hinzurechnung setzt zwingend voraus, dass die Gewinne bzw. Gewinnanteile bei der Einkommensermittlung außer Ansatz bleiben, d. h. nach § 9 Nr. 2, 3, 7 bzw. 8 GewStG von der Summe des Gewinns aus Gewerbebetrieb und den Hinzurechnungen gekürzt werden. Zwischen der gem. § 34 c Abs. 2 oder 3 EStG abgezogenen ausländischen Steuer und dem außer Ansatz gebliebenen oder gekürzten Gewinn bzw. Gewinnanteil muss ein unmittelbarer Zusammenhang bestehen, damit die Hinzurechnungsvorschrift des § 8 Nr. 12 GewStG eingreift. Eine ausländische Steuer muss bei Anwendung der Abzugsmethode gem. § 34 c Abs. 2 oder 3 EStG auch dann hinzugerechnet werden, wenn sie mit einem nach deutschen Einkommensermittlungsvorschriften ermittelten Verlust aus einer ausländischen Betriebsstätte oder mit einem Anteil am Verlust einer ausländischen Personengesellschaft im Zusammenhang steht, der gem. § 9 Nr. 3 GewStG (ausländische Betriebsstätte) außer Ansatz bleiben oder gem. § 9 Nr. 2 GewStG (ausländische Personengesellschaft) hinzugerechnet werden muss.[431]

Nicht der Hinzurechnung gem. § 8 Nr. 12 GewStG unterliegen die ausländischen Steuern, die gem. § 34 c Abs. 1 EStG oder gem. § 26 Abs. 1 KStG auf die Einkommensteuer bzw. Körperschaftsteuer angerechnet werden, da hier kein nochmaliger Abzug der ausländischen Steuern bei der gewerbesteuerlichen Bemessungsgrundlage erfolgt.

4 Erbschaft- und Schenkungsteuergesetz

4.1 Allgemeines zur Besteuerung von Erbschaften und Schenkungen

Die deutsche Erbschaftsteuer als „sonstige Personensteuer"[432] geht vom System der sog. Erbanfallsteuer aus. Besteuert wird – wie in den meisten anderen Ländern der Erde – die Bereicherung (§ 10 Abs. 1 ErbStG) des Erben, Vermächtnisnehmers oder sonstigen Erwerbers. Dem steht das System der Nachlasssteuer gegenüber, bei dem eine letztmalige Besteuerung des Erblassers bzw. seines Vermögens vorgenommen wird (wie etwa in den USA, Großbritannien und Neuseeland). Über die Besteuerung des Erbanfalls hinaus werden auch Schenkungen unter Lebenden steuerlich erfasst. Die Berücksichtigung des Schenkungstatbestandes soll eine Umgehung der Erbschaftsteuer durch vorzeitige unentgeltliche Übertragung von Vermögen unter Lebenden vermeiden.

Ausgelöst wird die persönliche Steuerpflicht in erster Linie durch die „Ansässigkeit", d. h. durch den Wohnsitz oder gewöhnlichen Aufenthalt einer Person im Inland. Wenn hiernach keine Steuerpflicht gegeben ist, kann ggf. die Staatsangehörigkeit als Kriterium für eine Erweiterung der Steuerpflicht ausschlaggebend sein. Ergibt sich aufgrund dieser Anknüpfungsmerkmale keine persönliche Steuerpflicht, so kann sich ggf. noch eine beschränkte Steuerpflicht für bestimmte Vermögensgegenstände mit einem besonderen Bezug zum Inland ergeben.

Die begriffliche Unterscheidung zwischen unbeschränkter und beschränkter Steuerpflicht findet sich im Erbschaft- und Schenkungsteuergesetz (ErbStG) selbst nicht. Die Terminologie hat sich jedoch in Anlehnung an andere Personensteuern, wie z. B. bei der Einkommen- und Körperschaftsteuer, in Literatur und Besteuerungspraxis etabliert.

431 Vgl. Lenski/Steinberg, § 8 Nr. 12 GewStG, Anm. 4; Hofmeister, in: Blümich, § 8 GewStG, Rz. 252.
432 Vgl. BFH vom 09.08.1983, BStBl 1984 II S. 27; vom 14.09.1994, BStBl 1995 II S. 207.

Infolge der vielfältigen Anknüpfungspunkte für die Besteuerung von Erbschaften und Schenkungen in der Bundesrepublik Deutschland kommt es in Fällen mit Auslandsberührung leicht zu internationalen Doppelbesteuerungen. Diese werden dadurch ausgelöst, dass ein ausländischer Staat dasselbe Vermögen bzw. denselben Erwerb ebenfalls einer Erbschaft- bzw. Schenkungsteuer unterwirft. Derartige drohende Doppelbesteuerungen werden auf dem Gebiet der Steuern vom Einkommen und vom Vermögen insbesondere durch den Abschluss von Doppelbesteuerungsabkommen vermieden. Da jedoch für den Bereich der Erbschaft- und Schenkungsteuer die Anzahl der Doppelbesteuerungsabkommen sehr gering ist, kommt den unilateralen Maßnahmen zur Vermeidung einer Doppelbesteuerung im Bereich des Erbschaft- und Schenkungsteuerrechts eine besondere Bedeutung zu.

4.2 Unbeschränkte Steuerpflicht

4.2.1 Persönliche Steuerpflicht

Die unbeschränkte Steuerpflicht gem. § 2 Abs. 1 Nr. 1 Buchst. a und Buchst. d ErbStG tritt ein, wenn entweder der Erblasser zur Zeit seines Todes bzw. der Schenker zur Zeit der Schenkung oder der Erwerber zum Zeitpunkt der Entstehung der Steuerschuld Inländer ist.[433] Wenn der Erblasser bzw. Schenker Inländer ist, kommt es für die unbeschränkte Steuerpflicht nicht mehr auf die Inländereigenschaft des Erwerbers an.[434]

4.2.1.1 Inländer

Als Inländer i. S. des § 2 Abs. 1 Nr. 1 Buchst. a ErbStG gelten natürliche Personen, die im Inland einen Wohnsitz oder ihren gewöhnlichen Aufenthalt haben. Inland ist das Gebiet der Bundesrepublik Deutschland. Hierzu gehört auch der der Bundesrepublik Deutschland zustehende Anteil am Festlandsockel (§ 2 Abs. 2 ErbStG).

Der Wohnsitzbegriff ergibt sich aus § 8 AO. Danach hat jemand seinen Wohnsitz dort, wo er eine Wohnung unter Umständen innehat, die darauf schließen lassen, dass er die Wohnung beibehalten und benutzen wird. Das Innehaben der Wohnung drückt ein Zeitmoment aus, das sich auf die in Betracht kommende Wohnsitzbegründung bezieht und von dort aus gesehen in die Zukunft gerichtet ist. Als Anhaltspunkt kann zur Bestimmung des Zeitmoments auf die Sechsmonatsfrist des § 9 Satz 2 AO zurückgegriffen werden.[435] Beim Erblasser ist dieses unter der Annahme zu beurteilen, dass er weitergelebt hätte. Der Wohnungsbegriff setzt voraus, dass die betreffenden Räume zum dauernden Aufenthalt von Menschen

433 Zur Entstehung der Steuerschuld siehe § 9 Abs. 1 ErbStG.
434 Vgl. auch Kapp/Ebeling, ErbStG, § 2, Rz. 4; Troll/Gebel/Jülicher, ErbStG, § 2, Rz. 8.
435 Vgl. BFH vom 30.08.1989, BStBl 1989 II S. 956.

geeignet sind; sie müssen nicht zum dauernden Aufenthalt bestimmt sein.[436] Für den steuerrechtlichen Wohnsitzbegriff hat der Wille einer Person so lange keine Bedeutung, wie sie im Widerspruch zur tatsächlichen Gestaltung steht.[437]

Eine natürliche Person kann mehrere Wohnsitze haben. Der ständige Aufenthalt in einer Wohnung ist nicht erforderlich.[438] Das Vorhandensein eines weiteren Wohnsitzes im Ausland führt nicht zu einer Verneinung der Inländereigenschaft. Es ist für den steuerlichen Wohnsitzbegriff unerheblich, wo der Lebensmittelpunkt der betreffenden Person liegt.

Der Wohnsitzbegriff ist in den einzelnen Doppelbesteuerungsabkommen (betr. die Erbschaft-/Schenkungsteuer) jeweils individuell geregelt. Von Bedeutung sind diese ggf. vom § 8 AO abweichenden Definitionen jedoch nur für die Zuteilung des Besteuerungsrechts, sofern diese vom Wohnsitz abhängig ist. Für die Frage der unbeschränkten Steuerpflicht ist jedoch auch bei Bestehen eines Doppelbesteuerungsabkommens allein der Wohnsitzbegriff des § 8 AO maßgebend.[439]

Seinen gewöhnlichen Aufenthalt hat jemand gem. § 9 AO dort, wo er sich unter Umständen aufhält, die erkennen lassen, dass er an diesem Ort oder in diesem Gebiet nicht nur vorübergehend verweilt. Ein zeitlich zusammenhängender Aufenthalt von mehr als sechs Monaten Dauer ist gem. § 9 Satz 2 AO stets und von Beginn an als gewöhnlicher Aufenthalt anzusehen. Ein über sechs Monate dauernder Aufenthalt ist nur dann nicht als gewöhnlicher Aufenthalt anzusehen, wenn er ausschließlich zu Besuchs-, Erholungs-, Kur- oder ähnlichen privaten Zwecken genommen wird und nicht länger als ein Jahr dauert. Als Aufenthalte zu ähnlichen privaten Zwecken müssten auch Sport-, Studien-, Ausbildungszwecke usw. anzusehen sein.[440]

Ein Aufenthalt, der länger als ein Jahr dauert, ist unabhängig von seinem Zweck als gewöhnlicher Aufenthalt i. S. des § 9 AO anzusehen. Da es für die Erbschaftsteuer auf die Verhältnisse am Stichtag ankommt, gilt die unbeschränkte Erbschaftsteuerpflicht nur für solche Erbfälle und Schenkungen, die nach Ablauf des sechsmonatigen bzw. einjährigen Zeitraums eingetreten bzw. ausgeführt worden sind. Die innerhalb dieser Zeiträume angefallenen Erwerbe sind nicht dadurch als unbeschränkt steuerpflichtig anzusehen, dass sich der Erblasser bzw. Schenker oder der Erwerber länger als sechs Monate bzw. ein Jahr im Inland aufgehalten hat.[441]

Beispiel:

Der Erblasser A ist Franzose. Er hat seinen Wohnsitz in der Bundesrepublik Deutschland. Das Vermögen des A besteht sowohl aus Inlands- als auch aus Auslandsver-

---

436 Vgl. BFH vom 24.04.1991, BStBl 1991 II S. 683.
437 Vgl. BFH vom 23.11.1988, BStBl 1989 II S. 182.
438 Vgl. Hess. FG, EFG 1991, S. 162.
439 Vgl. BFH vom 13.10.1965, BStBl 1965 III S. 738.
440 Vgl. Troll/Gebel/Jülicher, ErbStG, § 2, Rz. 4.
441 Vgl. Troll/Gebel/Jülicher, ErbStG, § 2, Rz. 4; Arlt, Internationale Erbschaft- und Schenkungsteuerplanung, Herne/Berlin 2001, S. 50 f.

mögen. Der Alleinerbe B ist ebenfalls französischer Staatsangehöriger. Seinen Wohnsitz hat B in Frankreich. Im Inland hat er keinen gewöhnlichen Aufenthalt.

A ist unbeschränkt erbschaftsteuerpflichtig gem. § 2 Abs. 1 Nr. 1 Buchst. a ErbStG, da er als natürliche Person seinen Wohnsitz im Inland hat. Die Staatsangehörigkeit ist für die Inländereigenschaft des § 2 Abs. 1 Nr. 1 Buchst. a ErbStG ohne Bedeutung. Die Tatsache, dass der Erwerber B kein Inländer ist, ist ebenfalls unbeachtlich, da sich die unbeschränkte Steuerpflicht bereits aus der Person des Erblassers ergibt. Die unbeschränkte Steuerpflicht erstreckt sich auf den gesamten Vermögensanfall des Erwerbers, also sowohl auf das Inlands- als auch auf das Auslandsvermögen.

4.2.1.2 Erweiterung des Inländerbegriffs (sog. erweiterte unbeschränkte Erbschaftsteuerpflicht)

Wenn weder der Erblasser bzw. Schenker noch der Erwerber seinen Wohnsitz oder gewöhnlichen Aufenthalt im Inland hat, gelten beide nicht als Inländer gem. § 2 Abs. 1 Nr. 1 Buchst. a ErbStG.

4.2.1.2.1 Abwanderer

Gemäß § 2 Abs. 1 Nr. 1 Buchst. b ErbStG gelten als Inländer auch solche Personen, die als deutsche Staatsangehörige keinen Wohnsitz im Inland haben, die sich jedoch noch nicht länger als fünf Jahre dauernd im Ausland aufgehalten haben. Durch diese „Erweiterung" des Inländerbegriffs soll eine Umgehung der deutschen Erbschaftsteuer durch vorübergehende Wohnsitzverlegung ins Ausland vermieden werden. Die unbeschränkte Steuerpflicht gem. § 2 Abs. 1 Nr. 1 Buchst. b ErbStG tritt ebenso wie die des § 2 Abs. 1 Nr. 1 Buchst. a ErbStG ein, wenn entweder der Erblasser bzw. Schenker oder der Erwerber die genannten Voraussetzungen erfüllt. Geht man vom Gesetzeswortlaut aus, so dürfte die Regelung des § 2 Abs. 1 Nr. 1 Buchst. b ErbStG nicht gelten, wenn die betreffende Person im Inland zwar keinen Wohnsitz, jedoch ihren gewöhnlichen Aufenthalt hatte.[442] Kommt es zu einem gewöhnlichen Aufenthalt im Inland während der Fünfjahresfrist, so wird der Lauf der Frist dadurch nicht gehemmt. Entsteht die Steuerschuld allerdings während der Dauer des gewöhnlichen Aufenthalts, so tritt die unbeschränkte Steuerpflicht gem. § 2 Abs. 1 Nr. 1 Buchst. a ErbStG ein. Die Frist von fünf Jahren beginnt mit dem Aufenthalt im Ausland. Die unbeschränkte Steuerpflicht gem. § 2 Abs. 1 Nr. 1 Buchst. b ErbStG tritt nicht ein, wenn innerhalb der Frist, jedoch vor der Vermögensübertragung, die deutsche Staatsangehörigkeit wegfällt.

Beispiel:

A ist Deutscher. Er hat seinen Wohnsitz am 15.12.2007 vom Inland nach Belgien verlegt, ohne jedoch die deutsche Staatsangehörigkeit aufzugeben. Am 01.06.2009 verstirbt A. Sein Vermögen besteht sowohl aus Inlands- als auch aus Auslandsvermögen.

---

442 Vgl. Troll/Gebel/Jülicher, ErbStG, § 2, Rz. 5; a. A. Schaumburg, Internationales Steuerrecht, 2. Aufl., Köln 1998, S. 334.

Der Alleinerbe B ist belgischer Staatsangehöriger. Er hat seinen Wohnsitz von Geburt an in Belgien. Im Inland hat B keinen gewöhnlichen Aufenthalt.

Sowohl der Erblasser A als auch der Erwerber B hatten zum Zeitpunkt des Erbanfalls (01.06.2009) keinen Wohnsitz oder gewöhnlichen Aufenthalt im Inland. Sie gelten daher beide nicht als Inländer i. S. des § 2 Abs. 1 Nr. 1 Buchst. a ErbStG. Die unbeschränkte Erbschaftsteuerpflicht erstreckt sich gem. § 2 Abs. 1 Nr. 1 Buchst. b ErbStG jedoch auch auf deutsche Staatsangehörige, die sich (noch) nicht länger als fünf Jahre dauernd im Ausland aufgehalten haben. Der Erblasser A erfüllt die genannte Voraussetzung. Er ist somit unbeschränkt steuerpflichtig. Die Tatsache, dass der Erwerber B kein Inländer ist, ist unbeachtlich, da sich die unbeschränkte Steuerpflicht bereits aus der Person des Erblassers ergibt. Die unbeschränkte Steuerpflicht erstreckt sich auf den gesamten Vermögensanfall des Erwerbers, also sowohl auf das Inlands- als auch auf das Auslandsvermögen.

4.2.1.2.2 Auslandsbedienstete

Ebenfalls als Inländer gelten deutsche Staatsangehörige, die im Inland weder einen Wohnsitz noch ihren gewöhnlichen Aufenthalt haben, die aber in einem Dienstverhältnis zu einer inländischen juristischen Person des öffentlichen Rechts stehen und hierfür Arbeitslohn aus einer inländischen öffentlichen Kasse beziehen (§ 2 Abs. 1 Nr. 1 Buchst. c ErbStG). Die betreffenden Personen dürfen weiterhin in dem ausländischen Staat, in dem sie ihren Wohnsitz oder gewöhnlichen Aufenthalt haben, nur in einem Umfang erbschaftsteuerpflichtig sein, wie es der beschränkten Erbschaftsteuerpflicht im Inland entspricht.

Körperschaften des öffentlichen Rechts sind hierbei inländische Gebietskörperschaften wie Bund, Länder, Gemeinden, aber auch alle Personalkörperschaften, die aufgrund öffentlichen Rechts mit einer eigenen Rechtspersönlichkeit ausgestattet sind. Der Auslandsbedienstete muss im Rahmen seiner Auslandstätigkeit jedoch nicht zwingend hoheitliche Aufgaben wahrnehmen. Um die unbeschränkte Steuerpflicht auszulösen, ist ein Dienstverhältnis im Rahmen einer privatwirtschaftlichen Betätigung der betreffenden Körperschaft ebenfalls ausreichend. Der Arbeitslohn muss von einer öffentlichen Kasse, die der Dienstaufsicht und der Prüfung durch die öffentliche Hand unterliegt, für ein bestehendes Dienstverhältnis gezahlt werden.

Wenn der Auslandsbedienstete in dem jeweiligen Tätigkeitsstaat zum Beispiel lediglich mit seinem dort gelegenen Inlandsvermögen der Steuerpflicht unterliegt, so entspricht dieses der beschränkten Steuerpflicht nach deutschem Erbschaftsteuerrecht, sodass die Voraussetzung des § 2 Abs. 1 Nr. 1 Buchst. c Satz 2 ErbStG erfüllt ist.

Sofern eine Person die Voraussetzungen des § 2 Abs. 1 Nr. 1 Buchst. c ErbStG erfüllt, gilt die unbeschränkte Steuerpflicht auch für die Angehörigen, die zu ihrem Haushalt gehören. Als Angehörige im Sinne dieser Vorschrift sind i. d. R. Ehegatten und minderjährige Kinder anzusehen.

Die Steuerpflicht nach § 2 Abs. 1 Nr. 1 Buchst. c ErbStG tritt erst dann ein, wenn nicht schon nach § 2 Abs. 1 Nr. 1 Buchst. b ErbStG die unbeschränkte Steuerpflicht für eine der am Vermögensübergang beteiligten Personen gegeben ist. Die betreffende Person muss sich demnach bereits länger als fünf Jahre im Ausland aufhalten.

Für die Anwendung des § 2 Abs. 1 Nr. 1 Buchst. c ErbStG reicht es ebenso wie für die unbeschränkte Steuerpflicht nach § 2 Abs. 1 Nr. 1 Buchst. a und § 2 Abs. 1 Nr. 1 Buchst. b ErbStG bereits aus, wenn eine der an dem Erwerb oder der Zuwendung beteiligten Personen die genannten Voraussetzungen erfüllt.

4.2.2 Sachliche Steuerpflicht

Die unbeschränkte und erweiterte unbeschränkte Erbschaftsteuerpflicht hat generell zur Folge, dass der weltweite Vermögensanfall der deutschen Erbschaftsteuer unterliegt (sog. **Weltvermögensprinzip**). Wenn der Erblasser bzw. Schenker ein Inländer ist, unterliegen sämtliche Erwerbe aus seinem Vermögen der Erbschaft- und Schenkungsteuer, unabhängig davon, ob es sich dabei um Inlands- oder Auslandsvermögen handelt. Wenn hingegen nur der Erwerber Inländer ist, unterliegt sämtliches von ihm im Wege der Erbschaft oder Schenkung erworbenes In- und Auslandsvermögen der deutschen Erbschaftsteuer.

Die in § 1 Abs. 1 ErbStG genannten Vorgänge stellen die steuerpflichtigen Tatbestände dar. Konkretisiert werden diese Tatbestände in den §§ 3–7 ErbStG, die einen abschließenden Katalog der steuerpflichtigen Erwerbsvorgänge enthalten.[443] Aus diesen Vorschriften wird die enge Bindung des Erbschaftsteuerrechts an das deutsche Zivilrecht (Bürgerliches Gesetzbuch) deutlich. Die Grundtatbestände des § 1 Abs. 1 ErbStG sind jedoch weiter gefasst, sodass auch Erwerbsvorgänge, die nach ausländischem Zivilrecht erfolgt sind, der deutschen Erbschaftsteuer unterliegen können.[444] Nach Art. 25 Abs. 1 EGBGB gilt für Erbfälle mit Auslandsbezug das Recht des Staates, dessen Staatsangehörigkeit der Erblasser zur Zeit seines Todes besaß. Für unbewegliches Vermögen kann der Erblasser gem. Art. 25 Abs. 2 EGBGB jedoch durch Verfügung von Todes wegen das Recht des Belegenheitsstaates wählen. Unterliegen die Erwerbsvorgänge des § 1 Abs. 1 ErbStG ausländischem Zivilrecht, so ist eine Erbschaftsbesteuerung so lange unproblematisch, wie die ausländischen Rechtsinstitute denen des deutschen Erbrechts entsprechen. Ist eine solche Entsprechung nicht erkennbar, so kommt es auf die wirtschaftliche Bedeutung der nach ausländischem Recht eingeräumten Rechtsposition an. Ist diese wirtschaftliche Bedeutung des nach ausländischem Recht erfolgten Vermögenserwerbs einem nach deutschem Erbschaftsteuerrecht steuerpflichtigen Erwerb gleichzusetzen, so kann es zu einer Besteuerung nach dem deutschen Erbschaftsteuergesetz kommen.[445]

443 Vgl. BFH vom 06.03.1991, BStBl 1991 II S. 412.
444 Vgl. BFH vom 07.05.1986, BStBl 1986 II S. 615.
445 Vgl. BFH vom 12.05.1970, BStBl 1972 II S. 462.

4.2.3 Wertermittlung des Auslandsvermögens

Die Bereicherung des Erwerbers stellt nach § 10 Abs. 1 ErbStG den steuerpflichtigen Erwerb dar. Dieser ergibt sich, wenn von dem der Besteuerung unterliegenden gesamten Vermögensanfall die abzugsfähigen Nachlassverbindlichkeiten abgezogen werden. Stichtag für die Wertermittlung ist gem. § 11 ErbStG i. d. R. der Zeitpunkt der Entstehung der Steuer. Die Wertermittlung ist geregelt in § 12 ErbStG. Hier finden sich grds. jedoch keine eigenständigen Wertermittlungsgrundsätze für erbschaftsteuerliche Zwecke, sondern lediglich der Verweis auf die Vorschriften des Ersten Teils des Bewertungsgesetzes (§ 12 Abs. 1 ErbStG). Demnach ist bei der Bewertung gem. § 9 Abs. 1 BewG grundsätzlich der gemeine Wert, definiert in § 9 Abs. 2 BewG, zugrunde zu legen. Neben den in §§ 11 ff. BewG genannten Ausnahmen vom gemeinen Wert, wie z. B. bei Wertpapieren und Anteilen an Kapitalgesellschaften, Kapitalforderungen und Schulden sowie Nutzungen und Leistungen, gelten auch für inländische Gewerbebetriebe und inländisches Grundvermögen besondere Wertermittlungskriterien. Für Grundbesitz ist gem. § 12 Abs. 3 ErbStG der Grundbesitzwert anzusetzen, der auf den Zeitpunkt der Entstehung der Steuer festgestellt wird. Für die Bewertung des inländischen Betriebsvermögens verweist § 12 Abs. 5 ErbStG über § 151 Abs. 1 Satz 1 Nr. 2 BewG auf die für die Erbschaftsteuer maßgeblichen §§ 95 bis 97 BewG. Die Bewertung des Betriebsvermögens erfolgt gem. § 109 i. V. m. § 11 Abs. 2 BewG zum gemeinen Wert. Danach ist der gemeine Wert vorrangig aus Verkäufen abzuleiten, die weniger als ein Jahr zurückliegen. Lässt sich der gemeine Wert hiernach nicht ermitteln, soll die erbschaftsteuerliche Bewertung i. d. R. nach einem gewerblich typisierten Ertragswertverfahren erfolgen, wobei die §§ 199 bis 203 BewG zu beachten sind.

Grundsätzlich gelten die vorgenannten Regeln auch für das Auslandsvermögen, d. h., die Wertermittlung ist ebenfalls nach § 12 Abs. 1 ErbStG vorzunehmen. Für ausländischen Grundbesitz und ausländisches Betriebsvermögen ist § 12 Abs. 7 ErbStG anzuwenden. Dort findet sich ein Verweis auf § 31 BewG, wonach die Bewertung mit dem gemeinen Wert gem. § 9 BewG zu erfolgen hat. Gemäß § 9 Abs. 2 BewG ist als gemeiner Wert ein zeitnaher Verkehrswert zu ermitteln.[446]

Anzumerken ist, dass die Bewertungsvorschriften für ausländisches Betriebsvermögen bzw. ausländischen Grundbesitz dann anzuwenden sind, wenn mit dem betreffenden ausländischen Staat kein Doppelbesteuerungsabkommen abgeschlossen wurde, welches den ausländischen Grundbesitz bzw. das ausländische Betriebsvermögen von der deutschen Erbschaftsbesteuerung ausschließt.[447]

---

446 Vgl. BFH vom 08.12.1972, BStBl 1973 II S. 202.

447 Vgl. Schulz, Erbschaftsteuer, Schenkungsteuer, 8. Aufl., Achim 2004, S. 404; Kapp, ErbStG, § 12, Rz. 321.

4.2.4 Anwendung der erbschaftsteuerlichen Verschonungsregelungen auf bestimmtes ausländisches Betriebsvermögen

Die Übertragung von Betriebsvermögen unterliegt unter bestimmten Bedingungen einer Besteuerungsverschonung bei der Erbschaft- und Schenkungsteuer. Nach der **Regelverschonung** (§ 13 a Abs. 1 i. V. m. § 13 b Abs. 4 ErbStG) beträgt der Verschonungsabschlag 85 % des Wertes des übertragenen Betriebsvermögens, wenn das darin enthaltene Verwaltungsvermögen nicht mehr als 50 % beträgt, der Erwerber das Betriebsvermögen sieben Jahre fortführt (Behaltensfrist) und nach Ablauf von sieben Jahren die kumulierte Lohnsumme sich auf mindestens 650 % der Ausgangslohnsumme beläuft. Von dem steuerpflichtigen Teil des Betriebsvermögens kann ein auslaufender Freibetrag bis zur Höhe von 150.000 Euro abgezogen werden. Bei der antragsabhängigen **Vollverschonungsoption** (§ 13 b Abs. 8 ErbStG) beträgt der Verschonungsabschlag 100 %. In diesem Fall darf das Verwaltungsvermögen 10 % nicht übersteigen, die Behaltensfrist erhöht sich auf zehn Jahre und nach Ablauf von zehn Jahren muss die kumulierte Lohnsumme mindestens 1.000 % der Ausgangslohnsumme betragen. Von den Verschonungsregelungen begünstigt sind zunächst das inländische (gewerbliche oder freiberufliche) Betriebsvermögen sowie Anteile an inländischen Kapitalgesellschaften, wenn der Erblasser oder Schenker zu mehr als 25 % am Nennkapital beteiligt war (Mindestbeteiligung).

Daneben sind von den Verschonungsregelungen auch das Betriebsvermögen begünstigt, das einer **Betriebsstätte in einem EU-/EWR-Mitgliedstaat** dient (§ 13 b Abs. 1 Nr. 2 ErbStG), sowie Anteile an Kapitalgesellschaften, wenn die betreffende **Kapitalgesellschaft** zur Zeit der Entstehung der Steuer **Sitz oder Geschäftsleitung in einem EU-/EWR-Mitgliedstaat hat** und der Erblasser oder Schenker zu mehr als 25 % am Nennkapital beteiligt war (§ 13 b Abs. 1 Nr. 3 ErbStG). Von den Verschonungsregelungen wäre auch die in Deutschland steuerpflichtige Vererbung oder Schenkung eines Drittstaaten-Betriebs oder einer Beteiligung an einer Drittstaaten-Personengesellschaft begünstigt, soweit dieser Betrieb oder diese Personengesellschaft über inländisches Betriebsvermögen (ganzer Gewerbebetrieb oder Teilbetrieb) oder über Betriebsvermögen verfügt, welches einer EU-/EWR-belegenen Betriebsstätte dient.[448] Nicht begünstigt ist die Übertragung von ausländischem Betriebsvermögen, welches einer Drittstaaten-Betriebsstätte dient. Die Beteiligung an einer Drittstaaten-Personengesellschaft (ohne Begründung einer dortigen Betriebsstätte) oder die Übertragung von Anteilen an einer Drittstaaten-Kapitalgesellschaft kann jedoch insoweit begünstigt sein, als sie zum Betriebsvermögen eines inländischen Gewerbebetriebs gehört.[449]

---

448 Vgl. Hannes/Onderka, Erbschaftsteuerreform: Die Besteuerung des Erwerbs von Betriebsvermögen – keine Steuerstunde der Steuervereinfachung, ZEV 2008, S. 19; Scholten/Korezkij, Begünstigungen für Betriebsvermögen nach der Erbschaftsteuerreform – Begünstigte Erwerbe und begünstigtes Vermögen, DStR 2009, S. 75.

449 Vgl. R 51 Abs. 4 Satz 3 ErbStR.

Bei der Übertragung einer **Beteiligung von mehr als 25 % an einer EU-/EWR-Kapitalgesellschaft** kommt es nicht darauf an, ob die Beteiligung im Inland im Privatvermögen oder Betriebsvermögen gehalten wird, oder darauf, wo sich das Vermögen der EU-/EWR-Kapitalgesellschaft befindet. Anteile an einer Drittstaaten-Kapitalgesellschaft sind insoweit von den Verschonungsregelungen begünstigt, als sie zum Betriebsvermögen einer inländischen oder EU-/EWR-Kapitalgesellschaft gehören und eine Beteiligung des Erblassers oder Schenkers von der inländischen bzw. EU-/EWR-Kapitalgesellschaft von mehr als 25 % vorliegt. Darüber hinaus ist die Verwaltungsvermögensbedingung (nicht mehr als 50 % bei der Regelverschonung bzw. 10 % Verwaltungsvermögen im Betriebsvermögen bei der Vollverschonungsoption) zu prüfen. Soweit die inländische bzw. EU-/EWR-Kapitalgesellschaft unmittelbar zu mehr als 25 % an der Drittstaaten-Kapitalgesellschaft beteiligt ist, liegt zumindest kein Verwaltungsvermögen vor, zumindest dann, wenn die Drittstaaten-Kapitalgesellschaft ihrerseits nicht zu mehr als 50% über Verwaltungsvermögen verfügt (§ 13 b Abs. 2 Nr. 3 ErbStG).

4.3 Beschränkte Steuerpflicht

4.3.1 Persönliche Steuerpflicht

Die beschränkte Steuerpflicht gem. § 2 Abs. 1 Nr. 3 ErbStG tritt ein, wenn weder der Erblasser zur Zeit seines Todes bzw. der Schenker zur Zeit der Ausführung der Schenkung noch der Erwerber zum Zeitpunkt der Entstehung der Steuerschuld Inländer gem. § 2 Abs. 1 Nr. 1 ErbStG ist. Der Vermögensübergang muss somit für die beschränkte Steuerpflicht von einem Nicht-Inländer auf einen Nicht-Inländer erfolgen.

4.3.2 Sachliche Steuerpflicht

Im Fall der beschränkten Erbschaftsteuerpflicht erstreckt sich die Steuerpflicht auf den Vermögensanfall, der in Inlandsvermögen i. S. des § 121 BewG besteht (§ 2 Abs. 1 Nr. 3 Satz 1 ErbStG). Vom Grundsatz her wird nach § 121 BewG nur solches Vermögen erfasst, das sich durch eine besondere Bindung zum Inland auszeichnet. Diese ergibt sich insbesondere aus der Belegenheit im Inland, aus der Zugehörigkeit zu einer inländischen Betriebsstätte oder aus der Eintragung in ein inländisches Buch oder Register. Die Aufzählung des § 121 BewG ist abschließend. Vermögensgegenstände, die nicht in § 121 BewG aufgeführt sind, gehören daher selbst dann nicht zum steuerpflichtigen Inlandsvermögen, wenn sie sich im Inland befinden.

Folgendes Vermögen i. S. des § 121 BewG gehört zum **Inlandsvermögen** und wird im Rahmen der **beschränkten Erbschaftsteuerpflicht** erfasst:

- **Inländisches land- und forstwirtschaftliches Vermögen** (§ 121 Nr. 1 BewG)
- **Inländisches Grundvermögen** (§ 121 Nr. 2 BewG)

  Hierzu gehören auch Anteile an inländischen Grundstücksgemeinschaften sowie Anteile an ausländischen Grundstücksgemeinschaften, soweit diese inländischen Grundbesitz haben. Nicht zum Inlandsvermögen gehört ausländisches Grundvermögen, das sich im Besitz einer inländischen Grundstücksgemeinschaft befindet.
- **Inländisches Betriebsvermögen** (§ 121 Nr. 3 BewG)

  Hierunter fällt das Vermögen, das einem im Inland betriebenen Gewerbe dient, wenn hierfür im Inland eine Betriebsstätte unterhalten wird oder ein ständiger Vertreter bestellt ist (§ 121 Nr. 3 Satz 2 BewG). Die Begriffe Betriebsstätte bzw. ständiger Vertreter sind in § 12 bzw. § 13 AO geregelt. Eine Betriebsstätte kann demnach z. B. eine Zweigniederlassung, eine Fabrikationsstätte oder eine Ein- oder Verkaufsstätte sein. Bei Steuerpflichtigen mit Einkünften aus selbständiger Arbeit kann die Betätigungsstätte auch eine Betriebsstätte sein.[450] Die Entscheidung, ob im Inland eine Betriebsstätte unterhalten wird oder ob ein ständiger Vertreter bestellt ist, fällt i. d. R. bereits auf der Ebene des Ertragsteuerrechts.

  Als inländisches Betriebsvermögen gilt auch der Anteil an einer inländischen Personengesellschaft. Das Sonderbetriebsvermögen des beschränkt steuerpflichtigen Gesellschafters einer inländischen Personengesellschaft gehört ebenfalls zum inländischen Betriebsvermögen.

  Alle Wirtschaftsgüter, die der inländischen Betriebsstätte dienen, zählen zum inländischen Betriebsvermögen. Hiervon ausgenommen bleibt jedoch das in § 121 BewG aufgeführte, zu einer inländischen Betriebsstätte gehörende Vermögen, sofern es sich im Ausland befindet.[451]
- **Anteile an inländischen Kapitalgesellschaften** (§ 121 Nr. 4 BewG)

  Hierzu gehören Anteile an Kapitalgesellschaften, die ihren Sitz oder ihre Geschäftsleitung im Inland haben. Der Anteil des Erblassers bzw. Schenkers zusammen mit dem Anteil ihm nahestehender Personen i. S. des § 1 Abs. 2 AStG muss mindestens 10 % des Grund- oder Stammkapitals ausmachen. Auf den Umfang des einzelnen Erwerbs kommt es nicht an (§ 2 Abs. 1 Nr. 3 Satz 2 ErbStG). Bei mehreren Teilübertragungen kommt es gem. § 2 Abs. 1 Nr. 3 Satz 3 ErbStG auf die Höhe der Beteiligung im Zeitpunkt der ersten Teilübertragung an. Somit wird verhindert, dass zunächst nur ein Teil der Beteiligung übertragen wird und zu einem späteren Zeitpunkt die – dann womöglich unter 10 % liegende – Restbeteiligung erbschaft- bzw. schenkungsteuerfrei übertragen werden kann. Die 10 %-Grenze gilt unabhängig davon, ob die Kapitalgesellschaft über die Beteiligung beherrscht werden kann.[452] Besitzt die Kapitalgesellschaft

450 Vgl. BFH vom 01.04.1987, BStBl 1990 II S. 23.
451 Vgl. FM NRW, Erlass vom 02.03.1979, DB 1979, S. 769.
452 Vgl. BFH vom 28.06.1978, BStBl 1978 II S. 590.

eigene Anteile, so ist für die Ermittlung der Beteiligungshöhe von dem um diese Anteile verminderten Nominalkapital auszugehen.[453] Maßgebend ist der Umfang der Beteiligung im Zeitpunkt des Vermögensübergangs. Die Besitzdauer der Beteiligung ist nicht von Bedeutung. Steuerpflichtig sind nur Vermögensübertragungen von Anteilen an inländischen Kapitalgesellschaften. Anteile an ausländischen Kapitalgesellschaften fallen auch dann nicht hierunter, wenn die Kapitalgesellschaft Inlandsvermögen i. S. des § 121 BewG besitzt. Eine Zuwendung unter beschränkt Steuerpflichtigen unterliegt der beschränkten Erbschaftsteuerpflicht unabhängig davon, ob die Beteiligung unmittelbar oder mittelbar gehalten wird.[454]

- **In ein inländisches Buch oder Register eingetragene Erfindungen, Gebrauchsmuster und Topographien** (§ 121 Nr. 5 BewG)

  In ein inländisches Buch oder Register eingetragene Patente und Gebrauchsmuster zählen zum Inlandsvermögen unabhängig davon, ob sie im Inland verwertet werden. Nicht geschützte oder nur im Ausland patentierte Erfindungen werden als Inlandsvermögen erfasst, wenn sie in Lizenz in das Bundesgebiet vergeben worden sind.[455] Erfindungen, die zur inländischen Betriebsstätte eines beschränkt Steuerpflichtigen gehören, sind bereits als Inlandsvermögen gem. § 121 Nr. 3 BewG zu erfassen.

- **An einen inländischen Gewerbebetrieb überlassene Wirtschaftsgüter** (§ 121 Nr. 6 BewG)

  Alle Wirtschaftsgüter, die einem inländischen Gewerbebetrieb überlassen, insbesondere an diesen vermietet oder verpachtet sind – soweit sie nicht unter § 121 Nrn. 1, 2 und 5 BewG fallen –, sind ebenfalls als Inlandsvermögen zu erfassen. Hierfür ist es lediglich erforderlich, dass die Wirtschaftsgüter am Stichtag dem inländischen Gewerbebetrieb überlassen waren. Eine auf Dauer oder auf längere Zeit bestimmte Nutzung ist nicht erforderlich.[456]

- **Durch inländischen Grundbesitz gesicherte Forderungen und Rechte** (§ 121 Nr. 7 BewG)

  Hierzu zählen insbesondere Hypotheken, Grundschulden, Rentenschulden[457] sowie alle anderen Forderungen und Rechte, sofern sie durch inländischen Grundbesitz gesichert sind. Entsprechendes gilt für Forderungen und Rechte, die durch ein in ein deutsches Schiffsregister eingetragenes Schiff gesichert sind.

---

453 Vgl. BFH vom 24.09.1970, BStBl 1971 II S. 89.
454 Vgl. FM Schleswig-Holstein, Erlass vom 01.03.1983, StEK ErbStG § 2 Nr. 2.
455 Vgl. BFH vom 13.02.1970, BStBl 1970 II S. 369 und S. 373.
456 Vgl. BFH vom 11.09.1959, BStBl 1959 III S. 476.
457 Vgl. RFH vom 16.12.1937, RStBl 1938 S. 404.

- **Stille Beteiligungen und partiarische Darlehen** (§ 121 Nr. 8 BewG)

  Forderungen aus der Beteiligung an einem Handelsgewerbe als stiller Gesellschafter und aus partiarischen Darlehen unterliegen als Inlandsvermögen der beschränkten Steuerpflicht, wenn der Schuldner Wohnsitz oder gewöhnlichen Aufenthalt bzw. Sitz oder Geschäftsleitung im Inland hat.

  Für eine stille Beteiligung gilt, dass sie sämtliche Wesensmerkmale einer stillen Gesellschaft nach deutschem Recht aufweisen muss.[458] Demzufolge kann es sich nur um eine sog. typische stille Gesellschaft handeln. Die sog. atypische stille Gesellschaft zählt bereits gem. § 121 Nr. 3 BewG als Betriebsvermögen zum Inlandsvermögen. Der dem stillen Gesellschafter aufgrund seiner Beteiligung zustehende Gewinnanteil zählt nicht zum Inlandsvermögen.[459]

- **Nutzungsrechte an Inlandsvermögen** (§ 121 Nr. 9 BewG)

  Hierunter fallen insbesondere der Nießbrauch und andere dingliche oder obligatorische Nutzungsrechte an den in § 121 Nrn. 1 bis 8 BewG genannten Vermögensgegenständen. Für die Eigenschaft als Inlandsvermögen ist es unerheblich, ob das Recht bereits vor der Vermögensübertragung bestanden hat oder ob es erst bei der Zuwendung begründet wird.[460] Das Nutzungsrecht an einem der in § 121 Nrn. 1 bis 8 BewG aufgeführten Vermögensgegenstände zählt auch dann grundsätzlich zum Inlandsvermögen, wenn der Vermögensgegenstand selbst steuerfrei bleibt.[461] Ansprüche auf die Übertragung von Inlandsvermögen zählen nicht zum Inlandsvermögen, da gem. § 121 Nr. 9 BewG ausdrücklich nur Nutzungsrechte am Inlandsvermögen steuerpflichtig sind.[462]

Der Abzug von **Schulden und Lasten** bei beschränkter Steuerpflicht ist gem. § 10 Abs. 6 ErbStG auf die mit dem steuerpflichtigen Inlandsvermögen in wirtschaftlichem Zusammenhang stehenden Schulden und Lasten beschränkt. Die **sachlichen Steuerbefreiungen** des § 13 ErbStG gelten auch bei beschränkter Steuerpflicht, sofern sie ihren Voraussetzungen nach anwendbar sind.[463]

Dem Erwerber werden hingegen nicht die persönlichen Freibeträge des § 16 Abs. 1 ErbStG gewährt, sondern ihm steht lediglich ein Freibetrag gem. § 16 Abs. 2 ErbStG i. H. von 2.000 Euro zu.

Beispiel:

A ist Franzose. Er hat seit seiner Geburt in Paris gelebt. Am 01.06.2006 verstirbt A. Sein Vermögen besteht aus einem Einfamilienhaus in München (Grundbesitzwert: 500.000 €), einem Guthaben bei einer Hamburger Bank (Wert: 35.000 €) sowie meh-

458 Vgl. BFH vom 29.10.1969, BStBl 1970 II S. 180.
459 Vgl. BFH vom 03.08.1973, BStBl 1973 II S. 797.
460 Vgl. Troll/Gebel/Jülicher, ErbStG, § 2, Rz. 20.
461 Vgl. BFH vom 31.05.1957, BStBl 1957 III S. 242.
462 Vgl. Troll/Gebel/Jülicher, ErbStG, § 2, Rz. 20.
463 Vgl. BFH vom 03.08.1983, BStBl 1984 II S. 9.

reren Mehrfamilienhäusern in Paris. Der Alleinerbe B ist ebenfalls Franzose und lebt seit seiner Geburt in Paris.

Sowohl A als auch B sind nicht unbeschränkt steuerpflichtig. Somit tritt die beschränkte Steuerpflicht gem. § 2 Abs. 1 Nr. 3 ErbStG für den in Inlandsvermögen i. S. des § 121 BewG bestehenden Erwerb ein. Die in Frankreich gelegenen Mehrfamilienhäuser unterliegen daher nicht der deutschen beschränkten Erbschaftsteuerpflicht. Das in München gelegene Einfamilienhaus zählt zum steuerpflichtigen Inlandsvermögen gem. § 121 Nr. 2 BewG. Das Bankguthaben gehört hingegen nicht zum Inlandsvermögen gem. § 121 BewG.

Der deutschen Erbschaftsteuerpflicht unterliegt lediglich der Erwerb des inländischen Grundvermögens mit einem Grundbesitzwert von 500.000 €. Von diesem Betrag ist nur der Freibetrag i. H. von 2.000 € gem. § 16 Abs. 2 ErbStG abzuziehen.

4.4 Maßnahmen zur Vermeidung der Doppelbesteuerung bei internationalen Erbschaften und Schenkungen

Da bei unbeschränkter Erbschaft- und Schenkungsteuerpflicht auch das Auslandsvermögen zum steuerpflichtigen Erwerb zählt, kann es, wenn der betreffende ausländische Staat den Vermögensübergang ebenfalls besteuert, zu einer Doppelbesteuerung desselben Erwerbs kommen. Um eine solche Doppelbesteuerung zu vermeiden oder zu mildern, existieren sowohl bilaterale wie auch unilaterale Maßnahmen.

Als **bilaterale** Maßnahmen sind die zwischenstaatlichen Abkommen zur Vermeidung der Doppelbesteuerung auf dem Gebiet der Erbschaft- und Schenkungsteuern zu nennen (Doppelbesteuerungsabkommen), welche die Besteuerungsrechte der beteiligten Staaten gegeneinander abgrenzen. Als **unilaterale** Maßnahme zur Vermeidung der Doppelbesteuerung existiert in Deutschland grundsätzlich die Möglichkeit der Anrechnung der ausländischen Erbschaft- bzw. Schenkungsteuer auf die deutsche Steuer gem. § 21 ErbStG, um auch in den Fällen eine Doppelbesteuerung zu vermeiden bzw. abzumildern, für die ein Doppelbesteuerungsabkommen nicht besteht bzw. für die ein evtl. bestehendes Abkommen nicht eingreift.

4.4.1 Anrechnung ausländischer Erbschaftsteuer gem. § 21 ErbStG

4.4.1.1 Allgemeine Voraussetzungen

Die Vorschrift des § 21 ErbStG gilt sowohl für Erwerbe von Todes wegen als auch für Schenkungen unter Lebenden (§ 1 Abs. 2 ErbStG). Anrechenbar sind somit ebenfalls ausländische Steuern, die für Vermögensübergänge unter Lebenden erhoben werden.

Voraussetzung für eine Anrechnung ausländischer Erbschaftsteuer gem. § 21 ErbStG ist, dass mit dem betreffenden ausländischen Staat **kein Doppelbesteuerungsabkommen** besteht oder ein bestehendes Doppelbesteuerungsabkommen sich nicht auf die Erbschaft- und Schenkungsteuer bezieht, was regelmäßig der Fall ist.

Soweit ein Doppelbesteuerungsabkommen besteht, das sich auf die Erbschaftsteuer bezieht, gilt dies häufig nicht gleichzeitig auch für Schenkungen unter Lebenden (Ausnahmen z. B. DBA-Schweden, DBA-Dänemark und Erbschaftsteuer-DBA-USA). In Fällen, in denen zwar ein Doppelbesteuerungsabkommen besteht, das betreffende Auslandsvermögen hierdurch jedoch nicht erfasst wird, ist § 21 ErbStG ebenfalls anwendbar.[464]

Nach dem Wortlaut des § 21 Abs. 1 Satz 1 ErbStG muss der Erwerber in einem ausländischen Staat mit seinem Auslandsvermögen zu einer der deutschen Erbschaftsteuer entsprechenden Steuer herangezogen werden. Hierbei kommt es nicht darauf an, ob die ausländische Steuer wie die deutsche Erbschaftsteuer als Erbanfallsteuer oder als Nachlasssteuer ausgestaltet ist. Anrechenbar ist eine ausländische Steuer, sofern sie unmittelbar durch den Tod einer Person oder durch eine unentgeltliche Vermögensübertragung unter Lebenden entsteht. Im Normalfall wird die Beurteilung, ob es sich bei der ausländischen Steuer um eine der deutschen Erbschaftsteuer entsprechende Steuer handelt, in den Fällen der Erwerbe von Todes wegen relativ unproblematisch sein.[465] Unerheblich ist es, ob die ausländische Steuer für das gesamte ausländische Staatsgebiet gilt oder nur für einzelne Provinzen oder Länder des betreffenden Staates.[466]

Die Anrechnung der ausländischen Steuer erfolgt nur **auf Antrag.** Sofern die Voraussetzungen für eine Anrechnung gegeben sind, hat der Steuerpflichtige jedoch einen Rechtsanspruch darauf, dass seinem Antrag entsprochen wird. Der Antrag ist nicht an eine Frist gebunden, d. h., er kann grundsätzlich bis zum Eintreten der Bestandskraft des Erbschaftsteuerbescheides gestellt werden. Nach Eintreten der Bestandskraft kann der Antrag nur dann gestellt werden, wenn eine Änderungsmöglichkeit nach den allgemeinen Berichtigungsvorschriften der Abgabenordnung gegeben ist.

Eine Anrechnung ausländischer Erbschaftsteuer ist nur in den Fällen der unbeschränkten und erweiterten unbeschränkten Steuerpflicht i. S. des § 2 Abs. 1 Nr. 1 ErbStG möglich, d. h., der Erblasser und/oder Erwerber müssen Inländer im Sinne des Erbschaftsteuergesetzes sein. Dagegen besteht sowohl in den Fällen der beschränkten als auch in denen der erweiterten beschränkten Steuerpflicht (§ 4 AStG) keine Möglichkeit zur Anrechnung ausländischer Erbschaftsteuer.

Die auf den Erwerber entfallende ausländische Steuer muss **festgesetzt** und **gezahlt** worden sein, um angerechnet werden zu können. Das Erfordernis der auf den Erwer-

---

464 Vgl. Boochs, DVR 1987, S. 178; Schulz, Erbschaftsteuer, Schenkungsteuer, 8. Aufl., Achim 2004, S. 530.

465 Die kanadische „capital gains tax" ist jedoch z. B. nicht anrechenbar, vgl. BFH vom 26.04.1995, BStBl 1995 II S. 540: Sie kann nur als Nachlassverbindlichkeit berücksichtigt werden. Die portugiesische Erbersatzsteuer entspricht nicht der deutschen Erbschaftsteuer und kann deshalb auch nicht auf die deutsche Erbschaft- und Schenkungsteuer angerechnet werden, vgl. FM Niedersachsen vom 26.08.1992, RIW 1992, S. 870. Siehe hierzu auch Arlt, Probleme des erbschaft- und schenkungsteuerlichen Anrechnungsverfahrens als Bereich der internationalen Nachfolgeplanung, IWB, Fach 3 Deutschland, Gr. 9, S. 111.

466 Vgl. BFH vom 15.05.1964, BStBl 1964 III S. 408.

ber entfallenden ausländischen Steuer ist nicht dahingehend zu verstehen, dass der Erwerber selbst als Schuldner zu der ausländischen Steuer herangezogen worden sein muss, oder, falls es sich bei der ausländischen Steuer um eine Nachlasssteuer handelt, er unmittelbar wirtschaftlich belastet wird. Es ist ausreichend, wenn die Nachlasssteuer den Nachlass und damit alle Nachlassteile gleichmäßig belastet. Eine auf ein ausländisches Vermächtnis entfallende ausländische Erbschaftsteuer ist daher grundsätzlich auch dann anrechenbar, wenn sie nicht vom Vermächtnisnehmer selbst, sondern aus dem Nachlass zu entrichten ist.[467] Als auf den Erwerber entfallende Steuer i. S. des § 21 Abs. 1 ErbStG ist demnach diejenige Steuer anzusehen, die anteilig auf die vom Erwerber als Nachlassbegünstigtem erworbene Rechtsposition entfällt. Dieses gilt auch dann, wenn ein Pflichtteil von dem um die ausländische Nachlasssteuer verminderten Nachlass berechnet worden ist oder ein Vermächtnis nach dem Testament des Erblassers nicht um die anteilige ausländische Nachlasssteuer gekürzt werden darf.[468] Die anteilige ausländische Nachlasssteuer ist dann jedoch gem. § 10 Abs. 2 ErbStG dem Erwerb des Pflichtteilsberechtigten bzw. des Vermächtnisnehmers hinzuzurechnen.

Den Nachweis über die Festsetzung und Zahlung der ausländischen Steuer hat der Erwerber gem. § 21 Abs. 3 ErbStG durch Vorlage entsprechender Urkunden zu führen.

Das Auslandsvermögen muss, um eine Anrechnung der auf das Vermögen entfallenden Steuer zu ermöglichen, sowohl der ausländischen als auch der deutschen Besteuerung unterliegen. Es ist jedoch nicht erforderlich, dass hinsichtlich des tatsächlich besteuerten Vermögens Identität besteht. Eine Abweichung in der Besteuerung durch unterschiedliche Ansätze desselben Vermögens ist daher unbeachtlich.

Die ausländische Steuer ist nur anrechenbar, wenn die deutsche Erbschaftsteuer für das Auslandsvermögen innerhalb von fünf Jahren seit dem Zeitpunkt der Entstehung der ausländischen Steuer entstanden ist (§ 21 Abs. 1 Satz 4 ErbStG). Der Entstehungszeitpunkt der deutschen Erbschaftsteuer richtet sich nach § 9 ErbStG. Der Entstehungszeitpunkt der ausländischen Steuer bestimmt sich nach dem jeweiligen ausländischen Steuerrecht.

Die für die Anrechnung notwendige Umrechnung der ausländischen Steuer in Euro erfolgt auf der Grundlage der von der Europäischen Zentralbank täglich veröffentlichten Euro-Referenzkurse.

4.4.1.2 Auslandsvermögen

Die Höhe der anrechenbaren ausländischen Erbschaftsteuer ist davon abhängig, wie groß der Anteil des Auslandsvermögens am steuerpflichtigen Gesamterwerb ist. Was als Auslandsvermögen i. S. des § 21 ErbStG gilt, ist abhängig von der Inländer-

467 Vgl. BFH vom 06.03.1990, BStBl 1990 II S. 786.
468 Vgl. FM NRW, Erlass vom 25.01.1991, DStZ 1991, S. 256.

eigenschaft des Erblassers bzw. Schenkers. In § 21 Abs. 2 ErbStG werden zwei Fälle unterschieden:

1. **Der Erblasser war zur Zeit seines Todes Inländer** (§ 21 Abs. 2 Nr. 1 ErbStG)

In diesem Fall gelten alle Vermögensgegenstände der im § 121 BewG genannten Art als Auslandsvermögen, die auf einen ausländischen Staat entfallen, sowie alle Nutzungsrechte an diesen Vermögensgegenständen. Hier handelt es sich um die bei beschränkter Steuerpflicht als steuerpflichtiges Inlandsvermögen gem. § 121 BewG zu behandelnden Vermögensgegenstände.

2. **Der Erblasser war zur Zeit seines Todes kein Inländer** (§ 21 Abs. 2 Nr. 2 ErbStG)

Der Begriff des Auslandsvermögens ist weiter gefasst als im ersten Fall. Es gelten alle Vermögensgegenstände sowie die Nutzungsrechte daran als Auslandsvermögen mit Ausnahme des Inlandsvermögens i. S. des § 121 BewG.

§ 21 Abs. 2 ErbStG muss hinsichtlich des Inländerbegriffs so verstanden werden, dass als Inländer nur die Personen anzusehen sind, die ihren Wohnsitz oder gewöhnlichen Aufenthalt im Inland haben, die somit die Inländereigenschaft i. S. des § 2 Abs. 1 Nr. 1 Buchst. a ErbStG erfüllen.[469] Für Personen, für die lediglich die erweiterte Inländereigenschaft i. S. des § 2 Abs. 1 Nr. 1 Buchst. b oder c ErbStG gilt, ist demnach für die Anrechnung ausländischer Erbschaftsteuer das Auslandsvermögen nach § 21 Abs. 2 Nr. 2 ErbStG zu ermitteln.

Der Erwerber hat gem. § 21 Abs. 3 ErbStG den Nachweis über die Höhe des Auslandsvermögens durch Vorlage entsprechender Urkunden zu führen.

4.4.1.3 Ermittlung der anrechenbaren Steuer

Für die Ermittlung der anrechenbaren ausländischen Steuer ist zum einen von Bedeutung, ob der steuerpflichtige Erwerb ganz oder nur zum Teil aus Auslandsvermögen besteht, zum anderen, ob das Auslandsvermögen nur in einem oder in mehreren ausländischen Staaten gelegen ist.

4.4.1.3.1 Ausschließlich Auslandsvermögen

Besteht der steuerpflichtige Gesamterwerb ausschließlich aus Auslandsvermögen, so ist die ausländische Steuer grundsätzlich in voller Höhe auf die deutsche Erbschaftsteuer anrechenbar. Wenn dasselbe Auslandsvermögen in mehreren Staaten der Besteuerung unterworfen wird, kann jede dieser ausländischen Steuern angerechnet werden. Die Anrechnung ist jedoch höchstens bis zur Höhe der deutschen Erbschaftsteuer möglich. Ein evtl. übersteigender Betrag an ausländischer Steuer führt daher nicht zu einer Erstattung.

---

469 Vgl. Schulz, Erbschaftsteuer, Schenkungsteuer, 8. Aufl., Achim 2004, S. 530 f.; Troll/Gebel/Jülicher, ErbStG, § 21, Rz. 10.

Wird das Auslandsvermögen im Inland wegen nur hier zu berücksichtigender Nachlassverbindlichkeiten mit einem niedrigeren Wertansatz der Besteuerung unterworfen als im Ausland, so ist die ausländische Steuer gleichwohl in voller Höhe im Rahmen der Ermittlung des Anrechnungshöchstbetrags zu berücksichtigen. Gleiches gilt, wenn die Bemessungsgrundlage im Inland deshalb niedriger ist, weil hier höhere Freibeträge gelten oder weil der Wertansatz im Inland niedriger ist als im Ausland.[470]

Ist der Ansatz des Auslandsvermögens bei der Besteuerung im Inland jedoch höher als bei der Besteuerung im Ausland, weil bestimmte Befreiungsvorschriften nur im Ausland gelten, so ist die ausländische Steuer nur bis zu der Höhe der deutschen Erbschaftsteuer anrechenbar, die auf das der deutschen Besteuerung unterliegende Auslandsvermögen entfällt.

Der Betrag der höchstens anrechenbaren ausländischen Erbschaftsteuer bestimmt sich nach folgender Verhältnisrechnung:

$$\text{anrechenbare ausl. Steuer} = \text{deutsche Erbschaftsteuer} \times \frac{\text{Wert des der ausländischen Steuer unterliegenden Auslandsvermögens}}{\text{Wert des steuerpflichtigen Erwerbs im Inland}}$$

Beispiel:

Der Erblasser A lebte seit seiner Geburt im Ausland. Sein Sohn B ist Alleinerbe des A. Dieser lebt in der Bundesrepublik Deutschland. A hinterlässt seinem Sohn ausschließlich Auslandsvermögen. Zwischen der Bundesrepublik Deutschland und dem ausländischen Staat besteht kein Doppelbesteuerungsabkommen auf dem Gebiet der Erbschaftsteuer.

a) Der steuerpflichtige Erwerb beträgt im Inland wie im Ausland 645.000 €. B hat im Ausland bereits Erbschaftsteuer i. H. von umgerechnet 40.000 € gezahlt.

b) Der steuerpflichtige Erwerb beträgt im Inland 645.000 €, im Ausland aufgrund von nur dort geltenden Befreiungsvorschriften jedoch lediglich 400.000 €. B hat im Ausland bereits Erbschaftsteuer i. H. 30.000 € gezahlt.

Da B Inländer i. S. des § 2 Abs. 1 Nr. 1 Buchst. a ErbStG ist, unterliegt der gesamte Vermögensanfall der unbeschränkten Erbschaftsteuerpflicht. Das Besteuerungsrecht der Bundesrepublik Deutschland ist hinsichtlich des Auslandsvermögens nicht eingeschränkt, weil mit dem ausländischen Staat kein Doppelbesteuerungsabkommen auf dem Gebiet der Erbschaftsteuern besteht. Die deutsche Erbschaftsteuer ermittelt sich wie folgt:

Steuerpflichtiger Erwerb gem. § 3 Abs. 1 Nr. 1 ErbStG 645.000 € abzgl. Freibetrag gem. § 16 Abs. 1 Nr. 2 ErbStG 400.000 € = 245.000 €; Steuersatz gem. § 19 Abs. 1 ErbStG für Steuerklasse I 11 %; Erbschaftsteuer = 26.950 €.

a) Die ausländische Erbschaftsteuer ist grundsätzlich in voller Höhe anrechenbar, höchstens jedoch bis zur Höhe der deutschen Erbschaftsteuer. Es ergibt sich somit für B keine weitere Belastung mit deutscher Erbschaftsteuer. Es kommt nicht zu

470 Vgl. BFH vom 26.06.1963, BStBl 1963 III S. 402.

einer Erstattung der den Anrechnungshöchstbetrag von 26.950 € übersteigenden ausländischen Steuer.

b) Da der Erwerb im Inland in höherem Ausmaß der Besteuerung unterliegt als im Ausland, ermittelt sich der Betrag der höchstens anrechenbaren ausländischen Steuer wie folgt:

$$\frac{26.950\text{ €} \times 400.000\text{ €}}{645.000\text{ €}} = 16.713\text{ €}$$

Es verbleibt somit eine Belastung mit deutscher Erbschaftsteuer i. H. von 10.237 € (26.950 € ./. 16.713 €).

4.4.1.3.2 Teilweise Auslandsvermögen

Besteht der steuerpflichtige Gesamterwerb nur zum Teil aus Auslandsvermögen, so ist nur der auf das Auslandsvermögen entfallende Teil der deutschen Erbschaftsteuer anrechenbar. Dieser ist gem. § 21 Abs. 1 Satz 2 ErbStG in der Weise zu ermitteln, dass die für das steuerpflichtige Gesamtvermögen einschließlich des steuerpflichtigen Auslandsvermögens sich ergebende Erbschaftsteuer im Verhältnis des steuerpflichtigen Auslandsvermögens zum steuerpflichtigen Gesamtvermögen aufgeteilt wird. § 21 Abs. 1 Satz 2 ErbStG verwendet zwar den Begriff „Gesamtvermögen", gemeint ist hiermit jedoch, folgt man der sonst im Erbschaftsteuergesetz verwendeten Terminologie, der Begriff „Gesamterwerb".[471]

Die Begrenzung des Anrechnungsbetrages führt dazu, dass eine vergleichsweise hohe ausländische Steuer weder zu einer Erhöhung der deutschen Erbschaftsteuer noch zu einer Erstattung der ausländischen Erbschaftsteuer führt, d. h., sie wirkt sich nicht auf die Höhe der im Inland auf dasselbe Vermögen erhobenen Erbschaftsteuer aus. Im Gegensatz dazu erhöht eine relativ niedrige ausländische Steuer die Belastung mit deutscher Erbschaftsteuer.

Die anzurechnende ausländische Erbschaftsteuer bestimmt sich nach folgender Verhältnisrechnung:

$$\text{Anrechnungs-höchstbetrag} = \text{deutsche Erbschaft-steuer} \times \frac{\text{stpfl. Auslandsvermögen}}{\text{stpfl. Gesamterwerb}}$$

Beispiel:

Der Erblasser A lebte seit seiner Geburt in Belgien. Sein Sohn B ist Alleinerbe des A. Dieser lebt in der Bundesrepublik Deutschland. A hinterlässt seinem Sohn sowohl Inlandsvermögen, dessen steuerpflichtiger Erwerb 445.000 € beträgt, als auch Auslandsvermögen, dessen steuerpflichtiger Erwerb 150.000 € beträgt. B hat in Belgien für das Auslandsvermögen bereits Erbschaftsteuer i. H. von 15.000 € gezahlt.

B ist Inländer i. S. des § 2 Abs. 1 Nr. 1 Buchst. a ErbStG. Somit unterliegt der gesamte Vermögensanfall der unbeschränkten Erbschaftsteuerpflicht. Da mit Belgien kein Doppelbesteuerungsabkommen auf dem Gebiet der Erbschaftsteuer besteht, ist das

---

471 Vgl. Schulz, Erbschaftsteuer, Schenkungsteuer, 8. Aufl., Achim 2004, S. 535; Troll/Gebel/Jülicher, ErbStG, § 21, Rz. 29; Boochs, DVR 1987, S. 181.

Besteuerungsrecht der Bundesrepublik Deutschland hinsichtlich des Auslandsvermögens nicht eingeschränkt. Die deutsche Erbschaftsteuer ermittelt sich demnach wie folgt:

Steuerpflichtiger Erwerb gem. § 3 Abs. 1 Nr. 1 ErbStG 595.000 € abzgl. Freibetrag gem. § 16 Abs. 1 Nr. 2 ErbStG 400.000 € = 195.000 €; Steuersatz gem. § 19 Abs. 1 ErbStG für Steuerklasse I 11 %; Erbschaftsteuer = 21.450 €. Die anrechenbare ausländische Erbschaftsteuer beträgt:

$$\frac{21.450\text{ €} \times 150.000\text{ €}}{595.000\text{ €}} = 5.407\text{ €}$$

Die ausländische Steuer ist somit nicht in voller Höhe anrechenbar. Es verbleibt eine von B zu entrichtende deutsche Erbschaftsteuer i. H. von 16.043 € (21.450 € ./. 5.407 €).

4.4.1.3.3 Auslandsvermögen in verschiedenen ausländischen Staaten (Pro-Staat-Begrenzung)

Wenn zum steuerpflichtigen Erwerb Auslandsvermögen gehört, welches in verschiedenen ausländischen Staaten gelegen ist, so ist der Höchstbetrag der anrechenbaren ausländischen Steuer gem. § 21 Abs. 1 Satz 3 ErbStG für jeden Staat gesondert zu ermitteln. Die Anwendung dieser sog. **Pro-Staat-Begrenzung („percountrylimitation“)** verhindert, dass ein Anrechnungsüberhang eines hoch besteuernden Staates auf einen nicht ausgeschöpften Anrechnungshöchstbetrag eines niedrig besteuernden Staates übertragen bzw. mit diesem verrechnet werden kann.

Beispiel:

Der Erblasser A hinterlässt seinem Sohn B das folgende Vermögen:

Inlandsvermögen (steuerpflichtiger Erwerb)	355.000 €
Auslandsvermögen in F (steuerpflichtiger Erwerb)	75.000 €
Auslandsvermögen in G (steuerpflichtiger Erwerb)	215.000 €

B hat für das jeweilige Auslandsvermögen in F 10.000 € und in G 7.500 € an ausländischer Erbschaftsteuer gezahlt.

Die deutsche Erbschaftsteuer für den gesamten Erwerb beträgt 26.950 € (645.000 € abzgl. Freibetrag 400.000 € = 245.000 € x Steuersatz 11 %). Die anrechenbaren Höchstbeträge für F und G ermitteln sich wie folgt:

$$\text{Höchstbetrag F: } \frac{26.950\text{ €} \times 75.000\text{ €}}{645.000\text{ €}} = 3.133\text{ €}$$

$$\text{Höchstbetrag G: } \frac{26.950\text{ €} \times 215.000\text{ €}}{645.000\text{ €}} = 8.983\text{ €}$$

Anrechenbar sind daher im Einzelnen:

3.133 € der Steuer in F (= Höchstbetrag, da niedriger als der tatsächlich gezahlte Betrag i. H. von 10.000 €)

7.500 € der Steuer in G (= gezahlter Betrag, da niedriger als Höchstbetrag)

Insgesamt sind somit 10.633 € an ausländischer Erbschaftsteuer auf die deutsche Steuer anrechenbar.

4.4.2 **Progressionsvorbehalt** (§ 19 Abs. 2 ErbStG)

Die Erhebung der Steuer unter Anwendung eines Progressionsvorbehalts gem. § 19 Abs. 2 ErbStG erfolgt, wenn im Fall der unbeschränkten Steuerpflicht (§ 2 Abs. 1 Nr. 1 ErbStG) aufgrund eines bestehenden Doppelbesteuerungsabkommens ein Teil des Vermögens durch die Anwendung der Freistellungsmethode der inländischen Besteuerung entzogen ist. Die Steuer ist in diesen Fällen nach dem Steuersatz zu erheben, der sich für den gesamten Vermögensanfall – einschl. des nach dem Doppelbesteuerungsabkommen von der deutschen Besteuerung freigestellten Vermögens – ergeben würde. Hierdurch wird vermieden, dass sich aufgrund des in einem Doppelbesteuerungsabkommen festgelegten Verzichts auf das Besteuerungsrecht für den Erwerber ein Progressionsvorteil dadurch ergibt, dass der Gesamterwerb wegen der Freistellung bestimmter Vermögensteile in eine günstigere Stufe der Steuertabelle (§ 19 Abs. 1 ErbStG) gerät. Der Progressionsvorbehalt gilt unabhängig davon, ob sich die unbeschränkte Steuerpflicht gem. § 2 Abs. 1 Nr. 1 ErbStG aus der Inländereigenschaft des Erblassers bzw. Schenkers oder aus der des Erwerbers ergibt. Der Progressionsvorbehalt würde nur dann nicht gelten, wenn eines der bestehenden Doppelbesteuerungsabkommen mit Freistellungsmethode die Anwendung des § 19 Abs. 2 ErbStG ausdrücklich ausschließt.[472] Dieses trifft jedoch auf keines der geltenden Abkommen zu.

Zu der Frage, nach welchem Erwerb sich der Steuersatz bestimmt, wenn der Teil des Erwerbs von Todes wegen, der nach einem Doppelbesteuerungsabkommen der inländischen Besteuerung unterliegt, gem. § 14 ErbStG mit einer Vorschenkung zusammenzurechnen ist, vertritt die Finanzverwaltung[473] folgende Auffassung:

- Für die Bestimmung des Steuersatzes ist der Gesamterwerb einschließlich der Vorschenkung maßgebend.
- Der so ermittelte Steuersatz ist auf den der inländischen Besteuerung unterliegenden Teil des Erwerbs von Todes wegen unter Einbeziehung der Vorschenkung gem. § 14 ErbStG anzuwenden.
- Von der so errechneten Steuer ist gem. § 14 Abs. 1 ErbStG die Steuer abzuziehen, die sich für die Vorschenkung zur Zeit des Erwerbs von Todes wegen bei Zugrundelegung ihres früheren Werts ergibt.
- Der danach für den Erwerb von Todes wegen verbleibende Steuerbetrag kann gem. § 14 Abs. 2 ErbStG nur erhoben werden, soweit er 50 % des der inländischen Besteuerung unterliegenden Teils des Erwerbs von Todes wegen nicht übersteigt.

Da § 19 Abs. 2 ErbStG einen unbeschränkt steuerpflichtigen Erwerb voraussetzt, sind Fälle mit beschränkter Steuerpflicht ohne Anwendung des § 19 Abs. 2 ErbStG

472 Siehe auch Meincke, ErbStG, § 19, Rz. 8.
473 Vgl. FM NRW, Erlass vom 22.09.1975, DB 1975, S. 1967.

abzuwickeln. In die Zusammenrechnung nach § 14 Abs. 1 ErbStG kann in diesen Fällen nur das der deutschen Besteuerung unterliegende Inlandsvermögen einbezogen werden.

TEIL II: AUSSENSTEUERGESETZ

A. Gesetzessystematische Einordnung

1 Hintergrund und Zielsetzung des Gesetzes

Das Außensteuergesetz (AStG)[1] zielt darauf ab, steuerliche Gestaltungen zu unterbinden oder die hiermit angestrebten Vorteile zu versagen, bei denen Steuerpflichtige versuchen, das internationale Steuergefälle zu Lasten der Bundesrepublik Deutschland zu nutzen. Die im AStG erfassten Gestaltungen zielen im Wesentlichen auf die folgenden drei Bereiche:

1. Die **Verlagerung von Gewinnen** in das Ausland. Hiermit droht der Bundesrepublik Deutschland ein Verlust an Steueraufkommen, weil Gewinne nicht oder nicht im „ausreichenden" Umfang in der Bundesrepublik Deutschland besteuert werden. Aus Sicht eines Steuerpflichtigen kann eine solche Gewinnverlagerung z. B. dann vorteilhaft sein, wenn die ausländischen Steuersätze niedriger sind oder im Ausland Verlustvorträge bestehen und damit Einkünfte geringer oder ggf. gar nicht besteuert werden müssen. Solchen Gestaltungen soll § 1 AStG entgegenwirken (vgl. hierzu unter B.).
2. Vermögende Steuerpflichtige hatten ihren **Wohnsitz in das niedriger besteuernde Ausland verlegt**. Hieraus folgte, dass die Einkünfte, die nicht als inländische Einkünfte i. S. von § 49 EStG anzusehen sind, nicht mehr der deutschen Besteuerung zu unterwerfen waren. Hierauf reagierte der Gesetzgeber, indem er die beschränkte Steuerpflicht für solche Steuerpflichtigen erweiterte, die nach ihrem Wegzug in das niedrig besteuernde Ausland noch wesentliche wirtschaftliche Interessen in der Bundesrepublik Deutschland hatten. Ferner wurde eine Sonderregelung für den Fall geschaffen, dass ein Wegziehender über eine Beteiligung i. S. von § 17 EStG verfügt. Die bisher entstandenen stillen Reserven unterliegen danach bereits grundsätzlich zum Zeitpunkt des Wegzugs der Besteuerung. Diese Regelungen finden sich in den §§ 2–6 AStG und werden unter C. eingehend behandelt.
3. Zwischen einer Kapitalgesellschaft und ihrem Gesellschafter gilt das Trennungsprinzip. Folglich unterliegen Gewinne zunächst nur auf Ebene der Gesellschaft der Besteuerung. Erst bei einer Ausschüttung an den Gesellschafter kommt es zu einer nochmaligen Steuerbelastung. Der Gesetzgeber will verhindern, dass im niedrig besteuerten Ausland[2] Kapitalgesellschaften errichtet werden und dauer-

1 Vom 08.09.1972, BGBl 1972 I S. 1713, zuletzt geändert durch das Jahressteuergesetz 2009 vom 19.12.2008, BGBl 2008 I S. 2794.

2 Vgl. zum Begriff § 8 Abs. 3 AStG und unter D. 2.1.3.4.

haft keine Ausschüttungen erfolgen. Dies hat zur Konsequenz, dass die Gewinne über einen relativ langen Zeitraum nur der geringen ausländischen Unternehmensbesteuerung unterlägen und der deutsche Fiskus hieran nicht partizipieren könnte. Dies sollen die Regelungen der **Hinzurechnungsbesteuerung** (§§ 7 ff. AStG) verhindern, wenn die Einkünfte aus bestimmten in § 8 Abs. 1 AStG genannten Tätigkeiten stammen. Ergänzt werden diese Vorschriften durch § 20 Abs. 2 AStG, der unter vergleichbaren Verhältnissen die nach Abkommensrecht gebotene Freistellung von Betriebsstätteneinkünften versagt und stattdessen die Anrechnungsmethode vorschreibt (vgl. hierzu unter D.).

Die Regelungen des Außensteuergesetzes gelten nur bei grenzüberschreitenden Sachverhalten. Werden hingegen im Inland vergleichbare Tatbestände verwirklicht, kommen keine entsprechenden Vorschriften zur Anwendung. Hierin kommt zum Ausdruck, dass mit diesem Gesetz eine Sicherung des deutschen Steueraufkommens erreicht werden soll. Gerade vor dem Hintergrund der Rechtsprechung des EuGH[3] erweist sich eine solche Zielsetzung als problematisch, weil sich die Frage der Vereinbarkeit dieser Zielsetzung mit den Vorgaben des Europarechts stellt. Zugleich zeigt sich, dass mit den Regelungen des AStG teilweise in das Abkommensrecht eingegriffen wird, sodass auch dieses Verhältnis eingehend betrachtet werden muss.

2 Verhältnis zum nationalen und sonstigen Internationalen Steuerrecht

Das Außensteuergesetz ist Bestandteil des **Außensteuerrechts**, welches wiederum ein Teilgebiet des Internationalen Steuerrechts darstellt. Das deutsche Außensteuergesetz ist neben den sog. unilateralen Maßnahmen[4] des deutschen Steuerrechtes eine Besonderheit, da es ausschließlich grenzüberschreitenden Sachverhalten gewidmet ist. Es hat grundsätzlich den gleichen Stellenwert wie andere Bundesgesetze, wie z. B. das Einkommensteuergesetz oder auch die Zustimmungsgesetze zum jeweiligen Doppelbesteuerungsabkommen. Dennoch gelten die spezielleren Vorschriften des Außensteuerrechtes im Wege der Anwendung des Lex-specialis-Charakters vorrangig, soweit die einzelnen Tatbestände durch diese speziellere Vorschrift erfasst werden.

In Rechtsprechung[5] und Literatur[6] ist die Frage umstritten, ob das Außensteuergesetz den Vorschriften eines bestehenden DBA vorgeht oder nicht und welche Voraus-

3 Vgl. aus der ständigen Rechtsprechung des EuGH z. B. die Urteile vom 28.01.1986 Rs. C-270/83, Avoir Fiscal, Slg. 1986, I-285, Rn. 25, und vom 16.07.1998 Rs. C-264/96, ICI, Slg. 1998, I-4695, Rn. 28.

4 Hinsichtlich der sonstigen unilateralen Maßnahmen wird auf den ersten Teil dieses Buches verwiesen.

5 Vgl. BFH vom 13.07.1994, BStBl 1995 II S. 129, und vom 17.05.1995, BStBl 1995 II S. 781.

6 Vgl. z. B. Jacobs, Internationale Unternehmensbesteuerung, 6. Aufl., München 2007, S. 482 ff.

setzungen hierfür erforderlich sind. Von einigen Stimmen wird in der Literatur[7] vertreten, dass es für ein sog. **Treaty-Overriding**, also das „Überschreiben" der Regelungen des DBA durch ein später erlassenes nationales Gesetz, einer eigenen Rechtsgrundlage bedarf, die für das Außensteuergesetz, z. B. in § 20 Abs. 1 AStG, gegeben ist. Andere Autoren[8] weisen darauf hin, dass es einer solchen Regelung nicht bedarf, da die Vorschrift des § 2 AO in der Weise zu verstehen sei, dass es sich hierbei um die Postulierung des Lex-specialis-Charakters handelt und keineswegs um einen generellen Vorrang von DBA-Regelungen gegenüber den nationalen gesetzlichen Regelungen.

Nach hier vertretender Auffassung kann § 2 AO als einfach gesetzliche Regelung nicht die Anwendungskonkurrenz auflösen. Zwar verweist Art. 59 Abs. 2 Satz 1 zweite Alternative i. V. m. Art. 25 Satz 2 GG auf den Vorrang völkerrechtlicher Verträge[9], doch können Ansprüche aus einen Doppelbesteuerungsabkommen nur durch die Vertragsparteien – also die das DBA abschließenden Staaten – geltend gemacht werden. Da Doppelbesteuerungsabkommen die Aufgabe haben, als bilaterale Regelung die nationalen Besteuerungsrechte zu begrenzen, muss dies auch bei der Anwendung des AStG beachtet werden. Etwas anderes gilt in den Fällen, in denen die Vorraussetzungen für ein treaty overriding erfüllt sind.[10]

3 Verhältnis zum Europarecht

Die Regelungen des Außensteuergesetzes erfassen auf Grund ihrer Zielsetzung nur grenzüberschreitende Sachverhalte. Dabei gelten die Vorschriften – vorbehaltlich § 6 Abs. 5 und § 8 Abs. 2 AStG – sowohl gegenüber dem europäischen wie dem außereuropäischen Ausland (sog. Drittstaaten). Dies führt zwangsläufig zur Frage der Vereinbarkeit mit den Grundfreiheiten des EG-Vertrages (insbesondere der Niederlassungs- und der Kapitalverkehrsfreiheit). Da eine eindeutige Ungleichbehandlung gegenüber einem reinen inländischen Sachverhalt erfolgt, ist unstreitig, dass eine Diskriminierung vorliegt. Allerdings geht der EuGH davon aus, dass nicht jede Ungleichbehandlung zu einer Unvereinbarkeit mit den Grundfreiheiten führt. Vielmehr kann im Einzelfall eine Rechtfertigung erfolgen, wobei es sich jedoch immer nur um eine Ausnahme handeln kann.[11] Dies setzt jedoch voraus, dass die eingesetzten Mittel einerseits erforderlich sind und andererseits nicht über das hinausgehen, was zur Erreichung dieses Ziels erforderlich ist.

---

7 Vgl. Debatin, DB 1992, S. 2159 ff.

8 Vgl. Schaumburg, Internationales Steuerrecht, 2. Aufl., Köln 1998, Rz. 3.26 ff.

9 Vgl. zur Reichsweite dieses Vorrangs z. B. Pahlke, in Pahlke/Koenig, AO, 2. Aufl., München 2009, § 2 Rz. 10 ff.

10 Vgl. hierzu III, D, 3.2.1.

11 Vgl. zu möglichen Rechtfertigungsgründen z. B. Thömmes, in: Schön (Hrsg.), Gedächtnisschrift für Knobbe-Keuk, Köln 1997, S. 818 ff., sowie von Thiel/Achilles, IStR 2003, S. 553, S. 556.

Diese Rechtfertigungsdiskussion kann nicht pauschal für alle Regelungen des AStG geführt werden. Vielmehr muss jede Regelung für sich und deren Auswirkungen im jeweiligen Sachverhalt betrachtet werden. Deshalb wird im Rahmen der folgenden Ausführungen jeweils gesondert auf diesen Fragenkreis eingegangen.

B. Berichtigung von Einkünften zwischen international verbundenen Unternehmen gem. § 1 AStG

Der Zielsetzung des AStG, die Sicherung des deutschen Steueraufkommens durch die Verhinderung von Gewinnverlagerung in das Ausland, soll durch § 1 AStG Rechnung getragen werden. Dieser enthält in Abs. 1 den zentralen Grundsatz, dass eine Einkunftskorrektur auf dem Fremdvergleichspreis zu erfolgen hat, wenn bei Geschäftsbeziehungen zum Ausland zwischen nahestehenden Personen von den Bedingungen abgewichen worden ist, die voneinander unabhängige fremde Dritte vereinbart hätten. Die Regelung wurde durch das Unternehmensteuerreformgesetz 2008[12] neu gefasst. Zur bis dahin geltenden Fassung wird auf die vorherige Auflage dieses Buches verwiesen. Ziel der Regelung ist es, den Fremdvergleichsgrundsatz für die Verrechnungspreisbestimmung – wie er sich auch aus Art. 9 Abs. 1 OECD-MA ergibt[13] – in das nationale Recht umzusetzen. Dieser ist beachtet, wenn die Preise bei Leistungsbeziehungen zwischen nahestehenden Personen so festgelegt werden, wie sie unter den zwischen voneinander unabhängigen Dritten vereinbarten Bedingungen unter gleichen oder vergleichbaren Verhältnissen zustande gekommen wären. Dieses Verständnis orientiert sich eng an der in Art. 9 OECD-MA und Art. 4 EU-Schiedskonvention enthaltenen Definition des Fremdvergleichs.

Das Steueraufkommen der Bundesrepublik Deutschland soll nicht durch Gestaltungen des Gesellschafterkreises geschmälert werden, indem mit verbundenen Unternehmen oder nahestehenden Personen solche Bedingungen (insbesondere Preise) vereinbart werden, die nicht den Vereinbarungen zwischen voneinander fremden Dritten entsprechen, sondern zu einer Verlagerung von Gewinnen in das Ausland führen. Hieraus erklärt sich auch, dass § 1 AStG unabhängig davon anzuwenden ist, ob die Steuerbelastung im Ausland höher oder niedriger als im Inland ist. Ferner könnten die Steuerpflichtigen versuchen, Vorteile mit Hilfe einer Ergebnissteuerung über Verrechnungspreise im Konzern zu erreichen. Dies könnte in der Weise geschehen, dass zu verlusterzielenden Gesellschaften Gewinne verlagert werden, um einen sofortigen Verlustausgleich zu erreichen. Die fiskalischen Auswirkungen können

12 Vom 14.08.2007, BGBl 2007 I S. 1912.

13 Vgl. hierzu ausführlich Kaminski, in: Strunk/Kaminski/Köhler, AStG/DBA, Art. 9 Rz. 19 ff. (Sept. 2007).

erheblich sein, da auf der einen Seite die Aufwendungen der deutschen Gesellschaft als Betriebsausgaben das zu versteuernde Einkommen in Deutschland mindern. Andererseits wird der sich aus diesen Geschäftsbeziehungen bei dem Geschäftspartner, der nahestehenden Person, ergebende Gewinn nicht im Inland, sondern im Ausland besteuert. Auch die Änderungen im § 1 AStG wurden mit den hiermit erzielbaren Mehreinnahmen[14] begründet. Ferner sollen sie „dazu beitragen, die Besteuerung in Deutschland geschaffener Werte sicherzustellen, wenn immaterielle Wirtschaftsgüter und Vorteile (Know-how, patentiertes oder nicht patentiertes technisches Wissen, Markenrechte- und -namen, Kundenstamm usw.) ins Ausland verlagert werden".[15]

Für die Praxis ist wichtig, dass die deutsche Finanzverwaltung sich in einer **Reihe von Erlassen** sehr umfangreich zu Fragen der internationalen Einkunftsabgrenzung geäußert hat. Hierbei handelt es sich namentlich um die folgenden Stellungnahmen:

- „**Verwaltungsgrundsätze** für die Prüfung der Gewinnabgrenzung bei international verbundenen Unternehmen",[16]
- Schreiben betreffend die Grundsätze für die Prüfung der Einkunftsabgrenzung durch **Umlageverträge** zwischen international verbundenen Unternehmen[17]
- Schreiben betreffend die Grundsätze für die Prüfung der Einkunftsabgrenzung zwischen international verbundenen Unternehmen in Fällen der **Arbeitnehmerentsendung,**[18]
- die **Verwaltungsgrundsätze-Verfahren,**[19] die sich mit Auslegungs- und Anwendungsfragen der Dokumentationspflicht und anderen verfahrensrechtlichen Regelungen sowie mit verbindlichen Auskünften in Verrechnungspreisfragen beschäftigen, und
- das Merkblatt für bilaterale und multilaterale Verständigungsverfahren auf Grundlage der Doppelbesteuerungsabkommen zur Erteilung verbindlicher Vorabzusagen über Verrechnungspreise zwischen international verbundenen Unternehmen (sog. **Advance Pricing Agreements**[20]), das dem Steuerpflichtigen die – allerdings gebührenpflichtige – Möglichkeit einer verbindlichen Verständigung über die anzuwendende Verrechnungspreismethode gibt.

---

14 Angestrebt sind rund 2,0 Mrd. Euro bei Eintritt der vollen Jahreswirkung, vgl. das Finanztableau auf S. 70 des Kabinettsbeschluss zum Unternehmensteuerreformgesetz 2008.

15 Begründung zum Entwurf der Bundesregierung zu § 1 AStG, Allgemeiner Teil.

16 BMF-Schreiben vom 23.02.1983 – IV C 5 – S 1341 – 4/83, BStBl 1983 I S. 218, mit Änderungen durch die beiden folgenden BMF-Schreiben.

17 BMF-Schreiben vom 30.12.1999 – IV B 4 – S 1341 – 14/99, BStBl 1999 I S. 1122, als Ersatz der bisherigen Tz. 7 des BMF-Schreiben v. 23.02.1983 – IV C 5 – S 1341 – 4/83, BStBl 1983 I S. 218.

18 BMF-Schreiben vom 09.11.2001 – IV B 4 – S 1341 – 20/01, BStBl 2001 I S. 796.

19 BMF-Schreiben vom 12.04.2005 – IV B 4 – S 1341 – 1/05, BStBl 2005 I S. 570.

20 BMF-Schreiben vom 05.10.2006 – IV B 4 – S 1341 – 38/06, BStBl 2006 I S. 594.

Hinzu kommen noch Stellungnahmen zu speziellen Urteilen, wie insbesondere das BMF-Schreiben vom 26.02.2004[21] mit einer Stellungnahme zur Anwendung des BFH-Urteils vom 17.10.2001.[22] Außerdem sind für Betriebsstätten ergänzend die Vorschriften der sog. **Betriebsstätten-Verwaltungsgrundsätze**[23] zu beachten. Ferner können Stellungnahmen der Finanzverwaltung für Fälle der internationalen Einkunftsberichtigung von Bedeutung sein, die nicht speziell für diesen Regelungsbereich erlassen wurden, aber dennoch einschlägig sind (z. B. die Körperschaftsteuerrichtlinien oder das Anwendungsschreiben zum AStG[24]).

Zum Zeitpunkt der Drucklegung lag der Entwurf eines umfangreichen, weiteren BMF-Schreibens vor. Dieses beinhaltet die Auslegung der Regelung zu den Funktionsverlagerungen („Verwaltungsgrundsätze-Funktionsverlagerung"). Mit seiner Veröffentlichung im Laufe des Jahres 2010 ist zu rechnen.

Wie schon diese Aufzählung zeigt, erfolgt eine sehr starke Aufgliederung der Stellungnahmen der deutschen Finanzverwaltung. Dadurch wird gerade denjenigen das Verständnis der Vorgaben erschwert, die sich erst in Verrechnungspreisfragen einarbeiten, oder die als Ausländer sich mit den Regelungen vertraut machen müssen.

Diese Schreiben sind – rein rechtlich – **ausschließlich für die deutsche Finanzverwaltung bindend.** Hingegen sind sie sowohl für die Steuerpflichtigen als auch für die Finanzgerichtsbarkeit rechtlich unverbindlich. Trotz dieser rechtlichen Würdigung ist für die Unternehmens- und Beratungspraxis eine Auseinandersetzung mit diesen Vorgaben erforderlich. Einerseits gilt es, sich auf die möglichen Anforderungen der Finanzverwaltung einzustellen, andererseits bieten die Vorgaben der Finanzverwaltung eine Hilfestellung, die bei der Bestimmung (und Dokumentation) der internationalen Einkunftsabgrenzung genutzt werden kann. Außerdem ist die Finanzverwaltung an diese Regelung gebunden. Folglich entsteht hiermit eine Selbstbindung, auf die sich der Steuerpflichtige berufen kann, wenn die vertretene Auffassung für ihn vorteilhaft ist.

Bei den oben genannten Stellungnahmen handelt es sich um Vorgaben der deutschen Finanzverwaltung. Da Verrechnungspreise ihrem Zweck nach für grenzüberschreitende Sachverhalte bestimmt werden, hat dies zur Folge, dass diesen Anforderungen regelmäßig – mehr oder weniger ähnliche – Regelungen einer ausländischen Finanzverwaltung gegenüberstehen. Zwar hat die OECD mit ihren Verrechnungspreisrichtlinien **„OECD Transfer Pricing Guidelines for Multinational Enterprises and Tax Administrations"**[25] Standards veröffentlicht, doch sind diese in den meisten Staaten – wie auch in Deutschland – rechtlich nicht bindend. Erschwerend kommt hinzu, dass diese Vorgaben teilweise zu allgemein bleiben, um auf konkrete

21 BMF-Schreiben vom 26.02.2004 – IV B 4 – S 1300 – 12/04, BStBl 2004 I S. 270.

22 BFH vom 17.10.2001 I R 103/00, BFHE 197, 68 = BStBl 2004 II S. 171.

23 BMF vom 24.12.1999, IV B 4 – S 1300 – 111/99, BStBl 1999 S. 1076, mit Korrektur vom 20.11.2000, BStBl 2000 I S. 1509, vom 29.04.2004, BStBl 2004 I S. 917, und vom 23.08.2009, BStBl 2009 I S. 888.

24 BMF-Schreiben vom 14.05.2004 – IV B 4 – S 1340 – 11/04, BStBl 2004 I Sondernummer 1/2004.

25 Loseblattwerk, Paris 1995 ff.

Fragestellungen der Praxis eine Antwort zu geben. Gleichwohl bemühen sich – zumindest in den Industriestaaten – die Finanzverwaltungen regelmäßig, von den Vorgaben der OECD nicht abzuweichen. Dies hat jedoch den deutschen Gesetzgeber nicht daran gehindert, Spezialvorschriften zur Funktionsverlagerung zu schaffen, obwohl die Diskussion hierüber auf internationaler Ebene noch nicht abgeschlossen ist.

1 Betriebswirtschaftliche Grundlagen der Leistungsverrechnung zwischen verbundenen Unternehmen

Betriebswirtschaftlich stellt sich das Problem der Gestaltung von Verrechnungspreisen wie folgt dar:

Innerhalb eines Unternehmens oder einer Unternehmensgruppe werden Lieferungen und/oder Leistungen erstellt, die an andere Unternehmensteile bzw. Unternehmen erbracht werden. Hierfür ist ein angemessener Preis zu bestimmen, um eine Entscheidungsgrundlage für betriebswirtschaftliche Dispositionen, wie z. B. die Frage der Eigenfertigung oder des Fremdbezuges, zu haben. Dies geschieht im Rahmen der innerbetrieblichen Leistungsverrechnung. Während die Einzelkosten sich regelmäßig vergleichsweise einfach bestimmen lassen, stellt die Zuordnung und Verrechnung der Gemeinkosten ein zentrales Problem dar. Ziel ist es, die Gemeinkosten möglichst verursachungsgerecht auf die einzelnen Kostenstellen bzw. auf die Kostenträger zu verrechnen.

Ist diese Verteilung der Kosten nicht möglich oder wird sie aufgrund steuerlicher Vorteilhaftigkeitsüberlegungen bewusst nicht herbeigeführt, sind zahlreiche betriebswirtschaftlich notwendige Informationen nicht verfügbar. Hierdurch können sich falsche kaufmännische Entscheidungen ergeben, da die zutreffende Datengrundlage fehlt. Insofern ist eine verursachungsgerechte Leistungsverrechnung zwischen Betriebsstätten und deren Stammhaus bzw. zwischen Mutter- und Tochtergesellschaften zwingende Voraussetzung für die Ermittlung der zutreffenden Grundlage zur Messung des tatsächlichen Erfolges eines Unternehmens. Aus **betriebswirtschaftlichen Überlegungen** heraus können sich **andere Anforderungen** an die Bestimmung des Verrechnungspreises ergeben.

Beispiel:

Der Konzern A hat seine Beschaffung weltweit bei einer Gesellschaft gebündelt, u. a. um so Mengenrabatte besser ausnutzen zu können. Der Einkauf erfolgt dabei „frei Haus" des jeweiligen Werkes, wobei von den Anbietern erwartet wird, dass sie die Produkte zu weltweit einheitlichen Preisen an jedes beliebige Werk des Konzerns auf der Welt liefern. Aufgrund der Marktposition des Konzerns kann diese Forderung gegenüber den Lieferanten durchgesetzt werden, andernfalls werden sie aus dem Kreis der möglichen Lieferanten gestrichen.

> Im Rahmen eines Großauftrages für einen deutschen Discounter wird überlegt, in welchem der Werke auf der Welt das Produkt gefertigt werden soll. Technisch wären hierzu die Werke in Deutschland, Polen, den USA, Südafrika und in Brasilien in der Lage. Die Werksleiter der einzelnen Standorte werden aufgefordert, einen Verrechnungspreis zu benennen, zu dem sie bereit wären, das Produkt zu fertigen. Hierbei sollen die Materialkosten nicht mit einbezogen werden.

Es wäre unzulässig, wenn ohne Rücksicht auf die Ermittlungsweise von internen Verrechnungspreisen sofort auf steuerliche Verrechnungspreise bzw. deren Übereinstimmung mit dem Fremdvergleichspreis geschlossen würde. Fremde Dritte würden in dem Beispiel auch nicht auf die Einbeziehung der Materialkosten verzichten. Die Entscheidung, wie das Unternehmen sein internes Verrechnungspreissystem ausgestaltet, obliegt allein dem Steuerpflichtigen. Da die Materialkosten hier – annahmegemäß – bei allen Werken in gleicher Höhe anfallen, haben sie auf die Auswahl des Werkes keinen Einfluss und können deshalb unberücksichtigt bleiben. Fraglich ist, ob es sich bei diesen Daten um steuerlich relevante Daten handelt, deren Vorlage vom Prüfer – ggf. auch in elektronischer Form[26] – verlangt werden kann. Diese Frage lässt sich nicht allgemein beantworten, entscheidend ist vielmehr, ob auf dieser Grundlage Entscheidungen getroffen wurden, die steuerliche Relevanz haben. Ist dies der Fall, sind auch die Kalkulationsunterlagen steuerlich beachtlich und damit vorlagepflichtig.

Der Fremdvergleichsgrundsatz wird unter Rückgriff auf die Rechtsfigur eines **ordentlichen und gewissenhaften Geschäftsleiters** untersucht. Sie impliziert eine Vorgehensweise, die üblicherweise von Geschäftsleitern erwartet wird, um die unternehmerischen Ziele im besten Sinne zu verwirklichen. Dies beinhaltet jedoch auch, dass ein ordentlicher Geschäftsleiter Entscheidungen auf der Grundlage der zu dem damaligen Zeitpunkt bestehenden Informationen und Kenntnisse trifft, sodass nicht auszuschließen ist, dass eine Entscheidung sich im Zeitablauf als falsch herausstellt. Fehlentscheidungen und somit betriebswirtschaftlich sowie kaufmännisch suboptimale Ergebnisse können keine Indizwirkung für die (Un-)Angemessenheit von Verrechnungspreisen haben. Vielmehr ist darauf abzustellen, ob der Geschäftsleiter bewusst nachteilige Vereinbarungen mit den Vertragspartnern getroffen hat und dadurch Gewinnverschiebungen zwischen den Gesellschaften erfolgten. Die Rechtsfigur des ordentlichen Geschäftsleiters ist aus dem Handels- und Gesellschaftsrecht entlehnt. Gemäß § 93 Abs. 1 Satz 1 AktG haben die Vorstandsmitglieder bei ihrer Geschäftsführung die Sorgfalt eines ordentlichen und gewissenhaften Geschäftsleiters anzuwenden. Entsprechende Verpflichtungen legt § 34 Abs. 1 Satz 1 GenG den Vorstandsmitgliedern einer Genossenschaft auf. § 43 Abs. 1 GmbHG verpflichtet die Geschäftsführer der GmbH, bei den Angelegenheiten der Gesellschaft die Sorgfalt eines ordentlichen Geschäftsmannes anzuwenden. Im Rahmen von Handelsgeschäften haben Kaufleute für die Sorgfalt eines ordentlichen Kaufmanns einzustehen, § 347 HGB.

---

26 Vgl. § 147 Abs. 6 AO.

Grundüberlegung ist hierbei, dass dem ordentlichen Geschäftsleiter nur ein beschränkter **Ermessensspielraum** zur Ausübung seiner Geschäftstätigkeit zusteht,[27] da ihm – so die Fiktion des Geschäftes unter fremden Dritten – ebenfalls ein ordentlicher Geschäftsleiter mit der gleichen Verpflichtung und dem gleichen Bestreben gegenübersteht. Diese Konstruktion soll das Korrektiv sein, um Gewinnverlagerungen zwischen Beteiligten oder nahestehenden Unternehmen bzw. Personen zu verhindern. Der Bezug auf die Rechtsfigur des ordentlichen Geschäftsleiters im deutschen Außensteuergesetz bzw. in den Verwaltungserlassen hierzu erscheint für den deutschen Verwaltungsgeber sinnvoll zu sein, da bereits im Körperschaftsteuerrecht – insbesondere beim Vorliegen einer vGA – auf das Rechtsinstitut eines ordentlichen und gewissenhaften Geschäftsleiters abgestellt wird.[28] Insofern können grundsätzlich die Urteile des BFH[29] sowie die Auffassung der Finanzverwaltung im Rahmen der Körperschaftsteuerrichtlinien[30] genauere Anhaltspunkte für die Beurteilung der Angemessenheit von Verrechnungspreisen geben. Die herrschende Meinung in der Literatur[31] ist der Auffassung, dass die Rechtsfigur des ordentlichen Geschäftsleiters aufgrund der bereits seit langem bestehenden Nutzung im Handelsrecht ein geeigneter Indikator für die Bestimmung der Angemessenheit ist.[32] Da sich das Bild des ordentlichen und gewissenhaften Geschäftsleiters in seinen Ursprüngen bis auf das römische Recht zurückverfolgen lässt, findet es sich auch in anderen Rechtsordnungen – wenn auch in z. T. abgewandelter Form – wieder.[33] Deshalb besteht international ein **weitgehender Konsens** darüber, **was unter dem Fremdvergleich zu verstehen ist**. Zweifelhaft ist, ab welchem Zeitpunkt der ordentliche und gewissenhafte Geschäftsführer gegen seinen Ermessensspielraum verstößt. Geschieht dies erst mit dem Entstehen einer Schadensersatzpflicht oder bereits in den Fällen, in denen sich – wie z. B. bei bestimmten verdeckten oder offenen Gewinnausschüttungen – eine Rückzahlungspflicht der Gesellschafter gem. § 31 GmbHG ergibt? Unstreitig ist jedenfalls, dass, wenn Schadensersatzansprüche gegenüber dem Geschäftsleiter bestehen, die Verrechnungspreise nicht angemessen und deshalb zu korrigieren sind.

Die unter Textziffer 2 der Verwaltungsgrundsätze dargestellten Beispiele sollen die **Grenzen des Ermessens- und Handlungsspielraums** eines ordentlichen Geschäftsleiters verdeutlichen. Allerdings ist diese Grenzziehung in der Praxis – wie das folgende Beispiel zeigt – häufig problematisch.

---

27 Vgl. BFH vom 10.01.1973, BStBl 1973 II S. 322.

28 Vgl. H 36 III. Allgemeines KStH.

29 Vgl. BFH vom 11.02.1987, BStBl II S. 461; vom 29.04.1987, BStBl II S. 733; vom 10.06.1987, BStBl 1988 II S. 25, und vom 07.12.1988, BStBl 1989 II S. 248.

30 Vgl. R. 36 Abs. 1 KStR 2004.

31 Vgl. Wassermeyer, in: F/W/B, a. a. O., Rz 111 zu § 1 AStG (Nov. 1999).

32 Vgl. Wassermeyer, in: F/W/B, a. a. O., Rz 111 zu § 1 AStG (Nov. 1999).

33 Becker in FS Döllerer, Düsseldorf 1988, S. 18 ff.

Beispiel:[34]

Eine inländische Produktionstochtergesellschaft veräußert aufgrund von langfristigen Vertriebsverträgen 90 % ihrer gesamten produzierten Menge an die im Ausland befindliche Muttergesellschaft. In diesen Fällen kann – wie der BFH u. E. zu Recht ausgeführt hat – ein besonderer Zwang des ordentlichen Geschäftsleiters der inländischen Tochtergesellschaft dahingehend gegeben sein, bestehende Preisvereinbarungen zu akzeptieren, die bei anderen Konstellationen, vor allem anderen Abnehmerstrukturen, nicht vorgenommen worden wären. Zugeständnisse der Tochtergesellschaft, die isoliert gesehen aufgrund der tatsächlichen Gegebenheiten des Geschäftsgebarens ohne Einfluss auf die gesellschaftsrechtlichen Beziehungen beider Gesellschafter zueinander vorgenommen worden sind, können u. E. nicht als unangemessen qualifiziert werden. Dies zumindest, wenn die besonderen Vertragsbeziehungen dem Handeln eines ordentlichen Geschäftsleiters entsprechen. Der Nachweis des betroffenen Tochterunternehmens kann u. E. nur dadurch erbracht werden, dass die kostenrechnerischen und kalkulatorischen Informationen, die zur Festlegung der Preise geführt haben, dargelegt und dokumentiert werden.

Die weiteren Ausführungen – insbesondere zur Dokumentation – werden zeigen, dass der Rückgriff auf bestehende Kostenrechnungsunterlagen für die Prüfung der Verrechnungspreise große Bedeutung hat. Hierbei ist zu berücksichtigen, dass es sich bei diesen Daten – zumindest bei Fertigungsunternehmen – wegen der regelmäßig erforderlichen Bewertung der fertigen und unfertigen Erzeugnisse um steuerlich relevante Daten handelt. Diese sind in der Betriebsprüfung im Rahmen der üblichen (§ 90 Abs. 1 AO) oder auch der erweiterten Mitwirkungspflichten nach § 90 Abs. 2 AO bzw. § 200 AO vorzulegen. Insoweit kommt es hierfür auf die Regelung des § 90 Abs. 3 AO nicht an.

2 Einkunftskorrektur bei Abweichung vom Fremdvergleichsgrundsatz gem. § 1 Abs. 1 AStG

Der Anwendungsbereich des § 1 AStG beschränkt sich im Gegensatz zu §§ 7 ff. AStG nicht auf sog. Steueroasen, also allgemein anerkannte Niedrigsteuerländer,[35] sondern auf **grundsätzlich alle Geschäftsbeziehungen** zwischen verbundenen Unternehmen oder nahestehenden Personen, die grenzüberschreitenden Charakter haben. § 1 AStG wird durch abkommensrechtliche Regelungen (insbesondere Art. 9 Abs. 1 OECD-MA) nicht eingeschränkt. Vielmehr soll dieser gerade eine Korrekturmöglichkeit schaffen, wenn bei Transaktionen zwischen verbundenen Unternehmen vom Fremdvergleichsgrundsatz abgewichen wurde. Als Rechtsfolge ordnet § 1 Abs. 1 AStG an, „die Einkünfte unbeschadet anderer Vorschriften so anzusetzen, wie

34 In Anlehnung an BFH vom 16.04.1980, BStBl 1981 II S. 492.

35 § 8 Abs. 3 AStG enthält genaue Vorschriften, wann ein Niedrigsteuerland vorliegt, vgl. hierzu unter D. 2.1.3.4.

sie unter den zwischen fremden Dritten vereinbarten Bedingungen angefallen wären". Die konkrete Ausgestaltung dieser Korrektur wird im AStG jedoch nicht geregelt.

Damit ist zu klären, welche konkreten Rechtsfolgen sich hieraus ergeben. Bei § 1 AStG handelt es sich um eine **ausschließlich steuerrechtliche Regelung**. Hieraus folgt, dass sich aus dieser Vorschrift direkt weder handels- noch gesellschaftsrechtliche Konsequenzen ergeben.[36] So kann z. B. nicht aus einer steuerlichen Verrechnungspreiskorrektur geschlossen werden, dass zugleich ein (zivilrechtlicher) Rückforderungsanspruch seitens der Tochtergesellschaft gegenüber der nahestehenden Person besteht (z. B. infolge der Grundsätze über die ungerechtfertigte Bereicherung gem. §§ 812 ff. BGB). Die Einkunftskorrektur nach § 1 Abs. 1 AStG erfolgt nach Auffassung des BFH,[37] der FinVerw[38] und der h. M. im Schrifttum[39] **außerhalb der Bilanz**. Folglich kommt es nicht zu einer Änderung der Steuerbilanz. Die Korrektur führt zu einer **Erhöhung des Einkommens**, wobei keine neue Einkunftsart i. S. des § 2 Abs. 2 EStG geschaffen wird, sondern lediglich die bisherigen Einkünfte korrigiert werden. Hieraus ergeben sich unmittelbare Konsequenzen für alle hieran anknüpfenden Steuern (regelmäßig GewSt und ESt bzw. GewSt und KSt). Außerdem können sich mittelbare Folgewirkungen ergeben, wenn andere Steuern an die Ertragsteuern (z. B. der SolZ und die KiSt) anknüpfen. Damit wird – vorbehaltlich eventueller Zinsen und Sanktionen durch Zuschläge – das gleiche steuerliche Ergebnis hergestellt, als wenn niemals eine Einkunftsminderung infolge überhöhter Verrechnungspreise eingetreten wäre.

Nach Verwaltungsauffassung[40] hat eine Korrektur auch dann zu erfolgen, wenn eine nachträgliche Preisanpassung erfolgt und diese entweder nicht im Voraus vereinbart war oder die Preisbestimmungsfaktoren nicht bestimmt waren. In einem solchen Fall werden grundlegende Bedenken gegen die Fremdüblichkeit erhoben, mit der Folge, dass eine steuerliche Anerkennung nur dann erfolgt, wenn die wesentlichen Bestandteile dieser Regelung schon beim Vertragsabschluss klar und eindeutig feststehen.

§ 1 Abs. 1 AStG ist auch in den Fällen anwendbar, in denen Leistungsbeziehungen mit Ländern durchgeführt werden, die als „Hochsteuerland" zu qualifizieren sind. Die Norm des § 1 Abs. 1 AStG stellt eine Generalnorm dar, die Gewinnverlagerun-

---

36 Dies schließt jedoch nicht aus, dass sich mittelbare Auswirkungen ergeben können. So kann z. B. eine Verrechnungspreiskorrektur zu geringeren Verlustvorträgen führen, so dass eine Neubewertung der latenten Steuern zu erfolgen hat.

37 Vgl. BFH vom 30.05.1990 I R 97/88, BStBl 1990 II S. 875.

38 Vgl. BMF-Schreiben vom 23.02.1983, IV C 5 – S 1341 – 4/83, BStBl 1983 I S. 218, Tz. 8.1.1 Buchst. C sowie Tz. 5 der VerwG-Verfahren (BMF-Schreiben vom 12.04.2005 – IV B 4 – S 1341 – 1/05, BStBl 2005 I S. 570), die sich ausführlich mit der Durchführung der Berichtigung beschäftigt.

39 Vgl. z. B. Menck in Blümich, § 1 AStG, Rz. 38 (März 1999); Vögele/Raab in V/B/E, 2. Aufl. 2003, Rz. A 361 ff.; Wassermeyer in F/W/B, § 1 AStG, Rz. 811 f. (Oktober 2004); a. A. z. B. Brezing in B/K/L/M/R, 1991, § 1 AStG, Rz. 213; Döllerer, JbFStR 1980/81, 274; Wassermeyer, FR 1979, S. 345 ff.; Raupach, JbFStR 1980/81, S. 263 ff.

40 Vgl. Tz. 3.4.12.8 VerwG-Verfahren (BMF-Schreiben vom 12.04.2005 – IV B 4 – S 1341 – 1/05, BStBl 2005 I S. 570).

gen aus Deutschland entgegenwirken will und deshalb eine Einkunftskorrektur anordnet. Aufgrund dieser grundsätzlichen Überlegung ist die Formulierung des Gesetzes problematisch, weil dadurch lediglich Gewinnberichtigungen zugunsten des deutschen Steueraufkommens durch § 1 Abs. 1 AStG erfasst werden können. Zwar ist es unbestritten, dass das Außensteuergesetz als eine Vorschrift zur Sicherung des deutschen Steueraufkommens gedacht war,[41] doch müsste dieser **allgemeine Grundsatz der angemessenen Gewinnabgrenzung** auch auf Situationen anzuwenden sein, bei denen das deutsche Steueraufkommen aufgrund einer Abweichung vom Fremdvergleichsgrundsatz zu hoch ist. Diesem Aspekt wird jedoch im Wortlaut des § 1 Abs. 1 AStG keine Bedeutung beigemessen, da ausschließlich auf die eingetretene Minderung des Gewinns des in Deutschland Ansässigen abgestellt wird.

Dem liegt offenbar die Überlegung zugrunde, dass ein entsprechendes Gesetz in dem anderen Staat Korrekturen vorsieht. Es besteht jedoch die Gefahr, dass der andere Staat ebenfalls eine Gewinnberichtigung seiner ansässigen Steuerpflichtigen vornimmt und hierdurch eine Doppelbesteuerung entsteht. Eine korrespondierende Einkunftsberichtigung ist hiermit in Deutschland nicht verbunden. Hieraus resultieren insbesondere dann Probleme, wenn Entschädigungszahlungen infolge von Funktionsverlagerungen vereinbart werden und diese sich später aufgrund von nicht eingetretenen Prognosen als überhöht erweisen.[42] Es ist problematisch, wenn die Finanzverwaltung in solchen Fällen die Steuerpflichtigen auf Billigkeitsmaßnahmen verweist, weil diese regelmäßig kaum planbar sind und für die systematische Ungleichbehandlung eine Rechtfertigung nicht besteht.

Wenngleich in Abs. 1 allgemein auf Einkünfte abgestellt wird, so ergibt sich doch eine Beschränkung durch Abs. 5. Diese Regelung ist im Ergebnis eine Reaktion des Gesetzgebers im Rahmen des Steuervergünstigungsabbaugesetzes[43] auf das BFH-Urteil vom 19.11.2000.[44] Darin hatte der BFH entschieden, dass eine Berichtigung nach § 1 Abs. 1 AStG nicht erfolgen kann, wenn eine Leistung der Muttergesellschaft durch das Gesellschaftsverhältnis veranlasst ist. Vielmehr setzte dieser eine **Geschäftsbeziehung** voraus. Nach der Änderung ist § 1 Abs. 1 AStG – vorbehaltlich anderer Vorschriften – auf „jede den Einkünften zugrunde liegende schuldrechtliche Beziehung“ anzuwenden, „die keine gesellschaftsvertragliche Vereinbarung ist und entweder beim Steuerpflichtigen oder bei der nahestehenden Person Teil einer Tätigkeit ist, auf die die §§ 13, 15, 18 oder 21 EStG anzuwenden sind oder im Fall eines ausländischen nahestehenden anzuwenden wären, wenn die Tätigkeit im Inland vorgenommen würde“. Damit soll erreicht werden, dass z. B. auch Garantieerklärungen der Muttergesellschaft zugunsten einer ausländischen Tochtergesellschaft nach § 1 AStG korrigiert werden können, wenn hierfür keine fremdüblichen

---

41 Vgl. die Begründung des Regierungsentwurfs; BT-Drucks. VI/2883.

42 Vgl. hierzu eingehend unter 5.3..

43 Vom 16.05.2003, BGBl 2003 I S. 660.

44 I R 85/99, BStBl 2002 II S. 760.

Bürgschaftsprovisionen vereinbart und bezahlt werden. Nach Auffassung des Finanzgerichts Düsseldorf[45] handelt es sich hierbei nicht um eine rückwirkende Klarstellung, sondern um eine materielle Neuregelung. Damit tritt das Finanzgericht explizit den insoweit abweichenden Formulierungen in der Regierungsbegründung zum Steuervergünstigungsabbaugesetz entgegen.

Eine Erfassung nicht sachgerechter Preisvereinbarung für die Überlassung von Kapital kann somit nur in den Fällen unter § 1 AStG fallen, in denen der Steuerpflichtige eine der Gewinneinkunftsarten erzielt und diese originär als Kapitaleinkünfte zu qualifizierenden Einkünfte dem Gewerbebetrieb, der Land- und Forstwirtschaft oder der freiberuflichen Betätigung zuzuordnen sind. Die Vorschrift stellt explizit auf „einen Steuerpflichtigen" ab. Hierzu gehören sowohl natürliche Personen, die unter § 1 Abs. 1–3 EStG fallen, als auch alle Körperschaften, die in § 1 KStG genannt sind. Bei Personengesellschaften wird für diese Eigenschaft auf die hieran beteiligten Gesellschafter abgestellt.[46] Fraglich ist, ob hierunter auch beschränkt Steuerpflichtige zu erfassen sind und ob auch **Zwischengesellschaften** i. S. der §§ 7–14 AStG als Steuerpflichtige zu qualifizieren sind. Da Abs. 1 keine weiteren Anforderungen an die Steuerpflicht stellt, kann es auf die Frage der beschränkten oder unbeschränkten Steuerpflicht nicht ankommen, sodass beide von der Regelung erfasst werden. Auch bei Zwischengesellschaften ist die Anwendung des § 1 Abs. 1 AStG möglich. Allerdings begründet die Qualifizierung als Zwischengesellschaft noch keine Steuerpflicht im Inland. Dies schließt jedoch nicht aus, dass eine Zwischengesellschaft neben ihren sonstigen passiven Einkünften auch **Einkünfte i. S. des § 49 EStG** erzielt und damit in Deutschland beschränkt steuerpflichtig ist.

Gewinnverlagerungen zwischen einem ausländischen Steuerpflichtigen und seiner im Inland belegenen **Betriebsstätte** dürften eigentlich keine Berücksichtigung finden, da es in diesem Fall an dem geforderten Vorliegen zweier Personen fehlt und somit eine Anwendung des § 1 Abs. 1 AStG ausgeschlossen ist. Dies gilt auch für den Fall eines inländischen Stammhauses und einer im Ausland belegenen Betriebsstätte. Zwar ist auch in diesem Fall grundsätzlich eine Gewinnverlagerung denkbar, doch liegen die Tatbestandsvoraussetzungen des § 1 AStG nicht vor, sodass dieser nicht anwendbar ist. Unseres Erachtens handelt es sich hierbei um eine Regelungslücke. Das vom Gesetzgeber als regelungsbedürftig angesehene Problem der Gewinnverlagerung kann sich zumindest in den Fällen, in denen mit dem ausländischen Staat ein Doppelbesteuerungsabkommen besteht, in gleicher Weise ergeben. Dies ist der Fall, wenn die Gewinne in der Betriebsstätte im Ausland entstehen und dort einer niedrigeren Besteuerung als im Inland unterliegen und aufgrund des Doppelbesteuerungsabkommens in Deutschland freigestellt werden. Ferner kommt es zu einer Beeinträchtigung des deutschen Steueraufkommens, wenn Gewinne in das

45 Urteil vom 29.02.2008, IStR 2008, S. 449.
46 BFH vom 17.12.1997 I B 96/97, BStBl 1998 II S. 321.

Ausland verlagert werden. Infolgedessen wird der Anwendungsbereich in Textziffer 1.4.3 des **Anwendungsschreibens** zum AStG erweitert, wofür es jedoch – mit Ausnahme des Arguments der Regelungslücke – keine Rechtsgrundlage im § 1 AStG gibt. Danach sollen auch die folgenden Geschäfte zu „Geschäftsbeziehungen zum Ausland" führen, sodass hierauf § 1 Abs. 1 AStG anwendbar sein soll:

- zwischen der inländischen Betriebsstätte eines unbeschränkt Steuerpflichtigen und der ausländischen Betriebsstätte eines ihm nahestehenden anderen unbeschränkt Steuerpflichtigen,
- zwischen der inländischen Betriebsstätte eines unbeschränkt Steuerpflichtigen und der ausländischen Betriebsstätte einer Zwischengesellschaft, an der der unbeschränkt Steuerpflichtige beteiligt ist,
- zwischen der inländischen Betriebsstätte eines beschränkt Steuerpflichtigen und der ausländischen Betriebsstätte eines ihm nahestehenden anderen beschränkt Steuerpflichtigen,
- zwischen inländischen und ausländischen, ganz oder teilweise beteiligungsidentischen Personengesellschaften, Gemeinschaften und ähnlichen Gebilden.

Ein weiterer Grund, warum keine Anwendung des § 1 AStG auf Geschäftsbeziehungen zwischen Betriebsstätte und Stammhaus vorgenommen werden kann, liegt darin, dass in § 1 Abs. 1 AStG von Geschäftsbeziehungen gesprochen wird, aber schuldrechtliche Vereinbarungen im zivilrechtlichen Sinne nur zwischen rechtlich selbständigen Personen möglich sind. Da die Betriebsstätte ein rechtlich unselbständiger Teil des Stammhauses ist, fehlt es jedoch an zwei Personen. Folglich kann es begrifflich auch keine Vereinbarungen geben, auf deren Grundlage eine Gewinnberichtigung gegebenenfalls zu erfolgen hätte. Außerdem verlangt der Wortlaut des § 1 Abs. 1 AStG, dass der Steuerpflichtige Bedingungen mit einem verbundenen Unternehmen oder einer nahestehenden Person vereinbart hat, die von dem abweichen, was fremde Dritte vereinbart hätten. Dies ist bei Liefer- und Leistungsbeziehungen zwischen Stammhaus und Betriebsstätte nicht möglich. Der Gesetzgeber hat durch das Unternehmensteuerreformgesetz 2008[47] umfangreiche Änderungen im § 1 AStG vorgenommen. Jedoch hat er keine Regelung getroffen, in der der Anwendungsbereich der Norm auf das Verhältnis zwischen Stammhaus und Betriebsstätte ausgeweitet wurde. Dieser Frage kommt gerade vor dem Hintergrund der Regelungen im neu eingeführten Abs. 3 und der damit u. a. verbundenen Überlegung, ob die dort normierten Regelung auch für Funktionsverlagerungen[48] auf Betriebsstätten gelten, große Bedeutung zu.

Aus der gesetzlichen Formulierung und dem im Klammern hinzugefügten Wort „Fremdvergleichsgrundsatz" soll lt. Regierungsbegründung[49] eine Definition dieses

47 Vom 14.08.2007, BGBl 2007 I S. 1912.
48 Vgl. dazu unter 8.6.
49 Vgl. BT-Drucks. 16/4841 vom 27.03.2007, S. 85.

Begriffs erfolgt sein. Unabhängig davon, ob diese Aussagen konkret genug sind, um die Anforderungen an eine Definition zu erfüllen, wird deutlich, dass bei der Vergleichbarkeit zwar in erster Linie auf die vereinbarten **Preise** abzustellen ist, aber auch **allen anderen Bedingungen** Bedeutung zukommen kann. Folglich reicht es nicht aus, nur auf das vereinbarte Entgelt abzustellen, sondern es müssen sämtliche Bedingungen betrachtet werden, die im Zusammenhang mit der Geschäftsbeziehung stehen. Dabei ist u. E. mit Hilfe des Fremdvergleichsgrundsatzes zu entscheiden, welche Faktoren als relevant anzusehen sind und welche als unbedeutend. Dies kann z. B. bei der Gewährung von Zahlungszielen eine Rolle spielen, wenn zu entscheiden ist, ab welchen Zeiträumen sich Rückwirkungen auf die Höhe des Entgelts ergeben.

3 Das Verhältnis von § 1 AStG zu konkurrierenden Vorschriften[50]

Die Frage, in welchem Verhältnis § 1 AStG zu anderen Korrekturvorschriften steht, war lange Zeit umstritten. Nach dem Gesetzeswortlaut soll diese Regelung nur unbeschadet anderer Vorschriften gelten. Fraglich ist die Interpretation dieser Aussage. Nach Auffassung der deutschen Finanzverwaltung ist § 1 AStG nur dann anwendbar, wenn keine andere Korrekturvorschrift einschlägig ist oder die Rechtsfolge der anderen Vorschrift – zu Lasten des Steuerpflichtigen – nicht so weit geht wie die des § 1 AStG.[51] Im letzten Fall kommt die Vorschrift nur insoweit zur Anwendung, wie sie über die andere Korrekturvorschrift hinausgeht. Im Einzelnen muss diese Regelung gegenüber folgenden anderen Instituten abgegrenzt werden:

- den Regelungen zu Gewinnberichtigungen im Rahmen von Doppelbesteuerungsabkommen,
- der verdeckten Gewinnausschüttung,
- der verdeckten Einlage und
- der Entnahme.

Neben diesen Vorschriften bleiben die allgemeinen steuerrechtlichen Regelungen unberührt, allerdings werden die Voraussetzungen für ein Scheingeschäft (§ 41 Abs. 2 AO) oder für einen Missbrauch rechtlicher Gestaltungsmöglichkeiten (§ 42 AO) nur bei sehr speziell gelagerten Fällen zur Anwendung kommen.

Durch das Unternehmensteuerreformgesetz 2008[52] hat der Gesetzgeber § 1 Abs. 1 Satz 3 AStG geschaffen. Danach soll die Anwendung des § 1 AStG „neben den

50 Vgl. zu einer eingehenden Analyse Kaminski, in: Strunk/Kaminski/Köhler, AStG/DBA, § 1 AStG, Rz. 6 ff. (September 2007).

51 Vgl. Tz. 1.1.2 des Anwendungsschreibens zum AStG vom 14.05.2004 – IV B 4 – S 1340 – 11/04, BStBl 2004 I Sondernummer 1/2004.

52 Vom 14.08.2007, BGBl 2007 I S. 1912.

Rechtsfolgen der anderen Vorschrift" erfolgen, wenn der Fremdvergleichsgrundsatz zu einer weitergehenden Korrektur führt als die andere Regelung. Zugleich gilt die Regelung unverändert nur „unbeschadet anderer Vorschriften". Hieraus ergibt sich, dass der Gesetzgeber davon ausgeht, dass eine bereits einschlägige andere Korrekturvorschrift die Anwendung von § 1 AStG nicht ausschließt, wenn diese nicht bereits zu einer Korrektur auf den Fremdvergleichspreis führt. Praktisch relevant wird diese Regelung, wenn die Korrekturvorschriften unterschiedlich weit reichende Korrekturen ermöglichen. Dies ist nicht der Fall, wenn auch die andere Korrekturvorschrift auf den Fremdvergleichsgrundsatz abstellt. Sieht diese jedoch eine weniger weit reichende Korrektur vor – wie dies insbesondere bei der Entnahme der Fall ist – ist zukünftig neben den Rechtsfolgen der Entnahme ergänzend § 1 Abs. 1 AStG anzuwenden. Damit wird die Regelung, die bisher in Tz. 1.1.2 des Anwendungsschreibens zum AStG enthalten war, in das Gesetz übernommen.[53] Hingegen scheidet eine ergänzende Anwendung von § 1 AStG aus, wenn die andere, ebenfalls einschlägige Korrekturvorschrift auch zu einer Korrektur auf den Fremdvergleichspreis führt. Dies gilt zumindest dann, wenn der Fremdvergleichsgrundsatz des AStG und der des § 8 Abs. 3 KStG als identisch angesehen werden. Hiervon geht der BFH – zumindest bisher – in ständiger Rechtsprechung aus.[54]

3.1 Verhältnis zu den Vorschriften über Gewinnberichtigungen in den Doppelbesteuerungsabkommen

Die in den Doppelbesteuerungsabkommen regelmäßig enthaltenen Korrekturvorschriften (entsprechend Art. 9 Abs. 1 OECD-MA) haben **keine Self-executing-Wirkung**.[55] Sie geben dem Sitzstaat des Unternehmens, dessen Gewinn verringert wurde, lediglich die Möglichkeit zur Korrektur. Inwieweit eine solche Korrektur tatsächlich erfolgt, **richtet sich nach den Vorschriften des innerstaatlichen Rechts**.

Nach wohl herrschender Meinung liegt die eigentliche Bedeutung der Berichtigungsvorschriften in den Doppelbesteuerungsabkommen darin, international die einheitliche Anwendung des Fremdvergleichsgrundsatzes sicherzustellen.[56] Hieraus resultieren zwei Vorteile:

- Es soll dadurch garantiert werden, dass Unternehmensgewinne nur in dem Staat besteuert werden, in dem sie tatsächlich entstanden sind.
- Es besteht ein gemeinsames Abgrenzungskriterium, auf dessen Grundlage – notfalls im Verständigungsverfahren – eine Einigung bei der Gewinnaufteilung erzielt werden kann.

---

53 Vgl. hierzu und zu den sich hieraus ergebenden europarechtlichen Problemen unter 3.4.

54 Vgl. BFH vom 17.05.1995 I R 147/93, BStBl 1998 II S. 204; vom 06.12.1995 I R 88/94, BStBl 1996 II S. 383, und vom 17.12.1997 I B 96/97, BStBl 1998 II S. 321.

55 BFH vom 12.03.1980, BStBl 1980 II S. 531, und vom 21.01.1981, BStBl II 1981 S. 517.

56 Baumhoff in Mössner u. a., Steuerrecht international tätiger Unternehmen, 3. Aufl., Rz. C 265.

Wichtig ist, dass die Finanzverwaltung eine Verrechnungspreiskorrektur nicht auf Art. 9 OECD-MA oder die entsprechende Regelung im jeweiligen Abkommen stützen kann. Vielmehr bedarf es hierfür einer Rechtsgrundlage des nationalen Rechts. Hieraus folgt, dass es keine Konkurrenzprobleme zwischen Art. 9 OECD-MA oder dem entsprechenden Abkommen und § 1 AStG geben kann.

Allerdings kann Art. 9 Abs. 1 OEDC-MA gegenüber den Fällen der verdeckten Gewinnausschüttung eine **Sperrwirkung** entfalten. Dies verdeutlicht besonders die Entscheidung des FG Köln vom 22.08.2007.[57] Im konkreten Fall ging es um die Auslegung von Art. 4 DBA-Großbritannien, der jedoch mit Art. 9 Abs. 1 OECD-MA identisch ist. Der Sachverhalt war dadurch gekennzeichnet, dass unstreitig für einen bestimmten Teil des vereinbarten Entgelts eine Korrektur zu erfolgen hatte, weil insoweit gegen den Fremdvergleichsgrundsatz verstoßen wurde. Ergänzend wollte jedoch die Finanzverwaltung eine weitere Korrektur vornehmen, weil es eine vertragliche Regelung gab, die jedoch nicht angewendet wurde. Vielmehr erfolgte später eine abweichende Ermittlung des Entgelts, sodass infolge des Fehlens einer klaren, im Voraus getroffenen Vereinbarung eine Einkunftskorrektur gem. § 8 Abs. 3 Satz 2 KStG erfolgen sollte. Dies lehnte das FG jedoch ab, weil es – in Übereinstimmung mit der herrschenden Meinung im Schrifttum und entgegen Tz. 1.2.1 des BMF-Schreibens vom 23.2.1983[58] – davon ausgeht, dass Art. 9 OECD-MA eine Sperrwirkung gegenüber der vGA entfaltet, wenn diese allein auf formalen Beanstandungen beruht. Zugleich hat das FG in dieser Entscheidung festgestellt, dass Art. 9 Abs. 1 OECD-MA auch auf gesellschaftsrechtliche Beziehungen anzuwenden ist. Diese Aussagen haben u. a. für Unternehmenskäufe große Bedeutung. Diese Entscheidung ist – obwohl das FG wegen grundlegender Bedeutung Revision zum BFH zugelassen hatte – rechtskräftig.

3.2 Verhältnis zur verdeckten Gewinnausschüttung

Zwar gibt es keine gesetzliche **Definition** der vGA, doch stellt § 8 Abs. 3 Satz 2 KStG fest, dass vGA das Einkommen der Kapitalgesellschaft nicht mindern dürfen. Der BFH[59] – und im Anschluss daran die Finanzverwaltung[60] – hat folgende Kriterien für das Vorliegen einer vGA aufgestellt:

- Vermögensminderung oder verhinderte Vermögensmehrung,
- die durch das Gesellschaftsverhältnis veranlasst ist,
- sich auf die Höhe des Einkommens auswirkt und

57 13 K 647, EFG 2008 S. 161.

58 BStBl 1983 I S. 218.

59 Ständige Rechtsprechung, vgl. z. B. BFH vom 18.12.1996, BStBl 1997 II S. 301, vom 17.12.1997, BStBl 1998 II S. 545, vom 24.01.2001, BStBl 2001 II S. 512, jeweils m. w. N.

60 R 36 Abs. 1 KStR 2004.

- nicht auf einem den gesellschaftsrechtlichen Vorschriften entsprechenden Gewinnverwendungsbeschluss beruht.

Wie bereits ausgeführt, gilt § 1 AStG nur unbeschadet anderer Vorschriften. Daraus resultiert der Vorrang der vGA gegenüber § 1 AStG. Diese Frage hat erhebliche Auswirkungen, die in den unterschiedlichen Rechtsfolgen liegen. Im Einzelnen hat eine vGA folgende **Konsequenzen**:

- **auf Ebene der ausschüttenden Gesellschaft**

  Da die vGA das Einkommen der Gesellschaft nicht mindern darf (§ 8 Abs. 3 Satz 2 KStG), hat eine außerbilanzielle Korrektur zu erfolgen, wenn das Einkommen bereits gemindert wurde. Damit kommt es zu einer Belastung mit 15 % Körperschaftsteuer zzgl. Solidaritätszuschlag und Gewerbesteuer. Die inländische Tochtergesellschaft muss außerdem gem. § 43 Abs. 1 Nr. 1 EStG Kapitalertragsteuer auf die vGA einbehalten, wobei der anzuwendende Steuersatz dem entspricht, der auch bei offenen Gewinnausschüttungen zugrunde zu legen gewesen wäre. Dies hat zur Konsequenz, dass Steuersatzvergünstigungen, wie sie z. B. in den Doppelbesteuerungsabkommen regelmäßig für sog. Schachteldividenden vorgesehen sind, auch im Fall der vGA zur Anwendung kommen.

- **beim Empfänger der vGA**

  Die vGA führt bei den Gesellschaftern zu steuerpflichtigen Einnahmen aus Kapitalvermögen. Lediglich in den Fällen, in denen die Anteile in einem inländischen Betriebsvermögen gehalten werden, liegen Einkünfte aus Gewerbebetrieb vor. Wird einer inländischen Muttergesellschaft eine vGA von einer ausländischen Kapitalgesellschaft zugewendet, ergeben sich die Besteuerungskonsequenzen aus § 8 b KStG: Gemäß Abs. 1 sind die Dividenden steuerfrei, allerdings gelten 5 % des zugeflossenen Betrages als nichtabzugsfähige Betriebsausgaben (Abs. 5). Diese sind außerbilanziell hinzuzurechnen. Die Möglichkeit des Nachweises eines geringeren Betrages besteht nicht. Handelt es sich beim Empfänger der vGA um eine natürliche Person oder eine Personengesellschaft, kommen die allgemeinen Regelungen zur Dividendenbesteuerung zur Anwendung. Folglich ist ab VZ 2009 das Teileinkünfteverfahren bzw. ggf. die Abgeltungsteuer anzuwenden.

3.3 Verhältnis zur verdeckten Einlage

Die verdeckte Einlage erfasst praktisch den umgekehrten Fall der vGA. Sie liegt vor, wenn die folgenden **Voraussetzungen** erfüllt sind:[61]

- Ein Gesellschafter oder eine ihm nahestehende Person

61 R 40 Abs. 1 KStR 2004.

- wendet „seiner“ Kapitalgesellschaft außerhalb der gesellschaftsrechtlichen Einlagen
- einen einlagefähigen Vermögensvorteil zu,
- wobei die Einlage nicht durch das Gesellschaftsverhältnis veranlasst ist.

Allerdings sind nach der Rechtsprechung des BFH nicht alle Vermögensvorteile **einlagefähig**. Dies ist bei Nutzungsvorteilen und Dienstleistungen nicht der Fall.[62] Legt ein inländischer Gesellschafter Nutzungsvorteile oder Dienstleistungen entweder unentgeltlich oder gegen ein zu geringes Entgelt in seine ausländische Gesellschaft ein, ist die Regelung des § 1 AStG anzuwenden. Folglich bleibt es bei dem allgemeinen Grundsatz, dass § 1 AStG nur vorbehaltlich anderer Vorschriften gilt, also nur subsidiär anwendbar ist.

Obwohl in den allermeisten Fällen eine Verrechnungspreiskorrektur auf der Grundlage der vGA bzw. der verdeckten Einlage erfolgt, wird in der Literatur die Diskussion um die Angemessenheit von Verrechnungspreisen unter der Überschrift des § 1 AStG geführt. Auch wenn wir dieser Vorgehensweise im Rahmen dieses Buches folgen, darf dadurch nicht in Vergessenheit geraten, dass **§ 1 AStG nur subsidiär** gilt.

Die verdeckte Einlage führt zu folgenden **Rechtsfolgen**:

- **auf der Ebene der Gesellschaft**

  Es kommt infolge der verdeckten Einlage zu einer Verringerung des Gewinns, denn die durch den Ansatz (bzw. die Erhöhung) eines Aktivpostens oder durch den Wegfall eines Passivpostens eingetretene Vermögensmehrung darf den Gewinn nicht erhöhen. Sofern er bisher erhöht wurde, ist dies zu korrigieren. Erfolgte bisher noch kein Bilanzansatz, hat die Bewertung gem. § 6 Abs. 1 Nr. 5 erster Halbsatz EStG (ggf. i. V. m. § 8 Abs. 1 KStG) grundsätzlich mit dem Teilwert zu erfolgen.[63] Im steuerlichen Einlagekonto ist gem. § 27 Abs. 1 KStG ein Zugang um den Betrag der verdeckten Einlage vorzunehmen, sodass ggf. eine Rückgewähr dieser Einlage erfolgen kann, ohne dass dies zu einer Steuerbelastung führt.

- **auf der Ebene des Gesellschafters**

  Die verdeckte Einlage führt zu nachträglichen Anschaffungskosten der Beteiligung.[64] Für die Bewertung ist auf den Teilwert der verdeckten Einlage bzw. die Höhe der Differenz, bis dieser Wert erreicht wird, abzustellen.[65] Dies ergibt sich aus der Gleichstellung der verdeckten Einlage mit einem Tauschvorgang gem. § 6 Abs. 6 Satz 2 EStG.

---

62 BFH vom 26.10.1987, BStBl 1988 II S. 348, und vom 14.03.1989, BStBl 1989 II S. 633.

63 Etwas anderes gilt lediglich in den Fällen des § 6 Abs. 1 Nr. 5 a EStG, in denen ein Ansatz mit den Anschaffungs- bzw. Herstellungskosten abzgl. AfA erfolgt.

64 Dies gilt unabhängig davon, ob es sich um eine Beteiligung handelt, die im Betriebsvermögen gehalten wird, oder um eine „wesentliche“ Beteiligung i. S. des § 17 EStG.

65 Vgl. BFH vom 27.04.2000, BStBl 2001 II S. 168.

Vor dem Hintergrund des § 1 Abs. 1 Satz 3 AStG kommt der Bewertung der verdeckten Einlage besondere Bedeutung zu. Diese erfolgt i. d. R. mit dem Teilwert, nicht aber mit dem Fremdvergleichspreis. Dies ist der Wert, den ein fiktiver Erwerber für das einzelne Wirtschaftsgut im Rahmen des Gesamtkaufpreises für das Unternehmen bezahlen würde, unter der Annahme, dass er das Unternehmen fortführt.[66] Damit wird deutlich, dass beide Werte nicht identisch sind. Während sich der Fremdvergleichspreis sehr stark am Marktpreis orientiert, bestimmt sich der Teilwert nach Maßgabe der Teilwertvermutungen. Diese sehen vor, dass der Teilwert von Wirtschaftsgütern des Anlagevermögens zum Zeitpunkt ihrer Anschaffung oder Herstellung den tatsächlichen Anschaffungs- oder Herstellungskosten entspricht[67] oder zumindest nicht unter den Anschaffungs- oder Herstellungskosten liegt.[68] Bei abnutzbaren Wirtschaftsgütern soll sich der Teilwert zu späteren Bilanzstichtagen an den Anschaffungs- und Herstellungskosten orientieren, die um AfA nach § 7 EStG verringert wurden.[69] Diese Vermutung geht davon aus, dass der Teilwert zum Zeitpunkt der Anschaffung oder Herstellung den Anschaffungs- bzw. Herstellungskosten entspricht und der buchmäßige Werteverzehr der tatsächlichen Wertminderung entspricht. Zum Teilwert wird in der Rechtsprechung auch die Auffassung vertreten, dass die vorstehenden Werte nur die vermutete Untergrenze des Teilwerts wiedergeben.[70] Abweichend hiervon geht der BFH in anderen Entscheidungen davon aus, dass bei betriebsnotwendigen Wirtschaftsgütern eine Vermutung dafür spricht, dass sich der Teilwert dieses Wirtschaftsgutes in späteren Zeitpunkten als der Anschaffung oder Herstellung nach den Wiederbeschaffungskosten bzw. Wiederherstellungskosten richtet.[71]

Im Ergebnis ist davon auszugehen, dass der Teilwert bei abnutzbaren Anlagevermögen sich mit zunehmender zeitlicher Entfernung vom Zeitpunkt der Anschaffung oder Herstellung immer stärker vom Buchwert löst und eine Annäherung an die Wiederbeschaffungskosten bzw. Wiederherstellungskosten vergleichbarer gebrauchter Wirtschaftsgüter erfolgt.[72] Bei Wirtschaftsgütern des Umlaufvermögens geht die Rechtsprechung davon aus, dass bei angeschafften Wirtschaftsgütern der Teilwert den gedachten Wiederbeschaffungskosten[73] und bei selbst hergestellten Wirtschaftsgütern den gedachten Wiederherstellungskosten als dem Reproduktionswert entspricht.[74] Entscheidend hierfür ist, dass nicht davon ausgegangen werden kann, dass

---

66 Vgl. § 6 Abs. 1 Nr. 1 Satz 3 EStG und § 10 Sätze 2 ff. BewG.

67 Vgl. aus der ständigen Rechtsprechung des BFH z. B. BFH-Urteil vom 19.05.1998, BStBl 1999 II S. 277, und vom 07.02.2002, BStBl 2002 II S. 294.

68 Vgl. BFH vom 18.02.1993, BStBl 1994 II S. 224.

69 Vgl. z. B. BFH vom 04.03.1998, BFH/NV 1998, S. 1086, und vom 28.06.2001, BStBl 2001 II S. 717.

70 Vgl. BFH vom 02.03.1954, BStBl 1954 III S. 129.

71 Vgl. BFH vom 29.04.1970, BStBl 1970 II S. 614, m. w. N. und vom 10.11.1994, BStBl 1995 II S. 814.

72 Vgl. BFH vom 10.07.1986, BFH/NV 1987, S. 27, und vom 04.03.1998, BFH/NV 1998, S. 1086.

73 Vgl. BFH vom 13.04.1988, BStBl 1988 II S. 892, m. w. N. und vom 25.07.2000, BStBl 2000 II S. 566.

74 Vgl. BFH vom 19.05.1972, BStBl 1972 II S. 748, und vom 20.07.1973, BStBl 1973 II S. 794.

ein gedachter Erwerber des gesamten Betriebes dem Steuerpflichtigen für das einzelne Wirtschaftsgut mehr zu zahlen bereit wäre, als er für den anderweitigen Erwerb oder die Herstellung des Wirtschaftsgutes aufwenden müsste. Hieraus wird deutlich, dass erhebliche Abweichungen vom Fremdvergleichspreis entstehen.

Dieser würde im Umlaufvermögen dem voraussichtlich erzielbaren Verkaufspreis entsprechen. Folglich wäre insoweit auch ein Gewinnaufschlag zu berücksichtigen. Folglich können der Teilwert und der Fremdvergleichspreis voneinander abweichen. Vor dem Hintergrund der Neuregelung im § 1 Abs. 1 Satz 3 AStG hat dies gravierende Auswirkungen. Es erfolgt bei einer grenzüberschreitenden verdeckten Einlage eine höhere Bewertung als im Inlandsfall. Eine Rechtfertigung der **Ungleichbehandlung** gegenüber dem Inlandsfall scheidet aus, weil auch nach der neueren Doktrin des Europäischen Gerichtshofs, wie sie in den Rechtssachen *Kerckhaert-Morres*[75] und *Columbus Container*[76] zum Ausdruck kommt, der EuGH zwar keine Gleichstellung mit der Investition im Ausland verlangt, aber eine Schlechterstellung gegenüber dem reinen Inlandsfall unverändert für europarechtlich unzulässig hält. Insofern findet eine Beeinträchtigung der Niederlassungs- und Kapitalsverkehrsfreiheit statt, die als solche einer besonderen Rechtfertigung bedürfte. Worin diese liegen soll, ist unklar. Nach der ständigen Rechtsprechung des EuGH[77] kann die Sicherung des nationalen Haushaltsaufkommens nicht als eine solche Rechtfertigung angesehen werden. Auch der Hinweis auf den allgemein anerkannten Grundsatz des Fremdvergleichs vermag u. E. nicht als Rechtfertigung zu dienen. Ausschlaggebend hierfür ist, dass dieser Fremdvergleichsgrundsatz nur im grenzüberschreitenden Verhältnis angewendet wird, während im Inlandsfall eine Bewertung mit dem Teilwert genügt. Insofern wäre die Regelung dann unproblematisch, wenn auch im Inlandsfall ein Fremdvergleichspreisansatz erfolgte. Da dies nicht geschieht, liegt insoweit eine Ungleichbehandlung vor, die u. E. zur Unvereinbarkeit von § 1 Abs. 1 Satz 3 AStG mit den Anforderungen des Europäischen Gerichtshofs zur Erfüllung der Regelungen der Kapital- und Niederlassungsfreiheit führt.[78]

75 EuGH-Urteil vom 14.11.2006, C-513/04, EuGHE 2006, I-10967.

76 Vgl. EuGH-Urteil vom 06.12.2007 Rs. C-298/05, z. B. DStR 2007, S. 2308.

77 Vgl. aus der ständigen Rechtsprechung des EuGH z. B. die Urteile vom 28.01.1986 Rs. C-270/83, Avoir Fiscal, Slg. 1986, I-285, Rn. 25, und vom 16.07.1998 Rs. C-264/96, ICI, Slg. 1998, I-4695, Rn. 28.

78 Vgl. hierzu auch das Urteil des Finanzgerichts Düsseldorf vom 19.02.2008, IStR 2008, S. 449. In diesem äußert das Gericht Bedenken gegen die Vereinbarkeit des § 1 AStG mit der Kapitalverkehrs- und der Niederlassungsfreiheit in den Fällen eines unverzinslichen Darlehens. Im Inlandsfall würde in Folge der Nichteinlegbarkeit von Nutzungsüberlassungen (vgl. BFH vom 26.10.1987, BStBl 1988 II S. 348) keine Korrektur erfolgen. Für einen im Übrigen identischen grenzüberschreitenden Fall wollte die Finanzverwaltung eine Korrektur gem. § 1 AStG vornehmen. Gegen diese Entscheidung ist unter dem Aktenzeichen I R 26/08 Revision beim BFH anhängig.

3.4 Verhältnis zur Entnahme

Bei der Entnahme geht es um die Überführung eines Wirtschaftsguts aus dem Betriebsvermögen eines Einzelunternehmers oder eines Mitunternehmers einer Personengesellschaft in seine private Sphäre. Eine Normenkonkurrenz ist im Bereich der Kapitalgesellschaften nicht möglich. Eigentlich haben die Entnahme und der § 1 Abs. 1 AStG unterschiedliche Anwendungsbereiche, weil Entnahmen **außerhalb von Geschäftsbeziehungen** erfolgen, während der § 1 Abs. 1 AStG eine solche als Tatbestandsvoraussetzung verlangt. Dieser Frage kommt große Bedeutung zu, weil eine Entnahme mit dem Teilwert[79] bzw. bei Dienstleistungsentnahmen mit den Selbstkosten[80] zu bewerten ist, während im Rahmen des § 1 Abs. 1 AStG auf den Fremdvergleichspreis abgestellt wird. Damit wird bei Entnahmen – anders als bei der Regelung des Außensteuergesetzes – keine Gewinnkomponente berücksichtigt.[81] Der Gesetzgeber hat mit dem SEStEG[82] im § 4 Abs. 1 Satz 3 EStG einen der Entnahme gleichgestellten Tatbestand definiert. Dieser ist erfüllt, wenn der Ausschluss[83] oder eine Beschränkung des Besteuerungsrechts der Bundesrepublik Deutschland hinsichtlich des Gewinns aus der Veräußerung oder der Nutzung eines Wirtschaftsgutes erfolgt. Zugleich wurde für diesen Fall eine von den allgemeinen Bewertungsgrundsätzen abweichende Regelung getroffen: Gemäß § 6 Abs. 1 Nr. 4 Satz 1 zweiter Halbsatz EStG hat in diesen Fällen eine Entnahme mit dem gemeinen Wert zu erfolgen. Der gemeine Wert entspricht i. d. R. dem Fremdvergleichspreis, sodass zu diesem Spezialfall keine Abweichung erfolgt.[84]

Eine Kollision kann sich jedoch ergeben, wenn im Rahmen eines grenzüberschreitenden Sachverhalts die Leistung oder die Gegenleistung durch einen **außerbetrieblichen Einfluss** beeinträchtigt wurde. Dabei muss jedoch eine Geschäftsbeziehung vorliegen, weil sonst die Regelung des Außensteuergesetzes nicht anwendbar wäre.

> **Beispiel:**[85]
>
> Der inländische Einzelunternehmer E liefert an seinen Bruder B, der im Ausland ansässig ist und dort auch sein Handelsgewerbe betreibt, Waren zu einem unangemessen niedrigen Entgelt. Hier liegt eine Konkurrenz zwischen § 1 Abs. 1 AStG und dem Entnahmetatbestand vor.

---

79 § 6 Abs. 1 Nr. 4 Satz 1 EStG.

80 Ständige Rechtsprechung, vgl. BFH vom 24.03.1983, BStBl 1983 II S. 598, und vom 24.05.1989, BStBl 1990 II S. 8.

81 Baranowski, Besteuerung von Auslandsbeziehungen, 2. Aufl., Herne 1996, Rz. 753.

82 Vom 07.12.2006, BGBl 2006 I S. 2782, berichtigt I 2007, S. 78.

83 Fraglich ist jedoch, ob mit der Überführung eines Wirtschaftsgutes aus dem Inland in eine ausländische Betriebsstätte, deren Gewinne nach Abkommensrecht von der inländischen Besteuerung freigestellt sind, tatsächlich ein Ausschluss des deutschen Besteuerungsrechts erfolgt. Vgl. hierzu BFH vom 17.07.2008, BStBl II 2009 S. 464, und den Nichtanwendungserlass im Rahmen des BMF-Schreiben vom 20.05.2009 – IV C 6 – S 2134/07/10005, BStBl 2009 I S. 671.

84 Fraglich ist allerdings, ob hierin nicht eine Schlechterstellung gegenüber dem Inlandsfall liegt, die europarechtlich problematisch ist. Vgl. hierzu S. 270 f.

85 In Anlehnung an Baranowski, Besteuerung von Auslandsbeziehungen, 2. Aufl., Herne 1996, Rz. 754.

Wenn der E die Waren seinem Bruder nicht verbilligt, sondern unentgeltlich überlassen hätte, käme es nicht zu einer Normenkonkurrenz, weil es an einer Geschäftsbeziehung und damit an einer der Tatbestandsvoraussetzungen des § 1 Abs. 1 AStG fehlt.

Bemerkenswerterweise wird dieses Konkurrenzverhältnis weder in den Verwaltungsgrundsätzen noch im Anwendungserlass zum AStG angesprochen. Besondere Bedeutung erlangt dabei die Frage, ob eine gleichzeitige Anwendung der Regelung des § 4 Abs. 1 Satz 1 EStG und des § 1 Abs. 1 AStG möglich ist. Zwar gilt § 1 Abs. 1 AStG nur „unbeschadet anderer Vorschriften", doch ist unverändert unklar, was dies im Verhältnis zu den Vorschriften über die Entnahme bedeutet. Im Schrifttum werden im Wesentlichen drei unterschiedliche Auffassungen vertreten:[86]

- Eine Gruppe von Autoren beruft sich auf den Wortlaut des § 1 Abs. 1 AStG und interpretiert die Anwendung „unbeschadet anderer Vorschriften" so, dass die Regelung nur anwendbar sein soll, soweit es keine andere Regelung gibt. Da die Voraussetzungen der Entnahme jedoch erfüllt sind, soll lediglich diese Vorschrift anzuwenden sein.
- Eine andere Auffassung sieht vor, dass § 1 Abs. 1 AStG die speziellere Vorschrift ist und die allgemeinen Regelungen zur Entnahme verdrängt. Insoweit scheidet eine Entnahme aus, § 1 Abs. 1 AStG ist anzuwenden.
- Eine dritte Meinungsrichtung schlägt vor, dass die jeweils weitere Regelung anzuwenden ist. Zwar gelte § 1 Abs. 1 AStG nur „unbeschadet anderer Vorschriften", was den Vorrang der Entnahme vor dieser Regelung zur Folge hat, doch schließt dies nicht aus, dass neben den Regelungen zur Entnahme gleichzeitig § 1 Abs. 1 AStG anzuwenden ist, soweit dieser eine weiter gehende Gewinnkorrektur ermöglicht.

Welche dieser drei Auffassungen den Vorzug verdient, wird vom BFH als offen bezeichnet.[87] Eine Entscheidung hierüber sollte erst im Hauptverfahren in dieser Rechtssache gefällt werden, zu dem es aber offenbar niemals gekommen ist, weil die Prozessparteien sich geeinigt haben.

Durch die Unternehmensteuerreform 2008[88] kommt dieser Frage infolge der oben bereits dargestellten materiellen Neuregelung im § 1 Abs. 1 Satz 3 AStG grundlegende Bedeutung zu. Diese sieht vor, dass § 1 AStG **ergänzend** zur Anwendung kommt,[89] wenn dieser **weiter gehende Rechtsfolgen** hat als andere Korrekturvorschriften. Hintergrund dieser Regelung ist die Frage, welcher Einkunftskorrekturmaßstab bei inländischen Personengesellschaften mit ausländischen Gesellschaftern zur Anwendung kommt. Diese Frage hat der BFH bisher nicht abschließend entschieden[90] und auf hierbei bestehende Probleme aufmerksam gemacht. Ausschlag-

86 Vgl. die Nachweise im BFH-Beschluss vom 17.12.1997 I B 96/97, BStBl 1998 II S. 321.
87 BFH vom 17.12.1997 I B 96/97, BStBl 1998 II S. 321.
88 Vom 14.08.2007, BGBl 2007 I S. 1912.
89 Vgl. Wassermeyer, DB 2007, S. 536.
90 Vgl. BFH vom 17.12.1997 I B 96/97, BStBl 1998 II S. 321.

gebend hierfür ist, dass bei einem vergleichbaren Inlandsfall die Regelungen zur Entnahme anzuwenden sind.[91] Eine Einkunftskorrektur erfolgt nur, wenn die Entnahme des Gesellschafters mit einem Wert unterhalb des Teilwertes vergütet würde.[92] Hingegen sieht § 1 Abs. 1 Satz 1 AStG vor, dass als Korrekturmaßstab auf den Fremdvergleichspreis abzustellen ist. Wird – wie offenbar vom Gesetzgeber intendiert – zunächst eine Einkunftskorrektur nach Maßgabe der Entnahme vorgenommen und erfolgt damit eine Gewinnberichtigung auf den Teilwert und wird darüber hinaus § 1 AStG angewendet, um einen Gewinnaufschlag zu berücksichtigen, würde dies eine Schlechterstellung des grenzüberschreitenden Sachverhaltes gegenüber einem reinen Inlandsfall bedeuten.

Der **BFH** hat in seinem sog. Martinique-Beschluss vom 21.06.2001[93] darauf hingewiesen, dass dieses Verhältnis nach damals geltendem Recht offen sei und möglicherweise einen Verstoß gegen die **Grundfreiheiten des EG-Vertrags** darstellen könne. Wenn nun der Gesetzgeber eine entsprechende Regelung in das Gesetz aufnimmt, so zeigt dies, dass diese Vorschrift u. E. europarechtlich nicht haltbar ist und sich nicht rechtfertigen lässt. Insofern ist es sehr wahrscheinlich, dass diese Regelung vor dem EuGH scheitern wird. Entscheidend hierfür ist, dass eine Ungleichbehandlung von reinen Inlandsfällen gegenüber grenzüberschreitenden Sachverhalten erfolgt, die – nach Maßgabe der bisherigen Rechtsprechung des EuGH – nicht gerechtfertigt werden kann, weil ein „milderes Mittel“ zur Verfügung steht, um die deutschen Besteuerungsansprüche zu gewährleisten.

Die **Finanzverwaltung** vertrat in Tz. 1.1.2 des Anwendungsschreibens zum AStG[94] schon bisher eine entsprechende Auffassung. Sie geht davon aus, dass vorliegend eine Rechtfertigung erfolgen kann. Begründet wird dies damit, dass der EuGH in der Rs. *Gilly*[95] ausführte, das die Mitgliedstaaten die Kriterien für die Besteuerung des Einkommens festlegen, um – ggf. im Vertragswege – die Doppelbesteuerung zu vermeiden. Hieraus wird gefolgert, dass wenn der EuGH die Aufteilung von Steuersubstrat zwischen Mitgliedstaaten auf Grundlage eines international anerkannten Grundsatzes – wie des Fremdvergleichspreises – nach dem EG-Vertrag für zulässig hält, auch § 1 Abs. 1 AStG, der diesen Grundsatz in nationales Rechts umsetze, mit dem Gebot der Niederlassungs- und Kapitalverkehrsfreiheit vereinbar sei.

Unseres Erachtens kann dieser Auffassung nicht gefolgt werden. Entscheidend hierfür ist, dass eine **Ungleichbehandlung** von inländischen und ausländischen Sachverhalten erfolgt. Vielmehr kommt es nicht darauf an, ob ein internationaler Grundsatz umgesetzt wird, sondern ob eine Ungleichbehandlung zwischen rein inländischen und grenzüberschreitenden Fällen erfolgt. Dies ist vorliegend der Fall, sodass auch aus der Rs. *Gilly* nicht entnommen werden kann, dass insoweit eine

---

91 Vgl. § 4 Abs. 1 Satz 2 EStG.

92 Vgl. § 6 Abs. 1 Nr. 4 EStG.

93 BFH vom 21.06.2001 I B 141/00, BFHE 195, 398.

94 BMF vom 14.05.2004, IV B 4 – S 1340 – 11/04, BStBl 2004 I Sondernummer 1/2004.

95 EuGH vom 12.05.1998, Gilly, Rs. C-336/96, Slg. 1998, I-2793.

Rechtfertigung möglich ist. Hinzuweisen ist jedoch darauf, dass die gesetzliche Verankerung nicht geeignet ist, um die bestehenden europarechtlichen Bedenken zu entkräften. Hierbei ist die Vorrangigkeit der Grundfreiheiten des EG-Vertrags gegenüber innerstaatlichen Vorschriften zu beachten. Das Finanzgericht Düsseldorf legt in seinem Urteil vom 19.02.2008[96] eine identische Argumentation zugrunde und hält die Regelung für europarechtswidrig. Ergänzend wird darauf hingewiesen, dass bei inländischen Sachverhalten keine vergleichbaren Regelungen angewendet werden, obwohl wegen des ggf. auf Grund der unterschiedlich hohen gewerbesteuerlichen Hebesätze entstehenden Belastungsunterschied im Inlandsfall die Auswirkungen größer sein können als bei einem grenzüberschreitenden Sachverhalt. Gegen die Entscheidung des Finanzgerichts Düsseldorf ist unter dem Aktenzeichen I R 26/08 Revision beim BFH anhängig.

4 Der Begriff der nahestehenden Person gem. § 1 Abs. 2 AStG

§ 1 Abs. 2 AStG beinhaltet eine Definition der nahestehenden Person. Diese Eigenschaft ist nicht nur Voraussetzung für eine Gewinnberichtigung nach § 1 Abs. 1 AStG, sondern wird auch in anderen Gesetzen als Tatbestandsmerkmal verwendet. Dies gilt insbesondere für das Körperschaftsteuergesetz (wie z. B. in § 8 a Abs. 2 KStG oder im Bereich der vGA). Der Begriff der nahestehenden Person ist keine neue Erfindung des Außensteuergesetzes. Vielmehr handelt es sich um die gesetzliche Kodifizierung einer bereits zuvor von der Finanzverwaltung vertretenen Auffassung. Damit sollten Fälle der vGA erfasst werden, bei denen die Vorteilszuwendung nicht direkt an den Gesellschafter erfolgte, sondern an eine ihm nahestehende Person. Dieser zunächst von der Rechtsprechung entwickelte Begriff[97] wurde von der Finanzverwaltung übernommen.

Im Gegensatz zur vGA stellt § 1 Abs. 2 AStG darauf ab, dass die im Inland ansässige Gesellschaft oder der Steuerpflichtige einer ihm nahestehenden Person zu seinen Lasten einen Vorteil gewährt, also ein direkteres Verhältnis als bei einer vGA besteht. Grundsätzlich wird eine nahestehende Person immer dann angenommen, wenn eine **weitgehende Interessenidentität** zwischen dem Steuerpflichtigen und der nahestehenden Person besteht, wobei hinsichtlich einer juristischen Person auf die Einflussmöglichkeiten des Steuerpflichtigen auf diese nahestehende Person Rücksicht genommen werden muss. Dem Steuerpflichtigen ist eine Person nahestehend, wenn die Person an dem Steuerpflichtigen mittelbar oder unmittelbar zu mindestens mit 25 % („wesentlich") beteiligt ist oder aber auf den Steuerpflichtigen

96 IStR 2008 S. 421.
97 Vgl. BFH vom 23.10.1985, BStBl 1986 II S. 195.

unmittelbar oder mittelbar einen beherrschenden Einfluss ausüben kann oder – umgekehrt – der Steuerpflichtige wesentlich an der Person beteiligt ist oder auf sie einen beherrschenden Einfluss ausüben kann.

An dieser Definition wird deutlich, dass entscheidend ist, ob der Steuerpflichtige oder die nahestehende Person ihren jeweiligen gegenseitigen Einfluss in der Weise ausnutzen können, dass sie die Geschäftsbeziehungen und Vereinbarungen **nach ihren Vorstellungen beeinflussen können**. Im Rahmen der typisierenden Betrachtungsweise nennt § 1 Abs. 2 Nr. 1 AStG zunächst eine **Beteiligungshöhe von mindestens 25 %**, wonach dem Steuerpflichtigen ein gewisser Einfluss auf die Geschäftspolitik und damit auch auf die Gestaltung der Vereinbarungen bei den Geschäftsbeziehungen unterstellt werden kann. In Anlehnung an die Rechtsprechung[98] und die Auffassung der Finanzverwaltung[99] zur nahestehenden Person im Körperschaftsteuerrecht und dem Wortlaut des Gesetzes kann auch bei einer Beteiligung von weniger als 25 % unter bestimmten Bedingungen ein Einfluss auf die Geschäftspolitik in Form des Einflusses auf die Vertragsbeziehungen möglich sei. Dies wird der Fall sein, wenn aufgrund sonstiger schuldrechtlicher und wirtschaftlicher oder aufgrund personeller Verflechtungen ein besonderer Einfluss gegeben ist. Der Steuerpflichtige kann den Anscheinsbeweis aufgrund dieser Typisierung entkräften, trägt aber in diesen Fällen die Darlegungspflicht bzw. im Finanzgerichtsverfahren die Beweislast.

Für die Prüfung der nahestehenden Person ist sowohl auf den Gesellschafterkreis als auch auf die Beteiligungen des eigenen Unternehmens zu blicken. Hieraus folgt, dass auch auf mehreren **vor- bzw. nachgelagerten Unternehmensstufen** nahestehende Personen begründet werden können. Entscheidend hierfür ist, dass sowohl eine Beteiligung des Steuerpflichtigen als auch die Beteiligung an dem Steuerpflichtigen zur nahestehenden Person führen können. Da sowohl unmittelbare als auch mittelbare Beteiligungen erfasst sind, kann auch ohne direkte Beteiligung die Eigenschaft einer nahestehenden Person vorliegen.

Beträgt die jeweilige Beteiligung weniger als 25 %, kann die Eigenschaft als nahestehende Person begründet werden, wenn **mehrere mittelbare Beteiligungen** bestehen. Befinden sich nicht sämtliche Anteile in der Hand eines Gesellschafters, so ist für die Prüfung, ob die 25 %-Quote überschritten wird, eine Multiplikation der Beteiligungsquoten vorzunehmen. Hieraus folgt, dass insbesondere bei tief geschachtelten Beteiligungsstrukturen recht komplexe Berechnungen erforderlich werden können. Mehrere mittelbare Beteiligungen sind zusammenzurechnen, während bisher noch nicht abschließend geklärt ist, ob auch mittelbare und unmittelbare Beteiligungen, die weniger als 25 % betragen, zur Eigenschaft als nahestehende Person führen können. Der Wortlaut spricht gegen eine solche Auffassung, die mit der Gesetzgebung verfolgte Zielsetzung dafür.

---

98 Z. B. BFH vom 19.01.1994, BStBl II S. 725.

99 H 36 III Beherrschender Gesellschafter, Beteiligungsquote KStH.

Beispiel:

Die inländische A-AG ist zu 60 % an der deutschen B-GmbH beteiligt, der alle Anteile an der österreichischen C-Ges. m. b. H., also einer Gesellschaft mit beschränkter Haftung österreichischen Rechts, gehören. Sofern Geschäftsbeziehungen i. S. von § 1 Abs. 5 AStG zwischen A und C bestehen, stellt sich die Frage, ob C eine nahestehende Person im Verhältnis zu A ist. In diesem Fall müsste eine Multiplikation der Beteiligungsquote (100 % x 60 %) erfolgen, sodass für Zwecke der Prüfung der 25 %-Grenze so getan wird, als wenn A unmittelbar zu 60 % an C beteiligt wäre. Hierbei kommt es auf die Höhe der einzelnen Beteiligungsquoten nicht an, sodass durch eine Vielzahl von relativ geringen mittelbaren Beteiligungen gleichwohl in der Summe der Grenzwert von 25 % erreicht bzw. überschritten werden kann.

In zeitlicher Hinsicht ist entscheidend, ob zum **Zeitpunkt** der maßgeblichen Vereinbarung über die Geschäftsbeziehung die Eigenschaft als nahestehende Person vorlag. Eine spätere Begründung der Stellung einer nahestehenden Person kann keinen Einfluss auf die Anwendung des § 1 AStG haben.[100] Das Kriterium einer unmittelbaren oder mittelbaren Kapitalbeteiligung an einer nahestehenden Person kann u. E. nur bei Kapitalgesellschaften bzw. juristischen Personen gegeben sein. Zwar ist zivilrechtlich auch eine Beteiligung an einer **Personengesellschaft** zu mindestens 25 % denkbar, doch fehlt es hierbei an der eigenständigen Steuerrechtsfähigkeit der Personengesellschaft, sodass eine Anwendung des § 1 Abs. 1 AStG in diesen Fällen ins Leere laufen würde, zumal eine Gewinnverlagerung in das Ausland durch die Qualifizierung als Sonderbetriebseinnahmen in Nicht-DBA-Fällen i. d. R. nicht möglich ist. Anders ist der Fall zu beurteilen, wenn nach ausländischem Recht die im Ausland befindliche Personengesellschaft wie eine juristische Person behandelt wird. Eine vermögensmäßige oder sonstige Beteiligung an einer natürlichen Person scheidet begrifflich aus.

§ 1 Abs. 2 Nr. 1 AStG regelt nicht, woran die nahestehende Person bzw. der Steuerpflichtige mit mindestens 25 % beteiligt sein soll. Nach herrschender Auffassung kann jedoch nur eine Beteiligung an den **Stimm- und Vermögensrechten** gemeint sein, sodass i. d. R. Beteiligungen an Vorzugsrechten, die keine Stimmrechte verbriefen, keine Beteiligung i. S. des § 1 Abs. 2 Nr. 1 AStG begründen.[101] Stille Beteiligungen,[102] Genussscheinkapital, ähnliche Beteiligungen und Anwartschaften, die in § 17 EStG noch den Anteilen an Kapitalgesellschaften gleichgestellt werden, sind für Zwecke der Berechnung der Beteiligungshöhe nach § 1 AStG außer Betracht zu lassen, da es an einer entsprechenden Regelung wie in § 17 EStG in § 1 AStG fehlt. Bei der Berechnung der 25 %-Grenze bleiben eigene Anteile[103] der Kapitalgesellschaft unberücksichtigt. Gleiches gilt für stille Beteiligungen, partiari-

---

100 Vgl. BFH vom 25.01.2005, BFHE 208, 568.

101 Debatin (DStZ 1972, S. 265) weist jedoch darauf hin, dass nur ein Stimmrechtsanteil von 25 % ohne Innehaben eines entsprechenden Kapitalanteils von 25 % isoliert gesehen die Rechtsfolgen des § 1 Abs. 2 Nr. 1 AStG nicht begründet.

102 Vgl. Flick/Wassermeyer, FR 1974, S. 549.

103 BFH vom 18.04.1989, BFH/NV 1990, S. 27.

sche Darlehen und verdeckte Einlagen, die ebenfalls keinen Einfluss auf die Beteiligungshöhe haben.[104]

Eine natürliche Person kann lediglich in ihrer Funktion als Treuhänder eine **mittelbare Beteiligung** des Steuerpflichtigen an einer Kapitalgesellschaft begründen. Gleiches gilt für eine Personengesellschaft, die zwar selbst nicht Gegenstand dieser Beteiligung sein kann, aber aufgrund ihrer im Gesamthandsvermögen befindlichen Beteiligung und der direkten Zurechnung zu den einzelnen Gesellschaftern eine mittelbare Beteiligung an einer Kapitalgesellschaft entstehen lassen kann. Die Begründung einer mittelbaren Beteiligung über eine zwischengeschaltete Kapitalgesellschaft führt nur zu den Rechtsfolgen des § 1 Abs. 2 Nr. 1 AStG, wenn der Steuerpflichtige die Kapitalgesellschaft, die die Beteiligung hält, unmittelbar beherrscht. Dies ist erst bei einer Beteiligungshöhe von i. d. R. mehr als 50 % gegeben. Von entscheidender Bedeutung ist, dass der nur mittelbar beteiligte Steuerpflichtige die Geschäftspolitik und damit die Vereinbarungen mit nahestehenden Personen in der Weise beeinflussen kann, dass er das für ihn steuergünstigste Ergebnis erlangen kann.

Gemäß § 1 Abs. 2 Nr. 2 AStG ist eine nahestehende Person auch dann gegeben, wenn eine **dritte Person** sowohl an der Person als auch an dem Steuerpflichtigen wesentlich beteiligt ist oder auf beide unmittelbar oder mittelbar einen beherrschenden Einfluss ausüben kann. Hierdurch sollen vor allem **Schwestergesellschaften** erfasst werden, wobei die dritte Person, die Muttergesellschaft, sowohl Einfluss auf die sich im Inland befindende Kapitalgesellschaft hat als auch auf die andere, im Ausland ansässige Tochtergesellschaft. Somit kann sie maßgeblichen Einfluss ausüben, der zu einer Beeinflussung der Vertragsgestaltung zwischen beiden Schwestergesellschaften führt. Die Gewinnberichtigung erfolgt in solchen Fällen nach der vom BFH entwickelten **Dreieckstheorie**, indem eine vGA seitens der vorteilsgewährenden Tochtergesellschaft an die Muttergesellschaft angenommen wird und wiederum von der Muttergesellschaft an die vorteilsempfangende Tochtergesellschaft eine verdeckte Einlage fingiert wird. Diese Rechtskonstruktion ist inzwischen ständige Rechtsprechung des BFH,[105] die auch fester Bestandteil von § 1 Abs. 2 Nr. 2 AStG geworden ist.

Die dritte Möglichkeit zur Begründung einer nahestehenden Person ist gegeben, wenn die Person oder der Steuerpflichtige imstande ist, bei der Vereinbarung der Bedingungen einer Geschäftsbeziehung auf den Steuerpflichtigen oder auf die nahestehende Person oder auf beide einen außerhalb dieser Geschäftsbeziehung begrün-

104 Zinslose Darlehen, die als „eigenkapitalersetzend“ zu beurteilen sind, können zwar als verdeckte Einlage die Beteiligungshöhe begründen, sind jedoch nicht als Geschäftsaktivität i. S. des § 1 Abs. 1 AStG anzusehen. Vgl. auch BFH vom 22.01.1992, BFH/NV 1992, S. 600.

105 Vgl. z. B. BFH vom 19.05.1982, BStBl 1982 II S. 631, vom 23.10.1968, BStBl 1969 II S. 243, und den Beschluss des Großen Senats vom 26.10.1987, BStBl 1988 II S. 348.

deten Einfluss auszuüben, oder wenn einer von ihnen ein **eigenes Interesse**[106] an der Erzielung der Einkünfte des anderen hat. Während die notwendige Beteiligungshöhe relativ einfach zu ermitteln ist, müssen bei den anderen Kriterien die tatsächlichen Verhältnisse festgestellt werden. Dies kann im Einzelfall schwierig sein.

5 Vorgaben zur Bestimmung des Fremdvergleichspreises gem. § 1 Abs. 3 AStG

Der Gesetzgeber hat mit dem Unternehmensteuerreformgesetz 2008[107] einen neuen Abs. 3 in § 1 AStG eingefügt und in diesem u. a. Vorgaben zur Wahl der Verrechnungspreismethode erlassen. Dabei bleiben die Regelungen – trotz der 13 (!) Sätze, die dieser Absatz umfasst – vergleichsweise ungenau. In Teilbereichen wurde die bisherige Praxis in das Gesetz übernommen, teilweise wurden deutlich darüber hinausgehende Regelungen geschaffen.

5.1 Vorgaben zur Methodenwahl

5.1.1 Funktions- und Risikoanalyse als Ausgangspunkt

Die OECD-Guidelines sehen in Tz. 1.15 ff. eine Funktions- und Risikoanalyse vor, um die Vergleichbarkeit von zwei Transaktionen zur Herleitung von Verrechnungspreisen zu überprüfen. Im Rahmen der nationalen Vorgaben zur Verrechnungspreisdokumentation verlangt § 4 Nr. 3 a GAufzV[108] die Vorlage einer solchen Analyse. Hierbei handelt es sich nicht um eine Methode zur Bestimmung von Verrechnungspreisen. Vielmehr umfasst die Funktions- und Risikoanalyse vorherige Überlegungen, auf die bei der Anwendung der angewendeten Verrechnungspreismethode zurückgegriffen wird.

Die Funktionsanalyse knüpft an das Rationalitätspostulat an. Ausgangspunkt der Überlegungen ist, dass der Umfang der übernommenen Funktionen eines Unternehmens im Rahmen einer Wertschöpfungskette innerhalb eines Konzerns ausschlaggebend dafür ist, wie hoch der Anteil dieses Unternehmens am **potenziellen Gewinn** des Konzerns aus der gesamten Transaktion ist. Hieraus folgt, dass die Gesellschaften, die erhebliche Funktionen übernehmen, auch ein großes Gewinnpotenzial zugewiesen bekommen sollen. Hingegen erhalten die Unternehmen, die

106 Zum Begriff des „eigenen Interesses" i. S. des § 1 Abs. 2 Nr. 3 AStG vgl. BFH vom 19.01.1994, BStBl 1994 II S. 725.

107 Vom 14.08.2007, BGBl 2007 I S. 1912.

108 Gewinnabgrenzungsaufzeichnungsverordnung vom 13.11.2003, BGBl 2003 I S. 2296.

lediglich „Routinefunktionen" erbringen, auch nur einen vergleichsweise kleinen Anteil des Gesamtgewinnpotenzials.

Der Verrechnungspreisbestimmung liegt die Überlegung zugrunde, dass jede an einem Leistungserstellungsprozess beteiligte Einheit (von der ersten Idee bis zur Abgabe der Leistung) ein Äquivalent für die übernommene Funktion erhalten muss. Die Höhe dieses Äquivalents ergibt sich aus dem Verhältnis der von der betrachteten Konzerneinheit übernommenen Funktion(en) zur Gesamtheit der Funktionsbeiträge, die zur Erbringung der Gesamtleistung erforderlich sind. Dies führt dazu, dass die Konzernteile, die einen hohen Funktionsbeitrag leisten, stärker am Erfolgspotenzial partizipieren, während die Konzernunternehmen, die jederzeit durch andere – ggf. auch konzernfremde – Unternehmen ersetzt werden können, nur einen geringen Gewinnanteil erhalten, der allerdings regelmäßig nicht niedriger sein darf als das Entgelt, das an einen fremden Dritten zu zahlen wäre.

Im Ergebnis werden die Chancen und die Risiken aus einer Transaktion miteinander verknüpft. Ist eine Funktion mit einem hohen Risiko behaftet, muss ihr auch ein höheres Gewinnpotenzial zugewiesen werden, denn fremde Dritte lassen sich auf solche Risiken nur ein, wenn die realistische Chance besteht, hierfür auch eine über das übliche Maß hinausgehende „Rendite" zu erhalten. Hingegen besteht keine Veranlassung, einer Funktion, die kein über das normale Maß einer unternehmerischen Betätigung hinausgehendes Risiko mit sich bringt, durch einen hohen Gewinn abzugelten. Eine solche Verhaltensweise wäre unter fremden Dritten weder üblich noch geboten. Wenn im internationalen Konzern dennoch so verfahren wird, muss eine Korrektur der Verrechnungspreise erfolgen. Mit anderen Worten: Die Verrechnungspreise sind nur dann nicht zu beanstanden, wenn eine entsprechende Verknüpfung der Chancen und Risiken gewährleistet ist.

Eine solche Forderung bedeutet aus der Sicht des Konzerns, dass es zwar möglich ist, Funktionen von einer Gesellschaft zur anderen zu verlagern, doch hat dies zur Konsequenz, dass mit diesen Funktionen zugleich auch die Chancen auf den Erfolg bzw. das Risiko für diese Funktion „wandern" müssen. Hingegen ist es nicht möglich, Gewinne willkürlich von einem Konzernteil zum anderen zu verlagern, um dadurch eine internationale Steuerminimierungsstrategie zu verfolgen.

Die deutsche Finanzverwaltung vertritt in Tz. 3.4.10.2 VerwG-Verfahren einen sehr ähnlichen Ansatz. Danach werden drei Typen von Unternehmen unterschieden:

- Ein Unternehmen übt lediglich **Routinefunktionen** aus (beispielsweise indem es konzerninterne Dienstleistungen erbringt, die ohne weiteres am Markt auch bei Dritten in Auftrag gegeben werden könnten, oder einfache Vertriebsfunktionen) und setzt nur in geringem Umfang Wirtschaftsgüter ein und trägt nur geringe Risiken.
- Ein Unternehmen verfügt über die zur Durchführung von Geschäften wesentlichen materiellen und immateriellen Wirtschaftsgüter, übt die wesentlichen, für den Unternehmenserfolg entscheidenden Funktionen aus und übernimmt die

wesentlichen Risiken (vielfach als **„Entrepreneur“ oder „Strategieträger“** bezeichnet).

- Ein Unternehmen ist unter Berücksichtigung der von ihm ausgeübten Funktionen, eingesetzten Wirtschaftsgüter und übernommenen Risiken **weder** als Unternehmen mit Routinefunktionen **noch** als „Entrepreneur“ anzusehen.

Mit dieser unterschiedlichen Qualifikation ist eine differenzierte Zuweisung von Gewinnpotenzial verbunden. Während Unternehmen mit Routinefunktionen einen niedrigen, aber stetigen Gewinn zugewiesen bekommen müssen, ist dies beim „Entrepreneur“ anders. Er erhält den Gewinn (oder Verlust), der nach Abgeltung der Ergebnisse der anderen (nahestehenden) Unternehmen verbleibt. Im dritten Fall soll eine Verrechnungspreisbestimmung auf Grundlage von Planrechnungen erfolgen, die zu überwachen sind und ggf. zu Anpassungsmaßnahmen führen müssen, sofern kein Fremdvergleichspreis bestimmt werden kann.

Eine explizite **Pflicht** zur Durchführung einer Funktionsanalyse enthält das geltende deutsche Steuerrecht nicht. Allerdings sieht § 4 Nr. 3 a GAufzV[109] vor, dass im Rahmen der allgemeinen Dokumentationspflichten nach § 90 Abs. 3 AO eine solche Analyse durchzuführen ist. Hierbei ist nach Maßgabe der allgemeinen Kriterien zwischen einer Pflicht zur zeitnahen Dokumentation für außergewöhnliche Geschäfte und einer solchen nach Anforderung durch die Finanzverwaltung zu unterscheiden.

Tz. 3.4.11.4 VerwG-Verfahren[110] konkretisiert die Anforderungen aus Sicht der deutschen Finanzverwaltung. Im Einzelnen werden die folgenden Informationen verlangt:

- über die wesentlichen eingesetzten Wirtschaftsgüter,
- über die Vertragsbedingungen,
- über die gewählte Geschäftsstrategie sowie
- über die für die Preisvereinbarung bedeutsamen Markt- und Wettbewerbsverhältnisse.

Für die Umsetzung dieser Anforderungen bieten sich **tabellarische Übersichten** an, bei denen nicht nur eine einfache Zuordnung von Funktionen erfolgt, sondern auch gesondert angegeben wird, wie ausgeprägt bestimmte Risiken sind. Insoweit kann es sich anbieten, ein abgestuftes System (etwa eine Skala von ++ bis ––) vorzusehen. Ferner sollte überlegt werden, inwieweit zusätzliche Erläuterungen erforderlich sind, um dieses System nachvollziehbar zu machen. Dies kann nicht nur sinnvoll sein, um diese Unterlagen der Finanzverwaltung vorzulegen, sondern auch um innerhalb des eigenen Unternehmens für Transparenz und Akzeptanz zu sorgen. Bei der Erstellung der Funktions- und Risikoanalyse sollte eine Abstimmung zwischen

109 Gewinnabgrenzungsaufzeichnungsverordnung vom 13.11.2003, BGBl 2003 I S. 2296.
110 BMF-Schreiben vom 12.04.2005, IV B 4 – S 1341 – 1/05, BStBl 2005 I S. 570.

den Konzerngesellschaften erfolgen. Dies hat sowohl den Vorteil einer einheitlichen Erklärung gegenüber allen beteiligten Finanzverwaltungen als auch Kostenvorteile. Häufig ist es zweckmäßig, die Funktionsanalyse zentral für den gesamten Konzern zu pflegen und diese Daten allen Konzerngesellschaften bei Bedarf zur Verfügung zu stellen.

Während die allgemeinen Dokumentationspflichten und damit auch die Pflicht zur Verrechnungspreisdokumentation erst mit den Verschärfungen infolge des StVergAbG[111] in Kraft getreten sind, ist dies bei der Funktionsanalyse anders. Der BFH hat in seinem Urteil vom 17.10.2001[112] bereits nach alter Rechtslage verlangt, dass der Steuerpflichtige der Finanzverwaltung zumindest über die den Geschäftsbeziehungen zugrunde liegende Funktionsverteilung Informationen zur Verfügung stellt. Das Gericht hat damals offengelassen, welche Sanktionen damit verbunden sind, wenn ein Steuerpflichtiger dieser Pflicht nicht nachkommen sollte. Dies erfordert keinen schriftlichen Nachweis oder gar die Vorlage einer besonderen Dokumentation.

Die Funktions- und Risikoanalyse umfasst Überlegungen, die die Aufgabenverteilung und Risikotragung analysieren. Ihr kommt sowohl bei der Wahl der anzuwendenden Verrechnungspreismethode als auch bei der konkreten Anwendung der gewählten Methode wesentliche Bedeutung zu.

5.1.2 Verrechnungspreismethoden

Die unterschiedlichen Methoden zur Verrechnungspreisbestimmung lassen sich in die sog. Standardmethoden und die gewinnorientierten Methoden unterscheiden. Es gibt keinen abschließenden Katalog an Preisermittlungsmethoden, sodass ggf. weitere Verfahren Anwendung finden. Zentraler Grundsatz dieser Methoden ist ihr Transaktionsbezug. Darunter ist zu verstehen, dass für eine einzelne Liefer- oder Leistungsbeziehung das Entgelt bestimmt werden soll. Hingegen wird nicht an den Gesamtgewinn des Unternehmensverbundes angeknüpft. Denkbar wäre, diesen zunächst zu bestimmen und dann nach Schlüsselgrößen aufzuteilen.[113]

5.1.2.1 Standardmethoden

Unter dem Begriff der Standardmethoden werden die Preisvergleichs-, die Wiederverkaufs- und die Kostenaufschlagsmethode zusammengefasst.

5.1.2.1.1 Preisvergleichsmethode (comparable uncontrolled price method)

Grundüberlegung der Preisvergleichsmethode ist, dass ein Fremdpreis – also ein Preis, der unter unabhängigen Dritten unter vergleichbaren Bedingungen zustande

---

111 StVergAbG vom 16.05.2003, BGBl 2003 I S. 660 = BStBl 2003 I S. 321.

112 BFH vom 17.10.2001 I R 103/00, BFHE 197, 68 = BStBl 2004 II S. 171.

113 Eine solche Vorgehensweise wäre der indirekten Methode bei der Betriebsstättengewinnermittlung vergleichbar, vgl. zu dieser unter I. B. 1.2.6.2.

kommt – als Maßstab der Angemessenheit des Verrechnungspreises angesehen werden muss, sofern ein solcher Fremdpreis im konkreten Einzelfall ermittelt werden kann.[114] Es wird davon ausgegangen, dass auf einem **weitgehend funktionierenden Markt** sich bei gegenüberstehenden ordentlichen und gewissenhaften Geschäftsleitern ein Preis ergibt. Dieser ist unter Berücksichtigung des jeweiligen Ermessensspielraums der Geschäftsleiter auch steuerlich als angemessen anzusehen und deshalb der Einkunftsabgrenzung innerhalb des Konzerns zugrunde zu legen.

Im Einzelnen **setzt** die Anwendung der Preisvergleichsmethode **voraus,**[115] **dass Preise**

- für **vergleichbare Produkte** ermittelt werden können,
- die sich im **freien Wettbewerb**
- auf **freien Märkten**
- zwischen **voneinander unabhängigen fremden Dritten**
- unter **vergleichbaren Bedingungen** (Volumen, Zeitraum, Markt, Transport, Produktions- und Vertriebsstufen, Zahlungsziel usw.) gebildet haben.

Die Preisvergleichsmethode scheint das ideale Verfahren zur Ermittlung von Verrechnungspreisen zu sein. In der Praxis ergibt sich eine Vielzahl von Problemen. Ist keine hinreichend genau vergleichbare Leistungsbeziehung vorhanden, scheidet die Anwendung dieser Methode von vornherein aus. Schwierig wird eine Anwendung, wenn die angebotene Leistung oder das angebotene Gut so differenziert ist, dass ein Vergleich mit anderen Geschäften, aus denen der angemessene Preis abgeleitet werden könnte, nicht möglich ist. So kann z. B. **die unterschiedliche Ausgestaltung von Leistungen** zu deutlich differenzierten Preisen führen. Hierbei sind vor allem der Umfang der übernommenen Risiken bzw. der gegebenen Garantien, die Menge der abgenommenen Güter, die Dauerhaftigkeit der Vertragsbeziehungen und weitere preisbildende Faktoren zu berücksichtigen.

Die Preisvergleichsmethode hat den direktesten Bezug zum Marktpreis und damit dem Handeln unter fremden Dritten. Hierbei lassen sich zwei unterschiedliche Formen unterscheiden:[116] innerer und äußerer Preisvergleich.

Beim **äußeren Preisvergleich** wird auf den Liefer- und Leistungsverkehr zwischen fremden dritten Unternehmen abgestellt. Dies ist bei solchen Geschäftsbeziehungen relativ unproblematisch möglich, bei denen Preise in einem öffentlichen Verfahren festgestellt werden, wie dies üblicherweise bei Börsenpreisen oder nachvollziehbaren Marktpreisfeststellungen (z. B. Rohölpreise am Spotmarkt) gegeben ist. In solchen Fällen bestehen regelmäßig nicht nur einheitliche Marktpreise, sondern auch eine hohe Markttransparenz.

114 Vgl. BMF-Schreiben vom 23.02.1983 – IV C 5 – S 1341 – 4/83, BStBl 1983 I S. 218, Tz. 2.2.2.
115 Vgl. Kuckhoff/Schreiber, 1997, Rz. 95.
116 Vgl. BMF-Schreiben vom 23.02.1983 – IV C 5 – S 1341 – 4/83, BStBl 1983 I S. 218, Tz. 2.2.2.

Beispiel:

Innerhalb eines Konzerns werden Steuerberatungsleistungen erbracht, die zwischen fremden Dritten nach der Steuerberatergebührenverordnung abgerechnet würden. Folglich hat auch innerhalb des Konzerns – Vergleichbarkeit der Leistungen unterstellt –, eine Verrechnung nach diesen Sätzen zu erfolgen.[117] Wenn jedoch fremde Dritte bestimmte Pauschalhonorare vereinbaren, die genau definierte Leistungen vergüten, kann insoweit auch eine Abweichung von der Gebührenverordnung geboten sein.

Da hierdurch nur ein Bruchteil aller denkbaren Geschäftsbeziehungen erfasst wird, bleibt das oben skizzierte Problem der Vergleichbarkeit des vorliegenden Geschäftes mit abgeleiteten Preisen aus Geschäften zwischen fremden Dritten für den äußeren Preisvergleich bestehen.

Der Bezug auf Geschäftsabschlüsse zwischen voneinander unabhängigen Dritten ist ausgesprochen schwierig, weil sich hierbei das Problem der **Beschaffung von Vergleichsdaten** stellt. Dieses bezieht sich nicht nur auf die Preise, sondern auch auf die Bedingungen, unten denen die Transaktion abgewickelt wurde. In der Regel wird der Steuerpflichtige nicht in der Lage sein, konkrete Vergleichspreise benennen zu können. Hierbei handelt es sich regelmäßig um Geschäftsgeheimnisse, die gerade nicht an andere Unternehmen herausgegeben werden. Zwar könnte darüber nachgedacht werden, aus den Steuerakten solche Informationen seitens der Finanzverwaltung zu gewinnen, doch darf die Finanzverwaltung diese Daten anderen Steuerpflichtigen infolge des Steuergeheimnisses (§ 30 AO) nicht offenbaren.

Weit besser sind die Möglichkeiten des Nachweises beim sog. **inneren Preisvergleich**. Hierbei soll die Angemessenheit von Verrechnungspreisen aufgrund von Geschäften überprüft werden, die der Steuerpflichtige oder ein nahestehender mit einem fremden Dritten vereinbart hat. Dies erscheint in den Fällen als unproblematisch, in denen eine deutsche Muttergesellschaft sowohl an ihre ausländische Vertriebstochtergesellschaft als auch an andere unabhängige Vertriebsunternehmen Produkte veräußert und diese Preisvereinbarungen weitgehend identisch sind, da das Mutterunternehmen ihre Tochtergesellschaften im Rahmen einer Profit-Center-Struktur wie einen fremden Dritten behandelt wissen möchte.

Sofern bei solchen Liefer- und Leistungsbeziehungen **Unterschiede** bei der konkreten Ausgestaltung der Geschäftsbeziehungen bestehen, ist zu prüfen, inwieweit diese mit Hilfe von **Anpassungsrechnungen** eliminiert werden können. Probleme können bei einem solchen Ansatz daraus entstehen, dass die Gesellschaften im Konzern gezielt Vereinbarungen treffen, die dazu führen, dass die Vergleichbarkeit mit Transaktionen gegenüber fremden Dritten nicht hergestellt werden kann. Es sollte versucht werden, die Ähnlichkeit von konzerninternen Geschäften mit solchen gegenüber fremden Dritten möglichst zu gewährleisten (etwa durch eine entsprechende Vertragsgestaltung und dem Treffen von Sonderabreden für andere Leistun-

117 Vgl. BFH vom 23.06.1993 I R 72/92, BStBl 1993 II S. 801.

gen, die nicht gegenüber fremden Dritten erbracht werden). Dadurch wird es u. U. möglich, die Zahl der Streitfälle mit der Betriebsprüfung zu begrenzen.

Der Rückgriff auf den indirekten Preisvergleich ist zwar grundsätzlich möglich, setzt aber voraus, dass **bestehende Unterschiede hinreichend genau quantifizierbar** sind und sich so aus der Vergleichstransaktion „herausrechnen" lassen. Da eine solche genaue Zurechnung von Preisbestandteilen auf Teileigenschaften des Produkts bzw. einzelne Teile der Dienstleistung häufig nicht möglich sein wird, scheidet der indirekte Vergleich in diesen Fällen aus.

Der **Anwendungsbereich** der Preisvergleichsmethode ist weitgehend eingeschränkt, da sich in vielen Fällen keine vergleichbaren Produkte finden lassen. Schwierig wird eine Anwendung auch immer dann, wenn die angebotene Leistung oder das angebotene Gut so differenziert ist, dass ein Vergleich mit anderen Geschäften, aus denen der angemessene Preis abgeleitet werden könnte, nicht möglich ist. So kann z. B. die sehr unterschiedliche Ausgestaltung von Leistungen zu deutlich differenzierten Preisen führen. Vor allem sind hierbei zur Bewertung der Risikoabsicherung der Umfang der übernommenen Risiken bzw. der gegebenen Garantien, die Menge der abgenommenen Güter, die Dauerhaftigkeit der Vertragsbeziehungen und weitere preisbildende Faktoren zu berücksichtigen. Insbesondere bei Markenartikeln lässt sich auch durch Anpassungsrechnungen die Vergleichbarkeit nicht herstellen.

Schließlich gibt es eine Vielzahl von **Produkten und Dienstleistungen, die konzernspezifisch sind**, d. h., es gibt für sie keinen Fremdvergleichspreis und keinen Markt. Dies gilt insbesondere für Lizenzen und die Veräußerung von Know-how, weil eine Veräußerung an einen konzernfremden Dritten nur in sehr seltenen Ausnahmefällen erfolgt.[118]

Ob alle Informationen, die erforderlich sind, um die tatsächliche Vergleichbarkeit überprüfen zu können, im Einzelfall in der Vollständigkeit und Aussagefähigkeit vorliegen oder beschafft werden können, wie sie z. B. die Finanzverwaltung im Rahmen einer Prüfung der Angemessenheit vom Steuerpflichtigen fordert, ist zweifelhaft. Die hierbei verbleibenden Unsicherheiten führen zu einer Ausweitung der Bandbreite der als fremdvergleichskonform anzusehenden Verrechnungspreise. Sofern es nicht gelingt, mit anderen Instrumenten (etwa Plausibilitätsüberlegungen oder Anpassungsrechnungen) eine Einschränkung dieser Bandbreite vorzunehmen, sind alle Verrechnungspreise innerhalb dieses Intervalls von der Finanzverwaltung als mögliche Verrechnungspreise anzuerkennen. In vielen Fällen führen die Anforderungen, die an diese Methode zu stellen sind, zu erheblichen Problemen bei der Datenbeschaffung. Diese können sich als so gravierend erweisen, dass die Methode nicht anwendbar ist.

118 Vgl. Möbus, CDFI LXXVIIa (1992), Subj. I, 408.

5.1.2.1.2 Wiederverkaufspreismethode (resale price method)

Die Wiederverkaufspreismethode[119] geht davon aus, dass konzernintern erbrachte Lieferungen und Leistungen kurzfristig an einen fremden Dritten weitergeleitet und diesem gegenüber fakturiert werden. Der Bezug zum Fremdvergleich ergibt sich dadurch, dass der Preis aus dieser Weiterveräußerung gegenüber fremden Dritten am Markt objektiviert ist. Hierauf aufbauend soll aus diesem Preis der Verrechnungspreis für die konzerninterne Transaktion ermittelt werden.

Diese Methode ist im Grunde nur für solche Branchen bzw. Tätigkeiten anwendbar, bei denen eine **kurzfristige „Weitergabe“** des Produktes oder der Leistung, die von einer nahestehenden Person bezogen wurde, an einen fremden Dritten erfolgt. Sie kann sowohl für Waren als auch für Dienstleistungen angewendet werden. Dies gilt insbesondere in den Fällen des Einsatzes einer Konzerngesellschaft als Subunternehmer.

Wesentlich für diese Methode sind damit **zwei Bezugsgrößen**: einerseits der Preis, der bei der anschließenden **Weiterfakturierung** der Leistung gegenüber einem fremden Dritten in Rechnung gestellt wird, und andererseits die Höhe des Betrages (der **Marge**), die der Gesellschaft einzuräumen ist, die letztlich gegenüber dem Endabnehmer in Erscheinung tritt. Hierbei wird der Verrechnungspreis im Wege der Spannenrückrechnung aus dem Preis ermittelt, zu dem die Weiterfakturierung erfolgt ist.

	Verkaufspreis gegenüber fremden Dritten
./.	Marge für die Tochtergesellschaft
=	Verrechnungspreis innerhalb des Konzerns

Die Unternehmen, die zum Vergleich herangezogen werden sollen, müssen folgende Voraussetzungen erfüllen:[120]

- **vergleichbare Funktionen** ausüben,
- mit **ähnlichen Produkten** handeln,
- **vergleichbare immaterielle Wirtschaftsgüter** einsetzen,
- unter **vergleichbaren Geschäftsbedingungen** tätig sein und
- Handel mit bzw. Leistungserbringung **gegenüber fremden Dritten** betreiben.

Der Anwendungsschwerpunkt dieser Methode liegt in den Fällen, in denen ein verbundenes Unternehmen einem nahestehenden Unternehmen Waren liefert oder Dienstleistungen erbringt und diese anschließend an einen fremden Dritten veräußert werden.[121] Darüber hinaus beinhaltet sie ebenfalls die Tätigkeit, bei der der

119 Zum Teil wird auch von der Absatzpreismethode oder der Marktpreis-Minus-Methode gesprochen.
120 Vgl. Kuckhoff/Schreiber, 1997, Rz. 104.
121 Vgl. BMF-Schreiben vom 23.02.1983 – IV C 5 – S 1341 – 4/83, BStBl 1983 I S. 218, Tz. 2.2.3.

Wiederverkäufer die Ware bearbeitet oder sonst verändert. In diesen Fällen ist zu prüfen, in welchem Umfang eine preisbeeinflussende Weiterbearbeitung bzw. Veränderung des Produktes stattgefunden hat. Dies kann dazu führen, dass eine Rückrechnung vom erzielten Fremdpreis immer ungenauer und schwieriger wird. Die praktischen Probleme können so groß werden, dass die Anwendung dieser Methode infolge der mit ihr verbundenen Unsicherheit schließlich nicht mehr möglich ist.

Gemäß Tz. 2.2.3 der Verwaltungsgrundsätze soll eine Anwendung der Wiederverkaufspreismethode auch dann möglich sein, wenn die Ware oder Leistung über eine **Kette von nahestehenden Personen** geleistet wird. Dies erscheint vor dem Hintergrund der Probleme schon bei einem einstufigen Verfahren als bedenklich. Da letztlich auf jeder Unternehmensstufe eine Bandbreite möglicher Preise besteht, kumulieren sich die Unsicherheiten. Folglich wird auf jeder Stufe die Bandbreite immer größer und damit die Methode immer ungenauer. Hiermit steigt das Risiko, dass die Finanzverwaltung die Ergebnisse dieser Methode nicht anerkennt.

Sofern es sich um eine **inländische Muttergesellschaft** und eine **ausländische Vertriebstochtergesellschaft** handelt, hat die Mutter infolge ihrer gesellschaftsrechtlichen Stellung die Möglichkeit und gem. § 90 Abs. 2 AO auch die Pflicht, diesen Verkaufspreis gegenüber der deutschen Finanzverwaltung offenzulegen. Diese Verpflichtung erstreckt sich nicht nur auf die Preise, sondern auch auf die Bedingungen, zu denen die Leistung erbracht wurde. Insoweit stellt die Beschaffung dieser Daten grundsätzlich kein Problem dar. Es sollten rechtzeitig die Voraussetzungen dafür geschaffen werden, um diese Daten gegenüber der deutschen Finanzverwaltung vorlegen zu können.

Liegt hingegen eine **inländische Vertriebsgesellschaft und eine ausländische Muttergesellschaft** vor, stellt sich dieses Problem nicht. Die Gesellschaft ist ohnehin aufgrund ihrer inländischen Buchführungspflicht gem. §§ 238 ff. HGB bzw. § 140 AO verpflichtet, im Inland Bücher zu führen. Aus diesen sind die Verkaufspreise ersichtlich und die Aufbewahrungspflicht von Unterlagen gem. § 257 Abs. 1 HGB und § 147 Abs. 1 AO werden dazu führen, dass die Umstände, unter denen das Geschäft mit dem fremden Dritten abgewickelt wurde, erkenn- und nachprüfbar werden.

Es sollte geprüft werden, inwieweit aus Gründen von strengeren Anforderungen des ausländischen Rechts ggf. eine längere Aufbewahrungspflicht für Unterlagen im Inland entstehen kann. In einem solchen Fall ist zu entscheiden, ob diese Aufbewahrung im In- oder Ausland erfolgt. Sofern die Unterlagen im Inland verbleiben, kann es sich um eine entgeltpflichtige Leistung handeln.

Sofern die inländische Gesellschaft z. B. nur mit einer in einem Drittstaat ansässigen Schwestergesellschaft handelt oder der Vertrieb durch die **ausländische Mut-**

tergesellschaft erfolgt, besteht keine Pflicht zur Offenlegung der Verkaufspreise.[122] Der BFH hat klargestellt, dass eine solche Offenlegungs- und Nachweispflicht nur dann besteht, wenn der Steuerpflichtige tatsächlich die Möglichkeit hat, diese Preise zu kennen (und nachzuweisen). Hieran fehlt es sowohl bei einer inländischen Tochtergesellschaft gegenüber ihrer ausländischen Muttergesellschaft als auch gegenüber ihrer ausländischen Schwestergesellschaft. An dieser Rechtslage haben auch die Verschärfungen durch das StVergAbG[123] keine Änderung herbeigeführt. Fraglich ist, ob die in § 162 Abs. 3 Satz 3 AO enthaltene Regelung ab dem VZ 2008 zu einer anderen Beurteilung führt. Danach sollen die Sanktionen nach § 162 Abs. 3 AO auch dann gelten, wenn die ausländische, nahestehende Person ihre Mitwirkungspflichten nach § 90 Abs. 2 oder § 93 Abs. 1 AO nicht erfüllt. Diese Regelung leidet darunter, dass der Gesetzgeber nicht berücksichtigt hat, dass eine ausländische Gesellschaft keine Mitwirkungspflichten im Inland hat.[124] Daher können die Tatbestandsvoraussetzungen dieser Regelung nicht erfüllt sein. Auch aus der Fiktion der umfassenden Kenntnis in § 1 Abs. 1 Satz 2 AStG folgt nichts anderes, weil sich diese auf die Preisbestimmung bezieht, nicht aber auf Vorlagepflichten. Hierfür hätte es einer verfahrensrechtlichen Regelung bedurft, nicht aber einer materiellrechtlichen.

Denkbar ist, dass die Weiterveräußerung von Produkten, die zuvor konzernintern geliefert, bzw. von Dienstleistungen, die zuvor konzernintern erbracht wurden, **gegenüber fremden Dritten zu unterschiedlichen Preisen** abgegeben werden. Hierbei ist zunächst zu ermitteln, inwieweit die Bedingungen tatsächlich vergleichbar waren. Insoweit kommt es zu einer Begrenzung der Bandbreiten. Verbleibt dennoch ein Intervall, so handelt es sich um die Bandbreite zulässiger Werte, die steuerlich anzuerkennen sind. Der Steuerpflichtige sollte in einem solchen Fall dafür sorgen, dass die Bedingungen, zu denen diese Geschäfte durchgeführt wurden, hinreichend transparent werden, um die Frage der Vergleichbarkeit für die Finanzverwaltung prüfbar zu machen.

Die zentrale Schwierigkeit bei der Anwendung dieser Methode bildet die Bestimmung der Marge. Diese muss, wenn eine Doppelbesteuerung verhindert werden soll, so erfolgen, dass sie von allen beteiligten Finanzverwaltungen anerkannt wird. Aus theoretischer Sicht ist die Marge nach Maßgabe des Fremdvergleichsgrundsatzes zu bestimmen. Folglich ist die **Marge** zu verwenden, die von einem ordentlichen und gewissenhaften Geschäftsleiter bei einem vergleichbaren Geschäft mit einem – ebenfalls von einem ordentlichen und gewissenhaften Geschäftsleiter geführten[125] – fremden Dritten vereinbart worden wäre. Über die Marge wird der Bezug zum Fremdvergleich hergestellt.

---

122 So – wenn auch nur implizit – auch BFH vom 17.10.2001 I R 103/00, BFHE 197, 68 = BStBl 2004 II S. 171.

123 StVergAbG vom 16.05.2003, BGBl 2003 I S. 660 = BStBl 2003 I S. 321.

124 Vgl. IDW, IDW-FN 2007, S. 207, Kroppen/Rasch/Eigelshoven, IWB 2007, S. 328.

125 Vgl. § 1 Abs. 1 Satz 2 zweiter Halbsatz AStG.

Aus den obigen Ausführungen zur Funktionsanalyse ergibt sich, dass ein Zusammenhang zwischen dem **Umfang der ausgeübten Funktionen und der Höhe der Marge** bestehen muss. Ein ordentlicher und gewissenhafter Geschäftsleiter wäre nicht bereit, erhebliche (zusätzliche) Funktionsbeiträge zu leisten, wenn er hierfür nicht ein höheres Gewinnpotential zugewiesen bekäme. Folglich entscheidet der Umfang der z. B. von einer Vertriebsgesellschaft ausgeübten Funktionen über die Höhe des (potentiell) dort entstehenden Gewinns. Eine Ermittlung der Marge kann sowohl auf der Grundlage des tatsächlichen als auch des hypothetischen Fremdvergleichs erfolgen. Dabei kommt infolge der größeren Nähe zum Markt dem tatsächlichen Fremdvergleich der Vorrang zu, sofern er eine Herleitung der Marge ermöglicht.

Im Rahmen des tatsächlichen Fremdvergleichs kann ein Rückgriff auf die bereits dargestellten Grundsätze zum inneren und äußeren Betriebsvergleich erfolgen. Insoweit bestehen die allgemeinen Probleme hinsichtlich der Beschaffung von Vergleichswerten wie in anderen Bereichen auch.

Bei Anwendung des **internen Betriebsvergleichs** wird gefragt, wie hoch die Marge ist, die der Steuerpflichtige bei vergleichbaren Geschäften mit fremden Dritten erzielt.[126] Auf dieser Grundlage wird dann – ggf. nach der Durchführung von Anpassungsrechnungen – die konkret anzuwendende Marge bestimmt. Hierbei sind jedoch die Bedingungen zu vergleichen, unter denen die Geschäfte innerhalb des Konzerns und zwischen fremden Dritten abgewickelt werden.

Beispiel:

Eine Vertriebsgesellschaft hat in ihrem Sortiment sowohl Produkte ihrer Muttergesellschaft als auch solche von fremden Dritten. Werden die Produkte der Mutter als Kommissionsware geführt, die der fremden Dritten jedoch als Eigentum erworben, verbunden mit einem deutlich höheren wirtschaftlichen Risiko, kann dies unterschiedliche Margen bei diesen Produkten rechtfertigen.

Als zentrales Problem bei diesem Ansatz erweist sich, dass häufig die **Vertriebsgesellschaften** entweder über keine anderen oder zumindest **nicht** über **vergleichbare Produkte** verfügen. Folglich sind die Bedingungen, um hieraus eine Marge mit hinreichender Sicherheit herleiten zu können, nicht erfüllt. Selbst wenn andere Produkte angeboten werden, handelt es sich hierbei häufig nur um eine Ergänzung oder Abrundung des Sortiments, um so den Absatz der eigentlichen Hauptprodukte (= Konzernprodukte) zu fördern. Insofern bestehen Zweifel an der Vergleichbarkeit.

Denkbar ist, dass eine **konzernzugehörige Vertriebstochtergesellschaft** als reiner Händler auftritt, der **auch von fremden Dritten** Produkte in sein Sortiment aufnimmt, wenn diese ihr eine entsprechende Marge einräumen. In einem solchen Fall lässt sich der Fremdvergleich regelmäßig vergleichsweise problemlos führen, wenn die Bedingungen hinreichend vergleichbar sind.

126 Vgl. BFH vom 06.04.2005 I R 22/04, BStBl 2007 II S. 658.

Der BFH hat mit Urteil vom 25.01.2005[127] zu § 8 a KStG a. F. entschieden, dass ein fremder Dritter i. S. des § 8 a Abs. 1 Satz 1 Nr. 2 KStG 1996 auch eine Person sein kann, die in der Folgezeit Anteilseigner der Kapitalgesellschaft wird. Hieraus folgt für Verrechnungspreisüberlegungen, dass eine Marge auch in der Form gerechtfertigt werden kann, dass im Ausland zunächst ein unabhängiger Handelsvertreter eingesetzt wird. Erweisen sich dessen Geschäftsaktivitäten als erfolgversprechend, wäre denkbar, diese auf eine konzernzugehörige Vertriebstochtergesellschaft zu übertragen und diese mit vergleichbaren Funktionen und Risiken auszustatten. Unter diesen Voraussetzungen kann ein Rückgriff auf die Marge erfolgen, die bisher dem unabhängigen Handelsvertreter eingeräumt wird. Hiermit ist darüber hinaus der Vorteil verbunden, dass die wirtschaftlichen Risiken, die mit dem Auftritt auf einem neuen Markt verbunden sind, begrenzt werden können.

Eine Bestimmung der Marge kann auch auf Grundlage eines **äußeren Betriebsvergleichs** erfolgen. Der Vorteil besteht darin, dass die betreffende Vertriebsgesellschaft nicht über vergleichbare Produkte in ihrem Sortiment verfügen muss, sondern eine Herleitung auf der Grundlage von Zahlen und Vergleichswerten anderer Vertriebsgesellschaften erfolgen kann. Die Gewinnung solcher Daten kann z. B. auch bei der Muttergesellschaft erfolgen, etwa wenn diese über detaillierte Informationen verfügt, wie hoch die Marge bei konzernfremden Vertreibern der eigenen Produkte ist. Sofern die Geschäftsbedingungen hinreichend vergleichbar sind, kann ein Rückgriff auf diese Werte erfolgen.

Dabei ergeben sich grundsätzlich die gleichen Probleme hinsichtlich der **Ermittlung von Vergleichswerten**, wie sie oben bereits dargestellt worden sind, doch besteht insoweit ein Unterschied, als dass ein Rückgriff auf Daten erfolgen kann, die frei verfügbar sind bzw. auf allgemeinen Erfahrungswerten beruhen.

Grundsätzlich kann eine Bestimmung der Marge durch einen Rückgriff auf eine **marktübliche Spanne** erfolgen. Dies ist jedoch praktisch nur dann möglich, wenn diese durch einen tatsächlichen Fremdvergleich festgelegt werden kann. Wird auf **branchenübliche Spannen** zurückgegriffen, müssen ergänzend die besonderen Gegebenheiten des Einzelfalls berücksichtigt werden und sich in der Spanne niederschlagen.[128] Dies gilt z. B. für differierende Liefer- und Zahlungskonditionen. Diese Unterschiede zu isolieren und „rauszurechnen" kann sich im Einzelfall als außerordentlich schwierig, wenn nicht gar als unmöglich erweisen, ohne so umfangreiche Schätzungen vornehmen zu müssen, dass dadurch das Ergebnis unbrauchbar wird.

Die **Verwendung** eines **Durchschnitts** führt dazu, dass besonders hohe oder niedrige Spannen nicht berücksichtigt werden. Vor dem Hintergrund des Fremdverhaltens kann es Situationen geben, in denen auch fremde Dritte eine besonders hohe bzw. niedrige Spanne verwenden würden. Dies müsste eigentlich auch für den ordentlichen und gewissenhaften Geschäftsleiter gelten. Solche Überlegungen blei-

127 I R 12/04, BFHE 208, 568.

128 Vgl. BFH vom 06.04.2005 I R 22/04, BStBl 2007 II S. 658.

ben bei dieser Methode jedoch unberücksichtigt. Insoweit kommt es zu einer Kollision mit den Anforderungen an das Handeln eines ordentlichen und gewissenhaften Geschäftsleiters. Ein solcher würde sich nicht an einem Branchendurchschnitt messen lassen wollen, sofern dieser Branchendurchschnitt nur zu unzureichenden Ergebnissen führt. Doch ist dieses Problem eine typische Ausgestaltung der Frage nach dem Fremdvergleich, sodass eine Berufung auf das arm's length principle grundsätzlich eine Betrachtung zu branchenüblichen Preisen impliziert. Ferner führt eine solche Vorgehensweise zur **Zuweisung** von **Normgewinnen**. Jedes Unternehmen wird nach dieser Methode so behandelt, als würde es einen bestimmten Gewinn erwirtschaften, unabhängig davon, ob dies tatsächlich der Fall ist. Ein solcher unterstellter Normgewinn ist mit den Gegebenheiten der Realität unvereinbar.

Denkbar ist auch, zur Bestimmung der Marge **Datenbankanalysen** durchzuführen. Hierbei lassen sich insbesondere für auf wenige Produkte begrenzte Vertriebsgesellschaften Vergleichsmargen ermitteln. Allerdings handelt es sich um vergleichsweise ungenaue Werte, die sehr stark vom Einzelfall abstrahieren. Insbesondere wird nicht mehr auf die aus dem einzelnen Produkt erzielbare Marge abgestellt, sondern auf die aus der gesamten Tätigkeit dieses Unternehmens erzielbare Marge. Dies impliziert die Zulässigkeit eines umfassenden Vorteilsausgleichs oder zumindest die Zusammenfassung des gesamten Angebots zu einer Palette. Es ist nachdrücklich zu bedauern, dass die deutsche Finanzverwaltung sich bisher nicht in der Lage sah, sich zu der Frage zu äußern, inwieweit und unter welchen Bedingungen sie solche Analysen anerkennen wird. Auf jeden Fall ergibt sich aus der Rechtsprechung des BFH, dass eine vollständige Nichtberücksichtigung nicht zulässig wäre, wenngleich das Gericht den Beweiswert einer solchen Analyse offengelassen hat. Die Aussagen in Tz. 3.4.12.4 (und 3.4.12.5 lit. c)) Verwaltungsgrundsätze-Verfahren[129] lassen jedoch erkennen, dass diese Vorgehensweise nicht per se als unzulässig verworfen wird. Allerdings bleiben die Anforderungen, die erfüllt sein müssen, damit eine Anerkennung durch die Finanzverwaltung erfolgt, unpräzise.

Entscheidend sind jeweils die Verhältnisse **zum Zeitpunkt des Geschäftsabschlusses.** Hieraus folgt, dass sich die Marge im Zeitablauf ändern kann. Ausschlaggebend hierfür ist, dass auch unter fremden Dritten bei bestimmten Produkten Preisanpassungen erfolgen. Folglich können sich hieraus auch innerhalb des Konzerns Rückwirkungen auf die Marge ergeben. Hieraus entsteht die Notwendigkeit, zu bestimmten Zeitpunkten eine Überprüfung (und ggf. Anpassung) der Marge vorzunehmen. Hierfür kann es sich als sinnvoll erweisen, bereits bei Vereinbarung der Methode konkrete Stichtage für diese Prüfung festzulegen. In § 1 Abs. 3 Satz 11 AStG wird eine solche Preisanpassungsklausel bei der Übertragung wesentlicher immaterieller Wirtschaftsgüter und Vorteile widerlegbar vermutet.[130]

129 BMF vom 12.04.2005 – IV B 4 – S 1341 – 1/05, BStBl 2005 I S. 570.
130 Vgl. hierzu eingehend unter 5.3.

Außerdem besteht die Möglichkeit, die Marge auf der Grundlage des **hypothetischen Fremdvergleichs** herzuleiten. Ausgangspunkt bildet hierbei das Rationalitätspostulat eines ordentlichen und gewissenhaften Geschäftsleiters. Dieser würde seine Handelsspanne – auch gegenüber fremden Dritten – nach allgemeinen Grundsätzen bestimmen, die sich grundsätzlich auch auf konzerninterne Geschäfte übertragen lassen.

Im Rahmen ihrer Vertriebsfunktion erbringt die **Vertriebsgesellschaft** bestimmte Leistungen. Welche dies im Einzelnen sind, lässt sich nur für den Einzelfall auf Grundlage der **Funktionsanalyse** entscheiden. Denkbar ist z. B., dass bestimmte Qualitätskontrollen erfolgen, die Zwischenlagerung der Waren (einschließlich der Tragung des Lagerrisikos), die Übernahme von Wechselkursrisiken usw. Mit diesen übernommenen Funktionen sind unterschiedlich hohe Kosten verbunden. Ein ordentlicher und gewissenhafter Geschäftsleiter wird solche Leistungen gegenüber fremden Dritten nur erbringen, wenn er hierfür zumindest mittelfristig eine Erstattung der entstehenden Kosten erhält. Andernfalls wäre er unentgeltlich tätig, was unter fremden Dritten in aller Regel nicht üblich ist. Diese Kosten werden bei der Wiederverkaufspreismethode nicht direkt vergütet, sondern im Rahmen der Gewinnmarge abgegolten. Folglich sind diese Kosten als ein Bestandteil dieser Spanne anzusehen. Außerdem ist zu berücksichtigen, dass unter fremden Dritten die Leistungserbringung i. d. R. nicht nur gegen Erstattung der hiermit verbundenen Kosten erfolgt. Andernfalls würde eine entsprechende (Vertriebs-)Tochtergesellschaft dauerhaft gewinnlos arbeiten.[131] Dies ist unter fremden Dritten unüblich, weil regelmäßig vom Ziel der Gewinnmaximierung auszugehen ist. Folglich reicht es nicht aus, wenn in der Marge nur die Kosten vergütet werden, sondern ergänzend ist ein **Gewinnaufschlag** zu berücksichtigen.

Dieser Zuschlagssatz muss berücksichtigen, dass es infolge der ausgeübten Vertriebsfunktion zu einer Kapitalbindung kommt. Hierfür muss ein **Zinsäquivalent** angesetzt werden, weil ein ordentlicher und gewissenhafter Geschäftsleiter sein Vermögen sonst nicht in die Lagerhaltung investieren würde, sondern eine Anlage auf dem Kapitalmarkt erfolgte. Deshalb muss dieser Opportunitätsertrag ebenfalls durch die Marge mit abgegolten werden. Eine Orientierung für die Höhe dieses Betrages kann aus einer alternativen Anlage des durchschnittlich gebundenen Kapitals am Kapitalmarkt erfolgen.

Ein ordentlicher und gewissenhafter Geschäftsleiter wird außerdem noch eine **Vergütung für das von ihm übernommene Risiko** erwarten. Dabei zieht die Eingehung eines hohen Risikos eine höhere Gewinnerwartung nach sich. Es kann nicht davon ausgegangen werden, dass eine proportionale Beziehung besteht. Vielmehr wird das Überschreiten eines als „üblich" angesehenen Risikos erheblich höhere Gewinnerwartungen nach sich ziehen. Ausschlaggebend hierfür ist, dass i. d. R. bestimmte Risiken als unvermeidlich angesehen werden, ab einem bestimmten

131 Vgl. hierzu nochmals BFH vom 06.04.2005 I R 22/04, BStBl 2007 II S. 658.

Niveau jedoch ein eventueller Fehlschlag zu gravierenden Nachteilen führt, sodass dieses Risiko nur eingegangen wird, wenn dies als besonders lukrativ erscheint.

Bei der Bewertung sollte auch geprüft werden, inwieweit das Unternehmen bei einem alternativen Einsatz die vorhandenen Ressourcen verwerten könnte. Diesen **Opportunitätsertrag** würde ein ordentlicher und gewissenhafter Geschäftsleiter stets verlangen. Hierbei ist auch die Kapitalbindungsdauer zu beachten, weil bei Investitionen üblicherweise eine kurzfristige Umwandlung in Kapitalvermögen nicht ohne weiteres möglich ist. Die Anwendung dieser Methode kann dazu führen, dass der Umfang der aufbewahrungspflichtigen Unterlagen freiwillig erweitert wird, um alternative Nutzungsmöglichkeiten der vorhandenen Ressourcen im Rahmen einer Betriebsprüfung nachweisen zu können. Bei der Bestimmung ihrer Marge wird sich eine Vertriebsgesellschaft regelmäßig nicht davon leiten lassen, wie die wirtschaftliche Situation der Produktionsgesellschaft aussieht.[132] Vielmehr wird sie verlangen, dass sie eine ausreichende Marge erhält. Ist es nicht möglich, dass die Preise so gestaltet werden, dass beide Gesellschaften eine ausreichende Marge hieraus erzielen können, würde das Geschäft – bei einer längerfristigen Betrachtung – nicht zustande kommen. Hierbei hat eine Beurteilung zunächst aufgrund von Planwerten zu erfolgen. Weichen Plan- und Ist-Werte voneinander ab, sind hieraus – wie unter fremden Dritten – möglicherweise Konsequenzen zu ziehen.

Diese Vorgehenswiese schließt nicht aus, dass im Rahmen von kurzfristigen Entscheidungen Rücksicht auf die jeweils andere Gesellschaft genommen wird. Dies kann z. B. sinnvoll sein, wenn damit die bisherigen guten Geschäftsbeziehungen nicht gefährdet werden sollen. Allerdings werden sich fremde Dritte solche Zugeständnisse sehr sorgfältig überlegen und nur vornehmen, wenn sie zum Zeitpunkt der Vornahme realistischerweise mit korrespondierenden zukünftigen Vorteilen rechnen können. Da es sich im vorliegenden Fall um Konzernunternehmen handelt, sollten diese Erwartungen hinreichend substantiiert dargelegt werden können. Aus diesem Grundsatz ergibt sich im umgekehrten Fall, dass die Höhe der Gewinne der ausländischen Produktionsgesellschaft für die inländische Verrechnungspreisbestimmung keine Bedeutung haben können, wenn die inländische Vertriebstochtergesellschaft eine fremdübliche Marge erhält, die es ihr ermöglicht, dauerhaft einen angemessenen Gewinn zu erzielen.

In vielen Verrechnungspreisprüfungen verlangt die Finanzverwaltung die **Vorlage von Bilanzen oder Kalkulationsunterlagen der Mutter- bzw. Produktionsgesellschaft**. Vor dem Hintergrund des BFH-Urteils vom 06.04.2005[133] bestehen erhebliche Zweifel, ob aus diesen Unterlagen Rückschlüsse auf die Angemessenheit der Marge der inländischen Vertriebstochtergesellschaft gezogen werden können. Unseres Erachtens ist dies nicht der Fall. Vielmehr ergibt sich aus dem Urteil unmittelbar, dass die Verhältnisse im Ausland keine besondere Preisgestaltung rechtfertigen kön-

132 Vgl. Gundel, FS Flick 1997, S. 799, bestätigt durch BFH vom 06.04.2005 I R 11/04, BStBl 2007 II S. 658.
133 I R 22/04, BStBl 2007 II S. 658.

nen – sofern nicht etwa langfristige Marktentwicklungsstrategien verfolgt werden. Im Urteilsfall erzielte die Schweizer AG hohe Verluste. Der BFH führt ausdrücklich aus, dass dieser Umstand keine höheren Verrechnungspreise rechtfertigen kann. Folglich muss dies entsprechend gelten, wenn die ausländische Gesellschaft hohe Gewinne erzielt. Allerdings ist davon auszugehen, dass die Finanzverwaltung hierin einen Anwendungsfall des § 162 Abs. 3 Satz 3 AO sehen wird. Dieser Auffassung kann jedoch nicht gefolgt werden, weil die ausländische Gesellschaft keine Mitwirkungspflichten im Inland hat.

Die Bestimmung der einzelnen Komponenten der Marge erfolgt auf der Grundlage von **Planwerten**. Sofern diese realistisch sind, scheidet eine spätere Anpassung aus, auch wenn sich die ursprünglich angesetzten Werte als unzutreffend erweisen. Zu beachten ist allerdings, dass unter fremden Dritten solche Fehlkalkulationen möglicherweise Konsequenzen auf den Fortbestand der Geschäftsbeziehung hätten. Innerhalb der unter fremden Dritten üblichen Fristen würde jeder Geschäftspartner versuchen, entweder eine Anpassung der Marge zu erreichen oder aber die Geschäftsbeziehung zu beenden, wenn ersichtlich wird, dass hieraus voraussichtlich kein Gewinn mehr erzielt werden kann. Hierbei spielt die Frage von eventuellen Kosten im Zusammenhang mit der Beendigung der Geschäftsbeziehung (z. B. Vertragsstrafen infolge vorzeitiger Vertragsbeendigung) eine besondere Rolle.

Die Zugrundelegung von Planzahlen kann dazu führen, dass eine Vertriebstochtergesellschaft Verluste erzielt. Hierfür kommt eine Reihe von Gründen in Betracht. Als mögliche Beispiele seien genannt:

- Der Vertriebsgesellschaft werden überhöhte Preise berechnet.
- Die Vertriebsgesellschaft ist aus markttechnischen Gründen nicht in der Lage, eine angemessene Marge zu erwirtschaften.
- Die Muttergesellschaft beteiligt sich nicht angemessen an den Kosten der Werbung und Vermarktung.

Solche Verluste sind steuerlich anzuerkennen, sofern davon auszugehen ist, dass die Gesellschaft sie bei einem Geschäft unter fremden Dritten ebenfalls getragen hätte. Zu beachten sind hierbei insbesondere Vertragslaufzeiten und die Rechtsprechung des BFH zu Dauerverlusten von inländischen Vertriebsgesellschaften.[134] Unter fremden Dritten würde in einer solchen Situation jedoch – regelmäßig recht kurzfristig – eine Prüfung vorgenommen, ob eine Beibehaltung dieses Produktes im Sortiment der Vertriebsgesellschaft sinnvoll ist. Folglich muss der Steuerpflichtige davon ausgehen, dass die Finanzverwaltung entsprechende Überlegungen auch bei Produkten verlangt, die von verbundenen Unternehmen hergestellt werden. In vielen Fällen wird es sich anbieten, zur **Verprobung** der Marge eine Anwendung der **Kostenaufschlagsmethode** anzuwenden. Damit kann möglicherweise der Nachweis erbracht

134 Vgl. BFH-Urteil vom 17.02.1993 I R 3/92, BStBl 1993 II S. 457, vom 17.10.2001 I R 103/00, BStBl 2004 II S. 171, und vom 06.04.2005 I R 22/04, BStBl 2007 II S. 658, sowie unten unter 8.5.

werden, dass die Marge für die Vertriebsgesellschaft zu einer Vergütung führt, die bei dieser zu einer fremdüblichen Entlohnung führt.

Es sollte bereits vor der Einführung der Wiederverkaufspreismethode überlegt werden, inwieweit solche Verprobungsrechnungen zu regelmäßigen Zeitpunkten vorgesehen werden. Dies hat den Vorteil, dass dauerhaft eine unangemessene Marge verhindert wird und auch gegenüber der Finanzverwaltung der Nachweis erbracht werden kann, dass eine erfolgte Veränderung der Marge von vornherein vereinbart war. Insoweit wird einerseits der Realitätsbezug des Systems gewährleistet, andererseits die Wahrscheinlichkeit für seine Anerkennung erhöht.

Beziehen sich die Margen, die fremde Dritte verwenden, und diejenigen innerhalb des Konzerns auf **wesentlich andere Bedingungen**, ergibt sich die Notwendigkeit, über Anpassungsrechnungen nachzudenken. Hierbei kommt insbesondere den jeweils ausgeübten Funktionen besondere Bedeutung zu.

Die Bedeutung des zu vertreibenden Produkts für die Marge kann sehr unterschiedlich sein. Denkbar ist, dass diese Frage kaum Bedeutung hat, weil sich über eine bestehende Absatzstruktur sehr unterschiedliche Produkte verkaufen lassen und insoweit von einer Substituierbarkeit auszugehen ist. In einem solchen Fall wäre auch ein Rückgriff auf die bei anderen Produkten erzielbare Marge möglich und zulässig. Ebenso ist denkbar, dass die Absatzorganisation nur auf ein bestimmtes Produkt ausgerichtet ist bzw. die Abnehmer beim Angebot eines anderen Erzeugnisses sofort den Anbieter wechseln würden (eine solche Situation kann z. B. bei hochpreisigen Markenartikeln bestehen). Letztlich ist nur eine Entscheidung für den Einzelfall möglich.

Bei der Vielzahl von Leistungen, die heute von Unternehmen erbracht werden, die auch einer Vertriebstätigkeit nachgehen (z. B. Gewährleistungsübernahmen und Finanzierungsdienstleistungen), ist es kaum möglich, die einzelnen Teilbereiche einer einheitlichen Leistung aufzuteilen, um dann für diese einen branchenüblichen Aufschlag zu ermitteln, da in diesen Fällen eine **Mischkalkulation** aller Leistungen die Regel sein wird.

Die Anwendung der **Wiederverkaufspreismethode** beschränkt sich allerdings **nicht nur** auf die **reine Vertriebstätigkeit** von Unternehmen, sondern beinhaltet ebenfalls die Tätigkeit, bei der der Wiederverkäufer die Ware bearbeitet oder sonst verändert. In diesen Fällen ist zu prüfen, in welchem Umfang eine preisbeeinflussende Weiterbearbeitung bzw. Veränderung des Produktes stattgefunden hat. Dies kann dazu führen, dass eine Rückrechnung vom erzielten Fremdpreis immer ungenauer und schwieriger wird. Die praktischen Probleme können so groß werden, dass die Anwendung dieser Methode infolge der mit ihr verbundenen Unsicherheit schließlich nicht mehr möglich ist. Dies gilt insbesondere in den Fällen, in denen einige der Gesellschaften im Ausland ansässig sind und damit sich nicht nur die Frage der Aufteilung eines bestimmten Gewinnanteils auf unterschiedliche Gesellschaften in Deutschland stellt, sondern Gesellschaften in mehren Staaten betroffen sind.

Der Vorteil der Wiederverkaufspreismethode besteht darin, dass der Endverkaufspreis an einen fremden Dritten ohne Zweifel angemessen ist und dem Verhalten eines ordentlichen und gewissenhaften Geschäftsleiters entspricht. Als Nachteil erweist sich, dass die Bestimmung der branchenüblichen Vergütung für die übernommene Leistung der Vertriebsgesellschaft entweder nicht bekannt oder so unpräzise ist, dass sie auf den Einzelfall nur unter Berücksichtigung hoher **Sicherheitsabschläge** oder gar keine Anwendung findet.

Wenn zwischen dem Einkauf der Ware bzw. der Dienstleistung und deren Verkauf eine **Be- oder Verarbeitung** erfolgt, muss dies ebenfalls aus dem zu erwartenden Verkaufspreis eliminiert werden. Damit entstehen neue Bewertungsprobleme. Wenn ein vergleichbares Unternehmen eine solche Bearbeitung nicht vornimmt und deshalb hierfür keine Vergleichszahlen bestehen, scheidet die Anwendung der Methode aus. Selbst wenn es gelingt, einen Fremdvergleichspreis für die Be- bzw. Verarbeitung zu finden, erfolgt eine immer weitere Entfernung vom Fremdvergleichsgrundsatz. Infolge der Zu- oder Abschläge, die sich in aller Regel nicht genau quantifizieren lassen, können nur Bandbreiten möglicher Konzernverrechnungspreise ermittelt werden, aus denen der Steuerpflichtige bzw. die Finanzverwaltung einen Wert auswählen muss. Damit stellt sich die Frage, welcher Wert innerhalb dieser **arm's length range** zu wählen ist. Häufig werden die Finanzverwaltung und der Steuerpflichtige hierüber unterschiedlicher Meinung sein, sodass mit Hilfe zusätzlichen Vorbringens beider Parteien der jeweils für richtig gehaltene Wert belegt werden muss. Solche breiten Spannweiten sind jedoch unbefriedigend, denn beide Beteiligten benötigen klare und eindeutige Kriterien, auf deren Grundlage die Konzernverrechnungspreise festgesetzt bzw. überprüft werden können. Die Unternehmen müssen rechtzeitig wissen, welche steuerlichen Konsequenzen ihre Entscheidungen haben und welche Konzernverrechnungspreise der internationalen Einkunftsabgrenzung zugrunde zu legen sind. Es besteht sowohl bei den nationalen Finanzverwaltungen als auch bei den betroffenen Unternehmen ein dringendes Bedürfnis nach präzisen Maßstäben für die steuerliche Verrechnungspreisgestaltung bzw. -überprüfung. Diese Überlegung war es auch, die den deutschen Gesetzgeber veranlasst, im Rahmen des Unternehmensteuerreformgesetzes 2008 Aussagen zur Einengung der Bandbreite in das Gesetz aufzunehmen.[135]

Wenn **kein Verkauf an einen fremden Dritten** erfolgt, scheidet die Anwendbarkeit der Wiederverkaufspreismethode aus, denn es fehlt an dem erforderlichen Marktpreis als Ausgangspunkt. Dies kann der Fall sein, weil entweder es für das Produkt bzw. die Dienstleistung keinen Markt gibt oder weil eine Abgabe nur an konzernzugehörige Unternehmen erfolgt. Außerdem ist eine Ermittlung von Konzernver-

135 Vgl. hierzu unter 5.2. Diese Vorgaben gelten unabhängig davon, welche Verrechnungspreismethode angewendet wird.

rechnungspreisen auf der Grundlage dieser Methode nur möglich, wenn der Weiterverkauf **kurze Zeit** vor oder nach der konzerninternen Transaktion erfolgt, weil anderenfalls Marktpreisschwankungen eine so starke Beeinflussung des Wiederverkaufspreises bewirken können, dass diese Methode unbrauchbar wird. Wie lang dieser Zeitraum sein darf, ist eine Frage des Einzelfalls.

5.1.2.1.3 Kostenaufschlagsmethode (cost plus method)

5.1.2.1.3.1 Ausgangspunkt der Methode

Während die Wiederverkaufspreismethode vom Endverkaufspreis an einen fremden Dritten ausgeht und den angemessenen Preis zwischen einer nahestehenden Person und dem Steuerpflichtigen auf eine der vorherigen (Handels-)Stufen zu erfassen versucht, geht die Kostenaufschlagsmethode den umgekehrten Weg. Ausgangspunkt sind hierbei die Kosten des Herstellers oder Leistenden, die dann um – wie es in den Verwaltungsgrundsätzen heißt – „betriebs- oder branchenübliche Gewinnaufschläge" erhöht werden.

Diese Methode ist immer dann anzuwenden, wenn eine Leistung zwischen dem Steuerpflichtigen und einer nahestehenden Person vorgenommen wird, die nicht von der nahestehenden Person veräußert wird, sondern bei ihr verbleibt. In diesen Fällen kann eine Anwendung der Preisvergleichs- und der Wiederverkaufspreismethode schon aufgrund der Tatsache ausscheiden, dass der Steuerpflichtige nicht beabsichtigt, das Produkt oder die Leistung an fremde Dritte zu veräußern, und/oder dass diese Leistung zwischen fremden Dritten nicht gehandelt wird (typischer Anwendungsfall wäre somit der Verkauf bzw. die Lizenzierung von Patenten, Geschmacksmustern und sonstigem technischem Wissen, welches nicht an fremde Dritte geliefert wird).

Grundidee der Kostenaufschlagsmethode ist es, eine **Kostenermittlung** wie gegenüber fremden Dritten durchzuführen. Dabei wird praktisch eine Kalkulation simuliert, indem gefragt wird, zu welchem Preis ein vergleichbares drittes Unternehmen diese Leistung gegenüber einem unverbundenen Nachfrager anbieten würde. Die Herleitung des Verrechnungspreises bei Anwendung der Kostenaufschlagsmethode gliedert sich in zwei Komponenten, die sich beide an dem Maßstab des Verhaltens eines ordentlichen und gewissenhaften Geschäftsleiters gegenüber fremden Dritten orientieren müssen: die Kostenkomponente und die **Gewinnkomponente** („cost plus markup").

Die Trennung in diese beiden Bestandteile darf nicht dazu führen, dass der Eindruck entsteht, dass beide Bereiche isoliert voneinander zu betrachten wären. Dies ist nicht der Fall. Vielmehr sind die zwei Komponenten eng miteinander verbunden. Bedingt durch kostenrechnerische Vorgehensweisen können u. U. in der Kostenkomponente (insbesondere in den Gemeinkosten) schon Bestandteile enthalten sein, die steuerrechtlich nicht als Aufwand gelten, sondern als Gewinn. Folglich sind beide Größen **gemeinsam** zu betrachten.

Als Beispiel für eine solche Verbindung können die kalkulatorischen Zinsen auf das betriebsnotwendige Eigenkapital angesehen werden. Sie stellen nach einhelliger Meinung in der kostenrechnerischen Literatur Kosten dar. Steuerrechtlich handelt es sich hierbei um eine nichtabziehbare Betriebsausgabe. Sofern die Kostenkomponente kalkulatorische Eigenkapitalzinsen enthält, sind sie steuerrechtlich der Gewinnkomponente zuzurechnen. Damit zeigt sich, dass die Frage, wie hoch der Gewinnaufschlag sein kann bzw. muss, letztlich nicht isoliert von der Kostenkomponente beantwortet werden kann, weil es zwar gewisse Standards und eine „betriebliche Übung“ gibt, die sich in der Praxis herausgebildet haben, doch keine Verpflichtung besteht, sich hieran zu halten.

Zunächst muss geprüft werden, inwieweit in der Kostenkomponente bereits Gewinnbestandteile enthalten sind. Je nachdem, inwieweit dies der Fall ist, sind hieraus Rückschlüsse auf die Höhe des zu verwendenden Gewinnaufschlags zu ziehen. Wenn im Folgenden dennoch eine getrennte Behandlung der beiden Komponenten erfolgt, liegt dies ausschließlich in der Notwendigkeit begründet, zunächst eine inhaltliche Konkretisierung der Methode herbeizuführen.

In der Praxis hat die Kostenaufschlagsmethode **erhebliche Bedeutung**. Dies liegt vermutlich darin begründet, dass die Kosten als eine verlässliche Grundlage für die Bestimmung von Verrechnungspreisen gelten. Schließlich wird der Preis gegenüber fremden Dritten regelmäßig auch auf der Grundlage einer – i. d. R. unternehmensindividuell unterschiedlich ausgestalteten – Kalkulation bestimmt, die auf den Kosten basiert. Eine gewisse Ausnahme bildet das sog. target costing. Bei diesem Ansatz wird nicht danach gefragt, welche Kosten die Herstellung eines Produktes bzw. das Erbringen einer bestimmten Leistung verursacht, sondern welche Kosten hierfür entstehen dürfen. Auf der Grundlage dieses erzielbaren Verkaufspreises wird zurückgerechnet, wie hoch die Kosten in den einzelnen Unternehmens- bzw. Konzernbereichen, die einen Beitrag zur Leistungserstellung erbringen, sein dürfen, um das Produkt insgesamt zu dem erzielbaren Preis anbieten zu können.

Die Finanzverwaltung hat nicht das Recht, dem Steuerpflichtigen eine bestimmte **Kalkulationsmethode** vorzuschreiben oder ihn zu zwingen, extra für steuerliche Zwecke eine besondere Methode anzuwenden.[136] Sofern der Steuerpflichtige jedoch bei der Kalkulation von Leistungen innerhalb des Konzerns nach anderen Grundsätzen vorgeht als bei Leistungen gegenüber fremden Dritten, besteht hierfür eine besondere Rechtfertigungsnotwendigkeit.

---

136 Etwas anderes scheint die Finanzverwaltung jedoch im Betriebsstättenerlass (BMF-Schreiben vom 24.12.1999, IV B 4 – S 1300 – 111/99, BStBl 1999 I S. 1076, Tz. 2.7.1, mit Korrektur vom 20.11.2000) zu fordern. Dort wird der Betriebsprüfung eine Kontrolle der Zweckmäßigkeit der Kostenrechnung des Steuerpflichtigen vorgeschrieben.

5.1.2.1.3.2 Kostenkomponente

Die Bestimmung der Kosten erfolgt auf der Grundlage des Kostenrechnungssystems. Hieraus folgt, dass die Anwendung dieser Methode ausscheidet, wenn ein Unternehmen über kein Kostenrechnungssystem verfügt. Solche Fälle sind in der Praxis sehr selten, weil regelmäßig schon für Zwecke der internen Überwachung und Kontrolle (und damit aus außersteuerlichen Gründen) ein solches System benötigt wird.

Ausgangspunkt für die Kostenermittlung bildet der Grundsatz des Fremdvergleichs. Danach hat nach den auch gegenüber fremden Dritten angewendeten Methoden eine Erfassung und Abrechnung der für konzerninterne Leistungen entstandenen Kosten zu erfolgen. Folglich sind die Kosten entscheidend, die dem Leistenden bei einem konzerninternen Geschäft für die Lieferung bzw. Leistung erwachsen.[137]

Es ist geboten auf die Kalkulationsgrundsätze für vergleichbare Geschäfte zurückzugreifen, die gegenüber fremden Dritten vorgenommen werden. Dabei wird von Vergleichbarkeit ausgegangen, wenn es entweder keine signifikanten Unterschiede gibt, die zu einer Beeinflussung des Gewinnaufschlags führen,[138] oder bestehende Differenzen durch eine Berichtigung eliminiert werden können. Sofern solche Abweichungen vorliegen, muss ihnen durch Anpassungen Rechnung getragen werden. Hierfür ist insbesondere die Kenntnis der übernommenen Funktionen auf Grundlage der zuvor durchgeführten Funktionsanalyse von besonderer Bedeutung. Allerdings erweist sich eine Anpassung als nicht erforderlich, wenn die unterschiedlichen Aufwendungen lediglich auf der Effizienz bzw. Ineffizienz der Unternehmen beruhen.[139]

Die deutschen Verwaltungsgrundsätze enthalten einerseits allgemeine Ausführungen zur Kostenaufschlagsmethode. In Tz. 2.2.4 heißt es, das von den Kosten des Herstellers oder Leistenden auszugehen ist, wobei diese nach einer Methode zu ermitteln sind, wie sie auch gegenüber fremden Dritten eingesetzt wird. Wenn es keine Lieferungen oder Leistungen an Dritte gibt, muss die angewendete Methode **„betriebswirtschaftlichen Grundsätzen“** entsprechen. Andererseits enthalten die Verwaltungsgrundsätze genaue Regelungen zur Aufteilung von Kosten für besondere Fälle wie z. B. für die Kosten der Markterschließung.

Der Hinweis auf die betriebswirtschaftlichen Grundsätze hat zu einer intensiven Diskussion um den anzuwendenden Kostenbegriff geführt. Als Ergebnis dieser Diskussion kann festgestellt werden, dass dem Unternehmen praktisch ein Wahlrecht zukommt, den Kostenbegriff zu verwenden, den es für am zweckmäßigsten hält, solange dieser Begriff auch der Abrechnung gegenüber fremden Dritten zugrunde

137 Vgl. Tz. 2.32 OECD-Guidelines.

138 Wörtlich heißt es hierzu in Tz. 2.34 der OECD-Guidelines: „none of the differences (if any) between the transactions being compared or between the enterprises undertaking those transactions materially affect the cost plus mark up in the open market“.

139 Vgl. Tz. 2.38 Nr. 3 der OECD-Guidelines.

liegt. Die Ausgestaltung der Kostenrechnung ist von den jeweiligen Gegebenheiten des Unternehmens abhängig. Ein genereller Mindestumfang kann nicht verlangt werden. Insbesondere ist es nicht notwendig, besondere Systeme speziell für steuerliche Zwecke einzurichten.

In der Praxis begegnet die deutsche Finanzverwaltung einer Abrechnung auf Basis einer **Plankostenrechnung** mit besonderem Misstrauen. Bei einem solchen System verlangt sie regelmäßig (mindestens einmal jährlich) eine zusätzliche Berechnung auf Grundlage von Ist-Kosten. Eine solche Vorgehensweise erscheint als akzeptabel, um eine Überprüfung der Plankosten vornehmen zu können. Gleichwohl werden in vielen Unternehmen Systeme als Plankostenrechnung bezeichnet, die im Ergebnis budgetierte Ist-Kosten sind. Hier ist die Forderung einer Nachkalkulation nicht berechtigt. Ausschlaggebend hierfür ist, dass auch gegenüber fremden Dritten keine höheren Zahlungen erfolgen würden, als es den budgetierten Kosten entspricht. Insoweit handelt es sich um ein Instrument der Kostenkontrolle, bei dem eine solche Nachkalkulation unsinnig ist, weil den tatsächlich entstandenen Kosten auch unter fremden Dritten keine Bedeutung beigemessen würde.

Auch die **OECD** trifft umfangreiche Vorgaben zur Kostenaufschlagsmethode. In Tz. 2.40 OECD-Guidelines erfolgt eine Unterteilung der Kosten in direkte Kosten der Produktion, indirekte Kosten und betriebliche Aufwendungen im Zusammenhang mit dem Gesamtunternehmen.

Diese Dreiteilung ist in der Literatur auf Kritik gestoßen[140] und auch die OECD weist darauf hin, dass es angesichts der unterschiedlichen Systeme in den einzelnen Staaten schwierig sei, eine genaue Trennlinie zwischen den drei Kategorien zu ziehen.[141] Aus betriebswirtschaftlicher Sicht ist diese Unterteilung nicht nachvollziehbar, denn die „operating expences" gehören zu den indirekten Kosten; die von der OECD vorgenommene Abgrenzung ist nicht konsistent. Selbst wenn die indirekten Kosten nur auf den Leistungserstellungsprozess bezogen werden, wofür sprechen könnte, dass in den OECD-Guidelines von den „indirect costs of production" gesprochen wird, ist dieses Problem nicht gelöst. Einerseits werden Dienstleistungen nicht produziert, sodass die Frage gestellt werden könnte, inwieweit sich bei der Verrechnung von Dienstleistungen möglicherweise Abweichungen ergeben können oder müssen. Andererseits ist diese Dreiteilung auch nicht objektivierbar. Die Zuordnung zu einer der drei Kostengruppen hängt vielmehr wesentlich auch davon ab, welche Art von Produkt und/oder Leistung erbracht wird.

Der Umfang der anzusetzenden Kosten wird nach Auffassung der OECD dadurch beschränkt, dass nur die Kosten anzusetzen sind, die dem Lieferanten oder dem Erbringer der Leistung entstehen. Dabei muss eine Aufteilung der zu tragenden Kosten auf der Grundlage der übernommenen Funktionen unter besonderer Berücksichtigung des Kapitaleinsatzes und der Risiken erfolgen.

140 Vgl. z. B. Baumhoff, IStR 1996, S. 53, und Werra, IStR 1995, S. 458, 461.
141 Vgl. Tz. 2.41 OECD-Guidelines.

Ein besonderes Problem bei der Kostenaufschlagsmethode stellt die Verrechnung der Gemeinkosten dar. Die OECD verweist hierzu auf die Regelungen zu den Konzernumlagen (sog. cost contribution arrangements, Kapitel VIII der OECD-Guidelines).[142] Diese Vorschriften befinden sich in den Tz. 8.19 ff. Zunächst wird klargestellt, dass es keine allgemeingültige Vorgabe zur Aufteilung der (Gemein-)Kosten geben kann. Das Ziel sei, „to estimate the shares of the overall benefits expected to be obtained by each participant and to allocate contributions in the same proportions".[143] Eine solche Vorgehensweise mag für Konzernumlagen möglich sein, für die Aufteilung der Gemeinkosten erscheint sie jedoch als problematisch. Es müsste der Vorteil aus dem gesamten Geschäft bestimmt werden, der dann proportional aufzuteilen ist. Da auch die Gemeinkosten unzweifelhaft in die Bemessungsgrundlage für den Gewinnaufschlag mit einzubeziehen sind, ist diese Vorgehensweise im Rahmen der Kostenaufschlagsmethode nicht sachgerecht. Der steuerliche Gewinn hängt gerade auch davon ab, in welchem Umfang Gemeinkosten in die Kosten eingerechnet werden dürfen oder müssen.

In der betrieblichen Praxis werden häufig die Einzelkosten als Schlüsselgröße für die Aufteilung der Gemeinkosten von den Kostenstellen auf die einzelnen Kostenträger verwendet. Auch dieses Kriterium lässt sich unter die Auflistung der OECD subsumieren. Allerdings ist diese Enumeration inhaltlich sehr unbestimmt. Sie enthält fast keine Vorgaben, wie konkret zu verfahren ist, d. h., wann welche der dort genannten Größen zur Anwendung kommt. Insgesamt bleiben die Regelungen in den OECD-Guidelines sehr vage. Vor diesem Hintergrund empfiehlt sich ein betriebswirtschaftlich überzeugendes Konzept, das gegenüber allen beteiligten Finanzverwaltungen in gleicher Weise vertreten wird. Seitens der deutschen Finanzverwaltung gibt es hierzu keine Vorgaben. Sie geht lediglich davon aus, dass die angewendeten Methoden **betriebswirtschaftlichen Grundsätzen** entsprechen müssen.

Bei Anwendung der Kostenaufschlagsmethode bestehen in der Praxis häufig gerade bei der Aufschlüsselung der Gemeinkosten Probleme. Hier sollte in besonderer Weise darauf geachtet werden, dass die gleichen Grundsätze wie auch gegenüber fremden Dritten zur Anwendung kommen, um möglichen Auseinandersetzungen mit der Finanzverwaltung begegnen zu können.

Die deutschen Verwaltungsgrundsätze enthalten keine Regelungen zum **Zeitbezug** der zu verrechnenden Kosten. Damit hat der ordentliche und gewissenhafte Geschäftsleiter die Möglichkeit, zwischen der Anwendung der Ist-, der Normal- und der Plan-Kostenrechnung zu wählen, weil es sich hierbei um betriebswirtschaftlich anerkannte Methoden handelt.

Bei der **Ist-Kostenrechnung** erfolgt die Verrechnung der tatsächlich verbrauchten Mengen (Ist-Mengen) zu den tatsächlich hierfür aufgewendeten Kosten (Ist-Kosten)

142 Vgl. Tz. 2.43 der OECD-Guidelines.
143 Tz. 8.19 OECD-Guidelines.

während einer Abrechnungsperiode. Hierbei werden keine Korrekturen vorgenommen, sodass insbesondere keine Rückschlüsse auf die Effizienz der Leistungserstellung gezogen werden. Diese Methode wird in Unternehmen häufig zur Durchführung einer Nachkalkulation verwendet, indem nach Abschluss sämtlicher Arbeiten ermittelt wird, wie erfolgreich dieser Auftrag bzw. das Erbringen dieser Leistung im Ergebnis war.

Im Rahmen der **Normalkostenrechnung** werden nicht die tatsächlich entstandenen Ist-Kosten verrechnet, sondern Normalkosten. Diese werden aus durchschnittlichen Verbrauchsmengen und/oder Faktorpreisen der Vergangenheit hergeleitet. Im Ergebnis werden damit Schwankungen in einzelnen Jahren oder bei einzelnen Projekten eliminiert. Damit wird gefragt, wie hoch die Kosten sind, die unter normalen Umständen für das Erbringen bzw. Erstellen einer Leistung entstanden wären.

Bei Anwendung der **Plankostenrechnung** werden (u. a.) für einzelne Lieferungen und Leistungen die entstehenden Kosten (hinsichtlich ihrer Mengen- als auch ihrer Wertkomponenten) vorgegeben. Dadurch werden Vorgaben gewonnen, welche Kosten maximal für die Erbringung einer bestimmten Leistung entstehen dürfen, sodass insoweit eine Kostenkontrolle möglich wird. Die Plankostenrechnung ist von besonderem Interesse, weil nur sie den zeitlichen Anforderungen genügt. Entscheidend für die Vereinbarung von Entgelten für Lieferungen und Leistungen im Konzern sind die Verhältnisse zum Zeitpunkt des Vertragsschlusses. Hierbei kann es sich jedoch nur um Plankosten handeln. Gleichwohl sind auch Fälle denkbar, bei denen auch unter fremden Dritten entweder eine Erstattung der Ist-Kosten vereinbart worden oder aber eine Abrechnung auf Grundlage der Normalkosten erfolgt wäre.

Die Praxis zeigt, dass im Rahmen von **Betriebsprüfungen** gegenüber der Verwendung der Plankostenrechnung gewissen Bedenken bestehen. Obwohl es keine entsprechende Regelung in den Verwaltungsgrundsätzen gibt, wird sie in der Betriebsprüfungspraxis häufig nur anerkannt, wenn im Rahmen einer „Nachkalkulation“ nachgewiesen wird, dass die verrechneten Plan-Kosten ungefähr den Ist-Kosten entsprechen. Eine solche Forderung erweist sich jedoch als rechtlich problematisch. Der BFH hat mit seinem Urteil vom 17.11.1981[144] festgestellt, dass der Steuerpflichtige selbst nicht verpflichtet ist, eine solche Nachkalkulation zu erstellen. Vielmehr hat er im Rahmen seiner Mitwirkungspflichten gezielte Fragen des Betriebsprüfers zu beantworten und weitere sachdienliche Unterlagen vorzulegen. Unseres Erachtens ergibt sich auch aus § 90 Abs. 3 AO keine Rechtsgrundlage. Dieser verlangt, dass der Steuerpflichtige darlegt, nach welcher Methode er seine Verrechnungspreise bestimmt hat. Hingegen verlangen diese Grundsätze nicht, dass der Steuerpflichtige mehr als eine Methode anwenden muss. Ferner wird in Tz. 3.3.2 lit. a) Verwaltungsgrundsätze-Verfahren verlangt, dass der Steuerpflichtige seine Kalkulation offen legen muss. Eine darüber hinausgehende Forderung wird nicht erhoben. Gemäß Tz. 3.4.10.1 Verwaltungsgrundsätze-Verfahren sind Abwei-

144 VIII R 174/77, BStBl 1982 II S. 430.

chungen von der Verrechnungspreismethode darzustellen. Auch nach den dortigen Aussagen ist der Steuerpflichtige nicht verpflichtet, eine Verrechnungspreisbestimmung auf Grundlage einer weiteren Methode durchzuführen. Etwas anderes gilt jedoch, wenn der Steuerpflichtige aus betriebswirtschaftlichen Gründen eine Nachkalkulation erstellt. Ist diese bereits vorhanden, hat die Finanzverwaltung auch das Recht, sie im Rahmen der Betriebsprüfung anzufordern.

Als tragende Prinzipien postulieren die **OECD-Guidelines**, dass die Verrechnungspreisermittlung nach den gleichen Grundsätzen zu erfolgen hat wie die Kostenermittlung bei Geschäften unter Fremden und dass diese Grundsätze im Zeitablauf einheitlich bleiben. Anschließend wird ausgeführt, dass es unabhängige Unternehmen wahrscheinlich nicht akzeptieren würden, einen höheren Preis zu bezahlen, der auf Ineffizienzen der anderen Vertragspartei beruht, während die besondere Effizienz dieser Partei dazu führen soll, dass dieser Vorteil auch bei ihr verbleibt.[145]

Es ist dem Konzern auch möglich, in den unterschiedlichen Konzerngesellschaften oder in verschiedenen Abteilungen dieser Gesellschaften mit **voneinander abweichenden Kostenbegriffen** und Kostenrechnungssystemen zu arbeiten, vorausgesetzt, dass es hierfür (betriebswirtschaftlich) stichhaltige Gründe gibt. Dies kann z. B. der Fall sein, wenn in den unterschiedlichen Konzernbereichen divergierende Aufgaben wahrgenommen werden, die eine verschieden stark differenzierte Kostenrechnung erfordern.

Auf Grundlage der deutschen Verwaltungsgrundsätze sind zumindest die folgenden Abgrenzungen hinsichtlich des **Sachumfangs der Kosten** als zulässig anzusehen, wenn sie als einheitliches System eingesetzt werden:

- die Vollkostenrechnung,
- die Teilkostenrechnung (Deckungsbeitragsrechnung/direct costing) und
- die Prozesskostenrechnung.

Die deutschen Verwaltungsgrundsätze gehen in Tz. 2.2.4 davon aus, dass eine Erstattung sämtlicher Kosten, die aus der Lieferung bzw. Leistung innerhalb des Konzerns entstehen, anzustreben ist. Folglich wird der Ansatz von Vollkosten verlangt. Dieser Forderung liegt offenbar die Überlegung zugrunde, dass ein ordentlicher und gewissenhafter Geschäftsleiter – bei einer längerfristigen Betrachtung – sich nur dann für die Annahme eines Auftrags entschließen würde, wenn er hierfür eine vollständige Deckung seiner gesamten Kosten erhielte. Die Probleme eines solchen Ansatzes liegen in seiner praktischen Anwendung. Dabei kommt insbesondere der Zuordnung der (echten) Gemeinkosten auf die einzelnen Kostenträger besondere Bedeutung zu. Dem sollte dadurch Rechnung getragen werden, dass vergleichbare Schlüsselgrößen gewählt werden, wie sie auch unter fremden Dritten zur Anwendung kommen.

145 Vgl. Tz. 2.45 der OECD-Guidelines.

Eine Abrechnung zu Grenzkosten ist nach Auffassung der OECD möglich, wenn die Leistung im jeweiligen Ausland nicht zu höheren Preisen abgesetzt werden kann. Auch wenn die deutschen Verwaltungsgrundsätze insoweit unklar bleiben, ist davon auszugehen, dass sie in bestimmten Fällen eine Verrechnung auch unterhalb der Vollkosten zulassen. Hinweise hierfür enthält auch Tz. 2.2.4 Verwaltungsgrundsätze, in der die Preispolitik gegenüber fremden Dritten besonders betont wird.

Aus dem Leitbild des ordentlichen und gewissenhaften Geschäftsleiters folgt, dass er zunächst immer versuchen wird, seine **Vollkosten** am Markt erzielen zu können. Wenn dies nicht möglich ist, ist für einen rational handelnden Geschäftsleiter jeder Auftrag sinnvoll, der zumindest die variablen Kosten deckt. Ausschlaggebend hierfür ist, dass die **fixen Kosten** (= Kosten der Betriebsbereitschaft) auch bei einer Ausbringungsmenge von null entstünden. Folglich führen entsprechende Aufträge zu einer Verringerung von Verlusten und es entspricht grundsätzlich dem Rationalitätspostulat, solche Aufträge anzunehmen. Allerdings müssen hierbei die damit verbundenen (langfristigen) Konsequenzen beachtet werden. Denkbar ist z. B., dass ein solches Angebot unterbleibt, um das Preisniveau am Markt nicht senken zu müssen oder die Einschätzung als hochwertiges Produkt durch die Marktteilnehmer nicht zu gefährden.

Dabei ist gesondert zu prüfen, welche Kosten tatsächlich entstehen (würden) und welche sich ggf. abbauen ließen. Dabei spielen nicht nur hiermit möglicherweise verbundene Kosten eine Rolle (z. B. Abfindungen für die Kündigung von Arbeitnehmern), sondern auch die Frage, ob ein ordentlicher und gewissenhafter Geschäftsleiter aus übergeordneten Gründen (z. B. begründeten Erwartungen hinsichtlich der Auslastung der vorhandenen Kapazitäten in der Zukunft – etwa infolge von in Vorbereitung befindlichen Produkten) und in der Zukunft erwarteten Vorteilen (z. B. dem Nichtentstehen von Suchkosten bei einer Zunahme der Nachfrage) oder dem Verhindern von anderen Nachteilen (z. B. Nachfragerückgang infolge eines Imageverlusts infolge von Presseberichten über den Personalabbau) sich ebenso verhalten hätte.

Da eine Reihe von Faktoren eine Rolle spielen (oder zumindest spielen können), sollte für eine **Nachweisbarkeit** der Argumente gesorgt werden. In Abhängigkeit von der jeweiligen Situation kann dies auch konkrete Planungsrechnungen für die Zukunft voraussetzen.[146] Außerdem ist zu beachten, dass ein Nichteintreten dieser Planungen ggf. Handlungsbedarf für die Anpassung der Produktpalette auslösen kann.

Ein ordentlicher und gewissenhafter Geschäftsleiter würde sich stets fragen, ob er die vorhandenen Ressourcen in anderer Weise (insbesondere mit einer höheren Gewinnchance) einsetzen kann. Denkbar wäre z. B. die Übernahme einer Lohnfer-

146 Vgl. BFH vom 17.02.1993 I R 3/92, BStBl 1993 II S. 457.

tigung für einen Dritten, der den Zeitraum bis zum Vorliegen eigener wettbewerbsfähiger Produkte überbrücken könnte.

5.1.2.1.3.3 Gewinnkomponente

Die Verwaltungsgrundsätze enthalten zur Höhe des Gewinnaufschlages einen einzigen Satz. Dieser lautet: „Es werden dann **betriebs- oder branchenübliche** Gewinnzuschläge gemacht."[147] Angesichts dieser sehr vagen Vorgaben überrascht es kaum, dass die Zahlenwerte, die für den Gewinnaufschlag genannt werden, sehr stark voneinander differieren, wobei besonders bemerkenswert ist, dass dabei auf den Umfang der zugrunde liegenden Kosten nicht eingegangen wird.

In der Praxis werden i. d. R. keine direkt vergleichbaren Gewinnaufschläge vorliegen, da Unternehmen nicht verpflichtet sind, ihre Aufschlagssätze und ihre Kalkulationsschemata zu veröffentlichen und die Finanzverwaltungen infolge des Steuergeheimnisses (vgl. § 30 AO) die Verhältnisse von fremden Dritten – auch in anonymisierter Form – dem Steuerpflichtigen nicht offenbaren darf. Die Vorschläge zur Bestimmung des Gewinnaufschlags in der Literatur[148] reichen vom inneren oder äußeren Betriebsvergleich über die Eigenkapitalrendite und die Preisbildungsvorschriften für öffentliche Aufträge bis hin zu festen Gewinnprozentsätzen.[149]

Nicht zuletzt die **Unbestimmtheit der Vorgaben** der Finanzverwaltung und die unterschiedlichen Auffassungen in der Literatur haben dazu geführt, dass sich die Rechtsprechung wiederholt mit der Höhe des Gewinnaufschlags beschäftigen musste. In seinem Urteil vom 02.02.1960[150] sah der BFH einen Gewinnaufschlag von 10 % bis 15 % „nicht als unangemessen" an. Bemerkenswerterweise enthält dieses Urteil keine Aussagen darüber, inwieweit möglicherweise in den Gemeinkosten schon Gewinnbestandteile enthalten sind und auf welche Grundlage sich dieses Werteintervall stützt. In seinem Urteil vom 12.03.1980[151] hat der BFH einen Reingewinnsatz von 3 % bis 5 % des wirtschaftlichen Umsatzes als üblich angesehen. Das FG des Saarlandes führt in seinem Urteil vom 18.12.1996[152] aus, dass ein Reingewinnzuschlag von 5 % nicht auf Bedenken stoße.

Ein in der Praxis weit verbreiteter Richtwert ergibt sich aus dem früheren sog. Kontroll- und Koordinierungsstellenerlass der deutschen Finanzverwaltung.[153] Danach

147 BMF-Schreiben vom 23.02.1983 – IV C 5 – S 1341 – 4/83, BStBl 1983 I S. 218, Tz. 2.2.4 Satz 3, Hervorhebungen des Verfassers.

148 Vgl. zu einer Übersicht dieser Vorschläge z. B. Lahodny-Karner, Schriften zum österreichischen Abgabenrecht, Bd. 4, 1996, S. 133 ff. m. w. N.

149 Eine solche Regelung wird z. B. in Brasilien eingesetzt, wo ein einheitlicher Aufschlagssatz von 20 % verwendet wird, vgl. Mattos, Intertax 1998, S. 223.

150 BFH vom 02.02.1960 I 194/59, BB 1960 S. 731. Bemerkenswerterweise ist dieses Urteil weder in der amtlichen Entscheidungssammlung des BFH noch im BStBl veröffentlicht worden.

151 BFH vom 12.03.1980 I R 186/76, BStBl 1980 II S. 531.

152 FG Saarland vom 18.12.1996, 1 K 257/94, EFG 1997, S. 485 (rkr.).

153 Kontroll- und Koordinierungsstellen ausländischer Konzerne in der Bundesrepublik Deutschland nach den Abkommen zur Vermeidung der Doppelbesteuerung vom 24.08.1984 – IV C 5 – S 1300 – 244/84, BStBl 1984 I S. 458.

sollte für inländische Kontroll- und Koordinierungsstellen von ausländischen Konzernen ein Gewinnaufschlag von 5 % bis 10 % der Kosten der Kontroll- bzw. Koordinierungsstelle als angemessen anzusehen sein. Eine ähnliche Aussage findet sich auch in Tz. 3.1.2 der Betriebsstätten-Verwaltungsgrundsätze. Danach ist es nicht zu beanstanden, wenn Dienstleistungen, die die Haupttätigkeit der Betriebsstätte bilden, unter Anwendung der Kostenaufschlagsmethode „unter Berücksichtigung eines Gewinns von 5 % bis 10 %" abgerechnet werden.

Eine solche Vorgehensweise überrascht. Es gibt in diesen Erlassen keine Vorgaben, wie die Kostenkomponente zu bestimmen ist, auf die der Gewinnaufschlag berechnet wird. Vielmehr wird lediglich auf die allgemeinen Regelungen in den Verwaltungsgrundsätzen zur Kostenaufschlagsmethode verwiesen. Damit besteht die Gefahr, dass im Rahmen der Kostenermittlung Kostenbestandteile berücksichtigt werden, die nach steuerrechtlichen Vorgaben als Gewinnbestandteile zu qualifizieren sind. Sofern dies der Fall ist, wird der Gewinnaufschlag doppelt vorgenommen, denn einerseits sind die entsprechenden Beträge bereits in den Gemeinkosten enthalten, andererseits wird dies im Rahmen der Gewinnspannenermittlung nicht berücksichtigt.

Vor dem Hintergrund der **Risiken und Funktionen**, die typischerweise der Kontroll- und Koordinierungsstelle zugewiesen werden, überrascht die Höhe dieses Zuschlagssatzes. Als beispielhafte Aufgaben nannte der Erlass:[154]

- das Rechnungswesen und die Berichterstattung der Tochtergesellschaften bzw. Betriebsstätten überwachen und koordinieren sowie deren Jahresabschlüsse konsolidieren;
- Programm, Einkauf, Produktionspläne, Arbeitsmethoden, Marketing und/oder Forschung koordinieren;
- Leitlinien der Konzernspitze an die örtlichen Verhältnisse anpassen, in diese umsetzen und ihre Einhaltung kontrollieren oder Fragen von regional begrenzter Bedeutung für die Entscheidung der Konzernspitze vorbereiten;
- satzungsmäßige oder in allgemeinen Konzernrichtlinien festgelegte Vorbehalte der Zustimmung der Konzernspitze zu Entscheidungen der Tochtergesellschaften ausüben sowie die Vertretung in Gesellschaftsversammlungen oder überwachenden Organen wahrnehmen oder Personen in solche Gremien entsenden und
- andere verwaltungsbezogene Leistungen.

Vor diesem Hintergrund könnte der allgemeine Rückgriff auf diesen Gewinnaufschlag für die Anwendung der Kostenaufschlagsmethode sich als viel zu gering erweisen, wenn bedacht wird, welche (geringen) Risiken mit den Tätigkeiten einer Kontroll- und Koordinierungsstelle und welche z. B. mit der Erbringung einer Leis-

154 Vgl. Tz. I. des Kontroll- und Koordinierungsstellenerlasses, BMF-Schreiben vom 24.08.1984 – IV C 5 – S 1300 – 244/84, BStBl 1984 I S. 458.

tung verbunden sind. Doch diese Überlegungen haben bei näherer Betrachtung keinen Bestand. Vielmehr führt die Anwendung der Kostenaufschlagsmethode gerade dazu, dass alle entstehenden Kosten ersetzt werden. Dadurch sind wesentliche Teile der Risiken, die sonst mit einer unternehmerischen Tätigkeit verbunden sind, bereits abgesichert. Lediglich das allgemeine unternehmerische Risiko verbleibt. Hierfür erscheint – vor dem Hintergrund des Aufschlagssatzes bei Kontroll- und Koordinierungsstellen – ein Gewinnaufschlag von 5 % bis 10 % der Kosten als sachgerecht.[155] Gleichwohl gibt es für diese Spanne keine betriebswirtschaftliche oder wissenschaftliche Begründung. Sie ist vielmehr als eine in der Praxis „gewachsene“ Richtgröße zu sehen, die in der Vergangenheit häufig allgemein angewendet wurde. Der Steuerpflichtige hat keinen Rechtsanspruch, die Anwendung dieser Größen zu verlangen. Etwas anderes gilt lediglich in den oben genannten Betriebsstättenfällen, weil die Regelung in Tz. 3.1.2 Betriebsstättenverwaltungsgrundsätze zu einer Selbstbindung der Finanzverwaltung führt.

Die Regelungen des Kontroll- und Koordinierungserlasses wurden – inhaltlich im Wesentlichen unverändert – in die Betriebsstätten-Verwaltungsgrundsätze überführt.[156] Kurze Zeit später wurde die Höhe des Gewinnaufschlags von der EU-Kommission als – einzige deutsche – Regelung des unfairen Steuerwettbewerbs angegriffen. Die deutsche Finanzverwaltung hat hierauf mit einer Änderung der Tz. 4.4.4 der Betriebsstätten-Verwaltungsgrundsätze reagiert.[157] Danach ist nunmehr ein dem Fremdvergleichsgrundsatz entsprechender Gewinnaufschlag vorzunehmen. Die langjährige Praxis der deutschen Finanzverwaltung, sich häufig an diesem Intervall zu orientieren, sollte nicht dazu führen, dass dies i. S. einer Nichtbeanstandungsgrenze interpretiert wird.

In den letzten Jahren wird verstärkt mit Hilfe von **Datenbankanalysen** eine Bestimmung des Gewinnaufschlags vorgenommen. Dabei sollen möglichst vergleichbare Unternehmen als Referenzobjekt herangezogen werden. Allerdings sind die Unternehmen nicht verpflichtet, im Rahmen ihrer allgemeinen Publizitäts- und Offenlegungspflichten ihre Gewinnmargen zu veröffentlichen. Dies gilt insbesondere für eine auftragsbezogene Betrachtungsweise, die den engsten Bezug zum transaktionsbezogenen Ansatz aufweisen würde. Die Aussagen in Tz. 3.4.12.4 (und 3.4.12.5 lit. c)) Verwaltungsgrundsätze-Verfahren[158] lassen erkennen, dass diese Vorgehensweise nicht per se als unzulässig verworfen wird. Allerdings bleiben die Anforderungen, die erfüllt sein müssen, damit eine Anerkennung durch die Finanzverwaltung erfolgt, unpräzise. Es wird versucht, die hieraus resultierenden Schwierigkeiten bei der Informationsbeschaffung dadurch zu lösen, dass ein Rückgriff auf veröffentlichte Jahresabschlussinformationen erfolgt. Ausgangspunkt dieser Überlegungen

155 A. A. Kumpf, 1976, 197, und Engel, 1986, S. 189, die einen solchen Gewinnaufschlag für zu gering halten.

156 BMF-Schreiben vom 24.12.1999 – IV B 4 – S 1300 – 111/99, BStBl 1999 I S. 1076, mit Korrektur vom 20.11.2000.

157 BMF-Schreiben vom 20.11.2000 – IV B 4 – S 1300 – 222/00, BStBl 2000 I S. 1509.

158 BMF-Schreiben vom 12.04.2005 – IV B 4 – S 1341 – 1/05, BStBl 2005 I S. 570.

ist, dass die Höhe des im Rahmen der Kalkulation anzuwendenden Gewinnaufschlages sich – mittelbar – im handelsrechtlichen Gewinn niederschlagen muss. Folglich wird versucht, auf der Grundlage des handelsrechtlichen Jahresüberschusses die Gewinnmarge im Rahmen der Kalkulation und damit für Zwecke der Kostenaufschlagsmethode zu ermitteln.

Grundlage bildet die Analyse von möglicherweise vergleichbaren Unternehmen. Hierbei wird versucht, Vergleichsobjekte zu identifizieren, die hinsichtlich ihrer Produktpalette und ihrer jeweiligen Verhältnisse (insbesondere der Funktionen und Risiken) mit dem Unternehmen möglichst vergleichbar sind, für das eine Verrechnungspreisbestimmung auf Grundlage der Kostenaufschlagsmethode erfolgen soll. Als Vorteil ist insbesondere die große Zahl der (potentiell) als Vergleichsmaßstab zur Verfügung stehenden Werte zu sehen, sodass die Chance zum Auffinden eines – hinsichtlich der Funktionen vergleichbaren – Unternehmens besonders groß ist.

Ist ein solches Unternehmen gefunden, werden auf Grundlage der von diesem vorliegenden Zahlen (insbesondere der Gewinn-und-Verlust-Rechnung) Gewinnmargen berechnet. Diese ergeben sich daraus, dass zunächst alle periodenfremden und außergewöhnlichen Aufwendungen und Erträge aus dem Ergebnis eliminiert werden. Der so entstehende Gewinn soll aus der originären Geschäftstätigkeit des Vergleichsunternehmens stammen. Auf der Grundlage der ebenfalls seitens des Unternehmens offenzulegenden Angaben in der Gewinn-und-Verlust-Rechnung (insbesondere hinsichtlich Material-, Personalaufwand und sonstigen Aufwendungen) wird nun versucht, den entstehenden Gewinn in einen Zuschlagssatz umzurechnen.

Dieser Zuschlagssatz stellt den anzuwendenden Gewinnaufschlag dar. Hierbei ist zu berücksichtigen, dass ein solches Verfahren versucht, die Ähnlichkeiten zwischen der Gliederung der handelsrechtlichen Gewinn-und-Verlust-Rechnung und dem Kalkulationsschema, wie es häufig bei Anwendung der Kostenaufschlagsmethode zur Anwendung kommt, sich zunutze zu machen. Sofern es gelingt, diese Unterschiede zu eliminieren, würde ein Gewinnaufschlag ermittelt werden können, der sich ohne weiteres auch auf die zu bepreisende Lieferung bzw. Leistung übertragen ließe.

Gleichwohl darf nicht übersehen werden, dass eine solche Vorgehensweise auf Bedenken stößt. Dies gilt hinsichtlich ihrer Undifferenziertheit. Die Vorgehensweise führt nicht dazu, dass ein transaktionsbezogener Ansatz zur Anwendung kommt, sondern es wird ein umfassender Vorteilsausgleich unterstellt, weil letztendlich eine Durchschnittsbetrachtung angestellt wird. Folglich würde eine solche Konzeption sich nur als sinnvoll erweisen, wenn davon auszugehen wäre, dass konzerninterne Transaktionen jeweils nur eine durchschnittliche Rendite erzielen. Dies ist zwar denkbar, doch kann mit der gleichen Wahrscheinlichkeit die Auffassung vertreten werden, dass entsprechende Transaktionen einen höheren oder ggf. auch einen niedrigeren Beitrag zum Gesamtergebnis des Konzerns liefern. Insofern beruht dieser Ansatz methodisch auf zweifelhaften Voraussetzungen. Allerdings kann diese

Lösung dann sinnvoll sein, wenn es sich um ein funktionsschwaches Unternehmen handelt, das nur über einfache Strukturen verfügt.

Der Kostenaufschlagsmethode ist zugutezuhalten, dass sie in den Fällen, in denen sonst eine Verrechnungspreisbestimmung auf Grundlage von Fremdvergleichsdaten nicht (mehr) erfolgen kann, eine Bepreisung von Lieferungen und Leistungen ermöglicht. Allerdings wird dieser Vorteil durch eine starke Abwendung vom Fremdvergleichsgrundsatz erkauft. Entscheidend ist ausschließlich, dass ein angemessener Beitrag zum Gesamtergebnis des Konzerns bzw. der einzelnen Tochtergesellschaft erbracht wird. Ist diese Forderung erfüllt, kommt es auf die Frage der angemessenen Verrechnungspreise für einzelne Transaktionen nicht mehr an. Daher wird möglicherweise auf einen im Einzelfall darüber hinausgehenden Gewinn verzichtet. Insofern ist festzustellen, dass diese Vorgehensweise sich vergleichsweise stark den gewinnorientierten Methoden nähert.

Wie die vorstehenden Ausführungen gezeigt haben, liegt das zentrale Problem bei Anwendung der Kostenaufschlagsmethode in der Bestimmung des Gewinnaufschlages. Vor diesem Hintergrund wird deutlich, dass gerade in diesem Bereich erhebliche Rechts- und Planungsunsicherheit besteht. Für die Verrechnungspreispraxis sollte hieraus die Schlussfolgerung gezogen werden, dass bei der Verrechnung von Leistungen mit Hilfe der Kostenaufschlagsmethode eine **Verprobung** des Gewinnaufschlages erfolgt. Dies kann erfolgen, indem für vergleichbare oder zumindest ähnliche Leistungen, die gegenüber fremden Dritten erbracht werden, eine Kontrollrechnung erfolgt. Hierbei sind die gleichen Grundsätze anzuwenden, wie sie zum Einsatz kämen, wenn diese Leistung nach Maßgabe der Kostenaufschlagsmethode gegenüber einer Konzerntochter fakturiert würde. Damit wird praktisch gegenüber einem fremden Dritten die Kostenaufschlagsmethode angewendet. Der Gewinnaufschlag wird auf Grundlage des tatsächlich (gegenüber fremden Dritten) erzielten Marktpreises und der für diese Lieferung bzw. Leistung entstandenen Kosten (auf Grundlage eines einheitlichen Kalkulationsschemas) bestimmt. Unter der Annahme, dass ein ordentlicher und gewissenhafter Geschäftsleiter das Ziel der Gewinnmaximierung verfolgt, kann davon ausgegangen werden, dass dieser Aufschlagssatz zumindest einen Anhaltspunkt für die Höhe des Gewinnaufschlages bildet.

Eine solche Vorgehensweise ist mit dem Nachteil behaftet, dass keine vollständige Objektivierung des Gewinnaufschlages erfolgen kann, weil die zugrunde liegenden Leistungen möglicherweise nur ähnlich, aber nicht hinreichend vergleichbar sind. Es zeigt sich auch, dass eine Vorgehensweise gefunden wurde, die dem Steuerpflichtigen eine vergleichsweise gute Position vermittelt. Die Finanzverwaltung müsste – sofern sie den Beweiswert seiner Argumentation erschüttern will – den Nachweis erbringen, dass die vom Unternehmen verwendeten Gewinnaufschläge falsch sind. Dies dürfte nur schwer gelingen, zumal wenn der Steuerpflichtige zugleich geprüft hat, inwieweit tatsächlich die Möglichkeit bestand, Vergleichswerte am Markt zu gewinnen. Ferner hat eine solche Vorgehensweise den Vorteil, dass ihre Dokumentation relativ einfach und gut nachvollziehbar möglich ist.

Gemäß Tz. 2.33 der **OECD-Guidelines** soll im Idealfall der Gewinnaufschlag, der bei konzerninternen Geschäften anzusetzen ist, dem Aufschlag entsprechen, der auch bei vergleichbaren Fremdgeschäften verwendet wird. Anderenfalls kann der Aufschlagssatz als „Orientierungshilfe“ verwendet werden, den ein unabhängiges Unternehmen bei einem vergleichbaren Geschäft erzielt hätte. Die OECD weist darauf hin, das wenn es nicht gelingt, die Unterschiede zwischen den Vergleichswerten eindeutig herauszurechnen, die Anwendung der Kostenaufschlagsmethode nicht möglich ist.[159]

Die Fremdvergleichbarkeit des „markups“ setzt voraus, dass auch die Kostenkomponente vergleichbar ist.[160] Eine solche Forderung erweist sich als berechtigt, denn wie oben bereits dargestellt, hängt die Höhe des anzuwendenden Gewinnaufschlags u. a. davon ab, inwieweit in den Kosten (insbesondere in den Gemeinkosten) schon Bestandteile enthalten sind, die steuerlich als Gewinn anzusehen sind. Folgerichtig verlangen die OECD-Guidelines eine Analyse der Art und der Höhe der Aufwendungen, die als Referenzgröße herangezogen werden sollen. Soweit erforderlich, hat eine Berichtigung des Gewinnaufschlages zu erfolgen. Gegebenenfalls kann bei der Übernahme von gesonderten Funktionen ein zusätzliches Entgelt verrechnet werden, das auf der Grundlage des Fremdvergleichs zu ermitteln ist. Wenn hingegen die Abweichungen lediglich auf der unterschiedlichen Effizienz der Unternehmen beruhen – die OECD-Guidelines nennen als typisches Beispiel die Kosten für die Aufsichtstätigkeit –, soll dies keine Berichtigung der Bruttospanne erfordern.

Keine Berücksichtigung findet in den Verwaltungsgrundsätze, dass es auch Geschäfte geben kann, die betriebswirtschaftlich sinnvoll **nicht die Vollkosten decken**, sondern vielmehr nur einen mehr oder weniger hohen Deckungsbeitrag erwirtschaften und somit von einem Gewinnaufschlag bei diesen Geschäften keine Rede sein kann. Vor allem in wirtschaftlich schwächeren Zeiten ist eine Veräußerung von Produkten unter Vollkosten ein probates Mittel, die Fixkosten zumindest anteilig zu decken. Diese betriebswirtschaftlich sinnvolle, ggf. sogar einzig richtige Entscheidung entspricht dem Handeln eines ordentlichen Geschäftsleiters und muss damit auch bei der Angemessenheitsprüfung von Verrechnungspreisen berücksichtigt werden.

5.1.2.1.3.4 Anwendungsbereich

In Tz. 2.32 der OECD-Guidelines werden folgende Fälle genannt, in denen sich die Kostenaufschlagsmethode als am zweckmäßigsten erweisen dürfte:

- wenn zwischen nahestehenden Unternehmen Halbfabrikate verkauft werden,
- wenn nahestehende Personen Verträge über die Nutzung gemeinsamer Einrichtungen bzw. langfristige Abnahme- und Liefervereinbarungen abschließen oder

159 Vgl. Tz. 2.35 der OECD-Guidelines.
160 Vgl. Tz. 2.37 der OECD-Guidelines.

- wenn es beim konzerninternen Geschäft um die Erbringung von Dienstleistungen geht.

Selbständige Bedeutung hat die Kostenaufschlagsmethode außerdem in den Fällen, in denen bestimmte Leistungen auch unter Fremden nach der Kostenaufschlagsmethode abgerechnet werden, wie z. B. bei Spezialaufträgen. In einem solchen Fall werden das Kalkulationsschema und der Gewinnaufschlagssatz unter Rückgriff auf die Vorgehensweise wie bei fremden Dritten ermittelt.[161] Im Schrifttum wird der Kostenaufschlagsmethode auch der **Charakter einer Ultima-Ratio-Lösung** zugebilligt. Danach soll diese Methode anwendbar sein, wenn andere Methoden nicht anwendbar sind, etwa weil Vergleichswerte fehlen. Eine solche Auffassung schien sich auch aus der zunächst erfolgten Ablehnung der gewinnorientierten Methoden durch die deutsche Finanzverwaltung zu ergeben. Wenn die anderen Standardmethoden nicht anwendbar wären und die gewinnorientierten Methoden abgelehnt würden, erscheint es nur als konsequent, die Kostenaufschlagsmethode anwenden zu wollen.

Unseres Erachtens kann einer solchen Interpretation nicht gefolgt werden. Der Methodenkanon zur Bestimmung von Verrechnungspreisen darf keineswegs als abschließend bezeichnet werden. Folglich kann aus der Nichtanwendbarkeit einer oder mehrerer Methoden nicht automatisch auf die Anwendbarkeit der Kostenaufschlagsmethode geschlossen werden. Ferner darf nicht übersehen werden, dass die Anwendbarkeit dieser Methode ebenfalls an Voraussetzungen geknüpft ist, deren Vorliegen zu prüfen ist.[162] Nachdem die deutsche Finanzverwaltung in den Verwaltungsgrundsätze-Verfahren[163] grundsätzlich – wenn auch unter bestimmten Voraussetzungen – die Anwendung der gewinnorientierten Methoden für zulässig erklärt hat, kann dieser Argumentation ohnehin nicht mehr gefolgt werden.

5.1.2.1.4 Gleichzeitige Anwendung mehrerer Methoden und Modifikationen

Die Standardmethoden sind **nicht als abschließend** zu betrachten. Vielmehr sind auch andere Methoden zulässig. Daher ist es – sowohl nach Auffassung der deutschen Finanzverwaltung,[164] der OECD[165] als auch nach h. M.[166] – zulässig, die Standardmethoden zu konkretisieren, zu vermischen, zu ergänzen oder gar zu ersetzen. Es ist davon auszugehen, dass nunmehr auch eine Vermischung von Elementen der Standard- und der gewinnorientierten Methoden erfolgen kann.

Hinsichtlich der Dokumentationsanforderungen bedeutet dies jedoch nicht, dass der Steuerpflichtige für sämtliche Methoden die erforderlichen Informationen aufzeich-

161 Vgl. hierzu auch – ergangen allerdings zur Preisvergleichsmethode – das BFH-Urteil vom 06.04.2005 I R 22/04, BStBl 2007 II S. 658.
162 Vgl. Tz. 3.50 OECD-Guidelines.
163 BMF-Schreiben vom 12.04.2005 – IV B 4 – S 1341 – 1/05, BStBl 2005 I S. 570.
164 Vgl. BMF-Schreiben vom 23.02.1983 – IV C 5 – S 1341– 4/83, BStBl 1983 I S. 218, Rz. 2.4.2.
165 Vgl. Tz. 2.49 OECD-Guidelines.
166 Vgl. z. B. Baumhoff in F/W/B, § 1 AStG Rz. 541 (November 1999).

nen muss, damit die Finanzverwaltung eine Verprobungsrechnung durchführen kann. Eine solche Forderung findet keine gesetzliche Grundlage, denn der Steuerpflichtige hat „nur" Aufzeichnungen über Art und Inhalt seiner Geschäftsbeziehungen sowie die Grundlagen für eine dem Grundsatz des Fremdvergleichs entsprechende Vereinbarung aufzuzeichnen. Dies umfasst nicht alle anderen – alternativ möglichen, aber nicht abgeschlossenen – Vereinbarungen und Bedingungen. Ferner gibt es **keine** sog. **Best-Method-Rule**. Das bedeutet, dass der Steuerpflichtige nicht mehr als eine Verrechnungspreismethode anwenden muss. Kommt er zu dem Ergebnis, dass damit eine sinnvolle Verrechnungspreisbestimmung möglich ist, brauchen die anderen Methoden nicht geprüft zu werden. Hingegen gibt es in anderen Staaten Vorgaben, die verlangen, dass alle Verrechnungspreismethoden zumindest überschlägig angewendet werden und der Steuerpflichtige sich dann für die Methode entscheidet, die den Fremdvergleichsgrundsatz am besten umsetzt.

5.1.2.2 Gewinnorientierte Methoden

Die Kritik an den Standardmethoden hat – zunächst in den USA und später auch bei der OECD – zu neuen methodischen Überlegungen geführt. Als Ergebnis wurden die sog. gewinnorientierten Methoden präsentiert. Diese sind dadurch gekennzeichnet, dass der enge Bezug zur einzelnen Transaktion – mehr oder weniger – gelöst wird. Im Ergebnis rückt damit der erzielbare bzw. erzielte Gewinn immer stärker in den Vordergrund und soll mit Hilfe des Fremdvergleichs geprüft werden.

Gleichwohl lässt die OECD nur solche Methoden zu, die auf den **einzelnen Geschäftsvorfall** bezogen werden. Damit soll der Bezug zu den Standardmethoden gewahrt bleiben. Allerdings ergibt sich damit ein neues Problem: Unternehmen ermitteln ihren Gewinn i. d. R. nicht produktbezogen und legen diesen auch nicht produktspezifisch offen. Allenfalls erfolgt u. U. eine sog. Segmentberichterstattung (§ 297 Abs. 1 Satz 2 HGB), bei der eine sehr starke Aggregation der Daten vorgenommen wird und keine Betrachtung einzelner Produkte erfolgt. Zudem wird nicht auf die einzelne Konzerngesellschaft abgestellt, sondern auf den Gesamtkonzern. Diese Vorgehensweise würde – zumindest nach deutschem Verständnis – verlangen, dass die Voraussetzungen für die zusammenfassende Betrachtung von mehreren Geschäften – sei es im Rahmen des Vorteilsausgleichs oder im Rahmen der Palettenbetrachtung – vorliegen. In der internationalen Staatenpraxis wird diesen Überlegungen jedoch nur wenig Bedeutung beigemessen.

Die OECD spricht bei diesen Methoden von **„methods of last resorts"**[167] und will damit ausdrücken, dass sie nachrangig gegenüber den Standardmethoden sind. Damit soll offenbar die Anwendung dieser Methoden begrenzt und der Bezug zur einzelnen Transaktion gewahrt werden. Eine undifferenzierte Anwendung dieser Methoden wäre nicht sachgerecht. Es darf nicht übersehen werden, dass die OECD

167 Tz. 3.50 OECD-Guidelines.

die unterschiedlichen Auffassungen der (Mitglieds-)Finanzverwaltungen nicht zu bündeln vermochte. Folglich kommt es zu einer Vielzahl von Fällen, in denen einzelne Verwaltungen die Auffassung vertreten, dass diese Methoden anzuwenden sind, andere nicht. Im Ergebnis wurde die Gefahr einer Doppelbesteuerung dadurch nachhaltig erhöht.

Das BMF hatte zunächst in einer **Presseerklärung vom 13.07.1995**[168] verkündet, dass es die gewinnorientierten Methoden lediglich in den Fällen der Schätzung oder der Verprobung anwenden will. Dies überrascht, weil § 1 Abs. 3 AStG damaliger Fassung – nunmehr § 1 Abs. 4 AStG[169] – in den Fällen der Schätzung – „mangels anderer geeigneter Anhaltspunkte" – auf die durchschnittliche Umsatzrendite oder die Verzinsung des im Unternehmen eingesetzten Kapitals verweist. Dies entspricht vom methodischen Ansatz her den Überlegungen bei gewinnorientierten Methoden. In der Folgezeit zeigte sich jedoch, dass die Finanzverwaltung die auf Grundlage dieser Methoden ermittelten Verrechnungspreise nicht per se verwarf, sondern sich hiermit inhaltlich auseinandersetzte.

In den **Verwaltungsgrundsätze-Verfahren** hat das BMF Vorgaben zur Anwendung der gewinnorientierten Methoden getroffen. Diese Äußerungen sind bemerkenswert, weil sie eine Abkehr von der bisherigen Auffassung des BMF darstellen. Danach werden unter den in Tz. 3.4.10.3 Verwaltungsgrundsätze-Verfahren genannten Voraussetzungen sowohl die geschäftsvorfallbezogene Nettomargenmethode (TNMM) als auch die geschäftsvorfallbezogene Gewinnaufteilungsmethode (profit split methode) unter bestimmten Voraussetzungen für anwendbar erklärt. Allerdings werden sie weder definiert noch ihre Funktionsweise erläutert. Unseres Erachtens ist davon auszugehen, dass insoweit ein Rückgriff auf die Vorgaben der OECD erfolgen kann, weil diese mehrfach in den Verwaltungsgrundsätzen-Verfahren als Grundlage herangezogen werden. Rechtlich ist dies jedoch zweifelhaft, weil diese Vorgaben in Deutschland – insbesondere für die Gerichtsbarkeit – nicht verbindlich sind. Die Aussagen der Finanzverwaltung zur Zulässigkeit dieser Methoden stehen unter dem Vorbehalt einer Neufassung von Tz. 2.2 und 2.4 Verwaltungsgrundsätze. Dies führt für die Steuerpflichtigen zu Rechtsunsicherheit, weil nicht klar ist, welche Rückwirkungen die spätere Überarbeitung auf solche VZ hat, in denen der Steuerpflichtige aufgrund dieser Regelung die gewinnorientierten Methoden angewendet hat. Hier wäre eine Bestandsschutzregelung sinnvoll, um zu verhindern, dass im Rahmen von späteren Betriebsprüfungen die derzeit verwirklichten Sachverhalte auf Grundlage anderer Anforderungen von der Finanzverwaltung geprüft werden.

Außerdem haben die letzten Jahre gezeigt, dass in der Betriebsprüfungspraxis die Finanzverwaltung diese Methoden i. d. R. anerkennt, wenn der Steuerpflichtige sie zur Bestimmung seiner Verrechnungspreise herangezogen hat. Er sollte bei der Anwendung einer solchen Methode besonderen Wert auf eine sorgfältige Begrün-

168 BMF, Presseerklärung vom 13.07.1995, IStR 1995, S. 384.
169 Vgl. hierzu unter 6.

dung der Methodenwahl legen. Hierbei können insbesondere Überlegungen hinsichtlich der individuellen Preisermittlung eine große Rolle spielen.

Der Gesetzgeber hat im Rahmen des Unternehmensteuerreformgesetzes 2008[170] in § 1 Abs. 3 Satz 1 AStG den Vorrang der Standardmethoden angeordnet, während die gewinnorientierten Methoden nicht grundlegend geregelt werden. Vielmehr wurde lediglich § 1 Abs. 3 AStG a. F. – nunmehr Abs. 4 – leicht verändert. Hierin kommt klar zum Ausdruck, dass die gewinnorientierten Methoden nicht anzuwenden sind, wenn die Standardmethoden zu Fremdvergleichspreisen führen. Andererseits ergibt sich aus der Regelung auch, dass neben den im Gesetz genannten Standardmethoden weitere Ansätze zur Verrechnungspreisbestimmung bestehen müssen, weil sonst die im Gesetz erfolgte Konditionierung nicht notwendig gewesen wäre.

5.1.2.2.1 Gewinnaufteilungsmethode (Profit-Split-Method)

Die **Profit-Split-Method**[171] geht von dem Gewinn des Gesamtkonzerns aus, der aus der Produktion eines Gutes oder dem Erbringen einer Leistung entstanden ist. Dieses produktbezogene Konzernbetriebsergebnis ist auf die an der Leistungserstellung beteiligten Konzernunternehmen aufzuteilen. Der Aufteilungsschlüssel richtet sich für die beteiligten Konzernunternehmen unter Berücksichtigung des Kapitaleinsatzes und der übernommenen Risiken nach der Funktionsanalyse. Dabei wird versucht, auf der Grundlage dieser Analyse eine Gewinnaufteilung vorzunehmen, wie sie fremde Dritte vorgenommen hätten.

Der Profit Split bietet – zumindest theoretisch – den Vorteil, dass **lediglich** der effektiv konzernweit **erzielte Gewinn besteuert** wird, niemals jedoch ein darüber hinausgehender Betrag. Wenn es einheitliche Kriterien gibt, nach denen der erzielte Gewinn auf alle leistungserbringenden Gesellschaften aufgeteilt wird, ist eine Doppelbesteuerung ausgeschlossen. Dies gilt zumindest für den Fall, dass sich alle Staaten auf einheitliche Gewinnermittlungsvorschriften einigen und damit feststeht, wie hoch der aufzuteilende Gewinn ist und nach welchem Schlüssel er auf die beteiligten Gesellschaften umzulegen ist. Dabei wird vorausgesetzt, dass der Gewinn, der aus einem einzigen Leistungserstellungsprozess entsteht, tatsächlich bekannt ist. Dies impliziert, dass eine Aufgliederung des gesamten Konzerngewinns auf die einzelnen Geschäfte möglich ist.

Als einzige **Voraussetzung für die Anwendung** des Profit-Splits wird in Tz. 3.4.10.3 Buchst. c) Verwaltungsgrundsätze-Verfahren genannt, dass die Standardmethoden nicht oder nicht zuverlässig herangezogen werden können. Unseres Erachtens kann hieraus jedoch nicht gefolgert werden, dass diese Methode bereits unter diesen Voraussetzungen anzuwenden ist. Vielmehr würde damit gegen die –

170 Vom 14.08.2007, BGBl 2007 I S. 1912.

171 OECD-Guidelines, Chap. III, B., i.

mehrfach in den Verwaltungsgrundsätze-Verfahren zitierten – Vorgaben der OECD verstoßen. Diese weisen ausdrücklich darauf hin, dass diese Methode als „method of last resort" anzusehen ist.[172]

Fraglich ist, ob durch diese Regelung eine Art **Auffangvorschrift** geschaffen wurde, die immer dann anzuwenden ist, wenn die Standardmethoden nicht zur Anwendung kommen können. Hierfür könnte die Formulierung in Tz. 3.4.10.3 Buchst. c) letzter Satz sprechen, der lautet: „In diesen Fällen sind fremdübliche Gewinnaufteilungsmaßstäbe aufzuzeichnen." Da eine solche Aufzeichnung nur sinnvoll ist, wenn sie auch angewendet wird, könnte damit – zumindest für Zwecke der Schätzung und Verprobung – eine Art Auffangregel geschaffen worden sein. Unseres Erachtens ist dies nicht gewollt gewesen, denn jede Verrechnungspreismethode entspricht nur unter bestimmten Voraussetzungen dem Verhalten zwischen fremden Dritten. Insoweit muss – wie dies auch von der OECD verlangt wird – in jedem Einzelfall geprüft werden, ob eine bestimmte Methode den Anforderungen des Fremdvergleichs genügt.

In den Verwaltungsgrundsätze-Verfahren werden keine detaillierten Vorgaben über die Anwendung der geschäftsvorfallbezogenen Gewinnaufteilung getroffen. Vielmehr erfolgt ein Verweis auf Tz. 3.5 ff. OECD-Verrechnungspreisrichtlinie. Hieraus ist die Schlussfolgerung zu ziehen, dass die Finanzverwaltung – zumindest zunächst – auf eigene, weitere Vorgaben zu dieser Methode verzichtet und sich inhaltlich vollumfänglich den Richtlinien der OECD anschließt.

Da der tatsächliche Gewinn i. d. R. erst bekannt ist, wenn der gesamte Leistungserstellungsprozess abgeschlossen ist, wird es sich bei der **Ermittlung des Gewinns** für den Profit-Split meist um einen simulierten Gewinn handeln.[173] Entscheidend ist zunächst die Frage, wie der aufzuteilende Gewinn zu ermitteln ist. Bedauerlicherweise enthalten die OECD-Guidelines hierzu **keine konkreten Vorgaben**. Vielmehr wird lediglich festgestellt, dass der Gewinnanteil, der jeder Gesellschaft zuzurechnen ist, dem entspricht, was einem unabhängigen Unternehmen als Gewinn aus einem Joint Venture zuzurechnen gewesen wäre.[174]

Zwar werden im Rahmen der „contribution analysis"[175] noch einige Ausführungen zu der dem Profit-Split zugrunde liegenden Aufteilungsweise gemacht, doch handelt es sich hierbei ausschließlich um Aussagen, die auf die Beitragsanalyse bezogen sind. Im Ergebnis ist damit festzustellen, dass es in den **OECD-Guidelines keine Vorgaben zur Ermittlung des aufzuteilenden Gewinns gibt**, die so konkret sind, dass sie in der Praxis umsetzbar wären. Nicht einmal in dem Glossarium, das den Guidelines vorangestellt wurde, gibt es für den Begriff des Gewinns eine Definiti-

172 Tz. 3.50 OECD-Guidelines.
173 Vgl. auch Tz. 3.12 OECD-Guidelines.
174 Vgl. Tz. 3.11 OECD-Guidelines.
175 Vgl. Tz. 3.17 OECD-Guidelines.

on.[176] Hiermit ist die Gefahr verbunden, dass in unterschiedlichen Staaten abweichende Gewinnermittlungsvorschriften (nämlich die des jeweiligen nationalen Rechts) angewendet werden müssen. Da hiermit i. d. R. unterschiedlich hohe Gewinne verbunden sind, können daraus sowohl eine internationale Doppel- als auch eine Minderbesteuerung entstehen.

Die OECD-Guidelines enthalten **keine abschließende Aufzählung** der Methoden zur Gewinnaufteilung. Allerdings werden folgende Methoden ausdrücklich genannt:

- „**Contribution analysis**" (Beitragsanalyse): Der Gesamtgewinn aus dem konzerninternen Geschäft wird nach Maßgabe des Wertes der jeweiligen Funktionen, die die betreffende Gesellschaft zur Erbringung dieser Gesamtleistung durch den Konzern geleistet hat, auf die einzelnen Gesellschaften aufgeteilt.[177] Dabei soll nach Möglichkeit eine Unterstützung durch Fremddaten erfolgen, indem analysiert wird, wie fremde Dritte bei einem vergleichbaren Geschäft den Gewinn aufgeteilt hätten. Im Idealfall könne eine direkte Ermittlung des Wertes der Funktion der einzelnen Gesellschaft erfolgen, sodass keine Schätzung der Beiträge der jeweiligen Konzerngesellschaft erforderlich sei.
- „**Residual analysis**" (Restgewinnanalyse): In einem ersten Schritt wird jeder beteiligten Konzerngesellschaft zunächst ein angemessener Gewinn zugewiesen, um je nach Art des vorgenommenen Geschäfts der Gesellschaft eine angemessene Mindestrendite zu vermitteln. Dabei bleibt (zunächst) eine gesonderte Vergütung für einzigartige oder die Einbringung von besonders wertvollen Wirtschaftsgütern unberücksichtigt. In der zweiten Stufe wird der Restgewinn (oder der entstandene Verlust) auf die Parteien aufgrund der Gegebenheiten und Umstände aufgeteilt, die aufzeigen, wie unabhängige Unternehmen diesen Betrag aufgeteilt hätten.[178] Von besonderer Bedeutung seien dabei Daten bezüglich eingebrachter immaterieller Wirtschaftsgüter und die Verhandlungspositionen der beteiligten Konzerngesellschaften.
- **Sonstige Methoden**: Als weitere mögliche Formen wird die Renditegleichverteilung (der Gesamtgewinn aus dem betrachteten Geschäft ist so aufzuteilen, dass jede Konzerngesellschaft dieselbe Rendite auf das eingesetzte Kapital erhält) und die Orientierung an der Gewinnverteilung, wie sie bei vergleichbaren Geschäften zwischen fremden Dritten tatsächlich eintritt, genannt.[179]

In der deutschen Verrechnungspreispraxis ist der Anwendungsbereich der Gewinnaufteilungsmethode – zumindest bisher – eher eng. Lediglich bei sehr stark aggregierten Leistungen, bei denen der Beitrag der einzelnen Unternehmen nicht mehr

176 Hierin könnte ein Hinweis darauf zu sehen sein, dass sich die beteiligten Finanzverwaltungen im Rahmen ihrer Beratungen nicht auf eine einheitliche Definition verständigen konnten, weil es wenig wahrscheinlich erscheint, dass die Definition dieses zentralen Begriffs für verzichtbar gehalten wurde.

177 Vgl. Tz. 3.16 OECD-Guidelines.

178 Vgl. Tz. 3.19 OECD-Guidelines.

179 Vgl. Tz. 3.25 OECD-Guidelines.

analysiert werden kann, kommt diese Methode zum Einsatz. Dies gilt insbesondere in den Fällen des Global Tradings. Hierunter ist der weltweite Handel mit Finanzprodukten innerhalb eines Konzerns zu verstehen, wobei unterschiedliche Konzerngesellschaften eine Wertpapierposition entweder kaufen, halten oder verkaufen. Darüber hinaus beschränkt sich der Anwendungsbereich regelmäßig auf die Fälle, in denen aufgrund von Vorgaben der ausländischen Finanzverwaltung eine Anwendung dieser Methode erfolgt und das deutsche Unternehmen sich dem nicht entziehen kann, um einen Sonderweg innerhalb des Konzerns zu vermeiden.

5.1.2.2.2 Nettomargenmethode (Transactional Net Margin Method – TNMM)

Gemäß Tz. 3.4.10.3 Buchst. b) der Verwaltungsgrundsätze-Verfahren ist auch die Anwendung der transaktionsbezogenen Nettomargenmethode (TNMM) zulässig. Die Anwendung dieser Methode wird von der Finanzverwaltung von einigen Voraussetzungen abhängig gemacht. Außerdem steht auch sie unter dem Vorbehalt einer Überarbeitung der Tz. 2.2 und 2.4 der Verwaltungsgrundsätze. Die „offizielle" Anerkennung dieser Methode ist zu begrüßen. Sie weist im Ergebnis Gemeinsamkeiten mit der Kostenaufschlags- und der Wiederverkaufspreismethode auf. Da diese bisher zulässig waren, gab es für die grundsätzliche Ablehnung der TNMM keine Rechtfertigung. Vor diesem Hintergrund stellt sich jedoch die Frage, warum sie gegenüber einer Anwendung der Standardmethoden nachrangig sein soll und die Anwendungsvoraussetzungen so restriktiv ausgestaltet werden, dass die praktische Anwendung beschränkt wird.

Die **Transactional Net Margin Method** stellt eine Kompromisslösung zwischen den Staaten dar, die eine Bestimmung oder zumindest Verprobung von Verrechnungspreisen ausschließlich auf der Grundlage der Höhe des Gewinns zulassen wollen, und den Staaten, die einen solchen Ansatz ablehnen. Ihre Grundidee liegt darin, dass die sog. **Nettogewinnspanne** zu einer bestimmten betriebswirtschaftlichen Größe ins Verhältnis gesetzt wird und dann ein Vergleich der Spannen bei konzerninternen Geschäften mit solchen gegenüber fremden Dritten erfolgt. Mögliche Bezugsgröße können die Kosten, der Umsatz oder das eingesetzte Kapital sein.[180]

Die TNMM soll nach Auffassung der OECD für einzelne bzw. für wirtschaftlich zusammenhängende Geschäfte angewendet werden. Damit werden Bezüge zur Palettenbetrachtung hergestellt. Hingegen wäre es nicht zulässig, eine Zusammenfassung nur deshalb vorzunehmen, weil für die Anwendung der anderen Verrechnungspreismethoden keine ausreichende Datengrundlage gegeben ist. Nach Auffassung der deutschen Finanzverwaltung ist eine Anwendung dieser Methode **nur nachrangig nach den Standardmethoden** möglich. Dies ergibt sich nunmehr auch aus § 1 Abs. 3 Satz 1 AStG. Die Anwendung ist **auf Unternehmen mit Routinefunktionen** begrenzt. Hierunter sind gem. Tz. 3.4.10.2 Buchst. a) Verwaltungs-

180 Vgl. Tz. 3.26 OECD-Guidelines.

grundsätze-Verfahren solche Unternehmen zu verstehen, die „beispielsweise“ konzerninterne Dienstleistungen erbringen, die ohne weiteres am Markt auch bei Dritten in Auftrag gegeben werden können, oder einfache Vertriebsfunktionen „und nur in geringem Umfang Wirtschaftsgüter einsetzt und nur geringe Risiken trägt“. Hieraus folgt, dass insbesondere für solche Unternehmen, die wesentliche Funktionen und Risiken tragen, die sog. Strategieträger, eine Anwendung dieser Methode ausscheidet. Ferner wird eine „(zumindest eingeschränkte) Vergleichbarkeit“ zwischen den Unternehmen verlangt. Lässt sich ein solcher Nachweis nicht führen, scheidet die Anwendung dieser Methode aus. Ferner wird verlangt, dass „besondere tatsächlich entstandene Gewinne oder Verluste des geprüften Unternehmens“ berücksichtigt werden. Diese Voraussetzungen müssen kumulativ vorliegen. Die Finanzverwaltung schränkt damit den Anwendungsbereich dieser Regelung stark ein.

In der Vergangenheit wurde von der deutschen Finanzverwaltung in Betriebsprüfungen ein umfangreicherer Anwendungsbereich der TNMM akzeptiert. Darüber hinaus setzt die Finanzverwaltung die Renditekennzahlen ein, um eine Plausibilisierung, Verprobung oder Schätzung vorzunehmen. Wann dies der Fall ist, bleibt ungenau. Insoweit ist davon auszugehen, dass die bisherigen Grundsätze der deutschen Finanzverwaltung weiterhin gelten, wonach gewinnorientierte Methoden auch für Schätzungs- und Verprobungszwecke grundsätzlich heranziehbar sind und im Einzelfall entschieden wird, inwieweit dies zu sachgerechten Ergebnissen führt. Eine solche Vorgehensweise kann sich auch auf § 1 Abs. 4 AStG stützen.

Sofern in Abweichung von den oben dargestellten Grundsätzen ein „Strategieträger“ oder „Entrepreneur“ abgrenzbare Routinefunktionen oder Funktionen i. S. von Tz. 3.4.10.2 Buchst. c) Verwaltungsgrundsätze-Verfahren ausübt, kann für die Ermittlung der Teilergebnisse auf die TNMM zurückgegriffen werden. Hierbei handelt es sich um Unternehmen, die Funktionen ausüben, die weder als Routine- noch als „Entrepreneur“-Funktionen betrachtet werden können.

In den Verwaltungsgrundsätze-Verfahren finden sich keine konkreten Vorgaben hinsichtlich der Ausgestaltung dieser Methode. Vielmehr wird lediglich auf Tz. 3.26 ff. OECD-Guidelines verwiesen. Diese Regelung ist dahingehend zu verstehen, dass auf eigene Vorgaben zur konkreten Ausgestaltung dieser Methode durch die deutsche Finanzverwaltung verzichtet werden soll und sie sich insoweit den Empfehlungen der OECD anschließt.

Die OECD-Guidelines enthalten keine Definition der **Nettogewinnspanne** („net profit margin“). Bei dieser Größe kann es sich u. E. nur um das auf die betrachtete Transaktion bezogene Betriebsergebnis handeln, weil nur dadurch der unmittelbare Bezug zur zu bepreisenden Transaktion erhalten bleibt. Hingegen würde die Einbeziehung des Finanzergebnisses, der außerordentlichen und/oder sonstigen betrieblichen Aufwendungen und Erträge oder gar das Abstellen auf einen Gewinn nach Steuern dazu führen, dass eine isolierte Betrachtung der einzelnen Transaktion nicht mehr erfolgen würde.

Die Verwaltungsgrundsätze-Verfahren enthalten hierzu keine Vorgaben. Daher ist davon auszugehen, dass der Steuerpflichtige sich für eine Größe entscheiden kann. Wichtig ist hierbei, dass einerseits die „besonderen tatsächlich entstehenden Gewinne oder Verluste“ eliminiert werden können und andererseits die Berechnung sowohl beim zu prüfenden als auch bei den Vergleichsunternehmen in gleicher Weise erfolgt. Nur so lässt sich ein ausreichender Bezug zum Fremdvergleich wahren.

Vom methodischen Ansatz her bestehen **Gemeinsamkeiten mit der Kostenaufschlags- und der Wiederverkaufspreismethode**. Dies hat zur Konsequenz, dass die Vorgehensweise entsprechend sein muss. Dabei ist insbesondere darauf zu achten, dass die vom Steuerpflichtigen aus dem Geschäft erzielte Nettogewinnspanne dem Wert entsprechen muss, den er bei vergleichbaren Geschäften mit fremden Dritten erzielt hätte. Werden keine Vergleichsgeschäfte vom Steuerpflichtigen vorgenommen, ist auf die Nettogewinnspanne abzustellen, die ein unabhängiges Unternehmen bei einem vergleichbaren Geschäft erzielt hätte.[181]

Dabei ist eine **Vergleichbarkeitsanalyse** durchzuführen,[182] ggf. sind auftretende Unterschiede durch Korrekturen zu berücksichtigen. Die Zuverlässigkeit der erforderlichen Anpassungen beeinflusst die Aussagefähigkeit der Analyse.[183] Deshalb soll die Nettomargenmethode nur angewendet werden, wenn die Nettogewinnspanne aus vergleichbaren Geschäften desselben Steuerpflichtigen abgeleitet werden kann oder wenn sich die Unterschiede zwischen der Nettogewinnspanne des Steuerpflichtigen und der eines vergleichbaren Dritten ausreichend berücksichtigen lassen.[184]

Als wesentlichen Vorteil nennen die OECD-Guidelines, dass die **Nettomarge** durch unterschiedliche Geschäfte **nicht so stark beeinflusst** wird wie der Preis. Differenzen in den Funktionen schlagen sich in verschieden hohen Aufwendungen nieder, während die Bandbreite der Nettogewinnspannen in vielen Fällen ähnlich hoch sein wird.[185] Praktische Vorteile werden auch darin gesehen, dass es häufig nicht erforderlich sei, die von den verschiedenen verbundenen Unternehmen wahrgenommenen Funktionen und Verpflichtungen zu ermitteln. Weiterhin sei in vielen Fällen eine sonst sehr aufwendige Kostenermittlung nicht erforderlich.[186] Zu Recht weisen die OECD-Guidelines darauf hin, dass der wahrscheinlich gravierendste Nachteil der **Nettomargenmethode** darin liegt, dass die Nettogewinnspanne auch von Faktoren beeinflusst werden kann, die sich entweder gar nicht, weniger stark oder nur mittel-

181 Vgl. Tz. 3.26 OECD-Guidelines.
182 In Tz. 3.34 OECD-Guidelines wird darauf hingewiesen, dass die bloße Ähnlichkeit der Funktionen zwischen zwei Unternehmen nicht unbedingt zu zuverlässigen Vergleichen führen muss.
183 Vgl. Tz. 3.37 OECD-Guidelines.
184 Vgl. Tz. 3.39 OECD-Guidelines.
185 Vgl. Tz. 3.26 OECD-Guidelines.
186 Vgl. Tz. 3.28 OECD-Guidelines.

bar auf die Preise oder die Bruttogewinnspanne auswirken.[187] Deshalb sei es wichtig, genaue Richtlinien für die Vergleichbarkeit der Nettogewinnmargen zu schaffen.

Eine Bestimmung von Vergleichsmargen kann unter Umständen auch mit Hilfe von Datenbanken erfolgen. Hierbei wird versucht, Unternehmen zu identifizieren, die ein vergleichbares Funktions- und Risikoprofil aufweisen. Hierfür bieten sich insbesondere Internetrecherchen an. Sind solche gefunden, wird auf Grundlage des offengelegten (handelsrechtlichen) Jahresabschlusses – regelmäßig nach Anpassung und Bereinigung der Ergebnisse um individuelle Besonderheiten – eine Vergleichsmarge bestimmt. Nur wenn die betrachtete Konzerngesellschaft eine vergleichbar hohe Marge erzielt, gelten die Verrechnungspreise als fremdüblich. Entscheidend für diese Überlegung ist, dass auf vergleichbaren Märkten und bei Ausübung vergleichbarer Funktionen und Risiken auch vergleichbare Margen realisiert werden müssten. Ist dies nicht der Fall, kann dies unterschiedliche Ursachen haben. Insoweit wird vermutet, dass eine Beeinträchtigung der Verrechnungspreise dazu geführt hat, dass diese fremdübliche Marge nicht erreicht werden kann.

5.1.3 Gesetzliche Anordnung des Vorrangs der Standardmethoden

Der Referentenentwurf der Unternehmensteuerreform 2008 vom 05.02.2007 hatte noch den grundsätzlichen Vorrang der Preisvergleichsmethode vorgesehen. Dies war nicht unproblematisch, weil diese Methode infolge ihrer Voraussetzungen und der vorhandenen Datensituation nur in einer vergleichsweise geringen Zahl von Fällen zur Anwendung kommen kann.[188] In der nunmehr vorliegenden Gesetzesfassung wird der Vorrang der Standardmethoden festgeschrieben. Deren Anwendung setzt jedoch voraus, dass Fremdvergleichswerte ermittelt werden können, die unter Berücksichtigung der ausgeübten Funktionen, eingesetzten Wirtschaftsgüter und den übernommenen Risiken uneingeschränkt vergleichbar sind. Sind mehrere Werte vorhanden, entsteht eine Bandbreite. Insoweit findet eine Übertragung der Grundsätze zur Funktions- und Risikoanalyse aus der bisherigen Verwaltungserlasspraxis und der GAufzV in das Gesetz statt. Können solche Vergleichswerte nicht ermittelt werden, soll die Verwendung von eingeschränkt vergleichbaren Werten „nach Vornahme sachgerechter Anpassungen“ erfolgen.

Es überrascht, dass im Rahmen der gesetzlichen Neuregelung nicht auf die gewinnorientierten Methoden eingegangen wurde, insbesondere vor dem Hintergrund der – oben bereits dargestellten – Öffnung der Finanzverwaltung für diese Methoden im Rahmen der Verwaltungsgrundsätze-Verfahren. Aus der Nichterwähnung kann u. E. nicht geschlossen werden, dass diese Methoden nicht anwendbar sind. Vielmehr

187 Vgl. Tz. 3.29 und 3.35 ff. OECD-Guidelines.

188 Wassermeyer schätzt diese Zahl auf maximal 5 %, vgl. Wassermeyer, DB 2007, S. 537.

werden die Standardmethoden genannt, ohne dass hiermit ein Numerus Clausus an Methoden verbunden ist. Dies ergibt sich schon aus der Überlegung, dass eine abschließende Beschreibung der Methoden ohnehin nicht möglich ist. Ferner nimmt das Gesetz eine Konditionierung vor, die dann nicht notwendig wäre, wenn es sich um eine abschließende Aufzählung von möglichen Methoden handelte.

5.1.4 Methodenwahl in der Praxis

Sowohl die OECD-Richtlinie als auch die deutschen Verwaltungsgrundsätze-Verfahren gehen davon aus, dass die **Standardmethoden** für die Berechnung des Verrechnungspreises bei Geschäftsbeziehungen mit nahestehenden Personen bzw. verbundenen Unternehmen **vorrangig** zur Anwendung kommen. Insoweit handelt es sich bei der gesetzlichen Regelung nur um eine Übernahme der bisher ohnehin schon bestehenden Praxis. Nur wenn diese aufgrund der spezifischen Geschäftsbeziehungen sich als ungeeignet erweisen, können die gewinnorientierten Methoden als „cases of last resort" in Deutschland nur unter den oben dargestellten Voraussetzungen zur Anwendung kommen.

Bei der Wahl der Verrechnungspreismethode ist auf die Verhältnisse des Einzelfalls abzustellen, sodass ein Unternehmen für unterschiedliche Geschäftsbeziehungen unterschiedliche Methoden anwenden kann, gegebenenfalls sogar muss. Der quasi systemimmanente Vorzug der Preisvergleichsmethode ist zwar in den deutschen Verwaltungsgrundsätzen enthalten, doch steht diese Methode nahezu gleichberechtigt neben weiteren Prüfungsmethoden der Angemessenheit. Textziffer 2.4.2 der Verwaltungsgrundsätze lässt auch die Möglichkeit zu, mehrere Methoden bei der Prüfung der Angemessenheit zu mischen bzw. miteinander zu kombinieren, um den tatsächlichen Gegebenheiten des Einzelfalls gerecht zu werden.

Nach Tz. 3.4.10.3 Verwaltungsgrundsätze-Verfahren erkennt die deutsche Finanzverwaltung die geschäftsvorfallbezogene Gewinnaufteilungsmethode (Profit-Split-Method) nur an, wenn sich die Standardmethoden nicht oder nicht verlässlich anwenden lassen. Dies kann beispielsweise bei der Gewinnabgrenzung von grenzüberschreitenden Geschäftsbeziehungen zwischen mehreren Konzernunternehmen mit „Entrepreneur"-Funktionen der Fall sein, die gemeinsam an der Anbahnung, Abwicklung und an dem Abschluss des Geschäftes beteiligt sind, ohne dass Einzelbeiträge abgegrenzt werden können. In diesen Fällen lässt auch die deutsche Finanzverwaltung fremdübliche Gewinnaufteilungsmaßstäbe zu, die jedoch im Einzelnen zu begründen sind.

Nach Tz. 3.4.9.3 Verwaltungsgrundsätze-Verfahren klassifiziert die deutsche Finanzverwaltung im Rahmen ihrer Verrechnungspreisprüfung Unternehmen nach deren vorrangiger Funktion und prüft in einem zweiten Schritt die Berechnung des Verrechnungspreises nach den vorangestellten Methoden.

Die deutsche Finanzverwaltung unterscheidet bei Unternehmen:

- **Unternehmen mit Routinefunktionen**

  Das sind zum Beispiel solche Unternehmen mit geringem Investitionsvolumen und geringem unternehmerischem Risiko. Es kann sich hierbei zum Beispiel um Lohnfertiger, Auftragsforscher oder Dienstleister handeln. Den Unternehmen ist gemeinsam, dass sie auf das betreffende Geschäft und deren Abwicklung nur geringen eigenen Einfluss nehmen können, vielmehr vorrangig nach Vorgaben eines anderen Konzernunternehmens das Geschäft abwickeln. Der Verrechnungspreis ermittelt sich daher i. d. R. nach der **Kostenaufschlags- oder der Wiederverkaufspreismethode**.

- **Unternehmen mit Entrepreneur-Funktionen** („Strategieträger")

  Unternehmen, die die wesentlichen materiellen und immateriellen Wirtschaftsgüter besitzen, die wesentlichen Funktionen ausüben und die wesentlichen Risiken übernehmen, steht regelmäßig der Konzerngewinn, vermindert um die Vergütung für andere verbundene Unternehmen, z. B. für Routinefunktionen, zu. Hierbei wird von dem sog. **Residualergebnis** gesprochen, das der Strategieträger erhält. Diese Unternehmen können z. B. solche sein mit eigener Forschung, Fertigungsprozessentwicklung oder strategischem Marketing.

- **Unternehmen mit mittlerer Funktionalität**

  Ein Unternehmen, das weder in die Gruppe der Unternehmen mit Routinefunktionen noch in die Gruppe der Strategieträger fällt, ist für die von ihm konkret ausgeübten Funktionen und übernommenen Risiken **erfolgsabhängig** zu vergüten. Die Finanzverwaltung äußert sich hierbei nicht, in welcher Weise diese Vergütung zu ermitteln ist.

In der Praxis werden funktionsschwache Gesellschaften regelmäßig – sofern die Preisvergleichsmethode nicht angewendet werden kann – mit Hilfe der Kostenaufschlagsmethode vergütet. Hierbei lassen sich die Kosten i. d. R. recht einfach ermitteln. Die Herleitung des Gewinnaufschlages erfolgt unter Rückgriff auf die im Rahmen einer risikolosen Kapitalanlage erzielbaren Rendite, die dann – in Abhängigkeit vom Umfang der ausgeübten Funktionen und Risiken – angepasst wird. Ferner wird überlegt, inwieweit eine alternative Verwendung der vorhandenen Unternehmensinfrastruktur erfolgen kann und welches Gewinnpotential hiermit verbunden wäre. Das Konzept des Residualgewinns für den „Strategieträger" ist dann einfach umsetzbar, wenn die Gewinne der funktionsschwachen Unternehmen bestimmt werden können. Gleichwohl ist festzustellen, dass es in der Praxis infolge der Vielschichtigkeit der möglichen Ausgestaltung der Funktionsverteilung und des nicht unmittelbar bestimmbaren Zusammenhangs zwischen dem Funktionsumfang und der Höhe des Gewinnaufschlages zu stark unterschiedlichen Auffassungen führen kann. Entscheidend hierfür ist, dass die wirtschaftliche Bedeutung einer Funktion – auch vor dem Hintergrund der im Übrigen noch erforderlichen Leistungsbeiträge – nicht intersubjektiv bestimmt werden kann. Dieses Problem erweist sich deshalb als besonders gravierend, weil auch Funktionen, die über einen längeren Zeitraum keinen Einfluss auf die Leitungsbeziehungen hatten, zu einem anderen Zeitpunkt eine grundlegend veränderte Bedeutung erlangen können. Dies gilt z. B. für die Funktion des After-Sales-Service, wenn dieser zunächst nicht in Anspruch genommen wird, später aber (z. B. infolge von Qualitätsproblemen) eine vermehrte Inanspruchnahme erfolgt.

Denkbar ist auch, dass im Rahmen eines Leistungserstellungsprozesses mehrere Wertschöpfungsbeiträge als Strategieträger zu qualifizieren sind. Dies ist dann der Fall, wenn etwa eine Teilleistung ohne größere Schwierigkeiten ersetzt werden kann, aber andere Leistungen zwingend erforderlich sind, um die Wertschöpfung zu vollziehen.

Beispiel:

Ein international agierender Getränkekonzern stellt aus einer Grundsubstanz allgemein bekannte Erfrischungsgetränke her. Der Herstellungsprozess geschieht in der Weise, dass in der Muttergesellschaft eine Grundsubstanz hergestellt wird, die von den weltweit tätigen Produktionsgesellschaften mit Wasser und Kohlensäure versetzt werden. Anschließend erfolgt eine Abfüllung sowie der Vertrieb unter Verwendung der Markenrechte. Sowohl die Rechte für die Marken als auch für das Produktions-Know-how liegen bei unterschiedlichen Gesellschaften – einerseits bei den lokalen Betriebstochtergesellschaften, andererseits bei der Muttergesellschaft. In diesem Beispielsfall gäbe es zwei Strategieträgereigenschaften, die ggf. auch in einer Hand vereinigt werden können. So wäre denkbar, dass die Muttergesellschaft auch sämtliche Rechte an den Markenrechten hat und die Tochtergesellschaften für deren Nutzung eine Lizenzgebühr entrichten müssen. Es zeigt sich, dass mehrere Wertschöpfungsbeiträge zur Eigenschaft als Strategieträger qualifizieren können. Dies muss durch geeignete Preissysteme abgebildet werden, etwa ein Lizenzmodell für die Nutzung der Marke und eine Vergütung für die Produktionsgesellschaft in Form der Kostenaufschlagsmethode. Der danach verbleibende Residualgewinn würde der Muttergesellschaft als Inhaberin der Strategiefunktion zustehen, ggf. ist er auf mehrere Strategieträger aufzuteilen.

5.2 Einengung von Preisbandbreiten

5.2.1 Begründung für das Entstehen von Bandbreiten

Sowohl in der deutschen als auch in der internationalen Verrechnungspreispraxis ist mittlerweile anerkannt, dass Verrechnungspreise regelmäßig nicht nur einen einzigen Wert umfassen, sondern eine Bandbreite möglicher Verrechnungspreise besteht. Bevor im Folgenden auf die Frage eingegangen wird, inwieweit eine Einengung von solchen Bandbreiten erfolgen kann oder ggf. muss, ist zunächst zu berücksichtigen, welche Faktoren für das Entstehen einer Bandbreite ausschlaggebend sind und möglicherweise deren Umfang beeinträchtigen können.

Die wesentlichen Ursachen lassen sich wie folgt zusammenfassen:

- Die Verwendung unterschiedlicher Preise für identische Produkte **entspricht** häufig der **Vorgehensweise gegenüber fremden Dritten**. Auch bei nicht konzernverbundenen Gesellschaften ist festzustellen, dass diese auch gegenüber fremden Dritten häufig für – mehr oder weniger identische – Produkte unterschiedliche Preise verlangen. Hierfür kann einerseits eine unterschiedliche wirtschaftliche Stärke der einzelnen Vertragspartei, andererseits auch Verhandlungsgeschick oder andere längerfristige Überlegungen eine Rolle spielen. So kann es sich z. B. anbieten, bestimmten Kunden Preiszugeständnisse zu machen, wenn mit diesen bereits lange Lieferbeziehungen bestehen. Auch ist denkbar, dass Kunden, die besonders kurzfristig – unabhängig von den getroffenen vertraglichen Vereinbarungen – ihre Kaufpreisschuld begleichen, Sonderkonditionen erhalten, weil damit quasi ein Skontoabzug gewährt wird. Ferner lassen sich häufig nicht vollständig identische Vereinbarungen treffen. Außerdem ist zu berücksichtigen, dass unterschiedliche Mengengerüste vorliegen und teilweise individuelle Besonderheiten bestehen, wie z. B. die Zeitpunkte, zu denen mit Kunden Gespräche über Preisanpassungen geführt werden können.

- Häufig bestehen **Unterschiede zwischen dem Vergleichsprodukt** und dem konzernintern gelieferten, zu bepreisenden Produkt. Ausschlaggebend hierfür ist, dass innerhalb von Konzernstrukturen häufig Vorprodukte erstellt und geliefert werden, die nicht in gleicher Weise auch an fremde Dritte erbracht werden. Diese Unterschiede können sich sowohl in einer unterschiedlichen Kostensituation bemerkbar machen als auch zu Abweichungen führen, sodass insoweit Fremdvergleichspreise nur bedingt bestehen.
- Festzustellen ist, dass **Liefer- und Leistungsbedingungen** auch gegenüber fremden Dritten bei identischen Produkten häufig abweichen. Entscheidend hierfür ist u. a., dass häufig andere Mengenvereinbarungen getroffen werden. Hiermit verbunden ist nicht nur möglicherweise eine höhere Rabattstaffel, sondern auch gegenüber fremden Dritten können über viele Jahre bestehende Lieferbeziehungen zu einer gewissen Rücksichtnahme führen. Hierbei ist zu beachten, dass möglicherweise auch mehrere Produkte konzernintern geliefert werden und insoweit eine Kompensation von Preisen bei einzelnen Produkten erfolgt. Ferner können durch ggf. entstehende Synergien (insbesondere beim Transport) Abweichungen gegenüber fremden Dritten bestehen.
- Wie die vorstehenden Punkte gezeigt haben, bestehen häufig Abweichungen zwischen dem Vergleichsprodukt und dem zu bepreisenden, konzernintern gelieferten Produkt. Hiermit ist die Notwendigkeit verbunden, diese über **Anpassungsrechnungen** möglichst zu eliminieren. Dies ist dann vergleichsweise einfach möglich, wenn die Unterschiede sich in Marktpreise umrechnen lassen. Dies kann etwa bei unterschiedlichen Zahlungszielen oder abweichenden Transportvereinbarungen geschehen. Sind die vorhandenen Unterschiede jedoch nicht selbständig marktfähige Leistungen, für die ein Fremdvergleichspreis ermittelt werden kann, entstehen weitere Unsicherheiten. Werden etwa andere Transportvereinbarungen getroffen, können diese zwar über Anpassungsrechnung eliminiert werden, doch stehen z. B. unterschiedliche Möglichkeiten für den Transport

zur Verfügung. Insoweit entsteht aus den Anpassungsüberlegungen und der Frage, wie die hierfür erfolgende Bepreisung durchgeführt werden soll, weitere Unsicherheit, weil insoweit eine gewisse Bandbreite von Möglichkeiten zur Eliminierung der Unterschiede besteht. Dies hat zur Folge, dass die ohnehin schon vorhandenen Unsicherheiten bei der Preisbestimmung vergrößert werden können.

- Teilweise wird von Konzerngesellschaften eine **andere Funktion** ausgeübt, als dies bei fremden Dritten der Fall ist. Hieraus können sich Rückwirkungen auf die Preisbestimmung ergeben. Denkbar wäre z. B., dass eine Vertriebstochter zugleich verpflichtet wird, eine Marktbeobachtung vorzunehmen und Vorschläge für die Weiterentwicklung von Produkten an die Muttergesellschaft zu geben. Hiermit können Kompensationseffekte für Liefer- und Leistungsbeziehungen eintreten bzw. weitere Funktionen erbracht werden, die in vergleichbarer Weise von fremden Dritten nicht erbracht werden. Hieraus ergibt sich die Notwendigkeit, entweder gesonderte Entgelte für diese Leistungen zu bestimmen oder aber eine Anpassung der Verrechnungspreise vorzunehmen. Da insoweit regelmäßig unterschiedliche Wertansätze für die vorzunehmenden Abweichungen denkbar sind, werden die Preisbandbreiten vergrößert.

- Möglich ist außerdem, dass **unterschiedliche Unternehmensstrategien** und Zielsetzungen bestehen, die ebenfalls ihren Niederschlag in den Preisüberlegungen finden müssen. So wäre z. B. denkbar, dass Konzerngesellschaften bei Lieferengpässen ungünstiger behandelt werden als fremde Dritte, weil bei diesen nicht zu befürchten ist, dass sie als Kunde verloren werden. Insofern bestünde die Notwendigkeit, diesen Aspekten Rechnung zu tragen. Da sich solche Faktoren regelmäßig nicht eindeutig und nicht intersubjektiv nachprüfbar bewerten lassen, hat eine Berücksichtigung über unterschiedliche Wertansätze zu erfolgen.

Wie die vorstehenden Überlegungen gezeigt haben, sind sowohl die Unzulänglichkeiten bei der Bestimmung des Vergleichsobjektes als auch die sich hieraus ergebende Notwendigkeit zur Preisanpassung Ursachen für die Bandbreite. Solche Überlegungen schließen nicht aus, dass in Einzelfällen keine Bandbreite gegeben ist. Dies wäre der Fall, wenn absolut identische Bedingungen bestehen oder eine Normierung von Preisen erfolgt, die auch bei fremden Dritten in entsprechender Weise vorgenommen würde. Der BFH hat in seinem Urteil vom 23.06.1993[189] entschieden, dass Leistungen, die zwischen fremden Dritten nach Maßgabe der Steuerberatergebührenverordnung abgerechnet würden, auch im Konzern nach diesen Regeln zu bepreisen sind. Ferner wäre denkbar, dass es einen einheitlichen Einigungsbereich gibt. So hat der BFH in seinem sog. Zinsurteil vom 10.01.1994[190] entschieden, dass

189 I R 72/92, BStBl 1993 II S. 801.
190 I R 93/93, BStBl 1994 II S. 725.

sich „im Zweifel Darlehensgläubiger und Darlehensschuldner die Spanne zwischen banküblichen Haben- und Sollzinsen teilen“. In diesem Fall lässt sich die Bandbreite möglicher zulässiger Verrechnungspreise bis auf einen Wert verdichten. Denkbar wäre auch, dass sich auf reglementierten Märkten ein Einheitspreis bildet.

5.2.2 Vorgaben zur Einengung von Bandbreiten

Im Gesetz wird nicht definiert, wie die Einengung der Bandbreite zu erfolgen hat. Die Praxis zeigt, dass häufig die Bandbreite aus einem **vergleichsweise großen Wertintervall** besteht. Hiermit verbunden ist die Frage, zu wessen Lasten diese Unsicherheit geht. Der BFH hat mit Urteil vom 17.10.2001[191] entschieden, dass bei hinreichend vergleichbaren Werten auf den jeweils für den Steuerpflichtigen günstigsten Wert abzustellen ist. Dies bedeutet, dass bei inländischen Betriebseinnahmen der niedrigste und bei inländischen Betriebsausgaben der höchste Wert der Bandbreite verwendet werden kann.

§ 1 Abs. 3 Satz 2 AStG sieht nunmehr vor, dass bei mehreren **eingeschränkt vergleichbaren Fremddaten** eine weitere Eingrenzung der Bandbreite zu erfolgen hat. Das Gesetz enthält keine klare Regelung, mit Hilfe welcher Methodik die Eingrenzung der Bandbreite zu erfolgen hat. Bemerkenswerterweise gibt es hierzu jedoch in der Regierungsbegründung die Aussage, dass die Einengung entsprechend den Verwaltungsgrundsätzen-Verfahren[192] vorzunehmen ist. Diese sehen in ihrer Textziffer 3.4.12.5. Buchst. d) vor, dass, wenn eine notwendige Einengung der Bandbreite mit Hilfe anderer Verrechnungspreismethoden und Plausibilitätserwägungen nicht zum Ziel führt, eine Einengung durch mathematische Verfahren vorgenommen werden kann. Dies ist so zu interpretieren, dass die deutsche Finanzverwaltung damit – wie auch in anderen Staaten üblich – die sog. **Interquarter-Range** festschreibt. Danach sind die Einzelwerte innerhalb der Bandbreite ihrer Größe nach zu ordnen und die oberen und unteren 25 % jeweils unberücksichtigt zu lassen. Die verbleibenden mittleren 50 % bilden die Bandbreite, innerhalb derer sich der Verrechnungspreis bewegen darf. Diese Vorgehensweise wird in der folgenden Abbildung veranschaulicht. Danach sind nur die Werte, die innerhalb des dunkel unterlegten Bereichs liegen, als fremdüblich anzusehen. Allerdings weist die Finanzverwaltung ausdrücklich darauf hin, dass auch andere Verfahren zur Einengung der Bandbreite zulässig sind, ohne diese jedoch zu definieren oder näher zu erläutern bzw. festzulegen, welche Anforderungen solche Verfahren erfüllen müssen. Auch die Regierungsbegründung nimmt keine weitere Konkretisierung vor.

191 I R 103/00, BStBl 2004 II S. 171.
192 BMF-Schreiben vom 14.05.2004 – IV B 4 – S 1340 – 11/04, BStBl 2004 I Sondernummer 1/2004.

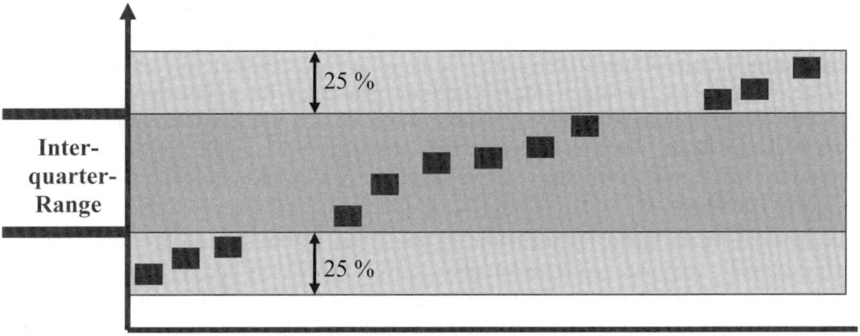

Abbildung: Funktionsweise der sog. Interquarter-Range

Der BFH hatte in seinem Urteil vom 17.10.2001[193] entschieden, dass jeder Wert innerhalb der Bandbreite angewendet werden darf, wenn die Werte hinreichend vergleichbar sind. Damit wurde das bis dahin von der Finanzverwaltung häufig angewendete sog. Mittelwertverfahren als unzulässig erklärt, weil es hierfür keine gesetzliche Grundlage gab. Danach ist auf den mittleren Wert innerhalb der Bandbreite abzustellen. Diese wird nunmehr durch § 1 Abs. 3 Satz 4 AStG geschaffen. Danach ist vorgesehen, dass bei einem Wert außerhalb der Bandbreite zwingend eine Korrektur auf den Median vorzunehmen ist. Hierbei handelt es sich um den Werte, der genauso viele Werte ober- wie unterhalb innerhalb des Intervalls aufweist. Unseres Erachtens führt diese Vorgehensweise nicht nur zu erheblichen Kollisionsproblemen mit anderen Normen, sondern auch zu nicht sachgerechten Ergebnissen.

5.2.3 Medianansatz bei außerhalb der Bandbreite liegenden Verrechnungspreisen des Steuerpflichtigen

Die Kollisionsprobleme resultieren daraus, dass nach Art. 9 Abs. 1 OECD-MA, dem in der deutschen Abkommenspraxis regelmäßig gefolgt wird,[194] der Fremdvergleichsgrundsatz gilt und nach dem Fremdvergleich die gesamte Bandbreite als zulässig anzusehen ist. Dies gilt insbesondere bei hinreichend vergleichbaren Werten. Folglich kann es zu einer Kollision mit dem Fremdvergleichsgrundsatz kommen, was eine Vielzahl von Verständigungs- und Schiedsverfahren nach sich ziehen wird. Weitere Folgeprobleme resultieren daraus, dass gem. § 1 Abs. 1 Satz 3 AStG dieser Regelung **ggf. auch ergänzend** neben anderen Einkunftskorrekturvorschriften anzuwenden ist. Wird dieser Auffassung gefolgt, könnte sich die Frage stellen,

193 I R 103/00, BStBl 2004 II S. 171.

194 Vgl. zu einer Abkommensübersicht z. B. Kaminski, in: Strunk/Kaminski/Köhler: AStG-DBA, Art. 9 Rz. 100 ff. (Sept. 2007).

ob zukünftig § 1 AStG auch neben der vGA anzuwenden ist. Denkbar wäre, dass entsprechend den allgemeinen Grundsätzen zur vGA nach Maßgabe dieses Korrekturinstruments eine Berichtigung auf den Grenzwert der Bandbreite erfolgt. Hierbei würde es sich – in Übereinstimmung mit der bisherigen Rechtsprechung des BFH – um den jeweils niedrigsten Wert handeln, wenn es sich um Betriebseinnahmen, und den höchsten Wert, wenn es sich um Betriebsausgaben handelt. Ergänzend könnte möglicherweise eine Korrektur auf den Median der Bandbreite nach Maßgabe von § 1 AStG erfolgen.

Unseres Erachtens kann nicht davon ausgegangen werden, dass dies vom Gesetzgeber gewollt war, weil nicht erkennbar wird, dass die bisherige Rechtsprechung, nach der das Institut der vGA der Anwendung von § 1 AStG vorgeht[195] und der Fremdvergleichsgrundsatz einheitlich zu definieren ist,[196] geändert werden sollte. Gleichwohl zeigen diese Überlegungen, wie groß die Abgrenzungsprobleme sind. Würde eine unterschiedliche Korrektur im vorliegenden Fall erfolgen, wäre dies eine Ungleichbehandlung, die sich europarechtlich kaum rechtfertigen lassen dürfte.

Die hieraus resultierenden **Besteuerungskonsequenzen** sind u. E. nur schwer nachzuvollziehen. Dies zeigt – gewissermaßen als gedanklicher Extremfall – das folgende Beispiel.

Beispiel:

Die deutsche M-AG gewährt ihrer österreichischen T-Ges.m.b.H. ein Darlehen. Hierfür wird ein Zinssatz von 5,99 % bzw. alternativ von 6,00 % vereinbart. Liegt die Bandbreite möglicher Zinssätze für das Darlehen zwischen 6,00 und 8,00 %,[197] ergeben sich nach Maßgabe von § 1 Abs. 3 Satz 4 AStG die folgenden Besteuerungskonsequenzen: Im Fall des Zinssatzes von 6 % entsteht kein Korrekturbetrag, weil der vereinbarte Zins sich innerhalb der Bandbreite befindet und insoweit eine Einkunftskorrektur nicht zu erfolgen hat. Bei der Alternative mit den 5,99 % als dem Wert, der gerade außerhalb der Bandbreite liegt, hätte eine Korrektur auf den Median (vorliegend mit 7 % angenommen) zu erfolgen.

Es wird erkennbar, dass dieser Besteuerungsunterschied kaum zu rechtfertigen ist, weil im zweiten Fall eine Art „Strafbesteuerung" für den Steuerpflichtigen erfolgt, die auch zu einer Abweichung gegenüber vergleichbaren Einkunftskorrekturvorschriften im rein innerstaatlichen Verhältnis führt. Dies hat zur Konsequenz, dass sich erneut die Frage der Vereinbarkeit mit den Grundfreiheiten des EG-Vertrages stellt. Ferner kommt es zu einer ungleichen Behandlung, weil nicht ersichtlich ist, wie dies vor dem Hintergrund der Gleichmäßigkeit der Besteuerung zu rechtfertigen sein soll.

Vergleichsweise ausführlich widmet sich der Gesetzgeber der Frage, wie eine **Einengung der Bandbreite** bei eingeschränkt vergleichbaren Daten erfolgen soll. Hierbei wird auf die Fiktion der vollständigen Kenntnis über die jeweiligen Verhältnisse

---

195 Vgl. BFH-Urteil vom 17.02.1993 I R 3/92, BStBl 1993 II S. 457, und vom 09.11.1988 I R 335/83, BStBl 1989 II S. 510.

196 Vgl. BFH vom 17.05.1995 I R 147/93, BStBl 1998 II S. 204; vom 06.12.1995 I R 88/94, BStBl 1996 II S. 383, und vom 17.12.1997 I B 96/97, BStBl 1998 II S. 321.

197 Dabei wird von hinreichend vergleichbaren Werten ausgegangen, sodass die Anwendung der Interquarter-Range ausscheidet.

des Geschäftspartners und das Leitbild des doppelt ordentlichen Geschäftsführers zurückgegriffen.[198] Auf dieser Basis sowie den Vorgaben zur Funktionsanalyse und der Notwendigkeit zur Erstellung von Planungsrechnungen kann ein Mindestpreis des Leistenden bestimmt werden, der darlegt, wann eine solche Leistung den Anforderungen genügt, wie sie gegenüber fremden Dritten gestellt würde. Auch aus Sicht des Leistungsempfängers kann eine entsprechende Betrachtung durchgeführt werden, sodass für ihn ein Höchstpreis ermittelt wird, zu dem sich die Inanspruchnahme der Leistung gerade eben noch lohnt. Durch diese beiden Grenzwerte entsteht ein „Einigungsbereich", der wesentlich von dem zu erwartenden Gewinnpotential bestimmt wird. Das Gesetz ordnet an, dass der Wert innerhalb des „Einigungsbereichs" verwendet wird, der die höchste Wahrscheinlichkeit aufweist. Kann der Steuerpflichtige für keinen Wert diese Wahrscheinlichkeit glaubhaft machen, wird das Mittelwertverfahren angewendet.

Aus diesen Regelungen resultieren regelmäßig erhebliche **praktische Probleme**. Sie entstehen daraus, dass die vom Gesetzgeber fingierte Kenntnis über sämtliche Verhältnisse des jeweiligen Vertragspartners in der Realität nicht gegeben ist, sodass nicht nur erhebliche Informationsbeschaffungsprobleme, sondern auch Schwierigkeiten bei der Quantifizierung entstehen können. Daher schafft die Regelung erhebliches Streitpotential, weil letztendlich nicht nur eine Abgrenzung des Umfangs der Informationen zu erfolgen hat, sondern auch dargelegt werden muss, zu welchem Zeitpunkt welche Informationen vorlagen. Ferner lässt die Regelung unberücksichtigt, dass der Wert der konzernintern gelieferten Sache bzw. erbrachten Dienstleistung davon abhängig ist, welcher Verwendung diese beim Erwerber zugeführt wird. Hieraus erklärt sich auch, warum Erwerber bereit sind, für identische Waren einen unterschiedlich hohen Preis zu entrichten. Folglich müsste die Finanzverwaltung prüfen, welcher Nutzen die empfangende Gesellschaft aus der Leistung oder der Lieferung erzielen kann und diesen auf die leistungserbringende und leistungsempfangende Gesellschaft aufteilen. Eine solche Vorgehensweise wird praktisch umso schwieriger, je mehr konzerninterne Transaktionen in eine Ware oder Dienstleistung einfließen, weil dann die Zuordnungsprobleme deutlich größer werden.

Bestimmt der Steuerpflichtige den **Einigungsbereich unzutreffend**, „... kann ..." auf eine Korrektur seitens der Finanzverwaltung verzichtet werden, wenn der vom Steuerpflichtigen vereinbarte Verrechnungspreis innerhalb des Einigungsbereichs der Finanzverwaltung liegt. Das Gesetz enthält keine nähere Spezifizierung, unter welchen Voraussetzungen ein solcher Verzicht möglich ist. Die Regierungsbegründung führt hierzu aus, dass für die Ermessensausübung insbesondere entscheidend sein soll, ob erhebliche Abweichungen eintreten und ob dadurch ein Verständigungs- oder Schiedsverfahren ausgelöst wird und wie die Aussichten für dieses Verfahren sind. Hieran wird deutlich, dass der Gesetzgeber offensichtlich davon ausgeht, dass erhebliches Streitpotential besteht und wenn die Steuerpflichtigen auf

198 Vgl. § 1 Abs. 1 Satz 2 AStG.

internationaler Ebene sich um eine Beseitigung der Doppelbesteuerung bemühen, die Chancen auf Unterlassung oder Begrenzung der Korrektur steigen. Es wird erkennbar, dass zukünftig die Zahl der Verständigungs- und Schiedsverfahren erheblich zunehmen wird. Damit kommt es nicht nur zu zunehmender Rechts- und Planungsunsicherheit im Bereich der Verrechnungspreise, sondern auch zu einem erheblichen Anstieg der Kosten des Besteuerungsverfahrens.

5.3 Anpassungsklauseln

Wie die obigen Ausführungen gezeigt haben, ist die Bestimmung von Verrechnungspreisen mit erheblicher Unsicherheit behaftet. Hinzu kommt, dass für die Prüfung der Angemessenheit der Verrechnungspreise grundsätzlich auf die Verhältnisse zum Zeitpunkt des Vertragsabschlusses abzustellen ist. Der Gesetzgeber geht davon aus, dass unter fremden Dritten dieser **Unsicherheit durch Anpassungsklauseln Rechnung** getragen würde. Diese sollen immer dann zur Anwendung kommen, wenn es nur eingeschränkt vergleichbare Fremddaten gibt. Hierbei handelt es sich um einen Grundsatz, der für Funktionsverlagerungen ebenso Bedeutung erlangt wie für andere immaterielle Wirtschaftsgüter, die Gegenstand einer Geschäftsbeziehung sind. Eine Anpassung soll erfolgen, wenn die tatsächliche Gewinnentwicklung „... erheblich ...“ von der Gewinnentwicklung abweicht, die der Verrechnungspreisbestimmung zugrunde lag. Der Steuerpflichtige muss eine Prognose über den nach der Überführung der immateriellen Wirtschaftsgüter entstehenden Gewinn vorlegen. Treten hiervon Abweichungen ein, wird widerlegbar vermutet, dass unabhängige Dritte „... eine sachgerechte Anpassungsregelung ...“ vereinbart hätten. Wird keine Anpassungsklausel vereinbart und tritt innerhalb der ersten zehn Jahre nach Geschäftsabschluss bzw. der Funktionsverlagerung eine „erhebliche“ Abweichung ein, ist einmalig im Jahr, das auf die Abweichung folgt, eine Berichtigung vorzunehmen.

Anders als noch im Referentenentwurf geplant, ist eine Begrenzung auf eine einmalige Berichtigung vorgenommen worden, sodass eine mehrfache Korrektur ausscheidet. Infolge der gesetzlichen Regelung kann diese Anpassungsklausel nur zu Lasten des Steuerpflichtigen wirken, denn § 1 AStG sieht nur Gewinnkorrekturen zugunsten des deutschen Steueraufkommens vor. Die Regierungsbegründung verweist im Inboundfall auf die Möglichkeit eines Erlasses im Billigkeitswege. Fraglich ist, ob dies einer europarechtlichen Würdigung standhält, weil damit möglicherweise ausländische Investitionen in Deutschland gegenüber solchen von Inländern diskriminiert werden.

5.4 Rechtsverordnungsermächtigung

§ 1 Abs. 3 Satz 13 AStG enthält eine Rechtsverordnungsermächtigung. Danach kann das BMF mit Zustimmung des Bundesrates „... Einzelheiten zur **Anwendung des Fremdvergleichsgrundsatzes** i. S. des Abs. 1 und der Sätze 1–12 ...“ bestimmen. Damit wird die Vorgehensweise angewendet, die bereits im Steuervergünstigungsabbaugesetz[199] praktiziert wurde: Statt bereits im Gesetz konkrete Anforderungen zu definieren, werden sie in eine ausführliche Rechtsverordnung „ausgelagert", um dann durch weitere Verwaltungserlasse konkretisiert zu werden. Eine solche Vorgehensweise ist grundlegend problematisch, weil Verrechnungspreisfragen und damit die hierzu bestehenden Regelungen insbesondere auch von Ausländern nachvollzogen werden können müssen. Die gewählte Aufsplitterung in unterschiedliche Regelungskreise führt nicht nur zu einer Erhöhung der Komplexität, weil die Erfahrung zeigt, dass viele der Aussagen lediglich Wiederholungen von Regelungen sind, die bereits in anderen Rechtsquellen getätigt worden sind (wie sich dies z. B. an den Verwaltungsgrundsätzen-Verfahren[200] zeigt).

Diese Ermächtigung wurde mit der „Verordnung zur Anwendung des Fremdvergleichsgrundsatzes nach § 1 Abs. 1 des Außensteuergesetzes in Fällen grenzüberschreitender Funktionsverlagerungen (Funktionsverlagerungsverordnung)"[201] erstmalig genutzt. Auf diese Vorgaben wird unter 8.6 eingegangen. Ein offizieller Entwurf für weitere Rechtsverordnungen lag bei Drucklegung noch nicht vor. Allerdings ergeben sich aus einzelnen Stellen der Regierungsbegründung der Neuregelung Hinweise, was die Rechtsverordnung beinhalten wird. Nach derzeitigem Stand ist davon auszugehen, dass es sich hierbei insbesondere um die Einzelheiten zu den Anpassungen bei immateriellen Wirtschaftsgütern handelt, wobei u. a. eine Definition erfolgen soll, was wesentliche immaterielle Wirtschaftsgüter und Vorteile sind. Außerdem wird wohl eine Bestimmung des Anpassungsbetrages in den Fällen der Funktionsverlagerung erfolgen. Außerdem erweisen sich die Regelungen zur Eingrenzung der Bandbreite als sehr weitgehend. Es ist zu erwarten, dass die bisher lediglich im Erlasswege getroffenen Regelungen auf eine andere Grundlage gestellt werden, um eine abweichende Rechtsprechung zu verhindern.

5.5 Zeitlicher Anwendungsbereich

§ 21 Abs. 15 AStG sieht eine erstmalige Anwendung der durch das Unternehmensteuerreformgesetz 2008 eingeführten Regelung für den VZ 2008 vor. Hinzuweisen ist jedoch auf den allgemeinen Teil der Regierungsbegründung zu § 1 AStG. Danach haben die Änderungen „… vor allem klarstellende und präzisierende Wirkung …". Wenn dem gefolgt wird, ist mit einer faktischen Anwendung auch für die Vergangenheit zu rechnen, sofern dies faktisch möglich ist. Der Entwurf der Verwaltungsgrundsätze-Funktionsverlagerung vom 19.01.2007[202] ging davon aus, dass er auf alle noch nicht bestandskräftigen Fälle anzuwenden ist. Der Entwurf der Rechtsverordnung sah vor, dass eine Anwendung auf alle Funktionsverlagerungen zu erfolgen

199 Vom 16.05.2003, BGBl 2003 I S. 660.
200 BMF-Schreiben vom 12.04.2005 – IV B 4 – S 1341 – 1/05, BStBl 2005 I S. 570.
201 Vom 12.08.2008, BGBl I 2008, S. 1680.
202 Bisher offiziell nicht veröffentlicht.

hat, die im VZ 2008 „... abgeschlossen ...“ werden. Hiermit ist weitere Rechtsunsicherheit verbunden, weil dieses Kriterium zu ungenau bleibt. Denkbar wäre z. B., dass für eine in 2006 erfolgte Funktionsverlagerung in 2008 unterstützende Leistungen durch die deutsche Gesellschaft erbracht werden. Fraglich ist, ob der Abschluss der Funktionsverlagerung in 2006 oder 2008 (oder ggf. noch später) erfolgt ist. Es wird nicht berücksichtigt, dass solche Verlagerungen häufig nicht ad hoc erfolgen, sondern in Form von Prozessen ablaufen, die in das Tagesgeschäft integriert sind. In der endgültigen Funktionsverlagerungsverordnung vom 12.08.2008[203] ist nunmehr in § 12 geregelt, dass die Vorschriften ab dem VZ 2008 anzuwenden sind.

6 Gewinnberichtigung durch Schätzung gem. § 1 Abs. 4 AStG

Die Vorschrift des § 1 Abs. 4 AStG stellt „nur“ eine Ergänzung bzw. Konkretisierung der allgemeinen Berichtigungsvorschrift des Abs. 1 dar. In den Fällen, in denen nach Feststellung einer Unangemessenheit die Notwendigkeit einer Gewinnkorrektur bejaht wird, aber eine exakte Bestimmung des Umfangs der Korrektur nicht möglich ist, soll eine Schätzung vorgenommen werden. Dem Ermessensspielraum des ordentlichen Geschäftsleiters wird in diesem Fall nur eine untergeordnete Bedeutung zugewiesen, sodass im Rahmen einer **Schätzung nach § 162 AO** als Anhaltspunkt von einer Verzinsung des im Unternehmen eingesetzten Kapitals ausgegangen wird. Alternativ ist die Umsatzrendite heranzuziehen, die nach Erfahrung und Üblichkeit unter normalen Umständen zu erwarten ist. Dies ist auf Grundlage der ausgeübten Funktionen und der übernommenen Risiken zu beurteilen.

Die Anwendung der Schätzung soll jedoch **nur subsidiär erfolgen**, wenn die anderen Standardmethoden in ihrer reinen Anwendung, aber auch in ihrer modifizierten Form kein zufriedenstellendes Ergebnis liefern. Die gesetzlich normierte Vorgehensweise erscheint u. E. als zweifelhaft, da nicht mehr vergleichbare Maßstäbe bezogen auf den zu beurteilenden Einzelfall herangezogen werden, sondern allgemeine Merkmale des Unternehmens und in gewisser Weise sogar der gesamten Branche. Interessanterweise geht der Gesetzgeber trotz Bezugnahme auf eine Branchenüblichkeit unausgesprochen davon aus, dass Unternehmen grundsätzlich Gewinne erzielen und damit eine Verzinsung des eingesetzten Kapitals erwirtschaften. Dies scheint realitätsfern zu sein, wenn die konjunkturelle Entwicklung der jüngsten Zeit in der Bundesrepublik betrachtet wird. Zweifelhaft ist darüber hinaus, dass eine Anwendung von Richtsätzen bei Ausbringungsmengen und Umsätzen erfolgt, die im Rahmen einer Betriebsprüfung nur bei Unternehmen angewandt werden, die

203 BGBl I 2008, S. 1680.

eine bestimmte Größe nicht überschreiten. Dies soll bei international tätigen, zumeist größeren Unternehmen anders sein. Hier will die Finanzverwaltung eine stark pauschalierende bzw. typisierende Betrachtungsweise anwenden.

Eine Schätzung nach § 1 Abs. 4 AStG ist erst möglich, wenn neben den speziellen Vorschriften des Abs. 4 die **allgemeinen Voraussetzungen zur Vornahme einer Schätzung gem. § 162 AO** erfüllt sind. Hierbei sind zwei Fälle zu unterscheiden:

- der Fall des § 162 Abs. 1 AO, bei dem ein aufgeklärter Sachverhalt hinsichtlich der sich hieraus ergebenden Besteuerungsgrundlagen nicht ermittelt oder berechnet werden kann,
- der Fall des § 162 Abs. 2 AO, bei dem der Steuerpflichtige seinen Mitwirkungspflichten nicht nachgekommen ist.

Für Anwendung des Abs. 1 muss die Finanzverwaltung zunächst alle Umstände des Einzelfalls prüfen, bevor sie nach den üblichen Schätzverfahren versucht ein Ergebnis zu erlangen, welches dem tatsächlichen Sachverhalt möglichst nahekommt. Bei Abs. 2 ist eine Schätzung davon abhängig, dass der Steuerpflichtige trotz Aufforderung seiner Mitwirkungspflicht nach § 90 AO nicht nachkommt. Bei der Vornahme von Schätzungen ist somit immer zu prüfen, ob erstens die Finanzverwaltung sämtliche Quellen ausgeschöpft hat, um an Informationen zu kommen, und zweitens, ob der Steuerpflichtige seinen Mitwirkungspflichten nicht nachgekommen ist oder ob er unter Hinweis auf die nicht erfüllte Verhältnismäßigkeit und Zumutbarkeit eine Mitwirkung berechtigterweise verweigert hat.

Kommt es im konkreten Einzelfall zu einer Schätzung, so sind die explizit genannten Anhaltspunkte nur dann anzuwenden, wenn **andere geeignetere Modifizierungen** der Standardmethoden nicht zum Erfolg führen. Vorrangig sind somit[204]

- Zu- und Abschläge beim Preisvergleich,
- Rohgewinne bzw. Gewinnaufschläge von Vergleichsbetrieben oder
- Aufgliederung des Verkaufspreises entsprechend den Verhältnissen bei Vergleichsbetrieben.

Erst wenn solche Teilschätzungen nicht durchführbar sind, soll es zur letztmöglichen Gesamtschätzung anhand von Kapitalverzinsung und Umsatzrendite[205] kommen. Fraglich bleibt jedoch, wie die Rangfolge zwischen beiden Renditekennzahlen ist. Dies umso mehr, wenn sie – wie i. d. R. – unterschiedliche Ergebnisse hervorbringen. Da die Umsatzrendite typischerweise für Handelsunternehmen einen zutreffenderen Anhaltspunkt gewährt als die Kapitalverzinsung, ist bei diesen Unternehmen die Umsatzrendite heranzuziehen. Allgemein gilt jedoch, dass es keine zwingende gesetzliche Regelung gibt, sodass eine Schätzung im Rahmen des

204 Vgl. Wassermeyer, in: F/W/B, Rz. 867 zu § 1 AStG (Oktober 2004).
205 Zur Definition des Begriffs „Umsatzrendite" siehe BMF-Schreiben vom 11.11.1974, BStBl 1974 I S. 994.

Ermessensspielraums der Finanzverwaltung nach Maßgabe einer der beiden Methoden durchgeführt werden kann.

Die Frage, wie der Begriff des Kapitals zu definieren ist, bleibt im Gesetz und im Schrifttum[206] offen, sodass vom Eigenkapital oder vom Gesamtkapital ausgegangen werden kann. Je nachdem welcher Begriff verwendet wird, ist die jeweilige Vergleichsgröße zu wählen. Gleiche Probleme entstehen bei der Ermittlung der üblichen Verzinsung, da nicht geklärt ist, ob von einer Kapitalmarktverzinsung auszugehen ist oder von einer darüber hinausliegenden. Die Mindestbemessung dürfte jedoch bei mittelfristiger Betrachtung die Kapitalmarktverzinsung sein, da diese auch investitionstheoretisch Opportunitätskosten darstellt. Auf Grundlage der Funktions- und Risikoanalyse kann eine Anpassung des Zinssatzes geboten sein.

7 Begriff der Geschäftsbeziehung gem. § 1 Abs. 5 AStG

Der Begriff der Geschäftsbeziehung wird im § 1 Abs. 5 AStG definiert als „jeden den Einkünften zugrunde liegende schuldrechtliche Beziehung, die keine gesellschaftsvertragliche Vereinbarung ist und entweder beim Steuerpflichtigen oder bei der nahestehenden Person Teil einer Tätigkeit ist, auf die die §§ 13, 15, 18 oder 21 des EStG anzuwenden sind oder im Fall eines ausländischen Nahestehenden anzuwenden wären, wenn die Tätigkeit im Inland vorgenommen würde". Diese Definition hat der Gesetzgeber mit dem Steuervergünstigungsabbaugesetz[207] neu formuliert.

Ausschlaggebend hierfür war, dass nach der bis dahin geltenden Fassung beim Steuerpflichtigen oder einer nahestehenden Person eine Aktivität erforderlich war, die Teil einer Tätigkeit ist, die zu Einkünften gem. §§ 13, 14, 18 oder 21 EStG geführt hat. Dadurch wurden nur Beziehungen erfasst, die eine schuldrechtliche Basis hatten. Der BFH hat mit Urteil vom 29.11.2000[208] entschieden, dass, wenn die Leistung der Muttergesellschaft durch das Gesellschaftsverhältnis veranlasst ist, keine Berichtigung nach § 1 Abs. 1 AStG erfolgen könne. Hierfür fehle es an der notwendigen Geschäftsbeziehung. Im konkreten Fall ging es um eine Garantieerklärung der deutschen Muttergesellschaft gegenüber der ausländischen Tochtergesellschaft ohne entsprechende Bürgschaftsprovision. Der BFH ging davon aus, dass eine Korrektur nach § 1 Abs. 1 AStG ausscheide, weil fremde Dritte keine entsprechende Erklärung abgegeben hätten. Folglich läge die Ursache für die Erklärung im Gesellschaftsverhältnis, sodass Geschäftsbeziehungen i. S. von § 1 Abs. 5 AStG fehlten. Der Gesetzgeber hat mit der nunmehr vorgenommenen Regelung dafür gesorgt, dass diese Rechtsprechung durch die neue gesetzliche Regelung verdrängt wird. Folglich führt

206 Vgl. Wassermeyer, in: F/W/B, Rz 875 zu § 1 AStG (Oktober 2002).
207 Vom 16.05.2003, BGBl 2003 I S. 660.
208 I R 85/99, BStBl 2002 II S. 720.

auch eine durch das Gesellschaftsverhältnis veranlasste Garantieerklärung zugunsten der ausländischen Tochtergesellschaft zur Notwendigkeit, eine fremdübliche Bürgschaftsprovision zu vereinbaren und zu bezahlen. Es kann nicht damit argumentiert werden, dass die Kapitalausstattung durch das Gesellschaftsverhältnis veranlasst ist und insoweit eine gesellschaftsrechtliche Veranlassung gegeben ist.

8 Ausgewählte Einzelfragen

8.1 Vorteilsausgleich

8.1.1 Grundsätzliche Regelungen

Von den oben dargestellten Standardmethoden zu unterscheiden ist die Regelung des sog. „Vorteilsausgleichs" in Tz. 2.3 Verwaltungsgrundsätze. Hierbei soll dem Umstand Rechnung getragen werden, dass – isoliert gesehen – einzelne Vertragsabwicklungen bzw. Geschäfte als unangemessen i. S. des § 1 Abs. 1 AStG unter Berücksichtigung der Standardmethoden qualifiziert werden können, doch in einem **zeitlichen und/oder wirtschaftlichen Zusammenhang** mit anderen Geschäften stehen, die – isoliert gesehen – ebenfalls unangemessen sind, und sich somit in ihrem jeweiligen Umfang die Unangemessenheiten gegenseitig wieder ausgleichen. Orientiert hat sich die Finanzverwaltung hierbei an dem Verhalten eines ordentlichen Geschäftsleiters, der im Rahmen seines Ermessensspielraums für das Unternehmen durchaus nachteilige Geschäfte abschließt, wenn gleichzeitig vorteilhafte Geschäfte mit dem gleichen Kunden zu erwarten sind.

Über die betriebswirtschaftliche Bedeutung hinaus, dass ein ordentlicher Geschäftsleiter gegebenenfalls einen Nachteil eines bestimmten Geschäftes aufgrund der Verfolgung einer langfristig erfolgreichen Strategie in Kauf nimmt, geht die Finanzverwaltung davon aus, dass ein Vorteilsausgleich nur dann steuerlich gegeben ist und damit zu keiner Korrektur der Verrechnungspreise führt, wenn die in Tz. 2.3.2 Verwaltungsgrundsätze dargelegten Voraussetzungen erfüllt werden. Nicht durch den Vorteilsausgleich erfasst werden Vorteile eines einzelnen Geschäftes, die sich daraus ergeben, dass z. B. besondere Preisabsprachen aufgrund langjähriger Vertragsbeziehungen vorgenommen worden sind. Grundlage der Überlegungen der Finanzverwaltung zum Vorteilsausgleich ist das BFH-Urteil vom 08.06.1977,[209] in dem festgestellt wurde, dass Leistungen und Gegenleistungen aus einem gegenseitigen Vertrag stets auszugleichen sind. Die Finanzverwaltung hat hiervon abweichend die Rechtsfigur des Vorteilsausgleichs geschaffen und somit dem Steuerpflichtigen die

209 BStBl 1977 II S. 704.

Möglichkeit eingeräumt, dass ein Ausgleich nicht nur innerhalb eines gegenseitigen Vertrages erfolgt, sondern auch in der Zusammenfassung mehrerer gleichartiger Geschäfte und gegenseitiger Verträge, die in einem inneren Zusammenhang stehen. Entscheidend für die Anwendung des Vorteilsausgleichs ist jedoch, dass eine solche Vorgehensweise dem Fremdvergleich bzw. dem Handeln eines ordentlichen und gewissenhaften Geschäftsleiters entspricht.

8.1.2 Voraussetzungen des Vorteilsausgleichs

Der Verweis der Verwaltungsgrundsätze auf das Urteil vom 08.06.1977 beinhaltet die in Tz. 2.3.2 genannten Einschränkungen. Der BFH wollte in seinem Urteil einen Ausgleich zwischen einem dem Geschäftspartner gewährten Vor- und Nachteil nur zulassen, wenn bereits im Vorhinein dem Nachteil ein gesicherter Gegenvorteil in entsprechend quantifizierter Höhe gegenübersteht. Das Erfordernis einer vorherigen Vereinbarung der Vorteilsverrechnung bzw. deren Einbeziehung als Geschäftsgrundlage des nachteiligen Geschäfts stellt eine erhebliche Einschränkung der Anwendbarkeit der Grundsätze des Vorteilsausgleichs dar. Dennoch ist festzustellen, dass der Vorteilsausgleich aufgrund des § 1 AStG dem Steuerpflichtigen weitgehendere Möglichkeiten einräumt, als dies bisher hinsichtlich der Rechtsprechung zu einer vGA galt. **Ein steuerlich anzuerkennender Vorteilsausgleich setzt voraus, dass**

- die wechselseitigen Geschäfte in einem **inneren Zusammenhang** stehen, der den Schluss zulässt, dass die Geschäfte unter Fremdbedingungen von dem Steuerpflichtigen mit derselben Person abgeschlossen worden wären,
- die Vor- und Nachteile bei den einzelnen Geschäften mit der Sorgfalt eines ordentlichen Geschäftsleiters **quantifiziert werden können** und
- die Vorteilsverrechnung **vereinbart** war oder zur Geschäftsgrundlage des nachteiligen Geschäfts gehörte.

In den Verwaltungsgrundsätzen zur Einkunftsabgrenzung wird weiter ausgeführt, dass die Nachteile zwar nicht während des Wirtschaftsjahres, in denen sie sich ausgewirkt haben, ausgeglichen werden müssen, dass jedoch spätestens am **Ende dieses Wirtschaftsjahres bestimmt** sein muss, wann und durch welche zu erhaltenden Vorteile die Nachteile ausgeglichen werden.[210] Die Nachteile müssen **innerhalb der drei folgenden Wirtschaftsjahre ausgeglichen** sein, soweit nicht der Steuerpflichtige die den Ausgleich bewirkende Leistung bereits vorher aktiviert. Diese zeitliche Begrenzung der Ausgleichsfrist ist durch das Gesetz nicht gedeckt, sie bildet eine Typisierung der Definition eines inneren Zusammenhangs. Trotz der fehlenden gesetzlichen Grundlage scheint es bei restriktiver Auslegung des Vorteilsausgleichs durchaus zulässig zu sein, einen inneren Zusammenhang nur dann anzunehmen, wenn innerhalb einer bestimmten Frist der Ausgleich erfolgt. Zweifelhaft erscheint

210 Vgl. Baumhoff, IStR 1995, S. 522, zur Änderung des OECD-Berichtes über Verrechnungspreise und der nachträglichen Anerkennung eines Vorteilsausgleichs.

vielmehr, dass der Ausgleich entsprechend quantifiziert und bereits zum Ende des gleichen Wirtschaftsjahres festgelegt werden muss, in welchem Umfang und unter welchen vertraglichen Bedingungen ein Ausgleich der erlittenen Nachteile durch zukünftige Vorteile geschaffen wird.[211] Diese Vorgehensweise entspricht in keiner Weise einer praxisgerechten Handhabung und beschränkt den Anwendungsbereich des Vorteilsausgleichs auf sehr wenige Fälle. Auf der anderen Seite ist der Finanzverwaltung zuzugestehen, dass – sofern es keine schriftliche oder sonst wie substanziellen Nachweise über die beabsichtigten Vorteilsausgleiche gäbe – dem Missbrauch bzw. der unangemessenen Anwendung von Vereinbarungen zum Vorteilsausgleich Tür und Tor geöffnet wären.

Jedoch zeigt sich hieran die **Schwäche** der Rechtsfigur des ordentlichen Geschäftsleiters, der unter Umständen einen solchen Vorteilsausgleich auch nur auf die wage Option eines Ausgleichs vorgenommen hätte und sich dies jedoch nicht mit den Erfordernissen des Steuerrechtes bzw. der Auffassung der Finanzverwaltung vereinbaren lässt. Wenngleich die Literatur die Erweiterung des Ausgleichszeitraums[212] fordert, erscheint ein Hinweis auf Dauerschuldverhältnisse und die dahingehende Rechtsprechung des BFH[213] sowie der Hinweis darauf, dass eine Erweiterung des Ausgleichszeitraums dann möglich ist, wenn eine Aktivierung des Gegenvorteils erfolgt, nicht zwingend zu sein. Eine solche Auffassung lässt sich aus dem OECD-Bericht, dem BFH-Urteil und der Auffassung der Finanzverwaltung nicht ableiten. Darüber hinaus ist die Möglichkeit der Erweiterung des Ausgleichszeitraums über die drei Jahre hinaus im Fall der Aktivierung des Gegenvorteils keine tatsächliche Hilfe für den Steuerpflichtigen, da in aller Regel eine Aktivierung schon vor dem rechtlichen Hintergrund der Bilanzierungsvorschriften des deutschen HGB nicht zulässig sein wird. Das grundsätzlich bestehende Realisationsprinzip würde einer Aktivierung eines noch nicht realisierten Vorteils bzw. eines in seiner Höhe in Abhängigkeit von dem Geschäftsumfang schwankenden Vorteils nicht zulassen.

In der **Betriebsprüfungspraxis** verwendet die Finanzverwaltung häufig Fragebögen, in denen sie auch Informationen über einen eventuellen Vorteilsausgleich abfragt. Der Beantwortung dieser Frage sollte größte Sorgfalt beigemessen werden, weil eine nachträgliche Änderung als Reaktion auf eine von der Finanzverwaltung vorgenommene Verrechnungspreiskorrektur nur noch sehr eingeschränkt möglich ist, ohne die eigene Glaubwürdigkeit zu schädigen. Gemäß § 5 Nr. 1 GAufzV hat der Steuerpflichtige zu Maßnahmen des Vorteilsausgleichs, die die Verrechnungspreise beeinflussen können, gesonderte Aufzeichnungen zu erstellen. Hierzu werden keine gesonderten Vorgaben getroffen, sondern lediglich auf die §§ 1 bis 3 GAufzV verwiesen.

211 Zur Kritik vergleiche Schöne, FR 1989, S. 543 ff.
212 Vgl. Wassermeyer/Baumhoff , in: F/W/B, § 1 Anm. 794 (Oktober 2002).
213 BFH vom 07.11.1950, BStBl 1951 III S. 12.

8.1.3 Abgrenzung zur sog. Palettenbetrachtung

Der Vorteilsausgleich ist von der sog. Palettenbetrachtung zu unterscheiden. Obwohl sie nicht in den Verwaltungsgrundsätzen geregelt ist, hat sie in der Praxis große Bedeutung. Die Leitidee besteht darin, eine Gesamtheit von Waren und Dienstleistungen zu betrachten. Entscheidend ist dabei die Frage, ob **insgesamt ein angemessener Preis** bezahlt wird, ohne dass auf die einzelnen Entgelte abgestellt wird. Hierdurch wird berücksichtigt, dass auch unter fremden Dritten eine Mischkalkulation durchgeführt wird und ggf. bei einzelnen Produkten sogar Verluste in Kauf genommen werden, wenn insgesamt die Marge angemessen ist. Für diese Vorgehensweise sprechen insbesondere praktische Vorteile, weil eine Entgeltbestimmung für die einzelne Lieferung oder Leistung nicht notwendig ist. Allerdings besteht Unsicherheit darüber, wie umfangreich solche Paletten gewählt werden können. Hiermit ist die Gefahr verbunden, dass einer zu weit gefassten Palette die steuerliche Anerkennung versagt wird. Die deutsche Finanzverwaltung lässt gem. § 2 Abs. 3 GAufzV unter bestimmten Voraussetzungen eine Zusammenfassung der Verrechnungspreisdokumentation zu. Voraussetzung hierfür ist, dass Geschäftsvorfälle, gemessen an ihren Funktionen und Risiken, wirtschaftlich vergleichbar sind. Ferner wird gefordert, dass die Gruppenbildung nach vorher festgelegten und nachvollziehbaren Regelungen vorgenommen wurde und die Geschäftsvorfälle gleichartig oder gleichwertig sind oder die Zusammenfassung auch bei Geschäften zwischen fremden Dritten üblich ist. Ferner wird eine Zusammenfassung dann für zulässig erklärt, wenn ursächlich zusammenhängende Geschäftsvorfälle vorliegen und bei Teilleistungen im Rahmen eines Gesamtgeschäftes für die Prüfung der Angemessenheit weniger auf den einzelnen Geschäftsvorfall als auf das Gesamtgeschäft abzustellen ist.

Auf jeden Fall ist es in der Praxis sinnvoll, die **Grundsätze**, nach denen eine Abgrenzung der in die Palette einzubeziehenden Produkte erfolgt, sorgfältig **zu dokumentieren** und diese Grundsätze konsequent anzuwenden. Wie die vorstehenden Ausführungen gezeigt haben, legt die Finanzverwaltung auf im Voraus geschlossene Vereinbarungen besonderes Gewicht. Auch in der internationalen Verrechnungspreispraxis wird ähnlich verfahren. So verwendet z. B. die OECD den Begriff des Paketgeschäftes. Hierbei handelt es sich um Fälle, bei denen eine isolierte Preisbestimmung nicht möglich ist. Die OECD-Richtlinien lassen eine gemeinsame Beurteilung zu, wenn es sich bei wirtschaftlicher Betrachtung um die Verrechnung von Vor- und Nachteilen mehrerer Teilleistungen handelt. Ein solches Problem sieht die OECD z. B. bei der Bewertung einer Gruppe verwandter Produkte.

8.2 Ausgesuchte Einzelprobleme der Einkunftsabgrenzung

Neben diesen allgemeinen Ausführungen zu den Standardmethoden bzw. zu den grundsätzlichen Überlegungen der Finanzverwaltung über die Prüfung der Angemessenheit von Verrechnungspreisen wird im Folgenden beispielhaft auf einige Bereiche von Waren- und Leistungsbeziehungen eingegangen, denen sowohl in der Praxis als auch aufgrund der methodischen Überlegungen eine besondere Bedeutung beizumessen ist.

Um beurteilen zu können, welche Vereinbarungen voneinander unabhängige Unternehmen getroffen hätten, ist einerseits die bereits erläuterte Verteilung von Funktionen und Risiken von entscheidender Bedeutung. Andererseits ist das jeweilige Geschäft mit dem Nahestehenden heranzuziehen. Hieraus folgt, dass die individuell getroffenen Vereinbarungen steuerlich zu würdigen sind, diese aber nicht durch alternative Geschäfte ersetzt werden. Eine rückwirkende Betrachtung durch sich in der Zukunft ergebende Erkenntniserweiterungen darf nicht angewandt werden.[214]

8.2.1 Warenlieferungen und Dienstleistungen

Textziffer 3.1 Verwaltungsgrundsätze bezieht sich auf Lieferungen von Gütern und Waren, doch findet eine Anwendung grundsätzlich auch auf Dienstleistungen statt, wobei lediglich ergänzend die Ausführungen in Tz. 3.2 zu beachten sind. Die Verwaltungsgrundsätze sprechen grundsätzlich von einem Fremdpreis, der Anwendung findet bei der Lieferung von Gütern und Waren. Gemeint ist damit vorrangig eine Anwendung der **Preisvergleichsmethode**, beinhaltet damit aber auch alle anderen Standardmethoden. Als Fremdpreis wird derjenige Preis definiert, den Fremde für Lieferungen

- gleichartiger Güter oder Waren,
- in vergleichbaren Mengen,
- in dem belieferten Absatzmarkt,
- auf vergleichbarer Handelsstufe und
- zu vergleichbaren Lieferungs- und Zahlungsbedingungen unter den Verhältnissen wirtschaftlich vergleichbarer Märkte vereinbart hätten.

Diese Vielzahl von Voraussetzungen für das Vorliegen eines Fremdpreises zeigt die Probleme der Anwendung der Standardmethoden abermals deutlich. **Gleichartige Güter oder Waren** sind gegeben, wenn die Kriterien, die auch zu den Bewertungsvereinfachungsverfahren im Rahmen der Ermittlung der Herstellungs- und Anschaffungskosten bei der Ermittlung von gleichartigen Gütern des Umlaufvermögens unter Hinweis auf die Rechtsprechung[215] und die Verwaltungsauffassung vorgenommen worden sind,[216] vorliegen. Zur Bestimmung der Gleichartigkeit der Güter und Waren können handelsübliche Klassifizierungen dienen, aber auch genaue Produkt-

214 Die Methoden in den USA zur sog. Super Royalty zeigen, dass eine solche retrospektive Betrachtungsweise durchaus als denkbar angesehen werden kann. Die damit einhergehenden Gefahren werden im DBA-Teil dieses Buches bei den Lizenzen näher erläutert.

215 Vgl. BFH vom 01.03.1955, BStBl III S. 144, und vom 03.03.1955, BStBl III S. 222.

216 Vgl. R. 6.8 Abs. 3 und 4 EStR 2005.

beschreibungen bzw. die Kenntnis über den jeweiligen Innovationsstand eines Produktes. So sind beispielsweise technische Geräte, die es seit mehreren Jahrzehnten gibt, nur dann als gleichartig zu qualifizieren, wenn sie sich auf dem gleichen Innovationsstand befinden, sodass im Ergebnis Fernsehgeräte mit einer Schwarzweißbildröhre mit heute im Handel befindlichen Flachbildschirmen nicht verglichen werden können. Das Erfordernis der vergleichbaren Menge ist relativ einfach zu erfüllen, da hiermit nur gemeint ist, dass die Einzelabnahme von Gütern oder Waren nicht zu vergleichen ist mit Lieferbeziehungen über Massengeschäfte, und somit eine Vergleichbarkeit von Preisen in diesen Fällen nicht möglich ist.

Von besonderer Brisanz erweist sich, dass der **Fremdpreis auf den jeweiligen Absatzmarkt bezogen** wird. Dies ist für die deutsche Wirtschaft von entscheidender Bedeutung, da je nach Absatzmarkt und je nach den besonderen Umständen dieses Marktes unterschiedliche Preise kalkuliert werden müssen. Beispielsweise können PKW aufgrund unterschiedlicher nationaler Verkehrsteuerbelastungen nur zu unterschiedlichen Preisen an die jeweiligen Vertriebsgesellschaften im Ausland veräußert werden, um den Absatz von Fahrzeugen in diesen Ländern zu ermöglichen. Es handelt sich bei diesen Preisfeststellungen somit um Preise, die gegebenenfalls auch vor dem Hintergrund eines Verlustes kalkuliert werden, da es aufgrund einer weltweiten Marketingstrategie erforderlich erscheint, auch in diesen Ländern Produkte abzusetzen, und zwar auch zu Preisen, die keinen Gewinn hervorbringen.

Schwierigkeiten gibt es bei der Bestimmung des **relevanten Marktes**, denn dieser kann bei bestimmten Produkten nicht nur auf ein Land regional beschränkt sein, sondern auf mehrere Regionen oder sogar innerhalb einer Region auf unterschiedliche Abnehmer. So ist es z. B. bei bestimmten Gütern nicht möglich, einen konkreten Absatzmarkt auf ein Land zu beschränken. Vielmehr handelt es sich um eine gesamte Region bzw. eine weltweite Branche. Eine Identifizierung der maßgebenden Absatzmärkte ist im Einzelfall sehr schwierig. Die Entscheidung über die Abgrenzung des Marktes obliegt dem Steuerpflichtigen. Ausschlaggebend hierfür ist, dass er über eine intensivere Kenntnis der wirtschaftlichen Gegebenheiten verfügt und es zunächst seine Aufgabe ist, die Verrechnungspreise zu bestimmen. Die Finanzverwaltung hat dann im Rahmen einer Betriebsprüfung zu entscheiden, inwieweit sie der vorgenommenen Preisbestimmung des Steuerpflichtigen folgt. Aus der Bestimmung des Absatzmarktes ist jedoch nicht zu schließen, dass bei einer Vertriebsgesellschaft auf den Absatzmarkt beim Endverbraucher abgestellt wird, sondern lediglich auf den Absatzmarkt zwischen einem produzierenden Unternehmen und einem entsprechenden Vertriebsunternehmen.

Zu den bedeutsamen Verhältnissen hinsichtlich des Fremdvergleichs sind auch die Funktionen bzw. die jeweilige Handelsstufe der beteiligten Unternehmen, die tatsächlich wahrgenommen werden, zu zählen. Wie bereits ausgeführt, hängt der der Vertriebsgesellschaft zuzuweisende Gewinn von der übernommenen Funktion bzw. Tätigkeit dieser Gesellschaft im Rahmen des gesamten Geschäftes ab.

Weiterhin sind **besondere Liefervereinbarungen**, insbesondere über Haftungsverhältnisse, Zahlungsfristen, Rabatte, Skonti, Gefahrentragung, Gewährleistungen und weitere Aspekte, zu berücksichtigen. In Abhängigkeit von diesen Liefervereinbarungen sind die Preise zu beurteilen, sodass Preise inklusive einer „Frei-Haus"-Lieferung anders zu beurteilen sind als Lieferungen „Free on Bord". Glücklicherweise sind in Abweichung von der ursprünglichen Entwurfsfassung der Verwaltungsgrundsätze Formulierungen, nach denen diese Vereinbarungen im Vorhinein klar und eindeutig vereinbart und tatsächlich durchgeführt sein müssen, gestrichen worden. Denn auch unter fremden Dritten ist es durchaus üblich, dass vereinbarte Lieferbedingungen oder Zahlungsfristen nicht eingehalten werden, und wenn eine solche Vorgehensweise zumindest nicht fremdunüblich ist, können hierunter zwischen nahestehenden Personen keine negativen Schlussfolgerungen gezogen werden.

Die Aufzählung unter Tz. 3.1.2.1 Nr. 4 Verwaltungsgrundsätze ist nicht abschließend, sondern umfasst beispielhaft nur einige Liefervereinbarungen. Hierzu kam auch die Frage nach der fakturierten **Währung** zählen, die bei grenzüberschreitenden Geschäftsvorfällen für die Wettbewerbsfähigkeit eines Produktes eine entscheidende Bedeutung einnimmt, insbesondere bei Ländern, die aufwertungsgefährdet sind. Bei längerfristigen Lieferbeziehungen sollen die damit verbundenen Chancen und Risiken ebenfalls die maßgebenden Verhältnisse beeinflussen. Im Zusammenhang mit den übrigen Vereinbarungen muss auch geprüft werden, ob z. B. bei einer langfristig eingegangenen Abnahmeverpflichtung von Produkten eine angemessene Absicherung des Risikos von Preisänderungen, Änderungen der Entstehungskosten bzw. Änderungen der Rohstoffpreise durch Preisgleitklauseln oder vorzeitige Kündigungsmöglichkeiten ausreichend abgesichert sind. Die Berücksichtigung der **langfristigen Lieferbedingungen** führt dazu, dass Geschäftsbeziehungen, die an Spotmärkten – wie z. B. bei Rohöl – oder Märkten, bei denen sich im Rahmen von Börsen tageswechselnd Preise ergeben, entsprechend den eingegangenen Risiken und Vereinbarungen marktgerecht sind, wenn im Rahmen eines langfristigen Liefervertrages auf die jeweiligen Tagespreise verwiesen wird. So sind beispielsweise Gaslieferungsverträge mit Russland oder anderen Staaten der ehemaligen Sowjetunion vor einem anderen Hintergrund zu beurteilen als der kurzfristige Erwerb von anderen Energieträgern, die am Spotmarkt in Rotterdam oder anderswo zu Tagespreisen zu erwerben sind. Eine besondere **Wettbewerbssituation** als Beeinflussungsfaktor der maßgebenden Verhältnisse ist vor allem bei abgeschlossenen Sondermärkten oder aber bei durch behördliche Preisregulierungen beeinflussten Marktsituationen gegeben. Bei diesen besonderen Wettbewerbssituationen ist eine Anwendung der Standardmethoden zur Angemessenheitsprüfung von Verrechnungspreisen nicht möglich, da die Rechtsfigur des ordentlichen Geschäftsleiters in ihrer Dispositionsfreiheit insoweit eingeschränkt ist, dass sie nicht als Maßstab für die Beurteilung der Angemessenheit der Preise herangezogen werden kann.

Als problematisch erweist sich die Nr. 2 unter Tz. 3.1.2.4. Dabei wird als besondere Wettbewerbssituation auch der Fall der **Markteinführung** genannt. Diese soll besondere Preisabschläge rechtfertigen. Die Frage, wann es sich um eine Markteinführung handelt und wie lange diese dauert und in welchem Umfang besondere Abschläge vorgenommen werden können, führt zu einem für den Steuerpflichtigen, aber auch für die Finanzverwaltung, nicht mehr greifbaren Zustand. Der Steuerpflichtige kann vielfach mit dem Hinweis auf eine langfristig angelegte Strategie der Markteinführung von Produkten die Angemessenheit der Verrechnungspreise nachweisen. Wenn die Kosten der Markterschließung ganz oder teilweise im Preis berücksichtigt werden und damit zu besonderen Abschlägen führen, können solche Einführungspreise nicht als Maßstab für die Vergleichspreise für bereits etablierte Produkte berücksichtigt werden. Da diese Aussage sowohl für inländische Vertriebsunternehmen mit ausländischer Produktionsgesellschaft als auch für ausländische Vertriebsunternehmen mit inländischer Produktionsgesellschaft gelten muss, ergeben sich hieraus weit reichende Konsequenzen. Sofern der inländischen Muttergesellschaft ein wirtschaftliches Interesse an der Ausweitung des Marktes zugestanden wird, muss es ihr möglich sein, weite Teile der Markteinführungskosten zu tragen, indem sie für diese Produkte deutlich geringere Entgelte verlangt. Dabei ist zu berücksichtigen, dass ein ordentlicher und gewissenhafter Geschäftsleiter nur dann bereit ist, sich an den Kosten für die Erschließung des Marktes – sei es als Vertriebs- oder Produktionsgesellschaft – zu beteiligen, wenn erwartet werden kann, dass diese Maßnahme langfristig zu einem angemessenen Gewinn führt. Stellt sich jedoch zwischenzeitlich heraus, dass sich dieses Ziel nicht oder nicht mehr erreichen lässt, sind hieraus die notwendigen Konsequenzen zu ziehen.

Bei der Bestimmung des Fremdpreises sind auch besondere Finanzierungsleistungen und andere Nebenleistungen zu berücksichtigen, sofern sie in einem inneren Zusammenhang mit der Lieferung von Gütern oder Waren stehen. Ist dies nicht der Fall, wird die Finanzierung als eigenständiger und damit getrennt zu beurteilender Vorgang qualifiziert, der unter Tz. 4 der Verwaltungsgrundsätze erläutert wird. Es handelt sich hierbei jedoch nur um eine klarstellende Aussage, da Finanzierungen zumeist Bestandteil der Liefervereinbarungen sind und wegen der nur beispielhaften Aufzählung unter Tz. 3.1.2.1 der Nr. 4 eine Erfassung auch dieser Finanzierungsleistungen sichergestellt ist.

Auf besondere Regelungen zur Überlassung von immateriellen Wirtschaftsgütern bzw. dem erforderlichen Hinzutreten eines Nutzungsentgeltes für Lizenzen wird im weiteren Verlauf bei der Darstellung von Forschung, Entwicklung und der Überlassung immaterieller Wirtschaftsgüter unter Tz. 8.2.5. eingegangen.

Die Festlegung in Tz. 3.1.2.5, dass der maßgebliche Fremdpreis von dem für die Verzollung oder die Bemessung des Umsatzes hinsichtlich der Einfuhrumsatzsteuer maßgebenden Zollwert bzw. von der maßgebenden Bemessungsgrundlage abweichen kann, ist ebenfalls nur klarstellender Natur, da eine rechtliche Bindungswirkung zwischen dem steuerrechtlichen Verrechnungspreis und dem Zollwert in beiden Richtungen nicht besteht, da es sich um jeweils getrennte Verfahren handelt.

Dies steht in Übereinstimmung mit dem BFH-Urteil vom 01.02.1967[217] und der kritischen Stellungnahme des IDW vom 24.10.1994.[218]

8.2.2 Gewerbliche Dienstleistungen

Die Beurteilung der Angemessenheit von Verrechnungspreisen für gewerbliche Dienstleistungen folgt grundsätzlich den Kriterien, die für die Lieferung von Waren und Gütern gelten. Allerdings wird auf einige Sonderbereiche im Folgenden näher eingegangen. Unter gewerblichen Dienstleistungen sind die Leistungen eines Unternehmens an ein nahestehendes Unternehmen zu verstehen, die üblicherweise im Rahmen eines Konzerns denkbar sind. Neben den unter Tz. 5 bzw. Tz. 6 Verwaltungsgrundsätze noch näher zu betrachtenden Dienstleistungen im Bereich der Forschung und Entwicklung sowie für verwaltungsbezogene Leistungen kann es sich hierbei im Wesentlichen, so zumindest der Verwaltungserlass, um Kosten der Werbung, Kosten der Markterschließung sowie weitere **Anlaufkosten** handeln.[219] Des Weiteren fallen hierunter auch sämtliche anderen Leistungen, die nicht als Verwaltungsleistungen zu qualifizieren sind und trotzdem im Wege eines sog. Outsourcings von dem Mutterunternehmen für das nahestehende Unternehmen erbracht werden können. Aufgrund der verstärkten Outsourcing-Bemühungen in den letzten Jahren hat sich hinsichtlich der Anwendbarkeit der Standardmethoden für diese Dienstleistungen eine grundlegende Änderung ergeben. Während zum Zeitpunkt der Verabschiedung des BMF-Schreibens 1983 der Preisvergleichsmethode wegen fehlender Fremdvergleichspreise eine geringere Bedeutung zukam, ist dies heute anders zu beurteilen. Nahezu sämtliche Dienstleistungen eines Unternehmens, die für ein anderes nahestehendes Unternehmen erbracht werden können, lassen sich auch von einem fremden Dritten beziehen. Hieraus ergibt sich eine Vielzahl von Marktpreisen.

Die Kosten der Werbung für bestimmte Produkte haben ihre Ursache in einer gemeinsamen Interessenlage sowohl des Produktionsunternehmens als auch des nahestehenden Vertriebsunternehmens. Die Kosten, die hierfür entstehen, sollen zwischen den beteiligten Unternehmen angemessen aufgeteilt werden. Die gleiche Betrachtungsweise gilt für die Kosten der Markterschließung sowie die Anlaufkosten, die in der Erwartung, in späteren Wirtschaftsjahren Gewinn zu erzielen, bei neu gegründeten Gesellschaften oder Gesellschaftserweiterungen in Kauf genommen werden. Die jeweilige Aufteilung der Kosten ist in Abhängigkeit von der Art der Kosten und der Verteilung der Funktionen und Risiken vorzunehmen. Während eine

---

217 BStBl 1967 III S. 495.

218 Vgl. FN IDW 1994, S. 513.

219 Unseres Erachtens ist eine überschneidungsfreie Abgrenzung zwischen gewerblichen Dienstleistungen einerseits und verwaltungsbezogenen Dienstleistungen und solchen aus dem Bereich Forschung und Entwicklung andererseits nicht möglich. Bedauerlicherweise beinhalten auch die Verwaltungsgrundsätze keine Abgrenzungskriterien.

Aufteilung der Kosten der Werbung nach der funktionalen Zuordnung einer Werbemaßnahme entschieden wird, kann bei Anlaufkosten gem. Tz. 3.5 der Verwaltungsgrundsätze die Kostenverteilung nur in der Weise erfolgen, dass die neu gegründete oder erweiterte Gesellschaft diese alleine zu tragen hat. Die Kosten der Werbung sollen grundsätzlich dem Unternehmen angelastet werden, welches die Werbung vorgenommen hat. Einschränkend sehen die Verwaltungsgrundsätze jedoch vor, dass dies nur dann der Fall sein soll, wenn die Werbung nach Art und Umfang den Leistungen eigenständiger Werbeunternehmen entspricht. Ist dies nicht der Fall, sollen die allgemeinen Regelungen der Tz. 6 zur Aufteilung von verwaltungsbezogenen Leistungen angewandt werden. Im Ergebnis bedeutet dies, dass sich somit unterschiedliche Rechtsfolgen je nach Eingruppierung der Werbemaßnahme ergeben. Im Rahmen von langfristigen Marketing- und Werbekonzepten ist eine mitteloder längerfristige Vereinbarung zwischen Unternehmen und nahestehenden Vertriebsunternehmen durch besondere Verrechnungsverträge möglich.

8.2.3 Kosten der Markterschließung

Bei den Kosten der Markterschließung ist üblicherweise davon auszugehen, dass ein Vertriebsunternehmen während der Einführungszeit die niedrigeren Erträge und gleichzeitig erhöhten Kosten nur dann in vollem Umfang bereit ist zu tragen, wenn diesem aus der Geschäftsverbindung ein angemessener Betriebsgewinn verbleibt. Da dies in den Anfangsjahren nicht der Fall sein wird und der Vorteilsausgleich aufgrund der unbekannten Entwicklung des Marktes bzw. der Vertriebstätigkeiten nicht im Vorhinein vereinbart werden kann, ist zu prüfen, ob der Muttergesellschaft anteilig die Kosten für die Markterschließung zugerechnet werden müssen.

Unstreitig ist, dass sowohl das Herstellerunternehmen als auch das Vertriebsunternehmen durch niedrigere Veräußerungspreise den Markt erschließen möchten, um dann zukünftige Gewinne zum Ausgleich der gegebenenfalls in der Markterschließungsphase anfallenden Verluste zu nutzen. Doch ist immer wieder fraglich, ob die Reduzierung der Veräußerungspreise und damit die einhergehenden Verlustmöglichkeiten im Zusammenhang mit der Markterschließung als angemessen angesehen werden können.[220] Die Finanzverwaltung steht dabei abermals vor dem Dilemma, dass eine **steuerliche Beurteilung im Konflikt mit wirtschaftlichen Gegebenheiten steht**. Eine Gewinngarantie für Markterschließungen in den Folgejahren kann es nicht geben. Die Finanzverwaltung fordert unter der Tz. 3.4.2 lediglich, dass die Kosten oder die Erlösminderungen derart aufgeteilt werden, dass sowohl das Vertriebsunternehmen als auch das Herstellerunternehmen die von ihm getragenen Kosten oder Erlösminderungen durch entsprechende Preisvereinbarungen in der Zukunft und damit durch höhere „Gewinne" ausgleicht. Das Problem besteht darin,

---

220 Hinsichtlich der Gewinnerzielung eines Vertriebsunternehmens wird auf die BFH-Urteile vom 17.02.1993, BStBl 1993 II S. 457, vom 17.10.2001, BStBl 2004 II S. 171, und vom 06.04.2005, BStBl 2007 II S. 658, verwiesen.

dass ein Vorteilsausgleich im engeren Sinne der Verwaltungsauffassung nicht festgestellt werden kann, dennoch begrifflich quasi ein Vorteilsausgleich vorliegen muss, der aufgrund der praktischen Gegebenheiten im Wirtschaftsleben i. d. R. nicht gegeben ist.

Aus der Sicht des Herstellungsunternehmens ergibt sich insbesondere die Frage, ob dieses Unternehmen bei noch nicht ausgelasteten Kapazitäten die Produkte an das nahestehende Vertriebsunternehmen lediglich mit positiven Deckungsbeiträgen verkaufen kann oder ob es verpflichtet ist, einen Gewinn zu erzielen. Sofern die Produktionskapazität noch nicht voll ausgelastet ist, muss u. E. eine Verrechnung zu einem Entgelt möglich sein, das zwar einen positiven Deckungsbeitrag enthält, aber nicht die Vollkosten deckt. Eine solche Vorgehensweise entspricht dem Handeln eines ordentlichen und gewissenhaften Geschäftsleiters. Etwas anderes gilt lediglich in den Fällen, in denen eine anderweitige Nutzung der Kapazitäten (z. B. im Wege einer Lohnfertigung) zu höheren Deckungsbeiträgen führen würde. Der Steuerpflichtige sollte – um mögliches Konfliktpotential mit der Finanzverwaltung schon im Vorfeld zu entschärfen – für entsprechende Nachweise sorgen. Zu beachten ist dabei, dass ein ordentlicher und gewissenhafter Geschäftsleiter versuchen würde, durch geeignete Maßnahmen eine Deckung der Vollkosten zu erreichen oder zumindest die erzielbaren Deckungsbeiträge zu maximieren.

Beispiel:

Das Erbringen einer Leistung verursacht variable (beschäftigungsabhängige) Kosten von 100 und fixe (beschäftigungsunabhängige) Kosten von 50. Sofern die Kapazitäten nicht voll ausgelastet sind, ist es aufgrund kurzfristiger Überlegungen sinnvoll, jeden Preis zu akzeptieren, der oberhalb der variablen Kosten liegt, weil damit ein Beitrag zur Deckung der fixen Kosten, ein sog. Deckungsbeitrag, entsteht. Hieraus resultiert zwar weiterhin ein Verlust, doch fällt er bei Annahme des Auftrages in Höhe des Deckungsbeitrages geringer aus, als dies bei Nichtannahme des Auftrages der Fall wäre.

Besonderheiten bestehen bei der Berücksichtigung von Anlaufkosten, sofern es sich um Fertigungsunternehmen handelt, die als Lohnfertiger für die Muttergesellschaft tätig werden. Hier ist eine Aufteilung zwischen dem Mutterunternehmen und der nahestehenden Person geboten.

Bei diesen Überlegungen ist zu beachten, dass fremde Dritte ein Risiko nur dann übernehmen, wenn die Gesellschaft wirtschaftlich in der Lage ist, dieses zu tragen. Dies setzt eine entsprechende Kapitalausstattung voraus, die je nach Art und Umfang der Risiken einen mehr oder weniger großen Anteil an Eigenkapital umfassen muss. Anderenfalls würde die Gesellschaft ein solches Geschäft nicht abschließen, weil ein Fehlschlagen automatisch ihre Insolvenz zur Folge hätte. Auch das andere Unternehmen würde sich kaum auf ein solches Geschäft einlassen, denn es müsste damit rechnen, selbst in erhebliche wirtschaftliche Schwierigkeiten zu geraten, wenn das andere Unternehmen ausfällt. Folglich muss eine entsprechende Haftungsmasse vorhanden sein. Hieraus ergibt sich eine Einschränkung der maximal möglichen Fremdfinanzierung und in Zusammenhang damit der an die Muttergesellschaft zu zahlenden Zinsen.

8.2.4 Zinsen und ähnliche Vergütungen

Bei Darlehensvereinbarungen zwischen Unternehmen und nahestehenden Personen sind aus der Sicht der Angemessenheit der vereinbarten Zinsen bzw. ähnlicher Vergütungen folgende Fragen zu beurteilen:

(1) Ist das Darlehen dem Grunde nach als angemessen anzusehen?

(2) Ist der anzuwendende Zinssatz bzw. im Allgemeinen sind die vereinbarten Darlehensbedingungen angemessen?

Die grundsätzliche Zulässigkeit von Darlehen zwischen Unternehmen und nahestehenden Personen stellt sich vor allem vor dem Hintergrund, dass zivilrechtlich für den Gesellschafter nur sehr wenige Beschränkungen hinsichtlich der Ausstattung seiner Gesellschaft mit Eigenkapital bestehen. Hieraus ergibt sich die ggfs. auch steuerlich motivierte Möglichkeit, dass ein Gesellschafter seine Gesellschaft im Wesentlichen mit Fremdkapital ausstattet und hierfür von dieser einen entsprechenden Zins vereinnahmt. Sofern diese Darlehensaufnahme nicht einer sachgerechten Überlegung folgt, soll auch eine solche Vereinbarung unabhängig von der Angemessenheit des vereinbarten Zinssatzes unter den § 1 Abs. 1 AStG fallen, da es sich um eine bewusste Gewinnverschiebung von einer Steuerhoheit in eine andere handelt. Eine vGA bzw. eine verdeckte Einlage soll des Weiteren auch vorliegen, wenn mit der Rückzahlung von vornherein nicht ernsthaft gerechnet werden kann.[221] Hiervon unberührt bleiben die Regelungen zur generellen Abzugsfähigkeit von Zinsaufwand im Rahmen der sog. Zinsschranke gem. § 4 h EStG, § 8 a KStG. Diese Auffassung wurde auch durch die höchstrichterliche Rechtsprechung gestützt. Gemäß dem BFH-Urteil vom 29.10.1997[222] ist eine Besicherung nur dann notwendig, wenn sie unter fremden Dritten verlangt worden wäre. Dies sei nicht der Fall, wenn diese aus tatsächlichen Gründen die Möglichkeit hätten, auf den Darlehensschuldner Einfluss zu nehmen und für die Darlehensrückzahlung Sorge zu tragen. Infolge der Änderungen des § 1 Abs. 5 AStG und des darin normierten Begriffs der Geschäftsbeziehung ist davon auszugehen, dass diese Rechtsprechung jedoch durch die Gesetzesänderung überholt sein soll. Vielmehr geht der Gesetzgeber davon aus, dass auch in den Fällen, in denen aufgrund gesellschaftsrechtlicher Einflussnahme eine Besicherung unterbleibt, dies Auswirkungen auf den Zinssatz haben muss.

Von entscheidenderer Bedeutung ist die Angemessenheit des Zinssatzes. Die Verwaltungsgrundsätze führen dazu unter Tz. 4.2.1 aus: „**Maßgebender Zins ist der Zins, zu dem Fremde unter vergleichbaren Bedingungen den Kredit am Geld-**

221 Vgl. BFH vom 16.09.1958, BStBl 1958 III S. 541.
222 BStBl 1997 II S. 573.

oder Kapitalmarkt gewährt hätten".[223] Bei der Prüfung ist von den Zinssätzen auszugehen, zu denen unter vergleichbaren Verhältnissen Fremde Kredite gewährt hätten.

Beeinflussungsfaktoren der Zinshöhe sind somit die Kredithöhe, die Laufzeit, die Art und der Zweck des Kredites, die Sicherheit und Kreditwürdigkeit des Schuldners und die Wechselkursrisiken sowie ihre Absicherung. Während also grundsätzlich die Prinzipien der Kreditvergabe von Kreditinstituten anzuwenden sind, ergeben sich bei verbundenen Unternehmen dennoch Besonderheiten, die eine hiervon abweichende Beurteilung erforderlich machen. Beispielsweise soll nach der Entscheidung des BFH vom 21.12.1994[224] eine Besicherung von Darlehen zwischen Konzernunternehmen, also zwischen der Konzernmutter und den Konzerngesellschaften, nicht mehr erforderlich sein, wenn die Konzernmuttergesellschaft für die Verbindlichkeiten der Konzerngesellschaft haftet. Dies ist jedoch – zumindest nach Auffassung der Finanzverwaltung – durch die zwischenzeitliche Änderung von § 1 Abs. 5 AStG überholt.

Eine weitere Besonderheit ergibt sich in den Fällen, in denen abweichend vom üblichen Vorgehen der Kreditaufnahme bei einer Bank aufgrund des Umfangs des Kredits ein anderer Zins vereinbart werden kann. Grundsätzlich soll nach der Verwaltungsauffassung der Sollzinssatz der Banken, also der Zinssatz maßgebend sein, zu dem Banken Kredite gewähren. Dabei wird nicht berücksichtigt, dass **Konzernfinanzierungen mittlerweile völlig getrennt von Bankfinanzierungen vorgenommen werden**. Zum einen besteht die Möglichkeit, dass sich Konzerne unter Umgehung von Banken direkt am Kapitalmarkt selber finanzieren, z. B. durch die Emission eigener Anleihen, und sich damit zu einem niedrigeren Zinssatz Kapital beschaffen können. Zum anderen ist zu hinterfragen, ob Konzerne im Rahmen ihrer Konzernfinanzierung die gleiche Absicht verfolgen wie Kreditinstitute. Dies ist wohl zu verneinen, denn während Kreditinstitute durch die Ausleihung von Geldern Gewinne erwirtschaften wollen, können neben diesem gegebenenfalls auch bestehenden Interesse bei Konzerngesellschaften andere betriebswirtschaftliche Gründe hinzutreten. Denkbar ist z. B., dass Handelsunternehmen mit zahlreichen Konzerngesellschaften zur Realisierung von günstigen Einkaufskonditionen ihre Konzerngesellschaften ständig finanziell so ausstatten wollen, dass diese ihren vertraglichen Verpflichtungen aus einem Rahmenabnahmevertrag nachkommen können. In diesem Fall wäre die Darlehensgewährung bzw. die Höhe des Zinssatzes von völlig untergeordneter Bedeutung.

Darüber hinaus kann bei Finanzierungen innerhalb von Konzernen ein Risikoaufschlag, wie er üblicherweise von Banken in den Zinssätzen einkalkuliert wird, nicht angenommen werden, weil es sich wirtschaftlich um ein einheitliches Unternehmen handelt und somit eine Berechtigung für einen Risikoaufschlag nicht besteht, da die-

223 BFH vom 25.11.1964, BStBl 1965 III S. 176.
224 BFHE 176, 571.

ser im Rahmen der Verzinsung des eingesetzten Kapitals der Gesellschafter abgegolten wird. Ferner müssen bestehende Währungsrisiken sowie bei langfristigen Darlehensverträgen Währungssicherungsklauseln zum Ausgleich von Inflationsrisiken bei der Bemessung des Zinssatzes bzw. der Angemessenheit der Vereinbarung berücksichtigt werden. Fraglich ist, ob von einem Fremdvergleichszinssatz am **Ort** des Schuldners oder des Gläubigers auszugehen ist oder ob ggf. ein dritter Ort maßgebend ist. Die Finanzverwaltung vertritt in diesem Punkt die Auffassung, dass der Steuerpflichtige grundsätzlich verpflichtet sei, das Fremdkapital dort aufzunehmen, wo es am zinsgünstigsten ist. In der Praxis wird der Steuerpflichtige jedoch aus den unterschiedlichsten Gründen Finanzierungen ggf. trotzdem mit einem Unternehmen bzw. einem nahestehenden Unternehmen vornehmen, auch wenn ein Darlehensangebot einer vor Ort ansässigen Bank günstiger ist, um die gesamte Konzernfinanzierung durch eine solche Vorgehensweise nicht zu gefährden. Dieses Verhalten würde durchaus dem eines ordentlichen Geschäftsleiters entsprechen, sofern er aus der Konzernfinanzierung auch entsprechende Vorteile erlangt, wie z. B. das Fehlen von besonderen Verwaltungskosten oder die beschleunigte Abwicklung seiner Darlehensanfragen.

Maßgebend für die Beurteilung der Darlehensverträge ist immer der **Kenntnisstand des ordentlichen und gewissenhaften Geschäftsleiters zum Zeitpunkt des Abschlusses des Vertrages.**[225] Insofern muss der Steuerpflichtige bei langfristigen Darlehensverträgen bestimmte Risiken, aber auch Chancen in dafür geeigneter Form vertraglich sichern. Eine rückwirkende Änderung oder Umqualifikation im Rahmen einer Betriebsprüfung aufgrund neuerer Tatsachen und eines erweiterten Kenntnisstandes, der nicht auf den Zeitpunkt des Darlehensvertragsabschlusses zurückgeht, ist nicht zulässig.

Hinsichtlich der in Tz. 4.3 Verwaltungsgrundsätze dargestellten Einzelfragen soll auf folgende wichtige Punkte hingewiesen werden:

Bei Forderungen aus Lieferungen und Leistungen, die ein Unternehmen gegenüber einem nahestehenden Unternehmen hat, kann die Frage entstehen, inwieweit diese verzinst werden müssen. In Abhängigkeit von der Üblichkeit im normalen Geschäftsverkehr sind sowohl Fälle denkbar, in denen eine Verzinsung stattfindet, als auch solche, in denen keine Verzinsung erfolgt. Eine Entscheidung kann jeweils nur für den Einzelfall erfolgen. Gleiches gilt z. B. auch für die Gewährung von Skonti bzw. sonstige Vergünstigungen im Zusammenhang mit der Finanzierung von Warengeschäften. Der Steuerpflichtige kann sich hierbei an den auch im normalen Geschäftsverkehr üblichen Skontivereinbarungen orientieren, ohne dass er Schwierigkeiten hinsichtlich der Angemessenheit dieser Vereinbarungen mit der Finanzverwaltung bekommt. Entscheidend ist letztlich, ob der Endpreis (unter Abzug aller Preisnachlässe) angemessen ist.

225 Vgl. für einen Bürgschaftsfall BFH vom 19.03.1975, BStBl 1975 II S. 614.

Problematischer wird die Frage, wenn ein Unternehmen dem Vertriebsunternehmen als Förderung der Vertriebstätigkeit ein **zinsloses Darlehen** gewährt. Diese Vorgehensweise steht in einem engen Zusammenhang mit der Übernahme von bestimmten Anlauf- oder Markterschließungskosten und stellt betriebswirtschaftlich nur eine besondere Form der Beteiligung an den Aufwendungen für die Markterschließung bzw. für die Ingangsetzung eines Geschäftsbetriebes dar. Daher können grundsätzlich für solche Darlehen nicht andere Vorschriften und Rechtsfolgen gelten als die bereits zuvor dargestellten. Außerdem ist zu beachten, dass eine solche Vorgehensweise in einer Branche möglicherweise fremdüblich ist, sodass eine entsprechende Vereinbarung auch zwischen verbundenen Unternehmen steuerlich nicht zu beanstanden ist.

Eine übernommene **Bürgschaftsverpflichtung** und die daraus resultierenden Aufwendungen bei Inanspruchnahme aus der Bürgschaft sollen sich nur dann gewinnmindernd auswirken dürfen, wenn die Übernahme der Verpflichtung dem Fremdvergleich entspricht. Ist also die Übernahme einer solchen Verpflichtung gegenüber einem nahestehenden Unternehmen in sonst gleichen Konstellationen auch unter fremden Dritten üblich, kann dem Grunde nach eine Bürgschaftsverpflichtung eingegangen werden, die jedoch mit einer Provision abgegolten werden muss. Erfolgt diese Provisionszahlung nicht, handelt es sich nach Auffassung der Finanzverwaltung um eine unangemessene Vertragsgestaltung. Dieser Auffassung ist nicht zuzustimmen, da – wie bereits bei dem zitierten BFH-Urteil zur Besicherung von Darlehen[226] – innerhalb eines Konzerns die gleichen Rechtskonsequenzen Anwendung finden müssen. Eine Konzernobergesellschaft muss eine Bürgschaftsverpflichtung für Darlehen einer anderen Konzerngesellschaft nicht eingehen, da sie aufgrund der vertraglichen und gesellschaftsrechtlichen Beziehungen ohnehin schon für dieses Darlehen haftet. Insofern sind übernommene Bürgschaftsverpflichtungen u. E. nicht durch Provisionen zu vergüten. Die diesbezüglichen Ausführungen des BMF-Schreibens sind somit durch die Rechtsprechung des BFH zur Besicherung im Konzern obsolet geworden. Allerdings ist auf die Änderung des § 1 Abs. 5 durch das Steuervergünstigungsabbaugesetz[227] hinzuweisen. Zumindest nach Auffassung des Gesetzgebers und der Finanzverwaltung ist damit die vorstehend genannte Rechtsprechung verdrängt, sodass davon auszugehen ist, dass für Bürgschaften immer Avalprovisionen zu vereinbaren sind. Anderenfalls erfolgt eine Einkunftskorrektur.

8.2.5 Nutzungsüberlassung von Patenten, Know-how oder anderen immateriellen Wirtschaftsgütern; Auftragsforschung

Die Nutzungsüberlassung von immateriellen Wirtschaftsgütern stellt nicht nur in Deutschland ein großes Problem hinsichtlich der Frage der hierfür erhobenen Ver-

226 BFH vom 21.12.1994, BFHE 176, 571.
227 Vom 16.05.2003, BGBl 2003 I S. 660; damals noch Abs. 4.

gütungen und deren Angemessenheit dar. Die Bundesrepublik Deutschland ist mit ihren Verwaltungsgrundsätzen längst nicht so weit gegangen, wie dies die Regelungen des Internal Revenue Code in den USA für die Bemessung von Nutzungsüberlassungsentgelten für immaterielle Wirtschaftsgüter vorsehen.[228] Grundsätzlich führt die Nutzungsüberlassung von immateriellen Wirtschaftsgütern zu einer Entgeltverpflichtung seitens der empfangenden Gesellschaft. Dies ist jedoch bei Nutzungsüberlassungen, die in einem wirtschaftlichen Zusammenhang mit Lieferungen und Leistungen stehen und für die angemessene Verrechnungspreise entrichtet worden sind, weder erforderlich noch zulässig. Auf eine konkrete Nutzung der überlassenen immateriellen Wirtschaftsgüter durch das empfangende Unternehmen kommt es bei der Frage der Angemessenheit der Vergütung nicht an. Lediglich bei der Bestimmung des Fremdvergleichspreises dürften Probleme auftauchen, da üblicherweise der Fremdpreis für die Überlassung der immateriellen Wirtschaftsgüter durch den Ansatz von Nutzungsentgelten mittels einer sachgerechten Bemessungsgrundlage – wie z. B. der Umsatzmenge – erfolgt und dies im vorliegenden Fall dann nicht gegeben wäre.

Die Festlegung des maßgebenden Fremdpreises ist vor allem bei Lizenzen und anderen immateriellen Wirtschaftsgütern schwer möglich, wenn diese nur innerhalb des Konzerns übertragen werden und ein Handel mit fremden Dritten ausdrücklich nicht gewollt ist. Aus diesem Grund wird i. d. R. die Preisvergleichsmethode ausscheiden. Alternativ ist daher von der Lizenzgebühr auszugehen, die ein ordentlicher Geschäftsleiter unter Berücksichtigung eines angemessenen Betriebsgewinns aus dem lizenzierten Produkt erzielen kann. Hierbei ist eine genaue Kalkulation hinsichtlich der Aufwendungen und Erträge aus der Überlassung des immateriellen Wirtschaftsgutes vorzunehmen. Der Steuerpflichtige hat hierbei besondere Mitwirkungspflichten zu beachten. Alternativ zu einer solchen Vorgehensweise kann die Kostenaufschlagsmethode bei Einzelabrechnungen in besonderen Ausnahmefällen in Betracht kommen, wie sie als Verprobungsmethode generell denkbar ist. Eine eindeutige Zuordnung der Kostenaufschlagsmethode als eine Methode zur Überprüfung der Angemessenheit ist lediglich bei der sog. Auftragsforschung, also in Fällen, in denen ein Unternehmen im Auftrag eines anderen Unternehmens Forschung und Entwicklung betreibt, gegeben.

Wie bereits oben unter 5.3 dargestellt, hat der Gesetzgeber durch das Unternehmensteuerreformgesetz 2008[229] im § 1 Abs. 3 Satz 11 die widerlegbare Vermutung normiert, dass fremde Dritte in vergleichbaren Fällen eine Anpassungsklausel vereinbart hätten. Hiermit soll der bestehenden Rechtsunsicherheit begegnet werden. Für die Steuerpflichtigen ist in diesem Zusammenhang besonders darauf hinzuweisen, dass sie die Möglichkeit eines Gegenbeweises haben, hierfür aber die Beweislast tragen.

228 Vgl. Jacobs, a. a. O., S. 735 f.
229 Vom 14.08.2007, BGBl 2007 I S. 1912.

8.2.6 Verwaltungsbezogene Leistungen im Konzern

Aus betriebswirtschaftlichen Überlegungen wird zwischen nahestehenden Unternehmen oftmals ein Dienstleistungsaustausch in der Weise vorgenommen, dass bestimmte verwaltungsbezogene Leistungen im Konzern von einer Konzerngesellschaft für alle anderen Gesellschaften zentral erbracht werden. In beiden Fällen müssen die Entgelte dem Fremdvergleichspreis entsprechen. Auch hier ist das **Outsourcing** von Verwaltungsleistungen bzw. allgemeinen Dienstleistungen so weit fortgeschritten, dass der Preisvergleichsmethode als einer der anzuwendenden Methoden eine größere Bedeutung zukommt als noch 1983. Die in Tz. 6.3.1 Verwaltungsgrundsätze aufgeführten Beispiele für verrechenbare Verwaltungsleistungen sind zutreffend, doch sind in der Vergangenheit noch zahlreiche weitere Leistungsbereiche hinzugetreten.

Voraussetzung für eine Verrechnung von Dienstleistungen ist, dass bei dem Zahlenden eine **Betriebsausgabe** vorliegt, die Leistung also betrieblich veranlasst ist. Darüber hinaus würde ein fremder Dritter eine derartige Leistung nur entgelten, wenn sie eindeutig abgrenzbar und messbar ist sowie im Interesse der empfangenden Person erbracht wurde. Diese Frage kann im Einzelfall schwierig zu beurteilen sein. Fraglich ist, ob die Inanspruchnahme einer Leistung eines Unternehmens von der Konzernobergesellschaft im Interesse des Unternehmens erfolgt, oder nur in dem des Gesamtkonzerns. Zwar stellt die Finanzverwaltung auf die eigenen Verhältnisse des Unternehmens ab, jedoch wird in der Praxis häufig der Fall anzutreffen sein, dass eine Mitveranlassung durch das Konzernverhältnis nicht auszuschließen ist.

Eine Verrechnung von solchen Leistungen ist nicht möglich, die der Konzern im Rahmen seiner Gesellschafterstellung gegenüber den Konzerngesellschaften erbringt bzw. die inhaltlich ausschließlich ihm als Leistungserbringenden zustehen bzw. ihn sogar zur Vornahme dieser Leistungen verpflichten. Es dürfen nach Verwaltungsauffassung z. B. **keine Entgelte** verrechnet werden für den Vorstand, die Aufsichtsräte und die Gesellschafterversammlung der Konzernobergesellschaft. Fraglich ist jedoch, ob diese Auffassung zu den Vorstandsbezügen zutreffend ist. Im Einzelfall kann es schwierig sein, die Tätigkeit eines Vorstandes des Mutterunternehmens eindeutig auf Mutterunternehmen zu beschränken oder diese Leistungen als Beratungs- und Assistenztätigkeit für die Tochtergesellschaften zu bewerten, die zweifelsfrei verrechnungsfähig sind. Ähnliches gilt für die Vergütungen der Aufsichtsräte, denn auch ein Aufsichtsratsmitglied bei der Mutter kann gegenüber der Tochtergesellschaft Assistenzleistungen erbringen, weil er gegenüber dieser keine Organstellung innehat. Unzweifelhaft ist lediglich die Nichtberücksichtigung von Kosten für die Gesellschafterversammlung, da diese als eindeutige Kontrollkosten nicht entgeltfähig sind.

Eine Einkunftsabgrenzung kann sowohl durch direkte Einzelabrechnung als aber auch durch Umlageverträge vorgenommen werden.

8.3 Einkunftsabgrenzung durch Umlageverträge

8.3.1 Umlage als Alternative zur Einzelverrechnung

Als ersten Schritt zur Überarbeitung der Verwaltungsgrundsätze hat die Finanzverwaltung mit Datum vom 30.12.1999 die **„Grundsätze für die Prüfung der Einkunftsabgrenzung durch Umlageverträge zwischen international verbundenen Unternehmen“** vorgelegt.[230] Danach besteht die Möglichkeit, Leistungen aus dem Bereich Forschung und Entwicklung, Erwerb von Wirtschaftsgütern sowie „verwaltungsbezogene und andere Leistungen“ im Wege der Umlage zu verrechnen. Voraussetzung hierfür soll jedoch gem. Tz. 1.2 Umlagenverwaltungsgrundsätze sein, dass es sich hierbei nur um Hilfsleistungen handelt.

Neben den allgemeinen Kriterien, die für die Verrechnung von konzerninternen Lieferungen und Leistungen erfüllt sein müssen, gilt es, für die steuerliche Anerkennung von Konzernumlagen die folgenden Nachweise zu erbringen:

- die umgelegten Dienstleistungen wurden tatsächlich erbracht,
- durch die erbrachten Dienstleistungen ist dem Unternehmen tatsächlich ein Vorteil zugewendet worden (z. B. durch Ersparnis von Aufwand),
- die für die Dienstleistung abgerechneten Kosten sind tatsächlich entstanden und
- ein Konzernumlagevertrag liegt vor.

Damit werden wesentlich **strengere Voraussetzungen** an die steuerliche Anerkennung einer Konzernumlage gestellt als bei der Leistungsabrechnung im Wege der Einzelverrechnung. Streitig ist allerdings, ob die Umlagenverwaltungsgrundsätze alle möglichen Formen der Umlage beinhalten. Dies ist nach herrschender Meinung nicht der Fall. Vielmehr beschäftigen sie sich nur mit Umlagen auf der Grundlage des Poolkonzeptes. Diesem liegt die folgende Konzeption zugrunde: Mehrere verbundene Unternehmen verfolgen als gleichberechtigte Partner im gemeinsamen Interesse, auf gemeinsames Risiko und mit gemeinsamer Ertragschance durch eine Kooperation einen gemeinsamen Zweck in Form der Erbringung und Nutzung von Dienstleistungen. Daneben gibt es noch eine zweite Form von Umlagen, die dem Gedanken der Vereinfachung folgt, indem für bestimmte Leistungen eine Umlage in der Form erfolgt, dass auf schuldrechtlicher Basis aus Gründen der Vereinfachung Leistungen nicht jeweils für sich abgerechnet werden, sondern in einer Pauschale vergütet werden. Der Erlass spricht in Tz. 1 Umlagenverwaltungsgrundsätze von der **„indirekten Methode“** der Leistungsverrechnung, die vorrangig sei. Die folgende Abbildung soll diese Unterschiede verdeutlichen.

---

230 BStBl 1999 I S. 1122; im Folgenden Umlagenverwaltungsgrundsätze.

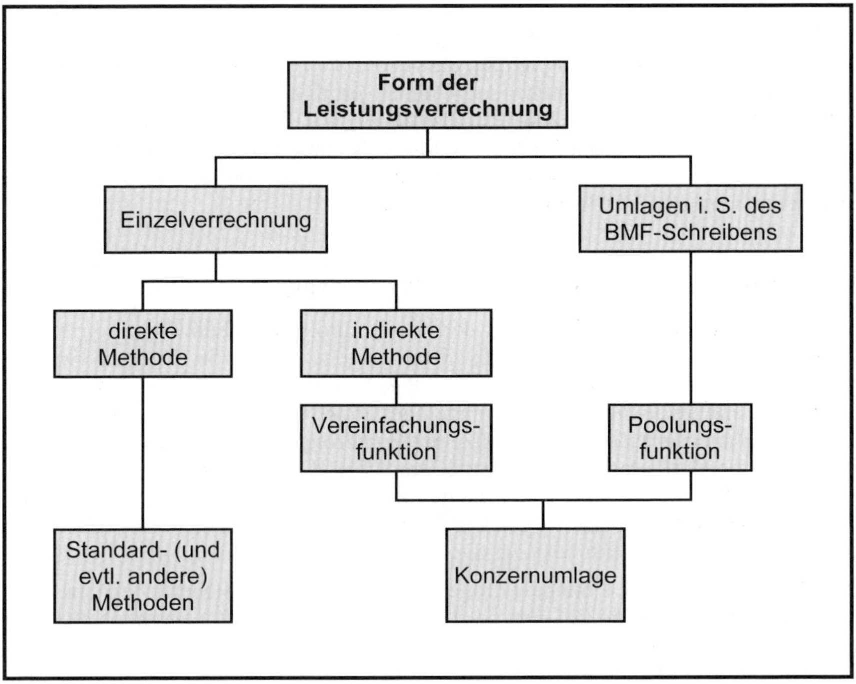

Die weiteren Ausführungen beschäftigen sich lediglich mit Umlagen, die sich auf das Poolkonzept beziehen, also Gegenstand des Erlasses sind. *Böcker*[231] vertritt – als Mitarbeiter der Finanzverwaltung – hingegen die Auffassung, dass mit dem BMF-Schreiben eine abschließende Regelung erfolgt sei und ab dem Jahr 2001 ausschließlich Poolumlagen zulässig sind. Er begründet diese Auffassung damit, dass die bisherige Tz. 7 der alten Verwaltungsgrundsätze aufgehoben worden sei und bestehende Umlageverträge gem. Tz. 8 bis zum 31.12.2000 anzupassen waren. Geschieht dies nicht, wird durch Tz. 8 auf Tz. 6 verwiesen, die bei gravierenden Mängeln von Umlageverträgen eine Versagung des Betriebsausgabenabzugs vorsieht.

Unseres Erachtens kann dieser Auffassung nicht gefolgt werden. Die Vereinfachungsfunktion ist Ausfluss der indirekten Methode, die gerade von den Vorgaben des BMF-Schreibens vom 30.12.1999 unberührt bleiben soll. Insoweit erweist sich die Aufhebung der Tz. 7 der alten Verwaltungsgrundsätze als unproblematisch. Ferner kann – entgegen der Auffassung von *Böcker* – auch nicht aus Tz. 8 gefolgert

231 StBp 2008, 8 ff.

werden, dass ausschließlich das Poolkonzept zulässig wäre. Diese verlangt nämlich keine generelle Aufhebung aller Umlageverträge, die nicht dem Poolkonzept entsprechen, sondern ordnet lediglich an, dass „sofern aufgrund der vorstehenden Ausführungen Anpassungen bestehender Umlageverträge erforderlich werden", eine Veränderung bis zum 30.12.2000 durchzuführen war. Die Vereinfachungsfunktion der Umlage stützt sich jedoch auf die indirekte Methode der Leistungsverrechnung, die gem. Tz. 1 Satz 2 Umlagenverwaltungsgrundsätze von den Regelungen des Schreibens vom 30.12.1999 unberührt bleiben.

8.3.2 Bedeutung und Inhalt des Umlagevertrages

Voraussetzung für die Abziehbarkeit der Konzernumlage im Inland als Betriebsausgabe ist, dass ein Konzernumlagevertrag besteht, denn die Finanzverwaltung erkennt Verträge zwischen nahestehenden Personen nur an, wenn im Voraus getroffene, klare und eindeutige Vereinbarungen bestehen.[232] Sie erhebt darüber hinaus in Tz. 1.3 Umlagenverwaltungsgrundsätze die Forderung, dass ein schriftlicher Umlagevertrag abgeschlossen werden muss. Der BFH[233] geht in ständiger Rechtsprechung davon aus, dass klare und eindeutige Vereinbarungen für die Anerkennung von schuldrechtlichen Beziehungen zwischen nahestehenden Personen gegeben sein müssen. Eine Niederschrift verlangt die Rechtsprechung jedoch nicht.

Bei der Gestaltung der Umlageverträge ist auch auf umsatzsteuerliche Aspekte zu achten.[234] Dabei sollte im Rahmen des Pool-Vertrages geregelt werden, ob dieser als reine Innengesellschaft ausgestaltet wird oder ob er auch gegenüber Dritten in Erscheinung tritt. Dadurch wird regelmäßig determiniert, ob der Pool als Unternehmer i. S. des Umsatzsteuergesetzes anzusehen ist. Bei einer reinen Innengesellschaft ist dies zu verneinen, mit der Konsequenz, dass allenfalls die hinter ihm stehenden Pool-Partner zum Vorsteuerabzug berechtigt sind, während bei einer Außengesellschaft die Unternehmereigenschaft zu bejahen ist, wobei von einem steuerbaren Leistungsaustausch zwischen dem Pool und den Pool-Partnern anzugehen ist.

Die wesentlichen Regelungen eines Umlagevertrages lassen sich wie folgt zusammenfassen:

1. Vertragsparteien

Der Vertrag hat festzulegen, welche Gesellschaften sich an der Umlage beteiligen. Allerdings muss es sich hierbei nicht ausschließlich um verbundene Unternehmen handeln. Mit den teilnehmenden Unternehmen steht auch fest, dass die steuerrecht-

232 Vgl. R 31 Abs. 5 KStR.

233 BFH vom 02.03.1988 I R 103/86, BStBl 1986 II S. 786, und vom 24.01.1990 I R 157/90, BStBl 1990 II S. 645, sowie zu den Schranken infolge von DBA-Regelungen, die Art. 9 Abs. 1 OECD-MA entsprechen, das rkr. Urteil des FG Köln vom 22.08.2007 S 13 K 647, EFG 2008, S. 161.

234 Vgl. hierzu Eggers, IStR 2001, S. 308 ff., und Slapio/Schmitz, IWB F. 3 Deutschland Gr. 7, S. 671 ff.

lichen Vorschriften aller Staaten, in denen Teilnehmer domizilieren, zu berücksichtigen sind. Tz. 1.2 der Umlagenverwaltungsgrundsätze verlangt, dass die am Pool beteiligten Gesellschaften gleichgerichtete wirtschaftliche Interessen verfolgen. Ist dies nicht der Fall, dürfen diese Gesellschaften – zumindest nach Auffassung der Finanzverwaltung – nicht am Pool beteiligt werden. Unseres Erachtens ist zwar fraglich, ob diese Einschränkung sinnvoll oder gar geboten ist, doch vor dem Hintergrund der derzeit ungeklärten Anerkennung durch die Finanzverwaltung ist es nicht empfehlenswert, Holding- bzw. Patentverwertungsgesellschaften als Partner eines Umlagevertrages einzusetzen, wenn dieser seitens der Finanzverwaltung als Pool anerkannt werden soll.

Der Konzernumlagevertrag muss außerdem regeln, welche Gesellschaft(en) die Leistungen – die noch genauer zu spezifizieren sind – zu erbringen hat (haben). Aus Sicht des Konzerns kann eine Optimierung der Standortwahl dadurch erfolgen, dass der Pool in dem Staat „angesiedelt" wird, in welchem die steuerlichen Rahmenbedingungen für diese Aktivität am günstigsten sind, zumal reine Verwaltungsgesellschaften i. d. R. eine hohe Standortelastizität aufweisen, d. h. eine geringe Standortabhängigkeit besitzen.

2. Art der zu erbringenden Dienstleistung(en)

Zentraler Punkt jedes Umlagevertrages ist die Beschreibung der Leistungen, die entgolten werden. Dabei gilt es zunächst klarzustellen, welche der beiden Funktionen der Umlage angesprochen ist. Geht es um die Vereinfachungsfunktion oder ist der Pool-Gedanke gemeint? Dies ist eine Tatfrage, die sich aus den Verhältnissen des Konzerns ergibt bzw. die entsprechend von ihm zu gestalten ist. Damit sind weitreichende Konsequenzen verbunden: Während es sich im Fall der Vereinfachungsfunktion um einen schuldrechtlichen Vertrag handelt, ist bei Anwendung der Poolungsfunktion eine entsprechende gesellschaftsrechtliche Gestaltung erforderlich. Zum anderen ist die Abgrenzung des Leistungsumfangs von zentraler Bedeutung, weil alle Leistungen, die nicht bereits durch die Umlage abgegolten werden, gesondert zu verrechnen sind. Dies ergibt sich zwingend aus dem Grundgedanken des Dealing-at-arm's-length-Prinzips. Fremde Dritte würden solche Leistungen nicht unentgeltlich erbringen, sondern hierfür eine angemessene Vergütung verlangen. Für diese Einzelabrechnung gelten die allgemeinen Grundsätze der Verrechnung von konzerninternen Dienstleistungen.[235]

3. Vergütungsregelungen und Aufteilungsschlüssel

Die deutschen Verwaltungsgrundsätze verlangen zur Ermittlung des umlagefähigen Betrages auf der Grundlage des Poolkonzeptes, dass die tatsächlichen direkten und

235 Vgl. hierzu Tz. 3.2 VG zu den gewerblichen Dienstleistungen und Tz. 6 für die verwaltungsbezogenen Leistungen.

indirekten Aufwendungen, die im Zusammenhang mit der Leistung stehen, anzusetzen sind. Dabei sollen die Rechnungslegungsvorschriften des Staates maßgeblich sein, in dem das Unternehmen, das die Leistung erbringt, tätig wird. Hiervon sind die Erträge (einschließlich Zuschüsse, Zulagen und steuerliche Sondervergünstigungen wie z. B. Sonderabschreibungen) abzuziehen. Ferner gestattet Tz. 2.1 der Umlagenverwaltungsgrundsätze den Abzug einer Verzinsung des eingesetzten Kapitals lt. Steuerbilanz auf der Grundlage des Habenzinssatzes.

Damit soll nicht mehr auf die Kostenrechnung, sondern auf die Buchführung zurückgegriffen werden. Hiermit unvereinbar ist jedoch der Abzug von Zinsen auf das eingesetzte Eigenkapital. Nach unbestrittener Auffassung in der Kostenrechnungsliteratur[236] handelt es sich hierbei nicht um Aufwand, sondern um sog. Zusatzkosten, die dadurch charakterisiert sind, dass ihnen kein entsprechender Aufwand gegenübersteht. Diese Vermischung von unterschiedlichen Bereichen des betrieblichen Rechnungswesens bereitet in der Praxis erhebliche Probleme.

Die Aufwendungen sind um eventuelle Erträge zu verringern, die beim Pool im Zusammenhang mit der Leistungserstellung entstanden sind. Da der Pool an seine Mitglieder nach Auffassung der deutschen Finanzverwaltung ausschließlich gegen Kostenerstattung (ggf. zzgl. Kapitalverzinsung) liefert, kann es sich hierbei lediglich um Erträge handeln, die aus Geschäften mit Nicht-Poolmitgliedern stammen.

Gemäß Tz. 2.1 Abs. 2 Umlagenverwaltungsgrundsätze sollen Standortvorteile, die „mit den Aufwendungen [des Pools, die Verf.] in wirtschaftlichem Zusammenhang stehen, die umzulegenden Kosten verringern“. Folglich kommen solche Vorteile anteilig allen am Pool beteiligten Gesellschaften zugute. Auch wenn diese Vorgehensweise sachlich nicht gerechtfertigt ist, ist der Steuerpflichtige gut beraten, sich rechtzeitig auf diese Auffassung der deutschen Finanzverwaltung einzustellen. Tz. 2.1 Abs. 2 Umlagenverwaltungsgrundsätze verlangt eine Bewertung von von Pool-Mitgliedern erbrachten Sachleistungen an den Pool mit dem Wert, der sich aus den entstandenen Aufwendungen ergibt. Bei bereits abgeschriebenen materiellen Wirtschaftsgütern ist auf den Verkehrswert zum Zeitpunkt der Überlassung und auf die Restnutzungsdauer abzustellen, während bei immateriellen Wirtschaftsgütern auf eine „angemessene Lizenzgebühr abzgl. des üblichen Gewinnanteils“ zurückgegriffen werden soll. Diese Ungleichbehandlung ist nicht überzeugend, denn sie sieht im zuerst genannten Fall vor, auf eine Aufdeckung der stillen Reserven zu verzichten, während sie im zweiten Fall zwingend sein soll. Dies ist nicht nur rechtlich fragwürdig, sondern auch wirtschaftlich vor dem Hintergrund des Fremdvergleichs nicht zu rechtfertigen.

Sofern eine bestimmte Vereinbarung über das Tragen des Währungsrisikos nicht als fremdüblich angesehen werden kann, obliegt dem Steuerpflichtigen ein großer

236 Vgl. statt vieler Egger, in: Chmielewicz/Schweitzer (Hrsg.), Handwörterbuch des Rechnungswesens, Sp. 88 ff., der u. a. ausführt „. . . Ein Wertverbrauch, dem keine Ausgabe zugrunde liegt (z. B. Zinsen vom Eigenkapital als kalkulatorische Kosten), ist kein Aufwand.“

Gestaltungsspielraum, dem die Finanzverwaltung zu folgen hat, wenn sie nicht den Nachweis erbringen kann, dass unter fremden Dritten eine abweichende Tragung des Währungsrisikos üblich wäre. Die Umlagenverwaltungsgrundsätze sehen in Tz. 2.2 vor, dass ein Gewinnaufschlag auf die umzulegenden Kosten nicht erhoben werden darf. Allerdings sei es möglich, eine angemessene Verzinsung des Eigenkapitals einzubeziehen. Diese Auffassung wird mit dem fehlenden unternehmerischen Risiko begründet. Ausnahmen sollen lediglich für sog. inländische Kontroll- und Koordinierungsstellen ausländischer Konzerne gelten. Bei ihnen wird ein dem Fremdvergleich entsprechender Gewinnaufschlag nicht beanstandet.[237] Unseres Erachtens kann die Frage nach dem Gewinnaufschlag nicht von der nach dem Umfang der anzusetzenden Kosten getrennt werden. Im Ergebnis führt die Auffassung der Finanzverwaltung dazu, dass die Leistungen, die die einzelnen Mitglieder für den Pool erbringen, mit den dafür entstandenen Aufwendungen abgegolten werden und alle Mitglieder an den Ergebnissen des Pools teilhaben. In dieser Konstellation hat die Finanzverwaltung u. E. übersehen, dass es keine Motivation für eine Gesellschaft gibt, Leistungen für den Pool zu erbringen oder eine eigene Abteilung als Pool tätig werden zu lassen. Ein ordentlicher und gewissenhafter Geschäftsleiter müsste schlicht warten, bis sich ein anderes Konzernunternehmen bereit erklärt, die Leistung für den Pool bzw. dessen Rolle zu übernehmen. Er könnte dann dessen Vorteile nutzen, ohne selbst tätig werden zu müssen (sog. Trittbrettfahren). Wird nun jedes Konzernunternehmen von einem ordentlichen und gewissenhaften Geschäftsleiter geführt, würde jeder darauf warten, dass jeweils einer der anderen für den bzw. als Pool tätig wird, ohne dass dies tatsächlich geschieht. Die Leistung wird im Ergebnis nicht erbracht, obwohl sie für alle potentiellen Poolunternehmen wünschenswert wäre.

Gemäß Tz. 5.1.1 Umlagenverwaltungsgrundsätze muss im Konzernumlagevertrag ein **Umlageschlüssel** enthalten sein. Es ist der Schlüssel anzuwenden, der im Einzelfall „der sachgerechteste" (Tz. 3.2 Umlagenverwaltungsgrundsätze) ist. Liegen mehrere gleichwertige Schlüssel vor, hat der Geschäftsleiter ein Wahlrecht. Als mögliche Schlüssel werden in Tz. 3.2 ausdrücklich folgende Größen genannt, wobei auch Kombinationen von Schlüsseln möglich sind:

- eingesetzte, hergestellte, verkaufte oder zu erwartende Einheiten einer Produktlinie,
- Materialaufwand,
- Maschinenstunden,
- Anzahl der Arbeitnehmer,
- Lohnsumme,

237 Vgl. Tz. 4 des BMF-Schreiben vom 24.12.1999 – IV B 4 - S 1300 - 111/99, BStBl 1999 I S. 1076, das allerdings primär auf das Verhältnis zwischen der inländischen Betriebsstätte und dem ausländischen Stammhaus, die zugleich Mutter der übrigen Konzerngesellschaften ist, abstellt.

- Wertschöpfung,
- investiertes Kapital,
- Betriebsgewinn und
- Umsatz.

Im Ergebnis wird damit eine Aufteilung der Aufwendungen des Pools nach Maßgabe der Nutzung der von ihm erbrachten Leistungen vorgesehen. Durch umfangreiche Vorgaben zur Dokumentation wird sichergestellt, dass der Steuerpflichtige sowohl den erwarteten als auch den erzielten Nutzen dokumentiert. Auch wenn eine Definition des „Nutzen" im BMF-Schreiben fehlt, kann davon ausgegangen werden, dass hierunter die Inanspruchnahme der Leistungen aus dem Umlagevertrag durch die einzelne Gesellschaft verstanden wird. Außerdem werden von der Finanzverwaltung in Tz. 2.1 Umlagenverwaltungsgrundsätze sog. „Package-Deals" abgelehnt. Hierunter wird die Zusammenfassung von verwaltungsbezogenen Dienstleistungen und solchen aus anderen Bereichen verstanden, für die ebenfalls eine Umlage vereinbart wurde. Stattdessen hat eine gesonderte Verrechnung zu erfolgen, was nicht ausschließt, dass mehrere Konzernumlagen nebeneinander vereinbart werden.

4. Abrechnungsmodalitäten

Zu den Abrechnungsmodalitäten gehört insbesondere auch die Frage, ob Vorauszahlungen zu leisten sind. Durch die Festsetzung entsprechender Zahlungen kann die Finanzierung der Aktivitäten erfolgen. Wird hierauf verzichtet, ergibt sich i. d. R. die Notwendigkeit, für eine entsprechende Finanzausstattung der leistungserbringenden Gesellschaft zu sorgen. Dies kann entweder über Eigenkapital oder über eine (ggf. von den Gesellschaftern abgesicherte) Darlehensaufnahme geschehen. Hierfür entstehende Kosten sind in die Umlagemasse mit einzubeziehen. Außerdem muss geregelt werden, in welcher Währung und zu welchen Zeitpunkten die Zahlungen an die leistungserbringende Gesellschaft erfolgen. Schließlich sollte eine Regelung für den Fall aufgenommen werden, dass ein leistungsempfangendes Unternehmen seinen Verpflichtungen aus dem Konzernumlagevertrag nicht oder nur verspätet nachkommt. Dies gilt insbesondere, wenn auch konzernfremde Gesellschaften oder solche – mit Gesellschaftern außerhalb des Konzerns – Partner des Umlagevertrages sind.

5. Anrechnung von erbrachten Leistungen

Gemäß Tz. 2.1 der Umlagenverwaltungsgrundsätze sind die Aufwendungen um die Erträge zu kürzen, die in einem wirtschaftlichen Zusammenhang mit diesen stehen. Dies gilt insbesondere für den Fall, dass Lizenzeinnahmen für ein durch den Pool geschaffenes immaterielles Wirtschaftsgut erzielt werden. Dadurch wird erreicht, dass eine Kostenstelle, die eigentlich nur für den Pool tätig werden sollte, bei Leistungen, die sie gegenüber fremden Dritten erbringt, diese nicht dem Pool „berechnet". Der Pool soll um diese Aufwendungen entlastet werden. Eine solche Regelung ist vor dem Hintergrund der verursachungsgerechten Aufwandszuordnung grundsätzlich sachgerecht. Allerdings geht sie über das eigentliche Ziel hinaus. Erforderlich wäre lediglich eine Kürzung um die Kosten, die auf diese Leistungen entfallen, denn der Gewinn müsste dem leistungserstellenden Unternehmen verbleiben. Gemäß Tz. 5.1.2 Umlagenverwaltungsgrundsätze muss eine entsprechende Dokumentation der Aufwendungen als auch der Erträge, die im Zusammenhang mit dem Umlagevertrag entstehen, erfolgen. Sofern andere Gesellschaften, die ebenfalls zum Konzern gehören, jedoch nicht an dem Pool beteiligt sind, an diesen Waren oder Dienstleistungen liefern bzw. erbringen, gelten für deren Abrechnung die allgemeinen Grundsätze der konzerninternen Leistungsverrechnung. Es ist gem. Tz. 2.1.7 Umlagenverwaltungsgrundsätze der Fremdvergleichspreis anzusetzen.

6. Eintritts- und Austrittsregelungen

Schließlich sollten im Umlagevertrag Regelungen für den Fall getroffen werden, dass sich einzelne Gesellschaften nicht mehr an der gemeinschaftlichen Leistungserstellung durch den Pool beteiligen wollen oder neue Gesellschaften zukünftig daran partizipieren. Dies gilt insbesondere, wenn der Konzern plant, weitere Gesellschaften zu gründen oder zu erwerben und diese die im Wege der Umlage verrechneten Leistungen sinnvoll in Anspruch nehmen können. Dabei ist jedoch – wie bei der Einführung einer Leistungsverrechnung im Wege der Umlage allgemein – damit zu rechnen, dass zumindest eine der beteiligten Finanzverwaltungen die Frage aufwirft, warum nicht schon früher eine entsprechende Leistungsverrechnung vorgenommen wurde. Dies könnte dazu führen, dass das Unternehmen begründen muss, dass sowohl die bisherigen Verrechnungspreisgestaltungen (im Wege der Einzelabrechnung) dem Fremdvergleichsgrundsatz entsprochen haben als auch der erfolgte Wechsel zur Konzernumlage wirtschaftlich begründet ist.

Ferner sollten auch Regelungen getroffen werden, ob **Ein- bzw. Austrittsgelder** zu entrichten sind. Hier geht es einmal um die Frage, ob überhaupt solche Entgelte zu vereinbaren und wenn ja, wie diese zu berechnen sind. Unseres Erachtens sind sie zwingend erforderlich, denn ein neu eintretendes Unternehmen muss einen Ausgleich dafür bezahlen, dass es sich bisher nicht an den bis dato aufgewendeten Kosten für die Schaffung der Voraussetzungen zur Erbringung der Dienstleistung beteiligt hat.[238] Da eine Leistungsverrechnung nach Auffassung der deutschen Finanzverwaltung ausschließlich auf dem Wege der Aufwandsverteilung zu erfolgen hat, scheiden unterschiedlich hohe Entgelte für die laufende Inanspruchnahme der Leistung als Kompensation für diese Vorleistungen der übrigen Gesellschaften aus.

Als besonders problematisch erweist sich die Bewertung. Einerseits sollte hierüber möglichst im Voraus eine Vereinbarung getroffen werden, um die steuerliche Aner-

238 Ähnlich nunmehr die Finanzverwaltung in Tz. 4.1 und 4.2 der Umlagenverwaltungsgrundsätze. Allerdings sollen bei verwaltungsbezogenen Leistungen Eintrittszahlungen „regelmäßig" nicht in Betracht kommen.

kennung sicherzustellen, andererseits ist die Herleitung von Bewertungsmaßstäben außerordentlich schwierig. Fremdvergleichspreise werden sich nur in Ausnahmefällen bestimmen lassen. Insoweit verbleibt nur ein Rückgriff auf die Kostenaufschlagsmethode. Dabei ist jedoch danach zu differenzieren, welche Aufwendungen ein ordentlicher und gewissenhafter Geschäftsleiter in einer vergleichbaren Situation als erforderlich angesehen hätte. Diese Kosten müssen erstattet werden, wobei entsprechend den allgemeinen Grundsätzen[239] der Kostenaufschlagsmethode auch ein Gewinnaufschlag mit einzubeziehen ist.

7. Informations- und Prüfungsrechte

Es muss gewährleistet werden, dass die von den Finanzverwaltungen der involvierten Staaten verlangten Dokumentationen erstellt werden können und auch tatsächlich erstellt werden. Dabei darf nicht nur eine Ausrichtung an den Vorgaben der deutschen Finanzverwaltung oder denen der OECD erfolgen, sondern die jeweils strengsten Vorgaben bestimmen die zu erfüllenden Anforderungen. Sofern diese Anforderungen im Zeitablauf geändert werden, hat ggf. eine Anpassung des Dokumentationssystems zu erfolgen.

Außerdem sollten in den Umlagenvertrag noch zu folgenden Bereichen Regelungen aufgenommen werden:

- Steuern,
- anwendbares Recht,
- Schiedsregelung,
- Beginn und Dauer des Vertrages, Kündigungsmöglichkeiten sowie
- salvatorische Klausel.

8.3.3 Dokumentationsanforderungen

Die deutsche Finanzverwaltung hat in Tz. 5 der Umlagenverwaltungsgrundsätze sehr umfangreiche Dokumentationsanforderungen niedergelegt. Fraglich ist, ob es hierfür eine Rechtsgrundlage gibt. Während dies im Schrifttum bestritten wird,[240] ist u. E. nach den unterschiedlichen Formen der Umlage zu unterscheiden. Wenn das Poolkonzept verfolgt wird, kann eine Verrechnung von Entgelten ohne Gewinnaufschlag erfolgen. Dies ist ein Abweichen von der geltenden Rechtslage zugunsten der Steuerpflichtigen, sodass es u. E. nicht zu beanstanden ist, wenn dies an das Erfüllen bestimmter Nachweisanforderungen geknüpft wird. Diese Frage ist jedoch dann anders zu beantworten, wenn die Umlage als vereinfachte Abrechnungsform verwendet wird. Da hier eine Verrechnung einschließlich eines Gewinnaufschlages erfolgt, besteht für eine gesonderte Dokumentationsanforderung keine Rechtfer-

239 Vgl. Tz. 2.2.4 VG.
240 Vgl. Baumhoff IStR 2001, S. 752 ff.

tigung. Damit gelten in diesem Fall nur die allgemeinen Mitwirkungspflichten, aber keine besonderen Dokumentationspflichten. Gleichwohl wird es sich regelmäßig anbieten, diese Forderung dennoch zu erfüllen, um nicht bereits vor einer inhaltlichen Prüfung der Umlagen Konflikte mit der Betriebsprüfung entstehen zu lassen.

Nachdem der Gesetzgeber mit dem StVergAbG[241] im § 90 Abs. 3 AO eine eigenständige Rechtsgrundlage für die Verrechnungspreisdokumentation geschaffen hat, ist davon auszugehen, dass spätestens ab VZ 2003 eine ausreichende Rechtsgrundlage besteht. Hierbei ist zu beachten, dass gem. § 3 Abs. 2 der Gewinnabgrenzungsaufzeichnungsverordnung[242] der Abschluss eines Umlagevertrages einen außergewöhnlichen Geschäftsvorfall darstellt, der eine Verpflichtung zur zeitnahen Dokumentation auslöst.

8.4 Verrechnung von Entgelten im Fall der Personalentsendung

8.4.1 Anwendungsbereich

Das BMF hat mit Datum vom 09.11.2001 die „**Grundsätze für die Prüfung der Einkunftsabgrenzung zwischen international verbundenen Unternehmen in Fällen der Arbeitnehmerentsendung**“ als zweiten Schritt zur Überarbeitung der Verwaltungsgrundsätze herausgegeben.[243] Gegenstand dieses Erlasses ist die Frage der Verrechnung von Entgelten, nicht aber z. B. die der Lohnsteuer- oder Sozialversicherungspflicht.[244] Als entscheidendes Abgrenzungskriterium wird auf das betriebliche Interesse an der Entsendung abgestellt, um eine entsprechende Aufteilung vornehmen zu können. Die im Erlass niedergelegten Regelungen gelten sowohl für die Personalentsendung in das In- wie in das Ausland.

Eine Arbeitnehmerentsendung i. S. des Erlasses liegt vor, wenn ein Arbeitnehmer mit seinem bisherigen Arbeitgeber vereinbart, für eine bestimmte Zeit bei einem verbundenen Unternehmen tätig zu werden und das aufnehmende Unternehmen entweder als wirtschaftlicher Arbeitgeber anzusehen ist oder eine arbeitsrechtliche Vereinbarung mit dem Arbeitnehmer abschließt. Hingegen gelten diese Grundsätze dann nicht, wenn der Arbeitnehmer infolge der Erfüllung einer Dienst- oder Werkleistungsverpflichtung seines Arbeitgebers tätig wird. Dabei soll bei einer Entsendung von länger als 3 Monaten regelmäßig von einer Integration des Arbeitnehmers in das aufnehmende Unternehmen auszugehen sein.

---

241 StVergAbG vom 16.05.2003, BGBl 2003 I S. 660 = BStBl 2003 I S. 321.

242 Gewinnabgrenzungsaufzeichnungsverordnung vom 13.11.2003, BGBl 2003 I S. 2296.

243 BStBl 2001 I S. 796.

244 Diese Regelungen sollen sinngemäß auch für Betriebsstätten gelten.

8.4.2 Grundsätze für die Einkunftsabgrenzung

Tragendes Prinzip für die Einkunftsabgrenzung ist auch hier der Fremdvergleichsgrundsatz. Dieser Grundsatz wird durch das Interesse konkretisiert, das die beteiligten Unternehmen an der jeweiligen Entsendung haben. Liegt dieses ausschließlich beim aufnehmenden Unternehmen, muss dieses sämtliche Aufwendungen tragen. Wenn hingegen ein alleiniges Interesse der entsendenden Gesellschaft besteht, hat sie die Aufwendungen vollständig zu übernehmen. Wenn beide Gesellschaften ein Interesse an der Entsendung haben – was der deutlich häufigste Fall ist –, hat eine Aufteilung zu erfolgen. In Tz. 3.3 des Erlasses werden verschiedene Indizien zur Beurteilung der Interessenlagen aufgezählt.

Neben der Interessenlage soll sich nach Auffassung der Finanzverwaltung aus dem Fremdvergleichsgrundsatz auch ergeben, dass ein ordentlicher und gewissenhafter Geschäftsleiter nicht bereit wäre, in einem Entsendungsfall ein höheres Entgelt zu bezahlen, als er für einen vergleichbaren einheimischen Arbeitnehmer aufwenden müsste. Die Berücksichtigung von höheren Entgelten ist nur dann möglich, wenn der Steuerpflichtige nachweist, dass diese höheren Zahlungen in seinem Interesse erfolgen. Dies soll regelmäßig der Fall sein, wenn der Arbeitnehmer über Spezialwissen verfügt, das die Erzielung eines über den Mehraufwand hinausgehenden Erlöses ermöglicht. Unseres Erachtens sind diese Ausführungen des Erlasses wenig hilfreich. Letztlich handelt es sich in einem solchen Fall nicht um vergleichbar qualifizierte Arbeitnehmer, sodass schon aus diesem Grund die Vergleichbarkeit ausscheidet. Damit wird im Ergebnis den Unternehmen die Beweislast auferlegt, dass der konzernintern entsendete Arbeitnehmer höher qualifiziert ist als ein Arbeitnehmer, der auf dem heimischen Arbeitsmarkt der aufnehmenden Gesellschaft zu akquirieren wäre.

Eine Sonderregelung gilt für den Fall der sog. **Expertenentsendung**. Gemäß Tz. 3.4.1 soll davon auszugehen sein, dass das aufnehmende Unternehmen den gesamten Aufwand für den Arbeitnehmer zu tragen hat, wenn ein vergleichbarer Arbeitnehmer nicht oder nur mit erheblichem Aufwand rekrutiert werden könnte. Diese Regelung ist wenig befriedigend, denn in vielen Fällen besteht der besondere Wert eines entsendeten Arbeitnehmers darin, dass er mit den Konzerngegebenheiten vertraut ist und infolgedessen häufig viel einfacher und schneller zu Problemlösungen kommt. Der Erlass lässt offen, ob dies zu einer Qualifikation als Experten ausreicht.

Einen zweiten Spezialfall bilden die **Personalrotationen**. Danach soll eine Vermutung für eine Mitveranlassung durch das entsendende Unternehmen bestehen, wenn dieses regelmäßig bestimmte Positionen bei der aufnehmenden Gesellschaft besetzt. Hieraus zieht die Finanzverwaltung die Schlussfolgerung, dass das entsendende Unternehmen den Aufwand zu tragen hat, der über den Betrag hinausgeht, der für einen einheimischen Arbeitnehmer aufgewendet werden müsste. Dies soll auch in den Fällen der Expertenentsendung gelten. Eine solche Auffassung ist –

trotz ihrer partiellen Abschwächung im Erlass – nicht sachgerecht, denn sie führt dazu, dass die Rotation alleine bewirkt, dass hieraus Rückschlüsse für die Verteilung der Entgelte zu ziehen sind. Unseres Erachtens kann es sich hierbei allenfalls um ein Indiz handeln, das im Einzelfall genauer zu prüfen ist.

8.4.3 Verfahrensrechtliche Regelungen

Der Erlass enthält in seiner **Tz. 5** Ausführungen zu den Mitwirkungs- und Nachweispflichten. Die dort aufgeführten Unterlagen können nur Indizcharakter haben. Infolge der Einfügung des § 90 Abs. 3 AO und der darin enthaltenen Dokumentationsvorschriften ist davon auszugehen, dass es zumindest ab VZ 2003 eine Rechtsgrundlage für diese Forderung gibt. Dies bedeutet jedoch nicht, dass dies für alle im Erlass genannten Anforderungen gilt. Vielmehr muss der Steuerpflichtige „nur" darlegen, welcher Sachverhalt verwirklicht wurde und warum das dafür verrechnete Entgelt aus seiner Sicht angemessen war. Zu beachten ist, dass der Steuerpflichtige in den Fällen der Entsendung in das Inland ein Interesse daran hat, diese Unterlagen vorzulegen, um den Betriebsausgabenabzug nicht zu gefährden.

Gemäß Tz. 3.5 des Erlasses besteht die Möglichkeit, einen einheitlichen Aufteilungsmaßstab in den Fällen mit der Finanzverwaltung abzustimmen, in denen eine Vielzahl von Entsendungsfällen gegeben ist. Diese Möglichkeit betrifft sowohl die Fälle, die Gegenstand einer Außenprüfung sind, als auch solche, die im Anschluss an diese Prüfung vorgenommen werden. Dabei soll möglichst eine Abstimmung mit der Finanzverwaltung des jeweils anderen Unternehmens erfolgen, um einen international einheitlichen Aufteilungsschlüssel zu erreichen.

8.5 Sonderproblem: Dauerverluste bei inländischen Vertriebsgesellschaften und anderen funktionsschwachen Gesellschaften

In der Verrechnungspreisdiskussion spielen inländische Vertriebsgesellschaften ausländischer Konzerne eine besondere Rolle. Viele dieser Gesellschaften sind nicht nur durch eine geringe Kapitalausstattung charakterisiert, sondern auch durch lang anhaltende Verlustphasen. So überrascht es nicht, dass, obwohl nur vergleichsweise wenig höchstrichterliche Entscheidungen zu Verrechnungspreisfragen vorliegen, sich gleich mehrere mit dieser Sachverhaltskonstellation befassen.[245] Die Finanzverwaltung vermutet bei diesen Gesellschaften, dass infolge von zu hohen Einkaufspreisen Gewinne in das regelmäßig niedriger besteuernde Ausland verlagert werden.

---

245 Vgl. insbesondere BFH vom 17.02.1993, BStBl 1993 II S. 457, vom 17.10.2001, BFHE 197, 68 = BStBl 2004 II S. 171, und vom 06.04.2005, BStBl 2007 II S. 658.

Der BFH hat in seiner Entscheidung vom 17.02.1993 den Grundsatz postuliert, dass die Verlustphase **regelmäßig 3 Jahre nicht überschreiten** darf und die Gesellschaft innerhalb eines überschaubaren Zeitraums einen Totalgewinn erzielen muss. Hierunter verbirgt sich die Forderung, dass eine konzernverbundene Vertriebsgesellschaft ein Produkt nur dann in ihr Sortiment aufnehmen würde, wenn sie hieraus innerhalb eines überschaubaren Zeitraums Gewinne erwarten kann. So überzeugend dieser Ansatz auf den ersten Blick auch erscheint, so problematisch erweist er sich bei seiner praktischen Anwendung. Es erfolgt ein Rückschluss aus dem Ergebnis der Vertriebsgesellschaft auf den Verrechnungspreis für einzelne Lieferungen und Leistungen. Außerdem wird z. B. nicht beachtet, dass es – auch unter fremden Dritten – Komplementärprodukte gibt, die nur deshalb in das Sortiment aufgenommen werden, weil sie den Absatz anderer (deckungsbeitragsstarker) Produkte fördern.[246]

Der BFH hat mit Urteil vom 17.10.2001[247] diese Rechtsprechung bestätigt, sich jedoch nicht mit der hieran geäußerten Kritik auseinandergesetzt. Zugleich hat das Gericht seine bisherige Rechtsprechung konkretisiert. Nunmehr soll das Vorliegen von Verlusten über den 3-Jahres-Zeitraum hinaus als ein **Indiz** dafür gelten, dass der vereinbarte Verrechnungspreis unangemessen und durch das Gesellschaftsverhältnis veranlasst ist. Gleichwohl räumt der BFH dem Steuerpflichtigen die Möglichkeit ein, diese Vermutung zu widerlegen, indem er nachweist, dass andere Ursachen für das Entstehen der Verluste ausschlaggebend waren. Wie notwendig diese Konkretisierung ist, zeigt sich, wenn ein Unternehmen betrachtet wird, das Sonder- oder erhöhte Abschreibungen vornimmt oder eine Vielzahl von geringwertigen Wirtschaftsgütern erwirbt. Außerdem weist auch der BFH darauf hin, dass diese Verluste auf Fehlmaßnahmen zurückzuführen sein können, die jedoch vom Steuerpflichtigen darzulegen sind. Dies führt dann zu einer Verlängerung sowohl der Verlustphase über die 3-Jahres-Frist hinaus als auch des Zeitraums zur Entstehung eines Totalgewinns.

Diese Rechtsprechung darf jedoch nicht dahingehend missverstanden werden, dass innerhalb der 3-Jahres-Frist Verluste in beliebiger Höhe anzuerkennen sind. Vielmehr sind diese eingehend zu prüfen. Außerdem führt nicht jedes Überschreiten dieses Zeitraumes zu einer Verrechnungspreisberichtigung. Entscheidend ist vielmehr, dass der Steuerpflichtige nachweist, welche Erwartungen er mit seinen unternehmerischen Maßnahmen verbunden hat, warum sich diese ggf. nicht verwirklichen ließen und mit welchen Anpassungsmaßnahmen hierauf reagiert wurde.

Unseres Erachtens ist davon auszugehen, dass diese Grundsätze nicht nur für Vertriebsgesellschaften gelten, sondern in allen Fällen entsprechend anzuwenden sind, in denen das Unternehmen eine vergleichbare Funktion ausübt. Die Entscheidungen sind zu Gesellschaften ergangen, die als funktionsschwach zu qualifizieren sind. Die entwickelten Grundsätze gelten jedoch unseres Erachtens nicht nur für funk-

246 Vgl. zu einer ausführlichen Kritik z. B. S. 299 ff. der ersten Auflage dieses Lehrbuchs.
247 BStBl 2004 II S. 171.

tionsschwache Vertriebsgesellschaften, sondern die Argumentationslogik ist in gleicher Weise auf alle funktionsschwachen Gesellschaften zu übertragen, auch wenn diese keine Vertriebsfunktion ausüben, sondern z. B. als verlängerte Werkbank oder als Auftragsforscher tätig sind.

8.6 Funktionsverlagerungen

8.6.1 Hintergrund und gesetzliche Regelung

Die deutsche Finanzverwaltung hat vor einigen Jahren damit begonnen, die Verwaltungsgrundsätze zur Verrechnungspreisbestimmung aus dem Jahre 1983[248] zu überarbeiten. Als weiterer Teilschritt sollten Grundsätze zur Funktionsverlagerung in einem eigenen BMF-Schreiben dargelegt werden. Im Rahmen der Beratungen hat sich herausgestellt, dass es für die vorgesehenen Regelungen keine ausreichende Rechtsgrundlage gibt. Folglich enthält § 1 Abs. 3 Sätze 9 ff. AStG hierzu nunmehr gesetzliche Vorgaben, die durch das Unternehmensteuerreformgesetz 2008[249] geschaffen wurden. Diese Regelungen gelten **grundsätzlich ab VZ 2008**.[250]

Der Zeitpunkt der Vorgehensweise überrascht, weil auf Ebene der OECD eine gemeinsame Arbeitsgruppe von Delegierten der Working Party No. 1, die sich mit dem OECD-Musterabkommen beschäftigt, und der Working Party No. 6, die Verrechnungspreisfragen diskutiert, gebildet hat, um die Auswirkungen von Funktionsverlagerungen sowohl auf das OECD-Musterabkommen als auch auf Verrechnungspreisfragen zu analysieren. Da die deutsche Finanzverwaltung ihrerseits bereits sehr lange Überlegungen zur Besteuerung von Funktionsverlagerungen anstellt, ist überraschend, dass, obwohl die OECD ihre Auffassung noch nicht dargelegt hat, nunmehr eine international nicht abgestimmte gesetzliche Regelung getroffen wurde. Angesichts des Umstandes, dass dieses Problem seit Jahren nicht geregelt wurde, erstaunt, dass nun nicht mehr ausreichend Zeit bestand, um die Ergebnisse der OECD abwarten zu können. Hiermit verbunden ist die Gefahr, dass die Umsetzung dieser Grundsätze auf internationaler Ebene zu Problemen führt. Eventuelle Entschädigungszahlungen infolge von abgegebenen Funktionen müssen im jeweils anderen Staat zu einer Berücksichtigung führen, wenn eine Doppelbesteuerung vermieden werden soll. Insofern hätte sich eine international abgestimmte Vorgehensweise angeboten. Da die vorgesehenen Regelungen sehr weit gehen und die Gegenleistung für die gezahlte Vergütung aus Sicht des ausländischen Rechts regelmäßig nicht als Wirtschaftsgut zu qualifizieren ist, besteht hier erhebliches Konfliktpotential.

---

248 BMF-Schreiben vom 23.02.1983, IV C 5 – S 1341 – 4/83, BStBl 1983 I S. 218, mit späteren Änderungen.
249 Vom 14.08.2007, BGBl 2007 I S. 1912.
250 Vgl. § 21 Abs. 15 AStG.

Zunächst erfolgt eine „**Definition**" des Begriffs **Funktion**. Hierbei soll es sich um einen organisatorischen Teil eines Unternehmens handeln, ohne dass ein Teilbetrieb im steuerlichen Sinne vorliegen muss. Unseres Erachtens ist dieses Begriffsverständnis zumindest fraglich, weil keine Untergrenze besteht, was nicht als Funktion anzusehen ist. Außerdem wird nicht deutlich, dass auch ein „Abschmelzen" von Funktionen erfolgen kann, sodass dieses Begriffsverständnis unklar bleibt. An anderen Stellen wird von Teilfunktionen gesprochen, ohne dass dieser Begriff definiert wird. Folglich muss es eine Untereinheit von Funktionen geben, die als Teilfunktionen anzusehen sind. Insoweit wird das zugrunde liegende Begriffsverständnis nicht klar.

Für Funktionsverlagerungen werden ausdrücklich **Entschädigungszahlungen** im Gesetz geregelt. Hierbei ist zu unterscheiden, ob für die Funktionsaufgabe Fremdvergleichspreise bestimmt werden können. Dies wird regelmäßig nicht der Fall sein, weil vergleichbare Geschäftsvorfälle mit fremden Dritten i. d. R. nicht erfolgen. Vielmehr handelt es sich um Übertragungsvorgänge, die ausschließlich zwischen verbundenen Unternehmen stattfinden. Dem trägt das Gesetz Rechnung, in dem es davon ausgeht, dass regelmäßig nur eingeschränkt vergleichbare Fremdvergleichswerte vorliegen. Es wird unterstellt, dass für Bewertungszwecke die Verlagerung einer Funktion einschließlich der dazugehörigen Chancen und Risiken sowie der mitübertragenen und überlassenen Wirtschaftsgütern und sonstigen Vorteile als Einheit zu erfolgen hat. Der Wert der einzelnen übertragenen Wirtschaftsgüter (und ggf. sonstigen Vorteile) soll nicht ausreichend sein, um dieses Entgelt zu bestimmen. Vielmehr geht das Gesetz davon aus, dass ein sog. Transferpaket vorliegt, das als solches zu bewerten ist. Damit wird – deutlich über die bisherige Rechtsprechung des BFH zur sog. Geschäftschancenlehre[251] hinaus – nicht nur der Ansatz einzelner Wirtschaftsgüter verlangt, sondern auch eine darüber hinausgehende Bewertung.

Der Ansatz von angemessenen Einzelentgelten genügt lediglich dann, wenn der Steuerpflichtige glaubhaft macht, dass keine wesentlichen immateriellen Wirtschaftsgüter und Vorteile mit der Funktion übergegangen sind oder zur Nutzung überlassen wurden oder der Preis für die Einzelleistung dem Fremdvergleichspreis für das **Transferpaket** entspricht. Unklar bleibt, wie die Wesentlichkeitsgrenze zu bestimmen ist. Außerdem muss berücksichtigt werden, dass ein Fall beschrieben wird, der außerordentlich selten sein dürfte. In der Regel wird z. B. die Überlassung einer bereits bestehenden Kundenbeziehung oder eines eventuellen Fertigungs-Know-how als die Überlassung wesentlicher immaterieller Wirtschaftsgüter anzusehen sein, sodass nur in sehr einfach strukturierten Geschäftsvorfällen diese Ausnahmeregelung überhaupt anwendbar sein kann. In allen anderen Fällen soll eine Ermittlung des Gewinnpotentials erfolgen. Die Regierungsbegründung geht davon

251 Vgl. hierzu z. B. BFH vom 16.12.1998 I R 96/95, BFH/NV 1999, S. 1125, vom 30.08.1995 I R 155/94, BFHE 178, 371, S. 375, vom 11.06.1996 I R 97/95, BFHE 181, 122, vom 12.06.1997 I R 14/96, BFHE 183, 459, vom 07.08.2002 I R 64/01, BFH/NV 2003, S. 205.

aus, dass eine Gleichbehandlung von Inbound- und Outboundfällen erfolgt. Hieraus folgt, dass bei einer Verlagerung von Funktionen nach Deutschland die deutsche Gesellschaft für die Aufnahme von Funktionen entsprechende Zahlungen leisten muss.

8.6.2 Ausgestaltungsformen von Funktionsverlagerungen

Die gesetzliche Vorschrift bringt den Hintergrund und das Ziel der Regelungen nur im Ansatz zum Ausdruck. Das BMF hat einen Entwurf der Verwaltungsgrundsätze-Funktionsverlagerung ausgearbeitet, der mit Datum vom 17. Juli 2009 veröffentlicht wurde. Zunächst werden folgende Erscheinungsformen unterschieden:

- „**Funktionsausgliederung**": Dies ist die vollständige Aufgabe bestimmter Funktionen und deren Verlagerung zusammen mit den verbundenen Chancen und Risiken, dass heißt einschließlich des Gewinnpotentials. Dies ist z. B. gegeben, wenn die gesamte Produktion in das Ausland verlagert wird.
- „**Funktionsabschmelzung**": Diese liegt vor, wenn eine Verminderung von Funktionen und der damit verbundenen Chancen und Risiken, d. h. des Gewinnpotentials, erfolgt. Dies ist z. B. gegeben, wenn eine bisher als Eigenhändler tätige Vertriebstochtergesellschaft zukünftig nur noch als Kommissionär tätig wird.
- „**Funktionsabspaltung**": Diese ist gegeben, wenn die Verlagerung einer Teilfunktion auf einen Auftragnehmer erfolgt. Ein solcher Fall liegt beispielsweise vor, wenn die Auslagerung der Produktion einer bestimmten Maschinenkomponente auf einen Lohnfertiger oder die Verlagerung konzerninterner Dienstleistungen vorgenommen wird.
- „**Funktionsausweitung**": Es wird ein Ausbau der Funktion einer Gesellschaft über die bisherige Tätigkeit hinaus vorgenommen, ohne dass bei der inländischen Gesellschaft eine Beeinträchtigung ihrer Funktionen und Risiken erfolgt. Dies kann etwa der Fall sein, wenn die im Inland vorhandenen Kapazitäten nicht ausreichend sind und deshalb im Ausland zusätzliche Kapazitäten geschaffen werden, ohne dass eine Verringerung der inländischen Kapazitäten erfolgt.

Auch die Verdoppelung oder **Neuaufnahme** einer Funktion kann wie eine Funktionsverlagerung zu behandeln sein. Die deutsche Finanzverwaltung geht in ihrem Erlassentwurf davon aus, dass in allen Fällen das Gewinnpotential aufzudecken und zu besteuern ist, sofern das inländische Unternehmen nicht im Wesentlichen unverändert fortgeführt wird. Erfolgt hingegen eine Einschränkung der Tätigkeit im Inland durch die Aufgabe von bisher wahrgenommenen Aufgaben, muss der Steuerpflichtige nachweisen, dass dies nicht auf die Duplizierung der Funktion im Ausland zurückzuführen ist. Nur wenn das Unternehmen, auf das die Verlagerung erfolgt, Leistungen ausschließlich gegenüber verbundenen Unternehmen erbringt, soll etwas anderes gelten, sofern diese Gesellschaft nach Maßgabe der Kostenaufschlagsmethode angemessen vergütet wird. Hierbei überrascht, dass die Entscheidung des

FG Münster vom 16.03.2006[252] nicht berücksichtigt wird. Das FG hatte in seinem mittlerweile rechtskräftigen Urteil entschieden, dass eine Vergütung für die Errichtung einer verlängerten Werkbank im Ausland dergestalt zu erfolgen habe, dass für das abgebende Gewinnpotential keine Entschädigung zu bezahlen ist, obwohl die verlängerte Werkbank im Ausland – wenn auch sehr geringe – Fremdumsätze tätigte. Insofern ist zweifelhaft, ob die bisherigen Erlassvorschläge mit der Rechtslage zu vereinbaren sind. Gleichwohl finden sich entsprechende Aussagen auch in § 2 Abs. 2 der Funktionsverlagerungsverordnung[253], so dass damit wohl eine ausreichende Rechtsgrundlage geschaffen wurde.

Unseres Erachtens kann dieser Auffassung nicht gefolgt werden. Es wird für die Einschränkung der inländischen Tätigkeit monokausal auf den Aufbau des Auslandsengagements abgestellt. Dies ist jedoch nicht sachgerecht und mit dem Fremdvergleichsgrundsatz unvereinbar. In allen anderen Fällen wird dem Steuerpflichtigen die Beweislast auferlegt. Dies gilt auch in den Fällen, in denen die Gründe für die Zurückführung des Inlandsgeschäfts offensichtlich sind.

Beispiel:

Der deutsche Lebensmittelhändler L hat die nach seiner Auffassung optimale Ausstattung des deutschen Marktes mit Filialen erreicht. Um ein weiteres Wachstum zu ermöglichen, werden – ohne dass die deutschen Filialen hiervon tangiert sind – im Ausland Verkaufsstellen eröffnet. Drei Jahre später werden wegen Kündigung von Mietverträgen durch den Vermieter bzw. vorhandener und zwischenzeitlich aufgetretener baulicher Mängel drei Filialen in Deutschland geschlossen. Aufgrund veränderter Marktverhältnisse bzw. weil sich keine geeigneten Ersatzräumlichkeiten finden lassen, sinkt die insgesamt in Deutschland bestehende Zahl von Filialen.

Auch in diesem Fall wird die deutsche Finanzverwaltung Entschädigungszahlungen verlangen, und zwar obwohl zum Zeitpunkt der Expansion in das Ausland ein Wachstum im Inland nicht möglich war. Damit werden Gewinne in die deutsche Besteuerung einbezogen, die niemals in Deutschland entstanden wären. Ferner zeigt sich, dass die Schließung der 3 inländischen Filialen auf Ursachen beruht, die unabhängig von den Auslandsaktivitäten sind. Dem könnte der Steuerpflichtige nur dadurch entgehen, dass er gegenüber der Finanzverwaltung den Nachweis führt, dass der Rückgang des Inlandsgeschäfts nicht mit dem Aufbau von Verkaufskapazitäten im Zusammenhang steht. Insoweit wird der Untersuchungsgrundsatz des § 88 AO einseitig zu Lasten des Steuerpflichtigen eingeschränkt.

Offenbar hat die deutsche Finanzverwaltung versucht, auch solche Gestaltungen zu erfassen, bei denen zunächst im Ausland Kapazitäten aufgebaut und anschließend im Inland abgebaut werden. Jedoch sind die gewählten Regelungen nicht geeignet, um dieses Ziel zu erreichen. Vielmehr führen sie zu einer weit über ihr Ziel hinausschießende Regelung.

252 8 K 2348/02 E, EFG 2006, S. 1562.
253 Vom 12.08.2009, BGBl 2008 I, S. 1680.

8.6.3 Bestimmung der Ausgleichszahlungen

Die Finanzverwaltung geht davon aus, dass der Übergang eines sog. Transferpaketes erfolgt, für das insgesamt ein angemessener Preis bezahlt werden muss. Die **Bewertung** soll auf Grundlage des Gewinnpotentials erfolgen. Dieses soll ermittelt werden, indem an die Fiktion aus § 1 Abs. 1 Satz 2 AStG angeknüpft wird und eine vollständige Kenntnis über die Verhältnisse der jeweils anderen Gesellschaft bei den handelnden Personen fingiert wird. Dies ermöglich es, sowohl aus Sicht des Geschäftsleiters der aufnehmenden als auch der abgebenden Gesellschaft zu bestimmen, welches Gewinnpotential jeweils tangiert ist. Hierbei erfolgt bei der abgebenden Gesellschaft eine Verringerung des Gewinnpotentials in Form des Ertragswertes des verlegenden Unternehmens und bei der aufnehmenden Gesellschaft ein Zuwachs des Ertragswertes unter Berücksichtigung der Abschreibungen auf die Wirtschaftsgüter des Transferpaketes. Damit ergibt sich eine Preisuntergrenze der abgebenden Gesellschaft und eine Preisobergrenze der aufnehmenden Gesellschaft. Vorbehaltlich anderer Anhaltspunkte, die ggf. vom Steuerpflichtigen darzulegen sind, ist die Anwendung des sog. **Mittelwertverfahrens** vorgeschrieben. Das folgende Beispiel verdeutlicht diese Vorgehensweise.

Beispiel:

Ein Eigenhändler wird zum Kommissionär „abgeschmolzen“, wobei die abgegebenen Funktionen auf eine Zwischenhandelsgesellschaft in der Schweiz übertragen werden. Die Produkte sollen einen Restlebenszyklus von 5 Jahren haben.

Abgebende Gesellschaft					**in Mio. €**
Jahr	**1**	**2**	**3**	**4**	**5**
Gewinn vor Übertragung	20	60	100	-5	60
Abzinsung (i = 10%)	$(1 + 0{,}1)^1$	$(1 + 0{,}1)^2$	$(1 + 0{,}1)^3$	$(1 + 0{,}1)^4$	$(1 + 0{,}1)^5$
Barwert	18,18	49,59	75,13	-3,42	37,26
Summe der Barwerte	176,74				
Gewinn nach der Übertragung	25	23	24	26	25
Abzinsung (i = 8%)	$(1 + 0{,}08)^1$	$(1 + 0{,}08)^2$	$(1 + 0{,}08)^3$	$(1 + 0{,}08)^4$	$(1 + 0{,}08)^5$
Barwert	23,15	19,72	19,05	19,11	17,01
Summe der Barwerte	98,04				
Verringerung des Ertragswerts	**78,70** (= 176,74 – 98,04)				

Aufnehmende Gesellschaft					**in Mio. €**
Jahr	**1**	**2**	**3**	**4**	**5**
Gewinn vor Übernahme	30	35	38	65	13
Abzinsung (i = 8%)	$(1 + 0{,}08)^1$	$(1 + 0{,}08)^2$	$(1 + 0{,}08)^3$	$(1 + 0{,}08)^4$	$(1 + 0{,}08)^5$
Barwert	27,78	30,01	30,17	47,78	8,85
Summe der Barwerte	144,57				
Gewinn nach der Übernahme	28	80	120	70	68
Abzinsung (i = 10%)	$(1 + 0{,}1)^1$	$(1 + 0{,}1)^2$	$(1 + 0{,}1)^3$	$(1 + 0{,}1)^4$	$(1 + 0{,}1)^5$
Barwert	25,45	66,12	90,16	47,81	42,22
Summe der Barwerte	271,76				
Erhöhung des Ertragswerts	**127,19** (= 271,76 – 144,57)				

Anders als der Erlassentwurf wird im vorliegenden Fall davon ausgegangen, dass die Verlagerung von Funktionen und Risiken Rückwirkungen auf den Zinssatz hat. So kommt es bei der abgebenden Gesellschaft im Rahmen des Diskontierungszinssatzes zu einer Verringerung von 10 auf 8 %. Entscheidend hierfür ist, dass bei der abgebenden Gesellschaft nunmehr ein niedrigerer, gleichwohl relativ stetiger Gewinn eintritt. Dies hat zur Konsequenz, dass auch der Zinssatz sich entsprechend verringert. Umgekehrt muss bei der aufnehmenden Gesellschaft ein höherer Zinssatz zur Anwendung kommen, weil bei ihr die Volatilität der Ergebnisse deutlich höher ist und damit die Risiken stärker zu berücksichtigen sind. Auch unter fremden Dritten würde dies zu entsprechenden Zuschlägen beim Zinssatz führen.

Die Berechnung führt zu einem Entschädigungsanspruch von 103 Mio. € = (78,70 + 127,19) : 2, während die abgebende Gesellschaft im Jahre 01 lediglich einen Gewinn von 20 Mio. € und im Jahre 02 einen Gewinn von 60 Mio. € erzielt. Die Gewinne des Jahres 01 reichen nicht aus, um alleine die Steuerbelastung infolge der Funktionsverlagerung zu bestreiten und auch die Gewinne des Jahres 02 würden hierfür nicht ausreichen, zumal wenn die übrige Ertragsteuerbelastung mit einbezogen wird. Wird die Verlagerung durchgeführt und entwickeln sich die Gewinne wie in der Prognose unterstellt, würde dieser Betrag erst nach mehr als 4 Jahren amortisiert. Im Ergebnis entsteht eine dramatische Belastung der Liquidität des Unternehmens.

Fraglich ist, inwieweit im Ausland eine korrespondierende Berücksichtigung erfolgen kann. Es ist davon auszugehen, dass für die einzelnen überführten Wirtschaftsgüter im Ausland regelmäßig ein Ansatz mit den Zeitwerten zu erfolgen hat. Folglich führen die in Deutschland aufgedeckten stillen Reserven nach Maßgabe der betriebsgewöhnlichen Nutzungsdauer im Ausland zu einer Verringerung der steuerlichen Bemessungsgrundlage, sofern nach ausländischem Recht abnutzbare Wirtschaftsgüter vorliegen.

Nimmt das Ausland nicht nur eine Zuordnung zu einzelnen Wirtschaftsgütern vor, sondern verbleibt ein **Restbetrag**, ist fraglich, wie dieser behandelt wird. Nach deutschem Bilanzverständnis könnte hierin möglicherweise ein Geschäfts- oder Firmenwert[254] zu sehen sein, der nach Maßgabe der hierfür geltenden Regelungen abzuschreiben wäre. In einigen Staaten ist dieser jedoch keiner planmäßigen Abschreibung zugänglich, vielmehr kann nur bei außerplanmäßigen Wertminderungen eine Abschreibung erfolgen. Dies hat zur Konsequenz, dass die in Deutschland aufgedeckten stillen Reserven nicht zu einer steuerlichen Entlastung im Ausland führen. Erhebliches Konfliktpotenzial dürfte regelmäßig auch in der Zuweisung von stillen Reserven nach dem Überführungsvorgang liegen. Dies ist darin begründet, dass in Abhängigkeit von der Nutzungsdauer der jeweiligen Wirtschaftsgüter ggf. erhebliche Vorteile entstehen können. Insofern bestehen hohe Risiken für den Steuerpflichtigen hinsichtlich der steuerlichen Anerkennung.

Die vorstehende Berechnung geht vereinfachend davon aus, dass die tatsächlichen Werte ohne weiteres bestimmt werden können. Dies ist in der Realität nicht der Fall, weil die Fiktion des Gesetzgebers im § 1 Abs. 1 Satz 2 AStG nicht mit der Wirklichkeit zu vereinbaren ist. Weitere Unsicherheiten bestehen hinsichtlich des anzuwendenden Betrachtungszeitraums. In der Funktionsverlagerungsverordnung[255] wird darauf hingewiesen, dass ggf. unendliche Renten zu verwenden sind. Damit wird zwar eine Berechnung mathematisch möglich, doch zeigt sich, dass abweichende Auffassungen hinsichtlich der in Zukunft entstehenden Gewinne zu erheblichen Unterschieden bei der Bewertung führen. Auch der anzuwendende Zinssatz ist intersubjektiv nicht eindeutig zu bestimmen. Vielmehr gibt es keinen eindeutig feststellbaren Zusammenhang zwischen dem Funktions- und Risikoumfang und dem Zinssatz. Zwar wird in dem Erlassentwurf auf bestimmte theoretische Ansätze zur Plausibilisierung dieser Zusammenhänge hingewiesen, doch werden deren Prämissen nicht berücksichtigt.

8.7 Absicherung von Verrechnungspreisen mit Hilfe eines APA

8.7.1 Überblick

Das BMF hat mit Datum von 05.10.2006[256] ein Schreiben veröffentlicht, indem es die Voraussetzungen für **verbindliche Verständigungen** über Verrechnungspreismethoden anbietet. Diese Regelungen geben dem Steuerpflichtigen auf Antrag die Möglichkeit, dass, in vielen ausländischen Staaten seit Jahren bekannte APA-Verfahren auch in Deutschland anzuwenden. Ein APA (= Advance Pricing Agreement) ist eine Verständigung zwischen einem oder mehreren Steuerpflichtigen und einer oder mehreren Steuerverwaltungen, um vor Verwirklichung einer Geschäftsbezie-

254 Vgl. § 255 Abs. 4 HGB i. V. m. § 5 Abs. 1 EStG.
255 Vom 12.08.2008, BGBl 2008 I, S. 1680.
256 BMF-Schreiben vom 05.10.2006 – IV B 4 – S 1341 – 38/06, BStBl 2005 I S. 594.

hung zwischen verbundenen Unternehmen verschiedener Staaten eine dem Fremdvergleich entsprechende Verrechnungspreismethode für bestimmte Geschäftsvorfälle in einem bestimmten Zeitraum zu vereinbaren. Die genauen Inhalte kann der Steuerpflichtige durch seinen Antrag vorschlagen. Diese Regelungen gelten entsprechend für die Gewinnabgrenzung zwischen Stammhaus und Betriebsstätte.

Die deutsche Finanzverwaltung will im DBA-Fall eine solche Zusage nur gewähren, wenn zuvor eine Verständigung mit dem anderen Staat erfolgt ist. Dies kann nur auf Grundlage des erfolgreichen Abschluss des Vorabverständigungsverfahrens geschehen. Im Rahmen dieses Verfahrens hat der Steuerpflichtige umfangreiche Mitwirkungspflichten, die insbesondere in Tz. 3.5 und 3.6 ausführlich dargelegt werden. Die Finanzverwaltung stellt klar, dass nach ihrer Auffassung aus dem Untersuchungsgrundsatz in § 88 Abs. 2 AO folgt, dass im Rahmen des Verfahrens bekannt werdende Informationen sowohl zugunsten als auch zu Lasten des Steuerpflichtigen zu berücksichtigen sind. Die Zuständigkeit für diese Verfahren liegt beim Bundeszentralamt für Steuern, das die Abstimmung mit den Ländern vornimmt.

Der Steuerpflichtige hat die Möglichkeit, im Rahmen von Vorgesprächen (sog. Prefilings) **Gegenstand und Umfang** des APA-Antrags zu besprechen und die Aussichten auf eine mögliche Einigung auszuloten. Zwar besteht – wie im Ausland üblich – auch in Deutschland die Möglichkeit zu Vorbesprechungen ohne Aufdeckung der Identität des betroffenen Steuerpflichtigen, doch sind dann die Aussagen der Finanzverwaltung unverbindlich.

Die Finanzverwaltung unterscheidet folgende **Verfahrensphasen**:

- Vorgespräch,
- Antragstellung,
- Verhandlung mit dem Antragsteller,
- Information der Steuerverwaltung des anderen Staates,
- Verhandlung mit dem anderen Staat,
- Vereinbarung einer Verständigungsvereinbarung,
- Zustimmung des Antragstellers und
- Erteilung der verbindlichen Vorabzusage.

Zu diesen einzelnen Schritten werden im Erlass detaillierte Vorgaben getroffen. Wichtig ist zunächst die Feststellung, dass der Antragsteller kein Verfahrenspartner beim eigentlichen Vorabverständigungsverfahren ist. Das Bundeszentralamt für Steuern unterrichtet den Antragsteller über den Verfahrensstand und entscheidet zusammen mit der ausländischen Finanzverwaltung über die Möglichkeit, inwieweit der Antragsteller seine Position gegenüber den beteiligten Finanzverwaltungen persönlich vertreten kann. Es wird ausdrücklich darauf hingewiesen, dass der Antragsteller als **Beteiligter** anzusehen ist und ihm deshalb entsprechende Mitwirkungspflichten obliegen. Es wird deutlich gemacht, dass die so gewonnenen Ergebnisse auch beim Nichtzustandekommen eines APA-Verfahrens von der Finanzverwaltung **verwertet** werden können. Dem Steuerpflichtigen wird empfohlen, einen APA-Antrag gleichzeitig und mit den gleichen Unterlagen auch bei der ausländischen Steuerbehörde zu stellen. Hiermit soll das APA-Verfahren nachhaltig beschleunigt und die Chancen auf eine Einigung verbessert werden. Die Verhandlungen mit dem ausländischen Staat sollen unter den Vorbehalt gestellt werden, dass der Antragsteller der Vereinbarung zustimmt und gleichzeitig den Einspruchsverzicht nach § 354 Abs. 1 a AO erklärt. Fraglich ist, ob der Steuerpflichtige überhaupt die Möglichkeit hat, der zwischen den Staaten ausgehandelten Lösung nicht zuzustimmen. Sollte dies geschehen, besteht für ihn das Risiko, dass beide Finanzverwaltungen die ihnen überlassenen Unterlagen nutzen und eine intensive Verrechnungspreisprüfung durchführen. Auf dieser Grundlage steht zu erwarten, dass die sich ohnehin – ggf. auch im Rahmen eines Verständigungs- oder Konsultationsverfahrens – auf die Lösung verständigen werden, die sie im Rahmen der APA-Verhandlungen erarbeitet haben. Insofern erscheint es taktisch unklug, sollte der Steuerpflichtige dieser Regelung widersprechen.

Die Finanzverwaltung weist darauf hin, dass sie nach **pflichtgemäßem Ermessen** über die Eröffnung eines APA-Verfahrens entscheidet. Hierbei wird nicht auf die Frage eingegangen, inwieweit im Einzelfall eine Ermessensreduzierung auf null erfolgen kann. Unseres Erachtens ist davon auszugehen, dass in begründeten Fällen sich sogar ein Rechtsanspruch auf die Einleitung eines APA-Verfahrens ergeben kann. Dies gilt insbesondere in den Fällen, in denen der Steuerpflichtige ein besonderes Interesse an einem Abschluss einer solchen Verständigung nachweisen kann. Die Finanzverwaltung führt in ihrem Erlass einige Kriterien auf, nach denen eine Interessenabwägung erfolgen kann. Hierbei fällt auf, dass die Finanzverwaltung bei diesen Beispielsfällen ausschließlich immer auf ihr Eigeninteressen abstellt. Hierbei spielen offensichtlich die Notwendigkeiten aus der Perspektive des Steuerpflichtigen keine Rolle. Dies vermag nicht zu überzeugen. Außerdem soll auch der Streit während einer laufenden Außenprüfung ein mögliches Kriterium sein. Dies überrascht schon deshalb, weil ausweislich der Definition des Zwecks der Regelungen in Tz. 1.1 Vorabverständigungsverfahren bzw. Vorabzusagen gegeben werden sollen. Insofern ist fraglich, inwieweit diese Aussagen tatsächlich miteinander vereinbar sind.

8.7.2 Antragstellung

Die deutsche Finanzverwaltung räumt ein Antragsrecht nur „Abkommensberechtigten" (Tz. 2.3) ein. Hieraus ist u. E. jedoch nicht die Schlussfolgerung zu ziehen, dass nur in DBA-Fällen ein Antragsrecht gegeben ist. Vielmehr ergibt sich aus anderen Stellen des Schreibens, dass eine solche Möglichkeit auch im Nicht-DBA-Fall besteht. Ferner muss der Antragsteller ein **berechtigtes Interesse** an dem APA-Verfahren nachweisen. Dies überrascht schon deshalb, weil gem. § 178 a AO[257] eine Gebührenpflicht für dieses Verfahren besteht. Diese beträgt z. B. für ein erstmaliges APA 20.000 Euro. Damit dürfte sichergestellt sein, dass nur solche Steuerpflichtige einen Antrag stellen, die hieran tatsächlich Interesse haben.

Es irritiert, wenn die Finanzverwaltung in Tz. 3.2 darauf hinweist, dass der Antragsteller seinen Antrag beschränken kann. Vielmehr ist davon auszugehen, dass regelmäßig nur für eng umschriebene Sachverhalte eine verbindliche Zusage erlangt werden kann. Daher wäre es sinnvoll, von vornherein darauf hinzuweisen, dass nur bei einer hinreichend klaren Beschreibung des Sachverhaltes und der vom APA zu erfassenden Fälle eine solche Zusage überhaupt gewährt wird. Dies ergibt sich dann auch aus Tz. 3.3, wo klargestellt wird, dass Vorabverständigungsverfahren nur hinsichtlich der Anerkennung einer oder mehrerer Verrechnungspreismethoden für bestimmte Geschäftsvorfälle bzw. bestimmte Arten von Geschäftsvorfällen gewährt werden. Dies setzt voraus, dass Gültigkeitsbedingungen vereinbart und eingehalten werden. Die Zusage der Finanzverwaltung bezieht sich nicht auf einen konkreten Verrechnungspreis, sondern nur auf eine bestimmte **Verrechnungspreismethode**. Allerdings zeigen erste praktische Erfahrungen, dass hier sehr weitgehende Abstimmungsmöglichkeiten bestehen. Dem Vernehmen nach umfasst die Zusage in bestimmten Fällen z. B. auch die Höhe des als angemessen anzusehenden Gewinnaufschlags.

Unklar bleibt, welche Vorstellungen die Finanzverwaltung zur Verfügbarkeit von vergleichbaren **Fremddaten** hat. Ausweislich der Ausführungen in Tz. 3.3 sollen konkrete Spannen, z. B. bei Anwendung der Kostenaufschlagsmethode, nur dann zugesagt werden, wenn „zuverlässige, zumindest eingeschränktere vergleichbare Fremddaten für die Jahre des APA-Zeitraumes tatsächlich nachgewiesen werden können“. Da ein APA regelmäßig sich auf zukünftige Sachverhalte erstreckt, würde dies voraussetzen, dass der Steuerpflichtige Vergleichswerte für zukünftige Jahre vorlegen kann. Sollte diese Forderung tatsächlich erhoben werden, würde Unmögliches vom Steuerpflichtigen verlangt und damit ein APA niemals gewährt werden können. Diese Kritik wird dadurch noch verstärkt, weil die Finanzverwaltung offensichtlich davon ausgeht, dass die konkret zugesagten Werte sich später auf Grundlage von Datenbankrecherchen bestätigen lassen müssen. Eine solche Auffassung vermag nicht zu überzeugen, weil für die Beurteilung der Angemessenheit nicht auf die tatsächlichen Ergebnisse abzustellen ist, sondern auf den Zeitpunkt, zu dem der Steuerpflichtige das Geschäft vereinbart hat.

8.7.3 Inhalt des Antrags

Die Finanzverwaltung verlangt vom Steuerpflichtigen eine eingehende **Begründung**, warum er glaubt, dass die von ihm verwendete Verrechnungspreismethode zu

257 Eingeführt durch das JStG 2007, BGBl 2006 I S. 2878.

angemessenen Ergebnissen führt. Hierbei wird „regelmäßig“ die Vorlage eines detaillierten Kalkulationsschematas verlangt. Diese Forderung ist jedoch nur dann berechtigt, wenn die Verrechnungspreise nicht auf Grundlage der Preisvergleichsmethode bestimmt werden.

Das BMF-Schreiben geht davon aus, dass die **vorzulegenden Unterlagen** sich nur aus den Umständen des jeweiligen Einzelfalls ergeben können. Sofern der Steuerpflichtige überlegt, ein APA-Verfahren anzustreben, sollte er berücksichtigen, dass nach Auffassung der Finanzverwaltung bei bereits laufenden APA-Verhandlungen am Ende eines Steuerjahres eine besondere Dokumentationspflicht ausgelöst wird: Nach ihrer Auffassung muss der Steuerpflichtige darlegen, zu welchen Ergebnissen die Anwendung der vorgesehenen Verrechnungspreismethode geführt hätte. Eine solche Vorgehensweise kann nicht nur eine erhebliche Belastung für den Steuerpflichtigen bewirken, sondern unter Umständen auch erhebliche materielle Belastungen, weil die Finanzverwaltung möglicherweise die APA-Verhandlungen abbricht und die vorhandenen Informationen nutzt, um eine Prüfung der Verrechnungspreise durchzuführen. Hiermit wird eine Verlagerung der Risiken aus dem APA-Verfahren auf den Steuerpflichtigen vorgenommen.

In Tz. 3.5 wird eine – lange, aber gleichwohl nicht abschließende – Liste mit Unterlagen definiert, die erforderlich sind. Hier werden weite Teile der sonst von der Finanzverwaltung im Rahmen der Dokumentation auf Aufforderung durch die Betriebsprüfung verlangten Unterlagen bereits vorverlagert. Als besonders gravierend erweist sich jedoch, dass nach Verwaltungsauffassung der Steuerpflichtige darlegen soll, inwieweit während der Laufzeit des APA Änderungen zu erwarten sind. Die Finanzverwaltung geht davon aus, dass sog. Critical Assumptions zu definieren sind, „die als Gültigkeitsbedingungen ... die Geschäftsbeziehungen maßgeblich beeinflussen“. Eine solche Forderung ist nicht sachgerecht. Sie ignoriert den Grundsatz, dass auch unter fremden Dritten ausschließlich die Verhältnisse zum Abschluss des Vertrages entscheidend sind. Folglich muss dies auch für die APA-Regelung gelten. Insofern kann sich lediglich die Frage stellen, ob unter bestimmten Voraussetzungen möglicherweise von fremden Dritten ein Rücktritts- oder Kündigungsrecht genutzt worden wäre bzw. eine Anpassung der Bedingungen erfolgt. Hierfür reichen jedoch die laufenden Dokumentationsvorschriften völlig aus. Ferner wird davon ausgegangen, dass ein Zusammenhang zwischen der vorgeschlagenen Methode und Änderungen der Gültigkeitsbeziehungen bestehen. Dies erscheint als problematisch, wie sich beispielsweise aus der Forderung nach gleich bleibenden Beteiligungsverhältnissen ergibt. Wird etwa der Fall betrachtet, dass bisher eine 90 %ige Beteiligung vorlag und diese nun auf eine 95 %ige erhöht wird, ist nicht ersichtlich, warum dies Rückwirkungen auf die Höhe der Verrechnungspreise haben soll. Damit ist auch zweifelhaft, warum sich hieraus Auswirkungen auf die Gültigkeit und die Voraussetzung des APA ergeben sollen.

8.7.4 Laufzeit

Die Finanzverwaltung legt in Tz. 3.8 dar, dass das APA **in die Zukunft** gerichtet ist. Als problematisch ist jedoch anzusehen, dass nach Verwaltungsauffassung seine Laufzeit „üblicherweise mit Anfang des Wirtschaftsjahres (beginnt), in dem der Antrag förmlich gestellt wird". Da der Steuerpflichtige i. d. R. kaum vorhersagen kann, wann sich die beteiligten Finanzverwaltungen auf den Abschluss des APA verständigen, resultieren hieraus erhebliche Unsicherheiten. Dies gilt insbesondere in den Fällen, in denen trotz noch nicht erfolgter Einigung zwischen den Staaten und damit laufenden APA-Verhandlungen ein Sachverhalt bereits verwirklicht wird. Hieraus kann es insbesondere bei langen Vertragslaufzeiten zu dem widersinnigen Ergebnis kommen, dass der Steuerpflichtige ein APA nur für die VZ nutzen kann, für die die Finanzverwaltungen noch über das APA verhandelt haben. Unseres Erachtens wäre es deutlich sinnvoller, den Zeitpunkt des Inkrafttretens in die Verhandlungsbefugnis von Steuerpflichtigen und dem Bundeszentralamt für Steuern – unter Beachtung der Anforderungen des ausländischen Staates – zu stellen. Hiermit würde eine deutlich größere Flexibilität geschaffen. Zwar soll die Möglichkeit bestehen, einen abweichenden Beginn zu vereinbaren, doch wird dies davon abhängig gemacht, dass dadurch die Interessen der deutschen Finanzverwaltung nicht beeinträchtigt werden. Dieses Kriterium ist sehr unbestimmt, sodass der Steuerpflichtige nicht sicher sein kann, dass er sich erfolgreich auf diese Regelung berufen kann.

Allerdings will auch die Finanzverwaltung vermeiden, dass bereits bei Abschluss des APA-Verfahrens dessen Laufzeit vollständig oder zum großen Teil abgelaufen ist. Diese Formulierung macht deutlich, dass auch die Finanzverwaltung von langen Verhandlungen hinsichtlich des APA mit der ausländischen Finanzverwaltung ausgeht. Aus wirtschaftlicher Sicht ist der Wert dieses Verfahrens damit zweifelhaft, weil erkennbar (wie sich auch aus Tz. 3.8 ergibt) nur von einer Laufzeit von **3 bis 5 Jahren** ausgegangen wird, aber gleichzeitig mit sehr langen Verhandlungen zu rechnen ist.

8.7.5 Verfahrenstechnische Umsetzung

In Tz. 5.1 wird ausgeführt, dass die zuständige Landesfinanzbehörde (Finanzamt) verpflichtet ist, auf Grundlage des Vorabverständigungsverfahrens auf Antrag eine **verbindliche Vorabzusage** gleichen Inhalts zu erteilen. Hieran überrascht einerseits, dass erneut ein Antragserfordernis besteht, obwohl der Steuerpflichtige bereits einen entsprechenden APA-Antrag gestellt hat, und andererseits, dass als Rechtsgrundlage Art. 25 Abs. 2 OECD-MA herangezogen wird. Dieser kann jedoch keine Verpflichtung für die Finanzverwaltung schaffen, vielmehr bedarf es hierfür einer Regelung des nationalen Rechts. Gleichwohl schafft die Finanzverwaltung mit dieser Regelung einen Vertrauenstatbestand, der regelmäßig eine Selbstbindungswirkung entfalten wird. Im Rahmen der Vereinbarung mit dem ausländischen Staat ist eine Regelung vorzusehen, nach der der Steuerpflichtige sich verpflichtet, einen **jährlichen Bericht** (sog. compliance report) zu erstellen und vorzulegen, aus dem ersichtlich ist, inwieweit die dem APA zugrunde gelegten Sachverhalte tatsächlich verwirklicht und inwieweit die Gültigkeitsbedingungen eingehalten wurden. Gleichzeitig muss der Steuerpflichtige auf Abweichungen ausdrücklich hinweisen und ggf. Anpassungsmaßnahmen gesondert darstellen. Als Zeitpunkt bis zur Vorlage dieses Berichts wird der Ablauf der gesetzlichen Steuererklärungspflicht benannt. Dies wird regelmäßig zu Konsequenz haben, dass sonst viele der erst auf Anforderung notwendigen Dokumentationsregelungen bereits laufend in Kraft treten. Hieraus folgt, dass ein APA-Verfahren nicht nur mit einmaligen hohen Kosten verbunden ist, sondern auch den laufenden Dokumentationsaufwand nachhaltig erhöht.

8.7.6 Bindungswirkung

Eine Bindungswirkung des APA für die Finanzbehörden besteht nur dann, wenn der dem APA zugrunde gelegte Sachverhalt **tatsächlich verwirklicht** und die Gültigkeitsbedingungen eingehalten wurden. Ist dies der Fall, können im Rahmen von Prüfungen und Veranlagungen keine Ergebnisabweichungen vorgenommen werden, sofern eine zutreffende Umsetzung des APA erfolgt ist. Entschließt sich der Steuerpflichtige ein APA zu beantragen, hat das jedoch nicht zur Konsequenz, dass er damit auch verpflichtet wäre, den darin dargestellten Sachverhalt zu verwirklichen. Geschieht dies nicht, hat das APA keine Bindungswirkung. Gleichwohl ist zu berücksichtigen, dass auch in einem solchen Fall die Möglichkeit der Verwertung der vorgelegten Unterlagen seitens des Steuerpflichtigen und der gewonnenen Erkenntnisse besteht.

Die Nichterfüllung von wesentlichen Gültigkeitsvoraussetzungen kann dazu führen, dass ein Widerruf des APA erfolgt. Gibt es nur unwesentliche **Abweichungen**, kann dieses jedoch auch weiterhin zur Anwendung kommen. Aus Sicht des Steuerpflichtigen besteht das Problem, dass er nicht sicher sein kann, welche Abweichungen seitens der Finanzverwaltung als wesentlich und welche als unwesentlich angesehen werden. Insofern besteht eine erhebliche Rechtsunsicherheit, sodass der Steuerpflichtige letztlich nicht davon ausgehen kann, trotz erheblicher Mühen und Anstrengungen zur Erlangung eines APA tatsächlich Planungssicherheit im Bereich der Verrechnungspreismethoden zu erlangen. Die Finanzverwaltung geht davon aus, dass wesentliche Änderungen eines einmal gestellten Antrages als Neuantrag anzusehen sind. Hieraus folgt, dass der Steuerpflichtige sehr sorgfältig seinen Antrag prüfen sollte, weil sonst erneut die volle Gebühr von 20.000 Euro entrichtet werden muss.

Die Finanzverwaltung weist ausdrücklich darauf hin, dass APA-Verfahren nicht angenommen werden, wenn das Verfahren nicht ernsthaft vorbereitet wird oder der Eindruck entsteht, dass lediglich die Positionen der Finanzverwaltungen „getestet" werden sollen. Insbesondere bei letzterem Punkt bleibt abzuwarten, wie die Finanzverwaltung konkrete Ermittlungen durchführen will. Gleichwohl ist hiermit für die Steuerpflichtigen das Risiko verbunden, mit einem solchen Vorwurf konfrontiert zu werden. Entschließt sich der Steuerpflichtige später zu einer Rücknahme eines einmal gestellten Antrages, bleibt es dennoch bei dem Grundsatz, dass die vorgelegten Unterlagen nach Maßgabe des Untersuchungssatzes sowohl zugunsten wie zu Lasten des Steuerpflichtigen seitens der Finanzverwaltung verwertet werden können.

Außerdem sieht der Erlass in Tz. 8 vor, dass in den Fällen, in denen die Größenklassen von § 6 Abs. 2 GAufzV nicht überschritten werden, bestimmte Erleichterungen möglich sind.

8.7.7 Vorteilhaftigkeit

Als Fazit ist festzustellen, dass die vorliegenden Regelungen dem Steuerpflichtigen nicht nur erhebliche Risiken, sondern auch umfangreiche **Mitwirkungspflichten sowie Dokumentations- und Nachweisverpflichtungen** auferlegen. Wenn gleichzeitig bedacht wird, dass die Finanzverwaltung aufgrund der Regelung im Jahressteuergesetz 2007[258] auch Gebühren für das APA-Verfahren verlangt und regelmäßig die Beratungskosten für ein solches Verfahren sowohl im In- wie im Ausland entstehen, wird deutlich, dass ein solches Verfahren im Regelfall nicht die Lösung für die Verrechnungspreisprobleme sein wird. Hinzu kommt eine erhebliche Unsicherheit, inwieweit die Finanzverwaltung tatsächlich die entsprechenden Abteilungen im Bundeszentralamt für Steuern mit den notwendigen Ressourcen ausstatten wird, um eine größere Zahl von APA-Verfahren bearbeiten zu können.

Die bisher gesammelten Erfahrungen mit Verständigungsverfahren deuten eher darauf hin, dass mit langen Verfahrensdauern zu rechnen ist. Da der Erlass relativ stringent die Geltungsdauer des APA regelt, ist zu erwarten, dass damit der Nutzen für die Steuerpflichtigen weiter eingeschränkt wird. Hinzu kommt, dass die enthaltenen Dokumentationsvorschriften zu einer weiteren materiellen Belastung des Steuerpflichtigen führen. Insoweit zeigt sich, dass nur in den Fällen, in denen erhebliche materielle Belastungen in Folge von Verrechnungspreiskorrekturen drohen, ein solches Verfahren sinnvoll sein kann. Aber gerade bei solchen Fällen dürfte die Beschreibung der Gültigkeitsbedingungen in der notwendigen Detaillierung zu erheblichen praktischen Schwierigkeiten führen. Dies gilt insbesondere für innovative Geschäftsmodelle, wo sich die Rahmenbedingungen kurzfristig nachhaltig ändern könnten. Insofern ist zu erwarten, dass das APA-Verfahren nur in vergleichsweise wenigen Fällen zu einer nachhaltigen Erleichterung für die Steuerpflichtigen führen wird. Hieraus folgt zugleich, dass auch die Finanzverwaltung kaum die offensichtlich angestrebte Entlastung im Bereich der Verrechnungspreisprüfung erfahren wird. Schließlich hätte eine weite Verbreitung dieser Maßnahmen zur Konsequenz, dass im Rahmen von Verrechnungspreisprüfungen lediglich die Einhaltung

258 BGBl 2006 I S. 2878.

der Gültigkeitsbedingungen und die Anwendung der Methode hätten geprüft werden müssen. Denkbar ist jedoch, dieses Verfahren zu nutzem, um eine in der Schlussbesprechung gefundene Lösung für die Zukunft abzusichern, zumal dann die erforderlichen Unterlagen ohnehin schon aufbereitet und geprüft wurden sowie ggf. bereits eine Konsultation zwischen den betroffenen Finanzverwaltungen erfolgt ist.

9 Dokumentations- und Nachweispflichten im Rahmen der internationalen Einkunftsabgrenzung

9.1 Regelungshintergrund

Der BFH hat sich im Urteil vom 17.10.2001[259] grundlegend zu den Mitwirkungspflichten der Steuerpflichtigen bei der Verrechnungspreisprüfung geäußert. Er stellt insbesondere fest, dass zwar die allgemeinen Mitwirkungspflichten des Besteuerungsverfahrens bzw. einer Betriebsprüfung zu beachten sind, aber keine darüber hinausgehenden Verpflichtungen. Streitig war, ob darüber hinaus eine Verpflichtung besteht, nach der der Steuerpflichtige besondere Nachweise hinsichtlich der **Angemessenheit** der vereinbarten Verrechnungspreise und der zugrunde gelegten Liefer- und Leistungsbedingungen **erstellen** muss. Während in der Vergangenheit teilweise die Auffassung vertreten wurde, dass eine solche Verpflichtung sich implizit aus § 90 Abs. 2 AO ergebe, hat der BFH dies im Urteil vom 17.10.2001[260] explizit verneint.

Hieraus folgt, dass der Steuerpflichtige **keine gesonderte Verpflichtung** hat, den Nachweis über die Fremdüblichkeit seiner Verrechnungspreise zu führen. Allerdings sind die allgemeinen Grundsätze des Besteuerungsverfahrens zu beachten. Hierzu zählen insbesondere:

- die Anzeigepflichten nach § 138 Abs. 2 AO,[261]
- die allgemeinen Buchführungs-, Aufzeichnungs- und Aufbewahrungspflichten (§§ 140 bis 147 AO),
- die Erklärungspflicht für alle für das Erklärungsjahr bedeutsamen Auslandssachverhalte im Rahmen der Steuererklärung nach §§ 149, 150 AO,
- die Pflicht zur Berichtigung von unrichtigen bzw. unvollständigen Erklärungen nach § 153 AO,
- die erweiterten Mitwirkungspflichten nach § 90 Abs. 2 AO,

259 BFH vom 17.10.2001 I R 103/00, BFHE 197, 68 = BStBl 2004 II S. 171.
260 BFH vom 17.10.2001 I R 103/00, BFHE 197, 68 = BStBl 2004 II S. 171.
261 Vgl. BMF-Schreiben vom 19.03.2003 – IV B 4 – S 1300 – 109/03, BStBl 2004 I S. 260.

- die allgemeinen Verpflichtungen, wie z. B. die erweiterte Aufklärungspflicht (§ 17 AStG), die Pflicht zur Vorlage von Übersetzungen bei fremdsprachigen Unterlagen (§ 87 Abs. 2 AO), die Pflicht zur Benennung von Gläubigern und Zahlungsempfängern (§ 160 AO).

Unabhängig von der rechtlichen Verpflichtung stellt sich die Frage, ob eine „freiwillige“, darüber hinausgehende Verrechnungspreisdokumentation sinnvoll und notwendig ist, um eine „**Verteidigung**“ der Preise vornehmen zu können. Hierfür sprechen – neben der Hoffnung auf eine Verbesserung des Verhältnisses zur Betriebsprüfung – insbesondere die Überlegungen, so zu einem schnelleren Ende der Betriebsprüfung zu kommen, sowie die Erwartungen, die Wahrscheinlichkeit auf Anerkennung der Verrechnungspreise zu erhöhen. Damit sollen die drohenden Nachteile infolge einer Verrechnungspreiskorrektur vermieden werden.[262]

Der Gesetzgeber hat auf diese Entscheidung reagiert und sehr weitgehende Änderungen vorgenommen. Dies geschah einerseits durch eine spezielle **Dokumentationspflicht** (§ 90 Abs. 3 AO) für Verrechnungspreise und andererseits durch hieran anknüpfende **Sanktionen** (§ 162 Abs. 3 und 4 AO). Diese Vorschriften wurden durch das StVergAbG[263] geschaffen. Die Dokumentationspflicht gilt grundsätzlich für alle Wirtschaftsjahre, die nach dem 31.12.2002 beginnen.[264] Ferner enthält § 90 Abs. 3 Satz 5 AO die Ermächtigung zum Erlass einer Rechtsverordnung durch das BMF, in der „Art, Inhalt und Umfang der zu erstellenden Aufzeichnungen“ zu bestimmen sind. Diese wurde mit der GAufzV[265] geschaffen. Die Finanzverwaltung hat mit Datum vom 12.04.2005 die Verwaltungsgrundsätze-Verfahren veröffentlicht.[266] In diesen werden auf 76 Seiten Vorgaben zur Dokumentationspflicht getroffen.

9.2 Dokumentationspflichten nach § 90 Abs. 3 AO

Auch wenn dies im Gesetzeswortlaut des § 90 Abs. 3 AO nicht klar zum Ausdruck kommt, sollen ausweislich der Reg-Begr.[267] hierdurch sowohl Auskünfte über die verwirklichten Sachverhalte („**Sachverhaltsdokumentation**“) als auch eine Darstellung, dass die vereinbarten Preise dem Fremdvergleichsgrundsatz genügen („**Angemessenheitsdokumentation**“), vorgeschrieben werden.

---

262 Vgl. hierzu ausführlich Kaminski/Strunk, IWB Fach 3 Deutschland Gr. 1, S. 1749 ff.

263 StVergAbG vom 16.05.2003, BGBl 2003 I S. 660 = BStBl 2003 I S. 321.

264 Vgl. Art. 97 § 22 EGAO.

265 Gewinnabgrenzungsaufzeichnungsverordnung vom 13.11.2003, BStBl 2003 I S. 739.

266 BMF-Schreiben vom 12.04.2005 IV B 4 – S 1341 – 1/05, BStBl 2005 I S. 570; Grundsätze für die Prüfung der Einkunftsabgrenzung zwischen nahestehenden Personen mit grenzüberschreitenden Geschäftsbeziehungen in Bezug auf Ermittlungs- und Mitwirkungspflichten, Berichtigungen sowie auf Verständigungs- und EU-Schiedsverfahren (Verwaltungsgrundsätze-Verfahren).

267 Vgl. BT-Drucks. 15/119 vom 02.12.2002, S. 52.

Von der Regelung sind nur grenzüberschreitende Geschäftsbeziehungen erfasst, die zwischen nahe stehenden Personen i. S. des § 1 Abs. 2 AStG bestehen. Dies führt zwangsläufig zu der hier nicht näher zu diskutierenden Frage der Vereinbarkeit mit EU-Recht.[268]

Das Gesetz unterscheidet hinsichtlich der Dokumentationspflicht zwischen:

- **außergewöhnlichen Geschäftsvorfällen**: Bei diesen hat eine zeitnahe Dokumentation zu erfolgen, was bedeutet, dass hier eine laufende Dokumentation vorgesehen ist, die stets vorrätig zu halten ist, und
- **gewöhnlichen Geschäftsvorfällen**: Für diese muss eine Dokumentation 60 Tage nach Aufforderung durch die Finanzverwaltung vorgelegt werden können. Für den Fristbeginn ist auf die Bekanntgabe der Anforderung abzustellen, nicht auf den Beginn der Prüfung.

Allerdings wird nicht definiert, welche Geschäfte als „außergewöhnlich" zu qualifizieren sind. Dies wird – ansatzweise – in **§ 3 Abs. 2 GAufzV**[269] zu regeln versucht. Hierzu gehören auch „der Abschluss und die Änderung von langfristige(n) Verträgen von besonderem Gewicht, die sich erheblich auf die Höhe der Einkünfte aus den Geschäftsbeziehungen mit Nahestehenden auswirken". Hierunter ist offenbar die Begründung oder Veränderung von Dauersachverhalten zu verstehen. In Tz. 3.4.8.2 VerwG-Verfahren[270] werden diese Geschäftsvorfälle erläutert. Im Ergebnis ist davon auszugehen, dass die Frage, was außergewöhnlich ist, am Fremdvergleichsgrundsatz zu orientieren ist. Sofern fremde Dritte in einer vergleichbaren Situation besondere Planungsrechnungen und/oder Dokumentationen erstellt hätten, sind außerordentliche Geschäftsvorfälle gegeben. Eine zeitnahe Dokumentation ist noch gegeben, wenn diese innerhalb von sechs Monaten nach Ablauf des Wirtschaftsjahrs erstellt wird, in dem sich der Geschäftsvorfall ereignet hat.

Im Rahmen des Unternehmensteuerreformgesetzes 2008[271] hat der Gesetzgeber eine Änderung der Definition in § 3 Abs. 2 GAufzV vorgenommen. Dadurch sollen sprachliche Unklarheiten beseitigt werden, indem nunmehr eindeutig sein soll, dass die angesprochenen Auswirkungen auf die Höhe des Einkommens des Steuerpflichtigen nur bei den langfristigen Verträgen gegeben sein müssen. Hieraus folgt, dass in den anderen Fällen[272] auch dann zeitnah zu dokumentieren ist, wenn hiermit keine wesentlichen Auswirkungen auf die Höhe der Einkünfte des Steuerpflichtigen

268 Vgl. zu einer ausführlichen Analyse Joecks/Kaminski, IStR 2004, S. 65 ff., und Kroppen/Rasch, IWB Fach 3 Deutschland Gr. 1, 1987; a. A. Hahn/Suhrbier-Hahn, IStR 2003, S. 84, die die Sanktionen für gerechtfertigt halten; offenlassend Vögele/Brem, IStR 2004, S. 52.

269 Gewinnabgrenzungsaufzeichnungsverordnung vom 13.11.2003, BStBl 2003 I S. 739.

270 BMF-Schreiben vom 12.04.2005 – IV B 4 – S 1341 – 1/05, BStBl 2005 I S. 570.

271 Vom 14.08.2007, BGBl 2007 I S. 1912.

272 Vermögensübertragungen im Zuge von Umstrukturierungsmaßnahmen, die Übertragung und Überlassung von Wirtschaftsgütern und Vorteilen im Zusammenhang mit wesentlichen Funktions- und Risikoänderungen, Geschäftsvorfälle im Zusammenhang mit einer für die Verrechnungspreisbildung erheblichen Änderung der Geschäftsstrategie und dem Abschluss von Umlageverträgen.

verbunden sind. Damit kommt es zu einer Ausdehnung der Sachverhalte, die einen außergewöhnlichen Geschäftsvorfall darstellen.

Wie alle Verwaltungshandlungen stehen auch die Anforderungen an eine Verrechnungspreisdokumentation unter dem Vorbehalt der **Geeignetheit**, der **Zumutbarkeit** und der **Verhältnismäßigkeit**. Auch wenn die GAufzV dies nicht erwähnt, handelt es sich hierbei um allgemeine Grundsätze, die auch für die Dokumentation der Verrechnungspreise zu beachten sind. Dies wird nunmehr auch durch Tz. 2.1 Abs. 2 VerwG-Verfahren bestätigt. Weiter sieht die Rechtsverordnung vor, dass der Steuerpflichtige das **„ernsthafte Bemühen"** zu belegen hat, dass er den Fremdvergleichsgrundsatz angewendet hat.[273] Die Aufzeichnungspflichten werden auf die Geschäftsbeziehungen ausgedehnt, die keinen Leistungsaustausch zum Gegenstand haben. Damit will die Finanzverwaltung die Vereinbarung über Arbeitnehmerentsendung und Poolvereinbarungen mit in den Regelungsbereich der Dokumentationspflichten einbeziehen und den jeweiligen Regelungen in den entsprechenden Erlassen eine Rechtsgrundlage verschaffen.

Zugleich sieht sich der Gesetzgeber – unverändert – nicht in der Lage, über eine beispielhafte Aufzählung hinaus zu bestimmen, welche Geschäftsvorfälle hiervon konkret erfasst werden sollen.[274] Außerdem wird der Abschluss von Umlageverträgen in den Katalog mit aufgenommen. Hierbei wird allgemein von Umlagen gesprochen, sodass nicht klar wird, ob hiervon Umlagen erfasst werden, die auf dem Poolkonzept nach dem BMF-Schreiben vom 30.12.1999[275] beruhen, oder auch solche, die ausschließlich einer vereinfachten Form der Abrechnung dienen.[276] Aufgrund der weiten Formulierung muss davon ausgegangen werden, dass sämtliche Umlageverträge hiervon erfasst werden. Ausschlaggebend hierfür ist, dass die – sehr knappe – Regierungsbegründung als Motiv für die Änderung die Beteiligung mehrerer Unternehmen und Finanzverwaltungen nennt. Wenn diese Zielsetzung erreicht werden soll, muss die hier vertretene weite Interpretation erfolgen.

Eines der Kernstücke der Verrechnungspreisdokumentation ist die sog. **Sachverhaltsdokumentation**: In dieser sind Art, Inhalt und Umfang der Geschäftsbeziehungen zu nahestehenden Personen darzulegen. In der Praxis werden diese Geschäfte in aller Regel ohnehin schon aufgezeichnet und entsprechend gebucht. Insoweit kann es ausreichend sein, dem Betriebsprüfer Konten im Rechnungswesen zu benennen, aus denen diese Angaben ersichtlich werden. Hieraus ist Art und Umfang – ggf. unter Rückgriff auf die Buchungsbelege – ersichtlich. Nach Verwaltungsauffassung

---

273 Vgl. hierzu z. B. Schreiber, Stbg 2003, 474; Vellens, IStR 2004, S. 656.

274 Kritisch z. B. Kaminski/Strunk, StBp 2004, S. 9, Lenz, Fischer, Schmidt, BB 2005, S. 1258 f., und jüngst zur geplanten Neuregelung Fischer/Looks/im Schlaa, BB 2007, S. 919.

275 BStBl 1999 I S. 1122.

276 Vgl. zu dieser Unterscheidung Kaminski, IWB Fach 3 Deutschland Gr. 2, S. 891, ders., in: Strunk/Kaminski/Köhler (Hrsg.), § 1 AStG, Rz. 474 ff. (Oktober 2005), ders., in: Grotherr (Hrsg.), Handbuch der internationalen Steuerplanung, S. 385 f., sowie Baumhoff, Die Verrechnung von Leistungen zwischen verbundenen Unternehmen mit Hilfe von Konzernumlagen, S. 5 ff.

sind auch Informationen über die Beteiligungsverhältnisse Bestandteil der Sachverhaltsdokumentation. Dieses weite Verständnis überrascht, weil die Frage, ob der Status als „nahestehende Person" gegeben ist, vorab geklärt werden muss. Auf jeden Fall sollte der Steuerpflichtige seine Überlegungen zur Abgrenzung, welche Unternehmen in die Verrechnungspreisdokumentationspflicht einzubeziehen sind, gegenüber der Finanzverwaltung darlegen. Hierbei sollte auf die einfache Nachvollziehbarkeit und eventuelle Veränderungen im Zeitablauf (etwa der Veränderung von Beteiligungsquoten) besonders geachtet werden.

Die Finanzverwaltung verlangt darüber hinaus eine „Übersicht" der den Geschäftsbeziehungen zugrunde liegenden Verträge sowie deren Veränderungen. Zwar ist verständlich, dass die Finanzverwaltung die Grundlage für die vorgenommenen Geschäftsbeziehungen kennen will, allerdings kann es u. E. Fälle geben, in denen das gesonderte Erstellen einer Übersicht unverhältnismäßig ist. Dies wäre z. B. dann der Fall, wenn der Steuerpflichtige – insbesondere bei überschaubaren Verhältnissen – dem Prüfer einen Ordner mit sämtlichen Verträgen übergibt. Darüber hinaus wird eine Liste der „wesentlichen immateriellen Wirtschaftsgüter" – unabhängig von deren Bilanzierung – verlangt, die genutzt bzw. überlassen werden.

§ 4 Nr. 3 Buchst. b GAufzV verlangt – unter der Überschrift allgemein erforderliche Aufzeichnungen – die „Beschreibung der Wertschöpfungskette und [die, der Verf.] Darstellung des Wertschöpfungsbeitrages des Steuerpflichtige im Verhältnis zu den nahe stehenden Personen, mit denen Geschäftsbeziehungen bestehen". Diese Regelung erweist sich als problematisch. Eine Anwendung dieser Vorgabe führt für den Steuerpflichtigen einerseits zu erheblichen Belastungen, andererseits wird die Grenze des von ihm tatsächlich Leistbaren schnell erreicht. Ursächlich hierfür ist die in internationalen Konzernen vorzufindende sehr weitgehende Arbeitsteilung. Denkbar wäre z. B., dass in Deutschland ein Produzent von Schrauben ansässig ist, der diese über mehrere Handelsstufen u. a. an seine Muttergesellschaft in den USA liefert, die dort – zusammen mit anderen verbundenen Unternehmen – Kraftfahrzeuge herstellt. Völlig unbestimmt bleibt, wie in einem solchen Fall die Beschreibung der Wertschöpfungskette zu erfolgen hat, wenn diese dem Steuerpflichtigen – ganz oder teilweise – (insbesondere auf den nachgelagerten Fertigungs- und Handelsstufen[277]) nicht bekannt ist. In Tz. 3.4.11.5 VerwG-Verfahren nimmt die Finanzverwaltung hierzu Stellung. Gleichwohl bleiben die Vorgaben sehr allgemein und vertreten eine sehr weitgehende Interpretation. Danach wäre im vorstehenden Fall davon auszugehen, dass eine umfassende Dokumentation aller Konzernebenen zu erfolgen hat. Daran schließen sich Aussagen zum Verhältnis zwischen Wertschöpfungsbeitrags- sowie Funktions- und Risikoanalyse an. Danach soll sich die Wertschöpfungsbeitragsanalyse „häufig bereits" aus Letzterer ergeben. Dies ist schon deshalb zweifelhaft, weil im Anschluss darauf hingewiesen wird, dass die Wert-

277 Denkbar wäre im konkreten Fall, dass die hergestellten Schrauben z. B. in den Motor einfließen. Müsste dann die gesamte Wertschöpfungskette für die vollständigen Kraftfahrzeuge dargestellt werden?

schöpfungsbeitragsanalyse sich regelmäßig auf den gesamten Konzern bezieht, während die Funktions- und Risikoanalyse auf gesellschaftsübergreifende Prozesse abstelle.

Den zweiten wesentlichen Bestandteil bildet die sog. **Angemessenheitsdokumentation**. Sie hat den Zweck, eine Verrechnungspreisprüfung der Höhe nach durchführen zu können. Gemäß Tz. 3.4.12.1 VerwG-Verfahren müssen die Aufzeichnungen einem sachverständigen Dritten innerhalb einer angemessenen Frist die Prüfung ermöglichen, inwieweit die Abgrenzung der Einkünfte zwischen dem Steuerpflichtigen und der nahestehenden Person bzw. zwischen den verbundenen Unternehmen dem Grundsatz des Fremdverhaltens entspricht. Dieser Aussage kann nach hier vertretener Auffassung nicht gefolgt werden, weil der Steuerpflichtige lediglich darlegen kann, warum die Verrechnungspreise nach seiner Auffassung angemessen sind. Insoweit geht es nicht um einen objektiven Nachweis, sondern um einen subjektiven aus Sicht des Steuerpflichtigen. Allerdings wird auch an späterer Stelle durch die Finanzverwaltung ausgeführt: „Die Aufzeichnungen sollen die angestellten Überlegungen widerspiegeln und nachvollziehbar machen."

Gemäß Tz. 3.4.12.2 VerwG-Verfahren sollen – obwohl betriebsexterne und interne Fremdvergleichsdaten vorgelegt werden müssen – ergänzend zur „Plausibilitätskontrolle" Aufzeichnungen über innerbetriebliche Daten notwendig sein. Der Steuerpflichtige hat lediglich eine Verrechnungspreismethode anzuwenden und darzulegen, warum diese nach seiner Auffassung zu fremdvergleichskonformen Ergebnissen führt.[278] Erfolgt dies auf Grundlage eines betriebsexternen Fremdvergleichs, ist dies ausreichend. Entsprechendes gilt, wenn eine der anderen beiden Methoden zur Anwendung kommt. Insofern ist die verlangte Kumulation von Nachweisen nicht sachgerecht und ohne Rechtsgrundlage. § 1 Abs. 3 GAufzV verlangt, dass der Steuerpflichtige die **Markt- und Wettbewerbsverhältnisse** darlegt, die für seine Tätigkeiten und die vereinbarten Bedingungen von Bedeutung sind. Außerdem soll er verpflichtet sein, für die von ihm gewählte Methode Vergleichsdaten heranzuziehen, soweit solche Daten zum Zeitpunkt der Vereinbarung der Geschäftsbeziehungen bei ihm oder bei nahestehenden Personen vorhanden sind oder von ihm mit zumutbarem Aufwand aus ihm frei zugänglichen Quellen beschafft werden können. Neben einer Reihe von konkreten Anforderungen an vorzulegende Daten wird in § 1 Abs. 3 GAufzV verlangt, dass der Steuerpflichtige zusätzlich Aufzeichnungen über innerbetriebliche Daten erstellt, die eine Plausibilitätskontrolle der vereinbarten Verrechnungspreise ermöglichen.

Gemäß § 2 Abs. 2 GAufzV sollen sich Inhalt, Art und Umfang der zu erstellenden Aufzeichnungen nach den Umständen des Einzelfalls richten, wobei die gewählte Verrechnungspreismethode besondere Bedeutung hat. Darüber hinaus wird verlangt, dass der Steuerpflichtige dokumentieren muss, warum er die angewendete Methode für geeignet hält. Außerdem wird klargestellt, dass er nicht verpflichtet ist, Auf-

278 Vgl. § 2 Abs. 2 GAufzV.

zeichnungen für mehr als eine geeignete Methode zu erstellen. Hierbei ist grundsätzlich eine geschäftsvorfallbezogene Dokumentation vorgesehen, wobei unter bestimmten Voraussetzungen eine Zusammenfassung erfolgen kann.

Innerbetriebliche Verrechnungspreisrichtlinien werden im § 2 Abs. 3 GAufzV ausdrücklich erwähnt und sind sehr hilfreich. Bei Anwendung solcher Richtlinien kann auf geschäftsvorfallbezogene Einzelaufzeichnungen verzichtet werden. Die Vorgaben zur Anerkennung solcher Verrechnungspreisrichtlinien in den VerwG-Verfahren sind dürftig, nachdem bereits in der GAufzV nur sehr allgemeine Aussagen zur möglichen Zusammenfassung von Geschäftsvorfällen enthalten sind.[279] Nunmehr stellt die Finanzverwaltung fest, dass außergewöhnliche Geschäftsvorfälle „grundsätzlich" geschäftsvorfallbezogen zu dokumentieren sind.[280] Damit wird die Möglichkeit zum Einsatz von Verrechnungspreisrichtlinien unnötigerweise eingeschränkt. Dies ist schon deshalb problematisch, weil weder § 3 Abs. 2 GAufzV noch Tz. 3.4.8.2 VerwG-Verfahren klar definieren, was als außergewöhnlicher Geschäftsvorfall anzusehen ist. Dies liegt insbesondere an den dort jeweils verwendeten unbestimmten Begriffen.[281] Fraglich ist, ob diese Einschränkung sinnvoll ist. Wenn z. B. ein Unternehmen aus dem Bereich des Anlagenbaus betrachtet wird, ist nicht ersichtlich, warum etwa eine „Verrechnungspreisrichtlinie" für das Bestehen der Betriebsstätten als unzulässig anzusehen ist. Gerade in dieser Branche bestehen regelmäßig bei ähnlichen Projekten auch vergleichbare Dokumentationsanforderungen. Warum diese nicht in einer Richtlinie zusammengefasst werden können, etwa unter ergänzendem Rückgriff auf weitere „Verrechnungspreisrichtlinien" für die laufende Leistungsverrechnung, ist nicht ersichtlich.

Auch im Rahmen der „gewöhnlichen" Geschäftsvorfälle zeigt die Finanzverwaltung weitere **Restriktionen** auf. Sie will eine Zusammenfassung in folgenden Fällen zulassen:

- wenn die Gruppenbildung „bei Geschäften zwischen fremden Dritten üblich ist (z. B. Verkauf eines Druckers und seine Wartung) oder
- eine Gruppenbildung nach vorher festgelegten, nachvollziehbaren und aufgezeichneten Regeln erfolgt und die Geschäftsvorfälle gemessen an den ausgeübten Funktionen, den eingesetzten Wirtschaftsgütern und den übernommenen Risiken wirtschaftlich vergleichbar sind oder
- es für die Prüfung der Angemessenheit im Hinblick auf eine Geschäftsbeziehung weniger auf den einzelnen Geschäftsvorfall, sondern mehr auf die Beurteilung des Gesamtgeschäfts ankommt, z. B. bei ursächlich zusammenhängenden Geschäftsvorfällen und bei Teilleistungen im Rahmen eines Gesamtgeschäfts."

---

279 Vgl. § 2 Abs. 3 GAufzV.

280 Diese Aussage findet sich sowohl am Ende von Tz. 3.4.8.2 als auch in Tz. 3.4.13 VerwG-Verfahren. Eine Begründung für diese Doppelung ist nicht ersichtlich.

281 So wird dort z. B. von „wesentlichen Funktions- und Risikoänderungen" oder „langfristigen Verträgen von einem Gewicht" gesprochen.

Insgesamt ist festzustellen, dass den – eigentlich sinnvollen – Möglichkeiten einer Vereinfachung der „Verrechnungspreisdokumentation“ durch den Einsatz von Richtlinien unnötige und sachlich nicht gerechtfertigte Hindernisse in den Weg gelegt worden sind. Dies hat zur Folge, dass für die Steuerpflichtigen eine nachhaltige Erhöhung des Dokumentationsaufwands erfolgt, ohne dass damit für die Finanzverwaltung ein erkennbarer Nutzen verbunden ist.

Gemäß § 2 Abs. 4 GAufzV hat der Steuerpflichtige auch nach Abschluss des Geschäftes Informationen zu sammeln und aufzuzeichnen, die der Finanzverwaltung eine Prüfung ermöglichen, inwieweit unter fremden Dritten eine Anpassung der Geschäftsbedingung vereinbart worden wäre.

Die Aufzeichnungen sind grundsätzlich in deutscher **Sprache** zu erstellen, wobei der Steuerpflichtige beantragen kann, eine Vorlage in englischer Sprache vorzunehmen. Hiermit wird dem Grundsatz Rechnung getragen, dass die Amtssprache Deutsch ist.[282] Die Finanzverwaltung sieht in Tz. 3.2.5 VerwG-Verfahren zwar vor, dass auf Anforderung Dokumente in fremder Sprache zu übersetzen sind. Hierbei ist davon auszugehen, dass der Begriff der „Dokumente“ weit auszulegen ist. Folglich fallen nicht nur offizielle Schriftstücke hierunter, sondern z. B. auch interne Anweisungen. Allerdings stellt die Verwaltung klar, dass die Übersetzungen auf das unbedingt Erforderliche zu begrenzen sind. Der Einsatz von beglaubigten Übersetzungen oder öffentlich-bestellten Übersetzern ist auf begründete (Ausnahme-)Fälle zu begrenzen.

§ 4 GAufzV[283] listet die im jeweiligen Einzelfall zu erstellenden Unterlagen auf. Entscheidend ist jedoch die Einschränkung, dass diese Aufzeichnungen nur insoweit vorzulegen sind, soweit sie für die Prüfung von Geschäftsbeziehungen i. S. des § 90 Abs. 3 AO von Bedeutung sind. Durch § 5 GAufzV wird dieser Katalog um einige Sonderfälle ergänzt, die dazu führen sollen, dass über die allgemeinen Anforderungen hinausgehend zusätzliche Dokumentationspflichten ausgelöst werden. Auch diese Liste führt teilweise zu erheblichen Unklarheiten, weil die Vorgaben nicht konkret genug sind. In Tz. 3.4.14 VerwG-Verfahren nimmt die Finanzverwaltung hierzu ergänzend Stellung. Diese Ausführungen überraschen insoweit, weil die Finanzverwaltung dem Steuerpflichtigen das Recht einräumt, zusätzliche Unterlagen und Informationen vorzulegen. Da der Steuerpflichtige im Rahmen des Besteuerungsverfahrens und natürlich auch einer Betriebsprüfung jegliche Unterlagen vorlegen kann, von denen er glaubt, dass diese seine Auffassung unterstützen und zu einer Beschleunigung der Betriebsprüfung beitragen, sind die Ausführungen entbehrlich.

§ 6 GAufzV sieht **Erleichterungen** vor, wenn die Geschäftsbeziehungen den Wert von 5 Mio. Euro und Vergütungen für andere Leistungen als die Lieferung von Gütern und Waren 500.000 Euro nicht überschreiten. Ausweislich der Regierungs-

282 Vgl. § 87 Abs. 1 AO.
283 Gewinnabgrenzungsaufzeichnungsverordnung vom 13.11.2003, BStBl 2003 I S. 739.

begründung sollen die Sanktionen immer zur Anwendung kommen, wenn der Steuerpflichtige sich auf diese Erleichterung beruft und im Rahmen einer Betriebsprüfung entsprechende Nachweise nicht zu geben vermag. Die Erleichterungen bewirken, dass der Steuerpflichtige keine Dokumentation erstellen muss, gleichwohl in einer Betriebsprüfung dem Prüfer entsprechende Informationen zur Verfügung stellen können muss. Damit wird also nicht das Maß der Beweismittel verringert, sondern lediglich die **Form der Aufzeichnung**. Hieraus folgt, dass die Erleichterungen in weiten Bereichen in der Praxis nicht zur Anwendung kommen können, weil andernfalls die Gefahr besteht, dass der Steuerpflichtige bei einer Betriebsprüfung nicht in der Lage ist, die – ggf. früher vorhandenen – Unterlagen dem Prüfer zur Verfügung zu stellen, um damit seine Preise rechtfertigen zu können.

Bei der Umsetzung der Dokumentationsvorgaben sollte berücksichtigt werden, welche Unterlagen bereits bei ausländischen Tochtergesellschaften vorhanden sind und inwieweit diese für eine sinnvolle Verrechnungspreisdokumentation in Deutschland eingesetzt werden können. Auch die Unterscheidung zwischen Dokumenten, die einheitlich für alle Konzerngesellschaften erstellt werden, und solchen, die nur dem nationalen Recht Rechnung tragen, ermöglicht Kosteneinsparungen. Dabei werden nationale Besonderheiten durch entsprechende Anpassungen seitens der Tochtergesellschaft berücksichtigt.

9.3 Sanktionen bei Nichtbeachtung der Regelungen gem. § 162 Abs. 3 und 4 AO

Sofern der Steuerpflichtige seine Pflichten aus § 90 Abs. 3 AO **nicht** erfüllt, sind die vorgelegten Unterlagen „**im Wesentlichen unverwertbar**“,[284] und erfolgt **keine zeitnahe** Dokumentation für außergewöhnliche Geschäftsvorfälle, wird widerlegbar vermutet, dass die inländischen Einkünfte durch unangemessene Verrechnungspreise gemindert wurden. Insoweit kommt es zu einer Umkehr der Beweislast, weil der Steuerpflichtige nunmehr nachweisen muss, dass trotz fehlender, unverwertbarer oder nicht zeitnaher Dokumentation die Verrechnungspreise fremdvergleichskonform sind. Hieraus folgt, dass – sofern eine Entkräftung der Vermutung nicht gelingt – von einer Einkunftsminderung auszugehen ist, was eine Einkunftskorrektur nach sich zieht. In Tz. 3.4.19 VerwG-Verfahren[285] wird dargestellt, wann eine Unverwertbarkeit aus Sicht der Finanzverwaltung gegeben ist. Die Vorlage von verwertbaren Aufzeichnungen schließt eine Verrechnungspreisberichtigung nicht aus.

Liegt für eine Schätzung eine Bandbreite möglicher Werte vor, kann die Finanzverwaltung die volle **Bandbreite** ausschöpfen, und zwar auch **zu Lasten des Steuerpflichtigen** (§ 162 Abs. 3 Satz 3 AO). Damit wird für den Fall der „unzureichenden“

284 Vgl. zur Diskussion um den Begriff Eigelhoven/Kratzer, IStR 2004, S. 31 f., m. w. N.
285 BMF vom 12.04.2005 – IV B 4 – S 1341 – 1/05, BStBl 2005 I S. 570.

Dokumentation die Rechtsprechung des BFH verdrängt, nach der bei einer Schätzung nach § 162 Abs. 1 AO jeweils auf den für den Steuerpflichtigen günstigsten Wert zu schätzen ist.[286]

Gemäß § 162 Abs. 4 AO ist bei Nichtvorlage oder Vorlage von „im Wesentlichen unverwertbaren" Aufzeichnungen ein Zuschlag von 5.000 Euro festzusetzen. Hierbei handelt es sich um eine Untergrenze. Als Obergrenze sieht das Gesetz einen Betrag in Höhe von 5 % bis 10 % des Einkommenskorrekturbetrags vor. Erfolgt eine verspätete Vorlage der Dokumentation, kann ein Verspätungszuschlag von mindestens 100 Euro je Tag der Fristüberschreitung festgesetzt werden. Die absolute Obergrenze dieses Zuschlags beträgt 1.000.000 Euro.

Die Zuschläge nach § 162 Abs. 4 AO sind als steuerliche Nebenleistungen anzusehen (§ 3 Abs. 4 AO). Aus § 10 Nr. 2 KStG bzw. § 12 Nr. 3 EStG folgt, dass diese Zuschläge nicht als Betriebsausgaben abgezogen werden dürfen. Vielmehr sind sie aus bereits versteuertem Einkommen zu bestreiten. Dies wird nunmehr durch § 4 Abs. 5 Nr. 12 EStG ausdrücklich angeordnet. Eine Festsetzung von Zuschlägen kann unterbleiben, wenn die Nichterfüllung der Dokumentationspflichten entschuldbar oder das Verschulden nur geringfügig ist (vgl. § 163 Abs. 4 Satz 5 AO). Beispiele sind Fälle der höheren Gewalt oder technische Probleme, die dazu führen, dass eine eigentlich vorhandene Dokumentation nicht kurzfristig vorgelegt werden kann.

C Wohnsitzwechsel insbesondere in niedrig besteuernde Gebiete

1 Überblick zur erweiterten beschränkten Steuerpflicht gem. den §§ 2 – 5 AStG

1.1 Allgemeines

Die erweiterte beschränkte Steuerpflicht nach §§ 2 – 5 AStG ist rechtshistorisch nicht zuletzt das Ergebnis spektakulärer Einzelfälle. Insbesondere Sportler, Unternehmer und andere wohlhabende Privatpersonen haben Anfang der 70er Jahre Deutschland verlassen, um sich z. B. in einigen Kantonen der Schweiz, in Liechtenstein oder Monaco niederzulassen. Aus Sicht des deutschen Gesetzgebers handelt es sich hierbei um Niedrigsteuerländer. Wegen der vergleichsweise hohen Besteuerung

286 Vgl. BFH vom 20.12.2000 I R 50/00, BStBl 2001 II S. 381, und vom 15.05.2002 X R 33/99, BFH/NV 2002, S. 1415.

in Deutschland konnten diese Personen mit Aufgabe der unbeschränkten Steuerpflicht in Deutschland in ganz erheblichem Umfang Steuern, insbesondere Einkommensteuer, sparen. Ursache dafür ist, dass bei beschränkter Steuerpflicht diese Personen nicht mehr mit ihrem Welteinkommen, sondern lediglich mit den katalogartig in § 49 Abs. 1 EStG genannten Inlandseinkünften besteuert werden.

Die gesetzliche Regelung der erweiterten beschränkten Steuerpflicht ist wie folgt aufgebaut:

- **§ 2 AStG** regelt Voraussetzungen und Rechtsfolgen der erweiterten beschränkten Einkommensteuerpflicht,
- **§ 4 AStG** definiert die Folgen im Rahmen der erweiterten beschränkten Erbschaft- und Schenkungsteuerpflicht, wenn für den Erblasser bzw. Schenker § 2 AStG anzuwenden war, und
- **§ 5 AStG** regelt für die §§ 2 und 4 AStG die Rechtsfolgen für Versuche, die erweiterte beschränkte Steuerpflicht durch das Zwischenschalten von Kapitalgesellschaften zu vermeiden.

§ 3 AStG war Lex specialis zu der beschränkten Vermögensteuerpflicht nach § 2 Abs. 2 VStG. Mit dem Jahressteuergesetz 1997 vom 20.12.1996 ist diese Regelung mit Wirkung zum 01.01.1997 aufgehoben worden.

Ziel dieser Normen ist es, den **Wegzug** von unbeschränkt Steuerpflichtigen in Niedrigsteuergebiete steuerlich unattraktiv zu machen, um dem deutschen Fiskus das Besteuerungssubstrat an inländischen Einkunftsquellen bzw. Vermögensgegenständen zu erhalten (vgl. aus der Gesetzesbegründung BT-Drucks. VI/3537). Es handelt sich bei den §§ 2–5 AStG dennoch nicht um eine Steuersanktion für das missbräuchliche Ausnutzen von steuerlichen Gestaltungsmöglichkeiten wie etwa § 42 AO. Anders als bei dieser Norm kommt es für die Anwendung der §§ 2–5 AStG, ebenso wie bei den anderen Regelungen des AStG, nicht auf die Motivation des Steuerpflichtigen an. Es ist für das Vorliegen der erweiterten beschränkten Steuerpflicht völlig bedeutungslos, aus welchen Gründen er in ein Niedrigsteuergebiet übersiedelt. Schon deshalb kommt auch unter dem Aspekt von § 42 Abs. 2 AO eine Anwendung des § 42 Abs. 1 AO nicht in Betracht.

Der Wegzug des Steuerpflichtigen aus dem Inland ist das Gegenstück zu der Vermeidung der deutschen Besteuerung durch **Verlagerung von Einkunftsquellen oder Vermögensgegenständen in das Ausland** unter Beibehaltung des inländischen Wohnsitzes. Wegen des in Deutschland geltenden Welteinkommensprinzips ist die Verlagerung von Einkunftsquellen und Vermögen nur dann steuerlich vorteilhaft, wenn ein Doppelbesteuerungsabkommen zur Freistellung der dann ausländischen Einkünfte in Deutschland führt. Nach den meisten DBAs, die die Bundesrepublik Deutschland abgeschlossen hat, ist dies für natürliche Personen jedoch regelmäßig nur für Betriebsstätteneinkünfte und Einkünfte aus unbeweglichem (Auslands-)Vermögen gegeben. Zu bedenken ist dabei, dass nach § 4 Abs. 1 Satz 3 EStG die Überführung von stillen Reserven in Auslandsbetriebsstätten grundsätzlich zur Steuerpflicht führen soll. Die zwangsweise Besteuerung der Verlagerung von Betriebsvermögen aus dem Inland in das Ausland wird für den persönlichen Anknüpfungspunkt der Steuerpflicht durch die §§ 2–5 AStG ergänzt.

Die §§ 2–5 AStG sind in ihrem Anwendungsbereich ausschließlich auf den Wegzug von **natürlichen Personen** aus dem Inland beschränkt. Es handelt sich damit neben § 6 AStG um die einzigen Regelungen des AStG, die nicht auch für juristische Personen gelten. Für juristische Personen bedurfte es keiner Regelungen im AStG zum „Wegzug" bzw. der Sitzverlegung oder des Verlegens des Ortes der Geschäftsleitung. Zum einen bleibt es bei der Besteuerung aller Inlandseinkünfte der Kapitalgesellschaft in Deutschland, soweit diese einer Betriebsstätte zuzurechnen sind. Zum anderen stellt bisher § 12 i. V. m. § 11 KStG sicher, dass bei der Verlagerung von Sitz und/oder Geschäftsleitung der Kapitalgesellschaft in das Ausland alle stillen Reserven versteuert werden, wenn dies das Ende der unbeschränkten Körperschaftsteuerpflicht in Deutschland nach sich zieht.

Eine weitere Besonderheit der §§ 2–5 AStG ist, dass ausnahmsweise die **Staatsangehörigkeit** der betreffenden Person für die Besteuerung maßgeblich ist. Die sog. „Wegzugsbesteuerung" greift nämlich nur bei Steuerpflichtigen, die als deutsche Staatsangehörige **mindestens fünf Jahre** unbeschränkt steuerpflichtig gewesen sind. Unbeschränkt Steuerpflichtige anderer Nationalitäten dagegen, die nicht über die deutsche Staatsangehörigkeit verfügen, unterliegen selbst dann nicht der erweiterten beschränkten Steuerpflicht, wenn im Übrigen alle Voraussetzungen des § 2 AStG gegeben sind. Damit führt die deutsche Staatsangehörigkeit, soweit die übrigen Voraussetzungen der §§ 2–5 AStG gegeben sind, abweichend von der allgemeinen Regel zu einer höheren Besteuerung als für Angehörige anderer Nationalitäten.

1.2 Die erweiterte beschränkte Einkommensteuerpflicht (§ 2 AStG)

Systematisch ist § 2 AStG Lex specialis zu der beschränkten Steuerpflicht nach § 1 Abs. 4 i. V. m. §§ 49, 50 und 50 a EStG. Im Ergebnis nimmt die erweiterte beschränkte Steuerpflicht eine Mittelposition zwischen der unbeschränkten und der beschränkten Steuerpflicht ein, deren Zweck es ist, Auswanderer in Niedrigsteuergebiete noch möglichst lange **mit den nicht ausländischen Einkunftsquellen in der Bundesrepublik** wie unbeschränkt Steuerpflichtige zu besteuern.

Beim Übergang eines Steuerpflichtigen von der unbeschränkten zur **beschränkten Einkommensteuerpflicht** werden im Rahmen der erweiterten beschränkten Einkommensteuerpflicht gem. § 2 AStG folgende Regelungen, die allgemein für beschränkt Steuerpflichtige gelten, ganz oder teilweise **suspendiert:**

- Im Rahmen der beschränkten Einkommensteuerpflicht sind nur die in § 49 Abs. 1 EStG genannten Einkünfte steuerbar.

- Die Einkünfte werden, sofern der Steuerabzug nach § 50 a EStG maßgeblich ist, nach dem Bruttoprinzip besteuert, was zwar die praktische Durchführung erleichtert, unter dem Aspekt der Besteuerung nach der Leistungsfähigkeit jedoch nicht gerecht ist. Die Abgeltung erfolgt mit einem pauschalen Steuersatz. Das Veranlagungsverfahren ist insoweit entbehrlich.
- § 50 Abs. 2 EStG über die Abgeltungswirkung von Steuerabzügen ist nicht anzuwenden.

Dennoch ist die Besteuerung bei erweiterter beschränkter Steuerpflicht nicht mit den steuerlichen Folgen der unbeschränkten Steuerpflicht identisch. Es handelt sich bei der erweiterten beschränkten Steuerpflicht nämlich nicht um eine Art gegenständlich auf das Inland begrenzter unbeschränkter Steuerpflicht.

Die wesentlichen **Unterschiede** bei der Veranlagung im Rahmen der erweiterten beschränkten zur unbeschränkten Steuerpflicht sind:

- Die erweiterte beschränkte Steuerpflicht findet nur bei deutschen Staatsangehörigen Anwendung.
- Es werden in die Bemessungsgrundlage für die deutsche Einkommensteuer im Grundsatz nur nicht ausländische Einkunftsquellen einbezogen; es gilt für die Bemessungsgrundlage nicht das Welteinkommensprinzip.
- Sonderausgaben können – wie bei der beschränkten Einkommensteuerpflicht – weitestgehend nicht berücksichtigt werden.
- Ehegatten werden einzeln veranlagt; allerdings ist die Höhe der Steuer auf den Betrag begrenzt, der bei fortbestehender unbeschränkter Steuerpflicht entstehen würde.
- Die erweiterte beschränkte Steuerpflicht entfällt unterhalb einer Freigrenze von 16.500 Euro steuerpflichtiger Einkünfte pro Jahr.

1.3 Die erweiterte beschränkte Erbschaft- und Schenkungsteuerpflicht (§ 4 AStG)

§ 4 AStG ist, analog der Systematik bei der erweiterten beschränkten Einkommensteuer, Lex specialis zur beschränkten Erbschaft- und Schenkungsteuerpflicht nach § 2 Abs. 1 Nr. 3 ErbStG.

Die erweiterte beschränkte Erbschaft- und Schenkungsteuerpflicht knüpft hinsichtlich ihrer Voraussetzungen unmittelbar an das Vorliegen des Tatbestandes von § 2 AStG an. Das gilt auch für den zeitlichen Anwendungsbereich der erweiterten beschränkten Steuerpflicht. Als zeitlicher Anknüpfungspunkt kommt es nach § 4 AStG auf den Zeitpunkt der Entstehung der Erbschaft- bzw. Schenkungsteuerschuld an.

In Hinblick darauf, dass eine niedrige Besteuerung laufender Einkünfte nicht notwendig mit einer geringen Erbschaftsteuer einhergeht, findet die erweiterte beschränkte Steuerpflicht für die Erbschaft- und Schenkungsteuer dann **keine Anwendung,** wenn der Steuerpflichtige für die Teile des **inländischen Erwerbs** eine ausländische Erbschaft- bzw. Schenkungsteuer entrichtet hat, die mindestens $^1/_3$ der (fiktiven) deutschen Steuer beträgt.

2 Erweiterte beschränkte Einkommensteuerpflicht

2.1 Tatbestand des § 2 AStG

Die erweiterte beschränkte Einkommensteuerpflicht nach Wegzug aus dem Inland tritt ein, wenn:

- eine **natürliche** Person
- als deutscher **Staatsangehöriger**
- in den letzten zehn Jahren mindestens **fünf Jahre** im Inland **unbeschränkt steuerpflichtig** gewesen ist
- unter **Aufgabe** der unbeschränkten Steuerpflicht
- in einem **Niedrigsteuergebiet** ansässig wird oder keinen neuen Wohnsitz begründet und
- im maßgeblichen VZ **wesentliche wirtschaftliche Interessen** im Geltungsbereich des AStG hat.

Die Voraussetzungen müssen kumulativ vorliegen; Ausnahmen, nach denen die erweiterte beschränkte Steuerpflicht auch eintritt, wenn nicht alle Tatbestandsmerkmale des § 2 Abs. 1 AStG gegeben sind, sieht das Gesetz nicht vor. Eine generelle Ausnahme für den Wegzug in EU-Mitgliedstaaten oder den EWR-Raum besteht nicht.

2.1.1 Persönlicher Anwendungsbereich

a) Der Anwendungsbereich des § 2 AStG beschränkt sich auf **natürliche Personen,** da eine vergleichbare Regelung zum Schutz des Besteuerungsrechtes des deutschen Fiskus für Kapitalgesellschaften im AStG nicht erforderlich ist.

b) Der in ein Niedrigsteuergebiet ziehende Steuerpflichtige muss während der letzten zehn Jahre vor dem Wegzug mindestens fünf Jahre lang in Deutschland gem. § 1 Abs. 1 EStG unbeschränkt einkommensteuerpflichtig gewesen sein.

Bei der Berechnung des Zeitraumes von fünf Jahren wird nicht auf Veranlagungszeiträume abgestellt, sondern auf die **Fristberechnung nach § 108 AO i. V. m. §§ 187 ff. BGB (BMF-Anwendungsschreiben zum AStG vom 02.12.1994, BStBl 1995 Sonder-Nr. 1 –** Tz. 2.1.1). Deshalb läuft die Frist nur mit dem 31. 12. eines Jahres aus, wenn im konkreten Fall zu diesem Zeitpunkt bei Wegzug zehn Jahre vergangen sind. Dabei kann sich der Zeitraum von fünf Jahren auch aus mehreren Teilabschnitten ergeben; die Vorschrift erfordert nicht, dass der Auswanderer ununterbrochen fünf Jahre unbeschränkt steuerpflichtig war. Inlandsaufenthalte, die nicht zur unbeschränkten Einkommensteuerpflicht in Deutschland geführt haben, bleiben außer Betracht. Kurze Unterbrechungen des Inlandsaufenthaltes werden entsprechend nicht von der zur unbeschränkten Einkommensteuerpflicht führenden Verbleibensdauer im Inland abgezogen (vgl. BMF-Anwendungsschreiben zum AStG, Tz. 2.1.1 Nr. 1). Nicht ausreichend ist dagegen, wenn der Steuerpflichtige für die Zeit von fünf Jahren nur unter Berücksichtigung einer früheren erweiterten beschränkten Steuerpflicht in Deutschland besteuert wurde, da § 2 Abs. 1 Satz 1 AStG ausdrücklich nur auf § 1 Abs. 1 EStG verweist.

c) Der Steuerpflichtige muss als Deutscher in dem Zeitraum von zehn Jahren vor dem Wegzug mindestens fünf Jahre unbeschränkt steuerpflichtig gewesen sein. Maßgeblich ist nach Auffassung der Finanzverwaltung die **deutsche Staatsangehörigkeit oder alternativ der Status als Flüchtling gem. Art. 116 Abs. 1 GG** (BMF-Anwendungsschreiben zum AStG, Tz. 2.1.1 Nr. 2). Nicht erforderlich dagegen ist, dass der unbeschränkt Steuerpflichtige im Zeitpunkt des Wegzugs die deutsche Staatsangehörigkeit innehat.

Damit unterliegen Personen nicht der erweiterten beschränkten Einkommensteuerpflicht, die zwar längere Zeit im Inland unbeschränkt steuerpflichtig waren, aber erst kurz vor dem Wegzug in das Niedrigsteuergebiet die deutsche Staatsangehörigkeit erworben haben.

Beispiel:

Der griechische Staatsangehörige C hat, nachdem er 12 Jahre in der Bundesrepublik gelebt hat, die deutsche Staatsangehörigkeit erworben und ist drei Jahre später unter Aufgabe seines Wohnsitzes im Inland nach Zypern gezogen (Niedrigsteuergebiet).

C war nach § 1 Abs. 1 EStG in der Zeit seines gesamten Aufenthaltes von 15 Jahren in Deutschland unbeschränkt einkommensteuerpflichtig. Als deutscher Staatsbürger hat er jedoch nur drei Jahre (und nicht fünf Jahre, wie von § 2 Abs. 1 Satz 1 AStG gefordert) der unbeschränkten Steuerpflicht unterlegen. Damit wird C bei seinem Wegzug trotz der dann bestehenden deutschen Staatsbürgerschaft nicht erweitert beschränkt einkommensteuerpflichtig.

Andererseits genügt es, wenn der Steuerpflichtige (auch) die deutsche Staatsangehörigkeit hat. Weitere ggf. bestehende andere Staatsangehörigkeiten stehen der Anwendung von § 2 AStG nicht entgegen (BMF-Anwendungsschreiben zum AStG Tz. 2.1.1. Nr. 2 Satz 3).

Beispiel:

A wird als Tochter der schweizerischen Staatsangehörigen B und ihres deutschen Ehemannes C während eines USA-Aufenthaltes in New York geboren. Der Familienwohnsitz ist zu diesem Zeitpunkt jedoch München. Die A hat daher mit ihrer Geburt sowohl die deutsche als auch die amerikanische Staatsangehörigkeit inne. Im Alter von 18 Jahren beantragt sie zusätzlich die schweizerische Staatsangehörigkeit, die ihr auch verliehen wird. An ihrem 25. Geburtstag entschließt sich die A, zur Verminderung ihrer persönlichen Einkommensteuerlast in den Kanton Zug (Schweiz) zu ziehen.

A war, bezogen auf den Zeitpunkt des Wegzuges, in den fünf vorangegangenen Jahren als deutsche Staatsbürgerin unbeschränkt in der Bundesrepublik einkommensteuerpflichtig, § 1 Abs. 1 EStG, da sie im Inland ihren Wohnsitz hatte. Die Tatsache, dass sie neben der deutschen auch die amerikanische und die schweizerische Staatsangehörigkeit innehat, steht der Anwendung von § 2 Abs. 1 AStG nicht entgegen.

d) Der Wegzug in ein Niedrigsteuergebiet muss zur **Beendigung der unbeschränkten Steuerpflicht** nach § 1 Abs. 1 EStG geführt haben.

Soweit der Steuerpflichtige zwar seinen Hauptwohnsitz in ein Niedrigsteuerland verlegt, gleichzeitig aber einen Wohnsitz oder seinen gewöhnlichen Aufenthalt im Inland beibehält, bleibt er nach §§ 8, 9 AO i. V. m. § 1 Abs. 1 EStG unbeschränkt steuerpflichtig. Für die Anwendung der erweiterten beschränkten Einkommensteuerpflicht ist in diesem Fall kein Raum.

Beispiel: Wegzug nach Guernsey

Der A erwirbt auf Guernsey ein Haus und zieht zusammen mit seiner Ehefrau wegen des milden Klimas und der milden Besteuerung auf die Kanalinsel. Gleichzeitig behält das Ehepaar jedoch die bisher ausschließlich bewohnte Eigentumswohnung in Hamburg für gelegentliche Aufenthalte in der Hansestadt bei.

Wegen § 8 AO i. V. m. § 1 Abs. 1 Satz 1 EStG hat das Ehepaar weiter einen steuerlichen Wohnsitz im Inland und unterliegt nach nationalem deutschen Steuerrecht unverändert der unbeschränkten Einkommensteuerpflicht.

Selbst wenn jedoch das Land, in das der Steuerpflichtige zieht, mit der Bundesrepublik Deutschland ein Abkommen zur Vermeidung der Doppelbesteuerung abgeschlossen hat, das eine „tie-breaker-clause“ zur Bestimmung der Ansässigkeit des Steuerpflichtigen enthält, wird er ebenfalls nicht erweitert beschränkt einkommensteuerpflichtig. Dies gilt selbst dann, wenn die Ansässigkeit nach den Regeln des Abkommens in dem Niedrigsteuerland liegt. Denn es besteht nach nationalem Steuerrecht die unbeschränkte Steuerpflicht fort.

Beispiel: Wegzug in den Kanton Zug/Schweiz

Der Wegzug des A in ein DBA-Land, das niedrig besteuert, hier die Schweiz, führt zunächst bei entsprechender Sachverhaltsgestaltung wie im Beispiel „Wegzug nach Guernsey“ dazu, dass für Zwecke des Abkommens die Ansässigkeit nur in der Schweiz gegeben sein dürfte. Dennoch bleiben die Voraussetzungen der unbeschränkten Einkommensteuerpflicht bestehen. Das Abkommen hindert Deutschland nur, bei der Besteuerung auf bestimmte, im Abkommen definierte Quellen zuzugreifen. Dies führt dagegen nicht dazu, dass die unbeschränkte Einkommensteuerpflicht in die beschränkte Steuerpflicht abgeändert wird (vgl. BFH vom 13.10.1965, BStBl 1965 III S. 738, und vom 04.06.1975, BStBl 1975 II S. 708 zu DBAs Schweiz und Niederlande). Art. 4 Abs. 4 und 6 a des DBA-Schweiz schieben jedoch die Ansässigkeitsfiktion zeitlich hinaus, sodass in Deutschland die betreffenden Personen weiter als in

Deutschland ansässig gelten und daher die unbeschränkte Einkommensteuerpflicht zur Anwendung kommt.

e) Bei Ehegatten ist unabhängig davon, ob sie bisher zusammen zur Einkommensteuer veranlagt wurden oder ob sie im Ausland dauernd getrennt leben, für **jeden Ehegatten isoliert** das Vorliegen der persönlichen Voraussetzungen nach § 2 AStG zu prüfen. Grund dafür ist, dass die erweiterte beschränkte Steuerpflicht ein Sonderfall der beschränkten Steuerpflicht natürlicher Personen ist, bei der nur die Einzelveranlagung gesetzlich vorgesehen ist (BMF-Anwendungsschreiben zum AStG, Tz. 2.1.2).

2.1.2 Niedrigsteuergebiet

a) Der Begriff des Niedrigsteuergebietes nach § 2 Abs. 1 AStG ist vom Gesetzgeber in § 2 Abs. 2 AStG abschließend legal definiert worden. Danach ist die Besteuerung im Ausland „niedrig", wenn entweder

- ein **abstrakter Steuerbelastungsvergleich** für einen fiktiven Steuerpflichtigen mit steuerpflichtigen Einkünften von 77.000 Euro pro Jahr ergibt, dass die Steuer in dem anderen Land um mehr als ein Drittel geringer ist als bei einer vergleichbaren Person im Inland (vgl. § 2 Abs. 2 Nr. 1 AStG), oder
- der Steuerpflichtige in dem anderen Land eine **Vorzugsbesteuerung** in Anspruch nehmen kann, vgl. § 2 Abs. 2 Nr. 2 AStG.

In beiden Varianten hat der Steuerpflichtige die Möglichkeit, den Gegenbeweis anzutreten und gegenüber dem deutschen Fiskus nachzuweisen, dass seine **individuelle Steuerbelastung im Ausland,** abweichend von dem Ergebnis des fiktiven Steuerbelastungsvergleichs, mindestens zwei Drittel seiner Steuerbelastung bei (unterstellter) unbeschränkter Steuerpflicht im Inland beträgt (vgl. § 2 Abs. 2 Nr. 1 und Nr. 2 AStG). Soweit dieser Nachweis gelingt, gilt der Ansässigkeitsort des Steuerpflichtigen für seine Besteuerung nicht als Niedrigsteuergebiet, sodass die erweiterte beschränkte Steuerpflicht für diese Person entfällt.

b) Für die Frage, ob ein Steuerpflichtiger in ein Niedrigsteuergebiet gezogen ist, sind beim abstrakten Belastungsvergleich nach § 2 Abs. 2 Nr. 1 AStG nachfolgende Aspekte zu beachten:

- Bei der Ermittlung der Steuerlast in Deutschland sind Ergänzungsabgaben oder andere Arten von Steuer- und Abgabenzuschlägen, die als Bemessungsgrundlage die in Deutschland zu entrichtende oder festzusetzende Einkommensteuer haben, nicht zu berücksichtigen. Deshalb ist in den abstrakten Steuerbelastungsvergleich weder der Solidaritätszuschlag 1991 noch der des Jahres 1995 mit einzubeziehen (BMF-Anwendungsschreiben zum AStG, Tz. 2.2.2 Nr. 1). Auch bleibt die Gewerbesteuer bei der Ermittlung der Belastung von gewerblichen Einkünften unberücksichtigt.

- In Deutschland ist die Höhe der festzusetzenden Steuer von der Einkunftsart abhängig, die der Einkommensteuer unterworfen wird. Während z. B. Einkünfte aus selbständiger Arbeit mit dem Spitzensteuersatz von 45 % belastet werden, genießen gewerbliche Einkünfte zum Ausgleich für die Belastung mit Gewerbesteuer eine Anrechnung nach § 35 EStG, sodass die effektive Einkommensteuerlast unterhalb des Spitzensteuersatzes liegt. Dividendeneinkünfte, Gewinn aus der Veräußerung nicht wesentlicher Beteiligungen im Privatvermögen und Zinserträge, soweit für sie nicht die Rückausnahmen des § 32 d EStG gelten, unterliegen einem Pauschalsteuersatz von 25 %, wobei die effektive Steuerbelastung durch das Werbungskostenabzugsverbot nicht erhöht wird. Dividenden im Betriebsvermögen wiederum unterliegen dem Teileinkünfteverfahren, das bei einer Steuerbefreiung nach § 3 Nr. 40 EStG von 40 % einen anteiligen Betriebsausgabenabzug gem. § 3 c Abs. 2 EStG zulässt. Dies hat Auswirkungen darauf, wie der abstrakte Steuerbelastungsvergleich durchzuführen ist. Das BMF-Anwendungsschreiben zum AStG gibt hierzu zwar einen Anhaltspunkt in Tz. 2.2.2 Nr. 1, ist jedoch wegen der grundlegenden Änderung des Einkommensteuerrechts obsolet. Aus dem darin enthaltenen Beispiel kann nur entnommen werden, dass das BMF offenbar davon ausgeht, dass die Grundtabelle sowie der Spitzensteuersatz anzuwenden ist. Für das geltende Einkommensteuerrecht muss deshalb bei dem abstrakten Steuerbelastungsvergleich nach der entsprechenden deutschen Einkunftsart differenziert werden. Es muss u. E. damit der abstrakte Vergleich im Hinblick auf die betroffene Einkunftsart im konkreten Steuerfall geführt werden.

- Für die vergleichsweise Berechnung der Steuerzahlung im Ausland sind alle Steuern anzusetzen, die der deutschen Einkommensteuer entsprechen. Hierzu ist auf die von der Finanzverwaltung erstellte Liste zu § 34 c EStG zurückzugreifen. Das bedeutet z. B. auch, dass in der Schweiz ggf. die Kirchensteuer mit als im Ausland zu zahlende einkommensteuerähnliche Abgabenbelastung mit zu berücksichtigen ist (vgl. BMF-Anwendungsschreiben zum AStG, Tz. 2.2.4 Nr. 1 Satz 2).

- Die **Umrechnung der ausländischen Währung in Euro** erfolgt nach Auffassung der Finanzverwaltung zum Kurs am **Beginn** des betreffenden VZ, es sei denn, der Steuerpflichtige wählt einen Jahresdurchschnittskurs (BMF-Anwendungsschreiben zum AStG, Tz. 2.2.2 Nr. 1 Satz 3).

Nach diesen Grundsätzen beträgt nach Auffassung der Finanzverwaltung für die Rechtslage 2003 für zu versteuernde Einkünfte von 77.000 Euro die maßgebliche Grenze für die Steuerbelastung im Ausland von **23,78 %**. Soweit also die im Ausland zu entrichtende Steuer 23,78 % von 77.000 Euro, also 18.311 Euro, unterschreitet, liegt ein Niedrigsteuergebiet vor. Zu bedenken ist allerdings, dass – wie bereits erwähnt – der Erlass auf einer veralteten Rechtslage beruht.

c) Gemäß § 2 Abs. 2 Nr. 2 AStG sollen Länder als niedrig besteuernd qualifiziert werden, die mit den Steuerpflichtigen Verträge über die Höhe der zu entrichtenden Steuern abschließen. Regelmäßig wird mit solchen Steuerverträgen entweder die Freistellung von ausländischen Einkünften vereinbart bzw. auf andere Weise die Bemessungsgrundlage für die Steuerfestsetzung reduziert, oder es wird eine Abmachung direkt über die Steuerhöhe getroffen, die zu einer deutlichen Steuerentlastung führt. Die Vorzugsbesteuerung bzw. das Abschließen von Steuerverträgen ist z. B. in einigen Kantonen der Schweiz üblich.

Für die Qualifizierung als Niedrigsteuergebiet kommt es dabei nicht darauf an, dass der Steuerpflichtige tatsächlich in den Genuss einer Vorzugsbesteuerung kommt oder objektiv die **Möglichkeit** gehabt hätte, eine solche herbeizuführen. Allein die Tatsache, dass ein anderes Land überhaupt Vorzugsbesteuerungen einräumt, führt dazu, dass es als Niedrigsteuerland qualifiziert wird. Darüber hinaus versperrt das Gesetz dem Steuerpflichtigen die Möglichkeit, gegenüber dem deutschen Fiskus nachzuweisen, dass für ihn keine Vorzugsbesteuerung erfolgt. Die gesetzliche Vermutung der niedrigen Besteuerung im Ausland kann nur dadurch widerlegt werden, dass der Steuerpflichtige nachweist, dass die tatsächlich von ihm zu entrichtende Steuer im Ausland („Iststeuer“) mindestens zwei Drittel der deutschen Einkommensteuer bei unterstellter unbeschränkter Einkommensteuerpflicht („Sollsteuer“) beträgt. Das kann im Einzelfall dazu führen, dass ein Steuerpflichtiger, der in ein Land weggezogen ist, das bei dem abstrakten Steuerbelastungsvergleich nicht als niedrig besteuerndes Gebiet gilt, jedoch Vorzugsbesteuerungen einräumt, ohne selbst eine solche in Anspruch genommen zu haben, der erweiterten beschränkten Steuerpflicht unterliegt. Ursache hierfür kann sein, dass der Steuerpflichtige ein deutlich unter 77.000 Euro liegendes zu versteuerndes Einkommen hat, für das im Ausland ein deutlich niedrigerer Tarif Anwendung findet als in Deutschland, höhere Einkommen in dem anderen Land jedoch mit höheren Sätzen besteuert werden.

Vergünstigungen, die als Vorzugsbesteuerung zu beurteilen sind, gibt es auch **in einigen EU-Mitgliedstaaten,** die im Übrigen anhand des abstrakten Belastungsvergleichs nicht als Niedrigsteuerländer gelten. Dabei ist zwischen Vorzugsbesteuerungen zu differenzieren, die an **sachliche** Merkmale anknüpfen, und solchen, die wegen der **persönlichen** Anknüpfungspunkte des Einwanderers eingeräumt werden. Nur die zweite Gruppe von Vergünstigungen, die an individuelle Gegebenheiten anknüpft, insbesondere durch den Abschluss von Steuerverträgen, wird in § 2 Abs. 2 Nr. 2 AStG als Niedrigbesteuerung erfasst.[287]

Beispiele:

Belgien hat in der Vergangenheit Schauspielern und Künstlern, die in Belgien ansässig waren, zugebilligt, dass 80 % ihrer Bruttoeinnahmen als Werbungskosten bei der Ermittlung der Einkünfte angesetzt werden. Auf die Bemessungsgrundlage von 20 % der Bruttoumsätze wird dann der normale Einkommensteuertarif angewendet. Da Bel-

287 Vgl. Flick/Wassermeyer/Becker, Anm. 84 zu § 2 AStG.

gien damit bestimmten Personengruppen eine an sachliche, tatbestandsmäßig festgelegte Merkmale anknüpfende Vorzugsbesteuerung einräumt, war es nicht als Niedrigsteuerland i. S. von § 2 Abs. 2 Nr. 2 AStG zu qualifizieren.

Für Zuzügler ist es in einigen Kantonen der Schweiz möglich, mit der Finanzverwaltung auszuhandeln, wie hoch in Bezug auf die individuelle wirtschaftliche und sonstige persönliche Situation die Steuerschuld sein soll („Steuerverträge"). Hier gibt es kein Anknüpfen an sachliche Merkmale, die die Höhe der Steuerbelastung abstrakt vorhersehbar machen. Die Steuerschuld wird bestimmt durch das, was individuell ausgehandelt wird, ohne dass die Steuer sich abstrakt generell berechnen lässt.

d) Die Finanzverwaltung veröffentlicht regelmäßig als Anlage 1 zu Tz. 8.3.2.2 zum Anwendungsschreiben zum Außensteuergesetz, welche Länder und Gebiete nach § 8 Abs. 3 AStG für die Hinzurechnungsbesteuerung als Niedrigsteuergebiete gelten. Demgemäß sind dort die Steuersätze auch nur für die Besteuerung juristischer Personen im Ausland genannt.

Eine vergleichbare Verwaltungsanweisung existiert für die Einkommensbesteuerung natürlicher Personen nicht. Stattdessen trifft nach Tz. 2.2.3 des BMF-Anwendungsschreibens zum Außensteuergesetz in Zweifelsfällen das Bundesamt für Finanzen auf Anfrage die erforderlichen Feststellungen. Bei dieser Anrufung handelt es sich jedoch nicht um einen Auskunftsanspruch des Steuerpflichtigen; vielmehr sollen die für die Veranlagung zuständigen Finanzämter Auskünfte zur Besteuerung des Steuerpflichtigen in anderen Staaten erhalten.

Beispiele:

Derzeit müssen anhand des abstrakten Steuerbelastungsvergleichs unter anderem folgenden Staaten als **Niedrigsteuergebiete** i. S. von § 2 Abs. 1 AStG bei der Besteuerung von natürlichen Personen beurteilt werden:

- Andorra
- Bermuda
- British Virgin Islands
- Cayman Islands
- Hongkong
- die Kanalinseln Guernsey und Jersey
- Liechtenstein
- Monaco
- Niederländische Antillen
- die Schweiz z. B. hinsichtlich der Kantone Aargau, Vorarlberg und Zug, nicht dagegen betreffend der Kantone Genf und Wallis
- Singapur

Hinzuweisen ist auch auf steuerlich begünstigte Sonderwirtschaftszonen wie z. B. in Malaysia (Labuan), die als Niedrigsteuergebiete anzusehen sind. Als niedrige Besteuerung gilt auch die „Remittance-Basis"-Besteuerung in Großbritannien (vgl. VfG OFD Münster vom 21. Mai 2002, S 1301 – 1 – St 13–34).

e) Der Steuerpflichtige kann die Vermutung der Niedrigbesteuerung nach § 2 Abs. 2 AStG nur widerlegen, wenn er nachweist, dass er in dem anderen Land so viel Steuern zahlt, dass dies nach Währungsumrechnung in Euro mindestens zwei Drittel der deutschen Einkommensteuer bei unterstellter unbeschränkter Einkommensteuerpflicht entspricht. Bei der Ermittlung der deutschen Einkommensteuerbelastung ist Folgendes zu beachten:

- Anders als bei dem abstrakten Steuerbelastungsvergleich nach § 2 Abs. 2 Nr. 1 Satz 1 AStG ist bei der Schattenveranlagung für den betreffenden Steuerpflichtigen die **Währungsumrechnung auf das Ende des VZ** vorzunehmen. Dies folgt aus § 36 Abs. 1 EStG, wonach die Steuerschuld erst mit Ablauf des VZ entsteht. Warum allerdings beim abstrakten Steuerbelastungsvergleich auf den Beginn des VZ abgestellt werden soll (vgl. 1.2.1.2 b), entzieht sich einer sachlichen Begründung. Soweit in anderen Staaten, wie etwa in einigen Kantonen in der Schweiz, ein vom Kalenderjahr abweichendes Steuerjahr besteht, sind die Steuern heranzuziehen, die auf der gleichen Bemessungsgrundlage beruhen (BMF-Anwendungsschreiben zum AStG, Tz. 2.2.5).
- Bei der **Ermittlung der fiktiven deutschen Steuerbelastung** sind ausländische Steuern aus deutscher Steuersicht so zu berücksichtigen, als wäre der Steuerpflichtige nicht im Ausland, sondern im Inland ansässig. Es handelt sich naturgemäß nicht um die vom Steuerpflichtigen tatsächlich gezahlte Steuer. Mit Zustimmung des Steuerpflichtigen kann die deutsche Finanzverwaltung die Ermittlung der fiktiven ausländischen Steuer unterlassen und die deutsche Einkommensteuer vor Anrechnung ausländischer Steuern oder ohne Berücksichtigung von DBA-Steuerbefreiungen bei der Besteuerung zugrunde legen.
- In die deutsche Einkommensteuerbelastung sind **keine Zusatzabgaben** mit einzurechnen. In Fortführung der Rechtsprechung zu Ergänzungsabgaben ist entschieden worden, dass auch der Solidaritätszuschlag von 1991 nicht in die deutsche Einkommensteuerbelastung mit einzubeziehen ist.[288] Damit steht es außer Frage, dass auch die Neuauflagen des Solidaritätszuschlags 1995 nicht in den konkreten Belastungsvergleich mit einzubeziehen sind.
- Da der betreffende Steuerpflichtige im Rahmen der **Schattenveranlagung** so zu stellen ist, als sei er in Deutschland unbeschränkt steuerpflichtig, gelten auch die ihrem Tatbestand nach an die Ansässigkeit im Inland anknüpfenden Merkmale.

f) Die Beweislast für alle dem Steuerpflichtigen günstigen Tatsachen im Rahmen der Schattenveranlagung liegt bei ihm selbst. § 2 Abs. 2 Nr. 1 Satz 2 und Nr. 2 Satz 2 AStG ordnen ausdrücklich an, dass die niedrige Besteuerung nur dann nicht gegeben ist, wenn der Steuerpflichtige den Nachweis erbringt, dass er **nicht weniger als zwei Drittel der deutschen Einkommensteuer im Ausland** an entsprechender Steuer **gezahlt** hat. Außerdem ordnet § 90 Abs. 2 AO an, dass den Steuerpflichtigen bei Auslandssachverhalten umfassende Aufklärungspflichten treffen. Darauf wird in dem BMF-Anwendungsschreiben zum AStG mehrfach ausdrücklich

288 BFH vom 30.08.1995, BStBl 1995 II S. 868.

hingewiesen. So kann gem. Tz. 2.2.1 das Finanzamt von dem Steuerpflichtigen verlangen, dass er seine Ansässigkeit in einem anderen Staat darlegt. Zur Durchführung der Schattenveranlagung kann das Finanzamt nach Tz. 2.2.2 Nr. 2 Satz 7 von dem Steuerpflichtigen die Vorlage ausländischer Steuerbescheide und ähnlicher Beweismittel verlangen. Außerdem gilt dies für die von ihm zu zahlenden Steuern im Ausland bei Durchführung der Schattenveranlagung zur Prüfung, ob im Einzelfall die Niedrigbesteuerung gegeben ist (BMF-Anwendungsschreiben zum AStG, Tz. 2.2.4 Nr. 3 Satz 3). Dennoch obliegt es dem Steuerpflichtigen nicht, die (fiktive) deutsche Einkommensteuerschuld zu ermitteln; er hat nur alle Tatsachen zu beschaffen, um dem für die Wegzugsbesteuerung zuständigen Finanzamt die Schattenveranlagung zur Einkommensteuer zu ermöglichen. Insofern ist der darüber hinausgehende Wortlaut von § 2 Abs. 2 AStG einschränkend auszulegen.

g) Nach § 2 Abs. 1 Nr. 1 zweite Alternative AStG steht dem Wegzug des Steuerpflichtigen in das Ausland unter Begründung einer neuen Ansässigkeit der Fall gleich, dass der Steuerpflichtige keine neue Ansässigkeit im Ausland begründet.

Beispiel:

Der im Inland ansässige Einzelunternehmer U beschließt im Alter von 55 Jahren, das Unternehmen in eine mit seinem Sohn zu gründende KG einzubringen, an der er weiterhin als Kommanditist mit 40 % am Gewinn beteiligt ist. Nach dem Rückzug aus dem Erwerbsleben beabsichtigt er, sein Einfamilienhaus zu verkaufen und den Rest seines Lebens an Deck der eigenen Segeljacht (Verkehrswert 1 Mio. €) in den Gewässern der Karibik zu verbringen. Vor dem Verlassen deutscher Hoheitsgewässer an Bord seines Schiffes ist er in den letzten 10 Jahren ununterbrochen in Deutschland unbeschränkt steuerpflichtig gewesen.

U ist nach dem Wegzug aus Deutschland nicht in einem anderen ausländischen Staat ansässig geworden; er unterliegt deshalb in keinem Land der unbeschränkten Steuerpflicht. Da er jedoch durch die Beteiligung an einer KG als Kommanditist mit mehr als 25 % Gewinnbeteiligung wesentliche wirtschaftliche Interessen im Inland behält, ist er nach § 2 Abs. 1 Nr. 1 zweite Alternative AStG erweitert beschränkt einkommensteuerpflichtig. Unabhängig davon hat er auch nach § 2 Abs. 3 Nr. 3 AStG wesentliche wirtschaftliche Interessen, da sein erweitertes Inlandsvermögen nach § 2 Abs. 3 Nr. 3 AStG auch die Segeljacht einschließt.

2.1.3 Wesentliche wirtschaftliche Interessen im Inland

a) Der Wegzug einer Person, die in den persönlichen Anwendungsbereich des § 2 Abs. 1 AStG fällt, in ein Niedrigsteuerland führt nur dann zur erweiterten beschränkten Steuerpflicht, wenn diese Person weiterhin wesentliche wirtschaftliche Interessen im Inland hat. Die Ratio dieses Tatbestandsmerkmales ist zunächst, dass die Finanzverwaltung nur Personen zur Veranlagung im Rahmen der erweiterten beschränkten Steuerpflicht heranziehen soll, die über steuerlich nennenswertes Substrat im Inland verfügen, das den Aufwand der Steuerveranlagung rechtfertigt. Zu bedenken ist aber auch, dass es der Gesetzeszweck von § 2 AStG ist, die Verlagerung von Einkünften in Niedrigsteuergebiete zu verhindern; diesem Zweck würde jedoch die Veranlagung von Personen nicht wirksam dienen, die im Zeitpunkt des Wegzugs aus Deutschland keine Einkunftsquellen im Inland behalten. Andererseits sind vom Wortlaut des § 2 AStG auch Fälle erfasst, in denen bei Wegzug solche Inlandsinteressen nicht vorlagen, sondern erst später begründet wurden. Die Anwendung des § 2 AStG auf diese Fallgruppen erscheint höchst problematisch.[289]

b) Auch das Merkmal der wesentlichen wirtschaftlichen Interessen wird, wie die niedrige Besteuerung, in § 2 AStG legal definiert. Nach § 2 Abs. 3 AStG führen drei **alternative** Sachverhalte dazu, dass ein Steuerpflichtiger wesentliche wirtschaftliche Interessen im Inland hat:

- Nach § 2 Abs. 3 Nr. 1 AStG gelten **inländische Gewerbebetriebe** und Beteiligungen an einer **Mitunternehmerschaft** mit einem Anteil von 25 % sowie das Halten einer Beteiligung i. S. von § 17 EStG an im Inland unbeschränkt steuerpflichtigen Kapitalgesellschaften zu Beginn des VZ als wesentliche wirtschaftliche Interessen. Dies ist – ebenso wie in § 6 AStG – schon deshalb problematisch, weil damit verkehrswertunabhängig Beteiligungen von 1 % die erweitert beschränkte Steuerpflicht auslösen können.
- Nach § 2 Abs. 3 Nr. 2 AStG begründen **nicht ausländische Einkünfte** wesentliche wirtschaftliche Interessen im Inland, wenn sie entweder 62.000 Euro übersteigen oder **mehr als 30 %** der Gesamteinkünfte des Steuerpflichtigen ausmachen.
- Verfügt der Steuerpflichtige gem. § 2 Abs. 3 Nr. 3 AStG zu Beginn des VZ über **nicht ausländisches Vermögen** von entweder **mehr als 154.000 Euro** oder macht das nichtausländische Vermögen **mehr als 30 %** seines Gesamtvermögens zu Beginn des VZ aus, stellt dies ebenfalls ein wesentliches wirtschaftliches Interesse dar.

c) In der ersten Alternative gem. § 2 Abs. 3 Nr. 1 AStG werden alle unternehmerischen Aktivitäten des Steuerpflichtigen zusammengefasst und als wesentliche wirtschaftliche Interessen definiert. Hierbei wird nur auf das tatsächliche Überschreiten von Einkunfts- und Vermögensgrenzen abgestellt, nicht jedoch auf die Gründe für das Vorhandensein. Im Einzelnen ist Folgendes zu berücksichtigen:

- **Eine qualifizierte mitunternehmerische Beteiligung im Inland stellt ein wesentliches wirtschaftliches Interesse dar,** unabhängig von der Höhe der Beteiligung am Ertrag und den stillen Reserven der Mitunternehmerschaft. Etwas anderes gilt nur für die Beteiligung als **Kommanditist** an einer Mitunternehmerschaft nach § 15 Abs. 1 Nr. 2 EStG. In diesem Fall ist dann ein wesentliches wirtschaftliches Interesse gegeben, wenn nach der gesellschaftsvertraglichen Gewinnverteilungsabrede dem betreffenden Steuerpflichtigen zu Beginn des VZ **25 % der Einkünfte** aus dieser Beteiligung zustehen. Ohne dass dies ausdrücklich gesetzlich geregelt ist, sollte dies für eine atypisch stille Beteiligung an dem Handelsgewerbe eines anderen entsprechend gelten, da einer

289 Schaumburg, Internationales Steuerrecht, 1998, § 5, Tz. 4.3, Rz. 5.335.

Kommanditbeteiligung vergleichbar keine unbegrenzte persönliche Haftung besteht und die Mitunternehmerinitiative vergleichbar ausgeprägt ist.

- Wesentliche **Beteiligungen an Kapitalgesellschaften** werden vom Gesetz nur dann als wesentliche wirtschaftliche Interessen definiert, wenn es sich um Beteiligungen an inländischen Kapitalgesellschaften nach § 17 Abs. 1 Satz 3 EStG handelt. Dabei kommt es nicht darauf an, dass die Gesellschaft eine Rechtsform nach deutschem Gesellschaftsrecht hat. Es genügt vielmehr, wenn sie **Sitz oder Geschäftsleitung im Inland** hat, also i. S. von § 1 Abs. 1 KStG unbeschränkt körperschaftsteuerpflichtig ist. Damit gehört auch die Beteiligung an ausländischen Basisgesellschaften, deren Geschäftsleitung von unbeschränkt Steuerpflichtigen maßgeblich beeinflusst wird, zu den wesentlichen wirtschaftlichen Interessen. Nicht erfasst werden dagegen inländische Betriebsstätten von ausländischen Kapitalgesellschaften. Dies ist überraschend, da immer dann eine Umgehung der Anwendung von § 2 AStG erzielt werden kann, wenn das Stammhaus in einem Land angesiedelt ist, das nicht als Niedrigsteuerland i. S. von § 8 Abs. 3 AStG zu qualifizieren ist.

- Anders als bei Mitunternehmerschaften kommt es für die Qualifikation einer Beteiligung an einer inländischen Kapitalgesellschaft als wesentliches wirtschaftliches Interesse nicht auf die Höhe der Gewinnbeteiligung zu Beginn des VZ an. Maßgeblich ist vielmehr nur die kapitalmäßige Beteiligung am Ende des VZ von mindestens 1 %.

- Andere Körperschaften wie etwa Genossenschaften, Vereine und Stiftungen begründen im Inland **keine** wesentlichen wirtschaftlichen Interessen, da sie nicht im § 2 Abs. 3 Nr. 1 AStG genannt sind.

d) Soweit Inlandseinkünfte nach § 2 Abs. 3 Nr. 2 AStG wesentliche wirtschaftliche Interessen begründen, handelt es sich vor allem um die nicht in § 34 d EStG genannten Einkünfte. Bei der Ermittlung der Einkünfte sind die Grundsätze des deutschen Steuerrechts anzuwenden (vgl. BMF-Anwendungsschreiben zum AStG, Tz. 2.3.1 Nr. 1). Einkünfte, die nach einem DBA von der Besteuerung in Deutschland freigestellt sind, sind nicht zu berücksichtigen (BMF-Anwendungsschreiben zum AStG, Tz. 2.3.1 Nr. 2).

e) Für die erweiterte beschränkte Einkommensteuerpflicht erscheint es systemfremd, wenn nach § 2 Abs. 3 Nr. 3 AStG auch der Umfang des Vermögens im Inland wesentliche wirtschaftliche Interessen begründet, ohne dass es dazu auf die Höhe der Einkünfte i. S. von § 2 Abs. 3 Nr. 2 AStG ankommt, die mit diesem Vermögen erzielt werden. Dabei handelt es sich um das erweiterte Inlandsvermögen i. S. von § 3 AStG, das über die in § 121 BewG genannten Gegenstände hinaus das gesamte nicht ausländische Vermögen erfasst. Soweit ein Doppelbesteuerungsabkommen Vermögen oder die Einkünfte aus dem Vermögen freistellt, ist dies im Rahmen von § 2 Abs. 3 Nr. 3 AStG nicht anzusetzen.

Bei dem Vermögen im Inland kann es sich um Wertpapierdepots, Grundvermögen, Kunstgegenstände, Beteiligungen an inländischen Kapitalgesellschaften handeln, die jeweils nicht als wesentlich i. S. von § 17 Abs. 1 EStG zu qualifizieren sind, oder die Stellung als Mitunternehmer bei weniger als 25 % Gewinnbeteiligung.

Die Wertermittlung für das Vermögen hat gemäß den Bestimmungen des Bewertungsgesetzes zu erfolgen (BMF-Anwendungsschreiben zum AStG, Tz. 2.3.1 Nr. 2.). Das bedeutet insbesondere, dass für Grundstücke, Beteiligungen an Mitunternehmerschaften und land- und forstwirtschaftlichem Betriebsvermögen Einheitswerte zugrunde zu legen sind. Beteiligungen an Kapitalgesellschaften sind nach § 11 BewG mit dem gemeinen Wert zu bewerten. Dabei ist der gemeine Wert zunächst aus Verkäufen zu ermitteln, hilfsweise nach einem vereinfachten Ertragswertverfahren.

f) Über § 2 Abs. 4 AStG i. V. m. § 5 AStG werden auch sog. **mittelbare Inlandsinteressen** als wesentliche wirtschaftliche Interessen im Inland erfasst. Das Vorliegen einer Beteiligung an einer zwischengeschalteten Gesellschaft i. S. von § 5 AStG hat damit auch Tatbestandsfunktion in Hinblick auf das Vorliegen der erweiterten beschränkten Einkommensteuerpflicht nach § 2 Abs. 1 AStG (siehe zu den Rechtsfolgen des § 5 AStG unten 3.3).

g) Steuerpflichtige, die den Wegzug in ein Niedrigsteuergebiet planen, können deshalb versucht sein, ihr Vermögen unmittelbar vor dem Verlassen des Inlands zu verflüssigen und in das Ausland zu transferieren. Hierbei ist jedoch zu beachten, dass nach Rechtsprechung des BFH (Urteil vom 08.07.1998, BStBl 1999 II S. 123) im Einzelfall eine solche Überführung der Einkunftsquelle oder des Vermögensbestandteils rechtsmissbräuchlich sein kann. Dies sei dann der Fall, wenn bei einer Forderungsabtretung mit dieser lediglich das Bestehen wesentlicher wirtschaftlicher Interessen im Inland verhindert werden soll und – so im Urteilsfall – dem Forderungsschuldner diese Abtretung nicht offengelegt worden ist. Hieraus kann jedoch u. E. nicht geschlossen werden, dass generell die Verflüssigung und Verlagerung von Vermögen und Einkunftsquellen in das Ausland ein Gestaltungsmissbrauch ist, da dies im Regelfall zu einer anderen wirtschaftlichen Ausrichtung des Steuerpflichtigen führt, die vom Steuerrecht nicht negiert werden kann.

2.2 Rechtsfolgen nach § 2 AStG

Das Vorliegen der Tatbestandsmerkmale der erweiterten beschränkten Einkommensteuerpflicht führt im Wesentlichen zu nachstehenden Rechtsfolgen:

- Auf die Dauer von **zehn Jahren** ist eine Veranlagung zur erweiterten beschränkten Steuerpflicht vorzunehmen,
- dabei werden die **erweiterten Inlandseinkünfte** besteuert,
- die Abgeltungswirkung des Steuerabzuges nach § 50 Abs. 2 EStG wird suspendiert,

- es wird die **Vollprogression** angewendet, die sich aus sämtlichen Einkünften des Steuerpflichtigen ergibt,
- Ehegatten werden getrennt veranlagt,
- die Steuerschuld ist der Höhe nach auf die Steuer begrenzt, die sich bei unbeschränkter Steuerpflicht ergeben würde (**Schattenveranlagung**).

2.2.1 Besteuerung aller nicht ausländischen Einkünfte

Gegenstand der erweiterten beschränkten Einkommensteuerpflicht sind alle Einkünfte i. S. von § 49 Abs. 1 EStG sowie zusätzlich die Einkünfte gem. § 34 d EStG. Außerdem sind alle ausländischen Einkünfte, die im Ausland nicht einer Betriebsstätte zuzurechnen sind oder durch einen ständigen Vertreter im Ausland erzielt werden, steuerpflichtig. In diesen Fällen gilt die Fiktion einer Geschäftsleitungsbetriebsstätte im Inland, der diese Einkünfte zuzurechnen sind, die somit dann zu nicht ausländischen Einkünften werden und der erweitert beschränkten Steuerpflicht unterworfen sind. Demgemäß sind nach Auffassung der Finanzverwaltung folgende Einkünfte von § 2 AStG erfasst:

Einkunftsart (§ 2 EStG)	**Beschränkte Steuerpflicht** (§ 49 Abs. 1 EStG)	**Zusätzlich bei erweiterter beschränkter Steuerpflicht**
Land- und Forstwirtschaft	im Inland belegene Land- und Forstwirtschaft	
Gewerbebetrieb	Einkünfte aus a) im Inland belegenen Betriebsstätten und über inländische ständige Vertreter b) dem Betrieb von Seeschiffen oder Luftfahrzeugen mit ausländischen Zielorten hinsichtlich der Inlandsstrecke, c) Einkünften hinsichtlich Beförderungsleistungen aus Pool-Abkommen und d) der gewerblichen Verwertung von sportlichen und künstlerischen Darbietungen im Inland, unabhängig davon, wem die Einnahmen zufließen, e) § 17 EStG, f) unbeweglichem Vermögen.	a) Einkünfte, die aa) weder inländischen noch ausländischen Betriebsstätten zuzurechnen sind oder bb) aus Bürgschafts- oder Avalprovisionen von unbeschränkt steuerpflichtigen Schuldnern erzielt werden, cc) es sei denn, Einkünfte nach Ziffer aa) oder bb) sind nicht über einen ständigen Vertreter im Ausland erzielt oder gehören zu einer ausländischen Betriebsstätte (Fiktion der inländischen Geschäftsleitungsbetriebsstätte). b) Gewinne aus der Veräußerung von Wirtschaftsgütern, die zum Anlagevermögen eines ausländischen Betriebes gehören und im Inland belegen sind. Das schließt Gewinne aus der Beteiligung an einer ausländischen Kapitalgesellschaft nach § 17 EStG ein, wenn diese im Inland unbeschränkt körperschaftsteuerpflichtig war.

Einkunftsart (§ 2 EStG)	**Beschränkte Steuerpflicht** (§ 49 Abs. 1 EStG)	**Zusätzlich bei erweiterter beschränkter Steuerpflicht**
selbständige Arbeit	die im Inland ausgeübt oder verwertet wird.	
nichtselbständige Arbeit	die im Inland ausgeübt oder verwertet wird sowie die aus öffentlichen Kassen bezahlt wird.	
Kapitalvermögen	a) wenn der Schuldner im Inland unbeschränkt steuerpflichtig ist bei § 20 Abs. 1 Nr. 1, 2, 4 und 9 EStG, b) bei § 20 Abs. 1 Nr. 1 EStG i. V. m. §§ 2 und 7 InvStG, c) bei § 20 Abs. 1 Nr. 5 und 7 EStG, wenn entweder das Kapitalvermögen aa) durch Grundbesitz im Inland bzw. Schiffe gesichert ist, bb) aus Genussrechten besteht oder cc) die Kapitalerträge aus Teilschuldverschreibungen in öffentlichem Schuldbuch bzw. der Veräußerung von niedrigverzinslichen Sichtguthaben resultieren.	Einkünfte i. S. von § 20 EStG, wenn der Schuldner unbeschränkt steuerpflichtig ist, z. B. Zinsen, die von Inländern an Gläubiger im Ausland bezahlt werden.
Vermietung und Verpachtung	nur bei unbeweglichem Vermögen bzw. Vermögen, über das ein inländisches Register geführt wird.	von beweglichen Gegenständen, die im Inland belegen sind und nicht zu einem dem Ausland zuzuordnenden Sachinbegriff gehören.
sonstige Einkünfte	a) die dem Steuerabzug unterworfen sind, b) Spekulationsgewinne bei Grundstücken, c) Einkünfte aus ehemaligem Abgeordnetenmandat, d) Nutzungs-, Lizenz- und Know-how-Vergütungen, wenn es sich um bewegliche Gegenstände handelt, die im Inland genutzt werden, oder entsprechend Pläne im Inland genutzt werden oder worden sind (auch Muster, Verfahren, Patente).	a) Einkünfte aus wiederkehrenden Bezügen nach § 22 Nr. 1 EStG, wenn der Schuldner unbeschränkt steuerpflichtig ist oder seinen Sitz im Inland hat. b) Einkünfte aus Spekulationsgeschäften gem. § 22 Nr. 2 EStG, wenn die veräußerten Gegenstände nicht im Ausland belegen sind. c) Einkünfte aus Leistungen, wenn der zur Vergütung Verpflichtete unbeschränkt steuerpflichtig ist. d) Andere Einkünfte, die weder dem Inland noch dem Ausland zuzurechnen sind (z. B. Erträge aus beweglichen Sachen, die nicht zum Anlagevermögen eines ausländischen Betriebes gehören).

Zu Zweifeln darüber, welche Einkünfte der erweiterten beschränkten Steuerpflicht unterliegen, führt die Formulierung in § 2 Abs. 1 AStG, wonach die „nichtausländischen“ Einkünfte nach § 34 d EStG der erweiterten beschränkten Steuerpflicht unterliegen. Dies ist insofern missverständlich, als es nach § 49 Abs. 1 EStG inländische Einkünfte gibt, die zugleich Einkünfte i. S. von § 34 d EStG sind. Durch die Ergänzung von § 2 Abs. 1 Nr. 2 Satz 2 AStG stellt der Gesetzgeber klar, dass nur Einkünfte als ausländische gelten sollen und damit nicht der Besteuerung unterliegen, wenn diese einer ausländischen Betriebsstätte zuzurechnen sind oder einem ständigen Vertreter im Ausland zuzuordnen sind.

2.2.2 Einkunftsermittlung nach dem Nettoprinzip

Gemäß § 2 Abs. 5 AStG ist § 50 Abs. 2 EStG im Rahmen der erweiterten beschränkten Steuerpflicht nicht anzuwenden. Damit ist die **Abgeltungswirkung für Einkünfte,** die nach § 50 a EStG dem Steuerabzug unterliegen, **aufgehoben.** Das hat zur Konsequenz, dass der jeweilige Quellensteuereinbehalt nur Einkommensteuer-Vorauszahlungscharakter hat. Im Rahmen der Veranlagung zur erweiterten beschränkten Steuerpflicht werden die Einkünfte nach den allgemeinen, für die Einkunftsart maßgeblichen Grundsätzen ermittelt. Damit gilt bei beschränkt Steuerpflichtigen anstelle des Bruttoprinzips bei der Besteuerung mittels Quellensteuerabzug das Nettoprinzip der Überschuss- bzw. Gewinneinkunftsarten.

Die Suspendierung von § 50 Abs. 2 EStG im Rahmen der erweiterten beschränkten Steuerpflicht hat allerdings nicht zur Folge, dass der Einbehalt von Quellensteuern selbst aufgehoben wäre; es verbleibt vielmehr im Rahmen von § 50 a EStG bei der Verpflichtung, den Steuerabzug durchzuführen.

Der Übergang zur Nettobesteuerung gilt allerdings **nicht für** die **Einkünfte aus nichtselbständiger Arbeit.** Da § 50 Abs. 2 EStG sich nicht auf den Steuerabzug nach § 38 EStG bezieht, ist bei erweitert beschränkt Steuerpflichtigen ebenso wie bei beschränkt Steuerpflichtigen die vom Arbeitgeber einbehaltene und abgeführte Lohnsteuer definitiv.

Auswirkungen hat § 2 Abs. 5 AStG i. V. m. § 50 Abs. 2 EStG auf die einbehaltene Kapitalertragsteuer. Abhängig von der Höhe des individuellen Steuersatzes kann dies sowohl vorteilhaft als auch nachteilig sein.

2.2.3 Berücksichtigung von Verlusten

Bei der Veranlagung im Rahmen der erweiterten beschränkten Steuerpflicht werden auch negative Einkünfte berücksichtigt. Es findet also entsprechend § 2 EStG sowohl ein Verlustausgleich zwischen verschiedenen Einkünften innerhalb einer Einkunftsart als auch zwischen den Einkunftsarten statt, die der Besteuerung nach § 2 AStG in Deutschland unterliegen (vgl. BMF-Anwendungsschreiben zum AStG, Tz. 2.0.1.3.). Negative Einkünfte nach § 49 Abs. 1 EStG können deshalb mit Einkünften, die nur im Rahmen der erweiterten beschränkten Steuerpflicht erfasst werden, verrechnet werden, es sei denn, dies ist nach den Vorschriften für die betreffende Einkunftsart nicht möglich.

Zu beachten sind allerdings die allgemeinen Regelungen zur Begrenzung der Geltendmachung von Verlusten:

- Demgemäß können bei Kommanditbeteiligungen Verluste steuermindernd nur im Rahmen von **§ 15 a EStG** geltend gemacht werden.
- Verluste aus ausländischen Einkünften unterliegen den Beschränkungen des **§ 2 a EStG,** der sich jedoch nur auf die Ermittlung des individuellen Steuersatzes im Rahmen des Progressionsvorbehaltes bei der erweiterten beschränkten Steuerpflicht auswirken kann, wobei der Progressionsvorbehalt für passive Einkünfte innerhalb der EU ausgeschlossen ist.
- Es gilt die Verlustausgleichsbeschränkung nach § 2 Abs. 3 EStG.

2.2.4 Freigrenze, besondere Freibeträge, Sonderausgaben

Um nicht Bagatellfälle zur erweiterten beschränkten Steuerpflicht heranzuziehen, sieht § 2 Abs. 1 AStG eine **Freigrenze von 16.500 Euro steuerpflichtiger Einkünfte** vor, bei deren Überschreiten die Veranlagung durchgeführt wird. Nach einem DBA steuerbefreite Einkünfte sind auch bei erweitert beschränkt Steuerpflichtigen steuerfrei und unterliegen dem Progressionsvorbehalt zur Ermittlung des Steuersatzes. Ausländische Steuern i. S. von § 50 Abs. 6 EStG sind bei der Ermittlung der insgesamt steuerpflichtigen Einkünfte mindernd zu berücksichtigen.

Für erweitert beschränkt Steuerpflichtige gilt auch die Pauschalbesteuerung von Einkünften aus Kapitalvermögen (sog. Abgeltungsteuer), verbunden mit dem Verbot des Werbungskostenabzugs. Auch steht es ihnen offen, bei einem niedrigeren persönlichen Steuersatz die Veranlagungsoption nach § 32 d Abs. 6 EStG zu wählen.

Der **Sparerfreibetrag** von 801 Euro steht gem. § 50 Abs. 1 Satz 5 i. V. m. § 20 Abs. 9 EStG erweitert beschränkt Steuerpflichtigen ebenfalls zu.

Bei der Veranlagung zur erweiterten beschränkten Steuerpflicht können wie bei beschränkter Steuerpflicht **keine Sonderausgaben** geltend gemacht werden. Auch außergewöhnliche Belastungen kann der Steuerpflichtige nicht abziehen.

2.2.5 Tarif, Progression, Höchstbesteuerung

Auf den erweitert beschränkt Steuerpflichtigen findet der Einkommensteuertarif für § 26 Abs. 1 EStG nach der **Grundtabelle** Anwendung, da die unbeschränkte Steuerpflicht als Voraussetzung für den Splittingtarif nicht gegeben ist.

Im Unterschied zu beschränkt Steuerpflichtigen wird jedoch zur Ermittlung des individuellen Steuersatzes das gesamte Einkommen herangezogen, auch soweit es nicht in Deutschland besteuert werden kann.

Damit es nicht zu einer unzutreffenden Besteuerung kommt, bestimmt § 2 Abs. 6 AStG, dass die von dem erweitert beschränkt Steuerpflichtigen geschuldete Steuer maximal so hoch ist wie die, die er als unbeschränkt Steuerpflichtiger zu entrichten hätte (Schattenveranlagung). Anders als für Zwecke des § 2 Abs. 3 AStG ist es nicht Zweck dieser Schattenveranlagung, nachzuweisen, dass das Gebiet, in das der Steuerpflichtige ausgewandert ist, ein normal besteuerndes Land ist. Es soll vielmehr der von der typisierenden Betrachtung abweichende Einzelfall gerecht erfasst werden. Die Methode zur Ermittlung der fiktiven inländischen Steuer bei unterstellter unbeschränkter Steuerpflicht ist vergleichbar der Steuerberechnung im Rahmen der individuellen Steuerbelastung als Korrektur zum abstrakten Belastungsvergleich nach § 2 Abs. 2 AStG.

Eine Schattenveranlagung kann deshalb für den Steuerpflichtigen aus zwei Gesichtspunkten erforderlich sein:

- Zum einen kann es ihm gelingen, schon das Vorliegen des Tatbestandes der erweiterten beschränkten Steuerpflicht zu widerlegen, wenn die Berechnung zeigt, dass die im Ausland geschuldete Steuer $^2/_3$ der deutschen Einkommensteuer ausmacht.
- Sollte das nicht gelingen, dient die Berechnung hilfsweise dazu, die Obergrenze für die Steuerschuld im Rahmen der Veranlagung zur erweiterten beschränkten Steuerpflicht zu bestimmen.

Da unabhängig von der Veranlagungsform nach § 1 EStG Steuerpflichtige gem. § 2 Nr. 1 SolZG den Solidaritätszuschlag zu entrichten haben, gilt dies gleichermaßen auch für erweitert beschränkt Steuerpflichtige.

2.2.6 Veranlagungsform

Nach dem Wegzug aus dem Inland ist **für jeden VZ** zu prüfen, ob jeweils die Voraussetzungen der erweiterten beschränkten Steuerpflicht gegeben sind. Dies kann dazu führen, dass ein Steuerpflichtiger in einem Jahr der erweiterten beschränkten Einkommensteuerpflicht unterliegt, im nächsten Jahr jedoch nicht mehr. In folgenden VZ können dann durchaus wieder die Voraussetzungen von § 2 AStG gegeben sein.

Beispiel:

A zieht im VZ 01 nach Schweden und lebt dort bis zum 31.12.03. Da Schweden kein Niedrigsteuerland ist, sind die Voraussetzungen von § 2 AStG nicht gegeben. Im Jahr 04 zieht A von Schweden nach Monaco. Nunmehr ist er in einem Niedrigsteuerland i. S. von § 2 Abs. 2 AStG ansässig; die Veranlagung zur erweiterten beschränkten Einkommensteuerpflicht ist durchzuführen, wenn der A nach § 2 Abs. 3 AStG wesentliche wirtschaftliche Interessen im Inland hat, da der 10-Jahres-Zeitraum noch nicht abgelaufen ist.

Bei erweitert beschränkt Steuerpflichtigen findet ausnahmslos eine **Einzelveranlagung** statt, da die Voraussetzungen für eine Zusammenveranlagung von Ehegatten nach § 26 Abs. 1 EStG, nämlich die unbeschränkte Steuerpflicht und der gemeinsame Wohnsitz im Inland, nicht gegeben sind.

Indirekt ist eine „Zusammenveranlagung“ von Ehegatten allerdings im Rahmen der Schattenveranlagung nach § 2 Abs. 3 und § 2 Abs. 6 AStG vorzunehmen. Denn für die (hypothetische) Frage, welche Steuern der erweitert beschränkt Steuerpflichtige bei unterstellter unbeschränkter Steuerpflicht im Inland geschuldet hätte, ist das Tatbestandsmerkmal des § 26 Abs. 1 KStG „nicht dauernd getrennt leben“ so zu prüfen, als befänden sich die Wohnungen der Ehegatten im Inland. Indirekt findet so auch die Splittingtabelle Anwendung, die im Übrigen bei beschränkter und erweiterter beschränkter Einkommensteuerpflicht nicht heranzuziehen ist.

2.2.7 Ende der erweiterten beschränkten Steuerpflicht

Folgende Ereignisse führen zum Ende der erweiterten beschränkten Steuerpflicht:

- (Rück-)Umzug in ein Gebiet, das nicht niedrig besteuert,
- der Ablauf von zehn Jahren seit Wegzug aus dem Inland,
- das Unterschreiten der Einkunftsgrenze von 16.500 Euro für einen VZ,
- die Erhöhung der Steuern in dem Niedrigsteuergebiet auf $^2/_3$ der vergleichbaren Steuern beim abstrakten Belastungsvergleich,
- die Steuerlast des Steuerpflichtigen im Niedrigsteuergebiet erreicht $^2/_3$ der deutschen Steuerlast im Rahmen des konkreten Belastungsvergleichs (Schattenveranlagung) oder
- der Wegfall wesentlicher wirtschaftlicher Interessen im Inland.

2.3 Zurechnung von Einkünften nach § 5 AStG

§ 5 AStG soll verhindern, dass Steuerpflichtige, die beabsichtigen, ins Ausland auszuwandern, das Vorliegen wesentlicher wirtschaftlicher Interessen nach § 2 Abs. 3 AStG dadurch umgehen können, dass sie ihre **wirtschaftlichen Aktivitäten auf Kapitalgesellschaften mit Sitz und Geschäftsleitung im Ausland** übertragen. Insofern ergänzt die Norm § 2 Abs. 4 AStG. § 5 AStG hat einen gegenüber der Wegzugsbesteuerung nach § 2 AStG eigenen Anwendungsbereich, da die Norm nur voraussetzt, dass ein Steuerpflichtiger in ein Niedrigsteuergebiet wegzieht. Es kommt dagegen nicht darauf an, dass er wesentliche wirtschaftliche Interessen im Inland hat (vgl. BMF-Anwendungsschreiben zum AStG, Tz. 5.0.2). Diese Regelung ist insofern konsequent, als sie auf dem Grundfall beruht, dass ein Steuerpflichtiger sein gesamtes Vermögen in eine ausländische Zwischengesellschaft überführt und anschließend im Inland keine wesentlichen wirtschaftlichen Interessen i. S. von § 2 Abs. 3 AStG mehr hat.

Darüber hinaus regelt § 5 AStG die Steuerpflicht der Einkünfte einer Kapitalgesellschaft auf Ebene des erweitert beschränkt steuerpflichtigen Anteilseigners. Insofern ist in § 5 AStG eine ergänzende Regelung zur Hinzurechnungsbesteuerung nach den

§§ 7 – 14 AStG zu sehen. Damit soll verhindert werden, dass die in einer solchen Gesellschaft entstandenen Gewinne durch Thesaurierung der erweiterten beschränkten Steuerpflicht entzogen werden können. Allerdings bestehen erhebliche Unterschiede zur Hinzurechnungsbesteuerung nach den §§ 7 – 14 AStG. Im Einzelnen unterscheidet die Besteuerung nach § 5 AStG sich in folgender Hinsicht von den §§ 7 – 14 AStG:

- Die Einkünfte werden dem Steuerpflichtigen auch dann (anteilig) zugerechnet, wenn sie negativ sind (BMF-Anwendungsschreiben zum AStG, Tz. 5.1.1.1.).
- Die Einkünfte gelten als **am letzten Tag des Wirtschaftsjahres** der Zwischengesellschaft zugeflossen, während nach § 10 Abs. 2 AStG der Zufluss erst im VZ nach Ablauf des Wirtschaftsjahres beim Steuerpflichtigen fingiert wird.
- Die von der Gesellschaft ggf. **gezahlte deutsche Steuer** wird unmittelbar auf Ebene des Anteilseigners **berücksichtigt** und nach § 36 Abs. 2 EStG auf seine Steuer nach §§ 2 – 5 AStG angerechnet.

Nach § 5 AStG werden die Einkünfte der ausländischen Zwischengesellschaft dem erweitert beschränkt Steuerpflichtigen zugerechnet, so als würde die Kapitalgesellschaft das Inlandsvermögen gem. § 39 Abs. 2 Nr. 1 Satz 2 AO treuhänderisch für ihn halten. Diese Einkünfte sind deshalb nach § 5 AStG nicht bei der Gesellschaft, sondern nur bei dem Anteilseigner steuerpflichtig, der der Wegzugsbesteuerung nach § 2 AStG unterliegt. Wie bei den §§ 7–14 AStG ist die Einkünftezurechnung zu dem Steuerpflichtigen auf den Anteil beschränkt, der seinem Kapitalanteil oder seinen Stimmrechten in der Gesellschaft entspricht. Da nach deutschem Steuerrecht Einkünfte ebenso wie Wirtschaftsgüter nur einem Steuerpflichtigen oder einer Mehrheit von steuerpflichtigen Personen zugerechnet werden können, nicht aber in vollem Umfang zwei oder mehr Personen, hat die Versteuerung nach § 5 AStG beim Anteilseigner zur Konsequenz, dass die Zwischengesellschaft die Einkünfte insoweit nicht im Rahmen der beschränkten Körperschaftsteuerpflicht zu versteuern hat, als § 5 AStG eingreift.

Zur Feststellung, wem die nichtausländischen Einkünfte der Zwischengesellschaft zuzurechnen sind, werden diese nach § 5 Abs. 3 i. V. m. § 18 AStG verfahrensmäßig ebenso festgestellt wie Hinzurechnungsbeträge im Rahmen der Hinzurechnungsbesteuerung nach §§ 7 – 14 AStG.

Von § 5 AStG nicht erfasst werden Fälle, in denen ein Steuerpflichtiger sein Vermögen im Inland über eine ausländische Kapitalgesellschaft hält, deren Sitz und Ort der Geschäftsleitung sich in einem Gebiet befindet, das nach § 8 Abs. 3 AStG nicht als Niedrigsteuerland zu qualifizieren ist. Auch wird eine solche Beteiligung nicht nach § 6 Abs. 1 Satz 1 AStG bei dem Wegzug besteuert, da es sich nicht um eine inländische Kapitalgesellschaft i. S. von § 17 Abs. 1 EStG handelt.

3 Erweiterte beschränkte Erbschaftsteuerpflicht

Neben der erweiterten beschränkten Einkommensteuerpflicht desjenigen, der in ein Niedrigsteuergebiet zieht, tritt die erweiterte beschränkte Erbschaft- und Schenkungsteuerpflicht der Begünstigten, die von dem Auswanderer Zuwendungen erhalten oder von Todes wegen erwerben.

3.1 Tatbestand des § 4 AStG

3.1.1 Abgrenzung

Sofern ein Erblasser bzw. ein Schenker im Zeitpunkt der Bereicherung des Begünstigten gem. § 2 AStG erweitert beschränkt steuerpflichtig war, besteht die Erbschaft- und Schenkungsteuerpflicht auch hinsichtlich der Vermögensbestandteile, die nicht in § 2 Abs.1 Nr. 3 EStG genannt sind und nicht ausländisches Vermögen darstellen.

Dem Wortlaut nach gilt **die erweiterte beschränkte** Erbschaft- und Schenkungsteuerpflicht zehn Jahre ab dem Wegzug des Erblassers bzw. Schenkers aus Deutschland. In Hinblick auf die 1974 erfolgte Änderung des Erbschaftsteuergesetzes durch Einführung **der erweiterten unbeschränkten** Erbschaft- und Schenkungsteuerpflicht nach § 2 Abs. 1 Nr. 1 Buchst. b) ErbStG greift die erweiterte beschränkte Erbschaft- und Schenkungsteuerpflicht erst, nachdem die erweiterte unbeschränkte Erbschaft- und Schenkungsteuerpflicht nicht mehr gegeben ist. Das bedeutet, dass § 4 AStG nur in einem Zeitraum von fünf bis zehn Jahren seit dem Wegzug aus dem Inland Anwendung findet. In den ersten fünf Jahren seit Wegzug des Erblassers bzw. Schenkers aus dem Inland ist ausschließlich die erweiterte unbeschränkte Steuerpflicht nach § 2 Abs. 1 Nr. 1 Buchst. b) ErbStG einschlägig.

Ähnlich wie bei der erweiterten beschränkten Einkommensteuerpflicht unterbleibt die Besteuerung im Rahmen der erweiterten beschränkten Erbschaftsteuerpflicht, wenn der Steuerpflichtige gem. § 4 Abs. 2 AStG den **Nachweis** führt, dass er auf den steuerpflichtigen Erwerb, der Gegenstand der erweiterten beschränkten Erbschaftsteuerpflicht ist, **im Ausland eine vergleichbare Steuer in Höhe von mindestens 30 % der deutschen Erbschaftsteuer** zu entrichten hat.

3.1.2 Voraussetzungen

Die erweitert beschränkte Erbschaft- und Schenkungsteuerpflicht findet Anwendung, wenn folgende Voraussetzungen gegeben sind:

- Der Schenker bzw. der Erblasser oder der Begünstigte ist nach § 2 Abs. 1 Satz 1 AStG erweitert beschränkt einkommensteuerpflichtig (s. o. C 2.1).
- Es liegt ein Schenkungs- oder Erbvorgang zeitlich während der erweitert beschränkten Einkommensteuerpflicht vor.

- Der Gegenstand der Schenkung ist als nicht ausländisches Vermögen zu qualifizieren (siehe nachfolgend 3.2.1). Anders als bei der (auch erweitert) unbeschränkten Erbschaft- und Schenkungsteuerpflicht greift § 4 AStG nicht ein, wenn ein erweitert beschränkt Erbschaft- oder Schenkungsteuerpflichtiger Auslandsvermögen erwirbt oder überträgt.
- Schließlich darf negativ keine (erweitert) unbeschränkte Erbschaft- oder Schenkungsteuerpflicht vorliegen, da diese die erweitert beschränkte Steuerpflicht ausnahmslos verdrängt, also regelmäßig erst nach Ablauf von fünf Jahren seit Wegzug aus dem Inland. Treffen beschränkte und unbeschränkte Steuerpflicht nicht in einer Person zusammen, weil z. B. der Schenker erweitert beschränkt schenkungsteuerpflichtig ist, so ist auch in diesem Fall der Schenkungsvorgang ausschließlich nach den Regeln der unbeschränkten Schenkungsteuerpflicht zu beurteilen.

3.2 Rechtsfolgen nach § 4 AStG

§ 4 AStG erweitert den steuerpflichtigen Erwerb bei der beschränkten Erbschaft- und Schenkungsteuer gegenständlich.

3.2.1 Steuerpflicht auf nicht ausländische Vermögensbestandteile

Die drei Formen der Heranziehung zur Erbschaft- und Schenkungsteuerpflicht bei grenzüberschreitenden Fällen unterscheiden sich in Hinblick auf den Steuergegenstand wie folgt:

erweitert unbeschränkte Erbschaft- und Schenkungsteuerpflicht	**beschränkte Erbschaft- und Schenkungsteuerpflicht**	**zusätzlich erweiterte beschränkte Erbschaft- und Schenkungsteuerpflicht**
Land- und forstwirtschaftliches Vermögen	Inländisches land- und forstwirtschaftliches Vermögen	
Grundvermögen	Inländisches Grundvermögen	
Inländisches Betriebsvermögen		
Sonstiges Vermögen	a) Anteile an inländischen Kapitalgesellschaften, wenn mindestens 1/10 der Anteile vom Steuerpflichtigen gehalten werden	a) Aktien und Anteile an Kapitalgesellschaften, Investmentfonds und offenen Immobilienfonds sowie Geschäftsguthaben inländischer Genossenschaften b) Vermögen, dessen Erträge nach § 5 AStG der erweiterten beschränkten Einkommensteuerpflicht unterliegen

erweitert unbeschränkte Erbschaft- und Schenkungsteuerpflicht	beschränkte Erbschaft- und Schenkungsteuerpflicht	zusätzlich erweiterte beschränkte Erbschaft- und Schenkungsteuerpflicht
		c) Vermögen, das dem erweitert beschränkt Steuerpflichtigen nach § 15 AStG zuzurechnen ist
	b) Erfindungen, Gebrauchsmuster, Topographien, in inländische Register eingetragen	Erfindungen und Urheberrechte, die im Inland verwertet werden
	c) Wirtschaftsgüter, die inländischem Gewerbebetrieb überlassen sind	Bewegliche Wirtschaftsgüter, die sich im Inland befinden
	d) Hypotheken, Grundschulden, Rentenschulden	a) Kapitalforderungen gegen Schuldner im Inland
		b) Spareinlagen auf Guthaben bei Geldinstituten im Inland
		c) Ansprüche auf Renten und andere wiederkehrende Leistungen gegen Schuldner im Inland sowie Nießbrauchs- und Nutzungsrechte an Vermögensgegenständen im Inland
	e) Stille Gesellschaftsbeteiligungen, partiarische Darlehen	
	f) Nutzungsrechte an Gegenständen, die Inlandsvermögen i. S. von § 121 Abs. 2 BewG sind	
		Vermögensgegenstände von Zwischengesellschaften (§ 5 Abs. 1 Satz 2 AStG)

Die Parallelen zur Abgrenzung zwischen beschränkter Erbschaftsteuerpflicht und erweiterter beschränkter Erbschaftsteuerpflicht resultieren aus § 2 Abs. 1 Nr. 3 ErbStG, da dort hinsichtlich der Gegenstände der beschränkten Erbschaft- und Schenkungsteuerpflicht auf § 121 BewG verwiesen wird.

3.2.2 Ermittlung des steuerpflichtigen Nachlasses

Der **Freibetrag von 2.000 Euro** nach § 16 Abs. 2 ErbStG für beschränkt Erbschaftsteuerpflichtige findet auch im Rahmen von § 4 AStG Anwendung. Das gilt auch dann, wenn keine Gegenstände nach § 2 Abs. 1 Nr. 3 ErbStG i. V. m. § 121 BewG steuerpflichtig sind.

Schulden und Lasten können nur vom steuerpflichtigen Erwerb abgezogen werden, wenn sie gem. § 10 Abs. 6 ErbStG in wirtschaftlicher Beziehung mit der Bereicherung stehen.

Negatives Vermögen nach § 2 Abs. 1 Nr. 3 ErbStG i. V. m. § 121 BewG kann mit dem erweiterten Inlandsvermögen i. S. von § 4 AStG saldiert werden. Ebenso kann negatives Vermögen, das der erweiterten beschränkten Erbschaftsteuerpflicht unterliegt, das beschränkt steuerpflichtige Vermögen i. S. von § 2 Abs. 1 Nr. 3 ErbStG i. V. m. § 121 BewG mindern.

3.2.3 Berechnung der deutschen Erbschaftsteuer

Bei der Berechnung der deutschen Erbschaftsteuer sind nach § 14 ErbStG auch frühere Erwerbe zu berücksichtigen. Im Übrigen gelten die §§ 15–19 ErbStG, wobei durch den vergleichsweise niedrigen Sonderfreibetrag von 2.000 Euro nach § 16 Abs. 2 ErbStG die Progression deutlich früher einsetzt.

Für die Vergleichsberechnung nach § 4 Abs. 2 AStG sind der deutschen Steuerbelastung die **ausländischen Steuern** gegenüberzustellen, die der deutschen Erbschaft- und Schenkungsteuer entsprechen. Dies gilt auch dann, wenn sie nicht in dem Wohnsitzstaat des Erblassers bzw. Schenkers zu entrichten sind. Es kann sich dabei auch um lokale Steuern handeln, die an den Erwerb anknüpfen, wie etwa Kantons- und Gemeindesteuern in der Schweiz.

Anders als bei der erweitert beschränkten Einkommensteuerpflicht gibt es im Rahmen der erweiterten beschränkten Erbschaft- und Schenkungsteuerpflicht keine Grenze für eine Maximalbesteuerung. § 2 Abs. 6 AStG findet weder in § 3 AStG noch in § 4 AStG eine Entsprechung.

3.2.4 Besteuerungsverfahren

Die erweiterte beschränkte Erbschaft- und Schenkungsteuerpflicht entspricht verfahrensmäßig der beschränkten Erbschaft- und Schenkungsteuerpflicht. Als Besonderheit ergibt sich das Erfordernis, in Hinblick auf die „30 %-Grenze" die im Ausland auf das Vermögen anfallenden Steuern zu ermitteln, um festzustellen, ob § 4 AStG Anwendung findet. Die Nachweise hierzu hat, so die Auffassung der Finanzverwaltung (Tz. 4.2.1 im BMF-Anwendungsschreiben zum AStG), der Steuerpflichtige zu erbringen.

3.3 Zurechnung von Vermögen nach § 5 AStG

Nach § 5 Abs. 1 Satz 2 AStG gehören zum steuerpflichtigen Erwerb auch Gegenstände, die zivilrechtlich im Eigentum einer Zwischengesellschaft stehen, deren Erträge bei dem Schenker bzw. dem Erblasser nach § 2 AStG unmittelbar als steuerpflichtiges Einkommen zuzurechnen waren.

Damit wird eine Kapitalgesellschaft für Zwecke des deutschen Erbschaft- und Schenkungsteuerrechts als transparent behandelt. Die Bestandteile des erweitert beschränkt steuerpflichtigen Erwerbs gehen über das Vermögen hinaus, das im Falle unbeschränkter Erbschaft- und Schenkungsteuerpflicht der Besteuerung unterworfen würde. Bei Vorliegen von § 5 AStG im Rahmen der erweiterten beschränkten Erbschaft- und Schenkungsteuerpflicht kann es daher wegen einer Erweiterung der Bemessungsgrundlage zu einer höheren Steuer als bei unbeschränkter Erbschaft- und Schenkungsteuerpflicht kommen.

4 Besteuerung stiller Reserven bei Wegzug

4.1 Überblick über § 6 AStG

§ 6 AStG setzt ebenso wie § 1 AStG nicht voraus, dass eine Beziehung des Steuerpflichtigen zu einem Niedrigsteuergebiet besteht. In Hinblick darauf, dass die meisten DBAs die Einkünfte aus der Veräußerung einer Beteiligung an einer Kapitalgesellschaft ebenso wie die laufenden Einkünfte dem Wohnsitzstaat des Steuerpflichtigen zuweisen, sollen mit § 6 AStG die stillen Reserven aus der Beteiligung an Kapitalgesellschaften vor dem Wegzug steuerlich im Inland erfasst werden. Es genügt damit für den Tatbestand der sog. **Vermögenszuwachsbesteuerung,** dass der Steuerpflichtige Deutschland verlässt und Deutschland dadurch das Besteuerungsrecht an den stillen Reserven aus der Beteiligung verliert. Die Rechtsfolgen unterscheiden sich danach, ob der Steuerpflichtige in den EU-/EWR-Raum zieht oder in einen Drittstaat und ob er Staatsangehöriger in der EU bzw. einem EWR-Staat ist.

Anders als § 5 AStG erfasst § 6 AStG nur wesentliche Beteiligungen an inländischen Kapitalgesellschaften i. S. von § 17 EStG. § 6 AStG steht eigenständig neben den §§ 2 – 5 AStG und anderen sachlichen und persönlichen Voraussetzungen. Die Norm erklärt sich aus Art. 13 des OECD-Musterabkommens, wonach dem Wohnsitzstaat Gewinne aus der Veräußerung sonstiger Wirtschaftsgüter, die weder im anderen Land belegenes Grund- noch Betriebsvermögen sind, zustehen. In der logischen Sekunde, bevor der Steuerpflichtige im Ausland seinen Wohnsitz und damit seine Ansässigkeit für Abkommenszwecke in dem anderen Land begründet, entsteht die Wertzuwachssteuer nach § 6 AStG.

Da die Besteuerung nach § 6 AStG ohne Veräußerung der Beteiligung eingreift, ist im Anwendungsbereich von Abkommen, die dem OECD-Musterabkommen entsprechen, formal kein Konflikt mit dem Recht des (neuen) Wohnsitzstaates gegeben, ausschließlich die Veräußerung von Beteiligungen zu besteuern. Allerdings ist unter einer am Sinn und Zweck orientierten Betrachtung fraglich, ob nicht durch § 6

AStG die Zuordnung von Besteuerungsrechten mittels Doppelbesteuerungsabkommen dadurch unterlaufen wird, dass § 6 AStG zwar nicht an den Veräußerungsvorgang anknüpft, sondern an einen (unterstellten) Wertzuwachs, der bei wirtschaftlicher Betrachtung gerade Gegenstand der Besteuerung nach Art. 13 OECD-Musterabkommen ist. Für den Fall nämlich, dass ein Steuerpflichtiger im Zuge der Aufgabe der unbeschränkten Steuerpflicht nach § 6 AStG eine Beteiligung einer Kapitalgesellschaft mit ihrem Wertzuwachs versteuert hat und nach einigen Jahren im Ausland die Beteiligung verkauft, ist nicht sichergestellt, dass der andere Staat als Anschaffungskosten für die Gewinnermittlung den Wert ansetzt, den der deutsche Fiskus im Rahmen von § 6 AStG zugrunde gelegt hat. Damit hat der Steuerpflichtige bei der späteren Veräußerung das Risiko einer wirtschaftlichen Doppelbesteuerung zu tragen.

4.2 Tatbestand des § 6 Abs. 1 AStG

Folgende Voraussetzungen müssen für den Grundtatbestand der Vermögenszuwachsbesteuerung kumulativ nach § 6 Abs. 1 AStG vorliegen:

- Eine **natürliche** Person mit Wohnsitz bzw. gewöhnlichem Aufenthalt im Inland
- war in den letzten **zehn Jahren mindestens fünf Jahre unbeschränkt** einkommensteuerpflichtig,
- hält eine **Beteiligung** an einer inländischen oder ausländischen Kapitalgesellschaft i. S. von § 17 EStG (mindestens 1 %) und
- hat durch **Wohnsitzwechsel** oder die Beendigung des gewöhnlichen Aufenthalts im Inland die unbeschränkte Einkommensteuerpflicht im Inland für länger als fünf Jahre beendet (§ 6 Abs. 4 AStG).

4.2.1 Persönlicher Anwendungsbereich

§ 6 AStG stellt im Unterschied zu den §§ 2–5 AStG nicht auf die deutsche Staatsangehörigkeit als persönliches Merkmal ab. Die Besteuerung des Vermögenszuwachses aus Beteiligungen i. S. von § 17 EStG setzt nur voraus, dass eine natürliche Person, die im Inland insgesamt mindestens zehn Jahre unbeschränkt steuerpflichtig war, die unbeschränkte Steuerpflicht aufgibt.

§ 6 AStG gilt – ebenso wie die §§ 2–5 AStG – nicht für Kapitalgesellschaften selbst. Grund dafür ist, dass § 12 KStG bei Verlegung von Geschäftsleitung und/oder Sitz mit der Konsequenz der Aufgabe der unbeschränkten Steuerpflicht die Liquidationsbesteuerung nach § 11 KStG auslöst. Damit werden alle stillen Reserven besteuert; für § 6 AStG ist damit, unabhängig vom unmissverständlichen Wortlaut, kein Raum.

Auch die Verlegung des Sitzes und/oder der Geschäftsleitung von inländischen Personengesellschaften wird durch § 6 AStG nicht erfasst. Grund hierfür ist, dass nach

§ 16 EStG dieser Vorgang einer Betriebsaufgabe gleichkommt bzw. eine Verlagerung in eine ausländische Betriebsstätte erfolgt. Auch dabei werden nach § 4 Abs. 1 Satz 3 EStG grundsätzlich alle stillen Reserven besteuert.

Der in § 6 Abs. 1 Satz 1 AStG genannte 10-Jahres-Zeitraum ist zeitlich nur insofern eingegrenzt, als die unbeschränkte Steuerpflicht vor dem (dauerhaften) Wegzug in das Ausland vorgelegen haben muss. Dagegen ist es nicht erforderlich, dass diese zusammenhängend vor dem Wegzug bestanden hat.

Voraussetzung der Vermögenszuwachsbesteuerung ist weiter, dass der Steuerpflichtige aus der unbeschränkten Steuerpflicht ausscheidet, indem er seinen Wohnsitz und/oder gewöhnlichen Aufenthalt im Inland aufgibt (Wegzug). Dies bedeutet, dass die Steuerpflicht nach § 6 AStG nur greift, wenn der Steuerpflichtige keine Wohnung mehr im Inland zurückbehält, die grundsätzlich die unbeschränkte Steuerpflicht begründet, vgl. § 1 Abs. 1 EStG i. V. m. § 8 AO. Dennoch kann nach der ggf. vorhandenen **„tie breaker clause“** in dem DBA mit dem Land, in das der Steuerpflichtige auswandert, die Ansässigkeit für Abkommenszwecke dem anderen Land zugeordnet werden. Dies ist immer dann anzunehmen, wenn der Steuerpflichtige nach Auswanderung in einen DBA-Staat einen Zweitwohnsitz im Inland behält. Die Ansässigkeit nach einem DBA in dem anderen Land ändert jedoch nichts daran, dass für die Besteuerung in Deutschland die Regeln der unbeschränkten Steuerpflicht heranzuziehen sind, sofern nicht das DBA das Besteuerungsrecht anders zuweist. Ohne zusätzliche Regelung würde die Vermögenszuwachsbesteuerung nach § 6 Abs. 1 AStG nicht eingreifen, da weiter unbeschränkte Steuerpflicht gegeben ist. Für den Fall der Veräußerung wäre gem. Art. 13 Abs. 4 OECD-Musterabkommen nur der Wohnsitzstaat berechtigt, den Gewinn zu besteuern. Diese Regelungslücke wird durch § 6 Abs. 1 Satz 2 AStG geschlossen.

Die Vermögenszuwachsbesteuerung soll nur greifen, wenn der Steuerpflichtige **dauerhaft die unbeschränkte Steuerpflicht aufgegeben** hat. Das ist gem. § 6 Abs. 3 AStG dann nicht gegeben, wenn er innerhalb von fünf Jahren nach dem Wegzug die unbeschränkte Steuerpflicht in Deutschland erneut begründet. Dann, so § 6 Abs. 3 AStG, soll die Besteuerung nach § 6 Abs. 1 Satz 1 AStG bzw. der Ersatztatbestände nach Abs. 1 Nr. 2 und 4 AStG entfallen. Dies ist jedoch nicht so zu verstehen, dass die Steuerpflicht von Anfang an bei Wegzug entfällt, wenn es die Absicht des Steuerpflichtigen ist, innerhalb eines 5-Jahres-Zeitraumes wieder zurückzukommen. § 6 Abs. 3 AStG ist vielmehr ein gesetzlich ausformulierter Fall von § 175 Abs. 1 Nr. 2 AO, also ein rückwirkendes Ereignis, das zur Änderung des Steuerbescheides führt.[290] Das bedeutet, dass die Besteuerung des Vermögenszuwachses nach § 6 Abs. 1 AStG zunächst durchzuführen ist und erst dann, wenn der Betreffende innerhalb des genannten Zeitraumes in Deutschland die unbeschränkte Steuerpflicht erneut begründet, die ursprüngliche Veranlagung zu ändern ist.

290 FWB, Tz. 76 b zu § 6 AStG.

4.2.2 Anteile an Kapitalgesellschaften

Die Besteuerung stiller Reserven gem. § 6 AStG von wesentlichen Beteiligungen ist auf in- und ausländische Kapitalgesellschaften, die im Privatvermögen natürlicher Personen gehalten werden, beschränkt. Die Wegzugsbesteuerung findet deshalb keine Anwendung auf die Beteiligung an Personengesellschaften, die gewerbliche Einkünfte erzielen und sich deshalb als Mitunternehmerschaften qualifizieren. Dies gilt auch dann, wenn zum Betriebsvermögen der Mitunternehmerschaft Anteile an Kapitalgesellschaften gehören. Dies liegt zum einen daran, dass sowohl die laufenden als auch die Einkünfte aus der Veräußerung der Beteiligung in Deutschland beschränkt steuerpflichtig sind. Außerdem sehen die meisten DBAs, die Deutschland geschlossen hat, die Besteuerung der Einkünfte aus Personengesellschaften im Belegenheitsstaat vor.

Unter inländischer Kapitalgesellschaft i. S. von § 6 Abs. 1 AStG sind alle inländischen Kapitalgesellschaften zu verstehen, die in Deutschland unbeschränkt steuerpflichtig sind, also den Ort der Geschäftsleitung und/oder den Sitz im Inland haben, sowie ausländische Gesellschaften, die bei einem Rechtstypenvergleich nach den Kriterien des deutschen Steuerrechts als Kapitalgesellschaften einzuordnen sind.

§ 6 AStG erfasst **nicht den Fall der Verlegung des Ortes der Geschäftsleitung einer Personen- oder einer Kapitalgesellschaft** in das Ausland. Während § 12 i. V. m. § 11 KStG sicherstellt, dass eine Kapitalgesellschaft, die ihren Sitz oder ihren Ort der Geschäftsleitung ins Ausland verlegt und damit nicht mehr unbeschränkt steuerpflichtig ist, im Wege der Liquidationsbesteuerung alle stillen Reserven versteuert, führt nach Rechtsprechung des BFH[291] die Verlegung des Ortes der Geschäftsleitung in das Ausland einer Personengesellschaft zur Besteuerung der stillen Reserven nach § 16 EStG.

4.2.3 Wegzug und Ersatztatbestände nach § 6 Abs. 1 Satz 2 AStG

Nach § 6 Abs. 1 Satz 1 AStG führt der Wegzug des Steuerpflichtigen aus dem Inland durch Aufgabe der unbeschränkten Steuerpflicht zur Vermögenszuwachsbesteuerung und nicht etwa durch die Verlagerung des Besteuerungsrechts nach einem DBA, vgl. oben 5.2.1.

Andere Lücken der Vermögenszuwachsbesteuerung sollen durch die Ersatztatbestände in § 6 Abs. 1 Satz 2 AStG geschlossen werden, wobei der Steuerpflichtige selbst nicht wegzieht.

- **Verschenkt** der Steuerpflichtige seine Beteiligung an der Kapitalgesellschaft an eine Person, die selbst nicht unbeschränkt steuerpflichtig ist, steht dies dem Wegzug des Schenkers in das Ausland gleich (§ 6 Abs. 1 Satz 2 Nr. 1 AStG).

291 BFH vom 26.01.1977, BStBl 1977 II S. 283.

Beispiel:

Der Steuerpflichtige mit Wohnsitz im Inland verschenkt seine Beteiligung an einer inländischen Kapitalgesellschaft an seinen Sohn, der im Kanton Zug/Schweiz lebt. Kurze Zeit danach zieht er selbst in die Schweiz. Hier führt die Schenkung der Beteiligung zu der Steuerpflicht nach § 6 Abs. 1 und 3 Nr. 1 AStG. Dabei wird die von dem Sohn zu zahlende Schenkungsteuer auf die Vermögenszuwachssteuer nach § 6 AStG angerechnet.

Gleiches gilt, wenn die Übertragung der Anteile von Todes wegen auf eine natürliche Person erfolgt, die nicht der unbeschränkten Steuerpflicht im Inland unterliegt.

- Die in § 6 Abs. 1 Satz 2 Nr. 2 AStG genannte Regelung betrifft den oben unter 5.2.1 beschriebenen Fall des Beibehaltens der unbeschränkten Steuerpflicht bei Wegzug in ein DBA-Land, in dem nach den Regeln des Abkommens die Ansässigkeit begründet wird.
- Nach § 6 Abs. 1 Satz 2 Nr. 3 AStG werden Einbringungen von Anteilen eines inländischen Steuerpflichtigen, der selbst nicht wegzieht, in eine Auslandsbetriebsstätte besteuert. Dabei kommt es nicht darauf an, ob das Besteuerungsrecht Deutschlands dabei verloren geht. Es handelt sich damit um eine Art allgemeinen Realisationstatbestand, der eigentlich im § 17 EStG hätte geregelt werden müssen. Da hinsichtlich der Auslandsbetriebsstätte keine Sonderregelungen für EU-/EWR-Betriebsstätten getroffen werden, stellt sich die Frage, ob hier eine gemeinschaftswidrige Beschränkung der Kapitalverkehrsfreiheit gegeben ist, da bei Übertragung auf eine Inlandsbetriebsstätte eine Realisation in einigen Fällen durch den Ansatz von Anschaffungskosten nach § 6 Abs. 1 Nr. 5 a EStG nicht gegeben ist.
- Sofern Anteile an Kapitalgesellschaften nach § 6 Abs. 6 EStG getauscht werden und nicht in einem Betriebsvermögen gehalten werden, handelt es sich auch um ein Veräußerungsgeschäft, vgl. § 6 Abs. 1 Satz 2 Nr. 4 AStG. Umwandlungen, die nach dem Umwandlungssteuergesetz auch grenzüberschreitend in der EU steuerneutral möglich sind, werden hierdurch nicht betroffen. Der so neu erworbene Anteil unterliegt nicht der Wegzugsbesteuerung nach § 6 AStG.

4.3 Rechtsfolgen nach § 6 AStG

Die Rechtsfolge des § 6 AStG ist die Besteuerung der stillen Reserven an der wesentlichen Beteiligung, ohne dass eine Veräußerung oder Liquidation vorliegt. Dies ist in hohem Maße problematisch, da der Steuerpflichtige im Regelfall über keine ausreichende Liquidität verfügt. In diesem Fall ist er, vorbehaltlich einer Stundung nach § 6 Abs. 4 oder 5 AStG, gezwungen, entweder seine Beteiligung aufzugeben oder aber im Inland zu bleiben. Dies kann im Einzelfall eine wirtschaftliche Einschränkung seiner Freizügigkeit bedeuten.

Da der Tatbestand des § 6 AStG in keiner Weise dahingehend differenziert, in welches Land oder Gebiet der Steuerpflichtige zieht, werden auch alle Mitgliedstaaten der EU erfasst. Eine Differenzierung zur Vermeidung der Beschränkung der Freizügigkeit und der Kapitalverkehrsfreiheit innerhalb des EU-/EWR-Gebiets erfolgt auf der Rechtsfolgenseite gemäß § 6 Abs. 5 und 6 AStG bei den speziellen Stundungsregeln, die gegenüber der allgemeinen Stundung nach § 6 Abs. 4 AStG deutlich vorteilhafter sind.

Die in § 6 Abs. 4 AStG vorgesehene **Stundungsregelung** stellt insgesamt eine unzureichende Entlastung dar. Der Steuerpflichtige muss nämlich darlegen, dass die Durchführung der Besteuerung für ihn eine erhebliche Härte darstellt. Der Steuerpflichtige hat dann des Weiteren eine Sicherheit zu leisten, die ggf. mit erheblichem Aufwand verbunden ist.

Beispiel:

Ein Steuerpflichtiger A, der eine Beteiligung von 30 % an einer GmbH im Inland hält, beabsichtigt in die USA umzuziehen, um dort als Geschäftsführer für die Tochtergesellschaft seiner GmbH tätig zu werden. Da er seine unbeschränkte Einkommensteuerpflicht durch die Aufgabe des Wohnsitzes und des gewöhnlichen Aufenthaltes in Deutschland beendet, liegen die Voraussetzungen von § 6 AStG vor. Der A muss also bei seinem Weggang aus dem Inland alle stillen Reserven (wenn auch zum halben individuellen Steuersatz) versteuern, obwohl er weiterhin Gesellschafter bleibt. Da er über die dazu erforderliche Liquidität nicht verfügt, entschließt er sich, nicht in die USA zu gehen.

4.3.1 Besteuerung des Vermögenszuwachses, Teileinkünfteverfahren

Der Vermögenszuwachs, der nach § 6 AStG besteuert wird, berechnet sich **analog des Veräußerungsgewinns nach § 17 EStG.** Dabei wird der Veräußerungspreis durch den **gemeinen Wert** der Beteiligung nach § 11 BewG ersetzt.

Nach Tz. 6.1.3.3 des BMF-Anwendungsschreibens zum AStG greift § 6 AStG nur, wenn der Vermögenszuwachs positiv ist, also der Vermögenswert bei Wegzug die Anschaffungskosten übersteigt. Verluste können durch § 6 AStG nicht geltend gemacht werden.[292] Bei der Bewertung ist auf die allgemeinen Grundsätze abzustellen. Dies bedeutet, dass bei nicht notierten Anteilen der Verkehrswert zunächst aus zeitlich nahe liegenden Verkäufen zu ermitteln ist. Sollten solche nicht vorliegen, kann auf das vereinfachte Bewertungsverfahren zur Ermittlung des gemeinen Wertes nach § 11 Abs. 2 BewG zurückgegriffen werden.

Der ermittelte Vermögenszuwachs unterliegt der unbeschränkten Einkommensbesteuerung nach den allgemeinen Grundsätzen. Die zentrale Frage dabei ist, ob das Teileinkünfteverfahren nach § 3 Nr. 40 EStG einschlägig ist oder ob die Besteuerung zum regulären Steuersatz zu erfolgen hat. § 6 AStG erklärt im Falle des Wegzugs unter Aufgabe der unbeschränkten Steuerpflicht bei Bestehen einer Betei-

292 BFH vom 28.02.1990, BStBl 1990 II S. 615.

ligung i. S. von § 17 EStG diesen als anwendbar auch ohne Veräußerungsvorgang. Damit muss u. E. die Besteuerung so erfolgen, als ob der Steuerpflichtige tatsächlich die Beteiligung in dem Zeitpunkt verkauft hätte. Das bedeutet, dass auch § 3 Nr. 40 EStG Anwendung findet, selbst wenn § 6 AStG auf diese Norm nicht ausdrücklich verweist. Dies ist auch nicht erforderlich, da die Anwendung dieser teilweisen Steuerbefreiung immanenter Bestandteil der Rechtsfolgen von § 17 EStG ist. Für die Besteuerung des Vermögenszuwachses selbst findet keine Differenzierung nach EU-/EWR-Sachverhalten einerseits und Drittstaaten andererseits statt.

4.3.2 Besteuerung des Verkaufs der Beteiligung nach Wegzug

Folgt der Besteuerung des fiktiven Vermögenszuwachses später die Veräußerung der Beteiligung, so kann sich zu dem der Besteuerung zugrunde gelegten Wert entweder ein **höherer oder niedrigerer Verkaufserlös** ergeben. Die Finanzverwaltung behandelt solche Fälle folgendermaßen (Tz. 6.1.4 des BMF-Anwendungsschreibens zum AStG):

- Ist der Steuerpflichtige in ein Nicht-DBA-Land gezogen, unterliegt die spätere Veräußerung der Beteiligung nach § 49 Abs. 1 Nr. 2 EStG der beschränkten Einkommensteuerpflicht. Zur Vermeidung der erneuten Besteuerung wird der bereits besteuerte Vermögenszuwachs von dem sich ergebenden Veräußerungsgewinn abgezogen. Der danach verbleibende Gewinn unterliegt nach § 3 Nr. 40 EStG dem Teileinkünfteverfahren.
- Ein steuerlich zu berücksichtigender Verlust entsteht, wenn der spätere Verkauf zwar mit Gewinn erfolgt, sich jedoch durch Abzug des zuvor versteuerten Vermögenszuwachses ein negativer Saldo ergibt. Gleiches gilt, wenn der spätere Verkauf zu einem Verlust wird; dieser erhöht sich dann um den zuvor versteuerten positiven Vermögenszuwachs.
- In dem Fall, in dem die Veräußerung zu Gewinnen geführt hat, der Vermögenszuwachs bei Wegzug jedoch negativ war, ist bei der Gewinnermittlung von den ursprünglichen Anschaffungskosten auszugehen; der negative Vermögenszuwachs wird nicht berücksichtigt.

Nach § 6 Abs. 6 AStG gelten für Verkäufe nach einem Wegzug durch einen EU-/EWR-Staatsangehörigen besondere Regeln für die Berücksichtigung von Verlusten. Danach kann der später nach Wegzug aus Verkauf oder Übertragung der Anteile entstandene Verlust in Deutschland in der Weise geltend gemacht werden, dass der ursprünglich festgesetzte Vermögenszuwachs korrigiert wird. § 6 Abs. 6 Satz 1 AStG enthält deshalb eine verfahrensrechtliche Regelung, die weiter reicht als die Änderungsmöglichkeiten der AO. Ein Verlust bleibt allerdings außer Ansatz, soweit er auf vorherigen Gewinnausschüttungen beruht. Fraglich ist deshalb, zu welchem Teil ein Verlust auf einer Wertminderung durch vorangegangene Ausschüttungen beruht. Dies bedarf der Bewertung im Einzelfall nach den allgemeinen Grundsätzen.

4.3.3 Vermeidung von Doppelbesteuerung

Nach Ansicht der Finanzverwaltung wird die Anwendung von § 6 AStG nicht dadurch ausgeschlossen, dass der Steuerpflichtige seinen Wohnsitz in einem DBA-Land nimmt (Tz. 6.1.5.1 des BMF-Anwendungsschreibens zum AStG).

Das Recht zur Besteuerung des Gewinns aus der tatsächlichen Veräußerung der Beteiligung nach dem Wegzug in ein DBA-Land wird nach den meisten Abkommen, die Deutschland abgeschlossen hat, für Inlandsbeteiligungen dem anderen Staat (Wohnsitzstaat) zugewiesen. Damit ist dieser Gewinn in Deutschland nicht steuerpflichtig. Es ergibt sich eine wirtschaftliche Doppelbesteuerung daraus, dass zuvor in Deutschland bereits eine – zumindest teilweise – Besteuerung nach § 6 Abs. 1 AStG stattgefunden hat. Nach Auffassung der Finanzverwaltung gibt es zwei Möglichkeiten, wie die **Doppelbesteuerung vermieden** werden kann (vgl. Tz. 6.1.5.2 des BMF-Anwendungsschreibens zum AStG):

- Zum einen kann der andere Staat, also der **Wohnsitzstaat** des Steuerpflichtigen, den Wert, der der Vermögenszuwachsbesteuerung in Deutschland zugrunde gelegen hat, bei der Gewinnermittlung **abziehen („Befreiungsmethode“)** oder
- alternativ kann der **Wohnsitzstaat** die nach § 6 Abs. 1 AStG in Deutschland vom Steuerpflichtigen entrichtete Steuer **anrechnen (Anrechnungsmethode).**

In beiden Varianten sieht die deutsche Finanzverwaltung die Lösung des Problems der Doppelbesteuerung ausschließlich darin, dass der neue Wohnsitzstaat auf die ihm nach DBA zweifellos zustehende Besteuerung verzichtet. In einigen DBAs sind solche Regelungen ausdrücklich aufgenommen worden (Schweiz, Kanada, Italien, Schweden). In anderen Fällen verweist das BMF-Anwendungsschreiben auf die Einleitung eines **Verständigungsverfahrens,** um die Doppelbesteuerung zu vermeiden. Ein solches Verfahren nimmt jedoch regelmäßig erhebliche Zeit in Anspruch – bei gleichzeitig offenem Ausgang. Demgemäß besteht rein tatsächlich durch Anwendung von § 6 AStG das Risiko der wirtschaftlichen Doppelbesteuerung, wenn der Steuerpflichtige nach dem Wegzug in ein DBA-Land seine Beteiligung veräußert.

4.3.4 Die Stundung nach § 6 Abs. 4 bis 7 AStG

Die Stundung nach § 6 AStG ist eine gegenüber § 222 AO speziellere Regelung. Liegen also die Voraussetzungen des § 6 AStG vor, so bedarf es keiner zusätzlichen Prüfung der Voraussetzungen von § 222 AO. Andererseits ist auf die sich daraus für den Vermögenszuwachs ergebende Steuerschuld kein Raum für die Anwendung von § 222 AO.

Um nicht gegen EU-Recht zu verstoßen, differenziert § 6 AStG dahingehend, wer aus Deutschland wegzieht bzw. einen Ersatztatbestand nach § 6 Abs. 1 Satz 2 AStG erfüllt und wohin ein Wegzug bzw. eine Anteilsübertragung erfolgt. Während in § 6 Abs. 5 AStG der privilegierte Wegzug bzw. Übertragungen mit EU-/EWR-Bezug geregelt sind, enthält § 6 Abs. 4 AStG die allgemeine Stundungsregelung für alle übrigen Fälle.

4.3.5 Stundung bei Wegzug in EU-/EWR-Staaten durch EU-/EWR-Staatsbürger

Für den Wegzug eines Steuerpflichtigen, der eine EU-/EWR-Staatsbürgerschaft besitzt, in einen anderen EWR-Staat sieht § 6 Abs. 5 Satz 1 und 2 AStG vor, dass auf Antrag eine zeitlich nicht begrenzte, zinslose Stundung ohne Sicherheitsleistung gewährt wird, wenn der Steuerpflichtige in diesem Land unbeschränkt steuerpflichtig wird und dieses Land Amtshilfe zur Beitreibung von Steuern leistet. Auf diese Weise wird verhindert, dass die Freizügigkeit innerhalb der EWR-Staaten durch Steuerzahlungslasten wirtschaftlich eingeschränkt wird. § 6 AStG sichert in diesem Fall nur, dass der Steuerpflichtige bei einem späteren Realisationstatbestand die während der unbeschränkten Steuerpflicht in Deutschland entstandenen stillen Reserven auch hier versteuert.

Die Privilegierung des Wegzugs in den EU-/EWR-Raum gegenüber dem Wegzug in Drittstaaten erfasst auch die Ersatztatbestände des § 6 Abs. 1 Satz 2 AStG. So kann bei Schenkung an Personen mit unbeschränkter Steuerpflicht nach § 6 Abs. 5 Satz 3 Nr. 2 AStG ebenfalls von der Stundung Gebrauch gemacht werden. Nach § 6 Abs. 5 Satz 3 Nr. 2 AStG wird die Stundung ebenfalls gewährt, wenn der Steuerpflichtige zwar unbeschränkt steuerpflichtig bleibt, aber für inländische Beteiligungen aufgrund der Ansässigkeitsregelung in dem maßgeblichen DBA Deutschland das Besteuerungsrecht für die Veräußerung von Inlandsbeteiligungen verliert. Außerdem kann der Steuerpflichtige nach § 6 Abs. 5 Satz 3 Nr. 3 AStG ohne Wegzug die Anteile an Kapitalgesellschaften in eine EU-/EWR-Betriebsstätte einlegen und die Stundung in Anspruch nehmen.

Die Stundung zugunsten von Wegzug bzw. Transaktionen im EWR-Raum ist von dem Finanzamt nach § 6 Abs. 5 Satz 4 AStG zu widerrufen, wenn bestimmte Ereignisse eintreten:

- Der Steuerpflichtige oder sein Rechtsnachfolger (Erbe oder Beschenkter) zieht nach Wegzug in einen anderen EU-/EWR-Staat aus dem EU-/EWR-Gebiet weg (§ 6 Abs. 5 Satz 4 Nr. 4 AStG).
- Die Anteile werden an eine Person übertragen, die nicht im EWR-Raum ansässig ist (§ 6 Abs. 5 Satz 4 Nr. 2 AStG).

In beiden Fallgruppen müsste u. E. dann jedoch geprüft werden, ob die Voraussetzungen für die allgemeine Stundungsregelung nach § 6 Abs. 4 AStG für den Wegzug in Drittstaaten vorliegen. Ist das der Fall, kann insofern ein entsprechender Antrag unter den erschwerten Bedingungen dieser Norm zu stellen.

Bei folgenden Realisationstatbeständen ist die Besteuerung dagegen ohne weiteren Aufschub durchzuführen:

- gemäß § 6 Abs. 5 Satz 4 Nr. 1 AStG, wenn die Anteile veräußert oder verdeckt eingelegt werden i. S. von § 17 Abs. 1 Satz 1 EStG bzw. wenn ein Realisationstatbestand nach § 17 Abs. 4 vorliegt, also Tatbestände, die bei fortbestehender unbeschränkter Steuerpflicht ebenfalls zu einer Steuerzahlung geführt hätten. Eine Rückausnahme zu diesem Tatbestand sieht § 6 Abs. 5 Satz 4 AStG vor, wenn nämlich eine steuerneutrale Umwandlung nach §§ 11, 15 oder 21 UmwStG in Anspruch genommen werden kann.
- nach § 6 Abs. 5 Satz 4 Nr. 3 AStG bei einer Entnahme von Anteilen aus einem Betriebsvermögen, wenn dies nach inländischem Steuerrecht eine Steuerpflicht auslösen würden.

Nach § 6 Abs. 7 AStG ist der Steuerpflichtige auch nach seinem Wegzug verpflichtet, jährlich seine Anschrift mitzuteilen und zu versichern, dass ihm die Anteile weiter zuzurechnen sind. Außerdem hat er auf amtlichem Formular ein schädliches Ereignis von sich aus dem deutschen Finanzamt mitzuteilen.

4.3.6 Stundung nach § 6 Abs. 4 AStG

Eine Stundung nach § 6 Abs. 4 AStG ist erst zu prüfen, wenn nicht die sehr viel vorteilhaftere Stundung nach § 6 Abs. 5 AStG für Wegzug und Transaktionen im EU-/EWR-Raum gegeben ist. Der Anwendungsbereich ist damit primär bei dem Wegzug in Drittstaaten gegeben, aber auch bei einem Wegzug im EU-/EWR-Gebiet, wenn die betreffende Person keine Staatsangehörigkeit eines EU-/EWR-Staates innehat.

Die Steuerstundung nach § 6 Abs. 4 AStG ist anders als die nach § 6 Abs. 5 AStG nicht auf Dauer angelegt, sondern dient der Verteilung der Steuer auf den Vermögenszuwachs auf einen Zeitraum von fünf Jahren. Wird dem Steuerpflichtigen also auf Antrag die Stundung gewährt, so darf er die Steuer in fünf gleichen Teilbeträgen entrichten. Eine Verzinsung ist in § 6 Abs. 4 AStG im Unterschied zu § 222 AO nicht vorgesehen.

Allerdings setzt die Stundung neben dem Antrag des Steuerpflichtigen voraus, dass für ihn die sofortige Entrichtung der Steuer eine unzumutbare Härte darstellen würde und er Sicherheit leistet.

Diese ist nur entbehrlich, wenn der Steueranspruch des deutschen Fiskus nicht gefährdet erscheint. Dies ist vor allem dann anzunehmen, wenn der Steuerpflichtige bei seinem Wegzug hinreichend Wirtschaftsgüter im Inland zurücklässt, in die die Finanzverwaltung vollstrecken kann. Für einen Verzicht auf Sicherungsmittel kann neben hinreichenden Vollstreckungsmöglichkeiten auch sprechen, dass es unter

Berücksichtigung der persönlichen Lebensverhältnisse sichergestellt ist, dass der Steuerpflichtige wieder in das Inland zurückkehrt.

Besondere Bedeutung hat die Stundungsregelung in Zusammenhang mit § 6 Abs. 3 AStG im Fall sog. **vorübergehender Abwesenheit** des Steuerpflichtigen. Die Stundung ist für den Zeitraum auszusprechen, innerhalb dessen der Steuerpflichtige voraussichtlich wieder in Deutschland ansässig wird. Die Stundung orientierte sich dann gem. § 6 Abs. 4 Satz 3 AStG an der tatsächlichen voraussichtlichen Dauer der Abwesenheit und ist nicht notwendig mit dem in § 6 Abs. 4 genannten Zeitraum von fünf Jahren kongruent (Tz. 6.5.2. des BMF-Anwendungsschreibens zum AStG). Im Einzelfall kann die Stundung mehr als fünf Jahre, höchstens jedoch zehn Jahre, aber auch deutlich weniger als fünf Jahre betragen.

4.3.7 Anteile aus steuerneutralen Übertragungen

Für Einbringungen zum Buchwert nach § 20 Abs. 2 Satz 2 UmwStG sieht § 22 Abs. 1 UmwStG vor, dass bestimmte Ereignisse rückwirkend auf den Einbringungszeitpunkt innerhalb von sieben Jahren eine Steuerpflicht auslösen. Diese Tatbestände ergänzen § 6 Abs. 1 AStG, ohne sich mit dieser Norm zu überschneiden. Dies bedeutet, dass bei Vorliegen eines Ereignisses nach § 22 UmwStG die Stundungsmöglichkeiten des § 6 Abs. 4 und 5 AStG nicht gegeben sind.

D Steuerliche Behandlung der Beteiligung an ausländischen Zwischengesellschaften

1 Überblick und Verhältnis zu anderen Vorschriften

1.1 Grundlegung und Rechtsentwicklung

Der vierte Teil des Außensteuergesetzes regelt in den §§ 7 bis 14 AStG die sog. **„Hinzurechnungsbesteuerung“**, die sich mit den Rechtsfolgen für unbeschränkt steuerpflichtige natürliche und juristische Personen beschäftigt, die ihre Auslands- und/oder Inlandsaktivitäten über eine sog. **„ausländische Zwischengesellschaft“** strukturieren. Als Rechtfertigung für die Hinzurechnungsbesteuerung nennt der Gesetzgeber insbesondere die **Missbrauchsbekämpfung.**[293]

293 Siehe Beschlussempfehlung und Bericht des Finanzausschusses vom 07.11.1991, BT-Drucks. 12/1506, S. 350.

Zielrichtung der Vorschriften der §§ 7–14 AStG sind damit insbesondere Einkünfte aus bestimmten Tätigkeiten, die trotz hoher regionaler Mobilität durch eine enge Verknüpfung mit der deutschen Volkswirtschaft gekennzeichnet sind. Bei Ausübung solcher – im Folgenden auch als passiv bezeichneten – Tätigkeiten über eine im Ausland ansässige Kapitalgesellschaft wird über das sog. Trennungsprinzip im Grundsatz – mangels inländischer Steuerpflicht einer im Ausland errichteten juristischen Person – eine Abschirmwirkung von der inländischen Besteuerung erreicht, sofern die Einkünfte auf Ebene der ausländischen Tochtergesellschaft thesauriert werden. Da mithin ein „Durchgriff" des inländischen Gesetzgebers auf die von der ausländischen Kapitalgesellschaft erzielten Einkünfte sowohl nach nationalem als auch internationalem Steuerrecht nicht möglich ist, wird vielmehr im Rahmen der sog. „Zugriffsbesteuerung" eine eigene Steuerpflicht des inländischen Gesellschafters begründet.[294]

Es handelt sich dabei insoweit um eine lückenlose und rechtslogische Ergänzung des zweiten Teils des Außensteuergesetzes (§§ 2 bis 5 AStG), als sich dieser Teil des Außensteuergesetzes im Grundsatz auf die steuerliche Behandlung von beschränkt Steuerpflichtigen bezieht, während die §§ 7 bis 14 AStG vom Ansatz her auf die steuerlichen Konsequenzen eines Auslandsengagements unbeschränkt Steuerpflichtiger abstellen. Während jedoch die Bestimmungen des zweiten Teils des AStG in ihrer Rechtsfolge lediglich nichtausländische Einkünfte erfassen, nehmen die §§ 7 bis 14 AStG insoweit keine Differenzierung vor.

Der Grundtatbestand der Hinzurechnungsbesteuerung wird abschließend in § 7 Abs. 1 AStG geregelt. Er begründet die Steuerpflicht **natürlicher oder juristischer unbeschränkt steuerpflichtiger Personen** für **Einkünfte**, die diese **aus einer Körperschaft, Personenvereinigung oder Vermögensmasse** i. S. des Körperschaftsteuergesetzes, die weder Geschäftsleitung noch Sitz im Geltungsbereich des AStG hat und die nicht gem. § 3 Abs. 1 KStG von der Körperschaftsteuer ausgenommen ist (ausländische Gesellschaft), beziehen, soweit die Beteiligung an der ausländischen Gesellschaft **mehr als 50 %** des Nennkapitals beträgt und die ausländische Gesellschaft darüber hinaus als sog. „Zwischengesellschaft" i. S. des § 8 AStG zu qualifizieren ist.

Dieser Grundtatbestand wird durch die darauffolgenden Vorschriften des AStG (§ 7 Abs. 2 bis § 14 AStG) lediglich weiter ausgeführt, sodass diese Vorschriften stets durch die „Brille" des § 7 Abs. 1 AStG zu sehen sind.[295] Die Ausfüllung der Tatbestandsvoraussetzungen des § 7 Abs. 1 AStG erfolgt zunächst durch eine nähere Bestimmung der durch den Steuerinländer zu erfüllenden persönlichen Tatbestandsvoraussetzung (Beteiligung zu mehr als der Hälfte) in § 7 Abs. 2 bis Abs. 4 AStG.

---

294 Vgl. Jacobs, Internationale Unternehmensbesteuerung, 6. neu bearbeitete und erweiterte Auflage, München 2007, S. 471.

295 Vgl. Wassermeyer in Flick/Wassermeyer/Baumhoff, Anm. 4.1 zu § 7 AStG.

Die an das ausländische Besteuerungsobjekt anknüpfenden sachlichen Tatbestandsvoraussetzungen (Einkünfte aus passivem Erwerb und niedrige Besteuerung) werden in § 8 Abs. 1 bis Abs. 3 AStG näher bestimmt.

Die Rechtsfolgen, die sich für einen inländischen Steuerpflichtigen aus der Hinzurechnungsbesteuerung ergeben, soweit die Tatbestandsvoraussetzungen erfüllt sind, werden ausschließlich in den §§ 9 bis 12 AStG geregelt.[296] Dabei ergibt sich die reine Ermittlung des Hinzurechnungsbetrages aus den Vorschriften der §§ 9 und 10 AStG (mit Ausnahme der §§ 10 Abs. 2 und Abs. 5 AStG), während die verbleibenden Vorschriften (insbesondere §§ 11 und 12 AStG) Korrekturen des Hinzurechnungsbetrages für Zwecke der inländischen Besteuerung regeln.

Die Vorschriften der §§ 7 bis 14 AStG sind insoweit grundsätzlich subsidiär anzuwenden, als sie eine eigene unbeschränkte Steuerpflicht der ausländischen Gesellschaft im Inland unberührt lassen.[297] Die Hinzurechnungsbesteuerung kommt in solchen Fällen nicht zur Anwendung.

Darüber hinaus werden solche Einkünfte von der Hinzurechnungsbesteuerung nicht erfasst, die dem inländischen Steuerpflichtigen bereits aufgrund anderer Vorschriften zuzurechnen sind.[298] Danach findet der vierte Teil des AStG insbesondere dann keine Anwendung, wenn die betreffenden ausländischen Einkünfte dem inländischen Steuerpflichtigen gem. § 39 AO zuzurechnen sind oder es sich bei den den ausländischen Einkünften zugrunde liegenden Transaktionen um unwirksame Rechtsgeschäfte gem. § 41 AO handelt.

Auch wenn der Regelungsbereich der §§ 7–14 seit der erstmaligen Verabschiedung des AStG im Jahre 1972[299] in seiner grundlegenden Struktur weitestgehend unverändert geblieben ist, sind doch einige maßgebende Fortentwicklungen festzustellen. Dies gilt zunächst für die in Folge der Einführung des **Halbeinkünfteverfahrens**[300] vorgenommenen Anpassungen.[301] Da dieses System von einer „ausreichenden" Vorbelastung ausgeht, kommt der Hinzurechnungsbesteuerung seitdem eine bestimmte Gewährleistungsfunktion zu.[302] Mit Einführung der Definitivbelastung (keine Anwendung der § 3 Nr. 40 EStG, § 8 b KStG) durch das Unternehmensteuerfortführungsgesetz ist der Gesetzgeber jedoch über dieses Ziel deutlich hinausgegangen. Ein weiterer maßgebender Einschnitt stellt die Abschaffung des § 10 Abs. 5 AStG[303] durch das Steuervergünstigungsabbaugesetz[304] dar. Durch das Streichen dieser

296 Da Schachteldividenden nunmehr gem. § 8 Abs. 1 Nr. 8 AStG zu den sog. „aktiven" Einkünften gehören, wurde § 13 AStG durch das Gesetz zur Fortentwicklung des Unternehmenssteuerrechts (Unternehmenssteuerfortentwicklungsgesetz – UntStFG) vom 20.12.2001, BStBl I S. 3858, aufgehoben.

297 Vgl. BFH vom 23.06.1992, BStBl 1992 II S. 972.

298 Vgl. BMF-Schreiben vom 14.05.2004, Tz. 7.0.2.

299 Gesetz vom 08.09.1972, BGBl I S. 1713.

300 Vgl. UntStRefG vom 14.08.2000, BGBl I S. 1034.

301 Vgl. StSenkG vom 23.10.2000, BGBl I S. 1433.

302 Vgl. Blümich/Vogt, Vor §§ 7–14 AStG, Rz. 7.

303 Zusammen mit den Vorschriften des § 10 Abs. 6 und 7 AStG.

304 Vom 16.05.2003, BGBl 2003 I S. 660.

Regelung, die ursprünglich die Anwendbarkeit des jeweils geltenden Doppelbesteuerungsabkommens auf den Hinzurechnungsbetrag vorsah, enthält das AStG insoweit nunmehr einen allgemein gültigen **treaty override.**

Den letzten Meilenstein stellt die angestrebte **EU-Harmonisierung** der Hinzurechnungsbesteuerung infolge der EuGH-Entscheidung in der Sache „Cadbury Schweppes“ dar.[305] Dabei sollte durch Einfügung eines § 8 Abs. 2 AStG, wonach EU-/EWR-Gesellschaften unter bestimmten Voraussetzungen von der Hinzurechnungsbesteuerung ausgenommen werden, die mangelnde EU-Konformität der §§ 7–14 AStG erreicht werden.[306]

1.2 Verhältnis zu den Missbrauchsvorschriften der Abgabenordnung

Die vorliegend behandelten Regelungen zur Hinzurechnungsbesteuerung gem. §§ 7 bis 14 AStG sind grundsätzlich abzugrenzen von den einschlägigen Vorschriften der AO[307] sowie der diesbezüglichen Rechtsprechung des BFH hinsichtlich der steuerlichen Qualifikation und Behandlung ausländischer Basisgesellschaften.

Neben den in der Praxis eher weniger relevanten Treuhandfällen des § 39 AO[308] und den Scheingesellschaften gem. § 41 Abs. 2 AO[309] stellt der Missbrauch von Gestaltungsmöglichkeiten bei Einschaltung ausländischer Basisgesellschaften gem. § 42 AO den Hauptanwendungsfall dar.

Im Gegensatz zu den §§ 7 bis 14 AStG, die im Rahmen der Hinzurechnungsbesteuerung die eigenständige Steuersubjektfähigkeit der ausländischen Gesellschaft im Grundsatz anerkennen und nur für bestimmte passive Einkünfte eine besondere Steuerpflicht des inländischen Anteilseigners begründen, gehen die vorgenannten Vorschriften der AO dem AStG insofern denklogisch voran, als sie die Eigenständigkeit der ausländischen Kapitalgesellschaft generell verneinen. Man spricht deshalb in Zusammenhang mit § 42 AO auch von der sog. **Durchgriffsbesteuerung** (Negierung der Existenz des ausländischen Rechtsträgers), während die §§ 7–14 AStG – bei grundsätzlicher Anerkennung, aber besonderer steuerlicher Qualifikation der ausländischen Zwischengesellschaft – als **Hinzurechnungsbesteuerung** bezeichnet werden.[310]

---

305 EuGH Rs. C – 196/04 vom 12.06.2006, DStR 2006, S. 1686.

306 JStG 2008 vom 20.12.2007, BGBl I S. 3150.

307 Vgl. §§ 39, 41, 42 AO.

308 Zur ausländischen Kapitalgesellschaft als Treuhänder vgl. BFH-Urteil vom 21.05.1971, BStBl 1971 II S. 721; siehe auch Jacobs, Internationale Unternehmensbesteuerung, 6. neu bearbeitete und erweiterte Auflage München 2007, S. 465.

309 Auch als funktionslose Gesellschaft bzw. Briefkastenfirma bezeichnet.

310 Vgl. auch Jacobs, Unternehmensbesteuerung, S. 466 ff.

Sowohl nach Auffassung des BFH[311] als auch der Finanzverwaltung[312] geht somit die Vorschrift des § 42 AO der Regelung der §§ 7 bis 14 AStG über die Hinzurechnungsbesteuerung vor.

Umso bemerkenswerter ist es, dass der BFH in zwei viel beachteten Urteilen vom 19.01.2000[313] die Anwendung des § 42 AO auf in Irland ansässige Kapitalanlagegesellschaften verneint hat. Beide Urteile betrafen Gesellschaften mit Sitz und Ort der Geschäftsleitung im International Finance and Service Center (sog. IFSC-Gesellschaften) im Hafengebiet von Dublin (customs house docks area).

Der BFH stellt in beiden Urteilen fest, dass auch die bisher zu ausländischen Basisgesellschaften ergangene Rechtsprechung Ausdruck des Grundsatzes ist, wonach das Steuerrecht die gewählte zivilrechtliche Gestaltung respektiert. Dies gilt nur dann nicht, wenn solche Gestaltungen der Manipulation dienen oder mit ihnen kein angemessener wirtschaftlicher Zweck verfolgt wird. Auch wenn die Vorschrift des § 42 AO logisch früher ansetzt als die §§ 7 bis 14 AStG, hat der erkennende Senat den so verstandenen Vorrang insoweit eingeschränkt, dass er darauf hinweist, dass die Vorschrift des § 42 AO einen Missbrauch von Gestaltungsmöglichkeiten des Rechts voraussetze, der am Gesetzeszweck der §§ 7 bis 14 AStG zu messen sei. Diese Vorschriften seien darauf angelegt, auch und gerade der „Steuerflucht" durch Einschaltung sog. Basisgesellschaften zu begegnen. Aus diesen Zwecken sei abzuleiten, dass das bloße Erzielen von Einkünften aus passivem Erwerb für sich genommen keinen Missbrauchsvorwurf rechtfertigen könne, sondern nur die Hinzurechnungsbesteuerung auslöse. Da es sich bei den genannten IFSC-Gesellschaften um eine Fördermaßnahme gem. Art. 92 Abs. 3 des Vertrages zur Gründung der europäischen Gemeinschaft handelt, dem auch die Bundesrepublik zugestimmt hat, kann die Errichtung solcher Gesellschaften nach Auffassung des BFH nicht im Nachhinein vom deutschen Gesetzgeber als Missbrauch von rechtlichen Gestaltungsmöglichkeiten qualifiziert werden.

Als Reaktion auf die beiden vorgenannten Entscheidungen des BFH hat die Finanzverwaltung mit Schreiben vom 19.03.2001 beide Urteile mit einem Nichtanwendungserlass belegt.[314] Des Weiteren ist auch die Einführung des § 42 Abs. 2 AO als Reaktion des Gesetzgebers auf die Rechtsprechung des BFH zu werten, wonach ein Missbrauch von rechtlichen Gestaltungsmöglichkeiten immer dann angenommen werden sollte, wenn dies nicht ausdrücklich gesetzlich ausgeschlossen ist.

311 Vgl. BFH-Urteil vom 23.10.1991, BStBl 1992 II S. 1026.

312 Vgl. BMF vom 14.05:2005, Tz. 7.0.2.

313 IR 49/97, BStBl 2000 II S. 222, und IR 117/97, BFH/NV 2000, S. 824.

314 BStBl 2001 I S. 243.

1.3 Verhältnis zum internationalen Recht, insbesondere zum Europarecht

Innerhalb der internationalen Staatengemeinschaft ist seit den 70er Jahren eine steigende Zahl von Vorschriften festzustellen, die dem Regelungsgedanken der deutschen Hinzurechnungsbesteuerung entsprechen.[315] Hintergrund ist die zunehmende Flexibilität maßgeblicher Produktionsfaktoren – z. B. Kapital, Rechte, Know-How – sowie ein mehr oder weniger offen ausgetragener Steuerwettbewerb selbst unter den Staaten der EU. Obwohl z. B. die deutschen steuerlichen Vorschriften regelmäßig einen „treaty override" beinhalten,[316] sehen die meisten DBA hierin einen Teil der Staatenpraxis, ohne das Phänomen ausdrücklich zu regeln.[317] So bezeichnet auch Köhler das Verhältnis zwischen Hinzurechnungsbetrag und Doppelbesteuerungsabkommen als „äußerst subtil".[318]

Wesentlich kritischer stellt sich das Verhältnis zwischen den Regelungen der Hinzurechnungsbesteuerung und dem EU-Recht dar. Allein die Tatsache, dass die §§ 7–14 AStG – unter Durchbrechung des international anerkannten Trennungsprinzips sowie der Annahme einer fiktiven Dividendenausschüttung – **ausschließlich auf ausländische** Kapitalgesellschaften Anwendung finden – mit der Rechtsfolge einer besonderen Steuerpflicht der inländischen Anteilseigner –, stellt einen offensichtlichen Verstoß gegen die Niederlassungsfreiheit und die Kapitalverkehrsfreiheit dar.[319]

In seiner viel beachteten Entscheidung „Cadbury Schweppes"[320] hatte der EuGH über die vergleichbaren englischen **„CFC Rules"** zu entscheiden. Insbesondere vor dem Hintergrund, dass die englischen Regelungen deutlich einzelfallbezogener ausgestaltet sind als die vergleichbaren deutschen Vorschriften – so sieht das britische Steuerrecht bei vergleichbaren Konstellationen zumindest einen sog. „Motivtest", vor –, hat der EuGH in seinem Urteil die britischen Vorschriften nicht per se als EU-widrig eingestuft. Die Feststellung ging lediglich dahin, dass die entsprechenden Vorschriften so lange nicht gegen EU-Recht verstoßen, wie der Steuerpflichtige die Möglichkeit hat, darzulegen und zu beweisen, dass die im Ausland errichtete Gesell-

315 International werden diese Vorschriften als sog. „CFC Rules" bezeichnet, wobei CFC für „Controlled Foreign Corporation" steht. Innerhalb der OECD sind derzeit 16 Staaten bekannt, die über vergleichbare steuerliche Regelungen verfügen. Vgl. die entsprechende Liste bei Blümich/Vogt, vor §§ 7–14 AStG, Rz. 22.

316 Dies insbesondere seit Abschaffung des § 10 Abs. 5 AStG durch das Steuervergünstigungsabbaugesetz vom 16.05.2003, BGBl 2003 I S. 660. Vgl. ebenso die „analoge" Regelung des § 20 AStG.

317 Vgl. Blümich/Vogt, Vor §§ 7–14, Rz. 4.

318 Vgl. Köhler in Strunk/Kaminski/Köhler, AStG/DBA vor §§ 7–14, Rz. 66.

319 Weitere Kritikpunkte an den bestehenden Regelungen sind insbesondere der umfassende und wenig auf den Einzelfall bezogene Katalog des § 8 Abs. 1 AStG, die Schädlichkeit inländischer Mitwirkung bzw. des inländischen „Sichbedienens", der gegenüber dem deutschen Körperschaftsteuersatz nicht wirklich niedrige Steuersatz von 25 % zur Annahme einer niedrigen Besteuerung sowie die Nichtanwendung begünstigender inländischer Rechtsnormen (§ 3 Nr. 40 EStG, § 8 b KStG) auf die Besteuerung des Hinzurechnungsbetrages.

320 Vgl. EuGH Rs. C-196/04 vom 12.06.06, DStR 2006, S. 1686.

schaft eine echte wirtschaftliche Tätigkeit ausübt und andere als steuerliche Gründe für die Errichtung maßgeblich waren, und bei Erbringung eines solchen Nachweises anhand objektiv nachweisbarer Kriterien eine Hinzurechnungsbesteuerung vermieden werden kann.

Als Reaktion auf das o. g. EuGH-Urteil erließ das BMF am 08.01.2007 ein Schreiben betreffend die Hinzurechnungsbesteuerung nach dem AStG.[321] Danach waren die §§ 7–14 AStG grundsätzlich unverändert anzuwenden. Ausgenommen von der Hinzurechnungsbesteuerung wurden allerdings – unter bestimmten Voraussetzungen – Gesellschaften mit Sitz oder Geschäftsleitung in einem Mitgliedstaat der EU oder des europäischen Wirtschaftsraumes. Da die Europarechtskonformität nationaler Steuergesetze nicht im Erlasswege geregelt werden kann, erfolgte im Rahmen des Jahressteuergesetzes 2008[322] die gesetzliche Normierung durch Einfügung eines § 8 Abs. 2 AStG, in dem die Rechtsgedanken des o. g. BMF-Schreibens weitestgehend identisch umgesetzt wurden.[323]

2 Hinzurechnungsbesteuerung gem. §§ 7 – 14 AStG

2.1 Tatbestandsvoraussetzung

2.1.1 Inländische Steuerpflichtige

Der Begriff des inländischen Steuerpflichtigen umfasst sowohl natürliche als auch juristische Personen, sodass in Abhängigkeit von der Person des inländischen Gesellschafters die Erfüllung des Tatbestandes des § 7 Abs. 1 AStG (Hinzurechnungsbesteuerung) zu einer Erfassung der betreffenden ausländischen Einkünfte aus passivem Erwerb im Rahmen der **unbeschränkten Einkommensteuer- oder Körperschaftsteuerpflicht** führt. Bei unbeschränkt steuerpflichtigen natürlichen Personen wird der Hinzurechnungsbetrag dabei gem. § 10 Abs. 2 AStG als Beteiligungsertrag i. S. des § 20 Abs. 1 Nr. 1 EStG qualifiziert, soweit die Anteile im Privatvermögen gehalten werden. Befinden sich die Anteile im Betriebsvermögen, gehört der Hinzurechnungsbetrag zu den Einkünften aus Gewerbebetrieb, aus Land- und Forstwirtschaft bzw. aus selbständiger Arbeit. Es ist in diesem Zusammenhang darauf hinzuweisen, dass dieser Beteiligungsertrag, soweit in der Person der inländischen Körperschaft die Voraussetzungen des § 7 AStG erfüllt sind, ebenfalls der Gewerbesteuer unterliegt.[324] Entsprechendes gilt für natürliche Personen, soweit sie

321 Vgl. BMF-Schreiben vom 08.01.2007, BStBl 2007 I S. 99.
322 Vom 20.12.2007, BGBl 2007 I S. 3150.
323 Siehe unten Abschnitt D 2.1.3.3.
324 Vgl. Schaumburg, H., Internationales Steuerrecht, Außensteuerrecht, Doppelbesteuerungsrecht, 2. völlig überarb. u. erw. Aufl., Köln 1998, S. 431.

die Beteiligung an der ausländischen Zwischengesellschaft im Betriebsvermögen eines Einzelunternehmens bzw. im Sonderbetriebsvermögen einer Personengesellschaft halten.

Unmaßgeblich ist, wie lange die unbeschränkte Steuerpflicht bestanden hat und ob auch wirklich Einkünfte erzielt wurden.[325] Nicht ausdrücklich geregelt ist der Fall, dass die Beteiligung an der ausländischen Zwischengesellschaft durch eine **inländische Personengesellschaft** gehalten wird. Der Grund hierfür ist vermutlich darin zu suchen, dass eine Personengesellschaft sowohl nach nationalem deutschem Steuerrecht als auch nach internationalen steuerlichen Grundsätzen sowie in den meisten Doppelbesteuerungsabkommen keine Steuersubjektfähigkeit genießt. Die Problematik ergibt sich allerdings aus der Tatsache, dass es für den Fall, in dem ein inländischer Steuerpflichtiger über eine inländische Personengesellschaft an einer ausländischen Zwischengesellschaft beteiligt ist, am Merkmal der „gesellschaftsrechtlichen Beteiligung“ fehlt; nach Rechtsprechung des BFH ist in diesem Fall nur die Personengesellschaft, nicht jedoch ihr Gesellschafter am Nennkapital der ausländischen Gesellschaft beteiligt.[326]

Diese Gesetzeslücke ist jedoch im Wege der teleologischen Auslegung zu schließen, wonach Personengesellschaften als ein Zusammenschluss von mehreren Steuerpflichtigen zu qualifizieren sind. Es bleibt somit im Ergebnis festzuhalten, dass der Anwendungsbereich der Hinzurechnungsbesteuerung gem. § 7 Abs. 1 AStG auch den Fall betrifft, in dem mehrere unbeschränkt steuerpflichtige natürliche oder juristische Personen die Beteiligung an der ausländischen Zwischengesellschaft über eine inländische Personengesellschaft halten.[327]

Dieses Ergebnis wird zudem durch § 7 Abs. 3 AStG unterstrichen, wonach unbeschränkt Steuerpflichtige, die unmittelbar oder über eine Personengesellschaft an einer anderen Personengesellschaft beteiligt sind, die ihrerseits an einer ausländischen Gesellschaft i. S. des Abs. 1 beteiligt ist, als an einer ausländischen Gesellschaft beteiligt gelten. Nach dem Gesetzeswortlaut nicht eindeutig geklärt ist in diesem Zusammenhang, ob § 7 Abs. 3 AStG nur auf ausländische Personengesellschaften oder aber auch auf inländische Personengesellschaften abstellt.[328]

§ 7 Abs. 3 AStG regelt zum einen die Fälle, in denen der ausländischen Personengesellschaft nach dem entsprechenden Recht des ausländischen Staates eine eigene Rechtspersönlichkeit zukommt.[329] Für diese Fälle schreibt § 7 Abs. 3 AStG konstitutiv vor, dass die von der ausländischen Personengesellschaft an einer nachgeschal-

325 Vgl. Blümich/Vogt, § 7 AStG, Rz. 13.
326 Vgl. BFH vom 04.04.1974, BStBl 1974 II S. 645.
327 Vgl. Wassermeyer in Flick/Wassermeyer/Baumhoff, Anm. 9.1 sowie Anm. 27 zu § 7 AStG.
328 Zustimmend Wassermeyer in Flick/Wassermeyer/Baumhoff, Anm. 83 ff. zu § 7 AStG, m. w. N.
329 Vgl. z. B. zur Behandlung von Personengesellschaften des spanischen Rechts den koordinierten Ländererlass des FinMin NRW vom 19.09.1983 sowie zur Behandlung tschechischer/slowakischer Personengesellschaften das BMF-Schreiben vom 13.01.1997, IStR 1997, S. 120. Siehe auch Wassermeyer in Flick/Wassermeyer/Baumhoff, Anm. 84 zu § 7 AStG.

teten Kapitalgesellschaft gehaltene Beteiligung anteilig den hinter ihr stehenden inländischen Steuerpflichtigen zuzurechnen ist.

Wird dagegen die ausländische Personengesellschaft auch nach nationalem Recht als Gesamthandsgemeinschaft und nicht als eigene Rechtspersönlichkeit qualifiziert, so ergeben sich die Rechtsfolgen des § 7 Abs. 3 AStG bereits aus § 39 Abs. 2 Nr. 2 AO, wonach die von der ausländischen Personengesellschaft gehaltene Beteiligung direkt den inländischen Anteilseignern zuzurechnen ist.

2.1.2 Beherrschungsbeteiligung

2.1.2.1 Unmittelbare Beteiligung

Die **Beherrschungsvoraussetzung** des § 7 AStG ist grundsätzlich gegeben, wenn inländischen Steuerpflichtigen **mehr als die Hälfte der Gesellschaftsanteile oder der Stimmrechte** an der ausländischen Gesellschaft zuzurechnen sind. Es wird hierbei grundsätzlich auf das Ende des Wirtschaftsjahres der ausländischen Gesellschaft abgestellt, in dem die in Frage stehenden Einkünfte gem. § 7 Abs. 1 AStG erzielt wurden.

Maßgeblich ist somit die Beteiligung an einer im Ausland ansässigen Gesellschaft, die nach dem sog. „Typenvergleich" einer Kapitalgesellschaft i. S. des § 1 KStG entspricht.[330] Als Beteiligung gelten dabei auch die im Ausland häufig anzutreffenden nennwertlosen Anteile sowie Rechte an ausländischen Gebilden und Vermögensmassen, die nicht mit Gesellschaftskapital, Nennkapital oder Stimmrechten ausgestattet sind.[331]

Für die Ermittlung der Beteiligungsgrenze gem. § 7 Abs. 2 AStG sind somit im Grundsatz Beteiligungen von unbeschränkt steuerpflichtigen Steuerinländern, aber auch erweitert beschränkt Steuerpflichtigen maßgebend. Soweit sog. „Steuerausländer" an der Zwischengesellschaft beteiligt sind, bleiben diese Beteiligungen für Zwecke des § 7 Abs. 2 AStG außer Betracht. Dies gilt allerdings nur insoweit, als es sich bei dem Steuerausländer nicht um eine Person i. S. des § 2 AStG handelt. Soweit also in der Person eines an der Zwischengesellschaft beteiligten Steuerausländers die Voraussetzungen der sog. „Wegzugsbesteuerung" erfüllt sind (siehe entsprechende Ausführungen zu § 2 AStG), ist seine Beteiligung für die Bestimmung des Kriteriums der Beherrschungsbeteiligung mit einzubeziehen.

Der Begriff des „Beteiligtseins" des § 7 Abs. 2 Satz 1 AStG umfasst im Grundsatz die reine gesellschaftsrechtliche Beteiligung eines Inländersteuerpflichtigen an einer ausländischen Zwischengesellschaft, betrifft aber ebenso solche Fälle, in denen die

330 Vgl. Blümich/Vogt, § 7 AStG, Rz. 14.
331 Vgl. Blümich/Vogt, § 7 AStG, Rz. 21.

betreffende Beteiligung dem inländischen Steuerpflichtigen aufgrund der §§ 39, 41 und 42 AO steuerlich zuzurechnen ist.[332]

Hinsichtlich diesbezüglich „denkbarer" Beteiligungsformen ist im Einzelnen Folgendes anzumerken:[333]

- **Treuhandverhältnisse**

Die Beteiligung eines Treuhänders ist gem. § 39 Abs. 2 Nr. 1 Satz 2 AO grundsätzlich dem Treugeber zuzurechnen. Dies trifft analog auf die der Beteiligung entstammenden Dividendenerträge zu. Die Hinzurechnungsbesteuerung erfolgt somit in der Person des Treugebers, sodass konsequenterweise auch die Entlastung gem. § 11 AStG gewährt wird.

- **Typische stille Beteiligung**

Besteht eine typische stille Beteiligung am Unternehmen der ausländischen Zwischengesellschaft – nicht an der betreffenden Beteiligung –, so ist der Gewinn der ausländischen Gesellschaft um die sich aus der stillen Beteiligung ergebenden Verbindlichkeiten zu kürzen. Die typische Beteiligung erstreckt sich somit nicht auf die zugerechneten Zwischeneinkünfte i. S. des § 14 AStG. Die Zwischeneinkünfte sind als Hinzurechnungsbetrag lediglich dem inländischen Gesellschafter, nicht aber dem stillen Gesellschafter gem. § 7 Abs. 1 AStG hinzuzurechnen. Dies ergibt sich daraus, dass nur der Anteilseigner, nicht aber der stille Gesellschafter am Nennkapital der ausländischen Gesellschaft beteiligt ist.

- **Atypische stille Beteiligung**

Eine atypische stille Beteiligung des inländischen Steuerpflichtigen an der ausländischen Zwischengesellschaft führt grundsätzlich zur Begründung einer Mitunternehmerstellung an der ausländischen Kapitalgesellschaft. Die von der ausländischen Gesellschaft erwirtschafteten Einkünfte sind somit zwar teilweise dem inländischen atypischen stillen Gesellschafter zuzurechnen, eine Hinzurechnungsbesteuerung findet allerdings insoweit nicht statt, als der atypische stille Gesellschafter nicht an einer Körperschaft, sondern an einer Mitunternehmerschaft beteiligt ist.

- **Nießbrauch**

Hierbei ist zunächst grundsätzlich zu unterscheiden, ob der Nießbrauch an der ausländischen Gesellschaft selbst oder an der betreffenden Beteiligung bestellt wurde.

Soweit der Nießbrauch an dem ausländischen Unternehmen unmittelbar bestellt wurde, ist der Gewinn der ausländischen Gesellschaft um die sich aus dem Nieß-

332 Vgl. BMF vom 14.05.2005 Tz. 7.1.1.

333 Vgl. zum Folgenden auch Wassermeyer in Flick/Wassermeyer/Baumhoff, a. a. O., Anm. 28 ff. zu § 7 AStG.

brauch ergebenden Verbindlichkeiten zu vermindern. Nur ein verbleibender Restgewinn kann nach der Vorschrift des § 7 Abs. 1 AStG hinzugerechnet werden.

Problematischer ist dagegen die Bestellung des Nießbrauchs an der Beteiligung der betreffenden ausländischen Zwischengesellschaft, da es insoweit zu einem Auseinanderfallen von Anteilseigner und Nutzungsberechtigtem kommt. Schüttet die ausländische Zwischengesellschaft aus, käme es somit zu einem systemwidrigen Verlust der Kürzungsmöglichkeiten nach § 11 Abs. 1 AStG für den Anteilseigner.

2.1.2.2 Mittelbare Beteiligung

Ob einem Steuerpflichtigen Anteile an einer ausländischen Gesellschaft zuzurechnen sind, richtet sich grundsätzlich nach Zivilrecht. Hierbei sind jedoch darüber hinaus die Regelungen der §§ 39 bis 42 AO zu beachten.[334] Das BMF-Anwendungsschreiben zum AStG will hierbei insbesondere solche Fälle geregelt wissen, in denen ein inländischer unbeschränkt Steuerpflichtiger die Anteile an der ausländischen Zwischengesellschaft, z. B. über einen Rechtsanwalt, Notar oder ein Kreditinstitut, aufgrund eines **Treuhandverhältnisses** oder einer anderen vergleichbaren rechtlichen Konstruktion halten lässt. Voraussetzung ist aber in jedem Fall, dass der betreffende Steuerinländer die tatsächliche Herrschaft über die Beteiligung in der Weise ausübt, dass er den formalen Eigentümer im Regelfall von einer Einwirkung auf das Wirtschaftsgut (hier: Beteiligung an einer ausländischen Zwischengesellschaft) wirtschaftlich ausschließen kann.

Eine Hinzurechnung der Anteile gem. § 7 Abs. 1 AStG kommt ebenso zur Anwendung, wenn auf die Einschaltung des formalen Eigentümers die Grundsätze des § 42 AO anzuwenden sind, es sich also um einen Missbrauch von rechtlichen Gestaltungsmöglichkeiten handelt.[335]

2.1.2.3 Begriff der mehrheitlichen Beteiligung

Voraussetzung für die Anwendung der Vorschriften zur Hinzurechnungsbesteuerung gem. § 7 AStG ist grundsätzlich, dass den Anteilseignern gem. § 7 Abs. 2 AStG **mehr als 50 %**[336] der Anteile oder der Stimmrechte an der ausländischen Gesellschaft zuzurechnen sind.[337]

Zur Überprüfung, wann die Voraussetzungen für diese Mindestbeteiligung vorliegen, sind grundsätzlich die folgenden Anteile zu berücksichtigen:

- Anteile, die unbeschränkt Steuerpflichtigen unmittelbar gehören oder ihnen steuerlich zuzurechnen sind;

334 Vgl. BMF-Anwendungsschreiben zum Außensteuergesetz vom 02.12.1994, BStBl 1995 I Sondernummer 1 Tz. 7.4.1.

335 Vgl. BMF vom 14.05.2005 Tz. 7.2.1.

336 Zur reduzierten Mindestbeteiligungsgrenze für Kapitalanlagegesellschaften vgl. unten Kapitel D.I.2.1.2.4.

337 Vgl. Schaumburg, H., a. a. O., S. 431.

- Anteile von Personen, die die Voraussetzungen der erweiterten beschränkten Steuerpflicht gem. § 2 AStG erfüllen;
- mittelbare Beteiligungen, die von einem unbeschränkt Steuerpflichtigen bzw. von einer Person i. S. des § 2 AStG über eine nicht unbeschränkt steuerpflichtige Körperschaft, Personenvereinigung, Vermögensmasse oder Personengesellschaft gehalten werden;
- Anteile (Stimmrechte), die von im In- oder Ausland errichteten Personengesellschaften gehalten werden, und zwar in dem Verhältnis, in dem die inländischen Steuerpflichtigen bzw. Personen nach § 2 AStG an dieser Personengesellschaft beteiligt sind.

Da die Vorschrift des § 7 Abs. 2 AStG gleichwertig auf die Tatbestandsvoraussetzung „Gehören von Anteilen" sowie „Gehören von Stimmrechten" abstellt, können sich aus diesem Konkurrenzverhältnis insoweit Probleme ergeben, als Stimmrecht und quotale Beteiligung am Nennkapital voneinander abweichen. Hieraus ergibt sich jedoch, dass, soweit auch nur eines der beiden Kriterien erfüllt ist (entweder Mehrheit der Beteiligung am Nennkapital oder Mehrheit der Stimmrechte), die Tatbestandsvoraussetzungen des § 7 Abs. 1 AStG grundsätzlich als erfüllt anzusehen sind.[338] Da beide Alternativen selbständig nebeneinanderstehen, ist jedoch gleichzeitig ausgeschlossen, dass eine Beteiligung an einer ausländischen Zwischengesellschaft dem inländischen Steuerpflichtigen doppelt zugerechnet wird.

2.1.2.4 Reduzierte Mindestbeteiligung für Kapitalanlagegesellschaften

Die Vorschrift des § 7 Abs. 6 AStG definiert in Abweichung zu Abs. 2 eine gesonderte Mindestbeteiligung für ausländische Zwischengesellschaften, die Einkünfte mit Kapitalanlagecharakter gem. § 10 Abs. 6 Satz 2 AStG erzielen. Dabei regelt Satz 1 den Grundfall, wonach es in diesem Fall als ausreichend gilt, wenn **ein inländischer Steuerpflichtiger** insgesamt zu mindestens 1 % an der ausländischen Zwischengesellschaft beteiligt ist.[339]

Dieser Grundfall wird jedoch durch zusätzliche Ausnahmen/Rückausnahmen eingeschränkt bzw. erweitert.

Nach Satz 2 des § 7 Abs. 6 AStG ist die reduzierte Beteiligungsgrenze von 1 % nicht anzuwenden, wenn:

- die den Zwischeneinkünften mit Kapitalanlagecharakter zugrunde liegenden Bruttoerträge der ausländischen Zwischengesellschaft nicht mehr als 10 % der den gesamten Zwischeneinkünften zugrunde liegenden Bruttoerträge der betreffenden Zwischengesellschaft betragen und

338 Vgl. Blümich/Vogt, § 7 AStG, Rz. 27.

339 Zur Kritik vgl. Rättig/Protzen, Die „neue Hinzurechnungsbesteuerung" der §§ 7–14 AStG i. d. F. des UntStFG – Problembereiche und Gestaltungshinweise, IStR 2002, S. 124.

- die bei der Zwischengesellschaft oder bei einem Steuerpflichtigen hiernach außer Ansatz zu lassenden Beträge insgesamt 80.000 Euro nicht übersteigen.

Übersteigen somit bei einer Zwischengesellschaft die Einkünfte mit Kapitalanlagecharakter gem. § 10 Abs. 6 Satz 2 AStG weder die relative Grenze von 10 % noch die absolute Grenze von 80.000 Euro, bleibt es im Ergebnis bei der in § 7 Abs. 2 AStG festgeschriebenen erforderlichen Mindestbeteiligung inländischer Steuerpflichtiger von 50 %.

Erzielt die ausländische Zwischengesellschaft jedoch ausschließlich oder fast ausschließlich – d. h. zu mehr als 90 % – Einkünfte mit Kapitalanlagecharakter, sieht Satz 3 des § 7 Abs. 6 AStG eine zusätzliche Verschärfung der Beteiligungsvoraussetzungen vor. Danach sind die Vorschriften der §§ 7 bis 14 AStG in diesem Fall auch dann anzuwenden, wenn die Beteiligung weniger als 1 % an der ausländischen Kapitalgesellschaft beträgt. Im Ergebnis sind die Rechtsfolgen der Hinzurechnungsbesteuerung bei ausländischen Kapitalanlagegesellschaften, die zu mehr als 90 % Einkünfte mit Kapitalanlagecharakter erzielen, auch bei geringstem Streubesitz von z. B. 0,01 % anzuwenden. Diese drastische Regelung soll nach dem Willen des Gesetzgebers nur dann nicht zur Anwendung kommen, wenn mit den Aktien der ausländischen Gesellschaft ein wesentlicher und regelmäßiger Handel an einer anerkannten Börse stattfindet.[340]

2.1.2.5 Verhältnis zum Auslandsinvestmentgesetz

Bei der steuerlichen Behandlung von ausländischem Investmentvermögen kann es grundsätzlich zu einer Normenkonkurrenz kommen, soweit für die ausländische Gesellschaft neben den Vorschriften des InvStG auch die Voraussetzungen für das Vorliegen einer ausländischen Zwischengesellschaft – inländische Beherrschung, passive Tätigkeit, niedrige Besteuerung – gegeben sind. Über die zuletzt mit Gesetz vom 09.12.2004[341] geänderte Version des § 7 Abs. 7 AStG ist auf die Einkünfte, für die die ausländische Gesellschaft Zwischengesellschaft ist, zunächst das InvStG in der jeweils geltenden Fassung anzuwenden. Dies gilt jedoch dann nicht, wenn auf die Ausschüttungen bzw. ausschüttungsgleichen Erträge ein mit dem betreffenden ausländischen Staat bestehendes Doppelbesteuerungsabkommen (DBA) anzuwenden ist und nach diesem Abkommen die Einkünfte von der inländischen Bemessungsgrundlage anzunehmen sind. Da das Außensteuergesetz in der derzeit geltenden Fassung einen grundsätzlichen treaty override vorsieht,[342] sind auf die betreffenden Einkünfte – soweit die o. g. Voraussetzungen gem. § 7 Abs. 1–6 a AStG vorliegen – die entsprechenden Vorschriften des AStG anzuwenden.

340 Vgl. insgesamt auch Stuhrmann. Die Anpassung des Außensteuergesetzes im Rahmen des UntStFG, PIS, S. 34.

341 EU-Richtlinie Umsetzungsgesetz vom 09.12.2004, BGBl I S. 3310.

342 Abschaffung des § 10 Abs. 5 AStG durch das StVergAbG vom 16.03.2003, BGBl I S. 660.

2.1.2.6 Anwendung auf REITs

Mit Gesetz vom 28.05.2007[343] wurde die Rechtsform des Real Estate Investment Trusts für deutsche steuerliche Zwecke begründet. Da nach der Gesetzessystematik die Einkünfte eines REITs nicht auf Gesellschaftsebene, sondern auf Gesellschafterebene besteuert werden, stellte sich die Frage nach der Einordnung dieser grundsätzlich im Inland ansässigen, aber „niedrig besteuerten Gesellschaften" im Verhältnis zu den Vorschriften des Außensteuergesetzes, soweit sie über eine ausländische Zwischengesellschaft gehalten werden. § 7 Abs. 8 AStG bestimmt zunächst, dass es für Zwecke der inländischen REIT-Gesellschaften auf die inländische Beherrschung gem. Abs. 1 **nicht** ankommt, es sei denn, mit der Hauptgattung der Aktien der ausländischen Gesellschaft wird ein wesentlicher und regelmäßiger Handel an einer anerkannten Börse betrieben. Wesentlich einschneidender ist allerdings in diesem Zusammenhang die Fiktion des § 14 Abs. 2 AStG zu sehen,[344] wonach die REIT-Gesellschaft **grundsätzlich als ausländische Untergesellschaft** anzusehen ist, die mithin durch entsprechende Anwendung des § 8 Abs. 3 AStG einer niedrigeren Besteuerung unterliegt. Im Ergebnis fallen somit die Einkünfte einer inländischen REIT-Gesellschaft, die über eine ausländische Zwischengesellschaft gehalten werden, in den Anwendungsbereich der Hinzurechnungsbesteuerung.

2.1.3 Begriff der Zwischengesellschaft

Die Vorschrift des § 8 AStG (Einkünfte von Zwischengesellschaften) definiert den Begriff der Zwischengesellschaft und begründet damit die **sachlichen Tatbestandsvoraussetzungen** für die Hinzurechnungsbesteuerung hinsichtlich der Person der ausländischen Zwischengesellschaft. Eine gem. § 7 AStG beherrschte **ausländische Gesellschaft** ist danach Zwischengesellschaft für Einkünfte, die einer **niedrigen Besteuerung** unterliegen und aus sog. **passivem Erwerb** stammen.

Die Definition des Begriffs „Zwischengesellschaft" knüpft somit an **drei Voraussetzungen** an:

2.1.3.1 Ausländische Gesellschaft

Grundsätzlich muss es sich bei dem Rechtssubjekt, das für die betreffenden Einkünfte als Zwischengesellschaft zu qualifizieren ist, um eine ausländische Gesellschaft handeln. Dies ergibt sich bereits aus § 7 Abs. 1 AStG, wonach die Beteiligung des inländischen Steuerpflichtigen an einer nicht im Geltungsbereich des AStG ansässigen Gesellschaft bestehen muss. Grundsätzlich ist in diesem Zusammenhang festzustellen, dass der gesamte Bereich der Hinzurechnungsbesteuerung und somit auch die Definition des § 8 Abs. 1 AStG lediglich solche ausländischen

---

343 Gesetz zur Schaffung deutscher Immobilien-Aktiengesellschaften mit börsennotierten Anteilen vom 28.05.2007, BGBl I S. 914.

344 Vgl. unten Abschnitt D 2.6.3.4.

Rechtspersönlichkeiten erfasst, die der **Rechtsform der Kapitalgesellschaft** vergleichbar sind und der deutschen Körperschaftsteuerpflicht unterlägen, wenn sie Sitz oder Geschäftsleitung im Inland hätten.[345] Nur die Rechtsform der Kapitalgesellschaft als nach internationalen steuerlichen Grundsätzen rechtlich selbständiges Steuersubjekt kann die grundsätzliche Abschottung bestimmter durch diese Gesellschaft erzielter Einkünfte bewirken, die wiederum den deutschen Fiskus dazu veranlassen, im Wege der sog. Hinzurechnungsbesteuerung bzw. Zugriffsbesteuerung diese Einkünfte dem inländischen Steuerpflichtigen zuzurechnen.

Es ist in diesem Zusammenhang bemerkenswert, dass der Katalog des § 8 Abs. 1 AStG nicht auf die Beteiligung einer ausländischen Gesellschaft an einer **Personengesellschaft** eingeht. Grundsätzlich bestünde die Möglichkeit, diesen Gewinn als „Beteiligungsertrag" ohne Ausnahme dem passiven Bereich der ausländischen Zwischengesellschaft zuzuordnen oder aber die Vorschrift des § 8 Abs. 2 AStG analog anzuwenden. Den deutschen steuerlichen Vorschriften folgend ist der entsprechende Gewinnanteil der ausländischen Gesellschaft in analoger Anwendung des § 15 Abs. 1 Nr. 2 EStG zuzurechnen. Im Ergebnis ist dieser Sachverhalt somit unter den Anwendungsbereich des § 8 AStG so zu subsumieren, als habe die ausländische Gesellschaft die Tätigkeit oder das Rechtsverhältnis, aus denen die Einkünfte der ausländischen Personengesellschaft stammen, selbst ausgeübt.[346] Die Qualifikation des ausländischen Rechtsgebildes und die Frage, ob sie einer Gesellschaft i. S. des § 1 KStG entspricht, richten sich dabei ausschließlich nach deutschem Steuerrecht.[347] Die Existenz einer ausländischen Betriebsstätte reicht für die Annahme einer ausländischen Gesellschaft und damit für die Anwendung der Hinzurechnungsbesteuerung gem. §§ 7 – 14 AStG regelmäßig nicht aus.

2.1.3.2 Einkünfte aus passivem Erwerb

Der Katalog des § 8 Abs. 1 AStG enthält in den Nummern 1 bis 9[348] eine abschließende Aufzählung sog. **aktiver Tätigkeiten,** die im Umkehrschluss eine Anwendung der Hinzurechnungsbesteuerung ausschließen.[349] Hierbei ist insbesondere darauf hinzuweisen, dass die einzelnen Nummern des Kataloges keine Abgrenzung untereinander vornehmen, sodass bestimmte, von der ausländischen Zwischengesellschaft erzielte Einkünfte durchaus mehreren aktiven Einkünften i. S. des § 8 Abs. 1 Nr. 1 bis 7 AStG zuzuordnen sind. Solange jedoch eine von der ausländischen Gesellschaft erzielte Einkunftsart auch nur eines der im Katalog des § 8

345 Vgl. Schaumburg, H., a. a. O., S. 432, sowie Erlass FinMin Brandenburg vom 04.10.1993, RIW 1993, S. 876.

346 Vgl. Wassermeyer in Flick/Wassermeyer/Baumhoff, a. a. O., Anm. 22 zu § 8 AStG.

347 Vgl. BFH vom 17.07.1968, BStBl 1968 II S. 695, sowie Wassermeyer in Flick/Wassermeyer/Baumhoff, a. a. O., Anm. 10 zu § 7 AStG.

348 Der Katalog wurde durch das UntStFG erweitert um Gewinnausschüttungen (Nr. 8) und bestimmte Veräußerungsgewinne (Nr. 9) sowie zuletzt durch das SEStEG um bestimmte Umwandlungsvorgänge (Nr. 10).

349 Zur Deckungsgleichheit des „Numerus clausus" des § 8 AStG mit § 2 EStG vgl. Schaumburg, H., a. a. O., S. 445.

Abs. 1 AStG aufgeführten Tätigkeitsmerkmale erfüllt, ist somit im Ergebnis eine Anwendung des § 7 Abs. 1 AStG (Hinzurechnungsbesteuerung) ausgeschlossen.

Entscheidend ist des Weiteren die Frage, welche Tätigkeiten bzw. die sich hierauf begründenden Einkünfte einer ausländischen Gesellschaft zuzurechnen sind. Nach allgemeinen ertragsteuerlichen Grundsätzen ist eine Tätigkeit demnach demjenigen zuzurechnen, für dessen Rechnung sie ausgeübt wird.[350] Gemäß Tz. 8.0.1 des BMF-Anwendungsschreibens zum AStG ist die Qualifizierung der von der ausländischen Zwischengesellschaft erzielten Einkünfte grundsätzlich nach den **tatsächlichen Verhältnissen** vorzunehmen, unabhängig davon, welche Einkunftsart einer solchen Tätigkeit gem. § 2 Abs. 1 AStG zuzurechnen wäre.

Probleme bei der Anwendung des § 8 Abs. 1 AStG bzw. der Subsumtion der Tätigkeit der ausländischen Zwischengesellschaft kann es insbesondere geben, wenn das ausländische Steuersubjekt verschiedene Tätigkeiten nebeneinander ausübt. Soweit diese unterschiedlichen Tätigkeiten in keinem engeren wirtschaftlichen oder funktionalen Zusammenhang stehen, sind die jeweils diesen Tätigkeiten entstammenden Einkünfte getrennt voneinander zu behandeln und ggf. den einzelnen aktiven Einkunftsarten nach dem Katalog des § 8 Abs. 1 AStG zuzuordnen. Soweit eine ausländische Gesellschaft danach im Ergebnis sowohl aktive als auch passive Einkünfte erzielt, sind lediglich die passiven Einkünfte für Zwecke der Hinzurechnungsbesteuerung zu berücksichtigen.[351] Für den Fall, dass sich im Rahmen der Gewinnermittlung der ausländischen Gesellschaft einzelne Betriebseinnahmen bzw. Betriebsausgaben nicht eindeutig einer bestimmten Tätigkeit zuordnen lassen, kann eine erforderliche Zurechnung ggf. im Wege der indirekten Gewinnermittlung bzw. im Schätzungswege erfolgen.

Von einer getrennten Ermittlung der aktiven bzw. passiven Einkünfte kann lediglich dann abgesehen werden, wenn eine „aktive" ausländische Gesellschaft gleichzeitig auch bestimmte Einkünfte aus passivem Erwerb erzielt, diese jedoch unter Zugrundelegung der funktionalen Betrachtungsweise untrennbar mit der aktiven Tätigkeit verbunden bzw. durch diese veranlasst sind. Entscheidend für die „Haupttätigkeit" der ausländischen Gesellschaft ist dabei die Tätigkeit, auf der nach **allgemeiner Verkehrsauffassung** das wirtschaftliche Schwergewicht liegt.[352] Die oben genannten Grundsätze gelten insbesondere für sog. „betriebliche Nebenerträge", die den Einkünften aus aktiver Tätigkeit zuzuordnen sind. Beispiele für solche durch die aktive Tätigkeit bedingte bzw. der aktiven Haupttätigkeit zuzuordnenden passiven Nebenerträge sind gem. Tz. 8.0.2 des BMF-Anwendungsschreibens zum AStG insbesondere:

- durch die aktive Tätigkeit begründete Einkünfte aus Finanzmitteln,
- Einkünfte aus der Vermietung von Werkswohnungen sowie die

350 Vgl. BFH vom 01.06.1992, BStBl 1993 II S. 222.
351 Vgl. § 10 AStG.
352 Vgl. BFH vom 16.05.1990, BStBl 1990 II S. 1049.

- Verpachtung von Vorratsgelände als Teil eines zu einem aktiven Gewerbebetrieb gehörenden Grundstückes.

Die durch die Finanzverwaltung anerkannte **funktionale Betrachtungsweise** ist allerdings in ihrer Anwendung jeweils auf die einzelne ausländische Gesellschaft beschränkt. Es ist somit nicht möglich, Einkünfte aus passivem Erwerb einer ausländischen Gesellschaft als betriebliche Nebenerträge aus dem aktiven Erwerb einer zweiten ausländischen Gesellschaft zu qualifizieren.

Eine Aufgliederung und getrennte Beurteilung der jeweiligen durch die ausländische Gesellschaft ausgeübten Tätigkeiten ist auch für den Fall geboten, dass diese Tätigkeiten unter einem einheitlichen Vertragswerk bzw. Auftrag erbracht werden. Auch in diesem Fall ist eine einheitliche Behandlung nur insoweit zulässig, als sich die einzelnen Leistungen nach allgemeiner Verkehrsauffassung sowie unter Zugrundelegung der funktionalen Betrachtungsweise als einheitliche Leistung darstellen.

Der Tätigkeitskatalog des § 8 Abs. 1 Nr. 1 bis 7 AStG umfasst im Einzelnen:

2.1.3.2.1 Einkünfte aus Land- und Forstwirtschaft

Im Gegensatz zu anderen im Katalog des § 8 Abs. 1 Nr. 1 bis 9 AStG aufgeführten Tätigkeiten gelten die Einkünfte aus Land- und Forstwirtschaft ausnahmslos als unschädliche „aktive“ Einkünfte. Die Frage, welche Einkünfte der ausländischen Zwischengesellschaft der Tätigkeit der Land- und Forstwirtschaft entstammen, richtet sich auch für die Zwecke des § 8 Abs. 1 Nr. 1 AStG uneingeschränkt nach den Vorschriften der §§ 13, 14 EStG. § 8 Abs. 1 Nr. 1 AStG umfasst damit in analoger Anwendung des § 13 EStG jede planmäßige nicht gewerbliche Bodenbewirtschaftung und Fruchtziehung mit Hilfe von Naturkräften einschließlich der Verwendung und Verwertung der selbstgewonnenen Bodenfrüchte und der hierfür erforderlichen Be- oder Verarbeitung der Erzeugnisse.[353] Hierbei sind jedoch bestehende regionale Unterschiede in dem jeweiligen ausländischen Staat zu berücksichtigen.[354] Gemäß Tz. 8.1.1 des BMF-Anwendungsschreibens zum AStG beinhaltet der Begriff der Einkünfte aus Land- und Forstwirtschaft auch den Gewinn aus der Veräußerung des dafür eingesetzten Vermögens.

2.1.3.2.2 Industrielle Tätigkeit

Gemäß § 8 Abs. 1 Nr. 2 AStG gilt als ausnahmslos begünstigte „aktive“ Tätigkeit ebenfalls die **Herstellung, Bearbeitung, Verarbeitung oder Montage von Sachen, Erzeugung von Energie sowie die Aufsuchung und die Gewinnung von Bodenschätzen.**

353 Zwischen den Termini in § 8 Abs. 1 Nr. 1 AStG und § 13 EStG bestehen insoweit keine Unterschiede, so dass auf die einschlägige Kommentierung zum EStG verwiesen werden kann, vgl. Lehfeldt in Strunk/Kaminski/Köhler, AStG/DBA, § 8 AStG, Rz. 44.

354 Vgl. Blümich/Vogt, § 8 AStG, Rz. 19.

Unter dem Begriff der „Herstellung von Sachen“ ist zunächst im Grundsatz jeder Vorgang zu verstehen, durch den eine bisher nicht vorhandene Sache geschaffen wird (Urproduktion). Das ausschließliche Abstellen auf den Sachbegriff schließt jedoch im Umkehrschluss jegliche Produktion immaterieller Wirtschaftsgüter aus. So fallen z. B. Engineering-Leistungen, die Lieferung von technischem Know-how oder die Erstellung von Software grundsätzlich nicht unter § 8 Abs. 1 Nr. 2 AStG.

Diese auch von Flick/Wassermeyer/Baumhoff bestätigte, auf die rein auf der bilanzsteuerrechtlichen Beurteilung gestützte Auffassung[355] erscheint zumindest zweifelhaft, da auch die „Herstellung“ immaterieller Wirtschaftsgüter durchaus den Charakter einer aktiven gewerblichen Tätigkeit annehmen kann, wie sie dem Grundgedanken des § 8 Abs. 1 AStG entspricht.[356] Inwieweit solche Tätigkeiten als begünstigt im Sinne des Außensteuergesetzes zu qualifizieren sind, ist jedoch anhand der Vorschrift des § 8 Abs. 1 Nr. 5 AStG (Dienstleistungen) unter Berücksichtigung der dort vorgesehenen Einschränkungen zu prüfen.[357]

Unter der **„Be- oder Verarbeitung“** ist im Grundsatz die Veränderung einer bereits vorher bestehenden Sache zu verstehen. Auch wenn nach herrschender Verkehrsauffassung dabei die ursprüngliche Sache erhalten bleibt, so muss, um das Kriterium der industriellen Tätigkeit zu erfüllen, durch die Be- oder Verarbeitung nach der Verkehrsauffassung ein Gegenstand anderer Marktgängigkeit entstanden sein.[358] Es kann hierbei auf den Begriff der „Nämlichkeit“ aus dem Umsatzsteuergesetz zurückgegriffen werden. Zivilrechtlich ist in solchen Fällen der Tatbestand des § 59 BGB erfüllt.

Insbesondere das Kennzeichnen, Umpacken, Umfüllen, Sortieren, das Zusammenstellen von erworbenen Gegenständen zu Sachgesamtheiten und das Anbringen von Steuerzeichen gelten hierbei nicht als Be- oder Verarbeitung.[359] Soweit nach den oben genannten Kriterien die Voraussetzungen für eine industrielle Tätigkeit nach § 8 Abs. 1 Nr. 2 AStG nicht vorliegen, ist zu prüfen, inwieweit die Tätigkeit der ausländischen Gesellschaft als Handel i. S. des § 8 Abs. 1 Nr. 4 AStG zu qualifizieren ist.

Der Begriff der **„Montage“** – d. h. das Zusammenstellen oder der Umbau von vorgefertigten Einzelteilen – kann gleichzeitig als Bauausführung anzusehen sein. Die Definition ist insoweit subsidiär und im Rahmen des § 8 Abs. 1 Nr. 2 AStG nur von Bedeutung, wenn sie nicht einer anderen Tätigkeit, z. B. dem Handel gem. § 8 Abs. 1 Nr. 4 AStG,[360] zuzuordnen ist.

---

355 Vgl. Anm. 68 zu § 8 AStG.

356 Zur kritischen Auseinandersetzung vgl. Lehfeldt in Strunk/Kaminski/Köhler, AStG/DBA, § 8 AStG, Rz. 48 ff.

357 Vgl. u. Punkt 2.1.3.2.5.

358 Vgl. Tz. 8.1.2.2 des BMF-Anwendungsschreibens zum Außensteuergesetz.

359 Vgl. Tz. 8.1.2.2 des BMF-Anwendungsschreibens zum Außensteuergesetz.

360 Vgl. Lehfeld in Strunk/Kaminski/Köhler, AStG/DBA, § 8 AStG, Rz. 52.

2.1.3.2.3 Einkünfte aus dem Betrieb von Kreditinstituten und Versicherungsunternehmen

Soweit die in § 8 Abs. 1 Nr. 3 AStG bestimmten Anforderungen erfüllt sind, gilt auch der Betrieb von Kreditinstituten bzw. Versicherungsunternehmen in vollem Umfang als unschädliche „aktive“ Tätigkeit im Sinne des AStG. Die Ausgliederung des Betreibens eines Kreditinstitutes oder eines Versicherungsunternehmens aus dem Begriff der industriellen Tätigkeiten gem. § 8 Abs. 1 Nr. 2 AStG folgt in seiner Systematik dem Aufbau des § 1 HGB. Der Begriff des Kreditinstitutes bestimmt sich im Grundsatz nach § 1 KWG.[361] Danach sind Kreditinstitute Unternehmen, die Bankgeschäfte betreiben, wenn der Umfang der Bankgeschäfte einen **in kaufmännischer Weise eingerichteten Geschäftsbetrieb** erfordert. Hieraus ergibt sich, dass der in kaufmännischer Weise eingerichtete Geschäftsbetrieb, wie ihn auch § 8 Abs. 1 Nr. 3 AStG fordert, zu den Wesensmerkmalen eines Kreditinstitutes gehört. Trotzdem ist der Begriff des Kreditinstitutes nach § 1 KWG für Zwecke des § 8 Abs. 1 Nr. 3 AStG nicht anwendbar, da die in § 1 KWG enthaltene innumerative Aufzählung der Bankgeschäfte ausschließlich auf den spezifischen öffentlich-rechtlichen Aufgabenzweck des Gesetzes abstellt. Über die Begriffsbestimmung des KWG hinaus zählen deshalb nach § 8 Abs. 1 Nr. 3 AStG z. B. die Einziehung von Wechseln und Schecks (sog. Inkassogeschäfte), der Erwerb und die Veräußerung von Wertpapieren für eigene Rechnung, das Geldwechselgeschäft und unter bestimmten Umständen auch das Factoring zu den Tätigkeiten, die den Betrieb eines Kreditinstitutes begründen.[362]

Fraglich ist, ob der Betrieb eines Kreditinstitutes auch eine Teilnahme am allgemeinen wirtschaftlichen Verkehr erfordert. Gemäß § 1 KWG wird diese Eigenschaft **nicht explizit** gefordert. Die Finanzverwaltung geht davon aus, dass die Übernahme von Finanzierungsaufgaben innerhalb eines Konzerns nicht als Bankgeschäft zu qualifizieren ist, da sie nicht in kreditwirtschaftlicher Weise betrieben werden.[363]

Die Definition des Betriebs eines **Versicherungsunternehmens** ist im Gegensatz zur Begriffsbestimmung des Kreditinstitutes weniger bestimmt. Neben der Vorschrift des § 1 Abs. 2 Nr. 3 HGB kann darüber hinaus auf das „Gesetz über die Beaufsichtigung der privaten Versicherungsunternehmen und Bausparkassen“ vom 06.06.1931 zurückgegriffen werden. Dabei kann das VAG insbesondere insoweit als Definitionsgrundlage genutzt werden, als unter dem Betrieb des Versicherungsunternehmens i. S. des § 8 Abs. 1 Nr. 3 AStG alle Tätigkeiten fallen, die der Aufsicht nach dem VAG unterlägen, wenn das Versicherungsunternehmen seine Tätigkeit im Inland ausüben würde. Gemäß Tz. 8.1.3.2 des BMF-Anwendungsschreibens zum AStG handelt es sich bei Versicherungsunternehmen um gewerbliche Unternehmen,

361 Vgl. Schaumburg, H., a. a. O., S. 448.

362 Vgl. Wassermeyer in Flick/Wassermeyer/Baumhoff, Anm. 89 zu § 8 AStG.

363 Vgl. BMF vom 14.05.2004, BStBl 2004, I Tz. 8.1.3.3 sowie Lehfeld in Strunk/Kaminski/Köhler, AStG/DBA, § 8 a AStG, Rz. 57 ff.

die Versicherungsgeschäfte i. S. des § 1 VAG in versicherungswirtschaftlicher Weise betreiben.

Problematisch in Bezug auf die Subsumtion der Tätigkeit von Versicherungsgesellschaften unter die Tatbestandsmerkmale des § 8 Abs. 1 Nr. 3 AStG sind insbesondere konzerneigene Versicherungsgesellschaften, sog. **Captive Insurance Companies.** Unter einer solchen „Captive" werden allgemein rechtlich selbständige, konzerneigene ausländische Gesellschaften verstanden, die ausschließlich die Risiken verbundener Konzerngesellschaften versichern.[364] Da dieser Form der Selbstversicherung jedoch insbesondere das Merkmal eines Risikoausgleichs nach Portfolio-Gesichtspunkten fehlt und die Leistung lediglich gegenüber einer begrenzten, von vornherein feststehenden Anzahl von Unternehmen gegenüber erbracht werden, fallen konzerneigene Versicherungsgesellschaften nicht unter die Tatbestandsmerkmale des § 8 Abs. 1 Nr. 3 AStG.[365] Soweit nicht auch konzernunabhängige Unternehmen zu den Versicherungsnehmern zählen, ist in diesen Fällen alternativ zu prüfen, ob die Merkmale des § 8 Abs. 1 Nr. 5 AStG erfüllt sind.

Sowohl für ausländische Kreditinstitute als auch für ausländische Versicherungsunternehmen fordert § 1 Abs. 3 AStG darüber hinaus, dass sie einen in kaufmännischer Weise eingerichteten Geschäftsbetrieb unterhalten. Gemäß Tz. 8.1.3.5 des BMF-Anwendungsschreibens zum AStG liegen diese Voraussetzungen insbesondere dann vor, wenn die Unternehmen **sachlich und personell** so ausgestattet sind, dass sie mit Fremden Bank- oder Versicherungsgeschäfte in einem ein Kreditinstitut oder Versicherungsunternehmen begründenden Umfang abschließen und ausführen können. Auch in diesem Fall scheidet jedoch eine aktive Tätigkeit i. S. des § 8 AStG aus, soweit das betreffende Unternehmen seine Geschäfte überwiegend (d. h. zu mehr als 50 %)

a) mit unbeschränkt Steuerpflichtigen, die nach § 7 AStG an dem Unternehmen beteiligt sind, oder/und

b) unbeschränkt oder beschränkt steuerpflichtigen Personen, die dem unbeschränkt Steuerpflichtigen i. S. des Buchst. a) nahestehen,

abwickelt.

Ein in kaufmännischer Weise eingerichteter Geschäftsbetrieb liegt nach Handelsrecht insbesondere dann vor, wenn das Unternehmen den §§ 238 ff. HGB entsprechend Handelsbücher führt, die Geschäftskorrespondenz aufbewahrt und gem. §§ 240, 242 ff. HGB eine Inventur und Bilanz aufstellt. Da es sich bei den betreffenden Steuersubjekten jedoch ausnahmslos um ausländische Gesellschaften handelt, muss es als ausreichend angesehen werden, wenn die Unternehmen die den oben

364 Vgl. BMF-Schreiben vom 10.01.1977, FR 1977, S. 118 sowie Wassermeyer in Flick/Wassermeyer/Baumhoff, Anm. 98 zu § 8 AStG.

365 Vgl. BMF-Schreiben vom 14.05.2004, Tz. 8.1.3.6. Kritisch und für das Vorliegen der entsprechenden Kriterien vgl. Lehfeld in Strunk/Kaminski/Köhler, AStG/DBA, § 8 AStG, Rz. 62.

genannten handelsrechtlichen normierten Anforderungen entsprechenden ausländischen Handelsgewohnheiten beachten.

Obwohl die Vorschrift des § 8 Abs. 1 Nr. 3 AStG im Grundsatz keine Teilnahme am allgemeinen wirtschaftlichen Verkehr erfordert, stellen die Verwaltungsgrundsätze klar, dass die Wahrnehmung von konzerninternen Aufgaben, insbesondere die **Holding-Tätigkeit,** die Vermögensverwaltung sowie die Übernahme von Finanzaufgaben zum Zwecke des Risikoausgleiches keine Bank- oder Versicherungsgeschäfte darstellen.[366] Dies gilt analog für den Ankauf und die Einziehung von Forderungen (Factoring), wenn diese Tätigkeit ausschließlich oder überwiegend mit verbundenen Unternehmen erfolgt.

2.1.3.2.4 Handel

Auch wenn die Handelstätigkeit im Grundsatz als unschädliche „aktive" Tätigkeit im Sinne der Hinzurechnungsbesteuerung gilt, erfährt diese Regel durch zwei komplizierte Ausnahmeregelungen wesentliche Einschränkungen.[367]

Zunächst ist festzustellen, dass der Begriff der Handelstätigkeit i. S. des § 8 Abs. 1 Nr. 4 AStG wesentlich weiter gefasst ist, als dies die Vorschriften der §§ 1, 343 Abs. 1 HGB vorsehen, und ebenfalls Tätigkeiten erfasst, die unter die §§ 8 Abs. 1 Nr. 2, 3, 5 oder 7 AStG zu subsumieren sind. Unter die Handelstätigkeit i. S. des § 8 Abs. 1 Nr. 4 AStG fallen somit sämtliche auf den Austausch von wirtschaftlichen Gütern gerichteten Tätigkeiten, wobei sich der Begriff der Güter nicht nur auf die bereits in § 8 Abs. 1 Nr. 2 AStG definierten Wirtschaftsgüter beschränkt. Somit fällt im Grundsatz auch der Handel mit Rechten, insbesondere Urheberrechten, Patentrechten, Forderungsrechten, unter den Anwendungsbereich des § 8 Abs. 1 Nr. 4 AStG.

Eine Handelstätigkeit ist jedoch dann nicht als begünstigte Tätigkeit im Sinne der Hinzurechnungsbesteuerung anzusehen, wenn ein unbeschränkt Steuerpflichtiger, der gem. § 7 AStG an der ausländischen Gesellschaft beteiligt ist, oder eine einem solchen Steuerpflichtigen i. S. des § 1 Abs. 2 AStG nahestehende Person die gehandelten Güter oder Waren aus dem Geltungsbereich des AStG an die ausländische Gesellschaft liefert.[368]

Dies gilt gem. § 8 Abs. 1 Nr. 4 AStG dann nicht, wenn der Steuerpflichtige nachweist, „dass die ausländische Gesellschaft einen für derartige Handelsgeschäfte in kaufmännischer Weise eingerichteten Geschäftsbetrieb unter Teilnahme am allgemeinen wirtschaftlichen Verkehr unterhält und die zur Vorbereitung, zum Abschluss und zur Ausführung der Geschäfte gehörenden Tätigkeiten ohne Mitwir-

366 Vgl. BMF-Schreiben vom 14.05.2004, Tz. 8.1.3.3. ff. Kritisch Lehfeld in Strunk/Kaminski/Köhler, AStG/DBA, § 8 AStG, Rz. 57.
367 So auch Schaumburg, H., a. a. O., S. 450 f.
368 Vgl. im Einzelnen BMF vom 14.05.2004, Tz. 8.1.4.1.

kung eines solchen Steuerpflichtigen oder einer solchen nahestehenden Person ausübt".[369]

Dieser erste zu „schädlichen" Einkünften aus passivem Erwerb führende Ausnahmetatbestand richtet sich in erster Linie gegen die Praxis deutscher Produktionsunternehmen, ihre Waren über eine ausländische Vertriebsgesellschaft im Ausland abzusetzen. Die bei dieser Struktur auf die ausländische Vertriebsgesellschaft verlagerte Handelsgewinnspanne soll nach dem Willen des deutschen Gesetzgebers im Rahmen der Hinzurechnungsbesteuerung von der inländischen Besteuerung erfasst werden.

Nach der zweiten Ausnahmevorschrift des § 8 Abs. 1 Nr. 4 b AStG erzielt die ausländische Vertriebsgesellschaft auch dann Einkünfte aus passivem Erwerb, wenn die Güter oder Waren von der ausländischen Gesellschaft in den Geltungsbereich dieses Gesetzes, an einen solchen Steuerpflichtigen oder eine solche nahestehende Person geliefert werden.

Auch in diesem Fall gilt allerdings der allgemeine Ausnahmetatbestand des § 8 Abs. 1 Nr. 4 AStG, wonach eine solche Vertriebstätigkeit so lange nicht schädlich ist, wie die ausländische Vertriebsgesellschaft einen in kaufmännischer Weise eingerichteten Geschäftsbetrieb unter Teilnahme am allgemeinen wirtschaftlichen Verkehr unterhält und sich bei ihrer Tätigkeit nicht der Mitwirkung des inländischen Steuerpflichtigen oder einer ihm nahestehenden Person bedient. Dieser zweite Ausnahmetatbestand betrifft den Fall, in dem ein inländisches Produktionsunternehmen die benötigten Vorprodukte regelmäßig über eine gesellschaftsrechtlich verbundene **ausländische Einkaufsgesellschaft** bezieht. Der Vorschrift liegt die Vermutung des Gesetzgebers zugrunde, dass durch überhöhte Einstandspreise, die das inländische Produktionsunternehmen an die verbundene ausländische Einkaufsgesellschaft zahlt, ebenfalls eine Gewinnverlagerung in das Ausland stattfindet.[370] Die Folgen einer Hinzurechnungsbesteuerung können in den beiden oben dargestellten Ausnahmetatbeständen, die grundsätzlich zu einem passiven Erwerb der ausländischen Vertriebsgesellschaft führen, nur vermieden werden, wenn der Steuerpflichtige zwei Nachweise führt:

a) Aktivitätstatbestand

Der Steuerpflichtige muss nachweisen, dass die ausländische Vertriebsgesellschaft einen in kaufmännischer Weise eingerichteten Geschäftsbetrieb unter Teilnahme am allgemeinen wirtschaftlichen Verkehr unterhält. Inwieweit diese Voraussetzungen erfüllt sind, ist in analoger Anwendung des § 15 Abs. 2 EStG zu prüfen. Es ist jedoch zu betonen, dass die Teilnahme am allgemeinen wirtschaftlichen Verkehr

369 Zum Begriff des in „kaufmännischer Weise eingerichteten Geschäftsbetriebes" vgl. Wassermeyer in Flick/Wassermeyer/Becker, a. a. O., Anm. 141 zu § 8 AStG m. w. N.

370 Vgl. Schaumburg, H., a. a. O., S. 452.

durch die ausländische Vertriebs- bzw. Einkaufsgesellschaft selbst ausgeübt werden muss.

Insbesondere die über eine andere Konzern- bzw. Organgesellschaft fingierte Teilnahme am allgemeinen wirtschaftlichen Verkehr wird als nicht ausreichend angesehen.[371] Demgegenüber sieht die herrschende Meinung es allerdings als ausreichend an, wenn die ausländische Gesellschaft entweder nur auf der Bestandsbeschaffungs- bzw. nur auf der Absatzseite am allgemeinen wirtschaftlichen Verkehr teilnimmt.[372] Nicht abschließend geklärt ist die Frage, ob eine Beschränkung auf Konzerngesellschaften sowohl bei Eingangs- als auch Ausgangsumsätzen der ausländischen Gesellschaft zwingend zu einer Versagung der Teilnahme am allgemeinen wirtschaftlichen Verkehr führt.[373]

b) Mitwirkungstatbestand

Der Steuerpflichtige muss nachweisen, dass sich die ausländische Handelsgesellschaft bei der Ausübung ihrer Tätigkeit **nicht des inländischen Steuerpflichtigen bzw. einer ihm nahestehenden Person bedient.**[374]

Insbesondere dieser zweite erforderliche Auffangtatbestand birgt erhebliche Probleme in sich, da aufgrund der zunehmenden Arbeitsteilung im Rahmen internationaler Wirtschaftsbeziehungen und der damit verbundenen Vielzahl von Kooperationen bei enger Auslegung dieses Mitwirkungsbegriffes für eine aktive Tätigkeit i. S. des § 8 Abs. 1 Nr. 4 AStG kaum noch Raum bleibt. Eine Mitwirkung im Sinne der oben genannten Vorschrift soll nach Auffassung der Finanzverwaltung insbesondere dann vorliegen, wenn entweder der inländische Steuerpflichtige oder eine ihm nahestehende Person Tätigkeiten übernimmt, die unter Zugrundelegung der funktionalen Betrachtungsweise Teil des Aufgabengebietes der ausländischen Handelsgesellschaft wären. Entsprechend wirkt gem. Tz. 8.1.4.3.1 des BMF-Anwendungsschreibens zum AStG eine Person am Handelsgeschäft der ausländischen Gesellschaft mit, wenn sie Tätigkeiten ausübt, die nach ihrer Funktion Teil der Vorbereitung, des Abschlusses oder der Ausführung der in Betracht stehenden Geschäfte dieser Gesellschaft sind. Dieses gilt auch für den Fall, dass für die Ausübung solcher Mitwirkungsleistungen ein Entgelt wie zwischen fremden Dritten vereinbart wird. Nur für den Fall, dass im Rahmen einer aktiven Handelstätigkeit einzelne Geschäfte von untergeordneter Bedeutung anfallen, an denen ein Inlandsbeteiligter oder eine ihm nahestehende Person mitwirken, kann nach den Grundsätzen des BMF-Anwendungsschreibens zum AStG eine Prüfung, ob die ausländische Handelsgesellschaft insgesamt Einkünfte aus passivem Erwerb erzielt, unterbleiben. Es ist jedoch darauf

---

371 Vgl. Wassermeyer in Flick/Wassermeyer/Baumhoff, § 8 AStG, Rz. 142.

372 Vgl. auch BMF-Schreiben vom 14.05.2004, Tz. 8.1.4.2.2, siehe weiterhin Lehfeld in Strunk/Kaminski/Köhler, AStG/DBA § 8 AStG, Rz. 87 m. w. N.

373 Für eine solche Auffassung: Wassermeyer in Flick/Wassermeyer/Baumhoff, AStR. § 8 AStG, Anm. 1.43.

374 Vgl. Blümich/Vogt, a. a. O., § 8 AStG, Rz. 47 ff.

hinzuweisen, dass auch in diesem Fall die Grundsätze über die Einkunftsabgrenzung zwischen international verbundenen Unternehmen gem. § 1 AStG zu berücksichtigen sind.

Keine schädliche Mitwirkung liegt nach Auffassung der Finanzverwaltung z. B. in folgenden Fällen vor:[375]

- Im Falle der **Verkaufsgesellschaft** werden die Waren allgemein oder im Einzelfall von der inländischen Produktionsgesellschaft unmittelbar an den Abnehmer der ausländischen Gesellschaft versendet (sog. „Streckengeschäft") oder der ausländischen Gesellschaft die Waren unter Eigentumsvorbehalt zur Weiterveräußerung überlassen (so z. B. im Fall eines Konsignationslagers).
- Der Steuerinländer oder eine ihm nahestehende Person **erbringt** gegenüber dem Abnehmer der ausländischen **Vertriebsgesellschaft** Nebenleistungen, die nach funktionaler Betrachtungsweise bzw. der allgemeinen Verkehrsauffassung Umfang der sachgerechten Lieferung der ausländischen Vertriebsgesellschaften wären (z. B. technische Einweisung der Kunden durch den Hersteller).
- Der Steuerinländer oder eine ihm nahestehende Person **erwirbt** die von dem Lieferanten der ausländischen Handelsgesellschaft bezogenen Waren, ohne hierbei die ausländische Handelsgesellschaft einzuschalten.

Grundsätzlich ist für den Nachweis der Eigenständigkeit auf die vertraglich vereinbarte Funktionsabgrenzung und die Darlegung der tatsächlichen Aufgabenteilung abzustellen. Hierzu können beispielhaft die zwischen der Finanzverwaltung und den Spitzenverbänden ausgearbeiteten Musterfälle herangezogen werden.[376]

2.1.3.2.5 Dienstleistungen

Auch die Erbringung von Dienstleistungen durch eine ausländische Zwischengesellschaft gilt zwar im Grundsatz als „aktive" Tätigkeit gem. § 8 Abs. 1 Nr. 5 AStG, dennoch erfährt auch in diesem Fall der Umfang der begünstigten Tätigkeiten eine wesentliche Einschränkung durch entsprechende Ausnahmetatbestände,[377] die analog zu den Vorschriften betreffend der Handelstätigkeit von ausländischen Zwischengesellschaften geregelt sind.[378] Der Begriff der Dienstleistung selbst wird im deutschen Steuerrecht nicht näher definiert. Die Erbringung von Dienstleistungen lässt sich grundsätzlich insbesondere unter die Vorschriften des § 15 EStG sowie des § 18 EStG subsumieren. In Anlehnung an das BGB[379] sind Dienstleistungen

375 Vgl. BMF-Schreiben vom 14.05.2004, Tz. 8.1.4.3.2.

376 Vgl. FinMin Nordrhein-Westfalen vom 29.12.1978 – S 1352 – 5 – V B 2, abgedruckt in Praktiker-Handbuch 2000 Außensteuerrecht, Bd. I, Anweisungen zu § 8 Abs. 1 AStG, 4.1, und die Kommentierung zu den einzelnen Fällen von Wassermeyer in Flick/Wassermeyer/Baumhoff, § 8 AStG Rz. 154–163 (November 2002).

377 Vgl. Schaumburg, H., a. a. O., S. 454.

378 Vgl. insoweit auch die Ausführungen zu § 8 Abs. 1 Nr. 4 AStG.

379 § 611 BGB.

gegeben, wenn die Leistungserbringung im Vordergrund steht, ohne dass ein bestimmter Erfolg geschuldet wird.[380]

Grundsätzlich fallen unter den Begriff der Dienstleistungstätigkeit alle wirtschaftlichen Verrichtungen, die nicht in der Erzeugung von Sachgütern, sondern in persönlichen Leistungen bestehen. Als begünstigte Dienstleistungen i. S. des § 8 Abs. 1 Nr. 5 AStG kommen damit insbesondere in Betracht:

- **Gewerbliche Dienstleistungen** (z. B. Transport, Nachrichtenverkehr, Baubetreuung, Instandhaltung, Reinigung, Bewachung und die Übernahme von Computerarbeiten),
- **Technische Planleistungen** (Engineering, Werbung, Forschung, Entwicklung, technische Berechnungen, Meinungsforschung),
- **Dienstleistungen im kulturellen Bereich** (Kunst, Theater, Film, Rundfunk und Fernsehen, Verlags-, Literatur- und Pressewesen),
- **Freiberufliche Tätigkeiten** wie i. S. des § 18 EStG,
- **Dienstleistungen des täglichen Lebens** (z. B. Gaststätten und Beherbergungsgewerbe, Wäscherei, Gesundheits- und Krankenwesen, Schaustellung und vergleichbare Tätigkeit),
- **Tätigkeiten der Handelsvertreter,** Makler, Spediteure, Lagerhalter, Frachtführer, Versicherungsvertreter, Treuhänder und das sonstige Mitwirken an gewerblichen Tätigkeiten.[381]

Auch in diesem Fall führt jedoch die Ausübung der oben genannten Tätigkeiten nur so lange nicht zu passivem Erwerb im Sinne des AStG, als sich die inländische Tochtergesellschaft nicht in schädlicher Weise der bestimmten Person „bedient" bzw. bestimmte konzerninterne Dienstleistungen erbringt.[382]

Gemäß § 8 Abs. 1 Nr. 5 a AStG liegt zunächst dann keine „aktive" Tätigkeit der ausländischen Zwischengesellschaft vor, soweit sich die ausländische Gesellschaft für die zu erbringenden Dienstleistungen eines unbeschränkt Steuerpflichtigen, der gem. § 7 AStG an ihr beteiligt ist, oder einer einem solchen Steuerpflichtigen i. S. des § 1 Abs. 2 AStG nahestehenden Person bedient, die mit ihren Einkünften aus der von ihr beigetragenen Leistung im Geltungsbereich dieses Gesetzes steuerpflichtig ist.[383] Im Vergleich zu der entsprechenden Vorschrift des § 8 Abs. 1 Nr. 4 a AStG fällt zunächst auf, dass die vorliegende Vorschrift betreffend die Erbringung von Dienstleistungen die Formulierung „sich bedienen" wählt, während § 8 Abs. 1

380 Siehe auch Lehfeldt in Strunk/Kaminski/Köhler, AStG/DBA, § 8 AStG Rz. 93. Dementsprechend fallen Werkverträge nicht unter den Begriff der Dienstleistung, da regelmäßig ein konkreter Erfolg geschuldet wird.

381 Vgl. Flick/Wassermeyer/Becker, Anm. 72 zu § 8 AStG.

382 Vgl. Lehfeldt in Strunk/Kaminski/Köhler, AStG/DBA, § 8 AStG, Rz. 92.

383 Siehe Tz. 8.1.5.1.1 des BMF-Anwendungsschreibens zum Außensteuergesetz sowie BFH vom 29.10.1984, BStBl 1985 II S. 120.

Nr. 4 AStG von einer „Mitwirkung“ spricht. Auch wenn zunächst kein vernünftiger Grund für diese unterschiedliche Wahl der Formulierung ersichtlich ist, so zwingen der Wortlaut und die unterschiedlichen Tatbestandsvoraussetzungen der beiden Vorschriften trotzdem, zu einer scharfen Trennung bei den Regelungen.[384]

Aus der Formulierung „sich bedienen“ ergibt sich zunächst, dass die ausländische Gesellschaft die Entscheidungsfreiheit hat, in welcher Form sie eine von ihr geschuldete Dienstleistung erbringen will. Es steht ihr damit grundsätzlich frei, sich des inländischen Steuerpflichtigen bzw. einer ihm nahestehenden Person oder eines fremden Dritten zu bedienen.

Im Gegensatz zum Tatbestand der **„Mitwirkung“**, die auch durch einseitige Entscheidung der inländischen Beteiligten erfolgen kann, erfordert somit der Tatbestand des „Sichbedienens“, dass die ausländische Gesellschaft zur Erfüllung der von ihr geschuldeten Dienstleistungen den inländischen Anteilseigner bzw. eine ihmnahe stehende Person im Rahmen eines Anstellungs- oder Subunternehmerverhältnisses selbständig, durch eigene Willensbildung einschaltet.

Des Weiteren ergibt sich aus dem konkreten Gesetzeswortlaut, dass die Mitwirkung nur bei Erbringung der hier konkreten Dienstleistung schädlich ist, nicht aber, soweit sich die Mitwirkung auf die Erbringung sonstiger interner Dienstleistungen – interne Verwaltung, Akquisition – bezieht. Darüber hinaus beschränkt sich die **schädliche Mitwirkung** ausdrücklich auf das Außenverhältnis.[385] Maßgebend werden dabei immer die wirtschaftlichen Verhältnisse des Einzelfalls sowie der konkrete Aufgabenbereich der ausländischen Gesellschaft sein.[386]

Eine maßgebende Abweichung von der Parallelvorschrift des § 8 Abs. 1 Nr. 4 a AStG und damit eine wesentliche Einschränkung für den Bereich der Dienstleistungen ergibt sich aus der Tatsache, dass für den Bereich der Dienstleistungen der „Bedienerstatbestand“ und damit das Vorliegen von Einkünften aus passivem Erwerb nicht dadurch geheilt werden kann, dass der Steuerpflichtige nachweist, dass die ausländische Gesellschaft einen zur Erbringung derartiger Dienstleistungen in kaufmännischer Weise eingerichteten Geschäftsbetrieb unter Teilnahme am allgemeinen wirtschaftlichen Verkehr unterhält.

Als zweite wesentliche Ausnahmeregelung, wonach die Erbringung von Dienstleistungen durch die ausländische Zwischengesellschaft nicht zu Einkünften aus passivem Erwerb führt, nennt § 8 Abs. 1 Nr. 5 b AStG den sog. **Erbringungstatbestand.** Danach ist die Tätigkeit der ausländischen Gesellschaft auch dann schädlich, wenn die ausländische Gesellschaft die Dienstleistung einem solchen Steuerpflichtigen oder einer solchen nahestehenden Person erbringt.[387]

384 Vgl. Wassermeyer in Flick/Wassermeyer/Baumhoff, Anm. 181 a zu § 8 AStG.
385 Vgl. Lehfeld in Strunk/Kaminski/Köhler, AStG/DBA, § 8 AStG, Rz. 101.
386 Vgl. Wassermeyer in Flick/Wassermeyer/Baumhoff, § 8 AStG, Rz. 182.
387 Siehe BMF vom 14.05.2004, Tz. 8.1.5.3.

Hier ist zunächst darauf hinzuweisen, dass auch bei Vorliegen des sog. Erbringungstatbestandes Einkünfte aus passivem Erwerb bei der ausländischen Zwischengesellschaft dann vermieden werden können, wenn der Steuerpflichtige nachweist, dass die ausländische Gesellschaft einen für das Bewirken derartiger Dienstleistungen eingerichteten Geschäftsbetrieb unter Teilnahme am allgemeinen wirtschaftlichen Verkehr unterhält und die zu der Dienstleistung gehörenden Tätigkeiten ohne Mitwirkung eines solchen Steuerpflichtigen oder einer solchen nahestehenden Person ausübt.

Diese wiederum zu unschädlichen Einkünften der ausländischen Zwischengesellschaft führende Ausnahme des § 8 Abs. 1 Nr. 5 b AStG entspricht grundsätzlich der analogen Vorschrift des § 8 Abs. 1 Nr. 4 b AStG, sodass auf die entsprechenden Ausführungen verwiesen werden kann.[388]

Nichtsdestoweniger ist zu berücksichtigen, dass sich Handel und Dienstleistungen in ihrer Funktion durchaus deutlich unterscheiden können. Wie zum Handelsbereich (siehe oben) wurden von den Spitzenverbänden der deutschen Wirtschaft und der Finanzverwaltung für den Bereich der Dienstleistungen entsprechende Musterfälle erarbeitet.

Der Erbringungstatbestand ist nach § 8 Abs. 1 Nr. 5 b AStG grundsätzlich erfüllt, wenn die Dienstleistungstätigkeit von der ausländischen Gesellschaft an den inländischen Anteilseigner oder die nahestehende Person erbracht wird. Entscheidend hierbei ist nicht nur die direkte Geschäftsbeziehung zwischen der ausländischen Gesellschaft und dem inländischen Anteilseigner bzw. der nahestehenden Person. Auch soweit sich die ausländische Gesellschaft bei der Erbringung der Dienstleistungen z. B. eines Erfüllungsgehilfens bedient, wird hierdurch die Anwendung des § 8 Abs. 1 Nr. 5 b AStG nicht berührt.[389] Wird die betreffende Dienstleistung aber z. B. von einem fremden Dritten gegenüber dem inländischen Anteilseigner bzw. einer ihm nahestehenden Person geschuldet und bedient sich dieser hierfür der ausländischen Zwischengesellschaft, liegt hierin kein Fall des § 5 Abs. 1 Nr. 5 b AStG.

Weiteres Kriterium ist, dass die betreffende Dienstleistung von der ausländischen Zwischengesellschaft an den inländischen Anteilseigner bzw. die nahestehende Person erbracht werden muss. Hieraus ergibt sich im Umkehrschluss, dass eine Dienstleistung, die die ausländische Gesellschaft auf Weisung ihres Anteilseigners einem Dritten gegenüber erbringt, nicht unter den Anwendungsbereich des § 8 Abs. 1 Nr. 5 b AStG fällt.[390]

388 Vgl. oben Punkt D 2.1.3.2.4.

389 Vgl. BFH vom 29.08.1994, BStBl 1985 II S. 120.

390 Vgl. Wassermeyer in Flick/Wassermeyer/Baumhoff, a. a. O., Anm. 191 zu § 8 AStG. Ebenso Lehfeldt in Strunk/Kaminski/Köhler, AStG/DBA, § 8 AStG, Rz. 217.

Die in Nr. 5 genannten Mitwirkungstatbestände sind nicht relevant bei EU-/EWR-Tochtergesellschaften, die die Substanz-/Funktionserfordernisse des § 8 Abs. 2 AStG erfüllen.[391]

2.1.3.2.6 Einkünfte aus Vermietung und Verpachtung

Erzielt die ausländische Zwischengesellschaft Einkünfte aus Vermietung und Verpachtung, so führt dies gem. § 8 Abs. 1 Nr. 6 AStG zwar grundsätzlich nicht zu passivem Erwerb. Es ist jedoch darauf hinzuweisen, dass diese Grundaussage durch erhebliche Ausnahmen durchbrochen wird, sodass eine aktive Tätigkeit aus Vermietung und Verpachtung gem. § 8 Abs. 1 Nr. 6 AStG im Ergebnis quasi die Ausnahme bilden wird.[392] Grundsätzlich entspricht der Begriff der Vermietung und Verpachtung in § 8 Abs. 1 Nr. 6 AStG im vollen Umfang demjenigen des § 21 EStG, wobei die Vorschrift des Außensteuergesetzes jedoch zusätzlich auch gewerbliche Vermietungs- und Verpachtungseinkünfte insbesondere auch beweglicher Sachen umfasst.[393] Gemäß Tz. 8.1.6.1 des BMF-Anwendungsschreibens zum Außensteuergesetz führt jedoch auch die Tätigkeit der Vermietung und Verpachtung durch die ausländische Zwischengesellschaft zu passivem Erwerb, wenn nicht einer der drei folgenden Tatbestände erfüllt ist:

> Die Verwertung eigener Forschungs- oder Entwicklungsarbeit, soweit diese ohne schädliche Mitwirkung des inländischen Anteilseigners bzw. einer ihm nahestehenden Person entwickelt wurde.

Hierbei erscheint wiederum insbesondere fraglich, wann bei der ausländischen Forschungs- und Entwicklungsarbeit eine schädliche Mitwirkung vorliegt. Insbesondere z. B. bei der Auftragsforschung wird der inländische Gesellschafter grundsätzlich bestimmte Vorgaben z. B. hinsichtlich Qualität, Endpreis etc. vorgeben. Es muss bezweifelt werden, ob hierin bereits eine schädliche Mitwirkung zu sehen ist.

> Die Vermietung und Verpachtung von Grundbesitz, wenn die Einkünfte daraus bei unmittelbaren Bezug durch den Steuerpflichtigen aufgrund eines DBA mit dem Lagestaat steuerfrei wären.

Hierbei ist festzuhalten, dass entsprechend der zivilrechtlichen Betrachtungsweise das Wort „Grundbesitz" die aufstehenden Gebäude ebenfalls umfasst.

> Die Vermietung und Verpachtung beweglicher Sachen im Rahmen eines „qualifizierten Geschäftsbetriebs" ohne dass eine schädliche Mitwirkung vorliegt. Auch hier stellt sich wiederum die Frage nach der schädlichen Mitwirkung.
>
> **Beispiel:**
>
> Die Autovermietung Ltd. betreibt auf den Bahamas einen Geschäftsbetrieb gewerbsmäßiger Vermietung und Verpachtung unter Teilnahme am allgemein wirtschaftlichen

391 Vgl. Lehfeld in Strunk/Kaminski/Köhler, AStG/DBA, § 8 AStG, Rz. 192.

392 Vgl. Schaumburg, H., a. a. O., S. 456.

393 Vgl. Blümich/Vogt, a. a. O., § 8 AStG, Rz. 66.

Verkehr. Erforderliche Geschäftsräume sowie das entsprechend ausgebildete Personal sind vorhanden. Nichtsdestoweniger werden umfangreiche Bereiche wie z. B. Preiskalkulation, Versicherungsschutz, Flottengröße und Einkauf etc. von der inländischen Konzernobergesellschaft bestimmt. Ist hierin eine schädliche Mitwirkung zu sehen?

Insgesamt ist festzustellen, dass die Nr. 6 des § 8 Abs. 1 AStG lediglich auf die **laufenden Einkünfte** abstellt. Nicht explizit geregelt ist die Frage nach der Behandlung von Veräußerungsgewinnen hinsichtlich der o. g. Wirtschaftsgüter.[394] Nach herrschender Meinung ist davon auszugehen, dass die Einkünfte aus der Veräußerung der betreffenden Wirtschaftsgüter das Schicksal der laufenden Einkünfte teilen. So wird z. B. der Veräußerungsgewinn, den eine ausländische Zwischengesellschaft aus dem Verkauf eines Grundstückes erzielt, nicht zu den **passiven,** der Hinzurechnungsbesteuerung unterliegenden **Einkünften** gehören, wenn auch die laufenden Vermietungseinkünfte hinsichtlich der Immobilien aufgrund eines entsprechenden Doppelbesteuerungsabkommens mit dem Lagestaat von der inländischen Besteuerung freigestellt waren.

2.1.3.2.7 Aufnahme und darlehensweise Vergabe von Kapital

Als aktive Tätigkeit für Zwecke der Hinzurechnungsbesteuerung gilt gem. § 8 Abs. 1 Nr. 7 AStG ebenfalls die Aufnahme und darlehensweise Vergabe von Kapital durch eine ausländische Zwischengesellschaft, für das der Steuerpflichtige nachweist, dass es ausschließlich auf ausländischen Kapitalmärkten (und nicht bei einer ihm oder der ausländischen Gesellschaft nahestehenden Person i. S. des § 1 Abs. 2 AStG) aufgenommen und außerhalb des Geltungsbereichs dieses Gesetzes belegenen Betrieben oder Betriebsstätten, die ihre Bruttoerträge ausschließlich oder fast ausschließlich aus unter die Nrn. 1 bis 6 fallenden Tätigkeiten beziehen, oder innerhalb des Geltungsbereiches dieses Gesetzes belegenen Betrieben oder Betriebsstätten zugeführt wird. Da Einkünfte aus Finanzierungstätigkeiten nicht an anderer Stelle des Aktivitätskatalogs gem. § 8 Abs. 1 AStG genannt werden, sind sie i. d. R. den Kapitalanlageeinkünften im Hinblick auf § 7 Abs. 6 AStG zuzurechnen. Mit dieser durch das Standortsicherungsgesetz[395] eingeführten Vorschrift soll mithin ein stark eingegrenzter Ausnahmetatbestand für den Bereich der **internationalen Konzernfinanzierung** geschaffen werden und somit insbesondere im Inland ansässigen Unternehmen der Zugang zu ausländischen Kapitalmärken erleichtert werden.[396] Aufgrund dieser restriktiven – nicht zu erfüllenden – Tatbestandsvoraussetzung bestehen deshalb ernsthafte Zweifel an der **Verfassungsmäßigkeit** der Vorschrift.[397] Ebenso problematisch war lange Zeit, insbesondere aufgrund der starken Differen-

394 Hieraus ist allerdings nach allgemein herrschender Meinung nicht zu schließen, dass – da Veräußerungsgewinne im Katalog des § 8 insoweit nicht aufgeführt sind – es sich hierbei per se um passive Einkünfte handelt. Zur Diskussion vgl. Wassermeyer in Flick/Wassermeyer/Baumhoff § 8 AStG Anm. 218.

395 Gesetz vom 13.09.1993, BGBl I S. 1569.

396 Vgl. Vogt in Strunk/Kaminski/Köhler, DBA/AStG, § 8 AStG, Rz. 135.

397 Vgl. Vogt in Strunk/Kaminski/Köhler.

zierung zwischen in- und ausländischen Kapitalmärkten bzw. Kreditnehmern – die Vereinbarkeit der vorliegenden Regelung mit den durch das **Europarecht** gebotenen Grundfreiheiten, insbesondere die Niederlassungsfreiheit und Kapitalverkehrsfreiheit.[398] Durch die Einfügung des § 8 Abs. 2 AStG gelten diese Bedenken jedoch zumindest teilweise als entschärft.

Die Vorschrift des § 8 Abs. 1 Nr. 7 AStG bestimmt in einem engen Ausschnitt die steuerliche Behandlung von Einkünften aus Kapitalvermögen im Rahmen der Hinzurechnungsbesteuerung. Im Umkehrschluss ist deshalb festzuhalten, dass Einkünfte aus Kapitalvermögen bei einer ausländischen Zwischengesellschaft grundsätzlich zu passivem Erwerb führen, soweit sich diese Einkünfte nicht – z. B. im Rahmen von **gewerblichen Hilfstätigkeiten** – einer anderen Einkunftsart des § 8 Abs. 1 Nr. 1 bis 6 AStG zuordnen lassen oder aber die engen Voraussetzungen des § 8 Abs. 1 Nr. 7 AStG erfüllt sind.

Auf den ersten Blick mag es insbesondere verwundern, dass es der Gesetzgeber unbeanstandet lässt, dass Kapital auf ausländischen Kapitalmärkten aufgenommen und inländischen Betrieben darlehensweise zu Verfügung gestellt werden darf, da hierdurch eines Erosion der inländischen Bemessungsgrundlage Vorschub geleistet wird. In diesem Zusammenhang ist allerdings darauf hinzuweisen, dass solche Gestaltungen durch die entsprechenden Vorschriften der §§ 8 a KStG a. F. bzw. 4 h EStG geregelt werden.

Gemäß Tz. 8.1.7.1 des BMF-Anwendungsschreibens zum AStG führt die Kapitalausleihe nach den restriktiven Vorschriften des § 8 Abs. 1 Nr. 7 AStG nur dann zu Einkünften aus aktivem Erwerb, wenn die ausländische Gesellschaft das Kapital nachweislich ausschließlich auf ausländischen Kapitalmärkten – und nicht bei einer nahestehenden Person – aufgenommen hat.

Die Voraussetzung einer Aufnahme von Kapital auf ausländischen Kapitalmärkten ist erfüllt, wenn das Kapital

- aus der **Emission von Anleihen** ausschließlich auf ausländischen Kapitalmärkten stammt,
- durch **Aufnahme von Darlehen** bei ausländischen Kreditsammelstellen beschafft wurde oder
- sonst auf **ausländischen Kapitalmärkten** von Personen zur Verfügung gestellt wurde, die im Ausland ansässig sind,

und **keine mittelbare Kreditaufnahme auf dem inländischen Kapitalmarkt** vorliegt.

Weitere Voraussetzung des § 8 Abs. 1 Nr. 7 AStG ist, dass das im Ausland aufgenommene Kapital entweder einem im Inland gelegenen Betrieb (bzw. Betriebsstätte) oder einem ausländischen Betrieb (bzw. Betriebsstätte) darlehensweise über-

398 Vgl. ausführlich Wassermeyer in Flick/Wassermeyer/Baumhoff, § 8 AStG, Anm. 242 ff.

lassen wird. Für den Fall der darlehensweisen Weiterleitung des Kapitals an eine ausländische Unternehmenseinheit ist es darüber hinaus zur Vermeidung einer passiven Tätigkeit der ausländischen Zwischengesellschaft erforderlich, dass der im Ausland ansässige Darlehensempfänger ausschließlich oder fast ausschließlich eine aktive Tätigkeit i. S. des § 8 Abs. 1 Nr. 1 bis 6 AStG ausübt. Da es insoweit auf die Verhältnisse bei der darlehensnehmenden ausländischen Gesellschaft im jeweiligen VZ ankommt, kann die Qualität der Einkünfte entsprechend wechseln.

Eine weitere Einschränkung erfährt § 8 Abs. 1 Nr. 7 durch Tz. 8.1.7.3 des BMF-Anwendungsschreibens zum AStG, wonach eine darlehensweise Zuführung dann nicht gegeben ist, wenn das Kapital von der ausländischen Gesellschaft zum **Erwerb von Beteiligungen** oder diesen gleichstehenden Rechten oder für Einlagen verwendet wird.[399]

Die Problematik der oben genannten Vorschriften liegt insbesondere im Nachweis der Kausalität zwischen der darlehensweisen Aufnahme von Kapital durch die ausländische Zwischengesellschaft auf ausländischen Kapitalmärkten und die unmittelbare Weiterleitung dieses Kapitals entweder an eine andere aktive ausländische Unternehmenseinheit oder an einen inländischen Betrieb. Es bestehen deshalb erhebliche verfassungsrechtliche Bedenken hinsichtlich Bestimmtheitsgrundsatz und Anwendbarkeit. Insbesondere wenn das durch die ausländische Zwischengesellschaft aufgenommene Kapital nicht unmittelbar weitergeleitet wird, machen die zwischenzeitlichen Kontenbewegungen jeden Nachweis über die Identität zwischen dem aufgenommenen und dem vergebenen Darlehen unmöglich. Die Aktivitätsforderung bei ausländischen Darlehensnehmern wird sich an den Grundfreiheiten des EU-Rechts messen lassen müssen.[400]

2.1.3.2.8 Gewinnausschüttungen von Kapitalgesellschaften

Nachdem der Katalog des § 8 Abs. 1 AStG in den Nr. 1–6 bisher bestimmte „Tätigkeiten“ begünstigte, werden nunmehr auch Einkünfte aus bestimmten Vorfällen – Dividenden, Veräußerungen, Umwandlungen – begünstigt.

Die Vorschrift des § 8 Abs. 1 Nr. 8 AStG wurde im Rahmen des UntStFG[401] in das AStG aufgenommen. Der Hintergrund der Vorschrift ist in der im Rahmen des StSenkG erfolgten grundsätzlichen Abkehr vom körperschaftsteuerlichen Anrechnungsverfahren zu sehen. Nach neuer Rechtslage unterliegen Gewinne von inländischen Kapitalgesellschaften einem Regelsteuersatz von 25 %. Im Gegenzug sind die entsprechenden Einkünfte i. S. des § 20 Abs. 1 EStG grundsätzlich gem. § 8 b Abs. 1 KStG **steuerbefreit,** soweit es sich bei dem Anteilseigner um eine im Inland ansässige Kapitalgesellschaft handelt. Bei natürlichen Personen kommt entsprechend das **Halbeinkünfteverfahren** gem. § 3 Nr. 40 EStG zur Anwendung.

---

399 Vgl. BMF-Schreiben vom 14.05.2005, Tz. 8.1.7.3.

400 Vgl. insgesamt Wassermeyer in Flick/Wassermeyer/Baumhoff, Anm. 242 ff. zu § 8 AStG.

401 Gesetz vom 20.12.2001, BGBl 2001 S. 3858.

Vor diesem Hintergrund sah der Gesetzgeber keinen hinreichenden Grund mehr, an einer generellen Qualifizierung von Dividendeneinkünften der ausländischen Zwischengesellschaft als Einkünfte aus passivem Erwerb festzuhalten. Darüber hinaus wird durch die Einbeziehung von Dividenden in den Katalog der aktiven Einkünfte gem. § 8 Abs. 1 AStG die bisher gegebene und in der Literatur vielfach kritisierte Diskriminierung einer mehr als drei Stufen umfassenden Konzernstruktur vermieden.[402]

Hierbei ist insbesondere darauf hinzuweisen, dass es bei der Begünstigung der Dividenden auf die Frage der zugrunde liegenden Einkünfte weder bei der ausschüttenden Enkelgesellschaft, noch bei der empfangenden Tochtergesellschaft ankommt.

2.1.3.2.9 Veräußerung von Beteiligungen

Ebenfalls im Rahmen des StSenkG eingeführt wurde die Nr. 9 des § 8 Abs. 1 AStG, wonach Gewinne der ausländischen Zwischengesellschaft aus der Veräußerung von Anteilen an einer anderen, nachgeschalteten Gesellschaft unter bestimmten Voraussetzungen ebenfalls nicht mehr als Einkünfte aus passivem Erwerb zu qualifizieren sind. Auch diese neue Regelung ist vor dem Hintergrund des grundsätzlichen Systemwechsels des KStG zu sehen, wonach die Veräußerung von Beteiligungen an Kapitalgesellschaften im Grundsatz steuerfrei ist, soweit es sich bei dem veräußernden Anteilseigner um eine Kapitalgesellschaft handelt[403] bzw. dieses auf der Ebene von natürlichen Personen dem Halbeinkünfteverfahren unterliegt.[404] Dem Tatbestand der Veräußerung gleichgestellt ist gem. § 8 Abs. 1 Nr. 9 AStG die Auflösung bzw. die Herabsetzung des Kapitals der ausländischen Enkelgesellschaft.

Voraussetzung für die Vermeidung der Hinzurechnungsbesteuerung ist jedoch, dass der Steuerpflichtige nachweist, dass der Veräußerungsgewinn auf Wirtschaftsgüter der anderen Gesellschaft entfällt, die **nicht** der Erzielung von Einkünften mit **Kapitalanlagecharakter**[405] dienen. Bei der Formulierung der Vorschrift fällt zunächst auf, dass der vorgenannte Nachweis nur im Falle von Veräußerungsgewinnen der ausländischen Zwischengesellschaft zu führen ist. Wird die nachgeschaltete ausländische Enkelgesellschaft dagegen aufgelöst oder ihr Kapital herabgesetzt, ist der Nachweis hinsichtlich des Nichtvorliegens schädlicher Einkünfte gem. § 10 Abs. 6 AStG nach wörtlicher Auslegung des Gesetzestextes nicht zu führen. Die letztgenannten Gewinne unterliegen demnach grundsätzlich nicht der Hinzurechnungsbesteuerung.[406]

402 Vgl. u. a. Kessler, Teufel, Hinzurechnungsbesteuerung bei mehrstufigen Beteiligungsstrukturen – derzeitige Rechtslage, künftige Rechtslage, Gestaltungsansätze, IStR 2000, S. 673.

403 Vgl. § 8 b Abs. 2 KStG.

404 Vgl. § 3 Nr. 40 EStG.

405 Siehe unten Kapitel D. I. 2.3.

406 Vgl. Rättig/Protzen, die „neue Hinzurechnungsbesteuerung" der §§ 7–14 AStG i. d. F. des UntStFG – Problembereiche und Gestaltungshinweise, IStR 2002, S. 123.

Problematisch erscheint darüber hinaus die Forderung des Gesetzgebers, wonach der inländische Steuerpflichtige nachzuweisen hat, dass die Wirtschaftsgüter der ausländischen Enkelgesellschaft, deren Anteile durch die Zwischengesellschaft veräußert werden, nicht der Erzielung von Einkünften mit Kapitalanlagecharakter gem. § 7 Abs. 6 a AStG dienen. Dies kann insbesondere bei ausländischen Zwischengesellschaften, die als eine Finanzholding Streubesitz an einer Vielzahl von Beteiligungsgesellschaften halten und deren Portfolio noch dazu häufig umgeschichtet wird, zu umfangreichen bis geradezu unmöglichen Dokumentations- und Nachweispflichten führen. Ebenso hat es der Gesetzgeber offengelassen, in welcher Form der betreffende Nachweis zu erbringen ist.[407]

Insbesondere wenn die veräußerte Gesellschaft gemischte Einkünfte erzielt, kann diese „Aufsplitterung" des Veräußerungsgewinns auf verschiedene Wirtschaftsgüter zu erheblichen Dokumentationsaufwendungen und widersprüchlichen steuerlichen Konsequenzen führen.

Beispiel:

Eine ausländische Zwischengesellschaft verkauft ihre 100 %ige Beteiligung an einer Enkelgesellschaft. Der Veräußerungsgewinn (Verkaufspreis ·/. Anschaffungskosten) beträgt 30. Die ausländische Enkelgesellschaft verfügte über zwei Wirtschaftsgüter: eine Immobilie (Buchwert 200, Teilwert 150) sowie einen Terminkontrakt (Buchwert 100, Teilwert 180). Das Grundstück liegt in einem DBA-Staat. Einkünfte aus der Vermietung unterliegen nicht der Hinzurechnungsbesteuerung.

Nach dem Wortlaut des § 8 Abs. 1 Nr. 9 AStG ist der Veräußerungsgewinn aus dem Terminkontrakt (generiert Einkünfte i. S. des § 7 Abs. 6 a) nur in Höhe von 30 hinzuzurechnen (maximale Höhe des Gewinns aus der Anteilsveräußerung), auch wenn dieser im Grundsatz 80 beträgt, da es in Höhe von 50 zu einer Saldierung mit dem – nicht „hinzurechnungsrelevanten" – Verlust aus der Grundstücksveräußerung kommt.

2.1.3.2.10 Umwandlungen

Nach der Reformierung des Umwandlungsteuergesetzes im Rahmen des SEStG[408] werden Umwandlungen grundsätzlich einem Veräußerungsvorgang gleichgesetzt. Somit liegt aus Sicht des deutschen Steuerrechtes bei im Ausland realisierten Umwandlungsvorgängen (z. B. Verschmelzungen, Spaltungen, Einbringungen gegen Gewährung von Gesellschaftsrechten) ein Tausch bzw. veräußerungsgleicher Vorgang vor. Somit führen gesellschaftsrechtliche Umstrukturierungen aus der Perspektive der inländischen Hinzurechnungsbesteuerung zu einem Gewinnrealisierungstatbestand; da die entsprechenden Vorgänge im Ausland – nach den nationalen Regelungen – häufig erfolgsneutral vollzogen werden können, unterliegen die Gewinne mithin einer niedrigen Besteuerung, womit im Grundsatz – bei Vorliegen

407 So erscheint insbesondere die im Extremfall denkbare Forderung nach einer Bestätigung durch die ausländische Enkelgesellschaft, deren Anteile verkauft wurden, äußerst problematisch.

408 Gesetz über steuerliche Begleitmaßnahmen zur Einführung der europäischen Gesellschaft und zur Änderung weiterer steuerlicher Vorschriften (SEStG) vom 07.12.2006, BGBl I S. 782.

der übrigen Merkmale – die Voraussetzungen für eine Hinzurechnung erfüllt wären.[409]

Diese bereits in der Vergangenheit heftig kritisierte Regelung[410] war durch die Europäisierung des Umwandlungsteuergesetzes im Rahmen des SEStG nicht mehr haltbar. Nach § 8 Abs. 1 Nr. 10 AStG sind nunmehr Umwandlungen, die ungeachtet des § 1 Abs. 2 und 4 des UmwStG zu Buchwerten erfolgen könnten, als aktive Vorgänge zu qualifizieren, sodass die hierbei ermittelten Beträge nicht in den Hinzurechnungsbetrag gem. § 10 AStG einzubeziehen sind. In dem ausländische Umwandlungsvorgänge „ungeachtet" des § 1 Abs. 2 und 4 UmwStG begünstigt werden, ist die in eben diesen Vorschriften vorgenommene Eingrenzung auf bestimmte Gesellschaften oder natürliche Personen mit Sitz/Wohnsitz in einem EU- oder EWR-Mitgliedstaat nicht anwendbar. Im Umkehrschluss sind somit grundsätzlich die in § 1 Abs. 1 und 3 UmwStG genannten Umwandlungsvorgänge begünstigt, unabhängig davon, ob die beteiligten Rechtsträger in einem EU-, EWR-Mitgliedstaat oder in einem Drittstaat ansässig sind.[411]

Entscheidendes Kriterium für die Begünstigung des ausländischen Umwandlungsvorganges ist, ob dieser unter analoger Anwendung der nationalen Vorschriften des deutschen Umwandlungsteuergesetzes zu Buchwerten hätte erfolgen können. Das Umwandlungsteuergesetz in der Form des SEStG geht im Grundsatz von einer Bewertung der betreffenden Wirtschaftsgüter zum gemeinen Wert aus. Eine Umwandlung zu Buchwerten ist i. d. R. auf Antrag und bei Vorliegen weiterer bestimmter Voraussetzungen möglich.[412] Voraussetzungen für einen steuerneutralen Umwandlungsvorgang unter Buchwertfortführung sind insbesondere:

- Übergang der Wirtschaftsgüter in das Betriebsvermögen des aufnehmenden Rechtsträgers bei gleichzeitiger fortgeführter Verstrickung in die deutsche Einkommen/Körperschaftsteuer.
- Beibehaltung des Besteuerungsrechts hinsichtlich des Gewinns aus der Veräußerung der übertragenen Wirtschaftsgüter beim übernehmenden Rechtsträger.
- Eine Gegenleistung wird nicht bzw. in Form von Gesellschaftsrechten gewährt.

Die o. g. Grundsätze sind in analoger Anwendung auf den im Ausland realisierten Umwandlungsvorgang anzuwenden, um eine mögliche Buchwertfortführung nach deutschen steuerlichen Vorschriften zu prüfen. Des Weiteren sind für die einzelnen, nach deutschen steuerlichen Vorschriften maßgebenden Umwandlungsvorgänge geltenden Spezialvorschriften zu berücksichtigen.[413] Dagegen ist die nach deutscher Steuerpflicht bestehende Antragspflicht nicht entscheidend für die Qualifikation der im Rahmen der ausländischen Reorganisation entstandenen Einkünfte. Nach herr-

409 Vgl. insoweit noch BMF-Schreiben vom 14.05.2004, Tz. 10.3.3.3 Nr. 3.
410 Vgl. statt anderer Wassermeyer/Schönfeld in Flick/Wassermeyer/Baumhoff, § 8 AStG, Anm. 294.
411 Vgl. Lehfeld in Strunk/Kaminski/Köhler, AStG/DBA, § 8 AStG, Tz. 1826.
412 Vgl. insbesondere § 3 Abs. 2, § 11 Abs. 2, § 20 Abs. 2 Satz 2 und § 24 Abs. 2 Satz 2 UmwStG.
413 So z. B. die Missbrauchsregelungen des § 15 Abs. 3 UmwStG, vgl. Blümich/Vogt, § 8 AStG, Rz. 117.

schender Meinung[414] ist es nach dem Wortlaut des § 8 Abs. 1 Nr. 10 AStG ausschließlich entscheidend, ob der im Ausland realisierte Vorgang unter analoger Anwendung der nationalen Vorschriften des Umwandlungsteuergesetzes zu Buchwerten hätte durchgeführt werden können. Auf einen tatsächlichen Buchwertansatz kommt es insoweit nicht an.[415]

Eine Ausnahme von der oben beschriebenen Begünstigung durch potentielle Buchwertfortführung begründet jedoch der Vorbehalt des zweiter Halbsatzes in § 8 Abs. 1 Nr. 10 AStG. Danach werden Anteile an Kapitalgesellschaften, die im Veräußerungsfall nicht unter den Anwendungsbereich des § 8 Abs. 1 Nr. 9 AStG fallen würden, von der Begünstigung ausgeschlossen. Hierbei handelt es sich im Ergebnis um Anteile an REIT-Gesellschaften sowie Kapitalgesellschaften, deren Wirtschaftsgüter dem Erzielen von Kapitalanlageeinkünften dienen.

2.1.3.3 Gegenbeweismöglichkeit für EU-/EWR-Gesellschaften

2.1.3.3.1 Hintergrund der gesetzlichen Regelung

In der Rechtssache C-196/04, Cadbury Schweppes,[416] hatte der EuGH darüber zu entscheiden, ob die mit der deutschen Hinzurechnungsbesteuerung vergleichbaren britischen CFC Regulations gegen die in Art. 43 und 48 EG-Vertrag normierte Niederlassungsfreiheit verstoßen. Der zu entscheidende Sachverhalt betraf die in Großbritannien ansässigen Cadbury Schweppes plc. Diese hielt über mehrere in EU- und Drittstaaten ansässige Tochtergesellschaften mittelbare 100 %ige Beteiligungen an zwei irischen Kapitalgesellschaften. Beide waren als sog. „IFSC-Gesellschaften" in der Dublin-Docks-Area ansässig und unterlagen gem. einer Bescheinigung des irischen Finanzministeriums einer Körperschaftsteuer von 10 %. Unter Anwendung der britischen Hinzurechnungsregelungen unterwarf die britische Finanzverwaltung den Gewinn der irischen Finanzierungsgesellschaften auf Ebene der Cadbury Schweppes Overseas Ltd. – einer 100 %igen Tochtergesellschaft der Cadbury Schweppes plc. – dem für britische Kapitalgesellschaften geltenden Regelsteuersatz von 33,3 %. Die in Irland gezahlte Körperschaftsteuer wurde entsprechend dem britischen Anrechnungsverfahren angerechnet.

Der EuGH erklärte die englischen CFC Rules nicht für grundsätzlich EU-widrig, sondern gab die Sache zur weiteren Prüfung an den Inland Revenue zurück, wobei er jedoch folgende maßgeblichen Grundsätze aufstellte. „Von der Anwendung einer solchen Besteuerungsmaßnahme (der Hinzurechnungsbesteuerung) ist folglich abzusehen, wenn es sich auf der Grundlage objektiver und von dritter Seite nachprüfbarer Anhaltspunkte erweist, dass die genannte beherrschte ausländische Gesell-

414 So Lehfeld in Strunk/Kaminski/Köhler, AStG/DBA, § 8 AStG, Rz. 182.9.

415 Vgl. Lehfeld in Struck/Kaminski/Köhler, AStG/DBA, § 8 AStG, Rz. 182.9, sowie Blümich/Vogt, § 8 AStG, Rz. 128.

416 EuGH vom 12.09.2006, B-196/04, DB 2006, S. 1686.

schaft ungeachtet des Vorhandenseins von Motiven steuerlicher Art tatsächlich im Aufnahmemitgliedstaat angesiedelt ist und dort wirklichen wirtschaftlichen Tätigkeiten nachgeht."[417] Insbesondere mit Hinblick auf den in den britischen CFC Rules verankerten „Motivtest" kam der EuGH zu dem Schluss, dass, soweit die Rechtsvorschriften über beherrschte ausländische Gesellschaften gewährleisten, dass die „von ihnen vorgesehene Besteuerung ausgeschlossen ist, wenn die Gründung einer beherrschten ausländischen Gesellschaft ungeachtet des Vorhandenseins von Motiven steuerlicher Art mit der wirtschaftlichen Realität zusammenhängt" ein Verstoß gegen die im EG-Vertrag niedergelegten Grundfreiheiten nicht gegeben ist.

Auch wenn das Urteil zu den vergleichbaren englischen Regelungen erging, so steckte es doch den Rahmen für die Regelungsweite der §§ 7 – 14 AStG, zumindest innerhalb der EU.

Insofern ist es bedeutsam, dass die Anfrage nicht auch einen möglichen Verstoß gegen die Kapitalverkehrsfreiheit betraf. Ist dies doch die einzige Grundfreiheit, die nach dem Wortlaut des Art. 56 EG nicht auf das Gebiet der EU beschränkt ist und somit – theoretisch – weltweit Anwendung finden könnte.

Zunächst reagierte das BMF mit Schreiben vom 08.01.2007[418] auf die o. g. EuGH-Entscheidung. Danach sollten die Grundsätze der Hinzurechnungsbesteuerung der §§ 7–14 im Grundsatz fortgelten, der Anwendungsbereich jedoch auf nicht EU-/EWR-Gesellschaften begrenzt werden. Diese Ausklammerung des EU-/EWR-Raums war jedoch an nicht unerhebliche Voraussetzungen geknüpft. So fordert Tz. 2 des BMF-Schreibens, dass der betreffende EU-/EWR-Staat steuerliche Amtshilfe leistet und der Steuerpflichtige darüber hinaus nachweist, dass die Gesellschaft eine wirkliche wirtschaftliche Tätigkeit in diesem Staat ausübt.[419] Dieser Nachweis umfasste gem. BMF-Schreiben insbesondere:

- eine ständige und nachhaltige Teilnahme der ausländischen Gesellschaft am Marktgeschehen
- die Beschäftigung geschäftsleitenden Personals
- das über eine entsprechende berufliche Qualifikation verfügt
- die Einkünfte ursächlich aufgrund der Aktivitäten der Gesellschaft erzielt werden
- sofern die Leistung der Gesellschaft überwiegend nahestehenden Personen erbracht werden
- der Tätigkeit der ausländischen Gesellschaft eine wirtschaftliche Bedeutung zukommt

---

417 Vgl. ebenda.
418 BStBl 2007 I S. 99.
419 Vgl. insoweit die formulierungstechnischen Vorgaben des EuGH.

Gemäß Ziffer 3 sollte diese Ausnahme jedoch insbesondere nicht gelten für:

- Einkünfte mit Kapitalanlagecharakter gem. § 7 Abs. 6 AStG
- Einkünfte, die gem. § 14 AStG von einer Nicht-EU-/EWR-Gesellschaft zugerechnet werden
- Einkünfte aus Nicht-EU-/EWR-Betriebsstätten.

Abschließend weist das BMF-Schreiben – als „Drohgebärde" – darauf hin, dass im Falle einer Nichtfeststellung des Hinzurechnungsbetrages der Anwendung des § 1 AStG – Überprüfung der Angemessenheit der Leistungsbeziehung – eine erhöhte Bedeutung zukommt.

2.1.3.3.2 Regelung des Gegenbeweises

Im Rahmen des Jahressteuergesetzes 2008[420] hat der Gesetzgeber durch Einfügung des § 8 Abs. 2 AStG die in dem oben beschriebenen BMF-Schreiben entwickelten Regelungen – leicht abgeändert gesetzlich verankert. Danach ist der Entlastungsbeweis zur Vermeidung der Hinzurechnungsbesteuerung für EU-/EWR-Gesellschaften möglich, soweit diese keine Einkünfte mit Kapitalanlagecharakter erzielen und der Steuerpflichtige nachweist, dass die Gesellschaft insoweit einer tatsächlichen wirtschaftlichen Tätigkeit in diesem Staat nachgeht und der Staat gegenseitige Amtshilfe leistet. In diesem Zusammenhang erscheint insbesondere die Ausklammerung der Zwischeneinkünfte mit Kapitalanlagecharakter aus dem Anwendungsbereich des § 8 Abs. 2 AStG problematisch, zumal die gesetzliche Vorschrift hierauf nicht explizit Bezug nimmt. Während das o. g. BMF-Schreiben dieses Ausschlusskriterium explizit erwähnte, ist die erneute Benachteiligung dieser Einkunftsart lediglich mittelbar aus dem Verweis auf „Steuerpflichtige, die i. S. des § 7 Abs. 2 an der Gesellschaft beteiligt sind" abzuleiten.

Wie in den Ausführungen zum ursprünglichen BMF-Schreiben bereits erläutert, sind zugerechnete Einkünfte gem. § 14 AStG von Nicht-EU-/EWR-Gesellschaften sowie Einkünfte von Nicht-EU-/EWR-Betriebsstätten von der Möglichkeit zum Gegenbeweis gem. § 8 Abs. 2 AStG ausgenommen.

2.1.3.4 Niedrige Besteuerung

Drittes Tatbestandsmerkmal für die Begründung einer ausländischen Zwischengesellschaft ist die niedrige Besteuerung. Eine niedrige Besteuerung i. S. des § 8 Abs. 1 AStG ist gem. § 8 Abs. 3 AStG gegeben, wenn:

> „die Einkünfte der ausländischen Gesellschaft einer Belastung durch Ertragsteuern von weniger als 25 % unterliegen, ohne dass dies auf einem Ausgleich mit Einkünften aus anderen Quellen beruht".

420 Gesetz vom 20.12.2007, BGBl 2007 I S. 3150.

Die Reduzierung des kritischen Steuersatzes von 30 % auf 25 % erfolgte bereits im Rahmen des sog. StSenkG[421] in Anlehnung an den maßgebenden deutschen Körperschaftsteuersatz.[422] Auf eine weitere Absenkung der kritischen Grenze auf 15 % im Rahmen des Jahressteuergesetzes 2007[423] wurde allerdings – trotz erheblicher Kritik – verzichtet, da – so die Begründung – die kumuliert inländische Steuerbelastung aus GewSt und KSt nach wie vor bei knapp 30 % liegt.

Eine weitere, maßgebende Änderung erfuhr die Vorschrift des § 8 Abs. 3 AStG durch das Unternehmensteuerfortentwicklungsgesetz.[424] Nach dem ursprünglichen Wortlaut war für die Bestimmung des maßgebenden Steuersatzes entscheidend, dass die Einkünfte – weder im Staat der Geschäftsleitung noch im Staat des Sitzes der ausländischen Gesellschaft – einer Belastung durch Ertragsteuern von weniger als 25 % unterliegen. Dies hatte zur Folge, dass insbesondere eine Belastung der maßgebenden Einkünfte mit Steuern in Drittstaaten – z. B. Betriebsstätte der ausländischen Zwischengesellschaft in einem Drittstaat – nicht in die Ermittlung der kritischen Steuerbelastung miteinbezogen wurden. Nach dem revidierten Wortlaut der Vorschrift i. d. F. des UntStFG kommt es nunmehr auf die Gesamtbelastung der betreffenden Zwischeneinkünfte an, unabhängig davon, in welchem Staat die Steuern erhoben werden.[425]

Beispiel:

Eine inländische GmbH ist zu 100 % an einer französischen Tochtergesellschaft beteiligt. Diese wiederum unterhält eine Betriebsstätte in Italien. Es wird unterstellt, dass die Steuersätze sowohl in Italien als auch in Frankreich nicht unter 25 % liegen. Da jedoch die Gewinne der italienischen Betriebstätte unter analoger Anwendung des Artikel 7 OECD Musterabkommen der italienischen Steuer unterliegen und dementsprechend in Frankreich freigestellt sind, unterlagen sie nach dem alten Wortlaut weder „im Staat der Geschäftsleitung“ noch im Staat des „Sitzes der ausländischen Gesellschaft“ einer Belastung von 25 %, womit das Kriterium der niedrigen Besteuerung – unter isolierender Berücksichtigung der französischen Besteuerung – erfüllt wäre.

Die maßgebliche **Belastungsgrenze von 25 %** knüpft somit zum einen an die von der ausländischen Gesellschaft erzielten Einkünfte als Bemessungsgrundlage und zum anderen an die darauf entfallende ausländische Steuer an.[426]

Unter den Einkünften als Bemessungsgrundlage sind nach der Systematik der §§ 7 bis 14 AStG ausschließlich die Einkünfte zu verstehen, für die die ausländische

421 Vgl. Gesetz zur Senkung der Steuersätze und zur Reform der Unternehmensbesteuerung (Steuersenkungsgesetz/StSenkG) vom 23.10.2000, BStBl 2000 I S. 1433.

422 Durch diese Absenkung verlieren zahlreiche Staaten, z. B. Schweden, aus Sicht des deutschen AStG ihren Status als sog. „Niedrigsteuerland“.

423 Gesetz vom 20.12.2007, BGBl I S. 1912.

424 Gesetz zur Fortentwicklung des Unternehmensteuerrechts (UntStFG) vom 20.12.2001, BStBl I S. 35.

425 Vgl. Stuhrmann, Die Anpassung des Außensteuergesetzes im Rahmen des UntStFG, PIS 2002, S. 34.

426 Vgl. Wassermeyer in Flick/Wassermeyer/Baumhoff, Anm. 117 zu § 8 AStG.

Gesellschaft Zwischengesellschaft ist und die beim Steuerinländer anteilig gem. § 7 Abs. 1 AStG steuerpflichtig sind.

Der 25 %-Satz bezieht sich ausschließlich auf **ausländische Ertragsteuern.** Dabei ist der ausländische Körperschaftsteuertarif zwar ein wichtiges Indiz, kann jedoch nicht als alleiniges Kriterium herangezogen werden. Eine niedrige Besteuerung kann sich auch dadurch ergeben, dass die ausländische Gesellschaft mit ihren Einkünften zwar einem höheren nominalen Steuersatz unterliegt, dieser jedoch aufgrund von entsprechenden Vergünstigungen nach dem jeweiligen nationalen Steuerrecht zu einem effektiven Steuersatz führt, der weniger als 25 % beträgt.[427] Demgegenüber sind steuersatzmindernde Effekte durch bloße zeitliche Verlagerung der Steuerpflicht durch im Ausland allgemein übliche Abschreibungssätze oder ähnliche Regelungen, die sich in überschaubarer Zeit ausgleichen können, nicht zu berücksichtigen.[428]

Entsprechendes gilt für den Fall, dass die Steuerbelastung einzelner ausländischer Gesellschaften durch eine der deutschen steuerlichen **Organschaft** vergleichbaren Regelung – insbesondere durch Verlustnutzung/Zuweisung von anderen Konzerngesellschaften – unter 25 % beträgt. So hat das BMF in einem entsprechenden Schreiben zum sog. „UK-Group Relief“ entschieden, dass durch die nach englischem Steuerrecht mögliche gruppeninterne Verlustzuweisung keine Niedrigbesteuerung gem. § 8 AStG begründet wird.[429]

Mit Rücksicht auf die unterschiedlichen nationalen Steuersysteme stellt Tz. 8.3.1.2 des BMF-Anwendungsschreibens zum AStG klar, dass Ertragsteuern i. S. des § 8 Abs. 3 AStG alle Steuern des Sitzstaates vom Gesamteinkommen oder von Teilen des Einkommens sind, einschließlich der Steuern vom Gewinn aus der Veräußerung beweglichen oder unbeweglichen Vermögens sowie der Steuern vom Vermögenszuwachs.

Die maßgebenden, für die Ermittlung der 25 %-Grenze anzuwendenden Ertragsteuersätze sowie die entsprechenden Steuervergünstigungen und Privilegien sowie ein Schema zur Ermittlung der ausländischen Ertragsteuerbelastung sind in den Anlagen I und II des BMF-Anwendungsschreibens zum AStG enthalten.

Auch wenn der im Ausland anzuwendende Ertragsteuersatz 25 % oder mehr beträgt, können die Einkünfte der ausländischen Zwischengesellschaft einer niedrigen Besteuerung unterliegen, wenn nämlich die in Betracht kommenden Einkünfte im Sitzstaat der Gesellschaft mit einem Betrag in die Steuerbemessungsgrundlage einbezogen werden, der niedriger ist, als dies bei Anwendung der deutschen steuerlichen Vorschriften der Fall wäre. Auch in diesem Fall ist die für die Hinzurechnungsbesteuerung maßgebende Ertragsteuerbelastung nach der Belastungsrechnung gem.

---

427 Vgl. BFH vom 20.04.1988, BStBl 1988 II S. 986.

428 Vgl. BMF vom 14.05.2005 Tz. 8.3.1.1.

429 Vgl. OFD Koblenz vom 05.08.2005, 31/2005, Der Betrieb 2005, S. 1660, so wie BMF-Schreiben vom 14.05.2004, Tz. 3.1.2.

Anlage II des BMF-Anwendungsschreibens zum AStG zu ermitteln. Unschädlich für die Berechnung der maßgebenden Ertragsteuerbelastung nach der oben genannten Belastungsrechnung ist es jedoch, wenn die Steuerbelastung der ausländischen Gesellschaft durch Verluste desselben Jahres, bzw. früherer oder späterer Jahre, unter 25 % sinkt.[430]

Mit der Anfügung des Satzes 3 in § 8 Abs. 3 AStG reagiert der Gesetzgeber auf die BFH-Entscheidung vom 09.07.2003.[431] In dem zugrunde liegenden Urteilsfall war eine in Luxemburg ansässige Kapitalgesellschaft von der nationalen Steuerverwaltung zu Unrecht als privilegierte Holdinggesellschaft eingestuft und entsprechend niedrig besteuert worden. Die Tarifbelastung der von der Luxemburger Gesellschaft erzielten Einkünfte hätten jedoch in sämtlichen Streitjahren bei mindestens 30 % gelegen. Damit war nach Feststellung des BFH die Luxemburger Gesellschaft mangels Vorliegen einer niedrigen Besteuerung gem. § 8 Abs. 3 AStG nicht als Zwischengesellschaft zu qualifizieren. Dies galt ungeachtet der Tatsache, dass „sie nach den Feststellungen des FG in Luxemburg tatsächlich nicht besteuert worden ist".[432] In einem anderen Urteil[433] hat der BFH dagegen entschieden, dass die jeweils tatsächlich gezahlte – in diesem Fall irische – Körperschaftsteuer als maßgebende Ertragsteuer i. S. des § 8 Abs. 3 AStG anzusehen ist und nicht die abstrakt gesetzlich geschuldete. Im zugrunde liegenden Fall hatte sich eine irische Kapitalgesellschaft nach Erlass eines Dekrets des irischen Finanzministeriums „freiwillig" einer Steuerbelastung von mehr als 30 % unterworfen, um somit der deutschen Hinzurechnungsbesteuerung zu entgehen. In diesem Fall hatte der BFH entschieden, dass es auf die tatsächlich gezahlte und nicht auf die gesetzlich geschuldete Steuer ankommt. Durch Einfügung des Satzes 3 in § 8 Abs. 3 AStG wird nunmehr klargestellt, dass es für das Vorliegen einer niedrigen Besteuerung im Ausland nicht mehr ausschließlich auf die rechtlich geschuldete Steuer ankommt, sondern auch auf die tatsächlich erhobene (konkrete) Steuer.[434]

2.1.3.5 Freigrenze bei gemischten Einkünften

§ 9 AStG enthält eine Vergünstigung für ausländische Gesellschaften, die sog. **gemischte Einkünfte** erzielen. Wie sich aus dem Katalog des § 8 Abs. 1 Nr. 1 bis Nr. 6 AStG sowie der Formulierung des § 7 Abs. 1 AStG ergibt, wonach die ausländische Gesellschaft für bestimmte Einkünfte Zwischengesellschaft ist, kann die ausländische Gesellschaft grundsätzlich 3 Arten von Einkünften erzielen: aktive Einkünfte gem. § 8 Abs. 1 Nr. 1 bis 10 AStG, nicht in diesem Katalog enthaltene Einkünfte aus passivem Erwerb und schließlich Einkünfte mit Kapitalanlagecharakter gem. § 7 Abs. 6 a AStG.

430 Siehe BMF vom 14.05.2005 Tz. 8.3.2.5.
431 Vgl. BFH vom 09.07.2003 I R 82/01, BStBl 2004 II S. 4 ff.
432 Vgl. BFH vom 09.07.2003, a. a. O.
433 Vgl. BFH vom 03.05.2006 R 124/04, BFH/NV 2006, S. 1729.
434 Vgl. Lehfeldt in Strunk/Kaminski/Köhler AStG/DBA, § 8 AStG 186 f.

Nach dem Willen des Gesetzgebers soll aber die Erzielung von Einkünften aus passivem Erwerb durch eine an sich aktive ausländische Gesellschaft unschädlich sein, soweit diese passiven Einkünfte einen bestimmten Betrag nicht überschreiten. Die Vorschrift dient deshalb insbesondere der Vereinfachung.[435] Um solche Fälle auszuschalten und unnötige Verwaltungsarbeit für die deutsche Finanzverwaltung zu vermeiden, bleiben demnach **Einkünfte aus passivem Erwerb einer grundsätzlich aktiven ausländischen Gesellschaft** für Zwecke der Hinzurechnungsbesteuerung gem. § 9 AStG unberücksichtigt, wenn:

- die Einkünfte aus passivem Erwerb **nicht mehr als 10 %** der gesamten Bruttoerträge der ausländischen Gesellschaft betragen (**relative Freigrenze**), und
- die demnach bei dem inländischen Steuerpflichtigen oder der ausländischen Gesellschaft insgesamt außer Ansatz bleibenden Beträge 80.000 Euro nicht übersteigen **(absolute Freigrenze)**.[436]

Mit der Verlagerung der absoluten Freigrenze für unschädliche Einkünfte aus passivem Erwerb i. H. von 80.000 Euro auf den inländischen Steuerpflichtigen sollen insbesondere Umgehungsmöglichkeiten durch entsprechende Gestaltung von Auslandssachverhalten vermieden werden. Andernfalls bestünde die Möglichkeit, entweder

- verschiedene Einkünfte aus passivem Erwerb auf mehrere ausländische Zwischengesellschaften zu verteilen und somit die Freigrenze von 80.000 Euro zu vervielfachen oder
- die passiven Zwischeneinkünfte in solche ausländischen Produktions- oder Handelsunternehmen zu verlagern, bei denen die relative Freigrenze von 10 % keinen Ausschluss vom Gestaltungsmissbrauch gewährleistet.

Die absolute Freigrenze des § 9 AStG bezieht sich somit gem. Tz. 9.0.2.1 des BMF-Anwendungsschreibens zum AStG auf den gesamten Hinzurechnungsbetrag i. S. des § 10 Abs. 1 AStG, der anzusetzen wäre, wenn die Freigrenze nicht bestünde. Dabei sind ebenfalls Zwischeneinkünfte einer nachgeschalteten Zwischengesellschaft i. S. des § 14 AStG zu berücksichtigen.[437]

Kumulativ sind somit insgesamt drei sog. „Freibereiche“[438] einzuhalten, um die Vorausetzung des § 9 AStG zu erfüllen.

- **Freibereich I**

  Die passiven Bruttoerträge dürfen insgesamt höchstens 10 % der Gesamterträge der ausländischen Gesellschaft betragen (sog. „gesellschaftsbezogener relativer Freibereich“).

---

435 Vgl. Blümich/Vogt, § 9 AStG, Rz. 3.
436 Vgl. Blümich/Vogt, a. a. O., § 9 AStG, Rz. 1.
437 Vgl. § 14 AStG.
438 Vgl. zum Folgenden auch Blümich/Vogt, § 9 AStG, Rz. 1.

- **Freibereich II**

  Die nach § 9 AStG ggf. begünstigten Zwischeneinkünfte dürfen bei jeder einzelnen ausländischen Zwischengesellschaft insgesamt 80.000 Euro nicht übersteigen (gesellschaftsbezogener absoluter Freibereich).

- **Freibereich III**

  Darüber hinaus dürfen die begünstigten Zwischeneinkünfte auch bei jedem einzelnen Hinzurechnungsverpflichteten insgesamt – d. h. unter Berücksichtigung sämtlicher Hinzurechnungen – den Betrag von 80.000 Euro nicht übersteigen (gesellschafterbezogener absoluter Freibereich).

Der relative Freibereich I ist dabei für jede ausländische Zwischengesellschaft und für jedes Wirtschaftsjahr gesondert zu berechnen. Dabei ist auf das Verhältnis der aktiven und passiven Bruttoerträge abzustellen. Nach der Neufassung durch das Unternehmensteuerfortführungsgesetz scheiden demnach Gewinnausschüttungen, Veräußerungsgewinne und Umwandlungsgewinne aus den passiven Einkünften aus, sind allerdings nunmehr Teil der gesamten Bruttoerträge der ausländischen Gesellschaft.

Sind die Voraussetzungen des § 9 AStG insgesamt erfüllt, sind die Zwischeneinkünfte des jeweiligen maßgebenden Wirtschaftsjahres der ausländischen Gesellschaft auf Ebene des einzelnen Inlandsbeteiligten außer Ansatz zu lassen. Es ist ein Hinzurechnungsbetrag von 0 anzusetzen.[439] Da es sich nach dem Gesetzeswortlaut um eine klare Freigrenze handelt, sind – auch bei nur geringfügigem Überschreiten des relevanten Betrages – keine Milderungsregelungen vorgesehen.[440]

Während § 10 Abs. 3 Satz 5 AStG grundsätzlich einen Verlustabzug bei entsprechender Anwendung des § 10 d EStG innerhalb der Zwischeneinkünfte zulässt, gilt dies nicht für solche negativen Einkünfte, die gem. § 9 AStG außer Ansatz bleiben.

2.2 Ermittlung des Hinzurechnungsbetrages

2.2.1 Überblick

§ 10 AStG regelt als zentrale Vorschrift die **Ermittlung des sog. Hinzurechnungsbetrages** einschließlich dessen Qualifikation nach deutschem Steuerrecht sowie die zeitliche Erfassung beim inländischen Hinzurechnungsverpflichteten. An dieser Stelle wird somit letztendlich die Verbindung zwischen der ausländischen Zwischengesellschaft bzw. den von ihr erzielten Einkünften aus passivem Erwerb und den sich daraus ergebenden steuerlichen Konsequenzen auf Ebene des inländischen Anteilseigners/Hinzurechnungsverpflichteten hergestellt. Während die Vorschriften der §§ 7 bis 9 AStG somit zunächst auf einer vorgelagerten Stufe die materiellen –

439 Vgl. Blümich/Vogt, § 9 AStG, Rz. 13.

440 Vgl. BFH-Urteil vom 15.09.2004, I R 102-104/03, BStBl 2005 II S. 255.

persönlichen und sachlichen – Voraussetzungen für das Vorliegen von Zwischeneinkünften festlegen, bestimmt § 10 AStG die „Hinzurechnungstechnik", wonach die Zwischeneinkünfte bei dem steuerpflichtigen Inlandsbeteiligten in Form des sog. „anzusetzenden Hinzurechnungsbetrages" den im Rahmen seiner Einkommen- oder Körperschaftsteuerpflicht und ggf. Gewerbesteuerpflicht zu versteuernden Einkünfte hinzuzurechnen sind.[441] Die für die ausländische Gesellschaft ermittelten Zwischeneinkünfte sind jedoch sowohl nach § 10 AStG als auch ggf. nach den Vorschriften der §§ 11 und 12 AStG zu modifizieren, sodass der in § 10 Abs. 1 Satz 1 AStG zu definierende Hinzurechnungsbetrag nicht zwingend mit dem anteilig anzusetzenden Hinzurechnungsbetrag auf Ebene des inländisch Hinzurechnungsverpflichteten identisch sein muss. Grundsätzlich erfolgt eine Hinzurechnung nur für positive Hinzurechnungsbeträge. Ist der Hinzurechnungsbetrag negativ, so unterbleibt die Hinzurechnung gem. § 10 d Abs. 1 Satz 3 AStG. Negative Hinzurechnungsbeträge können jedoch gem. § 10 Abs. 3 Satz 5, 6 AStG unter analoger Anwendung des § 10 d EStG mit positiven Zwischeneinkünften verrechnet werden.

Bis zu ihrer Aufhebung durch das Steuervergünstigungsabbaugesetz[442] regelten die Vorschriften der § 10 Abs. 5 bis Abs. 7 AStG das Verhältnis zum bilateralen Recht der Doppelbesteuerungsabkommen. Insbesondere nach Abs. 5 war auf den Hinzurechnungsbetrag ein zwischen dem Sitzstaat der ausländischen Zwischengesellschaft und der Bundesrepublik Deutschland bestehendes Doppelbesteuerungsabkommen anzuwenden. Nach Streichung dieser Vorschrift enthalten die Regelungen zur Hinzurechnungsbesteuerung gem. §§ 7 bis 14 nunmehr einen generellen **treaty override.**

Insbesondere über seinen Abs. 2 regelt § 10 AStG ebenfalls das Verhältnis zum nationalen Steuerrecht. Neben zeitlicher Erfassung und Einkunftsqualifikation ist hierbei insbesondere bemerkenswert, dass – obwohl der Hinzurechnungsbetrag explizit als „Einkünfte i. S. des § 20 Abs. 1 Nr. 1 EStG" definiert wird – die entsprechenden nationalen Vorschriften des § 3 Nr. 40 EStG bzw. § 8 b Abs. 1 KStG auf den Hinzurechnungsbetrag keine Anwendung finden.[443] Zwar ist zuzugestehen, dass bei Anwendung des Halbeinkünfteverfahrens sowie insbesondere im Rahmen der körperschaftsteuerlichen Regelung die steuerlichen Konsequenzen der Hinzurechnung auf Ebene der inländischen Hinzurechnungsverpflichteten deutlich überschaubar wären; die vorliegende doppelte Fiktion – im Ausland thesaurierte Gewinne gelten als ausgeschüttet, gelten als Dividende – unter dann folgender Nichtanwendung der maßgebenden inländischen Vorschriften – § 3 Nr. 40 EStG, § 8 b Abs. 1 KStG – führt jedoch zu einer dramatischen Mehrbelastung gegenüber tatsächlich von ausländischen Gesellschaften abgeführten Dividenden. In diesem Zusammenhang ist zu betonen, dass die Folgen der Hinzurechnungsbesteuerung auch nicht durch tat-

441 Vgl. Luckey in Strunk/Kaminski/Köhler AStG/DBA, § 10 AStG Rz. 2.
442 Gesetz vom 16.05.2003, BGBl I 2003 S. 660.
443 Vgl. Luckey in Strunk/Kaminiski/Köhler, AStG/DBA, § 10 AStG Rz. 8.

sächliche Ausschüttung vermieden werden können. Der Hinzurechnungsbetrag unterliegt somit ungemildert der inländischen Besteuerung mit Einkommen-/Körperschaftsteuer und Solidaritätszuschlag sowie ggf. der Gewerbesteuer.

Der Kern der Kritik an der Vorschrift des § 10 AStG richtet sich insbesondere gegen den wenig logischen Aufbau dieser Gesetzesnorm.[444] Als erste Stufe für die Bestimmung des für den inländischen Steuerpflichtigen maßgebenden und in seine Steuerbemessungsgrundlage einzubeziehenden Betrages regelt § 10 Abs. 3 AStG die Ermittlung des sog. „Hinzurechnungsbetrages", d. h. die Ermittlung des Gesamtbetrags der Einkünfte, für die die ausländische Gesellschaft Zwischengesellschaft ist. Im unmittelbaren Zusammenhang mit Abs. 3 ist die Vorschrift des § 10 Abs. 4 AStG zu sehen, in der der Abzug von mit Einkünften i. S. des § 10 Abs. 3 in Zusammenhang stehenden Betriebsausgaben geregelt ist. Beide Vorschriften stehen somit logisch nebeneinander am Beginn der Ermittlung des relevanten Hinzurechnungsbetrages. Als rechtssystematisch nächste Vorschrift schließt sich § 10 Abs. 1 AStG an, dessen Inhalt die Möglichkeit des Abzugs von auf den ausländischen Zwischeneinkünften lastenden Steuern und Abgaben regelt.[445]

Die schließliche Rechtsfolge des § 10 AStG, nämlich die Frage, im Rahmen welcher Einkunftsart und zu welchem Zeitpunkt der nach den vorgenannten Vorschriften ermittelte Hinzurechnungsbetrag im Rahmen der Steuerpflicht des inländischen Anteilseigners zu erfassen ist, bestimmt sich nach der Vorschrift des § 10 Abs. 2 AStG. Danach qualifiziert sich der Hinzurechnungsbetrag beim Hinzurechnungsverpflichteten als Einkünfte aus Kapitalvermögen gem. § 20 Abs. 1 Nr. 1 EStG.[446] Gemäß § 10 Abs. 2 Satz 2 AStG gilt jedoch entsprechend den einkommensteuerlichen Regelungen das Subsidiaritätsprinzip, soweit die Anteile an der ausländischen Gesellschaft in einem Betriebsvermögen gehalten werden. Die letztendlich maßgebende Bemessungsgrundlage für die Bestimmung der steuerlichen Konsequenzen auf der Ebene des inländischen Anteilseigners ergibt sich aus dem sog. „anzusetzenden Hinzurechnungsbetrag",[447] der sich aus der Ermittlung des Hinzurechnungsbetrages gem. § 10 AStG sowie der Berücksichtigung von weiteren Kürzungen bzw. Erhöhungen nach den nachgelagerten Vorschriften der §§ 11 bis 13 AStG ergibt. Die sich aus der oben dargelegten Gesetzessystematik ergebende logische Reihenfolge des § 10 AStG nach den Abs. 3, 4, 1, 2, soll deshalb[448] – in Übereinstimmung mit der Ermittlung des anzusetzenden Hinzurechnungsbetrages gem. Anlage III

444 Vgl. Wassermeyer/Schönfeld in Flick/Wassermeyer/Baumhoff, Anm. 61 zu § 10 AStG.
445 Siehe insgesamt auch Vogt in Strunk/Kaminski/Köhler, AStG/DBA, § 10 AStG, Rz. 62.
446 Zur Kritik an einer im Rahmen des StSenkG vom 23.10.2000, BStBl I S. 1428, geplanten, aber nie wirksam gewordenen 38%igen Pauschbesteuerung vgl. u. a. Pflüger, Beabsichtigte Neuerungen im Außensteuerrecht und ihre Auswirkungen, PIS 2001, S. 290, sowie Rättig/Protzen, Die im Entwurf eines Gesetzes zur Fortentwicklung des Unternehmensteuerrechts vorgesehenen Änderungen der Hinzurechnungsbesteuerung der §§ 7–14 AStG, IStR 2001, S. 601 m. w. N.
447 Vgl. Blümich/Vogt, § 10 AStG, Rz. 4.
448 Vgl. Blümich/Vogt, § 10 AStG, Rz. 4.

zum BMF-Anwendungsschreiben zum AStG – auch maßgebend für die nachfolgende ausführliche Darstellung zu den Vorschriften des § 10 AStG sein.

2.2.2 Ermittlung der dem Hinzurechnungsbetrag zugrunde liegenden Einkünfte

2.2.2.1 Grundsätzliche Regelung

Für die Hinzurechnungsbesteuerung sind gem. Tz. 10.1.1.1 des BMF-Anwendungsschreibens zum AStG die gesamten Einkünfte der ausländischen Zwischengesellschaft zu ermitteln, die aus passivem Erwerb stammen. Die Ermittlung dieser Einkünfte hat dabei gem. § 10 Abs. 3 AStG unter entsprechender Anwendung der Vorschriften des deutschen Steuerrechts zu erfolgen. Dabei scheitert jedoch eine unmittelbare Anwendung des deutschen Rechts bereits daran, dass nicht die ausländische Gesellschaft hinsichtlich ihrer Einkünfte ermittlungspflichtig ist, sondern der Inlandsbeteiligte. Die ausländische Gesellschaft ist somit das einkunftserzielende Subjekt, der inländische Anteilseigner dagegen Ermittlungs- und Zurechnungssubjekt.

Der Grundsatz gem. § 10 Abs. 3 AStG, wonach die dem Hinzurechnungsbetrag zugrunde liegenden Einkünfte in entsprechender Anwendung der Vorschriften des deutschen Steuerrechts zu ermitteln sind, erfährt jedoch erhebliche Einschränkungen. So sind insbesondere die Vorschrift des Investmentsteuergesetzes in der jeweils geltenden Fassung sowie die Vorschrift des § 1 AStG nicht anzuwenden.[449] Entsprechendes gilt für die Vorschriften § 8 b Abs. 1 und 2 AStG, § 4 h EStG sowie § 8 a KStG – sowohl alte als auch neue Fassung. Das Umwandlungsteuergesetz bleibt ebenfalls unberücksichtigt, soweit nicht Einkünfte aus einer Umwandlung nach § 8 Abs. 1 Nr. 10 hinzuzurechnen sind.

2.2.2.2 Anwendung deutschen Rechts

Der Verweis des § 10 Abs. 3 Satz 1 AStG bezieht sich über § 8 Abs. 1 KStG auf die §§ 2 bis 24 EStG sowie §§ 5 bis 13 und §§ 20 bis 23 KStG. Vergünstigungen, die an die unbeschränkte Steuerpflicht oder das Bestehen eines inländischen Betriebes, einer inländischen Betriebsstätte anknüpfen, sind dabei jedoch ausgeschlossen.[450] Nicht anzuwenden sind darüber hinaus Vorschriften, für die § 10 eine besondere Regelung vorsieht. Dies gilt z. B. für § 2 b EStG, der die Berücksichtigung von – aus inländischer Sicht – ausländischen Verlusten regelt.

---

449 Vgl. insoweit auch BMF vom 14.05.2004, Tz. 10.1.1.1.

450 Vgl. § 10 Abs. 3 Satz 4 AStG.

Die steuerlichen Regelungen betreffend die Leistungsbeziehung zwischen nahestehenden Personen – insbesondere die vGA – finden auch bei der Ermittlung der Zwischeneinkünfte Anwendung.[451]

Da eine Anwendung des § 8 a KStG (a. F.) zu „Verwerfungen" im Rahmen der Einkunftsermittlung für die Zwischengesellschaft führen kann, ist seine Anwendung ebenfalls ausgeschlossen.[452] So kann eine Versagung von Zinsaufwendungen nach § 8 a KStG zu einer Einkunftserhöhung und damit im Ergebnis zu einer niedrigeren Besteuerung führen; alternativ besteht jedoch auch die Gefahr, das im Grundsatz niedrig besteuerte, schädliche passive Einkünfte auf Ebene der ausländischen Gesellschaft in aktive Dividendenausschüttungen umqualifiziert werden.

Die Nichtanwendbarkeit der Entlastungsbestimmungen des § 8 b Abs. 1 und 2 KStG hat dagegen i. d. R. wenig praktische Bedeutung, da die entsprechenden Gewinnausschüttungen/Veräußerungsgewinne gem. § 8 Abs. 2 Nr. 8 und 9 AStG zumindest i. d. R. aus der Hinzurechnungsbesteuerung ausscheiden.

Analog zur Nichtanwendung des § 8 a KStG (a. F.) sind auch die korrespondierenden Regelungen zur Zinsschranke gem. § 4 h EStG und § 8 a KStG (n. F.) bei der Ermittlung der Einkünfte, die der Hinzurechnungsbesteuerung zu unterwerfen sind, nicht anzuwenden. Nach der entsprechenden Gesetzesbegründung[453] wären auch in diesem Fall Doppelbesteuerungen bzw. Umqualifizierung von Einkünften nicht auszuschließen gewesen.

2.2.2.3 Gewinnermittlung bei reinen Zwischengesellschaften

Bei sog. „reinen Zwischengesellschaften", d. h. bei ausländischen Zwischengesellschaften, die ausschließlich Einkünfte aus passivem Erwerb erzielen, die nicht unter den Aktivitätskatalog des § 8 Abs. 1 Nr. 1–9 AStG zu subsumieren sind, sind sämtliche Einkünfte für die Ermittlung des Hinzurechnungsbetrages zu berücksichtigen. Gemäß § 10 Abs. 3 Satz 2 AStG kann die Gewinnermittlung dabei wahlweise durch Betriebsvermögensvergleich gem. § 4 Abs. 1, § 5 EStG oder im Wege der Einnahmen-Überschussrechnung nach § 4 Abs. 3 EStG erfolgen. Das Wahlrecht ist bis zur Abgabe der im Rahmen der Hinzurechnungsbesteuerung zu erklärenden einheitlichen und gesonderten Feststellung gem. § 18 AStG auszuüben.[454] Soweit die Inlandsbeteiligten das Wahlrecht nicht oder nicht einheitlich ausüben, ist der Gewinn durch Vermögensvergleich gem. § 4 Abs. 1, § 5 EStG zu ermitteln. Bei einer Änderung der Gewinnermittlungsart sind die Ausführungen in R 4.6 der Einkommensteuerrichtlinien entsprechend zu berücksichtigen.

Handelt es sich bei der ausländischen Zwischengesellschaft um einen nach Rechtsform oder Betätigung in § 8 Abs. 2 KStG genannten vergleichbaren Steuerpflichti-

451 Vgl. BFH vom 02.07.1997, BStBl 1998 II S. 176.
452 Siehe auch BMF vom 14.05.2004, Tz. 10.1.1.1.
453 Bundesrat-Drucksache 544/07, S. 125.
454 BMF-Schreiben vom 14.05.2004, Tz. 10.3.1.1.

gen, so sind die von ihr erzielten Einkünfte einheitlich als Einkünfte aus Gewerbebetrieb zu qualifizieren.[455] Soweit die dem Hinzurechnungsbetrag zugrunde liegenden Einkünfte durch Betriebsvermögensvergleich gem. § 4 Abs. 1, § 5 EStG ermittelt werden, ist eine für alle Inlandsbeteiligten maßgebende sog. **Hinzurechnungsbilanz** aufzustellen. Dabei ist auch dann das gesamte Vermögen der ausländischen Gesellschaft zugrunde zu legen, wenn nicht alle Anteile oder Stimmrechte einem inländischen Steuerpflichtigen zuzurechnen sind. Es ist nicht zu beanstanden, wenn die Hinzurechnungsbilanz unter Berücksichtigung der nach Maßgabe des deutschen Steuerrechtes zu beachtenden Bilanzierungsvorschriften (insbesondere § 60 EStDV) aus der Bilanz der ausländischen Gesellschaft abgeleitet wird. Abweichende ausländische Bilanzierungsgrundsätze sind dabei grundsätzlich nicht zu berücksichtigen. Eine Ausnahme gilt lediglich insoweit, als die ausländische Zwischengesellschaft im Rahmen eines qualifizierten Geschäftsbetriebes[456] Einkünfte aus Handel, der Erbringung von Dienstleistungen oder der Vermietung und Verpachtung von beweglichen Sachen erzielt; in diesem Fall ist es nicht zu beanstanden, wenn die Hinzurechnungsbilanz nach Maßgabe der Vorschriften des ausländischen Steuerrechts erstellt wird, soweit diese von den allgemeinen deutschen Gewinnermittlungsvorschriften nicht erheblich abweichen. Voraussetzung ist allerdings, dass diese Verfahrensweise nicht zu einem offensichtlich unzutreffenden Ergebnis führt. Auf den Zeitpunkt, in dem eine ausländische Gesellschaft erstmalig die Voraussetzungen für die Hinzurechnungsbesteuerung gem. § 7 Abs. 1 AStG erfüllt, ist eine sog. eröffnende Hinzurechnungsbilanz zu erstellen. Maßgebender Zeitpunkt ist dabei der Beginn des Wirtschaftsjahres der ausländischen Gesellschaft, in dem die Voraussetzungen des § 7 Abs. 1 AStG erstmals vorliegen.

Für die Bewertung der einzelnen dem Betriebsvermögen der ausländischen Zwischengesellschaft zuzurechnenden Wirtschaftsgüter im Rahmen der Erstellung der Eröffnungsbilanz gilt gem. Tz. 10.3.3 des BMF-Anwendungsschreibens zum AStG insbesondere Folgendes:

- **Wirtschaftsgüter des Anlagevermögens** sind mit ihren ursprünglichen Anschaffungs- oder Herstellungskosten – ggf. vermindert um Absetzung für Abnutzung oder Substanzverringerung gem. § 7 EStG – anzusetzen.[457] Ist der Teilwert am betreffenden Stichtag niedriger und handelt es sich um eine voraussichtlich dauernde Wertminderung, so darf höchstens der Teilwert des betreffenden Wirtschaftsgutes angesetzt werden.

- **Immaterielle Anlagegüter** dürfen nur angesetzt werden, soweit es sich um entgeltlich erworbene, derivative Wirtschaftsgüter des Anlagevermögens handelt.

---

455 BMF-Schreiben vom 14.05.2004, Tz. 10.1.1.2.

456 Vgl. oben Kapitel D I. 2.1.3.2.4.

457 Vgl. BFH vom 12.07.1989, BStBl 1990 II S. 113.

- **Wirtschaftsgüter des Umlaufvermögens** sind mit ihren Anschaffungs- oder Herstellungskosten bzw. mit dem niedrigeren Teilwert am Stichtag der Eröffnungsbilanz anzusetzen.
- **Verbindlichkeiten** sind grundsätzlich mit ihrem Rückzahlungsbetrag anzusetzen.
- Eine Berücksichtigung von **Rechnungsabgrenzungsposten** ist nur zulässig, soweit Betriebsausgaben vor dem Bilanzstichtag Aufwand bzw. Betriebseinnahmen vor dem Bilanzstichtag Ertrag für eine bestimmte Zeit nach Stichtag der Eröffnungsbilanz sind.
- Eine Besonderheit gilt für **Wirtschaftsgüter, die bereits am 21. Juni 1948 vorhanden waren.** Es ist in diesem Fall gem. Tz. 10.3.3.2 Nr. 5 des BMF-Anwendungsschreibens zum AStG nicht zu beanstanden, wenn in diesem Fall von dem Wert ausgegangen wird, mit dem die Wirtschaftsgüter in der ersten nach diesem Zeitpunkt erstellten Bilanz der ausländischen Gesellschaft angesetzt werden.

Für die **Ermittlung der Anschaffungskosten** der maßgebenden Wirtschaftsgüter gelten die allgemeinen deutschen steuerlichen Vorschriften.[458] Danach sind:

- **Tauschweise** erworbene Wirtschaftsgüter mit dem gemeinen Wert des hingegebenen Wirtschaftsgutes anzusetzen.
- **Unentgeltlich** erworbene Wirtschaftsgüter mit dem gemeinen Wert im Zeitpunkt des unentgeltlichen Erwerbs anzusetzen.
- Wirtschaftsgüter, die gegen **Gewährung von Gesellschaftsanteilen** in die Gesellschaft eingebracht worden sind, mit dem gemeinen Wert im Zeitpunkt der Einbringung zu bewerten.
- Wirtschaftsgüter, die im Rahmen einer **unentgeltlichen Übertragung** eines Betriebs oder Teilbetriebs erworben worden sind, mit dem Wert anzusetzen, der bei der Ermittlung des Gewinns des bisherigen (inländischen) Unternehmens angesetzt wurde.

Wurden Wirtschaftsgüter der ausländischen Zwischengesellschaft von einem inländischen Beteiligten oder einer ihm nahestehenden Person i. S. des § 1 Abs. 2 AStG aus einem Betriebsvermögen auf die ausländische Gesellschaft übertragen, so ist dem betreffenden Wirtschaftsgut der Wert beizumessen, der dem Wirtschaftsgut bei Ausscheiden aus dem Betriebsvermögen nach deutschen steuerlichen Grundsätzen zugrunde zu legen wäre. Bewertungsmaßstab ist also auch in diesem Fall im Grundsatz der Teilwert gem. § 6 EStG.

Eine Ermittlung der dem Hinzurechnungsbetrag zugrunde liegenden Einkünfte im Rahmen der Einnahmen-Überschussrechnung gem. § 4 Abs. 3 EStG ist nur für Einkünfte aus passivem Erwerb zulässig. In diesem Fall ist das gesamte, dem passiven

458 Vgl. BMF-Schreiben vom 14.05.2004, Tz. 10.3.3.3.

Erwerb dienende Vermögen der ausländischen Gesellschaft als notwendiges Betriebsvermögen zu behandeln. Zu den Betriebsausgaben gehören auch die Absetzungen für Abnutzung gem. § 7 EStG.[459]

2.2.2.4 Gewinnermittlung bei gemischten Einkünften

Problematischer ist die Ermittlung der dem Hinzurechnungsbetrag zugrunde liegenden Einkünfte, wenn die ausländische Zwischengesellschaft sog. **gemischte Einkünfte** erzielt. Dies ist dann der Fall, wenn die ausländische Gesellschaft neben aktiven, unter den Katalog des § 8 Abs. 1–9 AStG zu subsumierenden Einkünften auch solche aus passivem Erwerb erzielt, bei denen es sich nicht um Einkünfte aus gewerblichen Hilfstätigkeiten handelt. Die Verwaltungsgrundsätze sehen für diesen Fall grundsätzlich folgende Alternativen zur Ermittlung der relevanten Einkünfte aus passivem Erwerb vor:

- **Gesamtermittlung**

  Vom Gesamtbetrag der nach deutschem Steuerrecht ermittelten Einkünfte der ausländischen Gesellschaft ist die Summe der darin enthaltenen Einkünfte aus aktiver Tätigkeit gem. § 8 Abs. 1 Nr. 1–9 AStG abzuziehen. Als Restgröße verbleibt im Ergebnis der Gesamtbetrag der Einkünfte aus passivem Erwerb.

- **Sonderermittlung (direkte Methode)**

  Alternativ können die Einkünfte aus passivem Erwerb der ausländischen Gesellschaft durch Aufstellung einer isolierten Teilbilanz bzw. einer isolierten Einnahmen-Überschussrechnung ermittelt werden, soweit eine entsprechende Abgrenzung aufgrund einer geeigneten Buchführung der Zwischengesellschaft leicht und eindeutig vorgenommen werden kann.

- **Ermittlung durch Anwendung eines Aufteilungsschlüssels (indirekte Methode)**

  Insbesondere bei Handels- oder Dienstleistungsaktivitäten der ausländischen Zwischengesellschaft kann es vorkommen, dass Tätigkeiten aus aktivem und passivem Erwerb – bzw. die diesen Tätigkeiten zuzuordnenden Einnahmen und Ausgaben – so eng verbunden sind, dass eine zutreffende Aufteilung weder im Rahmen der Gesamtermittlung noch durch Sonderermittlung möglich ist. Gemäß Tz. 10.4.2 des BMF-Anwendungsschreibens zum AStG ist es in diesem Fall ausnahmsweise zulässig, die gesamten Einkünfte der ausländischen Zwischengesellschaft entsprechend dem jeweiligen Umsatz in aktive Einkünfte und solche aus passivem Erwerb aufzuteilen.

---

459 Vgl. BMF-Schreiben vom 14.05.2004, Tz. 10.3.4.2.

2.2.3 Berücksichtigung von Verlusten

Sind die dem Hinzurechnungsbetrag zugrunde zu legenden Einkünfte aus passivem Erwerb in einem Wirtschaftsjahr der ausländischen Zwischengesellschaft negativ, so unterbleibt eine Hinzurechnung. Allerdings kann der Betrag in analoger Anwendung des § 10 d EStG zurück- bzw. vorgetragen werden (vgl. § 10 Abs. 3 Satz 5 AStG). Dies gilt sowohl bei Ermittlung der Einkünfte aus passivem Erwerb durch Betriebsvermögensvergleich als auch durch Einnahmen-Überschussrechnung. Grundsätzlich ist ein Verlustabzug nur insoweit möglich, als der Verlust die absolute bzw. relative Grenze des § 9 AStG überschreitet. Bei der Ermittlung des Verlustabzugs zu berücksichtigen sind dabei Steuern i. S. des § 10 Abs. 1 AStG, die im Verlustjahr hätten abgezogen oder angerechnet werden können, falls ein Gewinn entstanden wäre.

Nicht eingeschränkt wird die Höhe des abzugsfähigen Verlustrücktrages bzw. -vortrages auf der Ebene der ausländischen Zwischengesellschaft durch einen **Gesellschafterwechsel.**[460] Ebenso bleibt es für die Verlustberücksichtigung unbeachtlich, wenn z. B. in einem auf das Jahr der Entstehung des Verlustes folgenden Wirtschaftsjahr der ausländischen Zwischengesellschaft keine Einkünfte aus passivem Erwerb erzielt werden.[461] Ist dagegen ein Steuerinländer an mehreren ausländischen Zwischengesellschaften beteiligt, so dürfen Verluste aus passivem Erwerb einer Zwischengesellschaft nicht mit positiven Hinzurechnungsbeträgen einer anderen Zwischengesellschaft ausgeglichen werden.[462] Abweichend von diesem Grundsatz ist jedoch eine Verrechnung von negativen Einkünften aus passivem Erwerb zwischen einer nachgeschalteten Zwischengesellschaft sowie der entsprechenden Obergesellschaft mit dem Wortlaut des § 10 Abs. 1 Satz 3 AStG vereinbar.[463]

2.2.4 Besonderheiten bei der Berücksichtigung von Betriebsausgaben

Gemäß § 10 Abs. 4 AStG sind bei der Ermittlung der dem Hinzurechnungsbetrag zugrunde liegenden Einkünfte der ausländischen Gesellschaft nur solche Betriebsausgaben zu berücksichtigen, die mit diesen Einkünften in wirtschaftlichem Zusammenhang stehen. Bei reinen Zwischengesellschaften sind somit im Grundsatz alle durch den passiven Erwerb veranlassten Ausgaben abzugsfähig. Nichtsdestoweniger kann sich auch in solchen Fällen eine Beschränkung des Betriebsausgabenabzugs ergeben. Dies ist insbesondere dann der Fall, wenn:

- Die Aufwendungen der Wahrnehmung der persönlichen Interessen der Gesellschaft dienen (z. B. Kosten der Beratung über die Zweckmäßigkeit des Einsatzes

460 Vgl. BMF-Schreiben vom 14.05.2004, Tz. 10.3.5.3.
461 Vgl. BMF-Schreiben vom 14.05.2004, Tz. 10.3.5.2.
462 Vgl. BMF-Schreiben vom 14.05.2004, Tz. 10.1.1.3.
463 Vgl. BMF-Schreiben vom 14.05.2004, Tz. 14.1.6.

einer Zwischengesellschaft).[464] Dies wird insbesondere dann der Fall sein, wenn die entsprechenden Aufwendungen nach deutschen steuerlichen Grundsätzen als vGA zu qualifizieren sind.

- Die entsprechenden Aufwendungen mit den Einkünften aus passivem Erwerb nicht im wirtschaftlichen Zusammenhang stehen (dies kann insbesondere dann der Fall sein, wenn der ausländischen Zwischengesellschaft ein ertragloser Bereich zuzuordnen ist).

2.2.5 Steuerabzug

Abweichend von dem Grundgedanken des § 34 c EStG sieht § 10 Abs. 1 AStG als Grundfall den Abzug der Steuern der ausländischen Gesellschaft vom Einkommen und Vermögen, die zu Lasten dieser Gesellschaft von deren Einkünften bzw. zugrunde liegendem Vermögen erhoben worden sind, vor.

Diese Formulierung umfasst alle von den Zwischeneinkünften erhobenen direkten Steuern, und zwar sowohl die Steuern des Sitzstaates der ausländischen Gesellschaft als auch Drittstaatensteuern – z. B. auf in weiteren Staaten erhobene Betriebsstätteneinkünfte. Freiwillige Steuerzahlungen – z. B. zur Vermeidung einer niedrigen Besteuerung gem. § 8 Abs. 3 AStG – sind für Zwecke des Steuerabzugs nach § 10 Abs. 1 AStG nicht zu berücksichtigen.

Eine erhebliche Einschränkung erfährt diese Regelung allerdings durch Satz 2, wonach die abzuziehende Steuer zum Zeitpunkt des Zuflusses der maßgebenden Einkünfte bereits entrichtet worden sein muss; ein Tatbestand, der i. d. R. nur bei regelmäßigen Vorauszahlungen erfüllt werden kann. Sind die Steuern zu dem Zeitpunkt, zu dem die Einkünfte nach Abs. 2 als zugeflossen gelten, noch nicht entrichtet, „sind sie nur in den Jahren, in denen sie entrichtet werden, von den nach § 7 Abs. 1 steuerpflichtigen Einkünften abzusetzen". Sollte somit in dem Jahr, in dem die Steuern entrichtet werden, kein bzw. ein negativer Hinzurechnungsbetrag festzustellen sein, scheidet der Steuerabzug aus. In diesem Fall verbleibt lediglich die Möglichkeit eines Verlustvortrages gem. § 10 Abs. 3 Satz 5 AStG i. V. m. § 10 d EStG.

2.2.6 Steuerliche Behandlung des Hinzurechnungsbetrages

Wie bereits oben dargestellt, werden die konkreten steuerlichen Konsequenzen für den inländischen Anteilseigner aus der Hinzurechnungsbesteuerung in dem § 10 Abs. 1 und Abs. 2 AStG geregelt. Diese Vorschriften sind somit gesetzeslogisch den Abs. 3 und 4 des § 10 AStG nachzuordnen, die in einem ersten Schritt die Ermittlung der dem Hinzurechnungsbetrag zugrunde zu legenden Einkünfte aus passivem Erwerb näher bestimmt haben. § 10 Abs. 1 Satz 1 AStG definiert demnach den nach

464 Vgl. Blümich/Vogt, § 10 AStG, Rz. 97.

§ 7 Abs. 1 AStG dem inländischem Steuerpflichtigen hinzuzurechnenden Betrag aus der Hinzurechnung als denjenigen Betrag, der sich nach § 7 Abs. 1 AStG ergibt nach Abzug der Steuern, die zu Lasten der ausländischen Gesellschaft von diesen Einkünften sowie von dem diesen Einkünften zugrunde liegenden Vermögen erhoben worden sind (Hinzurechnungsbetrag).

Gemäß § 10 Abs. 2 AStG gehört der Hinzurechnungsbetrag zu den Einkünften aus Kapitalvermögen i. S. des § 20 Abs. 1 Ziffer 1 EStG bzw. zu den Einkünften aus Gewerbebetrieb, wenn die Beteiligung an der ausländischen Gesellschaft im Betriebsvermögen gehalten wird. Die Einkünfte gelten unmittelbar nach Ablauf des maßgebenden Wirtschaftsjahres der ausländischen Gesellschaft als zugeflossen. Soweit das Wirtschaftsjahr der ausländischen Gesellschaft mit dem Kalenderjahr zusammenfällt, gilt der Hinzurechnungsbetrag als am 1. Januar des folgendes Jahres zugeflossen. Gilt für den inländischen Steuerpflichtigen ebenfalls das Kalenderjahr als Wirtschaftsjahr, werden die entsprechenden Einkünfte aus passivem Erwerb im Rahmen der Hinzurechnungsbesteuerung somit im darauffolgenden Wirtschaftsjahr bei der Einkunftsermittlung des inländischen Steuerpflichtigen berücksichtigt.[465] Die Qualifizierung des Hinzurechnungsbetrages als Einkünfte aus Kapitalvermögen gilt unabhängig davon, welcher Art die Einkünfte der ausländischen Zwischengesellschaft sind.

Eine erhebliche Verschärfung der Hinzurechnungsbesteuerung folgt jedoch aus der Tatsache, dass § 3 Nr. 40 Satz 1 Buchst. d EStG und § 8 b Abs. 1 KStG nicht auf den Hinzurechnungsbetrag anzuwenden sind.

Eine deutliche Schlechterstellung ergibt sich somit zunächst für den Fall, dass die Anteile an der ausländischen Zwischengesellschaft von inländischen natürlichen Personen im Privatvermögen gehalten werden. Das im Rahmen des StSenkG im Zusammenhang mit der Abschaffung des Körperschaftsteueranrechnungsverfahrens eingeführte Halbeinkünfteverfahren – bzw. nunmehr Teileinkünfteverfahren – gem. § 3 Nr. 40 EStG läuft insoweit ins Leere. Eine spätere Ausschüttung der im Rahmen der Hinzurechnungsbesteuerung erfassten Zwischeneinkünfte bleibt zwar innerhalb eines Siebenjahreszeitraumes gem. § 3 Nr. 41 EStG steuerfrei, an einer vollen Besteuerung der betreffenden Zwischeneinkünfte – unter Umgehung des Halb/Teileinkünfteverfahrens – ändert sich jedoch nichts.

Noch dramatischer ist die Diskriminierung für den Fall, dass die Anteile an der ausländischen Zwischengesellschaft von einer im Inland ansässigen Kapitalgesellschaft gehalten werden. Die grundsätzliche Steuerfreiheit von Dividendeneinkünften gem. § 8 b Abs. 1 KStG – unabhängig von der Beteiligungshöhe, der Tätigkeit der ausländischen Tochtergesellschaft oder der Existenz eines Doppelbesteuerungsabkommens – wird durch § 10 Abs. 2 Satz 3 AStG wieder aufgehoben. Hieran kann auch die Tatsache nichts ändern, dass eine anschließende Ausschüttung der im Rahmen der

465 Vgl. Schaumburg, H., a. a. O., S. 499.

Hinzurechnungsbesteuerung erfassten Einkünfte gem. § 8 b Abs. 1 KStG steuerfrei gestellt ist.[466]

§ 8 b Abs. 5 KStG, wonach 5 % einer nach § 8 Abs. 1 KStG steuerfreien Dividende als nichtabzugsfähige Betriebsausgaben außerbilanziell dem zu versteuernden Einkommen hinzugerecht werden, kommt im Rahmen der Hinzurechnungsbesteuerung nicht zur Anwendung. Für den Hinzurechnungsbetrag gem. § 10 Abs. 3 KStG ergibt sich dies bereits aus dem unmittelbaren Wortlaut des § 8 b Abs. 5 KStG, der lediglich auf Bezüge Anwendung findet, die bei der Ermittlung des Einkommens außer Ansatz bleiben. Gerade dies ist jedoch beim Hinzurechnungsbetrag gem. § 10 Abs. 3 AStG nicht der Fall. Kommt es zu einer späteren Ausschüttung des bereits hinzugerechneten Gewinns der ausländischen Zwischengesellschaft, bleibt diese gem. § 8 b Abs. 1 KStG außer Ansatz, sodass eine Anwendung des Abs. 5 nicht ausgeschlossen ist. Durch den Verweis in R 32 der Körperschaftsteuerrichtlinien auf § 3 Nr. 41 EStG ist jedoch auch für körperschaftsteuerliche Zwecke die nachträgliche Ausschüttung bereits hinzugerechneter Ergebnisse grundsätzlich steuerfrei, sodass auch insoweit für die Anwendung des § 8 b Abs. 5 AStG kein Raum bleibt.

2.2.7 Gewerbesteuer

Der Hinzurechnungsbetrag unterliegt grundsätzlich gem. § 10 Abs. 2 Satz 2 i. V. m. § 21 Abs. 7 Satz 4 Nr. 2 AStG der Gewerbesteuer.[467] Werden die betreffenden im Rahmen der Hinzurechnungsbesteuerung erfassten Einkünfte aus passivem Erwerb anschließend ausgeschüttet, sollte – in Anlehnung an die einkommens- bzw. körperschaftsteuerliche Behandlung – zumindest für diesen Fall eine Freistellung gewährt werden.

Soweit die Anteile an der Zwischengesellschaft von inländischen natürlichen Personen bzw. Personengesellschaften gehalten werden, hat der Gesetzgeber dies über § 8 Nr. 5 GewStG berücksichtigt. Danach findet eine Hinzurechnung zum Gewerbeertrag nicht statt, wenn es sich um eine Gewinnausschüttung i. S. von § 3 Nr. 41 a EStG handelt.

Da es an einer entsprechenden Regelung für inländische Kapitalgesellschaften fehlt und eine Kürzung nach § 9 Nr. 7 GewStG nur in Ausnahmefällen zur Anwendung kommt,[468] käme es in diesem Fall im Ergebnis zu einer gewerbesteuerlichen Doppelbelastung der betreffenden Einkünfte. Eine solche Auslegung verkennt jedoch, dass § 3 Nr. 41 a EStG über die Vorschrift des § 8 Abs. 1 KStG ebenfalls für die Körperschaftsteuer anwendbar ist.[469]

---

466 Vgl. zur Regelung insgesamt auch Rättig/Protzen, Überblick über die Hinzurechnungsbesteuerung des AStG i. d. F. des Unternehmensteuerfortentwicklungsgesetzes, DStR 2002, S. 5.

467 Vgl. auch Rättig/Protzen, a. a. O., S. 128.

468 Vgl. auch Rättig/Protzen, a. a. O., S. 128.

469 Siehe wiederum R 32 KStR.

2.2.8 Berücksichtigung von Doppelbesteuerungsabkommen

Gemäß § 10 Abs. 5 AStG i. d. F. vor dem Steuervergünstigungsabbaugesetz waren auf den Hinzurechnungsbetrag die Bestimmungen der Abkommen zur Vermeidung der Doppelbesteuerung entsprechend anzuwenden, die anzuwenden wären, wenn der Hinzurechnungsbetrag an den Steuerpflichtigen ausgeschüttet worden wäre. § 10 Abs. 5 AStG regelte mithin das Verhältnis zwischen der Hinzurechnungsbesteuerung gem. §§ 7 bis 14 AStG und einem zwischen Deutschland und dem Ansässigkeitsstaat der ausländischen Gesellschaft abgeschlossenen Abkommen zur Vermeidung der Doppelbesteuerung (DBA). § 10 Abs. 5 AStG erkannte dabei grundsätzlich den Lex-specialis-Charakter völkerrechtlicher Vereinbarungen vor nationalem Steuerrecht an.

Mit der o. g. Gesetzesänderung wurde § 10 Abs. 5 AStG – gemeinsam mit den Abs. 6 und 7 – aufgehoben. Die Systematik der Hinzurechnungbesteuerung setzt sich somit über bestehende Doppelbesteuerungsabkommen hinweg, womit für die maßgeblichen Zwischeneinkünfte ein treaty overriding begründet wird.[470]

2.3 Veräußerungsgewinne

Der Regelungsinhalt dieser durch das Unternehmensteuerfortführungsgesetz geänderten bzw. eingeführten Regelung erklärt sich vor dem Spannungsverhältnis zwischen § 8 Abs. 1 Nr. 9 AStG – Hinzurechnung von Veräußerungsgewinnen, soweit sie auf Wirtschaftsgüter entfallen, die einer Tätigkeit i. S. des § 7 Abs. 6 a AStG dienen – und der übertragenden Zurechnung gem. § 14 AStG. Dementsprechend soll vermieden werden, dass Einkünfte mit Kapitalanlagecharakter, die eine ausländische und gem. § 14 AStG nachgeschaltete Gesellschaft erzielt, zweifach – nämlich zum einen im Rahmen der übertragenden Zurechnung nach § 14 AStG und im Thesaurierungsfall anschließend über die Abgeltung im Rahmen des Veräußerungspreises – besteuert werden.

Beispiel:

Inländische Steuerpflichtige sind an einer ausländischen Zwischengesellschaft beteiligt, die ihrerseits eine 100 %ige Tochter in Irland hält. Die Voraussetzungen für die Hinzurechnungsbesteuerung gem. § 7 AStG sind bei der irischen Enkelgesellschaft gegeben. Die Gesellschaft erzielt ausschließlich Einkünfte mit Kapitalanlagecharakter. Diese Gewinne i. H. von 100.000 € jährlich wurden seit der Gründung im Jahr 2003 thesauriert. Ende 2009 verkauft die Zwischengesellschaft ihre 100 %ige Beteiligung an der irischen Gesellschaft und erzielt dabei einen Veräußerungsgewinn i. H. von 2 Mio. €. Hiervon entfallen unzweifelhaft 700.000 € auf die seit der Gründung thesaurierten Gewinne der irischen Enkelgesellschaft. Da diese als Zwischeneinkünfte im Rahmen der übertragenden Zurechnung gem. § 14 i. V. m. § 7 AStG bereits der Hin-

470 Vgl. oben Abschn. D.1.3.

zurechnungsbesteuerung auf Ebene der inländischen Anteilseigner unterlegen haben, würden sie – ohne den § 11 AStG – ein zweites Mal im Rahmen der Veräußerungsgewinnbesteuerung erfasst.

Zu beachten ist, dass die Begünstigungen des § 11 AStG nur für solche Gewinne der ausländischen Enkelgesellschaft gilt, die innerhalb der letzten 7 Jahre thesauriert wurden.

2.4 Behandlung nachträglicher Ausschüttungen

Gemäß § 10 Abs. 2 AStG gehört der Hinzurechnungsbetrag zu den Einkünften aus Kapitalvermögen i. S. des § 20 Abs. 1 EStG und unterliegt mangels Anwendbarkeit der § 3 Nr. 40 EStG bzw. § 8 b Abs. 1 KStG der ungeschmälerten inländischen Besteuerung entweder in Höhe des jeweiligen Einkommensteuersatzes oder der kumulierten Besteuerung aus Körperschaftsteuer und Gewerbesteuer jeweils zzgl. Solidaritätszuschlag.

Es stellt sich die Frage, was passiert, sollte die ausländische Zwischengesellschaft die bereits im Rahmen der Hinzurechnungsbesteuerung – bzw. ggf. übertragenen Zurechnung gem. § 14 AStG – erfassten Einkünfte tatsächlich an die inländischen Anteilseigner ausschütten. Hierbei ist grundsätzlich nach der Rechtsnatur der an der Zwischengesellschaft beteiligten Anteilseigner zu differenzieren:

Für natürliche Personen, bei denen der Hinzurechnungsbetrag gem. § 20 Abs. 1 Nr. 1 EStG i. V. m. § 2 Abs. 1 Nr. 6 EStG der Einkommensteuer unterliegt, sieht § 3 Nr. 41 EStG eine vollständige Befreiung für nachträgliche Gewinnausschüttungen vor, soweit für das Kalender- bzw. Wirtschaftsjahr des Dividendenbezugs oder für die vorangegangenen 7 Kalenderjahre oder Wirtschaftsjahre Hinzurechnungsbeträge aus Beteiligungen aus derselben ausländischen Gesellschaft bereits der Einkommensteuer unterlegen haben und der Steuerpflichtige dies nachweist. Die Vorschrift des § 3 c Abs. 2 EStG ist in diesem Fall analog anzuwenden. Im Ergebnis werden damit Einkünfte, die sonst dem Halb- bzw. Teileinkünfteverfahren unterlägen, vollständig von der Einkommensteuer befreit. Vor dem Hintergrund, dass der ursprüngliche Hinzurechnungsbetrag mit der doppelten Steuerlast belegt wurde, erscheint dies jedoch als geringer Trost.

Für inländische Kapitalgesellschaften als Anteilseigner einer ausländischen Zwischengesellschaft fehlt es an einer dem § 3 Nr. 41 EStG entsprechenden Vorschrift. Diese ist nach Auffassung des Gesetzgebers auch nicht erforderlich, da Dividenden gem. § 8 b Abs. 1 KStG ohnehin von der Körperschaftsteuer befreit sind. Fraglich ist in diesem Zusammenhang, ob es zum einen im Rahmen der Hinzurechnungsbesteuerung und zum anderen bei nachträglicher Ausschüttung der bereits hinzugerechneten Beträge jeweils zur 5 %igen Hinzurechnung gem. § 8 b Abs. 5 KStG kommt. Auf den Hinzurechnungsbetrag selbst sollte § 8 b Abs. 5 KStG schon deshalb nicht anwendbar sein, da dieser Bezüge fordert, die „bei der Ermittlung des

Einkommens außer Ansatz bleiben". Gerade dies trifft aber auf den Hinzurechnungsbetrag nicht zu.

Problematischer erscheint die Frage, ob auf die tatsächliche Ausschüttung der bereits hinzugerechneten Erträge zusätzlich eine 5 %ige Belastung gem. § 8 Abs. 5 KStG erhoben wird. Da sich gem. § 8 KStG das Einkommen nach den Vorschriften des EStG ermittelt und im Übrigen R 41 KStR explizit auf die Vorschriften des § 3 Nr. 41 EStG verweist, ist jedoch davon auszugehen, dass auch im Inland ansässige Kapitalgesellschaften als Anteilseigner einer ausländischen Zwischengesellschaft Dividenden „i. S. des § 3 Nr. 31 EStG" beziehen können, die somit vollständig steuerfrei sind. Für eine Hinzurechnung der fiktiven nichtabziehbaren Betriebsausgaben i. H. von 5 % gem. § 8 Abs. 5 KStG dürfte insoweit kein Raum sein. Auch für den Bereich der Gewerbesteuer erfolgt die „Vermeidung der Doppelbesteuerung" ähnlich inkonsistent. Gemäß § 8 Nr. 5 Satz 2 GewStG werden Gewinnausschüttungen, die unter § 3 Nr. 41 Buchst. a) des EStG fallen, von der generellen Hinzurechnungsnorm ausgenommen. Auch hier fehlt es grundsätzlich an einem Verweis auf die körperschaftsteuerliche Behandlung. In Anlehnung an die oben getroffene Analogie zwischen Einkommensteuer und Körperschaftsteuer sollte jedoch auch für die Zwecke der Gewerbesteuer eine Doppelbelastung von Hinzurechnungsbetrag und nachträglicher Ausschüttung durch Gewerbesteuer auf Ebene einer inländischen Körperschaft ausgeschlossen sein.

2.5 Steueranrechnung

2.5.1 Überblick

Die Berücksichtigung der auf die Zwischeneinkünfte erhobenen ausländischen Steuern erfolgt vorrangig über die Vorschrift des § 10 Abs. 1 und 2 AStG. Alternativ lässt § 12 AStG auf Antrag auch die Anrechnung der auf dem Hinzurechnungsbetrag lastenden Steuer zu. Die Methoden zur Vermeidung der Doppelbesteuerung entsprechen dabei im Grundsatz den in § 34 c EStG verankerten Normen, wobei jedoch aus unverständlichen Gründen das Verhältnis zwischen Regelfall und Antragsfall vertauscht wurde.[471] Während § 34 c EStG im Regelfall von der Anrechnung ausgeht und auf Antrag des Steuerpflichtigen gem. Abs. 2 den Abzug der ausländischen Steuer von der inländischen Bemessungsgrundlage zulässt, wird diese Rangfolge im AStG – noch dazu in zwei unterschiedlichen Normen – umgekehrt. Während § 10 Abs. 1 AStG vom Regelfall des Steuerabzugs ausgeht, sieht die Vorschrift des § 12 Abs. 1 AStG auf Antrag des Steuerpflichtigen die Anrechnung der nach § 10 Abs. 1 AStG abziehbaren Steuer vor.

Nichtsdestoweniger führt die Anrechnung i. d. R. zum günstigeren Ergebnis für den Steuerpflichtigen und wird damit zunächst den Normalfall darstellen.

471 Zur Kritik vgl. auch Blümich/Vogt, § 12 AStG, Rz. 2.

Allerdings wird auch nach § 12 AStG das Ziel einer Vermeidung der Doppelbesteuerung nicht in allen Fällen erreicht. Entfällt z. B. aufgrund eines Verlustabzuges im Inland keine deutsche Steuer auf den Hinzurechnungsbetrag, geht insoweit die Anrechnungsmöglichkeit des § 12 AStG ins Leere. Eine weitere, empfindliche Einschränkung enthält der Regelungsbereich des § 12 AStG, indem er hinsichtlich der anrechenbaren Steuern auf § 10 Abs. 1 AStG verweist. Danach können nur solche ausländischen Steuern zur Anrechnung kommen, die im Jahr des Ansatzes des Hinzurechnungsbetrages entrichtet werden. Wird die ausländische Steuer z. B. erst im darauffolgenden Jahre entrichtet und fällt in diesem Jahr ein eigener Hinzurechnungsbetrag an, geht die Anrechnungsmöglichkeit insoweit ins Leere.[472] Ein weiterer Kritikpunkt ist die Tatsache, dass der aufgestockte Hinzurechnungsbetrag zwar der Gewerbesteuer unterliegt, eine Anrechnung auf die Gewerbesteuer jedoch nicht möglich ist.[473]

Der Antrag kann grundsätzlich im Rahmen der Feststellung nach § 18 AStG oder bei Veranlagung des einzelnen Hinzurechnungsverpflichteten entsprechend seiner Beteiligungsquote gestellt werden. Bei gemischten Einkünften ist die Steuer aufzuteilen.

2.5.2 Anrechenbare Steuern

Anrechenbar sind grundsätzlich alle Steuern gem. § 10 Abs. 1 AStG, die „zu Lasten der ausländischen Gesellschaft von den Zwischeneinkünften sowie von dem diesen Einkünften zugrunde liegenden Vermögen erhoben werden".[474] Dies werden zunächst solche Steuern sein, für die die ausländische Gesellschaft Steuerschuldner ist. Darüber hinaus sind jedoch auch solche Steuern anrechenbar, die von der ausländischen Gesellschaft in Drittstaaten – z. B. im Wege des Steuerabzugs – erhoben werden. Dies können auch deutsche Steuern sein.[475] Ebenso fallen Steuern auf Zwischeneinkünfte nachgeschalteter Gesellschaften gem. § 14 AStG unter den Anwendungsbereich des § 12 Abs. 3 AStG.

Anzurechnen bzw. abzuziehen sind demnach die **tatsächlich erhobenen Steuern,** sobald sie entrichtet sind.

Für Zwecke der Anrechnung wird der Gesamtbetrag der anrechnungsfähigen Steuern auf die gesamte Einkommens- bzw. Körperschaftsteuer von dem Hinzurechnungsbetrag angerechnet. Dabei ist es unerheblich, wie sich die Zwischeneinkünfte nach Herkunft und Belastung zusammensetzen.[476]

---

472 Vgl. Ausführungen zu § 10 Abs. 1 AStG in Abschn. D 2.2.

473 Vgl. Burkert in Strunk/Kaminski/Köhler, AStG/DBA, § 12 AStG, Rz. 2 a. A. Wassermeyer in Flick/Wassermeyer/Baumhoff § 12 AStG, Rz. 23 a.

474 Vgl. § 10 Abs. 1 i. V. m. § 12 Abs. 1 AStG sowie BMF vom 14.05.2004 Tz. 10.1.2.1.

475 Vgl. BMF-Schreiben vom 14.05.2004, Tz. 12.8.2.

476 Vgl. BMF vom 14.05.2004 Tz. 12.1.3.

2.5.3 Eigenes Anrechnungsverfahren bei nachfolgenden Gewinnausschüttungen

Gemäß § 12 Abs. 3 AStG können Steuern, die auf eine nach § 3 Nr. 41 AStG befreite Dividendenausschüttung erhoben werden, auf Antrag im VZ des Anfalls der zugrunde liegenden Zwischeneinkünfte als Hinzurechnungsbetrag – und damit rückwirkend – angerechnet werden. Diese selbständige Berichtigungsnorm wurde erforderlich, da aufgrund der generellen Steuerfreiheit bei der Ausschüttung von bereits im Rahmen der Hinzurechnungsbesteuerung erfassten Zwischeneinkünften ggf. keine inländische zur Anrechnung zur Verfügung stehende Steuer erhoben wird. Die rückwirkende Anrechnung ist deshalb innerhalb des über § 3 Nr. 41 EStG maßgebenden Siebenjahreszeitraumes auch dann möglich, wenn der Steuerbescheid für den VZ, in dem der Hinzurechnungsbetrag erfasst wurde, bereits bestandskräftig ist.[477]

Problematisch ist der Wortlaut des § 12 Abs. 3 AStG allerdings insoweit, als er eine Anrechnung lediglich für im Rahmen des § 3 Nr. 41 EStG steuerfrei vereinnahmte Dividenden vorsieht. Handelt es sich bei dem inländischen Anteilseigner der Zwischengesellschaft jedoch um eine Kapitalgesellschaft, ergibt sich die Steuerfreiheit der Ausschüttung von Zwischeneinkünften, die bereits im Rahmen der Hinzurechnungsbesteuerung erfasst wurden, demgegenüber aus § 8 b Abs. 1 KStG. Bei enger Auslegung der Vorschrift würde dies zu dem Ergebnis führen, dass die Steueranrechnung im Rahmen der nachträglichen Gewinnausschüttung von bereits hinzugerechneten Beträgen inländischen natürlichen Personen vorbehalten bleibt. Eine solche nicht gerechtfertigte Ungleichbehandlung wird im Ergebnis jedoch deshalb nicht zum Tragen kommen, weil die Vorschrift des § 3 Nr. 41 a EStG über § 8 Abs. 1 KStG ebenfalls für Körperschaften anwendbar ist.[478] Die Finanzverwaltung hat diese Auffassung durch Aufnahme des § 3 Nr. 41 EStG in den Katalog in R 32 Abs. 1 Nr. 1 KStR bestätigt.

2.6 Nachgeschaltete Zwischengesellschaften

2.6.1 Normeninhalt

Die Vorschriften der §§ 7–12 AStG regeln die Tatbestandsvoraussetzungen und Rechtsfolgen der Hinzurechnungsbesteuerung für ausländische Zwischengesellschaften, an denen inländische Gesellschafter unmittelbar – bzw. über transparente Personengesellschaften – beteiligt sind. Würde sich die Hinzurechnungsbesteuerung auf diesen Regelungsbereich beschränken, könnten die Rechtsfolgen – insbesondere im Hinblick auf regelmäßig mehrstufige Konzernstrukturen – ohne weiteres unter-

477 Vgl. § 12 Abs. 3 Satz 2 AStG.

478 Vgl. Rättig/Protzen, a.a.O., S. 127, sowie Burkert in Strunk/Kaminski/Köhler, AStG/DBA, § 12 AStG, Rz. 25.

laufen werden, indem ausländische Zwischengesellschaften nicht direkt, sondern über eine zwischengeschaltete ausländische Holdinggesellschaft gehalten werden. Aufgrund der zunehmenden Verflechtung und Komplizierung deutsch beherrschter ausländischer Konzernstrukturen ist jedoch davon auszugehen, dass passive Zwischeneinkünfte i. S. des § 8 AStG nicht nur auf der Ebene der ausländischen Obergesellschaft bzw. Zwischenholding anfallen, sondern auch von nachgeschalteten Tochter- bzw. Enkelgesellschaften erzielt werden.[479]

Darüber hinaus könnten die Rechtsfolgen der Hinzurechnungsbesteuerung für die inländischen Anteilseigner ohne Probleme vermieden werden, indem die ausländische Zwischengesellschaft nicht direkt, sondern über eine zwischengeschaltete ausländische Holdinggesellschaft gehalten wird; wobei unterstellt wird, dass die nachgeschaltete Zwischengesellschaft ihre passiven Einkünfte wiederum thesauriert. Die Ausgestaltung der Zugriffsbesteuerung erschien dem Gesetzgeber deshalb nur dann effizient und abschließend, wenn durch die entsprechende Gesetzesvorschrift sämtliche innerhalb der ausländischen Konzernstruktur anfallenden sog. Zwischeneinkünfte erfasst werden.[480] Dies gilt umso mehr, seit Dividenden, Veräußerungsgewinne und bestimmte Umwandlungsgewinne nach dem Katalog des § 8 Abs. 1 AStG aktiv sind.[481]

Die Einbeziehung nachgeschalteter Zwischengesellschaften in das System der Hinzurechnungsbesteuerung muss somit als „systemimmanente Notwendigkeit" angesehen werden.[482]

Die Regelung des § 14 AStG stellt damit im Ergebnis sicher, dass die Grundsätze der §§ 7 bis 12 AStG, die sich ihrem Wortlaut nach nur auf die ausländische Zwischengesellschaft „der ersten Stufe" beziehen, auch auf sog. nachgeschaltete Zwischengesellschaften Anwendung finden. Im Verhältnis zu den nachgeordneten Gesellschaften wird die ausländische Einheit der obersten Stufe auch als „Brückenkopfgesellschaft" bezeichnet.[483] Insgesamt spricht man von der **„übertragenden Zurechnung".**[484]

Eine redaktionelle Anpassung erfuhr die Vorschrift des § 14 Abs. 1 AStG zum einen durch die Aufhebung des § 13 AStG, der aufgrund der regelmäßigen Steuerbefreiung von Schachteldividenden aufgehoben wurde. Darüber hinaus machte die Erweiterung des Katalogs der begünstigten Tätigkeiten bzw. Einkünfte des § 8 Abs. 1 AStG um die Nr. 8 – Gewinnausschüttungen – sowie Nr. 9 – Veräußerungsgewinne – eine entsprechende Ausdehnung der Regelung im Rahmen der sog. „übertragenden Hinzurechnungsbesteuerung" erforderlich.

---

479 Vgl. Wassermeyer in Flick/Wassermeyer/Baumhoff, Anm. 6 zu § 14 AStG.
480 Vgl. Blümich/Vogt, a. a. O., § 14 AStG, Rz. 1 ff.
481 So auch Hauswirth in Strunk/Kaminski/Köhler AStG/DBA, § 14 AStG, Rz. 1.
482 Vgl. Wassermeyer in Flick/Wassermeyer/Baumhoff, Anm. 6 zu § 14 AStG.
483 Vgl. Blümich/Vogt, § 14 AStG, Rz. 1.
484 Vgl. BMF vom 14.05.2005 Tz. 14.1.1.

Während § 14 Abs. 1 AStG somit zunächst den Regelungsbereich der §§ 7–12 AStG auf die unmittelbare Enkelgesellschaft (3. Ebene) ausdehnt, erweitert der Abs. 3 die Regelung auf sämtliche nachgeschalteten ausländischen Gesellschaften.

In Folge der Aufhebung des DBA-Vorbehalts gem. § 10 Abs. 5 AStG durch das Steuervergünstigungsabbaugesetz[485] konnte die entsprechende Regelung des § 14 Abs. 4 AStG ebenfalls ersatzlos gestrichen werden. Durch das Korb-II-Gesetz[486] wurde in § 14 Abs. 1 AStG ein Satz 2 angefügt, der eine Konkretisierung des sog. „Dienen-Tatbestandes" enthält. Schließlich wurde infolge der Einführung des REIT-Gesetzes vom 28.05.2007[487] der § 14 AStG wieder um einen Abs. 2 ergänzt, wonach inländische REIT-Gesellschaften, die einer ausländischen Gesellschaft nachgeschaltet sind, in den Anwendungsbereich der Hinzurechnungsbesteuerung einbezogen werden, obwohl es sich grundsätzlich um inländische Gesellschaften handelt. Hierdurch soll die nach der Konzeption des REIT Gesetzes vorgesehene Einmalbesteuerung der Immobilieneinkünfte auf Gesellschafterebene sichergestellt werden.

2.6.2 Tatbestandsvoraussetzung der übertragenden Zurechnungsbesteuerung

2.6.2.1 Beteiligungsvoraussetzungen

Voraussetzung für die **übertragende Zurechnung** gem. § 14 AStG ist grundsätzlich, dass eine ausländische Gesellschaft (Obergesellschaft) an einer ausländischen Zwischengesellschaft (Untergesellschaft) mehrheitlich beteiligt ist und an beiden Gesellschaften unbeschränkt Steuerpflichtige oder Personen i. S. des § 2 AStG am Ende des maßgebenden Wirtschaftsjahres dieser Untergesellschaft unmittelbar oder mittelbar zu mehr als der Hälfte beteiligt sind.[488] Dabei ist zu beachten, dass es für die Bestimmung der mehrheitlichen Beteiligung nicht erforderlich ist, dass an beiden Gesellschaften dieselben inländischen Personen bzw. Nahestehenden i. S. des § 2 AStG beteiligt sind. Für den Umfang der Hinzurechnungsbesteuerung ist dabei die Beteiligung der jeweiligen Obergesellschaft an der ausländischen Zwischengesellschaft mit dem Anteil zu berücksichtigen, zu dem der Steuerinländer selbst an der Obergesellschaft unmittelbar oder mittelbar beteiligt ist.

Tz. 14.0.2 des BMF-Anwendungsschreibens zum AStG stellt in diesem Zusammenhang klar, dass die Vorschrift des § 14 AStG dann nicht zur Anwendung kommt, wenn die entsprechende Beteiligung an der nachgeschalteten ausländischen Zwischengesellschaft dem inländischen Steuerpflichtigen bereits aufgrund anderer Vorschriften (insbesondere §§ 39, 41 oder 42 AO) unmittelbar zuzurechnen ist.

485 Gesetz vom 16.05.2003, BGBl 2003 S. 660.

486 Gesetz zur Umsetzung der Protokollerklärung der Bundesregierung zur Vermittlungsempfehlung zum Steuervergünstigungsabbaugesetz vom 22.12.2003, BGBl 2003 I S. 2840.

487 BGBl 2007 I S. 914.

488 Vgl. BMF vom Tz. 14.0.1.

In entsprechender Anwendung des § 7 Abs. 6 AStG erfolgte die übertragende Hinzurechnung bei Zwischeneinkünften mit Kapitalanlagecharakter bereits ab einer Beteiligungshöhe von 1 %.[489]

2.6.2.2 Der übertragenden Zurechnung zugrunde liegende Zwischeneinkünfte

Der übertragenden Zurechnung nach § 14 AStG unterliegen im Grundsatz **alle innerhalb der ausländischen Konzernstruktur erzielten Zwischeneinkünfte.**[490] Damit sind im Ergebnis die Voraussetzungen der §§ 7 bis 12 AStG für jede einzelne ausländische nachgeschaltete Zwischengesellschaft einzeln zu prüfen. Gemäß Tz. 14.1.2 des BMF-Anwendungsschreibens zum AStG sind lediglich die der ausländischen Obergesellschaft zuzurechnenden Einkünfte von der übertragenden Hinzurechnung auszunehmen, soweit die Einkünfte aus Tätigkeiten oder Gegenständen, die einer unter § 8 Abs. 1 Nr. 1 bis 6 AStG fallenden Eigentätigkeit der vorgeschalteten Gesellschaft dienen entstammen.[491]

Auf den Charakter der ausländischen Obergesellschaft bzw. Brückenkopfgesellschaft kommt es für Zwecke des § 14 AStG nicht an, insbesondere muss es sich hierbei nicht um eine niedrig besteuerte oder passiv tätige Gesellschaft handeln.

2.6.2.3 Niedrige Besteuerung

Auch das Kriterium der niedrigen Besteuerung ist **für jede Untergesellschaft gesondert zu prüfen.** Durch diese Regelung, nach der auf das jeweilige Besteuerungsniveau der nachgeschalteten Zwischengesellschaft abgestellt wird, soll insbesondere vermieden werden, dass inländische Konzerne die Rechtsfolgen der übertragenden Hinzurechnung dadurch zu vermeiden versuchen, dass sie die ausländische Obergesellschaft in einem Hochsteuerland ansiedeln. Anderenfalls könnten die Voraussetzungen der Hinzurechnungsbesteuerung dadurch umgangen werden, dass die niedrig besteuerten nachgeschalteten Zwischengesellschaften über eine in einem Hochsteuerland ansässige Holdinggesellschaft gehalten werden, die gegenüber den Inlandsbeteiligten eine vollständige Abschirmwirkung entfaltet, obwohl sie die von den nachgeschalteten Zwischengesellschaften empfangenen Beteiligungserträge aufgrund des auch in ausländischen Steuerjurisdiktionen bekannten Schachtelprivileges bzw. entsprechender Regelungen der Doppelbesteuerungsabkommen steuerfrei vereinnahmen könnte.

2.6.2.4 Ausnahmen nach dem sog. „Funktionsprivileg“

Eine Ausnahme von der Zurechnungspflicht ergibt sich gem. § 14 Abs. 1 Satz 1 letzter Halbsatz, wenn diese Einkünfte – bzw. die zugrunde liegenden Tätigkeiten –

489 Vgl. BMF vom Tz. 14.0.4.
490 Vgl. BMF vom 14.05.2005 Tz. 14.1.1.
491 BMF vom 14.05.2005 Tz. 14.1.2.

einer Tätigkeit der ausländischen Obergesellschaft gem. § 8 Abs. 1 Nr. 1–6 AStG dienen. Eine wesentliche Einschränkung erfuhr dieser sog. „Dienen-Tatbestand" allerdings durch die Einfügung des Satzes 2 in § 14 Abs. 1 AStG durch das „Korb II"-Gesetz.[492] Danach wird dieses „Funktionsprivileg" nur noch gewährt, wenn die Tätigkeit der Untergesellschaft der eigenen Tätigkeit der Obergesellschaft dient und zu dieser betreffenden Tätigkeit in einem unmittelbaren Zusammenhang steht.[493] Grundsätzlich ausgeschlossen wird ein solcher Ausnahmetatbestand für Einkünfte mit Kapitalanlagecharakter gem. § 7 Abs. 6 AStG. Eine eigene, aktive Tätigkeit der nachgeschalteten Enkelgesellschaft ist demgegenüber nicht erforderlich.[494] Allerdings gilt das Funktionsprivileg lediglich für die Zurechnung gem. § 14 AStG. Sind gleichzeitig inländische Steuerpflichtige direkt oder mittelbar über andere ausländische Gesellschaften an der betreffenden Enkelgesellschaft beteiligt, kommt es insoweit zur regulären Hinzurechnung gem. § 7 AStG.

Nach dem Wortlaut des Satzes 2 soll der „Dienen-Tatbestand" nur gegeben sein, wenn die Tätigkeit der Untergesellschaft in einem unmittelbaren Zusammenhang mit der aktiven Tätigkeit der Obergesellschaft steht. Dieser direkte Bezug erfordert mithin ein zwischen beiden Gesellschaften aufeinander abgestimmtes Geschäft.[495] Wassermeyer spricht in diesem Zusammenhang von einer „führenden" und einer „diese ergänzenden" Tätigkeit.[496]

Die Tatsache, dass Einkünfte mit Kapitalanlagecharakter grundsätzlich aus dem Funktionsprivileg ausgeklammert wurden, begründet der Gesetzgeber damit, dass sich für den Einzelfall schwer feststellen ließe, ob diese der damit zusammenhängenden Tätigkeit der Obergesellschaft dienen oder davon losgelöste eigenständige Tätigkeiten darstellen.

2.6.3 Rechtsfolgen der übertragenden Zurechnung

2.6.3.1 Ermittlung der hinzuzurechnenden Einkünfte

Die Einkünfte der jeweiligen Untergesellschaft aus passivem Erwerb, die der übertragenden Zurechnung nach § 14 AStG unterliegen, sind unter entsprechender Anwendung des § 10 AStG zu ermitteln.[497] Gemäß Tz. 10.3.1.1 des BMF-Anwendungsschreibens zum AStG ist somit für jede Untergesellschaft eine eigene Gewinnermittlung vorzunehmen und eine selbständige Zurechnungsbilanz zu erstellen. Dabei sind ebenfalls die zu Lasten der Untergesellschaft erhobenen Steuern i. S. des § 10 Abs. 1 Satz 1 AStG zu berücksichtigen. Das so ermittelte Ergebnis der Untergesellschaft ist in einem ersten Schritt der ausländischen Obergesellschaft zum

492 Gesetz vom 22.12.2003, BGBl 2003 I S. 2840.
493 Siehe auch Hauswirt in Strunk/Kaminski, Köhler, § 14 AStG, Rz. 45 ff.
494 Vgl. Blümich/Vogt, § 14 AStG Anm. 38.
495 Vgl. Blümich/Vogt, § 14 AStG Anm. 40.
496 Vgl. Wassermeyer in Flick/Wassermeyer/Baumhoff, § 14 AStG, Rz. 138.
497 Vgl. BMF vom 14.05.2005 Tz. 14.1.4.

Ende des maßgeblichen Wirtschaftsjahres der Untergesellschaft zuzurechnen. Die Obergesellschaft ist damit Zwischengesellschaft für die passiven, niedrig besteuerten ihr zugerechneten Einkünfte, die dann unter Anwendung von § 10 AStG den inländischen Steuerpflichtigen hinzugerechnet werden. Die Zurechnung erfolgt dabei quasi zeitgleich mit der Entstehung der entsprechenden passiven Einkünfte und ist somit in der letzten logischen Sekunde vor Ablauf des Wirtschaftsjahres der Untergesellschaft dem Ergebnis der Obergesellschaft zuzurechnen.[498]

Im Gegensatz zu § 10 Abs. 1 Satz 3 AStG können der Obergesellschaft allerdings nicht nur positive, sondern auch negative Einkünfte der Untergesellschaft zugerechnet werden.[499] Ebenso können negative Einkünfte der Obergesellschaft, die nicht nach § 10 Abs. 3 Satz 5 AStG von deren Gewinnen abzuziehen sind, mit positiven Einkünften der Untergesellschaft ausgeglichen werden.

Die Zurechnung erfolgt grundsätzlich stufenweise zur jeweils nächsthöheren Ebene.[500]

2.6.3.2 Verlustausgleich

Verluste der Untergesellschaft sind zunächst gem. § 10 Abs. 3 Satz 4 AStG auf der Ebene dieser Gesellschaft auszugleichen. Somit sind Gewinne einer nachgeschalteten Zwischengesellschaft, die aufgrund der Rechtsnorm des ausländischen Steuerrechtes durch einen Verlustabzug ausgeglichen werden, der Obergesellschaft nicht hinzuzurechnen.[501] Ein verbleibender Verlust kann der Obergesellschaft zugerechnet und dort unter entsprechender Anwendung des § 10 d EStG i. V. m. § 7 Abs. 3 Satz 5 AStG mit anderen passiven Einkünften der Obergesellschaft ausgeglichen werden.[502] Trotz dieser vom BFH gebilligten „Hochrechnung“ von Verlusten[503] ist gewährleistet, dass ein Verlust nicht zweimal, sowohl auf der Ebene der Untergesellschaft als auch anschließend auf der Ebene der Obergesellschaft, abgezogen werden kann.

Dem System der Zurechnung folgend, ist der Verlustausgleich gem. § 14 Abs. 3 AStG stufenweise von der untersten nachgeschalteten Gesellschaft zu der jeweils nächsthöheren Gesellschaft vorzunehmen. Der Verlustausgleich auf der jeweils unteren Stufe hat somit grundsätzlich Vorrang vor dem auf einer höheren Stufe.[504] Die Möglichkeit eines Verlustabzuges richtet sich nach § 10 d EStG i. V. m. § 10 Abs. 3 Satz 5 AStG. Dies bedeutet einerseits, dass bei der Vornahme des Verlustabzuges der Systematik des § 10 d EStG zu folgen ist, und andererseits, dass ein Ver-

498 Vgl. BFH vom 28.09.1988, BStBl 1989 II S. 13, sowie Wassermeyer in Flick/Wassermeyer/Baumhoff, Anm. 89 zu § 14 AStG.
499 Vgl. BFH vom 20.04.1988, BStBl 1988 II S. 868.
500 Vgl. Wassermeyer in Flick/Wassermeyer/Baumhoff, § 14 AStG, Anm. 93.
501 Vgl. BMF vom 14.05.2005 Tz. 14.1.7.
502 Vgl. Blümich/Vogt, a. a. O., § 14 AStG, Rz. 24.
503 Vgl. BFH vom 20.04.1989, BStBl 1988 II S. 868.
504 Vgl. Wassermeyer in Flick/Wassermeyer/Baumhoff, § 14 AStG, Anm. 117 ff.

lustabzug grundsätzlich gesellschaftsbezogen zu erfolgen hat. Entsprechend hat ein Verlustausgleich grundsätzlich Vorrang vor einem Verlustabzug.

Im Ergebnis führt dies zu einer „Quasi-Organschaft", da die positiven und negativen Zurechnungsbeträge spätestens auf Ebene der „Brückenkopfgesellschaft" saldiert werden und nur der sich hieraus ergebende Saldo in den Hinzurechnungsbetrag gem. § 10 AStG einfließt.

2.6.3.3 Gesonderte Feststellung

Gemäß § 14 AStG sind somit die auf Ebene einer Untergesellschaft erzielten Einkünfte aus passivem Erwerb der jeweiligen Obergesellschaft unter der Voraussetzung zuzurechnen, dass die subjektiven Voraussetzungen für eine solche Hinzurechnung gem. § 7 AStG sowie die entsprechende Zurechnung nach § 14 AStG vorliegen und darüber hinaus die jeweiligen Einkünfte gem. § 8 Abs. 3 AStG niedrig besteuert sind. Bei der Ermittlung treffen die Inlandsbeteiligten die erweiterten Mitwirkungspflichten gem. § 90 Abs. 2, 3 AO.[505] Grundsätzlich sind die Voraussetzungen für die übertragende Zurechnung nach § 14 AStG im gesonderten Feststellungsverfahren nach § 18 AStG festzustellen. Danach ist in einem getrennten Verfahren zunächst über eine Zurechnung und in einem gesonderten Verfahren über eine ggf. zu erfolgende Hinzurechnung gem. § 10 AStG zu entscheiden.[506]

2.6.3.4 Beteiligung an REIT-Gesellschaften

Nach dem durch das REIT-Gesetz vom 28.05.2007[507] eingeführten Abs. 2 in § 14 AStG ist die übertragende Zurechnung sinngemäß anzuwenden, sofern ausländische Gesellschaften i. S. des § 7 AStG an einer – im Inland ansässigen – Gesellschaft i. S. des § 16 REIT-Gesetz beteiligt sind. Durch diese Fiktion gelten REIT-Gesellschaften – trotz grundsätzlicher Ansässigkeit im Inland – als ausländische Gesellschaften für Zwecke der §§ 7–14 AStG. Da die Einkünfte der REIT-Gesellschaften nach der grundsätzlichen Systematik dieses Gesetzes keiner Besteuerung unterliegen, sondern die Erträge erst nach erfolgter Ausschüttung in der Hand der Anteilseigner besteuert werden, sind REIT-Gesellschaften somit grundsätzlich als niedrig besteuert i. S. des § 8 Abs. 3 AStG anzusehen. Im Ergebnis kann somit jede Beteiligung an einer REIT-Gesellschaft über eine ausländische Gesellschaft zur Hinzurechnungsbesteuerung bei den – mittelbaren – inländischen Anteilseignern führen.[508]

---

505 Zu den weiteren Auskunftspflichten gem. § 17 Abs. 1 Nr. 2 AStG siehe dort.

506 Vgl. Blümich/Vogt, § 14 AStG, Rz. 69.

507 Gesetz zur Schaffung deutscher Immobilien-Aktiengesellschaften mit börsennotierten Anteilen vom 28.05.2007, BGBl I S. 914.

508 Siehe auch Blümich/Vogt, § 14 AStG, Rz. 74.

2.6.4 Nachträgliche Ausschüttung der Zwischeneinkünfte

Eine spätere, tatsächliche Ausschüttung der bereits im Rahmen der übertragenden Zurechnung erfassten Einkünfte führt – ebenso wie bei der „einfachen Hinzurechnung" – nicht zu einer Rücknahme der steuerlichen Erfassung dieser Einkünfte im Inland.[509] Grund hierfür ist zunächst, dass Ausschüttungen bei der jeweiligen Obergesellschaft ohne Ausnahme als aktive Einkünfte gem. § 8 Abs. 1 Nr. 8 AStG gelten. Eine doppelte Erfassung der entsprechenden Einkünfte wird somit grundsätzlich vermieden. Schüttet die ausländische Gesellschaft der 1. Stufe – sog. „Brückenkopfgesellschaft" – bereits im Rahmen der übertragenden Zurechnung gem. § 14 AStG erfasste Einkünfte tatsächlich aus, kommt es insoweit zu einer analogen Anwendung des § 3 Nr. 41 EStG, der – wie oben ausgeführt – über den Verweis in R 32 Abs. 1 KStR auch für inländische Kapitalgesellschaften als hinzurechnungsverpflichtete Dividendenempfänger gilt.

E Familienstiftungen § 15 AStG

1 Überblick über die Regelung

Stiftungen des Privatrechts zeichnen sich nach deutschem Recht dadurch aus, dass sie nicht mitgliedschaftlich verfasst sind. Das bedeutet, dass weder eine natürliche noch eine juristische Person an einer Stiftung „beteiligt" sein kann. Dies unterscheidet Stiftungen wesentlich von anderen juristischen Personen des Privatrechts wie der GmbH, der AG, der Genossenschaft oder auch des eingetragenen Vereins, an denen jeweils Mitgliedschaftsrechte bestehen. Bei der Stiftung liegt dagegen ein mit zivilrechtlicher Rechtsfähigkeit ausgestattetes Sondervermögen vor, das von Sachwaltern in Hinblick auf den nach der Satzung geltenden Stiftungszweck eingesetzt und verwaltet wird. Zu dem Stiftungszweck kann es auch gehören, die Angehörigen des Stifters zu versorgen.

Da eine Stiftung nicht mitgliedschaftlich verfasst ist und es keine Gesellschafter gibt, die auf die Tätigkeit Einfluss nehmen könnten, greifen die Regelungen über die Hinzurechnungsbesteuerung nach §§ 7 bis 14 AStG nicht. Das nach § 7 Abs. 1 Satz 1 AStG erforderliche Merkmal der **Beteiligung** von unbeschränkt Steuerpflichtigen an einer Körperschaft ist nicht gegeben, denn wie sich aus § 7 Abs. 2 Satz 1 AStG ergibt, kommt es darauf an, dass eine Beteiligung Stimmrechte in der ausländischen Gesellschaft vermittelt. An einer Beteiligung mangelt es auch in Hinblick auf die Person des Stifters. Dieser kann nach Wirksamwerden des Stiftungsgeschäftes, jedenfalls nach deutschem Recht, in dieser Eigenschaft keinen Einfluss mehr

509 Vgl. auch Blümich/Vogt, § 14 AStG, Rz. 47.

auf die Stiftung nehmen. Die Unanwendbarkeit der Hinzurechnungsbesteuerung auf die Besteuerung ausländischer Stiftungen stellt § 15 Abs. 5 Satz 2 AStG ausdrücklich fest.

Der Gesetzgeber hat mit der Schaffung von § 15 AStG zu verhindern versucht, dass unbeschränkt Steuerpflichtige ihr Vermögen auf eine Stiftung im Ausland übertragen, dort erhebliche Gewinne aus der Anlage des Vermögens dem deutschen Fiskus entzogen sind und anschließend den Familienangehörigen des Stifters zufließen. Anders als bei den meisten anderen Vorschriften des AStG handelt es sich bei § 15 AStG um eine Regelung, die bereits an anderer Stelle, nämlich im § 12 StAnPG, geregelt war und auf einen RdF-Erlass vom 24. August 1931 zurückgeht (RStBl 1931 S. 597). Anfang der dreißiger Jahre ist in größerem Umfang Inlandsvermögen in von Deutschen dominierte Stiftungen eingebracht worden; mit der Regelung sollte versucht werden, diese Form der Kapital- und Steuerflucht zu unterbinden.

2 Tatbestand

Folgende Tatbestandsmerkmale müssen für die Anwendung des § 15 AStG kumulativ erfüllt sein:

- Es muss eine **Familienstiftung** i. S. von § 15 Abs. 2 AStG (Legaldefinition) mit Sitz und Geschäftsleitung im Ausland bestehen, die
- entweder von einem **unbeschränkt steuerpflichtigen Stifter** gegründet worden ist oder deren **Bezugsberechtigte bzw. Anfallsberechtigte** unbeschränkt steuerpflichtig sind,
- bezugs- bzw. anfallsberechtigt überwiegend **Familienangehörige** des Stifters sind und
- die Stiftung **nicht** in einem EU- bzw. EWR-Staat angesiedelt ist, der aufgrund von zwischenstaatlichen Vereinbarungen Auskünfte erteilt.

2.1 Stiftung nach ausländischer Rechtsordnung

Ob eine juristische Person, die unter einem ausländischen Rechtsstatut gegründet worden ist, als Stiftung i. S. von § 15 AStG zu qualifizieren ist, hängt nicht von der Bezeichnung der Gesellschaft in dem anderen Staat ab. Maßgeblich ist vielmehr, ob die rechtliche Grundstruktur der ausländischen juristischen Person derjenigen gleicht, die eine inländische Stiftung wesentlich prägt. Dazu sind insbesondere zu rechnen:

- die Gründung durch Übertragung von Vermögen,
- keine Gewährung von (übertragbaren) Mitgliedschaftsrechten,

- Zwecksetzung für das Vermögen durch dokumentierten Willen des Gründers,
- Bestimmung von Begünstigten durch den Gründer.

Soweit eine ausländische juristische Person diese Merkmale erfüllt, spricht vieles dafür, dass es sich nach den Kategorien des deutschen Rechts um eine Stiftung handelt. Im Einzelfall kann ein Rechtsgebilde aber auch als Stiftung zu qualifizieren sein, wenn es entweder nicht alle der genannten Merkmale aufweist oder durch zusätzliche Besonderheiten gekennzeichnet ist, die jedoch den genannten Kriterien nicht wesensmäßig widersprechen. So ist es etwa nicht erforderlich, dass das ausländische Privatrecht der Stiftung die Rechtsfähigkeit verleiht, wenn im Übrigen nach den Kriterien des deutschen Privatrechts das Gebilde wesensmäßig einer Stiftung entspricht. Zu den ausländischen Stiftungen i. S. von § 15 AStG gehören insbesondere auch „irrevocable“, „discretionary“ „Trusts“ im angloamerikanischen Rechtskreis und Stiftungen nach dem Recht der Schweiz, Österreichs und Liechtensteins.

Keinen Stiftungscharakter haben Rechtsgebilde oder Vereinbarungen, die dem Stifter oder den Begünstigten den Zugriff auf das Vermögen belassen. Dieser Rechtsgedanke ist nun in § 15 Abs. 6 Ziff. 1 AStG ausdrücklich und u. E. nur klarstellend niedergelegt. Er gilt im Übrigen auch für alle anderen ausländischen Stiftungen. Denn wenn Vermögen im Zugriff eines Stifters bleibt oder Begünstigten eingeräumt wird, handelt es sich nach § 39 Abs. 2 Nr. 1 Satz 2 AO nur um eine Art Treuhandverhältnis; eine Besteuerung bei den im Inland ansässigen Berechtigten ist dann ohne die Anwendung von § 15 AStG möglich.

2.2 Sitz und Geschäftsleitung im Ausland

§ 15 AStG ist nur einschlägig, wenn sowohl der Sitz als auch der Ort der Geschäftsleitung der Stiftung im Ausland liegen. Andernfalls wäre die Stiftung nach § 1 KStG in Deutschland unbeschränkt steuerpflichtig, sodass eine Einkommens- und Vermögenszurechnung, wie sie in § 15 AStG vorgenommen wird, entbehrlich ist. Bei einer unbeschränkt steuerpflichtigen Stiftung greift eine Steuerbefreiung nur, wenn diese gem. § 5 Abs. 1 Nr. 9 KStG gemeinnützig i. S. von §§ 51 bis 68 AO ist. Familienstiftungen, wie sie in § 15 Abs. 2 AStG beschrieben sind, würden danach mit ihren Einkünften körperschaftsteuerpflichtig sein. Risiken ergeben sich für den Stifter immer dann, wenn er zwar eine ausländische Stiftung ordnungsgemäß etabliert, die Geschäftsleitung bzw. Verwaltung der Stiftung aber von natürlichen Personen ausgeübt wird, die im Inland unbeschränkt steuerpflichtig sind. Vor der Prüfung, ob eine Zurechnung von Einkünften und Vermögen nach § 15 AStG erfolgt, ist bei einer solchen Konstellation zu prüfen, ob tatsächlich der Ort der Geschäftsleitung im Ausland liegt. Anderenfalls wäre die ausländische Stiftung im Inland unbeschränkt körperschaft- und vermögensteuerpflichtig.

Beispiel:

Der Unternehmer U bringt sein gesamtes Privatvermögen in eine Stiftung nach schweizerischem Recht ein. Nach der Stiftungsurkunde ist Zweck der Stiftung zu drei Vierteln der Unterhalt von Familienangehörigen sowie zu einem Viertel die Förderung junger Künstler in Deutschland. Der Stiftungsrat soll nach dem Willen des U aus drei Personen bestehen. Neben ihm selbst soll ein vertrauter leitender Angestellter A sowie sein Notar N in der Schweiz dem Rat angehören. U und A wohnen in Deutschland.

Da die Geschäftsleitung der Stiftung wesentlich durch Personen bestimmt wird, die in Deutschland unbeschränkt steuerpflichtig sind, kann die unbeschränkte Steuerpflicht der schweizerischen Stiftung nur vermieden werden, wenn dokumentiert wird, dass U und A sich bei den geschäftsleitenden Entscheidungen in der Schweiz oder anderswo im Ausland aufhalten. Wenn das Finanzamt den Ort der Geschäftsleitung im Inland als gegeben ansieht, kommt wegen der unbeschränkten Steuerpflicht der Stiftung eine Anwendung von § 15 AStG nicht in Betracht, da sich der Ort der Geschäftsleitung der ausländischen Stiftung nicht außerhalb Deutschlands befindet. Andernfalls, wenn der Ort der Geschäftsleitung tatsächlich nicht im Inland liegt, greift hier § 15 AStG.

2.3 Unbeschränkte Steuerpflicht von Stiftern bzw. Begünstigten

§ 15 AStG greift nur, wenn entweder unbeschränkt Steuerpflichtige die Stiftung errichtet haben (Stifter) oder zumindest ein Bezugs- bzw. Anfallsberechtigter in Deutschland unbeschränkt steuerpflichtig ist. Bei nur beschränkt Steuerpflichtigen kommt eine Zurechnung von Einkünften und Vermögen nicht in Betracht.

Stifter ist nach Rechtsprechung des BFH[510] derjenige, der die Stiftung errichtet hat, also für dessen Rechnung das Stiftungsgeschäft abgeschlossen worden ist. Ebenfalls als Stifter zu qualifizieren ist, wer in der Art eines Stifters Vermögen auf eine Stiftung überträgt bzw. die Person, der bei wirtschaftlicher Betrachtungsweise das Stiftungsgeschäft zuzurechnen ist.[511]

Bezugsberechtigt sind die Personen, die nach der Satzung der Stiftung gegenwärtig oder in der Zukunft Vermögensvorteile aus der Stiftung erhalten bzw. erhalten sollen oder bei denen damit gerechnet werden kann, dass sie solche Vorteile erhalten werden. Dagegen sind Bezugsberechtigte **nicht sog. Zufallsdestinäre.**[512]

Anfallsberechtigt sind die Personen, denen das Vermögen der Stiftung bei deren Beendigung zufällt. Diese müssen wie Bezugsberechtigte ihren Wohnsitz im Inland haben, also unbeschränkt steuerpflichtig sein.

Die Höhe der Bezugsberechtigung kann sich bei einer Stiftung, die naturgemäß keine Gesellschaftsrechte vermittelt, nicht auf das Kapital, sondern nur auf die zu tätigende Mittelverwendung beziehen, die sich nach Abzug des Verwaltungsaufwandes ergibt. Die Feststellung, dass Familienangehörige des Stifters bzw. dieser selbst

510 BFH vom 05.11.1992, BStBl 1993 II S. 388.

511 Siehe BMF-Anwendungsschreiben zum AStG, Tz. 15.2.1.

512 Ebenda, Tz. 15.2.1.

zu mindestens der Hälfte bezugsberechtigt sind, setzt voraus, dass die Gesamthöhe des Vermögens bzw. der Ausschüttungen der Stiftung bekannt ist. Dies festzustellen bereitet erhebliche praktische Probleme und wird von der Finanzverwaltung über die erweiterten Auskunftspflichten des Steuerpflichtigen bei Auslandssachverhalten gem. § 90 Abs. 2 AO gelöst.

3 Rechtsfolgen

§ 15 AStG hat folgende Besteuerungskonsequenzen:

- Das Einkommen der Stiftung wird den Begünstigten, soweit sie unbeschränkt steuerpflichtig sind, für Einkommensteuerzwecke zugerechnet, so als sei es ihnen bereits zugeflossen.
- Das Einkommen wird nach deutschen steuerlichen Grundsätzen gem. § 15 Abs. 7 Satz 1 AStG entwickelt.
- Negative Einkünfte werden den inländischen Steuerpflichtigen nicht nach § 15 AStG zugerechnet, sondern können nur im Rahmen der Einkünftezurechnung aus der jeweiligen Stiftung nach § 10 d EStG analog berücksichtigt werden.
- Für Erbschaftsteuerzwecke erfolgt keine Zurechnung des Vermögens.
- § 5 AStG ist entsprechend anzuwenden.
- Die §§ 7 bis 14 AStG finden mit Ausnahme der Regelung des § 12 AStG zur Steueranrechnung keine Anwendung.
- § 15 AStG ist gegenüber § 22 Abs. 1 EStG vorrangig anzuwenden.[513]

3.1 Zurechnung von Einkommen

Zur Ermittlung des Einkommens der Stiftung ist (fiktiv) zu unterstellen, dass diese unbeschränkt körperschaftsteuerpflichtig ist. Nach § 15 Abs. 7 Satz 2 sind die Grundsätze deutscher steuerlicher Einkünfteermittlung anzuwenden.[514] Dabei dürfen auch Pausch- und Freibeträge berücksichtigt werden.[515] Bezugsrechte anderer Personen, die bei unbeschränkter Steuerpflicht bei Anfall oder Bezug nicht der Besteuerung nach § 15 AStG unterliegen würden, und andere Aufwendungen im Rahmen satzungsmäßiger Zuwendungen gelten bei der Gewinnermittlung als Werbungskosten bzw. Lasten, die auf dem Stiftungsvermögen ruhen.[516]

---

513 BFH vom 02.02.1994, BStBl II S. 727.

514 Ebenda, Tz. 15.1.1.

515 BFH vom 02.02.1994, BStBl II S. 727 m. w. N.

516 Vgl. § 10 Abs. 1 Nr. 1 a EStG.

Der so ermittelte Gewinn eines Jahres wird den Personen, die als Stifter bzw. Bezugs- oder Anfallsberechtigte unbeschränkt steuerpflichtig sind, gemäß ihrem Anteil in dem gleichen VZ zugerechnet, in dem die Stiftung zu veranlagen wäre. Dazu sind gem. § 15 Abs. 5 AStG die Regelungen nach § 5 AStG über Vermögen, das über Zwischengesellschaften vermittelt wird, sowie § 12 AStG hinsichtlich der von der Stiftung getragenen ausländischen Steuern entsprechend anzuwenden. Über die Anrechnung von Steuern auf Ebene der Stiftung hinaus dürfte damit eine weitere Anrechnung ausländischer Steuern auf Quellen- oder Einkommensteuern beschränkt sein, die der Berechtigte bei Auszahlungen im Ausland zahlt.

Veräußerungsgewinne der Stiftung sind auf Ebene des inländischen Steuerpflichtigen nur dann zu versteuern, wenn seine Steuerpflicht gem. § 15 AStG gewerblichen Einkünften zuzurechnen ist, die im Inland der Besteuerung unterliegen. Dazu gehört auch die Veräußerung von Beteiligungen nach § 17 EStG durch die Stiftung, für den auch § 3 Nr. 40 EStG gilt. Soweit ein Zusammenhang mit gewerblichen Einkünften nicht besteht, sind die Veräußerungsgewinne nur im Fall von Spekulationsgewinnen nach § 22 EStG steuerpflichtig. Verluste der Stiftung, die zu negativen Einkünften führen, werden den Bezugs- und Anfallsberechtigten nach § 15 Abs. 7 Satz 2 AStG nicht als negative Einkünfte zugerechnet.

In diesem Fall wird das negative Einkommen auf Ebene des Steuerpflichtigen gem. § 15 Abs. 7 Satz 3 AStG analog zu § 10 d EStG zurück- bzw. vorgetragen. Dabei ist die Verrechnung wohl nur mit den Einkünften aus der jeweiligen Stiftung möglich.

3.2 Zurechnung von Vermögen

§ 15 AStG regelt nicht nur einkommensteuerliche Folgen von ausländischen Familienstiftungen, sondern begründet auch die Zurechnung von Vermögen.

Wegen der Aufhebung des Vermögensteuergesetzes in Deutschland zum 1. Januar 1997 geht § 15 AStG insoweit ins Leere. Ebenso wie § 3 AStG ist § 15 AStG vom BVerfG jedoch nicht für verfassungswidrig erklärt worden. Dies ist dann von Bedeutung, wenn einzelne Bundesländer im Rahmen der kalkulierenden Gesetzgebung – Art. 105 Abs. 2 GG – von ihrem Recht Gebrauch machen, ein Vermögensteuerrecht zu erlassen. Anders als § 3 AStG ist § 15 AStG auch nicht im Rahmen des Jahressteuergesetzes 1997 vom 20.12.1996 hinsichtlich der Vermögenszurechnung aufgehoben bzw. eingeschränkt worden.

3.3 Auswirkung auf die Erbschaftsteuer

Anders als bei der Wegzugsbesteuerung gem. § 4 AStG erstreckt sich die Zurechnungsbesteuerung ausdrücklich **nicht** auf die Erbschaftsteuer.[517] Neben der Zurech-

517 Vgl. § 15 Abs. 1 Satz 2 AStG.

nung von Einkünften und Vermögen bei den Bezugs- bzw. Anfallsberechtigten besteht kein Raum für eine ergänzende Schenkungs- bzw. Erbschaftsbesteuerung.

3.4 Zurechnung nach § 5 AStG

Mit diesem Verweis nach § 15 Abs. 5 AStG soll verhindert werden, dass die Rechtsfolgen durch das Nachschalten von Zwischengesellschaften umgangen werden können. Die Anwendung des § 15 AStG kann also insbesondere nicht dadurch vermieden werden, dass der Stifter über eine durch ihn **beherrschte Zwischengesellschaft** i. S. von § 7 AStG eine Stiftung errichten lässt.

3.5 Vermeidung doppelter Besteuerung

Dem Stifter bzw. den Bezugs- und Anfallsberechtigten werden Einkünfte und Vermögen der Stiftung so zugerechnet, als seien sie ihnen bereits als Einnahme zugeflossen. Das erfordert, dass eine weitere Besteuerung bei tatsächlichem Zufluss von Zuwendungen bzw. Vermögen unterbleibt. Erhält der Berechtigte später Beträge, die von ihm im Rahmen der Zurechnungsbesteuerung nach § 15 AStG bereits versteuert worden sind, sollen diese nicht nochmals in die Bemessungsgrundlage seiner individuellen Einkommensbesteuerung mit einbezogen werden (BMF-Einführungsschreiben, Tz. 15.1.5). Ausländische Steuern, die die Familienstiftung getragen hat, sollen auf die deutsche Steuer der nach § 15 AStG steuerpflichtigen Personen nach § 12 AStG angerechnet werden. Dabei erfolgt die Anrechnung im Inland nur für Veranlagungszeiträume, in denen Steuern auf Ebene der Familiengesellschaft entstanden sind (vgl. BMF-Einführungsschreiben Tz. 15.5.2). Dabei kommt es auf den Zeitpunkt an, zu dem die ausländische Gesellschaft nach dem Steuerrecht des betreffenden Staates einen Steuertatbestand erfüllt. Nicht maßgeblich dagegen ist der Zeitpunkt der tatsächlichen Entrichtung der Steuer durch die Familiengesellschaft.

3.6 Verhältnis zu Doppelbesteuerungsabkommen

Eine wirtschaftliche Doppelbesteuerung kann sich daraus ergeben, dass die Stiftung bzw. die Vermögensmasse selbst in dem anderen Land hinsichtlich Einkommen und/oder Vermögen steuerpflichtig ist. Nach § 15 Abs. 5 AStG i. V. m. § 12 AStG besteht die Möglichkeit, dass die **im Ausland von der Stiftung gezahlten Steuern angerechnet werden.** Es gelten hierfür die Grundsätze des § 34 c EStG entsprechend.

Fraglich ist darüber hinaus, ob der Schutz vor Doppelbesteuerung auch für Einkünfte nach § 15 AStG greift. Zu beachten ist dabei zunächst die Rechtsprechung des BFH,[518] nach der für inländische Steuerpflichtige Doppelbesteuerungsabkommen Rechtswirkung nur in der Form des Zustimmungsgesetzes entfalten. Steuerpflichtige sind dagegen nicht unmittelbar aus dem völkerrechtlichen Vertrag vor inländischer Besteuerung geschützt. § 2 AO geht insoweit hinsichtlich Doppelbesteuerungsabkommen ins Leere. Damit sind das jeweilige Doppelbesteuerungsabkommen und § 15 AStG als einfache Bundesgesetze gleichrangiges Recht, sodass gegensätzliche Regelungen im Wege der Gesetzeskonkordanz zu lösen sind. § 15 AStG kann danach wie andere Normen, die ein „treaty override" bewirken, als Spezialregelung zu den Doppelbesteuerungsabkommen gesehen werden und ist somit vorrangig zu beachten. Dafür spricht insbesondere auch, dass § 15 AStG keinen Vorbehalt einer anderen Besteuerungszuweisung durch ein DBA enthält wie etwa § 10 Abs. 5 AStG. Im Übrigen wird die Auffassung vertreten, es handele sich bei § 15 AStG um eine reine Zurechnungsnorm, die außerhalb des Regelungsbereiches von DBA steht.[519]

Hinzuweisen ist in diesem Zusammenhang auf eine Besonderheit in der deutschen Abkommenspraxis. Das Doppelbesteuerungsabkommen mit der Schweiz sieht in Art. 4 Abs. 11 vor, dass eine Kapitalgesellschaft, die in der Schweiz gegründet worden ist, für Abkommenszwecke als in Deutschland ansässig gilt, wenn und soweit inländischen Steuerpflichtigen die Einkünfte nach nationalem Recht zuzurechnen sind.

4 Ersatztatbestand § 15 Abs. 3 und 4 AStG

Einen Sondertatbestand begründet § 15 Abs. 3 AStG, der **Unternehmer- und Unternehmensstiftungen** den Familienstiftungen gleichstellt, wenn die Begünstigung bei dem Unternehmer bzw. seinen Organmitgliedern (Vorständen, Geschäftsführern) oder anderen leitenden Angestellten und deren Angehörigen liegt. Das bedeutet jedoch andererseits, dass eine Unternehmensstiftung nicht der Besteuerung nach § 15 AStG unterliegt, wenn zum Kreis der Begünstigten Arbeitnehmer gehören, die nicht als leitende Angestellte einzustufen sind. Die Frage, wann ein Arbeitnehmer leitende Funktionen in einem Unternehmen ausübt, dürfte nach arbeitsrechtlichen Kategorien zu beurteilen sein. Es können hier unter dem Gesichtspunkt der Einheit der Rechtsordnung sinnvollerweise keine anderen Voraussetzungen für die Qualifikation als leitender Angestellter aufgestellt werden, da das Steuerrecht in § 15 Abs. 3 AStG auf die Nähe zu den wesentlichen Entscheidungen innerhalb des Unternehmens abstellt, die auch für die arbeitsrechtliche Beurteilung maßgeblich sind.

518 BFH vom 13.07.1994, BStBl 1995 II S. 129.

519 Vgl. Menck in Blümich EStG/KStG/GewSt, Rz. 2 zu § 15 AStG.

Durch § 15 Abs. 4 AStG wird klargestellt, dass andere Vermögensmassen, die die wirtschaftliche Funktion von Stiftungen im Sinne des deutschen Zivilrechts haben, ebenso wie die in § 15 Abs. 1 AStG beschriebenen Familienstiftungen besteuert werden. Damit sind insbesondere Trusts und ähnliche Rechtsgebilde des angloamerikanischen Rechtskreises erfasst, vorausgesetzt, sie stellen sich nicht ohnehin als Treuhandverhältnisse i. S. von § 39 AO dar. Dann werden die Einkunftsquellen unmittelbar der steuerpflichtigen Person im Inland zugerechnet, ohne dass es der Anwendung des § 15 AStG bedarf. Dieser Rechtsgedanke ist nun für den Fall einer Stiftung im EWR-Gebiet ausdrücklich und u. E. rein klarstellend in § 15 Abs. 6 Nr. 1 AStG nieder gelegt.

5 Verhältnis von § 15 AStG zu § 2 EStG

Bei den Einkünften nach § 15 AStG handelt es sich nicht um eine Einkunftsart sui generis, sondern nur um die Zurechnung von Einkünften zu einer inländischen Person. Die zuzurechnenden Einkünfte sind in das System nach § 2 EStG einzuordnen. Grund hierfür ist, dass § 15 AStG nur die Zurechnung von Einkünften eines anderen Rechtssubjekts begründet. Demgemäß ist die Besteuerung so vorzunehmen, als seien die Einkünfte unmittelbar beim Steuerpflichtigen selbst angefallen. Die Besteuerung richtet sich dann nach Art der Einkünfte und nach Maßgabe deutscher einkommensteuerlicher Vorschriften. Demgemäß kann es sich um Einkünfte aus Kapitalvermögen i. S. von § 20 EStG handeln. Denkbar ist aber auch, dass eine ausländische Stiftung Einkünfte aus Gewerbebetrieb i. S. von § 15 EStG erzielt.

Soweit dagegen die Stiftung im Ausland **Veräußerungsgewinne** erzielt, kommt es darauf an, ob diese im Rahmen eines Gewerbebetriebes der Stiftung erzielt worden sind. Ist dies der Fall, liegen Einkünfte vor, die gem. § 15 EStG steuerpflichtig sind. Hierbei sind u. E. bei der Veräußerung von Immobilienbesitz die Grundsätze nach der „Drei-Objekte-Grenze" anzuwenden, um auf Ebene der Stiftung zu bestimmen, ob gewerblicher Grundstückshandel anzunehmen ist. Ebenfalls als gewerbliche Einkünfte zu behandeln sind die Gewinne aus der Veräußerung von Anteilen an Kapitalgesellschaften i. S. von § 17 Abs. 1 EStG. Soweit dagegen kein Bezug zu gewerblicher Tätigkeit gegeben ist, kann es sich um Kapitaleinkünfte nach § 20 EStG oder z. B. um die nicht steuerbare Veräußerung von Immobilien handeln. Werden einer natürlichen Person im Inland Kapitaleinkünfte i. S. von § 20 EStG zugerechnet, findet insoweit die Pauschalsteuer nach § 32 d EStG Anwendung. Die in § 32 d Abs. 2 EStG genannten Ausnahmen von der Pauschalbesteuerung sind u. E. auf Ebene der Stiftung zu prüfen. Unmaßgeblich ist dagegen das Verhältnis zwischen Stiftung und Steuerpflichtigem nach § 15 AStG.

Beispiel:

Die von einem Unternehmer in Deutschland gegründete Familienstiftung in Österreich hält 15 % der Anteile an einer SA (ähnlich deutsche Aktiengesellschaft) in Luxemburg. Aus dieser Beteiligung bezieht sie Dividenden. Außerdem hat die Stiftung der SA ein substantielles Darlehen gegeben, das zu Marktkonditionen verzinst wird. Die Stiftung erzielt deshalb als Einkünfte aus Kapitalvermögen sowohl Dividenden als auch Zinsen. Die Dividenden werden auf Ebene des Stifters in Deutschland der Pauschalbesteuerung unterworfen. Die Zinseinkünfte dagegen sind wegen der Rückausnahme des § 32 Abs. 2 Nr. 1 Buchst. c) Doppelbuchst. cc) EStG für Gesellschafterdarlehen an Beteiligungen ab 10 % mit dem Regeltarif zum individuellen Steuersatz gem. § 32 d Abs. 3 EStG zu versteuern.

F Ermittlung der Einkünfte und Besteuerungsverfahren gem. §§ 16 bis 18 AStG

In den §§ 16 bis 18 des AStG wird für alle Steuertatbestände des AStG einheitlich geregelt, wie die Besteuerungsgrundlagen zu ermitteln sind und in welchem Verfahren die Steuerfestsetzung erfolgt.

1 Erweiterte Mitwirkungspflichten nach § 16 AStG

§§ 16 und 17 AStG übertragen die Grundgedanken §§ 88 bis 90 und 160 AO auf das Außensteuerrecht. Der Steuerpflichtige soll die Offenlegungs- und Beweisobliegenheit für alle (Teil-)Sachverhalte haben, die für ihn bei der Besteuerung nach den Tatbeständen des Außensteuergesetzes vorteilhaft sind, wenn er Geschäftsbeziehungen mit Basisgesellschaften unterhält. Hintergrund ist, dass die Möglichkeiten der deutschen Finanzverwaltung, im Ausland Sachverhalte aufzuklären, gering sind.

Deshalb hängt die Ermittlung des Besteuerungssachverhaltes überwiegend von der Erfüllung der Mitwirkungspflichten durch den Steuerpflichtigen ab. Da bei Geschäftsbeziehungen mit Unternehmen in Niedrigsteuerländern die Missbrauchsgefahr naheliegt, werden in § 16 AStG Obliegenheiten und Zwangsmittel gegenüber dem Steuerpflichtigen begründet, die geeignet sind, hinreichenden Druck zur richtigen und vollständigen Offenlegung des Besteuerungssachverhaltes auszuüben. Ergänzend versucht die Finanzverwaltung selbst Informationen zu Basisgesellschaften über die „Informationszentrale für Auslandsbeziehungen" zu recherchieren, die organisatorisch beim Bundesamt für Finanzen angesiedelt ist.

1.1 Überblick

Nach § 16 Abs. 1 AStG ist der Steuerpflichtige verpflichtet, für Aufwendungen und Betriebsausgaben bei Geschäftsbeziehungen mit einer ausländischen Gesellschaft grundsätzlich den Empfänger der Zahlungen zu benennen, wenn diese Gesellschaft niedrig besteuert wird. Dabei ist unter Hinweis auf die Regelung des § 160 AO der Empfänger erst bezeichnet, wenn der Steuerpflichtige alle Beziehungen zu der Gesellschaft bzw. der Person offen gelegt hat. Zur Durchsetzung der Mitwirkungspflichten räumt § 16 Abs. 2 AStG den Finanzbehörden die Befugnis ein, von dem Steuerpflichtigen die Abgabe der eidesstattlichen Versicherung darüber zu verlangen, dass er seine Angaben richtig und vollständig gemacht hat. Auch hier ist kraft Gesetzes die Entsprechung zu der Regelung in der AO genannt.

1.2 Verhältnis zu den Mitwirkungspflichten nach der AO

Die in der AO geregelten allgemeinen Mitwirkungspflichten innerhalb des Besteuerungsverfahrens werden durch § 16 AStG weder verdrängt noch ersetzt. Es handelt sich vielmehr um eine Konkretisierung und Ergänzung insbesondere § 90 Abs. 2 und § 160 AO in Hinblick auf die Mitwirkungspflichten des Steuerpflichtigen. So sieht der BFH in § 16 AStG einen gesetzlich konkretisierten Grundgedanken, der aus § 160 AO und den übrigen im allgemeinen Verfahrensrecht statuierten Mitwirkungspflichten abzuleiten ist.[520]

Demgemäß haben die Vorschriften über die Mitwirkungspflichten nach der AO auch im Anwendungsbereich des § 16 AStG uneingeschränkt Geltung. Bezogen auf § 90 Abs. 2 AO bestimmt § 16 AO näher, was unter dem unbestimmten Rechtsbegriff „Lage des Falles“ in Hinblick auf Geschäftsbeziehungen mit Basisgesellschaften zu verstehen ist. § 160 AO wird für die Besteuerung von unbeschränkt Steuerpflichtigen mit solchen Geschäftsbeziehungen für Inhalt und Umfang der Benennungspflichten von Leistungsempfängern konkretisiert.

Wie die allgemeinen Mitwirkungspflichten im Besteuerungsverfahren nach der AO, so wird § 16 Abs. 1 AStG nicht durch die Einleitung eines Steuerstrafverfahrens suspendiert. Etwas anderes könnte allerdings für § 16 Abs. 2 AStG gelten, wenn dies als Zwangsmaßnahme zu beurteilen ist, die gem. § 328 AO für die Dauer eines Steuerstrafverfahrens suspendiert ist. Bei der Abgabe der eidesstattlichen Versicherung handelt es sich nicht um eine in § 328 AO genannte Zwangsausübung. Damit ist § 328 AO nicht unmittelbar anzuwenden. Zu bedenken ist aber die Rechtsprechung des Bundesverfassungsgerichts zum **Verbot der Erzwingung von strafrechtlichen Selbstbelastungen.** Im sog. „Gemeinschuldnerbeschluss“ vom 13. Januar 1981[521] hat das Gericht entschieden, dass vom Gemeinschuldner im Rahmen der Abgabe der eidesstattlichen Versicherung offenbarte Tatsachen, die eine strafrechtliche Selbstbelastung zum Gegenstand haben, nicht gegen seinen Willen in einem Strafverfahren verwertet werden dürfen. Bei § 16 Abs. 2 AStG kann der Steuerpflichtige der eidesstattlichen Versicherung jedoch entgehen, indem er auf die

520 Urteil vom 20.04.1988 (BStBl 1988 II S. 927).
521 BVerfGE 56, 37 ff.

Geltendmachung von Werbungskosten bzw. Betriebsausgaben verzichtet. Damit hat er es selbst in der Hand, eine strafrechtliche Selbstbelastung zu verhindern. Für ein Verwertungsverbot ist deshalb kein Raum. Eine rein wirtschaftliche Zwangslage durch die Nichtanerkennung von Aufwendungen ist nach bisheriger Auffassung der Rechtsprechung nämlich kein Zwang, der die Verwertung einer Aussage für ein Strafverfahren ausschließt.

1.3 Offenlegung von Geschäftsbeziehungen

§ 16 AStG greift nur bei Sachverhalten, in denen der Steuerpflichtige Geschäftsbeziehungen i. S. von § 1 AStG zu Gesellschaften in Niedrigsteuergebieten unterhält. Die Gesellschaft darf nur „nicht oder nur unwesentlich besteuert" werden. Damit ist ein neuer Terminus in das Außensteuerrecht neben der „niedrigen Besteuerung" gem. § 8 Abs. 3 AStG eingeführt worden. Da das Gesetz explizit eine weitere Stufe der Niedrigbesteuerung gegenüber der Besteuerung in der Bundesrepublik Deutschland einführt, kommt eine Gleichsetzung der beiden Termini nicht in Betracht. Fraglich ist deshalb, wann eine „unwesentliche Besteuerung" anzunehmen ist. Hier gibt es weder in den Richtlinien der Finanzverwaltung noch in der Literatur klare Aussagen zur Grenzziehung. Jedenfalls sollen Domizilgesellschaften erfasst werden, die in niedrig besteuernden Ländern angesiedelt sind und über keinen eigenen eingerichteten Geschäftsbetrieb verfügen.

Beispiele:

a) Eine schweizerische Aktiengesellschaft unterhält keinen eigenen Geschäftsbetrieb und führt als Geschäftsadresse die Anschrift einer Anwaltskanzlei in Zürich. In diesen Fällen wird regelmäßig im Raghonienbuch die Gesellschaft mit einem Domizilvermerk versehen sein. Eine solche Gesellschaft wird in den meisten Kantonen der Schweiz gar nicht oder nur in sehr geringem Umfang besteuert. Demgemäß obliegen dem Steuerpflichtigen die in § 16 AStG statuierten Offenlegungspflichten.

b) Ähnliches muss gelten für traditionelle Standorte für „Off-Shore-Gesellschaften". So sind Kapitalgesellschaften, die auf den Bermudas, auf den Kanalinseln, auf Gibraltar, in Liechtenstein, den Niederländischen Antillen oder auf den Cayman Islands gegründet werden, im Regelfall Gesellschaften, die als unwesentlich besteuert gelten i. S. von § 16 AStG.

c) Auch Holdinggesellschaften in Normalsteuerländern sollen nach Auffassung einiger Autoren[522] die Mitwirkungspflichten nach § 16 AStG auslösen. Nach Einführung des § 8 b Abs. 1 und Abs. 2 KStG kann dem jedoch für Holdinggesellschaften nicht gefolgt werden, die über eine Geschäftsleitung in dem jeweiligen Land verfügen. Andernfalls würden auch deutsche Holdinggesellschaften als „unwesentlich" besteuert gelten. Wenn dagegen die ausländische Holding über keinen eigenen Geschäftsbetrieb verfügt, ist es sachgerecht, die Mitwirkungspflichten nach § 16 AStG eingreifen zu lassen. Unseres Erachtens kann diese Norm jedoch keine Anwendung gegenüber Gesellschaften in EU-Staaten finden, da insofern die Regeln über Amtshilfe innerhalb der EU vorrangig sind.

---

522 Vgl. FWB, a. a. O., Rz. 25 f. zu § 16 AStG.

Die Geschäftsbeziehungen müssen einen Bezug zum Inland haben; insoweit ist eine Parallele mit § 1 AStG gegeben. Die Offenlegungspflichten greifen jedoch nur ein, wenn der Steuerpflichtige die Geltendmachung von Aufwendungen als Betriebsausgaben, Werbungskosten oder Schulden bzw. Lasten geltend macht. Es handelt sich bei § 16 AStG im Unterschied zu § 17 AStG nicht um eine generelle Ermächtigung der Finanzverwaltung zur Sachverhaltsaufklärung.

1.4 Rechtsfolgen bei unzureichender Mitwirkung

Die Offenbarungspflicht nach § 16 Abs. 1 AStG bezieht sich auf alle dem Steuerpflichtigen bekannten tatsächlichen Umstände in Hinblick auf die Geschäftsbeziehungen mit einer besonders niedrig besteuerten Gesellschaft. Die Rechtsfolge ist also primär eine **Verpflichtung des Steuerpflichtigen, an dem Besteuerungsverfahren mitzuwirken.** Soweit dies – unabhängig davon, ob ein Verschulden des Steuerpflichtigen vorliegt oder nicht – unterbleibt, folgt aus § 16 Abs. 1 AStG die Nichtanerkennung des Betriebsausgaben- bzw. Werbungskostenabzuges bei dem in Deutschland Steuerpflichtigen. Die Aufforderung der Finanzverwaltung an den Steuerpflichtigen, Informationen i. S. von § 16 AStG offenzulegen, stellt keinen Verwaltungsakt dar.[523]

Der Steuerpflichtige ist außerdem verpflichtet, auf Verlangen der Finanzbehörde eine **eidesstattliche Erklärung** über die Richtigkeit und Vollständigkeit seiner gemachten Angaben abzulegen (§ 16 Abs. 2 AStG). Damit führt jede falsche oder unvollständige Angabe des Steuerpflichtigen zumindest zu einer versuchten **Steuerhinterziehung,** sofern der Steuerpflichtige die Unrichtigkeit bzw. Unvollständigkeit seiner Angaben tatsächlich kannte.

2 Die Mitwirkungspflichten nach § 17 AStG

Im Unterschied zu § 16 AStG statuiert § 17 AStG die Mitwirkungspflichten des Steuerpflichtigen, die von der Finanzverwaltung **erzwungen** werden können und damit **keine Obliegenheit** des Steuerpflichtigen darstellen.

2.1 Verhältnis zu den Mitwirkungspflichten nach AO

Wie § 16 AStG, so verdrängt § 17 AStG ebenfalls nicht die Mitwirkungspflichten nach den allgemeinen Verfahrensbestimmungen der AO zur Ermittlung des Besteuerungssachverhaltes. Es handelt sich hierbei vor allem um eine **Konkretisierung**

523 BFH vom 20.04.1988, BStBl II S. 927.

und Erweiterung des § 90 Abs. 2 AO für die Fälle, in denen nach dem AStG inländischen Steuerpflichtigen Einkünfte ausländischer juristischer Personen oder Vermögensmassen zugerechnet werden.

2.2 Voraussetzung

Die in § 17 Abs. 1 AStG konkretisierten Pflichten greifen nur bei Beziehungen des inländischen Steuerpflichtigen zu ausländischen juristischen Personen oder Vermögensmassen, deren Einkünfte ihm nach den Vorschriften der §§ 5 und 7 bis 15 AStG zuzurechnen sind. Damit werden Fälle der Wegzugsbesteuerung nur dann ausnahmsweise von § 17 AStG erfasst, wenn der Steuerpflichtige nach § 5 AStG an einer Gesellschaft im Ausland beteiligt ist. Für die meisten Geschäftsbeziehungen, die der Überprüfung nach § 1 AStG unterliegen, wird § 16 AStG hinsichtlich der besonderen Anforderungen an die Mitwirkungspflichten einschlägig sein.

2.3 Umfang der Mitwirkungspflichten

Nach § 17 AStG ist der Steuerpflichtige nicht von sich aus verpflichtet, ohne Initiative der Finanzbehörden Mitwirkungspflichten nachzukommen. Die Norm unterscheidet sich somit von den Mitwirkungspflichten im Rahmen der Abgabe von Steuererklärungen nach der Abgabenordnung. Hervorzuheben ist jedoch, dass der Steuerpflichtige auch insoweit nach den allgemeinen Regeln erklärungs- und offenlegungspflichtig bleibt. Die (zusätzliche) Mitwirkungspflicht nach § 17 AStG entsteht regelmäßig erst, wenn die Finanzbehörde von dem Steuerpflichtigen **Auskünfte verlangt.**

Gegenständlich wird die Auskunftspflicht auf zwei Bereiche des Verhältnisses des Steuerpflichtigen zu einer ausländischen Gesellschaft geregelt, an der er beteiligt ist. Zum einen soll er seine **Geschäftsbeziehungen** offenlegen (§ 17 Abs. 1 Nr. 1 AStG), was praktisch keine besonderen Schwierigkeiten bereiten wird, da diese Geschäftsbeziehungen in seinem Einflussbereich liegen. Insoweit stellt § 17 AStG gegenüber § 16 AStG weniger strenge Anforderungen, da im Rahmen dieser Bestimmung die Offenlegung aller Geschäftsbeziehungen zum Ausland verlangt wird.

Darüber hinaus ist der Steuerpflichtige verpflichtet, **Grundlagen für die Zurechnungsbesteuerung** nach dem AStG zu liefern, die sich auf die Gesellschaft selbst beziehen, an der er beteiligt ist. Dazu gehören insbesondere Jahresabschlüsse, Gesellschaftsverträge, Protokolle von Gesellschafterversammlungen, Angaben zu den Mitgesellschaftern und zur Besetzung der Organe der Gesellschaft sowie zu allen anderen Vorgängen und Verhältnissen, über die der Steuerpflichtige Kenntnis haben kann. Dies kann im Einzelfall schwierig sein und zu (materiell ungerechtfertigten) Nachteilen führen. Die Mitwirkungspflicht kann auch nicht dadurch suspendiert werden, dass der andere Staat die Offenlegung von bestimmten geschäftlichen Informationen wie etwa Jahresabschlüssen untersagt. Insofern wird der Steuerpflichtige im Inland durch das Steuergeheimnis nach § 30 AO geschützt.

Wie bei § 90 Abs. 2 AO geht die Unsicherheit über tatsächliche Verhältnisse im Ausland zu Lasten des Steuerpflichtigen. Es handelt sich damit um eine **Beweislastumkehr** mit der Folge, dass der Steuerpflichtige im eigenen steuerlichen Interesse Recherchen anstellen wird, um die für ihn günstigeren Steuerfolgen herbeizuführen.

Bei **mehreren Inlandsbeteiligten** hat **jeder** Steuerpflichtige die Mitteilungspflichten für sich zu erfüllen mit dem tatsächlichen Kenntnisstand bzw. den Ermittlungsmöglichkeiten, über die er verfügt. Soweit den Finanzbehörden dabei ein Sachverhalt durch einen Steuerpflichtigen bekannt wird, der für einen anderen an der gleichen Gesellschaft Beteiligten günstig ist, muss dieser auch für diesen gelten, selbst wenn er nicht in der Lage oder willens war, diese Information selbst zu ermitteln und den Finanzbehörden mitzuteilen. Andererseits sind die Beteiligten verpflichtet zusammenzuwirken, um die von den Finanzbehörden verlangten Informationen zu bekommen. Ein gegenseitiges Blockieren der Betroffenen führt nicht zur Suspendierung von Auskunftspflichten.

2.4 Rechtsfolgen bei unzureichender Mitwirkung

Anders als die Mitwirkungsnormen der Abgabenordnung stellt § 17 Abs. 2 AStG einen unmittelbaren Zusammenhang zwischen der Nichterfüllung von Mitwirkungspflichten und der **Steuerschätzung nach § 162 AO** her. Dabei wird weiter gehend für eine besondere Fallgruppe die Schätzmethode vorgegeben. § 17 Abs. 2 AStG verweist zur Durchführung der Schätzung auf § 162 AO, der unmittelbar anzuwenden ist, modifiziert diesen jedoch dahingehend, dass die Einkünfte des Steuerpflichtigen in dem betreffenden VZ mindestens 20 % des gemeinen Wertes der Anteile an der ausländischen Gesellschaft betragen. Dies basiert auf der Annahme, dass fremde Dritte für eine Beteiligung an einer Kapitalgesellschaft als Kaufpreis etwa das Fünffache des nachhaltigen Jahresüberschusses vereinbaren würden. Außerdem liegt dieser Schätzungsregel die Vermutung zugrunde, dass regelmäßig besonders renditeträchtiges Vermögen auf ausländische Rechtsträger übertragen wird. Maßgeblich für die Schätzung ist der gemeine Wert der Gesellschaft, wie er sich zu Beginn des Wirtschaftsjahres dieser Gesellschaft ergibt, deren Einkünfte dem Steuerpflichtigen zuzurechnen sind.

3 Die Feststellung von Besteuerungsgrundlagen gem. § 18 AStG

§ 18 AStG regelt das Besteuerungsverfahren für die Hinzurechnungsbesteuerung nach § 18 AStG, nicht jedoch für die Wegzugsbesteuerung nach §§ 2–4 und 6 AStG oder die Besteuerung von Familienstiftungen nach § 15 AStG. Etwas anderes gilt im Rahmen der erweiterten beschränkten Steuerpflicht nur insofern, als Einkünfte nach § 5 AStG festzustellen sind. Insofern verweist § 5 Abs. 3 AStG auf § 18 AStG.

3.1 Überblick

Es erfolgt eine gesonderte Feststellung der Hinzurechnungsbeträge an Zwischengesellschaften, die einheitlich vorzunehmen ist, wenn mehrere Steuerpflichtige an ihnen beteiligt sind. In einem zweiten Schritt wird dieser Hinzurechnungsbetrag den einzelnen Steuerpflichtigen durch Feststellungsbescheid zugerechnet und bei ihnen im Wege der Veranlagung zur Einkommens- bzw. Körperschaftsteuer durch das (Wohn-)Sitz- bzw. Betriebsstättenfinanzamt besteuert. Damit wird das Veranlagungsfinanzamt regelmäßig von der Durchführung der Hinzurechnungsbesteuerung entlastet.

3.2 Ermittlung der Bemessungsgrundlagen

Es sind die Vorschriften der AO für die gesonderte Feststellung von Besteuerungsgrundlagen nach §§ 179 ff. entsprechend anzuwenden, wobei die Regelungen nach § 180 Abs. 3 AO nicht gelten sollen. Die gesonderte Feststellung erfolgt unabhängig von der Anzahl der betroffenen inländischen Steuerpflichtigen. Die Feststellung erfolgt außerdem einheitlich, wenn mehrere inländische Steuerpflichtige an der Gesellschaft beteiligt sind. Auch insofern gelten die allgemeinen Regeln der AO. Die Personen, für die ein Steuerbescheid im Rahmen der Veranlagung nach § 18 AStG ergeht, sind verpflichtet, eine entsprechende **Steuererklärung** einzureichen (§ 18 Abs. 3 AStG). Hierbei ist jeder einzelne Steuerpflichtige zur Abgabe der Steuererklärung für die Zwischengesellschaft verpflichtet. Nach § 18 Abs. 3 Satz 2 AStG können dabei auch mehrere Steuerpflichtige zusammen eine gemeinsame Erklärung einreichen, was praktisch zunächst die Kenntnis der anderen Steuerpflichtigen voraussetzt.

Nach § 18 Abs. 2 AO ist das Finanzamt für die Veranlagung zuständig, in dessen Bezirk der Steuerpflichtige wohnt, sodass sein Veranlagungsfinanzamt ggf. auch die Feststellung der Hinzurechnungsbeträge vornimmt. Soweit mehrere Steuerpflichtige an den Einkünften beteiligt sind, ist das Finanzamt für die einheitliche und gesonderte Feststellung der Besteuerungsgrundlagen zuständig, in dessen Bezirk die höchste Beteiligung liegt. Dies ist schwer zu bestimmen, sodass im Zweifel das Finanzamt zuständig ist, das sich erstmals mit der Ermittlung des Hinzurechnungsbetrages der Zwischengesellschaft befasst. In einigen Bundesländern sind innerhalb der Finanzverwaltung besondere Sachgebiete bei den einzelnen Finanzämtern bzw. besondere Finanzämter eingerichtet worden, die sich mit dieser Feststellung befassen.[524]

Gesondert festgestellt werden durch den Feststellungsbescheid:[525]

- **Einkünfte,** die nach § 7 Abs. 1 AStG steuerpflichtig sind,
- auf Ebene der Zwischengesellschaft **abziehbare Steuern** gem. § 10 Abs. 1 AStG,
- die **Gewinnanteile** des Steuerpflichtigen, die aus dem Hinzurechnungsbetrag wegen Dividendenausschüttungen zu kürzen sind, § 11 Abs. 1 AStG (Ausschüttungsüberschüsse dagegen, die nach § 11 Abs. 2 AStG in die vier vorangegangenen Veranlagungszeiträume zurückzutragen sind, werden nur im nachrichtlichen Teil aufgeführt),[526] und
- von der Zwischengesellschaft vereinnahmte **Schachteldividenden** nach § 13 Abs. 1 AStG, die vom Hinzurechnungsbetrag der Zwischengesellschaft auszunehmen sind.

Der Feststellungsbescheid bestimmt nach Rechtsprechung des BFH[527] damit,

- was (Steuergegenstand),
- wem (Steuersubjekt),
- wann (VZ)

als Einkünfte hinzugerechnet wird. Hierüber ergeht ein einheitlicher Feststellungsbescheid in Gestalt einer Hauptfeststellung sowie einer Anlage, auf der die für die Veranlagung maßgeblichen Besteuerungsgrundlagen den einzelnen Steuerpflichtigen zugewiesen werden. Beide Teile bilden eine rechtliche Einheit; die Hauptfeststellung ist deshalb ohne die notwendige Anlage nicht als Verwaltungsakt zu beurteilen.[528] Andererseits hat die Anlage ohne die Hauptfeststellung keinen Regelungscharakter und ist damit ebenfalls kein Verwaltungsakt. Nach Tz. 18.1.3.1 des BMF-Anwendungsschreibens erfolgt die Feststellung für das Kalenderjahr, in dem bei den im Inland steuerpflichtigen Personen der Hinzurechnungsbetrag nach § 10 Abs. 2 AStG als zugeflossen gilt. Das bedeutet im Regelfall, dass für das Kalenderjahr festgestellt wird, das auf den Schluss des Wirtschaftsjahres der Zwischengesellschaft folgt. Bei nachgeschalteten Zwischengesellschaften i. S. von § 14 AStG ist gem. Tz. 18.1.4 des BMF-Anwendungsschreibens zum AStG für die jewei-

524 Vgl. BMF-Anwendungsschreiben zum Außensteuergesetz, Tz. 18.2.
525 Vgl. BFH, BStBl 1986 II S. 219.
526 Vgl. BMF-Anwendungsschreiben zum Außensteuergesetz, Tz. 18.1.2.4.
527 BStBl 1985 II S. 410.
528 BStBl 1988 II S. 410.

lige Gesellschaft eine gesonderte Feststellung vorzunehmen. Beteiligt sind an diesem Besteuerungsverfahren Personen, die nur mittelbar über die obere Zwischengesellschaft an der Untergesellschaft beteiligt sind.

3.3 Durchführung der Besteuerung des inländischen Steuerpflichtigen

Für den Steuerpflichtigen ist die Feststellung nach § 18 AStG Grundlagenbescheid für seine individuelle Veranlagung zur Einkommensteuer. Änderungen des Feststellungsbescheides nach § 18 AStG führen deshalb zur Änderung des Einkommensteuerbescheides nach § 175 Abs. 1 Nr. 1 AO von Amts wegen.

Aufgrund der in dem Feststellungsbescheid nach § 18 AStG getroffenen Feststellungen kann das Veranlagungsfinanzamt den steuerpflichtigen Hinzurechnungsbetrag und alle anderen relevanten Werte in der Veranlagung berücksichtigen. Der Steuerpflichtige ist im Rahmen seiner individuellen Einkommens- oder Körperschaftsteuererklärung verpflichtet, korrespondierend zu der Pflicht zur Abgabe einer Steuererklärung für die Zwischengesellschaft den Hinzurechnungsbetrag anzugeben.

3.4 Besteuerungsverfahren für ausländische Familienstiftungen i. S. von § 15 AStG

Über § 18 Abs. 4 AStG sind die Regelungen zur Festsetzung von Grundlagenbescheiden auch für Familienstiftungen anzuwenden, wenn mehr als eine Person im Inland zur Besteuerung heranzuziehen ist. Der Bescheid ist dann den Personen jeweils bekannt zu geben; jeder Steuerpflichtige, dem Einkünfte nach § 15 AStG zuzurechnen sind, hat dann für sich die Möglichkeit, die jeweiligen Rechtsbehelfe zu verfolgen.

G § 20 AStG: Konkurrenzverhältnis zwischen AStG und DBA

1 Allgemeine Vorbehaltsklausel (§ 20 Abs. 1 AStG)

Mit der Formulierung des Abs. 1 soll ganz offensichtlich Bedenken entgegengetreten werden, die Hinzurechnungsbesteuerung ließe sich mit bestehenden DBA oder anderen innerstaatlichen/völkerrechtlichen Vereinbarungen nicht vereinbaren. Nach anerkannten Grundsätzen stellen tatsächlich mit der Bundesrepublik Deutschland abgeschlossene Doppelbesteuerungsabkommen kein allgemeines Völkerrecht mehr dar, welches gem. § 25 Grundgesetz anderen innerdeutschen Gesetzen vorginge, sie werden vielmehr durch das entsprechende Zustimmungsgesetz in innerstaatliches Recht transformiert. Damit begründen sie trotz ihres zunächst bilateralen Charakters den unmittelbaren Anspruch auf Steuerermäßigung oder auch Freistellung und sind insoweit unmittelbar anwendbar. In diesem Zusammenhang kann der Gesetzgeber entweder in dem sog. „transformierenden Rechtsakt“ oder in ergänzenden Bestimmungen die Rangfolge zwischen nationalem Recht und den bestehenden Bestimmungen des Doppelbesteuerungsabkommens vorsehen. Ein solches Beispiel ist § 20 Abs. 1 AStG, der im Ergebnis die Vorschriften der §§ 7 bis 18 AStG vor die einschlägigen Bestimmungen der Doppelbesteuerungsabkommen stellt.

Nach dem Wortlaut der Vorschrift werden die §§ 7–18 und die Abs. 2 und 3 des § 20 AStG durch die Abkommen zur Vermeidung der Doppelbesteuerung nicht berührt. Hieraus kann zunächst im Umkehrschluss gefolgert werden, dass für alle in diesen Paragraphen nicht genannten Vorschriften des AStG etwa bestehende Doppelbesteuerungsabkommen zwischen der Bundesrepublik Deutschland und dem betroffenen ausländischen Staat unberührt bleiben.

Im Wege dieser allgemeinen Vorbehaltsklausel stellt § 20 Abs. 1 AStG die genannten Vorschriften – insbesondere die Regelung zur Hinzurechnungsbesteuerung – vor die einschlägigen Bestimmungen der Doppelbesteuerungsabkommen. Spätestens mit Abschaffung des § 10 Abs. 5 AStG stellt der Abs. 1 damit ein allgemeines treaty override dar.[529] Den Vorschriften des AStG wird insoweit – entgegen § 2 AO – ein materieller Vorgang vor den Doppelbesteuerungsabkommen eingeräumt.[530] Begründet wird dieser Eingriff mit dem – zumindest teilweise – berechtigten Bestreben des Fiskus, eine Gegenposition gegenüber komplexen, teilweise missbräuchlichen steuerplanerischen Rechtskonstruktionen aufzubauen.

2 Umschaltklausel für bestimmte Betriebsstätteneinkünfte

§ 20 Abs. 2 AStG regelt in Form eines generellen „switch over“ für sämtliche durch die Bundesrepublik Deutschland abgeschlossene Doppelbesteuerungsabkommen die Methode zur Vermeidung der Doppelbesteuerung zwischen inländischen Steuerpflichtigen und ausländischen Betriebsstätten. Ein Regelungsgehalt, der grundsätzlich nicht Gegenstand der Hinzurechnungsbesteuerung ist und dessen Regelung deshalb auch nicht unbedingt an dieser Stelle vermutet werden kann. Entsprechend artifiziell erscheint die Vorschrift und entsprechend viele Fiktionen werden benötigt.

529 Vgl. Vogt in Strunk/Kaminski/Köhler, AStG/DBA, § 20 AStG, Rz. 21 ff.
530 Vgl. Blümich/Vogt, § 20 AStG, Rz. 10.

Allgemeines Regelungsziel des Abs. 2 ist es, sog. „passive Einkünfte" ausländischer Betriebsstätten inländischer Steuerpflichtiger insoweit zu benachteiligen, als bei Vorliegen der entsprechenden Voraussetzung nicht die Freistellungsmethode, sondern die Anrechnungsmethode zur Anwendung kommt. Da dies im Grundsatz zur Anwendung des nationalen Steuersatzes führt, wird sich hieraus i. d. R. eine Verschlechterung für die betroffenen Steuerpflichtigen ergeben.

Im Einzelnen erfordern die Tatbestandsvoraussetzungen des § 20 Abs. 2 AStG

1. das Vorliegen einer ausländischen Betriebsstätte,
2. die inländisch beherrscht ist,
3. Einkünfte aus passivem Erwerb erzielt und
4. dass diese hypothetischen Zwischeneinkünfte einer niedrigen Besteuerung unterliegen.

Im Ergebnis müssen somit sämtliche Tatbestandsvoraussetzungen der Hinzurechnungsbesteuerung fiktiv auf Ebene einer ausländischen Betriebsstätte erfüllt sein. Das Vorliegen einer Betriebsstätte sowie das Erzielen von Einkünften aus passiver Tätigkeit entsprechend dem Katalog des § 8 Abs. 1 Nr. 1–10 AStG sollte dabei im Grundsatz unproblematisch festzustellen sein. Bei Bestehen einer ausländischen Betriebsstätte kann ebenso von einer „fiktiven" 100 %igen Beteiligung ausgegangen werden. Bei ausländischen Personengesellschaften, die sich nach dem Verständnis des jeweiligen Doppelbesteuerungsabkommens als Betriebsstätte qualifizieren, ist entsprechend den Regelungen in § 7 Abs. 1 und Abs. 5 AStG von einer ggf. quotalen Beteiligung auszugehen. Die Prüfung des Tatbestandsmerkmals „niedrige Besteuerung" richtet sich nach der konkreten Belastungsrechnung anhand der gesamten Besteuerungsverhältnisse.[531] Erzielt die ausländische Betriebsstätte nicht nur Einkünfte aus passivem Erwerb, so ist die Gesamtsteuer nach Maßgabe des ausländischen Steuerrechts auf die aktiven und passiven Einkünfte aufzuteilen.[532] Verschärft wurde die Vorschrift durch das Steueränderungsgesetz 2008,[533] da nunmehr ab dem VZ 2008 sämtliche niedrig besteuerten Einkünfte der ausländischen Betriebsstätte von der „switch-over"-Klausel betroffen sind, während die Regelung zuvor ledig auf Einkünfte mit Kapitalanlagecharakter gem. § 7 Abs. 6 a AStG Anwendung fand.

Im Ergebnis durchbricht die Rechtsnorm damit – ähnlich wie die Vorschriften zur Hinzurechnungsbesteuerung gem. §§ 7–14 AStG – die „Abschirmwirkung", die das von der Bundesrepublik i. d. R. vereinbarte Freistellungsverfahren für ausländische Betriebsstätteneinkünfte bewirkt.

531 Vgl. Vogt in Strunk/Kaminski/Köhler, AStG/DBA, § 20 AStG, Rz. 87.
532 Vgl. BMF vom 14.05.2004, Tz. 8.3.4.
533 Vgl. Gesetz vom 20.12.2007, BGBl I S. 3150.

Bemerkenswert ist darüber hinaus, dass die durch das Steuervergünstigungsabbaugesetz[534] erfolgte EU-Harmonisierung der Hinzurechnungsbesteuerung[535] für Zwecke des § 20 Abs. 2 AStG nicht übernommen wurde. Durch die für nach dem 31.12.2007 beginnenden Wirtschaftsjahre geltende Formulierung „ungeachtet des § 8 Abs. 2“ stellt der Gesetzgeber explizit klar, dass diese Umschaltklausel auch für EU-Betriebsstätten inländischer Steuerpflichtiger gilt.

Nach herrschender Meinung stellt die Vorschrift des § 20 Abs. 2 AStG einen treaty override und die Ausdehnung der Klausel auf EU-Betriebsstätten darüber hinaus einen Verstoß gegen EU-Recht dar.[536] In seiner Entscheidung „Columbus Container Services“ ist der EuGH allerdings zu dem Ergebnis gekommen, dass sog. „switch-over“-Klauseln mit dem EGV vereinbar sind. Der EuGH lehnte in dieser Entscheidung eine EU-rechtswidrige Diskriminierung der ausländischen Personengesellschaft vor dem Hintergrund ab, dass die Anrechnungsmethode keine andere Steuerbelastung herbeiführen würde als bei einer inländischen Personengesellschaft.[537]

Mit der Einfügung des Halbsatzes „ungeachtet des § 8 Abs. 2 AStG“ soll nach der Begründung des Regierungsentwurfes zudem sichergestellt werden, dass die Grundsätze der EuGH-Entscheidung „Cadburry/Schweppes“ nicht auf § 20 Abs. 2 übertragen werden können.

Nach Auffassung des Gesetzgebers betrifft dieses Urteil allein die Niederlassungsfreiheit, die durch § 20 Abs. 2 AStG nicht berührt würde, da hier lediglich eine Methode zur Vermeidung der Doppelbesteuerung durch eine andere ersetzt würde. Nach der Entscheidung „avoir fiscal“ ist es allerdings anerkannt, dass die Niederlassungsfreiheit neben der Gründung ausländischer Kapitalgesellschaften auch ausländische Betriebsstätten umfasst. In diesem Zusammenhang ist des Weiteren zu berücksichtigen, dass die Anwendung der Anrechnungsmethode im Gegensatz zur Freistellungsmethode – wie oben bereits ausgeführt – zum „Heraufschleusen“ auf das inländische, i. d. R. höhere Steuerniveau führt.[538] Da § 20 Abs. 2 AStG tatbestandlich an die §§ 7 bis 14 AStG anknüpft und die Gegenbeweismöglichkeit des § 8 Abs. 2 AStG ausschließt, erscheint insoweit ein Verstoß gegen das EU-Recht gegeben. Durch die Ungleichbehandlung von ausländischen Personengesellschaften[539] gegenüber ausländischen Kapitalgesellschaften – denen der Gegenbeweis gem. § 8 Abs. 2 AStG offensteht – liegt des Weiteren ein Verstoß gegen das mit der

534 Vgl. Gesetz vom 20.12.2007 BGBl I S. 3150.
535 Vgl. oben § 8 Abs. 2 AStG.
536 Zur ausführlichen Diskussion vgl. Vogt in Strunk/Kaminski/Köhler, AStG/DBA, § 20 AStG, Rz. 38.
537 Es besteht allerdings Einigkeit im Schrifttum, das dieser „Fall“ denkbar ungeeignet war, um die EU-Verträglichkeit von solchen „Switch-over“-Klauseln zu entscheiden, vgl. Blümich/Vogt, § 20 AStG, Rz. 26.
538 Vgl. Ebend, Rz. 27.
539 Für die insoweit ebenfalls der Betriebsstättenartikel einschlägig ist.

Unternehmensteuerreform 2008 verfolgte Ziel der rechtsformneutralen Besteuerung vor.[540]

540 Vgl. Kaminski/Strunk/Hase, Steuerberatung 2007, S. 577.

TEIL III: DOPPELBESTEUERUNGSABKOMMEN

A Einleitung

Im Rahmen des Internationalen Steuerrechts soll im Folgenden das Recht der Doppelbesteuerungsabkommen dargestellt und analysiert werden, wobei Internationales Steuerrecht wie auch Außensteuerrecht nicht als Rechtsbegriffe zu verstehen sind, sondern i. S. von Ordnungsbegriffen genutzt werden.[1]

Während im ersten Teil unter anderem einseitige, unilaterale Maßnahmen zur Vermeidung der Doppelbesteuerung behandelt wurden, die einen eigenständigen Verzicht auf die Besteuerung steuerlicher Tatbestände darstellen, die grundsätzlich der deutschen Besteuerung vollständig unterliegen würden,[2] wurden im zweiten Teil die gesetzlichen Regelungen zur Sicherung des deutschen Steueranspruchs im Rahmen des AStG aufgezeigt.

Im nun folgenden Teil handelt es sich nicht um einseitige deutsche Maßnahmen, die entweder einen Verzicht bedeuten oder eine Zusatzbelastung beinhalten, sondern um völkerrechtliche, bilaterale Maßnahmen, die eine gegenseitige Beschränkung der bestehenden Steueransprüche der Vertragsstaaten festlegen. Für den steuerlichen Rechtsanwender ist die Kenntnis der Regelungen der deutschen Doppelbesteuerungsabkommen (bisher und nachfolgend als DBA bezeichnet) in den letzten Jahren durch die stärker werdende Internationalisierung der Handels- und Wirtschaftsaktivitäten zunehmend wichtiger geworden. Vor allem die Zunahme der Digitalisierung, die Zunahme virtueller, immaterieller Wirtschaftsgüter sowie die zunehmende Vernetzung in einer globalen Welt haben dazu geführt, dass den Fragen der grenzüberschreitenden Geschäftsaktivitäten eine immer größer werdende Bedeutung zukommt. Zu denken sei hier beispielhaft an die gewaltige Bedeutung des Internets für einzelne Branchen im Besonderen, aber auch die gesamte Weltwirtschaft insgesamt. Die sich hierdurch ergebende Aufgabe von Orts- und Zeitbeschränkungen sind eine weitere Herausforderung für das Internationale Steuerrecht.

Die Bundesrepublik hat, vertreten durch das Bundesfinanzministerium, mit nahezu allen wichtigen Industriestaaten DBA verhandelt und abgeschlossen. Außerdem bestehen DBA vor allem mit solchen Ländern, die als bevorzugte Standorte bedeutender Investitionen und Geschäftstätigkeiten deutscher Unternehmen aufgefallen sind. Darüber hinaus ist die Bundesrepublik Deutschland als Rechtsnachfolger der DDR in zahlreiche DBA mit ehemals kommunistischen Staaten eingetreten.

---

1 Vgl. Wassermeyer, F., in Debatin/Wassermeyer, Doppelbesteuerung, LB, München, Rz. 6 vor Art. 1.

2 In Abhängigkeit von der gewählten Methode zur Vermeidung der Doppelbesteuerung (Anrechnung der ausländischen Steuer oder Freistellung der ausländischen Einkünfte) kann es sich um einen vollständigen Verzicht auf die Besteuerung handeln oder nur um die Gewährung der Tilgung der inländischen Steuerschuld durch die im Ausland gezahlten Steuern. Hierauf wird jedoch noch weiter unten einzugehen sein.

Da die deutschen DBA wie auch die meisten DBA der Industrienationen trotz einiger Spezifikationen auf dem Grundmuster des OECD-MA von 2000 beruhen, sollen im Folgenden anhand dieses Musterabkommens die Sachverhalte erläutert werden. Weichen die deutschen DBA hiervon in gewichtiger Weise ab, wird dies entsprechend dargelegt.

B Einordnung der DBA-Regelungen in das System des Außensteuerrechts

Das Recht der Doppelbesteuerungsabkommen ist in der Begriffsabgrenzung ein Teilbereich des Internationalen Steuerrechts. Zunächst ist die Rechtsanwendung der DBA durch das Zustimmungsgesetz geregelt, sodass DBA gleichberechtigt zu anderen Gesetzen, auch anderen Steuergesetzen, stehen. **§ 2 AO** räumt bei wörtlicher Auslegung den Vorrang der völkerrechtlichen Verträge gegenüber anderen Vorschriften ein. Diese Formulierung ist nicht dahingehend zu verstehen, dass DBA den nationalen Regelungen vorgehen, sie postuliert vielmehr das Prinzip, dass das DBA als speziellere Vorschrift, als „Lex specialis" den Vorrang vor allgemeineren Vorschriften hat.[3] Dieser Grundsatz ist auch innerhalb von Einzelsteuergesetzen anzutreffen (Beispiel: § 8a KStG ist die speziellere Vorschrift zur allgemeinen Gewinnermittlungsvorschrift des § 8 Abs. 3 KStG).[4] Wäre hingegen vom Gesetzgeber ein über dieses Prinzip hinausgehender Vorrang der DBA beabsichtigt gewesen, hätte es einer entsprechenden Regelung in Art. 25 GG bedurft. Ein einfaches Bundesgesetz, wie es die AO selber ist, kann niemals einen Vorrang eines anderen Bundesgesetzes (hier des Zustimmungsgesetzes zum DBA) über ein anderes Einzelsteuergesetz bestimmen, hierfür fehlt es der Vorschrift am erforderlichen Verfassungsrang.

Doppelbesteuerungsabkommen sind von ihrem Charakter her völkerrechtliche Verträge, die die beiden Vertragsstaaten – wie noch zu zeigen sein wird – in unterschiedlicher Form binden. Hinsichtlich des Steuerpflichtigen der jeweiligen Vertragsstaaten ist zu beachten, dass dieser keinerlei Rechte direkt aus dem Doppelbesteuerungsabkommen ableiten kann. Aus dem Umstand der Transformation des DBA in nationales Recht durch das Zustimmungsgesetz ändert sich hieran nichts, da ein unmittelbarer Anspruch auf abkommenskonforme Besteuerung gegenüber der Finanzverwaltung nicht geltend gemacht werden kann.[5] Im Verhältnis zu Doppelbesteuerungsabkommen ergibt sich somit etwas anderes als hinsichtlich der verabschiedeten EU-Richtlinie innerhalb der Europäischen Union.[6] Für den Steuerpflichtigen stellt sich ein Doppelbesteuerungsabkommen wie ein gewöhnliches nationales Bundesgesetz dar, dem er im Wege des öffentlichen Rechts entsprechend Folge zu leisten hat. Sofern somit der bundesdeutsche Gesetzgeber der Meinung ist, dass bestehende Doppelbesteuerungsabkommen, die durch die Zustimmungsgesetze in deutsches Recht transformiert worden sind, durch eine speziellere Vorschrift anderer, ebenfalls gewöhnlicher nationaler Bundesgesetze geändert werden sollten, so ist er hierzu berechtigt, ohne dass der Steuerpflichtige einen Anspruch gegen die

3 Debatin in Debatin/Wassermeyer, Rz. 41 zu III Systematik unter Hinweis auf RFH vom 03.12.1935, III A 267/34, RStBl 1935, 1399.

4 Vgl. Wassermeyer, DStJG Bd. 19 (1996), S. 151, 153.

5 Vgl. Baranowski, a. a. O., Rz. 172, sowie BFH vom 15.01.1971, BStBl 1971 II S. 379.

6 Vgl. Fischer/Warneke, Internationale Betriebswirtschaftliche Steuerlehre, 5. Aufl. 2005, Berlin, S. 23 ff.

im Verhältnis zum anderen Vertragsstaat unzweifelhaft bestehende Vertragsverletzung in Anspruch nehmen kann. Dieser „Lex-specialis“-Charakter von besonderen Regelungen wird durch § 2 AO nicht in Frage gestellt. Vielmehr ist die Vorschrift nicht wörtlich auszulegen, sondern lediglich in der Form, dass das DBA als das i. d. R. speziellere Gesetz zu den anderen Regelungen insoweit einen gewissen Vorrang hat.[7] Durch die weiter unten noch zu zeigenden Treaty-overriding-Fälle (z. B. § 50 d Abs. 1 EStG[8] sowie § 7 Abs. 6 AStG) hat der Gesetzgeber jedoch auch im Verhältnis zu den DBA-Regelungen noch speziellere Regelungen getroffen, die dann zur Anwendung kommen.

7 Vgl. Wassermeyer, F., DStJG, Bd. 19, S. 151 ff.; andere Auffassung Seer, IStR 1997, S. 481 ff.; 520 ff.

8 Siehe die entsprechende Feststellung des BFH zu § 50 d Abs. 1 EStG vom 05.03.1986, BStBl 1986 II S. 496, sowie vom 13.07.1994, BStBl 1995 II S. 129.

C Grundsätzliches zu Doppelbesteuerungen

1 Begriff und Formen der Doppelbesteuerungen

Trotz des Vorliegens zahlreicher Definitionen des Begriffs der Doppelbesteuerung soll bei den folgenden Ausführungen grundsätzlich von einer juristischen Doppelbesteuerung ausgegangen werden. Unter einer juristischen Doppelbesteuerung versteht man einen Zustand, der gegeben ist, wenn derselbe Steuerpflichtige wegen desselben Steuergegenstandes gleichzeitig in verschiedenen Staaten einer gleichartigen Steuer unterliegt. Somit müssen folgende Voraussetzungen kumulativ erfüllt sein:

(1) Identität des Steuergegenstandes

(2) Identität des Steuersubjekts

(3) Identität des Besteuerungszeitraumes

(4) Gleichartigkeit der Steuern

Es ist allerdings notwendig, darauf hinzuweisen, dass diese formaljuristische Sichtweise ein Eingreifen des Gesetzgebers nicht zwingend erforderlich erscheinen lässt. Der Tatbestand des Vorliegens einer juristischen Doppelbesteuerung gibt noch keinerlei Hinweis auf die Höhe der Steuerbelastung. Ein wirtschaftlich bedeutendes Ergebnis, das von den Gesetzgebungsorganen der betroffenen Staaten als unbefriedigend angesehen wird, ist somit erst dann gegeben, wenn die Summe der Steuerbelastungen in den beteiligten Ländern höher ist als der Betrag, der sich ergeben würde, wenn der Steuergegenstand ausschließlich im höher besteuernden Staat versteuert würde. Ein solches Ergebnis würde den Welthandel und die grenzüberschreitenden Geschäftsaktivitäten nationaler Unternehmen in erheblichem Umfang einschränken, da die für eine Investitionstätigkeit maßgebende Nachsteuerrendite des eingesetzten Kapitals durch eine solche Doppelbesteuerung ausgesprochen gering werden kann. Die hierdurch bedingte nationale Orientierung der Geschäftsaktivitäten der Wirtschaftssubjekte wird von keinem der Staaten angestrebt.

Beispiel zur juristischen Doppelbesteuerung:

Die im Inland ansässige OHG unterhält im Ausland mehrere Ferienwohnungen, die sie vermietet. Die sich hieraus ergebenden Einkünfte unterliegen sowohl der Besteuerung im Quellenstaat als auch im Ansässigkeitsstaat der Mitunternehmer der OHG. Bemessungsgrundlage ist wegen § 12 Nr. 3 EStG in Deutschland ebenfalls 1.000, wobei Steuerpflichtige die Mitunternehmer der OHG sind. Die sich hieraus ergebende Steuerbelastung von 88,5 % ist unzumutbar, sodass die nationalen Gesetzgeber Maßnahmen zur Vermeidung der Doppelbesteuerung vorgesehen haben, wie die folgenden Ausführungen zeigen werden.

Eine wirtschaftliche Doppelbesteuerung liegt demgegenüber dann vor, wenn derselbe Wirtschaftsvorgang oder Vermögenswert (also das Steuerobjekt) in zwei oder mehreren Staaten in demselben Zeitraum besteuert wird, ohne dass hierbei derselbe

Steuerpflichtige betroffen ist. Es fehlt also in diesen Fällen an der Steuersubjektidentität. Ein typischer Anwendungsfall ist, wenn die Gewinne einer ausländischen Kapitalgesellschaft, die an einen inländischen Anteilseigner ausgeschüttet werden, sowohl bei der Körperschaft als auch beim Anteilseigner besteuert werden. Wirtschaftlich hat der Anteilseigner beide Steuerbelastungen zu tragen.[9] Neben der fehlenden Steuersubjekteigenschaft ist hierbei noch zu berücksichtigen, dass aufgrund des i. d. R. bei natürlichen Personen gegebenen Zuflussprinzips die Dividende erst in einem späteren VZ vom Anteilseigner vereinnahmt und besteuert wird.

Ebenfalls von Doppelbesteuerung spricht man in den Fällen, in denen eine konkrete Doppelbesteuerung nicht eingetreten ist, aber aufgrund einer abstrakten Möglichkeit eine solche denkbar wäre. Diese sog. virtuelle Doppelbesteuerung soll durch Doppelbesteuerungsabkommen ebenfalls verhindert werden. In der neueren Abkommenspraxis sind jedoch DBA mit sog. Rückfallklauseln häufiger geworden. Bei diesen fällt das Besteuerungsrecht im Falle der Nichtausübung desselben durch den berechtigten Staat an den anderen Staat, soweit dieser eine Besteuerung vornehmen würde. Die Vermeidung von sog. „weißen Einkünften", also unbesteuerten Einkünften, soll hierdurch sichergestellt werden.[10]

2 Ursachen für das Vorliegen von Doppelbesteuerungen

Zunächst ist festzustellen, dass es völkerrechtlich zulässig ist, dass ein souveräner Staat ausländische Wirtschaftsvorgänge besteuert, soweit die zu besteuernde Person eine hinreichend enge Verbindung zum besteuernden Staat besitzt. Diese kann wie im deutschen Steuerrecht durch einen Wohnsitz (§ 8 AO), einen gewöhnlichen Aufenthalt (§ 9 AO), den Sitz einer juristischen Person (§ 10 AO) oder die Geschäftsleitung einer juristischen Person (§ 11 AO) im Inland begründet sein. Es gibt somit keine territoriale Begrenzung der Rechtsetzungsmöglichkeit des Staates im Hinblick auf ausländische Sachverhalte von im Inland Ansässigen. Bei Geschäftsaktivitäten, die von Steuerausländern im Inland durchgeführt werden, ist eine Beschränkung der Besteuerungsrechte noch weniger denkbar. Aus dem Fehlen dieses Verbotes ist ebenfalls zu schließen, dass es zwangsläufig auch kein völkerrechtliches Verbot einer Doppelbesteuerung gibt. Vielmehr ist sie die nahezu zwingende Konsequenz aus der Anwendung der vorgenannten rechtlichen Möglichkeiten souveräner Staaten.

Jeder Staat hat aufgrund seiner völkerrechtlichen Souveränität das Recht, auf unterschiedliche Art und Weise eine Besteuerung in seinem Staatsgebiet vorzunehmen. Anknüpfungspunkte für die Besteuerung im Inland können entweder persönlicher oder sachlicher Art sein.

9 Inhaltlich identische, aber begrifflich andere Bezeichnung bei Fischer/Warneke, a. a. O., S. 27 f.
10 Siehe hierzu OFD München vom 10.05.1995, IStR 1995, S. 614.

Bei der persönlichen Anknüpfung ist die Person nach inländischem Steuerrecht steuerpflichtig, die entweder in dem besteuernden Staat ansässig ist (bestimmt sich i. d. R. nach dem Wohnsitz oder gewöhnlichen Aufenthalt bzw. Sitz oder Ort der Geschäftsleitung), wie dies z. B. in der Bundesrepublik der Fall ist, oder dessen Staatsangehörigkeit besitzt, wie dies z. B. bei den USA der Fall ist. Die Staatsbürgerschaft ist in den USA jedoch nur eine Voraussetzung zur Begründung der unbeschränkten Steuerpflicht. Vor allem Personen anderer Staatsangehörigkeiten erlangen die unbeschränkte Steuerpflicht durch das Vorliegen eines Wohnsitzes oder gewöhnlichen Aufenthaltes in den USA. Wenngleich auch andere persönliche Anknüpfungspunkte zur Bestimmung der Steuerpflicht denkbar sind, da es ausschließlich im Ermessen des jeweiligen Staates steht, Anknüpfungskriterien für die Steuerpflicht zu bestimmen, finden in den meisten Staaten die drei genannten Kriterien Wohnsitz, gewöhnlicher Aufenthalt oder Staatsbürgerschaft Anwendung.

Eine sachliche Anknüpfung liegt dann vor, wenn der Steuerpflichtige zwar keine persönliche Bindung zum Inland besitzt, aber Einkünfte im Inland erzielt werden, oder das Vermögen im Inland belegen ist. In Deutschland findet man entsprechende Regelungen in §§ 49 ff. EStG. Eine solche Besteuerung folgt damit dem Quellen- oder Belegenheitsprinzip.

Eine Doppelbesteuerung ist somit immer dann möglich, wenn ein Steuerpflichtiger, der seinen Wohnsitz im Inland hat, nach dem Welteinkommensprinzip besteuert wird (Wohnsitz- oder Ansässigkeitsprinzip) und mit Einkünften aus einem anderen Staat, dem Quellenprinzip folgend, dort ebenfalls besteuert wird. Im Verhältnis zu den USA ist auch eine Kollision zwischen Ansässigkeits- und Nationalitätsprinzip denkbar, wenn z. B. amerikanische Staatsbürger ihren Wohnsitz in der Bundesrepublik haben und beide Staaten das Welteinkommen besteuern. Eine Anknüpfung der Steuerpflicht an die Staatsangehörigkeit ist sehr selten. Unter den Industrieländern sind als bedeutendster Vertreter nur die USA zu nennen. Elemente des Nationalitätsprinzips hat aber auch die Bundesrepublik im Rahmen des bereits oben dargestellten AStG durch besondere Regelungen für deutsche Staatsangehörige geschaffen (§ 2 Abs. 1 Satz 1 AStG).

Das Problem der Doppelbesteuerung taucht regelmäßig bei Steuern vom Einkommen, Vermögen[11] und sonstigen Personensteuern (z. B. Erbschaft- und Schenkungsteuer) auf. Bei der Umsatzsteuer kommt eine Doppelbesteuerung i. d. R. nicht vor, da fast alle Staaten einheitlich das Bestimmungslandprinzip anwenden. Auch die angestrebte Einführung des Ursprungslandprinzips innerhalb der EU ab dem 01.01.1998 würde durch die einheitliche Handhabung zu keiner Doppelbesteuerung führen.[12]

---

11 Durch die Abschaffung der Vermögensteuer und der Gewerbekapitalsteuer (ab 1998) scheidet dieser Bereich für die Bundesrepublik aus.

12 Auf Probleme durch uneinheitliche Bestimmungsmodalitäten des Ortes der sonstigen Leistung, wie sie derzeit z. B. bei Telekommunikationsleistungen gegeben sind, soll nicht näher eingegangen werden.

3 Verfahren zur Vermeidung bzw. Milderung der Doppelbesteuerung

Grundsätzlich sehen Regelungen im OECD-MA die Freistellung der Einkünfte oder Vermögenswerte im Sitzstaat bzw. Ansässigkeitsstaat (Art. 23 A OECD-MA) vor oder aber die Anrechnung der im Quellenstaat gezahlten Steuern auf die inländische Steuerschuld im Ansässigkeitsstaat (Art. 23 B OECD-MA). Auf die Frage, wie im Einzelnen die jeweils gewählte Vermeidung der Doppelbesteuerung in den Staaten herbeigeführt werden soll, geben die Doppelbesteuerungsabkommen keine Antwort. Materiell-rechtliche und verfahrensrechtliche Besonderheiten bei Anwendung der jeweiligen Verfahren werden vom innerstaatlichen Recht erfasst und differieren regelmäßig zwischen den betroffenen Staaten.[13] Regelmäßig erfolgt in den Abkommen ein Hinweis auf die jeweiligen nationalen Vorschriften, die im Falle der deutschen unilateralen Maßnahmen bereits im ersten Teil dargestellt und beurteilt wurden. Die Anrechnung folgt bei den Ertragsteuern den Regelungen des § 34 c EStG bzw. § 26 KStG.

Hinsichtlich der konkreten Ausgestaltung der Freistellung fehlt es an einer entsprechenden Regelung im nationalen deutschen Steuerrecht. Aufgrund der Umsetzung des DBA mittels des Zustimmungsgesetzes im nationalen Recht wird bei Fehlen gegensätzlicher staatlicher Regelungen eine Freistellung nach DBA-Recht vorgenommen. Dem OECD-MA entsprechend macht Deutschland jedoch von dem Recht Gebrauch, die Freistellung nur unter dem Vorbehalt der Steuerprogression zu gewähren. Zwar wird hierdurch die Doppelbesteuerung rechtlich vermieden. Doch ist über die ggf. eintretende Höherbesteuerung der inländischen Einkünfte eine wirtschaftliche Mehrbelastung gegeben, die ihre Ursache ausschließlich in der Berücksichtigung der steuerfreien ausländischen Einkünfte bei der Ermittlung des anzuwendenden Steuersatzes hat. Unter dem Progressionsvorbehalt versteht man, dass steuerfreie Einkünfte bei der Ermittlung des für die Besteuerung der übrigen steuerpflichtigen Einkünfte maßgebenden Steuersatzes in das fiktive zu versteuernde Einkommen mit einzubeziehen sind.[14] Eine solche Vorgehensweise entspricht allerdings dem Leistungsfähigkeitsprinzip und findet ausschließlich bei natürlichen Personen als Steuerpflichtigen statt.

Während in der deutschen Abkommenspraxis, die sich weitgehend an dem Abkommenstext des OECD-MA orientiert, sowohl die Freistellung als auch die Anrechnung als Methoden zur Vermeidung oder Milderung der Doppelbesteuerung Anwendung finden, kennen andere Staaten, vor allem solche des angelsächsischen Rechtskreises (z. B.: Großbritannien und USA) ausschließlich eine Anrechnung der

13 So stellt z. B. die Bundesrepublik Deutschland nur die ausländischen Einkünfte frei, die sich nach deutschen Gewinnermittlungsvorschriften ergeben. Faktisch wird jedoch auch der übersteigende Betrag der ausländischen Einkünfte freigestellt, da diese nach deutschem Steuerrecht nicht zu einer der Einkunftsarten zu zählen sind.

14 Zur genauen Darstellung wird auf die Ausführungen auf S. 51 dieses Buches verwiesen.

im Ausland gezahlten Steuern. Diese Methode führt dazu, dass unabhängig vom Steuerniveau des Staates, in dem der Steuerpflichtige Einkünfte erzielt, zumindest eine Besteuerung in Höhe des Sitzstaatniveaus sichergestellt ist. Hierbei verzichtet der Sitzstaat durch die Anrechnung je nach Konstellation auf seine maximal zu erhebenden Steuern (wenn das Besteuerungsniveau im Ausland höher ist als im Sitzstaat). Aufgrund der Absenkung des Körperschaftsteuersatzes von 15 % ab dem VZ 2008 sowie der gleichfalls gegebenen Freistellung der ausländischen Einkünfte aufgrund einer entsprechenden unilateralen Regelung des Gewerbesteuergesetzes (§ 9 Nr. 3 GewStG) hat die Freistellung für Kapitalgesellschaften zumeist keine besondere Bedeutung, da der Körperschaftsteuersatz im Ausland in den allermeisten Fällen höher oder genauso hoch sein wird, wie dies in Deutschland der Fall ist. Die Freistellung muss u. E. jedoch aus Gründen der Sicherung der Wettbewerbsposition der mittelständischen Wirtschaft, die oftmals in der Rechtsform der Personengesellschaft geführt wird, aufrechterhalten bleiben. Denn bei einem Wechsel von Freistellungs- und Anrechnungsmethode käme es bei diesen Unternehmen und ihren Gesellschaftern zu einer steuerlichen Belastung in Höhe des ungemilderten deutschen Einkommensteuersatzes, der dann zu einer erheblichen steuerlichen Mehrbelastung gegenüber den Wettbewerbern im Ausland führt. Vor diesem Hintergrund bleibt abzuwarten, ob der deutsche Gesetzgeber noch länger an der Freistellungsmethode für bestimmte Einkunftsarten aus Wettbewerbsgründen festhalten will. Auf die entsprechende Anwendung der Verfahren in Abhängigkeit von der zugrunde liegenden Einkunftsart wird weiter unten noch einzugehen sein.

Je nach Art der vorgenommenen Investitionsform kann es aus Sicht eines deutschen Investors trotz vereinbarter Freistellung wirtschaftlich nicht zu einer endgültigen Vermeidung der Doppelbesteuerung kommen. Wenn inländische Kapitalgesellschaften z. B. steuerfreie Schachteldividenden aus dem Ausland vereinnahmen, ist bei erfolgter Weiterausschüttung an eine natürliche Person im Inland eine erneute Besteuerung auf der Ebene dieses Anteilseigners zwingend nach dem Halbeinkünfteverfahren gem. § 3 Nr. 40 EStG bzw. ab dem VZ 2009 nach den Vorschriften des § 32 d EStG mit dem Abgeltungsteuersatz von 25 % vorzunehmen. Diese wirtschaftliche Doppelbesteuerung soll erklärtermaßen durch DBA nicht verhindert werden. Allgemein gilt bei der Freistellung unter Progressionsvorbehalt, dass eine vollständige Vermeidung der Doppelbesteuerung im wirtschaftlichen Sinne durch eine ggf. eintretende Höherbelastung der inländischen Einkünfte i. d. R. nicht erreicht werden kann. In Abhängigkeit von der Höhe der inländischen steuerpflichtigen Einkünfte schwankt der wirtschaftliche Belastungseffekt durch den Progressionsvorbehalt erheblich, sodass hierdurch die Wirkung der Freistellung eingeschränkt werden kann.

Die Ermittlung der Einkünfte, die der deutschen Besteuerung unterliegen und im Ausland erzielt wurden, hat nach deutschen Gewinnermittlungsvorschriften zu erfolgen, sodass Situationen denkbar sind, in denen Einkünfte nach ausländischen Gewinnermittlungsvorschriften in ihrer Höhe von dem Ergebnis nach deutschen

Vorschriften abweichen und somit von unterschiedlichen Bemessungsgrundlagen Steuern erhoben werden.

Ein weiteres Problem ist die Währungsumrechnung sowohl der Einkünfte als auch der im Ausland gezahlten Steuern.[15] Hierbei ist vor allem die Frage nach dem maßgebenden Wechselkurs (Zeitpunkt der Umrechnung) von entscheidender Bedeutung.[16] Maßgeblicher Wert für die ausländische Steuer ist der amtlich festgesetzte Devisenkurs am Tag der Zahlung.[17] Bei sehr volatilen Devisenkursen kann es auch hier zu Doppelbesteuerungen oder Minderbesteuerung kommen, da die Devisenkurse nur einmal monatlich festgestellt werden. Diese Abstimmungsprobleme können sowohl vorteilhaft als auch nachteilig für den Steuerpflichtigen sein.

Trotz des Hinweises in den DBA auf die nationalen Vorschriften zur Vermeidung oder Milderung der Doppelbesteuerung kommt eine Anrechnung beispielsweise im Rahmen des DBA nur für die Steuerarten in Betracht, die dem sachlichen Geltungsbereich des Abkommens unterliegen. Materiell-rechtlich entstehen aber auch für die Steuern, die nicht durch ein bestehendes Abkommen erfasst werden, keine weitergehenden Probleme, denn in diesen Fällen greift i. d. R. § 34 c EStG oder § 26 KStG als unilaterale Maßnahme. Beispiele für solche Situationen sind die Kantonalsteuern in der Schweiz oder die einzelstaatlichen Steuern in den USA,[18] die ausdrücklich vom Anwendungsbereich der DBA ausgenommen sind. Sofern diese Steuern jedoch der deutschen Einkommen- oder Körperschaftsteuer entsprechen, was i. d. R. der Fall sein wird, da der Gesetzgeber eine Gleichartigkeit auch dann annimmt, wenn die Steuern von einer anderen Gebietskörperschaft als dem Bund erhoben werden, ist eine Anwendung von § 34 c EStG bzw. § 26 KStG möglich.

Auch bei Vorliegen eines DBA ist das Anrechnungsverfahren nach § 34 c Abs. 1–2 EStG anwendbar. Voraussetzung hierfür ist jedoch, dass das DBA die Doppelbesteuerung nicht beseitigen kann, z. B. wenn das DBA eine entsprechende Einkunftsart nicht erfasst (§ 34 c Abs. 6 Satz 3 EStG).

In all den Fällen, in denen nicht nur ausschließlich einem Staat das Besteuerungsrecht für bestimmte Einkünfte zugewiesen wird, kommt es zu einer Doppelbesteuerung, deren Vermeidung das Ziel eines DBA ist. Die Aufgabe, die Doppelbesteuerung zu vermeiden, obliegt gem. Art. 23 A/23 B OECD-MA ausschließlich dem Wohnsitzstaat, da diesem grundsätzlich bei allen Einkunftsarten das Besteuerungsrecht auch oder ausschließlich zusteht. Eine Doppelbesteuerung kann auch durch die Zuweisung des Besteuerungsrechtes zu nur einem Staat vermieden werden.[19]

Der betragsmäßige Umfang der zu beachtenden Doppelbesteuerung hängt im Wesentlichen davon ab, ob das Besteuerungsrecht des Quellenstaates beschränkt ist

15 Zu den Einzelheiten siehe die Ausführungen auf S. 103 dieses Buches.

16 Siehe BFH vom 16.02.1996 I R-43/95 sowie Niedersächsisches FG vom 15.08.1996, EFG 1996 S. 1219.

17 Es handelt sich hierbei um eine von der Finanzverwaltung als zulässig erachtete Vereinfachungsregel.

18 Zu den einzelstaatlichen Steuern in den USA siehe auch Odenbach/Strunk, IStR 1994, S. 49 ff.

19 Als Beispiele mögen die Regelungen des Art. 7 Abs. 1 sowie des Art. 6 Abs. 1 OECD-MA dienen.

oder nicht. Das OECD-Musterabkommen sieht grundsätzlich zwei verschiedene Methoden vor, deren Ausprägung und konkrete Verfahrensweise durch das innerstaatliche Recht – soweit vorhanden – bestimmt werden muss. Die Freistellungsmethode gem. Art. 23 A und die Anrechnung gem. Art. 23 B OECD-MA setzen begrifflich zunächst das Vorliegen einer juristischen Doppelbesteuerung voraus. Folgende drei Fälle sind zu unterscheiden:

(1) Jeder Vertragsstaat besteuert dieselbe Person mit ihren gesamten Einkünften oder ihrem gesamten Vermögen. Hierbei handelt es sich um eine sog. **konkurrierende unbeschränkte Steuerpflicht.** Diese Ausprägung ist i. d. R. nur theoretischer Natur, da aufgrund der „tie breaker clause" des Art. 4 Abs. 2 OECD-MA eine eindeutige, abschließende Bestimmung des Ansässigkeitsstaates gegeben ist. Lediglich in den Fällen, in denen die Ansässigkeitsbestimmung nicht gelöst werden kann, ist über ein Verständigungsverfahren eine Vermeidung der Doppelbesteuerung herbeizuführen.[20]

(2) Eine in einem Vertragsstaat ansässige Person mit Einkünften aus dem anderen Vertragsstaat wird in **beiden Staaten** zur Besteuerung herangezogen, wobei nach Abkommensrecht der **Ansässigkeitsstaat** sein unbeschränktes Besteuerungsrecht ausübt und der **Quellenstaat** sein beschränktes. Diese Situation stellt den Regelfall dar.

(3) Ein denkbarer dritter Fall ist, dass eine Person in keinem der Vertragsstaaten ansässig ist, aber dennoch Einkünfte erzielt, die aufgrund des Quellenstaatsprinzips in beiden Staaten der Besteuerung unterliegen. Dies ist z. B. dann der Fall, wenn der im Staat C ansässige Steuerpflichtige Einkünfte aus einer im Vertragsstaat A belegenen Betriebsstätte erzielt, die diese Betriebsstätte im Vertragsstaat B erwirtschaftet hat. Diese konkurrierende beschränkte Steuerpflicht ist regelmäßig nicht Gegenstand der Doppelbesteuerungsabkommen.[21]

Die Freistellungsmethode beinhaltet, dass der Ansässigkeitsstaat, der die Vermeidung der Doppelbesteuerung herbeiführen muss, dieses in der Weise tut, dass die Einkünfte, die bereits im Belegenheits- bzw. im Quellenstaat besteuert wurden, von der inländischen Besteuerung freigestellt werden. Eine in der deutschen Abkommenspraxis nicht vorkommende Ausprägung der Befreiung ist die sog. „uneingeschränkte", also eine Form, die keinerlei Änderung auf den im Inland anzuwendenden Steuersatz hat. Die von Deutschland abgeschlossenen DBA beinhalten eine Freistellung immer mit dem sog. Progressionsvorbehalt, sodass die freigestellten ausländischen Einkünfte für die Bemessung des anzuwendenden Steuersatzes der steuerpflichtigen Einkünfte berücksichtigt werden. Die Anwendung des Progressionsvorbehaltes weist jedoch insoweit Probleme auf, als dass die zu berücksichtigenden freigestellten Einkünfte nicht korrespondierend vom anderen Vertragsstaat betragsmäßig übernommen werden. Vielmehr werden die ausländischen Einkünfte

20 Siehe hierzu die Ausführungen zum Verständigungsverfahren.
21 Siehe hierzu jedoch die Regelungen bei Personengesellschaften in den DBA-Belgien und DBA-Schweiz.

nach innerstaatlichem Recht Deutschlands ermittelt. Es kann hierbei zu nennenswerten Differenzen zwischen den jeweils ermittelten Beträgen aufgrund unterschiedlicher Gewinnermittlungsverfahren kommen. Eine abkommensrechtliche Anwendung der Freistellung unter Progressionsvorbehalt ist jedoch nur dann möglich, wenn nicht bereits schon in den einzelnen Einkunftsartikeln eine ausschließliche Zuweisung des Besteuerungsrechts vorgesehen ist. Typische Anwendungsfälle hierfür sind Art. 7 Abs. 1 OECD-MA und Art. 6 Abs. 1 OECD-MA.

Bei einer vollständigen Befreiung verbleibt es bei einer Definitivbelastung in Höhe der im Quellenstaat oder Belegenheitsstaat gezahlten Steuer. Der Wohnsitzstaat verzichtet somit in diesen Fällen vollständig auf sein Besteuerungsrecht bzw. bei Freistellung unter Progressionsvorbehalt – wirtschaftlich gesehen – weitgehend. Eine Freistellung muss lt. OECD-MA auch dann vorgenommen werden, wenn der Quellen- bzw. Belegenheitsstaat keine Besteuerung vorgenommen hat.[22]

22 Siehe aber die Einschränkungen aufgrund der Rückfallklausel („Subject to Tax Clause") auf S. 689 dieses Buches.

D Rechtliche Grundlagen der Doppelbesteuerungsabkommen

1 Definition eines DBA

Da es keine völkerrechtlichen Vereinbarungen zur Einschränkung der Steuergesetzgebung und Steuerrechtsanwendungsmöglichkeit der einzelnen Staaten gibt, und sie in der Vergangenheit auch nicht angestrebt wurden, bedarf es individueller völkerrechtlicher Vereinbarungen, die bestimmen, in welchen Fällen welcher Staat von seinem Besteuerungsrecht zurücktritt. Hieraus leitet sich die in der Literatur[23] häufig anzutreffende Formulierung ab, dass DBA als Verteilungsnormen der Besteuerungsrechte fungieren. Die Staaten sind daher wegen der grundsätzlichen Gefahr der Doppelbesteuerung bemüht, untereinander Verträge abzuschließen, um nicht zuletzt den betroffenen Steuerpflichtigen eine Vermeidung oder Milderung der Doppelbesteuerung zu gewähren, aber auch um diesen eine für internationale Geschäfte unverzichtbare, Rechtssicherheit auf dem Gebiet der Besteuerung zu geben. Da Vertragspartner bei DBA stets zwei souveräne Staaten sind, handelt es sich bei DBA um Sonderformen **völkerrechtlicher Verträge,** deren Zustandekommen sich nach den Regeln des „Wiener Übereinkommens über das Recht der Verträge“ vom 23.05.1969[24] richtet. DBA sind, im Gegensatz zum allgemeinen Völkerrecht, also solchen Regelungen, die von der Mehrheit der Staaten als verpflichtend angesehen werden, kein zwingendes Völkerrecht.[25] Im Rahmen der DBA regeln zwei Staaten ihre Besteuerungsrechte in der Art, dass sie Verteilungsnormen für die Besteuerung von Steuerobjekten und Steuersubjekten vereinbaren. Eine Vermeidung der Doppelbesteuerung geschieht somit durch die gegenseitige Einschränkung innerstaatlicher Steueransprüche.[26] DBA ergänzen oder ändern die Rechtsnormen, die im nationalen Recht bereits vorhanden sind. Sie begründen jedoch i. d. R. keine Steuerpflichten, obwohl dies grundsätzlich möglich wäre.[27] Außerdem führen sie auch nicht zur Umqualifizierung der Einkünfte nach nationalem deutschem Steuerrecht.[28] Damit solche Steuerpflichten gegenüber den inländischen Steuerpflichtigen wirken, würde es keiner entsprechenden Umsetzung in die Einzelsteuergesetze bedürfen, denn verfassungsrechtlich besteht die Möglichkeit, dass im Rahmen eines DBA auch steuerverschärfende Normen enthalten sind, zumal das DBA über das jeweilige Zustimmungsgesetz den gleichen Rang wie andere nationale Steuergesetze bekommt und

23 Vgl. Vogel/Lehner, 4. Aufl., Einl. Anm. 4 ff. m. w. N.
24 BGBl 1985 II S. 926.
25 Vgl. Jarass/Pieroth, 6. Aufl., Art. 25 GG Rz. 2.
26 BFH vom 13.10.1965 I 410/61 U, BStBl 1965 III S. 738, sowie vom 15.01.1971 III R 125/69, BStBl 1971 II S. 379.
27 Wied in Blümich, § 49, Rz. 16 (Oktober 2002).
28 FG Köln vom 18.02.1998, 11 K 631/95, EFG 1998 S. 930 f. (Rev. BFH I R 39/98).

somit nicht untergeordnet behandelt werden kann. DBA regeln hingegen nicht, ob und wie besteuert wird. Diese Fragen werden regelmäßig durch die nationalen Steuergesetze beantwortet.[29]

2 Zustandekommen eines DBA

Zunächst verhandeln Delegationen beider Vertragsstaaten über ein erstmaliges Abkommen oder nehmen Neuverhandlungen eines bestehenden Abkommens vor. Diese Delegationen sind aus deutscher Sicht mit Mitarbeitern des BMF besetzt. Grundlage der Verhandlungen ist zumeist das bisher geltende Abkommen oder bei einer Erstverhandlung das OECD-Musterabkommen bzw. die Abkommen, die die Staaten bereits mit anderen Vertragsstaaten abgeschlossen haben. Die Bundesrepublik ist zum Beispiel bemüht, vergleichbare DBA mit vergleichbaren Staaten abzuschließen. So sehen z. B. Abkommen mit klassischen Industrienationen in den Grundzügen ebenso gleich aus wie diejenigen innerhalb der Gruppe mit den Entwicklungsländern. Die Verhandlungen finden ihren vorläufigen Abschluss in der Paraphierung des ausgehandelten Vertragstextes sowie der Protokolle und Briefwechsel. Hierdurch wird die Authenzität des Vertragstextes verbindlich festgelegt. Die vorgenommene Paraphierung verpflichtet jedoch noch nicht zum tatsächlichen Abschluss eines Vertrages. Den Protokollen und dem Briefwechsel, die Bestandteil des Abkommens sind, kommt vor allem bei Fragen der tatsächlichen Durchführung eines DBA bzw. in Auslegungsfällen eine besondere, hilfreiche Bedeutung zu.

Im dritten Schritt erfolgt nach entsprechenden Abstimmungen innerhalb der jeweiligen Finanzverwaltung eine Unterzeichnung des Abkommenstextes durch die Beauftragten der Regierungen (zumeist handelt es sich hierbei um ranghohe Finanzbeamte). Hiermit ist seitens der Regierungen die Verpflichtung zur Herbeiführung des verbindlichen Vertragsabschlusses gegeben. Mit dem dann folgenden Zustimmungsgesetz erfolgt eine Bindungserklärung der nach der Verfassung zuständigen Organe. Im Falle der hier im Wesentlichen zu behandelnden „Abkommen zur Vermeidung der Doppelbesteuerung vom Einkommen und Vermögen“ bedarf es aufgrund der aufgeteilten Ertragshoheit der jeweiligen Steuereinnahmen sowohl der Zustimmung des Bundestages als auch der des Bundesrates (Art. 105 ff. GG). Den Abschluss bildet die Ratifikation, also der Austausch besonderer Urkunden (Ratifizierungsurkunden). Durch diese Urkunde gibt im Falle der Bundesrepublik der Bundespräsident die formelle Erklärung, dass seitens der Bundesrepublik die verfassungsmäßigen Voraussetzungen für die Anwendung des Abkommens erfüllt sind.

Besondere Probleme ergeben sich i. d. R. bei der Bestimmung des Inkrafttretens des DBA, vor allem wenn zwischen Verhandlungen und tatsächlicher Ratifizierung

29 BFH vom 13.10.1965 I 410/61 U, BStBl 1965 III S. 738, sowie vom 25.02.1976 I R 150/73, BStBl 1976 II S. 454.

mehrere Jahre verstreichen. Rückwirkende Anwendungen der DBA-Regelungen auf den Zeitpunkt der Vertragsverhandlung sind rechtlich nicht möglich.

3 Stellung der DBA im deutschen Steuerrecht

Zunächst ist die Rechtsanwendung des DBA durch das Zustimmungsgesetz geregelt, sodass DBA gleichberechtigt zu anderen Gesetzen, auch anderen Steuergesetzen, stehen. § 2 AO räumt bei wörtlicher Auslegung den Vorrang der völkerrechtlichen Verträge gegenüber anderen Vorschriften ein. Diese Formulierung ist nicht dahingehend zu verstehen, dass DBA den nationalen Regelungen vorgehen, sie postuliert vielmehr das Prinzip, dass das DBA als speziellere Vorschrift, als „Lex specialis", den Vorrang vor allgemeineren Vorschriften hat. Dieser Grundsatz ist auch innerhalb von Einzelsteuergesetzen anzutreffen (Beispiel: § 8 a KStG ist die speziellere Vorschrift zur allgemeineren Gewinnermittlungsvorschrift des § 8 Abs. 3 KStG).[30] Wäre hingegen vom Gesetzgeber ein über dieses Prinzip hinausgehender Vorrang der DBA beabsichtigt gewesen, hätte es einer entsprechenden Regelung in Art. 25 Grundgesetz bedurft. Ein einfaches Bundesgesetz, wie es die Abgabenordnung selbst ist, kann niemals einen Vorrang eines anderen Bundesgesetzes (hier des Zustimmungsgesetzes zum DBA) über ein anderes Einzelsteuergesetz bestimmen, hierfür fehlt es der Vorschrift am erforderlichen Verfassungsrang. Um § 2 AO diesen höheren Rang zuzuweisen, hätte es einer Umsetzung in das Grundgesetz mit Art. 79 Abs. 2 GG bedurft.

3.1 Begriffliche Unterschiede zwischen den Rechtskreisen

Artikel 3 Abs. 1 OECD-MA enthält eigenständige Begriffsbestimmungen. Diese stehen **neben** den **Begriffserläuterungen in einigen anderen Artikeln** des OECD-MA. Andere Begriffe werden – obwohl im Abkommen verwendet – nicht definiert. Der Zweck dieser Vorschrift besteht darin, ein für das Abkommensrecht einheitliches Verständnis von bestimmten Begriffen herbeizuführen. Im Gegensatz zu den Begriffserläuterungen in Art. 10 Abs. 3 OECD-MA oder Art. 12 Abs. 2 OECD-MA handelt es sich in Art. 3 OECD-MA um normative Definitionen und nicht nur um beispielhafte Aufzählungen. Gleichwohl bedeutet dies nicht, dass diese Definitionen für die zweifelsfreie Anwendung des DBA ausreichend sind. In Art. 3 Abs. 2 OECD-MA erfolgt ein **Verweis auf das nationale Recht** der Anwenderstaaten, sofern sich aus dem Abkommen nichts anderes ergibt. Durch diese Regelung wird gewährleistet, dass, auch wenn im Abkommen keine Definition erfolgt, eine inhaltliche Bestimmung von Begriffen möglich wird. Damit sollen Auslegungsschwierig-

30 Vgl. Wassermeyer, F., DStJG Bd. 19, S. 153.

keiten des Abkommens beseitigt oder zumindest begrenzt werden. Der Verweis ist hierbei nicht auf das nationale Steuerrecht beschränkt, sondern erfasst auch alle anderen Rechtsgebiete, wobei allerdings vorrangig die steuerlichen Vorschriften maßgebend sind. Sowohl die Definitionen des Art. 3 Abs. 1 OECD-MA als auch der Verweis in Art. 3 Abs. 2 OECD-MA gelten nur, „wenn der Zusammenhang nichts anderes erfordert". Hieraus ergibt sich zwingend, dass abweichende Regelungen in **Spezialartikeln** jeweils dem Art. 3 OECD-MA vorgehen.[31] Zugleich wird damit ein „Ventil"[32] geschaffen, das es ermöglicht, eine flexible Auslegung der Regelungen des Abkommensrechtes vorzunehmen. Aus den im jeweiligen DBA bzw. im OECD-MA vorgenommenen Begriffsbestimmungen ergeben sich **keine Rückwirkungen** auf die Interpretation von identischen Begriffen des **nationalen Rechts**. Vielmehr sind die nationalen steuerlichen Regelungen und die Regelungen des Abkommensrechts getrennt voneinander auszulegen, ohne bindende Wirkung für den jeweils anderen Bereich zu entfalten. Ausnahmen bestehen lediglich bei ausdrücklichen Querverweisen, wie sich dies aus Art. 3 Abs. 2 OECD-MA ergibt. Gleichwohl führt ein Verweis auf das nationale Recht der Anwenderstaaten – anders als eine eindeutige Begriffsbestimmung im Abkommen – nicht zwangsläufig dazu, dass Qualifikationskonflikte vermieden werden, da zumeist die Staaten unterschiedliche Begriffsdefinitionen nach nationalem Recht verwenden (können). Außerdem ergeben sich aus der Definition des Abkommens allenfalls Hinweise für das Verständnis des identischen Begriffs im innerstaatlichen Recht. Sowohl in Abs. 1 als auch in Abs. 2 wird betont, dass die Begriffsbestimmung des Abs. 1 bzw. der Rückgriff auf das nationale Recht nur dann zu erfolgen hat, wenn der Zusammenhang nichts anderes erfordert. Der Begriff des Zusammenhangs ist hierbei nach völkerrechtlichen Auslegungsmaßstäben zu bestimmen.[33] Hieraus folgt u. E., dass dieser Begriff möglichst restriktiv auszulegen ist. Andernfalls würde es häufig zu Qualifikationskonflikten infolge eines Verweises auf das nationale Recht kommen. Damit würde aber der Zielsetzung des DBA nicht entsprochen.

3.2 Qualifikationskonflikte und deren Auswirkungen

Von Qualifikationskonflikten wird i. d. R. gesprochen, wenn

- ein grenzüberschreitender Sachverhalt zwei Staaten betrifft, zwischen denen ein Doppelbesteuerungsabkommen besteht, und
- die Finanzverwaltungen beider Anwenderstaaten infolge der Verschiedenartigkeit der nationalen Rechtssysteme zu widersprüchlichen Folgerungen hinsichtlich der Anwendung des DBA gelangen.

---

31 Nach Auffassung des OECD-MK (→ OECD-MK zu Art. 3 Tz. 3) entfaltet die Definition des Begriffs „Gesellschaft" jedoch nur Wirkung für Art. 5 Abs. 7 OECD-MA sowie Art. 16 OECD-MA.

32 Vgl. Vogel in Vogel/Lehner, 4. Aufl. 2003, Art. 3 OECD-MA, Rz. 3.

33 Vgl. Lehner, Einführung in das Recht der Doppelbesteuerungsabkommen, 2. Aufl., Wien 2002, Rz. 139.

Für solche Fälle sind drei Lösungsmöglichkeiten entwickelt worden:

- Jeder Staat qualifiziert die Abkommensbegriffe nach Maßgabe seines eigenen innerstaatlichen Rechts (Lex fori).
- Beide Vertragsstaaten interpretieren übereinstimmend nach dem Recht des Staates, in dem die Einkünfte erzielt worden sind (Quellenstaat).
- Die Vertragsstaaten versuchen, sich auf eine übereinstimmende Interpretation im Sinne einer autonomen Qualifikation zu einigen (autonome Qualifikation).
- Daneben gibt es einen neuen Lösungsversuch. Nach der im März 2000 bei der OECD-Kommentierung zu Art. 23 eingefügten Ziffer 32.1 sind die in Art. 23 A Abs. 1 und Art. 23 B Abs. 1 verwendeten Worte „können diese Einkünfte oder dieses Vermögen nach diesen Abkommen im anderen Vertragsstaat – dem Quellenstaat – besteuert werden" dahingehend zu verstehen, dass, wenn der Quellenstaat die Einkünfte oder das Vermögen bei seiner Auslegung des Abkommens nach Art. 3 Abs. 2 OECD-MA in Anwendung des innerstaatlichen Rechts besteuern darf, der Wohnsitzstaat dieses auch dann freizustellen bzw. die vom Quellenstaat erhobenen Steuern anrechnen muss, wenn er selber bei der Anwendung seines innerstaatlichen Rechts die einschlägige Verteilungsnorm anders auslegen würde. Es entsteht eine sog. offene Rechtsfolge; es wird damit akzeptiert, dass auch weiße Einkünfte entstehen, die in keinem der Vertragsstaaten der Besteuerung unterliegen.

Besonders häufig sind Qualifikationskonflikte bei der Besteuerung von Personengesellschaften. Ursächlich hierfür ist, dass der Grundsatz der transparenten Besteuerung von Personengesellschaften keineswegs die Regel ist. In einer Vielzahl von Fällen gelten für Gesellschaftsformen, die nach deutschem Verständnis als Personengesellschaften einzuordnen sind, in anderen Staaten abweichende Regelungen. Oftmals genießen Personengesellschaften nach ausländischem Zivilrecht eine eigene Rechtsfähigkeit. Wesentliche Auswirkungen ergeben sich aber vor allem dann, wenn die Personengesellschaft im Ausland steuerlich intransparent, d. h. als eigenständiges Steuersubjekt angesehen wird. So werden beispielsweise in den nachstehenden Ländern die der deutschen offenen Handelsgesellschaft bzw. Kommanditgesellschaft vergleichbaren Rechtsformen als eigenständiges Steuersubjekt behandelt:

Entsprechendes gilt im umgekehrten Fall, wenn der ausländische Staat eine Gesellschaft als Personengesellschaft besteuert, welche aus deutscher Sicht als Kapitalgesellschaft zu qualifizieren ist, wie dies beispielsweise bei der amerikanischen S-Corporation der Fall ist.

In derartigen Fällen wird vom Qualifikationskonflikt in der Form der Subjektqualifikation gesprochen. Auswirkungen können sich bei diesen Konflikten insbesondere hinsichtlich der unterschiedlichen Beurteilung der Abkommensberechtigung durch zwei Staaten ergeben:

Beispiel:

Der im Inland unbeschränkt Steuerpflichtige G ist – neben weiteren in Spanien unbeschränkt steuerpflichtigen natürlichen Personen – an der spanischen S-OHG beteiligt. Die S-OHG erzielt Lizenzeinkünfte von einem deutschen Vergütungsschuldner, die nicht einer deutschen Betriebsstätte zuzurechnen sind. Der deutsche Vergütungsschuldner behält Quellensteuer in Höhe von 25 % ein. Die Gesellschaft begehrt unter Berufung auf Art. 12 DBA-Spanien die Vergütung des 5 % übersteigenden Betrages.

Die S-OHG ist zwar nach dem DBA-Spanien abkommensberechtigt, da sie in Spanien ansässig und steuerpflichtig ist (Art. 3 Abs. 1 Buchst. e, f DBA-Spanien). Das für die Erstattung zuständige BfF wird jedoch darüber hinaus die Erstattungsberechtigung der S-OHG nach deutschem innerstaatlichen Steuerrecht prüfen. Erstattungsberechtigt ist derjenige, zu dessen Lasten die Steuer einbehalten wird, also gem. § 50 d Abs. 1 Satz 2 EStG i. V. m. § 50 a Abs. 5 Satz 2 EStG der beschränkt steuerpflichtige Gläubiger der Vergütungen. Damit scheidet die S-OHG nach inländischem Steuerrecht als Anspruchsberechtigter aus, da sie nach § 1 Abs. 4 EStG selbst nicht beschränkt einkommensteuerpflichtig ist.

Beantragt nun stattdessen der Gesellschafter selbst die Vergütung, stellt sich die weitere Frage, ob der G überhaupt in den Genuss des Abkommens kommen kann. Regelmäßig ist dies in derartigen Konstellationen nicht der Fall, da der G – aus Sicht des Quellenstaates Deutschland – nicht im anderen Staat ansässig ist. Hierzu enthält allerdings im Fall Spaniens Art. 4 Abs. 4 des Abkommens eine besondere Fiktion.

Die Erarbeitung abgestimmter Empfehlungen für ihre Mitgliedsländer zur Behandlung derartiger Konfliktsachverhalte war Aufgabe einer 1993 vom Steuerausschuss der OECD eingesetzten Arbeitsgruppe. Das Ergebnis deren Bemühungen ist der im Januar 1999 vom Steuerausschuss der OECD angenommene Partnership Report. Der Bericht behandelt in Form von Falldarstellungen eine Reihe möglicher Konfliktfälle und leitet aus diesen Prinzipien ab, die im Rahmen einer im Jahr 2000 vorgenommenen Überarbeitung Eingang in den Kommentar zum OECD-Musterabkommen gefunden haben. Zu beachten ist, dass dieser Kommentar eine rechtlich nicht verbindliche Interpretationshilfe darstellt, von der die Mitgliedstaaten abweichen können.

Zum vorstehenden Beispielsfall kommt der Bericht zu dem Ergebnis, dass wesentlich auf den Umstand abzustellen ist, dass die S-OHG mit diesen Einkünften in Spanien steuerpflichtig ist. Aus diesem Grund sei auf die Abkommensberechtigung der S-OHG abzustellen. Hingegen geht die deutsche Finanzverwaltung in diesen Fällen davon aus, dass die Vergütung für den jeweiligen Gesellschafter zu beantragen und dessen individueller DBA-Status maßgeblich ist.

Generell hält die Finanzverwaltung in den vorgenannten Konfliktfällen an der deutschen Betrachtungsweise fest: Gewinne der ausländischen Gesellschaft werden wie Betriebsstättengewinne der Gesellschafter angesehen und im Jahr der Entstehung im Wege des Progressionsvorbehalts erfasst. Eine Ausnahme bilden die Fälle, in denen das Abkommen eine Aktivitätsklausel enthält; dann soll die Doppelbesteuerung im Wege der Anrechnungsmethode vermieden werden. Gewinnausschüttungen – die im Herkunftsland dann i. d. R. einer Quellensteuer unterliegen – sind aus deutscher Sicht als Entnahmen steuerlich unbeachtlich, sodass auch die Anrechnung der

Quellensteuer ausscheidet. Dies soll selbst dann gelten, wenn die laufenden Gewinne mangels Erfüllung einer Aktivitätsklausel nach der Anrechnungsmethode im Inland besteuert werden.

Weitere Qualifikationskonflikte entstehen bei Personengesellschaften häufig im Rahmen von schuldrechtlichen Verträgen zwischen der Gesellschaft und ihren Gesellschaftern. Hierbei geht es primär um die Frage, ob es sich hierbei um Unternehmensgewinne i. S. des Art. 7 OECD-MA handelt oder ob die jeweils spezielleren Einkunftsartikel der Art. 10, 11 oder 12 OECD-MA zur Anwendung kommen.

3.2.1 Treaty-overriding

Unter „Treaty-override" versteht man die Problematik, dass einer der Vertragsstaaten sein innerstaatliches Steuerrecht dergestalt ändert, dass es sich im Widerspruch zu einem bestehenden Abkommen befindet. Grundsätzlich stehen sich in einem solchen Fall zwei nationale Gesetze, das neue Steuergesetz und das ins nationale Recht umgesetzte Abkommen, konträr auf gleicher Hierarchieebene (Bundesgesetz) gegenüber. Ob es tatsächlich zu einem „Treaty-override", also der „Verdrängung" der Regelungen des DBA, kommt, muss deshalb geprüft werden.

Hinzuweisen ist an dieser Stelle auch auf § 2 AO, welcher klarstellt, dass völkerrechtliche Verträge Vorrang vor den innerstaatlichen Steuergesetzen haben und deshalb alleine durch spätere innerstaatliche Gesetze nicht abgeändert werden können. Allerdings ist anzumerken, dass § 2 AO diese Aufgabe nicht im gewünschten Sinne erfüllen kann, da nach Art. 25 Satz 2 GG nur die allgemeinen Regeln des Völkerrechts, nicht aber auch völkerrechtliches Vertragsrecht den innerstaatlichen Gesetzen vorgeht. Da somit § 2 AO wiederum keinen allgemeinen Vorrang der völkerrechtlichen Vereinbarungen statuieren kann, sind Anwendungskonflikte nach den allgemeinen Regeln zu lösen (Lex-posterior-Regel und Lex-specialis-Regel).

Grundsätzlich könnte man argumentieren, dass das ins nationale Steuerrecht umgesetzte Abkommen als Lex specialis Vorrang gegenüber dem allgemeinen nationalen Steuerrecht genießt. Jedoch muss bei dieser Überlegung auch beachtet werden, dass das neu erlassene nationale Steuergesetz in Kenntnis des Gesetzgebers von dem bestehenden Abkommen erlassen wurde und das neue Gesetz deshalb nicht nur aufgrund des Zeitpunkts seines Erlasses, sondern auch aufgrund der Kenntnis des Gesetzgebers nunmehr als das speziellere Gesetz zu gelten hat. Diese Ansicht wird auch weithin vertreten.

Die Bereitschaft zu einem „Treaty-override" besteht grundsätzlich bei allen Staaten. Insbesondere die USA haben sich in den letzten 20 Jahren durch eine recht „forsche" Herangehensweise ausgezeichnet. Andere Länder sind jedoch auch nicht zurückhaltend – nur erklären sie dies meist nicht so offen wie die USA. In diesen Fällen wird dann oft von einer „Klarstellung" gesprochen, während in Wirklichkeit ein versteckter „Treaty-override" vorliegt.

Folge eines „Treaty-override“ ist, dass dem anderen Vertragsstaat das Recht zur Kündigung bzw. zur Suspendierung der Anwendung zusteht. Zulässig sind auch der Verletzung entsprechende Vergeltungsmaßnahmen. Der von der Änderung nachteilig betroffene Steuerpflichtige hat jedoch keinen Schadensersatzanspruch gegen seinen Heimatstaat, da das Abkommen nur Rechte und Pflichten für die Völkerrechtssubjekte begründet, nicht jedoch für einzelne Personen.

Der umgekehrte Fall der „Lex-specialis-Betrachtung“, dass nationale Gesetze den DBA-Regelungen vorgehen, ist wegen der zumeist einschränkenden Regelungen zur Verhinderung der missbräuchlichen Nutzung eines DBA wahrscheinlich und auch in der jüngeren Vergangenheit in Deutschland des Öfteren vorgekommen. Nämlich dass der nationale Gesetzgeber das transformierte Vertragsrecht durch innerstaatliche Rechtsetzungsakte abändert oder gar aufhebt und die Abkommensvorschriften somit für die Steuerpflichtigen ihre Wirkung verlieren. Solche Maßnahmen bezeichnet man als „Treaty-overriding“. Ein typisches Beispiel hierfür ist die Einführung des § 50 d Abs. 1 a EStG neue Fassung, der in den Fällen, in denen aufgrund eines anzuwendenden DBA eine Reduzierung der Kapitalertragsteuer gem. § 43 b EStG von 20 % auf den lt. anzuwendendem DBA maximal zu erhebenden Quellensteuersatz (zumeist 5 % oder 10 %) vorgenommen werden soll, dies nur dann vorsieht, wenn der Empfänger der Dividenden im Ausland eine wirtschaftlich bedeutende Substanz entfaltet und nicht ausschließlich der Vereinnahmung der Dividenden dient.[34] Die Überlagerung innerstaatlicher Normen ist dadurch gegeben, dass die jeweiligen DBA keinerlei Voraussetzungen oder Beschränkungen hinsichtlich der Quellensteuerreduzierung vorsehen und somit durch die nationale Vorschrift eine Verschärfung eintritt, die die Regelung des DBA nachträglich ergänzt.

Mit Urteil vom 13.07.1994[35] hat der BFH entschieden, dass die in § 50 d Abs. 1 Satz 1 EStG in der damals, geltenden Fassung getroffene Regelung rechtmäßig ist. Das Zustimmungsgesetz zu einem DBA sei ein einseitiger Akt des deutschen Gesetzgebers, der mit Vorbehalten versehen, aufgehoben oder geändert werden kann. Aus dieser Rechtsauffassung ist zu entnehmen, dass der BFH grundsätzlich alle Formen von Treaty-overriding als rechtmäßig ansieht. Für den Abs. 1 a des § 50 d EStG a. F. ist jedoch zu vermuten, dass es an der im Urteil geforderten Eindeutigkeit des Gesetzestextes für einen den Vorrang des nationalen Gesetzes begründenden Rechtszustand fehlt.[36] Der Grundsatz „pacta sunt servanda“ bezieht sich somit nur auf das Außenverhältnis, schließt „Vertragsbrüche“ durch innerstaatliche Maßnahmen i. S. eines „Treaty-overriding“ nicht aus.

34 Hinsichtlich der exakten Voraussetzungen zur Qualifizierung als Basisgesellschaft ist auf die Ausführungen im ersten Teil des Buches hinzuweisen.

35 BFH vom 13.07.1994 I R 120/93, IStR 1994, S. 597.

36 Zu den besonderen Problemen bei § 50 d Abs. 1 a EStG a. F. (vgl. Strunk, G., IStR 1997, S. 170).

3.2.2 Treaty Shopping

Unter Treaty Shopping versteht man Gestaltungen, bei denen ein Steuerpflichtiger versucht, durch aktive Maßnahmen in den Genuss von Abkommensvorteilen zu kommen, die ihm originär nicht zustehen würden. Der Steuerpflichtige, der nicht abkommensberechtigt ist, sucht durch Zwischenschaltung einer Kapitalgesellschaft Vorteile zu erlangen, die nur qualifizierten Kapitalgesellschaften zustehen. Ein Hauptanwendungsbereich liegt somit bei Steuerpflichtigen, die in einem Nicht-DBA-Staat ansässig sind, aber dennoch vom dichten Abkommensnetz der Bundesrepublik und seinen Vorteilen profitieren möchten.

Neben der Reduzierung der Quellensteuer durch Zwischenschaltung einer qualifizierten, im DBA-Staat ansässigen Kapitalgesellschaft steht die Nutzung von Einkunftsqualifizierungen und deren unterschiedlichen Besteuerungsfolgen.[37] Beispielhaft geschieht dies dadurch, dass originäre Zinseinkünfte durch Zuordnung des zugrunde liegenden Geldvermögens zu einer Betriebsstätte als Unternehmenseinkünfte qualifiziert werden und im Sitzstaat des Stammhauses von der Besteuerung freigestellt werden.

Die Antwort der jeweiligen Gesetzgeber waren gesetzliche Änderungen, die als sog. „Treaty Overriding“ bezeichnet werden. In den Fällen, in denen noch keine Gesetzesänderungen durchgeführt wurden, versucht die jeweilige Finanzverwaltung durch restriktive Auslegung und Interpretation der bestehenden Regelungen unangemessene Ausnutzungen von DBAs zu verhindern.

4 Auslegung eines DBA

Eine Auslegung, also die Interpretation eines DBA, ist nur dann erforderlich, aber auch nur dann zulässig, wenn der zugrunde liegende DBA-Text nicht hinreichend genau bestimmt ist. Folgende Reihenfolge bei der Interpretation eines DBA ist dabei anzuwenden:

Wortlaut und Definition des Abkommens[38]

Bei OECD-Staaten wird von der widerlegbaren Vermutung ausgegangen, dass beide Staaten eine musterabkommenskonforme Auslegung anstreben, sodass sowohl auf die englische als auch die französische Originalfassung zurückgegriffen wird. In Fällen von Abkommen mit Nicht-OECD-Staaten ist der geforderte Automatismus der Auslegung nicht gegeben, vielmehr kommt es zunächst auf die weitgehende Übereinstimmung des Vertragstextes mit dem des OECD-MA an. Nach wohl herrschender Meinung sind auch völkerrechtliche Verträge der Auslegung zugänglich.

---

37 Vgl. Piltz, BB 1987, Beilage 14, S. 14.
38 BFH vom 30.05.1990, BStBl 1990 II S. 907.

Fraglich sind die Auslegungsmethoden, die zur Anwendung kommen sollen. Hier kann auf das Wiener Übereinkommen über das Recht der Verträge verwiesen werden. Es regelt in seinen Art. 31 ff. einige Grundprinzipien der Auslegung völkerrechtlicher Verträge, diese werden mittlerweile als Völkergewohnheitsrecht angesehen und bei Streitigkeiten herangezogen. Nach Art. 31 WÜRV ist in erster Linie auf den Wortlaut abzustellen. Mit Wortlaut ist allerdings nicht derjenige der einzelnen Vorschrift gemeint, sondern der gesamte Vertragswortlaut. Abschließend stellt das WÜRV die gesamte Auslegung unter das Gebot von Treu und Glauben, um Winkelzüge und Spitzfindigkeiten zu verhindern. In internationalen Verträgen spielt die Vertragssprache eine große Rolle, zumeist werden die Vertragstexte in beiden Sprachen zu den „authentischen Sprachen“ erklärt. Nach Art. 33 WÜRV ist damit der Text in beiden Sprachen maßgebend. Wenn ein Bedeutungsunterschied aufgrund der unterschiedlichen Sprachfassungen auftritt, ist nach Art. 33 Abs. 4 WÜRV diejenige Bedeutung zugrunde zu legen, die unter Berücksichtigung von Ziel und Zweck des Vertrages die Wortlaute am besten miteinander in Einklang bringt. Oftmals verweisen Bestimmungen der DBA auf das jeweilige nationale Recht eines der Vertragsstaaten (z. B. Art. 6 Abs. 2 Satz 1 OECD-MA). In diesen Fällen wird eine Entscheidungsdisharmonie in Kauf genommen. Bei den innerstaatlichen Auslegungen handelt es sich im Wesentlichen um die Aspekte, die bereits von Larenz entwickelt worden sind. Diese sind wie folgt:

- die grammatikalische Auslegung (Sprachgebrauch, übliche Rechtssprache),
- die teleologische Auslegung (Sinn und Zweck des Gesetzes, um daraus Sinn und besonderen Zweck der Einzelvorschrift zu erkennen),
- die systematische Methode (Stellung der Vorschrift im Gesetz und Stellung des Gesetzes in der Rechtsordnung),
- die historische Methode (Entstehung des Gesetzes und historischer Hintergrund).

Von dieser Auslegung zu trennen sind die Fälle, in denen das DBA keine eigene Begriffsdefinition enthält, aber eine dem Art. 3 Abs. 2 OECD-MA entsprechende Verweisungsnorm auf das nationale Recht beinhaltet.

Bei der Bearbeitung internationaler Steuersachverhalte ist das Zusammenwirken von nationalem und Abkommensrecht zu berücksichtigen. Hierbei hat sich in der Praxis noch keine einheitliche Reihenfolge der Prüfung von nationalem und Abkommensrecht herausgebildet. Im Ergebnis sollte darauf abgestellt werden, welcher Rechtskreis am einfachsten geprüft werden kann, sodass z. B. bei einem offensichtlich nach Abkommensrecht ohnehin nicht verbleibenden Besteuerungsrecht das Bestehen eines solchen nach nationalem Recht gar nicht geprüft werden muss.

4.1 Auslegungsrichtlinien, insbesondere Bedeutung des OECD-MA-Kommentars

Gibt das Abkommen selbst Begriffsdefinitionen vor, so sind diese heranzuziehen. Zusätzlich hat jede Interpretation Vorrang, welche nach Vertragsschluss bei nachträglichen Konsultationen zwischen den Vertragsparteien gefunden wird, sog. Auslegungsvereinbarungen. Artikel 25 Abs. 3 OECD-MA stellt hierfür das sog. Konsultationsverfahren zur Verfügung.

Eine Form der Auslegung ist auch die nachträgliche Bekräftigung einer bestimmten Vereinbarung, d. h. ihres „richtigen" Wortlauts. Solche Bekräftigungen können Vertragsänderungen recht nahekommen. Bei entsprechender Übung der Parteien können diese sogar stillschweigend getroffen werden.

4.1.1 DBA zwischen OECD-Mitgliedstaaten

In der Praxis ist festzustellen, dass die Abkommen zumeist die Texte des OECD-Musterabkommens und dessen Begriffsdefinitionen in Art. 3 übernehmen.

Der Einfluss des OECD-Musterabkommens geht jedoch noch weiter. Neben dem OECD-MA existiert der „amtliche" Kommentar (OECD-Komm.). Seine Bedeutung lässt sich daran ablesen, dass viele Länder in den einzelnen Kommentierungen explizite Vorbehalte aufführen lassen – obwohl die OECD-Komm. eigentlich nur die (unverbindlichen) Rechtsansichten der zur OECD entsandten Ländervertreter wiedergeben. Die OECD selbst vertritt jedoch die Ansicht, dass dem Kommentar bindende Wirkung zukommt, wenn und soweit die Vertragsparteien Teile des OECD-MA in ihre völkerrechtliche Vereinbarung übernehmen. Eine rechtliche Grundlage für diese Ansicht ist jedoch unsicher und wird teilweise bestritten. Faktisch kommt dem MA-Komm. jedoch eine große Wirkung zu.

Der OECD-Komm. wird teilweise als „authentische Interpretation" des OECD-MA mit Wirkung für alle OECD-Mitgliedstaaten angesehen. Man wird wohl folgende Sichtweise zugrunde legen können:

- Wird der Text des OECD-MA von den Vertragsparteien unverändert übernommen, so ist von einer Inbezugnahme des OECD-Komm. auszugehen.
- Wurde der Text nicht wortwörtlich übernommen, aber eine sinngemäße Formulierung gewählt, bzw. wurde der Text wörtlich übernommen, legen jedoch andere Vertragsbestandteile eine abweichende Interpretation nahe, so besteht eine starke Vermutung, dass die Auslegung dennoch i. S. des OECD-Komm. zu erfolgen hat.
- Erst wenn beide möglichen Formen der Abweichung zusammenkommen, spricht eine Vermutung gegen die Interpretation nach dem OECD-Komm.

Auslegungsfragen können sich stellen, wenn der OECD-Kommentar nach Abschluss des Abkommens geändert wird. Soweit die Vertragsparteien (teilweise) den Wortlaut des OECD-MA übernehmen, so geschieht dies zumeist vor dem Hintergrund des zu diesem Zeitpunkt geltenden Kommentars. Zu späteren Änderungen haben die Vertragsparteien sich nicht erklärt. Soweit man eine Veränderung einer Kommentarstelle lediglich als eine Klarstellung interpretiert, wird man feststellen können, dass diese späteren Änderungen der Auslegung in die Vergangenheit reichen können, sog. „soft retroactive effect". In allen anderen Fällen ist von keiner Rückwirkung auf früher abgeschlossene DBA auszugehen.

4.1.2 DBA mit bzw. zwischen Nicht-OECD-Mitgliedstaaten

Bei der Interpretation von Abkommen zwischen oder mit Nicht-OECD-Mitgliedern kann ein Rückgriff auf den OECD-Kommentar nicht von vorneherein überzeugen. Es kann aber sein, dass die verwendeten Textpassagen des Abkommens eine gewisse Nähe zu den Formulierungen des Muster-DBA aufweisen. Wenn dann im nächsten Schritt der Zusammenhang keine abweichende Bedeutung nahelegt, kann eine Interpretation über die Musterkommentierung in Betracht kommen. In solchen Fällen kann aber nur die Qualität des OECD-Kommentars überzeugen. Eine Verbindlichkeit aufgrund Mitgliedschaft in der OECD kommt nicht in Frage.

Ferner ist zu beachten, dass bei Abkommen mit Entwicklungsstaaten das UN-Musterabkommen und dessen offizieller Kommentar zu berücksichtigen sein können. In diesem wird eine Ungleichgewichtung zu Lasten der Entwicklungsländer ausgeschlossen.

E Aufbau, Geltungsbereich und Zuordnungsprinzipien der DBA

1 Aufbau eines DBA

Das maßgebende Musterabkommen der OECD von 2000 auf dem Gebiet der Steuern vom Einkommen und vom Vermögen hat folgenden formalen Aufbau:

(1) Geltungsbereich des Abkommens Art. 1–2

(2) Begriffsbestimmungen Art. 3–5

(3) Besteuerung des Einkommens Art. 6–21

(4) Besteuerung des Vermögens Art. 22

(5) Methoden zur Vermeidung der Doppelbesteuerung Art. 23 A und 23 B

(6) Besondere Bestimmungen Art. 24–30

2 Geltungsbereich

2.1 Persönlicher Geltungsbereich

2.1.1 Prinzip der Ansässigkeit als Grundnorm

Die in Art. 3 Abs. 1 OECD-MA vorgenommene Auflistung von Definitionen orientiert sich an **Begriffen**, die für jeden Einkunftsartikel von **grundsätzlicher Bedeutung** sind und daher einmal, aber verbindlich für alle Artikel des DBA definiert werden. Während dies für die Begriffe „Person, Gesellschaft, zuständige Behörde und Staatsangehörigkeit“ zutrifft, ist die Vorgehensweise hinsichtlich der Begriffe „Unternehmen und Internationaler Verkehr“ nicht nachzuvollziehen, da es sich hierbei um Spezialbegriffe der Art. 7 OECD-MA (Unternehmensgewinne) sowie Art. 8 OECD-MA (Seeschifffahrt, Binnenschifffahrt und Luftfahrt) handelt.

Die meisten deutschen DBA orientieren sich an Art. 3 Abs. 2 OECD-MA, wobei lediglich bei einigen älteren DBA bestimmte Formulierungen und aktuelle Ergänzungen des OECD-MA noch nicht übernommen wurden, ohne das hierdurch stets eine materiell-rechtliche Abweichung verbunden wäre.

Abkommensberechtigt sind Personen i. S. des Art. 3 Abs. 1 Buchst. a OECD-MA, die in einem der beiden Vertragsstaaten ansässig sind. Nur diese in Art. 3 Abs. 1 Buchst. a OECD-MA abschließend Genannten sind berechtigt, Ansprüche aus dem Abkommen abzuleiten. Der Personenbegriff umfasst natürliche Personen, Personenvereinigungen und Gesellschaften, wobei Letztere juristische Personen sind oder solche, die für Zwecke der Besteuerung wie juristische Personen behandelt werden. Ansässigkeitskriterium ist in den vorliegenden Fällen der Wohnsitz, der ständige Aufenthalt, der Ort der Geschäftsleitung oder der Sitz der Gesellschaft. Nicht ausreichend ist, dass die Person in einem der beiden Vertragsstaaten beschränkt steuerpflichtig ist, ohne jedoch zugleich im anderen Vertragsstaat ansässig zu sein.

2.1.2 Vorliegen einer Person im Abkommenssinne

Voraussetzung für die Anwendung eines DBA ist die Definition, wer nach Abkommensrecht **aus dem Abkommen Rechte und Pflichten in Anspruch nehmen kann**. Träger dieser Rechte und Pflichten[39] kann nach Art. 3 Abs. 1 OECD-MA nur eine natürliche Person, eine Gesellschaft oder eine andere Personenvereinigung sein.

2.1.2.1 Natürliche Personen

Der Begriff der **natürlichen Person** ist im Abkommensrecht nicht definiert, sodass insoweit ein Verweis auf das nationale Recht des Anwenderstaates gem. Art. 3 Abs. 2 OECD-MA erfolgt. Aus deutscher Sicht bestimmt sich der Begriffsinhalt einer natürlichen Person nach § 1 BGB. Keine Bedeutung für das Abkommensrecht haben die Fragen der Geschäftsfähigkeit, des Alters, der Verfügungsbeschränkungen oder Ähnlichem. Dies gilt auch für eine eventuelle Zusammenveranlagung von Ehegatten oder Familien.

2.1.2.2 Gesellschaften

Der Begriff der **Gesellschaft** wird in Art. 3 Abs. 1 Buchst. b OECD-MA definiert, doch ist eine Auslegung durch das jeweilige Begriffsverständnis der **zivilrechtlichen wie steuerrechtlichen Regelungen** der Anwenderstaaten erforderlich. Zu den **juristischen Personen** zählen nach **deutschem Recht** sowohl solche des privaten Rechts als auch solche des öffentlichen Rechts. Bei den juristischen Personen des privaten Rechts ist zu unterscheiden zwischen KapGes, zu denen die AG, GmbH sowie KG a. A. gehören, sowie Genossenschaften, Versicherungsvereine auf Gegenseitigkeit, allen sonstigen juristischen Personen des Privatrechts, sowie nichtrechtsfähigen Vereinen, Anstalten, Stiftungen und andere Zweckvermögen.[40] Die

39 Wassermeyer spricht zutreffenderweise von „Subjekten, für die die in den Abkommen getroffenen Regelungen von irgendeiner Bedeutung sind", Wassermeyer in D/W, Art. 3 OECD-MA, Rz. 11 (Mai 1997).

40 Obwohl keine formale Bindungswirkung hinsichtlich der Begriffsdefinition der juristischen Personen nach deutschem Steuerrecht für das Abkommensrecht gegeben ist, bietet die Auflistung in § 1 Abs. 1 KStG eine brauchbare Auflistung der juristischen Personen i. S. des Art. 3 Abs. 1 Buchst. b OECD-MA.

juristischen Personen des öffentlichen Rechts, wie z. B. die Vertragsstaaten selbst, aber auch ihre Gebietskörperschaften[41] gehören ebenfalls zu den Personen im Abkommenssinne.[42] Dies unabhängig davon, ob sie nach nationalem Recht partiell oder vollständig von der Besteuerung ausgenommen sind, wie dies bei Kommunen der Fall ist, die im Rahmen ihrer hoheitlichen Aufgaben tätig werden. Probleme können sich ergeben, wenn ein ausländisches Rechtsgebilde für Zwecke der Besteuerung des Anwenderstaates nach dem **Recht des Anwenderstaates** anders beurteilt wird, als dies nach dem nationalen Recht der Fall ist. In diesen Fällen kommt es regelmäßig zu Qualifikationskonflikten, da Unklarheit zwischen den Vertragsstaaten besteht, ob eine abkommensberechtigte Person gegeben ist.

Kritische Stellungnahme: Die von Wassermeyer[43] vertretene Auffassung, dass es für die Anerkennung als juristische Person im Abkommenssinne auf die Qualifikation als Steuersubjekt nach dem nationalen Recht des Anwenderstaates ankommt, vermag nicht zu überzeugen, zumal es **keine Qualifikationsverkettung** über die Grenze für den anderen Vertragsstaat gibt und daher ein mögliches Qualifikationsproblem nicht gelöst wird.[44] Mit der Festlegung, ob eine KapGes oder juristische Person nach dem Recht des Anwenderstaates vorliegt, ist noch nicht entschieden, in welchem der beiden Staaten diese juristische Person für Abkommenszwecke **ansässig** ist.

Als selbständige Person i. S. des Abkommensrechtes soll auch ein Gebilde angesehen werden, das ungeachtet der zivilrechtlichen Beurteilung **für steuerliche Zwecke** des Anwenderstaates **wie eine juristische Person** besteuert wird. Die Beurteilung durch die Anwenderstaaten erfolgt auch hierbei autonom, sodass Qualifikationskonflikte entstehen können.[45] In der herrschenden Kommentierung[46] wird als Hauptanwendungsfall der **Trust** genannt, der bei allen Unschärfen regelmäßig mit einem Treuhandvermögen vergleichbar ist. Demgegenüber werden die Personengesellschaften, die trotz zivilrechrechtlicher Behandlung als PersGes wie eine KapGes besteuert werden, unter den Begriff der Personenvereinigungen erfasst. Wenngleich diese Einschätzung aus deutschem Begriffsverständnis nachvollziehbar erscheint, spricht der Wortlaut des OECD-MA sowie → OECD-MK zu Art. 3 Tz. 3 dafür, dass jede rechtliche Form unabhängig von ihrer tatsächlichen Erscheinung immer dann als Person anzusehen ist, wenn nach dem Recht des Anwenderstaates eine Besteuerung als juristische Person vorgenommen wird. Im Ergebnis führt dies

41 So kann z. B. ein Staat oder eine seiner Gebietskörperschaften eine Quellensteuerreduzierung bei Dividendenausschüttungen gem. Art. 10 OECD-MA in Anspruch nehmen.
42 Vgl. Vogel in Vogel/Lehner, 4. Aufl. 2003, Art. 3 OECD-MA, Rz. 13.
43 Wassermeyer in D/W, Art. 3 OECD-MA, Rz. 18 (März 2001).
44 Kritisch zur Auffassung von Wassermeyer u. a. Vogel in Vogel/Lehner, 4. Aufl. 2003, Art. 3 OECD-MA, Rz. 13.
45 Vgl. z. B. die DBA-Spanien und DBA-Tunesien sowie die hierzu ergangenen Schlussprotokollen, die Maßnahmen zur Vermeidung der Doppelbesteuerung in diesen Fällen aufzeigen.
46 Vgl. Vogel in Vogel/Lehner, 4. Aufl. 2003, Art. 3 OECD-MA, Rz. 15, und Wassermeyer in D/W, Art. 3 OECD-MA, Rz. 19 (März 2001).

u. E. dazu, dass hierunter nicht nur alle Fälle der gesetzlich zwingenden Behandlung zu erfassen sind, sondern auch diejenigen, bei denen der bzw. die Steuerpflichtigen ein Optionsrecht besitzen, die Personengesellschaft wie eine Kapitalgesellschaft behandeln zu lassen.[47] Die Tatsache, dass die Bundesrepublik Deutschland z. B. im Verhältnis zu den USA diese Qualifikation für nationale Besteuerungszwecke wie für Zwecke des Abkommens nicht nachvollzieht,[48] bestätigt hingegen nur die – zumindest nach Auffassung der deutschen Finanzverwaltung – fehlende Bindungswirkung der Qualifikation der Anwenderstaaten für Abkommenszwecke. Hinsichtlich der abkommensrechtlichen Würdigung der **Personengesellschaften** wird in OECD-MK zu Art. 3 Tz. 2 sowie im Schrifttum[49] darauf verwiesen, dass Personengesellschaften grundsätzlich Personen i. S. des Abkommens sein können, aber die Bundesrepublik Deutschland in ihren DBA nicht von einer Person „Personengesellschaft" ausgeht, sondern die dahinterstehenden Gesellschafter als Person im Abkommenssinne ansieht.

Personengesellschaften sind i. d. R. – wie auch in Deutschland – für die Besteuerung vom Einkommen und vom Vermögen kein Steuersubjekt.[50] Insofern kann eine Personengesellschaft nach innerstaatlichem Steuerrecht, und damit indirekt auch nach DBA-Recht, nicht ansässig sein, da es dieser an der erforderlichen Subjekteigenschaft mangelt. Einige Staaten weisen Personengesellschaften und anderen Mitunternehmerschaften die Steuersubjekteigenschaft zu, sodass diese selbst abkommensberechtigt sein können, sofern sie die Ansässigkeitsvoraussetzungen erfüllen. Probleme entstehen regelmäßig dann, wenn ein Staat die Subjekteigenschaft annimmt und der andere Staat einen Durchgriff auf die hinter der Personengesellschaft stehenden Gesellschafter vornimmt. Denn hierdurch differiert in beiden Staaten das Steuersubjekt, sodass es begrifflich nicht mehr zu einer Doppelbesteuerung kommen kann, da in dem einen Staat die Personengesellschaft und im anderen Staat die einzelnen Gesellschafter besteuert werden.[51] Auch der OECD ist es bei der Formulierung des Musterabkommens nicht gelungen, eine einheitliche Definition der Personengesellschaft in den Abkommenstext zu übernehmen, um diese Konflikte auszuschalten.[52] Neben der Frage der Abkommensberechtigung treten regelmäßig auch Qualifikationskonflikte hinsichtlich der Einkünfte auf, denn es könnte sich entweder um Unternehmensgewinne i. S. des Art. 7 MA oder um Dividendeneinkünfte gem. Art. 10 MA handeln.

---

47 Andere Auffassung Wassermeyer in D/W, Art. 3 OECD-MA, Rz. 14 (März 2001).

48 Vgl. BMF vom 19.03.2004, IV B 4 – S 1301 USA – 22/04, www.bundesfinanzministerium.de/Anlage 23670/BMF, sowie Strunk/Kaminski, StBg 2004, S. 276.

49 Vgl. Vogel in Vogel/Lehner, 4. Aufl. 2003, Art. 3 OECD-MA, Rz. 17 ff., sowie Wassermeyer in D/W, Art. 3 OECD-MA, Rz. 14 (März 2001).

50 Vgl. Schmidt, Chr. IStR 1996, S. 14.

51 Vgl. Grotherr, S., in: DBA-Kommentar, Teil 1, Abschn. 1, Rz. 13.

52 Siehe auch OECD (Hrsg.), The Application of the OECD Model Tax Convention to Partnerships, Paris 1999, sowie Krabbe, H., JwB Fach 3 Deutschland, Gruppe 2, S. 863.

Die Qualifizierung oder, wie Vogel wohl zu Recht meint,[53] die Einordnung der inländischen Einkünfte kann nur sinnvoll nach inländischem Steuerrecht vorgenommen werden, wobei die Besteuerung im Ausland oder nach einem abgeschlossenen DBA keinerlei Auswirkungen auf diese Beurteilung haben kann.[54] Vielmehr ist eine Art Rechtstypenvergleich des ausländischen Rechtsgebildes mit einem inländischen Steuersubjekt notwendig. Der anzustellende Typenvergleich kann sich hierbei nicht an abstrakten Merkmalen orientieren, sondern muss alle Besonderheiten des Einzelfalles berücksichtigen. Hierzu zählt auch die Beurteilung der Gesellschaftsverträge sowie der hieraus abgeleiteten Möglichkeiten, Pflichten und Rechte der Gesellschafter. Unerheblich ist hingegen die Behandlung des zu beurteilenden Gebildes im Ausland. So sind beispielsweise im Ausland bestehende Optionsmöglichkeiten zur steuerlichen Behandlung als Kapitalgesellschaft[55] kein Indiz für das Vorliegen einer Kapitalgesellschaft und daher für den Typenvergleich unbeachtlich.

Problematischer ist vornehmlich der Fall, dass die Personengesellschaft nur in einem der beiden Vertragsstaaten als Steuersubjekt der Steuerpflicht unterworfen wird und in dem anderen Staat nicht. Ist die Personengesellschaft dann in dem einen Staat unbeschränkt steuerpflichtig, dann ist sie auch abkommensberechtigt i. S. des DBA. Fraglich ist jedoch bisher, welche Rechtsstellung die Gesellschafter der Personengesellschaft einnehmen, die in dem anderen Staat normalerweise mit den Einkünften „aus“ der Personengesellschaft zur Steuer herangezogen würden.

2.1.2.3 Betriebsstätte/ständiger Vertreter

Während weiter unten die Betriebsstätte und der ständige Vertreter genauer definiert werden, soll hier zunächst nur die Frage nach der Abkommensberechtigung einer Betriebsstätte untersucht werden. Liegen die Voraussetzungen für einen ständigen Vertreter vor, bedeutet dies für abkommensrechtliche Zwecke, dass die gleichen Rechtsfolgen wie bei einer Betriebsstätte greifen, ohne dass ihre Voraussetzungen vollständig erfüllt sind. Durch die Formulierung in Artikel 1 OECD-MA „das Abkommen gilt für Personen, die . . .“ wird nach herrschender Meinung zum Ausdruck gebracht, dass das Abkommen nur auf die in diesem Art. bezeichneten Personen Anwendung findet und nicht im Wege der Auslegung auf andere anzuwenden ist. Eine Betriebsstätte ist im Musterabkommen in Art. 5 dahingehend definiert, dass es sich hierbei um eine feste Geschäftseinrichtung handelt, durch die die Tätigkeit eines Unternehmens ganz oder teilweise ausgeübt wird. Damit erfüllt eine Betriebsstätte nicht die Voraussetzungen, die an das Vorliegen einer Person i. S. des Art. 1 MA gestellt sind. Vor allem fehlt es einer Betriebsstätte an der Fähigkeit, Trä-

53 Vgl. Vogel, K., a. a. O., Rz. 18 ff. zu Art. 1.

54 Unbestritten erhöht sich durch die fehlende Bindung zwischen DBA-Qualifikation und Einkunftsqualifizierung nach nationalem Recht die Gefahr der Doppelbesteuerung, doch ergibt sich dies zwangsläufig.

55 So können z. B. Personengesellschaften in Japan dafür optieren, steuerlich wie eine Kapitalgesellschaft behandelt zu werden, ohne ihre zivilrechtliche Struktur zu verändern.

ger von Rechten und Pflichten zu sein, die sich aus dem Abkommen oder in dessen Folge ergeben. Eine handelsrechtliche Eintragung einer Betriebsstätte als Zweigniederlassung, wie sie §§ 13 ff. HGB vorsieht, ändert nichts an der abkommensrechtlichen Beurteilung der Versagung der Ansässigkeit von Betriebsstätten. Die Betriebsstätte selbst ist somit nicht abkommensberechtigt, ihr Träger, das sog. Stammhaus, nur dann, wenn es sich um eine Person i. S. des Abkommens handelt. Auf die Gleichsetzung von Personengesellschaft und Betriebsstätte im Rahmen der Einkunftsqualifizierung nach Art. 7 MA wird an entsprechender Stelle noch einzugehen sein.

2.1.2.4 Gesellschaften

Unter dem Begriff der Gesellschaften sind grundsätzlich alle juristischen Personen zu verstehen sowie all die Rechtsgebilde, die für Besteuerungszwecke wie juristische Personen behandelt werden. Eine Einordnung kann immer dann schwierig sein, wenn, wie das bei osteuropäischen Staaten der Fall ist, ein Rechtsgebilde, welches nach deutschem Gesellschafts- und Steuerrecht als Personengesellschaft zu qualifizieren ist, für Zwecke der Besteuerung des anderen DBA-Staates als Kapitalgesellschaft qualifiziert wird. Für DBA-Zwecke reicht es m. E. aus, dass einer der beiden Vertragsstaaten das Rechtsgebilde als Gesellschaft i. S. des Art. 3 Abs. 1 Nr. 2 OECD-MA qualifiziert.

Bei Vorliegen einer Personengesellschaft, die von beiden Vertragsstaaten hinsichtlich der Qualifizierung einvernehmlich als solche eingestuft wird, gilt nicht die Personengesellschaft als Person i. S. des Art. 1 OECD-MA, sondern die Gesellschafter. Sie betreiben Unternehmen oder Geschäftstätigkeiten im anderen Vertragsstaat im Umfang ihres Anteils an der Personengesellschaft.

2.1.3 Bedeutung der Ansässigkeit für die Anwendung des DBA

Probleme hinsichtlich der Ansässigkeit für DBA-Zwecke können dann gegeben sein, wenn nach innerstaatlichem Recht eine Person in beiden Staaten unbeschränkt steuerpflichtig ist und damit als ansässig gilt. In diesen Fällen regelt Art. 4 Abs. 2 eine Rangfolge zur Bestimmung des Ansässigkeitsstaates, da es für DBA-Zwecke unbedingt erforderlich ist, dass es nur einen Ansässigkeitsstaat gibt. Es handelt sich hierbei um eine grundlegende Bestimmung, die die Besteuerungsrechte der Staaten im Rahmen der einzelnen Einkunftsarten verteilt. Wenn zum Beispiel das DBA bei Einkünften aus Lizenzen das Besteuerungsrecht ausschließlich dem Ansässigkeitsstaat einräumt, ist die Bestimmung der Ansässigkeit sowohl für den Steuerpflichtigen als auch für die beteiligten Staaten von entscheidender Bedeutung.

2.1.3.1 Bestimmung der Ansässigkeit bei natürlichen Personen

Während einige Staaten hinsichtlich der Feststellung der unbeschränkten Steuerpflicht der natürlichen Personen auch auf die Nationalität des Steuerpflichtigen abstellen,[56] bestimmt sich auch bei diesen Ländern die Frage der Ansässigkeit für DBA-Zwecke nach dem Wohnsitz bzw. subsidiär nach dem gewöhnlichen Aufenthalt. Allerdings verzichten sowohl das Musterabkommen als auch die deutschen Abkommen auf eine eigene Definition des Begriffs Wohnsitz oder gewöhnlicher Aufenthalt, sodass grundsätzlich die jeweiligen innerstaatlichen Begriffsdefinitionen Anwendung finden. Probleme entstehen stets dann, wenn aufgrund der jeweiligen nationalen Rechtsetzungen in beiden Ländern ein Wohnsitz angenommen wird, weil entweder die Anknüpfungspunkte unterschiedlich sind oder der Steuerpflichtige in beiden Ländern die Tatbestandsvoraussetzungen erfüllt. Hat der Steuerpflichtige in beiden Vertragsstaaten nach dem dortigen Steuerrecht einen Wohnsitz, liegt ein Fall der doppelten Ansässigkeit vor, der, wie bereits oben ausgeführt, durch die „tie breaker clause" gem. Art. 4 Abs. 2 OECD-MA gelöst wird. Hierbei wird subsidiär geprüft, wo der Steuerpflichtige seinen Lebensmittelpunkt hat.[57] Abweichungen vom grundsätzlich anzuwendenden Prinzip, dass der Lebensmittelpunkt dort liegt, wo die Familie des Steuerpflichtigen wohnt, sind äußerst selten und ohne praktische Relevanz, da sie sich nur für bestimmte Einkunftsarten auswirken.

Neben dem Vorliegen des Wohnsitzes kann die Ansässigkeit auch dadurch begründet werden, dass der Steuerpflichtige seinen gewöhnlichen Aufenthalt in einem der Staaten hat. Dem Begriff des „ständigen Aufenthaltes" des OECD-Musterabkommens entspricht der innerstaatliche Begriff des „gewöhnlichen Aufenthaltes". Für das Vorliegen des gewöhnlichen Aufenthaltes kommt es auf die äußeren Umstände an, vor allem auf den zeitlichen Aspekt. Bei einem zeitlich zusammenhängenden Aufenthalt von mehr als sechs Monaten (nicht zwingend innerhalb eines VZ) ist dies gegeben. Es gelten grundsätzlich die Kommentierungen zu § 9 AO, die wegen des Bezugs auf innerstaatliches Recht auch für die Doppelbesteuerungsabkommen Anwendung finden. Neben dem Problem des Doppelwohnsitzes und der damit verbundenen Frage der Doppelansässigkeit ist ein denkbares Problem, dass ein Steuerpflichtiger in keinem der beiden Staaten, aber auch in keinem Drittstaat einen Wohnsitz begründet hat. In diesen Fällen gilt der Staat als Ansässigkeitsstaat, in dem der Steuerpflichtige die meiste Zeit verbringt, auch wenn es sich hierbei nicht um zusammenhängend mehr als sechs Monate handelt. In Abweichung zu § 9 AO werden hierzu auch alle Erholungs- und ähnlichen Aufenthalte gezählt.

Wie bereits oben ausgeführt, ist die eindeutige Bestimmung eines Staates als Ansässigkeitsstaat für die Durchführung eines DBA von grundlegender Bedeutung, da unter anderem die Verteilung der Besteuerungsrechte hierauf Bezug nimmt. Hiervon

56 Vgl. Beiser, R., ÖStZ 1989, S. 241.

57 BFH vom 31.10.1990, BStBl 1991 II S. 562, zur Frage des Mittelpunktes der Lebensinteressen nach DBA-Großbritannien.

ungeachtet kann jedoch der Staat, der lt. DBA nicht als Ansässigkeitsstaat qualifiziert ist, die Steuerpflichtigen, die aufgrund nationaler Vorschrift die Tatbestandsvoraussetzungen der unbeschränkten Steuerpflicht erfüllen, im Inland entsprechend besteuern. Die Ausübung der Besteuerung wird jedoch durch die Zuweisung der Besteuerungsrechte bzw. durch Beschränkung der Besteuerungsrechte (Quellensteuer-Höchstsätze) eingeschränkt. Im Verhältnis zu Drittstaaten, mit denen z. B. kein Doppelbesteuerungsabkommen besteht, ist die unbeschränkte Steuererhebung denkbar. Gleiches gilt für Einkünfte bzw. Steuerarten, die nicht Gegenstand eines DBA sind (z. B. Vermögensmehrungen durch Erbschaften), oder in den Fällen, in denen das DBA dem Quellenstaat ein unbeschränktes Besteuerungsrecht zuweist und der Ansässigkeitsstaat eine Vermeidung der Doppelbesteuerung durch Anrechnung der im Ausland gezahlten Steuern herbeiführen muss. Eine Qualifizierung für DBA-Zwecke hinsichtlich der Ansässigkeit präjudiziert in keiner Weise die Beurteilung der innerstaatlichen Steuerpflicht. Wie das nachfolgende Beispiel zeigt, können jedoch auch für die Steuerpflichtigen begünstigende Gestaltungen durch Fälle der Doppelansässigkeit erreicht werden bzw. Nachteile der Aufrechterhaltung des Wohnsitzes in einem hoch besteuernden Staat vermieden werden.

Beispiel:

Ein lediger Rentner mit erheblichem Kapitalvermögen und daraus resultierenden Zinsen und Dividenden möchte wegen der hohen Steuerbelastung in Deutschland und der günstigen 18 %igen Abgeltungsteuer in Spanien lieber in Spanien zur Steuer herangezogen werden. Grundsätzlich ist eine Befreiung von der deutschen Einkommensteuer nur bei vollständiger Aufgabe des Wohnsitzes und/oder des gewöhnlichen Aufenthaltes möglich. Aufgrund des DBA Deutschland/Spanien kann der Rentner jedoch durchaus in beiden Staaten aufgrund seines Wohnsitzes unbeschränkt steuerpflichtig sein, sofern er für DBA-Zwecke als in Spanien ansässig gilt. In diesen Fällen wird das unbeschränkte deutsche Steuerrecht durch das DBA in der Weise eingeschränkt, dass es maximal eine Quellensteuer zulässt und der Rentner unter die beabsichtigte günstigere Besteuerung in Spanien fällt. Die Bundesrepublik kann die spanischen Kapitaleinkünfte (Schuldner der Kapitalerträge oder auszahlende Stelle ist in Spanien ansässig) trotz Fortbestehens der unbeschränkten Steuerpflicht aufgrund des DBA nicht besteuern.

Die sog. **„tie breaker clause"** des Art. 4 Abs. 2 enthält eine bestimmte Reihenfolge zur abschließenden Ermittlung der Ansässigkeit einer Person:

(1) Ansässigkeit liegt in dem Staat vor, in dem der Steuerpflichtige eine Wohnstätte unterhält.

(2) Hat der Steuerpflichtige in beiden Vertragsstaaten eine Wohnung, sind die engeren persönlichen oder wirtschaftlichen Beziehungen zu einem der beiden Staaten entscheidend.

(3) Führt Nummer 2 ebenfalls nicht zu einem Ergebnis, ist Ansässigkeit dort anzunehmen, wo der Steuerpflichtige den Mittelpunkt seiner persönlichen oder wirtschaftlichen Lebensinteressen hat.

(4) Ist auch eine Bestimmung über Nummer 3 nicht möglich, erfolgt eine Bestimmung über den gewöhnlichen Aufenthalt.

(5) Wenn dies nicht zu einem abschließenden Ergebnis führt, ist die Staatsangehörigkeit eines der Vertragsstaaten maßgebend.

Eine Lösung muss im Wege des Verständigungsverfahrens herbeigeführt werden. Da jedoch der Antrag auf Einleitung eines Verständigungsverfahrens grundsätzlich nur im Ansässigkeitsstaat gestellt werden kann, ergibt sich das Problem, dass genau diese Frage erst im Verfahren entschieden werden soll. Der betroffene Steuerpflichtige darf in den Fällen, in denen es um die Frage der Ansässigkeit geht, in jedem der betroffenen Vertragsstaaten den Antrag auf Einleitung eines Verständigungsverfahrens stellen. Bei einigen DBA ist eine Abkürzung des Prüfungsverfahrens und die sofortige Einleitung eines Verständigungsverfahrens möglich (z. B. DBA Deutschland/Japan).[58] Führt die Prüfung nach Art. 4 Abs. 2 oder ein Verständigungsverfahren zur Bestimmung der Ansässigkeit in einem der DBA-Staaten, gilt dies ausschließlich für DBA-Zwecke.

Die obigen Ausführungen haben gezeigt, dass für die Anwendung und Durchführung eines DBA unbedingt entschieden sein muss, wer in welchem Staat ansässig ist. Hierbei hat sich gezeigt, dass vor allem die abkommensmäßige Doppelansässigkeit unbedingt vermieden werden muss. Dies geschieht durch die „tie breaker clause", die je nach Art der Person unterschiedliche Ausgestaltungen annehmen kann. Ist ein Steuerpflichtiger in keinem der beiden Vertragsstaaten ansässig, bedeutet dies, dass eine Anwendung des DBA nicht gegeben ist. Hieraus folgt, dass die Aufgabe der Ansässigkeit in einem Vertragsstaat ohne gleichzeitige Begründung einer Ansässigkeit bzw. unbeschränkten Steuerpflicht in einem anderen Staat die Vorteile hinsichtlich der Behandlung der beschränkten Steuerpflicht, wie z. B. i. S. von § 50 a EStG, beinhalten kann, aber den Nachteil hat, dass keinerlei Abkommensschutz besteht.

Die Fälle der Doppelansässigkeit sind nur dann von Bedeutung, wenn ein Steuerpflichtiger in beiden Staaten unbeschränkt steuerpflichtig, aber nach Abkommensrecht nur in einem der beiden Staaten ansässig ist. Die Begründung einer unbeschränkten Steuerpflicht im Nichtansässigkeitsstaat nach DBA-Recht kann ein Nachteil sein, wenn die Vorschriften für beschränkt Steuerpflichtige im jeweiligen Quellenstaat begünstigender oder belastender sind. Die früher festgestellte grundsätzliche Vorteilhaftigkeit der Doppelansässigkeit hat sich durch wesentliche Änderung der Doppelbesteuerungsabkommen in den letzten Jahren verändert, sodass nur in ausgesuchten Einzelfällen eine begünstigende Steuerwirkung durch eine Doppelansässigkeit begründet werden kann.[59] Besonders gefährlich sind die Fälle, in denen die abkommensrechtliche Ansässigkeit nicht abschließend und einvernehmlich zwi-

58 So zum Beispiel die USA, bei denen die Nationalität neben anderen Kriterien die unbeschränkte Steuerpflicht begründet.

59 Zum Beispiel zur Erlangung von Investitionszulagen oder der Nutzung von Sonderabschreibungen.

schen den Staaten bestimmt werden kann und das DBA keine Rechtswirkung entfaltet. In der Regel ist ein solcher abkommensloser Zustand für den Steuerpflichtigen nachteilig, sodass dieser unbedingt vermieden werden sollte.

2.1.3.2 Bestimmung der Ansässigkeit von Gesellschaften

Für Kapitalgesellschaften gilt, dass diese in dem Staat ansässig sind, in dem der Ort der Geschäftsleitung belegen ist (Art. 4 Abs. 3 OECD-MA). In Fällen, in denen eine Kapitalgesellschaft kraft ihres Sitzes in dem einen Vertragsstaat ansässig ist, kraft des Ortes der tatsächlichen Geschäftsleitung aber in dem anderen Staat, entscheidet Art. 4 Abs. 3 OECD-MA zugunsten des Ortes der tatsächlichen Geschäftsleitung. Der Ort der Geschäftsleitung i. S. des Art. 4 Abs. 3 OECD-MA ist autonom aus dem Abkommen herzuleiten; für eine Analogie oder einen Rückgriff auf die nationale Begriffsdefinition ist lt. herrschender Literaturmeinung[60] kein Raum. Dennoch kommt dem abkommensrechtlichen Begriff des Ortes der tatsächlichen Geschäftsleitung die Definition in § 10 AO[61] sehr nahe, zumal die Bestimmung des Mittelpunktes durch die deutsche Rechtsprechung mittels der tatsächlichen Gegebenheiten bestimmt wird. Insoweit kann abweichend von der grundsätzlichen Forderung der eigenständigen Herleitung des Abkommensbegriffs in diesem speziellen Fall auf den nationalen Begriff und die hierzu ergangene Kommentierung und Rechtsprechung verwiesen werden.

Den Ort der Geschäftsleitung definiert § 10 AO als den Ort, der den Mittelpunkt der geschäftlichen Oberleitung darstellt. Dieser bestimmt sich nicht nach formalen Merkmalen wie z. B. einer Geschäftsadresse, sondern nach tatsächlichen, äußeren Merkmalen. Maßgebend ist, wo der das Geschäft bestimmende Wille mit der Möglichkeit, für die Umsetzung zu sorgen, gebildet wird. Probleme ergeben sich regelmäßig bei der Frage, was unter der Geschäftsleitung zu verstehen ist. Die BFH-Rechtsprechung[62] stellt hierbei auf die Geschäftsführung im engeren Sinne ab, welche die laufende Geschäftsführung, also die gewöhnlichen Geschäfte der Gesellschaft, umfasst, und nicht nur auf Entscheidungen, die von grundsätzlicher Bedeutung für die Gesellschaft sind. Der Sitz einer Körperschaft ist an dem Ort, der durch Gesetz, Gesellschaftsvertrag, Satzung oder dergleichen als solcher bestimmt ist (§ 11 AO). Im Gegensatz zur Beachtung tatsächlicher Merkmale beim Ort der Geschäftsführung ist beim Sitz eine rein formale Beurteilung vorzunehmen.

Während nach nationalem Recht die Doppelansässigkeit einer Kapitalgesellschaft mit der Folge der unbeschränkten Steuerpflicht in beiden Staaten durchaus möglich ist – in Fällen der so erlangten Vergünstigung durch Doppelansässigkeit von der Finanzverwaltung jedoch nicht immer gewünscht –, bedarf es für Abkommenszwecke einer eindeutigen Entscheidung über die Ansässigkeit. Hierzu sieht das

60 Vgl. Lehner, DBA, Rz. 104 zu Art. 4 OECD-MA.
61 „Ort der Geschäftsleitung ist der Mittelpunkt der geschäftlichen Oberleitung", § 10 AO.
62 BFH vom 07.12.1994 I K 1/93, BStBl 1995 II S. 175.

OECD-MA in Art. 4 Abs. 3 auch in diesen Fällen eine „tie breaker clause" vor, die in Fällen der doppelten Ansässigkeit nach Anwendung des Art. 4 Abs. 1 OECD-MA eine Ansässigkeit in dem Staat als gegeben ansieht, in dem sich der „Ort der tatsächlichen Geschäftsleitung" befindet. Die Anknüpfung an die tatsächlichen Verhältnisse bedeutet somit keine Fiktion,[63] sondern ist eine Rechtsfolge des Abkommens.[64] Dieser gegenüber nationalem Recht eigenständige Abkommensbegriff ist zunächst aus dem Wortlaut, der Entstehung und der Systematik des Abkommens auszulegen. Ein Verweis auf die innerstaatlichen Begriffsbestimmungen ist dogmatisch nicht möglich, sodass z. B. ein Verwaltungssitz, der nach innerstaatlichem Recht den Ort der Geschäftsleitung im Inland begründen würde, für Zwecke des Art. 4 Abs. 3 OECD-MA nicht maßgebend ist.[65] Trotz der vom nationalen Recht unabhängigen Auslegung des Begriffes „Ort der Geschäftsleitung" aus dem Abkommen kann auf die Ausführung zur deutschen Begriffsdefinition verwiesen werden, da das OECD-MA auch wie das nationale deutsche Steuerrecht unstreitig eine Beurteilung anhand der tatsächlichen Verhältnisse verlangt.

Die Prüfung des Ortes der tatsächlichen Geschäftsleitung vollzieht sich auch im Abkommensrecht nach folgendem Muster:

(1) Bestimmung der Person, die die für die Geschäftsleitung maßgebende Entscheidung vorgibt.

(2) Bestimmung der Maßgeblichkeit des Ortes der Geschäftsleitung (die Frage, ob der Ort der Willensbildung oder der Ort der Wirksamkeit der Willenserklärung entscheidend ist, ist durch BFH-Urteil vom 07.12.1994[66] entschieden).

(3) Bestimmung des Ortes der Geschäftsleitung.

Da nach Art. 4 Abs. 3 OECD-MA eine eindeutige Entscheidung über den Ort der tatsächlichen Geschäftsleitung herbeizuführen ist, kann nur ein einziger Ort in Betracht kommen. Ist eine Bestimmung dieses Ortes nicht einvernehmlich möglich, bedarf es der Einleitung eines Verständigungsverfahrens. Ausnahmsweise hat der Steuerpflichtige dabei die Möglichkeit, den Antrag auf Einleitung des Verständigungsverfahrens bei jeder der beiden betroffenen Länderfinanzverwaltungen zu stellen.[67] Wenngleich eine vollständige oder weitgehende inhaltliche Übereinstimmung der deutschen DBA mit Art. 4 Abs. 1 OECD-MA zumeist gegeben ist, regelt z. B. das DBA-Ägypten, dass eine Ansässigkeit in Ägypten nur dann gegeben ist, wenn auch der Sitz der Gesellschaft dort liegt. Die DBA mit den Niederlanden, Luxemburg, Österreich und Pakistan bestimmen demgegenüber die Ansässigkeit nach dem Ort der Leitung, der jedoch weitgehend mit dem Ort der Geschäftsleitung identisch

63 Wie das zum Beispiel im innerstaatlichen Recht möglich ist, wenn der Ort der Geschäftsleitung durch den statuarischen Sitz der Gesellschaft determiniert wird, ohne dass dieser mit dem tatsächlichen Ort der Geschäftsleitung identisch ist.

64 Vgl. Birk in Hübschmann/Hepp/Spitaler, a. a. O., Rz. 47 zu § 10 AO.

65 Vgl. Lehner, K., a. a. O., Rz. 104 zu Art. 4.

66 BStBl 1995 II S. 175.

67 Siehe Art. 25 Abs. 1 S. 1 OECD-MA sowie Lehner, K., a. a. O., Rz. 8 zu Art. 4.

sein wird. Die Bestimmung des Ortes der tatsächlichen Geschäftsleitung zeigt sich vor allem bei sog. virtuellen Unternehmen sowie besonderen Organisationsformen als schwierig.

So ist bespielsweise fraglich, ob die von einigen deutschen Großbanken geplanten Einführungen virtueller Führungsgremien, die auf persönliche Präsenzzusammenkünfte verzichten, für die Zuordnung der Ansässigkeit nach Abkommensrecht unproblematisch und folgenlos bleibten. Gerade die neuen Möglichkeiten des Internets schaffen neue Organisationsformen, die ortsungebunden sind und die Bestimmung des Ortes der Geschäftsleitung schwierig und z. T. sogar unmöglich machen.

Folgendes **Beispiel** soll dies verdeutlichen:

> Eine nach US-amerikanischem Gesellschaftsrecht gegründete Kapitalgesellschaft hat drei Gesellschafter, von denen einer in den USA ansässig ist und zwei weitere in der Bundesrepublik Deutschland wohnen, die hier für die Gesellschaft tätig werden. In jedem der beiden Staaten wird eine Betriebsstätte begründet. Fraglich ist, wo sich der Ort der tatsächlichen Geschäftsleitung befindet, da die deutsche Finanzverwaltung erklärt, dass er ihrer Einschätzung nach in der Bundesrepublik Deutschland läge.

Um einen solchen Fall zu klären, wird man zunächst versuchen, den Ort der maßgeblichen Willensbildung anhand der Sitzungsprotokolle der Geschäftsführung oder vergleichbarer Beweisanzeichen zu ermitteln. Im vorliegenden Beispiel soll es solche persönlichen, physischen Treffen nicht gegeben haben, da die Entscheidungen von einiger Bedeutung grundsätzlich über das Internet im Rahmen von Videokonferenzen oder E-Mail-Kommunikation getroffen werden, wobei jeder der Gesellschafter im Wechsel und in unregelmäßigen Abständen die Entscheidungsunterlagen vorbereitet. Eine denkbare Lösung für den Beispielsfall wäre es, bei einem unterstellten gleichberechtigten Stimmenverhältnis und Ansässigkeit zweier Geschäftsführer in Deutschland stets von Deutschland als dem Ort der Geschäftsleitung auszugehen. Dies kann jedoch dann nicht mehr zutreffen, wenn die betroffenen Personen sich nicht im Inland aufhalten, sondern aufgrund von geschäftlichen Verpflichtungen in Drittländern arbeiten und daher an ständig wechselnden Orten über Modemverbindungen Einfluss auf die Geschäftsentscheidungen von einiger Wichtigkeit nehmen. Es ist u. E. in Fällen nahezu vollständig elektronisch arbeitender und kommunizierender Unternehmen[68] nicht mehr möglich, den Ort der tatsächlichen Geschäftsleitung einwandfrei und eindeutig zu bestimmen.

68 Es handelt sich bei diesen virtuell tätigen Unternehmen keineswegs um Erscheinungsformen, mit denen erst in den nächsten Jahren oder Jahrzehnten zu rechnen ist. Vielmehr weisen zahlreiche Beratungsgesellschaften, wie zum Beispiel die großen international tätigen Wirtschaftsprüfungsgesellschaften, diese Tendenzen bereits heute auf. So hat zum Beispiel die Abstimmung bei Arthur Andersen Worldwide über einen weltweiten Chairman sowie das Verhältnis der Beratungssparten zueinander über das firmeninterne Intranet stattgefunden. M. E. ist es bereits in diesen Fällen unmöglich, den Ort, an dem der maßgebende Wille entstanden ist, zu lokalisieren. Im vorliegenden Fall hat er sich möglicherweise in knapp 70 Ländern der Erde ergeben.

Für Geschäftsaktivitäten im Internet ergeben sich hieraus folgende Fallkonstellationen, die abkommensrechtlich nicht oder nicht ausreichend geklärt oder geregelt sind:

- Eine Kapitalgesellschaft ist in beiden Staaten aufgrund ihres Sitzes oder eines ähnlichen Kriteriums ansässig, und es sind mehrere Orte der Geschäftsleitung gegeben, wobei keinem dieser Orte die überragende, bestimmende Bedeutung beigemessen werden kann. Die Vorschrift des Art. 4 Abs. 3 OECD-MA ist in diesem Fall nicht hilfreich, da auch die Auslegungshilfe durch Rückgriff auf innerstaatliches Recht, z. B. § 10 AO, eine tatsächliche Ortsbestimmung nicht herbeiführt.[69]
- Gleiches gilt für die Fälle der Doppelansässigkeit, bei denen der Ort der tatsächlichen Geschäftsleitung nicht bestimmt werden kann, da es neben der räumlichen Gebundenheit an der geforderten Dauerhaftigkeit des Ortes fehlt. Wassermeyer[70] sieht eine Bezugnahme auf die Wohnung der Geschäftsleiter als Anknüpfungspunkt für die Wahrnehmung der Geschäftsleitungsaufgabe als möglich an, ohne jedoch auf die Besonderheiten moderner Kommunikationsmöglichkeiten explizit einzugehen. Unseres Erachtens muss gerade mit letztgenanntem Argument ein weitgehend automatischer Rückgriff auf die Wohnungen des Geschäftsleitungspersonals verneint werden, zumal zusätzlich die Schwierigkeiten der Bestimmung des Wohnsitzes einer natürlichen Person im Abkommensrecht zu beachten sind.

Zur Sicherstellung der Neutralität der Besteuerung wie auch der Vermeidung von Mehrfachbesteuerungen ist es notwendig, in jedem Fall abkommensrechtlich eine eindeutige Zuordnung der Ansässigkeit des Steuerpflichtigen zu einem der Vertragsstaaten vorzunehmen. Da der Ort der Geschäftsleitung diese Aufgabe als endgültiges Zuweisungskriterium nicht immer leisten kann, ist zu überlegen, welche alternativen Anknüpfungsmerkmale herangezogen werden können. Das hat grundsätzlich unabhängig davon zu geschehen, ob eine Regelung in den Abkommenstext des Art. 4 OECD-MA explizit aufgenommen wird oder ob im Rahmen von Verständigungsverfahren diese zur Anwendung kommt. Wegen der z. T. erheblichen Dauer der Verständigungsverfahren ist anderen Maßnahmen der Vorzug zu geben. Eine Ergänzung aller bestehenden Abkommen wäre zu zeitintensiv. So schätzt der Wissenschaftliche Beirat beim Bundesfinanzministerium, dass eine Änderung aller deutschen Abkommen ca. zehn Jahre dauern würde.[71] Demgegenüber könnte die

69 So weist zum Beispiel Art. 4 Abs. 3 des DBA Deutschland/USA (DBA-USA vom 29.08.1989, BStBl I 1991 S. 94) darauf hin, dass, sofern der Ort der Geschäftsleitung nicht bestimmt werden kann, das Abkommen nicht zur Anwendung kommt. Solche Fälle können wegen der fehlenden Einigungspflicht bei Verständigungsverfahren in diesem Abkommen zu weitreichenden Konsequenzen für die betroffenen Steuerpflichtigen führen.

70 Wassermeyer, F., in Debatin/Wassermeyer, DBA-Kommentar, Rz. 99 zu Art. 4.

71 Wissenschaftlicher Beirat beim Bundesministerium der Finanzen (Hrsg.), Reform der internationalen Kapitaleinkommensbesteuerung, Schriftenreihe des BMF, Heft 65, Bonn 1999, S. 49.

Änderung des OECD-MA sowie eine entsprechende Klarstellung im OECD-MA-Kommentar eine kurzfristige Anwendung der Neuregelung sicherstellen. Denkbar wäre eine Zuweisung der Ansässigkeit einer Kapitalgesellschaft an den Wohnsitz oder den gewöhnlichen Aufenthalt der Mitglieder der Geschäftsführungsorgane, doch führt dies bei mehreren Mitgliedern der Geschäftsleitung in vielen Fällen ebenfalls nicht zu einer eindeutigen Entscheidung. Meines Erachtens ist eine Orientierung an der wirtschaftlichen Bedeutung der in Frage stehenden Staaten für das Unternehmen der sachgerechte Anknüpfungspunkt. Weil der zu bestimmende Ansässigkeitsstaat i. d. R. das unbeschränkte Steuerrecht hat, ist es sinnvoll, genau den Staat als Ansässigkeitsstaat zu bestimmen, bei dem möglichst viele der Einkünfte als inländische Einkünfte steuerlich zu behandeln sind und insoweit nur in beschränktem Umfang Maßnahmen zur Vermeidung der Doppelbesteuerung ergriffen werden müssen. Die Anwendungsfälle des Abkommensrechts können hierdurch auf alle übrigen Einkunftsquellen reduziert werden. Hiervon ungeachtet muss abgewartet werden, ob und wie die OECD auf die Herausforderungen der neuen Technologien für die Bestimmung der abkommensrechtlichen Ansässigkeit von Kapitalgesellschaften reagiert.

Problematisch ist auch, dass in einigen DBA eine Art. 4 Abs. 3 OECD-MA (tie-breaker clause) entsprechende Regelung nicht enthalten ist (z. B. Ägypten, Irland, Japan und Pakistan), denn dann hilft bei der Bestimmung der Ansässigkeit nur noch ein Verständigungsverfahren, dessen Nachteile weiter unten noch dargestellt werden. Das Problem der Bestimmung der Ansässigkeit kann dann nicht eintreten, wenn das DBA abweichende Kriterien der vorrangigen Ansässigkeit beinhaltet (z. B. stellt das DBA mit Malaysia auf den Ort der Geschäftsleitung und Kontrolle ab, und die DBA mit den Niederlanden und Luxemburg stellen auf den Ort des Sitzes der Gesellschaft ab). Trotz der grundsätzlichen Ausführungen zur Bestimmung der Ansässigkeit nach dem OECD-MA zeigt sich hier wiederum, dass es in konkreten Einzelfällen unbedingt erforderlich ist, das jeweilige DBA und die ggf. abweichenden Regelungen zu beachten.

2.2 Sachlicher Geltungsbereich

Bei den Abkommen zur Vermeidung der Doppelbesteuerung auf dem Gebiet der Steuern vom Einkommen und Vermögen umfasst der sachliche Geltungsbereich des Abkommens aus deutscher Sicht folgende Steuern: Einkommensteuer, Körperschaftsteuer, Vermögensteuer[72] und Gewerbesteuer.[73] Die Gewerbesteuer ist steuersystematisch eigentlich nicht zu den unter das DBA fallenden Steuern zu zählen, da

72 Die Vermögensteuer kann aufgrund des Beschlusses des BVerfG vom 22.06.1995 wegen ihrer teilweisen Verfassungswidrigkeit ab 1997 nicht mehr erhoben werden.

73 Durch das Gesetz zur Fortsetzung der Unternehmensteuerreform vom 29.10.1997 (BStBl 1997 I S. 928) wurde die Gewerbekapitalsteuer in den neuen Bundesländern nicht eingeführt und in den alten Bundesländern ab 1998 abgeschafft.

es sich nach innerstaatlichem Steuerrecht hierbei um eine Objekt- und nicht um eine Personensteuer handelt. Da diese Objektsteuer aber wiederum die Personen i. S. des DBA wirtschaftlich belastet, ist eine Anwendung auch für diese Steuer sachgerecht. Nicht unter die namentlich genannten Steuern fallen die Umsatzsteuer, weitere Verkehrsteuern und Verbrauchsteuern. Auf einen expliziten Ausschluss dieser Steuerarten kann jedoch auch verzichtet werden, da diese Steuern ihrem Wesen nach weder Steuern vom Einkommen noch vom Vermögen sind. Ebenfalls keine direkte Einbeziehung in das DBA ist für die Kirchensteuer festzustellen, wenn auch aus einem anderen Grund, nämlich dem Umstand, dass diese nicht der staatlichen Abgabenhoheit unterliegt und die Kirchen nicht Vertragspartei beim Abschluss der DBA sind. Indirekt finden die deutschen DBA jedoch wegen der Anknüpfung der Kirchensteuer an die Einkommensteuer auch auf diese Anwendung.

Die im Ausland erzielten Einkünfte sind insoweit von der deutschen Besteuerung freigestellt, als dies das DBA vorsieht. Hinsichtlich der nicht durch das DBA erfassten einzelstaatlichen Steuern greifen die allgemeinen Regelungen zur Anrechnung von Steuern nach § 34 c EStG. Unabhängig von der Steuerpflicht handelt es sich bei den im anderen Vertragsstaat erzielten Einkünften um solche i. S. des § 34 d EStG. Bei Vorliegen aller weiteren Voraussetzungen des § 34 c Abs. 1 EStG kann insoweit eine Anrechnung der ausländischen Steuern erfolgen. Diese läuft dann allerdings ins Leere, wenn aufgrund der Einkunftsfreistellung keine deutsche Steuerschuld für die ausländischen Einkünfte entsteht. Die im Ausland gezahlten einzelstaatlichen Steuern erlangen somit Definitivcharakter.

Eine Erweiterung der deutschen DBA auf eigenständige Steuern vom Einkommen oder Vermögen, die erst nach Abschluss eines DBA durch den nationalen Gesetzgeber beschlossen werden, ist durch das DBA ebenfalls abgedeckt (Art. 2 Abs. 4 OECD-MA). Es ist hierbei unerheblich, ob es sich um sog. Annex-Steuern handelt, also solche, deren Bemessungsgrundlage die festgestellte Belastung durch eine andere Steuer ist, oder ob es sich um eine eigenständige Steuer handelt, die ihrem Charakter nach als „Einkommensteuer" zu qualifizieren ist. Beispielhaft ist hier der seit 1994 wieder eingeführte Solidaritätszuschlag zu nennen.

Während in der frühen deutschen Abkommenspraxis dem Gesichtspunkt der Gegenseitigkeit der einzelnen Steuern großes Gewicht beigemessen wurde und somit deutsche Steuern wie die Gewerbesteuer oder die Vermögensteuer trotz Nennung im Abkommen nicht Gegenstand des Abkommens wurden, weil es am entsprechenden Gegenstück im anderen Staat fehlte, ist dies bei den neueren Abkommen anders. Heute geht man nicht mehr von einzelsteuerbezogener Gegenseitigkeit aus, sondern vom Gesamtgewicht der in einem Staat erhobenen direkten Besteuerung.[74] Nimmt der andere Vertragsstaat auch eine umfassende Besteuerung des Einkommens und Vermögens des Steuerpflichtigen vor, ist auch die deutsche Gewerbesteuer Abkom-

74 Grundgedanken der Gegenseitigkeitsvoraussetzung beinhaltet z. B. noch Art. 8 OECD-MA.

mensgegenstand, da es unerheblich ist, auf wie viele Steuern diese umfassende Besteuerung verteilt wird.

2.3 Räumlicher Geltungsbereich gem. Art. 28 OECD-MA

Der räumliche Geltungsbereich wird zumeist erst in den Zusatzvorschriften eines DBA geregelt, kann aber von entscheidender Bedeutung sein (Art. 28 OECD-MA). In der Regel bestimmt das gesamte Hoheitsgebiet der jeweiligen Vertragsstaaten den räumlichen Anwendungsbereich, doch gibt es nennenswerte Ausnahmen wie z. B. im Falle Dänemarks, das für DBA-Zwecke Grönland trotz staatsrechtlicher Zugehörigkeit nicht in den Geltungsbereich der DBA aufgenommen hat. Ähnliches galt für die Bundesrepublik Deutschland bis zum 03.10.1990, denn auch hier wurde hinsichtlich des Geltungsbereichs aus politischen Gründen vom Gebiet Deutschlands gesprochen, jedoch mit dem Hinweis einer Beschränkung auf das Gebiet, in dem das deutsche Grundgesetz (also nur die „alte" Bundesrepublik Deutschland) galt.

Der deutsche Festlandssockel zählt nicht zum Staatsgebiet der Bundesrepublik. Gleichwohl ist es völkerrechtlich unbestritten, dass die Ausbeutung der im Festlandssockel enthaltenen Bodenschätze ausschließlich Deutschland zusteht. Da nach deutschem Steuerrecht der Festlandssockel als Inland zu behandeln ist, ist aus deutscher Sicht eine Ausweitung des Abkommens auch ohne ausdrückliche Formulierung anzunehmen. Die DBA mit Argentinien, Brasilien, China, Elfenbeinküste, Indien, Indonesien, Kenia, Mauritius, Philippinen, Polen, Sri Lanka, Türkei, Tunesien und Ungarn sehen eine ausdrückliche Einbeziehung des Festlandssockels in das Gebiet der Vertragsstaaten vor. Einige Staaten beziehen im Abkommen selbst bestimmte Gebiete ausdrücklich mit ein, wie dies z. B. beim DBA-Frankreich der Fall ist, da dies auch für die überseeischen Departements Guadeloupe, Französisch-Guyana, Martinique und Réunion gilt.[75]

Aus deutscher Sicht ergibt sich derzeit im Verhältnis zur Volksrepublik China eine besondere Situation hinsichtlich einer etwaigen Einbeziehung Hongkongs in das bestehende Abkommen mit der VR China zum 01.07.1997. Mit Schreiben vom 23.01.1995 hat das Bundesfinanzministerium dem Bundesverband der deutschen Industrie mitgeteilt, dass eine automatische Einbeziehung Hongkongs in den Abkommensschutz derzeit nicht geplant sei. Es muss abgewartet werden, wie die Situation Hongkongs zukünftig geregelt sein wird.[76] Die Finanzverwaltung hat mit Schreiben vom 02.01.2001[77] deutlich gemacht, dass das zwischen der Bundesrepublik Deutschland und der VR China abgeschlossene DBA nach dem 01.07.1997 in Hongkong nicht anwendbar ist. Außerdem seien weder ein gesondertes Abkommen

75 Siehe Revisionsprotokoll DBA-Frankreich vom 28.09.1989, BStBl 1990 I S. 413.
76 Zu weiteren Einzelheiten siehe Rundshagen/Strunk, RIW 1996, S. 396 ff.
77 IV B 6 – S 1300 – 26/00, BStBl 2001 I S. 41.

mit Hongkong noch Verhandlungen mit der VR China über eine Einbeziehung Hongkongs geplant.

3 Zuordnungsprinzipien hinsichtlich der Besteuerungsrechte

Entscheidende Bedeutung bei der Anwendung von Doppelbesteuerungsabkommen kommt der Frage zu, welcher Staat bei welchen Einkunftsarten ein Besteuerungsrecht besitzt und wie er dieses ausüben kann. Als Grundsatz gilt, dass dem Ansässigkeitsstaat, also dem Staat, in dem der Steuerpflichtige entweder seinen Wohnsitz, gewöhnlichen Aufenthalt oder seinen Sitz oder Ort der tatsächlichen Geschäftsleitung hat, das Besteuerungsrecht zusteht. Dem anderen Staat, dem sog. Quellenstaat, steht zumeist nur neben diesem Besteuerungsrecht ein eigenständiges, oftmals beschränktes Recht zur Besteuerung bestimmter Einkünfte zu.

Denkbar sind somit folgende Fallkonstellationen:

(1) Der Ansässigkeitsstaat hat das ausschließliche Besteuerungsrecht.

(2) Der Quellenstaat bzw. Belegenheitsstaat hat das ausschließliche Besteuerungsrecht.

(3) Beide Staaten haben ein in der Höhe nicht beschränktes Besteuerungsrecht, wobei der Ansässigkeitsstaat die Doppelbesteuerung durch Anrechnung der im anderen Vertragsstaat gezahlten Steuern oder durch Freistellung der im Ausland erzielten Einkünfte verhindert.

(4) Beide Staaten haben das Besteuerungsrecht wie unter (3), wobei jedoch der anzuwendende Steuersatz im Quellenstaat in seiner Höhe beschränkt ist und der Ansässigkeitsstaat die im Ausland gezahlte Steuer anrechnet oder die ausländischen Einkünfte von der inländischen Besteuerung freistellt, wie dies z. B. bei Dividenden der Fall sein kann.

Eine Vermeidung der Doppelbesteuerung in den Fällen (1) und (2) geschieht durch die ausschließliche Zuordnung des Besteuerungsrechtes und der damit einhergehenden Beschränkung des jeweilig anzuwendenden nationalen Steuerrechts. Hierunter fallen nicht die Regelungen, die dem anderen Vertragsstaat zwar das Besteuerungsrecht grundsätzlich belassen, diesen aber dazu verpflichten, die im Ausland erzielten Einkünfte von der Besteuerung freizustellen. Da diese Freistellung i. d. R. unter Progressionsvorbehalt gewährt wird, entsteht bei natürlichen Personen möglicherweise eine Höherbelastung. Die Anwendung des Progressionsvorbehaltes ist u. E. jedoch dann ausgeschlossen, wenn durch eine eindeutige, ausschließliche Zuweisung des Besteuerungsrechtes eine Doppelbesteuerung begrifflich nicht entstehen kann und damit eine Anwendung des Art. 23 A OECD-MA nicht zum Tragen kommt. In den

Fällen (3) und (4) hat der jeweilige Ansässigkeitsstaat die Doppelbesteuerung durch Anrechnung der ausländischen Steuer zu verhindern. Zwar ist auch in den Fällen (3) und (4) denkbar, dass die Doppelbesteuerung durch Freistellung der ausländischen Einkünfte vermieden wird, doch ist in den Bestimmungen des OECD-MA hierzu keinerlei Vorschrift enthalten.[78] Dem Quellenstaat obliegt die Verpflichtung zur Ergreifung von Maßnahmen, um die Doppelbesteuerung zu vermeiden, nicht. Nach welchen Prinzipien die Aufteilung der Besteuerungsrechte[79] vorgenommen wird, bleibt weitgehend den Verhandlungen der Vertrag schließenden Staaten überlassen. Da DBA einen eigenen Regelungskreis darstellen, sind folgende Verfahrensweisen denkbar:

(1) Einkunftsartenbezogene Zuteilung der Besteuerungsrechte,[80]

(2) nur der Ansässigkeitsstaat darf besteuern, oder

(3) nur der Quellenstaat darf besteuern.

Von diesen Verfahren findet in den DBA ausschließlich die einkunftsartenbezogene Zuteilung der Besteuerungsrechte Anwendung. Eine Vermeidung der Doppelbesteuerung wäre auch durch die Anwendung der anderen Verfahren zu erzielen, doch sind diese Methoden im OECD-MA nicht vorgesehen. Da es sich hierbei um Grundprinzipien eines Systems zur Vermeidung der Doppelbesteuerung handelt, ist selbstverständlich nicht auszuschließen, dass einkunftsartenbezogen nur der Ansässigkeitsstaat oder nur der Quellenstaat das Besteuerungsrecht hat, wie dies bereits weiter oben dargestellt wurde.

Die deutsche Abkommenspraxis sieht eine grundsätzliche Besteuerung im Wohnsitzstaat vor, die jedoch mit der Verpflichtung verbunden ist, all jene Maßnahmen zu ergreifen, die erforderlich sind, um die Doppelbesteuerung zu vermeiden (Anrechnung oder Freistellung). Die Vorteile der ausschließlichen Besteuerung im Wohnsitzstaat liegen im Wesentlichen darin, dass

– eine vollständige Erfassung des Gesamteinkommens sichergestellt ist,[81]
– nur eine Steuerbehörde aus der Sicht des Steuerpflichtigen zuständig ist und somit eine Besteuerung nach dem Leistungsfähigkeitsprinzip einfacher möglich ist.

Eingeschränkt wird dieses Prinzip der ausschließlichen Besteuerung im Wohnsitzstaat allerdings durch fiskalische und volkswirtschaftliche Überlegungen. Aus fis-

78 Lediglich bei unangemessenen Gesellschafterfremdfinanzierungen kann darüber nachgedacht werden, wie der unangemessene Teil besteuert wird und ob die Quellensteuerbegrenzung aufgrund eines DBA zur Anwendung kommt.

79 Die Frage, ob es sich um eine Aufteilung von Besteuerungsrechten, um eine Zuteilung oder Beschränkung solcher handelt, ist vielfach diskutiert worden. Aufgrund des rechtstheoretischen Hintergrundes ohne weitgehende materiell-rechtliche Wirkungen soll in diesem Zusammenhang auf die Darstellung dieser Diskussion verzichtet werden. Vgl. Vogel, K., a. a. O., Anm. 45 ff. zur Einleitung.

80 Für jede Einkunftsart wird gesondert entschieden, welcher der beiden Staaten das Besteuerungsrecht ausüben darf.

81 Eine Steuerumgehung durch die Nichterklärung der Einkünfte kann hier nicht ausgeschlossen werden.

kalischen Gründen würden bei einer ausschließlichen Besteuerung im Wohnsitz-/Sitzstaat solche Staaten benachteiligt, in denen die wirtschaftliche Leistung, die den Einkünften zugrunde liegt, erbracht wird, der Steuerpflichtige aber nicht ansässig ist. Ihnen würden die Belastungen aus den Wirtschaftstätigkeiten verbleiben, ohne dass sie verhindern könnten, dass die Steuerpflichtigen ihrer Steuerzahlung im Ausland zu einem geringeren Steuersatz nachkommen. Solche Vereinbarungen wären mit der Bundesrepublik, aber auch mit vielen anderen Staaten kaum denkbar. Aus volkswirtschaftlichen Gründen kann eine Besteuerung im Wohnsitzstaat zu Wettbewerbsverzerrungen führen, da zum Beispiel inländische Unternehmen, die im Ausland mit Unternehmen konkurrieren, die einer niedrigeren oder höheren Besteuerung unterliegen, die Preise bei unterstellter gleicher Nachsteuerrendite anders kalkulieren können bzw. müssen. Ist die steuerliche Belastung im jeweiligen Sitzstaat der Unternehmen unterschiedlich hoch, ist ein Angebot der Produkte zu unterschiedlichen Preisen nicht auszuschließen. Sofern die Steuerbelastung der im Verkaufsmarkt ansässigen Unternehmen niedriger ist als im Ausland, könnten ausländische Anbieter nicht zu wettbewerbsfähigen Preisen ihre Produkte anbieten. Die damit einhergehende binnenwirtschaftliche Orientierung der Unternehmen ist vor dem Hintergrund einer angestrebten arbeitsteiligen internationalen Wirtschaft unerwünscht. Eine Besteuerung der Einkünfte im Quellenstaat, z. B. im Betriebsstättenstaat, und anschließende Freistellung im Sitzstaat des Einkunftsbeziehers führt zu keiner Wettbewerbsverzerrung, da alle Anbieter auf dem ausländischen Markt mit den gleichen steuerlichen Rahmenbedingungen wirtschaften müssen und daher keine steuerinduzierten Wettbewerbsvorteile erzielen können.

Vereinfacht gesagt ist die Ausprägung des Besteuerungsrechtes des Quellenstaates umso deutlicher und der Umfang umso größer, je stärker die Verbindung der Einkünfte zum Quellenstaat besteht. Beispielsweise ist diese naturgemäß bei Grundstücken bzw. allgemein unbeweglichem Vermögen sehr hoch, sodass dem Belegenheitsstaat (dem Quellenstaat für Einkünfte aus unbeweglichem Vermögen) mindestens auch ein Besteuerungsrecht zusteht, meist sogar nur diesem Staat. Bei Betriebsstätten wird dem Betriebsstättenstaat eine so enge Verbindung zu den daraus resultierenden Einkünften zugestanden, dass dieser auch hier zumeist faktisch das ausschließliche Besteuerungsrecht hat (Ausnahme: DBA mit Ländern aus dem angelsächsischen Rechtsraum, wie z. B. USA und Großbritannien), sofern der Ansässigkeitsstaat des Steuerpflichtigen die Einkünfte bei der Ermittlung des zu versteuernden Einkommens freistellt. Dass er dies nur tun wird, wenn hierfür vorgesehene Aktivitätsvorbehalte erfüllt sind, ist später darzustellen. Demgegenüber ist bei Einkünften wie Zinsen und Lizenzen ein Besteuerungsrecht des Quellenstaates nur in beschränkter Höhe oder gar nicht vorgesehen. Begründet wird dies damit, dass die wirtschaftlichen Erträge aus der Nutzung des Kapitals bzw. des technischen Wissens im Staat der Nutzung, also dem Quellenstaat, einer eigenständigen Besteuerung unterliegen und es daher nicht notwendig erscheint, die Zins- und Lizenzerträge noch zusätzlich in erheblichem Umfang zu besteuern, zumal eine

Besteuerung im Quellenstaat regelmäßig den gesamten Steuerbetrag abschöpft, sodass dem Ansässigkeitsstaat durch die Berechnung der ausländischen Steuern keine Einnahmen verbleiben.

F Besteuerung einzelner Einkunftsarten

Die Begriffswelt der Doppelbesteuerungsabkommen ist grundsätzlich verschieden von der des nationalen Steuerrechts, sodass eine undifferenzierte Übernahme der jeweiligen Begriffe auf das entsprechend andere Rechtsgebiet nicht möglich ist. Am deutlichsten zeigt sich dies bei der Definition der einzelnen Einkunftsarten. Die DBA kennen dabei folgende Einkünfte:

(1) Einkünfte aus unbeweglichem Vermögen (Art. 6)

(2) Einkünfte aus Unternehmensgewinnen (Art. 7)

(3) Einkünfte aus Seeschifffahrt, Binnenschifffahrt und Luftfahrt (Art. 8)

(4) Einkünfte aus Dividenden (Art. 10)

(5) Einkünfte aus Zinsen (Art. 11)

(6) Einkünfte aus Lizenzgebühren (Art. 12)

(7) Einkünfte aus der Veräußerung von Vermögen (Art. 13)

(8) Einkünfte aus selbständiger Arbeit (Art. 14)

(9) Einkünfte aus unselbständiger Arbeit (Art. 15)

(10) Einkünfte aus Aufsichtsrats- und Verwaltungsratstätigkeiten (Art. 16)

(11) Einkünfte aus der Tätigkeit von Künstlern und Sportlern (Art. 17)

(12) Ruhegehälter (Art. 18)

(13) Einkünfte aus öffentlichem Dienst (Art. 19)

(14) Einkünfte von Studenten (Art. 20)

(15) Andere Einkünfte (Art. 21)

Doppelbesteuerungsabkommen bestimmen anders als sonstige völkerrechtliche Verträge nicht, welches von zwei grundsätzlich denkbaren Rechtssystemen Anwendung findet, wie es zum Beispiel das Internationale Privatrecht vornimmt, sondern regeln vielmehr, welcher Staat sein eigenständiges Steuerrecht bei welchen Einkunftsarten anwenden darf. Aus dieser wechselseitigen Beschränkung von Besteuerungsrechten wird in der Literatur der sonst vorhandene Begriff der Kollisionsnormen in der Kommentierung von Vogel als fehlerhaft eingestuft. Gleiches gilt für die Bezeichnung, dass DBA Besteuerungsrechte zuteilen. Dies ist zwar auch der Fall, doch beschränken sich die Regelungen des DBA nicht hierauf. So sind z. B. Regelungen zum Verständigungsverfahren oder zum Informationsaustausch hierunter nicht zu fassen. DBA stellen vielmehr ein eigenständiges Regelsystem dar, das durch wechselseitige Steuerverzichte der beteiligten Vertragsstaaten geprägt ist. Die Beschränkung der jeweiligen Staaten kann darin liegen, dass ein Staat entweder auf die Besteuerung verzichtet, oder aber, dass er die Steuer des anderen Vertragsstaates auf seine eigene anrechnet. Aus diesem Verständnis heraus ist es auch einleuchtend, dass im Rahmen von Doppelbesteuerungsabkommen keine neuen Steuerpflichten begründet werden, sondern lediglich bereits vorhandene zwischen den Staaten beschränkt werden.

1 Einkünfte aus unbeweglichem Vermögen gem. Art. 6 OECD-MA

1.1 Besteuerungsgegenstand

Während nach deutschem Einkommensteuerrecht nur sieben Einkunftsarten gegeben sind, bestehen nach Abkommensrecht 15 Einkunftsarten. Dies führt dazu, dass die Einkünfte aus Land- und Forstwirtschaft nach nationalem deutschem Steuerrecht nicht einem Artikel im Abkommensrecht zugewiesen sind. Vielmehr sind zwei unterschiedliche Artikel zu berücksichtigen, wobei zwischen der laufenden und der Veräußerungsbesteuerung zu unterscheiden ist. Im Ergebnis kommen unterschiedliche Einkunftsartikel zum Tragen, doch sind die Rechtsfolgen der Besteuerung im Belegenheitsstaat in beiden Fällen identisch. Für die innerstaatliche Behandlung kann die Einkunftsqualifizierung im Gegensatz dazu ggf. von Bedeutung sein. Denn die vorgenommene DBA-Qualifizierung der Einkünfte präjudiziert die Behandlung nach nationalem Recht nicht.[82] Denkbar sind somit Situationen, in denen die Einkünfte aus Vermietung und Verpachtung trotz gegenteiliger Beurteilung nach DBA-Recht den Einkünften aus Gewerbebetrieb zugewiesen werden. Vor allem im Zusammenhang mit der Verlustausgleichsmöglichkeit des § 2 a Abs. 3 EStG ist von entscheidender Bedeutung, ob die im Ausland erzielten Einkünfte die Voraussetzungen gem. § 2 a Abs. 3 EStG erfüllen oder nicht. Grundsätzlich besteht durch die wirtschaftliche Zurechnung des unbeweglichen Vermögens zu einer Betriebsstätte die Möglichkeit der Qualifizierung als gewerbliche Einkünfte, doch dürfte in den Fällen, in denen es sich um reine Immobilieneinkünfte aus der Vermietung und Verpachtung handelt, fraglich sein, ob eine Berücksichtigung nach § 2 a Abs. 3 EStG möglich ist.[83]

Nach innerstaatlichem Recht sind die Einkünfte, also der Überschuss der Einnahmen über die Betriebsausgaben/Werbungskosten von der deutschen Besteuerung freizustellen, sofern mit dem Belegenheitsstaat ein entsprechendes DBA die Freistellung vorsieht. Zur Ermittlung eines ggf. anzuwendenden Progressionsvorbehaltes muss eine getrennte Gewinnermittlung nach deutschem Steuerrecht erfolgen (siehe Tz. 2.0.2.1 des BMF-Schreibens vom 02.12.1994).[84]

82 So der BFH vom 31.05.1995, IStR 1995, S. 438.
83 Hier sei auf die Ausführungen im ersten Teil dieses Buches zu § 2 a EStG hingewiesen.
84 IV C 7 – S 1340 – 20/94, BStBl 1995 I Sondernummer 1.

Artikel 6 des OECD-MA regelt allerdings nur die Verteilung der Besteuerungsrechte, nicht die Frage der Bewertung sowie die Berücksichtigung von Betriebsausgaben. Die Ermittlung der Bemessungsgrundlage folgt zwingend nach den innerstaatlichen Vorschriften des Belegenheitsstaates. Dies kann dazu führen, dass in den Fällen, in denen der Wohnsitzstaat auch eine Besteuerung vornimmt und die im Ausland gezahlte Steuer auf die inländische Steuerschuld angerechnet wird, eine vollständige wirtschaftliche Doppelbelastung nicht vermieden wird. Ursache hierfür ist dann der unterschiedliche Wertansatz des unbeweglichen Vermögens. Beispielhaft sei bis zum VZ 1996 auf die Bewertung zu Verkehrswerten oder Einheitswerten sowie die Nichtberücksichtigung von Abschreibungen hingewiesen.[85]

Einkünfte aus unbeweglichem Vermögen besteuert nach Art. 6 OECD-MA sowohl der Belegenheitsstaat als auch der Ansässigkeitsstaat. Gleichwohl hat die deutsche Abkommenspraxis nur dem Belegenheitsstaat das Besteuerungsrecht zugewiesen und verlangt vom Ansässigkeitsstaat die Freistellung dieser Einkünfte. Hierunter fallen jedoch nicht nur Einkünfte aus Vermietung und Verpachtung von unbeweglichem Vermögen, sondern auch Einkünfte aus unbeweglichem Betriebsstättenvermögen, da es insoweit einen Vorrang des Art. 6 vor Art. 7 i. V. m. Art. 5 Abs. 1 OECD-MA gibt. Hinsichtlich der Begriffsdefinition verweist Art. 6 Abs. 2 OECD auf die jeweilige Definition des Begriffes nach dem Belegenheitsstaat. Wenngleich keine eigene Definition im Abkommen gegeben ist, werden zahlreiche Beispiele im Abkommenstext aufgeführt.

Die Definition des Art. 6 Abs. 2 OECD-MA verweist auf die jeweilige Definition des Begriffes nach dem Belegenheitsstaat, gibt aber zahlreiche Beispiele von Wirtschaftsgütern, die mindestens erfasst sind. Welchen Begriffsinhalt die genannten Beispiele in Art. 6 Abs. 2 OECD-MA haben, bestimmt sich demgegenüber wiederum nach nationalem Steuerrecht. Das DBA geht hinsichtlich der Definition von unbeweglichem Vermögen über die des nationalen Steuerrechts gem. § 49 Abs. 1 Nr. 1 EStG hinaus und verweist allgemein auf das Recht des Belegenheitsstaates, sodass die zivilrechtlichen Regelungen im Zusammenhang mit Grundstücken Anwendung finden. Das **Vermögen** umfasst unabhängig von der Definition des innerstaatlichen Rechts zwingend folgende Vermögensgegenstände:

- Zum **Zubehör** gehören die Barmittel, Wertpapiere und ähnliche Vermögensgegenstände eines land- und forstwirtschaftlichen Betriebs, allerdings nur dann, wenn ein wirtschaftlicher Zusammenhang hierzu hergestellt werden kann. Für Deutschland ist dies vor allem die Vorschrift des § 97 BGB.
- Lebendes und totes Inventar land- und forstwirtschaftlicher Betriebe.

Auf die Frage der wirtschaftlichen Zurechnung des Grundvermögens kommt es nicht an, da in jedem Fall eine Besteuerung im Belegenheitsstaat sichergestellt ist.

---

85 In Großbritannien ist eine gewinnmindernde Berücksichtigung planmäßiger Abschreibungen auf Bürogebäude beispielsweise nicht zulässig.

Probleme, die sich aus einer unterschiedlichen Zurechnung des Vermögens ergeben, werden im Zusammenhang mit Qualifikationskonflikten noch näher dargestellt.

Zu den Abweichungen in der deutschen Abkommenspraxis siehe beispielhaft DBA-Spanien und DBA-Schweiz. Artikel 6 Abs. 4 OECD-MA soll jedoch sicherstellen, dass der Belegenheitsstaat in jedem Fall die Einkünfte aus dem unbeweglichen Vermögen besteuern kann, selbst dann, wenn dieses nicht zu einer Betriebsstätte in dem Staat gehört. Eine Besteuerung folgt dem jeweiligen nationalen Steuerrecht dieses Staates.

1.2 Zuordnung des Besteuerungsrechts

Einkünfte aus unbeweglichem Vermögen besteuert nach **Art. 6 OECD-MA** sowohl der Belegenheitsstaat als auch der Ansässigkeitsstaat des Steuerpflichtigen. Eine Besteuerung folgt dem jeweiligen nationalen Steuerrecht dieses Staates. Dies ergibt sich aus der Formulierung „... können im anderen Staat ... besteuert werden“. Die Vermeidung der Doppelbesteuerung folgt dann den Art. 23 A und 23 B OECD-MA. Die deutsche Abkommenspraxis folgt im Wesentlichen der nach dem Musterabkommen möglichen Besteuerung im Belegenheitsstaat und der Freistellung im Ansässigkeitsstaat. Hiervon abweichend gibt es mehrere Ausnahmen, z. B. DBA-Schweiz und DBA-Spanien. Hier schränkt Deutschland, ebenso wie im umgekehrten Fall auch der andere Vertragsstaat, sein bestehendes Besteuerungsrecht nicht ein, sondern nimmt nur eine Anrechnung der im Ausland gezahlten Steuern auf die deutsche Steuerschuld vor.

Eine Besteuerung im Belegenheitsstaat geht gem. OECD-MA allen anderen Verteilungsnormen vor. Dies gilt auch für Grundvermögen, das zu einem Betriebsvermögen oder einer Betriebsstätte gehört. Die deutsche Abkommenspraxis ist hiervon jedoch i. d. R. abgewichen, sodass Grundvermögen, welches einer im anderen Vertragsstaat belegenen Betriebsstätte zuzurechnen ist, nach den Artikeln über Unternehmensgewinne besteuert wird. Abweichungen vom Belegenheitsprinzip gibt es bei Zinsen, die grundpfandrechtlich gesichert sind, denn diese fallen unter die Einkunftsart Zinsen und nicht unter die Einkünfte aus unbeweglichem Vermögen. Eine weitere Beschränkung liegt darin, dass nur grenzüberschreitende Einkünfte besteuert werden, denn Einkünfte aus unbeweglichem Vermögen, welches im Wohnsitzstaat oder in einem Drittstaat belegen ist, werden gem. Art. 21 OECD-MA als „sonstige Einkünfte“ qualifiziert und ausschließlich im Wohnsitzstaat besteuert. Die deutsche Abkommenspraxis folgt im Wesentlichen der nach dem Musterabkommen möglichen Besteuerung im Belegenheitsstaat und der Freistellung im Ansässigkeitsstaat. Hiervon abweichend gibt es mehrere Ausnahmen, z. B.: DBA-Schweiz[86]

86 Art. 6 Abs. 1 i. V. m. Art. 24 Abs. 2 DBA-Schweiz (BGBl 1972 II S. 1022).

und DBA-Spanien.[87] Hier schränkt Deutschland ebenso wie im umgekehrten Fall auch der andere Vertragsstaat sein bestehendes Besteuerungsrecht nicht ein, sondern nimmt nur eine Anrechnung der im Ausland gezahlten Steuern auf die deutsche Steuerschuld vor.

Abweichungen vom Belegenheitsprinzip gibt es bei Zinsen, die grundpfandrechtlich gesichert sind, denn diese fallen unter die Einkunftsart Zinsen und nicht unter die Einkünfte aus unbeweglichem Vermögen. Eine weitere Beschränkung liegt darin, dass nur grenzüberschreitende Einkünfte besteuert werden, denn Einkünfte aus unbeweglichem Vermögen, welches in einem Drittstaat belegen ist, werden gem. Art. 21 OECD-MA als „sonstige Einkünfte" qualifiziert und ausschließlich im Wohnsitzstaat besteuert.

Artikel 6 OECD-MA regelt allerdings nur die **Verteilung** der Besteuerungsrechte, nicht die Frage der Bewertung sowie die Berücksichtigung von Betriebsausgaben. Die Ermittlung der Bemessungsgrundlage folgt zwingend nach den innerstaatlichen Vorschriften des Belegenheitsstaates. Dies kann dazu führen, dass in den Fällen, in denen der Wohnsitzstaat auch eine Besteuerung vornimmt und die im Ausland gezahlte Steuer auf die inländische Steuerschuld angerechnet wird, eine vollständige wirtschaftliche Doppelbelastung nicht vermieden wird. Ursache hierfür ist dann der unterschiedliche Wertansatz des unbeweglichen Vermögens. Beispielhaft sei bis zum VZ 1996 auf die Bewertung zu Verkehrswerten oder Einheitswerten sowie die Nichtberücksichtigung von Abschreibungen hingewiesen.

Im Ergebnis bleibt der Bundesrepublik Deutschland nicht nur in abkommenslosen Fällen, sondern auch bei Vorliegen eines DBA das Besteuerungsrecht für Einkünfte aus Grundvermögen erhalten. Die Besteuerung erfolgt gem. § 50 EStG im Wege der Veranlagung. Für einen Steuereinbehalt im Wege des Abzugs sah der Gesetzgeber wegen des inländischen Vermögens keine Notwendigkeit, da eine Befriedigung von Steueransprüchen durch das inländische Grundvermögen sichergestellt ist.

Nebenerträge, wie zum Beispiel Zinserträge aus Bankguthaben oder aus Forderungen, die einem land- und forstwirtschaftlichen Betrieb wirtschaftlich zuzurechnen sind und nach nationalem Recht dem § 49 Abs. 1 Nr. 1 EStG zuzurechnen wären, werden durch Art. 6 des OECD-MA bzw. entsprechender Artikel im anzuwendenden DBA nicht zu den Einkünften aus unbeweglichem Vermögen gezählt.

1.3 Besonderheiten und Gestaltungsmöglichkeiten

Besonderheiten ergeben sich auch in den Fällen, in denen zum Beispiel ein Erwerber eines Grundstücks dem bisherigen Mieter für die vorzeitige Auflösung des Mietverhältnisses eine Abfindung zahlt. Diese gehört beim Empfänger der Zahlung zu

87 Art. 6 Abs. 1 i. V. m. Art. 23 Abs. 1 b) cc) DBA-Spanien (BGBl 1968 II S. 10) sowie OFD Berlin vom 06.08.1996, IStR 1996, S. 488.

den Einkünften aus unbeweglichem Vermögen und wird daher im Belegenheitsstaat besteuert. Ob es jedoch zu einer Besteuerung in Deutschland kommt, hängt davon ab, ob die Einkünfte steuerpflichtig sind. Sofern die Empfänger private Mieter gewesen sind, wird eine Steuerpflicht in Deutschland zu verneinen sein.

Einige DBA (wie z. B. das mit Finnland) sehen eine Anwendung des Art. 6 OECD-MA auch in den Fällen als gegeben an, in denen Aktionären durch ihr verbrieftes Gewinnrecht aus der Nutzung unbeweglichen Vermögens Einkünfte erwachsen. Ähnliche Regelungen enthalten auch Art. 6 und Art. 13 (Veräußerungsgewinne) des DBA-USA,[88] sofern die in den USA ansässigen Kapitalgesellschaften ausschließlich oder nahezu ausschließlich Einkünfte aus unbeweglichem Vermögen erzielen. Somit besteht auch für deutsche Investoren die Möglichkeit, sich an amerikanischen Kapitalgesellschaften zu beteiligen und mit ihren daraus erzielten Dividendeneinkünften ausschließlich in den USA der Besteuerung zu unterliegen. Gegenüber einer Beteiligung an einer Personengesellschaft können haftungs- oder andere zivilrechtliche Vorteile somit ausgenutzt werden. Eine Nutzungswertbesteuerung des im Ausland belegenen Wohnraums gem. § 21 Abs. 2 EStG in den sog. Altfällen fand ebenfalls Berücksichtigung,[89] wie demgegenüber § 10 e EStG auf ausländische Grundstücke keine Anwendung findet.[90] Besondere Besteuerungsprobleme bei Einkünften aus Land- und Forstwirtschaft sollen hier nicht näher dargestellt werden.[91]

2 Unternehmensgewinne (Art. 5, 7 – 9 OECD-MA)

2.1 Definition der Einkunftsart

Art. 7 OECD-MA „Unternehmensgewinne" beschäftigt sich mit einer der wesentlichen, wenn nicht der wesentlichen Einkunftsart. Wenngleich eine Begriffsidentität zwischen gewerblichen Einkünften i. S. des § 15 EStG und den Unternehmensgewinnen i. S. des Art. 7 OECD-MA nicht gegeben ist, sind die Parallelen jedoch unverkennbar, da auch nach deutschem Steuerrecht die gewerblichen Einkünfte den überwiegenden Teil der Einkünfte ausmachen. Gewinne eines Unternehmens sollen gem. Art. 7 OECD-MA unabhängig von ihrer isolierten Zurechnung zu bestimmten

88 DBA-USA vom 29.08.1989, BStBl 1991 I S. 94.

89 Zur Regelung mit der Schweiz siehe BdF vom 30.06.1989 – IV C 6 – S 1301 Schz – 9/89 (BStBl 1989 I S. 250).

90 Siehe Leitfaden zur Besteuerung ausländischer Einkünfte bei unbeschränkt steuerpflichtigen natürlichen Personen (Stand: Nov. 1994), Anhang 2, Anlage FM NRW vom 16.12.1994 – S 1300 – 122 – V C 1.

91 Für Spanien: FM NRW vom 07.08.1969 – S 1301 – Spanien 4 – V B 1 und für die Niederlande: FM Niedersachsen vom 06.06.1977 – S 1301 – 36 – 332.

Einkunftsarten die Einkünfte sein, die ein Unternehmen im Rahmen seiner unternehmerischen Tätigkeiten erzielt. Die insoweit postulierte Subsidiarität der anderen Einkunftsarten unter die Einkunftsart Unternehmensgewinne, wie sie durch die Formulierung des Betriebsstättenvorbehaltes beispielhaft in Art. 10 Abs. 4 OECD-MA, in Art. 11 Abs. 4 OECD-MA sowie Art. 12 Abs. 3 OECD-MA gegeben ist, dokumentiert die Vorrangigkeit der Unternehmensgewinne, ähnlich dem Verhältnis im nationalen deutschen Steuerrecht zwischen den Gewinneinkunftsarten und den Überschusseinkunftsarten. Im Gegensatz zum nationalen deutschen Steuerrecht hat jedoch eine Abgrenzung nur hinsichtlich des Art. 6 OECD-MA, den Einkünften aus unbeweglichen Vermögen, zu erfolgen. Die Einkünfte aus Land- und Forstwirtschaft i. S. des § 13 ff. EStG fallen regelmäßig unter Art. 6 des OECD-MA. Sofern die ansässige Person eine gewerbliche Tätigkeit i. S. des § 15 Abs. 2 EStG ausführt, ist regelmäßig davon auszugehen, dass auch Unternehmensgewinne i. S. des Art. 7 Abs. 1 OECD-MA vorliegen. Fraglich ist aber, ob eine rein vermögensverwaltende Personengesellschaft eine Unternehmenstätigkeit ausübt. Gemäß § 15 Abs. 3 Nr. 2 EStG ist eine gewerbliche Prägung durch die ausschließliche **Vollhafterstellung** einer Kapitalgesellschaft unabhängig von der Betätigung der Gesellschaft möglich. Aufgrund der Subsidiarität der Art. 10, 11 und 12 OECD-MA zu den Einkünften gem. Art. 7 OECD-MA wäre in diesen Fällen eine solche steuerliche Behandlung nicht sachgerecht, denn das Abkommensrecht will auf die **tatsächliche Tätigkeit** und nicht auf die rechtliche Qualifikation abgestellt wissen. Bei Unternehmenstätigkeit handelt es sich somit in negativer Abgrenzung zu freien vermögensverwaltenden Tätigkeiten um eine Betätigung, die nachhaltig ausgeübt wird. Insoweit kommt es m. E. auch nicht auf das Vorliegen oder Nichtvorliegen einer Aktivitätsklausel an, wie viele DBA dies vorsehen, da bereits eine nur gewerblich geprägte Personengesellschaft nicht die Voraussetzung eines Unternehmens i. S. des Art. 7 OECD-MA erfüllt. Gleichwohl ist diese Beurteilung des Sachverhaltes nicht zwingend aus der wörtlichen Formulierung des Abkommenstextes zu entnehmen. Unbestritten ist die Behandlung der Einkünfte aus einer vermögensverwaltenden Tätigkeit einer Personengesellschaft nur in den Fällen, in denen die deutsche Abkommenspraxis in Art. 7 des nationalen DBA eine Formulierung gewählt hat, in der es heißt „Einkünfte aus Gewerbebetrieb“ und nicht „Einkünfte aus Unternehmenstätigkeit“, da im ersteren Fall ein eindeutiger Rückgriff auf die Regelung des innerstaatlichen Rechts erfolgt und insoweit auch die vermögensverwaltende Tätigkeit einer gewerblich geprägten Personengesellschaft hierunter fallen würde und im letzterem Fall nicht. Unternehmenseinkünfte, die einer Betriebsstätte zugewiesen werden, sind nach deutscher Abkommenspraxis im Ansässigkeitsstaat freizustellen. Betreibt eine in einem Vertragsstaat ansässige Person ein Unternehmen und erzielt sie hierbei Gewinne, sind diese vorbehaltlich des Vorliegens einer Betriebsstätte im anderen Staat nur im Ansässigkeitsstaat zu besteuern.

Gewinne eines Unternehmens sollen gem. Art. 7 OECD-MA unabhängig von ihrer isolierten Zurechnung zu bestimmten Einkunftsarten die Einkünfte sein, die ein

Unternehmen im Rahmen seiner unternehmerischen Tätigkeiten erzielt. Die insoweit postulierte Subsidiarität der anderen Einkunftsarten unter die Einkunftsart Unternehmensgewinne, wie sie durch die Formulierung des Betriebsstättenvorbehaltes beispielhaft in Art. 10 Abs. 4 OECD-MA, in Art. 11 Abs. 4 OECD-MA sowie Art. 12 Abs. 3 OECD-MA gegeben ist, dokumentiert die Vorrangigkeit der Unternehmensgewinne, ähnlich dem Verhältnis im nationalen deutschen Steuerrecht zwischen den Gewinneinkunftsarten und den Überschusseinkunftsarten. Im Gegensatz zum nationalen deutschen Steuerrecht hat jedoch eine Abgrenzung nur hinsichtlich des Art. 6 OECD-MA den Einkünften aus unbeweglichen Vermögen zu erfolgen, wobei die Einkünfte aus Land- und Forstwirtschaft i. S. des § 13 ff. EStG regelmäßig unter Art. 6 OECD-MA fallen.

Da der Begriff des Unternehmens in den DBA nicht definiert ist, muss er nach Meinung aus dem Schrifttum aus dem OECD-MA sowie ersatzweise anhand des innerstaatlichen Steuerrechts ausgelegt werden. Eine Definition aus dem Schrifttum ist unter anderem bei Vogel zu entnehmen.[92] Dieser umschreibt eine **Unternehmenstätigkeit** als „eine selbständige, auf Erwerb gerichtete Tätigkeit, die sich einerseits gegen die landwirtschaftliche Urproduktion abgrenzt, andererseits gegen die künstlerischen, wissenschaftlichen oder eine wissenschaftliche Vorbildung erfordernden freien Berufe“. Durch die Streichung des Art. 14 OECD-MA a. F. verbleibt somit nur noch die Abgrenzung zwischen unternehmerischer Tätigkeit und land- und forstwirtschaftlicher Tätigkeit, die typischerweise nach Art. 6 OECD-MA qualifiziert wird. Für die Qualifizierung als Unternehmenstätigkeit ist damit unmittelbar auf die tatsächliche Ausübung bestimmter Tätigkeiten abzustellen, sodass z. B. die nach innerstaatlichem Recht herbeizuführende Qualifikation als gewerbliche Einkünfte durch das Rechtsinstitut z. B. der Betriebsaufspaltung oder der Möglichkeit der gewerblichen Prägung durch § 15 Abs. 3 Nr. 2 EStG für sich genommen nicht zu den Unternehmensgewinnen i. S. des Art. 7 Abs. 1 OECD-MA führt. Vogel[93] ist zuzustimmen, wenn er Unternehmenstätigkeit i. S. des Art. 7 OECD-MA mit einer selbständigen Erwerbstätigkeit, die nicht Nutzung unbeweglichen Vermögens i. S. des Art. 6 OECD-MA ist, beschreibt. Die Bestimmung erfolgt damit anders als im deutschen Einkommensteuerrecht nicht vorrangig anhand positiver Tatbestandsmerkmale, sondern vor allem anhand negativer Abgrenzung zur Vermögensverwaltung unbeweglichen Vermögens.

Für die Praxis ist jedoch diese allgemein gefasste Definition nicht hilfreich, sodass zur Bestimmung auf das nationale Recht verwiesen werden muss. Als Indizien sind die einkommensteuerlichen Anknüpfungspunkte für eine gewerbliche Tätigkeit i. S. des § 15 Abs. 2 EStG heranzuziehen, doch führen auch einmalige Geschäftstransaktionen zur Unternehmenstätigkeit und damit zur Einbeziehung in den Art. 7

92 Vgl. Hemmelrath in Vogel/Lehner, 4. Aufl. 2003, Art. 7 OECD-MA, Rz. 23.
93 Vgl. Vogel in Vogel/Lehner, 4. Aufl. 2003, Art. 7 OECD-MA, Rz. 26.

OECD-MA.[94] Eine Personengesellschaft ist nach nationalem deutschem Steuerrecht nicht Steuersubjekt und auch für abkommensrechtliche Zwecke ist sie als solche nicht Träger von Rechten und Pflichten aus dem DBA und daher nicht Person i. S. des DBA. Eine Personengesellschaft wird vielmehr als transparentes Gebilde und die Betriebsstätte einer Personengesellschaft als anteilige Betriebsstätte aller Mitunternehmer der Personengesellschaft angesehen. Fraglich ist jedoch, ob es sich bei der anteilig zuzurechnenden festen Geschäftseinrichtung um eine Betriebsstätte i. S. des Art. 5 OECD-MA handelt und ob die ausgeübte Tätigkeit der Personengesellschaft für die Mitunternehmer Einkünfte i. S. des Art. 7 OECD-MA vermittelt. Bei doppelstöckigen Personengesellschaften gilt eine anzunehmende Betriebsstätte der Untergesellschaft abkommensrechtlich auch als Betriebsstätte der Gesellschafter der Obergesellschaft.[95] Die Besonderheit des deutschen Mitunternehmerkonzeptes ist das Vorliegen von **Sonderbetriebsvergütungen**, die gezahlt werden für Leistungen, die der Gesellschafter im Zusammenhang mit „seiner" Personengesellschaft dieser gegenüber erbringt. Sondervergütungen sind nach nationalem deutschem Steuerrecht Einkünfte aus Gewerbebetrieb gem. § 15 Abs. 1 Nr. 2 EStG.[96]

Beispiel:

Die natürliche Person A ist in Deutschland ansässig und gleichzeitig Gesellschafter einer US-amerikanischen partnership, die nach dem Rechtstypenvergleich als Personengesellschaft anzusehen ist. Neben seiner Beteiligung an der Personengesellschaft besteht zwischen A und der Personengesellschaft ein Darlehensvertrag. Streitig ist, wie empfangene Zinsen nach Abkommensrecht bei A zu behandeln sind.

Die OECD sieht vor, dass die Zinsen aus der Gewährung eines Darlehens eines Gesellschafters an „seine" Personengesellschaft nicht zu den Unternehmensgewinnen nach Art. 7 OECD-MA, sondern zu den Zinseinkünften nach Art. 11 OECD-MA zu zählen sind. Entsprechendes gilt für die Überlassung von Patenten, die zu Einkünften aus Art. 12 OECD-MA führt.

Eine Erfassung als Unternehmensgewinne ist nach Auffassung der deutschen Finanzverwaltung[97] nur dann möglich, wenn das den Einkünften zugrunde liegende Vermögen der Betriebsstätte tatsächlich zuzuordnen ist. Entgegen der Auffassung der Finanzverwaltung, die eine Zugehörigkeit zum Betriebsstättenvermögen als Regel ansieht, betrachtet der BFH eine solche Konstellation als Ausnahmeerscheinung.[98] Der BFH stellt unter Bezugnahme auf das DBA-Vereinigte Staaten fest, dass es regelmäßig darauf ankomme, dass nicht nur die tatsächliche Zugehörigkeit gegeben sein müsse, sondern auch die zivilrechtliche, die regelmäßig bei Sonderbetriebsvermögen nicht gegeben ist. Nicht die Personengesellschaft, sondern der Gesellschafter ist weiterhin zivilrechtlicher Eigentümer der überlassenen Vermögensgegenstände.[99]

---

94 Ferres, Intertax 1991, S. 184, sowie die Entscheidung des High Court of Australia im Falle Thiel vs. FCT (21 ATR 531).

95 BFH vom 16.10.2002 I R 17/01, BStBl 2003 II S. 631, sowie Pflüger, PIStB 2003, 204.

96 Siehe zu den Abgrenzungsschwierigkeiten Schmidt, Chr., IStR 1996, S. 213 ff.

97 BMF-Schreiben vom 24.12.1999, IV B 4 – S 1300 – 111/99, BStBl 1999 I S. 1076, Tz. 1.2.3.

98 BFH vom 27.02.1991 I R 15/89, BStBl 1991 II S. 444.

99 BFH vom 27.02.1991 I R 15/89, BStBl 1991 II S. 444; vgl. auch BFH vom 16.10.2002 I R 17/01, BStBl 2003 II S. 631, sowie die Anmerkung von Pflüger, PIStB 2003, S. 204.

Auch atypisch stille Beteiligungen an Kapitalgesellschaften begründen Mitunternehmerschaften, die für den stillen Gesellschafter zu Einkünften gem. Art. 7 Abs. 1 OECD-MA führen, sofern ihnen eine Betriebsstätte zuzurechnen ist.[100]

Der Beginn der Unternehmenstätigkeit bestimmt sich bei Einzelunternehmern und Personengesellschaft nach dem Zeitpunkt der Aufnahme der Tätigkeit, wobei es nicht zwingend auf das Auftreten nach außen gegenüber dem Markt ankommt, sondern bereits vorauseilende Tätigkeiten mit berücksichtigt werden. Hinsichtlich des Endes der unternehmerischen Tätigkeit gilt als maßgeblich der Zeitpunkt der Einstellung der werbenden Tätigkeit.

Bei Kapitalgesellschaften beginnt die unternehmerische Tätigkeit mit der Eintragung der Gesellschaft in das Handelsregister. Hinsichtlich der **Vorstadien** einer **Kapitalgesellschaft**, wie z. B. der Vorgesellschaft und der Vorgründungsgesellschaft, ist festzustellen, dass mit dem Stadium Vorgesellschaft die unternehmerische Tätigkeit ihren Anfang nimmt. Demgegenüber gilt für die Vorgründungsgesellschaft, dass diese keine unternehmerische Tätigkeiten ausübt, da sie mit der Errichtung der Kapitalgesellschaft und weiteren, internen Fragen und Aspekten beschäftigt ist.[101]

Sofern es nicht zur Eintragung der Kapitalgesellschaft kommt, verbleibt es u. E. bei der Ausübung der Unternehmenstätigkeit der Vorgründungsgesellschaft, doch wird diese steuerlich wie eine Mitunternehmerschaft behandelt und die Einkünfte anteilig den Gesellschaftern zugerechnet.

Wenngleich die Regelungen des § 15 Abs. 1 EStG als Anhaltspunkt für das Vorliegen eines Unternehmens dienen, können nur Personen i. S. des DBA Unternehmensgewinne erzielen. Somit scheiden Betriebsstätten sowie Personengesellschaften und andere Gemeinschaften als Empfänger von Unternehmensgewinnen aus. In Deutschland gehören zu den gewerblichen Einkünften solche aus der Tätigkeit eines Einzelunternehmens gem. § 15 Abs. 1 Nr. 1 EStG, einer nach inländischem Recht gegründeten Kapitalgesellschaft gem. § 8 Abs. 2 KStG, aus der Beteiligung an einer Personengesellschaft gem. § 15 Abs. 1 Nr. 2 EStG[102] sowie aus den Anteilen an atypisch stillen Gesellschaften. Diese Aufzählung sagt jedoch noch nichts darüber aus, wem die Einkünfte zugerechnet werden müssen, sie stellt lediglich dar, ob bestimmte Einkünfte zu den Unternehmensgewinnen zählen oder nicht.

Anders als im nationalen Steuerrecht sind Einkünfte nicht schon aufgrund eines Gepräges oder einer gesetzlichen Fiktion (Betriebsaufspaltung bzw. § 8 Abs. 2 KStG) als Unternehmensgewinne zu qualifizieren, sondern erst dann, wenn sie eigengewerbliche Tätigkeiten entfalten.

100 BFH vom 21.07.1999 I R 110/98, BStBl 1999 II S. 812.
101 Vgl. Hemmelrath in Vogel/Lehner, 4. Aufl. 2003, Art. 7 OECD-MA, Rz. 26.
102 Inklusive der Beteiligung an gewerblich geprägten Personengesellschaften gem. § 15 Abs. 3 Nr. 2 EStG.

Beispiel:[103]

Eine Betriebsaufspaltung einer inländischen Besitzgesellschaft mit einer ausländischen Betriebsgesellschaft ist nach herrschender BFH-Rechtsprechung[104] möglich. Die Einkünfte des Besitzunternehmens können im DBA-Fall entweder in Deutschland oder im ausländischen Staat besteuert werden. Eine Besteuerung im ausländischen Staat ist bei unbeweglichem Vermögen über das in Art. 6 kodifizierte ausschließliche Besteuerungsrecht des Belegenheitsstaates sichergestellt.

Bei beweglichen Wirtschaftsgütern stellt sich die Frage, ob die deutsche Besitzgesellschaft eine Betriebsstätte im anderen Staat unterhält. Dies ist nach der allgemeinen DBA-Definition nur dann der Fall, wenn es sich um eine feste Geschäftseinrichtung handelt. Da diese nicht gegeben ist, würde eine Besteuerung im Sitzstaat des Besitzunternehmens hinsichtlich der Mieteinnahmen gegeben sein. Eine Zuordnung dieser Mieteinkünfte zu den Unternehmensgewinnen ist allerdings nur dann möglich, wenn unterstellt wird, dass der andere Staat die vorgenommene Qualifizierung als gewerbliche Einkünfte aufgrund des Rechtsinstitutes „Betriebsaufspaltung" nachvollziehen kann und dieser folgt. Dies erscheint überaus zweifelhaft. Die Zuordnung zu den sonstigen Einkünften i. S. des Art. 21 MA wäre somit die Folge.

Im Ergebnis zeigt sich jedoch kein Unterschied, da in beiden Fällen das Besteuerungsrecht dem Sitzstaat des Besitzunternehmens (hier: Deutschland) zusteht.

Im umgekehrten Fall einer ausländischen Besitzgesellschaft und einer inländischen Betriebsgesellschaft stellt sich das Problem aus DBA-Sicht genauso. Fraglich ist nur, ob die ausländische Besitzgesellschaft gem. § 49 Abs. 1 EStG der deutschen beschränkten Steuerpflicht unterliegt. Der Qualifizierung der Einkünfte der Besitzgesellschaft als solche aus Gewerbebetrieb aufgrund der vorliegenden Betriebsaufspaltung wird auch bei grenzüberschreitenden Sachverhalten gefolgt. Gewerbliche Einkünfte gem. § 49 Abs. 1 Nr. 2 Buchst. a EStG sind jedoch nur dann gegeben, wenn die ausländische Besitzgesellschaft im Inland eine Betriebsstätte unterhält. In der Regel wird dies zu verneinen sein. Eine Besteuerung kommt somit nur noch über § 49 Abs. 2 i. V. m. § 49 Abs. 1 Nr. 6 EStG in Frage. Stimmen in der Literatur sehen die Voraussetzungen für die Anwendung der „isolierten Betrachtungsweise" als nicht gegeben an, da das Besteuerungsmerkmal nicht im Ausland, sondern durch die entsprechende Qualifizierung im Inland gegeben sei. Dieser Meinung ist u. E. nicht zu folgen, da die Betriebsaufspaltung über die Grenze die ausländische Besitzgesellschaft zu einer gewerblich tätigen Gesellschaft werden lässt. Unbeachtlich ist, dass die im Ausland gegebenen Tatbestandsvoraussetzungen aufgrund deutscher Rechtsprechung und Verwaltungsauffassung zu einer gewerblichen Qualifizierung führen.

Die Anwendung des § 49 Abs. 2 EStG führt somit dazu, dass Deutschland sein nach DBA-Recht zustehendes Besteuerungsrecht i. V. m. § 49 Abs. 1 Nr. 6 EStG (Ein-

---

103 Der Fall der grenzüberschreitenden Betriebsaufspaltung stellt sicherlich die Ausnahme der zu untersuchenden Fälle dar.

104 BFH vom 28.07.1982, BStBl 1983 II S. 77.

künfte aus Vermietung und Verpachtung) ausübt. Die ausländische Besitzgesellschaft muss jedoch dann auf die deutschen Einkünfte keine Gewerbesteuer entrichten.

2.2 Zuteilung des Besteuerungsrechts

Die Steuerberechtigung der Unternehmensgewinne liegt beim **Ansässigkeitsstaat;** und zwar – im Gegensatz zu den meisten anderen Einkunftsarten – ausschließlich bei diesem. Dem anderen Staat steht nur insoweit ein Besteuerungsrecht zu, als der Steuerpflichtige in diesem Staat eine Betriebsstätte unterhält. Wie in diesen Fällen die Vermeidung der Doppelbesteuerung sichergestellt werden kann, obliegt den Regelungen der Art. 23 A/23 B des OECD-Musterabkommens bzw. den entsprechenden Regelungen des anzuwendenden DBA. Die Tatsache, dass dem Betriebsstättenstaat auch ein Besteuerungsrecht zusteht, bedeutet nicht automatisch, dass der Sitzstaat von seinem Besteuerungsrecht ausgeschlossen ist. In der deutschen Abkommenspraxis nimmt Deutschland als Sitzstaat jedoch sein Besteuerungsrecht der Betriebsstätteneinkünfte nicht mehr wahr und stellt die Einkünfte frei.

Im Gegensatz zu Betriebsstätten in Staaten, mit denen kein DBA besteht, erweist sich für in Deutschland ansässige Stammhäuser die deutsche Abkommenspraxis i. d. R. als vorteilhaft, da auf der Ebene des Steuerpflichtigen die ausländischen Einkünfte mit den zumeist niedrigeren Steuern des Betriebsstättenstaates abschließend belastet sind.[105] Regelungszweck der Zuweisung des Besteuerungsrechtes zum Betriebsstättenstaat ist es, dem Staat die Möglichkeit der Einnahmeerzielung zu gewähren, der auch die volkswirtschaftliche Belastung durch Ausübung der Tätigkeit zu tragen hat.

2.3 Definition der Betriebsstätte[106]

Gemäß Art. 7 Abs. 2 OECD-MA ist das Vorliegen einer Betriebsstätte für die Besteuerung der Unternehmensgewinne von entscheidender Bedeutung. Denn nur bei Vorliegen einer solchen kommt es abweichend von der ausschließlichen Besteuerung im Sitzstaat des Stammhauses zu einer Besteuerung im entsprechenden Belegenheitsstaat der Betriebsstätte. Sowohl Steuerpflichtige als auch beteiligte Fisci der Staaten unterstellen oder verneinen das Vorliegen einer Betriebsstätte, je nach aktueller Interessenlage bzw. je nach tatsächlichen Gegebenheiten. Möglich wird eine solche Vorgehensweise jedoch erst durch den Umstand, dass es trotz scheinbar eindeutiger Definition im Abkommen bzw. den nationalen Gesetzen eine Vielzahl möglicher Ausgestaltungsformen gibt, bei denen die eindeutige Zuordnung

105 Zu den Problemen hinsichtlich der Steuerfreiheit bei Kapitalgesellschaften und Weiterausschüttung an ihre Anteilseigner ist auf die Ausführungen zu § 8 b KStG im ersten Teil dieses Buches hinzuweisen.

106 Zum Betriebsstätten-Erlass und der Kritik an diesem vgl. Strunk/Kaminski, IStR 1997, S. 513 ff.

zum Begriff der Betriebsstätte schwierig und zum Teil einvernehmlich nicht möglich ist. Während der Betriebsstättendefinition bei rein nationalen Sachverhalten vor allem hinsichtlich der Abgrenzung der Einkunftsarten eine besondere Bedeutung zukommt, ist das Vorliegen einer Betriebsstätte bei internationalen Sachverhalten zwingende Voraussetzung für die Begründung und Ausübung des Besteuerungsrechtes eines Staates. Wenngleich sowohl das innerstaatliche Steuerrecht als auch die DBA den Begriff der Betriebsstätte benutzen und auch näher definieren, ist die unterschiedliche Zwecksetzung des Kriteriums Betriebsstätte zu beachten. Im nationalen deutschen Steuerrecht wird der Begriff der Betriebsstätte zur Bestimmung der materiellen Steuerpflicht herangezogen, während im DBA-Recht mittels des Betriebsstätten-Begriffs auch die Zuteilung des Besteuerungsrechtes vorgenommen wird. Trotz der weitgehenden Übernahme des Betriebsstätten-Begriffs ist der Definitionsumfang nicht identisch und eine ungeprüfte Übernahme des Begriffsinhaltes zwischen den beiden Regelungskreisen weder zulässig noch möglich.[107]

Aufgrund der unterschiedlichen Definitionen kann es zu folgender Situation kommen: Bei Anwendung der DBA-Vorschriften kann eine Betriebsstätte und damit das Besteuerungsrecht des Betriebsstättenstaates bejaht werden, ohne dass es zu einer Besteuerung in Deutschland kommt, da eine Betriebsstätte nach deutschem innerstaatlichem Recht verneint wird. Weit häufiger ist jedoch der Fall, dass nach deutschem Steuerrecht eine Betriebsstätte anzunehmen ist, abkommensrechtlich aber aufgrund des bestehenden Negativkatalogs entsprechend des Art. 5 Abs. 4 OECD-MA keine Betriebsstätte gegeben ist. Um diese Fälle identifizieren bzw. um die Besteuerungsfolgen ableiten zu können, bedarf es genauer Kenntnisse über die Begriffsinhalte der Betriebsstätten-Definitionen der jeweiligen Regelungskreise.

2.3.1 Nach nationalem Recht

Völkerrechtlich können Staaten ihre Steuerhoheit nur dann ausüben, wenn eine rechtliche oder tatsächliche Verbindung einer Person mit dem Hoheitsgebiet besteht. Eine Form der tatsächlichen Verbindung ist das Vorliegen einer Betriebsstätte oder eines ständigen Vertreters in Deutschland.

Jede feste Geschäftseinrichtung oder Anlage, die der Tätigkeit eines Unternehmens dient, ist Betriebsstätte i. S. des § 12 AO. Eine **feste Geschäftseinrichtung oder Anlage** liegt dann vor, wenn es sich um einen körperlichen Gegenstand oder den Zusammenschluss körperlicher Gegenstände handelt,[108] wobei Geschäftseinrichtungen üblicherweise dem wirtschaftlich-kaufmännischen Bereich eines Unternehmens und Anlagen eher dem technischen Bereich zuzuordnen sind. Zwingende Voraussetzung ist nach nationalem Recht ebenfalls, dass die Geschäftseinrichtung zumindest

107 Dennoch ist eine gewisse gemeinsame Entstehungsgeschichte bzw. gegenseitige Beeinflussung nicht zu verleugnen.

108 So auch BFH vom 03.02.1993, BStBl 1993 II S. 462.

vorübergehend (für einen gewissen Zeitraum von mindestens sechs Monaten) mit einem **bestimmten Punkt der Erdoberfläche** verbunden ist.[109] Das Erfordernis der festen Verbundenheit schließt jedoch nicht aus, dass die Gegenstände nicht beweglich sein dürfen (Bsp.: **Bürocontainer**), wobei auf die Abgrenzung zum unbeweglichen Vermögen hingewiesen werden muss.[110] Durch technische Neuerung im **Telekommunikationsbereich** ist dieses Kriterium einer festen körperlichen Geschäftseinrichtung in die Diskussion geraten.[111]

Drittes erforderliches Kriterium ist, dass die Geschäftseinrichtung oder Anlage der Verfügungsmacht des ausländischen Stammhauses unterliegen muss.[112] Die Verfügungsmacht kann aufgrund rechtlichen Eigentums, aber auch aufgrund eingeräumter Nutzungsrechte gegeben sein. Typische Anwendungsfälle sind Miet- und Pachtverhältnisse, aber auch unentgeltliche Nutzungsüberlassungen, die mit einer gewissen Rechtsposition versehen sind, damit sie die geforderte Verfügungsmacht begründen. Ebenfalls unbeachtlich ist, ob es sich um ein Allein- oder nur um ein Miteigentumsrecht handelt. Viertes und abschließendes Kriterium ist, dass die Betriebsstätte dem Unternehmen, also dem Stammhaus, dient. Fraglich ist hierbei, wann dies der Fall ist und ob es bei der Beurteilung auf eine abstrakte Nützlichkeit, bezogen auf den Geschäftszweig, in dem sich das Unternehmen betätigt, ankommt, oder ob die **konkrete Dienlichkeit,** bezogen auf den individuellen konkreten Geschäftszweck des Unternehmens, entscheidend ist.

Während die Verpachtung eines inländischen Geschäftsbetriebes durch einen ausländischen Verpächter für diesen noch keine inländische Betriebsstätte begründet (siehe die Ausführungen zur grenzüberschreitenden Betriebsaufspaltung), ist dies bei inländischen **Kontroll- und Koordinierungsstellen** ausländischer Konzerne zweifelsfrei anders. Eine Besonderheit bei den Betriebsstätten stellen Bauausführungen und Montagetätigkeiten dar. Denn aufgrund der befristet angelegten Tätigkeit ist die Frage zu stellen, ob ungeachtet der konkreten Ausgestaltung überhaupt eine Betriebsstätte vorliegen kann. Der deutsche Gesetzgeber geht bei einem Überschreiten der Bau- oder Montagetätigkeit von sechs Monaten von einer Betriebsstätte aus, sofern der Unternehmer die Verfügungsmacht tatsächlich innehält. Eine Umgehung der zwingenden Begründung einer Betriebsstätte durch Abschluss rechtlich unabhängiger Bauaufträge, die aber in einem inneren wirtschaftlichen Zusammenhang stehen, ist nicht möglich, da diese zusammengerechnet werden.

---

109 BFH vom 09.10.1974, BStBl 1975 II S. 203.

110 BFH vom 23.09.1988, BStBl 1989 II S. 113.

111 Vgl. Strunk, G., IStR 1997, S. 257 ff., zur Besteuerung grenzüberschreitender Geschäftsaktivitäten über das Internet und das derzeitige Fehlen einer materiell-rechtlichen Besteuerungspflicht in Deutschland für Nichtansässige.

112 BFH vom 28.03.1985, BStBl 1985 II S. 405.

2.3.2 Nach Abkommensrecht

2.3.2.1 Grundlagen

Dem Vorliegen einer Betriebsstätte kommt für die Zuteilung der Besteuerungsrechte eine besondere Bedeutung zu, denn nur sofern im Quellenstaat eine Betriebsstätte des beschränkt Steuerpflichtigen unterhalten wird, hat dieser Staat in den meisten Fällen der deutschen Abkommenspraxis ein unbeschränktes Besteuerungsrecht. Wie die Ausführungen zur Auslegung von DBA gezeigt haben, ist eine Anwendung innerstaatlicher Regelungen für die Bestimmung einer Betriebsstätte erst dann anzuwenden, wenn das anzuwendende Abkommen selber keinerlei Definition oder eine nur unzureichende Definition enthält.

Die deutschen Abkommen folgen hinsichtlich des Aufbaus Art. 5 des OECD-MA, der in Abs. 1 eine allgemeine Definition enthält, die in Abs. 2 durch eine beispielhafte, aber keineswegs abschließende Aufzählung ergänzt wird. Die Besonderheiten einer Montagetätigkeit bzw. Bauausführung werden in Abs. 3 sowie einem ebenfalls beispielhaften negativen Ausnahmekatalog in Abs. 4 ergänzt. Die Absätze 5 und 6 umfassen den Bereich des ständigen Vertreters. Grundsätzlich übernimmt auch das OECD-MA die Voraussetzungen, die bereits aus dem nationalen deutschen Steuerrecht bekannt sind, wobei ergänzend zu folgenden Punkten Ausführungen zu machen sind:

Das Unternehmen muss seine Tätigkeit durch die Betriebsstätte zumindest teilweise ausüben, wobei es allerdings unerheblich ist, ob es sich um eine **produktive bzw. aktive Tätigkeit** oder eine solche i. S. des § 8 AStG handelt. Durch die neuere Rechtsprechung des BFH[113] ist allerdings davon auszugehen, dass im Punkte der Dienlichkeit der Betriebsstätte für das Unternehmen Identität zwischen nationalem Steuerrecht und Abkommensrecht besteht. Anders als die wörtliche Formulierung des Art. 5 Abs. 1 OECD-MA liegt eine Betriebsstätte dann vor, wenn nicht durch die Einrichtung selbst die Tätigkeit des Unternehmens ausgeübt wird; vielmehr reicht eine mittelbare Dienlichkeit der Einrichtung für die Unternehmenstätigkeit aus. Die Forderung nach einer aktiv tätigen Betriebsstätte gewinnt im Abkommensrecht erst dann an Bedeutung, wenn es um die Anwendung der Methode der Vermeidung der Doppelbesteuerung geht, also um die Frage, ob die Betriebsstätten-Einkünfte im Inland von der Besteuerung freizustellen sind oder nicht.

Die in früheren Entwürfen zum OECD-MA und einigen älteren deutschen DBA enthaltene Forderung nach einem „produktiven" Charakter der Geschäftseinrichtung ist zwischenzeitlich aufgegeben worden. Getragen wird diese Abkehr von der Überlegung, dass grundsätzlich jeder Unternehmensteil einen mehr oder weniger bedeutenden Beitrag zum wirtschaftlichen Erfolg eines Unternehmens beiträgt. Im Ergebnis können somit auch Geschäftseinrichtungen, die ausschließlich Ausgaben (z. B.

113 BFH vom 30.10.1996, IStR 1997, S. 147.

Einrichtungen, die Gewährleistungsansprüche und Garantieversprechen bearbeiten) erwirtschaften, Betriebsstätten i. S. des Art. 5 OECD-MA sein. Probleme bei der Gewinnzurechnung zwischen Betriebsstätte und Stammhaus sind hierdurch jedoch noch nicht gelöst.

Keine Betriebsstätten sind demgegenüber Geschäftseinrichtungen, die ihrem Wesen und ihrer Zwecksetzung nach nicht zur Ausübung von Unternehmenstätigkeiten gedacht sind, wie das z. B. bei Ferienanlagen für die Belegschaft oder anderen sozialen Einrichtungen der Fall ist.[114]

Die unternehmerische Tätigkeit muss nicht permanent durch die Betriebsstätte ausgeübt werden, sodass beispielsweise ein Mindestumsatz nicht gefordert werden kann. Vielmehr reicht es aus, wenn die Tätigkeit selten, aber regelmäßig, also mit Unterbrechungen, durch die Betriebsstätte ausgeübt wird. Die Forderung, dass die Betriebsstätte dem Unternehmen dient, ist in diesen Fällen somit gegeben.

Eine Betriebsstätte liegt bereits dann vor, wenn das Unternehmen in der Geschäftseinrichtung die Tätigkeit vorbereitet, für die die Einrichtung auf Dauer bestimmt ist. Die Zeitdauer bis zur Errichtung der Geschäftseinrichtung (z. B. durch Gebäudeerstellung, Anmietung eines Gebäudes usw.) führt noch nicht zu einer Betriebsstätte.[115]

Das Ende einer Betriebsstätte liegt dann vor, wenn entweder die notwendige Verfügungsmacht über die Geschäftseinrichtung nicht mehr besteht oder die Betriebsstätte ihre Tätigkeit für das Unternehmen einstellt. Eine Unterbrechung der Tätigkeit stellt jedoch nicht zwangsläufig das Ende einer Betriebsstätte dar.[116] Dieses ist erst dann gegeben, wenn die Betriebsstätte tatsächlich stillgelegt wird. Keine Stillegung ist z. B. bei Saisonbetrieben oder anderen witterungsbedingten Unterbrechungen der Tätigkeiten gegeben, sofern die Tätigkeit am gleichen Ort fortgesetzt wird.

In der täglichen Beratungspraxis ist immer wieder das Problem zu beobachten, ob die Vermietung und Verpachtung von Wirtschaftsgütern eines ausländischen Stammhauses eine Betriebsstätte im Inland begründet. Auch hier entspricht die Kommentierung zu Art. 5 OECD-MA weitgehend der Sichtweise der deutschen Finanzverwaltung und Finanzrechtsprechung, denn Abgrenzungskriterium ist auch hier das Überschreiten einer rein vermögensverwaltenden Tätigkeit. Um aus einer reinen Vermietungs- und Verpachtungstätigkeit eine Betriebsstätte zu begründen, bedarf es somit umfangreicher Zusatzleistungen durch den Unternehmer. Regelmäßig wird das Vorliegen einer Betriebsstätte bei ausschließlicher Vermietung einer Immobilie verneint. Der Steuerpflichtige kann jedoch durch das zusätzliche Angebot weiterer Leistungen im Zusammenhang mit der Vermietung aus einer reinen

114 BFH vom 29.11.1960, BStBl 1961 III S. 52.

115 Vgl. Art. 5 Nr. 10 Satz 3 Musterkommentar.

116 Dies ist abzugrenzen von einer nur gelegentlichen Tätigkeit. Vgl. FG Rheinland-Pfalz vom 25.04.1985, EFG 1985, S. 593 rkr.

Vermögensverwaltung eine gewerbliche Betätigung i. S. des Art. 5 OECD-MA schaffen.

Eine Betriebsstätte liegt weiterhin nur dann vor, wenn die feste Geschäftseinrichtung nicht nur vorübergehend dem Unternehmen dient. Mit Ausnahme der Besonderheit bei Bauausführungen und Montagetätigkeiten gilt hierbei Folgendes:

Grundsätzlich bestimmt die vom Unternehmen gegebene Zweckbestimmung der festen Geschäftseinrichtung den Betriebsstätten-Charakter. Tatsächliche Ereignisse und Geschehensabläufe können diese Zwecksetzung unterlaufen, aber auch unbeeinflusst lassen.

Beispiele:

(1) Eine Geschäftseinrichtung, die mit dem Zweck der nicht nur vorübergehenden Ausübung der Geschäfte gegründet wurde, bleibt als Betriebsstätte qualifiziert, auch wenn tatsächlich nach sehr kurzer Zeit die Tätigkeit wieder eingestellt wird (z. B. durch Tod des Geschäftsinhabers oder Verkauf des Stammhauses und damit einhergehender Aufgabe der Geschäftstätigkeit).

(2) Eine Geschäftseinrichtung, die mit dem Zweck der nur vorübergehenden Ausübung der Geschäfte gegründet wurde, wird rückwirkend zu einer Betriebsstätte, soweit durch den tatsächlichen Geschehensablauf eine nachhaltige, ständige Einrichtung zu erkennen ist.

Typischerweise sind Tourneetheater, aber auch Wanderzirkusunternehmen Unternehmen, die eine Tätigkeit nur vorübergehend an einem festen Ort ausüben und daher i. d. R. keine Betriebsstätte begründen. Auch die immer wieder anzutreffenden ausgedehnten Winterquartiere von Zirkusunternehmen führen nicht zur Begründung einer Betriebsstätte. Die Unterbrechung der Tätigkeit liegt nicht in der Zwecksetzung des Unternehmens, zumal es außerdem am Erfordernis des Tätigwerdens in dieser Zeit fehlt.

Ein Beispiel für die aktuelle Anpassung des Abkommensrechts ist die Diskussion über die Betriebsstättenbegründung durch einen Internet-Server. Mit Datum vom 09.01.2001 hat die Arbeitsgruppe 1 der OECD ein endgültiges Schreiben zur Frage veröffentlicht, ob und wann ein Internet-Server eine Betriebsstätte im Abkommenssinne begründet. Die OECD stellt in der Ergänzung des Art. 5 OECD-MA-Kommentar fest:

- Die Website und der Server sind zwei getrennt voneinander zu beurteilende Wirtschaftsgüter.
- Eine Website sowie jedes andere immaterielle Wirtschaftsgut kann keine Betriebsstätte begründen.
- Ein Internet-Service-Provider sowie ein Unternehmen, das für andere Unternehmen Webhosting oder andere Dienstleistungen vornimmt, ist in der überwältigenden Zahl der Fälle nicht als ständiger Vertreter/Betriebsstätte des Unternehmens anzusehen, für das die Leistung erbracht wird.

Für das Vorliegen einer Betriebsstätte ist das Vorhanden- und Tätigsein von natürlichen Personen nicht erforderlich. Insoweit erfolgt eine wünschens- und beachtenswerte Klarstellung der bisherigen Ziffer 10 des OECD-MA-Kommentars zu Art. 5 OECD-Musterabkommen.

Im Ergebnis führt die Arbeitsgruppe aus, dass ein Internet-Server, sofern sich seine Funktion in einer Computer-Hardware verfestigt, eine Betriebsstätte begründen kann. Aus dem Umkehrschluss kann m. E. nur geschlossen werden, dass eine Software, die die Funktion eines Internet-Servers auf anderen Rechnern übernimmt, wegen der fehlenden Materialisierung keine Betriebsstätte, begründen kann.

2.3.2.2 Beispielhafte Aufzählung i. S. des Art. 5 Abs. 2 OECD-MA

2.3.2.2.1 Ort der Leitung

Ort der Leitung ist der Ort, von dem aus das Unternehmen geleitet wird. Der Begriff umfasst nicht den gleichen Inhalt wie der deutsche innerstaatliche Begriff **„Ort der tatsächlichen Geschäftsleitung“,** ist diesem aber in wesentlichen Punkten ähnlich. Während der Ort der tatsächlichen Geschäftsleitung auch abkommensrechtlich nur einmal gegeben sein kann, ist dies beim Ort der Leitung anders. Hierbei können mehrere Orte der Leitung gegeben sein. Beispielsweise kann es Orte der Leitung für kaufmännische und für technische Fragen eines Unternehmens geben. Die Finanzverwaltung sieht Kontroll- und Koordinierungsstellen als Orte der Leitung an, die somit bei Erfüllen der erforderlichen Voraussetzungen eine Betriebsstätte im Inland begründen.

2.3.2.2.2 Zweigniederlassung

Gemäß deutschem Handelsrecht handelt es sich bei einer Zweigniederlassung in Übereinstimmung mit dem OECD-MA um einen rechtlich unselbständigen Unternehmensteil, der allerdings mit einer gewissen wirtschaftlichen, aber vor allem mit einer gewissen rechtlichen bzw. geschäftlichen Selbständigkeit versehen ist. Die Frage, ob es hinsichtlich der Qualifizierung einer Zweigniederlassung als Betriebsstätte darauf ankommt, ob auch die handelsrechtlich erforderliche Eintragung vorgenommen werden muss, ist m. E. von weitgehend akademischer Natur, da es sich nur um eine beispielhafte Aufzählung/Nennung handelt. Entscheidend ist somit ausschließlich das Vorliegen der geforderten Kriterien für eine Betriebsstätte. Lediglich in Fällen, in denen in beiden Staaten die handelsrechtliche Registereintragung einer Zweigniederlassung erforderlich ist, kann zur Vermeidung weiterer Prüfungen bei vorgenommener Eintragung vom Vorliegen einer Betriebsstätte ausgegangen werden. Nach herrschender Meinung kann eine Zweigniederlassung nicht ausschließlich Hilfs- oder Nebentätigkeiten i. S. des Art. 5 Abs. 4 OECD-MA ausüben.

2.3.2.2.3 Geschäftsstellen, Fabrikationsstätten, Werkstätten, Bergwerke und Sonstiges

Dieser Sammelbegriff erklärt sich weitgehend selber. Die Abgrenzungsschwierigkeiten zu den Hilfs- und Nebentätigkeiten werden weiter unten dargestellt.

2.3.2.2.4 Bauausführungen und Montagetätigkeiten[117]

Bau- und Montagetätigkeiten sind grundsätzlich keine Betriebsstätten, da es ihnen an der **Dauerhaftigkeit** der Verwendung fehlt. Somit stellt Art. 5 Abs. 3 OECD-MA eine Erweiterung der materiellen Rechtsfolgen des Vorliegens einer Betriebsstätte auf Nicht-Betriebsstätten dar. Diese Tätigkeiten sollen aufgrund besonderer Umstände (hier: Dauer der Tätigkeit) materiell-rechtlich wie eine Betriebsstätte behandelt werden. Gleiches gilt für die in den Art. 5 Abs. 5 und 6 OECD-MA ausgeführten Regelungen zum ständigen Vertreter. Beide Formen der Tätigkeit (Bau- und Montagetätigkeit) stellen ihrem Charakter nach nur solche dar, die zu einem vorübergehenden Zweck einer festen Geschäftseinrichtung bedürfen. Art. 5 Abs. 3 OECD-MA macht deutlich, dass Bauausführungen und Montagetätigkeiten, die nicht mindestens zwölf Monate bestehen, keine Betriebsstätte sind. Durch die explizite Nennung dieser Tätigkeiten muss zumindest gefragt werden, was hierunter jeweils zu verstehen ist. Der Begriff der Bauausführung umfasst im engeren Sinne die Bautätigkeit (also Hoch- und Tiefbau, Erd- und Baggerarbeiten), aber auch alle weiteren erforderlichen Arbeiten zur Erstellung des Bauwerks (Abbruch- oder Abräumarbeiten). Unter einer Montage versteht man das Zusammenfügen oder den Umbau vorgefertigter Einzelteile, wie es aus deutscher Sicht üblicherweise im Industrieanlagenbau zu beobachten ist.[118] Die Zuordnung zur Montagetätigkeit i. S. des Abs. 3 ist jedoch immer erst dann erforderlich, wenn nicht bereits die allgemeinen Voraussetzungen für das Vorliegen einer Betriebsstätte gem. Abs. 1 erfüllt sind. Gleichwohl kommt dem Montagebegriff eine eigenständige Bedeutung zu.[119] Ob jedoch die **reine Bauplanung, -kontrolle oder -überwachung** als Betriebsstätte i. S. des Art. 5 OECD-MA zu werten ist, muss als unaufgeklärt angesehen werden. Gemäß Nr. 17 Satz 2 des Kommentars zum OECD-MA zählen zu den Begriffen der „Bauausführung oder Montage" auch Überwachungstätigkeiten, wenn die entsprechende Formulierung des Art. 5 Abs. 3 OECD-MA im DBA enthalten ist. Genauer heißt es im Kommentar, dass hierzu auch die Planung und Überwachung der Erstel-

---

117 Vgl. auch die grundsätzlichen Ausführungen des BFH vom 21.04.1999 I R 99/97, BStBl 1999 II S. 694. Danach **beginnt** eine Montage nicht schon mit der Anlieferung der zu montierenden Gegenstände, sondern mit dem Eintreffen der ersten Person, die mit den Montagearbeiten betraut ist. Die Montage **endet** erst mit Abnahme der Werklieferung insgesamt (nicht nur der Montage) und der Abreise des letzten Mitarbeiters, der mit der Montage betraut war. Im Rahmen von § 12 Satz 2 Nr. 8 Buchst. c AO werden **mehrere Montagen** zusammengerechnet. Weiterhin äußerte sich der BFH zur Frage der Unterbrechung des Montagezeitraumes.

118 BFH vom 16.05.1990 I R 113/87, BFHE 161, 358, sowie vom 13.11.1990 VIII R 152/86, BStBl 1991 II S. 94.

119 BFH vom 16.05.1990 I R 113/87, BFHE 161, 358.

lung eines Bauwerkes zählt, sofern sie vom Bauunternehmer durchgeführt wird. Die meisten deutschen DBA haben jedoch entsprechende klarstellende Formulierungen in der Weise, dass auch diese Tätigkeiten eine Betriebsstätte begründen. Dies ist m. E. eine durchaus zutreffende Beurteilung, die der wirtschaftlichen Betrachtungsweise folgt und der intellektuellen Tätigkeit der Planung und Überwachung den gleichen Stellenwert einräumt, wie der körperlichen Erstellung des Bauwerks. Fraglich kann in diesem Zusammenhang aber z. B. sein, ob eine Planung und Überwachung, die aufgrund neuester Informationstechnologien auch von einem anderen Ort vorgenommen wird, eine Betriebsstätte im Staat der Bauausführung auslöst, oder ob dies nur zu einer Besteuerung i. S. des Art. 12 OECD-MA analog zur Behandlung von Lizenzen im Wohnsitzstaat führt.

Drei wesentliche Fallgruppen hinsichtlich **Kontroll- und Überwachungstätigkeiten** sind zu unterscheiden:

- Eine Überwachungstätigkeit folgt einer eigenständigen Montagetätigkeit und nur durch die Zusammenrechnung beider Tätigkeiten wird eine Zeitdauer von zwölf Monaten überschritten. Die Zusammenrechnung ist zu bejahen, wenn der Unternehmer die nachfolgend eingeschalteten Subunternehmer und deren Tätigkeit überwachen muss. Diese Pflicht obliegt ihm i. d. R. schon aufgrund der zivilrechtlich eingegangenen Werkliefergarantie. Die weite Auslegung des Begriffs der Bauausführung führt dazu, dass auch allgemein Beratungsleistungen, Technologietransfer, Training und Überwachung mit nur noch geringem Personaleinsatz hierzu zählen.
- Die Überwachung anderer Werklieferer kann aufgrund des zu verneinenden Attraktionsprinzips nicht der eigenen Montage-Betriebsstätte zugerechnet werden. In der Literatur wird zum Teil jedoch auch die Meinung vertreten, dass eine Zusammenrechnung durchaus durch den Begriffsinhalt des Art. 5 Abs. 3 OECD-MA gedeckt sei, da es hinsichtlich des geforderten „zusammenhängenden Ganzen" nicht auf die Sichtweise des einzelnen Unternehmers ankommt, sondern auf diejenige des Auftraggebers. Zu beachten ist jedoch die Rechtsprechung bei Beauftragung von Subunternehmern. So hat der BFH[120] für den Fall entschieden, dass, wenn ein einheitlicher Bauauftrag nicht durch den Auftraggeber selbst, sondern teilweise auch durch Selbständige ausgeführt wird, die Tätigkeit der Überwachung der Bauausführung dem Auftraggeber auch dann zuzurechnen ist, wenn sich keine eigenen Arbeitskräfte ständig auf der Baustelle aufhalten. Anders ist ein Sachverhalt zu beurteilen, bei dem die Ausführung von Bauwerken, die zum Verkauf bestimmt sind, in vollem Umfang an andere Unternehmer vergeben wird und sich die Tätigkeit des Unternehmers auf die Bauplanung, -leitung und -überwachung beschränkt. In diesen Fällen wird für den Auftraggeber keine Betriebsstätte durch die einzelnen Baustellen begründet.[121]

120 BFH vom 13.11.1962 I B 224/61, BStBl 1963 III S. 71.
121 FG München vom 18.03.1975, II – 43/73, EFG 1975, S. 489.

2.3.2.2.5 Negativkatalog i. S. des Art. 5 Abs. 4 OECD-MA

Der wesentliche Unterschied in der Qualifizierung als Betriebsstätte nach nationalem und nach Abkommensrecht liegt in den Auswirkungen, die die Ausübung bestimmter Tätigkeiten hat. Nach Abkommensrecht muss das Unternehmen seine Tätigkeit zumindest teilweise durch die Betriebsstätte ausüben, wobei es allerdings unerheblich ist, ob es sich um eine produktive bzw. aktive Tätigkeit i. S. des § 8 Abs. 1 AStG handelt. Die Forderung nach einer aktiv tätigen Betriebsstätte gewinnt im Abkommensrecht erst dadurch an Bedeutung, dass diese Qualifizierung bei der Vermeidung der Doppelbesteuerung die jeweils anzuwendende Methode bestimmt. Bei „aktiven“ Einkünften erfolgt die Vermeidung der Doppelbesteuerung aus deutscher Sicht durch Freistellung der im Ausland erzielten Einkünfte von der inländische Besteuerung, hingegen bei „passiven“ Einkünften durch Anrechnung der im Ausland gezahlten Steuern auf die inländische Steuerschuld, die sich aufgrund der Ermittlung des weltweiten Einkommens (d. h. inklusive der Einkünfte aus dem anderen DBA-Staat) ergeben hat. Die in früheren Entwürfen zum OECD-MA und einigen älteren deutschen DBA enthaltene Forderung nach einem **produktiven Charakter der Geschäftseinrichtung** ist zwischenzeitlich aufgegeben worden. Getragen wird diese Abkehr von der Überlegung, dass grundsätzlich jeder Unternehmensteil einen mehr oder weniger bedeutenden Beitrag zum wirtschaftlichen Erfolg eines Unternehmens leistet. Im Ergebnis können somit auch Geschäftseinrichtungen, die ausschließlich Ausgaben (z. B. Einrichtungen, die Gewährleistungsansprüche und Garantieversprechen bearbeiten) erwirtschaften, Betriebsstätten i. S. des Art. 6 OECD-MA sein. Probleme bei der Gewinnzurechnung zwischen Betriebsstätte und Stammhaus sind hierdurch jedoch noch nicht gelöst. Keine Betriebsstätten sind demgegenüber Geschäftseinrichtungen, die ihrem Wesen und ihrer Zwecksetzung nach nicht zur Ausübung von Unternehmenstätigkeiten gedacht sind, wie das z. B. bei **Ferienanlagen für die Belegschaft** oder anderen sozialen Einrichtungen der Fall ist.[122] Die unternehmerische Tätigkeit muss nicht permanent durch die Betriebsstätte ausgeübt werden, sodass z. B. ein Mindestumsatz nicht gefordert werden kann. Vielmehr reicht es aus, wenn die Tätigkeit zwar selten, aber regelmäßig, also mit Unterbrechungen, durch die Betriebsstätte ausgeübt wird. Die Forderung, dass die Betriebsstätte dem Unternehmen dient, ist in diesen Fällen also gegeben.

Bestimmte Tätigkeiten bedeuten zwar nach nationalem Recht, nicht aber nach den Regelungen der DBA eine Betriebsstätte. Dieser sog. **Negativkatalog von Hilfs- oder Nebentätigkeiten** verneint zwar nicht die Existenz einer Betriebsstätte nach nationalem Recht,[123] sieht aber trotz des Vorliegens aller sonstigen Kriterien einer

---

122 BFH vom 04.12.1962 I B 14/62 U, BStBl 1963 III S. 156.

123 Hierzu fehlt den DBA auch die ihnen zugedachte Funktion der Aufteilung bestehender Besteuerungsrechte durch Beschränkungen, wenngleich über die Transformation des DBA in einem regulären Bundesgesetz grundsätzlich die Möglichkeit bestünde.

Betriebsstätte die materielle Rechtsfolge eines Besteuerungsrechts für den Nichtansässigkeitsstaat als nicht gegeben an, da es an der notwendigen engen Verbindung der Betriebsstätte zum Betriebsstättenstaat fehlt und somit eine Legitimation für die Besteuerung in diesem Staat nicht besteht. Art. 5 Abs. 5 OECD-MA ist eine „Lex specialis" zu den Ausführungen der vorhergehenden Absätze. Das Musterabkommen stellt klar, dass als Hilfs- oder Nebentätigkeiten nicht nur die in Art. 5 Abs. 4 OECD-MA genannten Tätigkeiten gemeint sind, sondern alle Tätigkeiten, die hinsichtlich des konkreten Geschäftszweiges des Unternehmens als Hilfs- oder Nebentätigkeiten zu qualifizieren sind. Als Anhaltspunkt für das Vorliegen von Nebentätigkeiten kann in den Fällen, in denen diese Einnahmen zuzurechnen sind, auf das Verhältnis der Gesamteinnahmen abgestellt werden.[124]

2.3.2.2.5.1 Warenlager/Auslieferungslager

Als Nebentätigkeit gilt nur das Lagern und Ausliefern von Waren und Gütern eines einzelnen Unternehmens. Führt ein Unternehmen die Lagerung oder Auslieferung von Waren oder Gütern anderer Unternehmen aus und bedient sich hierbei einer festen Geschäftseinrichtung, so gilt diese im entsprechenden Land als Betriebsstätte. Entscheidendes Kriterium ist hierbei, dass sich die Güter und Waren im zivilrechtlichen, zumindest aber im wirtschaftlichen Eigentum des Unternehmens befinden müssen. Neben den konkret genannten Tätigkeiten zählen auch damit im Zusammenhang stehende Leistungen zu den Nebentätigkeiten.

2.3.2.2.5.2 Tätigkeiten vorbereitender Art oder Hilfstätigkeiten

Hierbei kommt es auf den Charakter und die Zielsetzung der Tätigkeit an. Sie darf nur vorbereitenden Charakter haben, muss also der Gewinnerzielung des Unternehmens dienen, dieser aber so weit vorausgehen, dass eine Zurechnung nur schwer möglich ist. Zum Beispiel sind Forschungs- und Entwicklungsarbeiten, Werbung für das Unternehmen oder die Beschaffung von Informationen als vorbereitende Tätigkeiten zu qualifizieren.[125] Hilfstätigkeiten können nur solche sein, die zugunsten des Unternehmens erfolgen, zu dem die Geschäftseinrichtung gehört. Eine Leistung unmittelbar gegenüber Dritten muss daher ausgeschlossen sein. Die Beurteilung, ob eine Hilfstätigkeit vorliegt, kann nur im jeweiligen Einzelfall erfolgen und ist von der Gesamttätigkeit des Unternehmens abhängig. Sie folgt dabei der allgemeinen Verkehrsauffassung und den entsprechenden tatsächlichen Gegebenheiten des Einzelfalls.

---

124 Analog zur Bestimmung der unschädlichen passiven Einkünfte, die im Zusammenhang mit aktiven Tätigkeiten stehen, gem. § 7 AStG.

125 Kaligin, RIW 1995, S. 398 ff.

2.3.2.2.5.3 Einkaufs- und Informationsbeschaffungstätigkeiten

Der bloße Einkauf von Waren und Gütern für das eigene Unternehmen soll nicht zur Begründung einer Betriebsstätte führen, da auch in diesen Fällen keine ausreichend enge Verbindung zu dem Betriebsstättenstaat gewährleistet ist. Der grenzüberschreitende Wirtschaftsverkehr soll durch eine solche Besteuerungsfolge nicht behindert werden. Entscheidend ist jedoch, dass die Geschäftseinrichtung diese Nebentätigkeit bezogen auf das Gesamtunternehmen ausschließlich ausübt. Wann diese Ausschließlichkeit nicht mehr gegeben ist, ist eine schwer zu greifende Tatfrage und permanent Gegenstand von Streitfragen zwischen Finanzverwaltung und Steuerpflichtigen. Wann aus einem unschädlichen Einkauf eine „schädliche" Betriebsstätte wird, ist in der Literatur durchaus umstritten. Die Übernahme bestimmter mit dem Einkauf im Zusammenhang, stehender Aufgaben, also z. B. Aufgaben im Rahmen der Einkaufsfinanzierung werden durchaus als schädlich eingestuft. Neben der Frage der Ausschließlichkeit ist zuvor zu prüfen, ob eine Nebentätigkeit überhaupt vorliegt. Denn wenn das Unternehmen ausschließlich als Handelshaus in mehreren unterschiedlichen Staaten tätig ist, stellt die Einkaufstätigkeit keine Nebentätigkeit von untergeordneter Bedeutung dar, sodass das Vorliegen einer Betriebsstätte bejaht werden muss. Während bei Waren und Gütern der ausschließliche Einkauf entscheidend ist, umfasst der zweite Bereich die Beschaffung von Informationen. Hierzu zählen sämtliche Gewinnungen von Daten, die Beschaffung von Nachrichten sowie marktrelevanten Daten zur Durchführung von Werbekampagnen und Markteroberungen. Schwierig wird es vor allem in den Fällen, in denen z. B. eine Agentur weltweit Nachrichten einkauft und diese dann an das Stammhaus weitergibt. Eine Betriebsstätte liegt in diesen Fällen dann vor, wenn die Nachrichten nicht unbearbeitet weitergeleitet werden, sondern be- und verarbeitet werden und erst danach weitergegeben werden. Die bloße Auswahl der eingekauften Nachrichten und die gezielte Weitergabe an besondere Zeitungen mit bestimmten inhaltlichen Schwerpunkten würde eine Betriebsstätte zur Folge haben, sodass Auslandsredaktionen deutscher Zeitungen nicht unter den Ausnahmekatalog des Art. 5 Abs. 4 OECD-MA fallen. Auch bei Büros von Nachrichtenagenturen ist eine Betriebsstätte immer anzunehmen, da die Beschaffung von Nachrichten die Haupttätigkeit des Unternehmens und daher nicht als Neben- oder Hilfstätigkeit zu qualifizieren ist. Hierbei kommt es auf den Charakter und die Zielsetzung der Tätigkeit an. Zum einen darf die Tätigkeit nur einen vorbereitenden Charakter haben, sie muss also der Gewinnerzielung des Unternehmens dienen, dieser aber andererseits so weit vorauseilen, dass eine Zurechnung nur mit großen Mühen verbunden ist. Beispielsweise sind Forschungs- und Entwicklungsarbeiten, für das Unternehmen zu werben oder Informationen zu beschaffen, als vorbereitende Tätigkeiten zu qualifizieren.

2.3.2.2.5.4 Kumulierung von Ausnahmetatbeständen

Eine Kumulierung der in Art. 5 Abs. 4 OECD-MA genannten Ausnahmetatbestände führt nicht zur Qualifizierung der Betriebsstätte. Hierin liegt z. B. die entscheidende

Problematik für Geschäfte im Internet. Unterstellt man, dass ein in einem Vertragsstaat ansässiges Unternehmen einen eigenen Internet-Server im anderen Vertragsstaat unterhält, dann ist es für das Vorhandensein einer Betriebsstätte i. S. des DBA notwendig, dass durch die feste Geschäftseinrichtung nicht eine nur vorübergehende Tätigkeit oder Hilfstätigkeit ausgeübt wird. Deshalb muss z. B. bei Internet-Geschäften zunächst geklärt werden, welche Art von Tätigkeit ein solcher Internet-Server überhaupt übernimmt. Die Tätigkeit der Betriebsstätte **„Internet-Server"** hängt entscheidend von der Interpretation und Tragweite der „Zentralfunktion" des Stammhauses ab. Je nach Interpretation kann der Betriebsstätte keinerlei wesentliche Funktion zugeordnet werden, doch scheint dies im Widerspruch zur allgemeinen Selbständigkeitsfiktion der Betriebsstätte zu stehen. Außerdem kann die Annahme von Ausnahmetatbeständen regelmäßig dann nicht gegeben sein, wenn die ausgeübte Tätigkeit zu den wesentlichen Aktivitäten des Unternehmens gehört bzw. zwingend erforderlich ist für die Durchführung der Unternehmenstätigkeit.

2.3.3 Rechtsfolgenidentität bei ständigem Vertreter

Eine besondere Unterform der Betriebsstätte ist der ständige Vertreter. Eine Prüfung, ob ein ständiger Vertreter vorliegt, erfolgt immer erst dann, wenn das Vorliegen einer Betriebsstätte verneint wurde (subsidiäre Anwendung). Zweck dieser Vorschrift ist es, eine besondere Form der Geschäftstätigkeit der Ausübung durch eine Betriebsstätte gleichzustellen, obwohl die strengeren Tatbestandsvoraussetzungen für das Vorliegen einer Betriebsstätte nicht erfüllt sind.

Man unterstellt somit bei der Tätigkeit eines abhängigen Vertreters eine besondere Form der Geschäftstätigkeit, durch die für das vertretene Unternehmen eine hinreichende Teilnahme am Wirtschaftsverkehr des betreffenden Staates bewirkt wird, die dann eine Besteuerung in diesem Staat rechtfertigt. Nicht zuletzt aufgrund der aktuellen Rechtsprechung zu diesem Themenkreis muss eine permanente Kontrolle stattfinden. Der Steuerpflichtige muss sicherstellen, dass nicht durch die Gestaltung bestimmter Vertriebstätigkeiten ein unbewusstes Begründen einer Betriebsstätte vorliegt. Der Berater hat den Mandanten auf die besonderen Gefahren der Qualifizierung hinzuweisen und sollte hier besonders auf umfassende Information durch den Mandanten drängen.

Bei einem **unabhängigen Vertreter,** z. B. der Tätigkeit eines Maklers oder Kommissionärs, wird jedoch unterstellt, dass das vertretene Unternehmen nicht am allgemeinen Wirtschaftsverkehr des betreffenden Staates teilnimmt. Eine Besteuerung des unabhängigen Vertreters im Ansässigkeitsstaat, der hier gleichzeitig Tätigkeitsstaat ist, bleibt hiervon unberührt.

Gemäß Art. 5 Abs. 5 müssen folgende Voraussetzungen für das Vorliegen eines ständigen Vertreters erfüllt sein:

(1) Eine Person i. S. des Art. 3 Abs. 1 Buchst. d Musterabkommen übt die Besorgungstätigkeit aus. Unter Person sind in diesem Zusammenhang sowohl natürliche Personen, juristische Personen und sonstige Rechtsträger (z. B. Treuhandvermögen) als auch alle anderen Personenvereinigungen (vor allem Personengesellschaften) zu verstehen.

(2) Es handelt sich nicht um einen unabhängigen Vertreter gem. Art. 5 Abs. 6 Musterabkommen. Im Umkehrschluss der Negativabgrenzung ergibt sich, dass der Vertreter vom Vertretenen abhängig sein muss, d. h., er muss an die geschäftlichen Weisungen des Vertretenen gebunden sein. Da dies bei Angestellten des Unternehmens zweifelsfrei der Fall sein wird, kann die Anwesenheit eines Mitarbeiters in einem anderen Vertragsstaat zur Begründung einer „Betriebsstätte" führen, sofern die weiteren Voraussetzungen für das Vorliegen eines ständigen Vertreters erfüllt sind.[126] Neben den Arbeitnehmern sind all diejenigen Personen abhängig, die entsprechenden Weisungen unterliegen. Ein weiteres Indiz für das Vorliegen der Abhängigkeit ist die Nichtübernahme des unternehmerischen Risikos durch den Vertreter.[127]

(3) Die Person ist in einem Vertragsstaat für ein Unternehmen des anderen Vertragsstaates tätig.

(4) Diese Person muss eine Abschlussvollmacht des Unternehmens besitzen. Bei der Beurteilung, ob eine Abschlussvollmacht vorliegt, ist nicht auf die rein rechtliche Situation abzustellen,[128] sondern auf das tatsächliche Verhalten des Vertreters. Führt ein Vertreter z. B. alle Verhandlungen mit dem Kunden und überlässt er schließlich nur noch den Vertragsabschluss dem vertretenen Unternehmen (z. B. bei standardisierten Massenverträgen, die vom Unternehmen ohne weitere besondere Prüfung unterzeichnet werden), wird dennoch vom Vorliegen einer Abschlussvollmacht ausgegangen.[129]

(5) Die Vollmacht muss tatsächlich ausgeübt werden. Der Vertreter muss nachhaltig tätig werden. Ein einmaliger Vertragsabschluss oder der nur gelegentliche Abschluss von Verträgen reicht hierfür nicht. Die Ausübung reiner Vorbereitungs- und Hilfstätigkeiten reicht für das Vorliegen eines ständigen Vertreters nicht aus.

Beispiel:

Ein in Italien ansässiges Unternehmen bedient sich einer in Deutschland ansässigen Person zur Vermittlung und Durchführung von Verkaufsgeschäften. Sofern es sich bei der Person um einen unabhängigen Vertreter handelt, führt das in Italien ansässige Unternehmen Direktgeschäfte in Deutschland aus, sodass die nach Abzug der Kommissionsprovision erzielten Gewinne ausschließlich in Italien besteuert werden. Der

126 BFH vom 20.04.1975, BStBl 1975 II S. 626.
127 Vgl. Endres, R., IStR 1996, S. 1.
128 BFH vom 12.04.1978, BStBl 1978 II S. 494.
129 Günkel in B/H/G/K, a. a. O., Rz. 231 zu Art. 5.

Kommissionär hat seinen im Inland erzielten Gewinn bzw. sein zu versteuerndes Einkommen in Deutschland zu besteuern.

Bedient sich das italienische Unternehmen eines ständigen Vertreters in Deutschland, sind die Rechtsfolgen so, als hätte das Unternehmen in Deutschland eine Betriebsstätte. Die Folge wäre eine vollständige Besteuerung der Gewinne aus der Verkaufstätigkeit in Deutschland, soweit die Geschäfte der Tätigkeit des ständigen Vertreters wirtschaftlich zugerechnet werden.

In dem einen Fall wird somit nur die Kommissionsprämie in Deutschland zur Besteuerung herangezogen und im zweiten Fall der gesamte Vertriebsgewinn.

2.3.4 Anti-Organ-Klausel des Art. 5 Abs. 7 OECD-MA

Das Bestehen einer Tochtergesellschaft führt für sich allein genommen noch nicht dazu, dass die Tochtergesellschaft als Betriebsstätte ihrer Muttergesellschaft zu behandeln ist. Gegen die Annahme einer Betriebsstätte spricht bereits, dass die Tochtergesellschaft rechtlich selbständig ist und daher die Muttergesellschaft nicht die Verfügungsmacht über die **„Geschäftseinrichtung Tochtergesellschaft“** hat. Der Umstand, dass die Muttergesellschaft der Tochtergesellschaft Weisungen hinsichtlich ihrer Geschäftstätigkeit geben kann, reicht hierfür nicht aus.[130]

Die Tochtergesellschaft kann jedoch wie eine Betriebsstätte der Muttergesellschaft behandelt werden, sofern diese die Eigenschaften eines ständigen Vertreters i. S. des Abs. 5 erfüllt. In diesen Fällen bleibt die **steuerrechtliche Selbständigkeit** der Tochtergesellschaft gewahrt, da sie lediglich in dem Umfang Betriebsstätte für die ausländische Muttergesellschaft ist, wie sie für diese als ständiger Vertreter tätig wird. Die steuerliche Folge hieraus ist, dass die ausländische Muttergesellschaft der Betriebsstättenbesteuerung mit dem Gewinn unterliegt, den sie aus den in ihrem Namen durch die Tochtergesellschaft abgeschlossenen Verträgen zieht. Diese Betrachtungsweise ändert nichts an der unbeschränkten Steuerpflicht der Tochtergesellschaft, die auch die von der Muttergesellschaft gezahlte **Vertreterprovision** zum Gegenstand hat. Die Folge ist, dass es zu einer doppelten Erfassung der Einkünfte bei der Tochter- und der Muttergesellschaft kommt.[131]

Beispiel:
Die ausländische Mutterkapitalgesellschaft unterhält in Deutschland eine 100 %ige Tochtergesellschaft. Die Produkte werden über die in Deutschland ansässige Kapitalgesellschaft vertrieben, wobei diese Abschlussvollmacht hat und neben der Vertretertätigkeit für die ausländische Muttergesellschaft weitere Geschäfte für fremde Dritte in untergeordnetem Umfang vornimmt.

Die ausländische Muttergesellschaft unterhält aufgrund der Anti-Organ-Klausel des Art. 5 Abs. 7 OECD-MA keine Betriebsstätte. Denkbar ist jedoch die Qualifizierung als ständiger Vertreter. Das FG Köln[132] sieht Art. 5 Abs. 5 MA als gegeben an, denn

---

130 Selbst bei Organschaftsverhältnissen, BFH vom 07.12.1994, BStBl 1995 II, S. 175.

131 Vgl. Wassermeyer, in DBA-Kommentar, Rz. 201 zu Art. 5.

132 Urteil vom 07.07.1993 6 K 4693/87.

es handelt sich bei der deutschen Kapitalgesellschaft um einen Vertreter mit Abschlussvollmacht. Absatz 6 als Einschränkung des Abs. 5 greift in diesem Fall nicht. Unabhängigkeit i. S. der Selbständigkeit des Gewerbesteuergesetzes liegt bei der rechtlich selbständigen deutschen Kapitalgesellschaft unstreitig vor. Ob die Tätigkeit im Rahmen des ordentlichen Geschäftsbetriebes erfolgt, ist streitig. Der BFH[133] sieht als entsprechendes Abgrenzungskriterium für das Vorliegen „im Rahmen des ordentlichen Geschäftsbetriebes" die Verkehrsüblichkeit an. Demgegenüber argumentiert das FG Köln mit den Besonderheiten des spezifischen Geschäftsbetriebes des Vertreters. Im vorliegenden Fall ist somit die deutsche Kapitalgesellschaft als Betriebsstätte der ausländischen Muttergesellschaft zu qualifizieren, da die Haupttätigkeit der deutschen Kapitalgesellschaft in der Vertretertätigkeit für die ausländische Muttergesellschaft liegt.

2.4 Gewinnabgrenzung bei verbundenen Unternehmen (Art. 9 OECD-MA)

2.4.1 Zweck der Vorschrift

Unter verbundenen Unternehmen versteht man Mutter- und Tochtergesellschaften sowie Gesellschaften unter einer gemeinsamen Kontrolle.[134] Hinsichtlich des Sachziels „Minimierung der Steuerbelastung" kann die geplante buchmäßige Aufteilung des Gesamtgewinns eines Unternehmensverbundes auf die jeweiligen Unternehmenseinheiten einen Beitrag hierzu leisten. Eine Steuerminimierung kann nur deshalb hierdurch erreicht werden, weil schuldrechtliche Verträge zwischen rechtlich selbständigen Konzernunternehmen grundsätzlich nicht nur zivilrechtlich, sondern auch steuerrechtlich anerkannt werden. Die Leistungsbeziehungen zwischen den Konzerngesellschaften können so gestaltet werden, dass die Gewinne innerhalb des Konzerns dort anfallen, wo die niedrigste Besteuerung gegeben ist.

Da die einzelnen Unternehmenseinheiten zwar rechtlich selbständig sind, aber wirtschaftlich im Rahmen des Konzernverbundes zusammengehören, kann der Leistungsaustausch zu nicht marktgerechten Preisen erfolgen, ohne dass im Endeffekt Gewinneinbußen zu verzeichnen wären.

Die betroffenen Finanzverwaltungen haben deswegen Verfahren entwickelt, um auch in Fällen von konzernverbundenen Leistungsbeziehungen eine angemessene, zutreffende Gewinnzurechnung zwischen den Konzerngesellschaften sicherzustellen. Der Auswahl des richtigen Vergleichsmaßstabs kommt dabei eine entscheidende Bedeutung zu.

133 BFH vom 14.09.1994, IStR 1995, S. 132.
134 Vgl. Art. 9 Abs. 1 Satz 1 Musterkommentar.

Neben dieser räumlichen Erfolgslenkung gibt es auch noch Maßnahmen, um den Zeitpunkt des Gewinnausweises und damit der Besteuerung von der Gewinnentstehung abweichend zu bestimmen. Hierbei kann aufgrund der Steuerstundung ein Liquiditätsvorteil für den Steuerpflichtigen entstehen. Diese Art der Erfolgslenkung soll jedoch nicht Gegenstand der nachfolgenden Überlegungen sein.

Als entsprechende Maßnahme räumlicher Erfolgslenkung kommt die Gestaltung der Verrechnungspreise bei Sachlieferungen und Dienstleistungen zwischen den Konzerngesellschaften und die Gestaltung durch sog. Konzernumlagen (typischerweise für Forschungs- und Entwicklungsaufwendungen oder allgemeine Verwaltungsaufwendungen und besondere Beratungsleistungen) in Frage. Die unterschiedliche Bezeichnung folgt der Art der Verrechnung der Kosten. Während der Verkauf der Waren und Leistungen durch Fremdvergleichspreise der direkten Methode einer Aufwandszurechnung entspricht, ist die Vorgehensweise durch das Umlageverfahren als indirekte Methode zu bewerten, da die vorzunehmende Zurechnung im Wege des Schätzverfahrens durch Schlüsselgrößen erfolgt. Die einzelnen Verfahren zur Prüfung der Angemessenheit von Verrechnungspreisen sowie die hierbei zu beachtenden verfahrensrechtlichen Vorschriften, wie z. B. die Dokumentation, sind Gegenstand des Beitrages von Kaminski auf S. 266 ff. in diesem Buch.

2.4.2 Steuerliche Korrekturnormen

Art. 9 Abs. 2 OECD-MA beinhaltet die Gewinnkorrekturmöglichkeit bei verbundenen Unternehmen, wenn Geschäftsbedingungen vereinbart wurden, die von den zwischen unabhängigen Unternehmen üblichen abweichen. Das Musterabkommen von 1992 geht dabei insoweit über das des Jahres 1963 hinaus, als es einen Vertragsstaat verpflichtet, den Gewinn einer in seinem Gebiet ansässigen Gesellschaft dann zu ändern, wenn der andere Vertragsstaat eine Korrektur vorgenommen hat (Art. 9 Abs. 2 OECD-MA). Die deutsche Abkommenspraxis weicht hiervon jedoch i. d. R. ab, sodass die Gefahr der Doppelbesteuerung weiterhin bestehen bleibt.

Die Gewinnkorrekturmöglichkeit[135] erfolgt nach jeweiligem nationalem Steuerrecht, sodass hier gefragt werden muss, welche der alternativ anzuwendenden Vorschriften greift. Meines Erachtens ist eine Anwendung von § 42 AO sowie von § 1 AStG als auch § 8 Abs. 3 KStG denkbar, um eine etwaige Korrektur vorzunehmen. In den Fällen, in denen die Voraussetzungen einer vGA vorliegen, ist nach herrschender Rechtsprechung davon auszugehen, dass eine Korrektur nach diesem Rechtsinstitut zu erfolgen hat. Eine Vorschrift wie § 42 AO ist im Verhältnis zu § 1 AStG, welcher eine eigenständige Korrekturnorm nach nationalem Steuerrecht begründet, subsidiär zu behandeln, sodass § 42 AO erst dann Anwendung findet, wenn eine der zuvor

135 Es handelt sich bei Art. 9 Abs. 2 OECD-MA nur um eine Erlaubnisnorm, nicht hingegen um anwendbares zwingendes Recht (BFH vom 12.03.1980, BStBl 1980 II S. 531). Zu abweichenden Auffassungen siehe Wassermeyer, in DBA-Kommentar, Rz. 76 zu Art. 9.

genannten Korrekturnormen nicht greift. Artikel 9 OECD-MA hat auf nationales Steuerrecht keinerlei direkte Auswirkung, da es lediglich die Möglichkeit der Gewinnkorrektur beschreibt, die Durchführung jedoch dem jeweiligen nationalen Steuerrecht überlässt.

2.5 Gewinnabgrenzung zwischen Stammhaus und Betriebsstätte

Gewinne eines Unternehmens, das eine in einem Vertragsstaat ansässige Person betreibt, besteuert grundsätzlich der Wohnsitz- bzw. Sitzstaat. Artikel 7 Abs. 1 OECD-MA sieht jedoch vor, dass in den Fällen, in denen im anderen Staat eine Betriebsstätte unterhalten wird, die Gewinne, die der Betriebsstätte zuzurechnen sind, in diesem Staat besteuert werden dürfen. Das vorrangige Besteuerungsrecht des Betriebsstättenstaates schließt jedoch eine Besteuerung im Sitzstaat des Steuerpflichtigen nicht aus.

Der Maßstab für die Gewinnzuordnung auf die Betriebsstätte folgt zwingend aus der Selbständigkeitsfiktion der Betriebsstätte als eigenständigem Unternehmen, denn ihr sind alle Gewinne und Verluste zuzurechnen, die sie hätte erzielen können, wenn sie eine gleiche oder ähnliche Tätigkeit unter gleichen oder ähnlichen Bedingungen als selbständiges Unternehmen ausgeübt hätte.

Das Problem der zutreffenden Aufteilung von Einkünften stellt sich nicht nur in grenzüberschreitenden Kapitalgesellschaftskonzernen, sondern auch bei Unternehmen, die in unterschiedlichen Staaten unselbständige Unternehmensteile, sog. Betriebsstätten, unterhalten. Vergleichbar mit der Unterscheidung von Mutter- zu Tochtergesellschaft werden im Folgenden nur *Leistungsbeziehungen und Einkunftszurechnungen* im Verhältnis des sog. *Stammhauses* als dem Ort, an dem sich der Mittelpunkt der geschäftlichen Oberleitung befindet, und allen sonstigen unselbständigen sonstigen Unternehmensteilen, den *Betriebsstätten,* untersucht. Hierbei kann das Unternehmen die Form der Kapitalgesellschaft, der Personengesellschaft oder des Einzelunternehmens haben.

Wenngleich Personengesellschaftskonzerne sich aus zivilrechtlicher Sicht als Zusammenschluss rechtlich selbständiger Unternehmen darstellen, folgt deren steuerliche Beurteilung nach deutschem Steuerrecht stets der Behandlung unselbständiger Betriebsstätten. Die besondere Herausforderung für die steuerliche Behandlung ist regelmäßig darin begründet, dass zwischen Betriebsstätte und Stammhaus weder zivilrechtliche Verträge nötig noch möglich sind, sodass auch die Geschäftsbeziehungen unter der *Fiktion* des Vorliegens einer entsprechenden *vertraglichen Vereinbarung* beurteilt werden, ohne dass bereits entschieden worden wäre, ob die Einkunftszurechnung im Sinne eines Drittvergleichs angemessen ist. Gerade bei Personengesellschaften ist zu beachten, dass die Gewinne, die einer im DBA-Ausland belegenen Betriebsstätte oder einer dort belegenen Personengesellschaft zuzurechnen sind, nur dort besteuert werden und im Inland von der Besteuerung ausgenommen sind. Auch in EU-Fällen ist für die Gewährung der Freistellung nach DBA-Recht auf die Aktivitätsklausel des AStG hinzuweisen, da die Entscheidung des EuGH in der Rs. Cadburry Schweppes nicht gleichermaßen für § 20 Abs. 2 AStG gilt, nach der die Freistellungsmethode durch die Anrechnungsmethode ersetzt wird, sofern die Voraussetzungen der Hinzurechnungsbesteuerung erfüllt sind.

Während hinsichtlich der Verrechnungspreisbestimmung zwischen verbundenen Kapitalgesellschaften die Fiktion des ordentlichen und gewissenhaften Geschäftsführers grundsätzlich zur Anwendung kommt, tritt bei Betriebsstätten als Erweiterung noch hinzu, dass die unselbständigen Unternehmensteile grundsätzlich so zu behandeln sind, als wenn es sich um **selbständige Unternehmen** handeln würde.

Die Betriebsstätte hat im Internationalen Steuerrecht in vielerlei Funktionen eine Bedeutung, so ist grundsätzlich nur bei Vorliegen einer Betriebsstätte in Deutschland vom Vorliegen inländischer gewerblicher Einkünfte auszugehen, für die die Bundesrepublik Deutschland ein Besteuerungsrecht hat. Aber auch die Steuereinbehaltungspflicht für Lohnsteuer bestimmt sich nach dem Vorliegen einer Betriebsstätte. Letztendlich ist das Vorliegen einer Betriebsstätte im Ausland für die unilaterale Freistellung bei der Ermittlung des Gewerbeertrags von entscheidender Bedeutung. Auch im Rahmen der Ermittlung der ausländischen Einkünfte zur Bestimmung der Höhe der anzurechnenden Steuern ist die Betriebsstätte zu ermitteln und sind die ihr zuzurechnenden Einkünfte exakt zu bestimmen.

Dass dieser Gedanke in der Praxis des Internationalen Steuerrechts keineswegs von allen Staaten einheitlich angewandt wird und – zumindest nach Auffassung der deutschen Finanzverwaltung – in einigen, vermutlich als wesentlich anzusehenden Bereichen wiederum eingeschränkt wird, begründet eine Vielzahl praktischer Probleme, auf die im Folgenden ebenso hingewiesen werden soll wie auf mögliche Lösungsansätze zur Überwindung bestimmter Probleme bei der Anwendung der oben genannten Grundsätze. Die Diskussion um den Umfang der Einkunftszurechnung bei Betriebsstätten sowie die generelle Frage der Begründung einer Betriebsstätte sind derzeit Gegenstand intensiver Diskussionen auf Ebene der OECD. Erste Ergebnisse hierzu sind die Änderungen im OECD-MA-Kommentar zu Art. 5 sowie zum Kommentar zu Art. 7 OECD-MA.

Für die Praxis ist nicht nur die Frage der Anknüpfungspunkte für die Besteuerung von großer Bedeutung, sondern auch, in welchem Umfang bestimmte Einkünfte den in den einzelnen Staaten ausgeübten Aktivitäten zugeordnet werden. Hierzu enthält Art. 7 Abs. 2 OECD-MA nur im Grundsatz Regelungen. Danach sind in jedem Vertragsstaat der Betriebsstätte diejenigen Gewinne zuzurechnen, die im Falle einer vollständigen Unabhängigkeit vom Stammhaus hätten erzielt werden können.

Damit ist festzustellen, dass – abgesehen von den Spezialregelungen in Art. 7 Abs. 3 OECD-MA – das OECD-MA zu dieser Frage nur die Fiktion der Unabhängigkeit enthält, aber keine detaillierten Vorgaben zur Gewinnabgrenzung. Entsprechend den allgemeinen Grundsätzen hat ein Rückgriff auf das Recht der Vertragsstaaten zu erfolgen.

Der Verweis im Abkommensrecht auf die Gewinnermittlungsvorschriften der Vertragsstaaten hat zur Konsequenz, dass grundsätzlich die nationalen Einkunftsermittlungsvorschriften zur Anwendung kommen, sofern nicht die Fiktion des Fremdvergleichs zwischen Stammhaus und Betriebsstätte etwas anderes gebietet.

Der Verweis auf das nationale Recht der Anwenderstaaten ist umfassend. Hieraus folgt, dass sich sowohl die Form der Gewinnermittlung (z. B. Einnahmen-Überschussrechnung oder Betriebsvermögensvergleich) als auch deren Details (z. B. die Abzugsfähigkeit von Betriebsausgaben) nach diesen Vorschriften richten. Die Gewinnermittlungsvorschriften eines Staates haben keine Bindungswirkung für die Ermittlung im jeweils anderen Staat. Hieraus folgt, dass es zur Entstehung von sog. weißen Betriebsausgaben oder Betriebseinnahmen kommen kann. Für den Steuerpflichtigen zumeist ärgerlicher sind Betriebsausgaben, die sich in keinem Staat einkunftsmindernd auswirken, sog. vagabundierende Betriebsausgaben.

Beispiel:

Im Zusammenhang mit der Errichtung einer Betriebsstätte im DBA-Ausland fallen beim Stammhaus Finanzierungsaufwendungen an. Der Stammhausstaat versagt einen Betriebsausgabenabzug, weil er die Aufwendungen als in einem Zusammenhang mit steuerfreien Einnahmen stehend ansieht. Der Betriebsstättenstaat lehnt den Abzug ab, weil bestimmte Nachweise nicht erbracht werden, die den eindeutigen Zusammenhang zwischen Finanzierung und Betriebsstätte belegen.

In der Praxis sollte durch eine Dokumentation gewährleistet werden, dass im Betriebsstättenstaat eine Abzugsfähigkeit von entsprechenden Aufwendungen erreicht werden kann. Hierbei kommt der Frage, bei welchem Unternehmensteil diese Aufwendungen entstehen, aus steuerplanerischer Sicht besondere Bedeutung zu. Durch eine gezielte Auswahl desjenigen, bei dem bestimmte Aufwendungen anfallen, lassen sich unter Umständen sehr langwierige Diskussionen mit der Finanzverwaltung vermeiden. Eine evtl. entstehende Nichtabzugsfähigkeit (z. B. von Finanzierungsaufwendungen) ist mit in ökonomische Vorteilhaftigkeitsüberlegungen einzubeziehen.

2.5.1 Ermittlung des Betriebsstättengewinns

Um eine Einkunftsermittlung der Betriebsstätte durchführen zu können, ist zunächst zu prüfen, ob diese nach nationalem Recht *buchführungspflichtig* ist. Dies bildet die Grundlage, auf der spezielle Regelungen zur Anwendung kommen können (z. B. Einschränkungen beim Abzug von bestimmten Aufwendungen als Betriebsausgaben). Dabei ist zu beachten, dass diese Regelungen für jeden Staat gesondert zu prüfen sind. Daher kann es bei unterschiedlichen nationalen Regelungen zu Abweichungen kommen. Im Folgenden sollen die nach deutschem Recht bestehenden Vorschriften dargestellt werden. Diese sind von besonderer Bedeutung, wenn ein Steuerausländer in Deutschland tätig wird.

Neben diesen Buchführungspflichten stehen die sonstigen Aufzeichnungs- und Vorlagepflichten. So hat der Steuerpflichtige die Warenein- und -ausgänge gesondert aufzuzeichnen (§§ 143, 144 AO). Hierbei kommt es nicht darauf an, ob sich dieser Warenverkehr auf Geschäfte mit fremden Dritten erstreckt oder zwischen Stammhaus und Betriebsstätte oder zwischen Betriebsstätten desselben Stammhauses erfolgt. Außerdem bestehen die allgemeinen Mitwirkungspflichten im Rahmen des Besteuerungsverfahrens (z. B. Pflicht zur Abgabe von Steuererklärungen, erweiterte Mitwirkungspflichten gem. § 90 Abs. 2 AO, Dokumentationspflicht nach § 90 Abs. 3 AO).

2.5.1.1 Grundlegende Buchführungsregelungen

Ausgangspunkt der **steuerlichen Gewinnermittlung** bildet nach deutschem Verständnis die Anknüpfung an die Handelsbilanz. Gemäß § 140 AO müssen diejenigen, die bereits nach anderen Vorschriften buchführungspflichtig sind, diese Verpflichtung auch für steuerliche Zwecke erfüllen. Zivilrechtlich ist danach zu unterscheiden, ob es sich bei der Betriebsstätte um eine Zweigniederlassung i. S. des § 13 d HGB handelt. Aus dieser Differenzierung ergeben sich Folgewirkungen für die Buchführungs- und Aufzeichnungspflichten. Nur wenn diese Eigenschaft gegeben ist, besteht nach Handelsrecht eine Buchführungs- und Bilanzierungspflicht. Da das HGB den Begriff **„Zweigniederlassung“** nicht definiert, muss eine Abgrenzung aufgrund objektiver äußerer Merkmale erfolgen. Nach herrschender Meinung ist eine Zweigniederlassung ein von der Hauptniederlassung räumlich getrennter, weitgehend selbständiger Teil des Unternehmens, der auf Dauer als zusätzlicher Mittelpunkt für die Geschäfte der Hauptniederlassung geschaffen ist und von dem aus für das Unternehmen wesentliche Geschäfte selbständig erledigt werden.[136] Im Einzelnen werden die folgenden Merkmale verlangt:[137]

(1) zivilrechtliche Unselbständigkeit,

(2) Ausführung von wesentlichen Geschäften des ausländischen Unternehmens,

(3) selbständige Teilnahme am Geschäftsverkehr,

(4) „eigenes“ Geschäftsvermögen und

(5) Dauerhaftigkeit.

Sofern die Voraussetzungen für das Vorliegen einer Zweigniederlassung erfüllt sind, besteht nach Handelsrecht Buchführungspflicht. Gemäß § 13 d Abs. 3 HGB werden inländische Zweigniederlassungen von beschränkt Steuerpflichtigen wie Hauptniederlassungen behandelt. Folglich besteht gem. § 238 HGB Buchführungspflicht, die

136 Vgl. z. B. Hopt in Baumbach/Hopt, 31. Aufl. 2003, § 13 HGB, Rz. 3; Ammon in Röhrich/von Westphalen, § 13 HGB, Rz. 4 ff. (2001); Kindler in Münchener Kommentar 1999 (Nachtrag 2003), Internationales Gesellschaftsrecht, Rz. 134; Winter in Scholz, § 12 GmbHG, Rz. 6 ff. (2000).

137 Vgl. Becker in Löwenstein/Looks, 2003, Rz. A, 17 f.

infolge von § 140 AO auch für steuerliche Zwecke gilt. Dabei ist das Maßgeblichkeitsprinzip (§ 5 Abs. 1 EStG) zu beachten.

Aus § 146 Abs. 2 AO ergibt sich die Verpflichtung zur Führung und Aufbewahrung der Bücher im Inland. Hiervon sind gem. § 148 AO Erleichterungen möglich, wenn diese Verpflichtung zu einer sachlichen Härte führt. Die Finanzverwaltung vertritt jedoch die Auffassung, dass es sich hierbei nicht um eine solche Härte handelt, weil diese Aufwendungen allen inländischen Gewerbetreibenden entstehen.[138]

In den letzten Jahren wurde die Frage der **Zulässigkeit** einer **Buchführung** im **Ausland** kontrovers diskutiert. Nach Auffassung der deutschen Finanzverwaltung bestehen hier enge Grenzen. Danach muss eine Erfassung im Inland erfolgen. Außerdem sind die Originalbelege im Inland aufzubewahren. Damit kann im Ergebnis nur eine Verarbeitung des im Inland erfassten Buchungsstoffes im Ausland erfolgen.

Die Buchführungspflicht nach § 141 AO umfasst zwar nicht das Maßgeblichkeitsprinzip des § 5 EStG, aber dennoch resultieren aus ihr in der Praxis die gleichen Ergebnisse. Ausschlaggebend hierfür ist die Tendenz der Rechtsprechung, den vollständigen und den unvollständigen Betriebsvermögensvergleich einander immer stärker anzunähern.[139]

Sowohl in den Fällen der derivativen als auch der originären Buchführungspflicht sind die allgemeinen Anforderungen an die Buchführung zu beachten. Hieraus folgt u. a., dass die Buchführung in einer lebenden Sprache zu erstellen ist.[140] Sie muss einem sachverständigen Dritten in angemessner Frist einen Überblick über die Lage des Unternehmens vermitteln. Außerdem müssen die allgemeinen Ordnungsmäßigkeitsmerkmale (Vollständigkeit, Vollzähligkeit, Belegprinzip usw.) beachtet werden.

Sofern eine Buchführungspflicht weder aus dem Handelsrecht hergeleitet werden kann noch sich aufgrund originärer steuerlicher Vorschriften ergibt, kann der Steuerpflichtige seinen Gewinn durch Einnahmen-Überschussrechnung ermitteln. Hierbei gelten die gleichen Regelungen wie im nationalen Bereich. Bei der Einkunftsermittlung sind auch alle außerbilanziellen Korrekturen zu berücksichtigen. Ausnahmen bestehen lediglich insoweit, wie die allgemeinen Regelungen infolge der nicht gegebenen Vergleichbarkeit des unterstellten Besteuerungstatbestandes und der vergleichbaren Situation im Verhältnis zwischen Stammhaus und Betriebsstätte nicht möglich ist.

Beispiel 1:

Vorschriften über nichtabziehbare Betriebsausgaben gelten auch im Rahmen der Ermittlung der Einkünfte der Betriebsstätte.

---

138 Vgl. StEK, Lfg. 434, 1977, § 146 AO, Rz. 8.

139 Vgl. zum Beispiel das BFH-Urteil vom 02.10.2003 IV R 13/03, BFH/NV 2004, S. 132 = BFHE 203, 373, zum Ausweis von gewillkürtem Betriebsvermögen bei der Gewinnermittlung nach § 4 Abs. 3 EStG.

140 Auf das Recht der Finanzverwaltung, ggf. eine Übersetzung zu verlangen (§ 87 Abs. 2 AO), wird verwiesen.

Beispiel 2:

Regelungen über die Einlage und die Entnahme sind hingegen nicht anwendbar. Ausschlaggebend hierfür ist, dass es sich bei der Betriebsstätte um einen rechtlich unselbständigen Teil des Einheitsunternehmens handelt, sodass schon deshalb eine Einlage bzw. Entnahme ausscheidet.

Zentrale Bedeutung für die Ermittlung des Einkommens der Betriebsstätte hat die Zuordnung des Vermögens. Ausschlaggebend hierfür ist, dass Einkünfte aus einem Wirtschaftsgut von dem Staat besteuert werden können sollen, „zu dem" auch das Wirtschaftsgut zugeordnet wurde. Hieraus folgt, dass ein unmittelbarer Zusammenhang zwischen Zuordnung und Besteuerungsrecht besteht. Der BFH geht davon aus, dass einer Betriebsstätte die Wirtschaftsgüter zuzuordnen sind, die der Erfüllung ihrer Funktion als Betriebsstätte dienen.[141]

2.5.1.2 Gewinnaufteilungsmethoden

Weder OECD-MA noch OECD-MK enthalten konkrete Vorgaben, welche Methode zur Einkunftszurechnung zu Stammhaus und Betriebsstätte anzuwenden sind. Zu beachten sind lediglich die Ergänzungen in Art. 7 Abs. 3 und 4 OECD-MA. Danach hat eine Zurechnung von Aufwendungen zur Betriebsstätte zu erfolgen, wenn dies unter fremden Dritten geschehen wäre, unabhängig davon, ob diese Aufwendungen beim Stammhaus oder bei der Betriebsstätte angefallen sind. Gemäß Art. 7 Abs. 4 OECD-MA hat eine Aufteilung des Gesamtgewinns des Unternehmens auf seine einzelnen Teile zu erfolgen, sofern die hieraus entstehenden Ergebnisse dem Fremdvergleich entsprechen. Gleichwohl haben sich in der internationalen Besteuerungspraxis bestimmte Methoden herausgebildet, die im Folgenden dargestellt werden. Diese haben ihren Niederschlag sowohl im OECD-MK zu Art. 7 Tz. 12 und 25 als auch in der Rechtsprechung[142] gefunden. International üblich sind die sog. **direkte** und die **indirekte Methode** der Gewinnermittlung. Ferner gibt es noch die sog. **gemischte Methode.** Hierbei handelt es sich um die Verbindung von Elementen der direkten und indirekten Methode.

2.5.1.2.1 Direkte Methode

Bei der **direkten Methode** wird eine **eigenständige Betriebsstättenbuchführung** durchgeführt. Auf dieser Grundlage wird der Gewinn der Betriebsstätte ermittelt. Diese Bilanzierung wird i. d. R. auch vorgenommen, wenn es für sie keine gesetzliche Verpflichtung gibt. Dabei werden in der Buchführung der Betriebsstätte nur solche Wirtschaftsgüter ausgewiesen, die auch in der Bilanz des Stammhauses enthalten sind. Damit lässt sich eine Aufgliederung der Bilanz des Gesamtunternehmens in solche Wirtschaftsgüter vornehmen, die in der Bilanz des Stammhauses enthalten

141 Vgl. z. B. BFH vom 29.07.1992 II R 39/89, BStBl 1993 II S. 63.

142 Vgl. BFH vom 28.03.1985 IV R 80/82, BStBl 1985 II S. 405, und vom 29.07.1992 II R 39/89, BStBl 1993 II S. 63.

sind, und solche, die in den Betriebsstättenbilanzen ausgewiesen werden. Die deutsche Finanzverwaltung vertritt in ihrem Betriebsstättenerlass[143] die Auffassung, dass die direkte Methode insbesondere dann anzuwenden ist, wenn Stammhaus und Betriebsstätte unterschiedliche Funktionen ausüben. Dabei sollen insbesondere berücksichtigt werden:

(1) die Strukturorganisation und Aufgabenverteilung im Unternehmen sowie der Einsatz von Wirtschaftsgütern,

(2) die einzelnen Funktionen der Betriebsstätte,

(3) in welcher Eigenschaft die Betriebsstätte als selbständiges Unternehmen diese Funktion ausgefüllt hätte.

Außerdem sieht die Finanzverwaltung vor, dass hier noch „Korrekturen" erfolgen sollen, wenn die Betriebsstätte Hilfsfunktionen übernimmt. Im Schrifttum ist zu Recht darauf hingewiesen worden, dass der Betriff der Korrekturen nicht definiert und zu unbestimmt ist.[144]

2.5.1.2.2 Indirekte Methode

Die **indirekte Methode** entspricht Art. 7 Abs. 4 OECD-MA. Leitidee ist es dabei, vom Gesamtgewinn des Unternehmens auszugehen und diesen nach sachgerechten Aufteilungsschlüsseln auf das Stammhaus und die Betriebsstätte zu verteilen. Diese **Aufteilungsschlüssel** müssen so gewählt werden, dass sie zu einer dem Fremdvergleichsgrundsatz entsprechenden Verteilung des Unternehmensgewinns führen.

Die OECD schlägt in → OECD-MK zu Art. 7 Tz. 27 drei Hauptgruppen von Unterteilungsschlüsseln vor:

(1) umsatz- oder provisionsbezogene Schlüssel,

(2) lohn- bzw. andere kostenbezogene Schlüssel und

(3) betriebsvermögensbezogene Schlüssel.

Die deutsche Finanzverwaltung hat die dort genannten Beispiele weitgehend in Tz. 2.3.2 der Betriebsstätten-Verwaltungsgrundsätze[145] übernommen. Die besondere Problematik dieser Methode liegt darin, eine geeignete **Schlüsselgröße** zu finden, die zu einer dem **Fremdvergleichsgrundsatz entsprechenden Gewinnaufteilung** führt. Insbesondere bei Betriebsstätten, die – wie im Regelfall – mehrere Funktionen ausüben, scheint ein Rückgriff auf eine größere Anzahl von Schlüsseln als unausweichlich. In der internationalen Besteuerungspraxis ist ein zunehmender Rückgang der Anwendung dieser Methode festzustellen. Die OECD geht in einem Diskussionsentwurf zur Fortentwicklung des Betriebsstättenprinzips von der Arbeitshypo-

143 BMF-Schreiben vom 24.12.1999, IV B 4 – S 1300 – 111/99, BStBl 1999 I S. 1076, Tz. 2.3.1.

144 So auch Kumpf/Roth, DB 2000, S. 745.

145 BMF-Schreiben vom 24.12.1999, IV B 4 – S 1300 – 111/99, BStBl 1999 I S. 1076, Tz. 2.3.2.

these aus, dass auf Art. 7 Abs. 4 OECD-MA verzichtet werden könne.[146] Unseres Erachtens ist dieser Auffassung grundsätzlich zu folgen, da die Anwendung der indirekten Methode nur dann sachgerecht ist, wenn die Ergebnisse nicht offensichtlich zu unrichtigen Aufteilungen führen.

2.5.1.2.3 Gemischte Methode

Die sog. **gemischte Methode** stellt zwar grundsätzlich eine Verbindung von direkter und indirekter Methode dar, doch beruht sie vorwiegend auf der direkten Methode. Sie geht davon aus, dass zunächst das direkt zurechenbare Vermögen und die entsprechenden Erträge aufzuteilen sind. Lediglich die Teile, die nicht unmittelbar und eindeutig zugerechnet werden können, sollen mit Hilfe der indirekten Methode verrechnet werden.

Die deutsche Finanzverwaltung geht davon aus, dass der direkten Methode Vorrang vor der indirekten Methode einzuräumen ist.[147] Zugleich sieht sie diese Methode als Regelmethode an. Hingegen geht die Praxis regelmäßig von der gemischten Methode aus, um auch in Grenzbereichen eine Zuordnung vornehmen zu können.

Beratungshinweis: *Die deutsche Finanzverwaltung vertritt in Tz. 2.3 Satz 6 Betriebsstätten-Verwaltungsgrundsätze die Auffassung, dass ein willkürlicher Methodenwechsel nicht zulässig ist. Eine solche Auffassung kann sich zwar auf Art. 7 Abs. 6 OECD-MA stützen, wonach die Einkünfte einer Betriebsstätte jedes Jahr nach der gleichen Methode zu bestimmen sind, doch erstaunt hier die Formulierung der Finanzverwaltung. Nicht nur die Verwendung des Wortes „willkürlich" irritiert, sondern es überrascht auch, dass der grundsätzlich bestehende Stetigkeitsgrundsatz hier noch einmal in einer besonderen Form betont wird. Schließlich darf nicht übersehen werden, dass es durchaus sachgerechte Gründe für einen Wechsel der Methoden gibt und insoweit wohl kaum die deutsche Finanzverwaltung von einem „willkürlichen" Methodenwechsel ausgehen wird. Auf jeden Fall sollte der Steuerpflichtige sich rechtzeitig darauf einstellen, dass bei einem Wechsel der Methode der Gewinnermittlung der Betriebsstätte die Finanzverwaltung kritische Nachfragen stellen wird. Der Steuerpflichtige dürfte gut beraten sein, rechtzeitig ausreichend wirtschaftlich plausible Gründe für einen solchen Wechsel nachweisen zu können.*

2.5.1.2.4 Direkte Methode und funktionale Zuordnung

Bei der direkten Methode ergibt sich diese unmittelbar daraus, dass die Einkunftszurechnung der Vermögenszurechnung folgt. Da die gemischte Methode im Wesentlichen auf der direkten Methode basiert, hat auch bei ihr die Vermögenszuordnung große Bedeutung. Bei der indirekten Methoden ist die Vermögenszuordnung rele-

146 Vgl. OECD, Rz. 180 f.
147 BMF-Schreiben vom 24.12.1999 – IV B 4 – S 1300 – 111/99, BStBl 1999 I S. 1076, Tz. 2.3.

vant, wenn ein Aufteilungsschlüssel verwendet wird, der auf der Vermögensabgrenzung basiert.

Ein Wirtschaftsgut kann entweder **nur dem Stammhaus oder nur der Betriebsstätte** zugeordnet werden. Dies gilt auch, wenn das Wirtschaftsgut teilweise von beiden Unternehmensteilen genutzt wird. Dennoch hat eine Zuordnung entweder zum Stammhaus oder zur Betriebsstätte zu erfolgen. Eine quotale Zuordnung etwa nach Maßgabe der Nutzungsanteile scheidet aus.[148] Ebenso wenig ist eine anteilige Zuordnung eines Wirtschaftsguts zu mehreren Betriebsstätten möglich. Ausschlaggebend hierfür ist, dass ein Wirtschaftsgut eine wirtschaftliche Einheit darstellt, die nicht anteilig mehreren Betriebsstätten zugeordnet werden kann.

Bei der Vermögensabgrenzung ist der **Grundsatz der fehlenden Attraktivkraft** der Betriebsstätte zu beachten. Nach diesem würde eine Zuordnung aller Wirtschaftsgüter zur Betriebsstätte erfolgen, die im Betriebsstättenstaat belegen sind. Dieser Grundsatz würde die Zuordnungsfrage nachhaltig erleichtern, zugleich aber dem Steuerpflichtigen erhebliche Gestaltungsmöglichkeiten eröffnen. Deshalb geht die Rechtsprechung davon aus, dass nur insoweit eine Zuordnung zur Betriebsstätte erfolgen kann, wie ein funktionaler Zusammenhang zwischen dem Wirtschaftsgut und der Betriebsstätte besteht.[149] Die Rechtsprechung geht bei der Vermögensabgrenzung nicht von einheitlichen Kriterien aus, sondern lässt unterschiedliche Abgrenzungsmaßstäbe zu. Dabei lassen sich grundsätzlich Hauptkriterien unterscheiden und solche, die eine Indizfunktion haben, aber für sich alleine nicht ausreichend sind, um eine Zuordnung von Wirtschaftsgütern zur Betriebsstätte begründen zu können. Dabei können die Indizkriterien verwendet werden, um die Hauptkriterien zu unterstützen oder zu entkräften. Letztlich kommt es auf das Gesamtbild der tatsächlichen Verhältnisse an.

Ein „**tatsächliches Gehören**" wird nicht schon allein durch eine gewerbliche Prägung nach Maßgabe der Vorschriften des nationalen Rechts erreicht. Vielmehr bedarf es hierfür zusätzlicher Kriterien. Die Rechtsprechung hat diese bisher nicht abschließend bestimmt, sondern nur einen Rückgriff auf die Hilfskriterien vorgenommen. Hierbei sind insbesondere die Zweckbezogenheit des Wirtschaftsguts, der bilanzielle Ausweis und die funktionale Zugehörigkeit von Bedeutung.

Der BFH hat auch darauf abgestellt, ob ein Wirtschaftsguter der Betriebsstätte „**dient**". Auch wenn diese Entscheidungen zum Bewertungsrecht ergangen sind und insoweit schon nach nationalem Recht eine andere Rechtsgrundlage besteht, kann diesen Entscheidungen dennoch die Intention des BFH entnommen werden. Hierbei geht es um einen **Funktionszusammenhang** zwischen Wirtschaftsgut und Betriebsstätte. Entscheidend ist letztlich, ob ein Wirtschaftsgut von seiner Zwecksetzung her

148 A. A. offenbar Kleineidam, IStR 1993, S. 349, der wohl von einer Aufteilung der Anschaffungskosten eines einheitlichen Wirtschaftsgutes auf mehrere Betriebsstätten ausgeht.

149 Vgl. BFH vom 01.04.1987 II R 186/80, BStBl 1987 II S. 550; vom 30.10.1996 II R 12/92, BStBl 1997 II S. 12; implizit bestätigt durch BFH vom 07.07.1997 I B 26/97, BFH/NV 1998, S. 19.

der Erreichung des mit der Betriebsstätte verfolgten Zwecks dient. Dieses Kriterium ermöglicht zumindest bei den Wirtschaftsgütern eine eindeutige Zuordnung, die wesentliche Beiträge zur Erfüllung der Aufgaben der Betriebsstätte leisten.

Ein wesentliches Indiz ist der **Zweck**, der mit dem Wirtschaftsgut verfolgt wird. Besteht zwischen diesem und dem Zweck der Betriebsstätte ein Zusammenhang, spricht dies für eine Zuordnung zur Betriebsstätte. Allerdings kann mit diesem Merkmal nur für solche Wirtschaftsgüter eine sachgerechte Abgrenzung herbeigeführt werden, bei denen es einen eindeutig feststellbaren Zweck gibt. Dies ist jedoch nicht zwangsläufig der Fall.

> **Beispiel:**
> Einer Betriebsstätte soll eine Beteiligung an einer anderen Kapitalgesellschaft zugeordnet werden. Sofern aus dem Gegenstand der Kapitalgesellschaft nicht geschlossen werden kann, ob hier ein Bezug zur Tätigkeit der Betriebsstätte besteht, ist dieses Kriterium nicht geeignet.

Der **bilanzielle Ausweis** in der Bilanz der Betriebsstätte alleine vermag keine Zuordnung von Wirtschaftsgütern zur Betriebsstätte zu begründen.[150] Gleichwohl kann hierin ein Indiz gesehen werden, dass eine Zurechnung zur Betriebsstätte gegeben ist. Zumindest bringt der Steuerpflichtige damit seinen Willen nach außen erkennbar zum Ausdruck, dieses Wirtschaftsgut der Betriebsstätte zuzuordnen.

Der **Wille der Geschäftsleitung** wird als Hilfskriterium für die Abgrenzung des Betriebstättenvermögens verwendet.[151] Hierbei kommt es darauf an, dass der Steuerpflichtige diesen Willen eindeutig zum Ausdruck bringt. Dies gilt insbesondere, wenn eine zweifelsfreie wirtschaftliche Zuordnung nicht gegeben ist.

Denkbar und ein sinnvoller Ansatz ist es, eine Abgrenzung unter Rückgriff auf die von der Finanzverwaltung in R 13 Abs. 1 EStR 2003 zu § 4 EStG niedergelegten Grundsätze zum sog. **gewillkürten Betriebsvermögen** vorzunehmen. Danach hat eine Zuordnung zum Betriebsvermögen zu erfolgen, wenn der betriebliche Nutzungsanteil größer als 50 % ist. Liegt dieser zwischen 10 % und 50 %, hat der Steuerpflichtige ein Wahlrecht, und bei einem Nutzungsanteil von weniger als 10 % scheidet eine Zuordnung zum Betriebsvermögen aus. Unseres Erachtens ist eine solche Vorgehensweise möglich und praktikabel. Da der Steuerpflichtige bei der Zuordnung ohnehin einen Gestaltungsspielraum hat, kann er diesen durch einen Rückgriff auf R 13 Abs. 1 EStR 2003 ausüben.[152]

Infolge der neuen technischen Entwicklungen kann es insbesondere bei **immateriellen Wirtschaftsgütern** dazu kommen, dass diese von mehreren Steuerpflichtigen gleichzeitig genutzt werden. Dadurch verändert sich zwar die Art der Nutzung, dies führt jedoch nicht zu einer grundlegend veränderten Aufteilungsweise. Vielmehr

---

150 Vgl. BFH vom 29.07.1992 II R 39/89, BStBl 1993 II S. 63.

151 Vgl. z. B. BFH vom 29.07.1992 II R 39/89, BStBl 1993 II S. 63.

152 Zur Zuordnung von Sonderbetriebseinnahmen zur Betriebsstätte einer Personengesellschaft siehe BFH vom 10.07.2002 I R 71/01, BStBl 2003 II S. 191, sowie Pflüger, PIStB 2003, S. 88.

ändert sich die Bezugsgröße für die Bestimmung des Nutzens (z. B. wenn drei Unternehmensteile das Wirtschaftsgut gleichzeitig nutzen). Ein Problem kann lediglich darin bestehen, dass sehr viele Teile des Unternehmens dieses Wirtschaftsgut nutzen (z. B. eine Datenbank mit Angaben über Kunden). Damit wird die Bestimmung eines Teils, der den Hauptnutzer darstellt, schwieriger.

Ein Indiz für die Zuordnung kann bei **physischen Wirtschaftsgütern** auch deren **Belegenheit** sein. Im Zweifelsfall wird dort der Schwerpunkt der Nutzungen gegeben sein. Dies schließt jedoch nicht aus, dass im Einzelfall eine abweichende Beurteilung zu erfolgen hat. Ein solcher Fall wäre gegeben, wenn sich das Wirtschaftsgut zwar im Staat der Betriebsstätte befindet, aber dessen Nutzung keinen Bezug zur Tätigkeit der Betriebsstätte aufweist.

Beispiel:

Ein Unternehmen besitzt im Betriebsstättenstaat Mietwohnungen, die an fremde Dritte (= Nichtarbeitnehmer des Unternehmens) vermietet sind. Zweck der Betriebsstätte ist die Entwicklung von Software. Sofern auch der Erwerb keinen Bezug zur Betriebsstätte herstellt, hat die Belegenheit keine entscheidende Bedeutung.

Das Kriterium des **funktionalen Zusammenhangs** ist von besonderer Bedeutung. Dieses ist immer dann der Fall, wenn das Wirtschaftsgut einen unmittelbaren Bezug zur in der Betriebsstätte ausgeübten Tätigkeit hat. Folglich stellen die Erträge, die aus oder mit diesem Wirtschaftsgut erzielt werden, Nebenerträge der Betriebsstätte dar. Das Wirtschaftsgut steht in einem tatsächlichen Funktionszusammenhang mit der Tätigkeit der Betriebsstätte.

Beispiel:

In einer Betriebsstätte werden Holzstühle produziert. Im Rahmen der Fertigung erfolgt auch eine Lackierung. Unstreitig ist, dass eine Zuordnung der für die Lackierung erforderlichen Maschinen zur Betriebsstätte zu erfolgen hat, weil damit die Funktion „lackieren" einen unmittelbaren Bezug zu den Aufgaben hat, die von der Betriebsstätte wahrgenommen werden.

Wenn der Betriebsstätte hingegen ein Patent zur Herstellung von Einspritzpumpen zugeordnet werden soll, so verstößt das gegen die vorstehenden Grundsätze, sofern die Funktion der Betriebsstätte lediglich in der Herstellung von Möbeln besteht. Folglich wäre eine solche Zuordnung steuerlich nicht anzuerkennen.

Fraglich ist, ob es durch die sog. **Zentralfunktion des Stammhauses** eine Einschränkung der vorstehenden Grundsätze gibt. Die deutsche Finanzverwaltung vertritt die Auffassung, dass dem Stammhaus i. d. R. die dem Gesamtunternehmen dienenden Finanzmittel und Beteiligungen, die nicht der in der Betriebsstätte ausgeübten Tätigkeit dienen, zuzuordnen sind. Hingegen sollen die Finanzmittel der Betriebsstätte zugeordnet werden, die von der Betriebsstätte selbst erwirtschaftet wurden, soweit sie zur Absicherung der Geschäftstätigkeit oder der Finanzierung von beschlossenen oder in absehbarer Zeit erfolgender Investitionen dienen sollen.[153]

---

153 BMF-Schreiben vom 24.12.1999, IV B 4 – S 1300 – 111/99, BStBl 1999 I S. 1076, Tz. 2.4.

Diese Vorgaben der Finanzverwaltung sind sehr unpräzise und lassen den Steuerpflichtigen kaum erkennen, wann eine der Ausnahmen greift. Außerdem fehlt es an einer Rechtsgrundlage für die Auffassung der Finanzverwaltung. Die dort vertretene Auffassung setzt eine Vorschrift voraus, die eine „Entnahme" von Gewinnen vorsieht, die die Betriebsstätte erzielt hat. Da es eine solche Regelung nicht gibt, hat die Auffassung der Finanzverwaltung folglich keine Rechtsgrundlage. Auch das Abkommensrecht enthält für diese Interpretation keine Grundlage. Dort wird die Fiktion der Selbständigkeit als tragendes Prinzip verankert. Dieser Grundsatz verlangt aber nicht, dass ein Steuerpflichtige stets und zum frühestmöglichen Zeitpunkt einem Unternehmensteil Gewinne entzieht. Zwar kann nicht ausgeschlossen werden, dass damit Zinsen und Dividenden in Betriebsstätten erzielt werden, um damit die Freistellung von Gewinnen der Betriebsstätte zu erlangen. Dieses Problem kann jedoch nicht im Zusammenhang mit der Zurechnung gelöst werden, sondern innerhalb des Systems des Abkommensrechts. Dies kann z. B. über die Vereinbarung von Aktivitätsvorbehalten geschehen. Wenn aber im Abkommensrecht auf den Fremdvergleichsgrundsatz verwiesen wird, kann dieser nicht einseitig durch einen Erlass der deutschen Finanzverwaltung suspendiert werden.[154]

Die deutsche Finanzverwaltung hat mit Datum vom 12.04.2005 die sog. Verwaltungsgrundsätze-Verfahren veröffentlicht.[155] In diesen werden umfangreiche Vorgaben zur Dokumentation der Einkunftsabgrenzung zwischen international verbundenen Unternehmen sowie für Auswirkungen infolge einer internationalen Gewinnberichtigung getroffen. Diese Aussagen gelten grundsätzlich auch im Verhältnis zwischen Stammhaus und Betriebsstätte sowie zwischen „international verbundenen Personengesellschaften". Ferner enthält dieses BMF-Schreiben in Tz. 3.4.5 Sonderregelungen für die Einkunftsabgrenzung bei Betriebsstättenfällen und internationalen Mitunternehmerschaften.[156]

Außerdem spricht der Betriebsstättenerlass[157] im Rahmen der Zuordnung von Wirtschaftsgütern sich dafür aus, dass zu einer Betriebsstätte alle Wirtschaftsgüter zu allokieren sind, die für die Erfüllung ihrer Funktion erforderlich sind, wo eine Zuordnung von Aufwendungen für Dienstleistungen auf der Grundlage des Fremdvergleichspreises (d. h. unter Einschluss einer Gewinnrealisierung des innerhalb des Einheitsunternehmens erfolgenden Leistungsaustausches) für den Fall, dass die Erbringung von Dienstleistungen die Haupttätigkeit der Betriebsstätte ist, als möglich angesehen wird.[158] Hierbei differenziert der Betriebsstättenerlass[159] nicht

154 Vgl. zur Kritik Strunk/Kaminski, IStR 2000, S. 36; Kumpf/Roth, DB 2000, S. 745, 746.

155 Vgl. BMF-Schreiben vom 12.04.2005, IV B 4 – S 1341 – 1/05, BStBl 2005 I S. 570: Grundsätze für die Prüfung der Einkunftsabgrenzung zwischen nahe stehenden Personen mit grenzüberschreitenden Geschäftsbeziehungen in Bezug auf Ermittlungs- und Mitwirkungspflichten, Berichtigungen sowie auf Verständigungs- und EU-Schiedsverfahren – Verwaltungsgrundsätze-Verfahren.

156 Diese Regelungen werden in der nächsten Ergänzungslieferung umfassend kommentiert.

157 BMF-Schreiben vom 24.12.1999, IV B 4 – S 1300 – 111/99, BStBl 1999 I S. 1076.

158 BMF-Schreiben vom 24.12.1999, IV B 4 – S 1300 – 111/99, BStBl 1999 I S. 1076, Tz. 3.1.2.

159 BMF-Schreiben vom 24.12.1999, IV B 4 – S 1300 – 111/99, BStBl 1999 I S. 1076.

danach, ob es sich um unterschiedliche Formen von Dienstleistungen handelt. Folglich ergibt sich auch in den Fällen von Internet-Geschäften, dass aufgrund der vorstehend genannten Grundsätze eine Zuordnung von Leistungen zur Betriebsstätte Internet-Server möglich sein muss. Anderenfalls käme es zu einer Ungleichbehandlung zwischen Geschäften in der physischen Geschäftswelt und solchen über das Internet und damit zu einem Verstoß gegen den sich abzeichnenden allgemeinen Konsens der OECD und der G-8-Finanzminister für allgemeine Grundsätze zur Besteuerung von Internet-Geschäften. Auch der BFH geht in ständiger Rechtsprechung davon aus, dass aus dem Sinn und Zweck des Betriebsstättenvorbehalts folge, Erträge aus Wirtschaftsgütern, die von der Betriebsstätte genutzt werden und zu ihrem Ergebnis beigetragen haben, nur im Betriebsstättenstaat zu besteuern.[160] Hieraus ist m. E. zwingend die Schlussfolgerung zu ziehen, dass eine wirtschaftliche Betrachtungsweise zu erfolgen hat.

Ferner wäre Voraussetzung für die **Nicht-Zuordnung zur Betriebsstätte**, dass eine Zentralfunktion des Stammhauses vorläge, die diese Grundsätze verdrängt. Eine solche **Zentralfunktion** ist jedoch – wie oben bereits ausgeführt – nicht gegeben. Auch aus dem Betriebsstättenerlass[161] ergibt sich, gestützt auf das BFH-Urteil vom 29.07.1992,[162] dass der Betriebsstätte die positiven und negativen Wirtschaftsgüter zuzuordnen sind, die der Erfüllung der Betriebsstättenfunktion dienen. Hieraus muss die Schlussfolgerung gezogen werden, dass dem Internet-Server, der ausschließlich Vertriebsfunktionen erfüllt, auch die Software zugeordnet werden muss, die für die Erfüllung der Vertriebsfunktion erforderlich ist, weil anderenfalls eine Kollision mit den Rechtsgrundsätzen des BFH zur Abgrenzung des Betriebsstättenvermögens vorläge.

Schließlich darf nicht übersehen werden, dass, wie der Betriebsstättenerlass[163] in Tz. 2.4 ausführt, unter bestimmten Voraussetzungen der Steuerpflichtige ein Wahlrecht haben soll, auf die Zuordnung von Wirtschaftsgütern zur Betriebsstätte zu verzichten.[164] Hieraus folgt eindeutig, dass die Finanzverwaltung dem Steuerpflichtigen ein Wahlrecht einräumt, das dieser auch dahingehend ausüben kann, sich für eine Zuordnung zur Betriebsstätte zu entscheiden.

Nach bisheriger Praxis wurden Rationalisierungserfolge zum Beispiel durch Einsatz verbesserter technischer Möglichkeiten, die im Rahmen eines Leistungserstellungsprozesses, an dem sowohl das Stammhaus als auch die Betriebsstätte beteiligt waren, jeweils dem Unternehmensteil zugeordnet, der diese Erfolge erzielt. Eine

160 Vgl. BFH vom 27.02.1991 I R 15/89, BStBl 1991 II S. 444 ff.; vom 27.02.1991 I R 96/89, BFH/NV 1992 S. 285 ff.; vom 31.05.1995 I R 74/93, BStBl 1995 II S. 683 ff., und vom 30.08.1995 I R 112/94, BStBl 1996 II S. 563, 565.

161 BMF-Schreiben vom 24.12.1999, IV B 4 – S 1300 – 111/99, BStBl 1999 I S. 1076.

162 BFH vom 29.07.1992, II R 39/89, BStBl 1993 II S. 63.

163 BMF-Schreiben vom 24.12.1999, IV B 4 – S 1300 – 111/99, BStBl 1999 I S. 1076, Tz. 2.4.

164 Zum genauen Wortlaut vgl. BMF-Schreiben vom 24.12.1999, IV B 4 – 1300 – 111/99, BStBl 1999 I S. 1076, Tz. 2.4.

solche Vorgehensweise steht auch in Übereinstimmung mit der Forderung nach einer Funktionsanalyse als Grundlage für die Einkunftszurechnung zu Stammhaus und Betriebsstätte. Da **Rationalisierungserfolge** keine Änderung der Funktionen bewirken, kann sich folglich die Gewinnaufteilung nicht ändern. Vielmehr erfolgt die Zuweisung von Rationalisierungserfolgen, z. B. im Bereich des Vertriebes, stets ausschließlich zu der Betriebsstätte, wenn diese von ihr allein erzielt worden sind. Insoweit muss eine Zurechnung der Software sowie der erzielten höheren Einkünfte zur Betriebsstätte Internet-Server erfolgen.

2.5.1.2.5 Direkte Methode und Spezialprobleme

2.5.1.2.5.1 Zuordnung von Wirtschaftsgütern

Die nachfolgende Aufzählung stellt verschiedene Wirtschaftsgüter in ihrer Zuordnung zur Betriebsstätte dar.[165]

Unbewegliches Vermögen: Der Vorrang von Art. 6 OECD-MA gegenüber Art. 7 OECD-MA führt dazu, dass bei unbeweglichem Vermögen auf die Belegenheit des Grundstücks abzustellen ist. Folglich steht hierfür nach Abkommensrecht dem Belegenheitsstaat ein Besteuerungsrecht zu. Auf die Frage der Zuordnung des Grundstücks kommt es insoweit nicht an.

Selbst geschaffene immaterielle Wirtschaftsgüter sind regelmäßig dem Unternehmensteil zuzuordnen, der dieses Wirtschaftsgut geschaffen hat. Eine Mitbenutzung durch andere Unternehmensteile ist unproblematisch. Allerdings kann eine Überführung vorgenommen werden, die jedoch eindeutig nachzuweisen und wirtschaftlich zu motivieren ist.

Entgeltlich erworbene immaterielle Wirtschaftsgüter sind grundsätzlich dem Unternehmensteil zuzuordnen, der diese Wirtschaftsgüter erworben hat. Ausschlaggebend hierfür ist, dass dem Willen der Geschäftsleitung bei der Zuordnung von Wirtschaftsgütern besondere Bedeutung zukommt. Dieser kommt durch die Auswahl des Teils, der den Erwerb vornimmt, eindeutig zum Ausdruck. Ausnahmen können sich lediglich ergeben, wenn das erworbene immaterielle Wirtschaftsgut keinen Bezug zur Tätigkeit des erwerbenden Unternehmensteils aufweist. Ferner gelten Sonderregelungen, wenn der erwerbende Teil des Unternehmens nur unterstützende Funktionen im Zusammenhang mit dem Erwerb leistet (z. B. die im Stammhaus angesiedelte Rechtsabteilung die Verhandlungen führt und auch den Vertrag abschließt), die Beteiligten aber nachweisen können, dass eine Nutzung durch einen anderen Unternehmensteil (z. B. eine Produktionsbetriebsstätte) erfolgen soll.

Lizenzen: Hier kann nicht auf die rechtliche Inhaberschaft abgestellt werden, weil diese stets beim Gesamtunternehmen liegt. Vielmehr ist entscheidend, in welchem Unternehmensteil das zugrunde liegende Know-how entwickelt wurde. Hierbei ist

165 In Anlehnung an Maier in Löwenstein/Looks, 2003, Rz. 639.

auf die funktionale Zugehörigkeit und auf das „tatsächliche Gehören" abzustellen. Werden hingegen von dem Unternehmen Lizenzzahlungen geleistet, ist danach zu fragen, durch welchen Unternehmensteil die Nutzung erfolgt. Sofern es mehrere Nutzer gibt, hat eine anteilige Aufteilung zu erfolgen, wobei der Aufteilungsschlüssel je nach Lizenzgegenstand zu bestimmen ist.

Know-how:[166] Die Zuordnung hat zu dem Unternehmensteil zu erfolgen, der dieses Wissen gesammelt hat. Hierbei ist auf die Tätigkeit des jeweiligen Teils und den Schwerpunkt der Beiträge zur Gewinnung dieses Wissens abzustellen. Besondere Probleme entstehen hier bei der Entwicklung bzw. Sammlung von Know-how bei auf **E-Business** basierenden Lösungen.

Beteiligungen sind dem Unternehmensteil zuzuordnen, zu dem sie in einem tatsächlichen Funktionszusammenhang stehen. Hierbei kommt dem Willen der Geschäftsleitung Indizcharakter zu (Rz. 98), sofern dieser nicht im Widerspruch zu den wirtschaftlichen Verhältnissen steht. Hieraus folgt, dass einer Betriebsstätte die Beteiligungen zuzuordnen sind, die einen funktionalen Zusammenhang mit ihrer Tätigkeit haben (z. B. einer Produktionsbetriebsstätte Beteiligungen an Zulieferunternehmen). Ein besonderes Problem bilden sog. **Holding-Betriebsstätten**. Hierunter fallen Betriebsstätten, die sich auf das Halten und Verwalten von Beteiligungen beschränken. Zu beachten ist, dass eine Betriebsstätte nach Abkommensrecht dann nicht vorliegt, wenn eine reine Vermögensverwaltung erfolgt (Art. 5 OECD-MA, Rz. 70 ff.). Daher stellt sich diese Frage nur, wenn es sich um eine sog. geschäftsleitende Holding handelt.[167] Sofern eine entsprechende Einflussnahme auf die Geschäftsleitung durch die Betriebsstätte erfolgt und damit ein funktionaler Zusammenhang zu dieser besteht, ist eine Zuordnung zur Betriebsstätte möglich. Dabei sprechen eine nicht erfolgte Berücksichtigung in der Buchführung der Betriebsstätte und die nicht gegebene Möglichkeit der Finanzierung des Beteiligungserwerbs durch die Betriebsstätte indiziell gegen die Zugehörigkeit zum Betriebsstättenvermögen.

Beratungshinweis: *In der Praxis führt die Zuordnung von Beteiligungen zu ausländischen Betriebsstätten – insbesondere infolge der Auffassung zur sog. Zentralfunktion des Stammhauses (Rz. 106 ff.) – regelmäßig zu Problemen. Der Steuerpflichtige sollte sich deshalb hierauf rechtzeitig einstellen und dafür sorgen, dass er die erforderlichen Nachweise erbringen kann.*

Roh-, Hilfs- und Betriebsstoffe sind dem Unternehmensteil zuzuordnen, in dem sie genutzt werden sollen. Etwas anderes gilt lediglich, wenn eine zentrale Beschaffung und Zwischenlagerung erfolgt. Hier ist eine Zuordnung zu dem Unternehmens-

166 Hierbei handelt es sich um rechtlich nicht geschütztes Spezialwissen, dass aufgrund praktischer Erfahrungen und Anwendung gesammelt wurde. Eine Verrechnung von Entgelten kommt hierfür nur in Betracht, wenn es sich um ein Wirtschaftsgut handelt.

167 Dabei stellt die einheitliche Leitung im Konzern eine eigenständige unternehmerische Tätigkeit dar, vgl. BFH vom 17.12.1969 I 252/61, BStBl 1970 II S. 257.

teil vorzunehmen, das die Beschaffung durchführt, bis eine Widmung zu einem anderen Unternehmensteil erfolgt. Der physischen Präsenz kommt große Indizkraft für die Zuordnung zu.

Fertigerzeugnisse sind dem Unternehmensteil zuzuordnen, von dem sie produziert wurden. Etwas anderes gilt nur, wenn eine Überführung (z. B. für Verkaufszwecke) erfolgt ist. Hier ergibt sich aus der Zwecksetzung der Überführung und der physischen Präsenz der Wirtschaftsgüter, dass eine Zuordnung zu dem Unternehmensteil zu erfolgen hat, zu dem die Überführung stattgefunden hat.

Finanzmittel: Entscheidend ist die Herkunft dieser Mittel. Sofern es sich um selbst erwirtschaftete Mittel handelt, müssen diese – trotz der teilweise abweichenden Auffassung der Finanzverwaltung[168] – der Betriebsstätte zugeordnet werden. Anderenfalls würde eine zwangsweise Verringerung der Dotation erfolgen, für die es weder im deutschen Recht eine Rechtsgrundlage ergibt, noch ließe sich diese aus dem Fremdvergleichsgrundsatz herleiten. Probleme können entstehen, wenn es um die angemessene Ausstattung mit Eigenkapital geht. Der Betriebsstättenerlass[169] führt – unter Hinweis auf die „Zentralfunktion des Stammhauses" – aus, dass das Halten von Finanzmitteln durch das Stammhaus zu erfolgen habe, wenn diese dem Gesamtunternehmen dienen.[170] Allerdings soll eine Zuordnung zur Betriebsstätte erfolgen, wenn die Finanzierungsmittel zur Absicherung ihrer Geschäftstätigkeit erforderlich sind oder „bei ihr zur Finanzierung von beschlossenen oder in absehbarer Zeit vorgesehenen Investitionen dienen" sollen. Es stellt sich die Frage, wie eine solche Abgrenzung in der Praxis funktionieren soll. Es ist unrealistisch zu glauben, man könne klar trennen, ob Finanzmittel der Betriebsstätte oder dem Stammhaus dienen. Auch die **Prognoserechnung** erweist sich als problematisch. Fraglich ist, wie dies praktisch umgesetzt werden soll.

Kritische Stellungnahme: *Sollte die Betriebsprüfungspraxis verlangen, dass auf dieser Grundlage Finanzierungspläne für die Betriebsstätte vorzulegen sind, so ist dies abzulehnen, weil es für diese Forderung keine Rechtsgrundlage gibt. Eine praktikablere Regelung und genauere Vorgaben der Finanzverwaltung wären wünschenswert. Die jetzige Formulierung führt dazu, dass die Klärung dieser Frage in die Betriebsprüfungspraxis verlagert wird und für die betroffenen Unternehmen erhebliche Rechtsunsicherheit schafft.*

Forderungen sind dem Teil des Unternehmens zuzuordnen, in dem sie entstanden sind. Hieraus folgt, dass z. B. Forderungen aus Lieferungen und Leistungen dem verkaufenden Unternehmensteil zuzuordnen sind. Ausnahmen können sich im Rahmen einer sog. **Pool-Finanzierung** ergeben. Eine solche liegt vor, wenn alle Unternehmensteile ihre finanziellen Ressourcen bündeln, um so insgesamt den Finanzbedarf zu verringern. In einem solchen Fall hat eine Übertragung auf den

168 Vgl. BMF vom 24.12.1999, IV B 4 – 1300 – 111/99, BStBl 1999 I S. 1076, Tz. 2.4.
169 BMF vom 24.12.1999, IV B 4 – S 1300 – 111/99, BStBl 1999 I S. 1076.
170 Vgl. BMF vom 24.12.1999, IV B 4 – 1300 – 111/99, BStBl 1999 I S. 1076, Tz. 2.4.

Pool-Betreiber zu erfolgen, sofern auch das wirtschaftliche Risiko auf den Pool übertragen wird. Besonderheiten gelten hier bei **Personengesellschaften**, insbesondere bei solchen Forderungen, die im Zusammenhang mit als Sonderbetriebsvermögen zu qualifizierenden Wirtschaftsgütern entstanden sind.

Verbindlichkeiten sind auf Grundlage des wirtschaftlichen Zusammenhangs zuzuordnen.[171] Hieraus folgt, dass grundsätzlich auf den Entstehungsgrund der Verbindlichkeit abzustellen ist. Dem Unternehmensteil, dem diese Wirtschaftsgüter zugeordnet werden, ist auch die Verbindlichkeit zuzuordnen.

2.5.1.2.5.2 Nutzungsüberlassung

Vor dem Hintergrund dieser allgemeinen Grundsätze soll im Folgenden für einige Spezialprobleme eine nähere Betrachtung der Gewinnabgrenzung erfolgen. Dabei ergeben sich im Zusammenhang mit geschäftlichen Internet-Aktivitäten gerade in den Bereichen der Nutzungsüberlassung und der Kapitalausstattung besondere Probleme.

Der OECD-MK zu Art. 7 Tz. 17.5 sieht für den Fall der Nutzungsüberlassung ausdrücklich vor, dass keine Mieten, Pachten, Lizenzgebühren usw. verrechnet werden dürfen, sondern lediglich eine Erstattung der Kosten zu erfolgen hat. Als Ausnahme hiervon soll eine Verrechnung zu Fremdvergleichspreisen erfolgen, wenn ein Unternehmensteil speziell dafür eingerichtet wurde, um entsprechende Leistungen zu erbringen, weil anderenfalls dieser Teil nie einen Gewinn erzielen würde, obwohl er zum Erfolg des Gesamtunternehmens beiträgt (OECD-MK zu Art. 7 Tz. 17.6). Diese Grundsätze gelten auch für Überlassungen an die Internet-Betriebsstätte. Insoweit bestehen hier – zunächst – keine neuen Probleme.

Meines Erachtens besteht die Möglichkeit, Unternehmensteile speziell für **Internet-Aktivitäten** einzurichten. Ausschlaggebend hierfür ist, dass diese Aktivitäten wirtschaftlich einerseits teilweise andere Organisationsformen erfordern und andererseits einen erheblichen materiellen Umfang erreichen können. Dies zeigt sich schon daran, dass teilweise die Internet-Aktivitäten in eigenständige KapGes ausgegliedert werden. Infolge der Fiktion der wirtschaftlichen Selbständigkeit der Betriebsstätte muss es auch möglich sein, eine entsprechende Verselbständigung vorzunehmen, sodass eine Verrechnung zu Fremdvergleichspreisen zu erfolgen hat.

Eine andere Frage ist, ob eine solche Lösung vor dem Hintergrund der sich infolge der Leistungsabwicklung über das Internet verändernden Struktur der internationalen Arbeitsteilung von der Staatengemeinschaft auch de lege ferenda noch als sachgerecht angesehen wird. Hierbei handelt es sich auch um eine steuerpolitische Frage, die erhebliche Rückwirkungen auf die internationale Verteilung des Steueraufkommens hat.

---

171 Vgl. BFH vom 20.03.2003 II R 84/99, BFH/NV 2002, S. 1017.

2.5.1.2.5.3 Kapitalausstattung

Bisher noch ungeklärt ist die Frage nach der Höhe der erforderlichen Kapitalausstattung einer Internet-Betriebsstätte. Unstreitig ist, dass jede Betriebsstätte für die Erfüllung ihrer Aufgaben eine bestimmte Kapitalausstattung benötigt. Dieses Kapital kann entweder durch eigene Darlehensaufnahme der Betriebstätte oder durch die Zuweisung von Eigenkapital („Dotationskapital") vom Stammhaus an die Betriebsstätte erfolgen. Unklar ist dabei, wie eine „angemessene" Kapitalausstattung zu erfolgen hat.[172]

Fraglich ist, inwieweit die Grundsätze zur Bestimmung des Dotationskapitals, die schon bisher teilweise zu erheblichen Problemen geführt haben, auf Internet-Betriebsstätten übertragen werden können. Ein Rückgriff auf die **Branchenüblichkeit** scheidet aus, weil es – zumindest bisher – keine gesicherten Durchschnittswerte für die Kapitalausstattung von Internet-Betriebsstätten gibt. Zwar könnte hier ein Rückgriff auf physische Betriebsstätten erfolgen, doch setzt dies voraus, dass die ausgeübten Funktionen und Tätigkeiten sowie die ihnen zugrunde liegenden wirtschaftlichen Rahmenbedingungen hinreichend vergleichbar sind. Ob dies der Fall ist, lässt sich nur im Einzelfall entscheiden.

Die **Kapitalspiegeltheorie** ist ebenso abzulehnen, weil es so gut wie ausgeschlossen werden kann, dass die Internet-Betriebsstätte die gleichen Funktionen (einschließlich Risiken) ausübt wie das Stammhaus. Als – zumindest derzeit – einzige Lösung verbleibt die Entscheidungsfreiheit der Unternehmen, die um eine entsprechende Missbrauchskontrolle ergänzt wird. Allerdings erweist sich diese als schwierig, da kaum vorhergesagt werden kann, wie hoch die Kapitalausstattung zu sein hat. Dies setzt jedoch voraus, dass vergleichbare Funktionen (einschließlich der Risiken) vorliegen. Auch wenn ein solcher Rückgriff möglich ist, darf dennoch nicht übersehen werden, dass Prognosen über die zukünftige Geschäftsentwicklung in diesem Bereich ein erhebliches Wachstum erwarten lassen. Insoweit erscheint eher eine höhere Ausstattung mit Kapital geboten, allerdings muss auch berücksichtigt werden, dass stark wachsende junge Unternehmen i. d. R. über eine vergleichsweise geringe Eigenkapitalbasis verfügen.

Sofern eine Betriebsstätte ein Darlehen für eigene Zwecke aufnimmt, werden ihr diese Mittel und die hierfür zu entrichtenden Zinsen nach dem Grundsatz der wirtschaftlichen Zugehörigkeit zugerechnet.[173] Eine Kreditaufnahme ist grundsätzlich auch bei verbundenen Unternehmen möglich, wobei deren steuerliche Anerkennung u. a. die Angemessenheit der Zinsen voraussetzt. Sofern die Darlehensaufnahme

---

172 Die sich in diesem Bereich ergebenden Besonderheiten für Banken und Versicherungen sind nicht Gegenstand dieser Kommentierung, vgl. zum Entwurf eines BMF-Schreibens zu den Grundsätzen der Verwaltung zur Bestimmung des Dotationskapitals bei Betriebsstätten international tätiger Kreditinstitute vom 24.06.2004, IV B 4 – S 1300 – E 3 D, www.bundesfinanzministerium.de.

173 Vgl. BFH vom 25.06.1986 II R 213/83, BStBl 1986 II S. 785; vom 20.07.1988 I R 49/89, BStBl 1989 II S. 140.

nicht durch die Betriebsstätte erfolgt, sondern von der Muttergesellschaft vorgenommen und anschließend an die Betriebsstätte „weitergereicht“ wird, können die Zinszahlungen, die die Muttergesellschaft leisten muss, an die Betriebsstätte weitergeleitet werden. Dabei darf jedoch kein Gewinnaufschlag berücksichtigt werden; allerdings ist eine Weiterbelastung der allgemeinen Verwaltungskosten zulässig. Insoweit wird der Grundsatz durchbrochen, dass Zinsen, die von der Betriebsstätte an die Muttergesellschaft für die Überlassung von Kapital gezahlt werden, das Ergebnis der Betriebsstätte nicht verringern dürfen. In diesen Fällen empfiehlt es sich für den Steuerpflichtigen, frühzeitig für einen Nachweis zu sorgen, dass es sich tatsächlich um weitergereichte Darlehen handelt.

Der zweite Problemkreis ergibt sich, wenn davon ausgegangen wird, dass die Internet-Betriebsstätte dauerhaft Gewinne erwirtschaftet. Hier stellt sich die Frage, ob diese „entnommen“ werden müssen oder ob sie von der Betriebsstätte ihrerseits für Investitionen genutzt werden können und ob die hieraus resultierenden neuen Erträge dann ebenfalls als zur Betriebsstätte gehörend anzusehen sind, mit der Folge, dass es nach deutschem Recht bei einer Belastung mit dem regelmäßig deutlich niedrigeren ausländischen Steuerniveau verbleibt. Eine offizielle Stellungnahme der deutschen Finanzverwaltung zu dieser Frage liegt – soweit ersichtlich – bisher nicht vor. Hierbei handelt es sich jedoch um eine grundlegende Frage im Zusammenhang mit der Besteuerung von Betriebsstätten, die nicht spezifisch für das Internet ist. Insoweit soll sie im Rahmen dieses Beitrages nicht vertieft werden.[174]

Das OECD-MA enthält keine Vorgaben über die Höhe des der Betriebsstätte zuzuordnenden Eigenkapitals (sog. **Dotation**). Daher verwundert es nicht, dass es international eine Reihe unterschiedlicher Ansätze gibt, um dieses Problem zu lösen.[175] Auch die Rechtsprechung hat in der Vergangenheit unterschiedliche Methoden als zulässig angesehen. Zusätzlich wird dieses Problem dadurch erschwert, dass es keine betriebswirtschaftlich gesicherten Obergrenzen für die Kapitalausstattung gibt. Infolge des Charakters als Eigenkapital kann für das im Rahmen der Dotation überlassene Kapital keine Verrechnung von Zinsaufwand vorgenommen werden.

Die sich ergebenden Abgrenzungsprobleme haben in der bisherigen Besteuerungspraxis zu folgenden Ansätzen geführt:

- **Rückgriff auf die Branchenüblichkeit:** Dies erweist sich jedoch in vielen Fällen als problematisch, weil – zumindest innerhalb bestimmter Branchen – große Streubreiten bestehen, sodass die Aussagefähigkeit dieser Größe zweifelhaft ist.
- **Anwendung der Kapitalspiegelmethode:** Dieser Ansatz sieht vor, dass das Verhältnis von Eigen- zu Fremdkapital, wie es beim Stammhaus besteht, auch für

174 Vgl. zu einer eingehenden Analyse Kaminski, RIW 1997, S. 970 ff.

175 Vgl. zu einem Überblick z. B. Maier in Löwenstein/Looks, 2003, Rz. 708 ff.

die Betriebsstätte gelten muss.[176] Zwar hat dieser Ansatz erhebliche praktische Vorteile, allerdings impliziert er, dass Betriebsstätte und Stammhaus gleiche Funktionen und Risiken wahrnehmen. Dies wird in aller Regel nicht der Fall sein. Insoweit wird die generelle Anwendung dieses Ansatzes von der Rechtsprechung – u. E. zu Recht – abgelehnt.[177]

– **Entscheidungsfreiheit des Stammhauses:** Nach diesem Ansatz soll das Stammhaus frei entscheiden können, wie die Dotation ausgestaltet wird. Vorbehaltlich evtl. missbräuchlicher Gestaltungen ist die gewählte Kapitalausstattung steuerlich anzuerkennen. Ein Missbrauch soll vorliegen, wenn die Kapitalausstattung kaufmännischen, wirtschaftlichen oder gesetzlichen Vorschriften zuwiderläuft.[178] Das Problem dieses Ansatzes liegt in seiner fehlenden Nachprüfbarkeit, weil es keine allgemeinen betriebswirtschaftlichen Regelungen zur Bestimmung der Angemessenheit der Kapitalausstattung gibt.

Der Betriebsstättenerlass[179] sieht vor, dass eine Dotation der Betriebsstätte entsprechend dem Fremdvergleichsgrundsatz zu erfolgen habe. Geschieht dies nicht, wird Fremdkapital in Eigenkapital umqualifiziert, bis das Dotationskapital dem Fremdvergleichsmaßstab entspricht. Für die Frage, was als fremdvergleichentsprechendes Eigenkapital gilt, ist im Rahmen der direkten Methode ein äußerer Fremdvergleich mit Funktions- und Risikoanalyse durchzuführen.[180] Ist dies nicht möglich (z. B. weil ein vergleichbares Unternehmen nicht vorhanden ist), kann eine funktionsgerechte Aufteilung im Schätzungswege erfolgen. Schließlich wird für den Fall der Funktionsgleichheit von Stammhaus und Betriebsstätte die Eigenkapitalquote des Stammhauses entsprechend der sog. **Kapitalspiegelmethode** als geeigneter Maßstab angegeben. Dies ist umso bemerkenswerter, als der BFH die generelle Anwendung dieser Methode ausdrücklich abgelehnt hat.[181] Gleichwohl hat der BFH im Urteil vom 28.08.2000[182] entschieden, dass das **maximale Dotationskapital** einer inländischen Betriebsstätte eines ausländischen Unternehmens durch denjenigen Betrag begrenzt wird, „der dem Gesamtunternehmen als Eigenkapital zur Verfügung steht“. Hier kann u. E. jedoch keine allgemeine Bestätigung der Kapitalspiegeltheorie gesehen werden.[183] Vielmehr ging es um einen Sonderfall, bei dem Zweck des ausländischen Unternehmens im Wesentlichen die Vollhafterstellung an einer inlän-

---

176 Vgl. BFH vom 27.07.1965 I 110/63 S, BStBl 1966 III S. 24, für die Kapitalausstattung zum Zeitpunkt der Errichtung einer Betriebsstätte, wobei offengelassen wurde, ob dies auch zu späteren Zeitpunkten zu sachgerechten Ergebnissen führt.

177 Vgl. BFH vom 01.04.1987 II R 186/80, BStBl 1987 II S. 550.

178 Vgl. BFH vom 25.06.1986 II R 213/83, BStBl 1986 II S. 785.

179 BMF-Schreiben vom 24.12.1999, IV B 4 – S 0 1300 – 111/99, BStBl 1999 I S. 1076.

180 Vgl. Tz. 2.5.1. des Betriebsstättenerlass, unter Hinweis auf BFH vom 21.01.1972 III R 57/71, BStBl 1972 II S. 374, und vom 25.06.1986, II R 213/83, BStBl 1986 II S. 785.

181 Vgl. BFH vom 27.07.1965 I 110/63 S, BStBl 1966 III S. 24, und vom 25.06.1986 II R 213/83, BStBl 1986 II S. 785.

182 BFH vom 28.08.2000 I R 98/96, BStBl 2002 II S. 207.

183 A. A. „F. W.“, IStR 2001, S. 157, der von einer möglichen Renaissance dieser Theorie spricht.

dischen Personengesellschaft (= Betriebsstätte) war und deshalb keine wesentlichen eigenen Aktivitäten seitens des „Stammhauses" vorlagen.[184]

Bei diesen Vorgaben stechen die Parallelen zu den Regelungen zur Gesellschafter-Fremdfinanzierung (§ 8 a KStG) sofort ins Auge. Der BFH hat in seinem Urteil vom 05.02.1992[185] zur fehlenden Rechtsgrundlage des BMF-Schreibens vom 16.03.1987[186] den **Grundsatz der Finanzierungsfreiheit** betont. Dieser Grundsatz gilt unverändert fort und wurde lediglich durch § 8 a KStG eingeschränkt. Es bestehen damit erhebliche Zweifel, ob ein BMF-Schreiben die geeignete Rechtsgrundlage ist, um Regelungen über die erforderliche Eigenkapitalausstattung einer Betriebsstätte aufzustellen. Bei aller Kritik an den Regelungen zur Gesellschafter-Fremdfinanzierung des § 8 a KStG[187] haben sie doch einen wesentlichen Vorteil gebracht: ein Mindestmaß an Rechts- und Planungssicherheit. Solange die „safe haven" des § 8 a Abs. 1 KStG nicht überschritten werden, ist i. d. R. klar, dass keine Umqualifizierung in verdeckte Gewinnausschüttungen erfolgt. Eine solche Regelung fehlt im Betriebsstättenerlass.[188] Dieser Mangel wird auch nicht dadurch geheilt, dass bei funktionsgleichem Stammhaus und Betriebsstätte auf den Kapitalspiegel zurückgegriffen werden kann. Unklar ist, wann diese Funktionsgleichheit gegeben ist; kommt es auf eine vollständige Übereinstimmung an oder reicht eine weitgehende Ähnlichkeit aus? In der Regel werden beide Unternehmensteile nicht dieselbe Funktion wahrnehmen, sondern die Betriebsstätte wird nur Teilfunktionen des Stammhauses ausüben, was eine unterschiedliche Eigenkapitalausstattung bedingt. Doch selbst wenn der Ausnahmefall Funktionsgleichheit gegeben sein sollte, stellt der Kapitalspiegel nur einen „geeigneten Anhaltspunkt"[189] dar. Unklar ist, in welchem Umfang Korrekturen vorgenommen werden können oder müssen.

Die Frage, ob Geldmittel noch zum Betriebsstättenvermögen zuzurechnen sind, hat der BFH 1992[190] für Fälle der Auskehrung eines Jahresüberschusses einer inländischen Zweigniederlassung entschieden: Geldmittel, die dem wirtschaftlichen Verfügungsbereich der unselbständigen inländischen Zweigniederlassung entzogen und durch Überweisung an das ausländische Stammhaus dem unmittelbaren Zugriff ent-

---

184 Hinsichtlich der Besonderheiten bei der Bestimmung des Dotationskapitals bei Betriebsstätten international tätiger Kreditinstitute siehe den Entwurf des BMF-Schreibens vom 24.06.2004, IV B 4 – S 1300 – E 3 D, www.bundesfinanzministerium.de.

185 BFH vom 05.02.1992 I R 127/90, BStBl 1992 II S. 532 ff.

186 BMF-Schreiben vom 16.03.1987, IV B 7 – S 2742 – 3/87, BStBl 1987 I S. 373 f. Mit diesem Erlass wollte die Finanzverwaltung einer „übermäßigen" Fremdfinanzierung durch nichtanrechnungsberechtigte Anteilseigner entgegentreten.

187 Vgl. zu einer Übersicht über die Kritik z. B. Jacobs, Internationale Unternehmensbesteuerung, 5. Aufl. 2002, 665 ff.

188 Für Bank- bzw. Versicherungsbetriebsstätten findet sich eine entsprechende Regelung in Tz. 4.1.3 bzw. 4.2.2 und 4.2.3 des Betriebsstättenerlasses, BMF-Schreiben vom 24.12.1999, IV B 4 – 1300 – 111/99, BStBl 1999 I S. 1076.

189 Tz. 2.5.1 Abs. 5 Satz 1 des Betriebsstättenerlasses, BMF-Schreiben vom 24.12.1999, IV B 4 – 1300 – 111/99, BStBl 1999 I S. 1076.

190 BFH-Urteil vom 29.07.1992 II R 39/89, BStBl 1993 II S. 63.

zogen wurden, gehören nicht zum Vermögen der inländischen Betriebsstätte. Insoweit ist in diesen Fällen eindeutig, dass eine tatsächliche Überführung von Geldmitteln das Dotationskapital der Betriebsstätte mindert. Demgegenüber sind unverzinsliche Finanzmittel, die einer inländischen Zweigniederlassung als Dotationskapital zugewiesen werden, nach früherer Auffassung des BFH[191] für vermögensteuerliche Zwecke als Eigenkapital der ausländischen Gesellschaft im Inland anzusehen. Unseres Erachtens muss jedoch bezweifelt werden, dass diese Auffassung heute noch seine Zustimmung durch die Rechtsprechung des BFH finden würde.

Sofern eine übermäßige Dotation erfolgt ist, soll in der zeitlichen Reihenfolge des aufgenommenen Kapitals eine Umqualifizierung erfolgen. Diese Regelung stellt eine deutliche Verbesserung gegenüber den Entwürfen dar, nach denen eine Umwidmung in Abhängigkeit von der Verzinsung erfolgen sollte.[192] Allerdings ist die Regelung insoweit unklar, als dass lediglich auf „die zeitliche Reihenfolge der Aufnahme“ abzustellen ist. Damit wird aber nicht gesagt, ob das zuletzt oder das zuerst aufgenommene Kapital umzuwidmen ist. Da durch die Formulierung des Erlasses beide Vorgehensweisen gedeckt sind, ist wohl davon auszugehen, dass dem Steuerpflichtigen ein Wahlrecht zugebilligt wird, entweder mit dem zuletzt oder aber mit dem zuerst aufgenommenen Fremdkapital bei der Umqualifizierung zu beginnen.

2.5.1.2.5.4 Überführung von Wirtschaftsgütern

Bei der Überführung von Wirtschaftsgütern in eine **ausländische Betriebsstätte** ist danach zu unterscheiden, ob diese in einem EU-Staat oder in einem Drittstaat belegen ist. Auf die Unterscheidung, ob mit dem Betriebsstättenstaat ein DBA besteht, welches für die Betriebsstätteneinkünfte eine Freistellung oder nur die Anrechnung der ausländischen Steuern vorsieht, kommt es seit dem VZ 2007 nicht mehr an. Sowohl in den Fällen der Überführung als auch in Fällen der Freistellung sowie in Fällen der Anrechnung wird der Besteuerungsanspruch Deutschlands entweder vollständig (bei Freistellung) oder teilweise eingeschränkt (bei Anrechnung). Gemäß § 4 Abs. 1 Satz 3 EStG liegt in beiden Fällen eine Entnahme vor, die grundsätzlich zur sofortigen Besteuerung der stillen Reserven führen würde. In EU-Fällen kann der Steuerpflichtige jedoch gem. § 4 g EStG einen Ausgleichsposten zur Neutralisierung des Gewinns bilden und muss diesen ratierlich über fünf Jahre auflösen (siehe die Ausführungen auf S. 72 f.).

2.5.1.3 Aufwands- und Ertragsabgrenzung

Bei der Aufwands- und Ertragsabgrenzung gilt der Fremdvergleichsgrundsatz als tragendes Prinzip. Daher werden im Folgenden nur die Aufwendungen und Erträge dargestellt, bei denen entweder dieser Grundsatz durchbrochen wird oder einzelne

191 BFH-Urteil vom 25.06.1986 II R 213/83, BStBl 1986 II S. 785.
192 Vgl. zur Kritik bereits Strunk/Kaminski, IStR 1997, S. 513, 517.

Aufwendungen und Erträge besondere Praxisrelevanz haben. Diese Abweichungen gegenüber der Gewinnaufteilung bei verbundenen Unternehmen ergeben sich daraus, dass es sich bei Stammhaus und Betriebsstätte nicht um rechtlich selbständige Unternehmen handelt, sondern um unselbständige Teile eines Unternehmens.

Die deutsche Finanzverwaltung vertritt in ihrem Betriebsstättenerlass[193] die Auffassung, dass bei der Verrechnung von Dienstleistungen danach zu differenzieren sei, ob es sich um gewerbliche oder andere Dienstleistungen handelt und ob diese die Haupt- oder die Nebentätigkeit der Betriebsstätte darstellen. Sofern eine gewerbliche Dienstleistung gegeben ist, die die Haupttätigkeit der Betriebsstätte darstellt, soll eine Verrechnung auf Grundlage der Kosten zzgl. eines Gewinnaufschlages erfolgen. Andernfalls sind lediglich die Kosten weiterzubelasten.

Bei diesen Kosten ist zu differenzieren zwischen den Kosten der Geschäftsführung des jeweiligen Unternehmensteils und des Unternehmens als Ganzes. Erstere sind z. B. Kosten für das Controlling der Betriebsstätte, für die interne Überwachung usw. Diese Kosten sind – entsprechend dem Verursachungsprinzip – von der Betriebsstätte zu tragen, denn es handelt sich im Ergebnis um Kosten im Zusammenhang mit der originären Tätigkeit der Betriebsstätte. Hiervon zu unterscheiden sind solche Kosten der Geschäftsführung, die regelmäßig im Stammhaus oder bei einer sog. **Kontroll- und Koordinierungsbetriebsstätte** entstehen. Sie betreffen das Unternehmen als Ganzes.

Diese zweite Gruppe von Kosten ist auf alle Unternehmensteile nach einem sachgerechten Schlüssel aufzuteilen. Diese Auffassung wird auch von Rechtsprechung[194] und Finanzverwaltung[195] vertreten. Besondere Bedeutung hat hierbei die Bestimmung des Schlüssels. Dieser kann nicht allgemein festgelegt werden, sondern muss ein Äquivalent für den Nutzen darstellen.

Beispiel:

Ein Unternehmen unterhält eine Betriebsstätte, die einen technischen Service für alle Produktionsgesellschaften anbietet. Diese können per Hotline oder durch das Herbeirufen eines Experten ihre technischen Probleme lösen lassen. Hierfür hält die Betriebsstätte entsprechende Ressourcen vor (insbesondere Arbeitskräfte). Als Maßstab kann hier die Anzahl der von der einzelnen Betriebsstätte genutzten Stunden im Verhältnis zur Gesamtnutzung gewählt werden.

Bisher nicht abschließend geklärt ist, ob lediglich eine Verrechnung der **Kosten** zu erfolgen hat **oder** ob auch **Fremdvergleichspreise** weiterbelastet werden dürfen oder müssen. Der BFH hat dies ausdrücklich offengelassen.[196] Die herrschende

193 BMF-Schreiben vom 24.12.1999, IV B 4 – 1300 – 111/99, BStBl 1999 I S. 1076, Tz. 3.1.1 ff.

194 Vgl. BFH vom 20.07.1988 I R 49/84, BStBl 1989 II S. 140.

195 Unter Änderung der früheren Auffassung der Finanzverwaltung BMF-Schreiben vom 24.12.1999 – IV B 4 – 1300 – 111/99, BStBl 1999 I S. 1076, Tz. 3.4.1.

196 Vgl. BFH vom 20.07.1988 I R 49/84, BStBl 1989 II S. 140.

Meinung[197] geht – wie auch die deutsche Finanzverwaltung[198] – davon aus, dass lediglich die Weiterbelastung der Kosten zulässig ist. Dies entspricht auch den Vorgaben in OECD-MK zu Art. 7 Tz. 17.7.

2.5.1.3.1 Gründungskosten

Im Zusammenhang mit der Errichtung einer Betriebsstätte fallen häufig hohe Aufwendungen an. Hier stellt sich regelmäßig die Frage, inwieweit diese in welchem Staat zu berücksichtigen sind. Aus Sicht des Steuerpflichtigen besteht die Gefahr, dass sie im Betriebsstättenstaat nicht zum Abzug zugelassen werden, weil es noch nicht zu einer **Errichtung** der **Betriebsstätte** gekommen ist und im Stammhausstaat der Abzug versagt wird, weil diese Aufwendungen als im Zusammenhang mit einer Betriebsstätte stehend angesehen werden, deren Einkünfte möglicherweise zukünftig von der Besteuerung freizustellen sind.

Ein besonderes Problem besteht bei Aufwendungen im Zusammenhang mit **fehlgeschlagenen Betriebsstättengründungen**. Gemäß Tz. 2.9.1 der Betriebsstätten-Verwaltungsgrundsätze sollen diese Aufwendungen im Inland nicht geltend gemacht werden können.[199] Nach Abschaffung des § 2 a Abs. 3 und 4 EStG durch das Steuerentlastungsgesetz 1999/2000/2002[200] (vgl. zur Anwendung dieser Regelung auf Altfälle § 52 Abs. 3 EStG) kommt diesem Fragenkreis große Bedeutung zu.

Kritische Stellungnahme: *Zwar beruft sich die Finanzverwaltung bei ihrer Auffassung zu Recht auf das BFH-Urteil vom 28.04.1983,*[201] *doch ändert dies m. E. nichts daran, dass dieses Ergebnis unzutreffend ist. Voraussetzung für die Freistellung nach Art. 7 OECD-MA ist das Vorliegen einer Betriebsstätte. Wenn es niemals zu ihrer Begründung kommt, ist für die Anwendung von Art. 7 OECD-MA kein Raum. Insoweit handelt es sich zwingend um Aufwendungen, die im Inland zu berücksichtigen sind.*

2.5.1.3.2 Marketing- und Werbekosten

Der Betriebsstättenerlass[202] sieht in Tz. 3.2.1 eine verursachungsgerechte Aufteilung der **Werbeaufwendungen** vor. Hierbei sind lediglich die Kosten zu verteilen, die Verrechnung eines Gewinnaufschlages scheidet aus. Etwas anderes soll lediglich dann gelten, wenn es sich bei den Werbeleistungen um die Haupttätigkeit der Betriebsstätte handelt. Hier soll ein Gewinnaufschlag zulässig sein.

---

197 Vgl. Hemmelrath in Vogel/Lehner, DBA-Kommentar, 4. Aufl. 2003, Rz. 91 f., sowie z. T. a. A. Wassermeyer, in D/W, DBA-Kommentar, Rz. 272 zu Art. 7 OECD-MA (Mai 2000).

198 BMF-Schreiben vom 24.12.1999 – IV B 4 – 1300 – 111/99, BStBl 1999 I S. 1076, Tz. 3.1.2.

199 BMF-Schreiben vom 24.12.1999 – IV B 4 – 1300 – 111/99, BStBl 1999 I S. 1076, Tz. 2.9.1.

200 StEntlG 1999/2000/2002 vom 24.03.1999, BStBl 1999 I S. 304.

201 BFH vom 28.04.1983 IV R 122/79, BStBl 1983 II S. 566.

202 BMF-Schreiben vom 24.12.1999 – IV B 4 – S 1300 – 111/99, BStBl 1999 I S. 1076, Tz. 3.2.1.

Von Raab/Looks[203] wird zur Aufteilung der Werbeaufwendungen ein Rückgriff auf die Umlagen-Verwaltungsgrundsätze empfohlen. Danach soll das Poolkonzept mit entsprechenden Kostenumlagen implementiert werden. Besondere Regelungen sieht Tz. 3.2.2 des Betriebsstättenerlasses[204] für **Kosten der Markterschließung** vor, worunter insbesondere Mindererlöse in der Einführungsphase eines Produkts zu verstehen sind. Diese sollen nach Auffassung der Finanzverwaltung i. d. R. vom Hersteller zu tragen sein, sodass eine Belastung der verkaufenden Betriebsstätte hiermit ausscheidet. Hierbei sollen innerhalb eines Zeitraumes von drei Jahren entweder direkte Zahlungen an die Betriebsstätte geleistet werden oder aber ihr niedrigere Einkaufspreise gewährt werden.

Die Finanzverwaltung beruft sich auf das BFH-Urteil vom 17.02.1983.[205] Dieser Hinweis ist zweifelhaft, denn im entschiedenen Fall ging es um eine rechtlich selbständige Vertriebsgesellschaft, sodass diese Grundsätze nicht so ohne weiteres übertragen werden können. Unseres Erachtens kann der – allerdings recht pauschale – Zuweisung der Markterschließungskosten zum Produzenten nicht gefolgt werden. Aus dem Fremdvergleichsgrundsatz ergibt sich, dass diese unter bestimmten Voraussetzungen auch von der Vertriebsgesellschaft getragen werden. Dies setzt jedoch voraus, dass die Betriebsstätte eine entsprechend abgesicherte Position hat, d. h. ihr das Recht zum Vertrieb des Produktes nach erfolgreicher Marktentwicklung nicht kurzfristig entzogen werden kann, sodass eine Amortisation dieser Investition möglich ist. Ferner muss die Kapitalausstattung der Betriebsstätte so ausgestaltet werden, dass die Betriebsstätte wirtschaftlich überhaupt in der Lage ist, eine entsprechende Investition zu tätigen.

2.5.1.3.3 Forschungs- und Entwicklungskosten

Für die **Forschungs- und Entwicklungskosten** gilt der Grundsatz der funktionalen Zuordnung. Hieraus folgt, dass diese Kosten von dem Unternehmensteil zu tragen sind, in dessen Interesse sie erfolgen. Dies wird bei produktbezogenen Forschungsaufwendungen keine Probleme bereiten, sofern dieses Produkt lediglich von einer Betriebsstätte hergestellt wird bzw. neue Produktionsverfahren entwickelt werden, bei denen die Nutzung nur durch eine Betriebsstätte erfolgt.

Schwierigkeiten bereiten hingegen die Forschungsaktivitäten, die nicht unmittelbar einem Unternehmensteil zugeordnet werden können. Hier hat eine angemessene Aufteilung der entstehenden Kosten zu erfolgen. Die Bestimmung des Schlüssels sollte in Abhängigkeit vom Gegenstand der Forschungsaufwendungen erfolgen. Hierbei muss ein Zusammenhang zwischen dem Vorteil aus der Forschungstätigkeit und der Höhe der Zahlungen hergestellt werden.

---

203 Raab/Looks in Löwenstein/Looks, 2003, Rz. 749.

204 BMF-Schreiben vom 24.12.1999 – IV B 4 – S 1300 – 111/99, BStBl 1999 I S. 1076, Tz. 3.2.2.

205 BFH vom 17.02.1983 I R 3/92, BStBl 1993 II S. 457.

Beispiel:

Das Stammhaus nimmt die Weiterentwicklung eines Produkts vor, das von etlichen Betriebsstätten und vom Stammhaus produziert und abgesetzt wird. Als sinnvoller Schlüssel könnte hier auf die Zahl der abgesetzten oder hergestellten Stücke abgestellt werden. Denn letztlich wird damit eine – vom Unternehmen nicht direkt beeinflussbare – Größe herangezogen, die den Vorteil des jeweiligen Unternehmensteils aus der Weiterentwicklung repräsentiert.

Nach Auffassung der deutschen Finanzverwaltung gelten Sonderregelungen für den Fall, in dem die erbrachte Tätigkeit Hauptleistung der Betriebsstätte ist. Dieser Grundsatz gilt auch im Bereich Forschung und Entwicklung, etwa bei einer Betriebsstätte, die ausschließlich Forschungsaktivitäten nachgeht. Hier soll ein Gewinnaufschlag zulässig sein.[206]

2.5.1.3.4 Währungsumrechnung

Das Problem der Währungsumrechnung entsteht dadurch, dass ausländische Betriebsstätten (und Personengesellschaften) nach dem jeweiligen Recht ihres Tätigkeitsstaates verpflichtet sind, in nationaler Währung (und nach Maßgabe der nationalen Ermittlungsvorschriften) ihre Einkünfte zu ermitteln. Hingegen ergibt sich aus den Vorschriften für das Stammhaus regelmäßig, dass der Gewinn des Gesamtunternehmens zu bestimmen ist. Dies hat in der in dem Staat geltenden Währung zu geschehen. Die Frage der **Umrechnung** des **Betriebsstättenergebnisses** in **Euro** für Zwecke der deutschen Gewinnermittlung hat große Bedeutung. Dabei hat keine Umrechnung des nach Maßgabe des ausländischen Rechts ermittelten Ergebnisses zu erfolgen, sondern es sind die deutschen Gewinnermittlungsvorschriften anzuwenden. Es überrascht, dass sich die Rechtsprechung bisher vergleichsweise selten mit dieser Frage zu beschäftigen hatte. Zentraler Grundsatz ist dabei, dass nur solche Umrechnungsverfahren anerkannt werden, die zu keinem Verstoß gegen die deutschen GoB führen.[207] Namentlich nennt der BFH den Grundsatz der Einzelbewertung, den Realisationsgrundsatz, das Anschaffungskostenprinzip, das Imparitäts- und Niederstwertprinzip sowie das Stichtagsprinzip.

Der BFH hat für den Steuerpflichtigen in diesem Rahmen grundsätzlich eine Reihe von Verfahren für zulässig gehalten. Beispielhaft werden genannt:[208]

- **Zeitbezugsverfahren**: Jedem Bilanzposten wird der Umrechnungskurs zugrunde gelegt, auf den er sich zeitlich bezieht. So werden mit Anschaffungs- oder Herstellungskosten zu bewertende Positionen mit ihren historischen Werten angesetzt, was auch für das Eigenkapital gilt. Bei Wirtschaftsgütern, die am Abschlussstichtag einen niedrigeren Wert aufweisen, und bei Schulden wird der Stichtagskurs verwendet.

---

206 BMF-Schreiben vom 24.12.1999 – IV B 4 – 1300 – 111/99, BStBl 1999 I S. 1076, Tz. 3.1.2.
207 Vgl. BFH vom 13.09.1989 I R 117/87, BStBl 1990 II S. 57.
208 Vgl. BFH vom 13.09.1989 I R 117/87, BStBl 1990 II S. 57.

- **Stichtagskursverfahren**: Sowohl die Positionen der Bilanz als auch der GuV werden mit dem Kurs des Bilanzstichtages umgerechnet (reines Stichtagskursverfahren). Beim modifizierten Verfahren werden Aufwendungen und Erträge mit (i. d. R. monatlichen) Durchschnittskursen umgerechnet.
- **Fristigkeitsverfahren**: Bei langfristigen Bilanzposten (einschließlich Eigenkapital) sind die jeweiligen historischen Werte zu verwenden, während die Umrechnung von kurzfristigen Posten mit Stichtagskursen erfolgt. Aufwand und Erträge werden nach monatlichen Durchschnittswerten umgerechnet.
- **Nominal-Sachwertverfahren**: Alle Geldwerte (Forderungen, Verbindlichkeiten, liquide Mittel) werden zum Stichtagskurs und alle Sachwerte einschließlich Eigenkapital werden mit ihren historischen Werten umgerechnet.

Bei der Währungsumrechnung ist von dem für jeden einzelnen Geschäftsvorfall maßgebenden Kurswert auszugehen. Daher sind die Anschaffungs- und Herstellungskosten mit ihren historischen Kurswerten zu ermitteln, von diesen Werten sind die Absetzungen für Abnutzungen zu bemessen. Einnahmen sind mit den Kurswerten umzurechnen, die im Zeitpunkt ihrer bilanzrechtlichen Entstehung gelten. Für Betriebsausgaben gilt Entsprechendes. Wird in tatsächlicher Hinsicht festgestellt, dass die Einkünfte in einer im Wesentlichen gleichmäßigen Höhe verteilt über alle Monate eines Wirtschaftsjahres erzielt wurden, so lässt die Rechtsprechung die Heranziehung des Jahresdurchschnittskurses zu, der aufgrund der für die Umsatzsteuer maßgeblichen amtlichen Monatsdurchschnittswerte ermittelt wurde.[209] Die deutsche Finanzverwaltung hat sich in Tz. 2.8.1 der Betriebsstätten-Verwaltungsgrundsätze[210] diesen Prinzipien im Wesentlichen angeschlossen.

Infolge der Umrechnung der einzelnen Vermögensgegenstände und Schulden können **Währungsgewinne und -verluste** entstehen. Diese sind sowohl nach Auffassung des BFH[211] als auch der Finanzverwaltung[212] dem Betriebsstättenergebnis zuzurechnen. Entscheidend hierfür ist, dass das Entstehen der Währungsgewinne untrennbar mit der Betriebsstätte verbunden ist und somit auch wie Gewinne dieser Betriebsstätte behandelt werden muss.[213]

Während Art. 7 Abs. 2 OECD-MA als Maßstab für die Einkunftszurechnung bei einer Betriebsstätte die Selbständigkeitsfiktion heranzieht, ergänzt Art. 7 Abs. 3 OECD-MA diese Regelung dahingehend, dass alle **Aufwendungen verursachungs-**

---

209 Vgl. BFH vom 13.09.1989 I R 117/87, BStBl 1990 II S. 57.

210 BMF-Schreiben vom 24.12.1999 – IV B 4 – S 1300 – 111/99, BStBl 1999 I S. 1076, Tz. 2.8.1.

211 St. Rspr., vgl. BFH vom 16.02.1996 I R 43/95, BStBl 1997 II S. 128; vom 16.02.1996 I R 46/95, BFH/NV 1997, S. 111, und vom 18.09.1996 I R 69/95, BFH/NV 1997, S. 408.

212 Vgl. Tz. 2.8.1 Betriebsstätten-Verwaltungsgrundsätze.

213 Vgl. zur Kritik an dieser Auffassung z. B. Schröder in Mössner u. a., 2. Aufl. 1998, Rz. C 127.

gerecht zwischen Stammhaus und Betriebsstätte **aufzuteilen** sind. Unabhängig vom Ort des Entstehens der Aufwendungen sind sie der Betriebsstätte zuzurechnen.[214]

2.5.1.3.5 Keine Attraktivkraft der Betriebsstätte gem. Art. 7 Abs. 1 OECD-MA

Aufwendungen und Erträge sind der Betriebsstätte nur dann zuzurechnen, wenn sie wirtschaftlich zu dieser gehören. Eine solche Gewinnzurechnung scheidet somit dann aus, wenn das Unternehmen im Betriebsstätten-Staat auf andere Weise als durch die Betriebsstätte Gewinne erzielt.

Das Prinzip der „Attraktivkraft der Betriebsstätte“, das heute weitgehend aufgegeben wurde, besagt, dass das Vorliegen einer Betriebsstätte dazu führt, dass alle Einkünfte, die das Unternehmen im Betriebsstätten-Staat erzielt, der Betriebsstätte zuzurechnen sind und diesem Staat somit ein unbegrenztes Besteuerungsrecht zuweist. Im alten DBA-USA war noch ein eingeschränktes Attraktionsprinzip enthalten, doch ist die aktuelle Abkommenspraxis Deutschlands hiervon weitgehend losgelöst.

Das Prinzip der Attraktivkraft der Betriebsstätte sollte verhindern, dass der Betriebsstätten-Staat Steuersubstrat durch Umgehung der Steuerpflicht verliert. Zutreffenderweise ist es auch heute noch möglich, zur Vermeidung einer Besteuerung im Betriebsstätten-Staat Einkünfte aus Direktgeschäften durch das Stammhaus einer Besteuerung nur im Sitzstaat zuzuführen, doch versuchen die Finanzverwaltungen diesem Problem durch erweiterte Mitwirkungspflichten der Steuerpflichtigen und Darlegungspflicht des tatsächlichen Sachverhaltes zu begegnen.

Einige deutsche DBA wie z. B. DBA-Philippinen[215] machen deutlich, dass ein Direktgeschäft wie ein Betriebsstätten-Geschäft besteuert werden darf, sofern nachgewiesen wird, dass es sich bei dem Direktgeschäft um eine Transaktion handelt, die die Vermeidung der Besteuerung im Betriebsstätten-Staat zum Zweck hat.

Die Abgrenzung wird im Einzelfall sehr schwierig sein, zumal wenn wie im DBA-Türkei[216] Formulierungen enthalten sind, dass kein Direktgeschäft vorliegt, wenn der zugrunde liegende Vertrag durch die Betriebsstätte bewirkt wurde. Wann eine Einwirkung bzw. Bewirkung durch die Betriebsstätte vorliegt, ist eindeutig nicht zu entscheiden. Eine Kaufentscheidung mag bereits dadurch getroffen werden, dass die Betriebsstätte vor Ort präsent ist und der Käufer diesem Umstand einen hohen Entscheidungswert zuweist.

Ebenfalls nicht zu den Betriebsstätten-Einkünften zählen gem. Art. 7 Abs. 5 OECD-MA Gewinne, die aus der bloßen Einkaufstätigkeit von Gütern oder Waren

---

214 Im Sinne einer Ergänzung zum „dealing at arm's length“-Grundsatz zu Art. 7 Abs. 2 OECD-MA auch Sieker, DB 1996, S. 110 ff., sowie Bendlinger, SWI 1997, S. 104, der u. E. unzutreffenderweise von einer konstitutiven Ergänzung zu Art. 7 Abs. 2 OECD-MA ausgeht. Siehe hierzu auch die Kommentierung von Wassermeyer in D/W, Art. 7 OECD-MA, Rz. 331 (Mai 2000).

215 DBA-Philippinen, BGBl 1984 II S. 878.

216 DBA-Türkei, BGBl 1989 II S. 866.

für das Unternehmen erzielt werden. Während die ausschließliche Betätigung einer festen Geschäftseinrichtung mit dem Einkauf von Waren für das Unternehmen bereits gem. Art. 5 Abs. 4 MA keine Betriebsstätte begründet, erfasst Art. 7 Abs. 5 MA die Fälle, in denen eine Betriebsstätte sowohl betriebsstättenbegründende Tätigkeiten als auch Hilfs- und Nebentätigkeiten ausübt.

Der Regelungsinhalt ist theoretisch kaum begründbar, denn eine Herausnahme der Gewinne aus der Einkaufstätigkeit ist mit dem Ziel der Erfassung aller zum Unternehmenserfolg beitragenden Faktoren nicht vereinbar.

In der praktischen Handhabung ergeben sich zum Teil unüberwindbare Probleme, da neben dem Erfordernis einer Gewinnzurechnung zwischen Betriebsstätte und Stammhaus nach der direkten Methode auch noch innerhalb der Betriebsstätte eine Separierung in Betriebsstätten-Einkünfte und in andere Einkünfte vorgenommen werden muss. Vor allem wenn man bedenkt, dass Einkaufsgewinne bei Waren und Gütern, die für fremde Dritte eingekauft werden oder die zum sofortigen Weiterverkauf erworben werden, dem Betriebsstätten-Ergebnis zugerechnet werden, wird deutlich, dass eine Abgrenzung beim Einkauf identischer Produkte mit unterschiedlicher Zweckbestimmung kaum möglich ist. In der Regel wird man wohl auf eine Schätzung der jeweiligen Einkünfte angewiesen sein. Bei der indirekten Methode lässt sich eine Abgrenzung/Separierung der Einkünfte bereits definitionsgemäß nicht vornehmen.

Beispiel zur fehlenden Attraktivkraft der Betriebsstätte:

Eine amerikanische Kapitalgesellschaft vertreibt ihre Produkte, die in den USA hergestellt werden, grundsätzlich über eine Betriebsstätte in Deutschland. Außerdem werden einige Kunden in der Bundesrepublik direkt aus den USA unter Ausschaltung der inländischen Betriebsstätte beliefert.

Gemäß Art. 7 Abs. 2 OECD-MA sind Einkünfte nur dann der Betriebsstätte zuzurechnen, wenn sie der wirtschaftlichen Betätigung der Betriebsstätte eindeutig zuzurechnen sind. Das Vorliegen einer Betriebsstätte im Inland führt somit nicht zwangsläufig zu einem Besteuerungsrecht des Betriebsstättenstaates. Im vorliegenden Fall greift Art. 7 Abs. 5 DBA-USA, der die sog. Attraktivkraft der Betriebsstätte verneint. Die Einkünfte aus den Direktgeschäften sind somit nur in den USA zu besteuern, da es für eine beschränkte Steuerpflicht in der Bundesrepublik an einer entsprechenden Anknüpfung fehlt.

Frage:

Ergibt sich eine Änderung der Beurteilung des Sachverhaltes, wenn die amerikanische Kapitalgesellschaft die Geschäfte durch die Betriebsstätte als Kommissionär durchführen lässt?

Zu denken wäre hier an den Fall, den Art. 5 Abs. 6 OECD-MA beschreibt, dass die Einschaltung eines Kommissionärs keine Betriebsstätte begründet, doch aus der Forderung, dass es sich um eine unabhängige Person handeln muss, wird deutlich, dass Art. 5 Abs. 6 MA nicht anwendbar ist. Vielmehr wird ein abhängiger Teil der amerikanischen Kapitalgesellschaft, die deutsche Betriebsstätte, direkt tätig, sodass hier nun die Vorschrift des Art. 7 Abs. 2 MA greift und die Einkünfte der Betriebsstätte zugerechnet und damit in Deutschland besteuert werden.

2.5.1.4 Betriebsstättenvorbehalt und gestalterische Maßnahmen

Das Problem der inhaltlichen Ausgestaltung des Begriffs „Gewinn“ ist bereits oben dargestellt worden. Bisher vernachlässigt wurde die Frage, ob auch Einkünfte, die isoliert gesehen die Tatbestandsvoraussetzungen anderer DBA-Artikel erfüllen, wie z. B. Dividenden, Lizenzen und Zinsen, zu den Unternehmensgewinnen zu zählen sind. Diese Frage der Subsidiarität einzelner DBA-Artikel zueinander wäre kein materielles Problem, wenn die anzuwendenden Artikel zur gleichen steuerlichen Behandlung führen würden.

Im Vorgriff auf die Ausführungen zu den Artikeln über Dividenden, Zinsen und Lizenzen würde sich bei Anwendung dieser Artikel ein vorrangiges bzw. ausschließliches Besteuerungsrecht des Sitzstaates und nur noch ein beschränktes bzw. kein Besteuerungsrecht des Quellenstaates ergeben.

Das OECD-MA sieht einen Vorzug der Betriebsstätteneinkünfte (Unternehmensgewinne) gegenüber den Artikeln über Dividenden, Zinsen, Lizenzen und sonstige Einkünfte. Im Verhältnis zu Einkünften gem. Art. 6 MA (unbewegliches Vermögen) bleibt es allerdings beim Vorzug dieses Artikels vor allen anderen Artikeln.

Eine Behandlung von Dividenden, Zinsen oder Lizenzen als Unternehmensgewinn ist nur dann möglich, wenn sie einer Betriebsstätte wirtschaftlich zuzurechnen sind. Erzielt ein Unternehmen im anderen Vertragsstaat Dividenden, Zinsen oder Lizenzen, ohne dass es in diesem Staat eine Betriebsstätte unterhält, der diese Einkünfte zuzurechnen sind, greift die Subsidiarität nicht.

Die unterschiedliche steuerliche Behandlung hat vor allem deutsche Unternehmen dazu veranlasst, Steuergestaltungen zu entwickeln, bei denen Dividenden, Zinsen und Lizenzen nicht der hohen deutschen Besteuerung unterliegen, sondern durch Zurechnung zu einer ausländischen Betriebsstätte im niedrig besteuernden Ausland und Freistellung der Einkünfte im Inland insgesamt niedriger besteuert werden.

> **Beispiel:**
> Eine deutsche Kapitalgesellschaft hat liquide Mittel, die sie zinsbringend anlegen möchte. Sowohl im Inland als auch im Ausland ist der zu erzielende Zins identisch. Die deutsche Kapitalgesellschaft stattet ihre im niedrig besteuernden DBA-Ausland belegene Betriebsstätte in Höhe der liquiden Mittel mit Eigenkapital aus.

Die Übertragung ist zumeist steuerneutral möglich (ggf. Kapitalverkehrsteuern im Ausland). Die Betriebsstätte erzielt durch Anlage der Eigenmittel Zinseinkünfte, die dieser Betriebsstätte als Einkünfte zugerechnet werden. Der Vorteil liegt somit in der Reduzierung der Steuerbelastung. Wie bereits beim Dotationskapital eingeführt, muss die Ausstattung der Betriebsstätte mit Eigenkapital sachgerecht und angemessen sein. Die deutsche Finanzverwaltung verneint die Zugehörigkeit des Eigenkapitals zur ausländischen Betriebsstätte, wenn die wirtschaftliche Notwendigkeit einer solchen Eigenkapital-Ausstattung nicht nachgewiesen werden kann. Eine Umqualifizierung der Betriebsstätte als „Sparbüchse" des Unternehmens wird von der deutschen Finanzverwaltung nicht anerkannt mit der Folge, dass die Zinsen im Sitzstaat des Unternehmens der Besteuerung unterliegen.

Während es sich bei der im Beispielsfall dargestellten Vorgehensweise um eine missbräuchliche handelt, sind Fälle denkbar, die durch das BFH-Urteil vom 30.08.1995[217] ebenfalls betroffen sind, jedoch keine missbräuchliche Gestaltung zum Gegenstand haben. Während eine Überführung von liquiden Mitteln oder Wirtschaftsgütern vom Stammhaus in die Betriebsstätte dahingehend überprüft werden muss, ob die Zurechnung zur Betriebsstätte sachgerecht ist, muss für die Wiederanlage von durch die Betriebsstätte selbst erwirtschafteten Einkünften eine generelle Zugehörigkeit der angeschafften Wirtschaftsgüter zur Betriebsstätte gelten. Eine hiervon abweichende Auffassung beinhaltet eine Art „Zwangsentnahme" von Dotationskapital aus der Betriebsstätte. Begründet werden kann eine solche Entnahmehandlung nur damit, dass sich durch den Gewinn eine Überdotierung ergeben hat. Wenngleich solche Fälle möglich sind, ist keineswegs von einem kausalen Zusammenhang von Gewinnhöhe und Dotationskapital auszugehen.

Hinsichtlich weiterer Abwehrmaßnahmen des deutschen Gesetzgebers zur Umgehung von nicht gewünschten DBA-Ausnutzungen sei auf die Ausführungen zur Hinzurechnungsbesteuerung nach AStG und zu § 50 d EStG in diesem Buch verwiesen.

2.6 Personengesellschaften als abkommensrechtliche Sonderform der Betriebsstätte

Personengesellschaften als ein Zusammenschluss mehrerer Personen zu einer Gesellschaft, bei der die Mitgliedschaft auf die Person des einzelnen Gesellschafters zugeschnitten ist,[218] sind nach innerstaatlichem Steuerrecht nur partiell Steuersubjekte, je nach zu betrachtender Steuer. Für die Einkommensteuer, die Körperschaftsteuer und bis 31.12.1996 für die Vermögensteuer ist nicht die Personengesellschaft als Steuersubjekt zu behandeln, sondern nur die an ihr beteiligten Gesellschafter. Hinsichtlich der Gewerbesteuer ist die Personengesellschaft selbständig Steuersubjekt und somit auch Steuerschuldner, für die anderen Steuern ist sie lediglich Gewinnerzielungssubjekt.[219]

Aber auch zivilrechtlich hat die Personengesellschaft eine nur auf bestimmte Teilbereiche beschränkte Rechtsfähigkeit. Diese rechtliche Zwischenstellung zwischen Einzelunternehmen auf der einen und juristischer Person auf der anderen Seite führt bei der Besteuerung sowohl im nationalen als auch im internationalen Bereich zu

217 IStR 1996, S. 81 ff.
218 Vgl. Creifels, Rechtswörterbuch, 12. Auflage München 1994, S. 886 r. Sp.
219 BFH vom 20.06.1984, BStBl 1984 II S. 751.

großen Problemen. Wird, wie in einigen Staaten üblich,[220] der Personengesellschaft eine Eigenschaft als Steuersubjekt zugestanden, ergibt sich eine Abkommensberechtigung und daraus abgeleitete Ansässigkeit der Personengesellschaft und damit auch eine andere Zuweisung des unbeschränkten Besteuerungsrechtes. Wird, wie aus deutscher Sicht, der Personengesellschaft auch für Abkommenszwecke die Steuersubjekteigenschaft verweigert, erfolgt die Besteuerung so, als wenn die jeweilige Gesellschaft im „Sitzstaat" der Personengesellschaft eine Betriebsstätte unterhalten würde.

Das aus Deutschland bekannte System der Mitunternehmerschaft und der damit steuerlich negierenden aufwandswirksamen Behandlung von Vertragsbeziehungen zwischen der Personengesellschaft und ihren Gesellschaftern ist in den meisten anderen Staaten unbekannt.

Zwei Probleme sind hierbei besonders zu betrachten; zum einen die Frage, wie wird das Gebilde „Personengesellschaft" qualifiziert, und zum anderen die Frage, wie werden Sondervergütungen und die diesen zugrunde liegenden Vermögensteile qualifiziert.

Nach nationalem Steuerrecht ist hinsichtlich der Subjektqualifikation nur der Fall entscheidend, bei dem eine unbeschränkt steuerpflichtige Person an einem ausländischen Rechtsgebilde beteiligt ist und nun gefragt werden muss, ob es sich bei diesem Gebilde um eine Personen- oder Kapitalgesellschaft handelt. Denn nur wenn dies feststeht, kann die Besteuerung der unbeschränkt Steuerpflichtigen zutreffend vorgenommen werden.

Beispiel:

Ist das ausländische Rechtsgebilde als Kapitalgesellschaft zu behandeln, so sind im Falle der Gewinnthesaurierung dem inländischen Gesellschafter keine Einkünfte zuzurechnen.[221] Anders wäre der Sachverhalt zu beurteilen, wenn es sich bei dem Rechtsgebilde im Ausland um eine Personengesellschaft handeln würde.

Unterschiedliche Besteuerungsfolgen ergeben sich damit zwangsläufig auch bei der Qualifizierung der Vergütungen, die der Gesellschafter von der Gesellschaft erhalten hat. Im Falle der Personengesellschaft handelt es sich um Vorweggewinn und somit um Einkünfte aus Gewerbebetrieb und bei Kapitalgesellschaften ggf. um Einkünfte aus nichtselbständiger Arbeit gem. § 19 EStG oder § 20 EStG oder § 21 EStG.

Das nationale Recht bedient sich bei der Bestimmung des Rechtsgebildes des Instrumentes des „Rechtstypenvergleichs". Bei diesem Vergleich wird zunächst überprüft, mit welchen deutschen Rechtsformen zivilrechtlich eine weitgehende Ähnlichkeit oder Übereinstimmung gegeben ist. Hierbei ist festzustellen, dass in den meisten ausländischen Staaten, in denen sich in Deutschland unbeschränkt Steuerpflichtige in Form von Personengesellschaften wirtschaftlich engagieren wollen, den deut-

220 Siehe zum Beispiel in Ungarn, Tschechien, Spanien und Tunesien.
221 Ausnahmen durch die Hinzurechnungsbesteuerung des AStG bleiben hierbei unberücksichtigt.

schen zivilrechtlichen Personen- und Kapitalgesellschaftsformen ähnliche bzw. vergleichbare Rechtsgebilde bestehen.[222]

Schwieriger ist es in den Fällen, in denen eine Gesellschaftsform im Ausland gewählt wird, die zwar als Personengesellschaft bezeichnet wird, aber aufgrund des Rechtstypenvergleichs nach deutschem Zivilrecht eher als Kapitalgesellschaft zu bewerten ist. Entscheidende Kriterien zur Unterscheidung von Personen- und Kapitalgesellschaften sind dabei: Haftungsbeschränkung, Geschäftsführungsbefugnis, Vorliegen von Stammkapital oder Möglichkeiten des Gesellschafterwechsels.[223]

Nach erfolgter zivilrechtlicher Eingruppierung der Gesellschaftsformen erfolgt in einem abschließenden zweiten Schritt die steuerliche Beurteilung dahingehend, ob es sich um eine Kapitalgesellschaft, um eine Mitunternehmerschaft oder um ein Einzelunternehmen handelt.

Im Rahmen dieser Beurteilung wird deutlich, dass erstens keine vollständige Übereinstimmung mit dem deutschen Steuerrecht gegeben sein muss, vielmehr reicht eine weitgehende Ähnlichkeit aus, und zweitens, dass die grundlegenden Überlegungen des deutschen ESt- und KSt-Gesetzes für die Qualifizierung letztendlich entscheidend sind. Die zivilrechtliche Beurteilung, also eine formaljuristische, wird weitgehend in den Hintergrund gedrängt.

Zu einem erheblichen Konfliktpotential führt es, wenn in einigen Staaten die bestehende Möglichkeit einer **Option zur Kapitalgesellschaft** ausgeübt wird. Staaten wie z. B. Argentinien, Brasilien, Spanien, Finnland, Griechenland oder Japan eröffnen ihren Steuerpflichtigen die Möglichkeit, trotz Vorliegens einer Personengesellschaft eine steuerliche Behandlung wie die einer Kapitalgesellschaft zu beantragen, ohne dass sich hierbei die zivilrechtliche Ausgestaltung des Rechtsgebildes ändert. Die deutsche Finanzverwaltung negiert in diesen Fällen die Ausübung der Option und beurteilt das Rechtsgebilde ausschließlich nach der wirtschaftlichen und rechtlichen Struktur. Qualifikationskonflikte sind in diesem Fall somit bereits vorprogrammiert sowohl hinsichtlich der Abkommensberechtigung als auch der Qualifizierung der Einkünfte der Gesellschafter.

Die gleiche Gefahr besteht auch in den Fällen, in denen eine zivilrechtlich unzweifelhaft als Personengesellschaft einzustufende Auslandsgesellschaft aufgrund besonderer gesellschaftsrechtlicher Strukturmerkmale steuerlich als Kapitalgesellschaft behandelt wird. Typischerweise ist dies bei kanadischen und amerikanischen limited partnerships so. Auch in diesen Fällen übernimmt Deutschland die Umqualifizierung nicht, da auch kapitalistische Personengesellschaften nicht dem KStG unterliegen.

---

222 Eine beispielhafte Aufzählung ausländischer Rechtsgebilde findet sich bei Jacobs, O., a. a. O., S. 437.

223 Die deutsche Finanzverwaltung hat hinsichtlich einer chilenischen Personengesellschaft die Einordnung als Kapitalgesellschaft entschieden; siehe BMF-Schreiben vom 01.12.1980, DB 1981, S. 139.

Während diese allgemeinen Aussagen zum nationalen deutschen Steuerrecht für die Beurteilung aller Nicht-DBA-Fälle die Vorgehensweise und Besteuerungsfolge in Deutschland bestimmen, ergeben sich im DBA-Fall Abweichungen. Im Abkommensrecht stehen sich grundsätzlich drei Rechts- bzw. Regelungskreise gegenüber, die jeweiligen nationalen Steuergesetze sowie die Regelung des speziellen DBA.

Das OECD-MA lässt es grundsätzlich zu, dass auch Personengesellschaften als Person i. S. des Abkommens behandelt werden, denn gem. Art. 3 Abs. 1 OECD-MA umfasst der Begriff „Person" neben Gesellschaften auch andere Personenvereinigungen. Der Begriff „andere Personenvereinigungen" ist allerdings nicht identisch mit den im deutschen KStG in § 1 Abs. 1 Satz 1 genannten „Personenvereinigungen", denn lt. Abkommensrecht fallen hierunter all diejenigen Rechtsgebilde, die weder eine juristische Person sind noch so besteuert werden, also auch Personengesellschaften.

Diese grundsätzliche Anerkennung von Personengesellschaften als eigenständige Person kann zu folgenden Ausgestaltungen in den jeweiligen DBA führen:

(1) Beide Vertragsstaaten erkennen die Personengesellschaft als Person i. S. des Abkommens an. Jedoch kann diese eine Abkommensberechtigung erst dann entfalten, wenn sie auch in einem der Staaten ansässig ist. Nur in dem Fall, in dem beide Vertragsstaaten die Personengesellschaft wie ein eigenständiges Steuersubjekt behandeln, ist dies gegeben. Gleiches gilt auch in den Fällen der entsprechenden Ausübung einer Option.

(2) Wenden beide Vertragsstaaten jedoch das Mitunternehmerkonzept an, ist die geforderte Ansässigkeit der Personengesellschaft nicht mehr gegeben. Vielmehr sind die Gesellschafter der Personengesellschaft die Steuersubjekte, sie begründen damit eine Abkommensberechtigung.

Beispiel:

Eine deutsche OHG hat eine Betriebsstätte in Italien. Gesellschafter der OHG sind drei natürliche Personen, die jeweils in Deutschland, der Schweiz und Chile ansässig sind. Hinsichtlich der Besteuerung der Betriebsstätteneinkünfte ist nicht das DBA Deutschland/Italien anzuwenden, sondern die jeweiligen DBA der Ansässigkeitsstaaten, soweit vorhanden.

Die von Jacobs[224] angeführte Lösungsalternative, entweder **generelle Gleichstellung der Personengesellschaft mit der Kapitalgesellschaft** für Abkommenszwecke oder zumindest Berechtigung der Personengesellschaft zur Inanspruchnahme von Quellensteuerreduzierungen oder Freistellung von Drittstaateneinkünften, ist auch in Deutschland immer wieder diskutiert worden. Die erste Idee der weitgehenden Gleichstellung ist mit der ablehnenden Entscheidung zur Einführung einer Optionsmöglichkeit für Personengesellschaften, sich wie eine Kapitalgesellschaft besteuern zu lassen, im Entwurf zum Standortsicherungsgesetz 1992 sowie im Rah-

224 Vgl. Jacobs, O., a. a. O., S. 440.

men der Unternehmensteuerreform 2000 vermutlich zunächst gescheitert. Für die Umsetzung der zweiten Idee spricht, dass im Rahmen der Änderung des § 8 b KStG eine nationale Begünstigung von inländischen Personengesellschaften mit ausschließlich ausländischen Gesellschaftern ausdrücklich aufgenommen wurde. Die Formulierung im DBA-Schweiz[225] zeigt außerdem einen sinnvollen Lösungsansatz auf.

Nach herrschender Meinung qualifiziert Deutschland Beteiligungen von inländischen Steuerpflichtigen an ausländischen Personengesellschaften, die ihrerseits eine Betriebsstätte unterhalten, so, als wenn der Inländer eine Betriebsstätte im entsprechenden Ausland innehaben würde. Im umgekehrten Fall erzielt ein ausländischer Gesellschafter einer inländischen gewerblichen Personengesellschaft Einkünfte aus Gewerbebetrieb, da bei ihm das Vorliegen einer Betriebsstätte fingiert wird.

Bei Anwendung des Betriebsstättenprinzips auch für die Personengesellschaft sind selbstverständlich auch die Einschränkungen und Besonderheiten zu beachten, die für Betriebsstätten i. S. des Art. 5 OECD-MA gelten. Namentlich ist das Prinzip der Attraktivkraft der Betriebsstätte zu verneinen und die Zurechnung der Einkünfte anhand wirtschaftlicher Kriterien vorzunehmen. Dem Personengesellschaftsstaat steht somit das Besteuerungsrecht für alle Einkünfte zu, die wirtschaftlich durch diese hervorgebracht wurden, unabhängig davon, ob die Quelle der Einkünfte im Personengesellschafts-Staat oder einem Drittstaat belegen ist. Bei Betriebsstätteneinkünften können sich insofern Doppelbesteuerungen ergeben, wenn die einzelnen Staaten keine unilateralen Maßnahmen zu deren Vermeidung vorsehen.

Folgt man dem Betriebsstätten-Prinzip, können sich immer dann Probleme ergeben, wenn Gesellschafter nicht in dem gleichen Staat ansässig sind, in dem die Personengesellschaft domiziliert.

Beispiel:

An einer deutschen OHG sind folgende natürliche Personen beteiligt: ein US-Amerikaner, ein Deutscher und ein Chilene. Die OHG bezieht unter anderem Einkünfte aus Dividenden von einer deutschen Kapitalgesellschaft. Die deutsche Personengesellschaft, die abkommensrechtlich wie eine Betriebsstätte behandelt wird, erfährt diese Qualifizierung nach nationalem Recht nicht, sodass nicht sie, sondern nur die hinter ihr stehenden Gesellschafter am körperschaftsteuerlichen Anrechnungsverfahren teilnehmen können, sofern sie die geforderten Voraussetzungen erfüllen. Bis auf den in Deutschland ansässigen Gesellschafter erfüllen die anderen Gesellschafter diese nicht. Der amerikanische und der chilenische Gesellschafter haben hinsichtlich der von der Personengesellschaft vereinnahmten Dividende eine KSt-Belastung von 25 % wirtschaftlich und von zunächst 15 % (20 % von 75 %) zu tragen, wobei ein etwaig zu erhebender Solidaritätszuschlag hierbei unberücksichtigt bleibt. Aufgrund des DBA-USA kann der amerikanische Gesellschafter eine Reduzierung der Kapitalertragsteuer auf 15 % gem. Art. 10 Abs. 2 Buchst. b fordern. Dem Chilenen steht aufgrund eines

225 Verhandlungsprotokoll DBA-Schweiz vom 19.06.1971, vgl. Debatin, in DBA-Kommentar, Einführung S. 191.

fehlenden DBA Deutschland/Chile diese Möglichkeit nicht zu, sodass er die vollständige 20 %ige Kapitalertragsteuer zu tragen hat.

Diese bereits so besteuerten Einkünfte der ausländischen Gesellschafter sind bei der Zurechnung der Betriebsstätten-Einkünfte als Einkünfte aus Gewerbebetrieb wieder auszuscheiden, da sonst eine doppelte Erfassung greifen würde. An der Gewerbesteuerpflicht der Einkünfte kann sich m. E. jedoch nichts ändern.

Die bereits oben dargestellte Lösung des Drittstaaten-Problems durch die eingeschränkte Abkommensberechtigung der Personengesellschaft, wie sie das DBA-Schweiz kennt, ist eine Möglichkeit. Eine weitere ist, der Personengesellschaft die Ansässigkeit zuzusprechen und somit in vollem Umfang dem Abkommensschutz zu unterwerfen.

Diese Möglichkeit, die umschrieben wird mit dem Begriff **„Kapitalgesellschaftskonzept"**, führt dazu, dass die Personengesellschaft eigenständiges Steuersubjekt ist und die Geldbewegungen aufgrund von Gewinnausschüttungen oder schuldrechtlichen Vertragsbeziehungen zwischen Personengesellschaft und Mitunternehmern im Quellenstaat durch die Erhebung von Quellensteuern ggf. erneut besteuert werden. Deutschland hat entsprechend inhaltlich ausgestaltete DBA mit Japan, Island, Portugal, Finnland, Spanien und Belgien abgeschlossen.

2.6.1 Qualifizierungskriterien

Die grundsätzliche Aussage, dass eine Personengesellschaft i. d. R. nicht als Person i. S. des DBA angesehen wird und daher wie eine Betriebsstätte des hinter der Personengesellschaft stehenden Gesellschafters gesehen wird, ist mit folgenden Einschränkungen zu versehen. Während bei Personengesellschaften, die sowohl gemäß § 15 EStG als aber auch gemäß Art. 7 eine gewerbliche Tätigkeit ausüben, zweifelsfrei eine Gleichsetzung mit der Betriebsstätte gegeben ist, ist dies bei Personengesellschaften, die rein vermögensverwaltend tätig sind, anders zu beurteilen. Gemäß Art. 5 des OECD-Musterabkommens liegt eine Betriebsstätte nur dann vor, wenn sie dem Unternehmen dient. Somit kommt der Frage der Definition des Begriffs „Unternehmen" eine entscheidende Bedeutung zu. Der Begriff des Unternehmens ist in Art. 7 genannt, aber nicht näher definiert. Vogel[226] vermutet, dass bei der Erstellung des OECD-Musterabkommens 1977 weitgehend Klarheit darüber bestand, was unter dem Begriff des Unternehmens zu verstehen ist. Dass dies nicht der Fall ist, zeigen die unterschiedlichen Ausgestaltungen der DBA, die zum Teil eine nähere Spezifizierung der Unternehmenstätigkeit vornehmen. Vogel sieht eine Unternehmenstätigkeit i. S. des Art. 7 daher als eine selbständige Erwerbstätigkeit, die nicht die Nutzung unbeweglichen Vermögens i. S. des Art. 6 Abs. 3 und nicht selbständige Arbeit i. S. des Art. 14 ist. Übertragen auf die deutsche Begriffsdefinition des Einkommensteuergesetzes heißt das, dass neben der Unternehmenstätigkeit (den gewerblichen Einkünften) die Einkünfte aus Land- und Forstwirtschaft sowie aus

226 Vgl. Vogel, K., a. a. O., Rz. 35 zu Art. 3.

selbständiger Tätigkeit nicht unter den Art. 7 des OECD-Musterabkommens fallen. Durch die zwischenzeitlich erfolgte Streichung des Art. 14 OECD-MA und die Zuordnung der Einkünfte aus selbständiger Arbeit zu den Unternehmensgewinnen gem. Art. 7 OECD-MA kann eine Negativabgrenzung nur noch gegenüber Einkünften aus unbeweglichem Vermögen i. S. des Art. 6 OECD-MA bestehen.

Fraglich ist nun, ob eine **rein vermögensverwaltende Personengesellschaft** Unternehmenstätigkeiten ausübt oder nicht. Gemäß § 15 Abs. 3 EStG ist eine gewerbliche Prägung durch die ausschließliche Vollhafterstellung einer Kapitalgesellschaft unabhängig von der Betätigung der Gesellschaft möglich. Die Tätigkeit einer Personengesellschaft, die nur aufgrund des Gepräges gem. § 15 Abs. 3 EStG gewerbliche Einkünfte erzielt, kann zu Unternehmensgewinnen führen. Die Subsidiarität der Art. 10, 11 und 12 zu den Einkünften gemäß Art. 7 ist in diesen Fällen nicht mehr sachgerecht, denn das DBA soll nur dann etwas zu einer Unternehmenstätigkeit qualifizieren, wenn es sich tatsächlich um eine Betätigung handelt, die in der Negativabgrenzung über eine reine Vermögensverwaltung hinausgeht. Insofern kommt es m. E. auch nicht auf die Anwendung einer Aktivitätsklausel an, da bereits eine nur gewerblich geprägte Personengesellschaft nicht die Voraussetzung eines Unternehmens i. S. des Art. 7 erfüllt.

Unbestritten ist die Behandlung der Einkünfte aus einer vermögensverwaltenden Tätigkeit einer Personengesellschaft nur in den Fällen, in denen die deutsche Abkommenspraxis (vor allem in den älteren DBA) eine Formulierung gewählt hat, in der es heißt „nicht Einkünfte aus Unternehmenstätigkeit", sondern in Anlehnung an das deutsche Einkommensteuerrecht „Einkünfte aus Gewerbebetrieb", denn in diesen Fällen ist eindeutig die Negativabgrenzung des deutschen Einkommensteuergesetzes zur reinen Vermögensverwaltung zu berücksichtigen. Hinsichtlich der neueren Abkommen mit der entsprechenden Formulierung des Musterabkommens „Unternehmensgewinne" kann jedoch m. E. nicht anders geurteilt werden, da bei fehlender Definition der Frage des Unternehmens eine entsprechende Berücksichtigung der innerstaatlichen Regelungen erfolgt und hierbei nach deutschen Vorstellungen eine Gleichsetzung zwischen Unternehmensgewinnen und gewerblichen Einkünften und eine Beinhaltung der Einkünfte aus reiner Vermögensverwaltung nicht gegeben ist. Gewerbliche Einkünfte würden in diesem Fall jedoch auch nach deutschem Steuerrecht aufgrund der Prägung durch eine GmbH gem. § 15 Abs. 3 Nr. 2 EStG gegeben sein. Entsprechend der Tatbestandsfeststellung zum Teilbetriebsbegriff ist derzeitig streitig, ob es auf die isolierten Tatbestandsvoraussetzungen ankommt oder eine Fiktion, wie z. B. nach § 8 Abs. 2 KStG oder § 15 Abs. 3 Nr. 2 EStG, ebenfalls gewerbliche Einkünfte begründet. Die Aussage zum Teilbetrieb ist m. E. nicht zu übernehmen, da die Fiktionen hier grundsätzlich nicht zur Anwendung kommen können.

Anders ist die Frage ggf. zu beurteilen, wenn es sich um eine Personengesellschaft handelt, die auch eine gewerbliche Tätigkeit ausübt und damit aufgrund ihrer Betätigung eine Personenhandelsgesellschaft ist. Die Einkünfte aus dieser Personengesellschaft sind zweifelsfrei solche aus Unternehmensgewinnen. Fraglich ist nun, wie Zins- und Dividendeneinkünfte dieser Personengesellschaft zu behandeln sind. Grundsätzlich sind die Zinsen und Dividenden sicherlich wie Betriebsstättengewinne zu behandeln, sofern das Erfordernis der wirtschaftlichen Zurechnung zur Betriebsstätte gegeben ist. Neben der Frage der wirtschaftlichen Zurechnung von neutralen Wirtschaftsgütern, die u. E. noch nicht geklärt ist, stellt sich darüber hinaus noch die Frage, wann eine ursprünglich operativ tätige Betriebsstätte in eine rein vermögensverwaltende Betriebsstätte kippt.

Aufgrund der Rechtsprechung zur Gewerblichkeit in der Bundesrepublik ist wohl davon auszugehen, dass auch nur eine von untergeordneter Bedeutung bestehende betriebliche gewerbliche Betätigung zu einer **Infizierung der gesamten Einkünfte** der Personengesellschaft führt. Somit würden grundsätzlich sämtliche Einkünfte dem Betriebsstättenvorbehalt unterliegen, soweit sie tatsächlich der Betriebsstätte wirtschaftlich zuzurechnen sind. Würde somit eine Betriebsstätte bejaht, müsste im nächsten Schritt geprüft werden, ob alle in dem entsprechenden Staat realisierten Einkünfte der Betriebsstätte zuzurechnen sind und nur insoweit eine Berücksichtigung im Rahmen der Betriebsstättenbesteuerung und der **Freistellung im Sitzstaat** der Gesellschafter vorgenommen werden kann. Eine wirtschaftliche Zugehörigkeit von neutralen Wirtschaftsgütern ist m. E. immer dann gegeben, wenn die den Zins- oder Dividendenerträgen zugrunde liegenden Vermögenswerte in der Betriebsstätte selber geschaffen wurden, denn dann kann nicht unterstellt werden, dass entsprechend von außen Kapital nur zur Erzielung von Einkünften in die Betriebsstätte überführt worden ist. In diesen Fällen wären auch die Zinserträge als Betriebsstätteneinkünfte i. S. des Art. 7 zu erfassen. Ob jedoch hierdurch eine **gewünschte Freistellung im Inland** erreicht werden kann, hängt davon ab, inwieweit das in Rede stehende Doppelbesteuerungsabkommen eine Freistellungsklausel unter Aktivitätsvorbehalt enthält. Ist eine solche Aktivitätsklausel enthalten, würde das für den Steuerpflichtigen bedeuten, dass ungeachtet der Zugehörigkeit zur Betriebsstätte die Doppelbesteuerung für diese Einkünfte, die als passive Einkünfte i. S. des DBA (zumeist analog zu den Regelungen des § 8 AStG) anzusehen sind, nur im Wege der Anrechnung der im Ausland gezahlten Steuern vorgenommen würde, sodass eine Hinaufschleusung auf das deutsche Steuerniveau die Folge wäre. Da unter Anwendung der Aktivitätsklausel keinerlei Angaben darüber enthalten sind, ob jede Form von Zins- und Dividendeneinkünften unabhängig von ihrer Bedeutung für die Gesamterträge der Betriebsstätte als die Freistellung verweigernde passive Einkünfte angesehen werden müssen, könnte man die Meinung vertreten, dass für diese Einkünfte stets nur die Anrechnung der ausländischen Steuern gilt.

Nach unserem Verständnis der DBA kann dies nicht gemeint sein, sodass tatsächlich Zinserträge, die in einem engen wirtschaftlichen und funktionalen Zusammenhang mit der Betätigung der Betriebsstätte stehen, ebenfalls unter die Freistellungsklausel des Betriebsstättenvorbehaltes fallen, sofern sie einen bestimmten Betrag nicht übersteigen. Die Bestimmung der Grenze, wann – isoliert betrachtet – passive Einkünfte noch als aktive Einkünfte zu qualifizieren sind aufgrund ihrer Einbindung in die Betriebsstätteneinkünfte, ist bisher weder in Rechtsprechung noch Kommentierung deutlich gemacht worden. Meines Erachtens können Anhaltspunkte zum Beispiel die Regelungen zu den Nebenerträgen i. S. des § 7 AStG sein, wobei hierzu mindestens eine sichere Untergrenze als gegeben angesehen werden kann. Anders als das AStG erfolgt für DBA-Zwecke keine Aufteilung der Betriebsstätteneinkünfte in „freigestellte Einkünfte“ und „Anrechnungseinkünfte“, sodass größerer Raum für Gestaltungen gegeben ist. Eine aggressivere Sichtweise wäre nur auf das Überwiegen der aktiven Tätigkeit abzustellen, die allerdings durch die meisten DBA gedeckt wäre.

Die Frage, ob eine gewerblich geprägte Personengesellschaft gem. § 15 Abs. 3 EStG, die eine vermögensverwaltende Tätigkeit ausübt, als Betriebsstätte i. S. des Art. 5 zu behandeln ist, kann m. E. mit folgender Begründung aber auch bejaht werden:

Die Betriebsstättendefinition besagt, dass es sich um eine feste Geschäftseinrichtung handeln muss, die dem Unternehmen dient. Die Betriebsstätte kann nur dann einem Unternehmen dienen, wenn die Tätigkeit, die die gewerblich geprägte Personengesellschaft ausübt, als Unternehmenstätigkeit i. S. des Art. 7 qualifiziert wird. Da es, wie bereits oben ausgeführt, an einer eindeutigen Definition der Frage, was unter Unternehmen bzw. unter einer Unternehmenstätigkeit zu verstehen ist, fehlt, ist auf innerstaatliches – hier deutsches – Steuerrecht abzustellen. Wenn also auf die innerstaatlichen Regelungen und damit auf § 15 Abs. 3 EStG abgestellt werden muss, bedeutet dies, dass unabhängig von der Vornahme eine Unternehmenstätigkeit in Form einer gewerblichen Betätigung bereits dann gegeben ist, wenn die Voraussetzungen des § 15 Abs. 3 EStG erfüllt sind. Insofern kommt es anders als bei der Frage einer gewerblichen Tätigkeit i. S. des § 15 Abs. 2 EStG nicht darauf an, ob neben den positiv zu erfüllenden Tatbestandsvoraussetzungen einer gewerblichen Betätigung auch die negativen Abgrenzungskriterien, hier vor allem die Abgrenzung zur Vermögensverwaltung, erfüllt sind. Unterstützt wird diese Auffassung dadurch, dass – wenn man das Erfordernis einer gewerblichen Betätigung für die Gleichsetzung einer Personengesellschaft mit einem Unternehmen fordern würde – eine Aktivitätsklausel, wie sie die meisten DBA hinsichtlich der Freistellung vorsehen, weitgehend ins Leere laufen würde. Werden Einkünfte einer vermögensverwaltenden gewerblich geprägten Betriebsstätte im anderen Staat erzielt, so gilt grundsätzlich, dass der Betriebsstättenstaat das Besteuerungsrecht hat. Die Vermeidung der Doppelbesteuerung erfolgt jedoch nicht zwingenderweise durch die Freistellung der im Ausland erzielten Einkünfte, sondern aufgrund der in den meisten DBA enthaltenen Aktivitätsklausel nur im Wege der Anrechnung, sodass die oben skizzierte Steuergestaltung zur Sicherstellung der Besteuerung der Einkünfte mit niedrigerem ausländischen Steuerniveau nicht erlangt werden kann. Eine abschließende Beurteilung der zutreffenden Sichtweise kann jedoch derzeit nicht gegeben werden.[227]

227 Krabbe, H., IWB, Fach 3 Deutschland, Gr. 2, S. 863.

2.6.2 Besteuerung der Einkünfte eines Mitunternehmers und die Behandlung von „Sondervergütungen"

Folgt man dem vorherrschenden Betriebsstättenprinzip, dann unterhält der jeweilige Mitunternehmer/Gesellschafter im Domizilstaat der Personengesellschaft eine Betriebsstätte. Bei natürlichen Personen und Kapitalgesellschaften wird dies so behandelt, als wenn ein Unternehmen im anderen Vertragsstaat eine Betriebsstätte unterhält. Die hierbei anzuwendenden Gewinnabgrenzungen des Art. 7 OECD-MA sind zu beachten. Die Behandlung als Betriebsstätte setzt voraus, dass die ausländische Personengesellschaft die Voraussetzungen einer Betriebsstätte i. S. des Art. 5 OECD-MA erfüllt. Vor allem ist entscheidend, dass die Personengesellschaft gewerblich tätig ist. Eine reine Vermögensverwaltung begründet keine Betriebsstätte. Gleiches gilt für eine land- und forstwirtschaftliche Tätigkeit, denn diese Einkünfte werden gem. Art. 6 MA als Einkünfte aus unbeweglichem Vermögen im Belegenheitsstaat besteuert. Sofern es sich um Einkünfte aus einer freiberuflichen Tätigkeit handelt, erfolgt die Besteuerung im Arbeitsortstaat bzw. nach den zu diesem Einkunftsartikel ergangenen Besteuerungsregeln.

Bei der geforderten Übereinstimmung der Subjektqualifikation ergeben sich Probleme bei den schuldrechtlichen Vertragsbeziehungen zwischen Gesellschaft und Gesellschaftern, denn ein Qualifikationskonflikt entsteht immer dann, wenn beide Vertragsstaaten die aus diesen Vertragsbeziehungen resultierenden Einkünfte nach anderen Artikeln besteuern. Die meisten deutschen DBA sehen für diese Fälle keine einvernehmliche Regelung vor, sodass eine Beurteilung nach innerstaatlichem Recht erfolgt. Die Sondervergütungen werden aus deutscher nationaler Sicht als Einkünfte aus Gewerbebetrieb gem. § 15 Abs. 1 Nr. 2 EStG qualifiziert.[228]

Eine Besonderheit des Mitunternehmerkonzeptes nach deutschem Steuerrecht ist das Vorliegen von Sondervergütungen, die gezahlt werden für Leistungen, die der Gesellschafter im Zusammenhang mit „seiner" Personengesellschaft dieser gegenüber erbringt. Sondervergütungen sind nach nationalem deutschen Steuerrecht Einkünfte aus Gewerbebetrieb gem. § 15 Abs. 1 Satz 1 Nr. 2 EStG, doch wird diese Qualifikation nicht zwangsläufig für das Abkommensrecht übernommen. Vielmehr sind Fälle denkbar, bei denen ein Vertragsstaat die Sondervergütungen als Bestandteil der Unternehmensgewinne den Betriebsstättengewinnen zuweist und der andere Staat eine hiervon gesonderte Einkunftsqualifikation mit abweichenden Besteuerungsrechten als gegeben ansieht. Folgendes Beispiel soll dies verdeutlichen:

Die natürliche Person A ist in Deutschland ansässig und gleichzeitig Gesellschafter einer US-amerikanischen Partnership, die nach dem Rechtstypenvergleich als Personengesellschaft anzusehen ist. Neben dem Gesellschaftsverhältnis besteht zwischen dem Gesellschafter A und „seiner" Personengesellschaft ein Darlehensver-

228 Auf die zahlreichen Qualifikationsprobleme und die unterschiedlichen Lösungsansätze weist beispielhaft auch Schmidt, Chr., IStR 1996, S. 213 ff., hin.

trag, nach dem der A der Personengesellschaft ein Darlehen gewährt. Streitig ist nun, wie empfangene Zinsen für dieses Darlehen nach dem Abkommensrecht zu qualifizieren sind und wem das Besteuerungsrecht zusteht.

Nach nationalem deutschen Steuerrecht handelt es sich unstreitig um Einkünfte i. S. des § 15 Abs. 1 Satz 1 Nr. 2 EStG, die auch abkommensrechtlich als Unternehmensgewinne i. S. des Art. 7 DBA-USA zu behandeln sind. Deutschland wird daher das Besteuerungsrecht den USA zuweisen und sie von der deutschen Besteuerung freistellen, da es sich insoweit um Betriebsstätteneinkünfte handelt. Die US-amerikanische Finanzverwaltung folgt allerdings der Zuordnung der Zinsen zu Art. 11 Abs. 1 DBA-USA, sodass die Einkünfte nicht in den USA, sondern ausschließlich in Deutschland zu besteuern sind. Die Bundesrepublik Deutschland hat das Besteuerungsrecht für die Einkünfte nach Abkommensrecht, da die Qualifizierung des Quellenstaates für die Zuweisung des Besteuerungsrechtes nach herrschender Meinung entscheidend ist. Deutschland ist jedoch keineswegs an die Einkunftsqualifikation nach Abkommensrecht gebunden, sondern kann die Einkünfte nach deutschem Steuerrecht als gewerbliche Einkünfte i. S. des § 15 Abs. 1 Satz 1 Nr. 2 EStG einstufen und entsprechend besteuern.[229]

Das OECD-MA sieht vor, dass die Zinsen aus der Gewährung eines Darlehens eines Gesellschafters an „seine“ Personengesellschaft nicht zu den Unternehmensgewinnen nach Art. 7, sondern zu den Zinseinkünften nach Art. 11 zu zählen sind. Entsprechendes gilt für Lizenzgebühren, die nach Art. 12 OECD-MA zu behandeln sind. Wird der Gesellschafter in seiner Eigenschaft als Freiberufler für „seine“ Personengesellschaft tätig, ist in der Vergangenheit eine Zuordnung zu Art. 14 OECD-MA erfolgt, die nach Wegfall des Art. 14 nun zu einer Zuordnung zu den Unternehmensgewinnen nach Art. 7 OECD-MA führt. Letztere sieht jedoch nur dann eine Besteuerung im Quellenstaat vor, wenn der Gesellschafter selbst eine Betriebsstätte unterhält, die unabhängig von der ihm anteilig zuzurechnenden Betriebsstätte der Personengesellschaft sein muss.[230]

Eine Erfassung als Unternehmensgewinne ist nach Auffassung der deutschen Finanzverwaltung[231] nur dann möglich, wenn das den Einkünften zugrunde liegende Vermögen der Betriebsstätte tatsächlich zuzuordnen ist. Entgegen der Auffassung der Finanzverwaltung, die eine Zugehörigkeit zum Betriebsstättenvermögen als Regel ansieht, betrachtet der BFH eine solche Konstellation als Ausnahmeerscheinung.[232] Der BFH stellt unter Bezugnahme auf das DBA-USA fest, dass es regelmäßig darauf ankomme, dass nicht nur die tatsächliche Zugehörigkeit gegeben sein müsse, sondern auch die zivilrechtliche, die regelmäßig bei Sonderbetriebsver-

229 Siehe in diesem Zusammenhang auch die BFH-Entscheidungen vom 27.02.1991, BStBl 1991 II S. 444, sowie vom 31.05.1995, BStBl 1995 II S. 683, und die Ausführungen von Krabbe, H., IWB, Fach 3 Deutschland, Gr. 2, S. 863, sowie von Strahl, M., KÖSDI 2001, S. 12956 ff.

230 Siehe das BFH-Urteil vom 21.07.1999 I R 71/98, BStBl 2000 II S. 336.

231 Tz. 1.2.3 Betriebsstätten-Erlass vom 24.12.1999, BStBl 1999 I S. 1076.

232 Vgl. BFH-Urteil vom 27.02.1991 I R 15/89, BStBl 1991 II S. 444.

mögen nicht gegeben ist. Nicht die Personengesellschaft, sondern der Gesellschafter ist weiterhin zivilrechtlicher Eigentümer der überlassenen Vermögensgegenstände.[233]

2.6.3 Gewinnermittlung der Personengesellschaft

Handelt es sich um eine inländische Personengesellschaft, ergibt sich die Pflicht zur Führung von Büchern nach §§ 238 ff. HGB sowie § 5 Abs. 1 EStG. Hiermit ist grundsätzlich die Möglichkeit geschaffen, eine direkte Gewinnermittlung und -abgrenzung vorzunehmen. Grundsätzlich finden die Grundsätze der Gewinnabgrenzung von Betriebsstätten auch bei Personengesellschaften Anwendung. Zwei Aussagen des BMF-Schreibens vom 24.12.1999, dem sog. Betriebsstättenerlass, sind allerdings hervorzuheben. Zum einen ist eine Übertragung von Wirtschaftsgütern zwischen dem Vermögen des Gesellschafters und dem Gesamthandsvermögen der Personengesellschaft nicht ohne sofortige Aufdeckung der stillen Reserven zulässig, da es im Gegensatz zu den tatsächlichen Betriebsstättenfällen zu einem Rechtsträgerwechsel kommt, der auch nach nationalem deutschen Steuerrecht grundsätzlich nicht steuerneutral möglich ist. Wenngleich diese Aussage bei Übertragung in das Gesamthandsvermögen zutreffend ist, muss kritisch angemerkt werden, dass eine Begünstigung auch in den Fällen nicht gewährt wird, in denen eine Überführung vom Betriebsvermögen des Mitunternehmers in „sein" Sonderbetriebsvermögen bei der Personengesellschaft vorgenommen wird, da es hierbei nicht zu einem Rechtsträgerwechsel kommt.[234]

Die zweite wesentliche Aussage der deutschen Finanzverwaltung ist, dass beim Erwerb von Anteilen an Personengesellschaften die Eigenkapitalausstattung nach dem Erwerb nicht willkürlich zu Lasten der Betriebsstätte verringert werden kann, da die bisherige Dotation durch die Altgesellschafter als betriebsnotwendiger Vergleichsmaßstab anzusehen ist. Die im BMF-Schreiben vorgenommene Beschränkung auf Anteile an inländischen Personengesellschaften und deren Erwerb durch beschränkt Steuerpflichtige erscheint m. E. falsch zu sein, da es sich um einen objektiven Maßstab handelt, der sich einer unterschiedlichen Würdigung in In- und Outboundfälle entzieht.

3 Einkünfte aus Dividenden gem. Art. 10 OECD-MA

Artikel 10 OECD-MA regelt die Besteuerung von Dividenden, die eine in einem Vertragsstaat ansässige Person aus dem anderen Vertragsstaat bezieht. Das Besteue-

233 BFH-Urteil vom 27.02.1991 I R 15/89, BStBl 1991 II S. 444.
234 Vgl. Strunk/Kaminski, IStR 2000, S. 41.

rungsrecht für die Dividendeneinkünfte steht grundsätzlich beiden Vertragsstaaten zu, wobei jedoch das Besteuerungsrecht des Quellenstaates in seiner Höhe beschränkt ist.

3.1 Definition von Einkünften aus Dividenden

Was unter **Dividenden** zu verstehen ist, bestimmt sich nach Art. 10 Abs. 3 OECD-MA. Hierunter werden Gewinnausschüttungen von Aktiengesellschaften, KGaA, GmbH oder anderen Kapitalgesellschaft an die Gesellschafter verstanden. Unter den Dividendenartikel fallen regelmäßig auch Liquidationserlöse, sodass auf diese nach dem Recht des Quellenstaates KapESt erhoben wird. Insoweit ist die im Einzelfall gegebene Gestaltungsalternative Liquidation oder Verkauf der Kapitalgesellschaftsbeteiligung vor dem Hintergrund des möglicherweise gegebenen Definitivcharakters der Kapitalgesellschaft aufgrund des Verkaufs zu entscheiden. In Abgrenzung zu den Personengesellschaften und der Gewinnauszahlung an die Gesellschafter ist eine Kapitalgesellschaft ungeachtet ihrer Bezeichnung dann anzunehmen, wenn die Mitgliedschaft auf die reine Kapitalbeteiligung und nicht auf die persönliche Mitarbeit der Gesellschafter zugeschnitten ist und eine eigene Rechtspersönlichkeit beinhaltet.

Der Dividendenbegriff der meisten deutschen Abkommen schließt explizit die Einkünfte eines **stillen Gesellschafters aus seiner Beteiligung** ein. Hierbei ist es nach Auffassung des BFH unerheblich, ob die stille Beteiligung an einer Kapital- oder Personengesellschaft besteht.[235] Gemeint sind aus deutscher Sicht jedoch nur typische stille Gesellschaftsbeteiligungen, da atypische Beteiligungen nach dem deutschen Mitunternehmerkonzept als Einkünfte aus Gewerbebetrieb bzw. Unternehmenstätigkeit behandelt würden. Die Abgrenzung zwischen Einnahmen aus stillen Beteiligungen und solchen aus partiarischen Darlehen ist abkommensrechtlich im Gegensatz zum nationalen Steuerrecht von besonderer Bedeutung. Während nach deutschem Steuerrecht gem. § 20 Abs. 1 Nr. 4 EStG Einnahmen aus partiarischen Darlehen und Einnahmen aus einer typisch stillen Beteiligung gleichgestellt werden, erfolgt abkommensrechtlich eine unterschiedliche Behandlung. Die Einnahmen aus einer stillen Beteiligung gelten als Gewinnausschüttung i. S. des Art. 10 OECD-MA, während die Einnahmen aus partiarischen Darlehen als Zinsen i. S. des Art. 11 OECD-MA qualifiziert werden.[236] Einnahmen aus **Genussrechten** werden abkommensrechtlich, aber auch nach innerdeutschem Steuerrecht, als Dividenden angesehen und besteuert, sofern der Genussschein eine Beteiligung am Gewinn und am Liquidationserlös der Gesellschaft vermittelt. Einnahmen aus Genussrechten, die diese Rechte nicht verbriefen, begründen keine Einnahmen aus Dividenden, sondern Einnahmen aus Zinsen gem. Art. 11 OECD-MA oder ggf. als sonstige Einnahmen

235 BFH vom 27.01.1982 I R 5/78, BStBl 1982 II S. 374.
236 Siehe BMF-Schreiben vom 16.11.1987, IV C 5 – S 1300 – 331/87, BStBl 1987 I S. 740.

i. S. des Art. 21 OECD-MA.[237] Demgegenüber begründen **Zahlungen von Stiftungen an ihre Destinäre** keine Dividenden, vielmehr handelt es sich sowohl abkommensrechtlich als auch nach nationalem deutschem Steuerrecht um sonstige Einkünfte, deren Besteuerungsrecht ausschließlich dem Sitzstaat zusteht. **Gratisanteile,** also Gesellschaftsanteile, die den Gesellschaftern von der Gesellschaft aufgrund einer Kapitalerhöhung aus Gesellschaftsmitteln ausgegeben werden, sind i. d. R. gem. § 1 KapErhStG von der deutschen Besteuerung ausgenommen. Lediglich in den Fällen, in denen die Gewinne zunächst ausgeschüttet werden und dann wieder eingelegt werden, oder in den Fällen, in denen die Kapitalerhöhung aus Gesellschaftsmitteln gegen die handelsrechtlichen Regelungen verstoßen hat, ist von einer Gewinnausschüttung auszugehen, die der Besteuerung gem. Art. 10 OECD-MA und § 20 Abs. 1 EStG unterliegt. Es kann dem OECD-MA-Kommentar in Ziffer 28 nicht gefolgt werden, dass in der Gewährung dieser Gratisanteile eine Dividende gesehen werden muss.

Somit zählen auch vGA zu den Dividenden, wobei es jedoch i. d. R. schwierig sein wird, eine zeitgerechte Erfassung vorzunehmen. Trotz der missverständlichen Formulierung im Musterabkommen, dass Dividenden gezahlt werden müssen, werden auch vGA erfasst, die in einer verhinderten Vermögensmehrung bei der Kapitalgesellschaft bestehen. Äußerlich abweichende, aber wirtschaftlich ähnliche Vorgänge, wie dies üblicherweise bei offenen und verdeckten Gewinnausschüttungen der Fall ist, sollen nicht unterschiedlich behandelt oder ausgegrenzt werden. Artikel 10 OECD-MA sieht lediglich ein beschränktes Besteuerungsrecht für den Quellenstaat in differenzierter Höhe von den Einnahmen vor.

- Die Quellensteuer darf 5 % des Bruttobetrages nicht überschreiten, wenn der Nutzungsberechtigte eine Kapitalgesellschaft ist, die zu mindestens 25 % am Kapital der ausschüttenden Gesellschaft beteiligt ist.
- In allen übrigen Fällen darf die Quellensteuer 15 % des Bruttobetrages nicht überschreiten (Streubesitzdividenden).

Im Ausnahmefall der Schachteldividenden hängt die Abkommensvergünstigung von der Einhaltung bzw. Erfüllung bestimmter Kriterien ab:

(1) Dividendenempfänger ist eine Gesellschaft, jedoch nicht eine Personengesellschaft. Dies gilt in den Fällen nicht, in denen im Abkommen den Personengesellschaften eine eigenständige Subjekteigenschaft zugewiesen wird. Hält jedoch der Sitzstaat an der Behandlung als Personengesellschaft fest, würde die DBA-Regelung des Art. 10 Abs. 2 eine ungerechtfertigte Benachteiligung begründen, da es dann zu einer Doppelbesteuerung kommen würde.

(2) Der Dividendenempfänger muss mit mindestens 25 % am Kapital der die Dividenden auszahlenden Gesellschaft unmittelbar beteiligt sein. Auf eine Fest-

237 Zur Beurteilung der Genussrechte i. S. des DBA-Großbritannien siehe FG Köln vom 23.05.1996, 2 K 2536/94, EFG 1996, 836 (rkr.).

legung einer Mindesthaltedauer, wie sie aus dem deutschen Steuerrecht bekannt ist, wurde aus Praktikabilitätsgründen im Musterabkommen verzichtet. Aber auch die deutsche Abkommenspraxis verzichtet auf die Festlegung der Mindesthaltedauer von zwölf Monaten.

Die neuere Abkommenspraxis setzt eine **Mindestbeteiligung** von 10 % voraus. Auch bei den älteren DBA, bei denen eine 25 %ige Mindestbeteiligung gefordert ist, wird diese Vergünstigung aufgrund § 8 b Abs. 5 KStG gewährt. Die Anwendung des niedrigeren Beteiligungsansatzes auch in den DBA-Fällen, in denen eine andere Mindestbeteiligung gefordert ist, ergibt sich nicht zwangsläufig. Ein DBA ist aufgrund des völkerrechtlichen und innerstaatlichen Status durchaus in der Lage, neue Steuerpflichten zu begründen, doch entspricht es nicht dem Zweck von DBA, neue Besteuerungspflichten zu begründen; vielmehr sollen im Wesentlichen bestehende Steueransprüche zugeteilt werden. Aus diesem Gedanken heraus ergibt sich, dass die schon national geltende, begünstigende Vorschrift auch für grenzüberschreitende Sachverhalte Geltung entfalten soll.[238]

Bezugsgröße für die erforderliche Mindestbeteiligung von aus deutscher Sicht 10 % ist das Nominalkapital im gesellschaftsrechtlichen Sinne.[239] Eine Berücksichtigung von thesaurierten Gewinnen oder entstandenen Verlusten bei der Festlegung der Höhe des Kapitals kommt somit nicht zum Tragen. In der Gliederungsrechnung des verwendbaren Eigenkapitals lt. KStG würde man vom nicht verwendbaren Eigenkapital sprechen, also ohne Bilanzgewinn und Rücklagen jeder Art.

Gesellschaftsanteile, die mit unterschiedlichen Rechten ausgestattet sind, wie z. B. in Form von Vorzugs- oder jungen Aktien, die aber nicht alle Rechte eines Anteilseigners begründen, haben keinerlei Einfluss auf die Beteiligungshöhe.

Die Vergünstigung für den Dividendenempfänger besteht nicht nur in einem auf 5 % begrenzten Quellensteuerrecht, sondern auch in einer Freistellung dieser Einkünfte im Sitzstaat des Dividendenempfängers, wobei jedoch bestimmte Voraussetzungen wie die Aktivitätsklausel eingehalten werden müssen.

Die Freistellung der Schachteldividenden hat in der Vergangenheit – auch in der deutschen Abkommenspraxis – immer wieder zu Problemen geführt (Beispiel: DBA-Irland oder DBA-USA 1954). Im neueren Abkommensrecht wird daher eine Steuerfreistellung nur noch dann gewährt, wenn die ausländische Kapitalgesellschaft aktive Tätigkeiten ausübt bzw. ausgeübt hat. Anhaltspunkt bei den deutschen DBA für die Bestimmung der aktiven Tätigkeit ist der Katalog des § 8 AStG, doch sind die Regelungen in den DBA zumeist weiter gefasst (Beispiele: Einkünfte aus Vermögensverwaltung und Ausleihungen).

Von der Schachtelvergünstigung sind somit Steuerpflichtige ausgeschlossen, die als Kapitalgesellschaft entweder weniger als 10 % der Anteile direkt halten oder einen

238 Portner, in: B/H/G/K, a. a. O., Rz. 73 zu Art. 10.
239 Art. 10 Nr. 15 a OECD-Musterkommentar.

höheren Anteilsbetrag nicht unmittelbar halten, und solche, die keine Gesellschaft i. S. des Abkommens sind (alle Personengesellschaften und natürliche Personen). Meines Erachtens ist die Forderung nach unmittelbarer Beteiligung im Abkommensrecht nicht sachgerecht. Vor allem das Halten der Beteiligung über eine Personengesellschaft kann nicht schädlich sein, da unabhängig von der zivilrechtlichen Zurechnung der Beteiligung eine steuerliche Erfassung nur bei den Gesellschaftern der Personengesellschaft erfolgt.[240]

Artikel 10 OECD-MA enthält keinerlei Bestimmung darüber, wie die Besteuerung im Quellenstaat zu erfolgen hat. Es ist damit dem Quellenstaat unbenommen, ob er das Besteuerungsrecht im Wege des Abzugsverfahrens oder im Veranlagungswege durchführt.

3.2 Zinsen

Während das innerstaatliche deutsche Einkommensteuerrecht grundsätzlich die Zinsen und Dividenden zu den Einkünften aus Kapitalvermögen gem. § 20 EStG zählt, ist für das Abkommensrecht eine hinsichtlich der Besteuerungsfolgen wichtige Unterscheidung in Art.-10- oder Art.-11-Einkünfte vorzunehmen. Gemäß Art. 11 Abs. 3 OECD-MA sind Zinsen solche Einkünfte aus Forderungen jeder Art. Beispiele sind Einkünfte aus öffentlichen Anleihen und aus Obligationen einschließlich der damit verbundenen Aufgelder.

Die Quelle der Zinsen bestimmt sich nach dem Ort der Ansässigkeit des Schuldners. Im Rahmen der deutschen Abkommenspraxis kommt es zu keiner Besteuerung im Quellenstaat, sondern nur im Ansässigkeitsstaat des Gläubigers der Kapitalforderung. Wegen der unterschiedlichen Besteuerungsfolgen zwischen Dividenden auf der einen Seite und Zinsen auf der anderen Seite ist die Abgrenzung von großer Bedeutung und bedarf einer exakten Prüfung im Einzelfall.

4 Einkünfte aus Zinsen (Art. 11 OECD-MA)

Gemäß Art. 11 des OECD-MA werden Zinsen als gesonderte Einkunftsart des Musterabkommens erfasst. Da, wie im Folgenden noch zu zeigen sein wird, sich die Besteuerungsfolgen hinsichtlich der Einkunftsqualifizierung erheblich unterscheiden, ist vor allem eine Abgrenzung der Zinsen zu den zuvor behandelten Dividenden sowie zu den noch zu behandelnden Lizenzen von besonderer Bedeutung. Während das innerstaatliche deutsche Einkommensteuerrecht grundsätzlich die Zinsen

240 Hinsichtlich der Problematik der Unmittelbarkeit der Beteiligung siehe auch die Ausführungen zu § 8 a KStG und § 8 b KStG im ersten Teil dieses Buches.

und Dividenden zu den Einkünften aus Kapitalvermögen gem. § 20 EStG zählt, ist für den Bereich der Doppelbesteuerungsabkommen eine gesonderte Behandlung vorzunehmen. Begründet wird diese getrennte Erfassung u. a. damit, dass eine kapitalmäßige Beteiligung an einer Kapitalgesellschaft in Form der Zuführung von Eigenkapital eine andere wirtschaftlich und somit auch steuerlich zu behandelnde Bedeutung hat als die bloße Zurverfügungstellung von Kapital gegen einen fest vereinbarten Zins während der Nutzungsüberlassung. Wie bereits oben gezeigt, sind vor allem hinsichtlich sog. Schachteldividenden besondere Besteuerungsrechte und Zuweisungen vereinbart, die dem Gedanken der Wettbewerbsneutralität folgen sollen. Grundgedanke hierbei ist, dass ein Anteilseigner, der sich in einem maßgebenden Umfang (in den alten DBA 25 %, heute aus deutscher Sicht nur noch 10 % Beteiligung) beteiligt, ähnlich gestellt werden sollte hinsichtlich der Besteuerung wie ein Steuerpflichtiger, der im Wege einer Betriebsstätte oder durch Beteiligung an einer Personengesellschaft im anderen Staat nur mit dem dortigen Steuersatz belastet ist. Diese Wettbewerbsüberlegungen hinsichtlich der Maßnahmen zur Vermeidung der Doppelbesteuerung (bei den Schachteldividenden somit eine Freistellung der Dividenden im Sitzstaat des Anteilseigners) sind bei Zinsen nach einhelliger Auffassung nicht auszumachen. Vielmehr sieht der deutsche Gesetzgeber, unterstützt durch die deutsche Finanzverwaltung, die Zinseinkünfte als einen grundsätzlich sehr sensiblen Bereich an. Da Kapital auf dem derzeitigen international vernetzten Kapitalmarkt jederzeit von einer Steuerhoheit in eine andere transferiert werden kann, ohne dass hierbei dem Anleger nennenswerte Zinsverluste entstehen, ist es nach Auffassung der deutschen Finanzverwaltung und des deutschen Gesetzgebers erforderlich, dem Quellenstaat, also dem Staat, aus dem die Zinsen stammen, nur ein beschränktes Besteuerungsrecht hinsichtlich der Zinseinkünfte einzuräumen und eine vollständige Besteuerung nur im Sitzstaat des Zinsempfängers zu ermöglichen, wobei die Vermeidung der Doppelbesteuerung durch die Anrechnung der im Ausland gezahlten Quellensteuern im Sitzstaat erreicht werden soll. Außerdem besteht bei refinanzierten Kapitalinvestments, bei denen Zinsen erzielt werden, das Problem, dass die Einkünfte durch den Quellensteuerabzug im Quellenstaat bereits den gesamten Steuerertrag erfasst haben und für den Ansässigkeitsstaat kein Besteuerungssubstrat verbleibt.

4.1 Definition von Zinsen und Abgrenzung zu anderen Einkunftsarten

Art. 11 Abs. 3 des OECD-MA umschreibt Zinsen als solche Einkünfte aus Forderungen jeder Art,[241] auch wenn die Forderungen durch Pfandrechte an Grundstücken gesichert oder mit einer Beteiligung am Gewinn des Schuldners ausgestattet sind. Im zweiten Halbsatz des Art. 11 Abs. 3 wird beispielhaft ausgeführt, dass es sich

241 BFH vom 27.02.1991, BStBl 1991 II S. 444, sowie BFH vom 08.04.1986, BStBl 1986 II S. 557.

hierbei insbesondere um Einkünfte aus öffentlichen Anleihen und aus Obligationen einschließlich der damit verbundenen Aufgelder handelt. Auf eine Verweisung hinsichtlich der Qualifizierung als Forderung auf das innerstaatliche Recht des Quellenstaates, welche im Musterabkommen von 1963 noch enthalten war, wurde im Musterabkommen 2000 verzichtet, da die jetzt gewählte Definition „Forderungen aller Art“ alle denkbaren Einkunftsarten umfasst, die nach dem innerstaatlichen Recht der verschiedenen Staaten als Zinsen gelten können. Der Ausdruck **„Forderungen aller Art“**[242] umfasst selbstverständlich Bareinlagen bei Banken und Kreditinstituten, aber auch bei Privatpersonen und Unternehmen. Erträge aus Schuldverschreibungen (Obligationen) rechnen in der Abkommensterminologie auch zu den Zinsen. Dies ist selbst dann der Fall, wenn es sich um Gewinnobligationen oder Wandelschuldverschreibungen handelt. In Abgrenzung zu der Einkunftsart „Dividenden“ sind Gewinnbeteiligungen nur dann unschädlich für die Annahme von Zinseinkünften, soweit die Gewinnbeteiligung nicht auf einer dem Unternehmerrisiko unterliegenden Einlage beruht. Besondere Probleme ergeben sich somit vor allem im Zusammenhang mit sog. **„Genussscheinkapital“**, also solchen Finanzierungsformen, die allgemein als hybride Finanzierungsinstrumente bezeichnet werden.[243] Diesen hybriden Finanzierungsinstrumenten ist zu eigen, dass sie sowohl hinsichtlich ihres Risikos des Verlustes des Kapitals Fremdkapitalstatus haben, gleichzeitig aber auch neben einer Festverzinsung eine darüber hinausgehende variable Verzinsung in Abhängigkeit von dem Gewinnergebnis des Gläubigers beinhalten. Zusammenfassend lässt sich somit sagen, dass Zinsen nur solche Entgelte sind, die gewährt werden für die Überlassung von Kapital zur Nutzung und Rückzahlung. Nicht dagegen um solche Einkünfte, die aus einer Kapitalüberlassung hervorgehen, bei der der Gläubiger ein Unternehmerrisiko übernimmt. Insofern unterscheiden sich die Einkünfte nach Art. 11 OECD-MA von den Unternehmensgewinnen (Art. 7 OECD-MA). Die reine Beschränkung des möglichen Totalverlustes des überlassenen Kapitals auf die Höhe der Einlage schließt jedoch noch nicht Einkünfte aus Unternehmensgewinnen aus, wie das Beispiel des Kommanditisten einer Kommanditgesellschaft zeigt. Einer Differenzierung zwischen einem üblichen Gläubigerrisiko, also dem Risiko des Forderungsausfalls durch Zahlungsunfähigkeit des Schuldners, steht das Unternehmerrisiko bei Gewinneinkunftsarten entgegen. Für die Annahme von Gewinneinkünften reicht es jedoch auch nicht aus, dass dem Gläubiger aufgrund der Variabilität der Zinsen ein Unternehmerrisiko nicht abgesprochen werden kann.[244]

Besonders problematisch wird die Abgrenzung bei den bereits oben genannten Genussscheinen, den Einkünften aus einer stillen Gesellschaft, Einkünften aus partiarischen Darlehen sowie Einkünften aus der Überlassung von körperlichen Gegen-

242 Unerheblich ist, aufgrund welcher Rechtsgrundlage (gesetzlich oder vertraglich) die Forderung besteht; BFH vom 08.04.1986, BStBl 1986 II S. 557.

243 Vgl. Portner, in: B/H/G/K, a. a. O., Rz. 84 ff. zu Art 11.

244 Vgl. Wassermeyer, DBA-Kommentar, Rz. 87 zu Art. 11.

ständen (Miete). Durch die explizite Nennung der Genussscheine in Art. 10 Abs. 4 OECD-MA ist die Frage der Zuweisung der Einkünfte aus Genussscheinen im Abkommensrecht eindeutig geklärt, obwohl im deutschen Einkommen- und Körperschaftsteuerrecht durchaus eine Differenzierung hinsichtlich der Behandlung der „Gewinnausschüttungen" an die Genussscheininhaber als abzugsfähige Betriebsausgaben oder als nichtabzugsfähige Gewinnverwendungen vorgenommen wird.

4.1.1 Abgrenzung zu Einkünften eines stillen Gesellschafters

Hinsichtlich der stillen Gesellschaft sind die beiden steuerlichen Ausgestaltungsformen der atypischen bzw. typischen stillen Gesellschaft zu unterscheiden. Während nach der Qualifizierung nach deutschem Einkommensteuerrecht bei einer atypisch stillen Gesellschaft eine Innengesellschaft in Form einer Mitunternehmerschaft gegeben ist, handelt es sich bei einer typisch stillen Gesellschaft um ein weitgehendes Schuldner-Gläubiger-Verhältnis. Die atypisch stille Gesellschaft und die hieraus zu erzielenden Einkünfte sind somit als Einkünfte aus Unternehmensgewinnen gem. Art. 7 OECD-MA zu erfassen, sodass hier die entsprechende Freistellung der Betriebsstättengewinne vorgenommen werden muss. Einkünfte eines typisch stillen Gesellschafters werden nach deutschem innerstaatlichen Recht wie Zinsen behandelt (§ 20 Abs. 1 Nr. 4 EStG). Da dem typischen stillen Gesellschafter keine Anteile an den stillen Reserven und am Geschäftswert zustehen, wird ihm nach deutschem Steuerrecht die Mitunternehmerstellung, also das Vorliegen der Mitunternehmerinitiative und des Mitunternehmerrisikos, versagt.[245]

Fraglich ist in diesem Zusammenhang lediglich, ob der typisch stille Gesellschafter noch ein gewöhnliches Gläubigerrisiko trägt oder bereits ein Unternehmerrisiko, wenngleich eingeräumt werden kann, dass das Risiko des typisch stillen Gesellschafters regelmäßig größer sein wird als dasjenige, welches der partiarische Darlehensgläubiger trägt. Da der stille Gesellschafter regelmäßig nicht an den Verlusten des Handelsgeschäftes teilnimmt, ist, verglichen mit der Situation eines OHG-Gesellschafters oder KG-Gesellschafters, ein wesentlicher Unterschied hinsichtlich der Übernahme des Risikos auszumachen. Probleme entstehen grundsätzlich dann, wenn die Bundesrepublik Deutschland als Quellenstaat bei Vorliegen einer atypisch stillen Gesellschaft die Zahlungen des Handelsgewerbes an den atypisch stillen Gesellschafter bei dem Handelsgewerbe nicht als Betriebsausgabe zulässt, sondern im Rahmen einer einheitlich gesonderten Gewinnfeststellung dem atypisch stillen Gesellschafter die Zinseinnahmen als Sonderbetriebseinnahmen aus der Mitunternehmerschaft zurechnet. In diesen Fällen kommt es regelmäßig zu Qualifikationskonflikten, da der Sitzstaat des atypisch stillen Gesellschafters die Gewinnausschüttungen in Unkenntnis einer atypisch stillen Gesellschaft und deren steuerliche Rechtsfolgen als Einkünfte gem. Art. 11 Abs. 3 qualifiziert und somit für sich das

245 Vgl. Wassermeyer, DBA-Kommentar, Rz. 88 zu Art. 11.

unbeschränkte Steuerrecht reklamiert, während die Bundesrepublik Deutschland unter Hinweis auf Art. 7 i. V. m. Art. 5 OECD-MA ebenfalls ein unbeschränktes Besteuerungsrecht gem. § 49 Abs. 1 Nr. 2 EStG bei dem atypisch stillen Gesellschafter vornehmen wird. Diese **Qualifikationskonflikte** können m. E. nicht aufgrund des OECD-MA gelöst werden. Während im Musterabkommen von 1963, wie bereits oben ausgeführt, noch eine Vereinbarung enthalten war, nach der Zinsen auch dann entsprechend nach Art. 11 Abs. 3 zu qualifizieren sind, wenn diese Qualifizierung auch nach dem innerstaatlichen Steuerrecht des Quellenstaates vorgenommen wird, ist dies im derzeitig gültigen Musterabkommen nicht mehr enthalten. In der deutschen Abkommenspraxis werden Einnahmen aus stillen Gesellschaften ungeachtet der zutreffenden Einkunftsqualifizierung nach dem OECD-MA zu den Einkünften aus Art. 11 ganz überwiegend in die Dividendendefinition des Art. 10 Abs. 3 einbezogen. Beispielhaft sind die Abkommen mit Argentinien, Australien, China, Dänemark, Finnland, Griechenland, Großbritannien, Irland, Japan, Kanada, Neuseeland u. a.

Einkünfte aus einer atypisch stillen Gesellschafterstellung werden in einigen DBA explizit nicht zu den Dividendeneinkünften gezählt, sondern zu den Unternehmenseinkünften (siehe z. B. die DBA mit den Niederlanden, Marokko, Luxemburg, Norwegen, Spanien).

Beispiel für das Vorliegen eines Qualifikationskonfliktes:

Eine inländische natürliche Person ist an einer US-amerikanischen Kapitalgesellschaft gesellschaftsrechtlich beteiligt. Außerdem ist der Gesellschafter atypisch still an „seiner" Kapitalgesellschaft beteiligt. Gleichzeitig gewährt der Gesellschafter dieser Kapitalgesellschaft ein Darlehen und erzielt somit Dividendeneinnahmen entsprechend Art. 10 OECD-MA sowie Zinseinnahmen, die ausschließlich im Wohnsitzstaat besteuert werden dürfen. Für die deutsche Einkunftsqualifizierung handelt es sich bei den Zinseinnahmen aus dem atypischen stillen Gesellschaftsverhältnis um solche gem. § 15 EStG aus Gewerbebetrieb. Aus deutscher Sicht hätte daher eine Besteuerung im Betriebsstättenstaat (hier: den USA) vorgenommen werden müssen. Für eine Besteuerung in Deutschland ist nach strikter Anwendung des DBA kein Raum. Damit diese unterschiedliche Einkunftsqualifizierung nicht zu einer „Keinmal-Besteuerung" führt, sind im neuen DBA mit den USA entsprechende Vereinbarungen getroffen, dass das Besteuerungsrecht von Deutschland auch dann ausgeübt werden kann, wenn der andere Vertragsstaat, dem eigentlich das Besteuerungsrecht zusteht, dieses nicht wahrnimmt. Die Bundesrepublik Deutschland hat aufgrund der abkommensrechtlichen Qualifikation des Quellenstaates das Besteuerungsrecht zugewiesen bekommen. Obwohl das Besteuerungsrecht aufgrund der abkommensrechtlichen Qualifizierung als Zinseinkünfte erfolgt, ist Deutschland frei, die Einkünfte nach nationalem Steuerrecht als gewerbliche Einkünfte i. S. des § 15 Abs. 1 Satz 1 Nr. 2 Satz 1 zweiter Halbsatz EStG zu behandeln.[246]

246 BFH vom 31.05.1995 und die Anmerkung von Wassermeyer in IStR 1995, S. 438 ff.

4.1.2 Abgrenzung zu Einkünften aus einem partiarischen Darlehen

Als Zinsen i. S. des Art. 11 Abs. 3 sind die Erträge aus partiarischen Darlehen anzusehen sowie solche aus ähnlichen Gewinnbeteiligungen. Dies ist selbst in den Fällen so, in denen die entsprechenden Doppelbesteuerungsabkommen die Einkünfte aus einer stillen Beteiligung den Dividendeneinkünften gemäß Art. 10 Abs. 3 zuweisen. Ein besonderes Problem hinsichtlich der Abgrenzung zwischen Dividenden und Zinsen ergibt sich bei der sog. „Gesellschafterfremdfinanzierung" (Thin-capitalisation-rule). Aufgrund der unterschiedlichen innerstaatlichen Besteuerungsfolgen der Dividenden bzw. der Zinsen kann es für Gesellschafter einer im Ausland ansässigen Gesellschaft von Vorteil sein, dieser Gesellschaft anstelle von Eigenkapital, welches im Gewinnfall mit Dividenden bedient wird, mit Fremdkapital auszustatten und hierfür unabhängig von der Ertragssituation des Unternehmens Zinsen zu erlangen. Die Vorteile hierbei liegen darin, dass die Dividenden auf der Ebene der Kapitalgesellschaft das steuerpflichtige Einkommen der Gesellschaft nicht mindern dürfen, demgegenüber die Zinsen als sofort abzugsfähige Betriebsausgaben das zu versteuernde Einkommen dieser Gesellschaft mindern und damit eine niedrigere Besteuerung im Sitzstaat der Kapitalgesellschaft zur Folge haben. Hinsichtlich des Anteilseigners können bei einer so gewählten Konstruktion sowohl Dividenden i. S. des Art. 10 Abs. 3 als auch Zinsen i. S. des Art. 11 Abs. 3 OECD-MA entstehen. In der Bundesrepublik Deutschland ist dieses Problem durch die Einführung des § 8 a KStG seit dem VZ 1994 dahingehend geregelt worden, dass zugeführtes Fremdkapital und die darauf zu zahlenden Zinsen nicht mehr als Betriebsausgaben bei der deutschen Kapitalgesellschaft behandelt werden können, sofern der Darlehensgeber ein wesentlich beteiligter Gesellschafter ist. Ungeachtet dieser innerstaatlichen Umqualifizierung der Zinsen in Dividenden muss bezweifelt werden, ob eine derartig vorgenommene Umqualifizierung auch für Abkommenszwecke Anwendung findet. Meines Erachtens bleibt es vielmehr bei der Qualifizierung als Zinsen und damit bei einem unbeschränkten Besteuerungsrecht des Sitzstaates der Anteilseigner. Auch hierbei ist ein Qualifikationskonflikt wahrscheinlich, denn der Sitzstaat der Kapitalgesellschaft qualifiziert die Zahlung an den ausländischen Gesellschafter als Dividenden, erhebt darauf die für Dividenden zulässige und ggf. nach dem jeweiligen Doppelbesteuerungsabkommen vereinbarte, in ihrer Höhe reduzierte Kapitalertragsteuer. Der ausländische Staat nimmt sein Besteuerungsrecht in der Form wahr, dass er unabhängig vom Bestehen einer Schachtelbeteiligung des in seinem Staat ansässigen Anteilseigners eine Besteuerung in seinem Staat vornimmt und damit den Schachteldividenden eigentlich zustehenden Befreiungstatbestand im Sitzstaat der Anteilseigner für die Zinsen nicht einräumt, sondern diese nach den allgemeinen Regelungen besteuert. Probleme hinsichtlich der in Deutschland gezahlten Kapitalertragsteuer auf die nach dortigem Recht als Dividenden qualifizierten Einkünfte können sich m. E. formal ergeben, werden allerdings in aller Regel durch Verständigungsverfahren beseitigt. Anders würde sich die Situation nur dann darstellen, wenn auch nach dem Abkommensrecht eine Umqualifizierung des gewährten Fremdkapitals in verdecktes Nennkapital möglich und zulässig ist. Eine solche Umqualifizierung in verdecktes Nennkapital wäre nur dann möglich, wenn gem. Art. 9 OECD-MA, also nach den Grundsätzen des Fremdvergleichs, die Gewährung des Darlehens als verdeckte Kapitalzuführung des Gesellschafters zu beurteilen wäre. Das Doppelbesteuerungsabkommen mit den USA lässt in seiner Zinsdefinition die Worte „oder mit einer Beteiligung am Gewinn des Schuldners ausgestattet sind" fehlen. Hierdurch ist es möglich, gewinnabhängige Vergütungen innerstaatlich wie Dividenden zu besteuern und sie dadurch auch abkommensrechtlich der Dividendenbesteuerung zu unterwerfen. Somit hat man die Möglichkeit, auch die Zinsen für Gesellschafterfremdkapital unter bestimmten Voraussetzungen dem Dividendenartikel zuzuweisen.

4.1.3 Weitere Abgrenzungen

Zu den Zinsen zählen auch Aufgelder, Gewinne durch die Veräußerung oder Abtretung von auf- oder abgezinsten Schuldverschreibungen und ähnlichen Papieren sowie Stückzinsen. Hinsichtlich dieser Zinsen soll nach dem Doppelbesteuerungsabkommen dem jeweiligen Quellenstaat prozentual in Höhe des Bruttoentgeltes (Zinsbetrages) ein Quellensteuerrecht zustehen. Nicht zu den Zinsen zählen Mieten für die Überlassung körperlicher Wirtschaftsgüter, wobei jedoch einschränkend erwähnt werden muss, dass bei Leasingverträgen eine Umqualifizierung des in den Mieten (Leasingraten) enthaltenen Ertragsanteils auch abkommensrechtlich in Zinseinkünfte erfolgen kann.

Vergütungen für andere Leistungen als für die Kapitalüberlassung zählen somit nicht zu den Zinsen i. S. des Art. 11 Abs. 3. Zu den Zinsen zählen daher auch nicht Vergütungen für andere Leistungen oder für Nebenleistungen, die im Zusammenhang mit der Kapitalüberlassung stehen, wie dies zum Beispiel regelmäßig bei Avalprovisionen oder bei anderen Bankleistungen der Fall ist. Aufgrund der vertraglich bestehenden Möglichkeiten, auf die Inrechnungstellung von Bankleistungen zu verzichten und stattdessen den jeweils vereinbarten Zins höher zu wählen, ergibt sich die Überlegung, die Bankleistungen den Zinsen gleichzustellen. Dies ist u. a. im DBA-Brasilien[247] einseitig zugunsten Brasiliens vereinbart worden. Eine solche Gleichsetzung und Einbeziehung in den Zinsbegriff ist jedoch vor dem Hintergrund des Betriebsstättenvorbehaltes nicht unproblematisch und wurde in der Literatur immer wieder kritisiert.[248]

Im Gegensatz zum deutschen Steuerrecht im Verhältnis des § 20 (Einkünfte aus Kapitalvermögen) und § 21 (Einkünfte aus Vermietung und Verpachtung) EStG sieht das OECD-MA keinerlei Differenzierung für solche Zinsen vor, die grundpfandrechtlich gesichert sind. Sie zählen somit nicht zu den Einkünften aus unbe-

247 BStBl 1976 I S. 47.
248 Vgl. Vogel, K., a. a. O., Rz. 69 zu Art. 10.

weglichem Vermögen, sondern zu den Einkünften aus Zinsen mit der Folge, dass dem Belegenheitsstaat hinsichtlich der Zinseinkünfte nur ein beschränktes Steuerrecht, wie es auch die Bundesrepublik Deutschland in § 49 Abs. 1 Nr. 5 EStG vereinbart hat, zusteht. In der deutschen Abkommenspraxis bestehen lediglich hinsichtlich einiger weniger Abkommen (Ägypten, Niederlande, Norwegen) Regelungen, die die Zinsen aus grundpfandrechtlich gesicherten Forderungen den Einkünften aus unbeweglichem Vermögen zurechnen. Begründet wird die durchgängige Einstufung dieser Einkünfte zu denen aus Art. 11 Abs. 3 damit, dass durch die grundpfandrechtliche Sicherung einer Forderung allein noch kein besonders enges Verhältnis zu dem unbeweglichen Vermögen hergestellt wird, welches eine Besteuerung, und zwar eine unbeschränkte, im Belegenheitsstaat des Grundvermögens rechtfertigen würde.

4.2 Regelungsinhalt

Nachdem nun ausgeführt worden ist, welche Tatbestände unter den Begriff der Zinsen zu subsumieren sind, sollen im Folgenden die **Besteuerungsfolgen gem. Art. 11 OECD-MA** dargestellt werden. Die Formulierungen in Art. 11 Abs. 1, dass Zinsen, die aus einem Vertragsstaat stammen und an eine im anderen Vertragsstaat ansässige Person gezahlt werden, im anderen Staat, also im Ansässigkeitsstaat, besteuert werden können, ist dahingehend zu verstehen, dass sowohl der Quellenstaat als auch der Sitzstaat des Gläubigers der Zinserträge das Besteuerungsrecht für diese Zinseinkünfte besitzen. Insoweit handelt es sich um eine Abweichung vom grundsätzlichen Prinzip der Besteuerung im Sitzstaat, denn auch der Quellenstaat soll ein Besteuerungsrecht erhalten. Gemäß Art. 11 Abs. 2 OECD-MA ist jedoch das Besteuerungsrecht des Quellenstaates auf maximal 10 % des Bruttobetrages der Zinsen beschränkt. Gemäß Art. 23 A bzw. Art. 23 B OECD-MA erfolgt die Vermeidung der Doppelbesteuerung in diesen Fällen dadurch, dass der ebenfalls besteuernde Sitzstaat des Zinsgläubigers die im Ausland bereits gezahlte Quellensteuer auf die inländische Steuerschuld anrechnet. Die Zuteilung des Steuergegenstandes (Zinseinkünfte) erfolgt somit zwischen dem Quellenstaat und dem Sitzstaat des Zinsempfängers. Abweichend von der OECD-Formulierung haben die meisten Industrienationen in ihrem Verhältnis untereinander Vereinbarungen in ihren DBA getroffen, die ein Quellensteuerrecht ausschließen. Für die Bundesrepublik Deutschland und dort vor allem hinsichtlich Zinserträgen, die aus der Bundesrepublik an ausländische Zinsempfänger fließen, wäre eine solche DBA-Regelung in aller Regel nicht notwendig, da bereits nach nationalem deutschen Steuerrecht gem. § 49 Abs. 1 Nr. 5 EStG inländische Einkünfte nur dann vorliegen, wenn die Zinsen grundpfandrechtlich an einem in Deutschland belegenen Grundstück oder durch andere Vermögensgegenstände, die in ein inländisches Register eingetragen sind, besichert sind. In den meisten Fällen wird dies nicht der Fall sein, sodass aus diesem Grunde allein schon eine Besteuerung mit Kapitalertragsteuer gem. §§ 43 ff. EStG nicht in

Frage kommt. Im Verhältnis zu Entwicklungsländern hat vor allem auch die BRD in ihren Abkommen dem Quellenstaat einen höheren Quellensteuersatz zugestanden, so z. B. in den DBA mit Argentinien, Brasilien, Iran und Israel 15 % und Ägypten und Pakistan 20 %.

4.2.1 Quelle der Zinsen

Artikel 11 greift aufgrund des Wortlautes des Abs. 1 nur für solche Zinsen, die aus einem Vertragsstaat stammen, somit kommt der Beurteilung der Quelle der Zinsen eine entscheidende Bedeutung zu.[249] Die Quelle der Zinsen bestimmt sich nach dem Ort der Ansässigkeit des Schuldners.[250] Unproblematisch sind die Fälle, in denen entweder der Vertragsstaat selbst oder eine seiner Gebietskörperschaften als Schuldner zu qualifizieren sind. Problematisch kann es hingegen sein, ob ein Stammhaus oder aber die im anderen Staat ansässige Betriebsstätte Darlehensnehmer ist. Das Musterabkommen enthält keinerlei Definition des Begriffs „Schuldner", doch muss bei der Beurteilung nicht nur eine zivilrechtliche Sichtweise, sondern auch bzw. vor allem eine wirtschaftliche angewandt werden. Zivilrechtlich wirksame Darlehensverträge sind weder zwischen Stammhaus und Betriebsstätte noch zwischen Betriebsstätte und fremden Dritten denkbar. Dennoch sind diese Fallkonstellationen steuerlich unter Bezugnahme auf die wirtschaftliche Betrachtungsweise so zu beurteilen, dass die Betriebsstätte als Quelle der Zinsen gilt. Die abkommensrechtlichen Folgen sind in beiden Fällen identisch, sodass die Quelle der Zinsen im Betriebsstättenstaat liegt.

Zinsen, die aus einem dritten Staat stammen, oder aber Zinsen, die zwar aus dem Vertragsstaat stammen, aber einer dort belegenen Betriebsstätte zuzurechnen sind, unterliegen somit nicht Art. 11 OECD-MA, sondern Art. 9 oder Art. 21. Die Besteuerung der Zinsen im Quellenstaat i. H. von 10 % des Bruttobetrages der Zinsen wird immer wieder mit Hinweis auf die Gefahr einer Überbesteuerung kritisiert.

Es kann zu Situationen kommen, dass die im Ausland erhobene Steuer auf den Bruttobetrag zu einer anderen Steuer führt als in dem Sitzstaat des Gläubigers, da dort die Zinseinkünfte unter Berücksichtigung der damit im Zusammenhang stehenden Betriebsausgaben/Werbungskosten mit ihrem Nettobetrag besteuert werden und sich somit eine von der Quellensteuer abweichende Steuerbelastung ergibt. Denkbar sind somit Fälle, dass die im Quellenstaat erhobene Steuer im Sitzstaat des Gläubigers nur teilweise oder gar nicht angerechnet werden kann. Diese „Doppelbesteuerung", genauer die Einmalbesteuerung trotz fehlender positiver Einkünfte, führt zu einer Mehrbelastung für den Gläubiger, die dieser, sofern wirtschaftlich durchsetzbar, von dem Schuldner der Zinserträge durch einen höheren Zins auszugleichen sucht. Diese Vorgehensweise hätte zur Folge, dass der internationale Kapitalverkehr durch ent-

249 Vgl. Sieker, K., IStR 1993, S. 415.
250 Vgl. Wassermeyer, F., DBA-Kommentar, Rz. 175 zu Art. 11.

sprechende Quellensteuersätze und durch den Umstand überhaupt einer Quellenbesteuerung eingeschränkt würde. Vor diesem Hintergrund ist sicherlich auch zu verstehen, dass im Verhältnis der Industrienationen zueinander eine Quellenbesteuerung i. d. R. ausgeschlossen ist.

4.2.2 Besteuerungsverfahren

Es ist noch darauf hinzuweisen, dass Art. 11 Abs. 2 keinerlei Regelungen darüber enthält, inwieweit der Quellenstaat sein Besteuerungsrecht wahrnimmt und ob er es überhaupt wahrnimmt. Wenn der Quellenstaat das ihm zugewiesene Besteuerungsrecht wahrnimmt, dann kann er zwischen folgenden Möglichkeiten wählen: die Besteuerung im Wege des Steuerabzugverfahrens als auch im Wege der Steuerveranlagung. Wird jedoch die Besteuerung im Quellenstaat im Rahmen der Veranlagung vorgenommen, müsste in einer Kontrollrechnung geprüft werden, ob die so ermittelte Steuer tatsächlich den Quellensteuersatz auf die Zinseinnahmen nicht übersteigt. Aufgrund dieser Praktikabilitätsüberlegungen scheidet eine Erhebung der Steuer durch den Quellenstaat im Rahmen einer Veranlagung i. d. R. aus.

Die Vereinbarung des Art. 11 Abs. 2, die Beschränkung auf 10 % Besteuerung des Bruttobetrages, führt i. d. R. dazu, dass die Kapitalertragsteuersätze für Zinsen, die nach innerstaatlichem Recht zumeist höher sind, zu reduzieren sind. Das OECD-MA enthält keinerlei Regelungen darüber, ob eine Reduzierung des Kapitalertragsteuersatzes im Quellenstaat davon abhängt, dass im Sitzstaat des Zinsempfängers eine Besteuerung der Zinsen vorgenommen wird. In der Regel wird dies jedoch im Rahmen der jeweiligen Verhandlungen zu den individuellen Doppelbesteuerungsabkommen im Rahmen des Abkommenstextes oder einer Protokollnotiz einvernehmlich gelöst. In zahlreichen deutschen Doppelbesteuerungsabkommen sind **differenzierte Quellensteuersätze** in Abhängigkeit von besonders qualifizierten Zinsempfängern vereinbart. Hintergrund dieser Überlegung ist, dass der Regelsteuersatz von 10 % für Zinszahlungen an Handelsunternehmen für Warenkredite zu hoch sein kann, weil infolge der Refinanzierungsnotwendigkeit dieser Unternehmen eine Gewinnspanne von 10 % auf den Bruttobetrag der Zinsen vermutlich nicht erzielt werden kann. Dies ist sicherlich zutreffend, wenn man berücksichtigt, dass ein Handelsunternehmen an der Veräußerung der Ware interessiert ist und eine Finanzierungsmöglichkeit seinem Kunden nur deshalb anbietet, damit die Waren veräußert werden können. Ein Gewinn durch die Gewährung des Kredites ist zumeist sehr gering, ggf. sogar null, da der Verkäufer nur seine Refinanzierungskosten dem Käufer in Rechnung stellen will, um das gesamte Handelsgeschäft nicht zu gefährden. Würde in diesen Fällen auf den Bruttobetrag eine 10 %ige Quellensteuer erhoben, führte dies zu dem schon zuvor skizzierten Problem, dass im Ausland gezahlte Steuern im Inland nicht mehr angerechnet werden können, da es hier an einer entsprechenden Steuerbelastung fehlt. Die so entstehende Definitivbelastung mit ausländischer Quellensteuer auf nicht erzielte Gewinne soll in diesen Fällen durch eine Herabsetzung der Quellensteuersätze auf 5 % oder 0 % verringert bzw. ausgeschlossen werden.

4.3 Ausgewählte Einzelprobleme

Hinsichtlich der Zinsen aus partiarischen Darlehen ist in den neueren deutschen DBA eine Vereinbarung enthalten, dass der Quellenstaat die unbeschränkte Besteuerung der Zinsen vornehmen kann insoweit, als in diesem Quellenstaat bei der Ermittlung des Einkommens des Schuldners der Zinsen die gezahlten Zinsen gewinnmindernd berücksichtigt werden können (siehe DBA-Ägypten, -Argentinien, -Bulgarien, -China). Dies ist vor dem Hintergrund der Einführung eines § 8 a KStG die zwingende Konsequenz, da auch sonst über die Möglichkeit einer Gewährung eines partiarischen Darlehens eine Gewinnverlagerung von Deutschland ins Ausland möglich wäre und Deutschland Steuersubstrat verlieren würde. Lediglich die innerstaatliche Zurechnung der Einkünfte zu unterschiedlichen Steuersubjekten bzw. Steuerpflichtigen bleibt durch diese Abkommensregelung unberührt, sodass es hinsichtlich der innerstaatlichen Regelungen einen qualitativen Unterschied zwischen § 8 a KStG und der Behandlung der partiarischen Darlehen gibt.

Auch für die Zinseinkünfte wird gem. Art. 11 Abs. 4 die Attraktivkraft der Betriebsstätte verneint, sodass im Ergebnis die Erzielung von Zinseinkünften aus einem Staat, in dem der Steuerpflichtige eine Betriebsstätte unterhält, nicht zwangsläufig zu einer Umqualifizierung dieser Zinseinkünfte zu Unternehmensgewinnen i. S. des Art. 7 i. V. m. Art. 5 OECD-MA führt. Aufgrund der unterschiedlichen Besteuerungsfolgen kann es jedoch aus der Sicht des deutschen Steuerpflichtigen sinnvoll sein, bestimmte Zinserträge bewusst in den wirtschaftlichen Zusammenhang mit einer Betriebsstätte zu bringen, wie das nachfolgende Beispiel zeigen soll:

Beispiel:

Ein deutscher Einzelunternehmer unterhält in einem DBA-Staat eine Betriebsstätte. Der Steuersatz in diesem Staat beträgt für die Gewinne 30 %; eine Gewerbeertragsteuer und weitere Belastungen fallen nicht an. In Deutschland soll vereinfachend davon ausgegangen werden, dass der Einzelunternehmer die Zinserträge aus einem Kapital von 1.000.000 € (Zinssatz 10 %) einer Belastung von ca. 55 % (Gewerbesteuer, Einkommensteuer, Solidaritätszuschlag und Kirchensteuer) zu unterwerfen hat. Für die Anlage des Betrages von 1.000.000 € in Deutschland würde sich damit eine Nettoverzinsung nach Steuern von ca. 4,5 % ergeben oder 45.000 €. Wären diese Zinsen jedoch in der im DBA-Staat ansässigen Betriebsstätte angefallen bzw. dieser zuzurechnen, käme es nur zu einer Belastung von 30 % und aufgrund der jeweiligen DBA-Regelung zu einer Freistellung dieser im Ausland besteuerten Einkünfte in Deutschland, sodass sich im Ergebnis eine Nachsteuerrendite anstelle von 4,5 % i. H. von 7 % ergeben würde. Da aufgrund der Internationalität der Kapitalmärkte und der weitgehenden Bestimmung der Quelle der Zinsen eine Verlagerung der Zinseinkünfte ohne oder nur mit einem sehr geringen Zinsverlust realisiert werden kann, hat sich diese Methode der Verlagerung der Zinseinkünfte in das entsprechende Ausland zu einer weitverbreiteten Gestaltung entwickelt. Würde der inländische Steuerpflichtige sein Kapital unabhängig von der Betriebsstätte in dem entsprechenden DBA-Ausland anlegen, so würden ihm unter Anrechnung der im Ausland gezahlten 10 %igen Quellensteuer die gleichen Besteuerungsfolgen ereilen wie in dem Fall, in dem er ausschließlich im Inland sein Kapital investieren würde. Eine Steuerersparnis ist somit nur dann möglich, wenn aufgrund der vorzunehmenden Umqualifizierung das Besteuerungsrecht im niedrig besteuernden DBA-Ausland verbleibt und eine steuerfreie Vereinnahmung im Inland erfolgen kann. Diese Konstruktion hat in der Vergangenheit dazu geführt, dass die Finanzverwaltung eine Ausstattung der Betriebsstätte mit Eigenkapital seitens des Stammhauses nur insofern als unschädlich angesehen hat, als tatsächlich die Betriebsstätte dieses Eigenkapital zur Vornahme ihrer eigenen Geschäftsaktivitäten benötigte. In den Fällen, in denen der Betriebsstätte quasi die Funktion einer „Spardose" zugewiesen wurde, ist die Finanzverwaltung hinsichtlich der Auslegung wirtschaftlich der Betriebsstätte zuzurechnenden Geldvermögens sehr restriktiv gewesen und hat die Qualifizierung der Zinseinkünfte als Betriebsstätteneinkünfte in diesen Fällen negiert. Die Einschränkungen der Finanzverwaltung können m. E. natürlich nur die Erstausstattung bzw. die direkten Zuführungen mit Eigenkapital betreffen, denn Erträge, die die Betriebsstätte selber erzielt hat und entsprechend im Betriebsstättenstaat wieder anlegt, unterliegen dem Betriebsstättenprinzip und würden damit ausschließlich im Betriebsstättenstaat besteuert.[251] Die deutsche Finanzverwaltung hat in ihrem Schreiben vom 24.12.1999, BStBl 1999 I S. 1072, allerdings das Gegenteil festgeschrieben und verlangt, dass Eigenkapital der Betriebsstätte, das über ein angemessenes Dotationskapital hinausgeht, dem Stammhaus zuzurechnen sei.

5 Einkünfte aus Lizenzen (Art. 12 OECD-MA)

Gemäß Art. 12 Abs. 1 OECD-MA dürfen Lizenzgebühren, die aus einem Vertragsstaat stammen und an eine im anderen Vertragsstaat ansässige Person gezahlt werden, nur im anderen Staat besteuert werden, sofern diese Person der Nutzungsberechtigte ist. Dem Begriff der Einkünfte aus Lizenzen steht kein innerstaatlicher Einkunftsbegriff gegenüber, denn Lizenzen als Vergütungen jeder Art, die für die Benutzung oder für das Recht auf Benutzung von Urheberrechten von Patenten, Marken, Mustern oder Modellen oder für die Benutzung oder das Recht auf Benutzung gewerblicher Ausrüstungen oder für die Mitteilung gewerblicher kaufmännischer Erfahrungen gezahlt werden, sind nach deutschem Steuerrecht entweder der Einkunftsart „Einkünfte aus Gewerbebetrieb", einer freiberuflichen Tätigkeit oder Einkünften aus Vermietung und Verpachtung zuzuordnen.

5.1 Grundsätzliches

Die in § 49 Abs. 1 Nr. 6 EStG genannten Einkünfte lassen sich in den DBA nicht unter einer Einkunftsart subsumieren, sondern müssen unterschiedlichen Einkunftsarten zugewiesen werden, was zu sehr verschiedenen Rechtsfolgen führt. Die bereits erwähnte (Rz. 208 ff.), hier aber nicht näher zu behandelnde Vermietung und Ver-

251 Siehe auch die Ausführungen zu Unternehmensgewinnen auf S. 508 ff.

pachtung von unbeweglichem Vermögen richtet sich nach Art. 6 OECD-MA 1995, der das ausschießliche Besteuerungsrecht dem Belegenheitsstaat zuweist.[252] Einkünfte aus der Vermietung und Verpachtung von Sachinbegriffen wurden in den OECD-MA 1973 und 1977 als Einkünfte aus der Überlassung gewerblicher, kaufmännischer oder wissenschaftlicher Ausrüstungen zu den Lizenzgebühren des Art. 12 Abs. 2 OECD-MA gezählt.[253] Seit dem OECD-MA 1992 ist hinsichtlich dieser Einkünfte von einer Zurechnung zu den Unternehmensgewinnen auszugehen, sodass für die abkommensrechtliche Zuweisung eines – nach nationalen Regelungen gegebenen – Besteuerungsrechts das Vorliegen einer Betriebsstätte oder eines ständigen Vertreters im Inland erforderlich ist.[254] In diesen Fällen wäre abweichend von der Regel des Art. 12 OECD-MA eine Besteuerung im Quellenstaat möglich. Eine solche Situation hat m. E. jedoch grundsätzlich zur Folge, dass die Einkunftsqualifizierung nach nationalem deutschem Steuerrecht ebenfalls anders zu beurteilen ist und Einkünfte nach § 49 Abs. 1 Nr. 2 Buchst. a oder Nr. 3 EStG angenommen werden.

Der Hauptanwendungsfall für Einkünfte aus Vermietung und Verpachtung bzw. aus Lizenzgebühren ist die zeitlich befristete Überlassung von Rechten, die unter Art. 12 Abs. 2 OECD-MA explizit genannt sind. Eine weiter gehende Übereinstimmung besteht zwischen dem Begriff der „Nutzungsüberlassung“ des nationalen Steuerrechts und dem Abkommensrecht, sodass Einkünfte gem. § 49 Abs. 1 Nr. 6 EStG aus der Überlassung von Rechten auch unter Art. 12 Abs. 1 OECD-MA zu subsumieren sind und insoweit ausschließlich im Ansässigkeitsstaat besteuert werden. Eine Besteuerung im Quellenstaat erfolgt nur dann, wenn eine Anwendung des Art. 12 OECD-MA zugunsten einer anderen Einkunftsart ausscheidet oder abkommensrechtlich auch dem Quellenstaat ein in der Höhe beschränktes Besteuerungsrecht zusteht.[255] Sowohl einige deutsche DBA als auch das Musterabkommen der UNO sehen ein in der Höhe beschränktes Quellensteuerrecht des Quellenstaates vor. Hierdurch sollen vor allem Entwicklungsländer geschützt werden, die durch eine solche Regelung Zugriff auf das Steuersubstrat nehmen können. Die OECD-Staaten untereinander lehnen eine solche Gewährung des Besteuerungsrechts jedoch ab, da mit einer Quellensteuer von 5 bis 10 % in vielen Fällen bereits das gesamte Steuer-

252 Abweichungen von diesem Grundsatz gibt es auch in der deutschen Abkommenspraxis, z. B. in den DBA mit Spanien, Art. 6 Abs. 1 i. V. m. Art. 23 Abs. 1 Buchst. b Doppelbuchst. cc DBA-Spanien sowie Finanzverwaltung vom 06.08.1996, IStR 1996, S. 488, und der Schweiz, Art. 6 Abs. 1 i. V. m. Art. 24 Abs. 2 DBA-Schweiz (BGBl 1972 II S. 1022), um nur einige zu nennen.

253 Siehe noch zur alten Rechtslage Wied in Blümich, § 49 EStG Rz. 181, sowie Wassermeyer in Debatin/Wassermeyer, Art. 12 OECD-MA, Rz. 84 (Oktober 2001).

254 Zur Abgrenzung von Arbeitseinkünften i. S. des Art. 14 OECD-MA und Lizenzeinkünften i. S. des Art. 12 OECD-MA siehe BFH vom 13.10.1976 I R 261/70, BStBl 1977 II S. 76, sowie vom 29.04.1970 I R 113/67, BStBl 1970 II S. 762.

255 In der deutschen Abkommenspraxis gilt dies beispielsweise für die DBA mit Australien (BStBl 1974 I S. 424), mit Japan (BStBl 1967 I S. 59 i. d. F. des 3. Änderungsprotokolls vom 17.02.1983, BGBl 1984 II S. 194), mit Finnland (BStBl 1981 I S. 201) und zahlreichen Entwicklungsländern. Siehe auch die Übersicht bei Vogel, 3. Aufl., Art. 12 OECD-MA, Rz. 25.

gut abschließend besteuert wird und dem Ansässigkeitsstaat kein wirtschaftlich nennenswertes, eigenständiges Besteuerungsrecht verbleibt.[256]

Eine Besteuerung im Quellenstaat ist neben einer originär anderen Einkunftsqualifizierung bei der Überlassung von Sachinbegriffen oder Rechten auch dann gegeben, wenn die Lizenzeinkünfte dem Subsidiaritätsgedanken folgend derivativ den Unternehmensgewinnen oder den Einkünften aus selbständiger Arbeit zuzurechnen sind. Ist das den Lizenzgebühren zugrunde liegende Vermögen wirtschaftlich einer Betriebsstätte oder einer festen Einrichtung zuzuordnen,[257] so kommt es abkommensrechtlich gem. Art. 12 Abs. 3 OECD-MA zu einer Zuweisung des Besteuerungsrechts zum Quellenstaat. Diese Zuweisung erfolgt unabhängig davon, welche Einkunftsqualifzierung der Quellenstaat nach nationalem Steuerrecht vornimmt.

Gemäß Art. 12 Abs. 1 dürfen Lizenzgebühren, die aus einem Vertragsstaat stammen und an eine im anderen Vertragsstaat ansässige Person gezahlt werden, nur im anderen Staat besteuert werden, sofern diese Person der Nutzungsberechtigte ist. Im Ergebnis bedeutet dies, dass das ausschließliche Besteuerungsrecht für Lizenzgebühren nach dem OECD-Musterabkommen bei dem Ansässigkeitsstaat des Steuerpflichtigen liegt. Im Gegensatz zu dem UN-Musterabkommen, welches ein Besteuerungsrecht sowohl des Quellenstaates als auch des Sitzstaates des Zahlungsempfängers vorsieht, ist die Regelung der OECD, die üblicherweise für die Abkommen zwischen Industrienationen gelten soll, grundsätzlich anders ausgestattet und weist dem Quellenstaat kein Besteuerungsrecht zu. Insofern unterscheidet sich auch die Einkunftsart „Lizenz“ von den Einkunftsarten, die zuvor behandelt worden sind, „Dividenden“ und „Zinsen“, denn dort war das Besteuerungsrecht des Quellenstaates lediglich in seiner Höhe beschränkt, aber es bestand grundsätzlich noch. Aus diesem Grund ist die Abgrenzung zwischen Lizenzen und Dividenden auf der einen Seite und Lizenzen und Zinsen auf der anderen Seite bzw. von Lizenzen und Einkünften aus künstlerischer Betätigung von entscheidender Bedeutung.

Hinsichtlich der Einkünfte aus Lizenzen zeigt sich wiederum, dass dem Abkommensbegriff kein innerstaatlicher Einkunftsbegriff gegenübersteht, denn Lizenzen als Vergütungen jeder Art, die für die Benutzung oder für das Recht auf Benutzung von Urheberrechten von Patenten, Marken, Mustern oder Modellen oder für die Benutzung oder das Recht auf Benutzung gewerblicher Ausrüstungen[258] oder für die Mitteilung gewerblicher kaufmännischer Erfahrungen gezahlt werden, sind nach deutschem Steuerrecht entweder der Einkunftsart „Einkünfte aus Gewerbebetrieb“

256 Die Bundesrepublik Deutschland hat abweichend von dieser Praxis zum Beispiel mit den „Entwicklungsländern“ Finnland, Art. 12 Abs. 1 Satz 2 DBA-Finnland (BStBl 1981 I S. 201), und Japan, Art. 12 Abs. 1 Satz 2 DBA-Japan (BStBl 1967 I S. 59) Regelungen getroffen, die ein Quellensteuerrecht von 5 % bzw. 10 % festschreiben.

257 Vgl. Wassermeyer in Debatin/Wassermeyer, Art. 12 OECD-MA, Rz. 102 (Oktober 2001).

258 Im neuen Musterabkommen 2000 sind diese nicht mehr explizit genannt. Doch in den meisten deutschen DBA bestehen weiterhin entsprechende Formulierungen, sodass eine Erwähnung auch hier sinnvoll erscheint.

(§ 15 EStG), einer freiberuflichen Tätigkeit (§ 18 EStG) oder Einkünften aus Vermietung und Verpachtung gem. § 21 EStG zuzuordnen.[259]

Art. 12 OECD-MA ist aus der Sicht deutscher Unternehmen deshalb von so besonderer Bedeutung, als technische Dienstleistungen von Deutschland ins Ausland verbracht werden. Eine steuerliche Erfassung dieser Wirtschaftsbetätigung **„technische Dienstleistungen“** kann in unterschiedlicher Form geschehen. Technische Dienstleistungen können zum einen im Rahmen einer Betriebsstätte ausgeführt werden, sodass dann Art. 7 i. V. m. Art. 5 OECD-MA Anwendung findet. Denkbar ist jedoch auch eine Anwendung gem. Art. 7 OECD-MA, sofern die technischen Dienstleistungen im Rahmen einer Unternehmenstätigkeit von einer Einzelperson oder einem Unternehmen erbracht werden.[260] Im vorliegenden Fall soll zunächst eine Beschränkung auf die Form der technischen Dienstleistung und des damit durchgeführten Leistungsaustausches durch Lizenzen behandelt werden.

5.2 Definition und Abgrenzung

5.2.1 Definition

Artikel 12 Abs. 2 enthält eine eigenständige abkommensrechtliche Definition des Begriffs „Lizenzgebühr“, sodass eine Auslegung nach innerstaatlichem Recht hierdurch ausgeschlossen wird. Dies ist auf der einen Seite notwendig, da die meisten Staaten keinerlei eigenständige Definitionen des Begriffs der Lizenzgebühr kennen, zum anderen erscheint es wegen der fehlenden Rückgriffsmöglichkeiten auf das innerstaatliche Recht auch zwingend notwendig zu sein, eine solche Vorgehensweise zu wählen. Dennoch ergeben sich zahlreiche Probleme hinsichtlich der Begriffsabgrenzung und der Unterschiede zwischen einer zivilrechtlichen Betrachtung, wie sie das DBA vorsieht, und einer wirtschaftlichen Betrachtung, wie es die Vertragsstaaten nach dem Zweck der Besteuerung vorzunehmen haben. Zivilrechtlich kann zum Beispiel ein Patentverkauf gegen laufende oder ggf. auch variable Vergütungen als Lizenzierung qualifiziert werden, doch ist auch eine Qualifizierung als Kauf bzw. Verkauf denkbar. Mit der Folge, dass es sich hierbei um die Veräußerung von Vermögen handelt, deren Einkünfte entsprechend Art. 13 OECD-MA anderen Regeln hinsichtlich der Besteuerung unterliegen.

Lizenzgebühren liegen grundsätzlich dann vor, wenn es sich um Vergütungen handelt, die als Gegenleistung gezahlt werden für die Benutzung oder das Recht auf Benutzung von Urheberrechten, gewerblichen Schutzrechten, Ausrüstungen und Erfahrungen.[261] Der Begriff der Lizenzgebühr setzt somit eine Vergütung voraus

---

259 BFH vom 29.04.1970, BStBl 1970 II S. 762.

260 Zur Abgrenzung zu Arbeitseinkünften i. S. des zwischenzeitlich abgeschafften Art. 14 OECD-MA siehe BFH-Urteil vom 13.10.1976 I R 261/70, BStBl 1977 II S. 76, sowie BFH vom 29.04.1970 I R 113/67, BStBl 1970 II S. 762.

261 BFH vom 01.12.1982, BStBl 1983 II S. 367.

(Gegenleistung). Diese Gegenleistung kann sowohl in Form einer wiederkehrenden laufenden Zahlung als auch in der einmaligen Zahlung bestehen. Unerheblich ist, ob es sich um eine Vergütung in Geld oder in Geldeswert handelt. Die Vergütung muss von dem Schuldner an den Gläubiger geflossen sein. Die Abgrenzung zwischen der Nutzungsüberlassung und einer Veräußerung ist auch nach dem OECD-MA 1977 nicht eindeutig geklärt, da es an einer abschließenden Definition des Begriffs der Benutzung oder eines entsprechenden Verweises auf die innerstaatliche Rechtsauffassung fehlt.[262] Die Gegenleistung kann sowohl gewinnabhängig sein als auch einen festen Betrag beinhalten. Hinsichtlich der Angemessenheit der Lizenzgebühren unter der Berücksichtigung des Fremdvergleichsmaßstabs ist jedoch auf die Entwicklungen in den USA hinsichtlich der Super Royalty zu verweisen. Die USA möchten im Rahmen der Super-Royalty-Regelung die Lizenzgebühren in Abhängigkeit von den zu erzielenden Erträgen des Lizenznehmers in regelmäßigen Zeitabständen überprüfen und rückwirkend eine Änderung der zuvor vereinbarten Lizenzgebühren vornehmen. Eine solche Vorgehensweise hat zu erheblichen Irritationen zwischen den Finanzverwaltungen geführt und ist in der Literatur eindeutig diskutiert und vor allem negativ kritisiert worden. Meines Erachtens ist eine Korrektur der Lizenzgebühren nach der Super-Royalty-Methode ein unzutreffender Eingriff in die wirtschaftliche unternehmerische Entscheidungsfreiheit der Steuerpflichtigen, da der damalig vereinbarte Lizenzpreis durchaus aus den damals zugrunde liegenden Daten sinnvoll und angemessen abgeleitet worden sein kann.

Unter dem Begriff der Vergütung erfasst § 12 Abs. 2 OECD-MA aber auch Leistungen, die nicht freiwillig erbracht worden sind, sondern Ergebnis eines Schadenersatzes für die unberechtigte Nutzung eines der in Abs. 2 genannten Wirtschaftsgüter sind.[263] Die auf diesen Schadenersatzbetrag ggf. zu leistenden Zinsen sind demgegenüber nicht Lizenzgebühren, sondern fallen unter Art. 11,[264] also unter den Zins-Artikel, da es sich hierbei lediglich um die Verzinsung eines Forderungsanspruches handelt. Grundsätzlich ist die Qualifizierung eines Vertrages über technische Dienstleistungen oder eines sog. „Know-how-Vertrages" unter den Lizenzgebühren-Artikel nicht davon abhängig, dass dieser zivilrechtlich auch wirksam ist. Ausnahme hierzu siehe das DBA-Spanien, welches auf eine Lizenzgebühr bei einem Know-how-Vertrag, der mangels der nach spanischem Recht erforderlichen Zustimmung des Industrieministeriums zivilrechtlich nichtig war, eine Anwendung von Art. 12 DBA-Deutschland/Spanien versagte.[265]

262 BFH vom 25.02.1975, BStBl 1976 S. 529.
263 Vgl. Denkl, RIW 1980, S. 698.
264 Vgl. Pöllath, in: Vogel, K., a. a. O., Rz. 42 zu Art. 11.
265 Vgl. Vogel, K., a. a. O., Rz. 42 zu Art. 12.

5.2.2 Besondere Abgrenzungsprobleme

Wie bereits oben bei der Abgrenzung zwischen Kauf und Lizenzgebühren angedeutet, werden Lizenzgebühren nur dann angenommen, wenn es sich um eine Nutzungsüberlassung handelt, also eine Gebühr für die Benutzung oder das Recht auf Benutzung der Vermögenswerte gezahlt wird. Handelt es sich demgegenüber um eine **endgültige Übertragung der Substanz des Wirtschaftsgutes** z. B. durch eine Veräußerung, liegen keine Lizenzgebühren mehr vor, sondern es handelt sich um ein Veräußerungsgeschäft, welches entweder unter Art. 13 oder Art. 7 OECD-Musterabkommen erfasst wird.[266] Der wesentliche Unterschied liegt somit in der wirtschaftlichen Zuordnung des den Lizenzgebühren zugrunde liegenden Wirtschaftsgutes. Ist dieses Wirtschaftsgut nach wie vor dem Lizenzgeber zuzurechnen, so handelt es sich weiterhin um Lizenzgebühren. Ist jedoch eine wirtschaftliche Zurechnung bei dem Lizenznehmer vorzunehmen, spricht dies dafür, von einer Veräußerung auszugehen. Aufgrund der Zuweisung der Besteuerungsrechte sowohl bei Lizenzgebühren als auch bei den Veräußerungstatbeständen bestand für das OECD-MA keinerlei Handlungsbedarf, eine genaue Abgrenzung zwischen beiden Begriffen vorzunehmen, da i. d. R. in beiden Fällen dem Sitzstaat des Lizenzgebers das Besteuerungsrecht für die Einkünfte unabhängig von der Qualifizierung zusteht.

Im Herbst 1998 hat die Arbeitsgruppe I des OECD-Steuerausschusses einen Entwurf der geänderten Kommentierung zu Art. 12 OECD-MA vorgelegt, der zwischenzeitlich übernommen wurde und Bestandteil des OECD-MA-Kommentars ist. Hierin wird die Qualifizierung der Einnahmen für die Nutzungsüberlassung von Individualsoftware als Lizenzeinkünfte gem. Art. 12 Abs. 2 OECD-MA bestätigt. Demgegenüber sind die Entgelte für die Nutzungsüberlassung von Standardsoftware unabhängig von der Form der Übertragung und unabhängig von der vertraglich eingeräumten Anzahl von Kopien, z. B. in Form von Einzelplatz- oder Unternehmenslizenzen, als Unternehmensgewinne zu qualifizieren. Die Nutzungsüberlassung der Software beinhaltet hierbei nicht automatisch die teilweise oder vollständige Übertragung von Urheberrechten, sondern vielmehr die Freistellung von Sanktionen aufgrund Urheberrechtsverletzungen, die durch die bestimmungsgemäße Nutzung der Software eintreten.[267] Im Ergebnis bedeutet eine solche Beurteilung der Geschäftsaktivitäten, dass digitalisierte Produkte, die einem großen Abnehmerkreis in standardisierter Form angeboten werden (z. B. Standardsoftware, Buchmanuskripte, Video- oder Tonsequenzen), abkommensrechtlich unter die Unternehmensgewinne

---

266 Vgl. Portner, in B/H/G/K, a. a. O., Rz. 48 zu Art. 12.

267 Tz. 14 des OECD-MA-Kommentars: „In other types of transactions, the rights acquired in relation to the copyright are limited to those necessary to enable the user to operate the program, for example, where the transferee is granted limited rights to reproduce the program. This would be the common situation in transactions for the acquisition of a program copy. The rights transferred in these cases are specific to the nature of computer programs. They allow the user to copy the program, for example onto the user's computer hard drive or for archival purposes. In this context, it is important to note that the protection afforded in relation to computer programs under copyright law may differ from country to country . . . Payments in these types of transactions would be dealt with as commercial income in accordance with Art. 7."

des Art. 7 OECD-MA fallen. Eine Beibehaltung des innerstaatlichen Besteuerungsrechts gem. § 49 Abs. 1 Nr. 6 oder 9 EStG ist hierbei i. d. R. nicht gegeben.

Erfolgt die Qualifizierung der Einkünfte unter Art. 12 Abs. 1 OECD-MA, hat ausschließlich der Ansässigkeitsstaat das Besteuerungsrecht. Ist demgegenüber eine Qualifizierung als Unternehmensgewinn gem. Art. 7 OECD-MA gegeben, führt das Fehlen der abkommensrechtlich geforderten Betriebsstätte im Quellenstaat regelmäßig auch nicht zum Besteuerungsrecht des Quellenstaates.

Vereinbarungen, die technische Dienstleistungen zum Gegenstand haben, werden meist in Ergänzung zu eindeutigen Lizenzverträgen, Know-how[268] und gemischten Verträgen abgeschlossen. Schwierigkeiten hinsichtlich der technischen Dienstleistungen ergeben sich vor allen Dingen dann, wenn man eine rein wörtliche Auslegung der Lizenzgebühren vornimmt, denn, wie bereits oben ausgeführt, der Begriff „Lizenzgebühr“ beinhaltet eine Bezahlung für die Benutzung oder das Recht auf Benutzung von Rechten oder Vermögenswerten sowie die Mitteilung gewerblicher, kaufmännischer oder wissenschaftlicher Erfahrungen. Problematisch wird eine Subfunktion der technischen Dienstleistungen unter dem Lizenzbegriff vor allen Dingen in den Fällen, in denen eine Wissensvermittlung nicht als Nebenleistung zu einer erbrachten Patentlizenz gesehen werden kann, sondern in Fällen, in denen es sich um eine von einer gewährten Lizenz unabhängige Beratung durch den Steuerpflichtigen handelt. Typische Leistungen, die nicht zu Lizenzgebühren i. S. von Art. 12 führen, sind Kundendienst und Gewährleistungen, reine technische Unterstützung oder Erstellung eines Gutachtens durch einen Ingenieur, Anwalt oder Wirtschaftsprüfer. Liegen somit Verträge vor, in denen sowohl Vertragsteile bestehen, die unter die Lizenzgebühren i. S. des Art. 12 zu fassen sind, als auch sonstige Leistungen, die ggf. unter Art. 14 OECD-MA zu fassen sind, ist eine Aufteilung dieses einheitlichen Vertrages denkbar, ggf. sogar zwingend notwendig.

Der **Lizenzgegenstand** des Art. 12 Abs. 2 bezieht sich auch auf Urheberrechte an literarischen, künstlerischen oder wissenschaftlichen Werken, sodass eine Abgrenzung dieser Einkunftsart zu den Einkünften aus einer künstlerischen Tätigkeit gem. Art. 17 OECD-MA erforderlich ist. Erfolgt beispielsweise ein Konzertauftritt eines Dirigenten oder Musikers im entsprechenden Vertragsstaat, so fällt diese Darbietung und das zu zahlende Honorar unter den Art. 17 OECD-MA. Dagegen ist das gezahlte Entgelt für die Verwertung der aufgezeichneten Musikdarbietung als Lizenzgebühr i. S. des Art. 12 Abs. 2 OECD-MA zu qualifizieren mit der Folge, dass dem Quellenstaat kein Besteuerungsrecht zusteht. Vor dem Hintergrund des generell greifenden Tätigkeitsprinzips bei der Besteuerung von künstlerischen Darbietungen ergibt sich somit ein wesentlicher Unterschied in der Zuweisung der

268 Unter Know-how versteht man ein nicht geschütztes Spezialwissen über technische Erfahrungen, das im Allgemeinen auf dem Weg praktischer Erprobung gewonnen und durch praktische Beratung einem anderen zur Verfügung gestellt werden kann. So auch Kroppe, H., Die Besteuerung der Lizenz- und Know-how-Verträge, Köln 1964, S. 20, sowie BFH-Urteil vom 23.11.1988 II R 209/82, BStBl 1989 II S. 82.

Besteuerungsrechte, je nachdem, ob von einer Lizenzgebühr oder von einer künstlerischen Darbietung ausgegangen wird. Im Einzelfall kann die betragsmäßige Abgrenzung bei einheitlichen Verträgen erhebliche Probleme begründen.[269]

Ebenfalls unter den Begriff der Lizenz i. S. des Art. 12 Abs. 2 fallen Patente, unabhängig davon, ob diese im Nachhinein für nichtig erklärt werden, sowie Warenzeichen, Muster, Modelle und Pläne, denen kein Geschmacksmuster- oder Gebrauchsmusterschutz zugewiesen werden kann, sowie geheime Formeln oder Verfahren, deren Besonderheit vor allem darin liegt, dass sie aufgrund ihrer zugrunde liegenden Produkte nicht patentfähig sind und daher auch nicht geschützt werden können. Das OECD-Musterabkommen ist daher bemüht, den Begriff der den Lizenzgebühren zugrunde liegenden Vermögenswerte und Rechte so umfassend wie möglich auszugestalten, um ein möglichst weitgehendes Besteuerungsrecht für den Quellenstaat in diesen Fällen auszuschließen. Begründet wird der Verzicht eines Steuerrechts des Quellenstaates auf die Lizenzgebühren damit, dass bei einer Bemessungsgrundlage „Bruttoentgelt der Lizenzgebühr" ein Quellensteuerrecht von z. B. 10 % bereits den nahezu vollständigen Gewinn/Ertrag aus dieser Transaktion abschöpfen kann, sodass dem Quellenstaat in diesen Fällen durch die Wahl des Quellensteuersatzes das nahezu ausschließliche Besteuerungsrecht zustehen würde, da der Sitzstaat die im Ausland gezahlte Steuer gem. Art. 23 B OECD-MA regelmäßig anrechnet.

Artikel 12 OECD-MA erfasst nur Vergütungen für die Überlassung zur Nutzung immaterieller Wirtschaftsgüter, nicht aber solche für die Nutzung von materiellen Wirtschaftsgütern, wie dies typischerweise bei der Vermietung und Verpachtung beweglicher Sachen und Grundstücke sowie Gebäuden ist. Während Letztere unter Art. 6 OECD-MA fallen und zumeist auch oder ausschließlich im Belegenheitsstaat zu einer Besteuerung führen, folgt die Besteuerung der Vermietungseinkünfte bei beweglichen Gütern nach Art. 21 „Sonstigen Einkünften", die ausschließlich im Ansässigkeitsstaat besteuert werden können, sofern sie nicht als unternehmerische Tätigkeit dem Art. 7 OECD-MA zugeordnet werden.

5.3 Besteuerungsfolgen

5.3.1 Zuteilung der Besteuerungsrechte

Gemäß Art. 12 Abs. 1 OECD-MA darf eine Besteuerung von Einkünften aus Lizenzen nur im Wohnsitzstaat/Sitzstaat des Empfängers vorgenommen werden. Dem Quellenstaat steht somit grundsätzlich kein originäres Besteuerungsrecht zu. In diesen Fällen bedarf es somit keiner Regelung zur Vermeidung der Doppelbesteuerung in den Art. 23 A oder 23 B, da bereits durch die ausschließliche Festlegung der Besteuerungsrechte eine Doppelbesteuerung vermieden wird. Die Bundesrepublik

269 Siehe hierzu auch die Ausführungen zu Art. 17.

Deutschland hat mit einigen Entwicklungsländern entsprechend abweichende Vereinbarungen getroffen, die bereits oben dargestellt wurden.

5.3.2 Attraktivkraft und Umqualifizierung

Absatz 3 des Art. 12 sieht wie die bisherigen Artikel hinsichtlich der Zinsen und Dividenden ebenfalls vor, dass eine Betriebsstätte keine Attraktivkraft hinsichtlich der Lizenzgebühren entfaltet. Gleichwohl sind Lizenzgebühren, die wirtschaftlich einer im anderen Vertragsstaat belegenen Betriebsstätte zuzurechnen sind, als Betriebsstätteneinkünfte i. S. des Art. 7 i. V. m. Art. 5 zu behandeln. Eine solche Zuordnung führt dazu, dass der Quellenstaat bzw. der Betriebsstättenstaat das unbeschränkte Besteuerungsrecht hat, da gemäß OECD-Musterabkommen der Sitzstaat die Doppelbesteuerung in der Form vermeidet, dass die in der Betriebsstätte bereits versteuerten Erträge in Deutschland von der Besteuerung freigestellt werden. Diese wesentlichen Besteuerungsunterschiede in Abhängigkeit davon, ob die Lizenzgebühren einer Betriebsstätte zuzurechnen sind oder nicht, haben dazu geführt, dass sowohl die Finanzverwaltung des Quellenstaates als auch der Steuerpflichtige Überlegungen angestellt haben, Lizenzgebühren einer Betriebsstätte zuzuweisen oder durch Begründung einer Betriebsstätte in dem entsprechenden Land der Quelle der Lizenzgebühr eine Besteuerung mit dem ggf. niedrigeren Steuerniveau des Quellenstaates zu erlangen. Die Probleme zwischen den Finanzverwaltungen liegen offen auf der Hand, da der Quellenstaat, der bei einer Qualifizierung als Lizenzeinkünfte gem. Art. 12 Abs. 1 keinerlei Besteuerungsrecht hat, nun durch die Qualifizierung als Betriebsstätteneinkünfte das vollständige Besteuerungsrecht erlangt, und der andere Staat (der Sitzstaat des Steuerpflichtigen) auf sein ursprünglich unbeschränktes Steuerrecht jetzt durch Vornahme der Freistellung vollständig verzichten muss. Die deutsche Finanzverwaltung hat durch ihr BMF-Schreiben zur Einkunftszurechnung zwischen Betriebsstätte und Stammhaus vom 24.12.1999,[270] geändert durch BMF-Schreiben vom 20.11.2000,[271] deutlich gemacht, dass grundsätzlich die sog. Zentralfunktion des Stammhauses zu beachten ist und daher nur in Ausnahmefällen eine Zuordnung der Urheberrechte und damit der Lizenzen zur Betriebsstätte möglich ist (Tz. 2.4). Im Ergebnis folgt die Finanzverwaltung der Formulierung des Art. 7 Abs. 1 Satz 2 OECD-MA, nach der die Gewinne des Unternehmens im Betriebsstättenstaat besteuert werden können, soweit sie dieser wirtschaftlich zugerechnet werden können. Die derzeitige Erlasslage ist für die Steuerpflichtigen sehr unbefriedigend, da sie nicht nur für Betriebsstätten, sondern auch für Personengesellschaften im anderen Staat gilt. Das bei rein inländischen Sachverhalten bestehende Wahlrecht der freien Zuordnung von Wirtschaftsgütern zum Privat- oder Betriebsvermögen bei bestimmten Nutzungsanteilen ist auf das Verhältnis Stammhaus zu Betriebsstätte nicht entsprechend zu übernehmen. Die deutsche Abkom-

270 BStBl 1999 I S. 1076.
271 BStBl 2000 I S. 1509.

menspraxis folgt weitgehend dem OECD-Musterabkommen und räumt somit den Betriebsstättenvorbehalt i. S. des Art. 12 Abs. 3 ein.

5.3.3 Unangemessenheit der Lizenzgebühren

Artikel 12 Abs. 4 enthält ähnlich wie Art. 9 OECD-MA eine Missbrauchsverhinderungsvorschrift, um zwischen nahestehenden Personen die Festlegung einer unangemessenen Höhe der Lizenzgebühr für steuerliche Zwecke zu verhindern. Grundgedanke hierbei ist, dass vor allem im Verhältnis zwischen Mutter- und Tochtergesellschaften, bei denen die Voraussetzungen des Betriebsstättenvorbehaltes gem. Art. 12 Abs. 3 nicht gegeben sind, eine steueroptimale Gestaltung der Höhe der Lizenzgebühren vorgenommen werden kann, da wegen der wirtschaftlichen Zusammengehörigkeit beider Gesellschaften eine Vermögensminderung bei der einen Gesellschaft eine entsprechende Vermögensmehrung bei der anderen Gesellschaft bedingt und so die Nachsteuerrendite optimiert werden kann.

Gemäß Abs. 4 kann ein die angemessene Vergütung übersteigender Betrag von den jeweiligen Vertragsstaaten unterschiedlich behandelt werden. Die Einkunftsqualifizierung dieses übersteigenden Betrages ist in der Praxis jedoch i. d. R. sehr schwierig, daher haben zahlreiche DBA entsprechende klarstellende Regelungen in Abs. 4 gefunden, die Auskunft darüber geben, unter welcher Einkunftsart der übersteigende, also der unangemessene Teil der Lizenzgebühr qualifiziert werden soll. Probleme bereitet regelmäßig die Frage, wann angemessene Lizenzgebühren vorliegen. Diese Frage kann wie in den anderen Fällen der Angemessenheitsprüfung m. E. nur über den sog. Fremdvergleich vorgenommen werden. Wenngleich auch hier eingeräumt werden muss, dass Situationen denkbar sind, in denen ein **Fremdvergleichspreis** nicht zu ermitteln ist, da der Lizenzgeber die Lizenz nicht an fremde Dritte weitergeben würde, sondern ausschließlich an konzerneigene Gesellschaften oder, aufgrund sonstiger Beziehungen zu ihm, nahestehende Personen. Im Zweifelsfall wird eine Angemessenheitsprüfung unter Zuhilfenahme der Verrechnungspreismethoden eine adäquate Möglichkeit sein.

Abweichend von der Regelung des Art. 12 Abs. 4, also der Nichterfassung des unangemessenen Teils des Art. 12, hat die Bundesrepublik in einigen älteren Doppelbesteuerungsabkommen (z. B. mit Großbritannien, Irland oder Pakistan) eine Regelung getroffen, in der der gesamte Anwendungsbereich des Art. 12 davon abhängig gemacht wird, dass es sich um angemessene Lizenzgebühren handelt. Dieses scheint m. E. jedoch eine wenig sachgerechte Lösung zu sein, sodass die neuere Abkommenspraxis für den Steuerpflichtigen günstiger ist.

Der Teil des Entgeltes, welcher den angemessenen Teil übersteigt, kann sowohl vom Quellenstaat als auch vom Wohnsitzstaat besteuert werden, da in diesen Fällen die Einschränkungen des Art. 12 Abs. 1 nicht mehr greifen. Probleme können insoweit immer dann entstehen, wenn der Wohnsitzstaat eine Lizenzgebühr für angemessen hält und der Quellenstaat den seiner Meinung nach unangemessenen Teil im

Quellenstaat eigenständig besteuert. Ist der Sitzstaat in diesen Fällen nicht bereit, die Vermeidung der Doppelbesteuerung durch Anrechnung der im Ausland gezahlten Steuern herbeizuführen, führt dieser Qualifikationskonflikt zu einer tatsächlichen Doppelbesteuerung, die nur im Wege eines Verständigungsverfahrens gelöst werden kann.

6 Gewinn aus der Veräußerung von Vermögen (Art. 13 OECD-MA)

Bei der Veräußerung von Vermögen und den daraus resultierenden Gewinnen tritt die Trennung zwischen abkommensrechtlicher Begriffswelt und dem Regelungsbereich des nationalen Steuerrechts wiederum deutlich zutage, denn die Gewinne aus der Veräußerung von Vermögen werden nach innerstaatlichem deutschen Steuerrecht unterschiedlichen Einkunftsarten zugewiesen. Üblicherweise zählen diese Gewinne zu den Einkünften aus Gewerbebetrieb, den Einkünften aus selbständiger Arbeit, den Einkünften aus Land- und Forstwirtschaft oder zu den sonstigen Einkünften i. S. des § 22 Abs. 1 Nr. 3 (§ 23 EStG: Gewinne aus privaten Veräußerungsgeschäften). Somit sind Gewinne aus der Veräußerung von Vermögensgegenständen, die sich im Privatvermögen befinden, nicht steuerbar, sofern die Voraussetzungen des § 23 oder § 17 EStG nicht erfüllt sind. Für die deutschen Steuerpflichtigen ergibt sich die Konsequenz, dass ungeachtet der Zuweisung des Besteuerungsrechtes für die Gewinne aus der Veräußerung von Vermögen eine Besteuerung im Inland unter bestimmten Umständen nicht zum Tragen kommt.

Hierdurch wird der Charakter von Doppelbesteuerungsabkommen abermals deutlich: Doppelbesteuerungsabkommen weisen nur bestehende Besteuerungsrechte zwischen den beteiligten Staaten auf, begründen jedoch keine neuen Steuerpflichten. In der Vorgehensweise der steuerlichen Beurteilung solcher grenzüberschreitender Sachverhalte hat somit zunächst die Beantwortung der Frage nach der Zuordnung des Besteuerungsrechtes zu erfolgen, und erst in einem späteren Schritt ist zu entscheiden, ob der Staat, dem das Besteuerungsrecht nach dem vorliegenden Abkommen zugewiesen wird, von seinem Besteuerungsrecht Gebrauch macht und wie von diesem Recht Gebrauch gemacht wird.

6.1 Grundsatz und Definition

Grundsätzlich gilt auch für die Besteuerung des Gewinns aus der Veräußerung von Vermögen, dass das Besteuerungsrecht dem Sitzstaat des Steuerpflichtigen zusteht. Lediglich in den Fällen, in denen im anderen Staat eine Betriebsstätte belegen ist, erfolgt eine Besteuerung der Veräußerungsgewinne in diesem Betriebsstättenstaat, sofern die Voraussetzungen des Art. 13 Abs. 2 erfüllt sind, also die veräußerten Wirtschaftsgüter der Betriebsstätte wirtschaftlich zugerechnet werden und es sich nicht um unbewegliches Vermögen handelt. Eine weitere Ausnahme ergibt sich in einigen DBA,[272] bei denen abweichend vom OECD-MA nicht beide Staaten das Besteuerungsrecht haben, sondern einem Vertragsstaat das ausschließliche Besteuerungsrecht zugeteilt wird. Die deutsche Finanzverwaltung hat durch ihr BMF-Schreiben zur Einkunftszurechnung zwischen Betriebsstätte und Stammhaus vom 24.12.1999[273], geändert durch BMF-Schreiben vom 20.11.2000,[274] deutlich gemacht, dass eine Zuordnung eines Wirtschaftsgutes nur vollständig entweder zum Stammhaus oder zur Betriebsstätte erfolgen kann. Dessen ungeachtet sollen die laufenden Aufwendungen und Erträge im Verhältnis der Nutzungsanteile auf die beiden Unternehmensteile aufgeteilt werden, wobei dies auch für einen Veräußerungsgewinn oder -verlust gelten soll. Die letzte Aussage ist allerdings nicht mit den meisten von der Bundesrepublik Deutschland abgeschlossenen DBA vereinbar, da gem. Art. 13 Abs. 2 OECD-MA eine Besteuerung im Betriebsstättenstaat in voller Höhe möglich ist, wenn das Wirtschaftsgut der Betriebsstätte zugerechnet werden muss; für eine anteilige Aufteilung der Besteuerungsrechte besteht kein Raum.

Die Frage nach der Besteuerung der Veräußerungsgewinne ist vor allem vor dem Hintergrund der steuerlichen Erfassung gebildeter stiller Reserven in einzelnen Vermögensgegenständen bzw. Wirtschaftsgütern von entscheidender Bedeutung. Neben der unterschiedlichen Einkunftsqualifizierung der Gewinne aus der Veräußerung von Vermögen sind hinsichtlich der steuerlichen Behandlung in den einzelnen Vertragsstaaten auch dahingehend Unterschiede festzustellen, ob es sich um gewöhnliche Einkünfte handelt, die wie alle anderen Einkünfte besteuert werden, oder ob ein besonderer Steuersatz Anwendung findet, besondere Ermittlungen des Veräußerungsgewinnes oder besondere Erhebungsformen der Veräußerungsgewinnbesteuerung gegeben sind.

Als Grundsatz für die Besteuerung des Gewinns aus der Veräußerung von Vermögen ist festzustellen, dass das Besteuerungsrecht grundsätzlich dem Staat zusteht, der auch das Recht hinsichtlich der Besteuerung der laufenden Einkünfte dieses Vermögenswertes hat.

Artikel 13 erfasst Veräußerungsgewinne, ohne jedoch diesen Begriff genauer zu präzisieren. Es besteht jedoch hinsichtlich Kommentarmeinung[275] und Rechtsprechung[276] weitgehend Einigkeit darüber, dass unter Veräußerungsgewinnen insbesondere die Gewinne aus dem Verkauf oder dem Tausch von Vermögenswerten, aber auch der Enteignung, der Einbringung in eine Gesellschaft, dem Verkauf von Rechten, der unentgeltlichen Übertragung und dem Übergang von Todes wegen erfasst

272 So zum Beispiel in Art. 6 Abs. 1 DBA-Ungarn.
273 BStBl 1999 I S. 1076.
274 BStBl 2000 I S. 1509.
275 Beispielhaft Wassermeyer, F., DBA-Kommentar, Rz. 22 zu Art. 13.
276 FG Niedersachsen vom 28.09.1981, EFG 1982, S. 472, BFH vom 27.07.1988, BStBl 1989 S. 271.

werden, sofern nicht in den DBA oder in anderen völkerrechtlichen Vereinbarungen hiervon abweichende Regelungen getroffen sind. Aus deutscher Sicht ergeben sich hieraus vor allem Probleme hinsichtlich der Umsetzung des neuen **Umwandlungsteuergesetzes,** besonders im Zusammenhang mit grenzüberschreitenden Sachverhalten, die gemäß § 23 UmwStG und § 20 Abs. 3 UmwStG nun im deutschen Steuerrecht abschließend geregelt sind.[277]

Neben den Veräußerungstatbeständen soll Art. 13 Abs. 2 auch in den Fällen Anwendung finden, in denen eine Entstrickung der zuvor mit dem Inland steuerverhafteten Wirtschaftsgüter stattfindet. Eine Überführung von Vermögenswerten von einer in einem Staat belegenen Betriebsstätte in den Staat des Stammhauses oder in einen anderen Vertragsstaat soll hierbei zu einer der Veräußerung gleichgestellten Realisierung der bis dahin im entsprechenden Land gebildeten stillen Reserven führen. Einige DBA erfassen unter Art. 13 auch Wertzuwächse, ohne dass es zu einer tatsächlichen Gewinnrealisierung kommt, also Sachverhalte, bei denen aufgrund besonderer Umstände der Wertzuwachs eines Vermögens erfasst wird, ohne dass dieser realisiert wurde. Diese Wertzuwachssteuern fallen nach dem OECD-MA zu den unter das Abkommen fallenden Steuern gem. Art. 2 OECD-MA. Auf die zwingende Realisierung der Veräußerungsgewinne kann verzichtet werden, wie dies bereits oben dargestellt worden ist, in den Fällen der Entstrickung oder auch in Umwandlungsfällen, die zu Buchwerten möglich sind. Über die Feststellung der Höhe des Veräußerungsgewinns trifft das DBA allerdings keinerlei Aussagen. Vielmehr richtet sich die Frage nach der Höhe des Veräußerungsgewinns bzw. des Entstehens eines Veräußerungsgewinns nach den innerstaatlichen nationalen Steuergesetzen. Beispielsweise sind Veräußerungsgewinne steuerneutral zu erfassen, sofern die Voraussetzungen für die Bildung einer sog. § 6 b-Rücklage (handelsrechtlich ein Sonderposten mit Rücklageanteil) oder eine Übertragung des Veräußerungsgewinns auf neu angeschaffte Wirtschaftsgüter des Anlagevermögens möglich ist, sofern dies vom Steuerpflichtigen beantragt wird. Eine solche Regelung ist jedoch subsidiär zu betrachten, da zunächst die Frage des Besteuerungsrechtes nach dem Doppelbesteuerungsabkommen entschieden werden muss, um dann in einem weiteren Schritt die Besteuerungsfolgen im jeweiligen Staat darzustellen. Werden Veräußerungsgewinne tatsächlich besteuert, ist von besonderer Bedeutung, wie die Gewinnermittlung tatsächlich im jeweiligen Staat zu erfolgen hat. Entscheidend sind dabei vor allem die Fragen nach der Behandlung von Kosten, die in einem engen wirtschaftlichen Zusammenhang mit der Veräußerung sowie mit dem jeweilig zu wählenden Ausgangswert der Anschaffungskosten stehen. Für die Bundesrepublik Deutschland hat sich beispielsweise durch das Jahressteuergesetz 1996 im Bereich der Spekulationsgewinne i. S. des § 23 EStG i. V. m. § 22 Abs. 1 Nr. 3 EStG eine Änderung insoweit ergeben, als bei der Ermittlung des Veräußerungsgewinns nicht mehr von den historischen Anschaffungskosten und dem Veräußerungspreis und der

277 Vgl. Schaumburg, Internationales Steuerrecht, S. 700.

daraus resultierenden Differenz ausgegangen wird, sondern von den historischen Anschaffungskosten abzgl. planmäßig vorgenommener AfA bzw. Sonderabschreibungen.

Probleme hinsichtlich der Besteuerung der Veräußerungsgewinne können immer dann entstehen, wenn beide Vertragsstaaten aufgrund unterschiedlicher Absätze des Art. 13 OECD-MA ein Besteuerungsrecht für die Veräußerungsgewinne für sich in Anspruch nehmen.

Beispiel:

Der in Deutschland ansässige Einzelunternehmer hat in Spanien ein privat genutztes Grundstück, welches er am 01.01.2000 angeschafft hat und nun am 31.03.2002 verkauft und hierbei einen Gewinn von 500.000 € realisiert (die Gewinnermittlung erfolgt nach deutschen Gewinnermittlungsvorschriften). Spanien erhebt ebenfalls auf den Veräußerungsgewinn eine Steuer, da das Grundstück in Spanien belegen ist und gem. Art. 13 Abs. 1 das Besteuerungsrecht Spanien zusteht (dem Belegenheitsstaat). Die spanische Finanzverwaltung kommt nach spanischen Gewinnermittlungsvorschriften zu einem Veräußerungsgewinn von 700.000 €. Probleme ergeben sich jetzt insoweit, dass sowohl Spanien ein Besteuerungsrecht hat, welches es auch ausübt, als auch Deutschland ein Besteuerungsrecht hat und dieses unter Verweis auf Art. 22 Abs. 1 Nr. 3 i. V. m. § 23 EStG (privates Veräußerungsgeschäft) ebenfalls wahrnimmt. Grundsätzlich vermeidet die Bundesrepublik die Doppelbesteuerung dadurch, dass sie die in Spanien gezahlte Steuer auf die deutsche Einkommensteuerschuld anrechnet. Kommt es jedoch wie in unserem Beispiel dazu, dass die Bemessungsgrundlagen unterschiedlich sind, kann es unter vorausgesetzt gleichen Steuersätzen zu einem Anrechnungsüberhang kommen, sodass die höhere Steuerbelastung Spaniens zu einer Definitivbelastung wird. Dies ist zweifelsfrei für den Steuerpflichtigen unbefriedigend, doch entspricht es System und Zweck des DBA.

6.2 **Unbewegliches Vermögen** (Art. 13 Abs. 1)

Gewinne aus der Veräußerung von unbeweglichem Vermögen besteuert der Staat, in dem das unbewegliche Vermögen belegen ist. Art. 13 Abs. 1 erfasst nur Gewinne aus der Veräußerung von unbeweglichem Vermögen, die eine in einem Vertragsstaat ansässige Person aus der Veräußerung im anderen Vertragsstaat bezieht, sodass Gewinne aus der Veräußerung von unbeweglichem Vermögen, welches im Sitzstaat oder in einem dritten Staat liegt, nicht gem. Art. 13 Abs. 1 erfasst werden, sondern entsprechend Art. 13 Abs. 4 mit der Folge, dass dem Sitzstaat **(Ansässigkeitsstaat)** das ausschließliche Besteuerungsrecht zusteht. Die Regelung des Art. 13 Abs. 1 schließt jedoch nicht generell aus, dass auch der Ansässigkeitsstaat eine Besteuerung des Gewinns aus der Veräußerung unbeweglichen Vermögens vornehmen kann. Die deutsche Abkommenspraxis sieht jedoch grundsätzlich das Besteuerungsrecht ausschließlich im Belegenheitsstaat vor. Ausnahmen sind hier lediglich die DBA mit Luxemburg und den Niederlanden, in denen Regelungen enthalten sind, dass Renten, die als Gegenleistung für die Veräußerung von unbeweglichem Vermögen gezahlt werden, nur im Sitzstaat des Empfängers der Renten besteuert werden. Das Belegenheitsprinzip gilt nicht für die Veräußerung von Anteilen an Immobiliengesellschaften. In einigen DBA (z. B. mit den USA) ist hiervon abweichend geregelt, dass Art. 13 Abs. 4 bzw. Art. 13 Abs. 2 eingreift und eine Besteuerung der Veräußerungsgewinne in dem Staat erfolgt, in dem die Immobilien belegen sind. Probleme ergeben sich regelmäßig dann, wenn es sich um Immobiliengesellschaften handelt, die zwar in einem Staat ansässig sind, jedoch nicht ausschließlich hinsichtlich der Immobilie in einem Staat investiert sind, sondern in mehreren. Entsprechend der Regelung zu Art. 6, also der Behandlung der laufenden Einkünfte aus unbeweglichem Vermögen, besteht auch bei der Behandlung der Veräußerungsgewinne aus unbeweglichem Vermögen im Verhältnis zu den Veräußerungsgewinnen aus einer Betriebsstätte ein Vorbehalt hinsichtlich des Belegenheitsprinzips gegenüber dem Betriebsstättenprinzip. Im Ergebnis ist dies jedoch zumeist unerheblich, da keinerlei Bindung zwischen dem Einkunftsbegriff bzw. der Einkunftsart des DBA und der später vorzunehmenden Einkunftsqualifizierung der Gewinne nach nationalem Recht besteht. Einige DBA, wie z. B. das DBA-Schweden, schränken den Vorrang des Belegenheitsprinzips gegenüber dem Betriebsstättenprinzip unter bestimmten Umständen wieder ein.

6.3 **Bewegliches Betriebsvermögen** (Art. 13 Abs. 2)

Wird Vermögen, welches Betriebsvermögen einer Betriebsstätte eines Unternehmens darstellt und nicht als unbewegliches Vermögen i. S. des Art. 6 i. V. m. Art. 13 Abs. 1 qualifiziert ist, veräußert und entsteht hierbei ein Gewinn, steht das Besteuerungsrecht dem Betriebsstättenstaat zu. Zu den Vermögenswerten, die hierunter erfasst werden, gehören auch der Firmenwert und firmenwertähnliche Wirtschaftsgüter sowie Lizenzrechte und sonstige immaterielle Wirtschaftsgüter, somit also Wirtschaftsgüter, die nach nationaler deutscher Steuerrechtsterminologie nicht als bewegliche Wirtschaftsgüter i. S. des Einkommensteuergesetzes behandelt werden.[278] Die Besteuerung dieser Veräußerungsgewinne folgt damit den Regelungen über die Unternehmensgewinne (Art. 7 OECD-MA) bzw. über die selbständige Tätigkeit (Art. 14 OECD-MA). Die Veräußerung beweglicher Vermögensgegenstände des Betriebsvermögens schließt nicht aus, dass auch die Veräußerung der gesamten Betriebsstätte unter Art. 13 Abs. 2 fällt. Vor diesem Hintergrund sind somit auch die Entstrickungstatbestände zu nennen, die bereits oben erwähnt wurden. Werden Wirtschaftsgüter einer Betriebsstätte in einem Staat auf eine Betriebsstätte oder das Stammhaus in dem anderen Staat übertragen, so führt dies weder handels- noch zivilrechtlich zu einer Realisierung von Gewinnen, da es am Rechtsträgerwechsel fehlt. Nichtsdestotrotz erfolgt eine Besteuerung im Betriebsstättenstaat, da es nur konsequent erscheint, stille Reserven, die u. a. dadurch entstanden sind, dass gewinnmindernd im Betriebsstättenstaat Abschreibungen vorgenommen wurden, die sich bei der Realisierung dieses Veräußerungsgewinns nun als zu hoch

278 Vgl. Wassermeyer, F., DBA-Kommentar, Rz. 77 zu Art. 13.

oder insgesamt fehlerhaft erwiesen haben, rückgängig zu machen. Es ist anerkannte Praxis, dass der Staat, der sein Steuersubstrat durch Abschreibungen und aufgrund anderer Aufwendungen hat mindern lassen müssen, dann auch die Möglichkeit haben soll, die stillen Reserven bei Realisierung oder bei Entstrickungstatbeständen besteuern zu können. Hiervon unberührt bleibt die Möglichkeit des betreffenden Staates, trotz abkommensrechtlichen Besteuerungsrechts eine Besteuerung der Veräußerungsgewinne nicht vorzunehmen. Als Vermögensgegenstand einer Betriebsstätte kann auch die Beteiligung an einer anderen Kapitalgesellschaft gegeben sein, sodass auch die Veräußerungen von Beteiligungen, sofern sie der Betriebsstätte zuzuweisen sind, unter Art. 13 Abs. 2 fällt und damit im Betriebsstättenstaat besteuert werden. Wären diese Beteiligungen direkt vom Stammhaus im anderen Staat gehalten worden, würde es zu einer Besteuerung im Ansässigkeitsstaat des Eigentümers (Stammhauses) der Anteile kommen. Vor dem Hintergrund, dass die Doppelbesteuerung gem. Art. 23 OECD-MA durch Freistellung der Betriebsstätteneinkünfte (somit auch der Einkünfte nach Art. 13 Abs. 2) erfolgt, kann es für einen Steuerpflichtigen von besonderer Bedeutung sein zu entscheiden, ob eine Beteiligung der Betriebsstätte wirtschaftlich zuzurechnen ist oder aber ob sie dem Stammhaus und damit dem Ansässigkeitsstaat zugerechnet werden muss. Vor allem für deutsche Steuerpflichtige, bei denen i. d. R. die Steuerbelastung im Betriebsstättenstaat weit niedriger ist als die in der Bundesrepublik, gab es daher in der Vergangenheit Bestrebungen, ihre Anteile an Kapitalgesellschaften möglichst einer ausländischen Betriebsstätte zuzuweisen. Durch die steuerfreie Veräußerungsmöglichkeit gem. § 8 b Abs. 2 KStG hat diese Vorgehensweise jedoch heute keine nennenswerte Bedeutung mehr.

Besondere Bedeutung erlangt Art. 13 Abs. 2 dadurch, dass Gewinne aus der Veräußerung von beweglichem Betriebsvermögen einer Betriebsstätte bzw. beweglichem Vermögen einer festen Einrichtung i. S. des Art. 14 auch dann im Betriebsstättenstaat besteuert werden können, wenn sie außerhalb des Betriebsstättenstaates belegen sind. Die Vorschrift hinsichtlich des Besteuerungsrechtes des Belegenheitsstaates richtet sich ausschließlich an unbewegliches Vermögen. Insofern sind Abgrenzungen in den Fällen vorzunehmen, in denen es sich um unbewegliches Vermögen handelt (Art. 13 Abs. 1), sowie in den Fällen, in denen es sich um notwendiges Privatvermögen oder gewillkürtes Privatvermögen (Art. 13 Abs. 4) handelt. Die bei der Ermittlung des Veräußerungsgewinns anzuwendenden Vorschriften entsprechen denen, die ganz allgemein bei der Ermittlung des Gewinns nach Art. 7 je nach innerstaatlichem Recht anzuwenden sind. Insofern stellt sich das unter Art. 13 Abs. 1 dargestellte Problem, was die Bemessungsgrundlage für die Anschaffungskosten ist, ob unter Berücksichtigung der vorgenommenen AfA oder nicht, im vorliegenden Fall bei Betriebsstättenergebnissen nicht mehr, da nach deutschem Recht Betriebsstätten i. d. R. gem. § 140 bzw. § 141 AO i. V. m. §§ 238 ff. HGB buchführungspflichtig und damit zur Aufstellung von Jahresabschlüssen verpflichtet sind.

Im Rahmen des dort vorzunehmenden Betriebsvermögensvergleichs sind die Abschreibungen als Minderung der Anschaffungskosten generell zu erfassen.

6.4 Vermögen gem. Art. 13 Abs. 3

Absatz 3 des Art. 13 nimmt in entsprechender Überlegung zu Art. 8 OECD-MA besondere Regelungen für die Luft-, See- und Binnenschifffahrt vor. Da, wie bereits schon ausgeführt, die Bestimmung der Quelle der Einkünfte bei diesen Wirtschaftszweigen effizient und praktikabel kaum möglich sein wird und es sonst zu zahlreichen Abstimmungs- bzw. Aufteilungsproblemen führen würde, werden die Gewinne aus der Veräußerung von Vermögen dem Staat zugewiesen, in dessen Territorium sich der Ort der tatsächlichen Geschäftsleitung des Unternehmens befindet, welches den Betrieb dieser Schiffe und Luftfahrzeuge betreibt. Wenngleich es zahlreiche Abgrenzungskriterien und Probleme hinsichtlich der Frage gibt, wer den Betrieb dieser Schiffe und Luftfahrzeuge durchführt und wer nur Eigentümer dieser Schiffe oder Luftfahrzeuge ist und entsprechend nur eine Verleasung vornimmt, soll auf diesen Problemkreis im Rahmen dieser Veröffentlichung nicht mehr eingegangen werden.

6.5 Sonstiges Vermögen (Art. 13 Abs. 4)

Artikel 13 Abs. 4 enthält die Auffangvorschrift für all diejenigen Gewinne aus der Veräußerung des in den Abs. 1, 2 und 3 nicht genannten Vermögens und stellt damit die Grundnorm dar. Das Besteuerungsrecht steht somit grundsätzlich dem Sitzstaat **(Ansässigkeitsstaat)** zu. Typische Anwendungsfälle sind die Veräußerung von Anteilen an Kapitalgesellschaften oder die Veräußerung von sonstigen Wertpapieren. Hierzu zählen allerdings auch Liquidationserlöse, die aus der Liquidation einer Kapitalgesellschaft entstehen können und damit wie ein Veräußerungsgewinn behandelt werden. Probleme können sich jedoch immer dann ergeben, wenn einer der beiden Vertragsstaaten der Meinung ist, dass es sich hierbei nicht um einen Veräußerungsgewinn handelt, sondern lediglich um die Ausschüttung von angesammelten Gewinnen der Vorjahre und damit dem Quellenstaat dieser „Dividenden" ein Quellensteuerrecht zukommt und dem Ansässigkeitsstaat das grundsätzliche Besteuerungsrecht unter Anrechnung der im Ausland gezahlten Quellensteuern zusteht. Die Regelung beinhaltet, dass eine in einem Vertragsstaat ansässige Person, die Gewinne aus der Veräußerung von Vermögen, das in den vorangegangenen Absätzen nicht genannt ist, bezieht, nur im Wohnsitzstaat besteuert werden darf. Dies beinhaltet somit auch die Veräußerungsgewinne aus Vermögen, das in einem Vertragsstaat liegt, aber auch Vermögen, das in einem Drittstaat liegt.

Beispiel:

Der Einzelunternehmer O, Wohnsitzstaat ist die Bundesrepublik Deutschland, besitzt in der Bundesrepublik ein Grundstück, welches seiner spanischen Betriebsstätte wirtschaftlich zuzurechnen ist. O veräußert dieses Grundstück und realisiert dabei einen Veräußerungsgewinn. Dieser Veräußerungsgewinn darf gem. Art. 13 Abs. 4 nur im Wohnsitzstaat besteuert werden. Artikel 13 Abs. 1, die Regelung für unbewegliches Vermögen im anderen Vertragsstaat, greift nicht, da das unbewegliche Vermögen im gleichen Staat, im Ansässigkeitsstaat, belegen ist. Artikel 13 Abs. 2 greift ebenfalls nicht, da das Grundstück zwar der spanischen Betriebsstätte unzweifelhaft zugerechnet werden muss, doch eine Beschränkung des Besteuerungsrechts für den Betriebsstättenstaat für bewegliches Betriebsvermögen besteht.

Probleme ergeben sich regelmäßig bei der Frage, wann es sich um laufende Zinserträge bzw. um einen Veräußerungsgewinn handelt. Vor allem die neuen Finanzierungsinstrumente, die in der Bundesrepublik dazu geführt haben, auch bestimmte, zivilrechtlich eindeutig als Veräußerungsgewinne zu qualifizierende Einkünfte als Zinseinkünfte zu erfassen, bereiten in der Abkommenspraxis erhebliche Probleme und erhöhen die Gefahr der Doppelbesteuerung.

7 Dienstleistungs- und Arbeitseinkünfte

7.1 Wohnsitzprinzip als Grundorientierung

Einkünfte aus nichtselbständiger Arbeit gem. Art. 15 sowie aus den in Art. 16–19 genannten Tätigkeiten werden grundsätzlich allein im Wohnsitzstaat besteuert. Dies gilt auch dann, wenn sie durch eine Tätigkeit im anderen Vertragsstaat erwirtschaftet wurden, jedoch gelten hierfür die weiter unten noch zu zeigenden Ausnahmen.

7.2 Selbständige Arbeit (Art. 14 OECD-MA)

7.2.1 Grundsätzliche Regelung

Artikel 14 OECD-MA a. F. regelt die Zuweisung des Besteuerungsrechts für Einkünfte aus selbständiger Arbeit, nicht jedoch wie viele andere Einkunftsartikel auch die Vermeidung der Doppelbesteuerung, da sich Letztere nach Art. 23 A OECD-MA und Art. 23 B OECD-MA richtet. Durch die im Einzelfall fehlende ausschließliche Zuordnung zu einem der Vertragsstaaten kann sich durch die Vorschrift allein nicht die Vermeidung der Doppelbesteuerung ergeben, sondern nur i. V. m. Art. 23 A OECD-MA oder 23 B OECD-MA. Die Regelungen des Art. 14 OECD-MA a. F. weisen in der grundsätzlichen Zielrichtung eine weitgehende Übereinstimmung mit Art. 7 OECD-MA, den Unternehmensgewinnen, auf, wobei in beiden Fällen der

Ansässigkeitsstaat stets auch oder ausschließlich das Besteuerungsrecht besitzt und der Quellenstaat nur dann, wenn dort eine feste Einrichtung des Steuerpflichtigen unterhalten wird. Dem Quellenstaat soll damit nur dann ein Besteuerungsrecht zustehen, wenn zur Tätigkeit des Steuerpflichtigen eine ausreichend enge Beziehung zum Staat der Tätigkeit besteht. Hierbei folgt Art. 14 OECD-MA auch dem Grundsatz, dass eine Besteuerung grundsätzlich nur im Ansässigkeitsstaat zu erfolgen hat und nur in Ausnahmefällen im Quellenstaat auch vorzunehmen ist. Trotz des zum 29.04.2000 gestrichenen Artikels im OECD-MA und der Einbeziehung der Einkünfte aus selbständiger Arbeit in die Unternehmensgewinne des Art. 7 OECD-MA ist bis auf weiteres eine Kommentierung schon aus abkommensrechtspraktischen Erwägungen heraus geboten, da bislang alle deutschen DBA weiterhin eine dem Art. 14 OECD-MA entsprechende Regelung enthalten.[279] Die Bundesrepublik Deutschland hat auch in den im Jahr 2006 in Kraft getretenen DBA mit Singapur[280] sowie mit der Slowakei[281] die Formulierung des Art. 14 OECD-MA a. F. wort- und inhaltsgleich übernommen und von der vorgesehenen Einbeziehung in Art. 7 „Unternehmensgewinne" keinen Gebrauch gemacht. Zur Begründung bzw. zur Notwendigkeit der Streichung des bisherigen Art. 14 und die Aufnahme der Einkunftstatbestände unter Art. 7 des OECD-MA führt der Kommentar selbst aus, dass zu keiner Zeit beabsichtigt war, zwischen den Begriffsinhalten der Betriebsstätte und der festen Einrichtung zu unterscheiden, und dass Entsprechendes auch für die Gewinnermittlung und die Steuerberechnung gilt. Außerdem soll die Abschaffung des Art. 14 dazu dienen, Abgrenzungsprobleme hinsichtlich ausgewählter Tätigkeiten zwischen Art. 7 und Art. 14 zu vermeiden.

Die Einkünfte aus einem freien Beruf oder aus einer sonstigen selbständigen Tätigkeit werden neben der Grundsatzbesteuerung im Ansässigkeitsstaat der natürlichen Person ausnahmsweise auch im anderen, dem Quellenstaat, besteuert, wenn der Steuerpflichtige, bei dem es sich nach nationalem Recht **ausschließlich** um eine **natürliche Person** handeln kann, über eine ständige/feste Einrichtung im Quellenstaat, also dem Staat der Tätigkeit, verfügt und die Tätigkeit dort ausgeübt wird.[282] Die Einkünfte sind jedoch nur insoweit zuzurechnen, als sie der festen Einrichtung wirtschaftlich und funktional zugerechnet werden können. Auch insoweit besteht eine große Nähe zwischen Art. 14 OECD-MA und Art. 7 OECD-MA, da auch dort

279 Wassermeyer sieht in D/W, Art. 14 OECD-MA, Rz. 0 (März 2002) noch erhebliche Zweifel, ob Deutschland überhaupt in neu abzuschließenden DBA Art. 14 a. F. nicht aufnehmen wird oder ob es bei der langjährigen Praxis verbleibt.

280 BGBl II 2006 S. 930.

281 BGBl II 2006 S. 1091.

282 Wassermeyer in D/W, Art. 14 OECD-MA, Rz. 10 (März 2002), weist zu Recht darauf hin, dass dem Wortlaut folgend zumindest nach Abkommensrecht grundsätzlich jede Person i. S. des Art. 3 OECD-MA Bezieher von Einkünften i. S. des Art. 14 OECD-MA sein kann, doch wird dies offensichtlich dadurch eingeschränkt, dass der vorgenommene Verweis auf das nationale Recht des Anwenderstaates zumindest für den Fall Deutschland eine ausschließliche Beschränkung auf natürliche Personen vorsieht. BFH vom 20.06.1984 I R 283/81, BStBl 1984 II S. 828, hat für Deutschland die Auffassung bestätigt, dass nur natürliche Personen Einkünfte aus selbständiger Tätigkeit erzielen können.

ein Besteuerungsrecht des Quellenstaates nur dann bestehen soll, wenn eine Betriebsstätte gegeben ist und dieser Betriebsstätte die Einkünfte zuzurechnen sind.

Die Anwendung des Art. 14 OECD-MA a. F. und die Begründung des neben das verbleibende Besteuerungsrecht des Ansässigkeitsstaates tretende Steuerrecht des Quellenstaates setzt folgende Tatbestandsmerkmale voraus:

(1) Eine in einem Vertragsstaat ansässige Person

(2) erzielt Einkünfte aus einer selbständigen oder freiberuflichen Tätigkeit,

(3) die im anderen Staat ausgeübt wird, und

(4) der Person im Tätigkeitsstaat steht eine feste Einrichtung zur Verfügung.

Wenngleich in Art. 14 OECD-MA a. F. nur von „Person" gesprochen wird und hierunter nach Art. 3 OECD-MA auch juristische Personen zu verstehen sind, muss nach wohl herrschender Ansicht im Schrifttum[283] sowie der Rechtsprechung davon ausgegangen werden, dass eine Kapitalgesellschaft sowie andere juristische Personen regelmäßig keine Tätigkeiten ausüben können, bei denen die physische oder intellektuelle Fähigkeit des Einzelnen im Vordergrund steht. Vor diesem Hintergrund ist von einer ausschließlichen Anwendung auf natürliche Personen auszugehen. Diese schließt selbstverständlich nicht aus, dass beispielsweise Sozien einer Partnerschaftsgesellschaft, die für Abkommenszwecke als transparent angesehen wird, hierunter fallen.

Die erforderliche Ansässigkeit wird nach den Regelungen des Art. 4 OECD-MA bestimmt, wobei im Zweifelsfall auch Tie-Breaker-Rules zur Anwendung kommen. Zunächst erfolgt eine sachliche Begrenzung des Anwendungsbereiches auf eine selbständige Tätigkeit und Tätigkeiten im Rahmen eines freien Berufs. Im Anschluss daran wird die Voraussetzung für eine Besteuerung im Quellenstaat beschrieben, namentlich das Innehaben einer festen Einrichtung in diesem Staat.

Erfasst werden durch Art. 14 OECD-MA nur die Einkünfte aus selbständiger Arbeit, wobei auf die Begriffsbestimmung des nationalen Rechts des Anwenderstaates Bezug genommen wird.

Es muss sich um eine in einem Vertragsstaat ansässige Person i. S. des Art. 3 Abs. 1 OECD-MA handeln, die Einkünfte aus einem freien Beruf oder einer sonstigen selbständigen Tätigkeit erzielt, die im anderen Vertragsstaat ausgeübt wird. Eine Besteuerung im Quellenstaat kommt stets nur dann zur Anwendung, wenn die Person im anderen Vertragsstaat für ihre Tätigkeit gewöhnlich eine feste Einrichtung zur Verfügung hat und diese Einrichtung auch üblicherweise für die Verrichtung der Tätigkeit nutzt.

283 Zum Meinungsbild im Schrifttum siehe Prokisch in Vogel/Lehner, 4. Aufl. 2003, Art. 14 OECD-MA, Rz. 11.

Wann Einkünfte aus selbständiger Arbeit i. S. des Art. 14 Abs. 1 OECD-MA anzunehmen sind, kann mit abschließender Sicherheit nur für die in der beispielhaften Aufzählung[284] enthaltenen Tätigkeiten bestimmt werden. Im Abkommen undefiniert bleibt der **Begriff der „sonstigen selbständigen Tätigkeit“**. Während Wassermeyer[285] zuzustimmen ist, dass hinsichtlich des Kernbereichs des Art. 14 Abs. 2 OECD-MA weitgehende Übereinstimmung mit dem innerstaatlichen Begriff der selbständigen Arbeit nach § 18 EStG besteht, ist eine Bestimmung für die darüber hinausgehenden Randbereiche schwieriger. Trotz der international unterschiedlichen Ausbildungsverordnungen und Berufsbilder ist eine Auslegung des Begriffs der „Sonstigen selbständigen Tätigkeit“ durch das innerstaatliche Steuerrecht des Anwenderstaates (d. h. dem Ansässigkeitsstaat) vorzunehmen, sofern eine Auslegung nach dem Abkommen nicht möglich ist.[286] Der Begriff der selbständigen Tätigkeit ist im OECD-MA selbst weder definiert noch durch Beispiele beschrieben. Demgegenüber ist der Begriff des freien Berufs in Art. 14 Abs. 2 OECD-MA durch Beispiele zumindest beschrieben, die ausweislich OECD-MK zu Art. 14 a. F., Rz. 2, nicht abschließend ist. In beiden Fällen hat eine Abgrenzung zu den Unternehmensgewinnen gem. Art. 7 OECD-MA auf der einen Seite und den Einkünften aus unselbständiger Arbeit gem. Art. 15 OECD-MA auf der anderen Seite zu erfolgen. Hierbei ist der Begriff der selbständigen Tätigkeit in zweierlei Hinsicht zu verstehen. Zunächst ist der Begriff erforderlich, um eine Abgrenzung zu Art. 15 OECD-MA vorzunehmen, um dann in einem zweiten Schritt die Abgrenzung zu den Unternehmensgewinnen durchzuführen. In letzteren Sinne bedeutet „selbständige Tätigkeit“ eine Tätigkeit, die ähnlich der durch Beispiele konkretisierten freien Berufe als Wesenszug die unmittelbare, persönliche und individuelle Arbeitsleistung des Steuerpflichtigen[287] besitzt.

Der zur näheren Bestimmung der selbständigen Tätigkeit übliche Verweis auf das nationale Recht der Anwenderstaaten gem. Art. 3 Abs. 2 OECD-MA führt in zahlreichen Fällen nicht zur Lösung der Unsicherheit bei der Begriffsbestimmung, weil entweder der Anwenderstaat die Begriffe nicht verwendet oder sie auch nur beispielhaft beschreibt, ohne sie abschließend zu definieren.

Auch wird es vermutlich der Rechtsprechung überlassen bleiben, den Katalog der „sonstigen selbständigen Tätigkeiten“ um die **typischen Berufsbilder** im Zusammenhang mit modernen Kommunikationsformen, wie z. B. dem **Internet**, aber auch hinsichtlich neuer Tätigkeitsbereiche, wie z. B. Trendforscher oder Szenescouts, zu erweitern. Trotz der international unterschiedlichen Ausbildungsordnungen und Berufsbilder ist eine Auslegung des Begriffes der „sonstigen selbständigen Tätigkeit“ durch das innerstaatliche Steuerrecht des Anwenderstaates vorzunehmen,

284 OECD-MA-Kommentar, Rz. 2 zu Art. 14 OECD-MA.

285 Vgl. Wassermeyer in Debatin/Wassermeyer, Art. 14 OECD-MA, Rz. 12 (Januar 2004).

286 Wassermeyer in Debatin/Wassermeyer, Art. 14 OECD-MA, Rz. 13 (Januar 2004).

287 BFH vom 25.10.1963 IV 373/60 U, BStBl 1963 III S. 595, sowie aus jüngerer Zeit BFH vom 25.10.1993, I B 125/93, BFH/NV 1994, S. 470.

sofern eine Auslegung unmittelbar aus dem Abkommen nicht möglich ist.[288] Die Grundregel hierbei lautet, dass sich die Ausübung einer selbständigen Arbeit von der Unternehmens- bzw. land- und forstwirtschaftlichen Tätigkeit dadurch unterscheidet, dass der Einsatz von Kapital gegenüber der eigenen Arbeitskraft sowie der geistigen Arbeit in den Hintergrund tritt.[289] Dies gilt selbst in den Fällen, in denen erhebliches Kapital und Betriebsvermögen für die Vornahme der Tätigkeit erforderlich sind.[290] Ob das Abgrenzungskriterium einer qualifizierten Ausbildung tatsächlich in jedem Fall zielführend ist, muss bezweifelt werden, weil eine Vielzahl von neuartigen beruflichen Aktivitäten auf Fertigkeiten basieren, die sich jenseits klassischer Ausbildungsberufe erlernen lassen, wie z. B. Softwareprogrammierer oder Internetexperten.

Der in Art. 14 OECD-MA a. F. geforderte **Ausübungstatbestand** knüpft ausschließlich an die **physische Präsenz** des Steuerpflichtigen oder seiner Mitarbeiter an und erfasst daher nicht entsprechende Tätigkeiten von Personen, die nicht im Inland tätig sind. Der Ort der Ausübung hängt daher von der persönlichen Tätigkeit der Person ab und kann auch nicht dadurch ins Inland verlegt werden, dass die Übermittlung der Leistung an einen Kunden über einen **Internet-Server** erfolgt. Dies nicht zuletzt vor dem Hintergrund, dass es die natürliche Person ist, die die maßgeblichen Tätigkeiten weiterhin im Ausland erbringt. Nur durch die Übermittlung der Tätigkeit – z. B. mittels einer Videokonferenz über das Internet oder sonstige elektronische Medien – kann eine Annahme einer beschränkten Steuerpflicht im Inland nicht erreicht werden. Der Verwertungstatbestand hat anders als im nationalen Recht Deutschlands für die abkommensrechtliche Zuweisung von Besteuerungsrechten keinerlei Bedeutung.

Neben dem Ausüben einer selbständigen Tätigkeit ist weitere abkommensrechtliche Voraussetzung für die Besteuerung im Quellenstaat das **Vorliegen einer festen Einrichtung** in diesem Staat. Wann eine solche feste Einrichtung als gegeben anzusehen ist, kann dem Abkommenstext nicht entnommen werden. Der Steuerausschuss der OECD hielt eine eigenständige Definition bisher für nicht erforderlich, da der Begriff in analoger Anwendung des Art. 5 Abs. 1 bis 7 OECD-MA auszulegen sei.[291] Eindeutig ist, dass die feste Einrichtung begrifflich an die Betriebsstätte i. S. des Art. 15 OECD-MA angelehnt ist und dieser hinsichtlich ihrer Bedeutung für die Zuweisung des Besteuerungsrechts weitgehend entspricht. Die beispielhafte Aufzählung von Fällen fester Einrichtungen im OECD-MA-Kommentar Rz. 4 zu Art. 14 OECD-MA stellt im Wesentlichen auf Räumlichkeiten ab und kommt damit dem Kriterium der Tätigkeitsausübung durch eigene Arbeitskraft oder eigene geistige Arbeit entgegen.[292] Im Gegensatz zum Betriebsstättenbegriff ist die Qualifizie-

288 Wassermeyer in D/W, Art. 14 OECD-MA, Rz. 13 (März 2002).
289 Wassermeyer in D/W, Art. 14 OECD-MA, Rz. 18 (März 2002).
290 BFH vom 10.10.1963 IV 198/62 S, BStBl 1964 III S. 120.
291 Vogel, 3. Aufl., Art. 14 OECD-MA, Rz. 32.
292 FG Rheinland-Pfalz vom 24.04.1998, 4 K 2608/95, EFG 1998, S. 1182 (rkr.).

rung eines **Internet-Servers** als feste Einrichtung aber nicht möglich. Der subsidiären Ausprägung einer festen Einrichtung durch eine Anlage oder Einrichtung sind enge Grenzen gesetzt, zumal sich auch die Anlage in Räumlichkeiten befinden muss. Prokisch[293] definiert eine feste Einrichtung als die Gesamtheit der Sachen, die der freiberuflich oder sonstig selbständigen Tätigkeiten dienen, und der Ort, an dem die Tätigkeit ausgeübt wird. Dieser Rechtsauffassung ist teleologisch gesehen zuzustimmen, denn trotz des Fehlens eines expliziten Hinweises auf die Ausübung der Tätigkeit in der festen Einrichtung, wie dies im alternativen Fall der Betriebsstättendefinition des Art. 5 sowie der Gewinnzurechnung des Art. 7 OECD-MA ist, muss davon ausgegangen werden, dass eine feste Einrichtung betriebswirtschaftlich nur deshalb errichtet wird, weil die Tätigkeit in diesem Staat ohne eine eigene Einrichtung nicht oder nicht sinnvoll durchgeführt werden könnte und somit auch in dieser festen Einrichtung die Ausübung stattfindet. Der Begriff der festen Einrichtung ist im OECD-MA nicht definiert, obschon der Steuerausschuss der OECD mit seiner Einschätzung überrascht, dass es einer solchen Definition nicht bedürfe, da als typische feste Einrichtung eines Freiberuflers regelmäßig ein Praxisraum oder eine Beratungskanzlei, Büroräume eines Architekten oder RA anzusehen seien. Gleichwohl stellt sich die Frage, ob die Begriffsinhalte der Betriebsstätte i. S. des Art. 5 Abs. 1 OECD-MA in entsprechender Weise vollständig zu übernehmen sind oder ob es entsprechender **Abgrenzungen** bedarf. Wenngleich in der Rechtsprechung zum Teil missverständlich von einer Gleichsetzung ausgegangen wird,[294] ist mit Stimmen im Schrifttum[295] davon auszugehen, dass es Unterschiede hinsichtlich des Begriffsinhaltes gibt und diese auch in sachgerechter Weise zu beachten sind. Zunächst ist festzustellen, dass sowohl Betriebsstätte als auch feste Einrichtung als bestimmende Kriterien für die Annahme einer Ausnahme von der ausschließlichen Besteuerung der Einkünfte im Ansässigkeitsstaat des Steuerpflichtigen anzusehen sind. Auch die feste Einrichtung dient dazu, für die Einkunftsart Art. 14 OECD-MA a. F. eine hinreichend genaue Definition für den erforderlichen wirtschaftlichen und tatsächlichen Grad der Verbindung zum Quellenstaat zu geben. Unter einer festen Einrichtung kann man damit in Anlehnung an die Betriebsstättendefinition die Gesamtheit aller Sachen verstehen, die der freiberuflichen und sonstigen selbständigen Tätigkeit dienen. Die Tätigkeit muss darüber hinaus dieser festen Einrichtung zuzuordnen sein bzw. in dieser ausgeübt werden bzw. – genauer gesagt – mittels dieser ausgeübt werden. In diesem Zusammenhang wird Streit virulent, ob die benötigten Sachen oder Sachgesamtheit die Betriebsstätte begründet oder erst der örtlich fixierbare Raum, in dem sich diese Sachgesamtheit befindet. Exakter müsste wohl definiert werden, dass eine **Einrichtung** die **benötigten Sachen**, Sachinbegriffe für die Ausübung der Tätigkeit bedeutet, aber dass als zweite Tatbestandsvoraussetzung für die Annahme

293 Prokisch in Vogel/Lehner, DBA-Kommentar, 4. Aufl. 2003, Rz. 22 zu Art. 14.

294 BFH vom 11.04.1990 I R 82/86, BFH/NV 1991, S. 143. In diesem Sinne auch FG Köln vom 20.03.2002, 10 K 5152/97, EFG 2002, S. 765 (rkr.).

295 Wilke in B/H/G/K, Art. 14 OECD-MA, Rz. 47 (Grundwerk 1997).

eines Quellensteuerrechtes das Vorliegen einer festen, hier dauerhaften Geschäftseinrichtung erforderlich ist, die nur dann eine örtliche Fixierung hat, wenn sie sich in Räumlichkeiten dauerhaft verkörpert hat.

Ähnlich der Festlegung bei der Betriebsstätte ist auch hinsichtlich des Vorliegens einer festen Einrichtung eine Beurteilung, wann eine solche vorliegt, nur nach den **Besonderheiten** des jeweiligen **Einzelfalls** und der zugehörigen **Branche** zu entscheiden.[296] Der BFH hat beispielsweise entschieden, dass in den Fällen, in denen ein Rechtsanwalt seine Berufstätigkeit in einer Zweitwohnung ausübt, diese Zweitwohnung der freiberuflichen Tätigkeit dient und daher eine feste Einrichtung begründet, da die Räumlichkeiten für einen Rechtsanwalt als ausreichend anzusehen sind. Fraglich ist jedoch, ob in der festen Einrichtung auch tatsächlich alle Sachen enthalten sein müssen, die das gesamte Leistungsspektrum des jeweiligen Freiberuflers abdecken können, oder ob es sich nur um die Einrichtungen handelt, die für die konkrete Erbringung der Leistungen in dem Quellenstaat erforderlich sind. Neben dem räumlichen Moment der Definition einer festen Einrichtung ist darüber hinaus auch das zeitliche Moment zu berücksichtigen. Hierbei ist weiterhin umstritten, ob es für die Annahme einer dauerhaften Einrichtung eine **bestimmte Mindestzeitdauer** gibt. Trotz einiger Urteile im Einzelfall wird eine generelle Unterstellung einer dauerhaften Einrichtung bei Verstreichen einer bestimmten Frist, z. B. sechs oder mehr als zwölf Monate **nicht** für **allgemein gültig** erklärt. Vielmehr wird, wie so häufig, auf die Umstände des Einzelfalls abgestimmt. Meines Erachtens scheint ein sinnvolles Abgrenzungskriterium ähnlich der Prüfung der Tatbestandsvoraussetzungen für die freiberufliche Tätigkeit die Nachhaltigkeit der Tätigkeit zu sein, also die Vermutung, dass der Steuerpflichtige seine Tätigkeit mit Wiederholungsabsicht vornimmt. Der Kritik, dass dies einer praktischen Handhabung zuwiderläuft, ist vor allem aus wettbewerbspolitischen Gründen entgegenzuhalten, dass nur so das Ziel der grundsätzlichen Besteuerung im Ansässigkeitsstaat sowie der ausnahmsweise gegebenen Besteuerung im Quellenstaat erreicht werden kann.

Der Steuerpflichtige darf jedoch die feste Einrichtung nicht bereits zu Beginn der Aufnahme der Tätigkeit als vorübergehend ansehen und muss über die feste Einrichtung die Verfügungsmacht besitzen, sodass zivilrechtliches und/oder wirtschaftliches Eigentum nicht erforderlich sind, aber bei deren Vorliegen die Tatbestandsvoraussetzung der Verfügungsmacht erfüllt ist. Ein weiterer Unterschied zum Betriebsstättenbegriff ergibt sich dadurch, dass die subsidiäre Begründung eines „ständigen Vertreters" i. S. des Art. 5 Abs. 5 OECD-MA bei Art. 14 OECD-MA a. F. nicht vorgesehen ist.

---

296 Siehe Prokisch in Vogel/Lehner, DBA-Kommentar, 4. Aufl. 2003, Rz. 22 zu Art. 14 mit Hinweisen auf die Rechtsprechung.

Die Besonderheit bei Personengesellschaften,[297] die regelmäßig als Anwaltssozietät oder Wirtschaftsprüfungsgesellschaft in Erscheinung treten, sind für die praktischen Belange relevant. Während bei Unternehmensgewinnen die Betriebsstätte dem transparenten Gebilde „Personengesellschaft" nicht zugerechnet wird, sondern anteilig jedem einzelnen Gesellschafter, kann dieser Gedanke nicht vorbehaltlos übernommen werden für solche Anwaltssozietäten und Wirtschaftsprüfungsgesellschaften, die in der Rechtsform einer Personengesellschaft auf dem Markt agieren. Vielmehr soll nach m. E. zutreffender Auffassung im Schrifttum[298] nur den Gesellschaftern, die feste Einrichtung zugerechnet werden, die tatsächlich ihre Tätigkeit in dieser festen Einrichtung ausgeübt haben. Die sich hierbei ergebenden umfangreichen steuerlichen Abgrenzungsprobleme im Rahmen der Einkunftszurechnung sind meines Wissens in der Praxis größtenteils derart gelöst worden, dass eine Aufteilung ähnlich der Betriebsstättengewinnzurechnung des Art. 7 Abs. 1 OECD-MA vorgenommen wurde. Diese Vorgehensweise ist sachlich nicht zutreffend, aber aus Gründen zwingender Praktikabilität ein wohl vertretbarer Weg.

Artikel 14 Abs. 2 OECD-MA enthält eine nicht abgeschlossene Teildefinition des Begriffs der „freien Berufe",[299] da nur durch Auflistung von Beispielen typischer freiberuflicher Tätigkeiten dieser Begriff umschrieben wird. Im Schrifttum[300] ist umstritten, ob der Begriff der freien Berufe durch Verweis auf das nationale Recht der Anwenderstaaten zu definieren ist. Es ist Wassermeyer[301] zuzustimmen, dass nur eine Anlehnung an die Begriffsbestimmung des Anwenderstaates möglich ist, da nicht zuletzt durch unterschiedliche Berufsordnungen der Umfang und Inhalt von Katalogberufen von Land zu Land höchst unterschiedlich sein kann. Gleichwohl ist auch Görl[302] zuzustimmen, der für freie Berufe und sonstige selbständige Tätigkeiten eine möglichst weite Begriffsdefinition sieht und die grundsätzliche Abgrenzung zu Art. 7 OECD-MA und Art. 6 OECD-MA in den Vordergrund der Beurteilung stellen möchte.

---

297 Siehe zur Besteuerung international tätiger Sozietäten Bödefeld in B/H/G/K, Art. 14 OECD-MA, Rz. 81 ff. (Grundwerk 1997).

298 Bödefeld in B/H/G/K, Art. 14 OECD-MA, Rz. 102 (Grundwerk 1997), sowie Portner/Bödefeld, IWB Fach 3 Deutschland Gruppe 3, S. 1037 ff.

299 Wassermeyer in D/W, Art. 14 OECD-MA, Rz. 111 (März 2002); BVerfG vom 25.10.1977 1 BvR 15/75 BStBl 1978 II S. 125, dass feststellt, dass unter den Oberbegriff „freiberufliche Tätigkeit" nicht Tätigkeiten zu erfassen sind, die einem einheitlichen Merkmal entsprechen. Siehe hierzu auch Wilke in B/H/G/K, Art. 14 OECD-MA, Rz. 18 (2002).

300 Wassermeyer in D/W, Art. 14 OECD-MA, Rz. 13 (März 2002), unter Hinweis auf weitere Stimmen in der Kommentierung, die sich für oder gegen eine Auslegung des Begriffs durch Verweisung auf das nationale Recht des Anwenderstaates aussprechen.

301 Wassermeyer in D/W, Art. 14 OECD-MA, Rz. 13 (März 2002).

302 Görl, 1983, S. 124 ff.

7.2.2 Bedeutung einer festen Geschäftseinrichtung

Unter einer festen Einrichtung ist die Gesamtheit der Sachen zu verstehen, die der freiberuflichen oder sonstigen selbständigen Tätigkeit dient. Wann eine Einrichtung einem freien Beruf dient, ist nach den berufstypischen Erfordernissen zu beurteilen; so kann z. B. eine Zweitwohnung, die von einem Schriftsteller, Steuerberater oder Rechtsanwalt genutzt wird, durchaus als feste Einrichtung i. S. des Art. 14 angesehen werden.[303] Zwingend erforderlich ist jedoch, dass die Einrichtung mit einem bestimmten Punkt der Erdoberfläche fest verbunden ist. Neben dieser räumlichen Fixierung ist unter „fest" eine Dauerhaftigkeit gefordert, wie sie auch die Betriebsstättendefinition kennt. Ab welchem zeitlichen Umfang dies der Fall ist, ist auch für die feste Einrichtung nicht abschließend geklärt. Dies führt dazu, dass eine Beurteilung über das Vorliegen einer festen Einrichtung nur anhand der Beurteilung der Gesamtumstände des Einzelfalls vorgenommen werden kann. Im Zusammenhang mit Art. 15 wird gezeigt, dass die Frage der Dauerhaftigkeit durchaus in den DBA durch eine konkrete Angabe einer Zeitdauer bestimmt werden kann, doch wurde auf diese Vorgehensweise hinsichtlich der festen Einrichtung verzichtet. Fraglich bleibt, ob nicht ggf. die Rechtsprechung bzw. Kommentierung zur Montage für die Begründung einer Betriebsstätte auf die feste Einrichtung Anwendung finden könnte. Die von einigen Autoren geforderte Entscheidung anhand der tatsächlichen Absicht des Steuerpflichtigen, was dieser mit der Einrichtung tatsächlich bezweckt, ist i. d. R. kein brauchbares Kriterium. Vielmehr wird man in der Praxis auf bestimmte zeitliche Befristungen und andere nachprüfbare Kriterien (wie z. B. Dauer abgeschlossener Mietverträge oder die Anschaffung von langlebigen Wirtschaftsgütern, die zur Ausübung der Tätigkeit dienen) angewiesen sein. Im Gegensatz zu Art. 7 und dem Betriebsstättenerfordernis ist es für die Annahme einer festen Einrichtung lediglich erforderlich, dass diese dem Steuerpflichtigen **gewöhnlich zur Verfügung** steht, also nach den Umständen des Einzelfalls vom Steuerpflichtigen genutzt wird. Somit sind Fragestellungen wie die nach Arbeitsunterbrechungen und Ähnlichem, welche für die Betriebsstättenbeurteilung typisch und entscheidend sind, bei der festen Einrichtung nicht anzuwenden. Diese Unterscheidung wird m. E. zutreffenderweise vorgenommen, da es ein Wesensmerkmal einer freiberuflichen oder sonstigen selbständigen Tätigkeit ist, dass diese im Gegensatz zu einer unternehmerischen Betätigung nicht permanent, sondern fallweise vorgenommen wird. Übereinstimmungen bestehen jedoch wiederum hinsichtlich des Erfordernisses der Verfügungsmacht. Der Steuerpflichtige muss zwar nicht Eigentümer der Einrichtung sein, doch muss die Verfügungsgewalt gegeben sein. Dies ist immer dann der Fall, wenn nach innerdeutschem Recht die Voraussetzungen für wirtschaftliches Eigentum gegeben sind, aber auch in den Fällen, in denen aufgrund anderer Vertragsgestaltungen dem Steuerpflichtigen nach der Beurteilung der Gesamtumstände eine Position eingeräumt wird, die ihm eine gewisse Verfügungsmacht über die feste Einrichtung einräumt.

303 BFH vom 22.03.1966 I 65/63, BStBl 1966 III S. 463.

Einige Doppelbesteuerungsabkommen, so das DBA mit Liberia, fingieren eine feste Einrichtung in den Fällen, in denen ein Steuerpflichtiger von einem Unternehmen zu Dienstleistungen entsandt wird und sich deshalb im anderen Staat während eines Zeitraums von zwölf Monaten insgesamt länger als sechs Monate aufhält. Im Ergebnis heißt dies, dass die abkommensrechtliche Behandlung von Montage und Überwachungstätigkeiten als Betriebsstätten auf die selbständige Tätigkeit übernommen wird.

Das **DBA-Türkei** geht m. E. zu Unrecht davon aus, dass alternativ entweder die Tätigkeitsdauer im anderen Staat einen bestimmten Umfang überschreiten muss (183 Tage) oder dass die Vergütungen von einer in der Türkei ansässigen Person oder Betriebsstätte bezahlt werden. Wenngleich aus der Sicht der türkischen Finanzverwaltung eine solche Vorgehensweise erklärlich erscheint, da eine aufwandswirksame Berücksichtigung der Ausgaben für die Beratungsleistungen in der Türkei das steuerpflichtige Einkommen des Auftraggebers mindert und sich die Türkei das Steueraufkommen bei dem anderen Steuerpflichtigen sichern möchte, ist dies nicht sachgerecht.

7.3 Unselbständige Arbeit (Art. 15 OECD-MA)

7.3.1 Grundsätzliche Regelungen

Hinsichtlich der Einkünfte aus unselbständiger Arbeit greift grundsätzlich auch das **Wohnsitzstaatprinzip,** sodass dem Ansässigkeitsstaat, also dem Staat, der nach den Abkommensregelungen als Wohnsitzstaat qualifiziert wird, das Besteuerungsrecht zusteht. Abweichend von dieser Grundregel soll dem Staat, in dem der Steuerpflichtige im Rahmen seiner unselbständigen Arbeit tätig wird, nur dann ein Besteuerungsrecht eingeräumt werden, wenn bestimmte Voraussetzungen erfüllt sind, die im Wesentlichen an der Dauer der Tätigkeit im anderen Staat orientiert sind.

Artikel 15 Abs. 1 legt fest, dass Lohn und ähnliche Vergütungen, die eine in einem Vertragsstaat ansässige Person aus einer Betätigung in dem anderen Vertragsstaat erzielt, nur in dem Ansässigkeitsstaat besteuert werden, wobei jedoch eine Besteuerung im Tätigkeitsstaat möglich ist. Grundsätzlich dürfen somit beide Staaten die Einkünfte aus unselbständiger Arbeit besteuern. In welchem Umfang und auf welche Art und Weise die Doppelbesteuerung vermieden wird, richtet sich nach den jeweiligen Regelungen des Art. 23 OECD-MA, wobei hier schon anzufügen ist, dass in der deutschen Praxis zumeist eine Freistellung dieser im Ausland erzielten Einkünfte von der deutschen Besteuerung unter Berücksichtigung des Progressionsvorbehaltes vorgenommen wird.

7.3.2 Definition der Einkünfte gem. Art. 15 OECD-MA

Wie in den anderen Artikeln schon mehrfach gesehen, fehlt es auch hinsichtlich des Art. 15 an einer klaren Formulierung, was unter Einkünften aus unselbständiger Arbeit zu verstehen ist. Wenngleich es an einer Definition im Abkommen selber fehlt, so sind dennoch **Gehälter, Löhne und ähnliche Vergütungen** als typische Einkünfte beispielhaft genannt. Im Einzelfall wird jedoch nach innerstaatlichem Recht zu entscheiden sein, welche Einkünfte als solche aus nichtselbständiger Arbeit zu qualifizieren sind. Aus deutscher Sicht ist festzustellen, dass die Begriffsdefinition des § 19 EStG und die darin aufgezählten Einkünfte für die Definition und Begriffsausgestaltung des Art. 15 entsprechend zu übernehmen sind. Somit sind auch nach Abkommensregelungen „Schlechtwettergelder", Zahlungen für die Einhaltung eines Wettbewerbsverbotes nach Beendigung des Arbeitsverhältnisses sowie weitere ähnliche Vergütungen als Einkünfte i. S. des Art. 15 zu werten. Hinsichtlich der Frage, wann ein Steuerpflichtiger eine Tätigkeit in unselbständiger Art und Weise ausübt, ist auch für die deutsche Abkommenspraxis auf die Definition zum Arbeitnehmerbegriff im deutschen Steuerrecht hinzuweisen. Nach deutschem Steuerrecht ist eine Tätigkeit eine unselbständige Arbeit, wenn jemand seine Arbeitskraft, also nicht einen Erfolg, derart schuldet, dass er hinsichtlich der Ausübung seiner Tätigkeit dem geschäftlichen Willen und der Leitung eines Arbeitgebers unterliegt oder im geschäftlichen Organismus des Arbeitgebers dessen Weisungen zu folgen hat (siehe hierzu auch § 1 Abs. 2 LStDV).

7.3.3 Abgrenzung zu Art. 7 OECD-MA

Eine Abgrenzung des Art. 7 von Art. 15 folgt hinsichtlich der Beurteilung der Frage, wann eine Tätigkeit selbständig vorgenommen wird. Beide Artikel schließen sich begriffslogisch gegenseitig aus. Anhaltspunkte für die Frage des Vorliegens der Selbständigkeit bieten auch hier die Regelungen des nationalen Steuerrechts. Vereinfachend kann davon ausgegangen werden, dass eine Selbständigkeit dann nicht gegeben ist, wenn gem. Abschn. 2 LStR dem Steuerpflichtigen eine Arbeitnehmereigenschaft zugewiesen werden muss, wenn er also nicht auf eigenes unternehmerisches Risiko tätig wird und hinsichtlich wesentlicher Kriterien seines Arbeitseinsatzes den Weisungen eines Dienstherren bzw. Arbeitgebers unterliegt. Die Regelungen über die Künstler und Sportler in Art. 16 und Art. 17 werden im Rahmen der Behandlung dieser Artikel näher erläutert.

Wie bereits oben ausgeführt, kann abweichend vom Grundsatz der Wohnsitzbesteuerung eine Besteuerung im Tätigkeitsstaat nur dann vorgenommen werden, wenn die Person im anderen Vertragsstaat für diese Tätigkeit gewöhnlich eine feste Einrichtung zur Verfügung hat. Hierbei stellt sich zunächst die Frage, wo eine freiberufliche Tätigkeit ausgeübt wird, wobei als Grundsatz auch hier gilt, dass eine Tätigkeit dort ausgeübt wird, wo der jeweils Tätige physisch anwesend ist. Eine Besteuerung erfolgt somit in dem Staat, in dem der Steuerpflichtige zum Zeitpunkt der Tätigkeit körperlich anwesend ist (typisches Beispiel hierfür ist der selbständig tätige Arzt, der eine Operation im entsprechend anderen Staat ausführt). Hingegen wird keine Tätigkeit in dem anderen Staat ausgeübt, wenn lediglich die Arbeit, die im Wohnsitzstaat erbracht worden ist, im anderen Staat verwirklicht bzw. verwertet wird. Hierbei ergibt sich regelmäßig das Problem der Bestimmung des Tätigkeitsortes bei einer beratenden Tätigkeit, wenn diese Tätigkeit bzw. die Ergebnisse der Überlegungen/Beratungen des selbständig Tätigen dem Kunden telefonisch oder schriftlich mitgeteilt werden. Als Anhaltspunkte nennt das OECD-Musterabkommen den Ort der Tätigkeit, an dem die wesentlichen Vorarbeiten für die Erfüllung des Auftrages vorgenommen werden. Nicht entscheidend ist somit, wo sich der Berater nur gedanklich mit dem von ihm zu beurteilenden Problem befasst hat.[304]

Kaum zu fassende Probleme ergeben sich dann, wenn die Tätigkeit des Steuerpflichtigen in einem Unterlassen besteht, wie dies üblicherweise bei einem Wettbewerbsverbot der Fall ist, oder aber wenn sich der selbständig Tätige lediglich zur Verfügung hält und für die Zurverfügungstellung seiner Arbeitskraft entsprechend vergütet wird. In den Unterlassensfällen hat der BFH entschieden, dass der Ort der Tätigkeit in diesen Fällen derjenige ist, der sich ergeben würde, wenn die Tätigkeit nicht unterlassen worden wäre.[305] Dies erscheint jedoch überaus fragwürdig, denn selbst wenn man von einer Zuordnung einer fiktiven unterlassenen Tätigkeit zu einem bestimmten Staat ausgeht, fehlt es m. E. an der entsprechenden Nutzung einer festen Geschäftseinrichtung. Neben die Fiktion der eigentlich unterlassenen Handlung würde somit die Fiktion einer festen Geschäftseinrichtung treten. Dies ist jedoch ganz bewusst nicht im Abkommenssinne, denn auch eine feste Geschäftseinrichtung knüpft an ein physisch, körperlich greifbares Kriterium an. Unabhängig von dieser Feststellung muss angemerkt werden, dass die derzeitige Kommentierung und Rechtsprechung zum Tätigkeitsort und zu dem Erfordernis einer festen Geschäftseinrichtung m. E. dazu führt, dass selbständige oder freiberufliche Betätigungen, die im Wesentlichen durch Zuhilfenahme neuer Telekommunikationstechnologien wie z. B. Videokonferenzen, Mailboxen oder dem Internet durchgeführt werden, nicht oder nicht zutreffend steuerlich erfasst werden. Es muss vielmehr überlegt werden, ob die Anknüpfung einer Steuerpflicht bzw. von Besteuerungsrechten an das physische Vorhandensein bestimmter Kriterien noch zeitgemäß ist.

7.3.4 Bestimmung des Tätigkeitsortes

Eine weitere entscheidende Frage ist, wo die Tätigkeit ausgeübt wird. Unzweifelhaft ist der **Ort der Arbeitsausübung** in den Fällen, in denen der Steuerpflichtige handwerklich oder körperlich tätig wird (z. B. bei Ärzten, die als Arbeitnehmer Operationen im entsprechenden Ausland vornehmen), denn hier ist der Ort der unselbständi-

304 BFH vom 22.03.1966 I 65/63, BStBl 1966 III S. 463.
305 BFH vom 09.09.1970 I R 19/69, BStBl 1970 II S. 867.

gen Tätigkeit mit dem Ort der physischen Anwesenheit des Steuerpflichtigen identisch.

Weitaus schwieriger stellt sich die Situation dar, wenn es sich nicht um eine körperliche Betätigung handelt, sondern wenn es sich um eine Tätigkeit handelt, bei der Weisungen an Dritte gegeben werden und somit die Tätigkeit an einem anderen Ort ihre Wirkung entfaltet als dort, wo die Entscheidung bzw. die Betätigung des Weisungsgebers gegeben ist. Von entscheidender Bedeutung ist hierbei die Rechtsprechung des BFH,[306] wonach die unselbständige Tätigkeit von Geschäftsführern einer Kapitalgesellschaft grundsätzlich dort ausgübt wird, wo sich der Sitz der Kapitalgesellschaft befindet, unabhängig davon, wo sich der Steuerpflichtige tatsächlich zum Zeitpunkt der Weisungserteilung befunden hat. Eine solche Definition des BFH scheint m. E. auch nur sachgerecht zu sein.

Ein weiteres Problem der Bestimmung des Tätigkeitsortes besteht immer in den Fällen, in denen die Tätigkeit in einem **Unterlassen oder in einem Zurverfügungstellen** besteht. Der Ort der Tätigkeit bei einem Zurverfügunghalten ist dort, wo sich der Verpflichtete während der Dauer der Verpflichtung tatsächlich aufhält. In den Fällen des Konkurrenz- bzw. Wettbewerbsverbotes ist zu differenzieren, ob ein konkreter Zusammenhang mit dem Ort der vorherigen Betätigung festzustellen ist. Ist dies so, dann ist dieser Ort, an dem die zu unterlassende Handlung im Fall einer Verletzung der Vertragspflicht vermutlich ausgeführt werden würde, der Ort der Tätigkeit. Ist dies nicht so, lässt sich somit kein unmittelbarer Zusammenhang zwischen der vereinbarten Unterlassung und dem jeweiligen Staatsgebiet herstellen, ist der Ort, an dem sich der Steuerpflichtige während dieser Verpflichtung aufhält, bestimmend.[307] Denkbar wäre jedoch auch die Argumentation, dass die Nichtausübung bzw. die Erfüllung einer Verpflichtung zu passivem Verhalten in keinerlei Zusammenhang mit dem Ort der früheren Tätigkeitsausübung steht. Die Rechtsprechung hat durch die m. E. zu feinsinnigen Unterscheidungen hinsichtlich der einzelnen Sachverhalte eine Vielzahl von unterschiedlichen – sich zum Teil gegenseitig widersprechenden – Entscheidungen getroffen, die der Systematik des DBA zuwiderlaufen. Im Einzelfall muss daher sehr genau geprüft werden, welche der einschlägigen BFH-Urteile auf den konkreten Fall Anwendung finden.[308]

7.3.5 Wohnsitzbesteuerung als Ausnahme der Tätigkeitsortbesteuerung

Eine Besteuerung im Staat der Tätigkeitsausübung ist jedoch nur dann gegeben, wenn die weiteren Voraussetzungen erfüllt sind, da anderenfalls eine Besteuerung

306 Beispielhaft der BFH vom 28.07.1960 V 157/58 U, BStBl 1960 III S. 417.

307 Vgl. Hellwig, DStZ 1978, S. 84.

308 Als Beispiel für die unterschiedliche Betrachtungsweise des BFH möge das Urteil vom 18.07.1973, BStBl 1973 II S. 757, dienen.

im Wohnsitzstaat vorzunehmen ist. Es müssen somit folgende Kriterien kumulativ erfüllt sein:

1. Der Empfänger der Vergütung muss sich im anderen Staat während des Steuerjahres **insgesamt mehr als 183 Tage** aufhalten:

Abgestellt wird hierbei auf die **Dauer des Aufenthaltes** und somit nicht auf die Dauer der Tätigkeit. Dies ist deutlich, da sonst die Wochenenden, andere arbeitsfreie Tage sowie kurzfristige Unterbrechungen durch Krankheit oder witterungsbedingte Arbeitsausfälle nicht mit in die Bemessung der 183-Tage-Frist eingehen würden. Diese im Ergebnis sachgerechte Interpretation ist umso verständlicher, wenn man überlegt, dass in der Bundesrepublik Deutschland innerhalb eines Kalenderjahres die durchschnittliche Arbeitszeit der Arbeitnehmer nicht mehr als 210 oder 220 Tage beträgt, was eine Zeitdauer von fast einem Kalenderjahr notwendig werden ließe, um eine annähernd nahe Verknüpfung zum Tätigkeitsstaat zu erlangen. Probleme entstehen bei der Berechnung der 183-Tage-Frist jedoch immer hinsichtlich des An- und Abreisetages und dessen Einbeziehung sowie der Berücksichtigung von Urlaubstagen, die entweder innerhalb des gleichen Landes oder außerhalb des Landes vorgenommen werden. Weitere Probleme ergeben sich regelmäßig dann, wenn mehrere Aufenthalte innerhalb eines Steuerjahres in dem entsprechenden Ausland vorgenommen werden. Selbst auf die Frage, wann ein Tag als bereits im entsprechenden Tätigkeitsstaat ausgeübt gilt, hat die Finanzrechtsprechung Entscheidungen gefällt.[309] Die besagen, dass bei einer Dauer von mehr als zwölf Stunden der Tag der An- oder Abreise dem Tätigkeitsstaat noch zuzurechnen ist. Im Einzelfall kann dies von entscheidender Bedeutung sein, da jemand, der in einem Niedrigsteuerland seine unselbständige Tätigkeit ausübt, anstrebt, dass ihm die 183 Tage anerkannt werden und aufgrund der Freistellung der Bundesrepublik Deutschland der im Ausland erzielten Einkünfte eine günstigere Besteuerungssituation für ihn greift. Fragen entstehen auch in den Fällen, in denen zwar 183 Tage überschritten werden, aber diese Überschreitung nicht innerhalb eines Steuerjahres erfolgt ist, sondern in zwei aufeinander folgenden Steuerjahren insgesamt 183 Tage Anwesenheit gegeben waren. Die Auffassung zu diesem Fall in Rechtsprechung und Literatur[310] ist nicht eindeutig, sodass nicht von vornherein gesagt werden kann, ob eine Besteuerung im Tätigkeitsstaat in diesen Fällen angenommen werden kann.

Der BFH hat in seiner Entscheidung vom 10.07.1996 seine bisherige Rechtsauffassung aufgegeben und Folgendes festgestellt:

Kehren Arbeitnehmer, die länger als 183 Tage im Kalenderjahr eine nichtselbständige Arbeit im Inland ausüben, arbeitstäglich zu ihrem Wohnsitz im Ausland zurück, so halten sie sich dennoch in der Bundesrepublik i. S. des Art. 10 DBA-Niederlande (entspricht weitgehend Art. 15 OECD-MA) auf.

---

309 Siehe BMF-Schreiben vom 05.01.1994, BStBl I 1994 S. 11, sowie die Verweisung auf die BFH-Urteile vom 10.05.1989, BStBl II S. 755, und vom 05.10.1994, BStBl II 1995 S. 95.

310 Vogel, K., a. a. O., Rz. 43 zu Art. 15.

Der BFH macht in seiner Entscheidung deutlich, dass der Begriff des „Sichaufhaltens“ i. S. des Art. 10 DBA-Niederlande nicht identisch ist mit dem innerstaatlichen deutschen Begriff des „ständigen Aufenthaltes“ gem. § 9 AO. Der Umstand der arbeitstäglichen Rückkehr verhindert somit nicht die Anwendung des Art. 10 Abs. 2 Nr. 1 DBA-Niederlande. Vielmehr geht der BFH in seiner Entscheidung so weit, dass es nur auf die physische Anwesenheit im anderen Staat ankommt, unabhängig davon, wie lange diese arbeitstäglich dauert.

Die getroffene Entscheidung folgt – vermutlich zufälligerweise – der von Vogel in der aktuellen Ausgabe seines Kommentars unter Rz. 22 d zu Art. 15 gegebenen Empfehlung zur Anpassung der BFH-Rechtsprechung an die zwischenzeitlich ergangene Revision des MA-Kommentars, der nun auch keine tägliche Mindestaufenthaltsdauer für die Berechnung der 183-Tage-Regelung vorsieht. Zweifelsfrei richtig ist die Feststellung, dass für die Beurteilung der Frage nach dem „Sichaufhalten“ im anderen Staat nicht auf die Rechtsprechung und Kommentierung zu § 9 AO zurückgegriffen werden kann. Der Begriff des „Sichaufhaltens“ ist eigenständig aus dem DBA herzuleiten und auszulegen – für einen Rückgriff auf nationale Rechtsvorschriften fehlt es an der Unbestimmtheit des Begriffs. Durch die Festlegung, dass es nun nicht mehr auf eine tageweise zu beachtende Mindestaufenthaltsdauer ankommt, sind zahlreiche Probleme aus der Vergangenheit bei der Bestimmung der 183-Tage-Regelung nun ausgeräumt. Wenngleich dies zu begrüßen ist, muss gefragt werden, ob diese Entscheidung erstens dem Sinn der Vorschrift entspricht und zweitens praktikabel ist. Die vorgegebene Sichtweise wird dem Sinn und Zweck des Art. 15 OECD-MA nicht gerecht, denn bei Einkünften aus unselbständiger Arbeit (also solchen in negativer Abgrenzung zu den Art. 14, 16, 18 und 19) erfolgt grundsätzlich eine Besteuerung im Wohnsitzstaat des Arbeitnehmers (Art. 15 Abs. 2 OECD-MA) und nur ausnahmsweise eine Besteuerung im Quellenstaat, sofern bestimmte Voraussetzungen kumulativ erfüllt sind. Artikel 15 folgt somit dem allgemeinen Grundsatz des OECD-MA, dass der Wohnsitzstaat das Besteuerungsrecht hat. Lediglich in besonders gelagertern Fällen soll dem Quellen- bzw. Belegenheitsstaat ebenfalls ein Besteuerungsrecht zustehen. Voraussetzung hierfür ist jedoch, dass eine substantielle, qualifizierte Nähe der erzielten Einkünfte zu diesem Staat gegeben ist. In Abhängigkeit von der Intensität dieser Nähe zum Quellen-/Belegenheitsstaat ist das Besteuerungsrecht des Wohnsitzstaates vollständig ausgeschlossen oder aber durch die zu gewährende Freistellung dieser Einkünfte wirtschaftlich weitgehend unbedeutend. Eine Beschränkung des Besteuerungsrechtes des Wohnsitzstaates ist nur dann sachgerecht, wenn eine substantielle Verbindung zum Quellenstaat besteht. Es erscheint überaus zweifelhaft, ob hiervon noch auszugehen ist, wenn sich der Steuerpflichtige beispielsweise an 200 Tagen innerhalb des Steuerjahres jeweils eine Stunde im Quellenstaat aufhält. Ein zusammenhängender Aufenthalt von fünf Arbeitswochen à 40 Stunden hätte nicht die Besteuerung im Quellenstaat zur Folge. Im Ergebnis würden identische Arbeitsleistungen nur durch die organisatorische und zeitliche Gestaltung unterschiedlichen Besteuerungsfolgen unterworfen. Verzichtet man auf eine tageweise Mindestaufenthaltsdauer bei der Bestimmung der 183 Tage, so entzieht man dieser Größe ihre Fähigkeit, ein Maßstab für die geforderte besondere Verbindung zum Quellenstaat zu sein. Will man jedoch eine grundsätzliche Orientierung am Arbeitsortprinzip auch in Fällen des Art. 15 OECD-MA, so ist dies in den DBAs entsprechend zu ändern.

Die nun vorliegende Rechtsprechung erscheint auch aus Praktikabilitätsgründen bedenklich:

Die bisherige Praxis zur 183-Tage-Regelung ging davon aus, dass wegen der geforderten tagesbezüglichen Mindestaufenthaltsdauer nur ein DBA Anwendung finden kann. Nun sind jedoch bei bestimmten Tätigkeiten Fälle denkbar, bei denen sich ein in Deutschland ansässiger Steuerpflichtiger gleichwohl in mehreren z. B. europäischen Staaten an mehr als 183 Tagen aufhält und insoweit mehrere DBA des Wohnsitzstaates mit dem jeweiligen Tätigkeitsstaat zur Anwendung kommen. Zwar ist auch in diesen Fällen das Besteuerungsrecht des Wohnsitzstaates unangetastet, doch muss dieser gem. Art. 23 A Abs. 1 OECD-MA die in den Tätigkeitsstaaten erzielten Einkünfte von der inländischen Besteuerung freistellen.

Die Aufteilung der Einkünfte zwischen den beteiligten Staaten bzw. Fisci birgt jedoch immer die Gefahr der Doppelbesteuerung, da keine korrespondierenden Gegenberichtigungen vorgenommen werden.

Von besonderer praktischer Bedeutung ist der Teil im BMF-Schreiben zur Ermittlung der Aufenthaltstage i. S. der 183 Tage-Regelung. Hierbei wird nicht auf eine Mindeststundendauer pro Tag abgestellt. Vielmehr wird jeder auch noch so kurze Aufenthalt an einem Tag berücksichtigt. Wenngleich in der Vergangenheit Schwierigkeiten bei der Bestimmung der Mindestdauer der Anwesenheit innerhalb eines Tages zu beobachten waren, ist die jetzige Regelung ebenfalls nicht ohne Risiko und Schwierigkeiten. Ein Steuerpflichtiger kann bei einem täglichen Arbeitsortwechsel in mehreren DBA-Staaten unter die 183-Tage-Regelung fallen, sodass das Gesamtgehalt auf die betroffenen DBA-Staaten aufzuteilen ist.

Hinsichtlich der Frage nach dem Begriffsinhalt des Steuerjahres besteht weitgehend Einigkeit dahingehend, dass es sich hierbei um das Kalenderjahr handelt. Dies soll auch in den Fällen so sein, in denen der Steuerpflichtige aufgrund der Aufgabe seines Wohnsitzes aus der unbeschränkten in die beschränkte Steuerpflicht wechselt und dabei zwei Veranlagungen vorzunehmen sind.

2. Die **Vergütungen** müssen von einem **Arbeitgeber** oder für einen Arbeitgeber gezahlt werden, der im **anderen Staat ansässig** ist:

Die Regelung bezieht sich darauf, dass es aus der Sicht der jeweiligen Vertragsstaaten unbillig wäre, wenn die Aufwendungen zu Steuerminderungen in dem entsprechenden anderen Staat führen würden, die Einkünfte aus dieser Tätigkeit, die ebenfalls der Steuerpflicht unterliegen, allerdings nicht im Inland besteuert würden.

Erforderlich für eine abschließende Beurteilung der jeweiligen Steuersachverhalte ist jedoch die Kenntnis, was unter einem Arbeitgeber i. S. des DBA zu verstehen ist. In Ermangelung einer eigenen Definition im Abkommen ist ein Rückgriff auf das nationale innerdeutsche Steuerrecht erforderlich. Zwar liefert auch das deutsche Einkommensteuerrecht keine Definition des Arbeitgeberbegriffs, doch ist allgemein anerkannt, dass Arbeitgeber derjenige ist, dem der Arbeitnehmer seine Arbeitskraft schuldet, unter dessen Leitung er tätig wird und dessen Weisungen er zu folgen hat. Arbeitgeber können somit nach dem deutschen Steuerrecht alle natürlichen und juristischen Personen sein.[311]

Beispiel:

Der deutsche Arbeitnehmer wird für einen Zeitraum von sieben Monaten in unselbständiger Tätigkeit für ein Unternehmen in Schweden tätig. Der schwedische Arbeitgeber ist eine dort ansässige Kapitalgesellschaft, die Sitz und Geschäftsleitung in Schweden hat. In diesem Fall sind die Voraussetzungen einer Besteuerung im Tätigkeitsstaat vollständig erfüllt, sodass eine Besteuerung der Einkünfte aus unselbständiger Arbeit nicht mehr in Deutschland erfolgt, sondern in Schweden. Deutschland nimmt in diesem Fall eine Freistellung der in Schweden erzielten Einkünfte bei der innerstaatlichen Besteuerung vor.

Wird demgegenüber der in Deutschland unbeschränkt steuerpflichtige Arbeitnehmer für einen deutschen Arbeitgeber für einen Zeitraum von sieben Monaten in Schweden tätig, führt die Vermeidung der Doppelbesteuerung auch zu Auswirkungen auf der Ebene des deutschen Arbeitgebers. Aufgrund der Besteuerung der Einkünfte aus unselbständiger Arbeit in Schweden und der vorzunehmenden Freistellung dieser Einkünfte in Deutschland hat der deutsche Arbeitgeber den grundsätzlich gebotenen Lohnsteuerabzug nach § 38 Abs. 3 EStG nicht vorzunehmen. Insofern zeigt sich, dass Art. 15 OECD-MA i. V. m. Art. 23 OECD-MA nicht nur für den betroffenen Steuerpflichtigen, sondern auch für den Arbeitgeber hinsichtlich seiner Lohnsteuereinbehaltungspflichten von Bedeutung ist. Auf die Besonderheiten hinsichtlich Leiharbeitsverhältnissen soll in diesem Zusammenhang nicht näher eingegangen werden.[312]

3. Die Vergütung wird von einer **Betriebsstätte** oder einer festen Einrichtung getragen, die der Arbeitgeber im anderen Staat hat:

Hier greifen die gleichen Grundsätze wie unter 2., da es auch hier als unbillig erscheint, die gezahlten Vergütungen an den Arbeitnehmer als Gewinnminderung auf der Ebene der Betriebsstätte des ausländischen Staates zuzulassen, gleichzeitig die Einkünfte des Empfängers der Vergütungen nicht zu erfassen.

Meines Erachtens sind die Regelungen zu 2. und 3. weitgehend unsystematisch und folgen lediglich einer pragmatischen Überlegung, dass die Vertragsstaaten nicht wollen, dass ihr Steuersubstrat gesenkt wird unter gleichzeitiger Erhöhung des Steueraufkommens des anderen Staates. Die Tatsache der Bezahlung einer bestimmten Tätigkeit durch eine im Ausland ansässige Gesellschaft oder Betriebsstätte kann

311 Vgl. Siefert, RIW 1986, S. 980.
312 Vogel, K., a. a. O., Rz. 48 ff. zu Art. 15 OECD-MA.

m. E. für sich allein genommen noch nicht das Besteuerungsrecht des Tätigkeitsstaates begründen.

Unabhängig von der theoretischen Beurteilung der Regelungen des Art. 15 bleibt festzustellen, dass vor allem in den Fällen, in denen die Vergütungen sowohl von dem im Tätigkeitsstaat ansässigen Arbeitgeber oder der Betriebsstätte als auch von einem deutschen Arbeitgeber gezahlt werden, besondere Aufteilungsprobleme entstehen. Zur Abgrenzung von im Ausland geleisteten Sachbezügen und Vergütungen durch die im Inland ansässige Kapitalgesellschaft (Arbeitgeber) kann nur auf den Einzelfall abgestellt werden. Indiz für eine entsprechende Verteilung bzw. Aufteilung ist hierbei, ob die Sachbezüge im Verhältnis zum eigentlichen Arbeitslohn von untergeordneter Bedeutung sind oder nicht. Ist dies nicht der Fall, erfolgt eine Aufteilung zwischen Tätigkeitsstaat und Wohnsitzstaat, sodass die Sachbezüge nur im Tätigkeitsstaat besteuert werden und der Arbeitslohn im Wohnsitzstaat des Arbeitnehmers. Wird hingegen ein Arbeitnehmer bei einer rechtlich selbständigen ausländischen Tochtergesellschaft einer inländischen Muttergesellschaft tätig, so kommt es ausschließlich auf die Frage der Dauer der Betätigung an, da die wirtschaftliche Betrachtungsweise im Rahmen des Art. 15 nicht so weit geht, dass unterstellt wird, dass die Tochtergesellschaft wie eine Betriebsstätte des Arbeitgebers im Inland zu behandeln ist. Vielmehr bleibt es bei der rechtlich eindeutigen Trennung zwischen Mutter- und Tochtergesellschaft, sodass die Tatbestandsvoraussetzungen, die alternativ für eine Besteuerung im Tätigkeitsstaat erforderlich sein können, nicht eingreifen. Abweichend vom OECD-Musterabkommen sind in den älteren deutschen DBA noch Regelungen enthalten, die deutlich machen, dass eine Anwendung der 183-Tage-Grenze, soweit sie zwei aufeinander folgende Kalenderjahre betrifft, Anwendung findet.

Probleme können sich vor allem dann ergeben, wenn es um die Beurteilung der **Geschäftsführergehälter eines Gesellschafters einer Personengesellschaft** geht. Denn hierbei handelt es sich nach deutschem innerstaatlichen Steuerrecht um Einkünfte aus der Mitunternehmerschaft gem. § 15 Abs. 1 Nr. 2 EStG, aber hinsichtlich des Abkommens um Einkünfte aus unselbständiger Arbeit, da die meisten DBA keine besonderen Regelungen für die Behandlung von Mitunternehmereinkünften bei Personengesellschaften vorgesehen haben. In diesen Fällen können also Qualifikationskonflikte hinsichtlich der Beurteilung der Einkunftsart nach innerstaatlichem und Abkommensrecht entstehen.

Andere DBA sehen ein ausschließliches Besteuerungsrecht des Wohnsitzstaates des Arbeitnehmers immer in den Fällen vor, in denen der Arbeitgeber im Heimatstaat des Arbeitnehmers ansässig ist. Auch hierbei gilt die gleiche Überlegung wie bei den Nebentatbeständen des Art. 15 Abs. 1, dass derjenige Staat, der steuermindernd den Betriebsausgabenabzug zu tragen hat, auch die Einkünfte in korrespondierender Höhe besteuern darf. Eine Besonderheit i. S. der bundesdeutschen Rechtsprechung zur Frage des Tätigkeitsortes von leitenden und geschäftsführenden Personen einer Kapitalgesellschaft hat Art. 15 Abs. 5 des DBA-Schweiz getroffen. Hiernach sind sämtliche von Vorstandsmitgliedern, Direktoren, Geschäftsführern und Prokuristen[313] bezogenen Vergütungen für unselbständige Arbeit nur in dem Staat zu besteuern, in dem die Gesellschaft ansässig ist, unabhängig davon, wo die Tätigkeit tatsächlich ausgeübt wird. Einschränkungen erfährt diese Regelung nur in den Fällen, in denen leitende Angestellte ausschließlich für Geschäfte außerhalb des Sitzstaates der Kapitalgesellschaft tätig sind (z. B. Direktoren von Zweigniederlassungen im Ausland).

Die genaue Kenntnis der Voraussetzungen, unter denen eine Besteuerung im Tätigkeitsstaat erfolgt, ist in der Praxis unerlässlich. Sie ist notwenig, um Sachverhalte wirtschaftlich so gestalten zu können, dass Steuerbelastungsvorteile für den Arbeitnehmer erzielen werden können. Ein solcher Vorteil in Form einer niedrigeren Einkommensbesteuerung im Ausland im Vergleich mit einer rein inländischen Tätigkeit kann nicht nur zu einem Vermögensvorteil für den Mitarbeiter führen. Vielmehr kann der Arbeitgeber dadurch einen Anreiz gewähren, der ihn wirtschaftlich nicht belastet. Auf der anderen Seite sind auch Fälle einer höheren steuerlichen Belastung infolge des Auslandseinsatzes denkbar. Diese kann z. B. daraus entstehen, dass etwaige Freibeträge oder Steuersatzvergünstigungen im Ausland nicht oder nicht in vergleichbarer Höhe gewährt werden. Aus diesem Grund wird regelmäßig bei Auslandsaufenthalten eine „tax equalisation“ durchgeführt. Danach wird der Mitarbeiter wirtschaftlich so gestellt, als wenn er die Tätigkeit im Ansässigkeitsstaat vorgenommen hätte. Dies geschieht ungeachtet von der tatsächlichen Steuerbelastung im Ausland. Hieraus kann für den Arbeitgeber sowohl ein Vor- als auch ein Nachteil entstehen. Bei einem erheblichen Steuersatzgefälle wird dem Mitarbeiter zumeist auch ein Steuervorteil gewährt. Dies geschieht, indem er zwei Arbeitsverträge erhält. Dadurch unterliegt ein Teil der Einkünfte des Arbeitnehmers in Deutschland der Besteuerung, ein weiterer Teil im Tätigkeitsstaat. Diese Gestaltungen, die in der Literatur mit dem Stichwort „split payroll“ beschrieben werden, sind das Ergebnis der Besteuerungsregelungen in den einzelnen Staaten und den zu beachtenden DBA.

Der unbeschränkt steuerpflichtige, in einem DBA-Staat tätige Arbeitnehmer hat im Rahmen seiner Besteuerung – ungeachtet der DBA-Regelung gem. § 50 d Abs. 8 EStG – besondere Nachweise zu führen (siehe hierzu S. 128).

Ebenfalls von besonderer Bedeutung ist die Definition des wirtschaftlichen Arbeitgebers, auf den die Finanzverwaltung die Abkommensregelung angewandt wissen will. Arbeitgeber i. S. des DBA ist regelmäßig derjenige, der die Vergütung für die ihm geleistete nichtselbständige Tätigkeit wirtschaftlich trägt. Es wird danach erforderlich sein, zu dokumentieren, wer ungeachtet der rechtlichen und vertraglichen Ausgestaltung der wirtschaftliche Arbeitgeber ist.

---

313 Abschließende Aufzählung siehe BMF-Schreiben vom 18.12.1985, DB 1986, S. 357.

Die ebenfalls enthaltenen Regelungen über die Behandlung von Optionsrechten, die Mitarbeitern in unterschiedlichen Konzerngesellschaften gewährt werden, sowie die Behandlung von Abfindungszahlungen sind zu beachten. Letztere sehen vor, dass sich die Besteuerung einer Abfindung ausschließlich nach dem Ort des tatsächlichen Befindens bzw. der Ansässigkeit des Steuerpflichtigen zum Zeitpunkt der Abfindungszahlung richtet. Hieraus lassen sich im Einzelfall interessante Gestaltungen, vor allem in Wegzugsfällen, ableiten. Die Ausführungen enthalten zum Teil bereits Bekanntes, bestätigen die schon bisher vertretene Finanzverwaltungsauffassung und weisen auf interessante Einzelaspekte hin. Der Erlass sollte unbedingt gelesen werden.

In der Praxis ist die Frage der Abgrenzung von laufenden Einkünften sowie solchen, die als Abfindung zu qualifzieren sind, von besonderer Bedeutung. Während bei einer Qualifikation als nachträgliche Einkünfte aus dem Arbeitsverhältnis der bisherige Tätigkeitsstaat das Besteuerungsrecht hat, wandert das Besteuerungsrecht bei Abfindungen zum jeweiligen Ansässigkeitsstaat des Steuerpflichtigen zum Zeitpunkt des Bezugs der Abfindung. Trotz eindeutiger abkommensrechtlicher Bestimmungen hat der deutsche Verwaltungsgeber in der jüngeren Vergangenheit versucht, auch Abfindungen als nachträgliche Einkünfte aus nichtselbständiger Arbeit i. S. des Art. 15 OECD-MA im Tätigkeitsstaat zu besteuern. So hat das BMF beispielsweise mit Datum vom 10.01.2007 unter dem Aktenzeichen IV B6-S 1301 BEL-1/07 über das Ergebnis der Verständigungsvereinbarung mit dem belgischen Finanzministerium vom 15.12.2006 über die Zuordnung des Besteuerungsrechts bei Abfindungen an Arbeitnehmer folgende Vereinbarung getroffen und hierüber in o. g. Schreiben informiert. Die Besteuerung von Abfindungen an Arbeitnehmer kann in Abhängigkeit vom wirtschaftlichen Gehalt und Hintergrund der jeweiligen Zahlung zu unterschiedlichen Einkünften i. S. des Abkommens führen. Ist einer Abfindung Versorgungscharakter beizumessen, kann sie gem. Art. 18 des Abkommens nur im Wohnsitzstaat des Empfängers besteuert werden, weil in diese Fällen das Prinzip der Besteuerung am Arbeitsort ausscheidet. Handelt es sich demgegenüber bei der Abfindung um eine im Rahmen eines Arbeitsvertrages geleistete Nachzahlung von Löhnen, Gehältern oder anderen Vergütungen oder wird die Abfindung allgemein für die Auflösung des Arbeitsvertrages gewährt, so kann sie gem. Art. 15 Abs. 1 des Abkommens in dem Staat besteuert werden, in dem die Tätigkeit ausgeübt wurde. Im Ergebnis bedeutet diese Festlegung, die vermutlich in einer Vielzahl anderer DBAs zumindest aus der Sicht der deutschen Finanzverwaltung ähnlich interpretiert werden wird, dass bei der Gestaltung von Abfindungsvereinbarungen deutlich darauf zu achten ist, ob es sich bei der Abfindung um eine solche mit Versorgungscharakter oder um eine Entschädigung für den Verlust des Arbeitsplatzes handelt. Die Abgrenzungsfragen werden regelmäßig entscheidend für die Besteuerungshöhe sein. Im Einzelfall werden einzelne Steuerpflichtige bemüht sein, eine Steuerpflicht im Ansässigkeitsstaat (hier: Deutschland) zu verhindern, sofern sie einer niedrigeren Besteuerung im Ausland unterliegen.

7.4 Einzelregelungen zu bestimmten Tätigkeiten/ Einkünften

Die nun folgenden Artikel befassen sich zum Teil mit besonderen Berufsgruppen, wobei das entscheidende Kriterium für die Anwendung nicht mehr eine zivilrechtliche Ausgestaltung der Vertragsverhältnisse ist, sondern die Erfüllung berufstypischer Eigenschaften. Auf die Besonderheiten für Gastprofessoren und Studenten und Praktikanten soll in diesem Zusammenhang nicht näher eingegangen werden. Die Art. 17 bis 21 gehen als „Leges specialis" den jeweiligen Art. 14 und 15 vor.

7.4.1 **Aufsichtsrats- und Verwaltungsratsvergütungen** (Art. 16 OECD-MA)

Artikel 16 OECD-MA definiert neben den Einkunftstatbeständen des Art. 14 OECD-MA a. F. der selbständigen Tätigkeit sowie Art. 15 OECD-MA der nichtselbständigen Tätigkeit eine besondere Einkunftsart, die regelmäßig als selbstständige Tätigkeit von natürlichen Personen gegenüber Kapitalgesellschaften wahrgenommen wird. Im Gegensatz zu den bisherigen Regelungen des Art. 15 OECD-MA und Art. 14 OECD-MA a. F. enthält Art. 16 OECD-MA für die Zuweisung des Besteuerungsrechtes zu dem Quellenstaat nicht das Erfordernis, dass eine Tätigkeit dort ausgeübt wird, sondern es wird faktisch eine Verwertung an dem Ort fingiert, an dem die Gesellschaft, für die die Aufsichtsrats- bzw. Verwaltungsratstätigkeit ausgeübt wird, ansässig ist. Die insoweit abweichende und einschränkendere Kommentierung von Prokisch,[314] der eine Besteuerung der Vergütung am Sitz der Gesellschaft als gegeben ansieht, verkennt, dass der Abkommenstext nur auf die Ansässigkeit abstellt. Diese kann m. E. aber nur i. S. des Art. 4 OECD-MA verstanden werden, sodass es im Zweifelsfall, wenn Sitz und Ort der Geschäftsleitung auseinanderfallen, auf den Ort der Geschäftsleitung ankommt. Eine solche Betrachtung scheint auch sachgerecht zu sein, da die Aufsichtsratstätigkeit regelmäßig in der Kontrolle der Geschäftsführung liegt und diese typischerweise nur dort ausgeübt werden kann, wo die Tätigkeit stattfindet.[315] Nach nationalem deutschem Steuerrecht erfolgt eine Einbehaltungspflicht des inländischen Vergütungsschuldners dann, wenn entweder die Gesellschaft im Inland ihren Ort der Geschäftsleitung hat oder ihren Sitz. Die sich ergebende unterschiedliche Behandlung zwischen Einkommensteuerrecht und Abkommensrecht ergibt sich aus der Notwendigkeit der eindeutigen Bestimmung nur eines Staates als Ansässigkeitsstaates, sodass nur Fälle denkbar sind, bei denen Sitz und Ort der Geschäftsleitung im Inland belegen sind, um nach Abkommensrecht ein Besteuerungsrecht zu begründen, oder aber der Ort der Geschäftsleitung alleine im Inland belegen ist. Der **Ort,** an dem die Aufsichtsrats-

314 Prokisch in Vogel/Lehner, 4. Aufl. 2003, Art. 16 Rz. 7.

315 Bei Wassermeyer, in: D/W, Art. 16 Rz. 33 (10/2001) findet sich keine Angabe darüber, ob auf den Sitz oder den Ort der Geschäftsleitung abgestellt wird.

tätigkeit ausgeübt wird, ist nach Rechtsprechung[316] des BFH, unter Verweis auf das RFH-Urteil vom 01.02.1933,[317] der Ort, an dem sich die Tätigkeit **auswirkt.** Dies ist i. d. R. der Ort der Geschäftsleitung, nicht aber der hiervon möglicherweise abweichende Ort des Sitzes der Gesellschaft. Auch dieser Interpretation nach inländischem Recht spricht für eine Orientierung der Besteuerung am Ort der Geschäftsführung der Gesellschaft und nicht am Sitz. Im Gegensatz zu den Einkünften der Geschäftsleitung, die gem. Art. 15 OECD-MA (Art. 15 OECD-MA, Rz. 54) nur im Tätigkeitsstaat besteuert werden können, kommt es für Art. 16 OECD-MA auf den Ort der Ausübung der Tätigkeit nicht an.

Da die Vorschrift nur aus einem Satz besteht, in dem das grundsätzliche Besteuerungsrecht des Ansässigkeitsstaates der Gesellschaft für die Vergütung der natürlichen Person, die als Aufsichtsrat oder Verwaltungsrat gegenüber der Gesellschaft tätig wird, zugesprochen wird, erfolgt eine Beschränkung auf die Tatbestandsvoraussetzungen für das Besteuerungsrecht des Quellenstaates.

Art. 16 OECD-MA regelt, dass Personen, die Aufsichtsrats- oder Verwaltungsratstätigkeiten ausüben, auch im Ansässigkeitsstaat der Gesellschaft, für die die Tätigkeit ausgeübt wird, mit den Einkünften besteuert werden können, soweit das nationale Steuerrecht des Staates dies vorsieht. Während im OECD-MA explizit enthalten ist, dass sowohl natürliche als auch juristische Personen diese Funktion übernehmen können, bestimmt sich dies **nach deutschem Gesellschaftsrecht** in anderer Weise, da stets **nur natürliche Personen** Mitglied eines Aufsichtsrates sein können, wobei hier auf § 100 Abs. 1 AktG sowie § 52 Abs. 1 GmbHG verwiesen wird. Gleichwohl vertritt Vogel[318] die Auffassung, dass diese gesellschaftsrechtlich gegebene Beschränkung für das Abkommensrecht irrelevant ist und damit grundsätzlich auch juristische Personen als Aufsichtsräte in Erscheinung treten können. Dies ist formaljuristisch richtig, doch ergeben sich keinerlei praktische Anwendungsfälle hieraus, da zumindest in den Fällen, in denen es sich um eine nach deutschem Gesellschaftsrecht gegründete Gesellschaft handelt, bei der ein Aufsichtsrat oder Verwaltungsrat tätig ist, eine Konstellation nur mit natürlichen Personen denkbar ist. In dem Fall, dass eine deutsche **Kapitalgesellschaft** entsprechende Aufsichtsrats- oder Verwaltungsratstätigkeiten bei einer **im Ausland ansässigen Gesellschaft** ausübt, bei der dies gesellschaftsrechtlich zulässig ist, kann es dennoch zu einer Anwendung des Art. 16 OECD-MA auf juristische Personen kommen, wobei diese jedoch nur für die abkommensrechtliche Zuweisung gelten wird. Hinsichtlich der deutschen Qualifikation der von der inländischen Kapitalgesellschaft zu erzielenden Einkünfte ist auf die Rechtsprechung des BFH zu verweisen,[319] der in ständiger Rechtsprechung klargestellt hat, dass selbständige, freiberufliche Tätigkeiten, zu

316 Änderung der Rspr. durch BFH vom 05.10.1994 I R 67/93, BStBl 1995 II S. 95.

317 RFH vom 01.02.1933 VI A 828/32, RStBl 1933 S. 425.

318 Prokisch in Vogel/Lehner, 4. Aufl. 2003, Art. 16 OECD-MA, Rz. 10.

319 BFH vom 07.07.1971 I R 41/70, BStBl 1971 II S. 771; vom 23.05.1973 I R 163/71, BStBl 1974 II S. 287; vom 01.12.1982 I R 238/81, BStBl 1983 II S. 213.

denen auch die Tätigkeit als Aufsichtsrat zählt, nicht von einer Kapitalgesellschaft ausgeübt werden können und daher nur zu gewerblichen Einkünften führen können. Die Bundesrepublik Deutschland ist insoweit frei, ihre Besteuerung des ihr nach Art. 16 OECD-MA zugewiesenen Besteuerungsrechtes eigenständig vorzunehmen.

Der Vergütungsempfänger muss **Mitglied** eines Aufsichtsgremiums sein, welches nicht zwingend als Aufsichtsrat bezeichnet ist, aber nach **funktionaler Betrachtung** einem solchen entspricht. Neben den Aufsichtsgremien bei Aktiengesellschaften (§§ 95 ff. AktG), bei einer KGaA (§ 287 AktG) sowie einer GmbH (§§ 52 GmbHG) ist diese auch bei Genossenschaften sowie Personenvereinigungen des öffentlichen Rechtes unzweifelhaft denkbar. Wenngleich es auf die Bezeichnung des Gremiums für die steuerliche Beurteilung nicht ankommt, scheiden Beratungsgremien, wie z. B. wissenschaftliche oder technische Beiräte, aus dem Anwendungsbereich des Art. 16 OECD-MA aus. Der Aufsichtsrat kann gegenüber Außenstehenden die Gesellschaftsinteressen vertreten, darf aber auf keinen Fall unmittelbare Leitungs- und Mitverwaltungsaufgaben übernehmen, sodass nach deutschem Verständnis die Begriffsdefinition deutlich enger ist als im angelsächsischen Bereich. Der BFH hat in seiner Entscheidung vom 31.01.1978[320] deutlich gemacht, dass der Begriff der Überwachung nicht zu eng auszulegen ist, dass gleichwohl die Wahrnehmung bloß repräsentativer Aufgaben jedoch nicht ausreichend ist, um eine Tätigkeit i. S. des Art. 16 OECD-MA anzunehmen. Keine Aufsichtsratstätigkeit liegt vor, wenn zum Zwecke der staatlichen Genehmigung für die Aufnahme einer unternehmerischen Tätigkeit ein **weiteres Aufsichtsgremium** geschaffen wird. Da sich diese Aufsichtsorgane nicht aus dem Interesse des Unternehmens und der Gesellschaft selbst ergeben, zählen sie nicht zu den in Art. 16 OECD-MA bezeichneten Aufsichtsräten.[321]

Der **Ort**, an dem die **Aufsichtsratstätigkeit** ausgeübt wird, ist nach Rechtsprechung des RFH vom 01.02.1933[322] der Ort, an dem sich die Tätigkeit **auswirkt.** Dies ist i. d. R. der Ort der Geschäftsleitung, nicht aber der hiervon möglicherweise abweichende Ort des Sitzes der Gesellschaft. Insoweit deckt sich die Rechtsprechung in Deutschland mit der gesetzlichen Fiktion des Art. 16 OECD-MA, nach der die Einkünfte dort besteuert werden, wo die Tätigkeit ihre Wirkung entfaltet, bzw. dort, wo die zu kontrollierende Tätigkeit regelmäßig ausgeübt wird.

Als Vergütung gilt alles, was der Vergütungsgläubiger für seine Aufsichtsratstätigkeit erhält, wobei es unerheblich ist, ob es sich um Geldbeträge, Sachzuwendungen oder sonstige Vermögensvorteile handelt. Probleme ergeben sich hierbei regelmäßig in der **Bewertung** der nicht auf Geldbeträge lautenden Zuwendungen, die allerdings nicht über die allgemeinen Schwierigkeiten, wie sie unter Art. 15 OECD-MA dar-

320 BFH vom 31.01.1978 VIII R 159/73, BStBl 1978 II S. 352 m. w. N.
321 BFH vom 13.07.1954 I 53/54 U, BStBl 1954 III S. 249.
322 RFH vom 01.02.1933 VI A 828/32, RStBl 1933 S. 425.

gestellt wurden (hierzu Art. 15 OECD-MA, Rz. 33 ff.), hinausgehen. Im Ansässigkeitsstaat der Gesellschaft werden auch die Vergütungen besteuert, die der Steuerpflichtigen von dritter Seite für seine Tätigkeit erhalten hat. Denkbar ist z. B. die Gewährung von **Aktienoptionen** durch das ausländische Mutterunternehmen. Ebenfalls problematisch sind die Fälle, bei denen ausschließlich **Sachzuwendungen** erfolgen. Nicht zu den Aufsichtsratsvergütungen gehören **Aufwendungsersatz** nach Auftragsrecht, Zinsen für rückständige Aufsichtsratsvergütungen, Sachbezüge, wie das zur Verfügungstellen eines Büros oder eines Dienstwagens, sofern die Nutzung ausschließlich im Rahmen der Aufsichtsratstätigkeit erfolgt.

7.4.2 Vergütungen für künstlerische oder sportliche Tätigkeiten (Art. 17 OECD-MA)

Die Anwendung des Art. 17 OECD-MA als Lex specialis zu den Art. 14 und 15 OECD-MA ist in der Besteuerungspraxis von besonderer Bedeutung, da die Personen, die als Künstler sowie Musiker oder Sportler zu qualifizieren sind, die Regelungen des Art. 17 OECD-MA in Anspruch nehmen. Eine genaue Definition, wann eine Person als Künstler, Musiker oder Sportler zu qualifizieren ist, ist in den DBA nicht enthalten, sodass es auch hier wiederum auf die innerstaatlichen Definitionen zu diesen Fragen ankommt. Die Begriffe Künstler und Sportler sind im Abkommen nicht definiert. Die beispielhafte Aufzählung verschiedener Arten von Künstlern ist nicht abschließend, beschränkt sich aber auf **vortragende Künstler.** Somit fällt unter Art. 17 OECD-MA nicht die Form der Kunstausübung, die nicht in der Darstellung vor Publikum, sondern in der Herstellung eines Werkes besteht, wie dies regelmäßig bei Malern, Bildhauern und Komponisten der Fall ist. Entscheidendes Abgrenzungskriterium ist somit der unterhaltende Charakter einer Darbietung, die allerdings nicht über ein bestimmtes künstlerisches Niveau verfügen muss, so zumindest die Auslegung zu Art. 17 OECD-MA. Ausgeschlossen sind aber all die Tätigkeiten, die aufgrund des Zeitgeistes entweder noch nicht oder schon wieder nicht mehr als Kunst bzw. als künstlerische Tätigkeit angesehen werden. Ob eine solche Differenzierung in jedem konkreten Einzelfall möglich ist, muss entschieden bezweifelt werden.

Entsprechend der Definition des Künstlerbegriffs, der auf eine darstellende Betätigung vor Publikum abstellt, ist auch der im OECD-MA nicht definierte Sportlerbegriff zu sehen, sodass nur Sportler als solche i. S. des Art. 17 OECD-MA gelten können, die typischerweise an Wettkampfveranstaltungen teilnehmen und hierfür entsprechend Einkünfte erzielen. Auch bei der Definition des Begriffes des Sportlers kommt es nicht darauf an, ob es sich um Amateur- oder Berufssportler handelt oder welcher Sportart sie nachgehen, denn Art. 17 OECD-MA lässt keinen Raum für eine eindeutige Qualifizierung, wann etwas Sportart ist und wann nicht. Jedoch muss man in diesem Zusammenhang ähnlich der Definition von Kunst auf die allgemeine Verkehrsauffassung abstellen, sodass beispielsweise Quizveranstaltungen und deren Teilnahme daran nicht als sportliche Betätigung anzusehen sind und daher auch keine Qualifizierung als Sportler i. S. des Art. 17 OECD-MA nach sich ziehen können.

Werden Sportler, aber auch in jüngster Zeit verstärkt Künstler, von bestimmten Sponsoren mit Einkünften versorgt, die sich nicht auf einen konkreten Veranstaltungstermin oder eine konkrete Darbietung beziehen, so handelt es sich bei diesen Einkünften nicht um Zahlungen i. S. des Art. 17, sondern, da es an einer Zuordnung zu anderen Einkunftsarten fehlt, um Einkünfte aus Art. 21 (sonstige Einkünfte), die nur der Wohnsitzstaat besteuern darf. Bei Künstlern und Sportlern, die im Rahmen eines unselbständigen Vertrages sich verpflichten, in mehreren unterschiedlichen Staaten Darbietungen zu erbringen, muss das vereinbarte Gesamtentgelt auf die einzelnen Staaten aufgeteilt werden, wobei Aufteilungskriterium sicherlich der entsprechende Zeitaufwand durch Proben (bei Sportlern Aufenthalte in Trainingscamps) sein kann. In der deutschen Abkommenspraxis werden in zahlreichen DBA (Frankreich, Luxemburg, Niederlande, Norwegen, Schweiz) ausdrücklich auch Artisten als Personen aufgeführt, für die die Vorschriften über die Künstler und Sportler Anwendung finden, da es sich bei ihnen in entsprechender Weise um darstellende Tätigkeiten handelt, die zwar nicht unbedingt künstlerischer oder sportlicher Natur sein müssen, aber in erster Linie unterhaltender Art sind. Meines Erachtens scheint eine explizite Nennung jedoch nicht erforderlich zu sein, da diese Tätigkeit sonst unter dem Begriff der Künstler- und Sportlernorm zu subsumieren wäre. Die in den älteren deutschen DBA noch vorkommende Definition, dass es sich um eine Berufsmäßigkeit hinsichtlich der Tätigkeit als Künstler oder Sportler handeln muss, ist durch das OECD-Musterabkommen nicht zu rechtfertigen, denn nicht nur profimäßige Betätigungen, sondern auch Amateurtätigkeiten, die zu Einkünften führen, werden unter Art. 17 gefasst. Der Aspekt, der m. E. mit einer solchen Formulierung verfolgt werden sollte, die Nichtbesteuerung von reinen Liebhabertätigkeiten, ist m. E. bereits durch das innerstaatliche deutsche Steuerrecht vorgegeben, da diese Liebhaberbetätigungen nicht als steuerbare Einkünfte i. S. des Einkommensteuergesetzes behandelt werden. Insofern bedurfte es einer klarstellenden Regelung innerhalb der DBA nicht, da die DBA nur die Besteuerungsrechte zuweisen und dem jeweiligen Staat somit das Recht einräumen, diese Einkünfte zu besteuern oder nicht. Verzichtet der betreffende Staat auf sein Besteuerungsrecht, weil diesem innerstaatliche Normen entgegenstehen, so ist dies nicht mehr eine Frage des Abkommens. Lediglich in den Fällen, in denen eine „Subject To Tax Clause“ enthalten ist, also eine Vorschrift, nach der das Besteuerungsrecht vom eigentlich berechtigten Staat wieder an den anderen Staat zurückfällt, sofern der erstgenannte sein Besteuerungsrecht nicht ausübt, kann dies von Bedeutung sein. Einige DBA, so mit Belgien, Dänemark, Frankreich, Österreich und Norwegen, sehen eine Subsidiarität des Art. 15 über unselbständige Arbeit gegenüber Art. 17 für nicht gegeben an, sodass bei nichtselbständig tätigen Künstlern und Sportlern aufgrund der nur kurzen Aufenthaltsdauer im anderen Staat eine Besteuerung nicht eingreift, da Art. 15 ein

Tätigwerden im Umfang von mehr als 183 Tagen fordert und eine Besteuerung daher i. d. R. unterbleibt.

Diese Abkommensregelung haben sich in der Vergangenheit Steuerpflichtige zunutze gemacht, in dem sie eine eigene Gesellschaft gegründet haben, an der sie zu 100 % beteiligt waren, und sich von dieser Gesellschaft in einem unselbständigen Arbeitsverhältnis haben anstellen lassen, sodass eine Besteuerung im Tätigkeitsstaat, vorzugsweise in der Bundesrepublik Deutschland, hierdurch vermieden werden konnte. Durch das Jahressteuergesetz 1996 sind diesen Steuergestaltungen durch die Änderungen des § 50 a EStG die Möglichkeiten entzogen worden, sodass in diesen Fällen aus deutscher Sicht von einem Treaty-overriding gesprochen werden kann. Dieser Steuergestaltung wurde bereits im Abkommen durch Art. 17 Abs. 2 OECD-MA ein Riegel vorgeschoben, da auch dritte Personen, denen die Einkünfte aus von Künstlern und Sportlern erbrachten Leistungen zufließen, so behandelt werden, als wenn sie die Tätigkeit selbst ausgeübt hätten. Die Konstruktion, mittels der Zwischenschaltung einer Verleihgesellschaft die Quellenbesteuerung im Auftrittsstaat zu vermeiden, soll hierdurch verhindert werden. Ohne eine solche Regelung wäre die Steuerberechtigung des Tätigkeitsstaates nicht mehr gegeben, sodass es sich ausschließlich um Einkünfte gem. Art. 17 i. V. m. Art. 5 OECD-MA handelt, deren Besteuerungsrecht dem Sitzstaat der Gesellschaft im, wie anzunehmen ist, niedriger besteuernden Ausland zusteht. Der angestellte Künstler oder Sportler selbst würde Einkünfte aus unselbständiger Arbeit erzielen, die jedoch wegen der Nichterfülltung der 183-Tage-Klausel nicht der Besteuerung unterzogen werden dürften. Eine Erfüllung der sonstigen Nebentatbestände des Art. 17 OECD-MA kann in den vorliegenden Fällen nicht in Betracht kommen, da weder eine Betriebsstätte im Tätigkeitsstaat des Arbeitgebers begründet wird noch der Arbeitgeber selbst dort ansässig ist. Vor allem die DBA mit Frankreich und Großbritannien, die keine entsprechende Regelung des Art. 17 Abs. 2 enthalten, waren in der Vergangenheit bevorzugte Standorte für solche Verleihgesellschaften. Außerdem haben zahlreiche deutsche Doppelbesteuerungsabkommen in Abweichung zum OECD-Musterabkommen zusätzliche Regelungen zur Förderung des zwischenstaatlichen Kulturaustausches getroffen, bei denen bei Vorliegen unterschiedlicher Voraussetzungen das Besteuerungsrecht des Tätigkeitsstaates eingeschränkt wird, sofern eine Besteuerung im Sitzstaat der Künstler oder Sportler sichergestellt ist. Hintergrund dieser Überlegung ist, dass verhindert werden soll, dass öffentliche Zuschüsse zu kulturellen Veranstaltungen erhöht werden müssten, um eine ausländische Quellensteuer ggf. mitzufinanzieren. Dies erscheint jedoch nur in den Fällen angemessen zu sein, in denen den Künstlern und Sportlern im Inland kein steuerpflichtiges Einkommen zuzurechnen ist, denn andernfalls würde es zu einer Anrechnung der im Ausland gezahlten Quellensteuer auf die inländische Einkommensteuer kommen.

Außerdem haben zahlreiche deutsche DBA in Abweichung zum OECD-MA zusätzliche Regelungen zur Förderung des zwischenstaatlichen Kulturaustausches getroffen, bei denen bei Vorliegen unterschiedlicher Voraussetzungen das Besteuerungsrecht des Tätigkeitsstaates eingeschränkt wird, sofern eine Besteuerung im Sitzstaat der Künstler oder Sportler sichergestellt ist.

7.4.3 **Ruhegehälter** (Art. 18 OECD-MA)

Artikel 18 OECD-MA enthält eine Sondervorschrift zur Regelung über die Behandlung von Einkünften aus unselbständiger Arbeit i. S. des Art. 15 OECD-MA. Voraussetzung für die Anwendung des Art. 18 OECD-MA ist das Vorliegen von Einnahmen im Zusammenhang mit früherer unselbständiger Arbeit. Für alle anderen Einkunftsarten, insbesondere für Renten aus Sozialversicherungskassen, kommt Art. 18 OECD-MA nicht zur Anwendung.[323] Der Grundgedanke der Vorschrift ist, dass Ruhegehälter aus einer unselbständigen Arbeit nur im Wohnsitzstaat besteuert werden sollen, wobei zur Vermeidung der Doppelbesteuerung **kein Verweis** auf die **Methodenartikel** Art. 23 A OECD-MA und 23 B OECD-MA erforderlich ist, da die Zuweisung des Besteuerungsrechts durch die Formulierung „können nur" eindeutig ist und insoweit eine Doppelbesteuerung nicht entstehen kann.

Als Ruhegehälter und ähnliche Vergütungen sind Bezüge zu verstehen, die zwar nicht ausschließlich, aber doch in nicht unerheblichem Umfang der **Versorgung** des **Empfängers** dienen, wie dies der BFH in seiner herrschenden Rechtsprechung[324] immer wieder ausgeführt hat und dies im Schrifttum[325] von zahlreichen Autoren bestätigt wurde. Die Zahlungen dienen hierbei als Ausgleich erlittener Nachteile im Zusammenhang mit der Aufgabe der Tätigkeit bzw. mit der früher ausgeübten unselbständigen Tätigkeit, wobei die **Abgrenzung** gegenüber den Abfindungsleistungen vorzunehmen ist.

Zu den Ruhegehältern gehören auch **Witwen- und Waisenpensionen**, die an Angehörige des ehemaligen Arbeitnehmers fließen, wobei es auf die Art der Zahlung nicht ankommt, sodass auch Einmalzahlungen oder nur sporadische Zahlungen, die gerade nicht monatlich vorgenommen werden, als Ruhegehalt zu qualifizieren sind. Ebenfalls unbeachtlich ist, von wem die Bezüge zufließen. Es kommt ausschließlich auf den Rechtsgrund bzw. den wirtschaftlichen Grund an, der stets ausschließlich oder überwiegend in einer früheren Tätigkeit aus unselbständiger Arbeit i. S. des Art. 15 OECD-MA liegen muss.

Die Ruhegehälter und ähnliche Vergütungen für frühere unselbständige Arbeit dürfen ausschließlich im Wohnsitzstaat versteuert werden und zwar auch dann, wenn die zugrunde liegende unselbständige Tätigkeit im anderen Vertragsstaat ausgeübt wurde und die laufenden Einkünfte gem. Art. 15 OECD-MA in diesem Staat besteu-

---

323 Prokisch in Vogel/Lehner, 4. Aufl. 2003, Art. 18 OECD-MA, Rz. 11.

324 BFH vom 27.01.1972 I R 37/70, BStBl 1972 II S. 459, sowie BFH-Urteil vom 05.02.1992 I R 158/90, BStBl 1992 II S. 660, und BFH-Urteil vom 24.01.2001 I R 119/98, BStBl 2001 II S. 968.

325 Vgl. Drenseck in Schmidt, 23. Aufl. 2004, § 19 EStG, Rz. 50 ff. m. w. N.

ert wurden. Eine Begründung für eine solche steuerliche Behandlung ist nur schwer zu finden, da ein Auseinanderfallen der steuerlichen Behandlung zwischen Vergütungen, die sofort im unmittelbaren Anschluss an die Erbringung einer Tätigkeit gezahlt werden, und solchen, die erst zu einem späteren Zeitpunkt in der Form von Ruhegehältern zufließen, nicht zu überzeugen vermag. Daher ist Vogel[326] auch zuzustimmen, der hierin rechtspolitisch und systematisch eine nicht einleuchtende Regelung sieht.

Gemäß Art. 19 Abs. 2 OECD-MA werden Ruhegehälter oder ähnliche Vergütungen für frühere unselbständige Arbeit, die aus öffentlichen Mitteln gezahlt worden sind bzw. gezahlt werden, nur in dem Staat besteuert, der auch die Aufwendungen zu tragen hatte. Dies bezeichnet man als das sog. Kassenstaatsprinzip, welches international anerkannt ist.

Durch die grundsätzliche Besteuerung im Ansässigkeitsstaat des Steuerpflichtigen kommt es regelmäßig zu einem Nachteil für den Staat, in dem der Arbeitgeber ansässig ist, soweit der Ansässigkeitsstaat des Steuerpflichtigen nicht identisch ist mit dem Ansässigkeitsstaat des Arbeitgebers. Dann hat der Staat, in dem der Arbeitgeber die Einstellungen in die Pensionsrückstellung gewinn- und steuermindernd vorgenommen hat, keinen Vorteil in Form der Besteuerung der Ruhegehälter. Verfahrensrechtlich kann man für die eindeutige Zuweisung des Besteuerungsrechts jedoch Verständnis entgegenbringen, da es durchaus möglich ist, dass ein Steuerpflichtiger während seiner aktiven Zeit in einer Vielzahl von Staaten gearbeitet hat und Zahlungen in die öffentliche Sozialversicherung vorgenommen hat. Eine konkrete Erfassung im Einzelfall und die Ermittlung des so einzelnen Staaten zuzurechnenden Anteiles an den gesetzlichen Renteneinkünften erscheint sehr schwierig zu sein.

Sowohl im nationalen Recht als auch im Abkommensrecht ist eine gewisse Änderung der Auffassungen der jeweiligen Staaten dahingehend zu beobachten, dass ein Steuerausfall durch kurzfristige Verlegung des Wohnsitzes für den bisherigen Ansässigkeitsstaat durch entsprechende Missbrauchsklauseln verhindert werden soll. In den Fällen der Verlegung des Wohnsitzes kommt es auf der Ebene des bisherigen Ansässigkeitsstaates zu einer „Exit-Besteuerung“, die der Besteuerung in den Fällen des § 6 AStG ähnlich ist. Es ist jedoch zu bezweifeln, dass eine solche Rechtsnorm in einem DBA mit einem EU-Staat nach dem Urteil des EuGH zur französischen Wegzugsbesteuerung[327] Bestand haben wird.

326 Vogel in Vogel/Lehner, 4. Aufl. 2003, Art. 18 OECD-MA, Rz. 3.
327 EuGH vom 11.03.2004 C-9/02 – Hughes des Lasteyrie du Saillant –, IStR 2004, S. 236, sowie die Anmerkung von Eicker/Schwindt, EWS 2004, S. 180 ff., sowie Schnitger, BB 2004, S. 804 ff.

7.4.4 Einkünfte aus öffentlichen Kassen (Art. 19 OECD-MA)

Grundsätzlich werden die Einkünfte bzw. Vergütungen, die Personen aufgrund eines Arbeitsverhältnisses zu einer öffentlich-rechtlichen Körperschaft beziehen, ausschließlich in dem Staat besteuert, der auch die Aufwendungen dafür zu tragen hat. Diese unter dem Stichwort des „Kassenstaatsprinzips" zu subsumierende Vorgehensweise macht klar, dass der Staat, der gegenüber seinen Bediensteten die Aufwendungen zu tragen hat, in jedem Fall auch die Besteuerung dieser Einkünfte der Steuerpflichtigen vornehmen kann, unabhängig davon, wo sich die betreffenden Personen derzeitig befinden oder wo sie ihre Tätigkeit ausüben. Beschränkt ist jedoch diese Festlegung auf Vergütungen, die Personen im Rahmen ihrer hoheitlichen oder verwaltungsrechtlichen Aufgaben übernehmen. Gemäß Art. 19 Abs. 3 sind Vergütungen für Dienstleistungen, die im Zusammenhang mit einer gewerblichen Tätigkeit eines Vertragsstaates oder eines seiner Gebietskörperschaften entstehen, unter den Art. 15, 16 und 18 zu subsumieren und damit unabhängig vom Kassenstaatsprinzip im ggf. abweichenden Tätigkeitsstaat zu besteuern.

Für die Bundesrepublik Deutschland ergeben sich in diesem Zusammenhang einige wesentliche Änderungen in der Zukunft, da in einigen deutschen DBA die Vergütungen von Personen, die bei der Deutschen Bundesbank, der Deutschen Post oder Deutschen Bahn beschäftigt sind, den Vergütungen, die von Gebietskörperschaften gezahlt werden, gleichgestellt sind. Im Zuge der Privatisierung der Deutschen Post und der Deutschen Bahn sowie weiterer derzeitig im Staatsbesitz befindlicher Betriebe ist eine Anwendung des Art. 19 auf diese Vergütungen zukünftig nicht mehr möglich, sodass es hierbei i. d. R. einer klarstellenden Ergänzung entweder in einer nationalen Vorschrift oder in den jeweiligen DBA bedarf. Eine weitere bedeutende Ausnahme des grundsätzlich anzuwendenden Kassenstaatsprinzips gilt für sog. „Ortskräfte", also Personen, die zum Beispiel an ausländischen Vertretungen der Bundesrepublik Deutschland beschäftigt sind. Die Vergütungen dieser Personen unterliegen ausschließlich dem Wohnsitzstaat und weisen somit eine Abweichung zum Kassenstaatsprinzip auf. Dies erscheint vor allen Dingen vor dem Hintergrund von Betätigungen der Bundesrepublik Deutschland in Entwicklungsländern als eine durchaus zutreffende Behandlung, da es nicht sachgerecht erscheint, dass Personen, die ihren Wohnsitz im entsprechenden Ausland haben und ihre Tätigkeit ebenfalls im Ausland ausüben und keinerlei Bezug zur Bundesrepublik Deutschland haben, ausschließlich in Deutschland besteuert werden sollen.

8 Sonstige Einkünfte (Art. 21 OECD-MA)

Dieser Artikel enthält eine abschließende Regelung für all diejenigen Einkünfte, die in den vorhergegangenen Artikeln nicht erfasst wurden. Hierzu zählen alle weiteren

Einkünfte, die nicht ausdrücklich in den zuvor dargestellten Artikeln erwähnt wurden. Besondere Bedeutung kommt Art. 21 dadurch zu, dass er auch sog. „Drittstaateneinkünfte" erfasst. Artikel 21 Abs. 1 stellt für diese Einkünfte das ausschließliche Besteuerungsrecht dem Wohnsitzstaat zu. Abweichungen hiervon ergeben sich lediglich in den Fällen, in denen es sich um Einkünfte i. S. des Art. 6 Abs. 2 MA handelt bzw. bei denen eine Zuordnung der nicht explizit genannten Einkünfte zu einer gewerblichen Tätigkeit durch eine im anderen Staat belegene Betriebsstätte oder eine selbständige Arbeit durch eine dort belegene feste Einrichtung ausgeübt wird. In letzteren Fällen erfolgt eine Zuweisung anstelle zu Art. 21 zu Art. 7 bzw. Art. 14.

Erfasst werden durch Art. 21 nicht nur die Einkünfte aus dem anderen Vertragsstaat, die nicht unter die Art. 6 bis 20 zu subsumieren sind, sondern auch sog. Drittstaateneinkünfte,[328] sofern nicht abweichende Regelungen in den Artikeln zu den einzelnen Einkunftsarten enthalten sind. Das ausschließliche Besteuerungsrecht des Art. 21 Abs. 1 des OECD-MA für den Wohnsitzstaat bzw. den Sitzstaat wird nach Musterabkommen auch nicht dadurch eingeschränkt, dass der Sitzstaat von seinem Besteuerungsrecht keinen Gebrauch macht. Im Ergebnis bedeutet somit die Anwendung des Art. 21, dass für die allgemeinen Regelungen zur Vermeidung der Doppelbesteuerung gem. § 23 A bzw. § 23 B des OECD-MA in diesen Fällen ähnlich wie bei den Regelungen zu § 6 bzw. Art. 12 des Musterabkommens kein Platz verbleibt, da eine Doppelbesteuerung von vornherein durch die Zuweisung des Besteuerungsrechtes ausgeschlossen ist.

Erfasst werden durch Art. 21 z. B. laufende Einkünfte aus der Vermietung von beweglichen Wirtschaftsgütern, sofern diese nicht unter Art. 12 oder Art. 7 des OECD-MA bereits zu erfassen sind. Weitere Anwendungsbereiche sind Einkünfte aufgrund von Unterhaltszahlungen sowie bestimmte Versorgungsleistungen, die nicht bereits durch Art. 15 erfasst sind.

Wichtig scheint der Hinweis zu sein, dass Art. 21 nicht als Auslegungshilfe genutzt werden kann, sodass bei Qualifikationskonflikten oder – ganz allgemein – bei Schwierigkeiten der Subsumierung von Einkunftsarten nicht automatisch eine Anwendung des Art. 21 vorgenommen wird. Vielmehr bleibt es beim Versuch, die jeweilig anderen Artikel anzuwenden. Der praktische Anwendungsbereich des Art. 21 ist daher sehr eingeschränkt und findet vor allem bei sog. „Drittstaateneinkünften" Anwendung.

Beispiel:

Der in Deutschland ansässige Einzelunternehmer A hat im Rahmen seines Betriebsvermögens ein Grundstück in Italien und eine Betriebsstätte, die in Frankreich belegen ist. Das unbewegliche Vermögen gehört unzweifelhaft wirtschaftlich zur Betriebsstätte, die sich in Frankreich befindet. Das anzuwendende Doppelbesteuerungsabkommen

328 Von Drittstaateneinkünften ist dann zu sprechen, wenn die Einkünfte nicht in einem Vertragsstaat anfallen, sondern in irgendeinem Staat, unabhängig davon, ob mit diesem Staat gleichfalls ein DBA besteht.

Deutschland/Frankreich im Verhältnis des in Deutschland ansässigen Einzelunternehmers und der im Ausland (in Frankreich) befindlichen Betriebsstätte findet hinsichtlich der Einkünfte und des Vermögens des Grundstücks in Italien keine Anwendung, da es sich aus der Sicht des DBA Deutschland/Frankreich um sog. „Drittstaateneinkünfte" handelt. Dies hat zur Folge, dass ausschließlich Deutschland als Wohnsitzstaat gem. Art. 21 Abs. 1 das Besteuerungsrecht wahrnimmt. Ob dieses Besteuerungsrecht jedoch aufgrund des im Folgenden zu untersuchenden Doppelbesteuerungsabkommens zwischen Deutschland und Italien Deutschland erhalten bleibt, ist fraglich. Vielmehr ist aufgrund der Anwendung des Doppelbesteuerungsabkommens Deutschland/Italien davon auszugehen, dass Italien das Besteuerungsrecht hinsichtlich der Einkünfte aus dem unbeweglichen Vermögen gem. Art. 6 DBA hat. Das Besteuerungsrecht Deutschlands kann somit jedoch nur in den Fällen eingeschränkt werden, in denen mit dem Drittstaat wiederum ein Doppelbesteuerungsabkommen besteht. In allen Nicht-DBA-Fällen verbleibt das Besteuerungsrecht in Deutschland, ungeachtet ob auch der Belegenheitsstaat sein Besteuerungsrecht wahrnimmt. Eine hierbei etwaig entstehende Doppelbesteuerung kann nur durch die unilaterale Maßnahme der Anrechnung der im Ausland gezahlten Steuern gem. unilateraler Regelungen in den deutschen Einzelsteuergesetzen verhindert werden. Auf die klarstellende Regelung des Art. 21 Abs. 2 des OECD-MA hat die bundesdeutsche Praxis bisher m. E. völlig zu Recht verzichtet, da der gewünschte Regelungsinhalt bereits durch die vorhergehenden Artikel erreicht wird.

9 **Vermögensbesteuerung** (Art. 22 OECD-MA)

Die Regelung hinsichtlich der Vermögensbesteuerung der in den zuvor genannten Artikeln behandelten Einkünfte richtet sich nach Art. 22 des OECD-MA. Hierbei gilt grundsätzlich, dass der Staat, der die laufenden Einkünfte besteuern darf bzw. die Veräußerungsgewinnbesteuerung vornehmen kann, auch das Besteuerungsrecht hinsichtlich einer Substanzbesteuerung in Form von Vermögen oder Gewerbekapitalsteuer für sich in Anspruch nehmen kann. Insofern ist auf die Ausführungen zu den zuvor behandelten Artikeln hinsichtlich der Zuweisung und Ausgestaltung des Besteuerungsrechtes zu verweisen. Aufgrund der Abschaffung der Gewerbekapitalsteuer ab dem Erhebungszeitraum 1998 im gesamten Bundesgebiet[329] und der Nichterhebung der Vermögensteuer aufgrund des BVerfG-Beschlusses vom 22.06.1995[330] ab 1997 ist aus deutscher Sicht keine Substanzsteuer mehr gegeben, die unter die Abkommen zur Vermeidung der Doppelbesteuerung auf dem Gebiet der Steuern vom Einkommen und Vermögen fällt. Die noch bestehende Steuer vom Vermögen in Deutschland, die Erbschaftsteuer, ist Gegenstand eigenständiger bilateraler Abkommen, die hier jedoch nicht näher untersucht werden sollen.

329 Gesetz zur Fortsetzung der Unternehmensteuerreform vom 29.10.1997 (BStBl 1998 I S. 127).
330 BStBl 1995 II S. 655.

10 Für alle Einkunftsarten geltende Vorschriften

10.1 Vermeidung der Doppelbesteuerung (Art. 23 A/B OECD-MA)

10.1.1 Grundsätzliches Wahlrecht der Staaten

Nach dem OECD-MA besteht grundsätzlich die Möglichkeit, sowohl die **Freistellung** der im Ausland erzielten Einkünfte als auch die Einbeziehung der ausländischen Einkünfte in das inländische zu versteuernde Einkommen zu vereinbaren mit der Folge, dass die Doppelbesteuerung durch **Anrechnung** der im Ausland gezahlten Steuern vermieden wird. Die Bundesrepublik Deutschland ist einer der wenigen Staaten, die bei bestimmten Einkunftsarten die Freistellung im Inland gewähren, doch unter Berücksichtigung des sog. Progressionsvorbehaltes.

Wenngleich das OECD-Musterabkommen die Freistellung bzw. die Anrechnung als zwei gleichgewichtete Methoden zur Vermeidung der Doppelbesteuerung vorsieht, haben die meisten Staaten in den Fällen, in denen sie als Sitzstaat zu qualifizieren sind, sich für die Anrechnungsmethode zur Vermeidung der Doppelbesteuerung entschieden (typische Länder sind die durch den angelsächsischen Rechtskreis geprägten wie z. B. die USA, Großbritannien, Australien, aber auch Japan). Lediglich die Bundesrepublik Deutschland ist einer der wenigen Staaten, die nahezu ausschließlich aus ihrer Sicht als Sitzstaat die Vermeidung der Doppelbesteuerung durch die Freistellung der im Ausland erzielten Einkünfte sicherstellt. In der aktuellen politischen Steuerdiskussion ist genau dieser Umstand wieder Gegenstand von Anfragen und Diskussionen, doch ist es m. E. für die **wirtschaftliche Wettbewerbsfähigkeit** deutscher Unternehmen auf Auslandsmärkten zumindest hinsichtlich von Betriebsstätten und Personengesellschaften im Ausland unerlässlich, dass die Doppelbesteuerung durch Freistellung verhindert wird. Käme es nur zu einer Vermeidung der Doppelbesteuerung durch Anrechnung, würden deutsche Unternehmen auf den Auslandsmärkten vor dem Hintergrund der Erzielung einer entsprechenden Nachsteuerrendite Preise kalkulieren und anbieten müssen, die nicht wettbewerbsfähig gegenüber den Produkten anderer inländischer Anbieter wären.

10.1.2 Freistellung

Aufgrund Art. 23 A des OECD-MA erfolgt eine Freistellung der ausländischen Einkünfte grundsätzlich unabhängig davon, ob eine Besteuerung im Quellenstaat tatsächlich stattgefunden hat. Man spricht hierbei von der Vermeidung einer virtuellen Doppelbesteuerung. In der neueren Abkommenspraxis hat die Bundesrepublik Deutschland jedoch zusehends Vereinbarungen getroffen, die eine Freistellung neben dem zuvor schon skizzierten Aktivitätsvorbehalt unter den Vorbehalt stellen, dass im Quellenstaat tatsächlich eine Besteuerung stattgefunden hat,[331] und, wie z. B. das Schlussprotokoll zum DBA-Italien[332] zeigt, auch keine unangemessen niedrige Besteuerung im Ausland/Quellenstaat vorgenommen wurde. Sind diese Voraussetzungen nicht erfüllt, verweigert Deutschland die Freistellung und vermeidet die Doppelbesteuerung nur durch die Anrechnung der im Ausland gezahlten Steuern. Aus der Sicht der beteiligten Fisci, aber auch aus der Zwecksetzung des Doppelbesteuerungsabkommens als ein Abkommen zur Vermeidung der Doppelbesteuerung, erscheint es m. E. durchaus angemessen zu sein, die Freistellung von dem Vorliegen einer Doppelbesteuerung abhängig zu machen. Artikel 23 räumt dem Sitzstaat, der die Freistellungsmethode anzuwenden hat, das Recht ein, den für die steuerpflichtigen Einkünfte zu ermittelnden Steuersatz nach dem Betrag zu ermitteln, der sich ergeben würde, wenn auch die ausländischen freigestellten Einkünfte berücksichtigt würden. Dieser sog. **„Progressionsvorbehalt"** ist nur dann sinnvoll durchzuführen, wenn die Ermittlung des zu versteuernden Einkommens bzw. des fiktiven zu versteuernden Einkommens zur Ermittlung des Steuersatzes nach deutschen Gewinnermittlungsvorschriften erfolgt. Hierdurch ist für den Steuerpflichtigen eine erhebliche Mehrbelastung in der Form gegeben, dass auch die im Ausland erzielten Einkünfte nicht nur nach den dort anzuwendenden Gewinnermittlungsvorschriften zu berechnen sind, sondern darüber hinaus auch nach den deutschen Gewinnermittlungsvorschriften. Fraglich ist hierbei jedoch, ob die Bundesrepublik Deutschland in jedem Fall den Progressionsvorbehalt anwenden kann. Gemäß § 32 b Abs. 1 Nr. 3 EStG soll dies nur möglich sein, wenn es sich um Einkünfte handelt, die nach einem DBA steuerfrei sind. Begrifflich kann es sich somit also nur um solche Einkünfte handeln, bei denen hinsichtlich der Vermeidung der Doppelbesteuerung der Art. 23 A erforderlich ist. Ist die Doppelbesteuerung bereits durch eine eindeutige Zuweisung des Besteuerungsrechts im jeweiligen Einkunftsartikel vermieden, kann es m. E. nicht zur Anwendung des Progressionsvorbehaltes kommen, da es sich aus deutscher Sicht insoweit um „nicht steuerbare" Einkünfte handelt. Eine hiervon abweichende Sichtweise ist denkbar, wenn man DBA als Schrankenrecht versteht und den grundsätzlichen Steueranspruch Deutschlands durch DBA nicht angetastet sieht, doch wäre dann eine einschränkende Formulierung wie in § 32 b Abs. 1 Nr. 3 EStG nicht erforderlich.

Die Freistellung der im Ausland erzielten Einkünfte hat für den Steuerpflichtigen nicht grundsätzlich nur Vorteile, sondern ist in **Verlustsituationen** auch als ggf. erheblicher Nachteil zu werten. Dies kann z. B. in den Fällen gegeben sein, in denen den freigestellten ausländischen negativen Einkünften entsprechend hohe inländische steuerpflichtige, positive Einkünfte gegenüberstehen. Dem Grund der Besteuerung nach der Leistungsfähigkeit folgend, erscheint es sachgerecht zu sein, auf

331 OFD München vom 10.05.1995 – S – 1300 – 95 – St 425, IWB, Gesetze Fach 3, Gr 2, S. 301, sowie Grotherr, in: B/H/G/K, a. a. O., Rz. 69 ff. zu Art. 23 A/B.

332 Nr. 16 Buchst. b des Protokolls zum DBA-Italien. So ähnlich auch Art. 23 Abs. 3 DBA-Norwegen.

Antrag des Steuerpflichtigen die ausländischen Einkünfte in Deutschland zu berücksichtigen.

Bei Freistellungen, die durch den Quellenstaat vorzunehmen sind, scheidet eine Anwendung des Progressionsvorbehaltes grundsätzlich aus. Dies bedeutet, dass der Quellenstaat nicht berechtigt ist, die in seinem Staat steuerpflichtigen Einkünfte mit einem Steuersatz zu besteuern, der sich ergeben würde, wenn auch die freigestellten Einkünfte zur Festlegung des Steuersatzes herangezogen worden wären. Dieses erscheint u. E. sachgerecht, da nur durch die Berücksichtigung des Progressionsvorbehaltes in dem Staat, in dem die Doppelbesteuerung endgültig vermieden werden soll, eine Besteuerung nach der Leistungsfähigkeit des Steuerpflichtigen vorgenommen wird.

Die Freistellung kann jedoch in bestimmten Konstellationen nicht zu einer endgültigen Vermeidung der Doppelbesteuerung führen. Dies ist der Fall, wenn eine inländische Kapitalgesellschaft, die ausländische Betriebsstätteneinkünfte steuerfrei vereinnahmt hat, diese an ihre im Inland ansässigen Gesellschafter in Form von Dividenden weiter ausschüttet, da dann auf der Ebene der Anteilseigner eine Besteuerung dieser Einkünfte zur Hälfte mit dem individuellen Einkommensteuersatz erfolgt und somit eine wirtschaftliche Doppelbesteuerung gegeben ist. Wie die obigen Ausführungen jedoch bereits gezeigt haben, ist die Vermeidung der wirtschaftlichen Doppelbesteuerung nicht Gegenstand der Regelungen des Art. 23 OECD-MA.

10.1.3 Steueranrechnung

Die zweite alternative Methode zur Vermeidung der Doppelbesteuerung ist die Anrechnung der im Ausland gezahlten Steuern auf die inländische Steuerschuld. Neben den allgemeinen Voraussetzungen, die bereits im ersten Teil des Buches zu § 34 c EStG bzw. § 26 KStG dargelegt worden sind, gilt, dass nur solche Steuern angerechnet werden können, die als solche vom Einkommen oder Vermögen zu qualifizieren sind. Die Steueranrechnung ist aus der Sicht der beteiligten Fisci die ökonomisch günstigere Maßnahme, da es hierbei immer zu einer Besteuerung in Höhe des im Sitzstaat gegebenen Steuerniveaus kommt. Der „Steuerverlust" für den Wohnsitzstaat besteht lediglich in Höhe der anzurechnenden, im Ausland bereits entrichteten Quellensteuer. Der i. d. R. übersteigende Steuerbetrag verbleibt beim Sitzstaat als Einnahme. Aufgrund der geforderten und zumeist auch tatsächlich gegebenen Gegenseitigkeit von Steuertatbeständen ergibt sich jedoch für den deutschen Fiskus erst dann ein Steuerausfall, wenn der Saldo aus vereinnahmter Quellensteuer und anzurechnender ausländischer Quellensteuer negativ ist.

Die Steueranrechnung setzt jedoch auch voraus, dass die im Ausland erzielten Einkünfte nach deutschen Gewinnermittlungsvorschriften ermittelt werden und fiktiv eine deutsche Steuer auf diese ausländischen Einkünfte bestimmt wird. Denn nur in dieser Höhe ist eine Anrechnung der im Ausland gezahlten Steuern möglich. Dies kann in Einzelfällen dazu führen, dass zwar nach ausländischen Gewinnermittlungsvorschriften positive Einkünfte entstanden sind, die auch der Besteuerung zugeführt worden sind, aber nach nationalen deutschen Einkunftsermittlungsvorschriften negative Einkünfte gegeben sind und somit eine Besteuerung dieser Einkünfte in Deutschland nicht gegeben ist und daher die im Ausland gezahlte Steuer zu einer Definitivbelastung wird.

Eine weitere Besonderheit der Anrechnungsmethode aus deutscher Sicht ist die im Verhältnis zu einigen Entwicklungsländern vereinbarte **fiktive Steueranrechnung,** die sich unmittelbar aus den DBA ergibt. Diese fiktive Steueranrechnung ist eine Begünstigung von Steuerpflichtigen, die Kapital im entsprechenden anderen Vertragsstaat angelegt haben und hieraus Zinsen oder Dividenden erhalten. Die deutsche Finanzverwaltung geht trotz Kenntnis, dass im Ausland keine Quellensteuer erhoben wird, davon aus, dass entsprechend im anderen Vertragsstaat bis zur maximal zulässigen Höhe lt. DBA eine Quellensteuer erhoben worden ist, und rechnet diese i. d. R. nicht gezahlte Quellensteuer fiktiv auf die deutsche Steuer an. Es handelt sich hierbei somit um eine Abweichung der grundsätzlich geforderten Tatbestandsvoraussetzung des § 34 c EStG, wonach die anzurechnende Steuer tatsächlich gezahlt sein muss. Typische Anwendungsfälle für die fiktive Steueranrechnung sind die DBA mit Brasilien oder Argentinien.

10.2 Gleichheitsgrundsatz/Diskriminierungsverbote (Art. 24 OECD-MA)

Gemäß Art. 3 Abs. 1 des Deutschen Grundgesetzes gilt für sämtliche Gesetze das Postulat der Beachtung des Gleichheitsgrundsatzes, welches grundsätzlich besagt, dass alle Menschen vor dem Gesetz gleich sind und damit auch entsprechend gleich der Besteuerung zu unterwerfen sind.

In der allgemeinen Verfassungsrechtsdiskussion wird der Gleichheitsgrundsatz als Willkürverbot verstanden, welches dem Staat nicht die Möglichkeit einräumen soll, willkürlich anhand bestimmter Merkmale Personen (hier: Steuerpflichtige) trotz gleichartiger Betätigung unterschiedlich zu behandeln bzw. zu besteuern. **Der Gleichheitsgrundsatz schließt jedoch keinesfalls aus, dass steuerliche Tatbestände unterschiedlich erfasst und besteuert werden,** nur wird in Art. 24 ein Katalog von vier Fällen dargestellt, die eine Differenzierung der steuerlichen Behandlung nicht rechtfertigen.

Artikel 24 Abs. 1 fordert, dass kein Staat einen Steuerpflichtigen aufgrund seiner Staatsangehörigkeit im Rahmen des anzuwendenden Doppelbesteuerungsabkommens besser- oder schlechterstellen darf. Aufgrund des Umstandes, dass die deutschen Doppelbesteuerungsabkommen, aber auch die meisten anderen Doppelbesteuerungsabkommen, nicht an die Staatsbürgerschaft gekoppelt sind, sondern an die Frage der Ansässigkeit, handelt es sich bei Art. 24 Abs. 1 um eine zur Verdeutlichung des Diskriminierungsverbotes wichtige, aber für die praktische Anwendung unerhebliche Aussage. Im Gegensatz zur Regelung innerhalb der EU sieht das OECD-Musterabkommen nur eine offensichtliche Diskriminierung vor und erfasst die Staatsangehörigkeitsdiskriminierung nicht auch auf Fälle der sog. verdeckten Diskriminierung,[333] bei der zwar nicht namentlich bestimmte Staatsangehörige ausgenommen oder explizit genannt werden, aber i. d. R. die dort genannten Tatbestände überwiegend von ausländischen Staatsbürgern verwirklicht werden. Ganz allgemein ist schon hier festzustellen, dass die Diskriminierungsvorschriften der EU weit enger und strikter sind als diejenigen der Doppelbesteuerungsabkommen.[334]

Das **Verbot der Betriebsstättendiskriminierung** gem. Abs. 4 des Art. 24 ist für die tägliche Besteuerungspraxis der Doppelbesteuerungsabkommen von besonderer Bedeutung. Hiermit soll verhindert werden, dass die Betriebsstätte, also eine unselbständige Geschäftseinrichtung einer ausländischen Gesellschaft in der Bundesrepublik Deutschland, z. B. schlechter behandelt wird als eine Betriebsstätte einer in Deutschland ansässigen Gesellschaft.

Das Verbot der Betriebsstättendiskriminierung beschränkt sich jedoch nach deutschem Verständnis ausschließlich auf betriebliche Besteuerungsmerkmale,[335] sodass unterschiedliche Behandlungen durch die Wahrnehmung von individuellen Steuervorteilen nicht unter den Anwendungsbereich des Art. 24 Abs. 4 fallen. Ein Beispiel für eine Betriebsstättendiskriminierung ist die festgelegte Mindestbesteuerung von 25 % bei ausländischen Gesellschaftern gem. § 50 Abs. 3 EStG, sofern im vorliegenden Sachverhalt eine niedrigere Besteuerung in Deutschland gegeben wäre.

Die dritte Diskriminierung, die nach Art. 24 Abs. 5 verboten ist, ist die hinsichtlich der nicht im Inland ansässigen Empfänger von Betriebsausgaben. Gemeint ist hierbei vor allem der Fall, in dem grundsätzlich die Aufwendungen für Fremdkapital und Lizenzen in Deutschland als vollständig abzugsfähige Betriebsausgaben behandelt werden können. Diese Regelung wird jedoch eingeschränkt in den Fällen, in denen es sich bei dem Empfänger der Zahlungen um einen nicht im Inland ansässigen Steuerpflichtigen handelt. Typischer Anwendungsfall hierfür war lange Zeit die frühere Gesellschafterfremdfinanzierung des § 8 a KStG (bis VZ 2007). Die Bundesrepublik Deutschland ist der Ansicht, u. E. wohl zu Recht, dass durch eine Formulierung, dass nur in den Fällen, in denen der Empfänger der Zinszahlungen eine nicht zur Anrechnung von Körperschaftsteuer berechtigte Person ist, die verschärfenden und begrenzenden Regelungen des § 8 a KStG greifen, und in die Formulierung „nichtanrechnungsberechtigte Personen" fallen nicht nur die ausländischen Gesellschafter einer inländischen Kapitalgesellschaft, sondern auch – wenn auch nicht vor allem – steuerbefreite Körperschaften sowie juristische Personen des öffentlichen Rechtes und andere Personen gem. § 2 Abs. 1 KStG. Hierdurch werden

333 BFH vom 30.04.1975, BStBl 1975 II S. 706.
334 BFH vom 30.10.1973, BStBl 1973 II S. 255.
335 BFH vom 13.01.1970, BStBl 1970 II S. 790.

auch Inländer erfasst, sodass eine Diskriminierung nach Art. 24 Abs. 5 OECD-MA nicht gegeben sein kann.

Die vierte Diskriminierung, die durch Art. 24 Abs. 6 verboten werden soll, ist, dass ausländische Gesellschafter von inländischen Kapital- oder Personengesellschaften nicht diskriminiert werden dürfen gegenüber inländischen Anteilseignern.

Beschränkt ist das Diskriminierungsverbot jedoch nur auf der Ebene der jeweiligen Gesellschaft, sodass – wie es in der Bundesrepublik auch der Fall ist – eine Diskriminierung einer nach deutschem Recht begründeten Kapitalgesellschaft durch den Umstand, dass sie vorzugsweise ausländische oder ggf. ausschließlich ausländische Anteilseigner hat, nicht gegeben ist. Eine Frage, die nicht mehr unter den Anwendungsbereich des Art. 24 Abs. 6 fällt, ist, inwieweit ein Ausschluss von beschränkt Steuerpflichtigen vom Körperschaftsteueranrechnungsverfahren als Diskriminierung zu werten ist.

Die Frage der Diskriminierung bzw. der Vermeidung der Diskriminierung hat in den letzten Jahren an Bedeutung gewonnen, wobei hier vor allem die erheblichen Möglichkeiten der EU hinsichtlich der Durchsetzung von EU-Richtlinien und der Verbindlichkeit von Diskriminierungsverboten zu nennen sind. Im Verhältnis zu anderen Nicht-EU-Staaten, mit denen Doppelbesteuerungsabkommen abgeschlossen wurden, scheint das Problem der Diskriminierung derzeit nicht an Bedeutung gewonnen zu haben.

10.3 **Verständigungsverfahren** (Art. 25 OECD-MA)

Wie bereits in den vorhergegangenen Artikeln gezeigt, ist eine eindeutige Qualifizierung der zugrunde liegenden Einkünfte bzw. – allgemeiner – eine sachgerechte Ermittlung und Beurteilung des dem Steuerfall zugrunde liegenden Sachverhaltes nicht immer möglich. Hieraus können sich Probleme ergeben, die der Steuerpflichtige als nicht nur belastend empfindet, sondern als dem Abkommenszweck und der Regelung des Abkommens nicht folgend beurteilt. Zwar ist der einzelne Steuerpflichtige nicht Vertragspartner des Doppelbesteuerungsabkommens, sodass ihm grundsätzlich aufgrund des DBA keinerlei Rechte auf Einhaltung des Abkommens zustehen (siehe die Ausführungen zum Treaty-overriding), doch soll ihm gem. Art. 25 Abs. 1 die Möglichkeit eingeräumt werden, bei der für ihn zuständigen Finanzverwaltung in seinem Sitzstaat einen Antrag auf Herbeiführung eines Verständigungsverfahrens der beiden betroffenen Fisci erreichen zu können. Zunächst muss sich die zuständige Finanzverwaltung des Sitzstaates mit dem Einwand des Steuerpflichtigen auseinandersetzen und, sofern sie zu dem Ergebnis kommt, dass dieser sachgerecht ist, für Abhilfe sorgen. Gelingt dies der Finanzverwaltung nicht, so muss sie gem. Art. 25 Abs. 2 sich „bemühen", ein Verständigungsverfahren herbeizuführen. Vor allem diese Formulierung des **„Sich-nur-Bemühens"** hat in der Literatur immer wieder zu heftiger Kritik geführt, da es in den meisten Doppelbesteuerungsabkommen, die die Bundesrepublik Deutschland abgeschlossen hat, keinen Zwang zur Durchführung eines Verständigungsverfahrens gibt. Kommt der andere Vertragsstaat der Bitte um Einleitung eines Verständigungsverfahrens nicht nach, besteht keine Möglichkeit, dieses Besteuerungsproblem auf einem normalen Weg zu lösen, sodass ausschließlich eine abweichende Steuerfestsetzung aus Billigkeitsgründen aus deutscher Sicht möglich ist.

Auch hier gilt wiederum für die EU-Staaten etwas Besonderes. Denn nach Ratifizierung der sog. „Schiedsgerichtsrichtlinie" durch die Bundesrepublik Deutschland besteht im Verhältnis zu den anderen EU-Staaten über die eigentlichen Regelungen des DBA hinaus die Verpflichtung zur Einleitung eines Verständigungsverfahrens und bei Entscheidung über den streitigen Steuerfall durch ein Schiedsgericht die Verpflichtung zur Umsetzung des Schiedsspruches. Die Bunderepublik hat hierfür durch § 175 a AO[336] die verfahrensrechtliche Grundlage gelegt. Diese Möglichkeit besteht in einigen anderen EU-Staaten derzeit jedoch noch nicht.[337]

Art. 25 sieht drei Grundformen des Verständigungsverfahrens vor:

1. Verständigungsverfahren im engeren Sinne, zur Lösung bestimmter Einzelfälle.
2. Konsultationsverfahren zur Ausräumung von Schwierigkeiten (Art. 25 Abs. 3 Satz 1), dient zur Ausräumung von Schwierigkeiten bei der Auslegung oder Anwendung des Abkommens sowohl im konkreten Einzelfall als auch in allgemeinen Fragen.
3. Konsultationsverfahren zur Schließung von Lücken des Vertrages (Art. 25 Abs. 3 Satz 2), dient der Konsultation über die Schließung von Lücken, die das bestehende Abkommen hinsichtlich der Nichtvermeidung der Doppelbesteuerung aufweist.

Die Verständigungsverfahren sind somit nicht nur Verfahren zur Lösung von Einzelfällen, sondern auch ein genutztes Vehikel, um Doppelbesteuerungsabkommen fortzuentwickeln.

Hauptanwendungsfall von Verständigungsverfahren ist die Frage der Zuweisung von Aufwendungen und Erträgen zwischen Betriebsstätte und Stammhaus bzw. – ganz allgemein – Gewinnkorrekturen bzw. Gewinnaufteilungen, wie sie üblicherweise bei Verrechnungspreisproblemen entstehen. In diesem Bereich zeigt sich, dass das OECD-Musterabkommen, aber auch alle deutschen Abkommen, einen entscheidenden Nachteil aufweisen. Es ist in keinem dieser Abkommen geregelt, inwieweit eine vorgenommene Gewinnkorrektur des einen Vertragsstaates durch eine korrespondierende Gewinnberichtigung bei dem anderen Vertragsstaat eine Doppelbesteuerung verhindert. Vor allem aufgrund der aktuellen Rechtsentwicklung zur Angemessenheitsprüfung von Verrechnungspreisen im internationalen Vergleich in den USA zeigen sich hier besonders gravierende Probleme.

336 Eingefügt durch Gesetz vom 21.12.1993, BGBl 1993 I S. 2310.
337 So hat beispielsweise Frankreich eine entsprechende verfahrensrechtliche Regelung nicht.

10.4 Informationsaustausch (Art. 26 OECD-MA)

10.4.1 Grundsätzliches

Die Ermittlung der steuerlichen Sachverhalte wird durch die grenzüberschreitenden Geschäftsaktivitäten und die damit einhergehenden fehlenden Informationen deutlich erschwert. Die Ermittlungsbefugnisse der Finanzverwaltungen sind grundsätzlich auf das eigene nationale Hoheitsgebiet beschränkt. Die Beschaffung weiterer **Informationen aus dem Ausland,** die wichtig für die nationale Besteuerung und die Anwendung des DBA sind, kann auf zweierlei Wegen erreicht werden: (a) durch den inländischen Steuerpflichtigen im Rahmen erweiterter Mitwirkungspflichten und (b) durch völkerrechtliche Vertragsvereinbarungen, die ausländische Finanzverwaltungen zur **Auskunft und Amtshilfe** verpflichten.

Die Notwendigkeit der **Zusammenarbeit der Verwaltungen** wird allerdings kaum in Frage gestellt, denn die Aufdeckung unrechtmäßiger steuerlicher Vorteile einzelner Unternehmen muss von den anderen Wettbewerbern als grundsätzlich positiv angesehen werden.

Wenngleich die Vereinbarungen zweier Staaten hier im Vordergrund stehen sollen, muss zunächst kurz auf die nationalen Regelungen eingegangen werden, die eine Anwendung der entsprechenden völkerrechtlichen Vereinbarungen möglich machen. Für die Bundesrepublik ist dies § 117 AO, der eine zwischenstaatliche Amts- und Rechtshilfe in Steuersachen unter anderem für die Fälle vorsieht, in denen ein Rechtshilfe- oder Doppelbesteuerungsabkommen vorhanden ist. Analoge Vorschriften lassen sich in anderen europäischen Ländern sowie den USA und Japan ebenfalls finden, da sie die Voraussetzungen für die Nutzung von Rechtshilfe- und Doppelbesteuerungsabkommen sind.

Artikel 26 OECD-MA legt die Art und den Umfang des Informationsaustausches fest, er enthält Regeln für einen möglichst weitgehenden Informationsaustausch, um damit den Erfordernissen für eine rechtmäßige Durchführung der Besteuerung in beiden Vertragsstaaten zu genügen.

Eine Negativabgrenzung beinhaltet Art. 26 MA jedoch auch, denn entgegen dem missverständlichen Begriff **„Amts- und Rechtshilfe“** regelt dieser Artikel nur die Durchführung des Informationsaustausches, nicht jedoch weiter gehende Durchführungen von Verwaltungsakten oder der Zustellung solcher oder die Unterstützung bei Vollstreckungsmaßnahmen der ausländischen Finanzverwaltung. Steuerliche Ermittlungsmaßnahmen der Finanzbeamten des einen Vertragsstaates im Hoheitsgebiet des anderen Vertragsstaates sind völkerrechtlich nur mit Zustimmung des anderen Vertragsstaates zulässig und in der deutschen Abkommenspraxis bisher nicht Gegenstand von DBAs gewesen.

Der Informationsaustausch wird nicht durch Art. 1 des MA eingeschränkt, sodass Informationen auch Angaben über nichtansässige Personen beinhalten können.

Während eine **„kleine Auskunftsklausel“** in den DBA lediglich den Informationsaustausch für die Fälle vorsieht, in denen dies für die Durchführung des Abkommens erforderlich ist, ermächtigt eine „große Auskunftsklausel“ ein Informationsersuchen auch in den Fällen, in denen dies für die Durchführung des innerstaatlichen Steuerrechts des Vertragsstaates notwendig ist. Die „große Auskunftsklausel“ in DBA ist äußerst umstritten, denn durch ihre Anwendung wird nicht die Doppelbesteuerung verhindert, sondern die Durchsetzung nationaler Steueransprüche unterstützt. Die Bundesrepublik hat z. B. mit Japan noch eine „kleine Auskunftsklausel“. Sowohl mit Frankreich und Großbritannien als auch mit den USA gibt es Vereinbarungen zur Amts- und Rechtshilfe, die mindestens dem Umfang der **„großen Auskunftsklausel“** entsprechen.

Die DBA, die eine „große Auskunftsklausel“ vereinbart haben, gehen somit über die eigentliche Zwecksetzung der Abkommen, die Vermeidung der Doppelbesteuerung, hinaus. Eine Auskunftserteilung zur Durchführung nationaler Besteuerungen in einem Vertragsstaat erleichtert den jeweiligen Finanzverwaltungen ihre Arbeit und führt zu einer umfassenderen Erfassung der steuerlichen Verhältnisse der Steuerpflichtigen. Diese Vereinbarung in den DBA zeigt auf eindringliche Weise, dass nicht nur die Verteilung bzw. Zuteilung von bestehenden Besteuerungsrechten Gegenstand dieser Abkommen ist, sondern darüber hinausgehende Verpflichtungen ebenso enthalten sein können.

Im Rahmen des jeweiligen Austauschumfangs kann man drei Arten des Auskunftsverkehrs unterscheiden:

(1) Automatischer Auskunftsverkehr:

Hierbei werden Informationen über empfangene Zahlungen z. B. über einen Datenträgeraustausch übermittelt.[338]

(2) Auskunftsverkehr auf Ersuchen:

Hierbei wird die entsprechende Finanzverwaltung erst auf Antrag der Verwaltung des anderen Vertragsstaates tätig. In der Regel ist die Zahl dieser Auskunftsfälle weitaus geringer als die der automatischen Auskünfte.[339]

(3) Spontane Auskünfte:

Dies sind i. d. R. „Internationale Kontrollmitteilungen“, deren Erteilung im Gegensatz zu automatischen Auskünften ohne besondere Vereinbarungen ausschließlich im pflichtgemäßen Ermessen des informierenden Vertragsstaates liegt und den Umfang der Auskunftsklausel nicht überschreitet.[340]

---

338 Die USA haben 1984 704.000 automatische Auskünfte erteilt und ca. 217.000 erhalten (vgl. Vogel, K., a. a. O., Rz. 21 zu Art. 26 i. d. F. des Kommentars von 1990). Die Zahlen dürften sich in den letzten Jahren deutlich erhöht haben.

339 In der Bundesrepublik sind es jährlich nicht mehr als einige Hundert gestellte und gewährte Ersuchen, die sich zumeist auf betragsmäßig größere Fälle konzentrieren. Vgl. Vogel, K., a. a. O., Rz. 21 zu Art. 26.

340 In der Regel wird eine solche Vorgehensweise nur dann vorgenommen, wenn die Gegenseitigkeit zwischen den Vertragsstaaten sichergestellt ist.

Schwierigkeiten bzw. Belastungen für den Steuerpflichtigen ergeben sich aus diesem Auskunftsverkehr hinsichtlich folgender Bereiche:

(1) Ist die Geheimhaltung bestimmter Berufs- und Geschäftsgeheimnisse nicht nur im Inland, sondern auch im Vertragsstaat gesichert?

(2) Welche Qualität haben die übermittelten Informationen, und ist die Finanzverwaltung verpflichtet, empfangene Informationen zu überprüfen?

(3) Muss die inländische Finanzverwaltung die Voraussetzungen des Auskunftsersuchens des Vertragsstaates überprüfen?

(4) Muss der um Auskunft ersuchte Vertragsstaat auch dann Ermittlungen vornehmen, wenn diese nicht auch gleichzeitig für die inländische Besteuerung von Bedeutung sind?

Die **Wahrung der Geschäfts- und Berufsgeheimnisse** ist trotz eindeutiger Regelung in den DBA in der Praxis oftmals ein Problem, da von den Steuerpflichtigen immer wieder vermutet wird, dass Einzelheiten über Geschäftsgeheimnisse international tätiger Unternehmen auch den Weg von der Finanzverwaltung zu einheimischen Konkurrenten finden.[341]

Die Kontrolle der empfangenen Informationen wird sich als kaum durchführbar erweisen und muss ggf. durch Vorlage von Dokumenten im Gerichtsverfahren abschließend erfolgen. Gleiches gilt für die Überprüfung der Erfüllung der Voraussetzungen des Auskunftsersuchens, denn der Finanzverwaltung ist es kaum möglich, die bisherigen Maßnahmen der anfragenden Verwaltung zu beurteilen. Doch dies wäre notwendig, um die Zulässigkeit der Anfrage festzustellen.

Grundsätzlich wird allerdings jeder Vertragsstaat darauf achten, dass der Auskunftsverkehr in beide Richtungen funktioniert, denn eine einseitige Belastung nur der inländischen Steuerpflichtigen wird auf die Dauer politisch nicht tragbar sein. Der um Auskunft ersuchende Vertragsstaat kann lediglich Informationen erfragen, aber der anderen Finanzverwaltung keine Vorschriften darüber geben, welche Maßnahmen diese im Einzelnen durchzuführen hat. Die Zulässigkeit koordinierter Betriebsprüfungen aufgrund entsprechender Regelungen in DBA oder anderen völkerrechtlichen Verträgen ergibt sich entweder aus eigenständigen Regelungen oder sind Ausdruck der großen Auskunftsklausel.

Durch die zunehmende Computerisierung auch innerhalb der Finanzverwaltungen und der weitgehend kostengünstigen, zeitsparenden Übermittlung und Zurverfügungstellung der Daten hat sich in den letzten Jahren der automatische Auskunftsaustausch vor allem zwischen den Industrienationen drastisch erhöht, sodass die oben genannten Zahlen aus dem Jahre 1984 heute weit überschritten werden.

Artikel 26 ist neben seiner eigenständigen Bedeutung auch zwingende Voraussetzung für die nach Art. 25 durchzuführenden Konsultations- und Verständigungsver-

341 Vgl. Eilers, in: DBA-Kommentar, Rz. 47 zu Art. 26.

fahren, denn ohne die Gewährung erforderlicher Informationen ist ein sinnvolles Verständigungsverfahren nicht möglich. Der Anwendungsbereich des Art. 26 beschränkt sich aber nicht auf die Funktion, die materielle Rechtsgrundlage für die Zurverfügungstellung von Informationen im Rahmen von Verständigungsverfahren zu sein. Vielmehr ist auch in den Fällen, in denen keinerlei Streitigkeiten und Divergenzen über die steuerliche Behandlung bestimmter Einkünfte zwischen den Vertragsstaaten bestehen, ein Auskunftsaustausch erforderlich, um zum Beispiel beurteilen zu können, ob Verrechnungspreise zwischen verbundenen Unternehmen angemessen sind oder korrigiert werden müssen.

Die detaillierte Durchführung des **Informationsaustausches** folgt auch hierbei den jeweiligen nationalen Vorschriften, wobei die abkommensrechtlichen Voraussetzungen erfüllt sein müssen. Die für den Informationsaustausch zuständige innerstaatliche Behörde richtet sich nach dem anzuwendenden nationalen Steuerrecht. Aus abkommensrechtlicher Sicht ist von Bedeutung, dass die zuständige Behörde, die um Auskünfte ersucht wird, nicht prüfen muss, ob die anfragende Behörde die nach ausländischem Steuerrecht zuständige Behörde ist. Eine Prüfung muss lediglich dahingehend vorgenommen werden, ob die angeforderte Information tatsächlich für die Besteuerung im anderen Vertragsstaat oder die Durchführung des Abkommens erforderlich ist.

Der **Begriff der Information** geht hinsichtlich seines inhaltlichen Umfangs über den Begriff der Tatsachen i. S. des § 173 Abs. 2 AO hinaus, da er auch rechtliche Verhältnisse umfasst. Grundsätzlich ist es für den Begriff der Information unerheblich, ob die Auskunft offenkundig, also allgemein bekannt ist oder ob sie besonders ermittelt werden muss. Allerdings werden die Vertragsstaaten i. d. R. nur solche Informationen austauschen, die der Finanzverwaltung bereits bekannt sind.

Besondere Ermittlungsarbeiten nur für die Zwecke der Informationsbeschaffung für die ausländische Finanzverwaltung sind denkbar, aber angesichts der hohen Arbeitsbelastung der Verwaltungen unwahrscheinlich und vor allem gegenüber der Öffentlichkeit kaum darstellbar. Die ergänzenden Regelungen hierzu sind aus Art. 26 Abs. 2 MA zu entnehmen, denn dort wird die grundsätzliche **Verpflichtung zur Beschaffung von Informationen** insoweit eingeschränkt, als diese nicht besteht, wenn:

(1) die Maßnahmen zur Erzielung der Informationen von den Gesetzen oder der Verwaltungspraxis eines der Vertragsstaaten nicht gedeckt sind. Trotz der missverständlichen Formulierung „in einem der Vertragsstaaten“ kann ein Vertragsstaat die Ermittlung der Informationen verweigern, wenn diese nach den Gesetzen oder der Verwaltungspraxis des zur Auskunft verpflichteten Staates nicht vorgesehen sind.

(2) Informationen nur dann beschafft werden könnten, soweit bestehende Gesetze und Verwaltungspraxis außer Kraft gesetzt würden. Diese Einschränkung gilt jedoch bereits dann, wenn der um Auskunft ersuchende Staat vom anderen Staat

Maßnahmen verlangt, die er nach nationalem Recht selber nicht vornehmen würde bzw. dürfte. Hieraus leitet sich das Prinzip der Gegenseitigkeit ab, denn ein Informationsaustausch kommt nur dann in Frage, wenn der ersuchende Staat im umgekehrten Fall die Informationen beschaffen würde und dies in vergleichbaren Fällen auch getan hat. Klassischer Anwendungsfall ist hierbei auch die Möglichkeit zur Verweigerung des Auskunftsersuchens wegen zu hohen Aufwandes für die Ermittlung der benötigten Information, die in keinem ausreichenden Verhältnis zum Nutzen der Anfrage steht. Dies folgt aus dem Prinzip der Wirtschaftlichkeit der Verwaltung gem. § 6 Haushaltsgrundsätzegesetz, welches auch für die Finanzverwaltung gilt.

(3) Maßnahmen, die darauf gerichtet sind, Informationen zu erlangen, die nach nationalem Recht einer besonderen Geheimhaltung unterliegen und auch bei rein nationalen Vorgängen von der Finanzverwaltung eingehalten werden müssen. Hierbei handelt es sich um Handels-, Industrie- oder Berufsgeheimnisse, wie sie z. B. in § 102 AO festgelegt sind. Diese Selbstverständlichkeit ergibt sich bereits aus dem allgemein anerkannten Rechtsgrundsatz, dass zur Ermittlung ausländischer Besteuerungsfragen keine anderen Rechtsgrundlagen Anwendung finden dürfen als bei rein nationalen Vorgängen.

10.4.2 Besonderheiten hinsichtlich der Rechts- und Amtshilfe

Die Doppelbesteuerungsabkommen werden hinsichtlich der Amtshilfe und der Rechtshilfe ergänzt durch weitere völkerrechtliche Verträge. Die obigen Aussagen treffen auf spezielle Abkommen zur Amts- und Rechtshilfe ebenso zu,[342] wenngleich auch hier unterschiedliche Beschränkungen auf Steuerarten zu beobachten sind.

In der Regel ist festzuhalten, dass sie in ihrem Umfang mindestens einer „großen Auskunftsklausel" der DBA entsprechen und zum Teil andere Steuerarten,[343] die nicht unter das bestehende DBA fallen, zusätzlich beinhalten.

Zahlreiche Regelungen der Amts- und Rechtshilfeabkommen wurden zwischenzeitlich durch neue DBA mit den Ländern obsolet, da „große Auskunftsklauseln" vereinbart wurden.

Weder die Doppelbesteuerungsabkommen noch die Rechtshilfeabkommen sehen den Einsatz ausländischer Betriebsprüfer im anderen Vertragsstaat vor. Überlegungen hinsichtlich des bereits ratifizierten DBA mit Schweden, eine solche Vorschrift aufzunehmen, wurden letztendlich nicht verwirklicht. Die Bedenken der Rechts-

342 Deutschland hat mit folgenden Staaten Amts- und Rechtshilfeabkommen: Dänemark, Finnland, Italien, Norwegen, Österreich und Schweden. Vgl. Schmitz, TNI 1990, S. 325.

343 Die Abkommen mit Dänemark, Italien und Norwegen beschränken sich auf die Steuerarten der jeweiligen DBA. Demgegenüber sehen die Abkommen mit Österreich (alle Steuern) und Finnland und Schweden (alle Bundes- und Landessteuern) einen weiteren sachlichen Umfang vor.

sicherheit und Souveränität überwogen die möglichen Vorteile der Effizienz der Betriebsprüfung.

Völkerrechtlich bindende Verträge können natürlich nicht nur zwischen zwei Staaten abgeschlossen werden, sondern auch von einer Vielzahl von Staaten, die sich gegenseitig verpflichten, bestimmte Maßnahmen durchzuführen oder zu unterlassen. Im Folgenden sollen nun die EG-Richtlinie über gegenseitige Amtshilfe und die Europarat/OECD-Konvention zur steuerlichen Rechts- und Amtshilfe dargestellt und diskutiert werden.

Am 19.12.1977 erließ der Ministerrat der Europäischen Gemeinschaft die Richtlinie über die gegenseitige Amtshilfe zwischen den zuständigen Behörden der Mitgliedstaaten im Bereich der direkten Steuern. Eine weitere Ergänzung auf den Bereich der indirekten Steuern fand am 20.12.1985 statt, durch die das EG-Amtshilfegesetz[344] in deutsches Recht umgesetzt wurde. Das EG-Amtshilfe-Gesetz beinhaltet sowohl die Gewährung ausländischer Ersuchen als auch die eigene Inanspruchnahme.

Zweck der Richtlinie und des Gesetzes ist die Förderung der Zusammenarbeit der Steuerverwaltungen innerhalb der Gemeinschaft. Man beobachtete bereits Ende der siebziger Jahre, dass **Steuerhinterziehung und Steuerflucht** in stärkerem Maße einen internationalen Charakter annahmen. Die Staaten der Europäischen Union wollten mit der internationalen Zusammenarbeit der Finanzverwaltungen diesen Bestrebungen einiger Steuerpflichtiger entgegenwirken. Weil die strafrechtliche Würdigung der steuerlichen Sachverhalte nicht eindeutig vorlag bzw. zu Beginn der Prüfung nicht bestand, reichte das „Europäische Übereinkommen über die Rechtshilfe in Strafsachen“[345] nicht aus, da es sich auf Steuerfahndungsfälle im Bereich des Steuerrechts beschränkte.

Inhaltlich umfasst die Amts- und Rechtshilfe alle Maßnahmen, die bei der Festsetzung der Steuern vom Einkommen, Ertrag, Vermögen sowie der Umsatzsteuer erforderlich sein können, und entspricht somit zumindest dem Umfang der „großen Auskunftsklausel“ in den Doppelbesteuerungsabkommen. Zum Schutz der Steuerpflichtigen sind bestimmte Einschränkungen der Auskunftserteilung festgeschrieben worden:

(1) Auskünfte dürfen nicht erteilt werden, wenn eine erforderliche Amtshandlung in dem betreffenden Staat normalerweise für Zwecke der nationalen Besteuerung auch nicht vorgenommen würde.

(2) Bei einem Zuwiderlaufen zu Vorschriften des betreffenden DBA.

(3) Auskünfte dürfen auch dann nicht erteilt werden, wenn es sich um die schädliche Preisgabe von Industrie-, Gewerbe- oder Berufsgeheimnissen handelt.

344 BGBl 1985 I S. 2436.
345 Vom 20.04.1959, BGBl 1964 II S. 1369.

Ein Wahlrecht zur Auskunftserteilung besteht z. B. in den Fällen, in denen keine Gegenseitigkeit besteht oder die Auskunft nur unter unverhältnismäßig großem Aufwand erteilt werden kann. Ebenso wie bei den DBA ist auch beim EG-Amtshilfe-Gesetz ein zentrales Problem aus der Sicht der Steuerpflichtigen die Sicherung der Geheimhaltung, die in anderen Mitgliedsländern zum Teil weniger streng geregelt ist als in der Bundesrepublik. Daher dürfen gem. § 4 dieses Gesetzes Informationen ausschließlich für steuerliche Zwecke verwendet werden, selbst wenn das empfangende Land normalerweise eine weitere Nutzung der Daten ausdrücklich ermöglicht.

Einen ebenfalls interessanten Entwurf legten 1985 der **Europarat und die OECD** in gemeinsamer Arbeit der Öffentlichkeit vor. Es handelt sich hierbei um ein Übereinkommen, das neben einem weltweiten Informationsaustausch, der Unterstützung bei der Steuerbeitreibung sowie der Zustellung von Dokumenten zeitlich abgestimmte Betriebsprüfungen und die Teilnahme ausländischer Finanzbeamter an der Prüfung vorsah. Gerade der letzte Aspekt und das Fehlen der Schutzrechte für den Steuerpflichtigen haben dazu geführt, dass bis heute keines der Mitgliedsländer das Übereinkommen ratifiziert hat.

10.4.3 Simultane Betriebsprüfungen

Die Gefahr der Doppelbesteuerung durch die unterschiedlichen Interpretationen und Wertungen einzelner steuerlicher Sachverhalte durch unterschiedliche Finanzverwaltungen kann selbst innerhalb der Europäischen Union nicht vollständig ausgeschlossen werden. Eine Maßnahme zur weitgehenden Beseitigung oder zumindest zur Verminderung der Risiken wäre die Durchführung simultaner, koordinierter Betriebsprüfungen über die Grenze.

Die USA sind seit Mitte der siebziger Jahre bemüht, im Rahmen des Auskunftsartikels besondere bilaterale Vereinbarungen zu treffen, die eine koordinierte Betriebsprüfung zum Ziel haben.[346] Die Rechtsgrundlage für ein solches Vorgehen sieht der IRS in den entsprechenden Vorschriften zum Informationsaustausch in den abgeschlossenen DBA. Der Zweck der koordinierten Betriebsprüfung ist derzeit noch nicht die Erörterung und ggf. Lösung von Doppelbesteuerungsproblemen, sondern die **Verbesserung der Betriebsprüfungspraktiken** und die **vollständige Ermittlung** der steuerlichen Verhältnisse der ausgewählten Steuerpflichtigen.

Die OECD hat mit ihrem 1992 erschienenen Musterabkommen zur Durchführung simultaner Betriebsprüfungen die formalen und inhaltlichen Grundlagen gelegt,[347] die nun von den Staaten übernommen werden können, um simultane Betriebsprü-

346 Solche Vereinbarungen existieren mit: Frankreich, Großbritannien, Deutschland, Japan, Kanada, Norwegen und Italien. Vgl. Coates, P., TIJ 1984, S. 74 ff., sowie Stitt, J., The Journal of Strategy in International Taxation 1985, S. 273 ff.

347 Vgl. Turro, TNI 1992, S. 761, sowie Strunk, StBp 1993, S. 145 ff.

fungsvereinbarungen abzuschließen. Inhaltlich entsprechen die OECD-Vorschläge weitgehend den seit längerem bestehenden amerikanischen bilateralen Vereinbarungen. Eine solche Form der Betriebsprüfung sieht eine **zeitgleiche Überprüfung** internationaler Unternehmen in mehreren Staaten gleichzeitig vor, wobei in jedem Land nur die Betriebsprüfer des eigenen Staates prüfen und nur eine gemeinsame Auswertung der Ergebnisse erfolgt. Beide Finanzverwaltungen bestimmen hierbei einen oder mehrere Personen, die die Prüfung koordinieren und im jeweilig anderen Staat aktiv an Prüfungen teilnehmen. Diese Personen besitzen zwar kein eigenständiges Prüfungsrecht, können aber Hinweise auf prüfungswürdige Bereiche geben. Ein weiter gehender Austausch des Prüfungspersonals ist lt. OECD-MA nicht zulässig.

Die praktische Relevanz dieser koordinierten Betriebsprüfungen ist bisher recht gering gewesen. Die letzten verfügbaren Zahlen beziehen sich auf den Zeitraum von 1977 bis 1992. In dieser Zeit wurden 58 dieser Prüfungen durchgeführt, wobei auf Großbritannien zwölf, auf Frankreich elf und auf die Bundesrepublik nur fünf Prüfungen entfielen.

G Doppelbesteuerungsabkommen bei der Erbschaft- und Schenkungsteuer

Doppelbesteuerungsabkommen sind völkerrechtliche Verträge, welche die Bundesrepublik Deutschland mit anderen Staaten abgeschlossen hat. Die Abkommen werden nach Zustimmung durch den deutschen Gesetzgeber unmittelbar anwendbares innerstaatliches Recht. Die Regelungen der Doppelbesteuerungsabkommen gehen als Spezialnormen den Regelungen des deutschen Erbschaft- und Schenkungsteuergesetzes vor (§ 2 AO).

Die Bundesrepublik Deutschland hat nur mit wenigen Staaten Abkommen zur Vermeidung der Doppelbesteuerung auf dem Gebiet der Erbschaft-/Schenkungsteuer geschlossen. Gültige Abkommen bestehen derzeit lediglich mit Frankreich (in Kraft getreten am 03.04.2009)[348], Griechenland,[349] Schweden,[350] Dänemark,[351] Schweiz[352] und den USA.[353]

Die OECD hatte im Jahre 1966 ein Musterabkommen zur Vermeidung der Doppelbesteuerung auf dem Gebiet der Nachlass-, Erbschaft- und Schenkungsteuern (= OECD-MA-ErbSt) erarbeitet, das 1982 in einer überarbeiteten Version erschienen ist. Die neueren Abkommen (insbesondere USA, Schweden, Dänemark, Fankreich) orientieren sich im Grundsatz an diesem Musterabkommen. Nachfolgend sollen einige Grundzüge der bestehenden Abkommen sowie des OECD-Musterabkommens kurz dargestellt werden.[354]

1 Grundzüge des OECD-Musterabkommens auf dem Gebiet der Nachlass-, Erbschaft- und Schenkungsteuern

Die bestehenden deutschen Doppelbesteuerungsabkommen gelten teilweise nur für die Erbschaftsteuer, nicht jedoch für die Schenkungsteuer (so das Erbschaftsteuer-DBA mit Griechenland; das ErbSt-DBA-Schweiz lässt aufgrund einer allgemeinen Verständigungsregelung die Anwendbarkeit des Abkommens auf Schenkungen zu). Das zwischen der Bundesrepublik Deutschland und den USA geschlossene „Erbschaftsteuerabkommen" gilt sowohl für die Erbschaft- als auch für die Schenkung-

348 Abkommen vom 12.10.2006, BGBl 2007 II S. 1402.
349 Abkommen vom 18.11./01.12.1910, RGBl 1912 II S. 173.
350 Abkommen vom 14.07.1992, BGBl 1994 II S. 686.
351 Abkommen vom 22.11.1995, BGBl 1996 II S. 2565.
352 Abkommen vom 30.11.1978, BGBl 1980 II S. 594.
353 Abkommen vom 03.12.1980, BGBl 1982 II S. 847; Änderungsprotokoll vom 14.12.1998, BGBl 2000 II S. 1170.
354 Vgl. ausführlicher Gosch/Kroppen/Grotherr, DBA-Kommentar, Herne/Berlin 2009 (Losebl.), Teil 5.

steuer. Die „großen" Steuerabkommen mit Schweden und Dänemark umfassen ebenfalls die Erbschaft- und Schenkungsteuer.[355] Für alle übrigen Schenkungsfälle mit Auslandsbezug existiert lediglich ggf. eine Anrechnungsmöglichkeit nach § 21 ErbStG.

Der teilweise Ausschluss der Schenkungsteuer aus dem Regelungsbereich der Doppelbesteuerungsabkommen kann zu einer Doppelbelastung führen, wenn die Schenkung in einem Staat bereits zum Zeitpunkt der Ausführung besteuert worden ist und in dem anderen Staat durch die Schenkung die Bemessungsgrundlage für die Erbschaftsteuer erhöht wird, die Schenkung somit erst zum Zeitpunkt des Todes des Schenkers rückwirkend erfasst wird. Die neueren Doppelbesteuerungsabkommen sehen für diese Fälle die Einleitung eines Verständigungsverfahrens vor (Art. 11 OECD-MA-ErbSt). In einem solchen Verfahren, welches auch zur Regelung anderer Problembereiche der jeweiligen Abkommen vorgesehen ist, sollen die Vertragsstaaten eine einvernehmliche Regelung zur Beseitigung einer durch die Anwendung der Abkommensvorschriften nicht zu vermeidenden Doppelbesteuerung herbeiführen. Die Doppelbesteuerungsabkommen regeln insbesondere den Umfang der sachlichen Steuerpflicht, d. h., sie begrenzen den sich durch das jeweilige innerstaatliche Erbschaftsteuerrecht ergebenden Rahmen der sachlichen Steuerpflicht. Die Regelungen der einzelnen Vertragsstaaten hinsichtlich der persönlichen Steuerpflicht bleiben hiervon jedoch unberührt. Die Anwendung der meisten Abkommen beschränkt sich auf die Fälle, in denen der **Erblasser** zum Zeitpunkt seines Todes in einem der Vertragsstaaten ansässig war.

In den bestehenden Abkommen kommt zur Vermeidung der Doppelbesteuerung die Anrechnungs- bzw. die Freistellungsmethode zur Anwendung. Das OECD-Musterabkommen lässt beide Methoden zu und hält entsprechende Methodenwahlrechte für die Vertragsstaaten bereit. Die Methoden können auch miteinander kombiniert angewendet werden (Art. 9 A/9 B OECD-MA-ErbSt). Bei Anwendung der Freistellungsmethode bleibt das Auslandsvermögen von der deutschen Erbschaftsteuer befreit, d. h., bei der Ermittlung der Bemessungsgrundlage wird das entsprechende Vermögen nicht mit einbezogen. Die Anrechnungsmethode hingegen bezieht das Auslandsvermögen in die Bemessungsgrundlage für die deutsche Steuer mit ein. Die für das Auslandsvermögen gezahlte ausländische Steuer wird jedoch auf die deutsche Erbschaftsteuer angerechnet.

Für eine ggf. geltende sachliche Steuerbefreiung nach einem Doppelbesteuerungsabkommen ist zunächst Voraussetzung, dass es sich um einen Fall der unbeschränkten oder der beschränkten Steuerpflicht handelt. Der sich aus der persönlichen Steuerpflicht (die sich nach wie vor ausschließlich nach deutschem Erbschaftsteuerrecht bestimmt) ergebende Besteuerungsanspruch der Bundesrepublik Deutschland kann durch ein bestehendes Doppelbesteuerungsabkommen sachlich teilweise oder ganz eingeschränkt werden.

---

355 Das Abkommen mit Frankreich bezieht sich auf Nachlässe, Erbschaften und Schenkungen.

Bei unbeschränkter Steuerpflicht wird für bestimmtes Auslandsvermögen das Besteuerungsrecht dem ausländischen Vertragsstaat zugewiesen, soweit das Vermögen sich dort befindet. Bei beschränkter Steuerpflicht wird umgekehrt das Besteuerungsrecht für bestimmtes Inlandsvermögen der Bundesrepublik Deutschland zugeteilt, sofern sich das Vermögen hier befindet. Die Begriffe Auslands- bzw. Inlandsvermögen werden zu diesen Zweck jeweils in den entsprechenden Abkommen, ggf. abweichend von den Begriffsdefinitionen des deutschen Erbschaftsteuerrechts, festgelegt.

Das Besteuerungsrecht soll grundsätzlich dem Wohnsitzstaat des Erblassers zukommen (Art. 7 OECD-MA-ErbSt). Der Wohnsitzbegriff kann dabei in dem jeweiligen Abkommen abweichend von den im nationalen deutschen Steuerrecht geltenden Grundsätzen definiert sein. Abweichungen vom sog. **Erblasser-Wohnsitzprinzip** ergeben sich i. d. R. für unbewegliches Vermögen sowie für Betriebsvermögen. Für unbewegliches Vermögen, welches Grundvermögen sowie land- und forstwirtschaftliches Vermögen umfasst, gilt i. d. R. das sog. Belegenheitsprinzip, d. h., das Besteuerungsrecht wird dem Staat zugeteilt, in dem das jeweilige Vermögen liegt (Art. 5 OECD-MA-ErbSt). Für Inventar, Zubehör und Nutzungsrechte an Grundbesitz gilt ebenfalls das Belegenheitsprinzip.[356] Für Betriebsvermögen gilt grundsätzlich das sog. Betriebsstättenprinzip, wonach das Besteuerungsrecht dem Vertragsstaat zukommt, in dem sich die Betriebsstätte befindet (Art. 6 OECD-MA-ErbSt). Das Betriebsstättenprinzip gilt auch für Beteiligungen mit Ausnahme von Anteilen, die durch Wertpapiere verbrieft sind, und GmbH-Anteilen. Für diese gilt das Wohnsitzprinzip (Art. 7 OECD-MA-ErbSt).[357]

Der Abzug von Schulden ist grundsätzlich so geregelt, dass zunächst die mit unbeweglichem Vermögen und Betriebsstättenvermögen wirtschaftlich im Zusammenhang stehenden Schulden von diesem Vermögen abgezogen werden (Art. 8 Abs. 1 und 2 OECD-MA-ErbSt). Die übrigen Schulden sind von dem restlichen Vermögen, welches nach dem Wohnsitzprinzip besteuert wird, abzuziehen (Art. 8 Abs. 5 OECD-MA-ErbSt).

Sofern Doppelbesteuerungsabkommen Begriffe wie Wohnsitz, Auslandsvermögen oder Inlandsvermögen abweichend vom deutschen Erbschaftsteuerrecht festlegen, gelten diese abweichenden Definitionen ausschließlich für die Regelungsbereiche der jeweiligen Abkommen.

Nachfolgend sollen die wesentlichen Regelungsinhalte der sechs geltenden Doppelbesteuerungsabkommen kurz dargestellt werden.

356 Vgl. Meincke, ErbStG, § 2, Rz. 20.
357 Vgl. Troll/Gebel/Jülicher, ErbStG, § 2, Rz. 170 ff.

2 Überblick über Regelungsinhalte der geltenden ErbSt-DBA

2.2 Nachlass-ErbSt-SchenkSt-DBA-Frankreich

Das Nachlass-ErbSt-SchenkSt-DBA-Frankreich vom 12.10.2006, welches am 03.04.2009 in Kraft getreten und ab diesem Tag anzuwenden ist, gilt für Nachlässe, Erbschaften und Schenkungen, wenn der **Erblasser** oder der **Schenker** im Zeitpunkt seines Todes oder im Zeitpunkt der Schenkung einen Wohnsitz in einem oder in beiden Vertragsstaaten hatte (Art. 1).[358] Die ausschließliche Ansässigkeit des Erben bzw. des Beschenkten kann den persönlichen Abkommensschutz **nicht** begründen. Von dem Abkommen **nicht erfasst** sind Wertzuwachssteuern bei einem Wegzug einer Person in den anderen Vertragsstaat. Ausdrücklich **ausgenommen** vom sachlichen Anwendungsbereich des Abkommens ist die Steuer vom Vermögen einer Stiftung oder eines Vereins, die nach § 1 Abs. 1 Nr. 4 und § 9 Abs. 1 Nr. 4 ErbStG erhoben wird (sog. **„Erbersatzsteuer"**) (Art. 2 Abs. 4 Satz 2).

Bei unbeweglichem Vermögen hat der Belegenheitsstaat (Art. 5), bei beweglichen Betriebsstättenvermögen der Betriebsstättenstaat (Art. 6), bei Seeschiffen und Luftfahrzeugen der Geschäftsleitungsstaat des Unternehmens (Art. 7) und bei dem übrigen beweglichen materiellen Vermögen (z. B. Hausrat aus einer Ferienwohnung; Kunstgegenstände) der Belegenheitsstaat (Art. 8) – neben dem Wohnsitzstaat des Erblassers oder Schenkers – ein Besteuerungsrecht bei der erhobenen Nachlass-, Erbschaft- oder Schenkungsteuer. Für **andere** vererbte oder geschenkte Vermögenswerte (z. B. Kapitalgesellschaftsanteile) hat **nur der Wohnsitzstaat** des Erblassers oder Schenkers ein Besteuerungsrecht (Art. 9). Hierzu ist aber ergänzend anzumerken, dass der Wohnsitzstaat des Erben oder des Beschenkten sich ein Besteuerungsrecht für den gesamten Erwerb dieser Person ungeachtet des Art. 9 vorbehält (Art. 11 Abs. 1 Buchst. c für die französische Seite, Art. 11 Abs. 2 Buchst. b für die deutsche Seite), damit er in diesem Fall seinen Besteuerungsanspruch nicht auf die abkommensrechtlichen Belegenheitsbesteuerungsrechte beschränken muss. Bei einer derartigen Besteuerung ist die von den Vermögenswerten im anderen Vertragsstaat erhobene Steuer jedoch anrechenbar.

Die Vermeidung der Doppelbesteuerung erfolgt in beiden Vertragsstaaten **ausschließlich nach der Anrechnungsmethode** (Art. 11), wobei auf deutscher Seite hierbei die Anrechnungsgrundsätze des § 21 ErbStG zu beachten sind (Art. 11 Abs. 2 Buchst. a; z. B. Höchstbetragsbegrenzung, Pro-Staat-Begrenzung). Für den Spezialfall, dass das in Frankreich von einer **Gesellschaft gehaltene Immobilienvermögen** besteuert wird, erfolgt auf deutscher Seite eine zusätzliche Höchst-

358 Vgl. zur ausführlichen Erläuterung des Abkommens Jülicher, Das neue DBA-Frankreich-Deutschland zur Erbschaft- und Schenkungsteuer, IStR 2007, S. 85 ff.

betragsbegrenzung, indem auf das Verhältnis des französischen Immobilienvermögens der Gesellschaft zum gesamten (weltweiten) Vermögen abgestellt wird (Art. 11 Abs. 2 Satz 3).

2.3 ErbSt-DBA-Griechenland

Das Abkommen bezieht sich nur auf im Wege der Erbschaft übertragenes **bewegliches Vermögen** (Art. 1). Es gilt darüber hinaus nur für griechische und deutsche Staatsangehörige. Die Steuerpflicht für das bewegliche Vermögen tritt in der Bundesrepublik Deutschland nur dann ein, wenn entweder der Erblasser zur Zeit seines Todes oder der Erbe zur Zeit des Erbfalles seinen Wohnsitz oder gewöhnlichen Aufenthalt in der Bundesrepublik Deutschland hatte. Die Besteuerung des unbeweglichen Vermögens erfolgt nach dem jeweiligen nationalen Recht. Kommt es dadurch zu einer Doppelbesteuerung, weil bei unbeschränkter Steuerpflicht auch das in Griechenland gelegene unbewegliche Vermögen in der Bundesrepublik Deutschland der Besteuerung unterliegt, so kommt ggf. eine Anrechnung nach § 21 ErbStG in Betracht. Die Begriffe bewegliches und unbewegliches Vermögen sind im Abkommen selbst nicht definiert. Nach den Grundsätzen der übrigen DBA und des deutschen Rechts handelt es sich beim unbeweglichen Vermögen um Grundbesitz einschließlich seiner Bestandteile und des Zubehörs sowie um land- und forstwirtschaftliches Vermögen (Art. 5 OECD-MA-ErbSt). Das übrige Vermögen ist als beweglich anzusehen. Das ErbSt-DBA-Griechenland sieht für das in seinen Regelungsbereich fallende Vermögen zwar keinen Progressionsvorbehalt vor, § 19 Abs. 2 ErbStG ist jedoch trotzdem anwendbar.[359]

2.4 Steuerabkommen mit Schweden und Dänemark

Das deutsch-schwedische Steuerabkommen vom 14.07.1992 enthält in den Art. 24 bis 28 (Abschn. III des Abkommens) Regelungen zur Besteuerung von Nachlässen, Erbschaften und Schenkungen. Das Steuerabkommen setzt für seine Anwendbarkeit voraus, dass der Erblasser oder der Schenker im Todes- bzw. Schenkungszeitpunkt in Schweden oder in Deutschland oder in beiden Vertragsstaaten ansässig war (Art. 2 Abs. 4 Buchst. b). Ist nur der Erwerber in einem der beiden Vertragsstaaten ansässig, so kann er sich nicht auf die Abkommensbestimmungen berufen. Das Steuerabkommen sieht als Grundregel vor, dass das im Wege einer Erbschaft oder Schenkung übertragene Vermögen grundsätzlich nur im jeweiligen **Wohnsitzstaat** einer steuerpflichtigen Person (einschl. des Erwerbers) besteuert werden darf (Art. 24 Abs. 3). Abweichend hiervon kann jedoch unbewegliches Vermögen im **Belegenheitsstaat** und bewegliches Vermögen eines Unternehmens, das zu einer Betriebsstätte oder festen Einrichtung gehört, auch im **Betriebsstättenstaat** besteuert wer-

359 Siehe auch Meincke, ErbStG, § 19, Rz. 5; a. A. Troll/Gebel/Jülicher, ErbStG, § 2, Rz. 209.

den. Sowohl aus der personellen Anknüpfung (Erblasser, Schenker – Erwerber) als auch durch die Besteuerungsbefugnis des Belegenheits- bzw. Betriebsstättenstaates kann sich ein **konkurrierendes Besteuerungsrecht** ergeben, das zu einer Doppelbesteuerung führen kann. Um dies zu verhindern, sieht das Steuerabkommen (nur) die Möglichkeit der **Steueranrechnung** im jeweiligen Wohnsitzstaat einer steuerpflichtigen Person vor (Art. 26). Die in Schweden als Wohnsitzstaat des Erblassers oder Schenkers gezahlte Steuer kann somit auf die deutsche Steuer des Erwerbers angerechnet werden. Gleiches gilt, wenn Schweden als Belegenheits- oder Betriebsstättenstaat eine Nachlass-, Erbschaft- bzw. Schenkungsteuer erhebt. Obergrenze der Steueranrechnung ist die eigene Steuer, die auf das jeweilige Vermögen entfällt. Schulden im Zusammenhang mit unbeweglichem Vermögen oder im Zusammenhang mit Betriebsstättenvermögen können im jeweiligen Belegenheits- bzw. Betriebsstättenstaat berücksichtigt werden. Schulden, die mit anderem Vermögen im Zusammenhang stehen, können nur bei diesem Vermögen abgezogen werden, d. h. im Rahmen der Besteuerung im jeweiligen Wohnsitzstaat einer steuerpflichtigen Person (Art. 25). Personen, die die deutsche oder schwedische Staatsangehörigkeit besitzen und die in den anderen Vertragsstaat auswandern, behalten noch für einen Zeitraum von fünf Jahren in ihrem bisherigen Wohnsitzstaat die Inländereigenschaft bei (Art. 27). Innerhalb dieses Zeitraums wird ein Staatsangehöriger des anderen Vertragsstaates trotz voller Wohnsitznahme nicht als im Zuzugsstaat, sondern noch als in seinem bisherigen Heimatstaat ansässig behandelt. Damit soll die längerfristige Nachfolgeplanung erleichtert werden. Da das Abkommen nur die Anrechnungsmethode im jeweiligen Wohnsitzstaat vorsieht, ist für die Anwendung eines Progressionsvorbehalts (§ 19 Abs. 2 ErbStG) kein Raum.

Das deutsch-dänische Steuerabkommen vom 22.11.1995 enthält in den Art. 25 bis 28 (Abschn. III des Abkommens) vergleichbare Regelungen zur Besteuerung von Nachlässen, Erbschaften und Schenkungen wie das deutsch-schwedische Steuerabkommen, sodass die obigen Ausführungen entsprechend gelten.

2.5 ErbSt-DBA-Schweiz

Das Abkommen gilt für **Erbfälle,** bei denen der Erblasser zum Zeitpunkt seines Todes in mindestens einem der Vertragsstaaten einen Wohnsitz hatte. Auf Schenkungen unter Lebenden ist das DBA nicht unmittelbar anwendbar. Es existiert jedoch eine allgemeine Verständigungsregelung (Art. 12 Abs. 3 DBA), wonach das Abkommen auch auf Schenkungen anzuwenden ist.[360] Die Zuteilung des Besteuerungsrechts richtet sich grundsätzlich nach dem Wohnsitzstaat des Erblassers. Nach dem Abkommen hatte der Erblasser zum Zeitpunkt seines Todes seinen Wohnsitz in der Bundesrepublik Deutschland, wenn er Inländer i. S. des § 2 Abs. 1 Nr. 1 ErbStG war (Art. 4 Abs. 1 Buchst. a). Das Besteuerungsrecht für unbewegliches Vermögen

360 Vgl. BMF-Schreiben vom 07.04.1988, DB 1988, S. 938.

sowie für Betriebsstättenvermögen hat gem. Art. 5 und Art. 6 auch der Belegenheits- bzw. Betriebsstättenstaat. Das übrige Nachlassvermögen kann gem. Art. 8 Abs. 1 ErbSt-DBA-Schweiz nur im Wohnsitzstaat des Erblassers besteuert werden. Hatte der Erblasser seinen Wohnsitz in der Bundesrepublik Deutschland, so unterliegt der Gesamterwerb – einschließlich des in der Schweiz gelegenen unbeweglichen Vermögens sowie des Betriebsstättenvermögens – der deutschen Erbschaftsteuer. Die in der Schweiz für das dort gelegene Vermögen gezahlte Steuer wird dann auf die deutsche Erbschaftsteuer angerechnet (Art. 10 Abs. 1 Buchst. b). War der Erblasser mit Wohnsitz in der Bundesrepublik Deutschland hingegen schweizerischer Staatsangehöriger, so wird das in der Schweiz gelegene unbewegliche Vermögen von der deutschen Erbschaftsteuer (unter Progressionsvorbehalt) freigestellt (Art. 10 Abs. 1 Buchst. a). Für das übrige Vermögen gilt die oben genannte Verfahrensweise. Wenn sowohl der Erblasser als auch der Erbe als Schweizer in der Bundesrepublik Deutschland ihren Wohnsitz hatten, so unterliegen der deutschen Erbschaftsteuer lediglich der inländische Grundbesitz und das inländische Betriebsvermögen. Hatte der Erblasser seinen Wohnsitz in der Schweiz, so gilt dort die Freistellungsmethode für das Vermögen, das nach dem Abkommen in Deutschland besteuert werden kann (Art. 10 Abs. 2 DBA).

Ungeachtet der vorgenannten Regelungen wird die unbeschränkte Steuerpflicht in der Bundesrepublik Deutschland durch das Abkommen nicht eingeschränkt, sofern diese an den Wohnsitz oder gewöhnlichen Aufenthalt des Erwerbers im Inland anknüpft (Art. 8 Abs. 2). Die Bundesrepublik Deutschland hat jedoch die sich aufgrund der Aufrechterhaltung der unbeschränkten Steuerpflicht ergebende Doppelbesteuerung durch die Anrechnung der schweizerischen Steuer gem. Art. 10 Abs. 1 Buchst. b zu beseitigen. Wenn hingegen sowohl der Erwerber als auch der Erblasser schweizerische Staatsangehörige sind, richtet sich die Zuteilung des Besteuerungsrechts wieder ausschließlich nach dem Erblasser-Wohnsitzprinzip (Art. 8 Abs. 2 Satz 4 DBA). Schulden, die in wirtschaftlichem Zusammenhang mit einem bestimmten Vermögensgegenstand stehen, sind gem. Art. 9 Abs. 1 von diesem abzuziehen. Die übrigen Schulden werden von dem im Wohnsitzstaat des Erblassers zu besteuernden Vermögen abgezogen. Eine Ausnahme gilt jedoch für die Schulden, welche in einem Zusammenhang mit dem nach Art. 4 Abs. 4 von der Bundesrepublik Deutschland zu besteuernden Vermögen i. S. des Art. 8 Abs. 1 stehen. Diese werden gem. Art. 9 Abs. 2 Satz 3 anteilig auf beide Vertragsstaaten aufgeteilt.

2.6 ErbSt-DBA-USA

Das Abkommen gilt für Erbschaften und Schenkungen, bei denen der Erblasser zum Zeitpunkt seines Todes bzw. der Schenker im Zeitpunkt der Schenkung in mindestens einem der Vertragsstaaten einen Wohnsitz hatte (Art. 1). Der Erblasser bzw. Schenker hat gem. Art. 4 Abs. 1 DBA einen Wohnsitz in der Bundesrepublik Deutschland, wenn er hier unbeschränkt bzw. erweitert unbeschränkt steuerpflichtig ist. Die Besteuerung von unbeweglichem Vermögen obliegt gem. Art. 5 Abs. 1 dem Belegenheitsstaat. Dies gilt auch dann, wenn das unbewegliche Vermögen zu einem Betriebsvermögen gehört (Art. 5 Abs. 3). Artikel 5 Abs. 2 legt fest, dass der Begriff des unbeweglichen Vermögens sich nach dem Recht des Belegenheitsstaates bestimmt. Das Besteuerungsrecht für Betriebsstättenvermögen hat gem. Art. 6 Abs. 1 der Betriebsstättenstaat. Die Definition des Betriebsstättenvermögens findet sich in Art. 6 Abs. 2. Die Besteuerung des Vermögens, welches nicht nach Art. 5 bis 8 im Belegenheits- bzw. im Betriebsstättenstaat besteuert wird, steht dem Wohnsitzstaat des Erblassers bzw. Schenkers zu (Art. 9). Für den Abzug von Schulden gilt gem. Art. 10 Abs. 1 der Grundsatz des „wirtschaftlichen Zusammenhangs". Die Schulden, die im Zusammenhang mit dem Vermögen gem. Art. 5 bis 8 DBA stehen, sind von diesem Vermögen abzuziehen. Die übrigen Schulden sind von dem im Wohnsitzstaat des Erblassers bzw. Schenkers besteuerten Vermögen abzuziehen.

Nach Art. 10 Abs. 5 ErbSt-DBA-USA können deutsche Staatsangehörige, die mit dem in den USA belegenen Vermögen der beschränkten Erbschaftsteuerpflicht unterliegen, unter bestimmten Bedingungen den gleichen Steueranrechnungsbetrag geltend machen – der von der tariflichen Nachlasssteuer abgezogen wird –, wie er in den USA für unbeschränkt steuerpflichtige Nachlässe gewährt wird. Die Höhe dieses Freibetrags bestimmt sich nach dem Verhältnis des Werts des in den USA belegenen Bruttonachlasses, der hier besteuert werden kann, zum Wert des gesamten Bruttonachlasses. Darüber hinaus wird gem. Art. 10 Abs. 6 des Abkommens in den USA einem überlebenden Ehegatten, der die deutsche Staatsangehörigkeit hat, ein begrenzter Ehegattenfreibetrag gewährt, der an den allgemeinen nachlasssteuerlichen Freibetrag gekoppelt ist. Vermögensübergänge, die in den USA der beschränkten Erbschaftsteuerpflicht unterliegen, können somit auf der Grundlage des im Rahmen von beschränkt steuerpflichtigen Nachlässen zu gewährenden Steueranrechnungsbetrags sowie infolge des begrenzten Ehegattenfreibetrags ab dem Jahre 2006 bis zu einem Betrag i. H. von ca. 2 Mio. Dollar von der US-Nachlassversteuerung verschont bleiben.[361]

Nach Art. 11 kommt zur Vermeidung einer etwaigen Doppelbesteuerung bei unbeschränkter Steuerpflicht ausschließlich die Anrechnungsmethode zur Anwendung, d. h., die im Belegenheitsstaat gezahlte Steuer wird auf die im Wohnsitzstaat des Erblassers zu entrichtende Steuer, sofern sie auf das im Ausland gelegene Vermögen entfällt, angerechnet. Die Anrechnung der amerikanischen Steuer erfolgt in der Bundesrepublik Deutschland nach den Grundsätzen des § 21 ErbStG.

Der Umfang der beschränkten Steuerpflicht wird durch das Abkommen auf das unbewegliche Vermögen und Betriebsstättenvermögen (Art. 5 bis 8) beschränkt

---

361 Vgl. hierzu ausführlicher Eimermann, Änderung des deutsch-amerikanischen Erbschaftsteuerabkommens, IStR 1999, S. 237 ff.; Schmidt/Dendorfer, Auswirkungen des geänderten deutsch-amerikanischen Erbschaftsteuerabkommens, IWB, Fach 8 USA, Gr. 2, S. 1037 ff.; dies., Vererbung von US-Vermögen durch in Deutschland ansässige Erblasser – Erleichterungen durch das geänderte deutsch-amerikanische Erbschaftsteuerabkommen, IStR 2001, S. 206 ff.

(Art. 9). Die für dieses Vermögen im Belegenheitsstaat erhobene Steuer ist vom Erblasser-Wohnsitzstaat auf die dort zu entrichtende Steuer anzurechnen. Nach Art. 11 Abs. 4 können in der Bundesrepublik Deutschland auch die von US-amerikanischen Bundesstaaten erhobenen Steuern angerechnet werden. Die Anrechnung ist gem. Art. 11 Abs. 7 antragsgebunden. Der Antrag muss innerhalb eines Jahres nach Festsetzung und Zahlung der ausländischen Steuer gestellt werden.

TEIL IV: EINFLUSS DES EUROPARECHTS AUF DAS INTERNATIONALE STEUERRECHT

1 Europarecht und Internationales Steuerrecht

Hinsichtlich des Einflusses des Europarechts auf das Internationale Steuerrecht sind grundsätzlich mehrere Bereiche zu unterscheiden, wobei vor allem im Bereich des materiellen Rechts Auswirkungen gegeben sind. Andererseits sind die Auswirkungen auf das innerdeutsche Verfahrensrecht durch Rechtssetzungen der Europäischen Gemeinschaft eher die Ausnahme. Für den Bereich des materiellen Rechts ist die Beeinflussung der nationalen Regelungen für die Umsatzsteuer direkt aus der 6. EG-Richtlinie bzw. die Richtlinie 2006/112/EG des Rates für das gemeinsame Mehrwertsteuersystem (Richtlinie vom 28.11.2006, ABl. EU Nr. 1 347, S. 1. Siehe auch: Weimann, R., Mehrwertsteuer-Systemrichtlinie, IWB, 2007 S. 997, F. 11, Gruppe 2, S. 783) sowie dem Harmonisierungsauftrag der Europäischen Gemeinschaft für diese Steuerart zu entnehmen (gem. Art. 93 EG-Vertrag ist eine auf Steuern bezogene Kompetenz der Gemeinschaft nur für die Umsatzsteuer gegeben. Wörtlich heißt es: „Der Rat erlässt auf Vorschlag der Kommission und nach Anhörung des Europäischen Parlaments und des Wirtschafts- und Sozialausschusses einstimmig die Bestimmungen zur Harmonisierung der Rechtsvorschriften über die Umsatzsteuern, die Verbrauchsabgaben und sonstige indirekte Steuern, soweit diese Harmonisierung für die Errichtung und das Funktionieren des Binnenmarktes ... notwendig ist“). Demgegenüber ist der Einfluss der Europäischen Gemeinschaft durch Richtlinien oder Verordnungen für den Bereich der Ertragsteuern eher selten. Für das Gebiet der direkten Steuern verfügt die Gemeinschaft nicht über ausdrücklich geregelte Kompetenzen. Als Rechtfertigung für entsprechende Maßnahmen der Gemeinschaft wird regelmäßig Art. 3 Abs. 1 Buchst. h des EG-Vertrags herangezogen, in dem festgestellt wird, dass die Tätigkeiten der Gemeinschaft auch die Angleichung der innerstaatlichen Rechtsvorschriften umfasst, soweit dies für das Funktionieren des Gemeinsamen Marktes erforderlich ist. Zu den hier genannten Vorschriften zählen auch die Bestimmungen über die direkten Steuern, doch ergibt sich aus Art. 3 genauso wenig wie aus Art. 10 des EG-Vertrags eine eigenständige Regelungskompetenz.

Von dem sachlichen Anwendungsbereich des Europarechts zu trennen ist die Frage danach, was zum Europarecht gehört. Hierbei handelt es sich in erster Linie um Richtlinien und ihre entsprechende Umsetzung in nationales Recht sowie um Verordnungen der Europäischen Gemeinschaft, die eine unmittelbare Anwendung in nationales Recht entfalten. Außerdem erlangt die Rechtsprechung des Europäischen Gerichtshofes zu allen Aspekten des Umsatzsteuerrechts sowie übrige Aspekte des Ertragsteuerrechts besondere Bedeutung. Vor allem die sich aufgrund der Entscheidungen des EuGH ergebenden Rechtsänderungen oder Änderungen in der Verwaltungsauffassung in Deutschland haben einen nennenswerten Umfang erreicht (vgl. beispielhaft Kessler, W./Spengler, Chr., Checkliste potenziell EG-rechtswidriger Normen des deutschen direkten Steuerrechts – Update 2004, DB, Beilage Nr. 6/2004). Die Entscheidungen des EuGH haben auch deshalb eine so große Bedeutung, da dieser regelmäßig die Forderung nach einer diskriminierungsfreien Besteuerung aufstellt und hierdurch mittelbar zahlreiche Regelungen der deutschen Steuergesetze entweder im Anschluss oder aber im Vorfeld erwarteter Entscheidungen angepasst werden. Letzteres wurde beispielsweise als Argument für die Abschaffung des körperschaftsteuerlichen Anrechnungsverfahrens genannt, aber auch in den Fragen der grenzüberschreitenden Verlustnutzung, des anzuwendenden Körperschaftsteuersatzes für inländische Niederlassungen sowie der Frage der Gesellschafterfremdfinanzierung ist die Rechtsprechung des EuGH Auslöser oder Beschleuniger von Rechtsänderungen in Deutschland in der jüngeren Vergangenheit gewesen. In den letzten Jahren hat die Bedeutung des Europarechts für die Besteuerung nachhaltig zugenommen. Im Folgenden werden deshalb die Wechselwirkungen zwischen diesen Regelungsbereichen analysiert. Besondere Relevanz kommt hierbei der bisherigen Rechtsprechung des EuGH und den sich hieraus ergebenden möglichen Auswirkungen für die Zukunft zu. Während der Schwerpunkt des Gemeinschaftsrechts auf der Umsatzbesteuerung liegt, soll im Folgenden ausschließlich auf den Einfluss des EU-Rechts auf die direkten Steuern in Deutschland eingegangen werden.

1.1 Grundlagen

Das Europarecht folgt grundsätzlich eigenen Regelungen. Deshalb sollen diese zunächst charakterisiert werden. Bei der Prüfung von möglichen Verstößen gegen die Vorgaben des Europarechts kommt diesen Fragen besondere Bedeutung zu, weil nur so beurteilt werden kann, welche Regelungen einschlägig sind (oder sein können) und inwieweit hieraus Konsequenzen für den jeweiligen Einzelfall zu ziehen sind.

1.1.1 Rechtsquellen der Gemeinschaft

1.1.1.1 Primäres Gemeinschaftsrecht

Das primäre Gemeinschaftsrecht besteht zunächst aus den Gründungsverträgen der Gemeinschaft. Hierbei sind zu nennen:

- der Vertrag über die Europäische Gemeinschaft für **Kohle und Stahl** (EGKS-Vertrag),
- der Vertrag zur Gründung einer **Europäischen Wirtschaftsgemeinschaft** (EWG-Vertrag),

- der Vertrag zur Gründung der **Europäischen Atomgemeinschaft** (EAG- oder EURATOM-Vertrag).

Ferner gehören hierzu ihre Anhänge, Protokolle und weitere begleitende Unterlagen. Ferner sind die zu ihrer Änderung und Ergänzung beschlossenen Verträge, wie z. B. die Einheitliche Europäische Akte, der Vertrag von Maastricht und der Vertrag von Amsterdam, zu berücksichtigen. Schließlich zählen auch die Beitrittsverträge mit den neuen Mitgliedstaaten zum primären Gemeinschaftsrecht. Hierbei handelt es sich um völkerrechtliche Vereinbarungen, die die vertragsschließenden Teile binden. Zugleich werden Handlungsanweisungen an die Organe, die durch diese Verträge geschaffen werden, aber auch an Staatsbürger der Mitgliedstaaten oder unbeteiligte Dritte gegeben. Im Rahmen des Primärrechtes werden grundsätzlich nur die „generellen Leitlinien" der Europäischen Regelungen festgeschrieben. Dem Primärrecht angenähert sind Rechtsakte im Rahmen der „gemeinsamen Außen- und Sicherheitspolitik" und der „Zusammenarbeit in der Innen- und Justizpolitik". Hierbei handelt es sich z. B. um allgemeine Leitlinien und gemeinsame Standpunkte des Rates, die an die Mitgliedstaaten als Empfehlung weitergegeben werden. Insbesondere in der Tagespresse werden die Begriffe „Europäische Union" und „Europäische Gemeinschaft" häufig nicht sauber von einander abgegrenzt oder beide als Synonyme verwendet. Dies ist jedoch unzutreffend. Die EG ist aus der Europäischen Wirtschaftsgemeinschaft (EWG) hervorgegangen. Hingegen umfasst die Europäische Union nicht nur die Regelungen des EG-Vertrages, sondern zusätzlich die Zusammenarbeit der Regierungen der Mitgliedstaaten im Bereich der „Gemeinsamen Außen- und Sicherheitspolitik" und der „Zusammenarbeit in der Innen- und Justizpolitik".

1.1.1.2 Sekundäres Gemeinschaftsrecht

Die Organe wurden seitens der Mitgliedstaaten in den Gründungsverträgen in bestimmten Grenzen befugt, eigenständig Recht zu setzen. Dieses soll europaweit Geltung erlangen. Hierbei handelt es sich um die folgenden Instrumente (vgl. Art. 249 EG-Vertrag): Verordnungen, Richtlinien, Entscheidungen, Empfehlungen und Stellungnahmen. Darüber hinaus gibt es noch eine Reihe weiterer Ausdrucksformen der Organe (z. B. Entschließungen, Erklärungen, Programme, Leitlinien, Rahmenrichtlinien, Bekanntmachungen, Grün- und Weißbücher, Mitteilungen u. W. m.). Hierbei handelt es sich um Äußerungen von untergeordneter rechtlicher Bedeutung, die im Weiteren nicht mehr behandelt werden. Im Einzelnen lassen sich diese Instrumente wie folgt charakterisieren:

- **Verordnungen**: sind vergleichbar dem Gesetz auf nationaler Ebene. Sie regeln eine Vielzahl von Fallgestaltungen generell und abstrakt. Besonders wichtig ist, dass Verordnungen unmittelbar in den Mitgliedstaaten gelten, also nicht einer Umsetzung in nationales, innerstaatliches Recht bedürfen. Sie wenden sich damit unmittelbar direkt an die EG-Bürger und die Mitgliedstaaten.

- **Richtlinien** wenden sich an die Mitgliedstaaten und sind von diesen binnen einer bestimmten Frist in das jeweilige nationale Recht zu transformieren. Folglich bedarf es einer nationalen „Umsetzung" in den Rechtsordnungen der einzelnen Staaten. Richtlinien sind nur hinsichtlich der festgelegten Ziele verbindlich.
- **Entscheidungen** sind die Maßnahmen, in denen die Kommission als Verwaltungsbehörde gegenüber Privatpersonen oder einzelnen Mitgliedstaaten handelt. Sie können mit Verwaltungsakten oder Bescheiden des nationalen Rechts gleichgesetzt werden. Für den Adressaten sind die Entscheidungen in allen Teilen verbindlich, haben unmittelbare Wirkung und können vollstreckt werden. Hierfür bedarf es jedoch eines nationalen Verfahrens, das Einzelheiten der Durchführung regelt. Besonders bekannt sind die Entscheidungen der Kommission wegen Verstößen gegen das Wettbewerbsrecht geworden, deren Durchsetzung sich nach den nationalen Vollstreckungsvorschriften richtet.
- **Empfehlung und Stellungnahmen**: Sie haben nur eine untergeordnete Bedeutung. Sie sind rechtlich nicht verbindlich und besitzen eher politische Relevanz. Sie sollen lediglich Orientierungshilfen für die Mitgliedstaaten bieten. Eine Empfehlung wird regelmäßig dann vorliegen, wenn das entsprechende Organ (Rat, Kommission oder Zentralbank) auf eigene Initiative hin tätig wird. Hingegen liegen Stellungnahmen vor, wenn das jeweilige Organ um seine „Meinung" zu einer bestimmten Frage gebeten wurde.

1.2 Verhältnis zum nationalen Recht

Mittlerweile kann als gefestigte Rechtsprechung des EuGH angesehen werden, dass die Regelungen des EG-Vertrages Vorrang vor dem nationalen Recht haben, wenn und soweit gleiche Regelungsinhalte betroffen sind. Allerdings ist zu beachten, dass die Rechtsprechung des EuGH immer nur bei grenzüberschreitenden Sachverhalten zur Anwendung kommt. Rein innerstaatliche Sachverhalte unterliegen grundsätzlich nicht den Grundfreiheiten des EG-Vertrages und damit auch nicht der Rechtsprechung des EuGH.

Ferner ist davon auszugehen, dass das primäre Gemeinschaftsrecht unmittelbar anwendbar ist. Hieraus folgt, dass ein Bürger der Europäischen Gemeinschaft sich vor einem nationalen Gericht unmittelbar auf diese Regelungen berufen kann, ohne dass es hierfür eines besonderen Transformationsaktes bedarf. Bisher noch nicht abschließend geklärt ist die Frage, inwieweit bei einem Verstoß gegen das Gemeinschaftsrecht die Mitgliedstaaten einer Haftung gegenüber ihren Bürgern unterliegen. Besondere Bedeutung kommt hierbei der Nichtumsetzung von Richtlinien zu. Der EuGH hat in einer Vielzahl von Entscheidungen den Betroffenen einen Anspruch auf Schadensersatz gewährt, wenn Mitgliedstaaten es unterlassen haben, innerhalb der vorgesehenen Umsetzungsfrist Richtlinien in nationales Recht zu transformieren.

1.3 Ausgewählte Organe der Gemeinschaft

Die Europäische Gemeinschaft hat eine eigene Rechtspersönlichkeit und bedarf deshalb besonderer Organe, um gegenüber anderen tätig werden zu können. Dies sind im Einzelnen:

- Der **Rat**: Er besteht aus den einzelnen Ministern des jeweiligen Sachbereichs. Sofern die Kommission nicht von sich aus tätig wird, kann der Rat sie auffordern, die zur Verwirklichung der gemeinsamen Ziele erforderlichen Maßnahmen zu ergreifen. Ferner ist er das wichtigste Rechtssetzungsorgan für neue Rechtsakte, um die Gründungsverträge umzusetzen. Ferner ist er zuständig für den Abschluss von Abkommen zwischen der Gemeinschaft und Dritten sowie die Haushaltskontrolle. Bei Entscheidungen über steuerliche Fragen muss im Rat Einstimmigkeit bestehen.
- Die Aufgaben der **Kommission** sind in Art. 211 EGV beschrieben. Sie umfassen insbesondere ein Initiativrecht, d. h., der Rat berät regelmäßig über Vorschläge, die von der Kommission erstellt wurden. Sie ist darüber hinaus zur Kontrolle der Mitgliedstaaten befugt, soweit dies die Verträge und die damit zusammenhängenden Pflichten (wie etwa die Umsetzung einer Richtlinie in nationales Recht) betrifft. Ferner übt die Kommission in einigen Bereichen (z. B. dem des Wettbewerbsrechts) die Rolle einer Verwaltungsbehörde aus.
- Das **Parlament** hat das Recht, die Kommission aufzufordern auf einem bestimmten Gebiet tätig zu werden. Ferner ist es an der Rechtssetzung zu beteiligen und hat Kontrollrechte und -möglichkeiten gegenüber der Kommission.
- Der **Gerichtshof** (Art. 220–225 EGV) gliedert sich in zwei Bereiche, das „Europäische Gericht in erster Instanz“ („EuGeI“) und den „Europäischen Gerichtshof“ („EuGH“). Ersterer ist – grob unterteilt – für alle EGKS-Angelegenheiten, alle Klagen von Privaten sowie alle Streitigkeiten der EG mit eigenen Bediensteten zuständig. Alle übrigen Fragen fallen in die Zuständigkeit des EuGH. Aufgabe der sog. **Generalanwälte** ist die wissenschaftliche Durchdringung des Gemeinschaftsrechts und die Ausarbeitung eines detaillierten Entscheidungsvorschlags für das Gericht (sog. Schlussantrag). Dieser Vorschlag ist für das Gericht nicht bindend, aber zum Verständnis des jeweiligen Falls ist es regelmäßig hilfreich, nicht nur auf das Urteil des EuGH, sondern auch auf den Schlussantrag des Generalanwalts zurückzugreifen.

Neben diesen Organen gibt es noch eine Reihe weiterer Einrichtungen, die als Hilfsorgane anzusehen sind. Dies sind z. B. der Wirtschafts- und Sozialausschuss, die Europäische Investitionsbank oder die Europäische Zentralbank. Sie haben für steuerliche Fragen keine oder nur sehr geringe praktische Bedeutung.

1.4 Rechtsschutz durch den EuGH

Der EuGH hat dafür zu sorgen, dass eine einheitliche Anwendung des EGV erfolgt. Darüber hinaus entwickelte er sich in den letzten Jahren immer mehr zum „***Motor***" der Entwicklung des Gemeinschaftsrechts, indem er in einer Vielzahl von Entscheidungen versucht hat, den Europäischen Intergrationsprozess zu beflügeln.

Leitidee der Aufgabenverteilung zwischen dem EuGH und den nationalen Gerichten ist es, dass der EuGH für die Auslegung des Europarechts zuständig ist, während die nationalen Gerichte diese Rechtsprechung anwenden. Hierbei geht es „nur" um die Auslegung des Vertrages bzw. um die Gültigkeit und die Auslegung der Handlungen der Organe. Da ausschließlich die Auslegung von Gemeinschaftsrecht Gegenstand des Vorabentscheidungsersuchens sein kann, ist es nicht möglich, die Frage vorzulegen, ob Regelungen des nationalen Rechts gegen Gemeinschaftsrecht verstoßen oder wie diese vor dem Hintergrund des Gemeinschaftsrechts auszulegen sind. Folglich kann im Rahmen einer solchen Entscheidung auch nicht geurteilt werden, dass eine Vorschrift des nationalen Rechts unanwendbar ist. Vielmehr kann lediglich festgestellt werden, dass die Vorschrift gegen den EG-Vertrag verstößt. In einem solchen Fall resultiert hieraus keine unmittelbare Handlungspflicht für den Staat. Allerdings sind die Staaten gem. Art. 10 EGV verpflichtet, einen Verstoß gegen das Gemeinschaftsrecht zu beseitigen.

2 Bisherige Harmonisierungsschritte innerhalb der EG

Eine der zentralen Leitideen der Europäischen Gemeinschaft ist die eines Binnenmarktes. Folglich stellt sich die Frage, inwieweit innerhalb eines solchen Marktes unterschiedliche steuerliche Regelungen bestehen können, ohne dass es zu erheblichen Wettbewerbsverzerrungen kommt. Der EG-Vertrag sieht hierfür vor, dass im Bereich der direkten Steuern eine Angleichung erfolgen soll und zu diesem Zweck auch Richtlinien erlassen werden dürfen. Bei den indirekten Steuern soll zwar auch eine Harmonisierung erfolgen, doch gibt es keine Rechtsgrundlage, auf der hierfür etwa Richtlinien erlassen werden können. Hierbei ist zu beachten, dass dem EG-Vertrag **kein Verbot der Inländerdiskriminierung** entnommen werden kann. Folglich kann ein Mitgliedstaat reine Inlandssachverhalte steuerlich ungünstiger behandeln als grenzüberschreitende Fälle. Unabhängig von dieser rechtlichen Würdigung stellt sich die Frage, inwieweit eine solche Vorgehensweise wirtschaftlich sinnvoll ist. Dies ist jedoch nicht Gegenstand dieser Ausführungen.

2.1 Indirekte Steuern

Der Harmonisierungsauftrag aus Art. 93 EGV erstreckt sich insoweit auf die indirekten Steuern, „soweit dies für die Errichtung und das Funktionieren des Binnenmarktes notwendig ist". Ein entscheidender Schritt hierbei war 1973 die Einführung eines gemeinsamen Umsatzsteuersystems, das die – zum Teil sehr – unterschiedlichen Systeme vereinheitlich hat. Dies geschah in der sog. 6. EG-Richtlinie (Richtlinie 77/388/EWG des Rates vom 17.05.1977 [ABl. L 145, S. 1 9] zur Harmonisierung der Rechtsvorschriften der Mitgliedstaaten über die Umsatzsteuern). Hierbei erfolgte zwar eine sehr weitgehende Angleichung der Systeme und der Bemessungsgrundlagen, jedoch nicht der Steuersätze. Vielmehr wurde lediglich ein Korridor festgelegt, innerhalb dessen die Steuersätze liegen müssen.

Die Rechtsprechung hat auf diese Entwicklung reagiert. Heute legt der BFH alle Umsatzsteuersachverhalte vor dem Hintergrund der 6. EG-Richtlinie bzw. der Mehrwertsteuer-Systemrichtlinie aus und versucht so zu einer Lösung zu kommen, die in Übereinstimmung mit dem Gemeinschaftsrecht steht. Dies schließt nicht aus, dass der EuGH sich mit Zweifelsfragen beschäftigen muss.

2.2 Direkte Steuern

Der Bereich der direkten Steuern hat in den letzten Jahren eine immer größere Bedeutung erlangt, weil die bisher regelmäßig ausschließlich auf nationale Sachverhalte ausgerichteten Regelungen sich immer weniger als geeignet erwiesen, um bei grenzüberschreitend Tätigen zu sachgerechten Besteuerungsfolgen zu gelangen. Vor diesem Hintergrund sind die Bestrebungen der EG zu begrüßen, wenngleich sie allenfalls als ein vorsichtiger Anfang bezeichnet werden können.

2.2.1 Überblick

Artikel 93 EGV sieht zwar eine Harmonisierung der direkten Steuern vor, doch gibt es bisher nur sehr wenige Ansätze, die zu greifbaren Ergebnissen geführt haben. Diese werden im Folgenden dargestellt. Gleichwohl darf vor diesem Hintergrund nicht übersehen werden, dass innerhalb der Gemeinschaft erhebliche Unterschiede in der Besteuerung bestehen. Hieraus können Wettbewerbsverzerrungen entstehen. Diese sind grundsätzlich auch gewollt bzw. werden zumindest gebilligt. Die Leitidee besteht darin, dass ein Steuerwettbewerb grundsätzlich zuzulassen ist, etwa auch um regionale Unterschiede und Besonderheiten ausgleichen zu können. Dieser soll jedoch durch Maßnahmen gegen den unfairen Steuerwettbewerb begleitet werden. Ein solcher liegt insbesondere dann vor, wenn Ausländern günstigere Bedingungen eingeräumt werden, als dies unter vergleichbaren Bedingungen bei Inländern der Fall ist.

2.2.2 Die Mutter-Tochter-Richtlinie

Mit der Mutter-Tochter-Richlinie wurden im Wesentlichen zwei Ziele verfolgt: Einerseits sollen Gewinnausschüttungen (der Anwendungsbereich erstreckt sich auch auf eine vGA), die eine Kapitalgesellschaft an eine andere Kapitalgesellschaft innerhalb der Gemeinschaft vornimmt, nicht mehr zu einer Doppelbesteuerung führen. Andererseits sollen bei solchen Ausschüttungen keine Quellensteuern einbehalten werden. Im Ergebnis wird also die grundsätzlich vollständige Beseitigung der Doppelbesteuerung auf solche Ausschüttungen vorgesehen.

Die Richtlinie enthält detaillierte Vorgaben, wie diese Ziele erreicht werden sollen:

- Die Beseitigung der Doppelbesteuerung hat entweder dadurch zu erfolgen, dass der Staat, in dem die die Dividenden empfangende Gesellschaft ansässig ist, die Dividenden von seiner Besteuerung freistellt (Freistellungsmethode) oder aber eine Anrechnung der im Ausland gezahlten Steuer auf die Steuern der Muttergesellschaft vorsieht (Anrechnungsmethode). Die Mitgliedstaaten der Gemeinschaft haben sich damals überwiegend für die Anwendung der Freistellungsmethode entschieden.
- Sofern die persönlichen Anwendungsvoraussetzungen erfüllt sind, soll keine Quellensteuer auf Dividenden einbehalten werden. Insoweit wird also das nach nationalem Recht regelmäßig gegebene und ggf. nach Abkommensrecht verringerte Quellenbesteuerungsrecht beseitigt. Dieser Regelung kommt deshalb große Bedeutung zu, weil die Quellensteuer teilweise zu Anrechnungsüberhängen führte.

Von den Vorschriften der Richtlinie erfasst werden nur bestimmte Kapitalgesellschaften. Diese sind im Anhang zur Richtlinie explizit aufgeführt. Aus deutscher Sicht ist festzustellen, dass insbesondere die Rechtsform der GmbH & Co. KG nicht von den Vorschriften erfasst wird. Eine Berücksichtigung von Personengesellschaften, die in dem jeweiligen Staat wie eine Kapitalgesellschaft behandelt werden, ist jedoch ausdrücklich vorgesehen. Im Zuge der Erweiterung der Gemeinschaft zum 01.05.2005 erfolgte eine Angleichung dieser Liste, sodass grundsätzlich auch Kapitalgesellschaften in den beigetretenen Staaten in den Anwendungsbereich dieser Richtlinie fallen. Gesellschaften, die zu einer Körperschaftsteuerpflicht optieren können, sind regelmäßig nicht vom Anwendungsbereich dieser Richtlinie erfasst. Die Richtlinie sieht vor, dass die Beteiligung der Muttergesellschaft mindestens 25 % betragen muss. Folglich ist es den Mitgliedstaaten möglich, die Vorteile der Richtlinie auch schon bei einer geringeren Beteiligungsquote zur Anwendung kommen zu lassen. Ferner können die Mitgliedsstaaten die Gewährung der Vorteile von einer Mindestbehaltedauer von maximal 2 Jahren abhängig machen.

Die Richtlinie lässt außerdem eine nationale Regelung zu, nach der die Kosten im Zusammenhang mit der Beteiligung vom Abzug als Betriebsausgaben ausgeschlossen werden. Ferner kann auch eine Pauschalierung erfolgen, die maximal 5 % beträgt. Diese Regelung in der Richtlinie sollte jedoch nicht zu der Annahme führen, dass eine solche Pauschalierung nur für ausländische Dividenden erfolgen kann, wenn gleichzeitig für rein inländische Sachverhalte ein vollständiger Abzug zugelassen wird.

2.2.3 Die Fusionsrichtlinie

Die Fusionsrichtlinie hat das Ziel, grenzüberschreitende Umstrukturierungen nicht durch steuerliche Regelungen zu behindern oder gar zu verhindern. Hintergrund ist, dass im Rahmen solcher Umstrukturierungen dem Unternehmen regelmäßig keine liquiden Mittel zufließen, aus denen die entstehende Steuerbelastung bezahlt werden könnte. Folglich käme es zu einer erheblichen wirtschaftlichen Belastung. Ergänzend ist zu berücksichtigen, dass bei rein nationalen Umwandlungen im Rahmen der Regelungen des Umwandlungsteuergesetzes eine Umstrukturierung ohne eine vergleichbare Steuerbelastung erfolgen kann.

Aus Sicht der beteiligten Fisci muss verhindert werden, dass eine Verlagerung von Wirtschaftsgütern in das Ausland erfolgt, ohne dass sichergestellt wird, dass evtl. stille Reserven (etwa aufgrund von in der Vergangenheit zu hoch vorgenommenen Abschreibungen) zu einer Erhöhung des Steueraufkommens in diesem Staat führt. Folglich regelt die Fusionsrichtlinie die Fälle, bei denen das spätere Besteuerungsrecht der stillen Reserven durch den bisherigen Staat gesichert ist. Hingegen sind andere Fälle der Umstrukturierung nicht geregelt. Folglich darf sich die steuerliche „Verhaftung" der stillen Reserven nicht grundlegend ändern, weil sonst die Regelungen nicht anwendbar sind.

Beispiel:

Eine französische SA unterhält in Deutschland eine Betriebsstätte. Diese Betriebsstätte wird in eine britische Inc. eingebracht. Dieser Vorgang führt aus deutscher Sicht nicht

> zu einer Veränderung der steuerlichen „Verhaftung" der stillen Reserven, die im Vermögen der Betriebsstätte enthalten sind. Sie unterlagen vor der Einbringung in Deutschland der Steuerverhaftung im Rahmen der beschränkten Steuerpflicht der SA in Deutschland und nunmehr im Rahmen der beschränkten Steuerpflicht der britischen Inc.

Leitidee der Richtlinie ist die aufgeschobene Gewinnrealisierung. Folglich kommt es nicht zum Zeitpunkt der Umwandlung zu einer Besteuerung der stillen Reserven, sondern erst bei einer späteren Veräußerung. Insoweit handelt es sich nicht um eine endgültige Steuerbefreiung, sondern um einen Aufschub der Besteuerung. Die Mitgliedstaaten können den Unternehmen auch die Möglichkeit eröffnen, eine sofortige Gewinnrealisierung vorzunehmen.

Im Einzelnen müssen für die Steuerneutralität die folgenden **Voraussetzungen** erfüllt werden:

- **Teilbetriebsbedingung**: Die übertragenen Wirtschaftsgüter müssen die Eigenschaft eines Teilbetriebs erfüllen. Hingegen sind einzelne Wirtschaftsgüter nicht begünstigt.
- **Betriebsstättenbedingung**: Die übertragenen Wirtschaftsgüter müssen nach dem Übertragungsvorgang zum Betriebsvermögen einer Betriebsstätte in dem Staat gehören, in dem dies auch vor der Übertragung der Fall war.
- **Steuerverhaftungsbedingung**: Die Wirtschaftsgüter, die überführt werden, müssen auch nach der Umstrukturierung noch der Besteuerung unterliegen. Hierzu zählt, dass eine Besteuerung bei einer späteren Veräußerung sichergestellt sein muss.
- **Nichtvorliegen der Missbrauchsvermeidungsregelungen**: Die Gewährung der Vergünstigungen der Fusionsrichtlinie können versagt werden, wenn die Maßnahme hauptsächlich oder ausschließlich mit dem Zweck der Steuervermeidung oder -umgehung erfolgt. Ferner müssen die bisher geltenden Mitbestimmungsregelungen beibehalten werden.

2.2.4 Die Richtlinie über Zinsen und Lizenzen innerhalb von verbundenen Unternehmen

Durch die Richtlinie 2003/49/EG über eine gemeinsame Steuerregelung für Zahlungen von Zinsen und Lizenzgebühren zwischen verbundenen Unternehmen in verschiedenen Mitgliedstaaten (sog. Zinsrichtlinie, ABl. EG 2003, L 157, S. 49) soll gewährleistet werden, dass Einkünfte in Form von Zinsen und Lizenzgebühren (nur) einmal in einem Mitgliedstaat besteuert werden. Dadurch soll eine Doppelbesteuerung, insbesondere bei Zahlungen zwischen verbundenen Unternehmen verschiedener Mitgliedstaaten sowie zwischen Betriebsstätten derartiger Unternehmen, verhindert werden. Die Richtlinie sieht vor, dass für Zinsen und Lizenzgebühren keine Quellensteuer mehr erhoben werden darf, und zwar unabhängig von der Form der Erhebung. Das alleinige Besteuerungsrecht liegt im Staat des ausländischen, die Zahlungen empfangenden Unternehmens. Voraussetzung hierfür ist allerdings, dass eine unmittelbare Beteiligung von mindestens 25 % besteht. Eine Mindestbehaltensfrist von ununterbrochen 2 Jahren kann, muss aber nicht vorgesehen werden (Wahlrecht der Mitgliedstaaten). Außerdem kann der Quellenstaat bestimmte Nachweise in Form von Bestätigungen verlangen.

Bis zum Inkrafttreten des Gesetzes zur Umsetzung der Richtlinie 2003/49/EG war gem. BMF-Schreiben vom 26.04.2004 im Vorgriff auf das Umsetzungsgesetz entsprechend Art. 1 Abs. 11 bis 16 der Richtlinie i. V. m. §§ 50 d und 43 b EStG zu verfahren. Die Richtlinie, die nach Art. 7 auf Zahlungen anzuwenden ist, die ab dem 01.01.2004 erfolgen, ist nach Auffassung des BMF in ihrem Regelungsgrundbereich hinreichend bestimmt, um Ansprüche auf unmittelbare Anwendung zu begründen. Im Einzelnen führte dies zu folgendem Ergebnis:

- Nach Art. 1 Abs. 10 kann ein Mitgliedstaat die Anwendung der Richtlinie auf ein Unternehmen oder die Betriebsstätte eines Unternehmens eines anderen Mitgliedstaates davon abhängig machen, dass die in Art. 3 Buchst. b genannten Voraussetzungen während eines ununterbrochenen Zeitraums von zwei Jahren erfüllt sind. Obgleich zunächst noch offen war, ob diese Zeitgrenze in das Zustimmungsgesetz aufgenommen wird, bat das BMF, die Frist in der Übergangsphase zu beachten. Dabei ist entsprechend der vergleichbaren Regelung in der Mutter-Tochter-Richtlinie (§ 43 b Abs. 2 EStG) zu verfahren.

- Von dem nach Art. 3 Buchst. b letzter Satz der Richtlinie alternativ möglichen Abstellen auf die Stimmrechtsanteile soll, in Fortführung der deutschen Praxis, im Zustimmungsgesetz kein Gebrauch gemacht werden. Das BMF bittet daher, ausschließlich auf die Mindestkapitalbeteiligung abzustellen.

- Nach Art. 4 der Richtlinie braucht der Quellenstaat eine Steuerentlastung nicht für die dort genannten Zinsen und Lizenzgebühren zu gewähren. Dieser Vorbehalt entspricht im Wesentlichen üblicher deutscher Praxis in DBA. Es ist daher vorgesehen, im Umsetzungsgesetz für unter Art. 4 fallende Zahlungen, mit Ausnahme der Wandelanleihen, keine Entlastung von den deutschen Steuern zu gewähren. Das BMF bat, in der Übergangszeit bei den genannten Auszahlungen entsprechend zu verfahren.

Nach Art. 1 Abs. 11 der Richtlinie sind Nachweise zu erbringen. Die Berufung auf die Richtlinie kann darüber hinaus von der Entscheidung der Finanzbehörde des Quellenstaats abhängig gemacht werden, wonach die Voraussetzungen für die Steuerentlastung vorliegen (Art. 1 Abs. 12 der Richtlinie).

Die in der Richtlinie festgelegte Frist für die Bearbeitung des Antrags beträgt höchstens drei Monate (Art. 1 Abs. 12 Satz 2). Nach Art. 1 Abs. 16 der Richtlinie hat der Quellenstaat die zu viel einbehaltene Quellensteuer innerhalb eines Jahres nach dem ordnungsgemäßen Erhalt des Antrags und der rechtfertigenden Angaben, die er billigerweise verlangen kann, zu erstatten. Erfolgt die Erstattung nicht innerhalb dieser Frist, sind die zu erstattenden Beträge zu verzinsen.

Anträge auf Entlastung von deutschen Quellensteuern können in der Übergangszeit formlos gestellt werden. Dabei sind jedoch die in Art. 1 Abs. 11 bis 16 angeführten Nachweise zu erbringen.

Zwischenzeitlich hat eine Umsetzung der Zins- und Lizenzrichtlinien in das deutsche Gesetz stattgefunden. Zu § 50 g EStG sind die einzelnen Vorschriften der Richtlinien zu entnehmen.

2.2.5 Die Zinsrichtlinie

Zweck der Zinsrichtlinie ist die Sicherstellung eines Mindestmaßes an Effektivität der Besteuerung von Zinszahlungen an natürliche Personen. Hierbei werden nur grenzüberschreitende Zahlungen erfasst, sodass rein innerstaatliche Zahlungen unberücksichtigt bleiben. Berücksichtigt werden nur solche Zinsen, die von einer Zahlstelle in einem anderen Mitgliedstaat an Privatpersonen ausbezahlt werden. Zinszahlungen an Unternehmen und an andere juristische Personen sind aus dem Anwendungsbereich der Richtlinie ausgenommen.

Die Richtlinie wendet sich grundlegend von dem in den DBA vorgesehenen System der Quellenbesteuerung ab und lässt stattdessen das sog. Zahlstellenprinzip zur Anwendung kommen. Gemäß Art. 4 Abs. 1 gilt als Zahlstelle jeder Wirtschaftsbeteiligte, der dem wirtschaftlichen Eigentümer Zinsen zahlt oder eine Zinszahlung zu dessen unmittelbaren Gunsten einzieht. Dabei wird nur derjenige erfasst, der die Zinsen direkt an den wirtschaftlich Berechtigten zahlt. Die in Art. 6 der Richtlinie enthaltene Definition der Zinsen entspricht der in Art. 11 Abs. 3 OECD-MA.

Als wirtschaftlicher Eigentümer gilt jede natürliche Person, die eine Zinszahlung für sich selbst vereinnahmt oder zu deren Gunsten eine Zinszahlung erfolgt. Etwas anderes gilt nur dann, wenn die Person nachweisen kann, dass die Zahlung nicht für sie selbst vereinnahmt wird (z. B. in Treuhandfällen). Hierbei erfolgt eine Umkehr der Beweislast, sodass der Empfänger der Zahlungen zunächst grundsätzlich als deren wirtschaftlicher Eigentümer angesehen wird.

Während eines Zeitraumes von 7 Jahren nach dem Inkrafttreten der Richtlinie müssen Belgien, Luxemburg und Österreich keine Informationen übermitteln. Allerdings sind sie berechtigt, entsprechende Informationen von anderen Mitgliedstaaten zu empfangen. Während dieser Übergangszeit sind sie jedoch verpflichtet, eine

Quellensteuer von zunächst 15 % und ab dem vierten Jahr von 20 % zu erheben. Diese Steuer wird als Quellensteuer von der Zahlstelle einbehalten. 75 % der Einnahmen aus der von Mitgliedstaaten der Zahlstelle erhobenen Quellensteuer sind an den Wohnsitzstaat des wirtschaftlichen Eigentümers weiterzuleiten. Hingegen muss der Quellenstaat keine Angaben zur wirtschaftlichen Identität des wirtschaftlichen Eigentümers machen.

Der Wohnsitzstaat des wirtschaftlichen Eigentümers muss gewährleisten, dass eine Doppelbesteuerung vermieden wird, die sich aus der Anwendung der Zahlstellensteuer als Quellensteuer ergeben könnte. Hieraus folgt, dass diese Steuer im Wohnsitzstaat anrechenbar ist, ggf. auch zu Erstattungen führen kann. Insoweit liegt also ein Unterschied zum Anrechnungshöchstbetrag nach § 34 c EStG vor.

Im Rahmen eines **automatischen Informationsaustausches** übermittelt die Zahlstelle der zuständigen Behörde ihres Mitgliedstaates mindestens die folgenden Angaben:

- Identität und Wohnsitz des wirtschaftlich berechtigten Eigentümers,
- Name und Anschrift der Zahlstelle,
- Kontonummer des wirtschaftlich Berechtigten,
- detaillierte Angaben zur Zinszahlung oder zur Abgabe, falls dieses alternative System gewählt wurde.

In § 45 e Abs. 1 EStG ist eine Ermächtigungsvorschrift enthalten, die es der Bundesregierung ermöglicht, die Zinsrichtlinie umzusetzen. Sie hat hiervon mit der Verordnung zur Umsetzung der Richtlinie 2003/48/EG des Rates vom 03.06.2004 im Bereich der Besteuerung von Zinserträgen Gebrauch gemacht.

Um Umgehungsmöglichkeiten auszuschließen, wurden Verhandlungen mit Nichtmitgliedsstaaten geführt. Dies gilt namentlich für die Schweiz, die USA, Liechtenstein, San Marino, Monaco, Andorra, alle zur EU-gehörigen Überseegebiete, einschließlich der Kanalinseln, der Isle of Man und den abhängigen Gebieten in der Karibik. Diese werden ebenfalls entweder die erhaltenen Einlagen melden oder Steuern aus diesen Einkommen einbehalten.

Bei der Umsetzung dieser Richtlinie gibt es jedoch praktische Probleme, insbesondere in der Schweiz.

2.2.6 Weiter gehende Überlegungen

Im Rahmen der Harmonisierung wurden und werden eine Reihe weiterer Harmonisierungsmaßnahmen diskutiert. Hierbei sind bisher noch keine mehrheitsfähigen Ergebnisse entstanden. Als wesentliche Diskussionspunkte sollen hier genannt werden:

- Der Entwurf zur **grenzüberschreitenden Verlustberücksichtigung:**

  Bereits 1990 hat die Kommission einen Vorschlag zur grenzüberschreitenden Verlustberücksichtigung vorgelegt. Dieser hatte große Ähnlichkeiten mit dem alten § 2 a Abs. 3 und 4 EStG. Stark vereinfacht war vorgesehen, dass Verluste einer ausländischen Betriebsstätte sich beim Stammhaus auswirken sollten und im Gegenzug Gewinne aus der Betriebsstätte (bis zur Höhe der berücksichtigten Verluste) im Stammhausstaat der Besteuerung zu unterwerfen gewesen wären. Dieser Vorschlag wurde von der Kommission zurückgezogen. Derzeit ist nicht ersichtlich, dass diese Idee wieder aufgegriffen wird, sofern nicht der EuGH möglicherweise eine grenzüberschreitende Verlustberücksichtigung für zwingend anzuwenden erklärt.

- Die Überlegungen zu einer **Harmonisierung der Körperschaftsteuer:**

  In der Vergangenheit ist wiederholt diskutiert worden, inwieweit eine Harmonisierung der Körperschaftsteuersysteme erfolgen soll oder muss. Zwar wurden hierfür schon Vorarbeiten seitens der Kommission geleistet, doch stießen diese – zumindest bisher – im Parlament auf große Ablehnung. Daher ist es bisher nicht zu einem einheitlichen Vorschlag gekommen, auch wenn unterschiedliche Ansätze diskutiert wurden (und werden).

- Die Überlegungen zu einer **harmonisierten steuerlichen Gewinnermittlung:**

  Eine immer wieder diskutierte Idee besteht darin, einheitliche Gewinnermittlungsvorschriften zu definieren und „lediglich" bei den anzuwenden Steuersätzen einen Wettbewerb zuzulassen. Hierzu gab es einen Vorentwurf für einen Richtlinienvorschlag. Dieser ist jedoch bereits im Vorstadium gescheitert, weil die Staaten in der Vergangenheit nur sehr eingeschränkt bereit waren, gerade in diesem Bereich Teile ihrer Hoheitsrechte abzugeben. Gleichwohl ist festzustellen, dass im Rahmen der immer stärkeren Verbreitung internationaler Rechnungslegungsnormen auch die Diskussion um eine einheitliche steuerlicher Bemessungsgrundlage wieder an Bedeutung gewonnen hat.

- Die Regelungen gegen den **unfairen Steuerwettbewerb** („Code of Conduct"):

  Wie bereits angedeutet, wird von schädlichem oder unfairem Steuerwettbewerb immer dann gesprochen, wenn die Steuerbelastung ausländischer Investoren deutlich niedriger ist, als die vergleichbare Steuerbelastung bei einer entsprechenden Investition durch einen Inländer ist. Hierzu wurde eine Liste mit Maßnahmen erstellt, die als „schädlich" in diesem Sinne anzusehen sind. Diese Regelungen sollten bis zum 01.01.2003 abgeschafft oder modifiziert worden sein. In diesem Zusammenhang stellt sich auch die bisher noch nicht ausdiskutierte Frage, inwieweit steuerliche Vergünstigungen als Beihilfen zu qualifizieren sind. Diese bedürfen gem. Art. 87 ff. EGV der Genehmigung durch die Kommission. Insoweit besteht möglicherweise sogar eine rechtliche Handhabe, um gegen den „unfairen Steuerwettbewerb" vorgehen zu können. Allerdings ist die Diskussion hierüber keinesfalls abgeschlossen.

- Das **European Transfer Pricing Forum:**

  Die EG hat ein gemeinsames Forum aus Vertretern der Finanzverwaltung und Unternehmensvertretern gebildet. In diesem sollen praxisorientierte Lösungsvorschläge insbesondere zur Frage einer einheitlichen Dokumentation von Verrechnungspreisen, dem Einsatz von Datenbanken im Rahmen der Bestimmung und Prüfung von Verrechnungspreisen sowie zur Frage der verbindlichen Zusage über Verrechnungspreismethoden erarbeitet werden. Es ist zu erwarten, dass diese Ergebnisse in die laufende Überarbeitung der Verwaltungsgrundsätze-Verfahren Eingang finden.

Bei diesen Maßnahmen ist zu beachten, dass für ihre Umsetzung jeweils Einstimmigkeit im Ministerrat herrschen muss. Nachdem die Anzahl der Mitgliedstaaten sich auf 27 erhöht hat, ist dies ein noch schwierigeres Unterfangen.

2.3 Verfahrensrecht

Die zunehmende wirtschaftliche Vernetzung innerhalb der Gemeinschaft führt zu der Notwendigkeit, auch verstärkt über eine Zusammenarbeit zwischen den Finanzverwaltungen innerhalb der Gemeinschaft nachzudenken. Schließlich setzt die Prüfung solcher Fälle – und damit die Wahrung der Gleichmäßigkeit der Besteuerung auch in diesem Bereich – entsprechende Regelungen voraus. Vor diesem Hintergrund überrascht, dass bisher vergleichsweise wenige Regelungen getroffen worden sind.

Der Zweck des Schiedsübereinkommens (Übereinkommen über die Beseitigung der Doppelbesteuerung im Falle von Gewinnberichtigungen zwischen verbundenen Unternehmen, 90/436/EWG, ABl. EG 1990, L 225/10) besteht darin, im Falle von grenzüberschreitenden Gewinnberichtigungen bei Entgelten zwischen verbundenen Unternehmen eine Doppelbesteuerung zu vermeiden. Hintergrund ist, dass eine Verrechnungspreisberichtigung in einem Staat nicht zwingend eine entsprechende Gegenberichtigung im anderen Staat nach sich zieht. Folglich droht eine Doppelbesteuerung. Dem will das Schiedsübereinkommen begegnen, indem für diesen Fall ein Modus vorgeschrieben wird, der zu einer Beseitigung der Doppelbesteuerung führt.

Erfasst werden alle gewinnabhängigen Steuern von rechtlich selbständigen Unternehmen und von Betriebsstätten. Andere Fälle der internationalen Doppelbesteuerung werden hiervon nicht erfasst, etwa Qualifikationskonflikte bei Anwendung eines DBA zwischen zwei Mitgliedstaaten der Gemeinschaft. Hierin besteht ein wesentlicher Unterschied gegenüber dem Verständigungsverfahren im Rahmen von Doppelbesteuerungsabkommen.

Die Vermeidung der Doppelbesteuerung erfolgt, indem der streitige Gewinnbetrag für Zwecke der Besteuerung einem Staat zugeordnet wird und von diesem besteuert werden darf. Der andere Staat hat die Freistellungsmethode anzuwenden. Alternativ möglich ist auch die Anrechnungsmethode. Ein solches Verfahren erstreckt sich über die folgenden Stufen:

1. Vorverfahren:

In diesem sollen sich die Behörde, die die Gewinnberichtigung vorgenommen hat, und der Steuerpflichtige auf eine Vorgehensweise einigen, die zur Beseitigung der Doppelbesteuerung führt.

2. Verständigungsverfahren:

Kommt es im Schritt 1 nicht zu einer Einigung, kann das Unternehmen ein förmliches Verständigungsverfahren beantragen. Im Rahmen dieses Verfahrens sollen die betroffenen Behörden sich bemühen, sich auf eine Gewinnabgrenzung zu einigen, die zu einer Vermeidung der Doppelbesteuerung führt. Grundlage hierfür soll der Fremdvergleich bilden.

3. Schlichtungsverfahren:

Sofern im Rahmen des Verständigungsverfahrens binnen 2 Jahren keine Einigung erfolgt, wird der sog. Beratende Ausschuss eingesetzt. Dieser besteht aus einem Vorsitzenden, zwei Vertretern der Behörden und einer geraden Anzahl unabhängiger Personen. Dieser erstellt nach 6 Monaten eine (rechtlich unverbindliche) Stellungnahme, wie eine Doppelbesteuerung nach Maßgabe des Fremdvergleichsgrundsatzes zu vermeiden sei. Nun haben die Behörden 6 weitere Monate Zeit, sich auf eine Regelung zu verständigen, die ebenfalls zu einer Vermeidung der Doppelbesteuerung führt. Ist dies nicht der Fall, wird die Stellungnahme des beratenden Ausschusses verbindlich. Rechtsmittel gegen dieses Ergebnis sind nicht zulässig, und zwar weder für eine der beteiligten Finanzverwaltungen noch für den Steuerpflichtigen.

Nach deutschem Recht ermöglicht § 175 a AO eine Änderung von bereits bestandskräftigen Steuerbescheiden aufgrund der Ergebnisse des Schiedsverfahrens. In Sonderfällen kann ein Schiedsverfahren ausgeschlossen sein. Dies ist der Fall, wenn „ein empfindlich zu bestrafender Verstoß“ des Unternehmens gegen steuerliche Vorschriften vorliegt, der durch Handlungen hervorgerufen wurde, die zu einer Gewinnberichtigung führen. Nach deutschem Verständnis handelt es sich hierbei um einen Verstoß gegen ein Steuergesetz, der mit Freiheitsstrafe, Geldstrafe oder Bußgeld sanktioniert wird.

Das Schiedsverfahren nach Maßgabe des Übereinkommens steht neben den Regelungen über das Verständigungsverfahren nach Maßgabe der Doppelbesteuerungsabkommen. Daher sollte der Steuerpflichtige jeweils gesondert prüfen, welches Verfahren für ihn zu günstigeren Ergebnissen führt.

In der Vergangenheit kamen die Regelungen des Schiedsübereinkommens vergleichsweise selten zur Anwendung. Das Verfahren galt als zu starr, zu kompliziert und zu aufwendig. Der Rat der Europäischen Finanzminister (ECOFIN) hat auf seiner Sitzung am 07.12.2004 einen Verhaltenskodex zur wirksameren und einheitlichen Anwendung des Schiedsübereinkommens angenommen. Dabei wurden zu folgenden Fragen einheitliche Regeln beschlossen:

- Regelungen zum Beginn der jeweils einschlägigen Fristen,
- Durchführung des Verständigungsverfahrens,
- Durchführung des sog. Schlichtungsverfahrens,
- Empfehlung, dass die Steuererhebung aufzuschieben ist, wenn Streitbeilegungsverfahren anhängig sind und hierauf die Regelungen des Verhaltenskodexes anzuwenden sind.

Ferner wurden die Voraussetzungen geschaffen, damit die neuen Mitgliedstaaten der Gemeinschaft nach der Ratifizierung dem Schiedsübereinkommen beitreten können. Es bleibt abzuwarten, ob dies zu einer wirksameren Vermeidung der Doppelbesteuerung beitragen kann.

2.3.1 Einfluss des Europarechts auf die Umsatzbesteuerung in Deutschland

Grundsätzlich ist das deutsche Umsatzsteuerrecht nicht mehr als eigenständiges nationales Recht zu verstehen, da es eingebunden ist in die europarechtlichen Regelungen. Beeinflussungsmöglichkeiten für den deutschen Gesetzgeber bestehen im Wesentlichen im Bereich der Festlegung des Steuersatzes sowie sonstiger Steuerbefreiungs- bzw. -begünstigungstatbestände, wobei insbesondere im Zusammenhang mit Finanz- und Vermittlungsdienstleistungen die Entscheidungen des EuGH den Normsetzungsrahmen des inländischen Gesetzgebers doch erheblich eingeschränkt haben.

Für die Umsatzsteuer gilt die uneingeschränkte Richtlinienkompetenz der Europäischen Gemeinschaft, sodass das nationale Recht zurückgedrängt wird, wenn die EU-Richtlinien vorgeschlagen und endgültig verabschiedet sind. Die jeweiligen nationalen Gesetzgeber sind hinsichtlich des zu erreichenden Ziels einer Richtlinie gebunden. Dies bedeutet jedoch nicht, dass in allen Staaten identische Regelungen erforderlich sind, vielmehr haben die nationalen Gesetzgeber die Form und die Mittel der Umsetzung der dort genannten Ziele selbst zu bestimmen. Im Gegensatz zu Verordnungen besteht keine unmittelbare Wirkung im Mitgliedstaat. Die Steuerpflichtigen können sich nicht unmittelbar auf die Richtlinie berufen. Der jeweilige Staat ist verpflichtet, die Richtlinie zeitnah und fehlerfrei umzusetzen. Geschieht dies nicht, hat der Steuerpflichtige unmittelbaren Anspruch auf Behandlung wie nach der Richtlinie. Dies jedoch nur dann, wenn die Richtlinie inhaltlich unbedingt und hinreichend genau abgefasst ist und es sich um Richtlinien handelt, die den Bürger begünstigen. Die Feststellung, ob eine Richtlinie fehlerhaft umgesetzt worden ist, erfolgt durch die Rechtsprechung des Europäischen Gerichtshofes. Während somit nur den bereits wirksam gewordenen Richtlinien ein direkter Einfluss auf die nationalen Gesetze zukommt, können auch noch nicht wirksame Richtlinien Wirkungen auf die Gesetzgebung der Staaten haben. So ist beispielsweise eine angekündigte Richtlinie mit entsprechenden Hinweisen auf Unterschiede zum gültigen nationalen Recht oftmals Anlass genug, die nationalen Vorschriften zu ändern.

2.3.1.1 Richtlinienkonforme Auslegung am Beispiel des Begriffs der Betriebsstätte nach § 12 AO

Das nationale deutsche Steuerrecht setzt den Richtlinienbegriff der Niederlassung, wie er in Art. 9 Abs. 1 der 6. EU-Richtlinie genannt wird, mit dem deutschen Begriff der Betriebsstätte nach § 12 AO gleich. Die Begriffsbestimmung in der Abgabenordnung gilt jedoch nicht nur für das Umsatzsteuerrecht, sondern auch für Einkommen-, Körperschaft- und Gewerbesteuer. Unter Berücksichtigung der EuGH-Rechtsprechung hat eine richtlinienkonforme Auslegung des Begriffs der Betriebsstätte zu erfolgen. Aufgrund im Folgenden noch näher darzustellender Gründe muss der umsatzsteuerliche Begriff der Betriebsstätte anders ausgelegt werden als derjenige für die Ertragsteuern. Unklar ist hierbei lediglich, ob der Begriff als solcher anders ausgelegt wird oder ob eine Modifikation hinsichtlich der Zuordnungsproblematik vorzunehmen ist. Unseres Erachtens handelt es sich um eine vollständig neuartige Definition des Begriffs der Betriebsstätte, nicht nur um eine Zuordnungsproblematik. Aufgrund der richtlinienkonformen Auslegung, wie sie in der Kommentierung regelmäßig gefordert wird, ist eine Betriebsstätte im umsatzsteuerlichen Sinne nur dann gegeben, wenn ein Mindestbestand an persönlichen Mitteln und Sachmitteln, die für die Erbringung der Dienstleistung erforderlich sind, gegeben ist. Der umsatzsteuerliche Begriff der festen Niederlassung ist ein engerer Begriff als der der Betriebsstätte nach § 12 AO. Vor allem hinsichtlich des sog. Positivkatalogs des § 12 AO werden Beispiele für Betriebsstätten genannt, die nicht zwangsläufig eine feste Niederlassung im umsatzsteuerlichen Sinne darstellen.

Die übergreifende Mantelwirkung der Abgabenordnung mit der Definition der Betriebsstätte in § 12 AO hat gem. § 1 Abs. 1 AO auch Geltung für die Umsatzsteuer. Umstritten ist demgegenüber die Frage des Einflusses der 6. Mehrwertsteuerrichtlinie der Europäischen Gemeinschaft sowie der hierzu ergangenen Rechtsprechung des Europäischen Gerichtshofs. Zumindest für grenzüberschreitende innergemeinschaftliche Umsätze ist zu prüfen, ob der Betriebsstättenbegriff nach EU-Recht ergänzende oder abweichende Besteuerungsfolgen mit sich bringt.

Fraglich ist, ob sich Änderungen in der Bestimmung des Ortes der Lieferung bzw. sonstigen Leistung ergeben, wenn es sich um eine Betriebsstätte handelt, die entweder die Leistung erbringt oder aber als Leistungsempfänger in Erscheinung tritt. Gemäß § 3 a Abs. 1 UStG wird die Leistung nicht am Ort des leistenden Unternehmens ausgeführt, sofern die Leistung einer Betriebsstätte des Unternehmens wirtschaftlich zuzurechnen ist.[1] Vergleichbare Regelungen hinsichtlich des Leistungsempfängers sieht § 3 a Abs. 3 UStG vor, sodass grundsätzlich untersucht werden muss, wann eine Leistung einer Betriebsstätte zuzurechnen ist und welche Rechtsfolgen sich hieraus ergeben. Die deutsche Finanzverwaltung[2] ist unter Hinweis auf die höchstrichterliche Finanzrechtsprechung der Meinung, dass eine Leistung einer Betriebsstätte unabhängig von der zivilrechtlichen Unmöglichkeit wirtschaftlich dann dieser zugeordnet werden muss, wenn die für die sonstige Leistung erforderlichen einzelnen Arbeiten ganz oder überwiegend durch Angehörige oder Einrichtungen der Betriebsstätte ausgeführt werden. Somit gilt für das Umsatzsteuerrecht prinzipiell hinsichtlich des Vorliegens einer Betriebsstätte das Gleiche wie für das Ertragsteuerrecht. Grundsätzlich gilt auch hier die allgemeine Begriffsdefinition des § 12 AO, die ergänzt wird durch den Umstand, dass eine Organgesellschaft i. S. des § 2 Abs. 2 Nr. 2 UStG auch als Betriebsstätte anzusehen ist.

Regelmäßig problematisch wird die Würdigung, ob eine Betriebsstätte vorliegt oder nicht, bei sog. Internet-Servern. Während im Ertragsteuerrecht unterschieden werden muss zwischen dem Nicht-DBA-Fall und dem einschränkenden DBA-Fall, stellt sich die Frage, ob man auf eine genaue Bestimmung wegen des Fehlens von völkerrechtlichen Abkommen auf dem Gebiet der Umsatzsteuer verzichten kann. Das Gegenteil ist der Fall, denn im Bereich der Umsatzsteuer muss stets geprüft werden, ob die Betriebsstätte eine Haupttätigkeit oder nur vernachlässigbare Nebentätigkeiten oder solche vorbereitender Art ausübt. Ferner muss untersucht werden, welche Beziehung zwischen den Feststellungen für ertragsteuerliche Zwecke und denen für umsatzsteuerliche Zwecke besteht. Während es für die Bestimmung des deutschen Besteuerungsanspruchs und die Möglichkeit zur Ausübung eines Besteuerungsrechts in DBA-Fällen darauf ankommt, dass die von der Betriebsstätte ausgeübte Tätigkeit nicht unter die in Art. 5 Abs. 4 OECD-MA genannten Tätigkeiten fällt, ist grundsätzlich das Vorhandensein einer Betriebsstätte für die Umsatzsteuer reicht aus. Eine ertragsteuerliche Qualifizierung der Tätigkeit einer Betriebsstätte als eine solche mit Hilfs- oder vorbereitendem Charakter führt jedoch unweigerlich dazu, dass dieser Betriebsstätte umsatzsteuerlich eine Leistung gegenüber fremden Dritten nicht zugerechnet werden kann. Insoweit besteht eine innere Verknüpfung zwischen ertragsteuerlicher und umsatzsteuerlicher Beurteilung der Tätigkeit einer Betriebsstätte. Somit sind Fälle ausgeschlossen, in denen das Vorliegen einer Betriebsstätte unter Hinweis auf die Nichterfüllung der Voraussetzung des Art. 5 OECD-MA für ertragsteuerliche Zwecke verneint wird und gleichzeitig zur Erlangung einer Vorsteuerabzugsberechtigung die Umsätze als solche einer inländischen Betriebsstätte eines ausländischen Unternehmens angenommen werden.

---

1 Zu den Voraussetzungen für die Annahme einer Betriebsstätte des Hauptunternehmers bei Einschaltung eines selbständigen Subunternehmers siehe Hess. FG Urteil vom 22.04.1997 6 K 3417/94, EFG 1997 S. 1063.

2 Abschn. 33 Abs. 1 Satz 7 UStR.

Ähnlich der ertragsteuerlichen Beurteilung ist auch für umsatzsteuerliche Zwecke zu prüfen, ob die Leistung der Betriebsstätte Internet-Server wirtschaftlich zuzurechnen ist.[3] Dies setzt voraus, dass die einzelnen Arbeiten, die für eine Leistung erforderlich sind, zu identifizieren und zu lokalisieren sind. Versteht man den Internet-Server lediglich als Kommunikationsmedium zwischen Anbieter und Kunden, ist davon auszugehen, dass der Betriebsstätte Internet-Server kein Umsatz zugerechnet werden kann.[4] Richtig ist eine solche Einschätzung immer dann, wenn die Leistung in einer qualifizierten Aufbereitung von Informationen oder technischen und kaufmännischen Beratungsleistungen besteht, die durch Mitarbeiter des Unternehmers an dessen Firmensitz erstellt werden. Anders ist der Sachverhalt dann zu beurteilen, wenn der Internet-Server selbst aufgrund einer hochentwickelten Software in der Lage ist, komplexe Leistungen in der Form anzubieten, dass andere Bereiche des Unternehmens nicht ebenfalls in Anspruch genommen werden.

Der Betriebsstättenbegriff des § 12 AO findet auch im deutschen Umsatzsteuerrecht Anwendung (z. B. § 3 a Abs. 1 Satz 2 UStG) und dient der Umsetzung der 6. Umsatzsteuer-Richtlinie vom 17.05.1977 bzw. der Mehrwertsteuer-Systemrichtlinie.[5] Konkret ist der Begriff der festen Niederlassung des Art. 9 Abs. 1 der UStR durch den Begriff der Betriebsstätte in deutsches Recht transformiert worden. Es ist zu prüfen, ob für umsatzsteuerliche Zwecke gegebene Unterschiede in der Begriffsdefinition zwischen Betriebsstätte und fester Niederlassung zu berücksichtigen sind.[6] Die Rechtsprechung des EuGH[7] hat bereits vor über 20 Jahren mit einigen Urteilen zur Bestimmung einer festen Niederlassung Abgrenzungskriterien untersucht, die nachfolgend analysiert werden sollen.[8]

Bergholz vs. Finanzamt Hamburg, Rs. 168/84 vom 30.04.1984[9]

In der entschiedenen Rs. 168/84 Bergholz gegen das Finanzamt Hamburg hatte das FG Hamburg mit Beschluss vom 30.04.1984[10] u. a. folgende Frage an den EuGH gerichtet: „Ist Art. 9 Abs. 1 der 6. Richtlinie des Rates zur Harmonisierung der Umsatzsteuern vom 17.05.1977[11] dahin auszulegen, dass unter den Begriff der festen Niederlassung auch die Einrichtung für eine gewerbliche Betätigung (z. B. der Betrieb von Geldspielautomaten) auf einem außerhalb des Inlands auf hoher See

3 Pflüger, H., UStG-Kommentar, Rz. 45 a zu § 3 a UStG.

4 Holler/Heerspink, DB 1998, S. 771.

5 Abl. EG 1977 Nr. 2 145, 1, zuletzt geändert durch Richtlinie des Rates vom 20.12.1996 96/97/EG (Abl. EG 1996 Nr. L 338, 89).

6 Zum Verhältnis von Gemeinschaftsrecht zu nationalem Recht siehe Birkenfeld, W./Forst, Chr. (Europäischer Binnenmarkt), S. 55 ff. mit umfassenden Literaturhinweisen.

7 Siehe hinsichtlich der Rechtsprechung des EuGH Kajus, J., VAT-Monitor 1998, S. 130 ff., sowie ders., VAT-Monitor 1997, S. 191 ff., und Lambert, H., TNI 1998, S. 1647 ff.

8 Zur Leistungsortbestimmung bei mehrstufigen grenzüberschreitenden Leistungsverhältnissen siehe Korf, R., UR 1998, S. 258 ff.

9 Slg. 1985, S. 2251.

10 UR 1984, S. 214.

11 Abl. EG 1977 Nr. 2 145, 1, zuletzt geändert durch Richtlinie des Rates vom 20.12.1996 96/97/EG (Abl. EG 1996 Nr. L 338, 89).

verkehrenden Schiffes zu verstehen ist; ggf. welche Merkmale müssen für den Begriff der festen Niederlassung erfüllt sein?“ Unter Hinweis auf den allgemeinen Grundsatz des Systems der Richtlinie als einer Regelung zur Vermeidung von Kompetenzkonflikten zwischen den Mitgliedstaaten, die zu einer Doppel- oder Nichtbesteuerung der Umsätze führen, sieht der erkennende Senat eine feste Niederlassung nur dann als gegeben an, wenn „diese aufgrund des ständigen Zusammenwirkens der für die Erbringung bestimmter Dienstleistungen erforderlichen persönlichen und Sachmittel einen ausreichenden Mindestbestand aufweist“.[12] Die Entscheidung des EuGH kann bis zu diesem Punkt hinsichtlich ihrer Klarheit begrüßt werden, doch ändert sich diese Beurteilung durch die dann folgende weitere Feststellung: „Die Einrichtung von Spielautomaten auf einem Seeschiff, die von Zeit zu Zeit gewartet werden, kann keine derartige Niederlassung darstellen, vor allem dann nicht, wenn der ständige Sitz des Betreibers dieser Automaten einen steuerlich brauchbaren Anknüpfungspunkt liefert.“ Der hierdurch deutlich gewordene Vorrang der Zuordnung einer Dienstleistung zum Sitzort des Unternehmens ist nachvollziehbar und entspricht herrschender Auslegung der Umsatzsteuer-Richtlinie.[13] Die Subsidiarität der festen Niederlassung allerdings damit zu begründen, dass der Ort des Sitzes des Unternehmens als Anknüpfungspunkt brauchbar sei, ist kritikwürdig. Die Tatsache, dass der Sitz des Unternehmens ein für einen bestimmten Zweck verwendbarer (brauchbarer) sei, wird nicht bestritten. Problematisch ist nur, dass die Beurteilung des Vorliegens einer festen Niederlassung nicht ausschließlich nach objektiven Kriterien vorgenommen, sondern relativ und zweckgerichtet auf den Einzelfall bezogen wird. Die Verwendung des Begriffs „brauchbar“ schafft eine weitgehende Rechtsunsicherheit, die vermuten lässt, dass in einer anderen Fallkonstellation zur Vermeidung der Nichtbesteuerung der Umsätze eine feste Niederlassung angenommen worden wäre, da die objektiven Kriterien offensichtlich erfüllt sind und ihnen dennoch nur Indizcharakter zukommt. Eine am Ergebnis orientierte Beurteilung des Vorliegens einer festen Niederlassung ist für die Rechtsanwender u. E. wenig hilfreich und lässt Planungssicherheit bei den Steuerpflichtigen nicht aufkommen.

Commissioners of Customs and Excise vs. DFDS/AS, Rs. C-260/95 vom 20.02.1997[14]

Die zu entscheidende Rechtsfrage war, ob die in Dänemark ansässige DFDS/AS bei Pauschalreisen, die ihre englische Tochtergesellschaft DFDS Limited in ihrem Namen verkaufte, in Großbritannien mehrwertsteuerpflichtig ist. Zu entscheiden war, ob DFDS/AS in Großbritannien eine feste Niederlassung i. S. des Art. 26 Abs. 1 der 6. Umsatzsteuer-Richtlinie[15] innehatte. Anders als im Fall Bergholz[16]

12 EUGH-Urteil Rs. 168/84, UR 1985, S. 228.
13 Siehe hierzu auch die zustimmende Beurteilung von Lambert, H., TNI 1998 S. 1648.
14 EuGH-Urteil vom 20.02.1997, UR 1997 S. 179 ff.
15 6. Umsatzsteuer-Richtlinie vom 17.05.1977, 77/388/EWG-Abl. 1997. N.L. 145,1.
16 Rs. 168/84, Slg. 1985 S. 2251.

musste entschieden werden, ob eine englische Tochterkapitalgesellschaft als unselbständige feste Niederlassung der dänischen Muttergesellschaft anzusehen ist. Anhand der tatsächlichen Gegebenheiten und z. T. entgegen vertraglichen Indizien für eine Selbständigkeit (Rdn. 26) wurde im vorliegenden Fall die Nichtselbständigkeit bestätigt. Der EuGH wiederholt in dieser Entscheidung das Erfordernis eines Mindestbestandes an persönlichen und Sachmitteln und führt somit die Rechtsprechung des EuGH i. S. der Bergholz-Entscheidung weiter.[17] Die gelegentlich anzutreffende Auffassung, dass diese Entscheidung nur deshalb so ausgefallen sei, weil es sonst nicht zur umsatzsteuerlichen Erfassung der Reisedienstleistungen gekommen wäre, mag ein Grund für die Entscheidung des EuGH gewesen sein, ändert aber nichts an der durch das Gericht aufgestellten Anforderung an das Vorliegen einer festen Niederlassung.

Faarborg-Gelting Linien A/S vs. Finanzamt Flensburg, Rs. C 231/94 vom 02.05.1996[18]

In der Entscheidung des EuGH vom 02.05.1996 Faarborg-Gelting Linien A/S gegen Finanzamt Flensburg, C 231/94, ging es um die Frage, ob Restaurationsumsätze an Bord eines Fährschiffes Lieferungen oder Dienstleistungen sind und wo der Ort der Leistung belegen ist.[19] Im Anschluss an die Feststellung, dass es sich um Dienstleistungen handelt[20], bestimmte der EuGH auch hier ausschließlich zweckgerichtet, dass die Vornahme der Dienstleistung an Bord keine feste Niederlassung des Unternehmens begründet. Das Urteil überrascht umso mehr, als nach der Bergholz-Entscheidung[21] ein eine feste Niederlassung begründendes Zusammenwirken von persönlichen und Sachmitteln für die Dienstleistung an Bord des Fährschiffes erfüllt ist. Die Zweckorientierung der EuGH-Entscheidung wird in Rdn. 18 besonders deutlich: „Dies (das Zusammenwirken) ist offenbar bei der Restauration an Bord eines Schiffes zumal dann nicht der Fall, wenn der ständige Sitz des Schiffsreeders, wie im vorliegenden Fall, einen sachgerechten steuerlichen Anknüpfungspunkt bietet.“ Die Entscheidung des EuGH findet u. E. nicht ihre rechtliche Grundlage in Art. 9 Abs. 1 der Richtlinie, da dort explizit beide Orte (Sitz der wirtschaftlichen Tätigkeit und Ort der festen Niederlassung) genannt werden und das Abgrenzungskriterium für die wirtschaftliche und funktionale Zurechnung der Dienstleistung zu einem der Orte entscheidend ist. Für Zweifelsfälle, bei denen der Ort der festen Niederlassung nicht eindeutig bestimmt wird oder die Dienstleistung dieser nicht zweifelsfrei zugewiesen werden kann, mag eine am Zweck der Richtlinie ausgerichtete Beurteilung sachgerecht sein. In Fällen wie dem vorliegenden, in denen der Ort der festen Niederlassung eindeutig identifizierbar ist und die Dienstleistung dieser wirtschaftlich zugerechnet werden muss, hat m. E. eine Zuordnung der Leistung zum

17 Lambert, H., TNI 1998, S. 1648 f.

18 EGHE 1996, S. 2395 sowie die Kritik von Birkenfeld, W., Umsatzsteuerliches Handbuch, I Rz. 958.1 ff.

19 Vgl. Weiss, E., UR 1996, S. 221.

20 Die Begründung hierzu siehe in Rdn. 13 Slg. 1996, S. 2396.

21 Rs. 168/84, Slg. 1985, S. 2251, Rdn. 18.

Ort der festen Niederlassung zwingend zu erfolgen, unabhängig davon, ob es hierdurch zur Doppel- oder Nichtbesteuerung kommt. Wäre eine anderslautende Rechtsfolge beabsichtigt gewesen, hätte diese in die Richtlinie sowie die nationalen Gesetze übernommen werden müssen.[22]

ARO Lease BV vs. Inspecteur van der Belastingdienst Grote Ondernemingen, Amsterdam,[23] Rs. C 190/95

In der Rs. C 190/95 ARO Lease BV gegen Inspecteur van der Belastingdienst Grote Ondernemingen hat der Gerichtshof Amsterdam folgende Frage an den EuGH gestellt: „Mit dieser Frage wollte das vorlegende Gericht wissen, ob Art. 9 Abs. 1 der 6. Richtlinie dahin auszulegen ist, dass eine in einem Mitgliedstaat ansässige Leasinggesellschaft ihre Dienstleistungen von einer festen Niederlassung in einem anderen Mitgliedstaat aus erbringt,[24] wenn sie ihre Tätigkeit unter folgenden Umständen ausübt: Sie vermietet an in dem letztgenannten Mitgliedstaat ansässige Kunden Personenkraftwagen aufgrund von Leasingverträgen; ihre Kunden werden durch in diesem Mitgliedstaat ansässige unabhängige Vermittler angeworben, die Kunden suchen sich selbst die von ihnen gewünschten Fahrzeuge bei in diesem Mitgliedsstaat ansässigen Vertragshändlern aus, die Leasinggesellschaft erwirbt die Fahrzeuge in diesem Mitgliedstaat, in dem sie zugelassen sind, und vermietet sie an ihre Kunden aufgrund von Leasingverträgen, die an ihrem Geschäftssitz aufgesetzt und unterzeichnet werden; die Kunden tragen die Kosten für die Wartung und zahlen in den vorgenannten Mitgliedstaaten die Kraftfahrzeugsteuer; die Leasinggesellschaft verfügt aber in diesem Mitgliedstaat weder über ein Büro noch über einen Stellplatz für die Fahrzeuge. Der EuGH kommt zu dem Ergebnis, dass die in einem Mitgliedstaat ansässige Leasinggesellschaft ihre Dienstleistung (im Wesentlichen sind dies: das Aushandeln, die Abfassung, die Unterzeichnung und die Durchführung der Verträge sowie die tatsächliche Bereitstellung der betreffenden Fahrzeuge für die Kunden) im vorliegenden Fall nicht von einer festen Niederlassung in einem anderen Mitgliedstaat aus erbringt.[25] Für die im Rahmen dieser Arbeit zu untersuchende Frage der Entsprechung des ertragsteuerlichen Betriebsstättenbegriffs und des umsatzsteuerlichen Begriffs der festen Niederlassung ist die Feststellung des erkennenden Senats in RdNr. 16 besonders wichtig: „Demzufolge kann eine Niederlassung nur dann unter Abweichung vom vorrangigen Kriterium des Sitzes der wirtschaftlichen Tätigkeit als Ort der Dienstleistung eines Steuerpflichtigen betrachtet werden, wenn sie einen hinreichenden Grad an Beständigkeit aufweist sowie eine

22 Die Änderung hätte z. B. folgende Form haben können: Sofern durch die Zuweisung zum Ort der festen Niederlassung eine Doppel- oder Nichtbesteuerung eintritt, hat die Zuordnung zum Sitz der wirtschaftlichen Tätigkeit des Unternehmens zu erfolgen, soweit hierdurch ein sachgerechtes Besteuerungsergebnis erreicht werden kann.

23 EGHE 1997, 4383. Zur Kritik am EuGH-Urteil siehe Lambert, H., TNI 1998, S. 1649, sowie Huschens, F., BB 1998, S. 1296 ff., und Zielke, K., UVR 1999, S. 4 f.

24 Zur grundsätzlichen Bestimmung des Leistungsortes bei der Vermietung von Beförderungsmitteln vgl. Schlienkamp, A., UR 1997, S. 117 ff.

25 Vgl. Huschens, F., BB 1998, S. 1296 ff.

Struktur hat, die von der personellen und technischen Ausstattung her eine autonome Erbringung betreffender Dienstleistungen ermöglicht.“ Der EuGH betont noch einmal die zeitliche Dauerhaftigkeit einer festen Niederlassung, die nach dem Gesamtbild der tatsächlichen eine autonome Erbringung von Dienstleistungen ermöglichen muss.[26]

Im Ergebnis ist festzustellen, dass trotz einer weitgehenden Identität der Begriffe Betriebsstätte nach § 12 AO und fester Niederlassung gem. Art. 9 Abs. 1 der Umsatzsteuer-Richtlinie/Mehrwertsteuersystem Unterschiede bestehen, die z. T. durch den EuGH detailliert benannt sind oder einer Zweckorientierung folgend bewusst unklar gehalten sind. Vor allem die Betonung der Subsidiarität des Ortes der festen Niederlassung gegenüber dem Sitz der wirtschaftlichen Tätigkeit als auch die Hervorhebung des erforderlichen Zusammenwirkens persönlicher und Sachmittel zur Erlangung einer Dienstleistung zeigen die Differenzen auf. Die deutsche Finanzverwaltung hat sich unter Verweis auf die EuGH-Rechtsprechung EuGH-Urteile vom 04.07.1985, Rs. 168/84, EuGHE, 2251, vom 02.05.1996, C-231/94, EuGHE I, 2395, vom 17.07.1997, C-190/95, EuGHE I S. 4383) in Richtlinie 33 Abs. 3 UStR 2008 (BStBl I 2007, Sondernummer 2) dafür ausgesprochen, dass die Einrichtung oder Anlagen einen hinreichenden Grad an Beständigkeit sowie eine Struktur aufweisen muss, die von der personellen und technischen Ausstattung her eine autonome Erbringung der jeweiligen Dienstleistungen ermöglicht. Die Finanzverwaltung hat durch den Verzicht in Richtlinie 33 Abs. 3 UStR auf § 12 AO für die Begriffsbestimmung einer Betriebsstätte auch deutlich gemacht, dass es eine EU-rechtskonforme Auslegung des Begriffs der Betriebsstätte im Umsatzsteuerrecht geben muss (siehe auch Lippross, Umsatzsteuer, 21. Aufl. 2008, Achim, S. 184 mit weiteren Hinweisen). Im Ergebnis ist ein Auseinanderfallen der Definition des Begriffs der Betriebsstätte für ertrag- wie umsatzsteuerliche Zwecke festzuhalten, das zu Verwerfungen, aber auch zu Steuergestaltungen führen kann.

2.3.1.2 Weitere Auswirkungen des EU-Rechts auf die Umsatzbesteuerung im Inland

Richtlinien können nicht nur bestimmte Ziele eindeutig und zwingend vorschreiben, sondern auch Vertragsstaaten in die Möglichkeit versetzen, bestimmte Regelungen einzuführen. So hat beispielsweise der deutsche Gesetzgeber bereits zum 01.01.2002 in § 13 b UStG den Wechsel der Steuerschuldnerschaft bei sonstigen Leistungen eingeführt. Nach § 13 b UStG schuldet der Leistungsempfänger die Steuer, wenn er ein Unternehmer oder eine juristische Person des öffentlichen Rechts ist und die Leistung von einem ausländischen Unternehmer erbracht worden ist. In diesen Fällen findet ein Wechsel der Steuerschuldnerschaft statt, wie man ihn bisher nur bei Lieferungen gekannt hat. Diese Regelung hat im Übrigen erhebliche materiell-rechtliche Konsequenzen für die Bemessungsgrundlage für den Steuerein-

26 Vgl. Kajus, J., VAT-Monitor 1998, S. 52, sowie Novacek, E., UVR 1998, S. 134.

behalt nach § 50 a EStG. Bisher dahin zählte zur steuerabzugspflichtigen Vergütung auch die Umsatzsteuer, selbst wenn aufgrund der sog. Nullregelung eine solche nicht an das Finanzamt abzuführen war. Die sich hierdurch ergebende zusätzliche Belastung mit Quellensteuer auf die nicht zahlungswirksame Belastung mit Umsatzsteuer ist durch den Wechsel der Steuerschuldnerschaft nach § 13 b UStG weggefallen. Im Ergebnis reduziert sich die Bemessungsgrundlage der Abzugsteuer, sodass sich auch die inländische Einkommen- oder Körperschaftsteuer für den beschränkt Steuerpflichtigen in ausgewählte Fälle reduziert hat.

2.3.2 Einfluss des Europarechts auf die Ertragsbesteuerung in Deutschland

Während für die Umsatzsteuer bzw. für die indirekten Steuern insgesamt ein unmittelbarer Harmonisierungsauftrag gem. Art. 93 EG-Vertrag besteht, ist dieser für die direkten Steuern nicht gegeben. Die Ursache hierfür liegt offensichtlich in der damaligen Fehleinschätzung, nur indirekte Steuern könnten den Wettbewerb und den freien Waren-, Dienstleistungs- und Kapitalverkehr innerhalb der Gemeinschaft beeinträchtigen und beschränken. Mittlerweile besteht jedoch kein Zweifel mehr daran, dass die Beeinträchtigungen des Wettbewerbs durch direkte Steuern einen mindestens ebenso großen Stellenwert erreicht haben. Wegen der besonderen Bedeutung von Kapitalgesellschaften in einer Vielzahl von EU-Staaten liegt das Hauptaugenmerk der Harmonisierungsbemühungen innerhalb der EU derzeit auf dem Bereich der Körperschaftsteuer, wobei sowohl über eine Harmonisierung der Gewinnermittlungsvorschriften sowie der Möglichkeiten der Verlustverrechnung wie auch über die Höhe der anzuwendenden Steuersätze nachgedacht und diskutiert wird.[27] Es lassen sich hierbei direkte Einflüsse des Europarechts auf die Besteuerung grenzüberschreitender Sachverhalte herleiten, wie auch solche, die nur mittelbar wirken, wie z. B. die Rechtsprechung des EuGH.

2.3.3 Anwendung des EU-Rechts

Dies ist der räumliche Hauptanwendungsbereich der Grundfreiheiten. Sie sind einschlägig, wenn innerhalb der EU ein grenzüberschreitender Sachverhalt verwirklicht ist. Deshalb ist auch die sog. Inländerdiskriminierung, also die Benachteiligung der eigenen Staatsangehörigen eines Staates durch diesen Staat gegenüber den Angehörigen anderer EU-Mitgliedstaaten, nicht von den Grundfreiheiten erfasst. Persönlich sind die Grundfreiheiten entsprechend in der Hauptsache auf Staatsangehörige oder ansässige natürliche Personen von EU-Mitgliedstaaten anwendbar.

Mittlerweile scheint es auch höchstrichterlich geklärt, dass ein EU-Mitgliedstaat aufgrund des Gemeinschaftsrechts nicht gehalten ist, die in einem bestimmten, mit

27 Kluge, V., Das Internationale Steuerrecht, 5. Aufl., München 2007, S. 113 mit weiteren Nachweisen.

einem anderen Mitgliedstaat abgeschlossenen Doppelbesteuerungsabkommen vereinbarten steuerlichen Vergünstigungen auch den Staatsangehörigen aller anderen EU-Mitgliedstaaten zu gewähren. Es besteht damit kein sog. Gebot der Meistbegünstigung. Für den Inbound-Fall, d. h. hinsichtlich bestimmter DBA-Regelungen im Quellenstaat, ist dies durch den EuGH in der Rs. D (C-376/03) entschieden worden. Für den Outbound-Fall, d. h. hinsichtlich bestimmter DBA-Regelungen im Ansässigkeitsstaat, steht eine Entscheidung des EuGH noch aus, jedoch hat der BFH in seinem Urteil vom 09.11.2005 (I R 27/03, DStR 2006, S. 560 ff.) auf ein Vorabentscheidungsverfahren (Art. 234 EG) verzichtet und eine Meistbegünstigung auch im Outbound-Fall verneint. Derzeit ist nicht davon auszugehen, dass der EuGH gegenteilig entscheiden würde.

2.3.3.1 Anwendung auf EWR-Staaten

Der Vertrag über den Europäischen Wirtschaftsraum (EWR-Vertrag) ist ein Vertrag zwischen der EG und den Mitgliedstaaten der European Free Trade Association (EFTA) mit Ausnahme der Schweiz. Die betroffenen Staaten sind Liechtenstein, Island und Norwegen. Über den EWR-Vertrag wird das Konzept des Gemeinsamen Marktes mit einigen Ausnahmen (z. B. keine Zollunion) auch auf diese Staaten erstreckt, wenngleich die letztliche Auslegung des Vertrages sowie der Grundrechtsschutz nicht dem EuGH, sondern dem EFTA-Gerichtshof mit Sitz in Luxemburg obliegt. Der EFTA-Gerichtshof entscheidet aber häufig im Einklang mit der Rechtsprechung des EuGH, wie auch die Entscheidungen des EFTA-Gerichtshofes jedenfalls faktisch innerhalb der EU von Bedeutung sind (vgl. etwa das Urteil des EFTA-Gerichtshofes vom 13.11.2004 in der Rs. Fokus Bank, Az.: E 1/04). Die europäischen Grundfreiheiten sind daher i. d. R. auch im Verhältnis zu Liechtenstein, Island und Norwegen anzuwenden.

2.3.3.2 Anwendung auf EFTA-Staaten und Drittstaaten

Neben Liechtenstein, Island und Norwegen gehört noch die Schweiz zu den EFTA-Staaten. Auf die Schweiz sowie auf alle weiteren sog. Drittstaaten finden die europäischen Grundfreiheiten im Grundsatz keine Anwendung, es sei denn, es bestehen Assoziierungsabkommen (z. B. mit künftigen Beitrittskandidaten) oder es handelt sich bei den betroffenen Bürgern um Familienangehörige von Staatsangehörigen von EU-/EWR-Mitgliedstaaten. Insbesondere wird im Verhältnis zur Schweiz auch durch die sog. bilateralen Verträge keine Erstreckung der Grundfreiheiten oder allgemein des Binnenmarkts auf schweizerischen Staatsangehörige erreicht.

Die einzige Ausnahme besteht im Hinblick auf die Kapitalverkehrsfreiheit des Art. 56 EG. Auf die Kapitalverkehrsfreiheit können sich nach dem eindeutigen Wortlaut des Art. 56 EG auch Angehörigen von Drittstaaten berufen.

Aufgrund eines gesonderten Abkommens zwischen der EU und der Schweiz findet im Verhältnis zur Schweiz die Zins- und Lizenzrichtlinie Anwendung. Im deutschen Recht umgesetzt ist die Anwendung in § 50 h EStG.

TEIL V: EINFLUSS DER EUGH-RECHTSPRECHUNG AUF DAS INTERNATIONALE STEUERRECHT

1 Einleitung

2 Aufgaben des EuGH

Der EuGH hat dafür zu sorgen, dass eine einheitliche Anwendung des EGV erfolgt.

Leitidee der Aufgabenverteilung zwischen dem EuGH und den nationalen Gerichten ist es, dass der EuGH für die Auslegung des Europarechts zuständig ist, während die nationalen Gerichte diese Rechtsprechung anwenden. Da ausschließlich die Auslegung von Gemeinschaftsrecht Gegenstand des Vorabentscheidungsersuchens sein kann, ist es nicht möglich, die Frage vorzulegen, ob Regelungen des nationalen Rechts gegen Gemeinschaftsrecht verstoßen oder wie diese vor dem Hintergrund des Gemeinschaftsrechts auszulegen sind. Folglich kann im Rahmen einer solchen Entscheidung auch nicht geurteilt werden, dass eine Vorschrift des nationalen Rechts unanwendbar ist. Vielmehr kann lediglich festgestellt werden, dass die Vorschrift gegen den EG-Vertrag verstößt. In einem solchen Fall resultiert hieraus keine unmittelbare Handlungspflicht für den Staat. Allerdings sind die Staaten gem. Art. 10 EGV verpflichtet, einen Verstoß gegen das Gemeinschaftsrecht zu beseitigen.

Voraussetzung für die Zulässigkeit eines Vorabentscheidungsersuchens ist, dass die Auslegung des Vertrages erforderlich sein muss, um eine Frage im Rahmen eines nationalen Gerichtsverfahrens beantworten zu können. Folglich scheidet ein Vorabentscheidungsersuchen in den Fällen aus, in denen die Frage nicht entscheidungserheblich ist. Besonders bedeutsam ist dies z. B. in den Fällen, in denen die Auslegung einer Richtlinie streitig ist oder ob eine steuerliche Regelung zu einem Verstoß gegen die Grundfreiheiten führt.

Der EuGH lässt in bestimmten Fällen Ausnahmen von der Vorlagepflicht zu. In diesen Situationen ist eine Vorlage des nationalen Gerichts an den EuGH zwar zulässig, aber nicht zwingend erforderlich. Hierbei handelt es sich um die folgenden Fallgruppen: (Beispielhaft EuGH vom 06.10.1982, Rs. 283/81 C.I.L.F.I.T., EuGHE 1982, 3415)

- wenn eine Frage bereits Gegenstand der Auslegung durch den EuGH war,
- wenn bereits eine gesicherte Rechtsprechung des EuGH vorliegt, die die betreffende Rechtsfrage gelöst hat,
- wenn bereits ein anderes Gericht aus demselben nationalen Rechtskreis diese Frage an den EuGH vorgelegt hat,

- wenn die richtige Auslegung offensichtlich ist, sodass kein Klärungsbedarf besteht. Dies ist auf Grundlage der Eigenart des Gemeinschaftsrechts, der besonderen Probleme bei seiner Auslegung und dem Risiko einer differierenden Rechtsprechung innerhalb der Gemeinschaft zu identischen Sachverhalten zu beurteilen.

Streitig ist, inwieweit eine Zuständigkeit des EuGH auch für rein nationale Fälle gegeben sein kann, wenn diese auf Regelungen des Europarechts Bezug nehmen. Dieses Problem stellt sich z. B. dann, wenn der Gesetzgeber in einer nationalen Regelung, die sowohl für reine inländische als auch für grenzüberschreitende Fälle gilt, eine unmittelbare Anwendung der Vorschrift des Gemeinschaftsrechts anordnet. Nach derzeitigem Stand der Rechtsprechung ist davon auszugehen, dass zumindest seitens des EuGH seine Zuständigkeit auch in dies Fällen bejaht wird. Die Prüfung, ob eine Entscheidungserheblichkeit gegeben ist, erfolgt durch die nationalen Gerichte.

Ob zwingend ein Vorabentscheidungsersuchen zu stellen ist, wird durch die Instanz des Gerichts bestimmt. Handelt es sich um ein Gericht, dessen Entscheidungen durch Rechtsmittel nicht angreifbar sind, muss eine Rechtsfrage, die die oben genannten Anforderungen erfüllt, vorgelegt werden (Art. 234 Abs. 3 EGV). Hierbei handelt es sich – aus deutscher Sicht – in steuerlichen Fragen nur um den BFH. Dieser ist gesetzlicher Richter i. S. des Art. 101 Abs. 1 Satz 2 GG. Sofern eine Vorlage willkürlich unterbleibt, kann ein daraus ergehendes Urteil mit einer Verfassungsbeschwerde angegriffen werden. Die wohl herrschende Meinung geht davon aus, dass ein FG nicht zu einem Vorabentscheidungsersuchen verpflichtet ist, und zwar auch dann nicht, wenn die Revision nicht zugelassen wird.

Entschließt sich das nationale Gericht zu einer Vorlage, so ergeht diese von Amts wegen. Eine Mitwirkung seitens des Beraters ist nicht zwingend. Allerdings hat er die Möglichkeit, eine solche Vorlage anzuregen.

Neben dem Vorabentscheidungsersuchen gibt es weitere Verfahren vor dem EuGH. Hierbei können für steuerliche Fragestellungen von Bedeutung sein:

- Das **Aufsichts- und Vertragsverletzungsverfahren**:

  Seitens eines Mitgliedstaates oder der Kommission kann Klage erhoben werden, damit der EuGH feststellt, dass ein Verstoß gegen das Gemeinschaftsrecht vorliegt. Während Klagen zwischen den Mitgliedstaaten – zumindest bisher – nur sehr geringe praktische Relevanz hatten, sind solche durch die Kommission häufiger zu beobachten. Als Beispiel kann auf das Verfahren gegen die Bundesrepublik Deutschland wegen eines Verstoßes von § 6 AStG gegen die Grundfreiheiten genannt werden. Hierbei leitet die Kommission dem Mitgliedstaat eine mit Gründen versehene Stellungnahme zu, in der sie den (aus ihrer Sicht gegebenen) Verstoß darstellt und den Mitgliedstaat auffordert, diese Regelung zu ändern. Dieser bekommt die Gelegenheit zur Stellungnahme. Sofern eine gerügte Verletzung nicht beseitigt wird oder keine Reaktion durch den Staat erfolgt, kann die Kommission vor dem EuGH Klage erheben. Sofern der EuGH der Auffassung der Kommission folgt und der Mitgliedstaat nicht reagiert, kann die Kommission beim EuGH ein Zwangsgeld gegen den Staat beantragen. Voraussetzung hierfür ist jedoch, dass dies zuvor dem Staat gegenüber angekündigt wurde und er erneut Gelegenheit zur Stellungnahme bekommen hat.

– Die **Nichtigkeits- oder Untätigkeitsklage**:

  Durch dieses Verfahren kann die Nichtigkeit einer Regelung oder von Handlungen der Organe durch den EuGH festgestellt werden. Bei einer Untätigkeitsklage stellt der EuGH fest, dass infolge der Untätigkeit eine Verletzung des Vertrages eingetreten ist. Die praktische Relevanz war bisher eher gering.

– Die **Schadensersatzklage**:

  Gemäß Art. 235 EGV besteht die Möglichkeit, die Gemeinschaft auf Schadensersatz zu verklagen, wenn die Schäden in Rahmen der Ausübung der Amtstätigkeit von ihren Bediensteten verursacht wurden. Soweit ersichtlich, hat diese Regelung bisher keine praktische Bedeutung erlangt.

3 Vorgehensweise des EuGH

3.1 Grundsätzliche Vorgehensweise

Unstreitig ist, dass die EG keine Regelungskompetenz für die direkten Steuern hat. Vielmehr obliegt ihr diese Kompetenz nur für die indirekten Steuern (vgl. Art. 99 EGV). Allerdings besteht nach ständiger Rechtsprechung des EuGH die Verpflichtung für die Mitgliedstaaten, ihr Besteuerungsrecht so auszuüben, dass Diskriminierungen und Verstöße gegen die Grundfreiheiten möglichst verhindert werden. Dort, wo dies nicht der Fall ist, kann eine Unvereinbarkeit dieser Regelung mit dem höherrangigen EG-Recht nur in den Fällen verhindert werden, in denen es besondere Gründe für eine solche Ungleichbehandlung gibt. Liegen solche hingegen nicht vor, kann eine Einschränkung der Grundfreiheiten des EG-Vertrages keinen Bestand haben. Bei dieser Prüfung kommt der Frage nach dem Vergleichsobjekt zur Feststellung eines Verstoßes gegen die Grundfreiheiten des EG-Rechts besondere Bedeutung zu.

Zurückgehend bis zur Entscheidung „*Avoir Fiscal*“ (EuGH-Urteil vom 28.01.1986, Rs. C-270/83, Slg. 1986, I-285) prüft der EuGH eine Diskriminierung zunächst mit Hilfe des Kriteriums, ob eine Ungleichbehandlung von Gleichem vorliegt. Hierbei ist die Gleichheit an der grundsätzlichen steuerlichen Behandlung zu prüfen, d. h. anhand der Frage, ob die Vergleichsgruppen hinsichtlich Modalitäten und Voraussetzungen der Besteuerung gleich behandelt werden. Diese Regelung ist deshalb so bedeutsam, weil andernfalls die Gefahr droht, über eine weite Auslegung praktisch alle Fälle als unvereinbar mit den Grundfreiheiten des EG-Vertrages zu qualifizieren. Dies wäre jedoch nicht sachgerecht. Deshalb muss geprüft werden, inwieweit eine tatsächliche Ungleichbehandlung mit einem nicht grenzüberschreitenden Sachverhalt gegeben ist. Nur wenn es bei insoweit tatsächlich vergleichbaren Fällen zu einer Differenzierung kommt, kann diese überhaupt europarechtlich problematisch sein. Mit anderen Worten: Es geht nicht darum, jegliche Ungleichbehandlung zu verhindern, sondern nur darum, dass zwei wirtschaftlich gleiche Sachverhalte ungleich behandelt werden, obwohl dies objektiv nicht gerechtfertigt ist. In einem zweiten Schritt ist dann gesondert zu untersuchen, ob eine evtl. festgestellte Diskriminierung durch besondere Gründe gerechtfertigt werden kann.

So hat das Gericht z. B. bei der Prüfung, ob eine beschränkt steuerpflichtige diskriminierende Regelung gegen die Grundfreiheiten verstößt, als Vergleichsfall jeweils reine Inlandssachverhalte herangezogen.

Nach ständiger Rechtsprechung des EuGH können durch die gemeinschaftsrechtlichen Grundfreiheiten (Art. 39, 43 und 49 EG-Vertrag) auch die Steuerhoheit der Mitgliedstaaten im Bereich der direkten Steuern eingeschränkt werden, obwohl der EG-Vertrag hierfür keine ausdrückliche Harmonisierungskompetenz vorsieht (EuGH vom 16.07.1998, Rs. C-264/96, Slg. 1998, I-4695). Diese speziellen Diskriminierungsverbote verdrängen als „Lex specialis“ das allgemeine Diskriminierungsverbot des Art. 6 EG-Vertrag. Außerdem wird durch das Gericht eine weite Auslegung der Regelung über die Freizügigkeit vorgenommen. In der *Stanton*-Entscheidung wird ausdrücklich betont, dass jede Form der Diskriminierung, die zu einer Beeinträchtigung der Niederlassungsfreiheit führt, mit der Rechtsprechung des EuGH unvereinbar ist, es sei denn, es gibt hierfür Gründe, die eine solche Diskriminierung zu rechtfertigen vermögen. In einem solchen Fall wäre außerdem zu prüfen, ob eine solche Maßnahme zur Erreichung des fraglichen Ziels geeignet ist und nicht über das hinausgeht, was hierzu erforderlich ist. Schon hieraus ergibt sich, dass eine solche Rechtfertigung nur die Ausnahme bilden kann.

Als mögliche Gründe für eine Rechtfertigung können nach der bisherigen Rechtsprechung des EuGH in Betracht kommen (Thiel/Achilles, IStR 2003, S. 553):

- **Vorteilsausgleich**:

  Im Fall „*Avoir Fiscal*“ wurde von der französischen Regierung vorgebracht, dass die an sich europarechtswidrigen Nachteile durch andere Vorteile für den Steuerpflichtigen ausgeglichen würden. Unabhängig davon, ob es im konkreten Fall tatsächlich kompensierende Vorteile gibt und ob diese vom EuGH ggf. als ausreichend angesehen würden, ist festzustellen, dass der EuGH – zumindest bisher – dieser Argumentation nicht gefolgt ist. Demnach ist zu schlussfolgern, dass in einem möglichen kompensierenden Vorteil kein Rechtfertigungsgrund gesehen werden kann, um eine Ungleichbehandlung zu legitimieren.

- **Freiwillige Unterwerfung**:

  Es könnte als Rechtfertigungsgrund vorgebracht werden, dass aufgrund der – letztendlich freiwilligen – Aufnahme einer grenzüberschreitenden Geschäftstätigkeit sich die entsprechenden Unternehmen quasi freiwillig einer höheren materiellen Belastung infolge der diskriminierenden Regelung unterwerfen würden. Dies sei gewissermaßen der Preis für die Aufnahme einer grenzüberschreitenden Geschäftsbeziehung. Hierzu ist festzustellen, dass der Europäische Gerichtshof einer vergleichbaren Argumentation widersprochen hat, indem es um eine höhere Steuerbelastung infolge der Wahl einer Rechtsform ging. Die französische Regierung vertrat im Verfahren „*Avoir Fiscal*“ eine solche Auffassung, die vom EuGH jedoch verworfen wurde. Das Gericht verwies darauf, dass Art. 52 Abs. 1 Satz 2 (jetzt: Art. 43 i. V. m. 48) EG-Vertrag „den Wirtschaftsteilnehmern ausdrücklich die Möglichkeit lässt, die geeignete Rechtsform für die Ausübung ihrer Tätigkeit in einem anderen Mitgliedstaat frei zu wählen“. Daher „darf diese freie Wahl nicht durch diskriminierende Steuerbestimmungen eingeschränkt werden“.

  Sofern dieses auf die Wahl der Rechtsform bezogene Argument auf die Frage des Standorts angewendet würde, ist davon auszugehen, dass eine solche Ungleichbehandlung gerade durch das Diskriminierungsverbot des EG-Vertrages verhindert werden soll. Zweck des Art. 12 des EG-Vertrages ist es gerade, eine solche Diskriminierung zu verhindern. Eine solche Argumentation ist auch sachgerecht, weil andernfalls mit der gleichen Begründung ein vollständiges Unterlaufen der Grundfreiheiten des EG-Vertrages erfolgen könnte. Damit ist festzustellen, dass dieses Argument nicht genutzt werden kann, um mit dieser Begründung eine Rechtfertigung vorzunehmen. Andernfalls wären weite Teile des EG-Vertrages reine Makulatur.

- **Fehlende Steuerharmonisierung**:

  Die Vorschriften zur Besteuerung sind in den einzelnen Mitgliedstaaten der Europäischen Gemeinschaft unterschiedlich ausgestaltet. Denkbar wäre, hierin einen möglichen Rechtfertigungsgrund für diskriminierende Vorschriften zu sehen. Damit wäre infolge der bestehenden Unterschiede ein Schutzmechanismus erforderlich, der Wettbewerbsverzerrungen und damit verbunden eine Störung des Binnenmarktes (z. B. infolge von steuerlichen Vorteilen infolge einer Keinmalbesteuerung von Erträgen) verhindert.

  Eine solche Argumentation vermag jedoch nicht zu überzeugen. Wie oben bereits ausgeführt, geht der EuGH davon aus, dass „[d]ie direkten Steuern ... zwar in die Zuständigkeit der Mitgliedstaaten [fallen], doch müssen diese ihre Zuständigkeit unter Wahrung des Gemeinschaftsrechts ausüben“. Hieraus folgt unmittelbar, dass die fehlende Harmonisierung der steuerlichen Regelung innerhalb der Europäischen Union nicht als Rechtfertigung für diskriminierende Vorschriften verwendet werden kann.

- **Sicherung des nationalen Steueraufkommens**:

  Als möglicher Rechtfertigungsgrund könnte die Gefahr von Steuerausfällen herangezogen werden. Nach der *Avoir-Fiscal*-Entscheidung lässt Art. 43 EG-Vertrag keine Ausnahme vom Grundprinzip der Niederlassungsfreiheit zu. Steuermindereinnahmen werden nicht als zwingende Gründe des Allgemeininteresses angesehen, die eine mit Art. 43 EG-Vertrag grundsätzlich unvereinbare Gleichbehandlung zu rechtfertigen vermögen. Diese Grundsätze wurden noch einmal durch die Entscheidung *Imperial Chemical Industries* (EuGH vom 16.07.1998, Rs. C-264/96, Slg. 1998, I-4695) bestätigt und kann mittlerweile als ständige Rechtsprechung des EuGH angesehen werden. Vielmehr verlangt das Gericht für das Vorliegen der Gefahr einer Steuerumgehung, dass die betreffenden innerstaatlichen Vorschriften bezwecken müssen, rein künstliche Konstruktionen, die auf die Umgehung des Steuerrechts der betreffenden Staaten gerichtet sind, zu bekämpfen.

- Zu beachten ist ferner, dass der EuGH verwaltungsmäßige Schwierigkeiten bei der Ermittlung im Ausland verwirklichter besteuerungsrelevanter Tatbestandsmerkmale als Rechtfertigungsgrund nicht anerkennt (EuGH vom 12.04.1994, Rs. C-1/93, EuGHE 1994 I, S. 1137). Vielmehr verweist das Gericht auf die EG-Amtshilferichtlinie. Danach besteht die Möglichkeit zur Sachverhaltsaufklärung im Wege der Amtshilfe innerhalb der Europäischen Gemeinschaft. Insoweit scheidet die Rechtfertigung der Diskriminierung hierdurch aus. Dies gilt in vergleichbarer Weise auch für das mögliche Argument der Sicherung des Haushaltsaufkommens. Dieses wurde von den Mitgliedstaaten bisher – soweit ersichtlich – lediglich in solchen Fällen vorgetragen, in denen es darum geht, dass ein Staat, der bei einem Steuerpflichtigen den Abzug als Betriebsausgaben oder Werbungskosten zuließ, auch das Recht erhalten sollte, diese Erträge beim Empfänger zu besteuern. Fraglich ist, ob mit diesem Argument eine Ungleichbehandlung von Inlands- und Auslandssachverhalten gerechtfertigt werden kann.

- **Kohärenz des Steuersystems:**

  Schließlich bleibt eine Rechtfertigung unter dem Aspekt der Kohärenz des Steuersystems denkbar. Der EuGH hat in der Rs. *Bachmann* (EuGH vom 28.01.1992, Rs. C-204/90) einen solchen Rechtfertigungsgrund zugelassen. Die dafür geltenden Kriterien sind überaus unscharf und umstritten. Im Ergebnis geht es um die Frage, ob ein Staat, der bestimmte Aufwendungen zum steuerlichen Abzug zulässt und hiermit verbunden einen entsprechenden Einnahmeausfall gegen sich gelten lassen muss, auch das Recht hat, die hiermit im Zusammenhang stehenden Erträge zu besteuern. In der Folgezeit hat der EuGH die Kohärenz in mehreren Entscheidungen als möglichen Rechtfertigungsgrund geprüft, so z. B. in der Rs. *Schumacker* (EuGH Urteil vom 14.02.1995, Rs. C-279/93) oder in der Rs. *Asscher* (Rs. C-107/94), ohne dass diesem Kriterium die erforderliche Abgrenzungsschärfe verliehen würde. Mittlerweile kann aber als wohl gefestigte Ansicht davon ausgegangen werden, dass Kohärenzgesichtspunkte nur eingreifen, wenn ein zwingender unmittelbarer Zusammenhang zwischen dem einem Steuerpflichtigen eingeräumten Steuervorteil einerseits und der Besteuerung desselben Steuerpflichtigen andererseits besteht. Dabei müssen Vor- und Nachteil zwingend beim gleichen Steuerpflichtigen eintreten.

Nach diesem Schema lassen sich die Fälle des EuGH regelmäßig bearbeiten. Dabei kommt jedoch erschwerend hinzu, dass die Rechtfertigungsgründe nicht als statisch zu betrachten sind, sondern vom EuGH weiterentwickelt werden. In jüngster Zeit wird insbesondere die Frage diskutiert, inwieweit das Kriterium der Kohärenz stärker für eine Rechtfertigung einer Ungleichbehandlung herangezogen werden kann, soll oder muss. Bisher nicht geklärt ist, ob eine solche Rechtfertigung auch dann möglich ist, wenn es sich um unterschiedliche Steuersubjekte handelt, insbesondere Mutter- und Tochtergesellschaften, wenn bei einer Gesellschaft die Steuerfreiheit gegeben ist und bei einer anderen Gesellschaft deshalb die Versagung des Betriebsausgabenabzugs erfolgt. Bisher scheint der EuGH diesen Tendenzen nicht zu folgen.

Sofern eine Rechtfertigung gelingt, heißt das noch nicht, dass damit auch der Verstoß gegen die Grundfreiheiten europarechtlich nicht zu beanstanden ist. Vielmehr ist dies nur dann der Fall, wenn diese Maßnahmen zur Errichtung des fraglichen Ziels geeignet sind und nicht über das hinausgehen, war hierzu erforderlich ist.

3.2 Grundlegende Entwicklungstendenzen in der Rechtsprechung des EuGH

Der EuGH hat in den letzten Jahren durch diverse Entscheidungen grundlegend in die deutsche Besteuerungspraxis eingegriffen. Beispielhaft soll nachfolgend auf zwei Bereiche eingegangen werden:

a) der Vergleichsmaßstab und

b) die Ausdehnung auf Drittstaaten.

3.2.1 Zum Vergleichsmaßstab

Der EuGH prüft das Vorliegen einer Ungleichbehandlung und damit eines möglichen Verstoßes gegen die Grundfreiheiten des EG-Vertrages durch die Bildung von Vergleichspaaren. Dabei wird regelmäßig ein rein innerstaatlicher Fall mit einem – im Übrigen identischen – grenzüberschreitenden Sachverhalt verglichen.[1] Dadurch soll festgestellt werden, ob eine Ungleichbehandlung erfolgt. Bisher nicht abschließend geklärt ist, wie die Vergleichspaarbildung konkret zu erfolgen hat, insbesondere wann eine Schlechterstellung erfolgt. Hierfür kann grundsätzlich auf zwei unterschiedliche Maßstäbe abgestellt werden.

Denkbar wäre, eine Gleichbehandlung mit Steuerpflichtigen zu verlangen, die auf dem gleichen lokalen Markt tätig sind wie das betrachtete Unternehmen. Wird etwa ein deutsches Unternehmen im Ausland tätig, läge danach eine Ungleichbehandlung vor, sofern das deutsche Unternehmen mit seiner grenzüberschreitenden Geschäftsaktivität einer höheren steuerlichen Belastung unterliegt als ein vergleichbares ausländisches Unternehmen, das auf dem dortigen Markt tätig ist. Damit wird im Ergebnis auf die Verhältnisse im Tätigkeitsstaat abgestellt, um so eine **Kapitalimportneutralität** zu gewährleisten.

Allerdings könnte auch darauf abgestellt werden, ob eine Schlechterstellung im Vergleich mit einem ausschließlich auf dem Heimatmarkt tätigen Unternehmen erfolgt. Damit würde eine Ungleichbehandlung nur angenommen werden können, wenn ein auf einem ausländischen Markt tätiges Unternehmen steuerlich schlechter behandelt wird als ein ausschließlich in Deutschland tätiges. Hierfür käme es auf eine mögliche Ungleichbehandlung mit Unternehmen, die im Ausland ansässig sind und auf dem dortigen Markt tätig sind, nicht an. Hiermit würde der Konzeption der **Kapitalexportneutralität** gefolgt, weil die steuerliche Behandlung sich nach den Verhältnissen des Ansässigkeitsstaates des Unternehmens richtet, unabhängig davon, ob die unternehmerische Tätigkeit im In- oder im Ausland erfolgt. Dieses Verständnis führt dazu, dass in deutlich weniger Fällen eine Ungleichbehandlung als gegeben anzusehen ist.

---

1 Vgl. aus der ständigen Rechtsprechung des EuGH insbesondere die Avoir-fiscal-Entscheidung (vom 28.01.1986, Rs. C-270/83, Avoir Fisacl, Slg. 1986, I-285).

Der EuGH folgt in seiner Entscheidung in der Rs. Kerckhaert-Morres[2] der zweiten Auffassung. Er begründet dies damit, dass nach dem gegenwärtigen Stand des Gemeinschaftsrechts keine allgemeinen Kriterien für die Verteilung der Besteuerungskompetenzen untereinander bestünden. Ferner sei – mit Ausnahme der einschlägigen Richtlinie – im Rahmen des Gemeinschaftsrechts keine Maßnahme zur Vereinheitlichung oder Harmonisierung zum Zweck der Beseitigung von Doppelbesteuerungstatbeständen erlassen worden. Maßnahmen zur Vermeidung einer Doppelbesteuerung seien folglich Sache der Mitgliedstaaten. Ferner geht das Gericht davon aus, dass sich die in Belgien wohnenden Aktionäre im konkreten Fall nicht in einer unterschiedlichen Situation befänden, in Abhängigkeit davon, ob sie Dividenden von einer gebietsansässigen oder einer in einem anderen Mitgliedsstaat ansässigen Gesellschaft beziehen. Vielmehr erfolge die Anwendung eines einheitlichen Einkommensteuersatzes, sodass eine Diskriminierung ausscheide.

Hierdurch ist eine weitgehende Weichenstellung erfolgt, weil letztlich nicht jede Schlechterstellung zu einer Europarechtswidrigkeit führen kann. Vielmehr muss sehr konkret betrachtet werden, ob die grenzüberschreitende Geschäftsaktivität tatsächlich steuerlich ungünstiger behandelt wird. Dies hat zur Folge, dass es z. B. europarechtlichen unproblematisch ist, wenn ein Staat die im Ausland gezahlte Steuer im Inland anrechnet und die Besteuerung bis auf Höhe des inländischen Steuersatzniveaus vornimmt. Als – unverändert – problematisch erscheint aber der Fall, in dem das Auslandsengagement durch eine kumulierte Steuerbelastung im In- und Ausland höher besteuert wird als ein vergleichbarer, rein innerstaatlicher Fall.

3.2.2 Ausdehnung der Rechtsprechung des EuGH auf Drittstaatenfälle

Der EuGH hatte sich in jüngster Zeit mit einer Reihe von Sachverhalten zur grenzüberschreitenden Verlustberücksichtigung zu beschäftigen. Dabei hat diese Rechtsprechung gezeigt, dass, zumindest wenn im Ausland keine zukünftige Nutzung von Betriebsstättenverlusten erfolgen kann, der Stammhausstaat diese berücksichtigen muss. Dies gilt zumindest, sofern dort eine Besteuerung von positiven ausländischen Einkünften erfolgt. Auch für den Fall der ausländischen Kapitalgesellschaft und dem bei ihr drohenden endgültigen Untergang von Verlusten hat der EuGH in den Anrechnungsfällen eine Verlustberücksichtigung beim Gesellschafter verlangt, wenn bei diesem eine Besteuerung der ausländischen Dividenden erfolgt. Bisher war unklar, inwieweit diese Grundsätze auch auf Drittstaatenfälle, also Nicht-EU-Staaten, zu übertragen sind.

Ein solcher Sachverhalt ist Gegenstand des Verfahrens *Stahlwerk Ergste Westing GmbH* (Rs. C-415/06), in dem der EuGH am 06.11.2007 (EuGH vom 06.11.2007, Rs. C-415/06, BFH/NV 2008, Beilage 3, S. 186) über ein Vorabentscheidungsersuchen des BFH zu beschließen hatte. Es ging um eine deutsche GmbH, die zu 100 %

2 Vgl. Urteil vom 14.11.2006, C-513/04, EuGHE 2006, I-10967.

an zwei US-amerikanischen Personengesellschaften beteiligt war. Beide Gesellschaften erzielten 1999 Verluste von rund 3,4 Mio. DM. Diese wollte die GmbH bei der Ermittlung ihres Gesamtbetrages der Einkünfte in Deutschland abziehen. Das Finanzamt lehnte dies unter Hinweis auf die Betriebsstättenfreistellung (Art. 7 Abs. 1 und 23 Abs. 2 Buchst. a) Satz 1 DBA-USA) und die erfolgte Abschaffung von § 2 a Abs. 3 EStG 1997 mit Wirkung ab VZ 1999 ab. Nachdem das FG Düsseldorf (FG Düsseldorf vom 14.09.2004, 6 K 3796/01, EFG 2005, S. 538.) weder einen Verstoß gegen die Grundfreiheiten des EG-Vertrags noch gegen das Grundgesetz gegeben sah, ersuchte der BFH den EuGH um Vorabentscheidung nach Art. 234 Abs. 3 EG (BFH-Beschluss vom 22.08.2006, I R 116/04, BStBl II 2006 S. 864). Er sah zwar die Nichtberücksichtigung der ausländischen Verluste durch das nationale Recht als angeordnet an, konnte aber einen Verstoß gegen die Niederlassungs- und die Kapitalverkehrsfreiheit nicht ausschließen. Dieser hätte darin bestehen können, dass einerseits die Freistellung nach Abkommensrecht zu einer Nichtberücksichtigung der Verluste führt (sog. Symmetriethese) und andererseits § 2 a Abs. 3 EStG abgeschafft wurde. Ob dies mit Gemeinschaftsrecht vereinbart werden könne, sah der Senat als streitig an. Allerdings sei Voraussetzung für einen möglichen Verstoß gegen die Grundfreiheiten, dass die Kapitalverkehrsfreiheit verletzt wäre und die hierbei zu beachtenden Übergangsregelungen nicht einschlägig seien. Entscheidend hierfür ist, dass die Kapitalverkehrsfreiheit – anders als die Niederlassungsfreiheit – auch gegenüber Drittstaaten gelte.

Da eine 100 %ige Beteiligung vorlag und damit die Entscheidungen und die Tätigkeiten der ausländischen Personengesellschaft bestimmt werden können, sei dies – in Übereinstimmung mit der bisherigen Rechtsprechung – nach Auffassung des EuGH an der Niederlassungsfreiheit zu messen. Anschließend stellt das Gericht fest, dass die gestellten Fragen über einen eventuelles Verstoß gegen den freien Kapitalverkehr nicht beantwortet zu werden brauchen. Hintergrund ist, dass eventuelle beschränkende Auswirkungen eine zwangsläufige Folge der eventuellen Beschränkung der Niederlassungsfreiheit seien. Folglich sei nur auf Grundlage der Niederlassungsfreiheit zu prüfen, ob eine Nichtberücksichtigung der Verluste einen Grundrechtsverstoß darstelle. Das Gericht geht davon aus, dass der Niederlassungsfreiheit nicht zu entnehmen ist, dass sich diese auch auf eine Niederlassung bezieht, die eine Gesellschaft mit Sitz in einem Mitgliedstaat der Gemeinschaft in einem Drittstaat unterhält. Aufgrund der Vorüberlegungen zum Verhältnis zwischen Niederlassungs- und Kapitalverkehrsfreiheit war eine weiter gehende Prüfung nicht erforderlich. Vielmehr geht das Gericht davon aus, dass gegen die Art. 43 bis 48 EG bei Drittstaatenfällen nicht verstoßen werden könne, weil diese nicht anwendbar seien.

4 Ausgewählte Fälle aus der Rechtsprechung

4.1 Verlustberücksichtigung

4.1.1 Innerkonzernliche Verluste

Die Frage, inwieweit Verluste aus Tochterkapitalgesellschaften sich bei der Muttergesellschaft einkommensmindernd auswirken können oder müssen, ist derzeit Gegenstand einer EuGH-Entscheidung. Dieses betrifft den britischen Handelskonzern Marks & Spencer. Das Unternehmen hatte in etlichen europäischen Staaten Tochtergesellschaften gegründet, die erhebliche Verluste erlitten. Nach dem Recht des Vereinigten Königreichs können diese Verluste bei der Muttergesellschaft steuerlich geltend gemacht werden, wenn ein Ausgleich für die Verluste erfolgt. Dies besteht jedoch nur für inländische Verluste, nicht aber für ausländische. Folglich scheiterte die Berücksichtigung der Verluste aus den anderen Staaten an den Regelungen zum „group relief". Hiergegen richtet sich jedoch die Klage. In dieser wird darauf abgestellt, dass die fehlende Möglichkeit zur Berücksichtigung von ausländischen Verlusten einen Verstoß gegen die Grundfreiheiten darstelle. Der EuGH hat in seinem Urteil (EuGH vom 13.12.2005, Rs C-446/03, Slg 2005, I-10866) festgestellt, dass die Art. 43 und 45 EGV beim derzeitigen Stand des Gemeinschaftsrechts einer Regelung eines Mitgliedstaates nicht entgegenstehen, die es einer gebietsansässigen Muttergesellschaft verwehrt, Verluste ausländischer Tochterkapitalgesellschaften mit inländischen Gewinnen zu verrechnen, das aber bei inländischen Gesellschaften für zulässig ansieht. Ein Verstoß liegt jedoch dann vor, wenn die Auslandsverluste sonst nicht genutzt werden können.

Allerdings: Der Fall ist nur bedingt auf die deutschen Regelungen zu übertragen, denn die Verhältnisse sind nicht ohne weiteres vergleichbar. Das Vereinigte Königreich wendet grundsätzlich die Anrechnungsmethode an, sodass die Einkünfte dort nicht von der Besteuerung befreit sind, während in der Bundesrepublik Deutschland die Freistellung erfolgt. Damit stellt sich möglicherweise eine andere Situation, wenn die Einkünfte nicht besteuert werden. Allerdings: Bisher ungeklärt ist, ob es tatsächlich zu „weißen Verlusten" kommen kann, die in keinem Staat berücksichtigt werden. Aus deutscher Sicht scheint dies derzeit unproblematisch zu sein, weil bei einem reinen Inlandsfall ebenfalls keine Berücksichtigung erfolgen würde. Etwas anderes gilt lediglich in den Fällen der Organschaft. Diese ist bekanntlich nur im Verhältnis mit inländischen Kapitalgesellschaften möglich. Ob allerdings aus der Entscheidung in der Rs. Marks & Spencer tatsächlich herausgelesen werden kann, dass es mit den Grundfreiheiten des EG-Vertrages unvereinbar ist, dass die Begründung einer Organschaft zwar für Inlandsfälle möglich ist, für grenzüberschreitende hingegen nicht, bleibt abzuwarten.

4.1.2 Ausländische Verluste i. S. des § 2 a EStG

Grundsätzlich gilt für unbeschränkt Steuerpflichtige das Welteinkommensprinzip. Folglich unterliegen auch ausländische Einkünfte im Rahmen der unbeschränkten Steuerpflicht grundsätzlich der deutschen Besteuerung. Etwas anderes gilt lediglich in den Fällen, in denen ein Doppelbesteuerungsabkommen zur Anwendung kommt, das dem Ausland das alleinige Besteuerungsrecht zuweist. Hier ist zumindest nach Auffassung der deutschen Finanzverwaltung davon auszugehen, dass diese Freistellung auch für den Fall der negativen Einkünfte im Ausland gilt. Folglich sollen diese Einkünfte nicht in den Verlustausgleich mit einbezogen werden. Eine solche Auffassung kann im Ergebnis dazu führen, dass Verluste sich insgesamt nicht auswirken können. Dieses Problem zeigt sich besonders deutlich, wenn im Ausland ausschließlich Verluste erzielt werden und danach die Tätigkeit eingestellt wird. Folglich gibt es eine Reihe von Bedenken gegen die Nichtberücksichtigung ausländischer Verluste im Inland. Der Gesetzgeber hat durch das JStG 2009 die Auswertung des § 2a EStG auf Drittsaaten beschränkt und damit der nachfolgend dargestellte Feststellungen des EuGH Rechnung getragen. Während das EuGH-Urteil in Sachen Ritter-Coulais bereits im Gesetz Berücksichtigung gefunden hat, ist dies hinsichtlich vieler anderer EuGH-Entscheidungen noch nicht der Fall, wie z. B. Lidl-Belgien;.

4.1.2.1 Ritter-Coulais

Grundsätzlich gilt für unbeschränkt Steuerpflichtige das Welteinkommensprinzip. Folglich unterliegen auch ausländische Einkünfte im Rahmen der unbeschränkten Steuerpflicht grundsätzlich der deutschen Besteuerung. Etwas anderes gilt lediglich in den Fällen, in denen ein Doppelbesteuerungsabkommen zur Anwendung kommt, das dem Ausland das alleinige Besteuerungsrecht zuweist. Hier ist zumindest nach Auffassung der deutschen Finanzverwaltung davon auszugehen, dass diese Freistellung auch für den Fall der negativen Einkünfte im Ausland gilt. Folglich sollen diese Einkünfte nicht in den Verlustausgleich mit einbezogen werden. Eine solche Auffassung kann im Ergebnis dazu führen, dass Verluste sich insgesamt nicht auswirken können. Dieses Problem zeigt sich besonders deutlich, wenn im Ausland ausschließlich Verluste erzielt werden und danach die Tätigkeit eingestellt wird. Folglich gibt es eine Reihe von Bedenken gegen die Nichtberücksichtigung ausländischer Verluste im Inland.

Mit Beschluss vom 13.11.2002 (IR 13/02, BFH/NV 2004, S. 1209) hat der erste Senat des BFH dem EuGH folgende Fragen zur Vorabentscheidung vorgelegt:

1. Widerspricht es Art. 43 und Art. 56 des EG-Vertrages, wenn eine in Deutschland unbeschränkt steuerpflichtige natürliche Person, die hier Einkünfte aus nichtselbständiger Arbeit erzielt, in Deutschland Verluste aus Vermietung und Verpachtung, die in einem anderem Mitgliedstaat entstehen, bei der Einkommensermittlung nicht abziehen kann?

2. Für den Fall, dass diese Frage zu verneinen ist: Widerspricht es Art. 43 und Art. 56 des EG-Vertrages, wenn die erwähnten Verluste nicht im Wege des sog. negativen Progressionsvorbehaltes berücksichtigt werden können?

Der EuGH hat mit Datum vom 21.02.2006 in der Rs. Ritter-Coulais entschieden (C-152/03, DB 2006, S. 479), dass eine nationale Regelung, die die Berücksichtigung von Verlusten aus Vermietung und Verpachtung von in einem anderen Mitgliedstaat belegenem unbeweglichem Vermögen beschränkt, Europarecht verletzt. Ausgangspunkt der dem EuGH vorgelegten Fragen war folgende Situation: Für unbeschränkt Steuerpflichtige gilt das Welteinkommensprinzip. Folglich unterliegen grundsätzlich auch ausländische Einkünfte im Rahmen der unbeschränkten Steuerpflicht der deutschen Besteuerung. Etwas anderes gilt lediglich in den Fällen, in denen ein Doppelbesteuerungsabkommen zur Anwendung kommt, das dem Ausland das alleinige Besteuerungsrecht zuweist. Hier ist – zumindest nach Auffassung der deutschen Finanzverwaltung – davon auszugehen, dass diese Freistellung auch für den Fall der negativen Einkünfte im Ausland gilt. Bei natürlichen Personen können demnach diese negativen Einkünfte bei der Ermittlung des anzuwendenden Einkommensteuersatzes für die inländischen steuerpflichtigen Einkünfte nicht mindernd berücksichtigt werden, wenn § 2 a EStG einer Berücksichtigung der ausländischen Verluste entgegensteht. Folglich sollen diese Einkünfte nicht in den Verlustausgleich mit einbezogen werden. Eine solche Auffassung kann im Ergebnis dazu führen, dass Verluste sich insgesamt nicht auswirken.

Im zu entscheidenden Fall ging es um die Berücksichtigung negativer Einkünfte aus Vermietung und Verpachtung infolge der Selbstnutzung eines in Frankreich belegenen Einfamilienhauses durch nach § 1 Abs. 3 EStG unbeschränkt Steuerpflichtige. Allerdings hat diese Frage nicht nur für den Kreis dieser Steuerpflichtigen Bedeutung, sondern grundsätzlich für alle unbeschränkt Steuerpflichtigen. Das FG hatte, wie schon das Finanzamt, eine Berücksichtigung der Verluste im Wege des sog. negativen Progressionsvorbehalts als nicht zulässig angesehen. Hierbei wurde insbesondere darauf verwiesen, dass Inländer entsprechende Auslandsverluste ebenfalls nicht ausgleichen und den negativen Progressionsvorbehalt nicht in Anspruch nehmen könnten. Der I. Senat stellt zunächst fest, dass gem. Art. 20 Abs. 1 Buchst. a Satz 1 DBA-Frankreich die Einkünfte aus in Frankreich belegenen Vermögen in Deutschland steuerfrei seien. Aus dem Wortlaut des Abkommens ergebe sich, dass hiervon nicht nur positive, sondern auch negative Einkünfte erfasst seien. Ein Ausgleich dieser Verluste konnte im Inland gem. § 2 a Abs. 1 Satz 1 Nr. 4 EStG 1987 nicht erfolgen, weil diese nur mit ausländischen Einkünften der jeweils selben Art aus demselben Staat möglich ist. Eine Berücksichtigung der Verluste im Rahmen des sog. negativen Progressionsvorbehaltes schied aus, weil nach ständiger Rechtsprechung § 2 a Abs. 1 EStG 1987 eine Anwendung des negativen Progressionsvorbehaltes auf diese Einkünfte ausschließt. Ungeachtet dieser Würdigung nach nationalem Recht legte der I. Senat dem EuGH die Frage vor, ob es gemeinschaftsrechtswidrig ist, wenn Verluste aus im Ausland belegenen Immobilien im Inland nicht steuermindernd berücksichtigt werden können, während negative Einkünfte aus einer inländischen Immobilie die Einkommensteuerbemessungsgrundlage sowie das zu versteuernde Einkommen mindern. Der vorlegende Senat vermutet einen Verstoß gegen die Niederlassungsfreiheit (Art. 43 EGV) und gegen die Kapitalverkehrsfreiheit (Art. 56 EGV). Für die benachteiligende Behandlung von im Ausland belegenem Grundvermögen gäbe es keine Rechtfertigung. Der I. Senat hält an seiner bisherigen Rechtsprechung, wonach die Regelung des § 2 a EStG mit Europarecht vereinbar sei, nicht länger fest. Begründet wird dies mit der zwischenzeitlichen Entwicklung des Europarechts und der bisherigen Rechtsprechung des EuGH.

Der EuGH hat entschieden, dass keine Verletzung der Niederlassungsfreiheit gegeben sei, da sich diese nur auf die Tätigkeit von Selbständigen, nicht jedoch von Nichtselbständigen bezieht. Auch eine Verletzung der Kapitalverkehrsfreiheit sei zwar grundsätzlich denkbar, aber vorliegend nicht einschlägig. Der EuGH macht jedoch deutlich, dass nur deshalb keine Verletzung der Kapitalverkehrsfreiheit gegeben ist, weil es sich im vorliegenden Fall um ein selbstgenutztes Einfamilienhaus handelt, dass aufgrund der besonderen Besteuerung in Deutschland gem. § 21 Abs. 2 Satz 1 i. V. m. § 52 Abs. 21 Satz 2 EStG 1987 zu Verlusten geführt hat. Unseres Erachtens folgt hieraus, dass bei einer Immobilie als Kapitalanlage im EU-Ausland die entstehenden Verluste im Rahmen der inländischen Besteuerung berücksichtigt werden müssen. Andernfalls erfolgte ein Verstoß gegen die Grundfreiheiten des EG-Vertrages. Ausgehend von der Feststellung, dass vermutlich eine Verletzung der Niederlassungsfreiheit vorläge, wenn die Steuerpflichtigen eine selbständige Tätigkeit ausgeübt hätten, deutet der EuGH die Vorlagefrage um und prüft die Freizügigkeit von Arbeitnehmern und deren Verletzung durch § 2 a EStG. Der EuGH kommt zu dem Ergebnis, dass Art. 39 EGV verletzt wird und daher die Regelung des § 2 a EStG nicht gemeinschaftsrechtskonform ist.

Wenngleich konzediert werden muss, dass der Fall Ritter-Coulais ungewöhnlich und von den besonderen Regelungen des deutschen Steuerrechts für privat genutzte Einfamilienhäuser geprägt ist, kann festgestellt werden, dass das Urteil auch eine enorme Bedeutung für unternehmerische Tätigkeiten im Ausland erlangen wird. Die zwischenzeitliche Aufhebung des § 2 a sowie des § 32 b EStG (negativer Progressionsvorbehalt) für bestimmte in der EU oder in einem EWR-Staat ansässige Steuerpflichtige durch das JStG 2009 mit Wirkung zum VZ 2008 zeigen den Einfluss der Rechtsprechung des EuGH auf den deutschen Gesetzgeber.

4.1.2.2 REWE Zentralfinanz und Lidl/Belgium – Entscheidungen

Die angesprochene Frage der Gemeinschaftsrechtswidrigkeit einer fehlenden Verlustnutzung war in den letzten Jahren für den Fall ausländischer Betriebsstättenverluste einer inländischen KG noch nicht explizit vom EuGH entschieden worden, sondern es lagen zunächst nur vergleichbare Entscheidungen zum Recht der Besteuerung der Kapitalgesellschaften vor.

In der Rs. C-374/04 (REWE Zentralfinanz eG gegen FA Köln-Mitte, Az. 13 K 1908/00, DStR 2005, S. 28) geht es um die Frage, ob die Versagung von Teilwertabschreibungen auf Beteiligungen an „passiven" Kapitalgesellschaften gem. § 2 a Abs. 1 Nr. 3 Buchst. a und Abs. 2 EStG gegen die Niederlassungs- und die Kapitalverkehrsfreiheit verstoßen. Der EuGH ist der Auffassung, dass eine Beschränkung der Niederlassungsfreiheit gegeben ist. Sehr ausführlich widmet er sich dabei einer möglichen Rechtfertigung dieser Beeinträchtigung und kommt dabei zu dem Ergebnis, dass eine solche nicht erfolgen kann.

Der erst durch die Entscheidung in der Rs. Marks & Spencer (EuGH-Urteil vom 13.12.2005, Rs. C-446/03, BFH/NV Beilage 2006, S. 117) eingeführte Rechtfertigungsgrund der „ausgewogenen Verteilung des Besteuerungsrechts" wird nachhaltig relativiert. Die deutsche Regierung hatte unter Hinweis auf dieses Kriterium eine „Regel der Symmetrie" formuliert. Danach sollten Verluste aus einer ausländischen Tochtergesellschaft nur im Inland zu berücksichtigen sein, wenn Deutschland auch das Recht hätte, die Gewinne dieser Gesellschaft zu besteuern. Dem tritt der Generalanwalt nachhaltig entgegen, denn diese Interpretation würde es einem Mitgliedstaat erlauben, systematisch grenzüberschreitende Unternehmenstätigkeiten steuerlich ungünstiger als reine Inlandsfälle zu behandeln, sofern die daraus entstehenden Einkünfte nicht der deutschen Besteuerung unterliegen. Vielmehr dürfe keine Benachteiligung von grenzüberschreitend tätigen Steuerpflichtigen gegenüber rein inländisch tätigen erfolgen. Der Rechtfertigungsgrund der ausgewogenen Aufteilung der Besteuerungsbefugnisse sei nur „… in Bezug auf das Missbrauchs- und Betrugsrisiko, das sich in bestimmten Fällen aus einer schlechten Koordinierung der Zuständigkeit der Mitgliedstaaten für die Besteuerung ergeben kann" anwendbar. Ein solcher Missbrauch liegt vor, wenn die Verlagerung allein nach steuerlichen Gesichtspunkten erfolge, ohne dass der Wille zu einer tatsächlichen Niederlassung und Integration in die Wirtschaft des Aufnahmestaats besteht. Hierin sieht Maduro die eigentliche Bedeutung des Rechtfertigungsgrunds der „Aufteilung der Besteuerungsbefugnis auf Gemeinschaftsebene". Außerdem müsse der Bezug zu den Rechtfertigungsgründen „Gefahr der doppelten Verlustberücksichtigung" und „Gefahr der Steuerumgehung" hergestellt werden. Beide hält der Generalanwalt im vorliegenden Fall nicht für einschlägig, sodass auch der Rechtfertigungsgrund der ausgewogenen Aufteilung nicht einschlägig sein könne. Die deutsche Regierung hatte als Rechtfertigungsgrund vorgetragen, dass eine doppelte Berücksichtigung von Verlusten „einerseits im Rahmen des Verlustvortrages bei der ausländischen Tochtergesellschaft und andererseits infolge der Teilwertabschreibung auf die Beteiligung bei der deutschen Muttergesellschaft" verhindert werden müsse. Diese Auffassung wird zurückgewiesen. Vielmehr ist nach Auffassung des Generalanwalts eine Trennung der Verluste vorzunehmen, indem zwischen den „operativen" Verlusten der Tochtergesellschaft und dem Wertverlust der Beteiligung auf Ebene der Muttergesellschaft zu unterscheiden sei.

Darüber hinaus erfolgt die Ablehnung einer Reihe weiterer Rechtfertigungsgründe (Wirksamkeit der Steuerkontrollen, Gewährleistung der Gleichmäßigkeit der Besteuerung, das Entstehen von erheblichen Einnahmeausfällen für die öffentlichen Haushalte) in Übereinstimmung mit der bisherigen Rechtsprechung.

Die deutsche Finanzverwaltung hat auf das Urteil mit Schreiben vom 11.06.2007, IV B 3 – S 2118a/07/003 dahingehend reagiert, dass § 2 a Abs. 1 Satz 1 Nr. 3 Buchst. a EStG auf negative Einkünfte mit Bezug auf die Mitgliedstaaten der EU oder des EWR (Mitgliedstaaten der EU und Island, Norwegen, Liechtenstein) nicht weiter anzuwenden ist. Hiervon jedoch ist Liechtenstein ausgenommen, da es keine Amtshilfe leistet. Dies gilt allerdings nicht, wenn die Teilwertabschreibung auf Umstände zurückzuführen ist, die außerhalb des Gebiets der EU und des EWR liegen.

Entschieden wurde bislang nur in der Rs. *REWE Zentralfinanz* (EuGH vom 29.03.2007, C-347/04), dass die Versagung der Möglichkeit von Teilwertabschreibungen auf Beteiligungen an ausländischen Kapitalgesellschaften gegen die Niederlassungsfreiheit des Art. 43 EG verstößt, wenn derartige Abschreibungen auf Inlandsbeteiligungen zulässig sind. Entschieden wurde vom Gerichtshof ferner in der Rs. *Marks & Spencer* (EuGH vom 13.12.2005, C-446/03), dass es in einem Kapitalgesellschaftskonzern europarechtlich geboten ist, die Verluste ausländischer Tochterkapitalgesellschaften, die aufgrund einer durchgeführten Liquidation dieser Gesellschaften in ihrem Ansässigkeitsstaat steuerlich nicht mehr geltend gemacht werden können, im Ansässigkeitsstaat der Muttergesellschaft zum Abzug zuzulassen, wenn es wie im vorliegenden Fall feststeht, dass die Verluste im Ausland keine Berücksichtigung mehr finden würden.

In der Rs. *Stahlwerk Ergste Westig* (EuGH vom 06.11.2007; C-415/06) hätte der EuGH theoretisch erstmals die Möglichkeit gehabt, zu der hier in Rede stehenden Konstellation zu entscheiden, jedoch verbot sich ein Urteil in der Sache aufgrund der Tatsache, dass die Niederlassungsfreiheit angesichts der in casu US-amerikanischen Tochtergesellschaften nicht einschlägig war – die Grundfreiheiten des EG-Vertrags schützen nur Steuerpflichtige und deren Betriebsstätten in der EU.

Nunmehr aber ist am 15.05.2008 das Urteil des EuGH in der Rs. *Lidl Belgium* (C-414/06) ergangen. Die Vorlagefrage betrifft die Konstellation einer inländischen KG mit ausländischer (luxemburgischer) Betriebsstätte, die laufende Verluste erlitt. Die Generalanwältin *Sharpston*, die am 14.02.2008 ihre Schlussanträge vorgelegt hatte, vertrat bereits die Ansicht, dass schon der Liquiditätsnachteil, den die inländische KG dadurch erleide, dass die laufenden Verluste im Quellenstaat erst mit späteren Gewinnen verrechnet werden können, zu einer europarechtlich nicht haltbaren Diskriminierung führe.

Die Generalanwältin hielt die gänzliche Nichtberücksichtigung der ausländischen Betriebsstättenverluste daher für unverhältnismäßig und schlug als Lösung die Verlustberücksichtigung im Inland vor, allerdings verbunden mit der Möglichkeit einer

Nachversteuerung im Inland, wenn und soweit die ausländische Betriebsstätte in späteren Jahren Gewinne erwirtschaftet. Eine solche Möglichkeit war z. B. in § 2 a Abs. 3 EStG a. F. explizit vorgesehen.

Allgemein wurde auch im Schrifttum erwartet, dass der EuGH die aufgrund der Symmetriethese erfolgende Versagung der Verlustberücksichtigung ausländischer Betriebsstätten für mit dem Gemeinschaftsrecht unvereinbar erklären wird (vgl. nur *Jacobs*, Internationale Unternehmensbesteuerung, S. 254 m. w. N.; a. A. *Kube*, IStR 2008, S. 305 ff.).

Das jetzt ergangene Urteil hat diese Erwartungshaltung im Grundsatz bestätigt, wenn auch nicht im konkret entschiedenen Fall. Der EuGH führt in seiner Entscheidung aus, dass die Nichtberücksichtigung ausländischer Betriebsstättenverluste eine Verletzung der Niederlassungsfreiheit bedeute, und prüft in einem zweiten Schritt die Frage der Rechtfertigung dieser Verletzung.

Bei der Prüfung der Verhältnismäßigkeit der streitigen Regelung verweist das Gericht in Tz. 47 des Urteils auf die Tz. 55 seines Urteils in der o.g. Rs. *Marks & Spencer*, wonach eine Maßnahme, die die Niederlassungsfreiheit beschränkt, über das zur Erreichung der verfolgten Ziele Erforderliche hinausgeht, wenn eine gebietsfremde Tochtergesellschaft die Möglichkeiten zur Berücksichtigung von Verlusten in dem Mitgliedstaat ihres Sitzes für den betreffenden Steuerzeitraum ausgeschöpft hat und wenn keine Möglichkeit besteht, dass die Verluste dieser Tochtergesellschaft in diesem Staat für künftige Steuerzeiträume berücksichtigt werden können.

Sodann stellte sich im streitigen Fall *Lidl Belgium* indes in der mündlichen Verhandlung heraus, dass die zunächst in Luxemburg entstandenen Betriebsstättenverluste mit späteren Betriebsstättengewinnen verrechnet worden waren, sodass es nicht den Tatsachen entsprach und der Steuerpflichtige auch nicht nachweisen konnte, dass die Verluste im Quellenstaat nicht mehr berücksichtigt werden konnten. Insofern konnte der EuGH seine Prüfung an dieser Stelle beenden und musste nicht mehr präzisieren, unter welchen Voraussetzungen die Verlustberücksichtigung im Ansässigkeitsstaat des Steuerpflichtigen gemeinschaftsrechtlich geboten ist.

Aus dem Urteil des EuGH geht allerdings eindeutig hervor, dass er im Grundsatz die in der Rs. *Marks & Spencer* entwickelten Überlegungen auch auf ausländische Betriebsstättenverluste übertragen wissen möchte.

4.1.2.3 Währungsverluste aus Dotationskapital

Das FG Hamburg hat mit Beschluss vom 08.06.2006 (FG Hamburg vom 08.06.2006, 6 K 274/3, EFG 2007, S. 43) dem EuGH die Frage vorgelegt, ob die Nichtberücksichtigung von **Währungsverlusten am Dotationskapital** einer italienischen Betriebsstätte mit der Niederlassungsfreiheit (Art. 43, 48 EG) vereinbar ist. Hierbei ist zu beachten, dass das Recht zur Besteuerung der laufenden Einkünfte der Betriebsstätte im Betriebsstättenstaat lag und in Deutschland eine **Freistellung** erfolgte. Es handelt sich um Verluste, die sich im Ergebnis in keinem Staat auswirken: In Italien nicht, weil sie aus italienischer Sicht gar nicht entstehen, aus deutscher Sicht nicht infolge der Anwendung von § 3 c EStG i. V. m. der Freistellung nach Art. 3 Abs. 1 Abs. 3 i. V. m. Art. 11 Nr. 1 c DBA-Italien 1925. Hierbei handelt es sich um einen Betrag von 122.698.502 DM.

Mit der Notwendigkeit einer angemessenen Eigenkapitalausstattung ist die Frage verbunden, was passiert, wenn bei Beendigung der Betriebsstätte der für das Eigenkapital erhaltene Euro-Betrag geringer ist als das ursprünglich hingegebene Kapital. Dieses Problem kann sich infolge von Wechselkursänderungen ergeben. Es handelt sich um Einkunftsminderungen, die aus der Sicht des ausländischen Staates nicht entstehen, weil in seiner Landeswährung keine Minderung des Wertes eingetreten ist. Folglich liegt nach seinem Recht kein Verlust vor, der steuerlich berücksichtigt werden könnte. Fraglich war, ob der Verlust im Stammhausstaat zu berücksichtigen ist. Dieses bildet den Gegenstand des Urteils des EuGH vom 28.02.2008 (Rs. C-293/06, HFR 2008, S. 523). Die Deutsche Shell GmbH gründete 1974 eine Betriebsstätte in Italien und versorgte diese bis 1991 mit Finanzmitteln. Im Februar 1992 wurde die Betriebsstätte unter Aufdeckung der stillen Reserven in eine Kapitalgesellschaft eingebracht, die noch am selben Tag verkauft wurde. Nach der Überweisung des Kaufpreises entstand ein Währungsverlust aus dem Dotationskapital i. H. von 122.698.502 DM. Diesen wollte die GmbH im Inland steuerlich geltend machen.

Der EuGH setzt sich zunächst mit dem Vorbringen des Finanzamtes und der deutschen Regierung auseinander, dass kein „wirklicher wirtschaftlicher Verlust“ vorliege. Hierzu stellt das Gericht klar, dass es für die Beantwortung der Vorlagefrage zuständig ist, nicht aber für die Ermittlung des Sachverhalts. Eine Beeinträchtigung der Niederlassungsfreiheit sieht der EuGH darin, dass ein zusätzliches Steuerrisiko zu tragen sei, das sich weder in Deutschland noch in Italien auswirke. Anschließend prüft der EuGH eine mögliche Rechtfertigung. Diese Aussagen sind wichtig, weil sie sich in ähnlicher Weise auch auf die oben dargestellten allgemeinen Fragen der grenzüberschreitenden Verlustberücksichtigung übertragen lassen.

Die deutsche Regierung hatte vorgetragen, dass die Nichtberücksichtigung von Verlusten aus Gründen der Kohärenz geboten sei, weil entsprechende Gewinne ebenfalls nicht besteuert würden. Dieses Argument wird in gleicher Weise für eine Rechtfertigung der Symmetriethese verwendet. Der EuGH weist dieses Vorbringen zurück, weil es keinen unmittelbaren Zusammenhang zwischen Vor- und Nachteil gibt. Hieraus folgt für die grundsätzliche Frage der europarechtlichen Zulässigkeit der Symmetriethese, dass ein unmittelbarer Vorteil auch hier vorliegen müsste. Dies ist jedoch nicht der Fall. Vielmehr muss davon ausgegangen werden, dass der EuGH auch in diesem Fall eine Rechtfertigung mit dem Argument der Kohärenz nicht akzeptieren wird.

Als zweites Argument wurde vorgebracht, dass die Staaten mit dem DBA eine Aufteilung des Besteuerungsrechts vorgenommen hätten, die für die Betriebsstätteneinkünfte grundsätzlich gelte, auch wenn diese negativ seien. Hierzu stellt das Gericht fest, dass die Staaten das Recht haben, die Besteuerungsrechte aufzuteilen. Sie seien auch nicht verpflichtet, Verluste einer im anderen Staat belegenen Betriebsstätte nur deshalb zu berücksichtigen, weil sie im Betriebsstättenstaat nicht berücksichtigt werden könnten. Dies könne jedoch nicht dazu führen, Verluste, die sich im anderen Staat nie auswirken können, von der Berücksichtigung auszuschließen. Zwar weist der EuGH auf die Besonderheit des Falls hin, doch lassen sich u. E. diese Grundsätze verallgemeinern. Der Gerichtshof verlangt eine Berücksichtigung von Betriebsstättenverlusten im Stammhaus-Staat wenn die Besonderheiten des Falls dazu führen, dass diese strukturell im Betriebsstättenstaat nicht berücksichtigt werden können. Da Betriebsstätten (insbesondere im Bau- und Montagebereich) häufig zeitlich befristet eingesetzt werden, ergibt sich auch in diesen Fällen die Notwendigkeit einer Verlustberücksichtigung. Bisher noch offen ist, ob dies dann anders zu beurteilen ist, wenn in einem Staat mehrere Betriebsstätten unterhalten werden oder wenn in einem Staat in regelmäßiger zeitlicher Abfolge Betriebsstätten errichtet werden.

Die zweite Vorlagefrage bezog sich darauf, ob die Berücksichtigung der Währungsverluste im Rahmen des negativen Progressionsvorbehalts ausreichend sei. Der EuGH verneint dies, weil er hierin einerseits eine Beeinträchtigung der Niederlassungsfreiheit sieht und andererseits keine Rechtfertigung vorliegt. Hierzu führten das Finanzamt und die deutsche Regierung aus, dass die Regelung dazu diene, einen doppelten Vorteil (die Steuerfreiheit im Gewinnfall nach DBA und die Nutzung der Verluste in Deutschland) zu verhindern. Dieser Argumentation folgt der Gerichtshof nicht und führt aus, dass dies nicht für Verluste gelten könne, die „kraft ihrer Natur“ im Betriebsstättenstaat nicht berücksichtigt werden können. Auch dieses Argument lässt sich verallgemeinern, sodass in diesen Fällen zwingend eine Berücksichtigung im Betriebsstättenstaat zu erfolgen hat.

Die Entscheidung bewirkt eine deutliche Klarstellung für die grenzüberschreitende steuerliche Verlustberücksichtigung: Diese ist europarechtlich zwingend, wenn im Betriebsstättenstaat Verluste nicht oder nicht mehr genutzt werden können. Dem steht weder die Freistellung von positiven Einkünften nach DBA entgegen noch § 2 a EStG im Nicht-DBA-Fall. Die Regelungen zum Ausschluss der Berücksichtigung von ausländischen Verlusten können nur dann gerechtfertigt werden, wenn sie entweder zur mehrfachen Verlustnutzung führen würden oder vor dem Hintergrund der Missbrauchsbekämpfung. Allerdings ist dieser Maßstab nicht aufgrund des § 2 a Abs. 1 EStG zu bestimmen, sondern aufgrund der Rechtsprechung des EuGH. Außerdem dürfen insoweit keine strengeren Maßstäbe angelegt werden als bei innerstaatlichen Sachverhalten. Für die Praxis folgt hieraus, dass bei allen Bescheiden die Bestandskraft vermieden werden sollte, in denen ausländische Verluste in

Deutschland nicht berücksichtigt werden konnten und ein Abzug oder Ausgleich auch im Ausland nicht erfolgen kann.

4.2 Quellensteuern und Besteuerung von beschränkt Steuerpflichtigen

Bei der Besteuerung von beschränkt steuerpflichtigen natürlichen Personen bestehen – verglichen mit der unbeschränkten Steuerpflicht – zwei grundlegende Probleme: Einerseits ist die Frage nach der Gewährung von persönlichen Steuervergünstigungen zu beantworten (z. B. des Grundfreibetrages). Hier hat der Gesetzgeber in den letzten Jahren durch eine Reihe von Änderungen eine weitgehende Annäherung an unbeschränkt Steuerpflichtige vorgenommen, wenn es sich um natürliche Personen aus einem EU- bzw. EWR-Staat handelt, die weite Teile ihres Einkommens aus Deutschland beziehen. Andererseits bestehen beim Steuersatz Probleme: § 50 a Abs. 4 Nr. 1 Satz 1 und Satz 2 EStG sieht eine definitive Besteuerung mit 25 % der Einnahmen (also des Bruttobetrags vor Abzug der Betriebsausgaben) vor. Daher kann es bei beschränkt Steuerpflichtigen zu einer höheren Belastung kommen als bei reinen Inlandssachverhalten. Vor diesem Hintergrund überrascht es nicht, dass die Frage nach dem Steuersatz für beschränkt Steuerpflichtige umstritten ist.

Hingegen ist allgemein anerkannt, dass die Differenzierung zwischen beschränkter und unbeschränkter Steuerpflicht als solcher EG-rechtlich nicht zu beanstanden ist. Vielmehr können die Staaten dieses Unterscheidungskriterium auch in Zukunft anwenden. Allerdings verlangt der EuGH nach nunmehr ständiger Rechtsprechung, dass die Auswirkungen, die mit dieser Differenzierung verbunden sind, nicht zu unbilligen Ergebnissen führen. Dies geht zurück bis auf die Entscheidung in der Rs. Schumacker. Sie war dadurch gekennzeichnet, dass ein Steuerpflichtiger in einem anderen Land wohnte, als er arbeitete. Im Wohnsitzstaat wurden nur steuerfreie Einnahmen erzielt, im Tätigkeitsstaat blieben im Rahmen der beschränkten Steuerpflicht die persönlichen Verhältnisse des Steuerpflichtigen unberücksichtigt. Hierin sah der EuGH einen Verstoß gegen die Grundfreiheiten, weil im Ergebnis eine Schlechterstellung gegenüber dem Fall erfolgt, dass Wohnsitz- und Tätigkeitsstaat identisch wären. Folglich zwang er (hier den deutschen) Gesetzgeber zu Ausgleichsregelungen, die gewährleisten sollen, dass in solchen Fällen die Berücksichtigung der persönlichen Verhältnisse gewährleistet wird.

In der Rs. *Gerritse (*EuGH Slg. 2003 I-5945 C-234/01) ging es um einen in den Niederlanden ansässigen Steuerpflichtigen, der 1996 Einkommen aus einem Auftritt als Musiker in Deutschland erzielte. Dieses fiel unter § 50 a Abs. 4 EStG. Der Steuerpflichtige begehrte die Anwendung des § 1 Abs. 3 EStG, die zu einer Besteuerung vergleichbar der eines unbeschränkt Steuerpflichtigen geführt hätte. Die Anwendung des § 50 a Abs. 4 EStG bewirkte die Anwendung eines Steuersatzes von 25 % auf das Bruttoeinkommen. Hingegen hätte der Abzug der Betriebsausgaben im

Zusammenhang mit der Tätigkeit (hier: insbesondere Reise- und Übernachtungskosten) zu einer geringeren Bemessungsgrundlage und im Zweifel zu einem niedrigeren Steuersatz geführt. Diese für den Niederländer günstigere Besteuerung wurde jedoch vom Finanzamt abgelehnt, weil die nicht der deutschen Einkommensteuer unterliegenden Einkünfte höher als 12.000 DM waren und damit diese Regelung nicht einschlägig war. Im Ergebnis entstand eine erhebliche materielle Mehrbelastung für den Steuerpflichtigen. Dieser erblickte hierin einen Verstoß gegen das Diskriminierungsverbot. Die gegen den Steuerbescheid gerichtete Klage führte zu einem Vorabentscheidungsersuchen des FG Berlin an den EuGH.

Dieser nutzte den Fall, um drei zentrale Feststellungen zur Besteuerung von beschränkt Steuerpflichtigen vorzunehmen:

1. Das Gericht bestätigt nochmals die europarechtliche Zulässigkeit der Differenzierung zwischen beschränkter und unbeschränkter Steuerpflicht.
2. Das Gemeinschaftsrecht enthält keine Verpflichtung, beschränkt Steuerpflichtigen den Grundfreibetrag des Einkommensteuertarifs zu gewähren.
3. Unzulässig ist hingegen die Anwendung eines höheren Steuersatzes auf die Einkünfte beschränkt Steuerpflichtiger gegenüber unbeschränkt Steuerpflichtigen bei vergleichbaren Einkünften. Andernfalls liegt eine verdeckte Diskriminierung vor, die insbesondere wegen der Dienstleistungsfreiheit unzulässig ist. Die Ermittlung des Steuersatzes hat in folgenden Schritten zu erfolgen:
   - Bestimmung der inländischen **Netto**einkünfte,
   - Erhöhung dieser Einkünfte um den Grundfreibetrag,
   - Ermittlung des anzuwendenden Steuersatzes und
   - Anwendung dieses Steuersatzes auf die inländischen Einkünfte.

Damit ist klar, dass eine Pauschalierung oder eine Bruttobesteuerung, die ausschließlich nur für beschränkt Steuerpflichtige gilt, nur dann europarechtlich nicht zu beanstanden ist, wenn diese nicht zu einer materiellen Schlechterstellung gegenüber unbeschränkt Steuerpflichtigen führt. Gleichwohl zeigt dieser Fall deutlich, dass die Rechtsprechung des EuGH zu erheblichen praktischen Problemen führen kann. Im vorliegenden Fall muss nun eine Abgrenzung der Aufwendungen erfolgen, die mit der Tätigkeit des Steuerpflichtigen im Inland im Zusammenhang stehen. Folglich müssten z. B. auch die anteiligen Kosten für sein Musikinstrument, für seine Ausbildung usw. berücksichtigt werden. Siehe auch S. 168 ff. zu §§ 50 ff. EStG.

4.3 Steueranrechnung

Aufgrund der unterschiedlichen Anknüpfungspunkte für die Besteuerung in den einzelnen Staaten kommt es immer wieder zu Doppelbesteuerungen. Diese sollen – zumindest vom Grundsatz her – durch uni- und bilaterale Maßnahmen vermieden werden, um die hiermit verbundenen schädlichen Auswirkungen (wie insbesondere möglicherweise entstehende Wettbewerbsnachteile) zu vermeiden. Allerdings sehen fast alle Staaten Höchstgrenzen für die Anrechnung vor. Diese ergeben sich regelmäßig daraus, dass maximal die Steuer angerechnet werden kann, die bei einem rein inländischen Sachverhalt entstanden wäre. Damit soll zugleich das fiskalisch unerwünschte Ergebnis verhindert werden, dass ein Staat ggf. nicht nur eine ausländische Steuer anrechnen muss, sondern diese ggf. sogar erstatten muss.

Allerdings stellt sich vor dem Hintergrund der Grundfreiheiten die Frage, ob eine solche eingeschränkte Betrachtungsweise zulässig ist. Dies gilt insbesondere für die Fälle, in denen im Wohnsitzstaat die ausländische Steuer zwar angerechnet wird, aber wirtschaftlich die Einkünfte mit dem jeweils höheren Steuersatz belegt werden, unabhängig davon, ob dies nun der Steuersatz im Tätigkeits- oder im Wohnsitzstaat ist.

Mit diesen Grundsatzfragen hatte sich der EuGH in der Rs. Kerckhaert Morres (Urteil vom 14.11.2006, C-513/04, EuGHE 2006, I-10967) zu beschäftigen. Es ging dabei um die Weigerung der belgischen Behörden, eine Quellensteuer auf aus Frankreich stammenden Dividenden anzurechnen. Vereinfachend sah das belgische Recht vor, dass Dividenden einerseits der ausländischen Quellensteuer und andererseits einer pauschalen Steuer in Belgien i. H. von 25 % unterlagen. Hierbei sah das ursprüngliche DBA Erleichterungen vor, indem eine pauschalierende Berücksichtigung der Vorbelastung in Frankreich erfolgen sollte. Nachdem diese Regelung geändert wurde, hielten dies die Steuerpflichtigen für europarechtswidrig. Entscheidend hierfür war, dass – zumindest nach ihrer Auffassung – eine Schlechterstellung gegenüber dem Fall erfolgte, dass Anteile an einer belgischen Gesellschaft erworben worden wären. Im Kern wollte das vorlegende Gericht wissen, ob das Europarecht einer Regelung entgegenstehe, nach der Dividenden von in- und ausländischen Gesellschaften einem einheitlichen Steuersatz unterlägen, im letzteren Fall jedoch keine Anrechnung der im Ausland erhobenen Quellensteuer erfolgte.

Neben seinen grundlegenden Ausführungen zum Vergleichsobjekt zur Beantwortung der Frage, ob überhaupt eine Ungleichbehandlung von vergleichbaren Sachverhalten erfolgt, führt das Gericht aus, dass das Gemeinschaftsrecht „bei seinem gegenwärtigen Stand und Situationen wie der des Ausgangsverfahrens in Bezug auf die Beseitigung der Doppelbesteuerung innerhalb der Gemeinschaft keine allgemeinen Kriterien für die Verteilung der Kompetenzen der Mitgliedstaaten untereinander“ (Tz. 22) vorsehe. Vielmehr „ist es Sache der Mitgliedstaaten, die erforderlichen Maßnahmen zu treffen, um Situationen wie die im Ausgangsverfahren in Rede stehende zu vermeiden, indem u. a. die in der internationalen Besteuerungspraxis befolgten Verteilungskriterien verwendet werden. Dies ist im Wesentlichen die Zielsetzung des französisch-belgischen Abkommens, das in diesen Situationen eine Aufteilung der Besteuerungsbefugnis zwischen der Französischen Republik und dem Königreich Belgien vornimmt. Dieses Abkommen ist jedoch nicht Gegenstand des vorliegenden Vorabentscheidungsersuchens“ (Tz. 23). Unklar ist jedoch, ob diese Regelungen auch dann zulässig sind, wenn es materiell zu einer Mehrbelastung kommt, die nicht auf das Abkommen zurückgeht, sondern auf Regelungen des innerstaatlichen Rechts.

Mit Urteil vom 07.09.2004 hat der EuGH in der Rs. Manninen (EuGH vom 07.09.2004, Rs. C-319/02, GmbHR 2004, S. 1346) sich mit den Regelungen des finnischen körperschaftsteuerlichen Vollanrechnungssystems zu beschäftigen. In Finnland galt ein klassisches Vollanrechnungssystem mit einem Körperschaftsteuersatz von 29 %. Allerdings wurde die Anrechnung lediglich in den Fällen gewährt, in denen eine Beteiligung an einer finnischen Kapitalgesellschaft bestand. Im vorliegenden Fall war Herr Manninen jedoch an einer Kapitalgesellschaft in Schweden beteiligt. Folglich wurde ihm die Anrechnung der in Schweden gezahlten Körperschaftsteuer versagt. Hieraus entstand eine um rund 20 %-Punkte höhere Steuerbelastung als in dem Fall, in dem eine Beteiligung an einer finnischen Gesellschaft bestanden hätte. Der EuGH sah in der Begrenzung der Anrechnung der Körperschaftsteuer lediglich in den Fällen, wo eine Beteiligung an einer inländischen Kapitalgesellschaft besteht, einen Verstoß gegen die Grundfreiheiten des EG-Vertrages. Auch eine mögliche Rechtfertigung scheiterte. Dieses Urteil ist insofern bemerkenswert, weil Schweden selbst kein körperschaftsteuerliches Vollanrechnungsverfahren unterhält.

Spätestens nach dieser Entscheidung ist davon auszugehen, dass auch die Regelungen in der Bundesrepublik Deutschland, wie sie bis zur Unternehmensteuerreform, also grundsätzlich bis 2001, galt, sich gemeinschaftsrechtlich nicht rechtfertigen lassen. Vielmehr müsste auch Deutschland allen unbeschränkt Steuerpflichtigen die Anrechnung von Körperschaftsteuer gewähren, unabhängig davon, ob es sich hierbei um in Deutschland einbehaltene Steuern oder solche aus dem Ausland handelt.

4.4 Steuerliche Behandlung von Finanzierungsaufwand

Fragen der Finanzierung haben infolge ihrer großen wirtschaftlichen Bedeutung den EuGH bereits mehrfach beschäftigt. Hierbei sind im Einzelnen die folgenden Fälle zu nennen:

§ 8 a KStG wurde durch das sog. Standortsicherungsgesetz eingeführt und sollte eine übermäßige Fremdfinanzierung inländischer Kapitalgesellschaften durch deren ausländischen Gesellschafter treffen. Zwar erfasste die Regelung nicht nur Steuerausländer, doch waren diese die im Wesentlichen Betroffenen. Darüber hinaus fielen noch andere Gruppen unter diese Vorschrift (wie z. B. Parteien, Gewerkschaften und Kirchen), doch hatte für diese die Regelung kaum materielle Bedeutung. Entscheidend für die gesetzliche Vorschrift – und damit das ursprüngliche Regelungsanliegen des Gesetzgebers – war der Umstand, dass ohne eine entsprechende Vorschrift Ausländer den Gewinn aus inländischen Kapitalgesellschaften praktisch dadurch „absaugen“ konnten, dass sie diesen hohe Darlehen gewährten. Die hierfür gezahlten Zinsen führten auf Ebene der Kapitalgesellschaft – vorbehaltlich einer Qualifikation als gewerbesteuerliche Dauerschuld – zu vollständig abzugsfähigen Betriebsausgaben. Beim Gesellschafter erfolgte regelmäßig keine Besteuerung in Deutschland, weil beschränkt steuerpflichtige Zinseinkünfte nur dann vorliegen, wenn eine Besicherung durch inländischen Grundbesitz erfolgt. Diese ist jedoch unterblieben, sodass der Gesetzgeber die Gefahr sah, dass diese Zinsen als Betriebsausgaben zu einer mittelbaren Verringerung des deutschen Steueraufkommens führen würden und auch auf Ebene des Gesellschafters keine deutsche Besteuerung erfolgen würde.

Der Gesetzgeber knüpfte bei seiner damaligen Lösung nicht an die Steuerpflicht der Zinsen der Ausländer an, sondern nahm auf Ebene der inländischen Kapitalgesellschaft eine fiktive Umqualifikation in vGA vor. Diese Regelung galt jedoch nicht für die typischen Inlandsfälle (inländische Kapitalgesellschaft oder inländische natürliche Person als Gesellschafter gibt einer inländischen Kapitalgesellschaft ein Darlehen), sondern im Wesentlichen nur für die Darlehensgewährung durch Steuerausländer. Schon seit Bestehen dieser Vorschrift werden gegen sie europarechtliche Bedenken vorgebracht. Diese führten schließlich zur EuGH-Entscheidung in der Rs. Lankhorst-Hohorst vom 12.12.2002 (EuGH vom 12.12.2002, C-324/00). Dieser lag der folgende Sachverhalt zugrunde:

Die deutsche GmbH war infolge hochverzinslicher Bankdarlehen in wirtschaftlichen Schwierigkeiten (so gut wie überschuldet), später trat die Überschuldung ein. Fremde Dritte hätten kein Fremdkapital mehr zur Verfügung gestellt. Um die Insolvenz der deutschen GmbH zu verhindern, gab deren „Großmuttergesellschaft" aus den Niederlanden ihrer „Enkelin" ein Darlehen. Die hierfür gezahlten Zinsen fielen unter § 8 a KStG. Fraglich war, ob die Anwendung dieser Norm zu einer Verletzung der Grundfreiheiten des EG-Vertrages führt.

Der EuGH hat das oben bereits eingehend erläuterte Prüfungsschema angewendet und eine Diskriminierung festgestellt. Insbesondere stellt das Gericht fest, dass eine Qualifikation der Fremdfinanzierung als Missbrauch ausscheide, weil es einen wirtschaftlich plausiblen Grund (Ablösung von hochverzinslichen Bankdarlehen) für die Fremdfinanzierung gab. Für die Finanzierung durch den Gesellschafter sprach darüber hinaus die wirtschaftliche Situation der deutschen GmbH. Sowohl das FG als auch der EuGH stellen dies ausdrücklich fest. Der vorliegende Fall trifft aus Sicht der Steuerpflichtigen geradezu idealtypisch den Sachverhalt, der erforderlich war, um § 8 a KStG einer Überprüfung unterziehen zu lassen.

In seinem Urteil erklärte der EuGH schlicht: *„Art. 43 EGV ist dahin auszulegen, dass er einer Maßnahme wie der in § 8 a Abs. 1 Nr. 2 des Körperschaftsteuergesetzes enthaltenen entgegensteht.*" Diese Entscheidung erging zur „alten Fassung" des § 8 a KStG. Gleichwohl hat sich grundlegend an der Besteuerungs- und Benachteiligungssituation nichts geändert, sodass nach ganz herrschender Meinung davon auszugehen ist, dass diese Entscheidung auch auf die nach der Unternehmensteuerreform geltende Fassung des § 8 a KStG übertragen werden kann.

4.5 Wegzug und Steuerentstrickung

Ein europäischer Binnenmarkt setzt auch die Freizügigkeit von Personen und Kapital voraus. Schon vor diesem Hintergrund wird deutlich, dass die Regelungen zur Wegzugsbesteuerung und die Grundsätze zur sog. Steuerentstrickung sich als problematisch erweisen. Unter Letzteren wird verstanden, dass ein bestimmter Vorgang eine Besteuerung der stillen Reserven auslöst (z. B. die Überführung eines Wirtschaftsguts in eine ausländische Betriebsstätte), während ein vergleichbarer Sachverhalt im Inland keine Besteuerungsfolgen auslöst. Andererseits stellt sich hier die Frage nach der Sicherung der fiskalischen Interessen des Staates, in dem das Wirtschaftsgut bisher steuerverstrickt war (etwa weil hier in der Vergangenheit überhöhte Abschreibungen zu einer Minderung der Bemessungsgrundlage und damit des Steueraufkommens geführt haben).

Der EuGH hat durch die französische Wegzugsbesteuerung eine Beeinträchtigung der Niederlassungsfreiheit als gegeben angesehen und die Gründe für eine Rechtfertigung dieser Einschränkung als nicht ausreichend betrachte. (Rs. Lasteyrie du Saillant C-9/02). Folglich bejahte er einen Verstoß gegen Art. 52 EGV. Dieser steht einer Regelung entgegen, die eine Besteuerung von Veräußerungsgewinnen vorsieht, die zum Zeitpunkt des Wegzugs noch nicht realisiert worden sind. Der EuGH spricht hier von latenten Wertsteigerungen. Der Gesetzgeber hat durch eine Änderung des § 6 AstG auf die Entscheidung reagiert und stundet die Steuern auf die festgesetzte Wertsteigerung bis zum tatsächlichen Verkauf oder zur sonstigen Übertragung.

Der EuGH hat am 12.09.2006 in der Rs. *Cadbury Schweppes* (C-196/04, EugHE 2006, I-7995) entschieden. Fraglich war, ob die CFC-Regelungen des Vereinigten Königreichs, vergleichbar der deutschen Hinzurechnungsbesteuerung (§§ 7 ff. AStG), mit der Niederlassungsfreiheit (Art. 43 und 48 EGV) vereinbar sind. Der EuGH trifft keine abschließende Entscheidung, sondern weist das Verfahren zur abschließenden Würdigung an das vorlegende Gericht, die Special Commissioners of Income Tax, London, zurück.

Gleichwohl ergeben sich aus dieser Entscheidung grundlegende Auswirkungen, und zwar auch für die deutsche Besteuerung: Gegen die §§ 7 ff. AStG werden erhebliche europarechtliche Bedenken geäußert. Das FG Münster hat mit Beschluss vom 05.07.2005 § 20 Abs. 2 AStG (i. d. F. des StMBG vom 21.12.1993, BGBI 1993 I S. 2310) dem EuGH vorgelegt. Die britischen Regelungen zielen auf die Bekämpfung von „Missbrauchsfällen“. Da auch viele deutsche steuerliche Vorschriften dieses Ziel verfolgen, ist fraglich, inwieweit diese infolge der Rechtsprechung des EuGH einer kritischen Überprüfung standhalten.

Gemeinsam ist den deutschen und britischen Regelungen die Besteuerung der Einkünfte auf Ebene des Gesellschafters und damit die Aufhebung der Abschirmwirkung der Kapitalgesellschaft. Voraussetzung hierfür ist, dass die Gesellschaft in einem niedrig besteuernden Staat ansässig ist. Nach damaligem britischem Recht bedurfte es einer Mindestbeteiligung von 50 %, während nach deutschem Recht auf eine Beherrschung durch Inländer abgestellt wird. Der EuGH betont, dass eine Berufung auf die Niederlassungsfreiheit nur erfolgen kann, wenn der Angehörige eines Mitgliedstaates eine Beteiligung hält, die seinen sicheren Einfluss auf die Entscheidungen der Gesellschaft und deren Tätigkeit gewährleistet. Nach deutschem Recht können auch Gesellschafter der Hinzurechnungsbesteuerung unterliegen, die nur eine sehr geringe Beteiligung besitzen, wenn insgesamt die Inländerbeherrschung gegeben ist. Die Fälle der Hinzurechnungsbesteuerung sehen jedoch regelmäßig so aus, dass es sich um Mehrheitsbeteiligungen handelt. Außerdem ist die Inländerbeherrschung eine Typisierung, die ihrerseits zu einer Ungleichbehandlung führen kann und damit einer Rechtfertigung bedarf.

Die Besteuerung muss weniger als 75 % der UK-Steuerlast betragen. Hiervon bestehen Ausnahmen, die eine Begrenzung auf reine Missbrauchsfälle erreichen sollen, speziell der „Missbrauchstest“. Damit kann nachgewiesen werden, dass die Gründung der Gesellschaft nicht nur der Steuerersparnis dient oder dass der Gewinn aller Gesellschaften, die unter diese Regelungen fallen und einem Gesellschafter zuzurechnen sind, weniger als 50.000 £ beträgt. Anders als in Deutschland erfolgt eine Ausrichtung auf tatsächliche Missbrauchsfälle. Keine Anwendung erfolgte, wenn bestimmte weitere Anforderungen (Ausschüttung, Handelbarkeit der Anteile) erfüllt waren.

Das Vereinigte Königreich vermeidet die Doppelbesteuerung mit der Anrechnungsmethode, während Deutschland Dividenden bei der besitzenden inländischen Kapitalgesellschaft gem. § 8 b KStG freistellt. Folglich ist die eintretende Mehrbelastung in Deutschland ungleich höher, weil ein Wechsel von der Freistellung zur Anrechnung erfolgt, während nach UK-Recht „nur“ eine Vorverlagerung der Besteuerung erfolgt. Entsprechende Besteuerungsfolgen würden im Fall der Ausschüttung eintreten, sofern eine Vollausschüttung erfolgt. Der EuGH sieht – unabhängig von der Höhe der tatsächlichen Steuerbelastung – alleine in der steuerlichen Zuordnung von Gewinnen zu einer anderen Gesellschaft eine Diskriminierung, die gerechtfertigt werden muss.

Er bestätigt seine ständige Rechtsprechung, nach der eine Rechtfertigung nur erfolgen kann, wenn „Abwehrmaßnahmen“ geeignet sind und nicht über das hinausgehen, was zur Erreichung dieses Ziels erforderlich ist. Ferner betont er, dass eine begünstigte Besteuerung nicht durch eine ungünstigere Besteuerung in einem anderen Mitgliedstaat ausgeglichen werden darf. Vielmehr sind nur die Umgehungsmaßnahmen zu rechtfertigen, die „sich speziell auf rein künstliche Gestaltungen beziehen, die darauf ausgerichtet sind, der Anwendung der Rechtsvorschriften des betreffenden Mitgliedstaates zu entgehen“ (Tz. 51). Aufgrund des Ziels der Niederlassungsfreiheit verlangt der EuGH eine tatsächliche Ansiedelung der betreffenden Gesellschaft im Aufnahmestaat und die dortige Ausübung einer wirklichen Tätigkeit. Damit kann eine Rechtfertigung nur dann erfolgen, wenn Maßnahmen getroffen werden, die rein künstlich sind und jeder wirtschaftlichen Realität entbehren, die zu dem Zweck errichtet werden, die normalerweise entstehende Steuerbelastung zu vermeiden (Tz. 55). Ferner dürfen die Abwehrmaßnahmen nicht über das erforderliche Maß hinausgehen. Dies kommt im subjektiven Element des Strebens nach Steuervorteilen als auch durch objektive Anhaltspunkte zum Ausdruck. Hierfür muss es an einer tatsächlichen wirtschaftlichen Tätigkeit der Gesellschaft im Aufnahmestaat fehlen, wofür objektive, von dritter Seite nachprüfbare Anhaltspunkte verlangt werden. Als Beispiele nennt der EuGH das „Ausmaß des greifbaren Vorhandenseins der beherrschten ausländischen Gesellschaft in Form von Geschäftsräumen, Personal und Ausrüstungsgegenständen“ (Tz. 67). Dies wäre insbesondere bei einer „Briefkastenfirma“ nicht der Fall. Hingegen reicht es nicht aus, dass eine entsprechende Tätigkeit ebenso gut von einer im Hoheitsgebiet des anderen Mitgliedstaates ansässigen Gesellschaft hätte ausgeübt werden können. Das vorlegende Gericht muss prüfen, ob der „Motivtest“ diesen Grundsätzen genügt.

Der EuGH betont in besonderer Weise die Ausrichtung der Regelungen auf die Umgehung des nationalen Rechts. Nur für diesen Fall könnten die Vorschriften Bestand haben. Dies mag im Rahmen des damaligen § 20 Abs. 2 AStG der Fall gewesen sein, was der EuGH in der Rs. *Columbus Container Services* (Rs. C-298/05 vom 06.12.2007) zu beantworten hat. Die Unterschiede zwischen der britischen Regelung und den §§ 7 ff. AStG lassen ein anderes Ergebnis erwarten: Erfasst wird eine Vielzahl von Tätigkeiten, die bei weitem nicht so stark auf reine Missbrauchsfälle ausgerichtet sind. Dies zeigt sich insbesondere im Fehlen von Widerlegungsmöglichkeiten. Der EuGH führt aus, dass, selbst wenn die Errichtung einer ausländischen Gesellschaft ausschließlich zur Nutzung von Steuervorteilen erfolgt, dies nicht zu einer Versagung der Grundfreiheiten führt. Vielmehr stellt dieser Umstand für sich alleine keinen Missbrauch dar (vgl. Tz. 38 des Urteils). Da die deutschen Regelungen eine sehr grobe Typisierung vornehmen, erfassen diese nicht nur Missbrauchsfälle. Folglich sind die §§ 7 ff. AStG insoweit europarechtswidrig, wie sie über tatsächliche Missbrauchsfälle i. S. der EuGH-Rechtsprechung hinausgehen.

Im Ergebnis steht seit diesem Urteil fest, dass alle Missbrauchsklauseln, die über tatsächliche Missbrauchsfälle hinausgehen, mit den Grundfreiheiten des EG-Vertrags nicht zu vereinbaren sind, sofern sie zu einer Ungleichbehandlung von Inlands- und Auslandsfällen führen. Daher bedarf eine Reihe von Regelungen einer grundlegenden Überprüfung.

Im Rahmen des Jahressteuergesetzes 2008 (vom 20.12.2007, BGBl I S. 3150) hat der Gesetzgeber auf diese Entwicklung reagiert und mit § 8 Abs. 2 AStG eine Sonderregelung geschaffen. Diese gilt gem. § 21 Abs. 17 Satz 1 AStG für alle Fälle, in denen die Hinzurechnung der Zwischeneinkünfte in einem Wirtschaftsjahr erfolgt, das nach dem 31.12.2007 beginnt. Inhaltlich orientieren sich diese Regelungen sehr stark an dem BMF-Schreiben vom 08.01.2007 (IV B-S 1351-1/07, BGBl I 2007 S. 99).

Danach sind die Regelungen der Hinzurechnungsbesteuerung nicht anzuwenden, wenn die inländischen Gesellschafter nachweisen, dass die Gesellschaft in Ausland tatsächlich einer wirtschaftlichen Tätigkeit nachgeht. Weitere Voraussetzung hierfür ist jedoch, dass zwischen der Bundesrepublik Deutschland und dem anderen Staat ein Abkommen über die gegenseitige Amtshilfe besteht. Ferner wird die Hinzurechnungsbesteuerung insoweit nicht suspendiert, wie im Hinzurechnungsbetrag Einkünfte aus Beteiligungen an Kapitalgesellschaften in Staaten außerhalb des EU- bzw. EWR-Raumes oder Betriebsstätteneinkünfte enthalten sind. Außerdem sollen der ausländischen Gesellschaft nur solche Einkünfte zugeordnet werden, die sie aufgrund ihrer eigenen wirtschaftlichen Tätigkeit erzielt hat und die dem Fremdvergleichsgrundsatz entsprechen.

4.6 Columbus-Container

Am 06.12.2007 hat der EuGH entschieden, dass § 20 Abs. 2 und 3 AStG (i. d. F. des StMBG) weder gegen die Niederlassungs- noch gegen die Kapitalverkehrsfreiheit verstoßen (EuGH vom 06.12.2007, Rs. C-298/05, Columbus-Container, BFH/NV 2008, Beilage 2, S. 100). Diese Regelungen sahen vor, dass bei Einkünften mit Kapitalanlagecharakter i. S. von § 10 Abs. 6 AStG a. F. die eigentlich nach Abkommensrecht gebotene Freistellung durch die Anrechnungsmethode ersetzt wird, wenn bei einer alternativ vorliegenden Kapitalgesellschaft die Voraussetzungen für die Anwendung der Hinzurechnungsbesteuerung gem. §§ 7 ff. AStG gegeben wären. Dieser Beschluss ist schon deshalb bemerkenswert, weil Generalanwalt *Mengozzi* in seinem Schlussantrag davon ausging, dass die Regelungen mit den Grundfreiheiten unvereinbar sind, sofern sie nicht durch das Erfordernis der Bekämpfung künstlicher Gestaltungen gerechtfertigt sind, die darauf abzielten, das nationale Recht zu umgehen. Nicht nur, dass Abweichungen von den Schlussanträgen vergleichsweise selten sind, es überrascht auch, dass obwohl sehr grundlegende Aussagen im Beschluss enthalten sind, eine sehr knappe Begründung erfolgt.

Gegenstand des Verfahrens war eine belgische Personengesellschaft, die für belgische Steuerzwecke wie eine Kapitalgesellschaft und nach deutschem Rechtstypenvergleich als Personengesellschaft behandelt wurde. An ihr waren deutsche Steuerpflichtige beteiligt. Zum Betriebsvermögen der belgischen Personengesellschaft bzw. abkommensrechtlich zum Betriebsvermögen der Betriebsstätte gehörten u. a. Zinseinkünfte. Die Gesellschaft wurde in Belgien nach den begünstigenden Regelungen für sog. Koordinierungszentren besteuert. In Deutschland sollte nach Auffassung der inländischen Gesellschafter eine Freistellung nach DBA erfolgen. Diesem Ansinnen widersetzte sich die deutsche Finanzverwaltung unter Hinweis auf § 20 Abs. 2 AStG für die Einkommensteuer und Abs. 3 hinsichtlich der Vermögensteuer.

Das FG Münster hatte Zweifel an der Vereinbarkeit mit der Niederlassungs- und mit der Kapitalverkehrsfreiheit.

Der EuGH verneint einen Verstoß gegen die Grundfreiheiten und begründet dies im Wesentlichen mit zwei Argumenten: Einerseits komme es nicht zu einer Schlechterstellung gegenüber dem Fall einer Investition im Inland, andererseits sei die Vermeidung der Doppelbesteuerung nicht Aufgabe des Gemeinschaftsrechts, sondern die des Abkommensrechts.

Die erste Argumentationsschiene knüpft an die Frage der Vergleichspaarbildung für Zwecke eines Verstoßes gegen die Grundfreiheiten an. Hierbei stellt der EuGH – wie dies auch schon der Generalanwalt in seinem Schlussantrag geprüft, aber anschließend verworfen hat – nicht auf eine höhere Steuerbelastung als im Fall des Auslandsinvestments ab, sondern fragt, ob eine Schlechterstellung gegenüber einem reinen Inlandsfall erfolgt. Dies war vorliegend nicht der Fall, weil im Ergebnis § 20 Abs. 2 und 3 AStG zum Ersatz der abkommensrechtlichen Freistellung durch die Anrechnungsmethode führen und damit die Einkünfte auf das inländische Besteuerungsniveau „heraufgeschleust“ werden, nicht aber ungünstiger besteuert werden als bei Inlandsinvestitionen. Dies hält der Gerichtshof für unproblematisch. Damit wird inzident dem Versuch zur Herleitung einer Kapitalimportneutralität aus den Grundfreiheiten des EG-Vertrages eine Absage erteilt.

Die zweite Argumentationslinie entspricht der Vorgehensweise des Gerichts in der Rs. Kerckhaert Morres (Urteil vom 14.11.2006, C-513/04, EuGHE 2006, I-10967) In diesem Verfahren ging es um die Zulässigkeit der Regelungen zum belgischen Anrechnungshöchstbetrag. Der EuGH verweist auf das Abkommensrecht und erklärt sich für dessen Auslegung nicht zuständig. Ferner stellt er lediglich fest, dass das Abkommen nicht Gegenstand des Vorabentscheidungsersuchens ist. Im vorliegenden Verfahren wiederholt das Gericht diese Grundsätze und verweist darauf, dass es nicht in seine Zuständigkeit falle, darüber zu entscheiden, ob ein vertragschließender Staat ein solches Abkommen verletzt habe.

Aus diesem Beschluss ergeben sich grundlegende Auswirkungen hinsichtlich der Vergleichspaarbildung für die Prüfung, ob ein Verstoß gegen die Grundfreiheiten vorliegt (vgl. hierzu nochmals unter § 1 im 1. Kapitel). Ferner kommt den Aussagen zur Zuständigkeit des EuGH für Fragen zur Vermeidung der Doppelbesteuerung fundamentale Bedeutung zu. Zumindest nach Auffassung des EuGH handelt es sich beim Recht der DBA um einen Bereich, der sich seiner Zuständigkeit entzieht. Gleichwohl ist hiermit erhebliche Unsicherheit verbunden, weil – gerade angesichts der grundlegenden Bedeutung – die Begründung außerordentlich knapp ausfällt. Dies gilt insbesondere für das Verhältnis zur bisherigen Rechtsprechung. Als gesichert kann jedoch angesehen werden, dass für das Vorliegen einer Diskriminierung nicht auf dem Vergleich mit dem Tätigkeitsstaat, sondern mit dem des Ansässigkeitsstaates abzustellen ist. Fraglich ist jedoch, ob dauerhaft tatsächlich das DBA-Recht als vorrangig vor dem EU-Recht anzusehen ist. Hiergegen sprechen nicht nur die Zielsetzung des gemeinsamen Binnenmarktes und deren Umsetzung in den Grundfreiheiten, sondern auch die zunehmende Zahl von nationalen „Treaty-overrides“, die auf rein innerstaatlichen Vorgängen beruhen. Daher scheint es zweifelhaft, wenn der EuGH sich hierfür als nicht zuständig ansähe, weil es sich hierbei um rein innerstaatliche Vorgänge handelt, für die insoweit nichts anderes gelten kann als für andere Gesetze.

Der Gesetzgeber hat zwar durch das Jahressteuergesetzes 2008 (vom 20.12.2007, BGBl I S. 3150) unter bestimmten Voraussetzungen die Anwendung der Regelungen zur Hinzurechnungsbesteuerung bei zwischengeschalteten ausländischen Kapitalgesellschaften suspendiert, dies gilt infolge einer Ergänzung des § 20 Abs. 2 AStG jedoch nicht in den Fällen der ausländischen, nach DBA-Recht im Inland eigentlich freizustellenden Betriebsstätte (kritisch hierzu Kaminski/Strunk/Haase, IStR 2007, S. 726 ff.).

5 Ausgewählte Fälle zur Erbschaftsteuer

In jüngster Zeit rückt auch die Erbschaftsteuer zunehmend in das Blickfeld. Ausschlaggebend hierfür ist, dass es eine immer größere Anzahl von Steuerpflichtigen gibt, die im Ausland belegenes Vermögen haben (z. B. als Ferienimmobilien, aber auch für Zwecke der Kapitalanlage).

5.1 Erben Barbier

Der EuGH musste sich in der Rs. Erben Barbier mit erbschaftsteuerlichen Fragen beschäftigen. Dieses Urteil hat grundlegende Bedeutung, weil der EuGH keinen Zweifel daran lässt, dass seine bisherige Rechtsprechung zur Vereinbarkeit von steuerlichen Regelungen mit den Grundfreiheiten des EG-Vertrages uneingeschränkt auch für den Bereich der Erbschaftsteuer gilt. Hieraus folgt, dass eine Ungleichbehandlung von grenzüberschreitenden Erbschaftsteuerfällen gegenüber reinen Inlandsfällen nur dann und insoweit zulässig ist, wie es hierfür eine Rechtfertigung i. S. der oben bereits aufgezeigten Gründe gibt.

In der Rs. Erben Barbier ging es um eine Regelung des niederländischen Rechts. Diese sieht vor, dass Verpflichtungen zu einer Übertragung an eine dritte Person im Zusammenhang mit unbeweglichem Vermögen bei der Ermittlung des steuerpflichtigen Erwerbs nur dann abgezogen werden können, wenn der Inhaber der Sache bei seinem Tod im Staat der unbeschränkten Steuerpflicht (hier also der Niederlande) wohnte. War er hingegen in einem anderen Staat ansässig, schied die Berücksichtigung auch dann aus, wenn dadurch der tatsächliche Wert nachhaltig gemindert war (im konkreten Fall bis auf null). Der EuGH betont zunächst – wie in fast allen Entscheidungen zu steuerlichen Fragestellungen –, dass die direkten Steuern zwar grundsätzlich in die Zuständigkeit der Mitgliedstaaten fallen, diese ihre Befugnisse jedoch unter Wahrung des Gemeinschaftsrechts ausüben müssten. Diesen Grundsatz wendet der EuGH – fast wie selbstverständlich – auch auf die Erbschaftsteuer an, während dies in der Vergangenheit (auch von deutschen Finanzgerichten) teilweise anders vertreten wurde.

Hierauf aufbauend bestätigt er eine Beeinträchtigung der Kapitalverkehrsfreiheit und prüft, ob die vorgebrachten Argumente diese rechtfertigen könnten. Der EuGH verneint dies und verzichtet auf eine eingehende Analyse, ob auch ein Verstoß gegen die Freizügigkeit gegeben ist. In einem – vom EuGH nur selten abgegebenen – Obiter Dictum wird jedoch darauf hingewiesen, dass auch eine Beeinträchtigung der Freizügigkeit gegeben sein kann. Im vorliegenden Fall führe bereits die Kapitalverkehrsfreiheit dazu, dass die streitige Regelung nicht mit EG-Recht vereinbar ist.

Die Grundsätze dieser Entscheidung lassen sich auch auf das deutsche ErbStG übertragen. Bei beschränkt Steuerpflichtigen unterliegt das Inlandsvermögen (§ 2 Abs. 1 Nr. 3 i. V. m. § 121 BewG) der deutschen ErbSt. Hierbei dürfen Schulden und Lasten nur insoweit abgezogen werden, als sie mit den der Besteuerung unterliegenden Wirtschaftsgüter in wirtschaftlichem Zusammenhang stehen (§ 10 Abs. 6 Satz 2 ErbStG). Hinsichtlich inländischen Grundbesitzes befinden sich Steuerausländer in einer ähnlichen Position wie die Erben in dem vom EuGH entschiedenen Sachverhalt. Daher ist davon auszugehen, dass diese Regelung ebenfalls einen Verstoß gegen die Kapitalverkehrsfreiheit darstellt. Ein entsprechendes Schicksal droht einer Reihe weiter Regelungen des deutschen ErbStG, wie z. B. der Übertragung des selbstgenutzten Familienwohnheims. Diese ist im Inland unter Ehegatten zu Lebzeiten nach § 13 Abs. 1 Nr. 4 Buchst. a ErbStG steuerfrei, während die Übertragung eines ausländischen Familienwohnheims der vollen Besteuerung unterliegt.

Besondere Bedeutung erlangt diese Rechtsprechung aus deutscher Sicht, weil im ErbStG eine Reihe von Regelungen enthalten sind, die nur für inländische Sachverhalte gelten (z. B. §§ 13 a, 19 a ErbStG), als auch eine Ungleichbehandlung von Inlands- und Auslandsvermögen erfolgt. Dies zeigt sich besonders an der Bewertung: Während für inländisches Vermögen sehr differenzierte Bewertungsmethoden zur Anwendung kommen, die zum Teil zu deutlich unter dem Zeitwert liegenden Wertansätzen führen, sieht § 12 Abs. 6 ErbStG für ausländisches Vermögen eine Bewertung zum gemeinen Wert vor. Folglich wird im Ausland belegenes Vermögen tendenziell höher bewertet als inländisches. Durch das zum 01.01.2009 geänderte Erbschaftsteuerrecht wurde die Ungleichbehandlung vollständig aufgehoben worden.

5.2 Erbschaft Block

Im Urteil vom 12.02.2009 in der Rs. Margarete Block hat der EuGH über die Vereinbarkeit einer Norm des deutschen Erbschaftsteuerrechts mit EU-Gemeinschaftsrecht befunden (EuGH vom 12.02.2009, C-67/08).

In dem Urteil hat der EuGH befunden, dass die deutsche Regelung, nach der die von einem Erben mit Wohnsitz in Deutschland entrichtete Erbschaftsteuer in einem anderen Mitgliedstaat nicht auf die in Deutschland geschuldete Erbschaftsteuer angerechnet wird, wenn i. S. des deutschen Rechts kein ausländisches Vermögen vorliegt, rechtmäßig ist. Ein Verstoß insbesondere gegen Art. 56 und 58 EG wird ausdrücklich verneint.

Hintergrund des Verfahrens war die Frage, ob Deutschland als Ansässigkeitsstaat der Erbin verpflichtet ist, eine sich durch die Steuerpflicht in Spanien ergebende Doppelbesteuerung durch Anrechnung der ausländischen Erbschaftsteuer zu vermeiden bzw. zu mildern, und wenn dies nicht geschieht, ob hierin ein Verstoß gegen die Kapitalverkehrsfreiheit innerhalb der Europäischen Union zu sehen sei, die zu einer Gemeinschaftsrechtswidrigkeit einer solchen nationalen Regelungen führen würde.

Die Bundesrepublik Deutschland hat gegenwärtig nur mit fünf Staaten (Dänemark, Griechenland, Schweden, Schweiz und die USA sowie weitgehend abgeschlossene Verhandlungen mit Frankreich für ein DBA) Abkommen zur Vermeidung der Doppelbesteuerung auf dem Gebiet der Erbschaftsteuer abgeschlossen. Dies führt dazu, dass in den immer häufiger werdenden Fällen, in denen mehrere Staaten Vorgänge der Erbschaftsteuer unterwerfen, mangels eines Doppelbesteuerungsabkommens die nationalen Vorschriften zur Vermeidung der Doppelbesteuerung zu beachten sind. In Deutschland ist dies die Regelung des § 21 ErbStG, der die Anrechnung der im Ausland gezahlten Erbschaftsteuer auf die deutsche Erbschaftsteuer vorsieht.

Eben diese war Gegenstand der Vorlage an den EuGH durch den BFH (BFH vom 16.01.2008, II R 45/05, BFHE 218, 423). § 21 ErbStG erlaubt unter bestimmten Voraussetzungen die Anrechnung der im Ausland auf das Auslandsvermögen gezahlten Erbschaftsteuer auf die deutsche Erbschaftsteuer, soweit sie auf das betreffende Auslandsvermögen entfällt. Der Anwendungsbereich der Anrechnung ausländischer Erbschaftsteuer auf die deutsche Erbschaftsteuer nach § 21 ErbStG wird maßgeblich durch § 21 Abs. 2 ErbStG bestimmt, der das Auslandsvermögen in Anlehnung an den Begriff des Inlandsvermögens nach § 121 Bewertungsgesetz (BewG) definiert.

Die Vorschrift kennt zwei verschiedene Begriffe des Auslandsvermögens, deren Anwendung davon abhängen, ob der Erblasser Steuerinländer war oder nicht. War der Erblasser zur Zeit seines Todes Steuerinländer i. S. von § 2 Abs. 1 Nr. 1 ErbStG, beispielsweise aufgrund Wohnsitzes oder ständigen Aufenthalts im Inland, wird ein enger Begriff des Auslandsvermögens zugrunde gelegt. Zum Auslandsvermögen in diesem Sinne zählen nicht sämtliche im Ausland belegene Vermögenswerte, sondern nur diejenigen im Ausland belegenen Vermögensgegenstände, die bei Belegenheit im Inland Inlandsvermögen i. S. von § 121 BewG wären. Aufgrund des abschließenden Charakters der Regelung sind damit – da nicht in § 121 BewG genannt – nicht erfasst u. a. ausländisches Kontoguthaben, ausländische Wertpapierdepots bzw. Beteiligungen an Kapitalgesellschaften von weniger als 10 %. Die Anrechnung einer etwaigen ausländischen Erbschaftsteuer ist infolgedessen nicht möglich. Im Fall eines inländischen Erblassers mit Auslandsvermögen in einem Staat, der einen weiteren Inlandsvermögensbegriff als die Bundesrepublik Deutschland kennt – beispielsweise auch Kontoguthaben oder Wertpapiere bzw. Beteiligungen von weniger als 10 % erfasst – und als solches der Besteuerung unterwirft, kommt es insoweit bei dem inländischen Erben zu einer Anrechnungslücke und damit einer Doppelbesteuerung.

Dem EuGH-Urteil lag der nachfolgende Sachverhalt zugrunde: Frau Block, die in Deutschland wohnt, ist Alleinerbin im Jahre einer 1999 in Deutschland verstorbenen Person. Der Nachlass bestand im Wesentlichen aus Kapitalvermögen, das i. H. von DM 994.494,00 bei Finanzinstituten in Spanien angelegt war. Für das in Spanien angelegte Vermögen zahlte Frau Block in Spanien Erbschaftsteuer i. H. von DM 207.565. Im Jahr 2000 setzte das Finanzamt Kaufbeuren die von Frau Block in

Deutschland geschuldete Erbschaftsteuer fest, ohne dabei die in Spanien entrichtete Erbschaftsteuer zu berücksichtigen. Mit einem hiergegen eingelegten Einspruch begehrte Frau Block die Anrechnung der in Spanien gezahlten Erbschaftsteuer auf die in Deutschland zu entrichtende Erbschaftsteuer nach § 21 ErbStG. Daraufhin ließ das Finanzamt Kaufbeuren die spanische Steuerschuld als Nachlassverbindlichkeit nach § 10 Abs. 5 Nr. 3 ErbStG zum Abzug zu, d. h., es gestattete den Abzug der in Spanien entrichteten Erbschaftsteuer von der Bemessungsgrundlage für die in Deutschland geschuldete Erbschaftsteuer, nicht jedoch die Anrechnung der spanischen Erbschaftsteuer auf die in Deutschland geschuldete Erbschaftsteuer. Die daraufhin von Frau Block erhobene Klage, mit der sie begehrte, die in Spanien gezahlte Erbschaftsteuer anzurechnen, wies das FG München mit Urteil vom 06.07.2005 als unbegründet ab. Die Anrechnung der spanischen Erbschaftsteuer nach § 21 Abs. 1 ErbStG komme gem. Abs. 2 Nr. 1 der Vorschrift nicht in Betracht, da die Kapitalforderungen gegen Finanzinstitute in Spanien nicht unter die abschließend in § 121 BewG aufgezählten Vermögensarten fiele. Sie seien daher kein „Auslandsvermögen" i. S. des § 21 Abs. 1 Nr. 1 ErbStG. Dadurch komme es zwar in Bezug auf die Kapitalforderungen zu einer Doppelbesteuerung, jedoch sei es nicht Aufgabe des deutschen Fiskus, andere Mitgliedstaaten zu subventionieren.

Auf die daraufhin von Frau Block eingelegte Revision zum BFH stellt dieser fest, dass es in Ermangelung einer gemeinschaftlichen Harmonisierung des Begriffs des Auslandsvermögens tatsächlich zu einer Doppelbelastung von Frau Block komme, da die Bundesrepublik Deutschland bei der Erhebung der Erbschaftsteuer auf Kapitalforderungen an den Sitz des Gläubigers, das Königreich Spanien dagegen an den des Schuldners anknüpfe. Der BFH wirft die Frage auf, ob diese Doppelbelastung gegen das Gemeinschaftsrecht verstößt. Wäre nämlich das gesamte Vermögen der Erblasserin in Deutschland angelegt gewesen, wäre nur die deutsche Erbschaftsteuer zu erheben gewesen, dadurch, dass dieses jedoch in Spanien angelegt gewesen ist, wird es nunmehr auch in Spanien besteuert. Andererseits sei die Anknüpfung in der Besteuerung an den Wohnsitz des Gläubigers nicht weniger vernünftig als die Anknüpfung an den Sitz des Schuldners, da das vererbte Vermögen dem Gläubiger gehöre.

Vor diesem Hintergrund hatte der BFH am 16.01.2008 beschlossen, das Verfahren auszusetzen und dem EuGH unter anderem die Frage zur Vorabentscheidung vorzulegen, ob die Grundfreiheit des Art. 56 Abs. 1 EG (Kapitalverkehrsfreiheit) dahin auszulegen sei, dass die Erbschaftsteuer, die ein anderer Mitgliedstaat der Europäischen Union beim Erwerb von Kapitalforderungen eines zuletzt in Deutschland wohnenden Erblassers gegen Kreditinstitute in jenem Mitgliedstaat durch einen ebenfalls in Deutschland wohnenden Erben erhebt, auf die deutsche Erbschaftsteuer angerechnet werden muss.

Der EuGH bestätigt in seinem Urteil vom 12.02.2009 zunächst, dass es sich bei Erwerben von Todes wegen um „Kapitalverkehr" i. S. von Art. 56 Abs. 1 EG handelt, vorausgesetzt, es handelt sich nicht um einen rein innerstaatlichen Sachverhalt.

Vererbt eine Person, die zum Zeitpunkt ihres Ablebens ihren Wohnsitz in Deutschland hatte, einer anderen Person, die ihren Wohnsitz ebenfalls in Deutschland hat, Kapital-/Bankforderungen gegen ein in Spanien ansässiges Finanzinstitut, auf die sowohl in Deutschland als auch in Spanien Erbschaftsteuer erhoben wird, so handele es sich keineswegs um einen rein inländischen Sachverhalt. Folglich sei eine Prüfung vor dem Hintergrund einer möglichen Beschränkung der Kapitalverkehrsfreiheit i. S. von Art. 56 EG angezeigt.

Allerdings stehe fest, dass § 21 ErbStG, soweit er die Berechnung der Erbschaftsteuer regele, die von einem Erben mit Wohnsitz in Deutschland auf Kapitalforderungen geschuldet wird, die eine Person besaß, die bei ihrem Ableben ihren Wohnsitz ebenfalls in Deutschland hatte, gleiche Bestimmungen für die Nachlassbesteuerung unabhängig davon vorsehe, ob das Finanzinstitut, das Schuldner dieser Forderungen ist, in Deutschland oder in einem anderen EU-Staat ansässig ist.

Auch der Umstand, dass bestimmte Nachlassgüter trotz ihrer eindeutigen wirtschaftlichen Belegenheit im Ausland – wie vorliegend die Bankforderungen gegen das in Spanien ansässige Finanzinstitut – kein Auslandsvermögen darstellen und daher eine Anrechnung der darauf erhobenen ausländischen Steuer nicht möglich sei, begründe keine Beschränkung der Kapitalverkehrsfreiheit. Zwar komme es insoweit zu einer höheren Erbschaftsteuerbelastung solcher Bankforderungen als von Bankforderungen gegen ein in Deutschland ansässiges Institut, jedoch beruhe dies allein auf dem Umstand, dass die beiden betroffenen Mitgliedstaaten ihre Besteuerungsbefugnis parallel zueinander ausgeübt hätten. Dabei habe sich Deutschland dafür entschieden, auf Kapitalforderungen die deutsche Erbschaftsteuer zu erheben, wenn der Gläubiger (hier der Erblasser) seinen Wohnsitz in Deutschland habe, während der andere Mitgliedstaat (hier Spanien) sich entschieden hat, auf Forderungen spanische Erbschaftsteuer zu erheben, wenn der Schuldner (hier das spanische Finanzinstitut) in Spanien ansässig sei.

Beim gegenwärtigen Entwicklungsstand des Gemeinschaftsrechts seien die Mitgliedstaaten nicht verpflichtet, ihr eigenes Steuersystem den verschiedenen Steuersystemen der anderen Mitgliedstaaten anzupassen, um die sich aus der parallelen Ausübung ihrer Besteuerungsbefugnisse ergebende Doppelbesteuerung zu beseitigen und so in einem Fall wie dem vorliegenden die Anrechnung der Erbschaftsteuer zu ermöglichen, die in einem anderen Mitgliedstaat als dem Wohnsitzstaat des Erben entrichtet wurde. Daher stehe es Deutschland auch frei, eine günstigere Anrechnung vorzusehen, wenn der Erblasser bei seinem Ableben seinen Wohnsitz nicht in Deutschland, sondern in einem anderen EU-Staat hatte, indem hierfür der Begriff des Auslandsvermögens weiter gefasst wird als in dem Fall wie dem vorliegenden, wenn der Erblasser in Deutschland ansässig ist.

Die Aufzählung von Vermögensgegenständen, die in § 121 BewG unter der amtlichen Überschrift „Inlandsvermögen“ enthalten ist, lässt sich nur dann unbedenklich auch für die Definition des Auslandsvermögens nutzen, wenn im Ergebnis korrespondierend der jeweils andere Staat, in dem das Erblasservermögen belegen ist, dieses Vermögen in Abgrenzung zum Auslandsvermögen als Inlandsvermögen qualifiziert. Nur dann ist sichergestellt, dass jeweils nur einer der beteiligten Staaten das volle Besteuerungsrecht für sich beansprucht und es nicht zu einer Doppelbesteuerung kommt.

Ein solches gemeinsames Verständnis der EU-Staaten vom Auslands- bzw. Inlandsvermögen gibt es aber nicht. Insbesondere gibt es Vermögensgegenstände, die sich sowohl dem einen als auch dem anderen Staat zuordnen lassen, wie die in Streit stehenden Bankguthaben. Hier liegt die Anknüpfung der Besteuerung an den Wohnsitz oder gewöhnlichen Aufenthalt des Gläubigers der Bankforderung nicht entfernter als die an den Sitz des verpflichteten Kreditinstituts.

Vor diesem Hintergrund wurde dem EuGH auch die Frage vorgelegt, ob für die Entscheidung, welcher der beteiligten Staaten die Doppelbelastung zu vermeiden hat, der Sachgerechtigkeit der verschiedenen Anknüpfungspunkte in den nationalen Steuerrechtsordnungen Bedeutung zukomme und – sollte dies der Fall sein – ob die Anknüpfung an den Wohnsitz des Gläubigers sachnäher sei als die an den Sitz des Schuldners. Dahinter steht die fiskalpolitisch bedeutsame Frage, ob Deutschland auf sein Besteuerungsrecht zumindest teilweise, nämlich soweit der andere Staat besteuert, verzichten muss.

Da nach Auffassung des EuGH die unterschiedliche Anknüpfung der Besteuerung und die daraus resultierende Doppelbesteuerung jedoch mit dem Gemeinschaftsrecht, insbesondere der Grundfreiheit der Kapitalverkehrsfreiheit nach Art. 56 EG, vereinbar ist, hatte er über diese Vorlagefrage nicht zu entscheiden.

Zugleich hat der EuGH damit zum Ausdruck gebracht, dass er die Frage des Ob und Wie der Vermeidung einer (gemeinschaftsrechtskonformen) internationalen Doppelbesteuerung beim gegenwärtigen Entwicklungsstand des Gemeinschaftsrechts nicht als Gegenstand einer Prüfung anhand der Grundfreiheiten betrachtet, sondern ausschließlich dem Bereich der Steuerautonomie der jeweiligen Mitgliedstaaten zuordnet.

Fraglich ist jedoch, ob der unterschiedliche Auslandsvermögensbegriff – insbesondere die Beschränkung der Anrechnung ausländischer Erbschaftsteuer auf die in § 121 BewG aufgezählten Vermögensgegenstände, wenn der Erblasser Steuerinländer ist –, falls nicht gegen EU-Gemeinschaftsrecht, so doch gegen das aus der Verfassung folgende Gebot der gleichen Besteuerung nach der Leistungsfähigkeit verstößt. Teilweise wird aus dem verfassungsrechtlich verankerten Rechtsprinzip der Besteuerung nach der Leistungsfähigkeit ein Gebot des nationalen Steuergesetzgebers zur Vermeidung einer Doppelbesteuerung abgeleitet. Grundlage der Besteuerung sei das Weltvermögen des Steuerpflichtigen als Ausdruck der finanziellen Leistungsfähigkeit. Ein Steuerpflichtiger, der ein ausländisches Kontoguthaben erwerbe, sei nicht leistungsfähiger als ein anderer Steuerpflichtiger, der ein gleiches Vermögen in Form eines im Ausland belegenen Grundstückes erwerbe. Dennoch sei die (Gesamt-)Steuerbelastung aufgrund der Anrechnung der ausländischen Erbschaftsteuer auf die deutsche Erbschaftsteuer im Fall des Erwerbs des Grundstücks gegenüber der ungemilderten Doppelbesteuerung des erworbenen Kontoguthabens niedriger. Im Extremfall kann ein Beteiligungsunterschied von weniger als einem Prozent über die Möglichkeit der Anrechnung der ausländischen Steuer entscheiden: Einem Steuerpflichtigen mit einer ausländischen Kapitalbeteiligung von weniger als 10 % wird keine Anrechnung etwaiger ausländischer Erbschaftsteuern gewährt, während ein Steuerpflichtiger mit einer Kapitalbeteiligung von 10 % oder mehr als „Inlandsvermögen“ i. S. von § 121 BewG die hierauf entfallende ausländische Erbschaftsteuer auf die deutsche Erbschaftsteuer anrechnen kann. Es wird jedoch ebenso vertreten, dass bei der Beurteilung der Leistungsfähigkeit eine Steuerbelastung desselben Vermögens durch einen anderen Staat nicht als die Leistungsfähigkeit mindernder Umstand bei der Besteuerung berücksichtigt werden muss.

6 Ausblick

Wie die vorstehenden Ausführungen gezeigt haben, gibt es eine unmittelbare Kompetenz der EG für steuerliche Fragen nur im Bereich der indirekten Steuern. Die Rechtsprechung des EuGH hat jedoch dazu geführt, dass die – grundsätzlich nicht vom EG-Vertrag erfassten – steuerlichen Möglichkeiten der Mitgliedstaaten dahingehend eingeschränkt werden, dass diese unter Wahrung der Grundfreiheiten ausgeübt werden müssen. Bei diesem Grundverständnis ist davon auszugehen, dass eine Schlechterstellung von grenzüberschreitenden Sachverhalten gegenüber reinen Inlandsfällen insoweit problematisch ist. Sie bedürfen einer besonderen Rechtfertigung, die nur in Ausnahmefällen gegeben ist. Vor diesem Hintergrund überrascht es nicht, mit welcher Regelmäßigkeit der EuGH steuerliche Vorschriften für unvereinbar mit dem EG-Vertrag erklärt. Aus fiskalischer Sicht erweist sich als besonders schwerwiegend, dass der EuGH fiskalische Erwägungen nicht als Rechtfertigungsgrund genügen lässt. Insoweit bleibt abzuwarten, wie die Staaten auf diese Rechtsprechung reagieren. Es erscheint eher als unwahrscheinlich, dass die hiermit verbundenen Haushaltsrisiken von den Staaten dauerhaft geduldet werden. Aus Sicht der Steuerpflichtigen zeigt die Erfahrung aus der Vergangenheit, wie insbesondere die Ausdehnung des § 8 a KStG auch auf reine Inlandssachverhalte infolge des EuGH-Urteils in der Rs. Langhorst-Hohorst, deutlich, dass der Gesetzgeber auf die Entscheidungen des EuGH zu Reaktionen greift, die für die Betroffenen zu erheblichen Belastungen führen (können). Aus Sicht der Beratungspraxis sollte eingehend geprüft werden, inwieweit – schon aus Gründen des Haftungsrisikos – die Mandanten auf eventuelle EG-rechtliche Bedenken gegen bestimmte Regelungen hingewiesen werden.

OECD-Musterabkommen 2005 auf dem Gebiet der Steuern vom Einkommen und vom Vermögen

ABSCHNITT I. Geltungsbereich des Abkommens

Art. 1 Unter das Abkommen fallende Personen

Dieses Abkommen gilt für Personen, die in einem Vertragsstaat oder in beiden Vertragsstaaten ansässig sind.

Art. 2 Unter das Abkommen fallende Steuern

(1) Dieses Abkommen gilt, ohne Rücksicht auf die Art der Erhebung, für Steuern vom Einkommen und vom Vermögen, die für Rechnung eines Vertragsstaates oder seiner Gebietskörperschaften[1] erhoben werden.

(2) Als Steuern vom Einkommen und vom Vermögen gelten alle Steuern, die vom Gesamteinkommen, vom Gesamtvermögen oder von Teilen des Einkommens oder des Vermögens erhoben werden, einschließlich der Steuern vom Gewinn aus der Veräußerung beweglichen oder unbeweglichen Vermögens, der Lohnsummensteuern sowie der Steuern vom Vermögenszuwachs.

(3) Zu den bestehenden Steuern, für die das Abkommen gilt, gehören insbesondere

a) (in Staat A): . . .

b) (in Staat B): . . .

(4) Das Abkommen gilt auch für alle Steuern gleicher oder im Wesentlichen ähnlicher Art, die nach der Unterzeichnung des Abkommens neben den bestehenden Steuern oder an deren Stelle erhoben werden. Die zuständigen Behörden der Vertragsstaaten teilen einander die in ihren Steuergesetzes eingetretenen bedeutsamen Änderungen mit.

ABSCHNITT II. Begriffsbestimmungen

Art. 3 Allgemeine Begriffsbestimmungen

(1) Im Sinne dieses Abkommens, wenn der Zusammenhang nichts anderes erfordert,

a) umfasst der Ausdruck „Person“ natürliche Personen, Gesellschaften und alle anderen Personenvereinigungen;

b) bedeutet der Ausdruck „Gesellschaft“ juristische Personen oder Rechtsträger, die für die Besteuerung wie juristische Personen behandelt werden;

c) der Ausdruck „Unternehmen“ bezieht sich auf die Ausübung einer Geschäftstätigkeit;

d) bedeuten die Ausdrücke „Unternehmen eines Vertragsstaats“ und „Unternehmen des anderen Vertragsstaats“, je nachdem, ein Unternehmen, das von einer in einem Vertragsstaat ansässigen Person betrieben wird, oder ein Unternehmen, das von einer im anderen Vertragsstaat ansässigen Person betrieben wird;

---

1 Schweiz: statt „Gebietskörperschaften“ die Worte „politische Unterabteilungen oder lokale Körperschaften“.

e) bedeutet der Ausdruck „internationaler Verkehr“ jede Beförderung mit einem Seeschiff oder Luftfahrzeug, das von einem Unternehmen mit tatsächlicher Geschäftsleitung in einem Vertragsstaat betrieben wird, es sei denn, das Seeschiff oder Luftfahrzeug wird ausschließlich zwischen Orten im anderen Vertragsstaat betrieben;

f) bedeutet der Ausdruck „zuständige Behörde“

i) (in Staat A): . . .

ii) (in Staat B): . . .

g) bedeutet der Ausdruck „Staatsangehöriger“

i) jede natürliche Person, die die Staatsangehörigkeit eines Vertragsstaats besitzt;

ii) jede juristische Person, Personengesellschaft und andere Personenvereinigung, die nach dem in einem Vertragsstaat geltenden Recht errichtet worden ist;

h) der Ausdruck „Geschäftsführer“ schließt auch die Ausübung einer freiberuflichen oder sonstigen selbständigen Tätigkeit ein.

(2) Bei der Anwendung des Abkommens durch einen Vertragsstaat hat, wenn der Zusammenhang nichts anderes erfordert, jeder im Abkommen nicht definierte Ausdruck die Bedeutung, die ihm im Anwendungszeitraum nach dem Recht dieses Staates über die Steuern zukommt, für die das Abkommen gilt, wobei die Bedeutung nach dem in diesem Staat anzuwendenden Steuerrecht den Vorrang vor einer Bedeutung hat, die der Ausdruck nach anderem Recht dieses Staates hat.

Art. 4 Ansässige Person

(1) Im Sinne dieses Abkommens bedeutet der Ausdruck „eine in einem Vertragsstaat ansässige Person“ eine Person, die nach dem Recht dieses Staates dort aufgrund ihres Wohnsitzes, ihres ständigen Aufenthalts, des Ortes ihrer Geschäftsleitung oder eines anderen ähnlichen Merkmals steuerpflichtig ist, und umfasst diesen Staat und seine Gebietskörperschaft[2]. Der Ausdruck umfasst jedoch nicht eine Person, die in diesem Staat nur mit Einkünften aus Quellen in diesem Staat oder mit in diesem Staat gelegenem Vermögen steuerpflichtig ist.

(2) Ist nach Abs. 1 eine natürliche Person in beiden Vertragsstaaten ansässig, so gilt Folgendes:

a) Die Person gilt als nur in dem Staat ansässig, in dem sie über eine ständige Wohnstätte verfügt; verfügt sie in beiden Staaten über eine ständige Wohnstätte, so gilt sie als in dem Staat ansässig, zu dem sie die engeren persönlichen und wirtschaftlichen Beziehungen hat (Mittelpunkt der Lebensinteressen);

b) kann nicht bestimmt werden, in welchem Staat die Person den Mittelpunkt der Lebensinteressen hat, oder verfügt sie in keinem der Staaten über eine ständige Wohnstätte, so gilt sie als nur in dem Staat ansässig, in dem sie ihren gewöhnlichen Aufenthalt hat;

c) hat die Person ihren gewöhnlichen Aufenthalt in beiden Staaten oder in keinem der Staaten, so gilt sie als nur in dem Staat ansässig, dessen Staatsangehöriger sie ist;

d) ist die Person Staatsangehöriger beider Staaten oder keines der Staaten, so regeln die zuständigen Behörden der Vertragsstaaten die Frage in gegenseitigem Einvernehmen.

2 Schweiz: siehe Fußnote 1 zu Art. 2.

(3) Ist nach Abs. 1 eine andere als eine natürliche Person in beiden Vertragsstaaten ansässig, so gilt sie als nur in dem Staat ansässig, in dem sich der Ort ihrer tatsächlichen Geschäftsleitung befindet.

Art. 5 Betriebstätte

(1) Im Sinne dieses Abkommens bedeutet der Ausdruck „Betriebstätte" eine feste Geschäftseinrichtung, durch die die Tätigkeit eines Unternehmens ganz oder teilweise ausgeübt wird.

(2) Der Ausdruck „Betriebstätte" umfasst insbesondere:

a) einen Ort der Leitung,

b) eine Zweigniederlassung,

c) eine Geschäftsstelle,

d) eine Fabrikationsstätte,

e) eine Werkstätte und

f) ein Bergwerk, ein Öl- oder Gasvorkommen, einen Steinbruch oder eine andere Stätte der Ausbeutung von Bodenschätzen.

(3) Eine Bauausführung oder Montage ist nur dann eine Betriebstätte, wenn ihre Dauer zwölf Monate überschreitet.

(4) Ungeachtet der vorstehenden Bestimmungen dieses Artikels gelten nicht als Betriebstätten:

a) Einrichtungen, die ausschließlich zur Lagerung, Ausstellung oder Auslieferung von Gütern oder Waren des Unternehmens benutzt werden;

b) Bestände von Gütern oder Waren des Unternehmens, die ausschließlich zur Lagerung, Ausstellung oder Auslieferung unterhalten werden;

c) Bestände von Gütern oder Waren des Unternehmens, die ausschließlich zu dem Zweck unterhalten werden, durch ein anderes Unternehmen bearbeitet oder verarbeitet zu werden;

d) eine feste Geschäftseinrichtung, die ausschließlich zu dem Zweck unterhalten wird, für das Unternehmen Güter oder Waren einzukaufen oder Informationen zu beschaffen;

e) eine feste Geschäftseinrichtung, die ausschließlich zu dem Zweck unterhalten wird, für das Unternehmen andere Tätigkeiten auszuüben, die vorbereitender Art sind oder eine Hilfstätigkeit darstellen;

f) eine feste Geschäftseinrichtung, die ausschließlich zu dem Zweck unterhalten wird, mehrere der unter den Buchstaben a bis e genannten Tätigkeiten auszuüben, vorausgesetzt, dass die sich daraus ergebende Gesamttätigkeit der festen Geschäftseinrichtung vorbereitender Art ist oder eine Hilfstätigkeit darstellt.

(5) Ist eine Person – mit Ausnahme eines unabhängigen Vertreters i. S. des Absatzes 6 – für ein Unternehmen tätig und besitzt sie in einem Vertragsstaat die Vollmacht, im Namen des Unternehmens Verträge abzuschließen, und übt sie die Vollmacht dort gewöhnlich aus, so wird das Unternehmen ungeachtet der Absätze 1 und 2 so behandelt, als habe es in diesem Staat für alle von der Person für das Unternehmen ausgeübten Tätigkeiten eine Betriebstätte, es sei denn, diese Tätigkeiten beschränken sich auf die in Abs. 4 genannten Tätigkeiten, die, würden sie durch eine feste Geschäftseinrichtung ausgeübt, diese Einrichtung nach dem genannten Abs. nicht zu einer Betriebstätte machten.

(6) Ein Unternehmen wird nicht schon deshalb so behandelt, als habe es eine Betriebstätte in einem Vertragsstaat, weil es dort seine Tätigkeit durch einen Makler, Kommissionär oder einen anderen unabhängigen Vertreter ausübt, sofern diese Personen im Rahmen ihrer ordentlichen Geschäftstätigkeit handeln.

(7) Allein dadurch, dass eine in einem Vertragsstaat ansässige Gesellschaft eine Gesellschaft beherrscht oder von einer Gesellschaft beherrscht wird, die im anderen Vertragsstaat ansässig ist oder dort (entweder durch eine Betriebstätte oder auf andere Weise) ihre Tätigkeit ausübt, wird keine der beiden Gesellschaften zur Betriebstätte der anderen.

ABSCHNITT III. Besteuerung des Einkommens

Art. 6 Einkünfte aus unbeweglichem Vermögen

(1) Einkünfte, die eine in einem Vertragsstaat ansässige Person aus unbeweglichem Vermögen (einschließlich der Einkünfte aus land- und forstwirtschaftlichen Betrieben) bezieht, das im anderen Vertragsstaat liegt, können[3] im anderen Staat besteuert werden.

(2) Der Ausdruck „unbewegliches Vermögen" hat die Bedeutung, die ihm nach dem Recht des Vertragsstaats zukommt, in dem das Vermögen liegt. Der Ausdruck umfasst in jedem Fall das Zubehör[4] zum unbeweglichen Vermögen, das lebende und tote Inventar land- und forstwirtschaftlicher Betriebe, die Rechte, für die die Vorschriften des Privatrechts über Grundstücke gelten, Nutzungsrechte an unbeweglichem Vermögen sowie Recht auf veränderliche oder feste Vergütungen für die Ausbeutung oder das Recht auf Ausbeutung von Mineralvorkommen, Quellen und anderen Bodenschätzen; Schiffe und Luftfahrzeuge gelten nicht als unbewegliches Vermögen.

(3) Abs. 1 gilt für die Einkünfte aus der unmittelbaren Nutzung, der Vermietung oder Verpachtung sowie jeder anderen Art der Nutzung unbeweglichen Vermögens.

(4) Die Absätze 1 und 3 gelten auch für Einkünfte aus unbeweglichem Vermögen eines Unternehmens.

Art. 7 Unternehmensgewinne

(1) Gewinne eines Unternehmens eines Vertragsstaats können[3] nur in diesem Staat besteuert werden, es sei denn, das Unternehmen übt seine Geschäftstätigkeit im anderen Vertragsstaat durch eine dort gelegene Betriebstätte aus. Übt das Unternehmen seine Geschäftstätigkeit auf diese Weise aus, so können[5] die Gewinne des Unternehmens in dem anderen Staat besteuert werden, jedoch nur insoweit, als sie dieser Betriebstätte zugerechnet werden können.

(2) Übt ein Unternehmen eines Vertragsstaats seine Geschäftstätigkeit im anderen Vertragsstaat durch eine dort gelegene Betriebstätte aus, so werden vorbehaltlich des Absatzes 3 in jedem Vertragsstaat dieser Betriebstätte die Gewinne zugerechnet, die sie hätte erzielen können, wenn sie eine gleiche oder ähnliche Geschäftstätigkeit unter gleichen oder ähnlichen Bedingungen als selbständiges Unternehmen ausgeübt hätte und im Verkehr mit dem Unternehmen, dessen Betriebstätte sie ist, völlig unabhängig gewesen wäre.

3 Österreich: statt „können" oder „kann" die Worte „dürfen" oder „darf".
4 Schweiz: statt „das Zubehör" die Worte „die Zugehör".
5 Österreich: siehe Fußnote 3 zu Art. 6.

(3) Bei der Ermittlung der Gewinne einer Betriebstätte werden die für diese Betriebstätte entstandenen Aufwendungen, einschließlich der Geschäftsführungs- und allgemeinen Verwaltungskosten, zum Abzug zugelassen, gleichgültig, ob sie in dem Staat, in dem die Betriebstätte liegt, oder anderswo entstanden sind.

(4) Soweit es in einem Vertragsstaat üblich ist, die einer Betriebstätte zuzurechnenden Gewinne durch Aufteilung der Gesamtgewinne des Unternehmens auf seine einzelnen Teile zu ermitteln, schließt Abs. 2 nicht aus, dass dieser Vertragsstaat die zu besteuernden Gewinne nach der üblichen Aufteilung ermittelt; die gewählte Gewinnaufteilung muss jedoch derart sein, dass das Ergebnis mit den Grundsätzen dieses Artikels übereinstimmt.

(5) Aufgrund des bloßen Einkaufs von Gütern oder Waren für das Unternehmen wird einer Betriebstätte kein Gewinn zugerechnet.

(6) Bei der Anwendung der vorstehenden Absätze sind die der Betriebstätte zuzurechnenden Gewinne jedes Jahr auf dieselbe Art zu ermitteln, es sei denn, dass ausreichende Gründe dafür bestehen, anders zu verfahren.

(7) Gehören zu den Gewinnen Einkünfte, die in anderen Artikeln dieses Abkommens behandelt werden, so werden die Bestimmungen jener Artikel durch die Bestimmungen dieses Artikels nicht berührt.

Art. 8 Seeschifffahrt, Binnenschifffahrt und Luftfahrt

(1) Gewinne aus dem Betrieb von Seeschiffen oder Luftfahrzeugen im internationalen Verkehr können[6] nur in dem Vertragsstaat besteuert werden, in dem sich der Ort der tatsächlichen Geschäftsleitung des Unternehmens befindet.

(2) Gewinne aus dem Betrieb von Schiffen, die der Binnenschifffahrt dienen, können[6] nur in dem Vertragsstaat besteuert werden, in dem sich der Ort der tatsächlichen Geschäftsleitung des Unternehmens befindet.

(3) Befindet sich der Ort der tatsächlichen Geschäftsleitung eines Unternehmens der See- oder Binnenschifffahrt an Bord eines Schiffes, so gilt er als in dem Vertragsstaat gelegen, in dem der Heimathafen des Schiffes liegt, oder, wenn kein Heimathafen vorhanden ist, in dem Vertragsstaat, in dem die Person ansässig ist, die das Schiff betreibt.

(4) Abs. 1 gilt auch für Gewinne aus der Beteiligung an einem Pool, einer Betriebsgemeinschaft oder einer internationalen Betriebsstelle.

Art. 9 Verbundene Unternehmen

(1) Wenn

a) ein Unternehmen eines Vertragsstaats unmittelbar oder mittelbar an der Geschäftsleitung, der Kontrolle oder dem Kapital eines Unternehmens des anderen Vertragsstaats beteiligt ist oder

b) dieselben Personen unmittelbar oder mittelbar an der Geschäftsleitung, der Kontrolle oder dem Kapital eines Unternehmens eines Vertragsstaats und eines Unternehmens des anderen Vertragsstaats beteiligt sind

und in diesen Fällen die beiden Unternehmen in ihren kaufmännischen oder finanziellen Beziehungen an vereinbarte oder auferlegte Bedingungen gebunden sind, die von denen

6 Österreich: siehe Fußnote 3 zu Art. 6.

abweichen, die unabhängige Unternehmen miteinander vereinbaren würden, so dürfen die Gewinne, die eines der Unternehmen ohne diese Bedingungen erzielt hätte, wegen dieser Bedingungen aber nicht erzielt hat, den Gewinnen dieses Unternehmens zugerechnet und entsprechend besteuert werden.

(2) Werden in einem Vertragsstaat den Gewinnen eines Unternehmens dieses Staates Gewinne zugerechnet – und entsprechend besteuert –, mit denen ein Unternehmen des anderen Vertragsstaats in diesem Staat besteuert worden ist, und handelt es sich bei den zugerechneten Gewinnen um solche, die das Unternehmen des erstgenannten Staates erzielt hätte, wenn die zwischen den beiden Unternehmen vereinbarten Bedingungen die gleichen gewesen wären, die unabhängige Unternehmen miteinander vereinbaren würden, so nimmt der andere Staat eine entsprechende Änderung der dort von diesen Gewinnen erhobenen Steuer vor. Bei dieser Änderung sind die übrigen Bestimmungen dieses Abkommens zu berücksichtigen; erforderlichenfalls werden die zuständigen Behörden der Vertragsstaaten einander konsultieren.

Art. 10 Dividenden

(1) Dividenden, die eine in einem Vertragsstaat ansässige Gesellschaft an eine im anderen Vertragsstaat ansässige Person zahlt, können[6] im anderen Staat besteuert werden.

(2) Diese Dividenden können[6] jedoch auch in dem Vertragsstaat, in dem die die Dividenden zahlende Gesellschaft ansässig ist, nach dem Recht dieses Staates besteuert werden; die Steuer darf aber, wenn der Nutzungsberechtigte der Dividenden eine in dem anderen Vertragsstaat ansässige Person ist, nicht übersteigen:

a) 5 % des Bruttobetrages der Dividenden, wenn der Nutzungsberechtigte eine Gesellschaft (jedoch keine Personengesellschaft) ist, die unmittelbar über mindestens 25 v. H. des Kapitals der die Dividenden zahlenden Gesellschaft verfügt;

b) 15 % des Bruttobetrags der Dividenden in allen anderen Fällen.

Die zuständigen Behörden der Vertragsstaaten regeln in gegenseitigem Einvernehmen, wie diese Begrenzungsbestimmungen durchzuführen sind. Dieser Abs. berührt nicht die Besteuerung der Gesellschaft in Bezug auf die Gewinne, aus denen die Dividenden gezahlt werden.

(3) Der in diesem Art. verwendete Ausdruck „Dividenden“ bedeutet Einkünfte aus Aktien, Genussaktien[7] oder Genussscheinen, Kuxen, Gründeranteilen oder anderen Rechten – ausgenommen Forderungen – mit Gewinnbeteiligung sowie aus sonstigen Gesellschaftsanteilen stammende Einkünfte, die nach dem Recht des Staates, in dem die ausschüttende Gesellschaft ansässig ist, den Einkünften aus Aktien steuerlich gleichgestellt sind.

(4) Die Absätze 1 und 2 sind nicht anzuwenden, wenn der in einem Vertragsstaat ansässige Nutzungsberechtigte im anderen Vertragsstaat, in dem die die Dividenden zahlende Gesellschaft ansässig ist, eine Geschäftstätigkeit durch eine dort gelegene Betriebstätte ausübt und die Beteiligung, für die die Dividenden gezahlt werden, tatsächlich zu dieser Betriebstätte gehört. In diesem Fall ist Art. 7 anzuwenden.

(5) Bezieht eine in einem Vertragsstaat ansässige Gesellschaft Gewinne oder Einkünfte aus dem anderen Vertragsstaat, so darf dieser andere Staat weder die von der Gesellschaft gezahlten Dividenden besteuern, es sei denn, dass diese Dividenden an eine im anderen Staat ansässige Person gezahlt werden oder dass die Beteiligung, für die die Dividenden gezahlt werden, tatsächlich zu einer im anderen Staat gelegenen Betriebstätte gehört, noch Gewinne der Gesellschaft einer Steuer für nicht ausgeschüttete Gewinne unterwerfen, selbst wenn die

7 Bundesrepublik Deutschland: statt „Genussaktien“ das Wort „Genussrechten“.

gezahlten Dividenden oder die nicht ausgeschütteten Gewinne ganz oder teilweise aus im anderen Staat erzielten Gewinnen oder Einkünften bestehen.

Art. 11 Zinsen

(1) Zinsen, die aus einem Vertragsstaat stammen und an eine im anderen Vertragsstaat ansässige Person gezahlt werden, können[8] im anderen Staat besteuert werden.

(2) Diese Zinsen können[8] jedoch auch in dem Vertragsstaat, aus dem sie stammen, nach dem Recht dieses Staates besteuert werden; die Steuer darf aber, wenn der Nutzungsberechtigte der Zinsen eine in dem anderen Vertragsstaat ansässige Person ist, 10 v. H. des Bruttobetrags der Zinsen nicht übersteigen. Die zuständigen Behörden der Vertragsstaaten regeln in gegenseitigem Einvernehmen, wie diese Begrenzungsbestimmung durchzuführen ist.

(3) Der in diesem Art. verwendete Ausdruck „Zinsen“ bedeutet Einkünfte aus Forderungen jeder Art, auch wenn die Forderungen durch Pfandrechte an Grundstücken gesichert oder mit einer Beteiligung am Gewinn des Schuldners ausgestattet sind, und insbesondere Einkünfte aus öffentlichen Anleihen und aus Obligationen einschließlich der damit verbundenen Aufgelder und der Gewinne aus Losanleihen. Zuschläge für verspätete Zahlung gelten nicht als Zinsen im Sinne dieses Artikels.

(4) Die Absätze 1 und 2 sind nicht anzuwenden, wenn der in einem Vertragsstaat ansässige Nutzungsberechtigte im anderen Vertragsstaat, aus dem die Zinsen stammen, eine Geschäftstätigkeit durch eine dort gelegene Betriebstätte ausübt und die Forderung, für die die Zinsen gezahlt werden, tatsächlich zu dieser Betriebstätte gehört. In diesem Fall ist Art. 7 anzuwenden.

(5) Zinsen gelten dann als aus einem Vertragsstaat stammend, wenn der Schuldner eine in diesem Staat ansässige Person ist. Hat aber der Schuldner der Zinsen, ohne Rücksicht darauf, ob er in einem Vertragsstaat ansässig ist oder nicht, in einem Vertragsstaat eine Betriebstätte und ist die Schuld, für die die Zinsen gezahlt werden, für Zwecke der Betriebstätte eingegangen worden und trägt die Betriebstätte die Zinsen, so gelten die Zinsen als aus dem Staat stammend, in dem die Betriebstätte liegt.

(6) Bestehen zwischen dem Schuldner und dem Nutzungsberechtigten oder zwischen jedem von ihnen und einem Dritten besondere Beziehungen und übersteigen deshalb die Zinsen, gemessen an der zugrunde liegenden Forderung, den Betrag, den Schuldner und Nutzungsberechtigter ohne diese Beziehungen vereinbart hätten, so wird dieser Art. nur auf den letzteren Betrag angewendet. In diesem Fall kann der übersteigende Betrag nach dem Recht eines jeden Vertragsstaats und unter Berücksichtigung der anderen Bestimmungen dieses Abkommens besteuert werden.

Art. 12 Lizenzgebühren

(1) Lizenzgebühren, die aus einem Vertragsstaat stammen und deren Nutzungsberechtigter eine im anderen Vertragsstaat ansässige Person ist, können[8] nur im anderen Staat besteuert werden.

(2) Der in diesem Art. verwendete Ausdruck „Lizenzgebühren“ bedeutet Vergütungen jeder Art, die für die Benutzung oder für das Recht auf Benutzung von Urheberrechten an literarischen, künstlerischen oder wissenschaftlichen Werken, einschließlich kinematographischer

8 Österreich: siehe Fußnote 3 zu Art. 6.

Filme, von Patenten, Marken[9], Mustern oder Modellen, Plänen, geheimen Formeln oder Verfahren oder für die Mitteilung gewerblicher, kaufmännischer oder wissenschaftlicher Erfahrungen gezahlt werden.

(3) Abs. 1 ist nicht anzuwenden, wenn der in einem Vertragsstaat ansässige Nutzungsberechtigte im anderen Vertragsstaat, aus dem die Lizenzgebühren stammen, eine Geschäftstätigkeit durch eine dort gelegene Betriebstätte ausübt und die Rechte oder Vermögenswerte, für die die Lizenzgebühren gezahlt werden, tatsächlich zu dieser Betriebstätte gehören. In diesem Fall ist Art. 7 anzuwenden.

(4) Bestehen zwischen dem Schuldner und dem Nutzungsberechtigten oder zwischen jedem von ihnen und einem Dritten besondere Beziehungen und übersteigen deshalb die Lizenzgebühren, gemessen an der zugrunde liegenden Leistung, den Betrag, den Schuldner und Nutzungsberechtigter ohne diese Beziehungen vereinbart hätten, so wird dieser Art. nur auf den letzteren Betrag angewendet. In diesem Fall kann der übersteigende Betrag nach dem Recht eines jeden Vertragsstaats und unter Berücksichtigung der anderen Bestimmungen dieses Abkommens besteuert werden.

Art. 13 Gewinne aus der Veräußerung von Vermögen

(1) Gewinne, die eine in einem Vertragsstaat ansässige Person aus der Veräußerung unbeweglichen Vermögens i. S. des Artikels 6 bezieht, das im anderen Vertragsstaat liegt, können[8] im anderen Staat besteuert werden.

(2) Gewinne aus der Veräußerung beweglichen Vermögens, das Betriebsvermögen einer Betriebstätte ist, die ein Unternehmen eines Vertragsstaats im anderen Vertragsstaat hat, einschließlich derartiger Gewinne, die bei der Veräußerung einer solchen Betriebstätte (allein oder mit dem übrigen Unternehmen) erzielt werden, können[8] im anderen Staat besteuert werden.

(3) Gewinne aus der Veräußerung von Seeschiffen oder Luftfahrzeugen, die im internationalen Verkehr betrieben werden, von Schiffen, die der Binnenschifffahrt dienen, und von beweglichem Vermögen, das dem Betrieb dieser Schiffe oder Luftfahrzeuge dient, können[8] nur in dem Vertragsstaat besteuert werden, in dem sich der Ort der tatsächlichen Geschäftsleitung des Unternehmens befindet.

(4) Gewinne aus der Veräußerung des in den Absätzen 1, 2 und 3 nicht genannten Vermögens können[8] nur in dem Vertragsstaat besteuert werden, in dem der Veräußerer ansässig ist.

Art. 14 Selbständige Arbeit

[aufgehoben]

Art. 15 Einkommen aus unselbständiger Arbeit

(1) Vorbehaltlich der Art. 16, 18 und 19 können[10] Gehälter, Löhne und ähnliche Vergütungen, die eine in einem Vertragsstaat ansässige Person aus unselbständiger Arbeit bezieht, nur in diesem Staat besteuert werden, es sei denn, die Arbeit wird im anderen Vertragsstaat ausgeübt. Wird die Arbeit dort ausgeübt, so können[10] die dafür bezogenen Vergütungen im anderen Staat besteuert werden.

---

9 Bundesrepublik Deutschland: statt „Marken“ das Wort „Warenzeichen“.

10 Österreich: siehe Fußnote 3 zu Art. 6.

(2) Ungeachtet des Absatzes 1 können[10] Vergütungen, die eine in einem Vertragsstaat ansässige Person für eine im anderen Vertragsstaat ausgeübte unselbständige Arbeit bezieht, nur im erstgenannten Staat besteuert werden, wenn

a) der Empfänger sich im anderen Staat insgesamt nicht länger als 183 Tage innerhalb eines Zeitraums von zwölf Monaten, der während des betreffenden Steuerjahres beginnt oder endet, aufhält und

b) die Vergütungen von einem Arbeitgeber oder für einen Arbeitgeber gezahlt werden, der nicht im anderen Staat ansässig ist, und

c) die Vergütungen nicht von einer Betriebstätte getragen werden, die der Arbeitgeber im anderen Staat hat.

(3) Ungeachtet der vorstehenden Bestimmungen dieses Artikels können[10] Vergütungen für unselbständige Arbeit, die an Bord eines Seeschiffes oder Luftfahrzeuges, das im internationalen Verkehr betrieben wird, oder an Bord eines Schiffes, das der Binnenschifffahrt dient, ausgeübt wird, in dem Vertragsstaat besteuert werden, in dem sich der Ort der tatsächlichen Geschäftsleitung des Unternehmens befindet.

Art. 16 Aufsichtsrats- und Verwaltungsratsvergütungen

Aufsichtsrats- und Verwaltungsratsvergütungen und ähnliche Zahlungen, die eine in einem Vertragsstaat ansässige Person in ihrer Eigenschaft als Mitglied des Aufsichts- oder Verwaltungsrats einer Gesellschaft bezieht, die im anderen Vertragsstaat ansässig ist, können[10] im anderen Staat besteuert werden.

Art. 17 Künstler und Sportler

(1) Ungeachtet der Art. 7 und 15 können[10] Einkünfte, die eine in einem Vertragsstaat ansässige Person als Künstler, wie Bühnen-, Film-, Rundfunk- und Fernsehkünstler sowie Musiker, oder als Sportler aus ihrer im anderen Vertragsstaat persönlich ausgeübten Tätigkeit bezieht, im anderen Staat besteuert werden.

(2) Fließen Einkünfte aus einer von einem Künstler oder Sportler in dieser Eigenschaft persönlich ausgeübten Tätigkeit nicht dem Künstler oder Sportler selbst, sondern einer anderen Person zu, so können[10] diese Einkünfte ungeachtet der Art. 7 und 15 in dem Vertragsstaat besteuert werden, in dem der Künstler oder Sportler seine Tätigkeit ausübt.

Art. 18 Ruhegehälter

Vorbehaltlich des Artikels 19 Abs. 2 können[11] Ruhegehälter und ähnliche Vergütungen, die einer in einem Vertragsstaat ansässigen Person für frühere unselbständige Arbeit gezahlt werden, nur in diesem Staat besteuert werden.

Art. 19 Öffentlicher Dienst

(1) a) Gehälter, Löhne und ähnliche Vergütungen, ausgenommen Ruhegehälter, die von einem Vertragsstaat oder einer seiner Gebietskörperschaften[11] an eine natürliche Person für die diesen Staat oder der Gebietskörperschaft[11] geleisteten Dienste gezahlt werden, können[10] nur in diesem Staat besteuert werden.

11 Schweiz: siehe Fußnote 1 zu Art. 2.

b) Diese Gehälter, Löhne und ähnlichen Vergütungen können[10] jedoch nur im anderen Vertragsstaat besteuert werden, wenn die Dienste in diesem Staat geleistet werden und die natürliche Person in diesem Staat ansässig ist und

i) ein Staatsangehöriger dieses Staates ist oder

ii) nicht ausschließlich deshalb in diesem Staat ansässig geworden ist, um die Dienste zu leisten.

(2) a) Ruhegehälter, die von einem Vertragsstaat oder einer seiner Gebietskörperschaften[11] oder aus einem von diesem Staat oder der Gebietskörperschaft[11] errichteten Sondervermögen an eine natürliche Person für die diesem Staat oder der Gebietskörperschaft[11] geleisteten Dienste gezahlt werden, können[10] nur in diesem Staat besteuert werden.

b) Diese Ruhegehälter können[10] jedoch nur im anderen Vertragsstaat besteuert werden, wenn die natürliche Person in diesem Staat ansässig ist und ein Staatsangehöriger dieses Staates ist.

(3) Auf Gehälter, Löhne und ähnliche Vergütungen und Ruhegehälter für Dienstleistungen, die im Zusammenhang mit einer gewerblichen Tätigkeit eines Vertragsstaates oder einer seiner Gebietskörperschaften[11] erbracht werden, sind die Art. 15, 16, 17 oder 18 anzuwenden.

Art. 20 Studenten

Zahlungen, die ein Student, Praktikant oder Lehrling, der sich in einem Vertragsstaat ausschließlich zum Studium oder zur Ausbildung aufhält und der im anderen Vertragsstaat ansässig ist oder dort unmittelbar vor der Einreise in dem erstgenannten Staat ansässig war, für seinen Unterhalt, sein Studium oder seine Ausbildung erhält, dürfen im erstgenannten Staat nicht besteuert werden, sofern diese Zahlungen aus Quellen außerhalb dieses Staates stammen.

Art. 21 Andere Einkünfte

(1) Einkünfte einer in einem Vertragsstaat ansässigen Person, die in den vorstehenden Artikeln nicht behandelt wurden, können[10] ohne Rücksicht auf ihre Herkunft nur in diesem Staat besteuert werden.

(2) Abs. 1 ist auf andere Einkünfte als solche aus unbeweglichem Vermögen i. S. des Artikels 6 Abs. 2 nicht anzuwenden, wenn der in einem Vertragsstaat ansässige Empfänger im anderen Vertragsstaat eine Geschäftstätigkeit durch eine dort gelegene Betriebstätte ausübt und die Rechte oder Vermögenswerte, für die die Einkünfte gezahlt werden, tatsächlich zu dieser Betriebstätte gehören. In diesem Fall ist Art. 7 anzuwenden.

ABSCHNITT IV. Besteuerung des Vermögens

Art. 22 Vermögen

(1) Unbewegliches Vermögen i. S. des Artikels 6, das einer in einem Vertragsstaat ansässigen Person gehört und im anderen Vertragsstaat liegt, kann[12] im anderen Staat besteuert werden.

---

12 Österreich: siehe Fußnote 3 zu Art. 6.

(2) Bewegliches Vermögen, das Betriebsvermögen einer Betriebstätte ist, die ein Unternehmen eines Vertragsstaates im anderen Vertragsstaat hat, kann[12] im anderen Staat besteuert werden.

(3) Seeschiffe und Luftfahrzeuge, die im internationalen Verkehr betrieben werden, und Schiffe, die der Binnenschifffahrt dienen, sowie bewegliches Vermögen, das dem Betrieb dieser Schiffe oder Luftfahrzeuge dient, können[12] nur in dem Vertragsstaat besteuert werden, in dem sich der Ort der tatsächlichen Geschäftsleitung des Unternehmens befindet.

(4) Alle anderen Vermögensteile einer in einem Vertragsstaat ansässigen Person können[12] nur in diesem Staat besteuert werden.

ABSCHNITT V. Methoden zur Vermeidung der Doppelbesteuerung

Art. 23 A Befreiungsmethode

(1) Bezieht eine in einem Vertragsstaat ansässige Person Einkünfte oder hat sie Vermögen und können[12] diese Einkünfte oder dieses Vermögen nach diesem Abkommen im anderen Vertragsstaat besteuert werden, so nimmt der erstgenannte Staat vorbehaltlich der Absätze 2 und 3 diese Einkünfte oder dieses Vermögen von der Besteuerung aus.

(2) Bezieht eine in einem Vertragsstaat ansässige Person Einkünfte, die nach den Artikeln 10 und 11 im anderen Vertragsstaat besteuert werden können[12], so rechnet der erstgenannte Staat auf die vom Einkommen dieser Person zu erhebende Steuer den Betrag an, der der im anderen Staat gezahlten Steuer entspricht. Der anzurechnende Betrag darf jedoch den Teil der von der Anrechnung ermittelten Steuer nicht übersteigen, der auf die aus dem anderen Staat bezogenen Einkünfte entfällt.

(3) Einkünfte oder Vermögen einer in einem Vertragsstaat ansässigen Person, die nach dem Abkommen von der Besteuerung in diesem Staat auszunehmen sind, können[12] gleichwohl in diesem Staat bei der Festsetzung der Steuer für das übrige Einkommen oder Vermögen der Person einbezogen werden.

(4) Abs. 1 gilt nicht für Einkünfte oder Vermögen einer in einem Vertragsstaat ansässigen Person, wenn der andere Vertragsstaat dieses Abkommen so anwendet, dass er diese Einkünfte oder dieses Vermögen von der Besteuerung ausnimmt oder Abs. 2 des Artikels 10 oder des Artikels 11 auf diese Einkünfte anwendet.

Art. 23 B Anrechnungsmethode

(1) Bezieht eine in einem Vertragsstaat ansässige Person Einkünfte oder hat sie Vermögen und können[12] diese Einkünfte oder dieses Vermögen nach diesem Abkommen im anderen Vertragsstaat besteuert werden, so rechnet der erstgenannte Staat

a) auf die vom Einkommen dieser Person zu erhebende Steuer den Betrag an, der der im anderen Staat gezahlten Steuer vom Einkommen entspricht;

b) auf die vom Vermögen dieser Person zu erhebende Steuer den Betrag an, der der in dem anderen Vertragsstaat gezahlten Steuer vom Vermögen entspricht.

Der anzurechnende Betrag darf jedoch in beiden Fällen den Teil der vor der Anrechnung ermittelten Steuer vom Einkommen oder vom Vermögen nicht übersteigen, der auf die Einkünfte, die im anderen Staat besteuert werden können[12], oder auf das Vermögen, das dort besteuert werden kann[12], entfällt.

(2) Einkünfte oder Vermögen einer in einem Vertragsstaat ansässigen Person, die nach dem Abkommen von der Besteuerung in diesem Staat auszunehmen sind, können[12] gleichwohl in diesem Staat bei der Festsetzung der Steuer für das übrige Einkommen oder Vermögen der Person einbezogen werden.

ABSCHNITT VI. Besondere Bestimmungen

Art. 24 Gleichbehandlung

(1) Staatsangehörige eines Vertragsstaats dürfen im anderen Vertragsstaat keiner Besteuerung oder damit zusammenhängenden Verpflichtungen unterworfen werden, die anders oder belastender ist als die Besteuerung und die damit zusammenhängenden Verpflichtungen, denen Staatsangehörige des anderen Staates unter gleichen Verhältnissen, insbesondere hinsichtlich der Ansässigkeit, unterworfen sind oder unterworfen werden können. Diese Bestimmung gilt ungeachtet des Artikels 1 auch für Personen, die in keinem Vertragsstaat ansässig sind.

(2) Staatenlose, die in einem Vertragsstaat ansässig sind, dürfen in keinem Vertragsstaat einer Besteuerung oder damit zusammenhängenden Verpflichtungen unterworfen werden, die anders oder belastender ist als die Besteuerung und die damit zusammenhängenden Verpflichtungen, denen Staatsangehörige des betreffenden Staates unter gleichen Verhältnissen, insbesondere hinsichtlich der Ansässigkeit, unterworfen sind oder unterworfen werden können.

(3) Die Besteuerung einer Betriebstätte, die ein Unternehmen eines Vertragsstaats im anderen Vertragsstaat hat, darf in dem anderen Staat nicht ungünstiger sein als die Besteuerung von Unternehmen des anderen Staates, die die gleiche Tätigkeit ausüben. Diese Bestimmung ist nicht so auszulegen, als verpflichte sie einen Vertragsstaat, den in dem anderen Vertragsstaat ansässigen Personen Steuerfreibeträge, -vergünstigungen und -ermäßigungen aufgrund des Personenstandes oder der Familienlasten zu gewähren, die er seinen ansässigen Personen gewährt.

(4) Sofern nicht Art. 9 Abs. 1, Art. 11 Abs. 6 oder Art. 12 Abs. 4 anzuwenden ist, sind Zinsen, Lizenzgebühren und andere Entgelte, die ein Unternehmen eines Vertragsstaats an eine im anderen Vertragsstaat ansässige Person zahlt, bei der Ermittlung der steuerpflichtigen Gewinne dieses Unternehmens unter den gleichen Bedingungen wie Zahlungen an eine im erstgenannten Staat ansässige Person zum Abzug zuzulassen. Dementsprechend sind Schulden, die ein Unternehmen eines Vertragsstaats gegenüber einer im anderen Vertragsstaat ansässigen Person hat, bei der Ermittlung des steuerpflichtigen Vermögens dieses Unternehmens unter den gleichen Bedingungen wie Schulden gegenüber einer im erstgenannten Staat ansässigen Person zum Abzug zuzulassen.

(5) Unternehmen eines Vertragsstaats, deren Kapital ganz oder teilweise unmittelbar oder mittelbar einer im anderen Vertragsstaat ansässigen Person oder mehreren solchen Personen gehört oder ihrer Kontrolle unterliegt, dürfen im erstgenannten Staat keiner Besteuerung noch damit zusammenhängenden Verpflichtungen unterworfen werden, die anders oder belastender ist als die Besteuerung und die damit zusammenhängenden Verpflichtungen, denen andere ähnliche Unternehmen des erstgenannten Staates unterworfen sind oder unterworfen werden können.

(6) Dieser Artikel gilt ungeachtet des Artikels 2 für Steuern jeder Art und Bezeichnung.

Art. 25 Verständigungsverfahren

(1) Ist eine Person der Auffassung, dass Maßnahmen eines Vertragsstaats oder beider Vertragsstaaten für sie zu einer Besteuerung führen oder führen werden, die diesem Abkommen

nicht entspricht, so kann sie unbeschadet der nach dem innerstaatlichen Recht dieser Staaten vorgesehenen Rechtsmittel ihren Fall der zuständigen Behörde des Vertragsstaats, in dem sie ansässig ist, oder, sofern ihr Fall von Art. 24 Abs. 1 erfasst wird, der zuständigen Behörde des Vertragsstaats unterbreiten, dessen Staatsangehöriger sie ist. Der Fall muss innerhalb von drei Jahren nach der ersten Mitteilung der Maßnahme unterbreitet werden, die zu einer dem Abkommen nicht entsprechenden Besteuerung führt.

(2) Hält die zuständige Behörde die Einwendung für unbegründet und ist sie selbst nicht in der Lage, eine befriedigende Lösung herbeizuführen, so wird sie sich bemühen, den Fall durch Verständigung mit der zuständigen Behörde des anderen Vertragsstaates so zu regeln, dass eine dem Abkommen nicht entsprechende Besteuerung vermieden wird. Die Verständigungsregelung ist ungeachtet der Fristen des innerstaatlichen Rechts der Vertragsstaaten durchzuführen.

(3) Die zuständigen Behörden der Vertragsstaaten werden sich bemühen, Schwierigkeiten oder Zweifel, die bei der Auslegung oder Anwendung des Abkommens entstehen, in gegenseitigem Einvernehmen zu beseitigen. Sie können auch gemeinsam darüber beraten, wie eine Doppelbesteuerung in Fällen vermieden werden kann, die im Abkommen nicht behandelt sind.

(4) Die zuständigen Behörden der Vertragsstaaten können zur Herbeiführung einer Einigung i. S. der vorstehenden Absätze unmittelbar miteinander verkehren, ggf. auch durch eine aus ihnen oder ihren Vertretern bestehende gemeinsame Kommission.

Art. 26 Informationsaustausch

(1) Die zuständigen Behörden der Vertragsstaaten tauschen die Informationen aus, die zur Durchführung dieses Abkommens oder des innerstaatlichen Rechts betreffend Steuern jeder Art und Bezeichnung, die für Rechnung der Vertragsstaaten oder ihrer Gebietskörperschaften erhoben werden, erforderlich sind, soweit die diesem Recht entsprechende Besteuerung nicht dem Abkommen widerspricht. Der Informationsaustausch ist durch Art. 1 nicht eingeschränkt. Alle Informationen, die ein Vertragsstaat erhalten hat, sind ebenso geheim zu halten wie die aufgrund des innerstaatlichen Rechts dieses Staates beschafften Informationen und dürfen nur den Personen oder Behörden (einschließlich der Gerichte und der Verwaltungsbehörden) zugänglich gemacht werden, die mit der Veranlagung oder Erhebung, der Vollstreckung oder Strafverfolgung oder mit der Entscheidung von Rechtsmitteln hinsichtlich der in Satz 1 genannten Steuern befasst sind. Diese Personen oder Behörden dürfen die Informationen nur für diese Zwecke verwenden. Sie dürfen die Informationen in einem öffentlichen Gerichtsverfahren oder in einer Gerichtsentscheidung offenlegen.

(2) Abs. 1 ist nicht so auszulegen, als verpflichte er einen Vertragsstaat,

a) Verwaltungsmaßnahmen durchzuführen, die von den Gesetzen oder der Verwaltungspraxis dieses oder des anderen Vertragsstaats abweichen;

b) Informationen zu erteilen, die nach den Gesetzen oder im üblichen Verwaltungsverfahren dieses oder des anderen Vertragsstaats nicht beschafft werden können;

c) Informationen zu erteilen, die ein Handels-, Industrie-, Gewerbe- oder Berufsgeheimnis oder ein Geschäftsverfahren preisgeben würden oder deren Erteilung dem Ordre public[13] widerspräche.

13 Bundesrepublik Deutschland: statt „dem Ordre public“ die Worte „der öffentlichen Ordnung“.

Art. 27 Diplomaten und Konsularbeamte

Dieses Abkommen berührt nicht die steuerlichen Vorrechte, die den Diplomaten und Konsularbeamten nach den allgemeinen Regeln des Völkerrechts oder aufgrund besonderer Übereinkünfte zustehen.

Art. 28 Ausdehnung[14] des räumlichen Geltungsbereichs

(1) Dieses Abkommen kann entweder als Ganzes oder mit den erforderlichen Änderungen [auf jeden Teil des Hoheitsgebiets (des Staates A) oder (des Staates B), der ausdrücklich von der Anwendung des Abkommens ausgeschlossen ist, oder][15] auf jeden anderen Staat oder jedes andere Hoheitsgebiet ausgedehnt[14] werden, dessen internationale Beziehungen von (Staat A) oder (Staat B) wahrgenommen werden und in dem Steuern erhoben werden, die im Wesentlichen den Steuern ähnlich sind, für die das Abkommen gilt. Eine solche Ausdehnung[14] wird von dem Zeitpunkt an und mit den Änderungen und Bedingungen, einschließlich der Bedingungen für die Beendigung, wirksam, die zwischen den Vertragsstaaten durch auf diplomatischem Weg auszutauschende Noten oder auf andere, den Verfassungen dieser Staaten entsprechende Weise vereinbart werden.

(2) Haben die beiden Vertragsstaaten nichts anderes vereinbart, so wird mit der Kündigung durch einen Vertragsstaat nach Art. 30 die Anwendung des Abkommens in der in jenem Art. vorgesehenen Weise auch [für jeden Teil des Hoheitsgebiets (des Staates A) oder (des Staates B) oder] für Staaten oder Hoheitsgebiete beendet, auf die das Abkommen nach diesem Art. ausgedehnt[14] worden ist.

ABSCHNITT VII. Schlussbestimmungen

. . .

14 Bundesrepublik Deutschland: statt „Ausdehnung“ das Wort „Erstreckung“; statt „ausgedehnt“ das Wort „erstreckt“.

15 Die Worte in eckigen Klammern gelten, wenn das Abkommen aufgrund einer besonderen Bestimmung für einen Teil des Hoheitsgebiets eines Vertragsstaats nicht anzuwenden ist.

Stand der Doppelbesteuerungsabkommen
1. Januar 2009

(BMF vom 22.01.2009 – IV B 2 – S 1301/07/10017)

I. Geltende Abkommen

Abkommen		Fundstelle BStBl I		Inkrafttreten BStBl I	
mit	vom	Jg.	S.	Jg.	S.
1. Abkommen auf dem Gebiet der Steuern vom Einkommen und vom Vermögen					
Ägypten	08.12.87	90	280	92	7
Algerien	12.11.07				
Argentinien	13.07.78/	79	326	80	51
	16.09.96	98	187	01	540
Armenien	24.11.81	83	90	83	352
Aserbaidschan	25.08.04	06	291	06	304
Australien	24.11.72	74	423	75	386
Bangladesch[1]	29.05.90	92	34	93	466
Belarus (Weißrussland)	30.09.05	07	276	07	290
Belgien	11.04.67	69	38	69	468
Bolivien	30.09.92	94	575	95	758
Bosnien und Herzegowina	26.03.87	88	372	89	35
Brasilien	27.06.75	76	47	76	86
Bulgarien	02.06.87	88	389	89	34
China (ohne Hongkong und Macau)	10.06.85	86	329	86	339
Côte d'Ivoire	03.07.79	82	357	82	628
Dänemark	22.11.95	96	1219	97	624
Ecuador	07.12.82	84	339	86	358
Estland	29.11.96	98	543	99	269
Finnland	05.07.79	82	201	82	587
Frankreich	21.07.59/	61	342	61	712
	09.06.69/	70	900	70	1072
	28.09.89	90	413	91	93
Georgien	01.06.06	08	482	08	494
Ghana	12.08.04	08	467	08	481
Griechenland	18.04.66	67	50	68	296
Indien	19.06.95	96	599	97	363
Indonesien	30.10.90	91	1001	92	186
Iran, Islamische Republik	20.12.68	70	768	70	777
Irland	17.10.62	64	320	64	366
Island	18.03.71	73	504	73	730
Israel	09.07.62/	66	700	66	946
	20.07.77	79	124	79	603
Italien	18.10.89	90	396	93	172
Jamaika	08.10.74	76	407	76	632
Japan	22.04.66/	67	58	67	336
	17.04.79/	80	649	80	772
	17.02.83	84	216	84	388
Kanada	19.04.01	02	505	02	521

1 Gilt nicht für die VSt.

Abkommen		Fundstelle BStBl I		Inkrafttreten BStBl I	
mit	vom	Jg.	S.	Jg.	S.
Kasachstan	26.11.97	98	1029	99	269
Kenia	17.05.77	79	337	80	792
Kirgisistan	01.12.05	07	233	07	246
Korea, Republik	14.12.76	78	148	78	230
Kroatien	06.02.06	07	246	07	259
Kuwait	04.12.87/	89	150	89	268
	18.05.99	00	439	00	1383
Lettland	21.02.97	98	531	98	1219
Liberia	25.11.70	73	615	75	943
Litauen	22.07.97	98	1016	99	121
Luxemburg	23.08.58/	59	1022	60	398
	15.06.73	78	72	79	83
Malaysia	08.04.77	78	324	79	196
Malta	08.03.01	02	76	02	240
Marokko	07.06.72	74	59	74	1009
Mauritius	15.03.78	80	667	81	34
Mazedonien	26.03.87	88	372	89	35
Mexiko	23.02.93	93	964	94	310
Moldau, Republik	24.11.81	83	90	83	352
Mongolei	22.08.94	95	607	96	1135
Namibia	02.12.93	94	673	95	678
Neuseeland	20.10.78	80	654	80	787
Niederlande	16.06.59/	60	381	60	626
	13.03.80/	80	646	80	787
	21.05.91	92	94	92	382
	04.06.04	05	364	05	368
Norwegen	04.10.91	93	655	93	926
Österreich	24.08.00	02	584	02	958
		94	227	94	598
Pakistan[1]	14.07.94	95	617	96	445
Philippinen	22.07.83	84	544	84	612
Polen	14.05.03	05	349	05	363
Portugal	15.07.80	82	347	82	763
Rumänien	29.06.73	75	641	75	1074
Russische Föderation	29.05.96	96	1490	97	363
Sambia	30.05.73	75	688	76	7
Schweden	14.07.92	94	422	95	88
Schweiz	11.08.71/	72	518	73	61
	30.11.78/	80	398	80	678
	17.10.89/	90	409	91	93
	21.12.92	93	927	94	110
Simbabwe	22.04.88	89	310	90	178
Singapur	28.06.04	07	157	07	171
Slowakei	19.12.80	82	904	83	486
Slowenien	03.05.06	07	171	07	183
Spanien	05.12.66	68	296	68	544
Sri Lanka	13.09.79	81	610	82	373
Südafrika	25.01.73	74	850	75	640
Tadschikistan	27.03.03	05	15	05	27

Abkommen		Fundstelle BStBl I		Inkrafttreten BStBl I	
mit	vom	Jg.	S.	Jg.	S.
Thailand	10.07.67	68	1046	69	18
Trinidad und Tobago	04.04.73	75	697	77	192
Tschechien	19.12.80	82	904	83	486
Türkei	16.04.85	89	471	89	482
Tunesien	23.12.75	76	498	77	4
Turkmenistan	24.11.81	83	90	83	352
Ukraine	03.07.95	96	675	96	1421
Ungarn	18.07.77	79	348	79	602
Uruguay	05.05.87	88	531	90	365
Usbekistan	07.09.99	01	765	02	239
Venezuela	08.02.95	96	611	97	938
Vereinigte Arabische Emirate	09.04.95	96	588	96	1135
Vereinigtes Königreich	26.11.64/	66	729	67	40
	23.03.70	71	139	71	340
Vereinigte Staaten	29.08.89	91	94	92	262
Vietnam	16.11.95	96	1422	97	364
Zypern	09.05.74	77	340	77	618
2. Abkommen auf dem Gebiet der Erbschaft- und Schenkungsteuern					
Dänemark[2]	22.11.95	96	1219	97	624
Griechenland	18.11.10/ 01.12.10	–	–	53	377
Schweden[2]	14.07.92	94	422	95	88
Schweiz	30.11.78	80	243	80	786
Vereinigte Staaten	03.12.80/	82	765	86	478
	14.12.98	01	110	01	114
3. Sonderabkommen betreffend Einkünfte und Vermögen von Schifffahrt (S)- und Luftfahrt (L)-Unternehmen[3]					
Brasilien (S) (Protokoll)	17.08.50	–	–	–	–
Chile (S) (Handelsvertrag)	02.02.51	–	–	–	–
China (S) (Seeverkehrsvertrag)	31.10.75	76	496	77	452
Hongkong (L)	08.05.97	98	1156	00	1554
Jugoslawien (S)	26.06.54	–	–	–	–

2 Die Erbschaftsteuer bzw. Vorschriften zur Rechts- und Amtshilfe sind in den unter I.1 bzw. II.1 aufgeführten Abkommen enthalten.

3 Siehe auch Bekanntmachungen über die Steuerbefreiungen nach § 49 Abs. 4 EStG (und § 2 Abs. 3 VStG):
Äthiopien L (BStBl 1962 I S. 536),
Afghanistan L (BStBl 1964 I S. 411),
Bangladesch L (BStBl 1996 I S. 643),
Brasilien S, L (BStBl 2006 I S. 216),
Brunei Darussalam L (BStBl 2005 I S. 962),
Chile L (BStBl 1977 I S. 350),
China L (BStBl 1980 I S. 284),
Ghana S, L (BStBl 1985 I S. 222),
Irak S, L (BStBl 1972 I S. 490),
Jordanien L (BStBl 1976 I S. 278),
Katar L (BStBl 2006 I S. 3) – anzuwenden ab 01.01.01 –
Libanon S, L (BStBl 1959 I S. 198),
Litauen L (BStBl 1995 I S. 416),
Papua-Neuguinea L (BStBl 1989 I S. 115),
Seychellen L (BStBl 1998 S. 582),
Sudan L (BStBl 1983 I S. 370),
Syrien, Arabische Republik S, L (BStBl 1974 I S. 510),
Taiwan S (BStBl 1988 I S. 423) und
Zaire S, L (BStBl 1990 I S. 178).

Abkommen mit	vom	Fundstelle BStBl I Jg.	S.	Inkrafttreten BStBl I Jg.	S.
Kolumbien (S, L)	10.09.65	67	24	71	340
Paraguay (L)	27.01.83	84	456	85	222
Saudi-Arabien (L)	08.11.07	–	–	–	–
Venezuela (S, L)	23.11.87	89	161	90	2
4. Abkommen auf dem Gebiet der Rechts- und Amtshilfe					
Belgien[2]	11.04.67	69	38	69	468
Dänemark[2]	22.11.95	96	1219	97	624
Finnland	25.09.35	36	94	54	404
Frankreich[2]	21.07.59	61	342	61	712
Italien	09.06.38	39	377	57	142
Luxemburg[2]	23.08.58	59	1022	60	398
Niederlande	21.05.99	01	66	01	539
Norwegen[2]	04.10.91	93	655	93	926
Österreich	04.10.54	55	434	55	743
Schweden[2]	14.07.92	94	422	95	88

II. Künftige Abkommen und laufende Verhandlungen

Abkommen mit	Art des Abkommens[4]	Sachstand[5]		Geltung für Veranlagungssteuern[6] ab	Geltung für Abzugsteuern[7] ab	Bemerkungen
1. Abkommen auf dem Gebiet der Steuern vom Einkommen und vom Vermögen						
Ägypten	R–A	P:	01.08.2005	KR	KR	
Albanien	A	P:	12.05.2006	KR	KR	
Australien	R–A	V:				
Bulgarien	R–A	P:	11.05.2007	KR	KR	
China	R–A	V:				
Frankreich	E–P	P:	15.10.2008			
Griechenland	R–A	V:				
Iran	R–A	V:				
Irland	R–A	V:				
Island	R–A	P:	06.07.2005	–	–	
Israel	R–A	V:				
Japan	R–A	V:				

4 A: Erstmaliges Abkommen
W–A: Abkommen zur befristeten Weiteranwendung der Regelungen des außer Kraft getretenen DBA
R–A: Revisionsabkommen als Ersatz eines bestehenden Abkommens
R–P: Revisionsprotokoll zu einem bestehenden Abkommen
E–P: Ergänzungsprotokoll zu einem bestehenden Abkommen

5 V: Verhandlung
P: Paraphierung
U: Unterzeichnung hat stattgefunden, Gesetzgebungs- oder Ratifikationsverfahren noch nicht abgeschlossen

6 Einkommen-, Körperschaft-, Gewerbe- und Vermögensteuer KR: Keine Rückwirkung vorgesehen

7 Abzugsteuern von Dividenden, Zinsen und Lizenzgebühren KR: Keine Rückwirkung vorgesehen

Abkommen mit	Art des Abkommens[4]	Sachstand[5]	Geltung für Veranlagungssteuern[6] ab	Geltung für Abzugsteuern[7] ab	Bemerkungen
Kolumbien	A	V:			
Libyen	A	V:			
Malaysia	R–A	P: 08.07.2003	–	–	
Marokko	R–A	V:			
Mauritius	R–A	V:			
Mazedonien	A	U: 23.07.2008	KR	KR	
Mexiko	R–A	U: 09.07.2008	KR	KR	
Niederlande	R–A	V:			
Oman	A	P: 12.04.2002	KR	KR	
Serbien und Montenegro	A	V:			
Spanien	R–A	V:			
Südafrika	R–A	U: 09.09.2008	KR	KR	
Syrien	A	P: 26.04.2004	KR	KR	
Türkei	R–A	V:			
Tunesien	R–A	V:			
Turkmenistan	A	V:			
Ungarn	R–A	V:			
Ukraine	R–P	V:			
Uruguay	R–A	P: 03.07.2007	KR	KR	
Venezuela	R–P	V:			
Vereinigte Arabische Emirate	A	P: 23.12.2008	01.01.2009	01.01.2009	
Vereinigtes Königreich	R–A	V:			
Zypern	R–A	V:			

2. Abkommen auf dem Gebiet der Erbschaft- und Schenkungsteuern

Frankreich	A	U: 12.10.2006			BGBl. 2007 II S. 1402
Österreich	W–A	U: 06.11.2008			

3. Sonderabkommen betreffend Einkünfte und Vermögen von Schifffahrt (S)- und Luftfahrt (L)-Unternehmen

Oman	A (S, L)	P: 22.05.2000	–	–	

4. Abkommen auf dem Gebiet der Amtshilfe

Österreich	R–A	P: 25.09.2000	KR	KR	

Vergleichende Zusammenstellung ausländischer und inländischer Gesellschaftsformen

Land	Abkürzung	Rechtsform	vergleichbare deutsche Rechtsform
Argentinien	–	Sociedad de responsabilidad limitada	GmbH
	–	Sociedad Anónima	AG
	–	Sociedad en comandita por acciones	KGaA
	–	Sociedad en comandita	KG
	–	Sociedad colectiva	OHG
	–	Sociedad cooperativa	Genossenschaft
	–	Sociedad accidentale o en participacion	Keine vergleichbare Gesellschaftsform
Australien	Pty Ltd	Proprietary limited Company	GmbH
	PC Ltd	Public Company limited by shares	AG
	–	Limited Partnership	KG
		Partnership	OHG
Belgien	SPRL	Société privée à responsabilité limitée	GmbH
	BVBA	Besloten vennootschap met beperkte aansprakelijkheid	GmbH
	SPRLU	Société d'une personne à responsabilité limitée	Ein-Mann-GmbH
	S.A.	Société anonyme	AG
	N.V.	Naamloze Vennootschap	AG
		Société Cooperative	Keine vergleichbare
	–	Kooperative Vennootschap	Gesellschaftsform
		Société en commandite par actions	KGaA
	–	Société en commandite simple	KG
	–	Kommanditaire Vennootschap	KG
		Société en nom collectif	OHG
Brasilien	Ltda	Sociedade por Quotas de Responsabilidade Limitada	GmbH
	SA	Sociedade Anonima	AG
	Compania aberta	Sociedade Anonima de Capital Aberto	offene AG
	Compania fechada	Sociedade Anonima de Capital Fechada	geschl. AG
	–	Sociedade em Comandita	KG
	–	Sociedade em Nome Colectivo	OHG
	–	Sociedade em Contra de Participacao	Stille Ges.

Land	Abkürzung	Rechtsform	vergleichbare deutsche Rechtsform
Bulgarien		Zabiratelno drushestwo	OHG
	KD	Komanditno drushestwo	KG
	ocD	Drushestwo s orgranitschena otgowornost	GmbH
	AD	Aktionierno drushestwo	AG
	KDA	Komanditno drushestwo s akzii	KGaA
Dänemark	Aps	Anpartsselbskab	GmbH
	A/S	Akteislskab	AG
	K/S	Kommanditselskab	KG
	–	Kommanditselskab (mit AG als Kommanditist)	KGaA
	I/S	Interessentskab	OHG
	AmbA	Andelsselskab	eingetr. Genossenschaft mbH
Finnland	OY	Osakeyhtiö	AG
	–	Kommandittiyhiö	KG
	–	Avoin Ightiö	OHG
	–	Osuuskunta	Genossenschaft
Frankreich	SARL	Société à responsabilité limitée	GmbH
	SA	Société anonyme	AG
	–	Société en commandite simple	KG
	–	Société en commandite par actions	KGaA
	SNC	Société en nom collectif	OHG
	GIE	Groupement d'intérêt Economique	ARGE
	–	Société cooperative	Genossenschaft
	SP	Société en participation	Stille Gesellschaft
	SC	Société civile	GbR
	–	Société créée e de fait	Keine vergleichbare Gesellschaftsform
	EURL	Entreprise unipersonelle à responsabilité limitée	Ein-Mann-GmbH
Griechenland	EPE	Etairia periorismenis evthinis	GmbH
	AG	Anonymos Etairia	AG
	EE	Eterrorrythmos	KG
	O.E.	Omorrythmos	OHG

Land	Abkürzung	Rechtsform	vergleichbare deutsche Rechtsform
Großbritannien	Ltd.	Private company limited by shares	GmbH
	Plc	Public company limited by shares	AG
	–	Limited Partnership	KG
	–	Partnership	OHG
	–	(Private) Unlimited company	KapGes.
	–	Cooperative society	Genossenschaft
	–	Company limited by guarantee	Gemeinn. Körperschaft
	–	Statuary company	Keine vergleichbare Gesellschaftsform
Irland	PrC	Private Company limited by shares	GmbH
	PLC	Public Company limited by shares	AG
	Ltd.	Limited Partnership	KG
	–	Partnership	OHG
	–	Cooperative Society	Genossenschaft
	–	Company limited by Guarantees	Gemeinn. Körperschaft
	–	Statuary Company	Keine vergleichbare Gesellschaftsform
	–	Chartered Company	
	–	Oversea Company	
	——	Unlimited Company	KapGes.
Italien	S.r.l.	Société à responsabilita limitata	GmbH
	S.p.A.	Société per azioni	AG
	S.a.	Société in accomandita	KG
	S.u.p.a.	Société in accomandita per azioni	
KGaA			
Japan	–	Mitsubishi Kaisha	GmbH
	–	Kabushiki Kaisha	AG
	–	Goshi Kaisha	KG
	–	Gomai Kaisha	OHG
Kanada	Ltd. Inc. od. and.	Corporation	AG
	–	Limited Partnership	KG
	–	General Partnership	OHG
Kroatien	–	Akzomarskoje Obtschestwo	AG
	–	Obtschestwo oder Organisazia za Organitschenom otgowomosti	GmbH

Land	Abkürzung	Rechtsform	vergleichbare deutsche Rechtsform
Liechtenstein	GmbH	Gesellschaft mit beschränkter Haftung	GmbH
	AG	Aktiengesellschaft	AG
	–	Anstalt	jur. Person
	–	Stiftung	jur. Person
	–	Treuunternehmen	jur. Person
Luxemburg	S.a.r.l.	Société à responsabilité limitée	GmbH
	S.A.	Société anonyme	AG
	–	Société en commandite	KG
	–	Société en commandite par actions	KGaA
Niederlande	BV	Besloten Vennootschap met beperkte aansprakelijkheid	GmbH
	NV	Naamloze Vennootschap	AG
	CVoA	Commanditaire Vennootschap op Andelen	KGaA
	CV	Commanditaire Vennootschap	KG
	VoF	Vennootschap onder Firma	OHG
Österreich	GmbH oder Ges.m.b.H.	Gesellschaft mit beschränkter Haftung	GmbH
	AG	Aktiengesellschaft	AG
	KG	Kommanditgesellschaft	KG
	OHG	Offene Handelsgesellschaft	OHG
Portugal	L.da	sociedade por quontas (Firmenzusatz: sociedade com responsabilidade limitada oder limitada – Ida)	GmbH
	EIRL	estabelecimento mercantil individual de responsabilidade limitada	Einzelhandels-unternehmen mbH
	S.A. (SARL)	sociedade anonima (sociedade anonima responsabilidade limitada)	AG
	–	sociedade em comandita	KG
	–	sociedade em nome colectivo	OHG
	–	sociedade civil	GbR
	–	parcarias maritimas	Partenreederei
Polen	S.A.	Spólka Akcyjna	AG
	Sp.z.o.o.	Spólka z ograniczona odpowiedzialnoscia	GmbH
	S.K.	Spólka komandytowa	KG
	S.c.	Spólka prawa cywilnego (Spólka cywilna)	GbR
		Spólka handlowa jawna	OHG

Land	Abkürzung	Rechtsform	vergleichbare deutsche Rechtsform
Rumänien	S.A.	societate pe actiuni	AG
	S.R.L.	societate cu raspundere limitada	GmbH
	S.C.S.	societate in comandita simpla	KG
	S.N.C.	societate in nume colectiv	OHG
	S.C.A.	societate in comandita pe actiuni	KGaA
Schweden	AB	Aktiebolag	AG
	–	Handelsbolag	OHG
	–	Kommanditbolag	KG
	–	Enkelt bolag	GbR
	–	Enskild Firma	Einzelkaufmann
	–	Kreditavtel med delta gande vid vinst och forlust	stille Gesellschaft
Schweiz	GmbH	Gesellschaft mit beschränkter Haftung	GmbH
	AG/SA	Aktiengesellschaft	AG
	–	Kommanditgesellschaft	KGaA
	KG	Kommanditgesellschaft	KG
	–	Einfache Gesellschaft	GbR
	–	Genossenschaft	Genossenschaft
Singapur	–	Private Company Limited by Shares (als Private oder Public Company möglich)	GmbH
	–	Company Limited by Guarantee	
	–	Unlimited Company	
	–	Limited Partnership	KG
	–	Partnership	OHG
Slowenien	d.d.	Delniska druzba	AG
	d.o.o.	Druzba omejeno odgovornostjo	GmbH
	k.d.	Komanditna druzba	KG
	k.d.d.	Komanditna delniska druzba	KGaA
	t.d.	Tilna druzba	Stille Gesellschaft
	g.i.z.	Gospodarsko interesno zdruzenje	Entspricht der französischen wirtschaftlichen Interessenvereinigung
	d.n.o.	Druzba z neomenjeno odgovornostjo	OHG

Land	Abkürzung	Rechtsform	vergleichbare deutsche Rechtsform
Spanien	SRL	Sociedad de Responsabilidad Limitada (Sociedad Limitada)	GmbH
	SA	Sociedad Anonima	AG
	SC	Sociedad en Comandita	KG
	SrC	Sociedad Regular Colectiva	OHG
	–	Sociedad commanditaria por acciones	KGaA
Südafrika	(Pty) Ltd	Private oder Propriety Company (Limited by shares)	GmbH
	Ltd oder BpK	Public Company (Limited by shares)	AG
	–	Company Limited by Guarantee Partnership	Mitunter-nehmerschaft OHG
Tschechische/ Slowakische Republik	spol. s.r.o. oder s.r.o.	Spolecnost s rucen im omezením s rucením omezením	GmbH
	a.s.	Akiová spulecnost	AG
	ver. obch. spol oder v.o.s.	Verejná obchodní spolecnost	OHG
	kom. spol. oder k.s.	Komodítní spolecnost	KG
Türkei	A.S.	Anonim Sirket	AG
	–	Limited Sirket	GmbH
	Kol.Srk.	Kollektiv Sirket	OHG
	Kom.Srk.	Komandit Sirket	KG
	–	Hisseli Komandit Sirket	KGaA
Ungarn	rt	Reszvenytarsasag	AG
	kft	Korlatolt felelössegü tarsasag	GmbH
	kkt	Közkereseti tarsasag	OHG
	bt	Beteti tarsasag	KG
	–	Ipari Szövetkezet	Industrie-genossenschaft
USA	Corp. Inc. Ltd.	Business Corporation (Public Corporation, Close Corporation)	AG
	JSA	Joint Stock Association (Company)	Mischform Kap.Ges. Pers.Ges.
	–	Limited Partnership	KG

Land	**Abkürzung**	**Rechtsform**	**vergleichbare deutsche Rechtsform**
(Fortsetzung USA)			
	–	General Partnership	OHG
	–	Unincorporated Joint Venture	Gelegenh.-Ges.: GbR
	–	Business Trust	Keine vergleichbare Ges.-Form
	PTLP	Public Traded Limited	KG mit Börsenzulassung (Kap.Ges.)

Abkürzungsverzeichnis

a. A.	anderer Ansicht
a. a. O.	am angegebenen Ort
Abb.	Abbildung
ABl.EG	Amtsblatt der Europäischen Gemeinschaften
Abs.	Absatz
Abschn.	Abschnitt
a. F.	alte Fassung
AG	Die Aktiengesellschaft (Zeitschrift)
AIG	Auslandsinvestitionsgesetz
AktG	Aktiengesetz
Anm.	Anmerkung
AO	Abgabenordnung
Art.	Artikel
AStG	Außensteuergesetz
Aufl.	Auflage
Az.	Aktenzeichen
BB	Betriebs-Berater
Bd.	Band
BdF	Bundesminister der Finanzen
Bearb.	Bearbeiter
BewG	Bewertungsgesetz
BFH	Bundesfinanzhof
BFH/NV	Sammlung amtlich nicht veröffentlichter Entscheidungen des BFH
BGBl	Bundesgesetzblatt
BMF	Bundesminsterium der Finanzen
BR-Drucks.	Bundesratsdrucksache
BS	Betriebsstätte
BStBl	Bundessteuerblatt
BT-Drucks.	Bundestagsdrucksache
Buchst.	Buchstabe
BVerfG	Bundesverfassungsgesetz
BVerfGE	Entscheidungen des Bundesverfassungsgerichts
bzw.	beziehungsweise
d. h.	das heißt
DB	Der Betrieb
DBA	Doppelbesteuerungsabkommen
DStJG	Jahrbuch der Deutschen Steuerjuristischen Gesellschaft
DStR	Deutsches Steuerrecht
DStZ/A	Deutsche Steuerzeitung/Ausgabe A
e. V.	eingetragener Verein
EAV	Ergebnisabführungsvertrag
EFG	Entscheidungen der Finanzgerichte
EG	Europäische Gemeinschaften
EGHGB	Einführungsgesetz zum Handelsgesetzbuch
EGV	Vertrag zur Gründung der Europäischen Gemeinschaft
ErbStG	Erbschaftsteuer- und Schenkungsteuergesetz
Erl.	Erlass
EStDV	Einkommensteuer-Durchführungsverordnung
EStG	Einkommensteuergesetz
EStR	Einkommensteuer-Richtlinien
EU	Europäische Union
EuGH	Europäischer Gerichtshof
EuZW	Europäische Zeitschrift für Wirtschaftsrecht
f.	folgende (Seite)
ff.	folgende (Seiten)
FG	Finanzgericht
FinMin	Finanzministerium
Fn.	Fußnote
FR	Finanz-Rundschau
GAV	Gewinnabführungsvertrag
GbR	Gesellschaft bürgerlichen Rechts
gem.	gemäß

GewStG	Gewerbesteuergesetz
GewStR	Gewerbesteuer-Richtlinien
GG	Grundgesetz
ggf.	gegebenenfalls
GI	Gerling Information für wirtschaftsprüfende, rechts- und steuerberatende Berufe
gl. A.	gleicher Ansicht
GmbH	Gesellschaft mit beschränkter Haftung
GmbHR	GmbH-Rundschau
Gr.	Gruppe
GrEStG	Grundberwerbsteuergesetz
Hrsg.	Herausgeber
i. d. F.	in der Fassung
i. S. d.	im Sinne des
i. V. m.	in Verbindung mit
i. w. S.	im weiteren Sinne
Inf	Die Information über und Wirtschaft
insbes.	insbesondere
IStR	Internationales Steuerrecht
IWB	Internationale Wirtschafts-Briefe
JbFfSt	Jahrbuch der Fachanwälte für Steuerrecht
Kap.	Kapitel
KG	Kommanditgesellschaft
KGaA	Kommanditgesellschaft auf Aktien
KStDV	Körperschaftsteuer Durchführungsverordnung
KStG	Körperschaftsteuergesetz
KStR	Körperschaftsteuer-Richtlinien
Losebl.	Loseblattsammlung
LStR	Lohnsteuer-Richtlinien
m. w. N.	mit weiteren Nachweisen
mglw.	möglicherweise
n. F.	neue Fassung
Nr.	Nummer
NWB	Neue Wirtschaftsbriefe
o. V.	ohne Verfasserangabe
OECD	Organisation für Economic Cooperation and Development
OECD-MA	OECD-Musterabkommen
OECD-MK	Kommentar zum OECD-Musterabkommen
OFD	Oberfinanzdirektion
p. a.	pro anno
Rdn.	Randnummer
RFH	Reichsfinanzhof
RFHE	Entscheidungen des Reichsfinanzhofs
RIW	Recht der Internationalen Wirtschaft
rkr.	rechtskräftig
Rs.	Rechtssache
RStBl.	Reichssteuerblatt
Rz.	Randziffer
S.	Seite
s. a.	siehe auch
sog.	sogenannt
SolZ	Solidaritätszuschlag
Sp.	Spalte
StbJb	Steuerberater-Jahrbuch
StBp	Die steuerliche Betriebsprüfung
StEntlG	Steuerentlastungsgesetz
SteuerStud	Steuer und Studium
Stpfl.	Steuerpflichtiger
str.	streitig
StuW	Steuer und Wirtschaft
Tab.	Tabelle
Tz.	Textziffer
u.	und
u. a.	und andere; unter anderem
u. E.	unseres Erachtens
u. U.	unter Umständen

UmwStG	Umwandlungssteuergesetz
UR	Umsatzsteuer-Rundschau
Urt.	Urteil
usw.	und so weiter
v.	vom; von
v. a.	vor allem
Vfg.	Verfügung
vgl.	vergleiche
VStG	Vermögensteuergesetz
VZ	Veranlagungszeitraum
WPg	Die Wirtschaftsprüfung
z. B.	zum Beispiel
z. T.	zum Teil
z. Z.	zur Zeit
Ziff.	Ziffer

Paragraphenschlüssel

Bewertungsgesetz (BewG)

Erschaft- und Schenkungsteuergesetz (ErbStG)

Einkommensteuerdurchführungsverordnung (EStDV)

Einkommensteuergesetz (EStG)

Gewerbesteuergesetz (GewStG)

Handelsgesetzbuch (HGB)

Körperschaftsteuergesetz (KStG)

Stichwortverzeichnis

B

C

D

F

G

H

I

O

P

Q

R

S